域外最新刑事执行法律法规选编

A Compilation of The Latest Extraterritorial Laws and Regulations on Criminal Execution

第一卷

司法部预防犯罪研究所 编

中国法制出版社
CHINA LEGAL PUBLISHING HOUSE

出版说明

1994年颁布的中华人民共和国第一部《监狱法》至今已有26年。在这26年间，一些国际组织如联合国、欧盟在刑事执行领域出台了诸多新的规范性文件，不少国家或地区的刑事执行法律制度也有了很大的发展，有的对相关刑事执行法律进行了修改和完善，有的制定了新法律。“他山之石，可以攻玉”，域外刑事执行法律法规的这些最新变化体现了刑事执行领域的理念和实践的发展动向，无疑对当前我国《监狱法》修改工作及刑事执行工作具有参考价值。

为配合《监狱法》修改工作，司法部预防犯罪研究所在赵大程副部长的领导下，成立了以主要领导牵头的《监狱法》修改项目组，专门收集、整理和编译了1994年我国《监狱法》颁布以来特别是近年来大量域外监狱法规和制度相关资料，为我国《监狱法》修改提供参考。为进一步扩大这些资料的参考价值，项目组从中选择具有较强前瞻性的资料以《域外最新刑事执行法律法规选编》为名正式出版，以期为监狱法治领域的实践部门、立法机构和专家学者提供研究素材和有益参考。

赵大程副部长高度重视域外监狱法规和制度的研究工作，亲自担任了《域外最新刑事执行法律法规选编》一书的编委会主任，对域外最新刑事执行法律法规的选编出版多次作出重要批示、给予方向指导把关、提出明确要求，为本书的顺利出版提供了有力支持。

《域外最新刑事执行法律法规选编》共分三卷。

第一卷主要收录了国际社会在刑事执行领域的相关文件和区域性文件，包括刑事执行与罪犯处遇方面的28个文件，预防犯罪与刑事司法领域的13个文件，司法制度与司法协助领域的8个文件，以及司法人权保护领域的4个文件。

其中值得高度重视的是，联合国于2010年启动了对1955年通过的《联合国囚犯待遇最低限度标准规则》的修订，2015年12月17日第70届联合国大会通过了对《联合国囚犯待遇最低限度标准规则》的修订并称为《曼德拉规则》。此次修订，尽管框架结构变化不大，但条款数量由95条增加到122条，篇幅字数由1.1万字增加到1.6万字。《曼德拉规则》建构了联合国关于囚犯待遇与监狱管理的最新规则体系，成为世界各国刑事执行立法的重要参照。欧洲理事会部长委员会于2006年通过了新修订的《欧洲监狱规则》。与1997年旧版相比，虽然新版总条款数仅由100条增加到108条，但篇章结构发生较大调整，一些具体条款下的内容明显细化，总的篇幅字数由1.2万字增加到1.5万字，在一定程度上反映了欧洲各国在监狱管理领域的理念变化与实践追求。本卷收录的联合国文件源自联合国官网。

第二卷主要收录欧洲、美洲、非洲国家的刑事执行法律，包括《丹麦刑事执行法》《俄罗斯刑事执行法典》《法国监狱法》《意大利监狱法》《加拿大矫正与有条件释放法》《南非共和国矫正法》。其中，俄罗斯废除了苏联时代的劳动改造法律体系，于1997年颁布了《俄罗斯联邦刑事执行法典》；南非废除了种族隔离时代的1959年《监狱法》，于1998年颁布了《南非共和国矫正法》；加拿大1992年颁布了《加拿大矫正与有条件释放法》；丹麦2000年出台了《丹麦刑事执行法》。意大利尽管没有制定新的监狱法，但《意大利监狱法》自1975年颁布至今作了多次的修改和补充，2000年以总统政令的形式颁布了《关于监狱制度和执行剥夺及限制自由措施的规定》，该政令的名称与监狱法的名称相同，在适用上作为1975年监狱法的补充性规定。意大利2013年又颁布了《为保护囚犯最基本人权及减少监狱人数的紧急措施》，列明对刑事诉讼法、监狱组织法的相关修订，并作出了有条件提前释放的规定。

第三卷主要收录亚洲国家和地区的法律，包括《日本刑事收容设施及被收容者处遇法》《日本更生保护法》《韩国矫正机构囚犯管理和矫治法》《新加坡共和国监狱法》，以及中国香港特别行政区惩教法规。其中，2005年日本废除了曾经作为中国清末狱制改良模板的1908年《监狱法》，将“监狱”改称为“刑事设施”，并出台《日本刑事设施及服刑者处遇法》，此后至2014年又经历了数次修改，名称最后修改为《日本刑事收容设施与被收容者处遇法》;《日本更生保护法》颁布于2007年,2016年作了最新一次修改；2007年韩国颁布了《韩国矫正机构囚犯管理和矫治法》;新加坡监狱法颁行至今历经多次修改。此外，中国香港特别行政区的惩教法规体系，细致完备，独具特色。上述亚洲国家和地区的规定，较之欧美国家的法律，其参考性更强，可资镜鉴。

本书由司法部预防犯罪研究所周勇副所长、席逢遥编审和葛向伟副研究员共同策划主编。席逢遥编审和葛向伟副研究员负责全书共三卷的审校和编辑工作。第一卷的资料收集整理由席逢遥、葛向伟负责，第二卷的资料收集由周勇、席逢遥、葛向伟负责，第三卷的资料收集整理由郭建安、席逢遥、葛向伟、闫佳、司绍寒负责。由于水平有限，书中不当之处，敬请读者批评指正。

司法部预防犯罪研究所高贞所长、高文副所长对本书的出版给予了大力支持，中国法制出版社马颖、王雯汀女士作了大量工作，在此一并致谢。

编者

2020年10月15日

CONTENTS | 目录

第一卷

刑事执行与罪犯处遇

预防犯罪与刑事司法

司法制度与司法协助

司法人权保护

第二卷

第三卷

刑事执行与罪犯处遇

联合国囚犯待遇最低限度标准规则（纳尔逊·曼德拉规则）

2015 年 12 月 17 日联合国大会决议

［根据第三委员会的报告（A/70/490）通过］

大会，

遵循载于《联合国宪章》序言和《世界人权宣言》[①] 的联合国主要宗旨，并因以下决心而受到激励，即重申对于基本人权、不加以任何区别的人的尊严与价值以及男女和大小各国享有平等权利的信念，创造适当环境，以维持正义和对条约和其他国际法渊源所产生义务的尊重，并促进社会进步和有更大自由的更高生活水平，

回顾应预防犯罪和刑事司法委员会的请求拟定并获大会通过或推荐、或获联合国预防犯罪和罪犯待遇大会通过的所有预防犯罪和刑事司法标准和规则，并认识到《世界人权宣言》是启发联合国预防犯罪和刑事司法标准和规范的源泉，

铭记联合国对于刑事司法人性化和保护人权的长期关注，并强调人权在日常刑事司法工作和预防犯罪中的根本重要性，

意识到《囚犯待遇最低限度标准规则》[②] 自 1955 年获第一届联合国预防犯罪和罪犯待遇大会通过以来，一直是得到普遍承认的最低限度囚犯关押标准，作为一项指南，对于制定惩教法律、政策和做法具有重要价值和影响，

---

① 第 217A（III）号决议。

② 《人权：国际文书汇编》，第一卷（第一部分），《世界文书》（联合国出版物，出售品编号：C. 02. XIV. 4（Vol. I，Part 1）），J 节，第 34 号。

念及会员国在《关于应对全球挑战的综合战略：预防犯罪和刑事司法系统及其在变化世界中的发展的萨尔瓦多宣言》[①]中认识到，有效、公正、问责和人道的刑事司法系统的基础是致力于在司法工作和预防及控制犯罪工作中坚持保护人权，并且确认联合国预防犯罪和刑事司法标准和规范对于制定和执行国家预防犯罪和刑事司法政策、程序和方案的价值和影响，

考虑到1955年以来有关囚犯待遇的国际法逐步发展，包括载于以下国际文书的国际法：《公民权利及政治权利国际公约》[②]、《经济、社会及文化权利国际公约》[③]、《禁止酷刑和其他残忍、不人道或有辱人格的待遇或处罚公约》[④]及其《任择议定书》[⑤]，

回顾1955年以来通过的与囚犯待遇和非监禁措施有关的联合国预防犯罪和刑事司法标准和规范，特别是切实执行《囚犯待遇最低限度标准规则》的程序[⑥]、《保护所有遭受任何形式拘留或监禁的人的原则》[⑦]、《囚犯待遇基本原则》[⑧]、《联合国非拘禁措施最低限度标准规则》（东京规则）[⑨]以及关于在刑事事项中采用恢复性司法方案的基本原则[⑩]，

铭记在司法工作中需要特别注意儿童、少年和妇女的具体处境，特别是他们被剥夺自由时的处境，以下文书有此要求：《联合国少年司法最低限度标准规则》（北京规则）[⑪]、《联合国预防少年犯罪准则》（利雅得准则）[⑫]、《联合国保护被

① 第65/230号决议，附件。

② 见第2200A（XXI）号决议，附件。

③ 同上。

④ 联合国，《条约汇编》，第1465卷，第24841号。

⑤ 同上，第2375卷，第24841号。

⑥ 经济及社会理事会第1984/47号决议，附件。

⑦ 第43/173号决议，附件。

⑧ 第45/111号决议，附件。

⑨ 第45/110号决议，附件。

⑩ 经济及社会理事会第2002/12号决议，附件。

⑪ 第40/33号决议，附件。

⑫ 第45/112号决议，附件。

剥夺自由少年规则》[①] 和《联合国关于女性囚犯待遇和女性罪犯非拘禁措施的规则》(曼谷规则)[②],

回顾 1955 年以来通过的就囚犯待遇提供另外指导意见的联合国预防犯罪和刑事司法标准和规范，包括《执法人员行为守则》[③]、《有关医务人员，特别是医生，在保护被监禁和拘留的人不受酷刑和其他残忍、不人道或有辱人格的待遇或处罚方面的作用的医疗道德原则》[④]、《执法人员使用武力和枪支的基本原则》[⑤]、《有效调查和记录酷刑和其他残忍、不人道或有辱人格待遇或处罚的原则》[⑥] 和《联合国关于在刑事司法系统中获得法律援助机会的原则和准则》[⑦],

意识到有关囚犯待遇的区域原则和标准，包括《美洲保护被剥夺自由者原则和最佳做法》、经修订的《欧洲监狱规则》、《关于非洲监狱条件的坎帕拉宣言》[⑧]、《关于良好的监狱管理方法的阿鲁沙宣言》[⑨] 和《非洲公平审判和法律援助权的原则和指导方针》,

回顾其 2010 年 12 月 21 日题为"第十二届联合国预防犯罪和刑事司法大会"的第 65/230 号决议，其中大会请预防犯罪和刑事司法委员会设立一个不限成员名额政府间专家组，就最佳做法、国家立法和现行国际法以及修订现行联合国囚犯待遇最低限度标准规则以使其反映惩教科学和最佳做法的近期进展等方面交流信息,

还回顾其题为《囚犯待遇最低限度标准规则》的 2012 年 12 月 20 日第 67/188

---

① 第 45/113 号决议，附件。

② 第 65/229 号决议，附件。

③ 第 34/169 号决议，附件。

④ 第 37/194 号决议，附件。

⑤ 《第八届联合国预防犯罪和罪犯待遇大会，1990 年 8 月 27 日至 9 月 7 日，哈瓦那：秘书处编写的报告》(联合国出版物，出售品编号：C. 91. IV. 2)，第一章，B. 2 节，附件。

⑥ 第 55/89 号决议，附件。

⑦ 第 67/187 号决议，附件。

⑧ 经济及社会理事会第 1997/36 号决议，附件。

⑨ 经济及社会理事会第 1999/27 号决议，附件。

号、2013 年 12 月 18 日第 68/190 号和 2014 年 12 月 18 日第 69/192 号决议，特别是第 68/190 号决议，其中赞赏地注意到囚犯待遇最低限度标准规则专家组所作的工作，以及第 69/192 号决议，其中强调应在专家组三次会议所提建议和会员国所提交意见的基础上努力完成修订进程，

念及其第 68/190 号决议考虑到专家组在下列领域就所确定供修订的各项《最低限度标准规则》问题和规则提出的建议：

（a）尊重囚犯作为人所享有的固有尊严和价值（规则 6 第 1 款、规则 57 至 59 以及规则 60 第 1 款），

（b）医疗和保健服务（规则 22 至 26、规则 52 和 62 以及规则 71 第 2 款），

（c）纪律行动和惩处，包括医疗人员的角色、隔离监禁和减少饮食（规则 27、29、31 和 32），

（d）调查所有监禁中死亡事件以及囚犯遭受酷刑或者不人道或有辱人格待遇或处罚的任何迹象或指控（规则 7 及拟议规则 44 之二和 54 之二），

（e）对被剥夺自由的弱势群体的保护及其特殊需要，同时考虑到境况困难的国家（规则 6 和 7），

（f）获得法律代理的权利（规则 30、规则 35 第 1 款、规则 37 和 93），

（g）申诉和独立检查（规则 36 和 55），

（h）过时用语的替换（规则 22 至 26、规则 62，82，83 以及其他规则），

（i）培训有关工作人员实施《最低限度标准规则》（规则 47），

又念及其第 69/192 号决议重申对《最低限度标准规则》的任何改动都不得降低现有的任何标准，而应反映惩教科学和良好做法的近期进展，以增进囚犯的安全并改善其人道状况，

还念及广泛的磋商进程最终产生了专家组各项建议，该进程为期五年，包括技术性事先磋商和专家事先磋商，在维也纳、布宜诺斯艾利斯和南非开普敦举行的会议以及所有区域的会员国的积极参与和投入，得到下列机构的代表的协助：联合国预防犯罪和刑事司法方案网及其他联合国实体，包括联合国人权事务高级专员办事处、防止酷刑和其他残忍、不人道或有辱人格待遇或处罚小组委员会、联合国毒品和犯罪问题办公室、政府间组织（包括红十字国际委员

会）、联合国系统专门机构（包括世界卫生组织）以及非政府组织和惩教科学与人权领域的专家个人，

回顾其2014年12月18日题为“司法工作中的人权”的第69/172号决议，其中认识到以下原则的重要性，即除了监禁情形下显然需要的合法限制外，被剥夺自由者应保有其不可克减的人权以及所有其他人权和基本自由，并回顾，被剥夺自由者恢复正常社会生活和重新融入社会应是刑事司法制度的基本目标之一，应尽可能确保犯罪者回归社会后能够遵守法律并自食其力，并注意到人权委员会通过的关于被剥夺自由者人道待遇的第21号一般性意见①，

1. 表示感谢和赞赏南非政府主办了2015年3月2日至5日在南非开普敦举行的囚犯待遇最低限度标准规则专家组会议及在整个审查进程中提供资金支持和领导，并赞赏地注意到就专家组前几次会议所确定供修订的九个专题领域和规则达成的共识②；

2. 表示赞赏阿根廷政府主办并资助了2012年12月11日至13日在布宜诺斯艾利斯举行的专家组会议，并感谢巴西政府对2014年3月25日至28日在维也纳举行的专家组会议提供的资金捐助；

3. 肯定2014年在维也纳举行的专家组会议主席团在秘书处协助下在为2015年于开普敦举行的专家组会议编写文件特别是经修订的合并工作文件方面所完成的宝贵工作③；

4. 注意到在2015年4月12日至19日于多哈举行的第十三届联合国预防犯罪和刑事司法大会通过的《关于将预防犯罪和刑事司法纳入更广泛的联合国议程以应对社会和经济挑战并促进国内和国际法治及公众参与的多哈宣言》④中，第十三届预防犯罪大会对专家组的工作表示欢迎并注意到2015年3月在开普敦举行的专家组会议定稿的《囚犯待遇最低限度标准规则》修订

① 《大会正式记录，第四十七届会议，补编第40号》（A/47/40），附件六.B。

② 见E/CN.15/2015/17。

③ UNODC/CCPCJ/EG.6/2015/2。

④ 第70/174号决议，附件。

草案；

5. 通过所提议的对《囚犯待遇最低限度标准规则》的修订，修订本附于本决议之后，称为《联合国囚犯待遇最低限度标准规则》；

6. 核准专家组的建议，将《规则》称为《纳尔逊·曼德拉规则》，以纪念南非前总统纳尔逊·罗利拉拉·曼德拉的精神遗产，他在为全球人权、平等、民主和倡导和平文化的斗争中曾在监狱度过27年；

7. 决定扩展每年7月18日纪念的“纳尔逊·曼德拉国际日”①的范围，借以倡导人道的监禁条件，提高对囚犯仍然是社会的一部分的认识，将监狱工作人员的工作视为具有特别重要性的社会服务，并为此目的，邀请会员国、区域组织和联合国系统各组织以适当方式纪念这一日子；

8. 在上述执行部分第5段的背景下重申《纳尔逊·曼德拉规则》的序言，强调《规则》的非约束性，承认各会员国的法律框架各种各样，就此认识到，各会员国可酌情根据本国的法律框架变通适用《规则》，同时铭记《规则》的精神和宗旨；

9. 鼓励会员国根据《纳尔逊·曼德拉规则》以及所有其他相关和适用的联合国预防犯罪和刑事司法标准和规范努力改善关押条件，继续交流良好做法，以查明在实施《规则》方面面临的挑战，并分享各自在应对这些挑战方面的经验；

10. 邀请预防犯罪和刑事司法委员会在今后几届会议上考虑重新召集囚犯待遇最低限度标准规则不限成员名额政府间专家组，目的是查明吸取的经验教训、继续交流良好做法的方式以及在施行《纳尔逊·曼德拉规则》方面面临的挑战；

11. 鼓励会员国推动实施《联合国保护被剥夺自由少年规则》和《联合国关于女性囚犯待遇和女性罪犯非拘禁措施的规则》（曼谷规则）；

12. 建议会员国根据《联合国非拘禁措施最低限度标准规则》（东京规则），继续努力减少监狱过于拥挤现象，并酌情采取非拘禁措施作为审前拘留的替代

---

① 见第64/13号决议。

措施，促进增加利用司法和法律辩护机制的机会，强化非监禁措施，以及支持改过自新和重返社会方案；

13. 注意到必须酌情在会员国之间以及与相关国际实体交流经验和良好做法，并应会员国的请求向其提供技术援助以协助改进《纳尔逊·曼德拉规则》的施行；

14. 鼓励会员国考虑为协助改善监狱条件和适用《纳尔逊·曼德拉规则》拨出充足的人力和财力资源；

15. 请联合国毒品和犯罪问题办公室确保广泛传播《纳尔逊·曼德拉规则》，以设计刑法改革领域的指导材料并向会员国提供该领域的技术援助和咨询服务，从而按照《规则》制定或加强监禁立法、程序、政策和做法；

16. 赞扬预防犯罪和刑事司法委员会通过制定和改进预防犯罪和刑事司法领域的国际标准和规范继续为改进司法工作作出贡献，并促请会员国继续在这方面作出努力；

17. 请联合国毒品和犯罪问题办公室继续促进使用和适用联合国预防犯罪和刑事司法标准和规范，方法是，除其他外，应请求向会员国提供咨询服务和技术援助，包括在预防犯罪、刑事司法和法律改革方面以及在组办执法、预防犯罪和刑事司法人员培训方面提供援助，支持刑罚和监狱系统的行政和管理，从而推动提高其效率和能力；

18. 邀请会员国和其他捐助方按照联合国的规则和程序为上述目的提供预算外资源；

19. 确认联合国预防犯罪和刑事司法方案网、政府间组织和在经济及社会理事会享有咨商地位的非政府组织在修订进程中以及在根据有效施行《纳尔逊·曼德拉规则》的程序促进《规则》的传播、推广和切实适用方面发挥重要作用。

2015 年 12 月 17 日

第 80 次全体会议

附 件

联合国囚犯待遇最低限度标准规则（纳尔逊·曼德拉规则）

序言部分 1

订立下列规则并非在于详细阐明一套监所典型制度，其目的仅在于以当代思潮的一般公意和当今各种最恰当制度的基本构成部分为基础，说明什么是人们普遍同意的囚犯待遇和监狱管理的优良原则和惯例。

序言部分 2

1. 鉴于世界各国的法律、社会、经济和地理情况差异极大，并非全部规则都能够到处适用，也不是什么时候都适用，这是显而易见的。但是，本套规则应足以激发不断努力，以克服执行过程中产生的实际困难，因为知道它们整体体现的是联合国认为适当的最低条件。

2. 另一方面，本套规则所涵盖领域中的思想正在不断发展之中。因此，规则的目的并不在于排除实验和实践，只要这些实验和实践与各项原则相符，并能对规则整体文字所述的目标有所促进。中央监狱管理部门若依照这种精神而授权变通各项规则，总是合理的。

序言部分 3

1. 本套规则第一部分规定监狱的一般管理，适用于各类囚犯，无论刑事犯或民事犯，未经审讯或已经判罪，包括法官下令采取“保安措施”或改造措施的囚犯。

2. 第二部分所载的规则只适用于各节所规定的特殊类别。但是，对服刑囚犯适用的 A 节各项规则，应同样适用于 B、C 和 D 各节涉及的各类囚犯，但以不与关于这几类囚犯的规则发生矛盾并对其有利者为限。

序言部分 4

1. 本套规则的目的不在于管制专为青少年设立的监所——例如少年拘留所或感化院——的管理，但是，一般而言，第一部分同样适用于这种监所。

2. 青少年囚犯这一类别最少应当包括属少年法庭管辖的所有青少年。一般而言，对这些青少年不应判处监禁。

一、一般适用的规则

基本原则

规则 1

对待所有囚犯，均应尊重其作为人所固有的尊严和价值。任何囚犯均不应遭受——且所有囚犯均应得到保护以免遭受——酷刑和其他残忍、不人道或有辱人格的待遇或处罚，对此，不得援引任何情形为例外理由。任何时候都应确保囚犯、工作人员、服务提供者和探访者的安全。

规则 2

1. 本套规则应予公正执行。不应基于种族、肤色、性别、语言、宗教、政见或其他主张、国籍或社会出身、财产、出生或任何其他身份而加以歧视。应当尊重囚犯的宗教信仰和道德标准。

2. 为将不歧视的原则付诸实施，监狱管理部门应当考虑到囚犯的个人需要，特别是监狱环境中最脆弱的几类人。需要制定保护和促进有特殊需要的囚犯之权利的措施，而且这种措施不应被视为有歧视性。

规则 3

监禁和将人同外界隔绝的其他措施因剥夺人的自由而致其不能享有自决权利，所以使人感受折磨。因此，除非为合理隔离和维持纪律等缘故，监狱系统不应加重此项情势所固有的痛苦。

规则 4

1. 判处监禁或剥夺人的自由的类似措施的目的主要是保护社会避免受犯罪之害并减少再犯。唯有利用监禁期间在可能范围内确保犯人释放后重新融入社会，从而能够遵守法律、自食其力，才能达到这一目的。

2. 为此，监狱管理部门和其他主管机关应提供教育、职业培训和工作，以及适当可用的其他帮助形式，包括具有改造、道德、精神、社会、健康和体育性质的帮助形式。所有此类方案、活动和服务均应按照囚犯所需的个性化待遇来提供。

规则 5

1. 监狱制度应设法减少狱中生活同自由生活的差别，以免降低囚犯的责任感，或囚犯基于人的尊严所应得的尊重。

2. 监狱管理部门应作出所有合理的通融和调整以确保有身体残疾、精神残疾或其他残疾的囚犯能够在公正基础上充分有效地融入监狱生活。

囚犯档案管理

规则 6

凡是监禁犯人的场所都要具备标准化的囚犯档案管理系统。此种系统可以是电子记录数据库，也可以是有页码和签字页的登记簿。应当有程序确保安全审计线索和防止擅自查阅或更改系统所载任何信息。

规则 7

如无有效的收监令，监狱不得收受犯人。在接收每一位囚犯时，应在囚犯档案管理系统中输入下列信息：

（a）能够决定他或她唯一身份的准确资料，并尊重他或她自己感知的性别；

（b）他或她被监禁的原因和主管机关，以及逮捕的日期、时间和地点；

（c）收监和出狱的日期和时刻，以及任何移送的日期和时刻；

（d）任何显见创伤和对先前所受虐待的申诉；

（e）他或她个人财物的详细目录；

（f）他或她的家人的姓名，如适用，包括他或她的子女的姓名，及子女的年龄、所在地和照看或监护状况；

（g）囚犯近亲的紧急联系方式和信息。

规则 8

在监禁过程中，应在囚犯档案管理系统中输入以下信息（如适用）：

（a）与司法程序有关的信息，包括法院听审日期和诉讼代理人；

（b）初步评估和分类报告；

（c）与行为和纪律有关的信息；

（d）请求和申诉，包括对酷刑或其他残忍、不人道和有辱人格的待遇或处罚的指控，除非这些是保密性质的；

（e）关于实行纪律惩罚的信息；

（f）创伤或死亡的背景情况和原因的相关信息，若是死亡，遗体归于何处。

规则 9

规则 7 和规则 8 提及的所有记录都应保密并且只提供给因专业责任而需要查阅这些记录的人。应允许囚犯查阅与自己有关的、须依据国内法律授权加以订正的记录，其获释时应有权得到一份这些记录的正式副本。

规则 10

囚犯档案管理系统还应当用于生成关于监狱人口趋势和特点的可靠数据，包括居住率，以便为循证决策提供依据。

按类隔离

规则 11

不同类别的囚犯应按照性别、年龄、犯罪记录、被拘留的法定原因和必需施以的待遇，分别送入不同的监所或监所的不同部分；因此：

（a）应尽量将男犯和女犯拘禁于不同监所；兼收男犯和女犯的监所应将分配给女犯的房舍彻底隔离；

（b）应将未经审讯的囚犯同已经判罪的囚犯隔离；

（c）因欠债被监禁的囚犯和其他民事囚犯应同因犯刑事罪而被监禁的囚犯隔离；

（d）青少年囚犯应同成年囚犯隔离。

住　宿

规则 12

1. 如就寝安排为单个囚室或单间，囚犯晚上应单独占用一间囚室或房间。除了由于特别原因，例如临时人多拥挤，中央监狱管理部门不得不对本项规则破例处理外，不宜让两名囚犯占用一间囚室或房间。

2. 如设有宿舍，应小心分配囚犯，使之在这种环境下能够互相保持融洽。晚上应按照监狱的性质，按时监督。

规则 13

所有供囚犯占用的房舍，尤其是所有住宿用的房舍，必须符合保健规定，同时应妥为注意气候情况，尤其是立方空气容量、最低限度的地面面积、灯光、暖气和通风等项。

规则 14

在囚犯必须居住或工作的所有地方：

（a）窗户的大小应以能让囚犯靠天然光线阅读和工作为准，在构造上，无论有没有通风设备，应能让新鲜空气进入；

（b）应有充分灯光，使囚犯能够阅读和工作，不致损害视力。

规则 15

卫生设备应当充足，能随时满足每一名囚犯大小便的需要，并应维持清洁和体面。

规则 16

应当供给充分的浴盆和淋浴设备，使每一名囚犯都能够及可被要求在适合气候的室温之下沐浴或淋浴，其次数依季节和区域的情况，视一般卫生的需要而定，但是，在温和气候之下，最少每星期一次。

规则 17

囚犯经常使用的监狱中各部分应当予以适当维护，始终保持绝对清洁。

个人卫生

规则 18

1. 囚犯必须保持身体清洁，为此目的，应当提供为维持健康和清洁所需的用水和梳洗用具。

2. 为使囚犯可以保持整洁外观，维持自尊，应当提供妥为修饰须发的用具，男犯应得以经常刮胡子。

衣服和被褥

规则 19

1. 囚犯如不准穿着自己的衣服，应发给适合气候和足以维持其良好健康的全套衣服。发给的衣服不应有辱人格或有失体面。

2. 所有衣服应当保持清洁整齐。内衣应常常更换和洗濯，以维持卫生。

3. 在特殊情况下，经准许将囚犯移至监狱之外时，应当准许其穿着自己的衣服或其他不惹人注目的衣服。

规则 20

如准许囚犯穿着自己的衣服，应于他们入狱时作出安排，确保衣服洁净和适合穿着。

规则 21

应当按照当地或国家的标准，供给每一位囚犯一张床，分别附有充足的被褥，发给时应是清洁的，并应保持整洁，且常常更换，以确保清洁。

饮　食

规则 22

1. 监狱管理部门应当于惯常时刻，供给所有囚犯足以维持健康和体力的有营养价值的饮食，饮食应滋养丰富、烹调可口和供应及时。

2. 所有囚犯口渴时都应有饮用水可喝。

锻炼和运动

规则 23

1. 凡是未受雇从事户外工作的囚犯，如气候许可，每天最少应有一小时在室外作适当锻炼。

2. 青少年囚犯和其他在年龄和体力方面适宜的囚犯，在锻炼时间应获得体育和文娱训练。应为此目的提供场地、设施和设备。

医疗保健服务

规则 24

1. 为囚犯提供医疗保健是国家的责任。囚犯应享有的医疗保健标准应与在社区中能够享有的相同，并应能够免费获得必要的医疗保健服务，不因其法律地位而受到歧视。

2. 应与普通公共卫生管理部门紧密合作安排医疗保健服务，确保持续治疗和护理，包括对艾滋病毒、肺结核和其他传染病以及毒瘾的持续治疗和护理。

规则 25

1. 所有监狱都应有医务处，负责评估、促进、保护和改善囚犯的身心健康，特别关注具有特殊保健需要的囚犯或有阻碍其恢复正常生活的健康问题的囚犯。

2. 医务处应有一个跨学科团队，有足够多在临床上完全独立行事的合格工作人员，并应具备足够的心理学和精神病学专业知识。所有囚犯都应能获得合格牙医的服务。

规则 26

1. 医务处应当编写并保持所有囚犯的准确、最新、机密的个人病历，所有囚犯若有要求，均应允许他们查阅自己的病历。囚犯可指定第三方查阅他或她的病历。

2. 在移送囚犯时应将病历移送至接收监所的医务处，并将病历作为医疗机密。

规则 27

1. 所有监狱均应确保在紧急情况下立即提供医疗照顾。需要专科治疗或手术的囚犯应当移往专科院所或民用医院。如监狱有自己的医院设施，这些设施应配备充足的工作人员和设备，为送来的囚犯提供适当的治疗和护理。

2. 只有负责的医疗保健专业人员才可作出临床决定，监狱的非医疗工作人员不可否决或忽视这些决定。

规则 28

女犯监狱应特别提供各种必需的产前和产后照顾和治疗。可能时应作出安排，使婴儿在监狱外的医院出生。如果婴儿在监狱出生，此点不应列入出生证内。

规则 29

1. 允许儿童在监狱与自己父 / 母同住的决定应当基于相关儿童的最佳利益。如果允许儿童在监狱中与父 / 母同住，应在以下方面做好准备：

（a）雇有合格工作人员的内部或外部育儿所，除由父 / 母照顾的时间外，儿童应放在育儿所；

（b）专门的儿童保健服务，包括接收时进行健康检查和由专科医生持续监测其发育情况。

2. 在狱中与父 / 母同住的儿童绝不应被视为囚犯。

规则 30

医生或无论是否要向该医生汇报的其他合格医疗保健专业人员，应于囚犯入狱后，尽快与之会晤、交谈并予以检查，以后于必要时，亦应会晤、交谈和检查。应当特别注意：

（a）查明医疗保健需求，并采取所有必要措施予以治疗；

（b）查明被送来的囚犯在入狱前可能受到的任何虐待；

（c）查明因被监禁而产生的任何心理压力或其他压力的迹象，包括但不限于自杀或自残的风险，以及因停用毒品、药品或酒精而造成的戒断症状；并开展一切适当的个性化措施或治疗；

（d）将怀疑患传染病的囚犯临床隔离，并为处于传染阶段的囚犯提供充分治疗；

（e）断定各名囚犯是否适合工作、锻炼和视情况参加其他活动。

规则 31

医生或其他合格医疗保健专业人员（若适用）应当每天诊看所有患病囚犯、所有自诉有生理或心理健康问题或伤害的囚犯以及他们特别关注的任何囚犯。所有体检均应在完全保密的情况下进行。

规则 32

1. 医生或其他医疗保健专业人员与囚犯之间的关系应当遵守适用于社区中患者的道德标准和专业标准，特别是：

（a）保护囚犯的生理和心理健康的义务以及仅按临床理由预防和治疗疾病；

（b）在医患关系中遵守患者对自身健康的自主权和知情同意权；

（c）医疗资料保密，除非保密会即刻导致损及病人或其他人的切实威胁；

（d）绝对禁止积极或消极地进行可能构成酷刑或其他残忍、不人道或有辱人格的待遇或处罚的行为，包括可能损害囚犯健康的医学或科学实验，如摘取囚犯的细胞、身体组织和器官。

2. 在无损于本项规则第 1 款（d）项的前提下，如果预期将给囚犯的健康带来直接、重大裨益，可在自由且知情同意的基础上，依据适用法，允许囚犯参加可在社区参与的临床试验和其他保健研究，并允许囚犯为亲属捐献细胞、身体组织和器官。

规则 33

医生如认为继续予以监禁或监禁的任何条件已经或将会危害某一囚犯的生理或心理健康时，应当向监狱长提出报告。

规则 34

医疗保健专业人员若在囚犯入狱体检时或在此后为囚犯提供医疗服务时发现酷刑或其他残忍、不人道或有辱人格待遇或处罚的任何迹象，应将这些情况记录下来并报告医疗、行政或司法主管部门。应当遵循适当的程序保障措施，以使囚犯或相关人员不会面临可预见的受害风险。

规则 35

1. 医生或公共卫生主管机关应经常检查下列各项，并向监狱长提出意见：

（a）饮食的分量、质量、烹调和供给；

（b）监所和囚犯的卫生和清洁；

（c）监狱的卫生、温度、灯光和通风；

（d）囚犯的衣服和被褥是否适当和清洁；

（e）如无技术人员主持体育和运动活动时，这些活动是否遵守规则。

2. 监狱长应当审查按照本项规则第 1 款和规则 33 提出的意见和报告，并应立刻采取步骤落实这些意见和报告中的建议。如果这些意见或建议不在监狱长的权力范围之内或者其不予赞同，监狱长应当立刻向上级提交自己的报告和医生或公共卫生主管机关的意见或建议。

限制、纪律和惩罚

规则 36

维持纪律和秩序时不应实施超过确保安全看守、监狱安全运转和有秩序的集体生活所需的限制。

规则 37

下列各项应始终依法律或依主管行政机关的规章核准：

（a）违反纪律的行为；

（b）应受惩罚的种类和期限；

（c）有权执行惩罚的机关；

（d）任何形式的与监狱一般囚犯分开的非自愿隔离，例如单独监禁、孤立、隔离、特殊监护室和限制屋，不论是作为纪律惩罚还是出于维护秩序和安全，包括公布关于使用、审查、施加和解除任何形式的非自愿隔离的政策和程序。

规则 38

1. 鼓励监狱管理部门尽可能利用预防冲突机制、调解机制或解决争端的任何其他替代机制，来防止违纪行为或解决冲突。

2. 对于被隔离或曾被隔离的囚犯，监狱管理部门应采取必要措施，以缓解他们在从监狱释放后监禁经历对他们自己和他们的社区造成的潜在不利影响。

规则 39

1. 除非依据规则 37 提及的法律或规章的条款以及公正和正当程序的原则，否则不得惩罚囚犯。对于囚犯，同一行为或罪行不得二罚。

2. 监狱管理部门应确保纪律惩罚与所要惩罚的违纪行为相称，并应适当记录实施的所有纪律惩罚措施。

3. 监狱管理部门在实施纪律惩罚前应考虑囚犯的精神疾病或发育残疾是否及如何造成他或她犯下引起纪律指控的罪行或行为。监狱管理部门不应对据认为是由囚犯的精神疾病或智力残疾直接导致的任何行为实施惩罚。

规则 40

1. 囚犯在监狱服务时，不得以任何惩戒职位雇用。

2. 但本项规则不得妨碍以自治为基础的各项制度的正当推行，根据这些制度，囚犯按应受的待遇分成若干群组，受托在监督之下开展社会、教育或运动等指定活动或担负相应职责。

规则 41

1. 对囚犯违纪行为的任何指控均应立即报告主管机关，主管机关应对此进行调查，不得无故拖延。

2. 应当毫不迟延地以囚犯所懂的语言告知囚犯其所受控告的性质，并给予囚犯充分的时间和便利准备其辩护。

3. 若司法权益有要求，应准许囚犯亲自或通过法律援助为自己辩护，特别是在涉及严重纪律指控的情况下。如果囚犯不懂或不讲纪律听证会所用语言，应免费得到合格口译员的协助。

4. 囚犯应有机会寻求对自己所受的纪律惩罚进行司法审查。

5. 如果违纪行为被作为犯罪起诉，囚犯应当有权享有适用于刑事诉讼的所有正当程序保障，包括不受阻碍地获得法律顾问服务。

规则 42

本套规则述及的一般居住条件，包括与光线、通风、温度、卫生、营养、饮用水、享受户外空气和进行身体锻炼、个人卫生、保健和适当的个人空间有关的条件，应不加例外地适用于所有囚犯。

规则 43

1. 限制或纪律惩罚在任何情况下都不可发展成酷刑或其他残忍、不人道或有辱人格的待遇或处罚。以下做法特别应当禁止：

（a）无限期的单独监禁；

（b）长期单独监禁；

（c）将囚犯关在黑暗或持续明亮的囚室中；

（d）体罚，或减少囚犯饮食和饮水；

（e）集体处罚。

2. 戒具绝不应用作对违反纪律行为的惩罚。

3. 纪律惩罚或限制措施不应包括禁止与家人联系。只可在有限的一段时间内限制与家人联系的方式，而且这种惩罚方式应确实是维持安全和秩序所必要的。

规则 44

就本套规则而言，单独监禁应指一天内对囚犯实行没有有意义人际接触的监禁达到或超过 22 个小时。长期单独监禁应指连续超过 15 天的单独监禁。

规则 45

1. 单独监禁只应作为在例外情形下不得已而采取的办法，时间能短则短，并应受独立审查，而且只能依据主管机关的核准。不应因囚犯所受的判决而施以单独监禁。

2. 在有精神残疾或身体残疾的囚犯的状况会因单独监禁而恶化时应禁止对其实施此类措施。继续适用预防犯罪和刑事司法领域的其他联合国标准和规范[①]提及的规定，即在涉及妇女和儿童的情况下禁止使用单独监禁和类似措施。

规则 46

1. 医疗保健人员不应在实施纪律惩罚或其他限制措施上起到任何作用。但他们应当特别注意处于任何形式的非自愿隔离中的囚犯的健康，包括每日访问此类囚犯并在此类囚犯或监狱工作人员的请求下立即提供医疗帮助和治疗。

2. 医疗保健人员应毫不迟延地向监狱长报告纪律惩罚或其他限制措施对被施以此类惩罚或措施的囚犯的身心健康产生的任何不利影响，并应在认为出于身心健康原因有必要终止或更改这些惩罚或措施时向监狱长提出建议。

3. 医疗保健人员应有权审查和建议更改对囚犯的非自愿隔离，以便确保这种隔离不致恶化囚犯的健康状况或精神残疾和身体残疾。

戒　具

规则 47

1. 应当禁止使用铁链、镣铐和本身具有侮辱性或致痛性的其他戒具。

2. 只有法律许可和在下列情况下，才应使用其他戒具：

（a）移送囚犯时防其脱逃，但囚犯在司法或行政机关中出庭时，应予除去；

（b）如果其他管制办法无效，经监狱长下达命令，以避免囚犯伤害自己、伤及他人或损坏财产；遇此情况，监狱长应立即通知医生或其他合格医疗保健专业人员并报告上级行政机关。

规则 48

1. 若依规则 47 第 2 款核准施加戒具，应遵守下列原则：

① 见《联合国保护被剥夺自由少年规则》规则 67（第 45/113 号决议，附件）；《联合国关于女性囚犯待遇和女性罪犯非拘禁措施的规则》（曼谷规则）规则 22（第 65/229 号决议，附件）。

（a）仅在更轻微的管制形式无法有效应对无限制移动造成的风险时才可施加戒具；

（b）基于风险级别和性质，限制办法应是控制囚犯移动所需并合理可得的最不具侵入性的办法；

（c）仅应在必要期限内施加戒具，当无限制移动造成的风险不再存在后应尽快予以除去。

2. 绝不应对处于生产、分娩过程和刚分娩完的妇女使用戒具。

规则 49

监狱管理部门应寻求获得管制技术并提供使用这种技术的培训，以避免施加戒具的必要或减少其侵入性。

搜查囚犯和囚室

规则 50

有关搜查囚犯和囚室的法律和规章应符合国际法规定的义务并考虑到国际标准和规范，同时铭记需要确保监狱中的保安。进行搜查时应尊重被搜查者作为人所固有的尊严和隐私，并应遵循相称性、合法性和必要性的原则。

规则 51

不应利用搜查进行骚扰、恐吓或对囚犯的隐私进行不必要的侵犯。出于问责目的，监狱管理部门应保存适当的搜查记录，特别是脱衣搜查、体腔搜查和囚室搜查的记录，以及搜查原因、搜查人员身份和搜查结果的记录。

规则 52

1. 应仅在绝对必要时才进行侵入性搜查，包括脱衣搜查和体腔搜查。应鼓励监狱管理部门制订和使用适当的替代方法，以代替侵入性搜查。侵入性搜查应在私下由与囚犯相同性别、受过训练的工作人员进行。

2. 体腔搜查应仅由合格的医疗保健专业人员进行，不得由主要是负责照顾该囚犯的保健人员进行，或至少应由经过医学专业人员适当训练的工作人员按卫生、健康和安全标准进行。

规则 53

囚犯应可以查阅，或应准在不经监狱管理部门查阅的情况下拥有与其诉讼程序有关的文件。

囚犯获得资料及提出申诉

规则 54

囚犯入狱时应立即发给书面资料，载述以下信息：

（a）监狱法和适用的监狱规章；

（b）囚犯的权利，包括允许以何种方式寻求资料、获得法律咨询，包括借助法律援助计划，以及提出请求或申诉的程序；

（c）囚犯的义务，包括适用的纪律惩罚；

（d）使囚犯能够适应监狱生活的所有其他必要事项。

规则 55

1. 规则 54 提及的资料应根据监狱囚犯的需要以最通用的语言提供。如果囚犯不懂其中任何语言，应当提供口译协助。

2. 如果囚犯为文盲，应当向其口头传达资料。对于有感官残疾的囚犯，应以适合其需要的方式提供资料。

3. 监狱管理部门应当在监狱的公共区域突出展示资料概要。

规则 56

1. 囚犯应当每日都有机会向监狱长或奉派代表监狱长的监狱工作人员提出请求或申诉。

2. 在监狱检查员进行检查时，应可向其提出请求或申诉。囚犯应有机会同检查员或其他检查官员进行自由和完全保密的谈话，监狱长或其他工作人员不得在场。

3. 应允许囚犯向中央监狱管理部门、司法主管机关或其他主管机关，包括有审查或纠正权的机关，提出关于其待遇的请求或申诉，内容不受检查。

4. 本项规则第 1 款至第 3 款下的权利应当延至囚犯的法律顾问。如果囚犯或其法律顾问都不可能行使那些权利，囚犯的家属或任何了解案情的其他人均可予以行使。

规则 57

1. 对每项请求或申诉都应迅速处理并毫无迟延地给予答复。如果请求或申诉被驳回，或有不当迟延，申诉人应有权提交司法主管机关或其他主管机关。

2. 应当规定保障措施，确保囚犯可安全地提出请求或申诉，并在申诉人请求保密的情况下确保保密。不得使规则 56 第 4 款提及的囚犯或其他人因提出请求或申诉而承受任何报复、威吓或其他负面后果的风险。

3. 对囚犯受到的酷刑或其他残忍、不人道或有辱人格的待遇或处罚的指控应当立即加以处理，并应依据规则 71 第 1 款和第 2 款由独立国家机关立即开展公正调查。

同外界的接触

规则 58

1. 囚犯应准在必要监督之下，通过以下方式经常同亲属和朋友联络：

（a）书面通信，以及使用电信、电子、数字和其他方式的通信（如有的话）；

（b）接受探监。

2. 如果允许配偶探访，则应无歧视地适用这一权利，而且女囚犯应能与男囚犯平等行使这一权利。应规定程序和提供场所，以确保公正而平等地提供机会，同时适当注意安全和尊严。

规则 59

应尽可能将囚犯分配至接近其家庭或恢复社会生活的地点的监狱。

规则 60

1. 在探监者同意被搜查后，视条件准许其进入监狱设施。探监者可以随时撤回自己的同意，在此情况下，监狱管理部门可以拒绝其进入。

2. 针对探监者的搜查和进入程序不应有辱人格，应至少遵守规则 50 至规则 52 中所规定的保护性原则。应避免体腔搜查，不应对儿童进行这种搜查。

规则 61

1. 应当依据适用的国内法律向囚犯提供适当机会、时间和设施，以便其在不受拖延、阻拦或审查且完全保密的情况下接受自己选择的法律顾问或法律援助提供者的探访并就任何法律问题与之沟通和咨询。咨询可在监狱工作人员视线范围内但听力范围外进行。

2. 如果囚犯不讲当地语言，监狱管理部门应当帮助其获得独立合格口译员的服务。

3. 囚犯应当获得有效的法律援助。

规则 62

1. 外籍囚犯应准获得合理便利同所属国外交和领事代表通讯联络。

2. 囚犯为在所在国没有外交或领事代表的国家的国民和囚犯为难民或无国籍人时，应准获得类似便利，同代管其利益的国家的外交代表或同负责保护这类人的国家或国际机构通讯联络。

规则 63

囚犯应能以阅读报章杂志和特种机关出版物、收听无线电广播、听演讲或以监狱管理部门核准或控制的类似方法，经常获知比较重要的新闻。

书　　籍

规则 64

监狱应设置图书馆，购置充足的娱乐和教学书籍，以供各类囚犯使用，并应鼓励囚犯充分利用图书馆。

宗　　教

规则 65

1. 如果监狱囚禁的同一宗教囚犯达到相当人数，应指派或批准该宗教的合格代表一人。如果就囚犯人数而言确实恰当而条件又许可，则该代表应为专任。

2. 本项规则第 1 款中指派的或批准的合格代表应被准许按期举行仪式，并在适当时间，私下前往同一宗教的囚犯处进行宗教访问。

3. 不得拒绝囚犯往访任一宗教的合格代表。但如果囚犯反对任何宗教代表前来访问，此种态度应受充分尊重。

规则 66

在可行范围之内，囚犯应准参加监狱举行的仪式并准持有所属教派宗教戒律和教义的书籍，以满足其宗教生活的需要。

囚犯财产的保管

规则 67

1. 凡囚犯私有的金钱、贵重物品、衣服和其他物件按监狱规定不得自行保管时，应于入狱时由监狱妥为保管。囚犯应在清单上签名。应采取步骤保持物品完好。

2. 囚犯出狱时，这类物品、钱财应照数归还，但囚犯曾奉准使用金钱或将此财产送出监狱之外，或根据卫生理由必须销毁衣物等情形不在此限，囚犯应签收所发还的物品钱财。

3. 代囚犯所收外界送来的财物，应依同样办法加以管理。

4. 如果囚犯携入药剂或药品，医生或其他合格医疗保健专业人员应决定其用途。

通　　知

规则 68

所有囚犯均应有权并应得到能力和手段立刻将自己被收监、被移送至另一监所以及任何严重疾病或受伤之事告知自己的家人或被指定为联系人的任何其他人。应依据国内立法分享囚犯的个人资料。

规则 69

如果囚犯死亡，监狱长应立即告知囚犯的至亲或紧急联系人。监狱长应向囚犯指定接收其健康信息的个人告知囚犯的严重疾病、受伤或移送至医疗机构的情况。若囚犯明确要求在生病或受伤时不通知其配偶或最近亲属，应当予以尊重。

规则 70

囚犯的近亲或任何其他重要的人重病或死亡时，监狱管理部门应立即通知囚犯。只要情况允许，应批准囚犯在护送下或单独前往身患重病的近亲或任何其他重要的人的床前或参加近亲或其他重要的人的葬礼。

调　查

规则 71

1. 即便启动了内部调查，监狱长仍应毫不迟延地向司法或其他主管机关报告监禁中的死亡、失踪或严重受伤事件，该主管机关应独立于监狱管理部门之外并有权立即公正而有效地调查此类事件的背景和原因。监狱管理部门应与该机关充分合作并确保保全所有证据。

2. 不论是否接到正式申诉，只要有合理理由相信狱中实施了酷刑或其他残忍、不人道或有辱人格的待遇或处罚行为，即应平等适用本项规则第 1 款中的义务。

3. 只要有合理理由相信实施了本项规则第 2 款中提及的行为，即应立即采取步骤以确保可能牵涉其中的全部人员没有参与调查且没有与目击者、受害者或受害者家人接触。

规则 72

监狱管理部门应以尊重而有尊严的方式处理死亡囚犯的遗体。应在合理情况下尽快将死亡囚犯的遗体归还其至亲，最迟在调查结束之时。若无其他负责方愿意或能够举办一场文化上得体的葬礼，监狱管理部门应协助举办这样的葬礼并应保存该事项的完整记录。

囚犯的迁移

规则 73

1. 囚犯被送入或移出监所时，应尽量避开公众耳目，并应采取适当保安措施，使他们不受任何形式的侮辱、好奇的注视或宣传。

2. 禁止用通风不良或光线不足的车辆，或使囚犯忍受不必要的肉体痛苦的其他方式运送囚犯。

3. 运送囚犯的费用应由监狱管理部门负担，囚犯所享条件一律平等。

监所人事

规则 74

1. 监狱的正确管理端赖管理人员的正直、仁慈、专业能力和个人的称职，所以，监狱管理部门应就谨慎挑选各级管理人员作出规定。

2. 监狱管理部门应经常设法唤醒管理人员和公众的认识，使其始终确信这项工作是极其重要的社会服务；为此目的，应利用一切向公众宣传的适当工具。

3. 为保证达成上述目的，管理人员应被作为专任的专业监狱工作人员予以任用，具有公务员身份，为终身职，但须符合品行优良、效率高、体能健全等条件。薪资应当适宜，足以罗致并保有称职男女；由于工作艰苦，雇用福利金及服务条件应该优厚。

规则 75

1. 所有监狱工作人员都应具有适当教育水平，并应得到以专业方式履行职责的能力和手段。

2. 所有监狱工作人员就职前应就其一般和特定职责接受定制训练，训练应当反映刑罚科学的当代最佳循证做法。在训练结束时只有成功通过理论和实践测验的候选人方可获准在监狱部门入职。

3. 监狱管理人员就职后和在职期间，监狱管理部门应当确保持续举办在职训练班，以维持并提高工作人员的知识和专业能力。

规则 76

1. 规则 75 第 2 款提及的训练应当至少包括以下方面的训练：

（a）相关的国家法律、条例和政策，以及适用的国际文书和区域文书，必须以其中的规定指导监狱工作人员的工作及其与囚犯的互动；

（b）监狱工作人员在履行职责时的权利和义务，包括尊重所有囚犯作为人的尊严，以及禁止某些行为，尤其是禁止酷刑和其他残忍、不人道或有辱人格的待遇或处罚；

（c）保安和安全，包括动态保安的概念、使用武力和戒具，以及对凶暴罪犯的管理，并适当考虑到预防办法和减少危险的办法，如谈判和调解；

（d）急救、囚犯的社会心理需要和在监狱环境中的相应动态，以及社会关怀和援助，包括及早发现精神健康问题。

2. 负责与某些类别囚犯打交道的监狱工作人员，或被指派从事其他专业职能的监狱工作人员，应当接受具有相应重点的训练。

规则 77

全体监狱工作人员应随时注意言行、善尽职守，以身作则，感化囚犯改恶从善，以赢得囚犯尊敬。

规则 78

1. 监狱工作人员中应该尽可能包括足够人数的精神病医生、心理学家、社会工作人员、教员、手艺教员等专家。

2. 社会工作人员、教员、手艺教员应确定为终身职，但不因此排除兼职或志愿工作人员。

规则 79

1. 监狱长应该在性格、行政能力、适当训练和经验上都合格胜任。

2. 监狱长应以其全部工作时间执行公务，不应是兼职的任用。他或她应在监狱房舍内或附近居住。

3. 一位监狱长兼管两所或更多监狱时，应频繁访问其中每一所监狱。这些监狱各自都应由一位常驻负责官员主管。

规则 80

1. 监狱长、副监狱长及大多数其他监狱工作人员应能讲最多囚犯所用或所懂的语言。

2. 必要时，应利用合格口译员的服务。

规则 81

1. 监狱兼收男女囚犯时，监狱女犯部应由一位女性工作人员负责管理，并由她保管该部全部的钥匙。

2. 除非有女性工作人员陪同，男性工作人员不得进入监狱中的女犯部。

3. 女犯应仅由女性工作人员照料、监督。但此项规定并不妨碍男性工作人员，特别是医生和教员，在专收女犯的监狱或在监狱的女犯部执行其专门职务。

规则 82

1. 除非为自卫，或遇企图脱逃或根据法律或规章所下的命令遭到积极或消极体力抵抗的情况，监狱工作人员在同囚犯的关系中不得使用武力。使用武力的监狱工作人员不得超出严格必要的限度，并须立即将此事件向监狱长提出报告。

2. 监狱工作人员应接受特别体格训练，使他们能够制服凶暴的囚犯。

3. 除遇特殊情况外，监狱工作人员执行职务而同囚犯直接接触时，不应武装。此外，监狱工作人员非经武器使用训练，无论如何不得配备武器。

内部和外部检查

规则 83

1. 应有一种双重系统，定期对监狱和惩教院所进行检查：

（a）中央监狱管理部门进行的内部检查或行政检查；

（b）独立于监狱管理部门的机构（可包括国际或区域主管机构）进行的外部检查。

2. 在这两种情形下，检查的目的应是确保监狱按照现行法律、条例、政策和程序进行管理，从而实现惩教和感化院所的目的，并使囚犯权利得到保护。

规则 84

1. 检查人员应当有权：

（a）查阅关于囚犯人数以及关押地点和位置的所有信息，以及与囚犯待遇有关的所有信息，包括其记录和关押条件；

（b）自由选择所要访问的监狱，包括主动突然访问，并自由选择所要会见的囚犯；

（c）在访问过程中与囚犯和监狱工作人员进行完全保密的私下会见；

（d）向监狱管理部门和其他主管机关提出建议。

2. 外部检查小组应由主管机关指定的富有经验的合格检查员组成，并且包括医疗保健专业人员。应适当注意性别分配均衡。

规则 85

1. 每次检查结束后都应向主管机关提交书面报告。应适当考虑将外部检查报告公之于众，但不包括关于囚犯的任何个人信息，除非其明确同意公开这些信息。

2. 监狱管理部门或其他主管部门视情况应在合理时间内表明其是否会落实外部检查所提出的建议。

二、适用于特殊类别的规则

A. 服刑中的囚犯

指导原则

规则 86

下述指导原则目的在于说明按照本套规则序言部分 1 的陈述管理监所应本着的精神和监所应有的目的。

规则 87

刑期完毕以前，宜采取必要步骤，确保囚犯逐渐恢复正常社会生活。按具体情形，可在同一监狱或另一适当监所内制定出狱前的办法，亦可在某种监督下实行假释，来达到此目的；但监督不可委之于警察，而应与社会援助有效结合。

规则 88

1. 囚犯的待遇不应强调他们被排斥于社区之外，而应强调他们仍是社区的一部分。因此，应该尽可能请求社会机构在恢复囚犯社会生活的工作方面，协助监狱工作人员。

2. 每一所监狱都应联系社会工作人员，由其负责保持并改善囚犯同亲属以及有用社会机构的一切合宜关系。应该采取步骤，在法律和判决所容许的最大可能范围之内，保障囚犯涉及民事利益的权利、社会保障权利和其他社会福利。

规则 89

1. 要实现以上原则，需要对囚犯施以个性化待遇，并因此需要制订富有弹性的囚犯分组制度。所以，宜把各组囚犯分配到适于实行各组不同待遇的不同监狱中去。

2. 这些监狱不必对每组囚犯都作出同样程度的保安。宜按各组的需要，分别作出不同程度的保安。开放式监狱由于不作具体保安来防止脱逃，而依赖囚犯的自我约束，所以可为严格选定的囚犯恢复正常生活提供最有利条件。

3. 关闭式监狱的囚犯人数不宜过多，以免妨碍实施个性化待遇。有些国家认为，这种监狱的人数不应超过 500。开放式监狱的人数愈少愈好。

4. 另一方面，监狱又不宜过小，以致不能提供适当设备。

规则 90

社会的责任并不因囚犯出狱而终止。所以应有公私机构能向出狱囚犯提供有效的善后照顾，其目的在减少公众对他或她的偏见，便利他或她恢复正常社会生活。

待　遇

规则 91

对被判处监禁或类似措施的人所施的待遇应以在刑期许可范围内培养他们出狱后守法自立的意愿和能力为目的。此种待遇应该足以鼓励犯人自尊并树立责任感。

规则 92

1. 为此目的，应该考虑到囚犯的社会经历和犯罪经过、身心能力和习性、个人脾气、刑期长短及出狱后展望，而按每一位囚犯的个人需要，使用一切恰当办法，其中包括宗教关怀（在可能给予此种关怀的国家）、教育、职业指导和训练、社会个案调查、就业辅导、体能训练和道德品格的加强。

2. 对刑期适当的囚犯，监狱长应于囚犯入狱后，尽早取得关于本项规则第 1 款所述一切事项的详细报告。此类报告应始终包括医生或其他合格医疗保健专业人员关于囚犯身心状况的报告。

3. 报告及其他有关文件应列入单个档案之内。档案应该反映最新情况，并应加以分类，使负责人员需要时得以查阅。

分类和个性化

规则 93

1. 分类的目的如下：

（a）将由于犯罪记录或个性而可能对人发生不良影响的囚犯同其他囚犯隔离；

（b）将囚犯分类，以便利实行有助于他们恢复正常社会生活的待遇。

2. 可能时应该对不同种类的囚犯所施的待遇在不同的监狱或同一监狱的不同部分进行。

规则 94

在囚犯入狱并对刑期适当的每一位囚犯的个性作出研究后，应尽快参照有关他或她个人需要、能力、性情的资料，为他或她拟定一项待遇方案。

优　　待

规则 95

每一所监狱都应针对不同种类的囚犯及不同的待遇方法，制定优待制度，以鼓励端正行为，启发责任感、确保囚犯对他们所受待遇发生兴趣并给予合作。

工　　作

规则 96

1. 服刑囚犯应有机会工作和（或）积极参与恢复正常生活，但以医生或其他合格医疗保健专业人员断定其身心健康为限。

2. 在正常工作日，应交给足够的有用工作，使囚犯积极去做。

规则 97

1. 监狱劳动不得具有折磨性质。

2. 不应将囚犯当作奴隶或劳役对待。

3. 不应要求囚犯为任何监狱工作人员的个人或私人利益工作。

规则 98

1. 可能时，所交工作应足以保持或增进囚犯出狱后诚实谋生的能力。

2. 对能够从中受益的囚犯，特别是对青少年囚犯，应该提供有用行业方面的职业训练。

3. 在符合正当职业选择和监所管理及纪律要求的限度内，囚犯应得以选择所愿从事的工作种类。

规则 99

1. 监狱内工作的组织与方法应尽量接近监狱外类似工作的组织和方法，使囚犯对正常职业生活情况有所准备。

2. 但囚犯及其在职业训练上的利益不得屈从于监狱产业盈利的目的。

规则 100

1. 监所工厂和农场最好直接由监狱管理部门而不由私人承包商经营。

2. 囚犯受雇的工作不受监狱管理部门控制时，他们应始终受监狱工作人员监督。除为政府其他部门工作外，工作的正常工资应由相关劳动所服务的人全数交付监狱管理部门，但应考虑到囚犯的产量。

规则 101

1. 监狱应同样遵守为保护自由工人的安全和健康而制定的防护办法。

2. 应该作出规定，以赔偿囚犯所受工伤，包括职业疾病，赔偿条件不得低于自由工人依法所获条件。

规则 102

1. 囚犯每日及每周最高工时应由法律或行政条例规定，但应考虑到当地有关雇用自由工人的规则或习惯。

2. 所定工时应准许每周休息一日，且有足够时间依规定接受教育和进行其他活动，作为对囚犯所施待遇及其恢复正常生活的一部分。

规则 103

1. 对囚犯的工作，应订立公平报酬的制度。

2. 按此制度，囚犯应准至少花费部分收入购买核定的物件以供自用，并将部分收入交付家用。

3. 此项制度还应规定监狱管理部门应扣出部分收入，设立一项储蓄基金，在囚犯出狱时交给囚犯。

教育和娱乐

规则 104

1. 应该设法对所有可从中受益的囚犯继续进行教育，包括在可以进行的国家进行宗教教育。文盲囚犯及青少年囚犯应接受强迫教育，监狱管理部门应予特别注意。

2. 在可行范围内，囚犯教育应同本国教育制度结合，以便囚犯出狱后得以继续接受教育而无困难。

规则 105

所有监狱均应提供文娱活动，以利囚犯身心健康。

社会关系和善后照顾

规则 106

凡合乎囚犯及其家庭最大利益的双方关系，都应特别注意维持和改善。

规则 107

从囚犯判刑开始便应考虑其出狱后的前途，并应鼓励和协助囚犯维系或建立同监狱外个人或机构的关系，以推动囚犯恢复正常生活并促进其家庭的最佳利益。

规则 108

1. 政府或民间协助出狱囚犯重新自立于社会的服务部门和办事机构都应在可能和必要时确保出狱囚犯持有正当证件，获得适当住所和工作，能有对季节和气候适宜的服装，并持有足够金钱，以前往目的地，并在出狱后一段时间内维持生活。

2. 此类机构经核可的代表应准于必要时进入监狱，会见囚犯，并应在囚犯判刑后受邀咨询囚犯的前途。

3. 宜要求这些机构的活动尽可能集中或协调，以发挥最大的效用。

B. 有精神残疾和（或）健康问题的囚犯

规则 109

1. 经认定没有刑事责任的人，即后来被诊断具有严重精神残疾和（或）健康问题的人，待在监狱中会使其状况恶化，因此不应关押在监狱中，而应作出安排，尽快将他们迁往精神医疗院所。

2. 如有必要，对于有精神残疾和（或）健康问题的其他囚犯，可在专门院所在合格医疗保健专业人员的监督下加以观察和治疗。

3. 医务处应向需要精神病治疗的所有其他囚犯提供治疗。

规则 110

应该同适当机构设法采取步骤，以确保必要时在囚犯出狱后继续进行精神病治疗，并提供社会精神病治疗方面的善后照顾。

C. 在押或等候审讯的囚犯

规则 111

1. 本套规则下称的“未经审讯的囚犯”，是指受刑事控告而被逮捕或监禁、由警察拘留或监狱监禁但尚未经审讯和判刑的人。

2. 未经判罪的囚犯视同无罪，并应受到如此待遇。

3. 在不妨碍保护个人自由的法律规则或订立对于未经审讯的囚犯所应遵守的程序的情况下，这种囚犯应可享受特殊办法，下述规则仅叙述此项办法的基本要件。

规则 112

1. 未经审讯的囚犯应同已经判罪的囚犯隔离。

2. 未经审讯的青少年囚犯应同成年囚犯隔离，原则上应拘留于不同的监所。

规则 113

未经审讯的囚犯应在单独房间中单独就寝，但地方上因气候而有不同习惯时不在此限。

规则 114

在符合监所良好秩序的限度以内，未经审讯的囚犯可随意通过管理部门或亲友从外界自费购买食物。否则，管理处应供应食物。

规则 115

未经审讯的囚犯如果服装清洁适宜，应准穿着自己的服装。如果该囚犯决定穿着监狱服装，则应与发给已经判罪的囚犯的服装不同。

规则 116

对未经审讯的囚犯应随时给予工作机会，但不得要求其工作。如囚犯决定工作，则应给予报酬。

规则 117

未经审讯的囚犯应准自费或由第三人支付购买不妨碍司法和监所安全及良好秩序的书籍、报纸、书写材料或其他消遣用品。

规则 118

如果未经审讯的囚犯所提申请合理且有能力支付费用，应准其接受私人医生或牙医的诊疗。

规则 119

1. 所有未经审讯的囚犯都有权被立即告知其被拘留的原因和针对其提出的任何指控。

2. 在司法利益有要求的所有情形下，未经审讯的囚犯没有其自己选择的法律顾问的，应有权得到司法机关或其他机关为其指定的法律顾问，该未经审讯的囚犯如果没有足够的手段付费，则无须付费。对于拒绝给予获得法律顾问机会的情况，应当毫不迟延地予以独立审查。

规则 120

1. 未经审讯的囚犯为使自己得到辩护之目的而获得法律顾问或法律援助提供者的权利和方法应当遵守规则 61 所规定的原则。

2. 未经审讯的囚犯若有要求，应向其提供书写材料以编写与其辩护有关的文件，包括对其法律顾问或法律援助提供者的机密指示。

D. 民事囚犯

规则 121

在法律准许因债务或因其他非刑事程序的法院命令而实行监禁的国家，这样被监禁的人所受限制或苛严对待的程度，不得大于确保安全看管和良好秩序所必要的限度。他们所受待遇不应低于未经审讯的囚犯，但也许可以要求他们工作。

E. 未经指控而被逮捕或拘留的人

规则 122

在不妨碍《公民权利及政治权利国际公约》[①] 第九条规定的情况下，未经指控而被逮捕或被监禁的人应享有本套规则第一部分和第二部分 C 节所给予的同样保护。如适用规则第二部分 A 节的有关规定可有利于这一特定群组的被拘押人，则这些规定应同样适用，但对于未经判定任何刑事罪名的人不得采取任何意味着他们必须接受再教育或改造的措施。

---

① 见大会第 2200A（XXI）号决议，附件。

联合国囚犯待遇最低限度标准规则（修订对照表）[1][2]

1955 年原规则	2015 年新修订的规则（纳尔逊·曼德拉规则）
序言 1. 订立下列规则并非在于详细阐明一套监所的典型制度，它的目的仅在于以当代思潮的一般公意和今天各种最恰当制度的基本构成部分为基础，说明什么是人们普遍同意的囚犯待遇和监狱管理的优良原则和惯例。	序言部分 1 订立下列规则并非在于详细阐明一套监所典型制度，其目的仅在于以当代思潮的一般公意和当今各种最恰当制度的基本构成部分为基础，说明什么是人们普遍同意的囚犯待遇和监狱管理的优良原则和惯例。

① 原《联合国囚犯待遇最低限度标准规则》于 1955 年在第 1 届联合国防止犯罪和罪犯待遇大会通过，并由经济及社会理事会以 1957 年 7 月 31 日第 663C（XXIV）号决议和 1977 年 5 月 13 日第 2076（ⅨⅡ）号决议予以核准。新修订的《联合国囚犯待遇最低限度标准规则》于 2015 年在第 13 届联合国预防犯罪和罪犯待遇大会和联合国预防犯罪与刑事司法委员会第 24 届会议通过，并在 2015 年 12 月 17 日第 70 届联合国大会第 80 次全体会议通过。

② 1955 年通过的《联合国囚犯待遇最低限度标准规则》是国际上关于监狱和囚犯权利保障的最重要的规范性文件，近 50 年来一直是各国刑事立法和司法改革的重要参考依据和标准指南。为反映这些年来矫正科学的研究成果和矫正实践最佳实践的成就与进展，联合国自 2010 年开始启动对规则的修订。在五年多的时间内，联合国先后组织了四次专家组会议进行修订。归纳起来，规则的修订具有四个特点。一是在篇幅上有了显著增加，新修订的《规则》共 122 条，比原《规则》增加了 27 条，字数由约 11000 字增加到约 16000 字。二是对基本原则、医疗和保健服务、纪律行动和惩处、获得法律代理的权利、申诉和独立检查、监狱工作人员培训等内容作了较大修改和充实丰富，如在"基本原则"部分增加了人格尊严、不歧视、个性化矫正、消除监禁弊端、照顾病残犯等原则。三是对文中过时用语进行了替换和修改。四是将新修订的《规则》称为《纳尔逊·曼德拉规则》，以纪念南非前总统纳尔逊·罗利拉拉·曼德拉的精神遗产，铭记其一生为努力创建一个无种族歧视、无性别歧视的民主南非而身陷囹圄 27 年，为全球人权、平等、民主和倡导和平文化作出的独特贡献。

续表

1955 年原规则	2015 年新修订的规则（纳尔逊·曼德拉规则）
2. 鉴于世界各国的法律、社会、经济和地理情况差异极大，并非全部规则都能够到处适用，也不是什么时候都适用，这是显而易见的。但是，这些规则应足以激发不断努力，以克服执行过程中产生的实际困难，理解到全部规则是联合国认为适当的最低条件。	序言部分 2 1. 鉴于世界各国的法律、社会、经济和地理情况差异极大，并非全部规则都能够到处适用，也不是什么时候都适用，这是显而易见的。但是，本套规则应足以激发不断努力，以克服执行过程中产生的实际困难，**因为知道它们整体体现的**是联合国认为适当的最低条件。
3. 另一方面，各规则包含一个领域，这个领域的思想正在不断发展之中。因此，各规则的目的并不在于排除实验和实践，只要这些实验和实践与各项原则相符，并能对从全部规则原文而得的目标有所促进。中央监狱管理处若依照这种精神而授权变通各项规则，总是合理的。	2. 另一方面，**本套规则所涵盖领域中的**思想正在不断发展之中。因此，规则的目的并不在于排除实验和实践，只要这些实验和实践与各项原则相符，并能对规则整体文字所述的目标有所促进。中央监狱管理部门若依照这种精神而授权变通各项规则，总是合理的。
4.（1）规则第一部分规定监所的一般管理，适用于各类囚犯，无论刑事犯或民事犯，未经审讯或已经判罪，包括法官下令采取“保安措施”或改造措施的囚犯。 （2）第二部分所载的规则只适用于各节所规定的特殊种类。但是，对服刑囚犯适用的 A 节各项规则，应同样适用于 B、C 和 D 各节规定的各类囚犯，但以不与关于这几类囚犯的规则发生矛盾，并对其有利者为限。	序言部分 3 1. 本套规则第一部分规定监狱的一般管理，适用于各类囚犯，无论刑事犯或民事犯，未经审讯或已经判罪，包括法官下令采取“保安措施”或改造措施的囚犯。 2. 第二部分所载的规则只适用于各节所规定的特殊类别。但是，对服刑囚犯适用的 A 节各项规则，应同样适用于 B、C 和 D 各节涉及的各类囚犯，但以不与关于这几类囚犯的规则发生矛盾并对其有利者为限。
5.（1）这些规则的目的不在管制专为青少年设立的监所——例如青少年犯教善所或感化院——的管理，但是，一般而言，第一部分同样适用于这种监所。 （2）青少年囚犯这一类别最少应当包括属少年法庭管辖的所有青少年。	序言部分 4 1. 本套规则的目的不在于管制专为青少年设立的监所——例如**少年拘留所**或感化院——的管理，但是，一般而言，第一部分同样适用于这种监所。 2. 青少年囚犯这一类别最少应当包括属少年法庭管辖的所有青少年。**一般而言，对这些青少年不应判处监禁。**

续表

1955年原规则	2015年新修订的规则（纳尔逊·曼德拉规则）
第一部分　一般适用的规则	**一、一般适用的规则**
基本原则	基本原则
	规则1 **对待所有囚犯，均应尊重其作为人所固有的尊严和价值。任何囚犯均不应遭受——且所有囚犯均应得到保护以免遭受——酷刑和其他残忍、不人道或有辱人格的待遇或处罚，对此，不得援引任何情形为例外理由。任何时候都应确保囚犯、工作人员、服务提供者和探访者的安全。**
6.（1）下列规则应予公正执行。不应基于种族、肤色、性别、语言、宗教、政见或其他主张、国籍或社会出身、财产、出生或其他身份而加以歧视。 （2）另一方面，必须尊重囚犯所属群体的宗教信仰和道德标准。	规则2 1. 本套规则应予公正执行。不应基于种族、肤色、性别、语言、宗教、政见或其他主张、国籍或社会出身、财产、出生或任何其他身份而加以歧视。应当尊重囚犯的宗教信仰和道德标准。 **2. 为将不歧视的原则付诸实施，监狱管理部门应当考虑到囚犯的个人需要，特别是监狱环境中最脆弱的几类人。需要制定保护和促进有特殊需要的囚犯之权利的措施，而且这种措施不应被视为有歧视性。**
57. 监禁和使犯人同外界隔绝的其他措施因剥夺其自由、致不能享有自决权利，所以使囚犯感受折磨。因此，除非为合理隔离和维持纪律等缘故，不应加重此项情势所固有的痛苦。	规则3 监禁和将人同外界隔绝的其他措施因剥夺人的自由而致其不能享有自决权利，所以使人感受折磨。因此，除非为合理隔离和维持纪律等缘故，监狱系统不应加重此项情势所固有的痛苦。
58. 判处监禁或剥夺自由的类似措施的目的和理由毕竟在保护社会、避免受犯罪之害。唯有利用监禁期间在可能范围内确保犯人返回社会时不仅愿意而且能够遵守法律、自食其力，才能达到这个目的。	规则4 1. 判处监禁或剥夺人的自由的类似措施的目的主要是保护社会避免受犯罪之害并减少再犯。唯有利用监禁期间在可能范围内确保犯人释放后重新融入社会，从而能够遵守法律、自食其力，才能达到这一目的。

续表

1955 年原规则	2015 年新修订的规则（纳尔逊·曼德拉规则）
59. 为此，监所应该利用适当可用的改造、教育、道德、精神和其他方面的力量及各种协助，并设法按照囚犯所需的个别待遇来运用这些力量和协助。	2. 为此，监狱管理部门和其他主管机关应**提供教育、职业培训和工作**，以及适当可用的其他帮助形式，包括具有改造、道德、精神、社会、健康和体育性质的帮助形式。所有此类方案、活动和服务均应按照囚犯所需的个**性化**待遇来提供。
60.（1）监所制度应该设法减少狱中生活同自由生活的差别，以免降低囚犯的责任感，或囚犯基于人的尊严所应得的尊敬。	**规则 5** 1. 监狱制度应设法减少狱中生活同自由生活的差别，以免降低囚犯的责任感，或囚犯基于人的尊严所应得的尊重。 **2. 监狱管理部门应作出所有合理的通融和调整以确保有身体残疾、精神残疾或其他残疾的囚犯能够在公正基础上充分有效地融入监狱生活。**
登　　记	囚犯档案管理
7.（1）凡是监禁犯人的场所都要置备一本装订成册的登记簿，编好页数，并登记所收每一囚犯的下列资料： （a）关于他的身份的资料； （b）他被监禁的原因和主管机关； （c）收监和出狱的日期和时刻。 （2）非有有效的收监令，而且收监令的详细内容已先列入登记簿，各监所不能收受犯人。	**规则 6** 凡是监禁犯人的场所都要**具备标准化的囚犯档案管理系统**。此种系统可以是电子记录数据库，也可以是有页码和签字页的登记簿。**应当有程序确保安全审计线索和防止擅自查阅或更改系统所载任何信息。** **规则 7** **如无有效的收监令，监狱不得收受犯人。**在接收每一位囚犯时，应在囚犯档案管理系统中输入下列信息： （a）能够决定他或她唯一身份的准确资料，**并尊重他或她自己感知的性别；** （b）他或她被监禁的原因和主管机关，**以及逮捕的日期、时间和地点；** （c）收监和出狱的日期和时刻，**以及任何移送的日期和时刻；** **（d）任何显见创伤和对先前所受虐待的申诉；** **（e）他或她个人财物的详细目录；** **（f）他或她的家人的姓名，如适用，包括他或她的子女的姓名，及子女的年龄、所在地和照看或监护状况；** **（g）囚犯近亲的紧急联系方式和信息。**

续表

1955 年原规则	2015 年新修订的规则（纳尔逊·曼德拉规则）
	规则 8 **在监禁过程中，应在囚犯档案管理系统中输入以下信息（如适用）：** **（a）与司法程序有关的信息，包括法院听审日期和诉讼代理人；** **（b）初步评估和分类报告；** **（c）与行为和纪律有关的信息；** **（d）请求和申诉，包括对酷刑或其他残忍、不人道和有辱人格的待遇或处罚的指控，除非这些是保密性质的；** **（e）关于实行纪律惩罚的信息；** **（f）创伤或死亡的背景情况和原因的相关信息，若是死亡，遗体归于何处。**
	规则 9 **规则 7 和规则 8 提及的所有记录都应保密并且只提供给因专业责任而需要查阅这些记录的人。应允许囚犯查阅与自己有关的、须依据国内法律授权加以订正的记录，其获释时应有权得到一份这些记录的正式副本。**
	规则 10 **囚犯档案管理系统还应当用于生成关于监狱人口趋势和特点的可靠数据，包括居住率，以便为循证决策提供依据。**
按类隔离	按类隔离
8. 不同种类的囚犯应按照性别、年龄、犯罪记录、被拘留的法定原因和必需施以的待遇，分别送入不同的狱所或监所的不同部分。因此， （a）尽量将男犯和女犯拘禁于不同监所；同时兼收男犯和女犯的监所，应将分配给女犯的房舍彻底隔离； （b）将未经审讯的囚犯同已经判罪的囚犯隔离； （c）因欠债被监禁的囚犯和其他民事囚犯应同因犯刑事罪而被监禁的囚犯隔离； （d）青少年囚犯应同成年囚犯隔离。	**规则 11** 不同类别的囚犯应按照性别、年龄、犯罪记录、被拘留的法定原因和必需施以的待遇，分别送入不同的监所或监所的不同部分；因此： （a）应尽量将男犯和女犯拘禁于不同监所；兼收男犯和女犯的监所应将分配给女犯的房舍彻底隔离； （b）应将未经审讯的囚犯同已经判罪的囚犯隔离； （c）因欠债被监禁的囚犯和其他民事囚犯应同因犯刑事罪而被监禁的囚犯隔离； （d）青少年囚犯应同成年囚犯隔离。

续表

1955 年原规则	2015 年新修订的规则（纳尔逊·曼德拉规则）
住　宿	住　宿
9.（1）如囚犯在个别独居房或寝室住宿，晚上应单独占用一个独居房或寝室。除了由于特别原因，例如临时过于拥挤，中央监狱行政方面不得不对本规则破例处理外，不宜让两个囚犯占用一个独居房或寝室。 （2）如设有宿舍，应小心分配囚犯，使在这种环境下能够互相保持融洽。晚上应按照监所的性质，按时监督。	**规则 12** 1. 如就寝安排为单个囚室或单间，囚犯晚上应单独占用一间囚室或房间。除了由于特别原因，例如临时人多拥挤，中央监狱管理部门不得不对本项规则破例处理外，不宜让两名囚犯占用一间囚室或房间。 2. 如设有宿舍，应小心分配囚犯，使之在这种环境下能够互相保持融洽。晚上应按照监狱的性质，按时监督。
10. 所有供囚犯占用的房舍，尤其是所有住宿用的房舍，必须符合卫生规定，同时应妥为注意气候情况，尤其立方空气容量、最低限度的地板面积、灯光、暖气和通风等项。	**规则 13** 所有供囚犯占用的房舍，尤其是所有住宿用的房舍，必须符合保健规定，同时应妥为注意气候情况，尤其是立方空气容量、最低限度的地面面积、灯光、暖气和通风等项。
11. 在囚犯必须居住或工作的所有地方： （a）窗户的大小应以能让囚犯靠天然光线阅读和工作为准，在构造上，无论有没有通风设备，应能让新鲜空气进入； （b）应有充分灯光，使囚犯能够阅读和工作，不致损害眼睛。	**规则 14** 在囚犯必须居住或工作的所有地方： （a）窗户的大小应以能让囚犯靠天然光线阅读和工作为准，在构造上，无论有没有通风设备，应能让新鲜空气进入； （b）应有充分灯光，使囚犯能够阅读和工作，不致损害**视力**。
12. 卫生设备应当充足，使能随时满足每一囚犯大小便的需要，并应维持清洁和体面。	**规则 15** 卫生设备应当充足，能随时满足每一名囚犯大小便的需要，并应维持清洁和体面。
13. 应当供给充分的浴盆和淋浴设备，使每一囚犯能够依规定在适合气候的室温之下沐浴或淋浴，其次数依季节和区域的情况，视一般卫生的需要而定，但是，在温和气候之下，最少每星期一次。	**规则 16** 应当供给充分的浴盆和淋浴设备，使每一名囚犯都能够及可被要求在适合气候的室温之下沐浴或淋浴，其次数依季节和区域的情况，视一般卫生的需要而定，但是，在温和气候之下，最少每星期一次。
14. 监所中囚犯经常使用的各部分应当予以适当维修，经常认真保持清洁干净。	**规则 17** 囚犯经常使用的监狱中各部分应当予以适当维护，**始终保持绝对清洁**。

续表

1955年原规则	2015年新修订的规则（纳尔逊·曼德拉规则）
个人卫生	个人卫生
15. 囚犯必须保持身体清洁，为此目的，应当提供为维持健康和清洁所需的用水和梳洗用具。 16. 为使囚犯可以保持整洁外观，维持自尊，必须提供妥为修饰须发的用具，使男犯可以经常刮胡子。	**规则 18** 1. 囚犯必须保持身体清洁，为此目的，应当提供为维持健康和清洁所需的用水和梳洗用具。 2. 为使囚犯可以保持整洁外观，维持自尊，应当提供妥为修饰须发的用具，男犯应得以经常刮胡子。
衣服和被褥	衣服和被褥
17.（1）囚犯如不准穿着自己的衣服，应发给适合气候和足以维持良好健康的全套衣服。发给的衣服不应有辱人格或有失体面。 （2）所有衣服应当保持清洁整齐。内衣应常常更换或洗濯，以维持卫生。 （3）在特殊情况下，经准许将囚犯移至监所之外时，应当准许穿着自己的衣服或其他不惹人注目的衣服。	**规则 19** 1. 囚犯如不准穿着自己的衣服，应发给适合气候和足以维持其良好健康的全套衣服。发给的衣服不应有辱人格或有失体面。 2. 所有衣服应当保持清洁整齐。内衣应常常更换和洗濯，以维持卫生。 3. 在特殊情况下，经准许将囚犯移至监狱之外时，应当准许其穿着自己的衣服或其他不惹人注目的衣服。
18. 如准囚犯穿着自己的衣服，应于他们入狱时作出安排，确保衣服洁净和适合穿着。	**规则 20** 如准许囚犯穿着自己的衣服，应于他们入狱时作出安排，确保衣服洁净和适合穿着。
19. 应当按照当地或国家的标准，供给每一囚犯一张床，分别附有充足的被褥，发给时应是清洁的，并应保持整齐，且常常更换，以确保清洁。	**规则 21** 应当按照当地或国家的标准，供给每一位囚犯一张床，分别附有充足的被褥，发给时应是清洁的，并应保持**整洁**，且常常更换，以确保清洁。
饮　　食	饮　　食
20.（1）管理处应当于惯常时刻，供给每一囚犯足以维持健康和体力的有营养价值的饮食，饮食应属滋养丰富、烹调可口和及时供应的。 （2）每一囚犯口渴时应有饮水可喝。	**规则 22** 1. 监狱管理部门应当于惯常时刻，供给所有囚犯足以维持健康和体力的有营养价值的饮食，饮食应滋养丰富、烹调可口和供应及时。 2. 所有囚犯口渴时都应有饮用水可喝。

续表

1955年原规则	2015年新修订的规则（纳尔逊·曼德拉规则）
体操和运动	锻炼和运动
21.（1）凡是未受雇从事户外工作的囚犯，如气候许可，每天最少应有一小时在室外作适当体操。 （2）青少年囚犯和其他在年龄和体力方面适宜的囚犯，在体操的时候应获得体育和文娱训练。应为此目的提供场地、设施和设备。	规则23 1. 凡是未受雇从事户外工作的囚犯，如气候许可，每天最少应有一小时在室外作适当锻炼。 2. 青少年囚犯和其他在年龄和体力方面适宜的囚犯，在锻炼时间应获得体育和文娱训练。应为此目的提供场地、设施和设备。
医　　疗	医疗保健服务
22.（1）每一监所最少应有一位合格医官，他应有若干精神病学知识。医务室应与社区或国家的一般卫生行政部门建立密切关系。其中应有精神病部门，以便诊断神经失常状况，适当时并予以治疗。 （2）需要专科治疗的患病囚犯，应当移往专门院所或平民医院。如监所有医院的设备，其设备、陈设、药品供应都应当符合患病囚犯的医药照顾和治疗的需要，并应当有曾受适当训练的工作人员。 （3）每一囚犯应能获得一位合格牙科人员的诊治。	规则24 **1. 为囚犯提供医疗保健是国家的责任。囚犯应享有的医疗保健标准应与在社区中能够享有的相同，并应能够免费获得必要的医疗保健服务，不因其法律地位而受到歧视。** **2. 应与普通公共卫生管理部门紧密合作安排医疗保健服务，**确保持续治疗和护理，包括对艾滋病毒、肺结核和其他传染病以及毒瘾的持续治疗和护理。
	规则25 **1. 所有监狱都应有医务处，负责评估、促进、保护和改善囚犯的身心健康，特别关注具有特殊保健需要的囚犯或有阻碍其恢复正常生活的健康问题的囚犯。** **2. 医务处应有一个跨学科团队，有足够多在临床上完全独立行事的合格工作人员，并应具备足够的心理学和精神病学专业知识。所有囚犯都应能获得合格牙医的服务。**
	规则26 **1. 医务处应当编写并保持所有囚犯的准确、最新、机密的个人病历，所有囚犯若有要求，均应允许他们查阅自己的病历。囚犯可指定第三方查阅他或她的病历。** **2. 在移送囚犯时应将病历移送至接收监所的医务处，并将病历作为医疗机密。**

续表

1955 年原规则	2015 年新修订的规则（纳尔逊·曼德拉规则）
52.（1）监所规模较大，需有一个以上专任医官服务时，其中至少一人应在监所房舍内或附近居住。 （2）其他监所的医官应每日到所应诊，并应就近居住，以便应诊急病而无稽延。	**规则 27** 1. 所有监狱均应确保在紧急情况下立即提供医疗照顾。需要专科治疗或手术的囚犯应当移往专科院所或民用医院。如监狱有自己的医院设施，这些设施应配备充足的工作人员和设备，为送来的囚犯提供适当的治疗和护理。 **2. 只有负责的医疗保健专业人员才可作出临床决定，监狱的非医疗工作人员不可否决或忽视这些决定。**
23.（1）女犯监所应特别提供各种必需的产前和产后照顾和治疗。可能时应作出安排，使婴儿在监所外的医院出生。如果婴儿在监狱出生，此点不应列入出生证内。	**规则 28** 女犯监狱应特别提供各种必需的产前和产后照顾和治疗。可能时应作出安排，使婴儿在监狱外的医院出生。如果婴儿在监狱出生，此点不应列入出生证内。
（2）如乳婴获准随母亲留在监所内，应当设置雇有合格工作人员的育婴所，除由母亲照顾的时间外，婴儿应放在育婴所。	**规则 29** 1. 允许儿童在监狱与自己父 / 母同住的决定**应当基于相关儿童的最佳利益**。如果允许儿童在监狱中与父 / 母同住，应在以下方面做好准备： （a）雇有合格工作人员的内部或外部育儿所，除由父 / 母照顾的时间外，儿童应放在育儿所； （b）专门的儿童保健服务，包括接收时进行健康检查和由专科医生持续监测其发育情况。 2. 在狱中与父 / 母同住的儿童绝不应被视为囚犯。
24. 医务人员应于囚犯入狱后，尽快会晤并予以检查，以后于必要时，亦应会晤和检查，目的特别在于发现有没有肉体的或精神的疾病，并采取一切必要的措施；将疑有传染病状的囚犯隔离；注意有没有可以阻碍培训的身体或精神缺陷，并断定每一囚犯从事体力劳动的能力。 71.（2）服刑囚犯都必须工作，但以医官断定其身心俱宜为限。	**规则 30** 医生或无论是否要向该医生汇报的其他合格医疗保健专业人员，应于囚犯入狱后，尽快与之会晤、交谈并予以检查，以后于必要时，亦应会晤、交谈和检查。**应当特别注意：** **（a）查明医疗保健需求，并采取所有必要措施予以治疗；** **（b）查明被送来的囚犯在入狱前可能受到的任何虐待；**

续表

1955 年原规则	2015 年新修订的规则（纳尔逊·曼德拉规则）
	（c）查明因被监禁而产生的任何心理压力或其他压力的迹象，包括但不限于自杀或自残的风险，以及因停用毒品、药品或酒精而造成的戒断症状；并开展一切适当的个性化措施或治疗； （d）将怀疑患传染病的囚犯临床隔离，并为处于传染阶段的囚犯提供充分治疗； （e）断定各名囚犯是否适合工作、锻炼和视情况参加其他活动。
25.（1）医官应当负责照顾囚犯身体和精神的健康，应当每天诊看所有患病的囚犯、自称染病的囚犯和请他特别照顾的任何囚犯。 （2）医官如认为继续予以监禁或监禁的任何条件已经或将会危害某一囚犯的身体或精神健康时，应当向主任提出报告。	规则 31 医生或其他合格医疗保健专业人员（若适用）应当每天诊看所有患病囚犯、所有自诉有生理或心理健康问题或伤害的囚犯以及他们特别关注的任何囚犯。**所有体检均应在完全保密的情况下进行。**
	规则 32 **1. 医生或其他医疗保健专业人员与囚犯之间的关系应当遵守适用于社区中患者的道德标准和专业标准，特别是：** **（a）保护囚犯的生理和心理健康的义务以及仅按临床理由预防和治疗疾病；** **（b）在医患关系中遵守患者对自身健康的自主权和知情同意权；** **（c）医疗资料保密，除非保密会即刻导致损及病人或其他人的切实威胁；** **（d）绝对禁止积极或消极地进行可能构成酷刑或其他残忍、不人道或有辱人格的待遇或处罚的行为，包括可能损害囚犯健康的医学或科学实验，如摘取囚犯的细胞、身体组织和器官。** **2. 在无损于本项规则第 1 款（d）项的前提下，如果预期将给囚犯的健康带来直接、重大裨益，可在自由且知情同意的基础上，依据适用法，允许囚犯参加可在社区参与的临床试验和其他保健研究，并允许囚犯为亲属捐献细胞、身体组织和器官。**

续表

1955 年原规则	2015 年新修订的规则（纳尔逊·曼德拉规则）
	规则 33 **医生如认为继续予以监禁或监禁的任何条件已经或将会危害某一囚犯的生理或心理健康时，应当向监狱长提出报告。**
	规则 34 **医疗保健专业人员若在囚犯入狱体检时或在此后为囚犯提供医疗服务时发现酷刑或其他残忍、不人道或有辱人格待遇或处罚的任何迹象，应将这些情况记录下来并报告医疗、行政或司法主管部门。应当遵循适当的程序保障措施，以使囚犯或相关人员不会面临可预见的受害风险。**
26.（1）医官应经常视察下列各项，并向主任提出意见： （a）饮食的分量、素质、烹调和供给； （b）监所和囚犯的卫生和清洁； （c）监所的卫生、暖气、灯光和通风； （d）囚犯的衣服和被褥是否适当和清洁； （e）如无专业人员主持体育和运动活动时，这些活动是否遵守规则。 （2）主任应当审查医官按照第 25（2）和 26 条规则提出的报告和意见，如果他赞同所提的建议，应当立刻采取步骤，予以执行；如果所提建议不在他权力范围之内或他并不赞同，应当立刻向上级提出他自己的报告和医官的建议。	**规则 35** 1. 医生或公共卫生主管机关应经常检查下列各项，并向监狱长提出意见： （a）饮食的分量、质量、烹调和供给； （b）监所和囚犯的卫生和清洁； （c）监狱的卫生、温度、灯光和通风； （d）囚犯的衣服和被褥是否适当和清洁； （e）如无技术人员主持体育和运动活动时，这些活动是否遵守规则。 2. 监狱长应当审查按照本项规则第 1 款和规则 33 提出的意见和报告，并应立刻采取步骤落实这些意见和报告中的建议。如果这些意见或建议不在监狱长的权力范围之内或者其不予赞同，监狱长应当立刻向上级提交自己的报告和医生或公共卫生主管机关的意见或建议。
纪律和惩处	限制、纪律和惩罚
27. 纪律和秩序应当坚决维持，但是，不应实施超过安全看守和有秩序的集体生活所需的限制。	**规则 36** 维持纪律和秩序时不应实施超过确保安全看守、监狱安全运转和有秩序的集体生活所需的限制。

续表

1955 年原规则	2015 年新修订的规则（纳尔逊·曼德拉规则）
29. 下列各项应经常依法律或依主管行政机关的规章决定： （a）违反纪律的行为； （b）应受惩罚的种类和期限； （c）有权执行惩罚的机关。	规则 37 下列各项应始终依法律或依主管行政机关的规章核准： （a）违反纪律的行为； （b）应受惩罚的种类和期限； （c）有权执行惩罚的机关； **（d）任何形式的与监狱一般囚犯分开的非自愿隔离，例如单独监禁、孤立、隔离、特殊监护室和限制屋，不论是作为纪律惩罚还是出于维护秩序和安全，包括公布关于使用、审查、施加和解除任何形式的非自愿隔离的政策和程序。**
	规则 38 **1. 鼓励监狱管理部门尽可能利用预防冲突机制、调解机制或解决争端的任何其他替代机制，来防止违纪行为或解决冲突。** **2. 对于被隔离或曾被隔离的囚犯，监狱管理部门应采取必要措施，以缓解他们在从监狱释放后监禁经历对他们自己和他们的社区造成的潜在不利影响。**
30.（1）依这种法律或规章，不得惩罚囚犯，且一罪不得二罚。 （2）除非已将被控的罪行通知囚犯，且已给予适当的辩护机会，不得惩罚囚犯。主管机关应彻底查明案情。 （3）必要和可行时，囚犯应准通过口译提出辩护。	规则 39 1. 除非依据规则 37 提及的法律或规章的条款以及公正和正当程序的原则，否则不得惩罚囚犯。对于囚犯，同一行为或罪行不得二罚。 **2. 监狱管理部门应确保纪律惩罚与所要惩罚的违纪行为相称，并应适当记录实施的所有纪律惩罚措施。** **3. 监狱管理部门在实施纪律惩罚前应考虑囚犯的精神疾病或发育残疾是否及如何造成他或她犯下引起纪律指控的罪行或行为。监狱管理部门不应对据认为是由囚犯的精神疾病或智力残疾直接导致的任何行为实施惩罚。**
28.（1）囚犯在监所服务时，不得以任何惩戒职位雇用。 （2）但本项规则并不妨碍以自治为基础的各项制度的正当推行，在这些制度之下，囚犯按应受待遇的目的，分成若干小组，在监督之下，令其担任社会、教育或运动等专门活动或职责。	规则 40 1. 囚犯在监狱服务时，不得以任何惩戒职位雇用。 2. 但本项规则不得妨碍以自治为基础的各项制度的正当推行，根据这些制度，囚犯按应受的待遇分成若干群组，受托在监督之下开展社会、教育或运动等指定活动或担负相应职责。

续表

1955 年原规则	2015 年新修订的规则（纳尔逊·曼德拉规则）
	规则 41 1. 对囚犯违纪行为的任何指控均应立即报告主管机关，主管机关应对此进行调查，不得无故拖延。 2. 应当毫不迟延地以囚犯所懂的语言告知囚犯其所受控告的性质，并给予囚犯充分的时间和便利准备其辩护。 3. 若司法权益有要求，应准许囚犯亲自或通过法律援助为自己辩护，特别是在涉及严重纪律指控的情况下。如果囚犯不懂或不讲纪律听证会所用语言，应免费得到合格口译员的协助。 4. 囚犯应有机会寻求对自己所受的纪律惩罚进行司法审查。 5. 如果违纪行为被作为犯罪起诉，囚犯应当有权享有适用于刑事诉讼的所有正当程序保障，包括不受阻碍地获得法律顾问服务。
	规则 42 本套规则述及的一般居住条件，包括与光线、通风、温度、卫生、营养、饮用水、享受户外空气和进行身体锻炼、个人卫生、保健和适当的个人空间有关的条件，应不加例外地适用于所有囚犯。
31. 体罚、暗室禁闭和一切残忍、不人道、有辱人格的惩罚应一律完全禁止，不得作为对违犯行为的惩罚。	规则 43 1. 限制或纪律惩罚在任何情况下都不可发展成酷刑或其他残忍、不人道或有辱人格的待遇或处罚。以下做法特别应当禁止： （a）无限期的单独监禁； （b）长期单独监禁； （c）将囚犯关在黑暗或持续明亮的囚室中； （d）体罚，或减少囚犯饮食和饮水； （e）集体处罚。 2. 戒具绝不应用作对违反纪律行为的惩罚。 3. 纪律惩罚或限制措施不应包括禁止与家人联系。只可在有限的一段时间内限制与家人联系的方式，而且这种惩罚方式应确实是维持安全和秩序所必要的。

续表

1955 年原规则	2015 年新修订的规则（纳尔逊·曼德拉规则）
	规则 44 **就本套规则而言，单独监禁应指一天内对囚犯实行没有有意义人际接触的监禁达到或超过 22 个小时。长期单独监禁应指连续超过 15 天的单独监禁。**
	规则 45 **1. 单独监禁只应作为在例外情形下不得已而采取的办法，时间能短则短，并应受独立审查，而且只能依据主管机关的核准。不应因囚犯所受的判决而施以单独监禁。** **2. 在有精神残疾或身体残疾的囚犯的状况会因单独监禁而恶化时应禁止对其实施此类措施。继续适用预防犯罪和刑事司法领域的其他联合国标准和规范提及的规定，即在涉及妇女和儿童的情况下禁止使用单独监禁和类似措施。**
32.（1）除非医官曾经检查囚犯身体并且书面证明他体格可以接受禁闭或减少规定饮食，不得处以此种惩罚。 （2）同样规定亦适用于其他可能有害于囚犯身心健康的惩罚。此种惩罚在任何情况下，都不得抵触或违背第 31 条规则的原则。 （3）医官应每日访问正在接受这种惩罚的囚犯，如认为根据身心健康的理由，必须终止或变更惩罚，则应通知典狱主任。	**规则 46** 1. 医疗保健人员不应在实施纪律惩罚或其他限制措施上起到任何作用。但他们**应当特别注意**处于任何形式的非自愿隔离中的囚犯的健康，包括每日访问此类囚犯并在此类囚犯或监狱工作人员的请求下立即提供医疗帮助和治疗。 **2. 医疗保健人员应毫不迟延地向监狱长报告纪律惩罚或其他限制措施对被施以此类惩罚或措施的囚犯的身心健康产生的任何不利影响，并应在认为出于身心健康原因有必要终止或更改这些惩罚或措施时向监狱长提出建议。** **3. 医疗保健人员应有权审查和建议更改对囚犯的非自愿隔离，以便确保这种隔离不致恶化囚犯的健康状况或精神残疾和身体残疾。**

续表

1955 年原规则	2015 年新修订的规则（纳尔逊·曼德拉规则）
戒　　具	戒　　具
33. 戒具如手镣、铁链、脚铐、拘束衣等，永远不得作为惩罚用具。此外，铁链或脚铐亦不得用作戒具。除非在下列情况，不得使用其他戒具： （a）移送囚犯时防其逃亡，但囚犯在司法或行政当局出庭时，应予除去。 （b）根据医官指示有医药上理由。 （c）如果其他管制办法无效、经主任下达命令，以避免囚犯伤害自己、伤及他人或损坏财产；遇此情况，主任应立即咨询医官并报告上级行政官员。	规则 47 1. 应当禁止使用铁链、镣铐和本身具有侮辱性或致痛性的其他戒具。 2. 只有法律许可和在下列情况下，才应使用其他戒具： （a）移送囚犯时防其脱逃，但囚犯在司法或行政机关中出庭时，应予除去； （b）如果其他管制办法无效，经监狱长下达命令，以避免囚犯伤害自己、伤及他人或损坏财产；遇此情况，监狱长应立即通知医生或其他合格医疗保健专业人员并报告上级行政机关。
34. 中央监狱管理处应该决定使用戒具的方式。戒具非绝对必要时不得继续使用。	**规则 48** **1. 若依规则 47 第 2 款核准施加戒具，应遵守下列原则：** **（a）仅在更轻微的管制形式无法有效应对无限制移动造成的风险时才可施加戒具；** **（b）基于风险级别和性质，限制办法应是控制囚犯移动所需并合理可得的最不具侵入性的办法；** **（c）仅应在必要期限内施加戒具，当无限制移动造成的风险不再存在后应尽快予以除去。** **2. 绝不应对处于生产、分娩过程和刚分娩完的妇女使用戒具。**
	规则 49 **监狱管理部门应寻求获得管制技术并提供使用这种技术的培训，以避免施加戒具的必要或减少其侵入性。**
	搜查囚犯和囚室
	规则 50 有关搜查囚犯和囚室的法律和规章应符合国际法规定的义务并考虑到国际标准和规范，同时铭记需要确保监狱中的保安。进行搜查时应尊重被搜查者作为人所固有的尊严和隐私，并应遵循相称性、合法性和必要性的原则。

续表

1955 年原规则	2015 年新修订的规则（纳尔逊·曼德拉规则）
	规则 51 不应利用搜查进行骚扰、恐吓或对囚犯的隐私进行不必要的侵犯。出于问责目的，监狱管理部门应保存适当的搜查记录，特别是脱衣搜查、体腔搜查和囚室搜查的记录，以及搜查原因、搜查人员身份和搜查结果的记录。
	规则 52 1. 应仅在绝对必要时才进行侵入性搜查，包括脱衣搜查和体腔搜查。应鼓励监狱管理部门制订和使用适当的替代方法，以代替侵入性搜查。侵入性搜查应在私下由与囚犯相同性别、受过训练的工作人员进行。 2. 体腔搜查应仅由合格的医疗保健专业人员进行，不得由主要是负责照顾该囚犯的保健人员进行，或至少应由经过医学专业人员适当训练的工作人员按卫生、健康和安全标准进行。
	规则 53 囚犯应可以查阅，或应准在不经监狱管理部门查阅的情况下拥有与其诉讼程序有关的文件。
囚犯应获资料及提出申诉	囚犯获得资料及提出申诉
35.（1）囚犯入狱时应发给书面资料，载述有关同类囚犯待遇、监所的纪律要求、领取资料和提出申诉的规定办法等规章以及使囚犯明了其权利义务、适应监所生活的其他必要资料。 （2）如果囚犯为文盲，应该口头传达上述资料。	规则 54 囚犯入狱时应立即发给书面资料，载述以下信息： （a）监狱法和适用的监狱规章； （b）囚犯的权利，包括允许以何种方式寻求资料、获得法律咨询，包括借助法律援助计划，以及提出请求或申诉的程序； （c）囚犯的义务，包括适用的纪律惩罚； （d）使囚犯能够适应监狱生活的所有其他必要事项。

续表

1955 年原规则	2015 年新修订的规则（纳尔逊·曼德拉规则）
	规则 55 1. 规则 54 提及的资料应根据监狱囚犯的需要以最通用的语言提供。如果囚犯不懂其中任何语言，应当提供口译协助。 2. 如果囚犯为文盲，应当向其口头传达资料。对于有感官残疾的囚犯，应以适合其需要的方式提供资料。 3. 监狱管理部门应当在监狱的公共区域突出展示资料概要。
36.（1）囚犯应该在每周工作日都有机会向监所主任或奉派代表主任的官员提出其请求或申诉。 （2）监狱检查员检查监狱时，囚犯也得向他提出请求或申诉。囚犯应有机会同检查员或其他检查官员谈话，监所主任或其他工作人员不得在场。 （3）囚犯应可按照核定的渠道，向中央监狱管理处、司法当局或其他适当机关提出请求或申诉，内容不受检查，但须符合格式。 （4）除非请求或申诉显然过于琐碎或毫无根据，应迅速加以处理并予答复，不得无理稽延。	规则 56 1. 囚犯应当每日都有机会向监狱长或奉派代表监狱长的监狱工作人员提出请求或申诉。 2. 在监狱检查员进行检查时，应可向其提出请求或申诉。囚犯应有机会同检查员或其他检查官员进行自由和完全保密的谈话，监狱长或其他工作人员不得在场。 3. 应允许囚犯向中央监狱管理部门、司法主管机关或其他主管机关，包括有审查或纠正权的机关，提出关于其待遇的请求或申诉，内容不受检查。 4. 本项规则第 1 款至第 3 款下的权利应当延至囚犯的法律顾问。如果囚犯或其法律顾问都不可能行使那些权利，囚犯的家属或任何了解案情的其他人均可予以行使。
	规则 57 1. 对每项请求或申诉都应迅速处理并毫无迟延地给予答复。如果请求或申诉被驳回，或有不当迟延，申诉人应有权提交司法主管机关或其他主管机关。 2. 应当规定保障措施，确保囚犯可安全地提出请求或申诉，并在申诉人请求保密的情况下确保保密。不得使规则 56 第 4 款提及的囚犯或其他人因提出请求或申诉而承受任何报复、威吓或其他负面后果的风险。 3. 对囚犯受到的酷刑或其他残忍、不人道或有辱人格的待遇或处罚的指控应当立即加以处理，并应依据规则 71 第 1 款和第 2 款由独立国家机关立即开展公正调查。

续表

1955 年原规则	2015 年新修订的规则（纳尔逊·曼德拉规则）
同外界的接触	同外界的接触
37. 囚犯应准在必要监视之下，以通信或接见方式，经常同亲属和有信誉的朋友联络。	规则 58 1. 囚犯应准在必要监督之下，通过以下方式经常同亲属和朋友联络： （a）书面通信，以及使用电信、电子、数字和其他方式的通信（如有的话）； （b）接受探监。 2. 如果允许配偶探访，则应无歧视地适用这一权利，而且女囚犯应能与男囚犯平等行使这一权利。应规定程序和提供场所，以确保公正而平等地提供机会，同时适当注意安全和尊严。
	规则 59 应尽可能将囚犯分配至接近其家庭或恢复社会生活的地点的监狱。
	规则 60 1. 在探监者同意被搜查后，视条件准许其进入监狱设施。探监者可以随时撤回自己的同意，在此情况下，监狱管理部门可以拒绝其进入。 2. 针对探监者的搜查和进入程序不应有辱人格，应至少遵守规则 50 至规则 52 中所规定的保护性原则。应避免体腔搜查，不应对儿童进行这种搜查。
	规则 61 1. 应当依据适用的国内法律向囚犯提供适当机会、时间和设施，以便其在不受拖延、阻拦或审查且完全保密的情况下接受自己选择的法律顾问或法律援助提供者的探访并就任何法律问题与之沟通和咨询。咨询可在监狱工作人员视线范围内但听力范围外进行。 2. 如果囚犯不讲当地语言，监狱管理部门应当帮助其获得独立合格口译员的服务。 3. 囚犯应当获得有效的法律援助。

续表

1955 年原规则	2015 年新修订的规则（纳尔逊·曼德拉规则）
38.（1）外籍囚犯应准获得合理便利同所属国外交和领事代表通讯联络。 （2）囚犯为在所在国没有外交或领事代表的国家的国民和囚犯为难民或无国籍人时，应准获得类似便利，同代管其利益的国家的外交代表或同负责保护这类人的国家或国际机构通讯联络。	**规则 62** 1. 外籍囚犯应准获得合理便利同所属国外交和领事代表通讯联络。 2. 囚犯为在所在国没有外交或领事代表的国家的国民和囚犯为难民或无国籍人时，应准获得类似便利，同代管其利益的国家的外交代表或同负责保护这类人的国家或国际机构通讯联络。
39. 囚犯应该以阅读报章杂志和特种机关出版物、收听无线电广播、听演讲或以管理单位核准或控制的类似方法，经常获知比较重要的新闻。	**规则 63** 囚犯应能以阅读报章杂志和特种机关出版物、收听无线电广播、听演讲或以监狱管理部门核准或控制的类似方法，经常获知比较重要的新闻。
书　　籍	书　　籍
40. 监所应设置图书室，购置充足的娱乐和教学书籍，以供各类囚犯使用，并应鼓励囚犯充分利用图书馆。	**规则 64** 监狱应设置图书馆，购置充足的娱乐和教学书籍，以供各类囚犯使用，并应鼓励囚犯充分利用图书馆。
宗　　教	宗　　教
41.（1）如果监所囚禁的同一宗教囚犯达到相当人数，应指派或批准该宗教的合格代表一人。如果就囚犯人数而言，确实恰当而条件又许可，则该代表应为专任。 （2）第（1）款中指派的或批准的合格代表应准按期举行仪式，并在适当时间，私自前往同一宗教的囚犯处进行宗教访问。 （3）不得拒绝囚犯往访任一宗教的合格代表。但如果囚犯反对任何宗教代表前来访问，此种态度应受充分尊重。	**规则 65** 1. 如果监狱囚禁的同一宗教囚犯达到相当人数，应指派或批准该宗教的合格代表一人。如果就囚犯人数而言确实恰当而条件又许可，则该代表应为专任。 2. 本项规则第 1 款中指派的或批准的合格代表应被准许按期举行仪式，并在适当时间，私下前往同一宗教的囚犯处进行宗教访问。 3. 不得拒绝囚犯往访任一宗教的合格代表。但如果囚犯反对任何宗教代表前来访问，此种态度应受充分尊重。
42. 在可行范围之内，囚犯应准参加监所举行的仪式并准持有所属教派宗教、戒律和教义的书籍，以满足其宗教生活的需要。	**规则 66** 在可行范围之内，囚犯应准参加监狱举行的仪式并准持有所属教派宗教戒律和教义的书籍，以满足其宗教生活的需要。

续表

1955 年原规则	2015 年新修订的规则（纳尔逊·曼德拉规则）
囚犯财产的保管	囚犯财产的保管
43.（1）凡囚犯私有的金钱、贵重物品、衣服和其他物件按监所规定不得自行保管时，应于入狱时由监所妥为保管。囚犯应在清单上签名。应该采取步骤，保持物品完好。 （2）囚犯出狱时，这类物品、钱财应照数归还，但囚犯曾奉准使用金钱或将此财产送出监所之外，或根据卫生理由必须销毁衣物等情形，不在此限，囚犯应签收所发还的物品钱财。 （3）代囚犯所收外界送来的财物，应依同样办法加以管理。 （4）如果囚犯携入药剂或药品，医官应决定其用途。	规则 67 1. 凡囚犯私有的金钱、贵重物品、衣服和其他物件按监狱规定不得自行保管时，应于入狱时由监狱妥为保管。囚犯应在清单上签名。应采取步骤保持物品完好。 2. 囚犯出狱时，这类物品、钱财应照数归还，但囚犯曾奉准使用金钱或将此财产送出监狱之外，或根据卫生理由必须销毁衣物等情形不在此限，囚犯应签收所发还的物品钱财。 3. 代囚犯所收外界送来的财物，应依同样办法加以管理。 4. 如果囚犯携入药剂或药品，医生或其他合格医疗保健专业人员应决定其用途。
死亡、疾病、移送等通知	通　　知
44.（1）囚犯死亡、病重、重伤或移送一个机构接受精神治疗时，主任应立即通知其配偶（如果囚犯已婚），或其最近亲属，在任何情况下，应通知囚犯事先指定的其他任何人。 （2）囚犯任何近亲死亡或病重时，应立即通知囚犯。近亲病情严重时，如果情况许可，囚犯应准随时单独或在护送之下前往访问。 （3）囚犯有权将他被监禁或移往另一监所的事，立刻通知其亲属。	规则 68 所有囚犯均应有权并应得到能力和手段立刻将自己被收监、被移送至另一监所以及任何严重疾病或受伤之事告知自己的家人或被指定为联系人的任何其他人。**应依据国内立法分享囚犯的个人资料。**
	规则 69 如果囚犯死亡，监狱长应立即告知囚犯的至亲或紧急联系人。监狱长应向囚犯指定接收其健康信息的个人告知囚犯的严重疾病、受伤或移送至医疗机构的情况。**若囚犯明确要求在生病或受伤时不通知其配偶或最近亲属，应当予以尊重。**
	规则 70 **囚犯的近亲或任何其他重要的人重病或死亡时，监狱管理部门应立即通知囚犯。只要情况允许，应批准囚犯在护送下或单独前往身患重病的近亲或任何其他重要的人的床前或参加近亲或其他重要的人的葬礼。**

续表

1955 年原规则	2015 年新修订的规则（纳尔逊·曼德拉规则）
	调　查
	规则 71 1. 即便启动了内部调查，监狱长仍应毫不迟延地向司法或其他主管机关报告监禁中的死亡、失踪或严重受伤事件，该主管机关应独立于监狱管理部门之外并有权立即公正而有效地调查此类事件的背景和原因。监狱管理部门应与该机关充分合作并确保保全所有证据。 2. 不论是否接到正式申诉，只要有合理理由相信狱中实施了酷刑或其他残忍、不人道或有辱人格的待遇或处罚行为，即应平等适用本项规则第 1 款中的义务。 3. 只要有合理理由相信实施了本项规则第 2 款中提及的行为，即应立即采取步骤以确保可能牵涉其中的全部人员没有参与调查且没有与目击者、受害者或受害者家人接触。
	规则 72 监狱管理部门应以尊重而有尊严的方式处理死亡囚犯的遗体。应在合理情况下尽快将死亡囚犯的遗体归还其至亲，最迟在调查结束之时。若无其他负责方愿意或能够举办一场文化上得体的葬礼，监狱管理部门应协助举办这样的葬礼并应保存该事项的完整记录。
囚犯的迁移	囚犯的迁移
45.（1）囚犯被送入或移出监所时，应尽量避免公众耳目，并应采取保安措施，使他们不受任何形式的侮辱、好奇的注视或宣传。 （2）禁止用通风不良或光线不足的车辆，或使囚犯忍受不必要的肉体痛苦的其他方式，运送囚犯。 （3）运送囚犯的费用应由管理处负担，囚犯所享条件一律平等。	规则 73 1. 囚犯被送入或移出监所时，应尽量避开公众耳目，并应采取适当保安措施，使他们不受任何形式的侮辱、好奇的注视或宣传。 2. 禁止用通风不良或光线不足的车辆，或使囚犯忍受不必要的肉体痛苦的其他方式运送囚犯。 3. 运送囚犯的费用应由监狱管理部门负担，囚犯所享条件一律平等。

续表

1955 年原规则	2015 年新修订的规则（纳尔逊·曼德拉规则）
监所人事	监所人事
46.（1）监所的正确管理端赖管理人员的正直、仁慈、专业能力、与个人是否称职，所以，监狱管理处应该对谨慎挑选各级管理人员，作出规定。 （2）监狱管理处应经常设法唤醒管理人员和公众，使其保持这项工作为极其重要的社会服务的信念；为此目的，应利用一切向公众宣传的适当工具。 （3）为保证达成上述目的，应指派专任管理人员为专业典狱官员，具有公务员身份，为终身职，但须符合品行优良、效率高、体力适合诸条件。薪资应当适宜，足以罗致并保有称职男女；由于工作艰苦，雇用福利金及服务条件应该优厚。	**规则 74** 1. 监狱的正确管理端赖管理人员的正直、仁慈、专业能力和个人的称职，所以，监狱管理部门应就谨慎挑选各级管理人员作出规定。 2. 监狱管理部门应经常设法唤醒管理人员和公众的认识，使其始终确信这项工作是极其重要的社会服务；为此目的，应利用一切向公众宣传的适当工具。 3. 为保证达成上述目的，管理人员应被作为专任的专业监狱工作人员予以任用，具有公务员身份，为终身职，但须符合品行优良、效率高、体能健全等条件。薪资应当适宜，足以罗致并保有称职男女；由于工作艰苦，雇用福利金及服务条件应该优厚。
47.（1）管理人员应该具有教育和智力上的适当水平。 （2）管理人员就职前应在一般和特殊职责方面接受训练，并必须通过理论和实际测验。 （3）管理人员就职后和在职期间，应该参加不时举办的在职训练班，以维持并提高他们的知识和专业能力。	**规则 75** 1. 所有监狱工作人员都应具有适当教育水平，**并应得到以专业方式履行职责的能力和手段。** 2. 所有监狱工作人员就职前应就其一般和特定职责接受定制训练，**训练应当反映刑罚科学的当代最佳循证做法。在训练结束时只有成功通过理论和实践测验的候选人方可获准在监狱部门入职。** 3. 监狱管理人员就职后和在职期间，监狱管理部门应当确保持续举办在职训练班，以维持并提高工作人员的知识和专业能力。
	规则 76 **1. 规则 75 第 2 款提及的训练应当至少包括以下方面的训练：** **（a）相关的国家法律、条例和政策，以及适用的国际文书和区域文书，必须以其中的规定指导监狱工作人员的工作及其与囚犯的互动；** **（b）监狱工作人员在履行职责时的权利和义务，包括尊重所有囚犯作为人的尊严，以及禁止某些行为，尤其是禁止酷刑和其他残忍、不人道或有辱人格的待遇或处罚；**

续表

1955 年原规则	2015 年新修订的规则（纳尔逊·曼德拉规则）
	（c）保安和安全，包括动态保安的概念、使用武力和戒具，以及对凶暴罪犯的管理，并适当考虑到预防办法和减少危险的办法，如谈判和调解； （d）急救、囚犯的社会心理需要和在监狱环境中的相应动态，以及社会关怀和援助，包括及早发现精神健康问题。 2. 负责与某些类别囚犯打交道的监狱工作人员，或被指派从事其他专业职能的监狱工作人员，应当接受具有相应重点的训练。
48. 管理人员全体应随时注意言行、善尽职守，以身作则，感化囚犯改恶从善，以赢得囚犯尊敬。	规则 77 全体监狱工作人员应随时注意言行、善尽职守，以身作则，感化囚犯改恶从善，以赢得囚犯尊敬。
49.（1）管理人员中应该尽可能设有足够人数的精神病医生、心理学家、社会工作人员、教员、手艺教员等专家。 （2）社会工作人员、教员、手艺教员应确定为终身职，但不因此排除兼职或志愿工作人员。	规则 78 1. 监狱工作人员中应该尽可能包括足够人数的精神病医生、心理学家、社会工作人员、教员、手艺教员等专家。 2. 社会工作人员、教员、手艺教员应确定为终身职，但不因此排除兼职或志愿工作人员。
50.（1）监所主任应该在性格、行政能力、适当训练和经验上都合格胜任。 （2）他应以全部时间执行公务，不应是兼职的任用。 （3）他应在监所房舍内或附近居住。 （4）一位主任兼管两个以上监所时，应常常不时访问两个监所；每一监所应有一位常驻官员负责。	规则 79 1. 监狱长应该在性格、行政能力、适当训练和经验上都合格胜任。 2. 监狱长应以其全部工作时间执行公务，不应是兼职的任用。他或她应在监狱房舍内或附近居住。 3. 一位监狱长兼管两所或更多监狱时，应频繁访问其中每一所监狱。这些监狱各自都应由一位常驻负责官员主管。
51.（1）主任、副主任及其他大多数管理人员应能操囚犯最大多数所用或所懂的语言。 （2）必要时，应利用口译人员的服务。	规则 80 1. 监狱长、副监狱长及大多数其他监狱工作人员应能讲最多囚犯所用或所懂的语言。 2. 必要时，应利用合格口译员的服务。

续表

1955 年原规则	2015 年新修订的规则（纳尔逊·曼德拉规则）
53.（1）监所兼收男女囚犯时，其女犯部应由一位女性负责官员管理，并由她保管该部全部的钥匙。 （2）除非有女性官员陪同，男性工作人员不得进入监所中的女犯部。 （3）女犯应仅由女性官员照料、监督。但此项规定并不妨碍男性工作人员，特别是医生和教员，在专收女犯的监所或监所的女犯部执行其专门职务。	规则 81 1. 监狱兼收男女囚犯时，监狱女犯部应由一位女性工作人员负责管理，并由她保管该部全部的钥匙。 2. 除非有女性工作人员陪同，男性工作人员不得进入监狱中的女犯部。 3. 女犯应仅由女性工作人员照料、监督。但此项规定并不妨碍男性工作人员，特别是医生和教员，在专收女犯的监狱或在监狱的女犯部执行其专门职务。
54.（1）除非自卫，或遇企图脱逃、根据法律或规章所下命令遭受积极或消极体力抵抗，典狱官员在同囚犯的关系中不得使用武力。使用武力的官员不得超出严格必要的限度，并须立即将此事件向监所主任提出报告。 （2）典狱官员应接受特别体格训练，使他们能够制服凶恶囚犯。 （3）除遇特殊情况外，工作人员执行职务而同囚犯直接接触时，不应武装。此外，工作人员非经武器使用训练，无论如何不得配备武器。	规则 82 1. 除非为自卫，或遇企图脱逃或根据法律或规章所下的命令遭到积极或消极体力抵抗的情况，监狱工作人员在同囚犯的关系中不得使用武力。使用武力的监狱工作人员不得超出严格必要的限度，并须立即将此事件向监狱长提出报告。 2. 监狱工作人员应接受特别体格训练，使他们能够制服凶暴的囚犯。 3. 除遇特殊情况外，监狱工作人员执行职务而同囚犯直接接触时，不应武装。此外，监狱工作人员非经武器使用训练，无论如何不得配备武器。
检　查	内部和外部检查
55. 主管当局所派富有经验的合格检查员应按期检查监所，他们的任务在特别确保监所的管理符合现行法律规章，实现监所及感化院的目标。	规则 83 **1. 应有一种双重系统，定期对监狱和惩教院所进行检查：** **（a）中央监狱管理部门进行的内部检查或行政检查；** **（b）独立于监狱管理部门的机构（可包括国际或区域主管机构）进行的外部检查。** **2. 在这两种情形下，检查的目的应是确保监狱按照现行法律、条例、政策和程序进行管理，从而实现惩教和感化院所的目的，并使囚犯权利得到保护。**

续表

1955 年原规则	2015 年新修订的规则（纳尔逊·曼德拉规则）
	规则 84 1. 检查人员应当有权： （a）查阅关于囚犯人数以及关押地点和位置的所有信息，以及与囚犯待遇有关的所有信息，包括其记录和关押条件； （b）自由选择所要访问的监狱，包括主动突然访问，并自由选择所要会见的囚犯； （c）在访问过程中与囚犯和监狱工作人员进行完全保密的私下会见； （d）向监狱管理部门和其他主管机关提出建议。 2. 外部检查小组应由主管机关指定的富有经验的合格检查员组成，并且包括医疗保健专业人员。应适当注意性别分配均衡。
	规则 85 1. 每次检查结束后都应向主管机关提交书面报告。应适当考虑将外部检查报告公之于众，但不包括关于囚犯的任何个人信息，除非其明确同意公开这些信息。 2. 监狱管理部门或其他主管部门视情况应在合理时间内表明其是否会落实外部检查所提出的建议。
第二部分　对特种囚犯的规则	二、适用于特殊类别的规则
A. 服刑中的囚犯	A. 服刑中的囚犯
指导原则	指导原则
56. 下述指导原则目的在说明按照本规则序言第 1 段内的陈述管理监所应守的精神和监所应有的目的。	规则 86 下述指导原则目的在于说明按照本套规则序言部分 1 的陈述管理监所应本着的精神和监所应有的目的。
60.（2）刑期完毕以前，宜采取必要步骤，确使囚犯逐渐纳入社会生活。按个别情形，可以在同一监所或另一适当机构内订定出狱前的办法，亦可在某种监督下实行假释，来达到此项目的；但监督不可委之于警察，而应该结合有效的社会援助。	规则 87 刑期完毕以前，宜采取必要步骤，确保囚犯逐渐恢复正常社会生活。按具体情形，可在同一监狱或另一适当监所内制定出狱前的办法，亦可在某种监督下实行假释，来达到此目的；但监督不可委之于警察，而应与社会援助有效结合。

续表

1955 年原规则	2015 年新修订的规则（纳尔逊·曼德拉规则）
61. 囚犯的待遇不应侧重把他们排斥于社会之外，而应注重他们继续成为组成社会的成员。因此，应该尽可能请求社会机构在恢复囚犯社会生活的工作方面，协助监所工作人员。每一监所都应联系社会工作人员，由此项人员负责保持并改善囚犯同亲属以及同有用社会机构的一切合宜关系。此外，应该采取步骤，在法律和判决所容许的最大可能范围之内，保障囚犯关于民事利益的权利、社会保障权利和其他社会利益。	**规则 88** 1. 囚犯的待遇不应强调他们被排斥于社区之外，而应强调他们仍是社区的一部分。因此，应该尽可能请求社会机构在恢复囚犯社会生活的工作方面，协助监狱工作人员。 2. 每一所监狱都应联系社会工作人员，由其负责保持并改善囚犯同亲属以及有用社会机构的一切合宜关系。应该采取步骤，在法律和判决所容许的最大可能范围之内，保障囚犯涉及民事利益的权利、社会保障权利和其他社会福利。
62. 监狱的医务室应该诊疗可能妨碍囚犯恢复正常生活的身心疾病或缺陷。为此应提供一切必要医药、外科手术、和精神病学上的服务。	
63.（1）要实现以上原则，便需要个别地对囚犯施以待遇，因此并需要订立富有弹性的囚犯分组制度。所以，宜把各组囚犯分配到适于进行各该组待遇的不同监所中去。 （2）监所不必对每组囚犯都作出同样程度的保安。宜按各组的需要，分别作出不同程度的保安。开放式监所由于不作具体保安来防止脱逃，而依赖囚犯的自我约束，所以对严格选定的囚犯恢复正常生活便提供最有利条件。 （3）关闭式监所的囚犯人数不宜过多，以免妨碍个别施以待遇。有些国家认为，这种监所的人数不应超过五百。开放式监所的人数愈少愈好。 （4）另一方面，监狱又不宜过小，以致不能提供适当设备。	**规则 89** 1. 要实现以上原则，需要对囚犯施以个性化待遇，并因此需要制订富有弹性的囚犯分组制度。所以，宜把各组囚犯分配到适于实行各组不同待遇的不同监狱中去。 2. 这些监狱不必对每组囚犯都作出同样程度的保安。宜按各组的需要，分别作出不同程度的保安。开放式监狱由于不作具体保安来防止脱逃，而依赖囚犯的自我约束，所以可为严格选定的囚犯恢复正常生活提供最有利条件。 3. 关闭式监狱的囚犯人数不宜过多，以免妨碍实施个性化待遇。有些国家认为，这种监狱的人数不应超过 500。开放式监狱的人数愈少愈好。 4. 另一方面，监狱又不宜过小，以致不能提供适当设备。
64. 社会的责任并不因囚犯出狱而终止。所以应有公私机构能向出狱囚犯提供有效的善后照顾，其目的在减少公众对他的偏见，便利他恢复正常社会生活。	**规则 90** 社会的责任并不因囚犯出狱而终止。所以应有公私机构能向出狱囚犯提供有效的善后照顾，其目的在减少公众对他或她的偏见，便利他或她恢复正常社会生活。

续表

1955 年原规则	2015 年新修订的规则（纳尔逊·曼德拉规则）
待　遇	待　遇
65. 对被判处监禁或类似措施的人所施的待遇应以在刑期许可范围以内，培养他们出狱后守法自立的意志，并使他们有做到这个境地的能力为目的。此种待遇应该足以鼓励犯人自尊、培养他们的责任感。	规则 91 对被判处监禁或类似措施的人所施的待遇应以在刑期许可范围内培养他们出狱后守法自立的意愿和能力为目的。此种待遇应该足以鼓励犯人自尊并树立责任感。
66.（1）为此目的，应该照顾到犯人社会背景和犯罪经过、身心能力和习性、个人脾气、刑期长短、出狱后展望，而按每一囚犯的个人需要，使用一切恰当办法，其中包括教育、职业指导和训练、社会个案调查、就业辅导、体能训练和道德性格的加强，在可能进行宗教照顾的国家并包括这种照顾。 （2）对刑期相当长的囚犯，主任应于囚犯入狱后，尽早取得关于上款所述一切事项的详细报告，其中应包括医官，可能时在精神病学方面合格的医官，对囚犯身心状况的报告。 （3）报告及其他有关文件应列入个别档案之内。档案应该反映最新情况，并应加以分类，使负责人员需要时得以查阅。	规则 92 1. 为此目的，应该考虑到囚犯的社会经历和犯罪经过、身心能力和习性、个人脾气、刑期长短及出狱后展望，而按每一位囚犯的个人需要，使用一切恰当办法，其中包括宗教关怀（在可能给予此种关怀的国家）、教育、职业指导和训练、社会个案调查、就业辅导、体能训练和道德品格的加强。 2. 对刑期适当的囚犯，监狱长应于囚犯入狱后，尽早取得关于本项规则第 1 款所述一切事项的详细报告。此类报告应始终包括医生或其他合格医疗保健专业人员关于囚犯身心状况的报告。 3. 报告及其他有关文件应列入单个档案之内。档案应该反映最新情况，并应加以分类，使负责人员需要时得以查阅。
分类和个别待遇	分类和个性化
67. 分类的目的如下： （a）将由于犯罪记录或恶劣个性，可能对人发生不良影响的囚犯，同其他囚犯隔离； （b）将囚犯分类，以便利对他们所施的待遇，使他们恢复正常社会生活。 68. 可能时应该对不同种类的囚犯所施的待遇在不同的监所或一个监所的不同部分进行。	规则 93 1. 分类的目的如下： （a）将由于犯罪记录或个性而可能对人发生不良影响的囚犯同其他囚犯隔离； （b）将囚犯分类，以便利实行有助于他们恢复正常社会生活的待遇。 2. 可能时应该对不同种类的囚犯所施的待遇在不同的监狱或同一监狱的不同部分进行。
69. 在囚犯入狱并对刑期相当长的每一囚犯的人格作出研究后，应尽快参照有关他个人需要、能力、性向的资料，为他拟定一项待遇方案。	规则 94 在囚犯入狱并对刑期适当的每一位囚犯的个性作出研究后，应尽快参照有关他或她个人需要、能力、性情的资料，为他或她拟定一项待遇方案。

续表

1955 年原规则	2015 年新修订的规则（纳尔逊·曼德拉规则）
优　　待	优　　待
70. 每一监所应针对不同种类的囚犯及不同的待遇方法，订定优待制度，以鼓励端正行为，启发责任感、确保囚犯对他们所受待遇感到兴趣，并予合作。	**规则 95** 每一所监狱都应针对不同种类的囚犯及不同的待遇方法，制定优待制度，以鼓励端正行为，启发责任感、确保囚犯对他们所受待遇发生兴趣并给予合作。
工　　作	工　　作
71.（1）监狱劳动不得具有折磨性质。 （2）服刑囚犯都必须工作，但以医官断定其身心俱宜为限。 （3）在正常工作日，应交给足够的有用工作，使囚犯积极去做。 （4）可能时，所交工作应足以保持或增进囚犯出狱后诚实谋生的能力。 （5）对能够从中受益的囚犯，特别是对青少年囚犯，应该提供有用行业方面的职业训练。 （6）在符合正当选择职业方式和监所管理及纪律上要求的限度内，囚犯得选择所愿从事的工作种类。	**规则 96** 1. 服刑囚犯应有机会工作和（或）积极参与恢复正常生活，但以医生或其他合格医疗保健专业人员断定其身心健康为限。 2. 在正常工作日，应交给足够的有用工作，使囚犯积极去做。
	规则 97 1. 监狱劳动不得具有折磨性质。 2. 不应将囚犯当作奴隶或劳役对待。 3. 不应要求囚犯为任何监狱工作人员的个人或私人利益工作。
	规则 98 **1. 可能时，所交工作应足以保持或增进囚犯出狱后诚实谋生的能力。** **2. 对能够从中受益的囚犯，特别是对青少年囚犯，应该提供有用行业方面的职业训练。** **3. 在符合正当职业选择和监所管理及纪律要求的限度内，囚犯应得以选择所愿从事的工作种类。**
72.（1）监所内工作的组织与方法应尽量接近监所外类似工作的组织和方法，使囚犯对正常职业生活情况有所准备。 （2）但囚犯及其在职业训练上的利益不得屈居于监所工业营利的目的之下。	**规则 99** 1. 监狱内工作的组织与方法应尽量接近监狱外类似工作的组织和方法，使囚犯对正常职业生活情况有所准备。 2. 但囚犯及其在职业训练上的利益不得屈从于监狱产业盈利的目的。

续表

1955 年原规则	2015 年新修订的规则（纳尔逊·曼德拉规则）
73.（1）监所工业和农场最好直接由管理处而不由私人承包商经营。 （2）囚犯受雇的工作不受管理处控制时，应经常受监所工作人员的监视。除为政府其他部门工作外，工作的全部正常工资应由获得此项劳动供应的人全数交付管理处，但应考虑到囚犯的产量。	**规则 100** 1. 监所工厂和农场最好直接由监狱管理部门而不由私人承包商经营。 2. 囚犯受雇的工作不受监狱管理部门控制时，他们应始终受监狱工作人员监督。除为政府其他部门工作外，工作的正常工资应由相关劳动所服务的人全数交付监狱管理部门，但应考虑到囚犯的产量。
74.（1）监所应同样遵守为保护自由工人而订定的安全及卫生上的防护办法。 （2）应该订定规定，以赔偿囚犯所受工业伤害，包括职业疾病，赔偿条件不得低于自由工人依法所获条件。	**规则 101** 1. 监狱应同样遵守为保护自由工人的安全和健康而制定的防护办法。 2. 应该作出规定，以赔偿囚犯所受工伤，包括职业疾病，赔偿条件不得低于自由工人依法所获条件。
75.（1）囚犯每日及每周最高工作时数由法律或行政规则规定，但应考虑到当地有关雇用自由工人的规则或习惯。 （2）所订时数应准许每周休息一日，且有足够时间依规定接受教育和进行其他活动，作为对囚犯所施待遇和恢复正常生活的一部分。	**规则 102** 1. 囚犯每日及每周最高工时应由法律或行政条例规定，但应考虑到当地有关雇用自由工人的规则或习惯。 2. 所定工时应准许每周休息一日，且有足够时间依规定接受教育和进行其他活动，作为对囚犯所施待遇及其恢复正常生活的一部分。
76.（1）对囚犯的工作，应订立公平报酬的制度。 （2）按此制度，囚犯应准至少花费部分收入，购买核定的物件，以供自用，并将部分收入交付家用。 （3）此项制度并应规定管理处应扣出部分收入，设立一项储蓄基金，在囚犯出狱时交给囚犯。	**规则 103** 1. 对囚犯的工作，应订立公平报酬的制度。 2. 按此制度，囚犯应准至少花费部分收入购买核定的物件以供自用，并将部分收入交付家用。 3. 此项制度还应规定监狱管理部门应扣出部分收入，设立一项储蓄基金，在囚犯出狱时交给囚犯。
教育和娱乐	教育和娱乐
77.（1）应该设法对可以从中受益的一切囚犯继续进行教育，包括在可以进行的国家进行宗教教育。文盲及青少年囚犯应接受强迫教育，管理处应予特别注意。 （2）在可行范围内，囚犯教育应同本国教育制度结合，以便出狱后得以继续接受教育而无困难。	**规则 104** 1. 应该设法对所有可从中受益的囚犯继续进行教育，包括在可以进行的国家进行宗教教育。文盲囚犯及青少年囚犯应接受强迫教育，监狱管理部门应予特别注意。 2. 在可行范围内，囚犯教育应同本国教育制度结合，以便囚犯出狱后得以继续接受教育而无困难。

续表

1955 年原规则	2015 年新修订的规则（纳尔逊·曼德拉规则）
78. 一切监所均应提供文娱活动，以利囚犯身心健康。	**规则 105** 所有监狱均应提供文娱活动，以利囚犯身心健康。
社会关系和善后照顾	社会关系和善后照顾
79. 凡合乎囚犯及其家庭最大利益的双方关系，应特别注意维持和改善。	**规则 106** 凡合乎囚犯及其家庭最大利益的双方关系，都应特别注意维持和改善。
80. 从囚犯判刑开始便应考虑他出狱后的前途，并应鼓励和协助他维系或建立同监所外个人或机构间的关系，以促进他家庭的最大利益和他自己恢复正常社会生活的最大利益。	**规则 107** 从囚犯判刑开始便应考虑其出狱后的前途，并应鼓励和协助囚犯维系或建立同监狱外个人或机构的关系，以推动囚犯恢复正常生活并促进其家庭的最佳利益。
81.（1）政府或民间协助出狱囚犯重新自立于社会的服务处和机构都应在可能和必要范围以内，确保出狱囚犯持有正当证件，获得适当住所和工作，能有对季节和气候适宜的服装，并持有足够金钱，以前往目的地，并在出狱后一段时间内维持生活。 （2）此类机构经核可的代表应准于必要时进入监所，会见囚犯，并应在囚犯判刑后受邀咨询囚犯的前途。 （3）这些机构的活动应当尽可能集中或协调，以发挥最大的效用。	**规则 108** 1. 政府或民间协助出狱囚犯重新自立于社会的服务部门和办事机构都应在可能和必要时确保出狱囚犯持有正当证件，获得适当住所和工作，能有对季节和气候适宜的服装，并持有足够金钱，以前往目的地，并在出狱后一段时间内维持生活。 2. 此类机构经核可的代表应准于必要时进入监狱，会见囚犯，并应在囚犯判刑后受邀咨询囚犯的前途。 3. 宜要求这些机构的活动尽可能集中或协调，以发挥最大的效用。
B. 精神错乱和精神失常的囚犯	B. 有精神残疾和（或）健康问题的囚犯
82.（1）经认定精神错乱的人不应拘留在监狱之中，而应作出安排，尽快将他们迁往精神病院。 （2）患有其他精神病或精神失常的囚犯，应在由医务人员管理的专门院所中加以观察和治疗。 （3）这类囚犯在监狱拘留期间，应置于医官特别监督之下。 （4）监所的医务室或精神病服务处应向需要此种治疗的其他一切囚犯提供精神治疗。	**规则 109** 1. 经认定没有刑事责任的人，即后来被诊断具有严重精神残疾和（或）健康问题的人，待在监狱中会使其状况恶化，因此不应关押在监狱中，而应作出安排，尽快将他们迁往精神医疗院所。 2. 如有必要，对于有精神残疾和（或）健康问题的其他囚犯，可在专门院所在合格医疗保健专业人员的监督下加以观察和治疗。 3. 医务处应向需要精神病治疗的所有其他囚犯提供治疗。

续表

1955 年原规则	2015 年新修订的规则（纳尔逊·曼德拉规则）
83. 应该同适当机构设法采取步骤，以确保必要时在囚犯出狱后继续精神病治疗，并确保社会和精神治疗方面的善后照顾。	**规则 110** 应该同适当机构设法采取步骤，以确保必要时在囚犯出狱后继续进行精神病治疗，并提供社会精神病治疗方面的善后照顾。
C. 在押或等候审讯的囚犯	C. 在押或等候审讯的囚犯
84.（1）本规则以下称“未经审讯的囚犯”，指受刑事控告而被逮捕或监禁、由警察拘留或监狱监禁但尚未经审讯和判刑的人。 （2）未经判罪的囚犯视同无罪，并应受到如此待遇。 （3）在不妨碍法律上保护个人自由的各项规则或订定对于未经审讯的囚犯所应遵守的程序的范围内，这种囚犯应可享受特殊办法，下述规则仅叙述此项办法的基本要件。	**规则 111** 1. 本套规则下称的“未经审讯的囚犯”，是指受刑事控告而被逮捕或监禁、由警察拘留或监狱监禁但尚未经审讯和判刑的人。 2. 未经判罪的囚犯视同无罪，并应受到如此待遇。 3. 在不妨碍保护个人自由的法律规则或订立对于未经审讯的囚犯所应遵守的程序的情况下，这种囚犯应可享受特殊办法，下述规则仅叙述此项办法的基本要件。
85.（1）未经审讯的囚犯应同已经判罪的囚犯隔离。 （2）未经审讯的青少年囚犯应同成年囚犯隔离，原则上应拘留于不同的监所。	**规则 112** 1. 未经审讯的囚犯应同已经判罪的囚犯隔离。 2. 未经审讯的青少年囚犯应同成年囚犯隔离，原则上应拘留于不同的监所。
86. 未经审讯的囚犯应在单独房间单独睡眠，但地方上因气候而有不同习惯时不在此限。	**规则 113** 未经审讯的囚犯应在单独房间中单独就寝，但地方上因气候而有不同习惯时不在此限。
87. 在符合监狱良好秩序的限度以内，未经审讯的囚犯得随意通过管理处或通过亲友从外界自费购买食物。否则，管理处便应供应食物。	**规则 114** 在符合监所良好秩序的限度以内，未经审讯的囚犯可随意通过管理部门或亲友从外界自费购买食物。否则，管理处应供应食物。
88.（1）未经审讯的囚犯如果服装清洁适宜，应准穿着自己的服装。 （2）上项囚犯如穿着监狱服装，则应与发给已经判罪的囚犯的服装不同。	**规则 115** 未经审讯的囚犯如果服装清洁适宜，应准穿着自己的服装。如果该囚犯决定穿着监狱服装，则应与发给已经判罪的囚犯的服装不同。
89. 未经审讯的囚犯应随时给予工作机会，但不得要求他工作。如果他决定工作，便应给予报酬。	**规则 116** 对未经审讯的囚犯应随时给予工作机会，但不得要求其工作。如囚犯决定工作，则应给予报酬。

续表

1955 年原规则	2015 年新修订的规则（纳尔逊·曼德拉规则）
90. 未经审讯的囚犯应准自费或由第三人支付购买不妨碍司法行政和监所安全及良好秩序的书籍、报纸、文书用具或其他消遣用品。	**规则 117** 未经审讯的囚犯应准自费或由第三人支付购买不妨碍司法和监所安全及良好秩序的书籍、报纸、书写材料或其他消遣用品。
91. 如果未经审讯的囚犯所提申请合理且有能力支付费用，应准他接受私人医生或牙医的诊疗。	**规则 118** 如果未经审讯的囚犯所提申请合理且有能力支付费用，应准其接受私人医生或牙医的诊疗。
92. 在只受司法行政、监狱安全及良好限制和监督之下，未经审讯的囚犯应准将他被拘留的事立刻通知亲属，并应给予同亲友通讯和接见亲友的一切合理便利。 93. 未经审讯的囚犯为了准备辩护、而社会上又有义务法律援助，应准申请此项援助，并准会见律师，以便商讨辩护，写出机密指示，交给律师。为此，囚犯如需文具，应照数供应。警察或监所官员对于囚犯和律师间的会谈，可用目光监视，但不得在可以听见谈话的距离以内。	**规则 119** 1. 所有未经审讯的囚犯都有权被立即告知其被拘留的原因和针对其提出的任何指控。 2. 在司法利益有要求的所有情形下，未经审讯的囚犯没有其自己选择的法律顾问的，应有权得到司法机关或其他机关为其指定的法律顾问，**该未经审讯的囚犯如果没有足够的手段付费，则无须付费。对于拒绝给予获得法律顾问机会的情况，应当毫不迟延地予以独立审查。** **规则 120** **1. 未经审讯的囚犯为使自己得到辩护之目的而获得法律顾问或法律援助提供者的权利和方法应当遵守规则 61 所规定的原则。** **2. 未经审讯的囚犯若有要求，应向其提供书写材料以编写与其辩护有关的文件，包括对其法律顾问或法律援助提供者的机密指示。**
D. 民事囚犯	D. 民事囚犯
94. 在法律准许因债务或因其他不属刑事程序的法院命令而监禁人犯的国家，此项被监禁人所受限制或保安管理，不得大于确保安全看管和良好秩序所必要的限度。他们所受待遇不应低于未受审讯的囚犯，但也许可以要求他们工作。	**规则 121** 在法律准许因债务或因其他非刑事程序的法院命令而实行监禁的国家，这样被监禁的人所受限制或苛严对待的程度，不得大于确保安全看管和良好秩序所必要的限度。他们所受待遇不应低于未经审讯的囚犯，但也许可以要求他们工作。

续表

1955 年原规则	2015 年新修订的规则（纳尔逊·曼德拉规则）
E. 未经指控而被逮捕或拘留的人	E. 未经指控而被逮捕或拘留的人
95. 在不妨碍《公民权利及政治权利国际公约》第九条规定的情况下，未经指控而被逮捕或被监禁的人应享有第一部分和第二部分 C 节所给予的同样保护。如第二部分 A 节的有关规定可能有利于这一特定类别的被拘押的人，也应同样适用，但对于未经判定任何刑事罪名的人不得采取任何意味着他们必须接受再教育或改造的措施。	**规则 122** 在不妨碍《公民权利及政治权利国际公约》第九条规定的情况下，未经指控而被逮捕或被监禁的人应享有本套规则第一部分和第二部分 C 节所给予的同样保护。如适用规则第二部分 A 节的有关规定可有利于这一特定群组的被拘押人，则这些规定应同样适用，但对于未经判定任何刑事罪名的人不得采取任何意味着他们必须接受再教育或改造的措施。

（司法部预防犯罪研究所副所长、研究员　周勇　整理编写）

联合国囚犯待遇最低限度标准规则（新旧规则体例差异对照表）

1955 年原规则	2015 年新规则（纳尔逊·曼德拉规则）
序言	序言部分 1
	序言部分 2
	序言部分 3
	序言部分 4
第一部分　一般适用的规则	一、一般适用的规则
基本原则	基本原则
登记	囚犯档案管理
按类隔离	按类隔离
住宿	住宿
个人卫生	个人卫生
衣服和被褥	衣服和被褥
纪律和惩处	**饮食**

续表

1955 年原规则	2015 年新规则（纳尔逊·曼德拉规则）
戒具	**锻炼和运动**
囚犯应获资料及提出申诉	**医疗保健服务**
同外界的接触	**限制、纪律和惩罚**
书籍	戒具
宗教	**搜查囚犯和囚室**
囚犯财产的保管	**囚犯获得资料及申诉**
死亡、疾病、移送等通知	同外界的接触
监所人事	书籍
检查	宗教
	囚犯财产的保管
	通知
	调查
	囚犯的迁移
	监所人事
	内部和外部检查
第二部分　对特种囚犯的规则	二、用于特殊类别的规则
A. 服刑中的囚犯	A. 服刑中的囚犯
指导原则	指导原则
待遇	待遇
分类和个别待遇	分类和个性化
优待	优待
工作	工作
教育和娱乐	教育和娱乐
社会关系和善后照顾	社会关系和善后照顾
B．精神错乱和精神失常的囚犯	B. 有精神残疾和（或）健康问题的囚犯
C．在押或等候审讯的囚犯	C. 在押或等候审讯的囚犯
D．民事囚犯	D. 民事囚犯
E．未经指控而被逮捕或拘留的人	E. 未经指控而被逮捕或拘留的人

（司法部预防犯罪研究所　席逢遥编审　整理编写）

切实执行《囚犯待遇最低限度标准规则》的程序

联合国经济及社会理事会第 1984/47 号决议附件

经济及社会理事会，

考虑到载于第一届联合国预防犯罪和罪犯待遇大会所通过并经理事会 1957 年 7 月 31 日第 663C（XXIV）号决议所核准的《囚犯待遇最低限度标准规则》中各项建议的重要性，

满意地注意到《规则》对各国法律和惯例的影响，

不过**关注到**仍然存在各种各样妨碍充分执行《规则》的障碍，这可从联合国有关《规则》执行情况的定期报告中证实，

回顾第五届联合国预防犯罪和罪犯待遇大会的建议①和理事会 1976 年 5 月 12 日第 1993（LX）号决议，其中要求犯罪预防和控制委员会第四届会议研究《规则》的适用范围并拟订一套执行该《规则》的程序，

赞赏地注意到 1976 年犯罪预防和控制委员会第四届会议根据这一要求所完成的工作②以及犯罪预防和控制委员会第八届会议根据第六届联合国预防犯罪和罪犯待遇大会的建议所完成的工作，③第六届预防犯罪大会请委员会根据其报告将程序最后制定下来，④

---

① 参看《第五届联合国预防犯罪和罪犯待遇大会，1975 年 9 月 1 日至 12 日，日内瓦，秘书处编写的报告》（联合国出版物，出售品编号：E.76.IV.2 和更正），第 23 段。

② 参看 E/CN.5/5360。

③ 参看《经济及社会理事会正式记录，1984 年，补编第 6 号》（E1984/16），第四章。

④ 参看《第六届联合国预防犯罪和罪犯待遇大会，1980 年 8 月 25 日至 9 月 5 日，加拉加斯，秘书处编写的报告》（联合国出版物，出售品编号：C，81.IV，4），第一章，C.6 节，第 4 段。

1. **认可**载于本决议附件的切实执行《囚犯待遇最低限度标准规则》的程序；

2. **请**会员国在执行《规则》过程中和在其提交联合国的定期报告中考虑到本决议附件内所附的程序；

3. **要求**秘书长提请会员国政府注意本决议，并应各国要求帮助他们根据本决议附件所附程序执行《规则》。

1984 年 5 月 25 日

第 21 次全体会议

附　件

切实执行《囚犯待遇最低限度标准规则》的程序

程序 1

所有其保护各种受任何形式拘留或监禁的人的标准低于《囚犯待遇最低限度标准规则》的国家都应采用《规则》。

评注

大会在其 1971 年 12 月 20 日第 2858（XXVI）号决议中请会员国注意《最低限度标准规则》，并建议在刑事和教改机构的管理工作中予以切实执行，并且以积极态度考虑将这些规则纳入本国立法。有的国家可能有比《规则》更完善的标准，因此并不要求这些国家采用《规则》。有的国家如果认为《规则》需要与他们的法律制度协调一致并适应其文化，则应知《规则》强调的是实质而不是其文字。

程序 2

《最低限度标准规则》应纳入本国法律和其他规章中，必要时可使其适应现行法律和文化，但不得背离《规则》的精神和宗旨。

评注

这个程序强调必须在本国法律和规章中纳入《规则》，因此也涉及程序 1

的某些方面。

程序 3

为了在刑事司法制度中能够应用和执行《规则》，应向所有有关人员，特别是执法人员和教改人员，提供《最低限度标准规则》。

评注

这个程序强调，应向有关执行《规则》的所有人员，特别是执法人员和教改人员，提供《规则》以及执行《规则》的本国法令和规章。切实执行《规则》可能还包括由负责教改事项的中央部门组织培训班。程序 7 至程序 9 讨论了程序的散播问题。

程序 4

纳入国家法律和其他规章中的《最低限度标准规则》应于所有囚犯和被拘禁的人初入监狱时并于监禁期间向他们提供并使他们理解。

评注

为实现《最低限度标准规则》的目的，有必要向囚犯和所有被拘禁的人提供《规则》和执行《规则》的本国法令和规章（《规则》第 95 条），以便促使公众认识到《规则》代表联合国认为合适的最低条件。因此这一程序是对程序 3 的规定的补充。

1949 年 8 月 12 日的四项日内瓦公约①已经规定了类似的要求，要使《规则》的制订所要保护的所有人都能有机会了解《规则》，第一项公约的第 47 条、第二项公约的第 48 条、第三项公约的第 127 条和第四项公约的第 144 条均规定：

“各缔约国在平时及战时应在各该国尽量广泛传播本公约之约文，尤应在其军事并如可能时在公民教育计划中包括本公约之学习，俾本公约之原则为全体人民，尤其武装战斗部队、医务人员及随军牧师所周知。”

程序 5

各国应以答复联合国秘书长测查表的办法，每五年把《最低限度标准规则》的执行情况和实施方面所取得的进展以及影响实施的因素和困难（如果有的话）

---

① 联合国:《条约汇编》，第 75 卷，第 970—973 号。

通知秘书长。调查表按照指定的细表，应是有选择的，并限于一定的问题，以便确保对选择的问题进行深入的审查和研究。秘书长应根据各国政府的报告和联合国系统内提供的其他有关资料，编写有关《最低限度标准规则》执行情况的单独的定期进度报告。在编写这些报告的过程中，秘书长还可设法与各专门机构以及有关政府间组织和具有经济及社会理事会咨商地位的非政府组织进行合作。秘书长应将上述报告提交犯罪预防和控制委员会，供其审议并酌情采取进一步行动。

评注

记得经济及社会理事会在其1957年7月31日第663C（XXIV）号决议中建议，每五年把《最低限度标准规则》的执行情况通知秘书长，并授权秘书长作出安排酌情发表这些资料，如有必要，还可索取补充资料。寻求各专门机构和有关政府间组织和非政府组织的合作，向来是联合国明确的既定做法。秘书长在编写有关《最低限度标准规则》执行情况的单独报告时，应特别考虑到联合国各人权机构，包括人权委员会、防止歧视及保护少数小组委员会和按《公民权利及政治权利国际公约》规定行使职责的人权事务委员会以及消除种族歧视委员会所获得的资料。也应当考虑到根据未来的反对苛刑公约的执行工作以及根据目前大会正在编制的有关保护被监禁和被拘留的人的原则所可能收集到的任何资料。

程序6

作为以上程序5所提到的资料的一部分，会员国应向秘传长提供：

（a）关于把《最低限度标准规则》应用于被拘禁人员和拘禁场所及拘禁方案的所有法律、条例和行政措施的副本或摘要；

（b）关于拘禁方案、看守人员以及各种形式被拘禁的人数的资料和说明性材料，如果有的话，还包括统计数字；

（c）任何其他关于《规则》执行情况的资料以及关于执行中可能遇到的困难的资料。

评注

这项要求来自经济及社会理事会第663C（XXIV）号决议和历届联合国预

防犯罪和罪犯待遇大会的各项建议。即使没有明确规定要提供以上建议的那几项资料，收集这种资料也是有用的，以便通过交流经验来帮助会员国克服困难。另外，索取这种资料的做法，同经济及社会理事会 1956 年 8 月 1 日第 624B（XXII）号决议最初规定的现行关于人权问题的定期报告制度是雷同的。

程序 7

秘书长应尽可能以各种语文分发《最低限度标准规则》和本执行程序，并向所有国家和有关的政府间组织和非政府组织提供《规则》和本执行程序，以便确保最广泛地传播《规则》和本执行程序。

评注

需要尽可能广泛传播《最低限度标准规则》，这是不言而喻的。与所有有关的政府间组织和非政府组织的密切合作，对于确保《规则》的更加有效传播和执行是重要的。因此，秘书处应与这些组织保持密切接触，并向它们提供有关的资料和数据。还应鼓励这些组织传播有关《最低限度标准规则》和执行程序的资料。

程序 8

秘书长应分发他的关于《规则》执行情况的报告，包括定期调查的分析性摘要、犯罪预防和控制委员会的报告、为历届联合国预防犯罪和罪犯待遇大会编写的报告和历届预防犯罪大会的报告、科学出版物以及随时需要的其他有关文件，以便进一步推动《最低限度标准规则》的执行。

评注

这个程序反映了目前分发报告的做法，即这些报告都作为联合国有关机构的文件的一部分，作为联合国出版物或作为《人权年鉴》《刑事政策国际评论》、《预防犯罪和刑事司法简讯》和其他任何有关出版物的文章加以分发的。

程序 9

秘书长应确保在联合国的所有有关方案包括技术合作活动中尽可能广泛地参照引用《最低限度标准规则》的案文。

评注

应确保所有有关的联合国机关引用或引证《规则》和执行程序，从而促使

《规则》和程序得到更广泛的传播，并使各专门机构、政府机关、政府间机构和非政府机构以及广大公众更加了解《规则》以及经济及社会理事会和大会对于执行《规则》的保证。

《规则》对于教改机关的实际影响的多少，在很大程度上取决于所采取的措施能否贯彻到当地法律和行政办法中。应使世界各地各类专业和非专业人员知道和了解《规则》。因此，亟需以任何形式来广泛宣传《规则》，包括经常引证《规则》，并且进行新闻宣传。

程序 10

作为技术合作和发展方案的一部分，联合国应：

（a）根据各国政府的要求，帮助他们建立和加强综合性的人道的教改制度；

（b）向提出要求的各国政府提供关于预防犯罪和刑事司法的专家服务和区域性及区域间顾问服务；

（c）促进专业和非专业人员的国家和区域讨论会及其他会议，以便进一步传播《最低限度标准规则》和本执行程序；

（d）加强对与联合国有协作关系的区域预防犯罪和刑事司法研究训练所的实质性支助。

联合国各区域预防犯罪和刑事司法研究训练所应与各国机构合作，根据《最低限度标准规则》和本执行程序，编制适用于所有各级刑事司法教育方案以及关于人权及其他有关专题的专门培训班的课程和培训教材。

评注

这个程序的目的是确保联合国的技术援助方案和联合国区域研究所的培训活动将被用来作为实施《最低限度标准规则》和本执行程序的间接工具。除对特别是决策一级的教改人员进行经常性的培训和提供培训手册等之外，应就会员国提出的问题提供专家咨询，包括向有关国家提供专家查询系统。为了按照《规则》的精神实质来加以执行，并考虑到要求这种援助的国家的社会经济结构，这种专家查询系统看来特别必要。

程序 11

联合国犯罪预防和控制委员会应：

（a）经常审查《最低限度标准规则》以便制订适用于对待被剥夺自由的人的新规则、标准和程序；

（b）不断注意本执行程序的适用情形，包括根据上面程序5进行定期报告。

评注

由于定期查询和技术援助工作团所收集的资料大部分都将提交犯罪预防和控制委员会，《规则》在改善教改办法方面的效用如何，将取决于委员会的工作，委员会的建议将决定实施《规则》和本执行程序的今后方针。因此，委员会应查明执行《规则》方面现存的缺点或造成不能执行的原因，以便通过与有关国家的司法机关和司法部接触，提出适当的补救办法。

程序12

犯罪预防和控制委员会应视情况协助大会经济及社会理事会和联合国任何其他人权机关就应用和执行《最低限度标准规则》的有关事项提出有关特设调查委员会的报告的建议。

评注

由于犯罪预防和控制委员会是审查《最低限度标准规则》执行情况的有关机关，因此也应协助上述各机关。

程序13

本执行程序的任何内容不得解释为妨碍为纠正侵犯人权的行为而采取国际法规定的或联合国其他机关和机构规定的其他手段或补救办法，包括经济及社会理事会1970年5月27日第1503（XLVIII）号决议规定的关于一贯严重侵犯人权的形式的程序、《公民权利及政治权利国际公约任意议定书》[①]规定的来文程序和《消除一切形式种族歧视公约》[②]规定的来文程序。

评注

鉴于《最低限度标准规则》仅部分地与特定的人权问题有关，本程序不应妨碍按照现行国际或区域标准和规范所采取纠正侵犯人权行为的任何手段。

---

① 大会第2200A（XXI）号决议，附件。

② 大会第2106A（XX）号决议，附件。

联合国囚犯待遇基本原则

联合国大会 1990 年 12 月 14 日
第 45/111 号决议通过并宣布

大会，

铭记联合国长期以来一直关注刑事司法的人道化和对人权的保护，

还铭记健全的犯罪预防和控制政策对于制定可行的经济和社会发展计划至为重要，

确认由第一届联合国预防犯罪和罪犯待遇大会通过的《囚犯待遇最低限度标准规则》，对于制定刑事政策和实践有很大的价值和影响，

考虑到历届联合国预防犯罪和罪犯待遇大会均对阻碍充分执行《最低限度标准规则》的各种障碍表示关注，

相信阐明其所根据的基本原则将有助于《最低限度标准规则》的执行，

忆及第七届联合国预防犯罪和罪犯待遇大会通过的关于囚犯地位的第 10 号决议和关于囚犯人权的第 17 号决议，

又忆及由国际慈善社、世界基督教协进会基督教国际事务委员会、国际教育工作者争取世界和平协会、国际成人教育理事会、国际人权联合会、国际援助囚犯协会、国际学生联合会、世界基督教青年会同盟和世界土著人民理事会在犯罪预防和控制委员会第十届会议上提交的书面陈述，上述组织均系具有经济及社会理事会咨商地位的第二类非政府组织，还忆及第八届联合国预防犯罪和罪犯待遇大会关于“议题二、有关监禁问题、其他刑事制裁和监外教养措施的刑事司法政策”的区域间筹备会议的报告，所载的有关建议，

意识到举行第八届大会这一年正是大会 1987 年 12 月 7 日第 42/104 号决议

中所宣布的国际扫盲年，

希望反映出第七届大会提出的见解，即刑事司法系统的职务是促进维护社会的基本价值和规范，

确认起草一项关于囚犯人权的宣言是有益的，

肯定本决议附件内载的《囚犯待遇基本原则》，并请联合国秘书长将其提请会员国注意。

1990 年 12 月 19 日

第 68 次全体会议

附　件

囚犯待遇基本原则

1. 对于所有囚犯，均应尊重其作为人而固有的尊严和价值。

2. 不得以种族、肤色、性别、语言、宗教、政治或其他见解、民族本源或社会出身、财产、出生或其他状况为由而实行任何歧视。

3. 然而在当地条件需要时，宜尊重囚犯所属群体的宗教信仰和文化信条。

4. 监狱履行其关押囚犯和保护社会防止犯罪的责任时，应符合国家的其他社会目标及其促进社会全体成员幸福和发展的基本责任。

5. 除了监禁显然所需的那些限制外，所有囚犯应保有《世界人权宣言》和——如果有关国家为缔约国——《经济、社会及文化权利国际公约》,《公民权利及政治权利国际公约》及其《任择议定书》所规定的人权和基本自由，以及联合国其他公约所规定的其他权利。

6. 所有囚犯均应有权利参加使人格得到充分发展的文化活动和教育。

7. 应努力废除或限制使用单独监禁作为惩罚的手段，并鼓励为此而作出的努力。

8. 应创造条件，使囚犯得以从事有意义的有酬工作，促进其重新加入本国的劳动市场，并使他们得以贴补其本人或其家庭的经济收入。

9. 囚犯应能获得其本国所提供的保健服务，不得因其法律地位而加以歧视。

10. 应在社区和社会机构的参与和帮助下，并在适当顾及受害者利益的前提下，创造有利的条件，使刑满释放人员得以尽可能在最好的可能条件下重返社会。

11. 应公正无私地应用上述各项原则。

欧洲监狱规则（2006年版）[①]

吴宗宪　译

欧洲理事会部长委员会
成员国部长委员会关于欧洲监狱规则的
建议2006年第2号[②]

（2006年1月11日第952次部长代表会议通过）

根据《欧洲理事会章程》（Statute of Council of Europe）第15条b的规定，部长委员会：

考虑到《欧洲人权公约》（European Convention on Human Rights）和欧洲人权法院（European Court of Human Rights）的判例法；

也考虑到欧洲防止酷刑和不人道或有辱人格待遇或处罚委员会（European

---

① 本规则的完整标题是《成员国部长委员会关于欧洲监狱规则的建议2006年第2号》（Recommendation Rec（2006）2 of the Committee of Ministers to member states on the European Prison Rules）。原文下载自欧洲理事会（Council of Europe，又译为“欧洲委员会”）官网，网址为：https：//search.coe.int/cm/Pages/result_details.aspx？ ObjectID=09000016805d8d25。本译文是笔者主持的司法部2018年度国家法治与法学理论研究项目重点课题《监狱法修订研究》（课题编号18SFB1004）的阶段性成果。笔者曾经翻译了1987年版的《欧洲监狱规则》，其译文参见拙著《当代西方监狱学》（法律出版社2005年版）第837—854页。——译者注

② 在通过本建议并适用部长代表会议《议事规则》（Rules of Procedure）第10.2条c时，丹麦代表保留其政府有权遵守或不遵守本建议附录中第43条第2款的规定，因为丹麦代表认为，要求医务人员每天探视被单独监禁的犯人，会引起有关医务人员在有效宣布犯人是否适合进一步单独监禁方面可能发挥的作用的严重道德问题。——原注

Committee for the Prevention of Torture and Inhuman or Degrading Treatment or Punishment）开展的工作，特别是其在一般报告中制定的标准；

重申除了作为最后手段并按照法律规定的程序外，不得剥夺任何人的自由；

强调执行监禁刑罚和对待犯人必须考虑到安全、安保（security）[①] 和纪律的要求，同时确保监狱条件不侵犯人的尊严，并且为犯人提供有意义的职业活动和治疗方案，从而为他们做好重新融入社会的准备；

考虑到欧洲理事会成员国继续更新并遵守有关其监狱政策的共同原则的重要性；

此外，考虑遵守这些共同原则将加强在这个领域的国际合作；

注意到在过去二十年中影响欧洲刑事领域重要发展的重大社会变革；

再次赞同欧洲理事会部长委员会对监狱政策和实践的一些具体方面提出的建议中包含的标准，特别是关于监狱中的教育的第 R（89）12 号建议，关于控制包括艾滋病在内的传染病和监狱中相关健康问题的监狱与犯罪学方面的第 R 号（93）6 号建议，关于实施制裁和措施的工作人员的第 R（97）12 号建议，关于监狱保健的伦理和组织方面的第 R（98）7 号建议，关于监狱过度拥挤和监狱人口膨胀的第 R（99）22 号建议，关于附条件释放（假释）的第（2003）22 号建议，关于监狱管理部门对终身监禁犯人和其他长刑犯人的管理工作的第（2003）23 号建议；

铭记联合国《囚犯待遇最低限度标准规则》；

考虑到部长委员会关于欧洲监狱规则的第 R（87）3 号建议需要实质性修订和更新，以反映刑事政策、量刑实践和欧洲监狱整体管理方面的发展情况，

建议成员国政府：

——根据本建议附录中包含的规则，指导成员国的立法、政策和实践，本建议取代部长委员会关于欧洲监狱规则的第 R（87）3 号建议；

——确保尽可能广泛地翻译和传播本建议和所附的对其文本的评注，更具体地说，是在司法当局、监狱工作人员和犯人中进行传播。

---

① security 又译为“警戒度”“戒备”等。——译者注

（2006）第 2 号建议附录

第一部分　基本原则

1. 所有被剥夺自由的人都应受到尊重其人权的待遇。

2. 被剥夺自由的人保留所有没有通过判决或者拘留决定予以合法剥夺的权利。

3. 对被剥夺自由的人进行的限制，应当是必要的最低限度的限制，并与进行限制的合法目标相适应。

4. 由于缺乏资源而侵犯犯人人权的监狱条件是不合理的。

5. 监狱中的生活应当尽可能接近社区生活中的积极方面。

6. 应当对所有拘留进行管理，以便促进被剥夺自由的人重新融入自由社会。

7. 应当鼓励与外部社会服务部门合作并且尽可能让市民社会（civil society）① 参与监狱生活。

8. 监狱工作人员提供重要的公共服务，他们的招聘、培训和工作条件应当使他们能够在照顾犯人方面保持高标准。

9. 所有监狱应当接受政府的定期检查和独立的监督。

范围和应用

10.1　《欧洲监狱规则》适用于被司法机关羁押候审或者定罪后被剥夺自由的人。

10.2　在原则上，被司法机关羁押候审的人和定罪后被剥夺自由的人只应被关押在监狱中，即关押在为这两类被监禁者保留的机构中。

10.3　本规则也适用于：

① civil society 又译为“公民社会”“民间社会”“民间团体”等。——译者注

a. 因为任何其他理由而被拘留在监狱中的人；或者

b. 被司法机关羁押候审的人或者定罪后被剥夺自由的人，以及因为任何理由被拘留在其他地方的人。

10.4　所有被拘留在监狱的人或者以第 10.3 条 b 所规定方式被拘留的人，都被看成是本规则所指的犯人。

11.1　18 岁以下的儿童不应被关押在成人监狱，而应被关押在专门为此目的而设计的机构中。

11.2　然而，在特殊情况下如果儿童被关押在这种监狱中，则应当根据儿童的地位和需要做出特别规定。

12.1　精神病人和其精神健康状况不适合拘留在监狱中的人，应当关押在为此目的而专门设计的机构中。

12.2　如果此类人员在特殊情况下被关押在监狱中，则应当根据其身份和需要做出特别规定。

13. 这些规则应当公正适用，不得以性别、种族、肤色、语言、宗教、政治或者其他见解、民族或者社会出身、与少数民族的关系、财产、出生或者其他身份等任何理由进行歧视。

第二部分　监禁条件

收　　监[①]

14. 根据国家法律，任何人不得在没有有效的收监令（commitment order）的情况下作为犯人被收监或者关押在监狱中。

15.1　在收监时，应当立即记录有关每名犯人的下列详情：

---

① 原文是 admission。——译者注

a. 有关该犯人身份的资料；

b. 收监的理由和要求收监的机构；

c. 收监的日期和时间；

d. 根据第 31 条保管的犯人个人财产的清单；

e. 任何明显的伤害和对以前虐待的投诉；和

f. 根据医疗保密要求，任何关于该犯人健康的信息，这些信息与该犯人或者其他人的身心健康有关。

15.2　收监时，必须按照第 30 条向所有犯人提供信息。

15.3　收监后，应当立即按照第 24.9 条的规定发出拘留该犯人的通知。

16. 收监后：

a. 应当尽快根据第 42 条的规定进行医学检查，补充犯人收监时的健康情况信息；

b. 应当尽快根据第 51 条确定犯人的适当的安保等级（level of security）；

c. 应当尽快按照第 52 条确定犯人对安全的威胁；

d. 应当尽快评估有关犯人社会状况的任何现有信息，以便处理犯人当前的个人需要和福利需求；以及

e. 对于被判刑犯人，应当尽快采取必要步骤，按照本规则第八部分实施矫正方案。

分配和住宿①

17.1　应当尽可能将犯人分配到其家庭或者回归社会（social rehabilitation）②场所附近的监狱。

17.2　分配还应当考虑继续进行刑事调查、安全和安保的要求，考虑为所有犯人提供适当管理制度的需要。

17.3　应当尽可能了解犯人对于最初分配和随后从一所监狱转移到另一所

---

① 原文是 allocation and accommodation。——译者注

② social rehabilitation 又译为“社会康复”。——译者注

监狱的意见。

18.1　为犯人提供的住所，尤其是所有睡觉的住所，应当尊重人的尊严，尽可能尊重隐私，并且符合健康和卫生的要求，适当考虑气候条件，特别是地面空间（floor space）、空气立方含量（cubic content of air）、照明、供暖和通风。

18.2　在要求犯人生活、劳动或者聚集的所有建筑物内：

a. 除非有足够的空调系统，否则窗户应当足够大，以便使犯人在正常情况下能够在自然光中阅读或者劳动，并且允许新鲜空气进入；

b. 人造光（artificial light）应当符合公认的技术标准；以及

c. 应当有警报系统，以便使犯人能够及时与工作人员联系。

18.3　应当在国内法中规定（第 18.2 条）第 a 款和第 b 款所规定事项的具体最低要求。

18.4　国家法律应当规定机制，确保这些最低要求不会因监狱过度拥挤而被违反。

18.5　犯人夜间通常应当在单独的监舍内住宿，除非他们共用寝室更加有利。

18.6　只有在符合这个目的的情况下，才可以共用寝室，并且应当由彼此适合交往的犯人共用寝室。

18.7　在要求共用寝室前，应当尽可能给犯人提供选择。

18.8　在决定让犯人住在特定监狱中或者监狱的特定部分内时，应该适当考虑下列拘留需要：

a. 将未经审讯的犯人与已被判刑的犯人分开；

b. 将男犯人与女犯人分开；以及

c. 将年轻成年犯人（young adult prisoner）与年长犯人（older prisoner）分开。

18.9　为了使犯人能够共同参加有组织的活动，可以根据第 18.8 条[①]规定对分类拘留（separate detention）的要求做出例外规定，但是，不同类别的犯人

---

① 原文为“paragraph 8”，可以翻译为“第 8 款”或者“第 8 条”。原文可能是错误的，因为本规则中没有第 8 款；如果理解为“第 8 条”，其内容也与这里的规定无关。根据上下文推断，原文中应当是“paragraph 18.8”，即“第 18.8 条”，原文中少写了“18.”。——译者注

在夜间应当分开，除非他们同意被拘留在一起，并且监狱当局认为这样拘留最符合所有相关犯人的利益。

18.10 所有犯人的住宿条件受到的安保限制应当是最少的，并且与他们逃跑、伤害自己或者他人的危险性相适应。

卫　生[①]

19.1 每所监狱的所有部分都应当定期维修，并且时刻保持清洁。

19.2 在收押犯人时，分配给他们的监舍或者其他住所应当是清洁的。

19.3 犯人应当能够随时使用符合卫生要求并且尊重隐私的卫生设施。

19.4 应当提供足够的设施，使每名犯人可以在适合气候的温度下洗澡或者淋浴；如果可能的话，每天能够洗澡或者淋浴，但是每周至少能够洗澡或淋浴两次（如有需要，可以更加频繁地洗澡或者淋浴），以便保证卫生。

19.5 犯人应当保持其身体、衣物和寝室干净整洁。

19.6 监狱当局应向他们提供这样做的物质条件，包括洗漱用品、一般清洁工具和材料。

19.7 应当对妇女的卫生需求做出特别规定。

衣服和床上用品[②]

20.1 对于没有足够衣服的犯人，应当提供适合气候的衣服。

20.2 此类衣服不得有辱人格或者羞辱意味。

20.3 所有衣物应当保持良好状态，并且应当在必要时可以更换。

20.4 经过允许离监外出的犯人，不必穿着标明犯人身份的衣服。

21. 应当向每名犯人提供单独的床位和单独而适当的床上用品，床铺应当保持良好状况并且应当经常更换，以便确保清洁。

---

① 原文是 hygiene。——译者注

② 原文是 clothing and bedding。——译者注

营　养[1]

22.1　应当向犯人提供考虑其年龄、健康、身体状况、宗教、文化和劳动性质的营养饮食。

22.2　对营养饮食的要求，包括其最低能量和蛋白质含量，应当在国家法律中规定。

22.3　应当按照卫生要求准备和供应食物。

22.4　每天应当提供三餐，每餐之间应当有合理的间隔。

22.5　犯人应当随时能够获得干净的饮用水。

22.6　医生或者合格护士在有医疗原因方面的需要时，应当下令改变特定犯人的饮食。

法律咨询[2]

23.1　所有犯人都有权获得法律咨询，监狱当局应当为他们提供获取此类咨询的合理的便利条件。

23.2　犯人可以自行选择并自费与法律顾问咨询任何法律事务。

23.3　如果有得到认可的免费法律援助计划时，当局应提醒所有犯人注意。

23.4　犯人与其法律顾问之间的商议和其他通信，包括有关法律事务的通信，应当予以保密。

23.5　在特殊情况下，司法机关可以授权对此类保密进行限制，以便预防严重犯罪或者对监狱安全和安保的严重危害。

23.6　犯人有权查阅或者被允许持有与其法律诉讼有关的文件。

与外界接触[3]

24.1　应当允许犯人尽可能频繁地通过信件、电话或者其他形式与家人、

---

① 原文是 nutrition。——译者注

② 原文是 legal advice。——译者注

③ 原文是 contact with the outside world。——译者注

其他人和外部组织的代表交流，并且接受这些人的探视。

24.2　通信和探视可能会因为继续进行刑事调查、维持良好秩序、安全和安保、预防刑事犯罪和保护犯罪被害人的需要而受到必要的限制和监视，但是，此类限制，包括司法机关下令进行的具体限制，应当允许有可接受的最低限度的接触。

24.3　国内法应当规定，不应当限制犯人与国内和国际机构及其官员的通信。

24.4　探视安排应当使犯人尽可能以正常的方式维持和发展家庭关系。

24.5　监狱当局应当帮助犯人保持与外界的适当接触，并且向他们提供保持这种接触的适当的福利支持。

24.6　应当及时向犯人传达任何近亲属死亡或者严重疾病的任何信息。

24.7　在任何允许的情况下，应当授权犯人在护送下或者单独地离开监狱，以便探望生病的亲属、参加葬礼，或者由于其他人道主义原因而离开监狱。

24.8　应当允许犯人立即将其被监禁或者被移送到其他机构，以及身患严重疾病或者遭受伤害的情况通知其家人。

24.9　在犯人被收监、死亡、身患严重疾病或者遭受重伤，或者将犯人转移到医院后，除非犯人要求不这样做，否则当局应立即通知该犯人的配偶或者伴侣；如果该犯人单身，则通知其最近的亲属和该犯人以前指定的任何其他人。

24.10　除非司法机关在个别案件中有特别的禁止性要求，否则，应当允许犯人通过订阅和阅读报纸、期刊、其他出版物以及收听广播或者收看电视等方式，经常了解公共事务。

24.11　监狱当局应当确保犯人能够参加选举、公民投票（referendum）[①] 和其他公共生活方面的活动，他们在这些方面的权利不受国内法的限制。

24.12　应当允许犯人与媒体沟通，除非有令人信服的理由表明禁止这样做是为了维护安全和安保，为了保护公众利益，或者是为了保护被害人、其他犯人或者工作人员的尊严。

---

① referendum 简称“公投”，又译为“全民公决”。——译者注

监狱制度[①]

25.1　为所有犯人规定的制度，应当提供均衡的活动计划。

25.2　该制度应当允许所有犯人每天在监舍外面度过足够多的时间，以便进行适当程度的人际交往和社会互动。

25.3　该制度也应当满足犯人的福利需要。

25.4　应当特别注意遭受过身体、精神或者性虐待的犯人的需要。

劳　　动[②]

26.1　应当把监狱劳动看作监狱制度的积极成分（positive element of the prison regime），决不应当把监狱劳动作为一种惩罚。

26.2　监狱当局应当努力提供足够的有用的劳动。

26.3　所提供的劳动应当尽可能维持或者提高犯人释放后谋生的能力。

26.4　根据第 13 条，所提供的劳动种类不应当有性别歧视。

26.5　应当向能够从中受益的犯人，特别是年轻犯人，提供包括职业培训在内的劳动。

26.6　犯人可以在现有的适当的职业选择范围内，在良好的秩序和纪律的要求下，选择其希望从事的职业类型。

26.7　矫正机构[③]中劳动的组织和方法，应当尽可能与社区内类似劳动的组织和方法相似，以便使犯人为正常的职业生活条件做好准备。

26.8　尽管从矫正机构内的工业生产中追求经济利益对于提升标准、提高培训质量和增强培训的相关性是有价值的，但是，不应当让犯人的利益服从这一目的。

26.9　监狱当局应当自行或者与私营承包商合作，在监狱内外为犯人提供劳动机会。

---

① 原文是 prison regime。——译者注

② 原文是 work。也可翻译为“工作”。——译者注

③ 原文是 institution，《囚犯待遇最低限度标准规则》的中译本将其翻译为“监所”。——译者注

26.10　在任何情况下，犯人的劳动都应当有公平的报酬。

26.11　应当允许犯人将其收入的至少一部分用于购买经批准的自用物品，并且将其收入的一部分分配给他们的家人。

26.12　可以鼓励犯人将他们的部分收入存起来，在释放时交给他们或者用于其他经批准的方面。

26.13　对犯人采取的健康和安全预防措施应当充分地保护他们，并且不得低于适用于外面工人的措施。

26.14　应当规定对犯人遭受的工业伤害，包括职业病，以不低于国家法律对外面工人规定的条件，做出赔偿。

26.15　犯人每日和每周的最长劳动时间，应当根据当地雇用自由工人的规定或者惯例确定。

26.16　犯人每周至少休息一天，他们应当有足够的时间参加教育和其他活动。

26.17　尽可能将参加劳动的犯人纳入国家社会保障制度。

运动和娱乐①

27.1　如果天气允许，每名犯人应当每天至少有一小时在户外运动的机会。

27.2　当天气恶劣时，应当做出其他安排，以便使犯人能够运动。

27.3　为了促进身体健康、提供足够的运动和娱乐机会而适当组织的活动，应当构成监狱制度的一个组成部分。

27.4　监狱当局应当通过提供适当的设施和设备促进此类活动。

27.5　监狱当局应当做出安排，为有需要的犯人组织特别的活动。

27.6　应当提供娱乐机会，包括体育、游戏、文化活动、业余爱好和其他休闲活动，并且尽可能允许犯人组织这些活动。

27.7　应当允许犯人在运动期间和参加娱乐活动时相互联系。

---

①　原文是 exercise and recreation。——译者注

教　育

28.1　每所监狱都应当设法向所有犯人提供尽可能全面的，能够满足他们的个人需要并且考虑他们的愿望的教育计划。

28.2　应当优先考虑有识字、算术方面需要的犯人和缺乏基础教育、职业教育的犯人。

28.3　应当特别注意对年轻犯人和有特殊需要的犯人的教育。

28.4　在监狱制度中，教育应当具有不低于劳动的地位，犯人不得因为参加教育活动而在经济上或者其他方面处于不利地位。

28.5　每所矫正机构都应当设立一座供所有犯人使用的图书馆，其中应当有足够的娱乐和教育资源、书籍和其他媒体。

28.6　监狱图书馆应当尽可能与社区图书馆服务机构开展合作。

28.7　在切实可行的范围内，对犯人的教育应当：

a. 与国家的教育和职业培训制度相结合，以便在释放之后，他们可以顺利地继续接受教育和职业培训；

b. 在外部教育机构的支持下进行。

思想、良心和宗教自由[①]

29.1　应当尊重犯人的思想、良心和宗教自由。

29.2　应当在切实可行的范围内制定监狱制度，以便允许犯人实践其宗教，遵循其信仰，参加由该宗教或者信仰方面得到认可的代表主持的服务或者会议，接受该宗教或者信仰的代表进行的私人探视，拥有与其宗教或者信仰有关的书籍或者文学作品。

29.3　不得强迫犯人从事某种宗教或者信仰活动、参加宗教仪式或者会议、参加宗教活动、接受任何宗教或者信仰的代表的探视。

① 原文是 freedom of thought，conscience and religion。——译者注

信　　息

30.1　在入监时和入监之后必要时，应当以犯人可以理解的语言，用书面和口头方式通知所有犯人关于监狱纪律、他们在监狱中的权利和义务的规定。

30.2　应当允许犯人持有所提供信息的书面版本。

30.3　应当告知犯人他们所涉及的任何法律程序；如果他们被判刑，则应当告知服刑时间和提前释放的可能性。

犯人的财产①

31.1　根据监狱的规则，不允许犯人保留的所有财产，在他们入监之后都应当得到安全保管。

31.2　其财产被安全保管的犯人，应当签署财产清单。

31.3　应当采取措施使此类财产保持良好状态。

31.4　如果发现有必要销毁任何此类财产时，应当记录并通知犯人。

31.5　根据卫生、良好秩序和安全的要求，犯人有权以不高于自由社会的价格，购买或者用其他方式获得物品，包括供其个人使用的食品和饮料。

31.6　如果犯人带进任何药物，医生应当决定如何使用这些药物。

31.7　在允许犯人继续持有其财产的情况下，监狱当局应当采取措施协助保管。

犯人的移送②

32.1　当犯人被移送到监狱或者从监狱移送到法院、医院等其他地方时，应当尽可能少地让他们暴露在公众视野中，并且应当采取适当保护措施确保他们的匿名性。

32.2　应当禁止用通风不足或者光线不足的交通工具运送犯人，禁止以任

---

① 原文是 prisoners' property。——译者注

② 原文是 transfer of prisoners。——译者注

何方式让犯人遭受不必要的身体痛苦或者侮辱。

32.3　犯人的运送应当在公共当局（public authorities）的指导下进行。

犯人的释放①

33.1　当犯人的收监令期满、法院或者其他当局下令释放时，应当立即释放该犯人。

33.2　应当记录释放的日期和时间。

33.3　所有犯人都应当从那些目的在于帮助他们释放后回归自由社会的安排中受益。

33.4　在释放犯人时，所有被安全保管的属于该犯人的物品和金钱，都应当返还给该犯人，但是，经授权提取的金钱、经授权运出该矫正机构的此类财产，或者已经发现基于卫生原因必须销毁的任何物品除外。

33.5　犯人应当在返还财产的收据上签字。

33.6　在预先安排释放的情况下，应当根据第 42 条的规定，在尽可能接近释放时间的时候，对犯人进行体检。

33.7　必须采取措施，确保在释放犯人时，必须向获释犯人提供适当的文件和身份证明，并协助他们找到适当的住处和工作。

33.8　还应当立即向被释放犯人提供生活资料、与气候和季节相适应的适宜而足够的衣服、到达其目的地的足够资金。

妇　女

34.1　除本规则中关于女性犯人的具体规定外，当局在做出影响女性犯人拘留的任何方面的决定时，都应当特别注意妇女在身体、职业、社会和心理等方面的需要。

34.2　应当特别努力地为有需要的女性犯人提供第 25.4 条规定的特别服务。

34.3　应当允许犯人在监狱外分娩，但是，如果孩子在监狱内出生，当局

---

①　原文是 release of prisoners。——译者注

应当提供一切必要的支持和设施。

被拘留儿童[①]

35.1 如果在特殊情况下将不满18岁的儿童拘留在成人监狱，当局应当确保，除所有犯人都可以获得的服务之外，儿童犯人还可以获得社会服务、心理服务、教育服务、宗教关怀（religious care）、娱乐计划或者儿童在社区中能够获得的同等服务。

35.2 每一个接受义务教育的儿童犯人都应当接受义务教育。

35.3 应当向从监狱释放的儿童提供额外的帮助。

35.4 如果将儿童拘留在监狱中，则应当将他们关押在监狱的一个部分中，该部分应当与成人使用的部分隔开，除非认为这种做法不符合儿童的最佳利益。

婴　　儿[②]

36.1 只有在符合有关婴儿的最佳利益的情况下，婴儿才可以与父母一起留在监狱中。不应当将婴儿作为犯人对待。

36.2 如果允许此类婴儿与父母一起在监狱中，应当特别提供配备了合格人员的托儿所，当父母参加婴儿不能在场的活动时，应当将婴儿安置在该托儿所。

36.3 为了保护这类婴儿的福利，应当预留特殊住所。

外国人[③]

37.1 对于外籍犯人，应当毫不拖延地告知他们请求联系其本国外交代表或者领事代表的权利，并且给他们的联系提供合理的便利条件。

37.2 如果犯人是在该国没有外交代表或者领事代表的国家的国民，以及难民或者无国籍人，则应当提供类似的便利条件，以便与负责其利益的国家的

---

① 原文是 detained children。——译者注

② 原文是 infants。——译者注

③ 原文是 foreign nationals。——译者注

外交代表或者为其利益服务的国家当局或者国际当局（national or international authority）联系。

37.3 为了保护监狱中可能有特殊需要的外籍犯人的利益，监狱当局应当与代表犯人的外交代表或者领事官员充分合作。

37.4 应当向外籍犯人提供有关法律援助的具体信息。

37.5 应当告知外籍犯人，可以请求移交到另一国家执行其刑罚。

少数民族或者小语种群体①

38.1 为了满足属于少数民族或者小语种群体的犯人的需要，应当做出特殊安排。

38.2 在切实可行的范围内，应当允许在监狱中继续开展不同群体的文化活动。

38.3 应当通过使用合格的翻译人员和提供在特定监狱中使用的不同语言的书面材料，满足语言方面的需要。

第三部分　健　康

保　健②

39. 监狱当局应当保障由其管理的所有犯人的健康。

监狱保健组织③

40.1 监狱内的医疗服务部门应当与社区或者国家的普通卫生管理部门密

① 原文是 ethnic or linguistic minorities。——译者注

② 原文是 health care。——译者注

③ 原文是 organisation of prison health care。——译者注

切合作。

40.2　监狱卫生政策应当纳入国家的卫生政策，并且与其相一致。

40.3　犯人应当根据其法律情况获得国家提供的卫生服务，不得进行歧视。

40.4　监狱内的医疗服务人员应当设法发现和治疗犯人可能遭受的身体疾病、精神疾病或者缺陷。

40.5　为此目的，应当向犯人提供所有必要的医疗、外科和精神病学服务，包括社区中可以得到的服务。

医疗保健人员[①]

41.1　每所监狱应当至少有一名合格的全科医生（general medical practitioner）提供服务。

41.2　应当做出安排，确保在紧急情况下随时都有一名合格的医生在场。

41.3　监狱没有专职医生的，应当有一名兼职医生定期诊疗。

41.4　每所监狱都应当有受过适当保健训练的工作人员。

41.5　每名犯人都应当能够获得合格的牙医和配制眼镜技师提供的服务。

医生的职责[②]

42.1　医生或者向该医生报告的合格护士，应当在犯人入监后尽快探望每名犯人，并对他们进行检查，明显无必要检查的除外。

42.2　在释放时，如果犯人提出要求，医生或者向该医生报告的合格护士应当对该犯人进行检查；如有必要，还要用别的方式对犯人们进行检查。

42.3　在检查犯人时，医生或者向该医生报告的合格护士应当特别注意：

a. 遵守正常的医疗保密规则；

b. 诊断身体疾病或者精神疾病，采取一切必要措施进行治疗和继续现有的医学治疗；

---

① 原文是 medical and health care personnel。——译者注

② 原文是 duties of the medical practitioner。——译者注

c. 记录并向有关当局报告犯人可能受到暴力对待的任何体征或者指征（sign or indication）；

d. 处理因为使用毒品（drugs）、药物（medication）或者酒精而引起的戒断症状；

e. 确认剥夺自由带来的任何心理压力或者其他压力；

f. 隔离感染期间疑似感染或者患有传染病的犯人，并且给予适当的治疗；

g. 确保携带艾滋病毒的犯人并不仅仅因为这一原因而被隔离；

h. 注意释放后可能妨碍重新安置（resettlement）的身体或者精神缺陷；

i. 确定每名犯人是否适合劳动和运动；

j. 如果犯人同意在释放后继续安排进行任何必要的医学治疗和精神治疗，与社区机构一起作出这种安排。

43.1　医生应当照顾犯人的身心健康，并且应当在符合社区卫生保健标准的条件和频率下，观察所有患病犯人、所有报告生病或者受伤的人以及任何需要特别关注的犯人。

43.2　医生或者向该医生报告的合格护士，应当特别注意在单独监禁条件下关押的犯人的健康，应当每天探望该犯人，并且应当根据这类犯人或者监狱工作人员的要求，向这类犯人提供迅速的医疗救助和治疗。

43.3　医生如果认为犯人的身体健康或者精神健康因为持续监禁或者任何监禁条件（包括单独监禁条件）而受到严重威胁，必须向监狱长（director）[①]报告。

44. 医生或者其他主管当局（competent authority）应当通过其他适当的方式定期视察、收集信息，并且围绕下列事项向监狱长提出建议：

a. 食物和水的数量、质量、准备与供应；

b. 矫正机构和犯人的卫生与整洁；

c. 矫正机构的卫生、采暖、照明和通风设施；

d. 犯人的衣服和床上用品的适宜性、整洁性。

---

① director 也可以翻译为“主任”。根据上下文的意思，应当是指监狱长。——译者注

45.1 监狱长应当考虑医生或者其他主管当局根据第 43 条和第 44 条提交的报告和建议，并且在同意所提建议时，应当立即采取措施予以落实。

45.2 如果医生的建议不在监狱长的职权范围内或者监狱长不同意，监狱长应当立即将医生的建议和本人的报告提交上级当局。

保健规定①

46.1 需要接受专科治疗的患病犯人，在监狱内不能得到这种治疗时，应当转移到专门机构或者地方医院（civil hospital）。

46.2 如果监狱管理部门有自己的医院设施，应当配备足够的人员和设备，以便对移交给它们的犯人提供适当的照顾和治疗。

心理健康②

47.1 实行医疗管制（medical control）的专门监狱或者监狱的部分，应当能够对患有精神障碍或者精神异常，但是并不一定符合第 12 条规定情况的犯人进行观察和治疗。

47.2 监狱医疗管理部门应当为所有需要精神病学治疗的犯人，提供这样的治疗，应当特别注意预防自杀。

其他事项

48.1 未经犯人同意，不得对其进行任何实验。

48.2 应当禁止开展涉及犯人并且可能导致身体伤害、心理痛苦或者其他损害的实验。

---

① 原文是 health care provision。——译者注

② 原文是 mental health，又译为“心理卫生”“精神健康”等。——译者注

第四部分　良好秩序

关于良好秩序的一般规定[①]

49. 应当在考虑安保、安全和纪律方面的要求，同时也为犯人提供尊重人的尊严的生活条件，并且根据第 25 条为他们提供一整套活动计划的基础上，维持监狱中的良好秩序。

50. 根据良好秩序、安全和安保的需要，应当允许犯人讨论与监禁的一般条件有关的事项，并且应当鼓励犯人就这些事项与监狱当局进行沟通。

安　保[②]

51.1　适用于个别犯人的安保措施，应当是实现对其安全监禁所必需的最低限度的措施。

51.2　通过物理屏障和其他技术手段提供的安保，应当与由了解其监控的犯人的警戒人员（alert staff）所提供的动态安保相互补充。

51.3　入监后，应当尽快对犯人进行评估，以便确定：

a. 如果他们逃跑，他们会给社区带来的危险；

b. 他们试图独自或者通过外部帮助逃跑的危险。

51.4　然后，应当将每名犯人关押在与这些危险等级相适应的安保条件下。

51.5　在整个监禁期间，应当定期审查必需的安保等级。

安　全[③]

52.1　入监后，应当尽快对犯人进行评估，以便确定他们是否对其他犯人、监狱工作人员或者在监狱中工作、探监的其他人员构成安全危险，或者是否会

① 原文是 general approach to good order。——译者注

② 原文是 security。——译者注

③ 原文是 safety。——译者注

伤害自己。

52.2　应当确立能够确保犯人、监狱工作人员和所有探监人员安全的程序，并且将可能威胁安全的暴力和其他事件的风险降至最低。

52.3　应当尽一切可能让所有犯人充分参与日常的安全活动。

52.4　应当使犯人能够随时联系工作人员，包括在夜间。

52.5　监狱应当遵守国家健康和安全方面的法律。

特殊的高度安保或者安全措施①

53.1　特殊的高度安保或者安全措施应当仅适用于特殊情况。

53.2　对任何犯人采取此类措施时，都应当遵循明确的程序。

53.3　任何此类措施的性质、期限和适用理由，都应当由国家法律确定。

53.4　在每种情况下，这类措施的使用都应当在规定的时间内获得主管当局的批准。

53.5　延长所批准期限的任何决定，都必须由主管机关重新批准。

53.6　此类措施应当仅仅适用于犯人个人，而不适用于犯人群体。

53.7　任何接受此类措施的犯人都有权按照第 70 条规定提出申诉。

搜查和控制②

54.1　应当确立监狱工作人员在进行下列搜查时遵循的详细程序：

a. 搜查犯人生活、劳动和聚集的所有地方；

b. 搜查犯人；

c. 搜查探监者及其财物；以及

d. 搜查监狱工作人员。

54.2　国家法律应当规定必须进行此类搜查的情况以及搜查的性质。

54.3　应当对监狱工作人员开展如何进行这些搜查的培训，以便在尊重被

---

① 原文是 special high security or safety measures。——译者注

② 原文是 searching and controls。——译者注

搜查人员及其个人财产的尊严的同时，发现并预防任何企图逃跑或者藏匿违禁品的行为。

54.4　不得在搜查过程中羞辱被搜查人员。

54.5　只能由同一性别的监狱工作人员搜查。

54.6　监狱工作人员不得对犯人的身体进行身体内部检查（internal physical search）。

54.7　与搜查有关的私密检查（intimate examination）只能由医生进行。

54.8　除非调查技术或者对工作人员的潜在威胁禁止这样做，否则，在搜查犯人的个人财产时，犯人应当在场。

54.9　应当在进行安保和保护安全的义务与探监者的隐私之间保持平衡。

54.10　管理法律代表、社会工作者和医生等专业探监者（professional visitor）的程序，应当与专业机构协商，以便在安保与安全之间达成平衡，并且确保行使私密的专业接触权（right of confidential professional access）。

犯罪行为

55. 对于在监狱中实施的被指控的犯罪行为，应当按照自由社会的方式进行调查，并且应当依照国家法律处理。

纪律和处罚[①]

56.1　惩戒程序（disciplinary procedures）[②]应当作为最后手段使用。

56.2　监狱当局应当尽可能使用恢复和调解机制解决与犯人之间的争议。

57.1　只有可能对良好秩序、安全或者安保构成威胁的行为，才可以被确定为违纪行为（disciplinary offence）。

57.2　国家法律应当规定：

a. 构成违纪行为的犯人的作为或者不作为；

---

① 原文是 discipline and punishment。——译者注

② disciplinary procedures 也可以翻译为“纪律程序”。——译者注

b. 违纪听证会（disciplinary hearing）应当遵循的程序；

c. 可能受到的处罚种类和期限；

d. 有权实施这类处罚的机构；

e. 提起上诉程序（appellate process）的途径和授权。

58. 任何关于某个犯人违反了纪律规则的指控，都应当立即向主管当局报告，主管当局应毫不拖延地进行调查。

59. 被指控进行了违纪行为的犯人，应当：

a. 通过他们理解的和详细的语言，迅速了解针对他们的指控的性质；

b. 有足够的时间和条件准备辩护；

c. 当司法利益需要（interests of justice）时，允许本人或者通过法律援助为其辩护；

d. 被允许要求证人出庭并且对其进行询问或者由别人代其进行询问；

e. 如果他们不能理解或者不会讲在听证会中使用的语言，可以免费获得翻译人员的协助。

60.1　在确定违纪行为后给予的任何处罚，都应当符合国家法律。

60.2　任何处罚的严厉程度都应当与违纪行为相适应。

60.3　禁止集体处罚（collective punishments）、体罚（corporal punishment）、关在黑牢房的处罚（punishment by placing in a dark cell）和其他一切形式的不人道或者有辱人格的处罚。

60.4　处罚不应当包括完全禁止家庭接触。

60.5　应当仅在特殊情况下并且在规定的时间内，把单独监禁（solitary confinement）作为一种处罚，单独监禁的时间应当尽可能短暂。

60.6　绝对不应当把约束工具（instruments of restraint）用作处罚。

61. 犯人如果被裁定有违纪行为，他们应当能够向主管当局和独立的上级当局上诉。

62. 受到任何纪律处罚的犯人，都不得在监狱内受雇工作或者获得权力。

一事不再理原则[①]

63. 决不能因为同一行为而让犯人受到两次处罚。

使用武力[②]

64.1 除非出于自卫或者犯人企图逃跑，或者对合法秩序进行主动或被动的身体抗拒，监狱工作人员不得对犯人使用武力；对犯人使用武力始终是最后手段。

64.2 使用的武力应当是必要的最低限度的武力，并且应当在最短的必要时间内使用。

65. 应当有使用武力的具体程序，这类程序应当包括下列规定：

a. 可以使用的各种武力；

b. 可以使用每种武力的情形；

c. 有权使用不同类型武力的工作人员；

d. 使用任何武力前所需要的权力级别；以及

e. 使用武力后必须完成的报告。

66. 直接与犯人打交道的工作人员应当接受技术培训，以便在约束具有攻击性的犯人时尽量减少使用武力。

67.1 其他执法机构的工作人员只能在特殊情况下参与处理监狱内的犯人。

67.2 监狱当局应当与任何相关的其他执法机构签订正式协议，除非国内法律已经对这种关系做出了规定。

67.3 该协议应当规定：

a. 其他执法机构的成员可以进入监狱处理任何冲突的情形；

b. 其他执法机构在监狱期间的权限范围及其与监狱长的关系；

c. 这类执法机构的成员可以使用的各种类型的武力；

d. 可以使用每种武力的情形；

---

① 原文是 double jeopardy，又译为“双重审理”“双重危险”等，指不能对一次违纪行为进行多次处理。——译者注

② 原文是 use of force。——译者注

e. 使用任何武力前所需要的权力级别；以及

f. 使用武力后必须完成的报告。

约束工具①

68.1　禁止使用铁链（chains）和镣铐（irons）。

68.2　除下列情况外，不得使用手铐（handcuffs）、约束衣（restraint jackets）和其他身体约束装置：

a. 如果有必要，在移送期间作为预防逃跑的措施，但是除非司法或者行政当局另有决定，否则应当在犯人出现在司法当局或者行政当局面前时将其去除；或者

b. 如果其他管制方法失败，为了保护犯人不自伤、不伤害他人或者防止财产严重受损，可以通过监狱长的命令，立即通知医生并向上级监狱当局报告。

68.3　使用约束工具的时间不得超过确实必要的时间。

68.4　应当在国家法律中规定使用约束工具的方式。

武　　器

69.1　除了在紧急行动中，监狱工作人员不得在监狱范围内携带致命武器。

69.2　与犯人接触的人员不得在监狱范围内公开携带其他武器，包括警棍，除非为了处理特定事件而有安全和安保方面的需要。

69.3　工作人员除非经过使用方面的培训，否则不得配备武器。

请求和投诉②

70.1　犯人单独或者作为一个群体，应当有足够的机会向监狱长或者任何其他主管当局提出请求或者投诉。

70.2　如果看起来适合进行调解，应当首先尝试调解。

70.3　如果拒绝某个请求或者驳回某种投诉，应当向犯人说明理由，犯人

① 原文是 instruments of restraint。——译者注

② 原文是 requests and complaints。——译者注

有权向独立当局上诉。

70.4　犯人不得因为提出请求或者投诉而受到处罚。

70.5　主管当局有理由相信犯人的权利受到侵犯时，应当考虑犯人亲属的任何书面投诉。

70.6　未经犯人同意，有关犯人福利的法律代表或者组织，不得代表犯人提出申诉。

70.7　犯人有权就申诉和上诉程序寻求法律咨询，并且在司法利益需要时寻求法律援助。

第五部分　管理与工作人员[①]

作为公共服务的监狱工作[②]

71. 监狱应当由独立于军事机构、警察部门或者刑事调查机构的公共当局（public authorities）负责。

72.1　应当根据一定的伦理背景管理监狱，该伦理背景承认，有义务人道地对待所有犯人，并尊重人的固有尊严。

72.2　工作人员应当清楚监狱制度的目的，这种目的应当在管理层领导下得到最好的实现。

72.3　工作人员的职责超出了单纯的看守人员的职责，应当考虑到有必要通过积极关怀和帮助的计划，促进犯人在服刑完毕后能够重新融入社会。

72.4　工作人员应当按照较高的专业和个人标准开展工作。

73. 监狱当局应当高度重视遵守有关工作人员的规则。

---

① 原文是 management and staff。——译者注

② 原文是 prison work as a public service。——译者注

74. 应当特别注意管理一线监狱工作人员（first line prison staff）与所看管犯人之间的关系。

75. 工作人员在任何时候都应当使用能够以良好的榜样影响犯人并尊重犯人的方式做人做事和履行职责。

监狱工作人员的选拔①

76. 在监狱工作人员入职之初和以后的工作中，都应当精心挑选和适当培训，以专业工作人员的身份支付报酬，并且赋予在市民社会能够受到尊重的地位。

77. 监狱当局在选拔新的工作人员时，应当高度重视这些工作人员将要从事的复杂工作所需要的正直、人道、专业能力和个人适合性（personal suitability）。

78. 专业监狱工作人员通常应当长期任用，具有公共服务地位（public service status）和就业保障，但是必须品行良好，工作效率高，身心健康，接受了适当的教育。

79.1　工资应当足以吸引和留住合适的工作人员。

79.2　工作福利和条件应当反映作为执法机构组成部分的工作的严格性质。

80. 当需要雇用兼职工作人员时，这些标准应该在适当情况下适用于他们。

监狱工作人员的培训②

81.1　工作人员入职前应当接受一般性的和具体职责方面的培训，并且应当通过理论和实务测试。

81.2　管理层应当确保所有工作人员在其职业生涯中，通过参加按照适当时间间隔举办的在职培训和发展课程，保持和提高其知识与专业能力。

81.3　对外籍犯、妇女犯、少年犯或者精神病犯人等特定犯人群体开展工作的工作人员，应当接受专门工作方面的具体培训。

81.4　对所有工作人员的培训，都应当包括国际和区域人权文件与标准，特别是《欧洲人权公约》（European Convention on Human Rights）和《欧洲防

① 原文是 selection of prison staff。——译者注

② 原文是 training of prison staff。——译者注

止酷刑和不人道或有辱人格的待遇或处罚公约》（European Convention for the Prevention of Torture and Inhuman or Degrading Treatment or Punishment），以及欧洲监狱规则的适用。

监狱管理

82. 工作人员的选拔和任命应当在平等的基础上进行，不得以性别、种族、肤色、语言、宗教、政治或者其他观点、国籍或者社会出身、与少数民族的关系、财产、出生或者其他身份等任何理由加以歧视。

83. 监狱当局实行的组织和管理制度应当：

a. 确保监狱的管理始终达到符合国际性和区域性人权文件的高标准；以及

b. 促进监狱之间以及监狱内部不同类别工作人员之间的良好沟通，并且适当协调监狱内外为犯人提供服务的所有部门，特别是适当协调在犯人的照料和重新融入方面提供服务的所有部门。

84.1　每所监狱都应当有一名监狱长，该监狱长应当具备足够的担任该职务的资格，包括品格、行政能力、适当的专业训练与经验。

84.2　监狱长应当是全职任命的，并且应当将其全部时间用于其公务。

84.3　监狱当局应当确保每所监狱始终由监狱长、副监狱长或者其他得到授权的官员全权负责。

84.4　如果一名监狱长负责一所以上的监狱，应当始终为每个监狱增加一名负责官员。

85. 在监狱工作人员中，应当保持男女平衡。

86. 应当安排管理层与监狱工作人员就一般事项，特别是与他们的工作条件有关的事项进行协商。

87.1　应当做出安排，鼓励管理层、其他工作人员、外部机构和犯人之间尽可能进行良好沟通。

87.2　监狱长、监狱的管理人员和大多数其他工作人员应当能讲绝大多数犯人使用的语言，或者能讲大多数犯人都能理解的语言。

88. 如果存在私人管理的监狱，应当对它们适用所有的欧洲监狱规则。

专业人员 [①]

89.1 应当尽可能在监狱工作人员中配备足够数量的专家，例如，精神病学家、心理学家、社会和福利工作者、教师（teacher）以及职业教员（instructor）、体育教员和运动教员。

89.2 在可能的情况下，应当鼓励适当的兼职工作者和志愿工作者与犯人一起开展活动。

公众意识 [②]

90.1 监狱当局应当不断向公众介绍监狱制度的目的和监狱工作人员的工作，以便鼓励公众更好地了解监狱在社会中的作用。

90.2 监狱当局应当鼓励公众在适当情况下自愿在监狱中提供服务。

研究与评价 [③]

91. 监狱当局应当支持有关监狱的目的、监狱在民主社会中的作用以及监狱实现其目的的程度的研究和评估计划。

第六部分　检查和监测 [④]

政府检查 [⑤]

92. 政府机构应当定期对监狱进行检查，以便评估其管理是否符合国内法

① 原文是 specialist staff。——译者注

② 原文是 public awareness。——译者注

③ 原文是 research and evaluation。——译者注

④ 原文是 inspection and monitoring。——译者注

⑤ 原文是 governmental inspection。——译者注

律和国际法的要求以及本规则的规定。

独立监测①

93.1　犯人的拘留和待遇条件应当由一个或者多个独立机构监测，其调查结果应当公布。

93.2　应当鼓励此类独立监测机构与依法有权探视监狱的国际机构合作。

第七部分　未审犯人②

未审犯人的身份③

94.1　本规则所讲的未审犯人，是指在审判、定罪或者判刑之前被司法当局羁押的犯人。

94.2　如果被定罪犯人（convicted prisoner）和被判刑犯人（sentenced prisoner）的上诉最终没有得到处理，国家可以决定将他们视为未审犯人。

对待未审犯人的态度④

95.1　对于未审犯人实行的制度，不会受到他们将来被定罪的可能性的影响。

95.2　本部分规则为未审犯人提供额外的保障。

95.3　在处理未审犯人时，监狱当局应当遵守适用于所有犯人的规则，并且允许未审犯人参加这些规则所规定的各种活动。

---

① 原文是 independent monitoring。——译者注

② 原文是 untried prisoners。——译者注

③ 原文是 status as untried prisoners。——译者注

④ 原文是 approach regarding untried prisoners。——译者注

住　　宿[①]

96. 应当尽可能让未审犯人在单人监舍内住宿，除非他们可以从与其他未审犯人共同住宿中获益，或者除非法院已就如何安置某个未审犯人发出具体命令。

衣　　服[②]

97.1　如果未审犯人适合在监狱内穿着自己的衣服，应当允许他们穿着自己的衣服。

97.2　如果未审犯人自己没有合适的衣服，应当向他们提供与被判刑犯人所穿的制服不同的衣服。

法律咨询

98.1　应当明确告知未审犯人有获得法律咨询的权利。

98.2　应当提供一切必要的便利条件，协助未审犯人准备辩护并会见其法律代表。

与外界接触[③]

99. 除非司法当局在个别案件中对未审犯人在某一特定期间有特别禁止，否则，未审犯人：

a. 应当接受探视，并且允许未审犯人采用与被定罪犯人相同的方式与家人和其他人交流；

b. 可以接受额外的探视，也可以进行其他形式的交流；以及

c. 应当能够接触到书籍、报纸和其他新闻媒体。

---

① 原文是 accommodation。——译者注

② 原文是 clothing。——译者注

③ 原文是 contact with the outside world。——译者注

劳　动

100.1　应当向未审犯人提供劳动机会，但是，不得命令未审犯人劳动。

100.2　如果未审犯人选择参加劳动，那么，本规则第 26 条的所有规定都应当适用于他们，包括与报酬有关的规定。

实行被判刑犯人的制度[①]

101. 如果未审犯人要求实行被判刑犯人的制度，监狱当局应当尽可能同意。

第八部分　被判刑犯人

被判刑犯人制度的目标[②]

102.1　除了适用于所有犯人的规则外，所设计的被判刑犯人制度应当使他们能够过上负责任的和无犯罪的生活。

102.2　监禁本身是剥夺自由的刑罚，因此，对被判刑犯人实行的制度不应当加重监禁所固有的痛苦。

执行被判刑犯人制度[③]

103.1　对被判刑犯人规定的制度，在某人以被判刑犯人的身份被收监后，应当立即开始实行，除非该制度此前已经开始实行。

103.2　在收监后，应当尽快起草有关他们的个人情况、每个被判刑犯人的服刑计划（sentence plan）和为释放做准备的措施方面的报告。

---

① 原文是 access to the regime for sentenced prisoners。——译者注

② 原文是 objective of the regime for sentenced prisoners。——译者注

③ 原文是 implementation of the regime for sentenced prisoners。——译者注

103.3　鼓励被判刑犯人参与制定其个人服刑计划。

103.4　此类服刑计划应当尽可能包括：

a. 劳动；

b. 教育；

c. 其他活动；

d. 释放准备。

103.5　被判刑犯人制度也可以包括社会工作、医疗和心理关怀（psychological care）。

103.6　应当建立离监制度（system of prison leave），作为被判刑犯人整体制度的组成部分。

103.7　同意这样做的犯人可参与恢复性司法计划（program of restorative justice），并为其犯罪做出赔偿。

103.8　应当特别注意为终身监禁犯人（life sentenced prisoner）和其他长刑犯人（long-term prisoner）提供适当的服刑计划和制度。

监禁被判刑犯人的组织方面①

104.1　根据第 17 条的规定，应当尽可能使用单独的监狱或者监狱的单独部分，促进对实行不同制度的特定类型犯人的管理。

104.2　在考虑了适当的报告、有关工作人员之间的充分协商以及与应当尽可能参与的有关犯人充分协商之后，应当确立有关制定并定期评价犯人的个别服刑计划的程序。

104.3　此类报告应当始终包括直接负责有关犯人的工作人员的报告。

被判刑犯人的劳动②

105.1　系统的劳动计划应当力求有助于实现被判刑犯人制度的目标。

① 原文是 organisational aspects of imprisoning sentenced prisoners。——译者注

② 原文是 work by sentenced prisoners。——译者注

105.2　可以要求未达到正常退休年龄的被判刑犯人参加劳动，但是，必须考虑医生确定的身心健康状况。

105.3　如果要求被判刑犯人参加劳动，其劳动条件应当符合适用于外部社会的标准和管制办法。

105.4　被判刑犯人在劳动时间按照规定的制度参加教育或者其他计划的，应当获得与他们参加劳动一样的报酬。

105.5　对于被判刑犯人，如果法院命令或者有关犯人同意，其部分报酬或者储蓄可用于赔偿。

对被判刑犯人的教育①

106.1　被判刑犯人制度的一个关键部分，应当是包括技能培训在内的系统的教育计划，其目标是提高犯人的整体教育水平，使他们能够过上负责任的和无犯罪的生活。

106.2　应当鼓励所有被判刑犯人参加教育和培训计划。

106.3　被判刑犯人的教育计划应当根据其预计在监狱逗留的时间量身定制。

被判刑犯人的释放②

107.1　应当通过能够促使被判刑犯人从监狱生活过渡到社区守法生活的相关程序和特别计划，帮助被判刑犯人在释放前获得刑期折抵（good time）。

107.2　特别是对于刑期较长的犯人，应当采取措施确保他们逐渐恢复自由社会中的生活。

107.3　这一目标可以通过监狱中的释放前计划（pre-release program），或者通过有监督的部分释放、附条件释放和有效的社会支持的结合来实现。

107.4　监狱当局应当与监督和协助刑释人员（released prisoner）的管理部门和机构的密切合作，使所有被判刑犯人能够重新融入社区，特别是能够重建

① 原文是 education of sentenced prisoners。——译者注

② 原文是 release of sentenced prisoners。——译者注

家庭生活和重新就业。

107.5　应当向此类社会管理部门或者机构的代表提供进入监狱和接触犯人的所有必要机会，以便他们协助准备释放和规划出狱后帮助计划（after-care program）。

第九部分　更新规则

108. 欧洲监狱规则应当定期更新。

执法人员行为守则

联合国大会第一〇六次全体会议
1979 年 12 月 17 日第 34/169 号决议通过

第一条

执法人员无论何时均应执行法律赋予他们的任务，本着其专业所要求的高度责任感，为社会群体服务，保护人人不受非法行为的伤害。

评注：

（a）“执法人员”一词包括行使警察权力、特别是行使逮捕或拘禁权力的所有司法人员，无论是指派的还是选举的。

（b）在警察权力由不论是否穿着制服的军事人员行使或由国家保安部队行使的国家里，执法人员的定义应视为包括这种机构的人员。

（c）对社会群体的服务特别要包括下面这种服务，对群体中因个人、经济、社会理由或其他紧急情况而急需援助的成员提供的援助服务。

（d）本条文的适用范围不仅包括一切暴力、抢劫和伤害行为，而且扩大到刑事法规下所禁止的一切事项。它还扩大到不能担负刑事责任的人的行为。

第二条

执法人员在执行任务时，应尊重并保护人的尊严，并且维护每个人的人权。

评注：

（a）上述人权是国家法律和国际法所明确规定和保护的。有关的国际文件包括:《世界人权宣言》《公民权利及政治权利国际公约》《保护人人不受酷刑和其他残忍、不人道或有辱人格待遇或处罚宣言》《联合国消除一切形式种族歧视宣言》《消除一切形式种族歧视国际公约》《禁止并惩治种族隔离罪行国际公约》《防止及惩治灭绝种族罪公约》《囚犯待遇最低限度标准规则》和《维也纳领事关系公约》。

（b）各国对本条的评注应指明区域或国家确定和保护这些权利的规定。

第三条

执法人员只有在绝对必要时才能使用武力，而且不得超出执行职务所必需的范围。

评注：

（a）本条强调，执法人员应在特殊情况下才使用武力；虽然本条暗示，在防止犯罪或在执行或协助合法逮捕罪犯或嫌疑犯的情况下，可准许执法人员按照情理使用必要的武力，但所用武力不得超出这个限度。

（b）各国法律通常按照相称原则限制执法人员使用武力。应当了解，在解释本条文时，应当尊重各国的这种相称原则。但是，本条文绝不应解释为准许使用同所要达到的合法目标并不相称的武力。

（c）使用武器应认为是极端措施，应竭力设法不使用武器，特别不对儿童使用武器。一般说来除非嫌疑犯进行武装抗拒或威胁到他人生命，而其他较不激烈措施无法加以制止或逮捕时，不得使用武器。每次使用武器后，必须立刻向主管当局提出报告。

第四条

执法人员拥有的资料如系机密性质，应保守机密，但执行任务或司法上绝对需要此项资料时不在此限。

评注：

执法人员由于本身任务的性质会得到有关别人私生活或可能对别人的利益、尤其是名誉有害的资料。他们应该极力小心保护和使用这些资料，只有在执行任务或为了司法上的需要时才可予以披露；凡为其他目的而披露这种资料都是完全不适当的。

第五条

执法人员不得施加、唆使或容许任何酷刑行为或其他残忍、不人道或有辱人格的待遇或处罚，也不得以上级命令或非常情况，例如战争状态或战争威胁、对国家安全的威胁、国内政局不稳定或任何其他紧急状态，作为施行酷刑或其他残忍、不人道或有辱人格的待遇或处罚的理由。

评注：

（a）这项禁令源于大会通过的《保护人人不受酷刑和其他残忍、不人道或有辱人格待遇或处罚宣言》，依照该宣言："（这种行为是）……对人的尊严的冒犯，应视为否定《联合国宪章》宗旨和侵犯《世界人权宣言》（及其他关于人权的国际文件）所宣布的人权和基本自由，加以谴责。"

（b）该宣言对酷刑的定义如下：

"……酷刑是指政府官员，或在他怂恿之下，对一个人故意施加的任何使他在肉体上或精神上极度痛苦或苦难，以谋从他或第三者取得情报或供状，或对他做过的或涉嫌做过的事加以处罚，或对他或别人施加恐吓的行为。按照《囚犯待遇最低限度标准规则》施行合法处罚而引起的、必然产生的或随之而来的痛苦或苦难不在此列。"

（c）大会对"残忍、不人道或有辱人格的待遇或处罚"一语还没有下定义，但应解释为尽可能最广泛地防止虐待，无论是肉体上的或是精神上的虐待。

第六条

执法人员应保证充分保护被拘留者的健康，特别是必要时应立即采取行动确保这些人获得医疗照顾。

评注：

（a）"医疗照顾"指的是由任何医务人员，包括合格医生和医务辅助人员提供的服务，应于需要时或提出请求时确保取得这种照顾。

（b）虽然医务人员可能是执法机构的从属部分，但是当这些人员建议由执法机构以外的医务人员为被拘留者提供适当医疗或会同执法机构以外的医务人员为被拘留者提供适当医疗时，执法人员应考虑他们的判断。

（c）一般的理解是，执法人员也应确保犯法行为受害者或犯法过程中意外事故的受害者获得医疗照顾。

第七条

执法人员不得有贪污行为，并应竭力抵制和反对一切贪污行为。

评注：

（a）贪污行为和其他任何滥用权力行为一样，都是执法人员专业所不容许的。凡执法人员犯有贪污行为，即应切实绳之以法，因为政府如果不能、或者不愿对自己的人员并在自己的机构里执行法律规定的话，就不能期望对本国公民执行法律规定。

（b）贪污的定义固然要由国家法律决定，但应理解贪污应包括个人在执行任务时或在与其任务有关的情况下，要求或接受礼物、许诺或酬劳，从而采取或不采取某种行动，或在采取或不采取某种行动后非法接受这些礼物、许诺、酬劳的一切行为。

（c）上文所指“贪污行为”一词应理解为包括意图贪污在内。

第八条

执法人员应尊重法律和本守则，并应尽力防止和竭力抵制触犯法律和本守则的任何行为。

如执法人员有理由认为触犯本守则行为已经发生或行将发生，应向上级机关报告，并在必要时向授予审查或补救权力的其他有关机构提出报告。

评注：

（a）《守则》一经纳入国内立法或惯例即应予以执行。如法律或惯例载有比本守则更为严格的规定时，则应遵照该规定从严办理。

（b）本条力图保持下述情形之间的平衡：一方面，公共安全在很大程度上所依靠的机构需要有内部纪律；另一方面，也需要处理侵犯基本人权的事件。执法人员应在指挥系统的范围内报告侵犯行为，只有在没有其他补救办法或没有其他有效补救办法的时候，才应在指挥系统以外采取法律行动。一般的理解是，执法人员不应因报告了已经发生或行将发生触犯本守则的行为而受行政处分或其他处罚。

（c）“授予审查或补救权力的有关机构”指的是在国家法律下拥有法定的、习惯的或其他的权力，以审查本守则范围内的触犯行为所引起的冤情和控诉的任何现有机构，无论是设在执法机构以内，或是独立的。

（d）在某些国家，可以认为新闻工具是在执行类似评注（c）所述的审查控诉的工作。这样，执法人员在按照本国法律和习惯以及本守则第四条的规定的情况下，就可以有正当理由作为一种最后的手段，经由新闻工具引起舆论注意他们所提请注意的触犯行为。

（e）遵照本守则的规定行事的执法人员应受到他所服务的社会群体和执法机构及司法界的尊重、充分支持与合作。

《执法人员行为守则》的有效执行准则

联合国经济及社会理事会第 1989/61 号决议附件

一、《行为守则》的应用

A. 一般原则

1. 应使《行为守则》体现于本国的立法和惯例之中。

2. 为达到《行为守则》第 1 条及其有关评注中规定的目标，应对“执法人员”的定义给予尽可能广泛的解释。

3.《行为守则》应适用于所有的执法人员，不论其权限如何。

4. 各国政府应采取必要措施，在基本训练及所有随后的训练和进修课程中，向执法人员讲授本国立法中与《行为守则》及涉及人权问题的其他基本案文有关的各项规定。

B. 具体问题

1. 甄选、教育和训练。应高度重视执法人员的甄选、教育和训练。各国政府也应通过在区域内和区域间相互交换看法来推动教育和训练工作。

2. 薪资和工作条件。所有执法人员应得到足够的报酬，应获有适当的工作条件。

3. 纪律和监督。应规定有效的办法以确保执法人员遵守内部纪律和外部管制并确保对执法人员的监督。

4. 公众的投诉。在上面 3 款所提到办法的范围内应特别作出受理公众对执法人员的投诉的规定，并应使公众了解这些规定的存在。

二、《行为守则》的执行

A. 在国家一级

1. 应以本国语文向所有执法人员和有关主管当局提供《行为守则》。

2. 各国政府应传播《行为守则》和实施《行为守则》的所有国内法以确保公众了解《行为守则》中所载的原则和权利。

3. 在考虑采取措施推动《行为守则》的施行时，各国政府应组织关于执法人员在保护人权和预防犯罪方面的作用和职能的研讨会。

B. 在国际一级

1. 各国政府应以至少五年的适当间隔向秘书长报告《行为守则》执行程度的情况。

2. 秘书长还应依靠各专门机构以及有关政府间组织和具有经济及社会理事会咨商地位的非政府组织提供的意见与合作，编写关于执行《行为守则》方面取得的进展的定期报告。

3. 作为上面所提到的报告的一部分，各国政府应向秘书长提供有关《行为守则》的施行的法律、规章和行政措施的摘要，关于执行《行为守则》的任何其他有关资料以及在其施行过程中可能遇到的困难的资料。

4. 秘书长应将上述报告提交犯罪预防和控制委员会供其审议并酌情采取进一步行动。

5. 秘书长应以联合国所有正式语文向所有国家和有关政府间组织和非政府组织提供《行为守则》及本准则。

6. 联合国作为其咨询服务和技术合作及发展方案的一部分，应：

（a）向提出要求的各国政府提供专家和区域及区域间顾问的服务，帮助它们执行《行为守则》的规定；

（b）推动举行国家和区域关于《行为守则》和关于执法人员在保护人权和预防犯罪方面的作用和职能的训练研讨会和其他会议；

7. 应鼓励联合国各区域研究所组织关于《行为守则》的研讨会和训练班，并对本区域各国执行《行为守则》的程度以及所面临的困难进行研究。

执法人员使用武力和火器的基本原则

联合国第八届预防犯罪和罪犯待遇大会1990年9月7日通过

鉴于执法人员[①]的工作是项极其重要的社会服务，因此有必要维护其工作条件和地位并在需要时加以改善，

鉴于对执行人员生命和安全的威胁必须看成是对整个社会安定的威胁，

鉴于执法人员的保护由《世界人权宣言》给予保证并经《公民权利及政治权利国际公约》加以重申的生命、自由和人身安全的权利方面起着至关重要的作用，

鉴于《囚犯待遇最低限度标准规则》规定监狱管理人员执勤时可使用武力的各种情况，

鉴于《执法人员行为守则》第3条规定执法人员只有在确有必要并为其执行公务所必需的情况下方能使用武力，

鉴于在意大利瓦伦纳举行的第七届联合国预防犯罪和罪犯待遇大会筹备会议就限制执法人员使用武力和火器的今后工作中应予考虑的因素达成了一致意见，

鉴于第七届大会特别在其第14号决议中强调，执法人员使用武力和火器时应相应注意对人权的适当尊重，

鉴于经济及社会理事会在其1986年5月21日第1986/10号决议第九节中

---

① 根据《执法人员行为守则》第1条的评注："执法人员"包括行使警察权力特别是行使逮捕或拘押权力的所有法律官员，不管是任命的还是选举的。有些国家的警察权力同军方当局人员（不管是否穿制服）或由国家安全人员行使，在此情况下，执法人员的定义应认为包括这些部门的人员。

请会员国在执行《守则》时特别注意执法人员使用武力和火器问题以及联合国大会在其 1986 年 12 月 4 日第 41/149 号决议中对经社理事会提出的这一建议表示欢迎，

鉴于在适当关心执法人员个人安全的情况下，应该从司法工作、保护生命、自由和人身安全的权利、担负维护公众安全和社会安定的责任以及其资格、培训和行为的重要性等方面，考虑执法人员的作用。

下列各项基本原则是为了协助会员国确保和促进执法人员发挥正当作用而制订的，各国政府应在其本国立法和惯例范围内考虑并尊重这些基本原则，并应提请执法人员予以注意，并提请其他人员例如法官、检察官、律师、行政和立法部门人员及一般公众知照。

一般条款

1. 各国政府和执法机关应制订和执行关于执法人员对他人使用武力和火器的规章条例。在制订这些规章条例时，各国政府和执法机关应对与使用武力和火器有关的道德伦理问题不断进行审查研究。

2. 各国政府和执法机关应尽可能广泛地发展一系列手段并用各类武器弹药装备执法人员，以便可以在不同情况下有区别地使用武力和火器。这应包括发展供适当情况下使用的非致命但可使抵抗能力丧失的武器，以期不断扩大对使用可引起死亡或伤害人身的手段的限制。为了相同目的，执法人员还应可以配备自卫设备，例如盾牌、钢盔、防弹服和防弹运输工具，以便减少使用任何种类的武器的必要性。

3. 应认真评价非致命但可使抵抗能力丧失的武器的发展和部署，以尽量减少危及与事无关的人的危险，并应认真控制这类武器的使用。

4. 执法人员在执勤时应尽可能采用非暴力手段，最后不得已方求诸使用武力或火器。他们只能在其他手段起不到作用或没有希望达到预期的结果时方可使用武力和火器。

5. 在不可避免合法使用武力和火器时，执法人员应：

（a）对武力和火器的使用有所克制并视犯罪行为的严重性和所要达到的合

法目的而行事；

（b）尽量减少损失和伤害并尊重和保全人命；

（c）确保任何受伤或有关人员尽早得到援助和医护；

（d）确保尽快通知受伤或有关人员的亲属或好友。

6. 执法人员使用武力或火器造成伤亡时，应根据第 22 条原则立即向其上级报告。

7. 各国政府应确保对执法人员任意使用或滥用武力或火器的情况按本国法律作为刑事犯罪予以惩处。

8. 各种非常情况诸如国内政局不稳或任何其他紧急状况均不得作为任何违背上述各项基本原则的理由根据。

特别条款

9. 执法人员不得对他人使用火器，除非为了自卫或保卫他人免遭迫在眉睫的死亡或重伤威胁，为了防止给生命带来严重威胁的特别重大犯罪，为了逮捕构成此类危险并抵抗当局的人或为了防止该人逃跑，并且只有在采用其他非极端手段不足以达到上述目标时才可使用火器。无论如何，只有在为了保护生命而确实不可避免的情况下才可有意使用致命火器。

10. 在第 9 条原则规定的各种情况下，执法人员应表明其执法人员的身份并发出要使用火器的明确警告，并且留有足够时间让对方注意到该警告，除非这样做会使执法人员面临危险，或在当时情况下显然是不合适的或毫无意义的。

11. 有关执法人员使用火器的规章条例应包括有下列准则：

（a）具体规定准许执法人员携带火器的各种情况并说明允许携带的火器及弹药的种类；

（b）确保只能在适当的情况下才使用火器，并尽可能避免引起不必要伤害的危险；

（c）禁止使用会引起不必要伤害或产生不必要危险的火器和弹药；

（d）规定火器的控制、储存和发放办法，包括规定程序确保执法人员对发给他们的火器和弹药负责；

（e）规定在使用火器时应酌情发出的警告；

（f）规定执法人员在执勤中使用火器后的报告制度。

对非法集会行使公安权力

12. 根据《世界人权宣言》和《公民权利及政治权利国际公约》中所体现的原则，人人都可参加合法与和平的集会，因此各国政府以及执法机构和执法人员应认识根据第 13 条和第 14 条原则方可使用武力和火器。

13. 在驱散非法而非暴力的集会时，执法人员应避免使用武力，或在实际无法避免时应将使用武力限制到必要的最低限度。

14. 在驱散暴力集会时，执法人员只有在实际上已不可能使用危险性较小的手段的情况下方可使用火器，并且只限于必要的最低限度。执法人员除非在第 9 条原则规定的情况下，一般不得在这些场合使用火器。

对被拘禁或扣押人员行使公安权力

15. 执法人员对被拘禁或扣押人员不得使用武力，但在为维持监禁机构内部的安全和秩序确有必要时或在个人安全受到威胁时除外。

16. 执法人员对被拘禁或扣押人员不得使用火器，但在为了进行必要的自卫或保卫他人免遭死亡或重伤的直接威胁时，或为了阻止构成第 9 条原则所述危险的被拘禁或扣押人员逃跑而确有必要时除外。

17. 上述各原则不损害《囚犯待遇最低限度标准规则》特别是其中第 33、34 和 54 条所规定的监狱管理人员的权利、义务和责任。

资格、培训和指导

18. 各国政府和执法机关应确保所有执法人员均经过适当的筛选程序而选定，具备有效地执行任务所需要的良好的道德、心理和体格素质并接受全面连续的职业培训。他们是否继续胜任须受定期审查。

19. 各国政府和执法机关应确保所有执法人员均按使用武力的适宜熟练标准，经过训练和测验。需要携带火器的那些执法人员只有经过使用火器的特别训练结业后才可获准携带火器。

20. 在培训执法人员方面，各国政府及其执法机关应特别重视警察道德伦理和人权问题，特别是在调查过程中应注意其他不用武力和火器的办法，包括和平解决冲突、理解人群行为和运用劝说、谈判和调解方法以及技术手段，以便限制使用武力或火器。执法机关应根据具体事件检查其培训方案和实施程序。

21. 各政府和执法机关应对参与使用武力或火器场面的执法人员提供疏缓紧张情绪的指导。

报告和审查程序

22. 各国政府和执法机关应为第 6 条和第 11（f）条原则中所提的一切事件建立有效的报告和审查程序。对遵照这些原则作出了报告的事件，各国政府执法机关应确保进行有效的审查，并确保独立的行政或检控部门可以在适当情况下行使管辖权。在造成有死亡和重伤或其他严重后果时，应立即向负责行政审查和司法管理的主管当局送交详细报告。

23. 遭使用武力和火器的有关人员或其法定代理人应可向一个独立的程序申诉，包括司法程序在内。如此种人员已死亡，本规定应相应适用于其受养亲属。

24. 各国政府和执法机关应确保，对上级官员如果知道或应该已经知道其管辖下的执法人员正在或已经采取非法使用武力或火器手段而没有在其权力范围内采取一切措施予以阻止、禁止或报告者，追究责任。

25. 各国政府和执法机关应确保，对执法人员按照《执法人员行为守则》和上述基本原则拒绝执行使用武力或火器的命令或对其他执法人员使用武力或火器提出报告者，不给予任何刑事或纪律处分。

26. 如果执法人员知道致人死亡或重伤的使用武力或火器的某一命令明显是非法的，而且有合理机会可以拒绝执行此种命令，则不得以服从上级命令作为辩护理由。无论如何，责任也属于发出此种非法命令的上级官员。

保护人人不受酷刑和其他残忍、不人道或有辱人格待遇或处罚宣言

联合国大会 1975 年 12 月 9 日第 3452（XXX）号决议，附件

大会认为按照《联合国宪章》所宣布的原则，承认人类大家庭所有成员固有的尊严与平等而不可剥夺的权利，是世界自由、正义与和平的基础，认为这些权利来自人的固有尊严，又认为按照《联合国宪章》特别是第五十五条的规定，各国有义务促进对人权和基本自由的普遍尊重与遵行，注意到《世界人权宣言》第五条和《公民权利及政治权利国际公约》第七条均规定不容对任何人加以酷刑或施以残忍、不人道或有辱人格的待遇或处罚，通过《保护人人不受酷刑和其他残忍、不人道或有辱人格待遇或处罚宣言》，其全文附在后面，作为所有国家和执行有效权力的其他个体的指导方针。

第一条

1. 为本宣言目的，酷刑是指政府官员，或在他怂恿之下，对一个人故意施加的任何使他在肉体上或精神上极度痛苦或苦难，以谋从他或第三者取得情报或供状，或对他做过的或涉嫌做过的事加以处罚，或对他或别的人施加恐吓的行为。按照囚犯待遇最低限度标准规则施行合法处罚而引起的、必然产生的或随之而来的痛苦或苦难不在此列。

2. 酷刑是过分严厉的、故意施加的、残忍、不人道或有辱人格的待遇或处罚。

第二条

任何施加酷刑的行为或其他残忍、不人道或有辱人格的待遇或处罚都是对人的尊严的冒犯，应视为否定《联合国宪章》宗旨和侵犯《世界人权宣言》所

宣布的人权和基本自由，加以谴责。

第三条

任何国家不得容许或容忍酷刑或其他残忍、不人道或有辱人格的待遇或处罚。非常情况如战争状态或战争威胁、国内政治不稳定或任何其他紧急状态，均不得用来作为施行酷刑或其他残忍、不人道或有辱人格的待遇或处罚的理由。

第四条

每个国家应按照本宣言的各项条款，采取有效措施，防止在本国的管辖范围内施行酷刑和其他残忍、不人道或有辱人格的待遇或处罚。

第五条

执法人员和可能负责看管被剥夺自由的人的其他公务人员的训练，应保证充分顾及对施行酷刑和其他残忍、不人道或有辱人格的待遇或处罚的禁令。这项禁令应斟酌情况，列入为任何负责拘押或处理这些人的人员执行责任或职务而颁布的一般守则或指示之内。

第六条

每个国家应对在其领土内被剥夺自由的人的审问方法和做法，以及拘押和处理这种人的安排，有计划地进行检查，以防止发生施行酷刑或其他残忍、不人道或有辱人格的待遇或处罚的事情。

第七条

每个国家应保证第一条所指的一切酷刑行为都是违反其刑法的行为。关于参与、共谋、怂恿或企图施行酷刑的一切行为，一概以违反刑法论。

第八条

任何声称曾受公务人员施行或在公务人员的怂恿下遭受酷刑或其他残忍、不人道或有辱人格的待遇或处罚的人，均有权向有关国家的主管当局提出申诉，并要求该当局予以公正的审理。

第九条

有关国家的主管当局遇到有相当理由相信已发生第一条所指的施行酷刑的行为时，尽管没有正式申诉提出，也应立即进行公正调查。

第十条

如根据第八条或第九条进行的调查确定显已发生第一条所指的施行酷刑的行为，应即按照国内法向被控违法者提出刑事诉讼。如认为关于其他形式的残忍、不人道或有辱人格的待遇或处罚的指控确有根据，应即对被控违法者进行刑事、惩戒或其他适当的诉讼。

第十一条

公务人员或在公务人员的怂恿下施行酷刑的行为或其他残忍、不人道或有辱人格的待遇或处罚一经证实，应即按照国内法给予受害者补救和赔偿。

第十二条

如经证实是因为受酷刑或其他残忍、不人道或有辱人格的待遇或处罚而作的供词，不得在任何诉讼中援引为指控有关的人或任何其他人的证据。

关于医务人员、特别是医生在保护被监禁和拘留的人不受酷刑和其他残忍、不人道或有辱人格的待遇或处罚方面的任务的医疗道德原则

联合国大会 1982 年 12 月 18 日第 37/194 号决议通过

原则一

医务人员、特别是医生，在负责向被监禁和拘留的人提供医疗时，有责任保护他们的身心健康以及向他们提供同给予未被监禁或拘留的人同样质量和标准的疾病治疗。

原则二

医务人员、特别是医生，如积极或消极地从事构成参与、共谋、怂恿或企图施行酷刑或其他残忍、不人道或有辱人格的待遇或处罚的行为，则为严重违反医疗道德和各项适用国际文件的行为。[①]

原则三

医务人员、特别是医生，与被监禁或拘留的人的职业关系，其目的如超出确定、保护或增进被监禁或拘留的人的身心健康以外，为违反医疗道德。

原则四

医务人员、特别是医生，如有下列情形者，亦为违反医疗道德：

---

① 见《保护人人不受酷刑和其他残忍、不人道或有辱人格待遇或处罚宣言》（第 3452（XXX）号决议附件）。

（a）应用他们的知识和技能以协助对被监禁或拘留的人进行可能对其身心健康或情况有不利影响并且是不符合各项有关国际文件的审讯；[①]

（b）证明或参与证明被监禁或拘留的人可以接受可能对其身心健康不利并且是不符合各项有关国际文件的任何形式的待遇或处罚，或是以任何方式参加施行任何这种不符合各项有关国际文件的待遇或处罚。

原则五

医务人员、特别是医生，如参与任何约束被监禁或拘留的人的程序，均属违反医疗道德，除非该项程序根据纯医学标准确定对保护被监禁或拘留者本人的身心健康或安全对其他同被监禁或拘留的人或其管理人的安全为必要并且对被监禁或拘留的人的身心健康无害。

原则六

上述原则不得以包括社会紧急状态在内的任何理由予以克减。

---

① 特别是《世界人权宣言》（第217A（III）号决议），《关于人权的国际盟约》（第2200A（XXI）号决议附件）、《保护人人不受酷刑和其他残忍、不人道或有辱人格待遇或处罚宣言》（第3452（XXX）号决议附件）和《囚犯待遇最低限度标准规则》（第一届联合国防止犯罪和罪犯待遇大会：秘书处的报告（联合国出版物，出售品编号：E.1956.IV.4）附件I.A）。

禁止酷刑和其他残忍、不人道或有辱人格的待遇或处罚公约[①]

联合国大会1984年12月10日第39/46号决议通过
并开放给各国签字、批准和加入
按照第27（1）条规定，于1987年6月26日生效

本公约缔约各国，

考虑到根据《联合国宪章》宣布的原则，承认人类大家庭一切成员具有平等与不可剥夺的权利是世界自由、公正与和平的基础，

认识到上述权利起源于人的固有尊严，

考虑到根据《宪章》尤其是第55条的规定，各国有义务促进对人权和基本自由的普遍尊重和遵守，

注意到《世界人权宣言》第5条和《公民权利及政治权利国际公约》第7条都规定不允许对任何人施行酷刑或残忍、不人道或有辱人格的待遇或处罚，

并注意到大会于1975年12月9日通过的《保护人人不受酷刑和其他残忍、不人道或有辱人格待遇或处罚宣言》，

希望在全世界更有效地开展反对酷刑和其他残忍、不人道或有辱人格的待遇或处罚的斗争，

兹协议如下：

---

① 中国政府于1986年12月12日签署本公约，1988年9月5日第七届人大常委会第三次会议批准，同时声明对本公约第20条和第30条第1款予以保留。

第一部分

第1条

1. 为本公约的目的，“酷刑”是指为了向某人或第三者取得情报或供状，为了他或第三者所作或涉嫌的行为对他加以处罚，或为了恐吓或威胁他或第三者，或为了基于任何一种歧视的任何理由，蓄意使某人在肉体或精神上遭受剧烈疼痛或痛苦的任何行为，而这种疼痛或痛苦是由公职人员或以官方身份行使职权的其他人所造成或在其唆使、同意或默许下造成的。纯因法律制裁而引起或法律制裁所固有或附带的疼痛或痛苦不包括在内。

2. 本条规定并不妨碍载有或可能载有适用范围较广的规定的任何国际文书或国家法律。

第2条

1. 每一缔约国应采取有效的立法、行政、司法或其他措施，防止在其管辖的任何领土内出现酷刑的行为。

2. 任何特殊情况，不论为战争状态、战争威胁、国内政局动荡或任何其他社会紧急状态，均不得援引为施行酷刑的理由。

3. 上级官员或政府当局的命令不得援引为施行酷刑的理由。

第3条

1. 如有充分理由相信任何人在另一国家将有遭受酷刑的危险，任何缔约国不得将该人驱逐、遣返或引渡至该国。

2. 为了确定这种理由是否存在，有关当局应考虑到所有有关的因素，包括在适当情况下，考虑到在有关国家境内是否存在一贯严重、公然、大规模侵犯人权的情况。

第4条

1. 每一缔约国应保证将一切酷刑行为定为刑事罪行。该项规定也应适用于施行酷刑的企图以及任何人合谋或参与酷刑的行为。

2. 每一缔约国应根据上述罪行的严重程度，规定适当的惩罚。

第 5 条

1. 每一缔约国应采取各种必要措施，确定在下列情况下，该国对第 4 条所述的罪行有管辖权：

（a）这种罪行发生在其管辖的任何领土内，或在该国注册的船舶或飞机上；

（b）被控罪犯为该国国民；

（c）受害人为该国国民，而该国认为应予管辖。

2. 每一缔约国也应采取必要措施，确定在下列情况下，该国对此种罪行有管辖权：被控罪犯在该国管辖的任何领土内，而该国不按第 8 条规定将其引渡至本条第 1 款所述的任何国家。

3. 本公约不排除按照国内法行使的任何刑事管辖权。

第 6 条

1. 任何缔约国管辖的领土内如有被控犯有第 4 条所述罪行的人，该国应于审查所获情报后确认根据情况有此必要时，将此人拘留，或采取其他法律措施确保此人留在当地。拘留和其他法律措施应合乎该国法律的规定，但延续时间只限于进行任何刑事诉讼或引渡程序所需的时间。

2. 该缔约国应立即对事实进行初步调查。

3. 按照本条第 1 款被拘留的任何人，应得到协助，立即与距离最近的本国适当代表联系，如为无国籍人，则与其通常居住国的代表联系。

4. 任何国家依据本条将某人拘留时，应立即将此人已被拘留及构成扣押理由的情况通知第 5 条第 1 款所指的国家。进行本条第 2 款所指的初步调查的国家，应迅速将调查结果告知上述国家，并说明是否有意行使管辖权。

第 7 条

1. 缔约国如在其管辖领土内发现有被控犯有第 4 条所述任何罪行的人，在第 5 条所指的情况下，如不进行引渡，则应将该案提交主管当局以便起诉。

2. 主管当局应根据该国法律，以审理情节严重的任何普通犯罪案件的同样方式作出判决。对第 5 条第 2 款所指的情况，起诉和定罪所需证据的标准决不应宽于第 5 条第 1 款所指情况适用的标准。

3. 任何人因第 4 条规定的任何罪行而被起诉时，应保证他在诉讼的所有阶段都得到公平的待遇。

第 8 条

1. 第 4 条所述各种罪行应视为属于缔约各国间现有的任何引渡条约所列的可引渡罪行。缔约各国保证将此种罪行作为可引渡罪行列入将来相互之间缔结的每项引渡条约。

2. 以订有条约为引渡条件的缔约国，如收到未与其签订引渡条约的另一缔约国的引渡请求，可将本公约视为对此种罪行要求引渡的法律根据。引渡必须符合被请求国法律规定的其他条件。

3. 不以订有条约为引渡条件的缔约国，应在相互之间承认此种罪行为可引渡罪行，但须符合被请求国法律规定的各种条件。

4. 为在缔约国间进行引渡的目的，应将此种罪行视为不仅发生在行为地，而且发生在按照第 5 条第 1 款必须确定管辖权的国家领土内。

第 9 条

1. 缔约各国在就第 4 条所规定的任何罪行提出刑事诉讼方面，应尽量相互协助，其中包括提供它们所掌握的为诉讼所必需的一切证据。

2. 缔约各国应依照它们之间可能订有的关于相互提供司法协助的条约履行其在本条第 1 款下的义务。

第 10 条

1. 每一缔约国应保证在可能参与拘留、审讯或处理遭到任何形式的逮捕、扣押或监禁的人的民事或军事执法人员、医务人员、公职人员及其他人员的训练中，充分列入关于禁止酷刑的教育和资料。

2. 每一缔约国应将禁止酷刑列入所发关于此类人员职务的规则或指示之中。

第 11 条

每一缔约国应经常有系统地审查对在其管辖的领土内遭到任何形式的逮捕、扣押或监禁的人进行审讯的规则、指示、方法和惯例以及对他们的拘留和待遇的安排，以避免发生任何酷刑事件。

第 12 条

每一缔约国应确保在有适当理由认为在其管辖的任何领土内已发生酷刑行

为时，其主管当局立即进行公正的调查。

第 13 条

每一缔约国应确保凡声称在其管辖的任何领土内遭到酷刑的个人有权向该国主管当局申诉，并由该国主管当局对其案件进行迅速而公正的审查。应采取步骤确保申诉人和证人不因提出申诉或提供证据而遭受任何虐待或恐吓。

第 14 条

1. 每一缔约国应在其法律体制内确保酷刑受害者得到补偿，并享有获得公平和充分赔偿的强制执行权利，其中包括尽量使其完全复原。如果受害者因受酷刑而死亡，其受抚养人应有获得赔偿的权利。

2. 本条任何规定均不影响受害者或其他人根据国家法律可能获得赔偿的任何权利。

第 15 条

每一缔约国应确保在任何诉讼程序中，不得援引任何业经确定系以酷刑取得的口供为证据，但这类口供可用作被控施用酷刑者刑求逼供的证据。

第 16 条

1. 每一缔约国应保证防止公职人员或以官方身份行使职权的其他人在该国管辖的任何领土内施加、唆使、同意或默许未达第 1 条所述酷刑程度的其他残忍、不人道或有辱人格的待遇或处罚的行为。特别是第 10 条、第 11 条、第 12 条和第 13 条所规定义务均应适用，唯其中酷刑一词均以其他形式的残忍、不人道或有辱人格的待遇或处罚等字代替。

2. 本公约各项规定不妨碍任何其他国际文书或国家法律中关于禁止残忍、不人道或有辱人格的待遇或处罚或有关引渡或驱逐的规定。

第二部分

第 17 条

1. 应设立禁止酷刑委员会（以下简称委员会），履行下文所规定的职责。

委员会应由具有崇高道德地位和公认在人权领域具有专长的十名专家组成，他们应以个人身份任职。专家应由缔约国选举产生，同时考虑到公平地区分配和一些具有法律经验的人员参加的好处。

2. 委员会成员应从缔约国提名的名单中以无记名投票方式选举产生。每一缔约国可从本国国民中提名一人。缔约国应考虑到从根据《公民权利及政治权利国际公约》成立的人权事务委员会委员中提名愿意担任禁止酷刑委员会成员的人是有好处的。

3. 委员会成员的选举应在由联合国秘书长召开的两年一期的缔约国会议上进行。这些会议以三分之二缔约国的出席为法定人数，获票最多且占出席并参加表决的缔约国代表所投票数的绝对多数者，即当选为委员会成员。

4. 委员会的第一次选举应在本公约生效之日起六个月以内进行。联合国秘书长应在委员会每次选举之日前至少四个月，以书面邀请本公约缔约国在三个月内提出委员会成员候选人名单。秘书长应将经提名的所有人选按字母顺序开列名单，注明提名的缔约国，并将名单送交本公约缔约国。

5. 委员会成员当选后任期应为四年。如经再度提名，连选可连任。但首次当选的成员中有五名成员的任期应于两年届满；首次选举后，本条第 3 款所指会议的主席应立即以抽签方式选定这五名成员。

6. 如委员会成员死亡，或辞职，或因任何其他原因不能履行其在委员会的职责，提名他的缔约国应从其国民中任命另一名专家补足其任期，但须获得过半数缔约国的同意。在联合国秘书长通知提议的任命六个星期内，如无半数或半数以上缔约国表示反对，这一任命应视为已获同意。

7. 缔约各国应负担委员会成员履行委员会职责时的费用。

第 18 条

1. 委员会应选举其主席团，任期两年。连选可连任。

2. 委员会应自行制定其议事规则，但该规则中除其他外应规定：

（a）六名成员构成法定人数；

（b）委员会的决定应以出席成员的过半数票作出。

3. 联合国秘书长应提供必要的人员和设施，供委员会有效履行本公约规定的职责。

4. 根据本公约设立的委员会的委员应按照大会可能规定的条件从联合国资源中领取津贴。

5. 联合国秘书长应召开委员会的首次会议。首次会议以后，委员会应按其议事规则规定的时间开会。

第 19 条

1. 缔约国应在本公约对其生效后一年内，通过联合国秘书长向委员会提交关于其为履行公约义务所采措施的报告。随后，缔约国应每四年提交关于其所采新措施的补充报告以及委员会可能要求的其他报告。

2. 联合国秘书长应将这些报告送交所有缔约国。

3. 每份报告应由委员会加以审议，委员会可以对报告提出它认为适当的一般性评论，并将其转交有关缔约国。该缔约国可以随意向委员会提出任何说明，作为答复。

4. 委员会可以斟酌情况决定将它按照本条第 3 款所作的任何评论，连同从有关缔约国收到的这方面的说明，载入其按照第 24 条所编写的年度报告。应有关缔约国的请求，委员会还可在其中附载根据本条第 1 款提交的报告。

第 20 条

1. 如果委员会收到可靠的情报，认为其中有确凿迹象显示在某一缔约国境内经常施行酷刑，委员会应请该缔约国合作研究该情报，并为此目的就有关情报提出说明。

2. 委员会考虑到有关缔约国可能提出的任何说明以及可能得到的其他有关情报，如果认为有正当理由，可以指派一名或几名成员进行秘密调查并立即向委员会提出报告。

3. 如果是根据本条第 2 款进行调查，委员会应寻求有关缔约国的合作。在该缔约国的同意下，这种调查可以包括到该国境内访问。

4. 委员会审查其成员按照本条第 2 款所提交的调查结果后，应将这些结果连同根据情况似乎适当的任何意见或建议一并转交该有关缔约国。

5. 本条第 1 款至第 4 款所指委员会的一切程序均应保密，在程序的各个阶段，均应寻求缔约国的合作。这种按照第 2 款所进行的调查程序完成后，委员会在与有关缔约国协商后，可将关于这种程序的结果摘要载入其按照第 24 条所编写的年度报告。

第 21 条

1. 本公约缔约国可在任何时候根据本条，声明承认委员会有权接受和审议某一缔约国声称另一缔约国未履行本公约所规定义务的来文。但须提出此种来文的缔约国已声明本身承认委员会有此权限，委员会方可按照本条规定的程序接受和审议此种来文。如来文涉及未曾作出此种声明的缔约国，则委员会不得根据本条规定加以处理。根据本条规定所接受的来文应按下列程序处理：

（a）某一缔约国如认为另一缔约国未实行本公约的规定，可用书面通知提请后者注意这一问题。收文国在收到通知后三个月内应书面向发文国提出解释或任何其他声明以澄清问题，其中应尽量适当地提到对此事已经采取、将要采取或可以采取的国内措施和补救办法。

（b）如在收文国收到最初来文后六个月内，未能以有关缔约国双方均感满意的方式处理这一问题，任何一方均有权以通知方式将此事提交委员会，并通知另一方。

（c）委员会对根据本条提交给它的事项，只有在已查明对该事项已依公认的国际法原则援引和用尽一切国内补救办法时，方可予以处理。但补救办法的施行如发生不当稽延，或违反本公约行为的受害者不可能得到有效救济，则此一规则不适用。

（d）委员会根据本条审查来文时，应举行非公开会议。

（e）在不违反（c）项规定的情况下，委员会应对有关缔约国提供斡旋，以便在尊重本公约所规定的义务的基础上，友好地解决问题。为此，委员会可于适当时设立一个特设调解委员会。

（f）委员会对根据本条提交的任何事项均可要求（b）项所指有关缔约国提供任何有关的资料。

（g）委员会审议事项时，（b）项所指有关缔约国应有权派代表出席并提出口头和（或）书面意见。

（h）委员会应在收到（b）项规定的通知之日起十二个月内提出报告：

（Ⅰ）如能按（e）项规定解决，委员会的报告应限于简单叙述事实和所达成的解决办法；

（Ⅱ）如不能按（e）项规定解决，委员会的报告应限于简单叙述事实；有关缔约国的书面意见和口头意见记录应附于报告之后。

关于上述每种事项的报告均应送交有关缔约国。

2. 在本公约五个缔约国根据本条第 1 款作出声明后，本条规定即行生效。缔约国应将这种声明交存于联合国秘书长，秘书长应将声明副本分送其他缔约国。此类声明可随时通知秘书长予以撤销。这种撤销不得妨碍对根据本条已发文书中所载任何事项的审议。秘书长在收到任何缔约国通知撤销的声明后，不应再接受其根据本条所发的其他来文，除非有关缔约国已作出新的声明。

第 22 条

1. 本公约缔约国可在任何时候根据本条，声明承认委员会有权接受和审议在该国管辖下声称因该缔约国违反本公约条款而受害的个人或其代表所送交的来文。如来文涉及未曾作出这种声明的缔约国，则委员会不应予以接受。

2. 根据本条提出的任何来文如采用匿名方式或经委员会认为滥用提出此类文书的权利或与本公约规定不符，委员会应视为不能接受。

3. 在不违反第 2 款规定的前提下，对于根据本条提交委员会的任何来文，委员会应提请根据第 1 款作出声明并被指称违反本公约任何规定的本公约缔约国予以注意。收文国应在六个月内向委员会提出书面解释或声明以澄清问题，如该国已采取任何补救办法，也应加以说明。

4. 委员会应参照个人或其代表以及有关缔约国所提供的一切资料，审议根据本条所收到的来文。

5. 委员会除非已查明下述情况，不应审议个人根据本条提交的来文：

（a）同一事项过去和现在均未受到另一国际调查程序或解决办法的审查；

（b）个人已用尽一切国内补救办法；但在补救办法的施行已发生不当稽延或对违反本公约行为的受害者不可能提供有效救济的情况下，本规则不适用。

6. 委员会根据本条审查来文时，应举行非公开会议。

7. 委员会应将其意见告知有关缔约国和个人。

8. 在本公约五个缔约国根据本条第 1 款作出声明后，本条规定即行生效。缔约国应将这种声明交存于联合国秘书长，秘书长应将声明副本分送其他缔约国。此类声明可随时通知秘书长予以撤销。这种撤销不得妨碍对根据本条已发文书中所载任何事项的审议。秘书长在收到任何缔约国通知撤销的声明后，不应再接受个人或其代表根据本条所发的其他来文，除非有关缔约国已作出新的声明。

第 23 条

委员会成员和根据第 21 条第 1 款（e）项任命的特设调解委员会成员，根据《联合国特权和豁免公约》有关章节的规定，应享有为联合国服勤的专家的便利、特权和豁免。

第 24 条

委员会应根据本公约向缔约国和联合国大会提交一份关于其活动的年度报告。

第三部分

第 25 条

1. 本公约对所有国家开放签字。

2. 本公约需经批准。批准书应交存于联合国秘书长。

第 26 条

本公约对所有国家开放加入。一旦加入书交存于联合国秘书长，加入即行生效。

第 27 条

1. 本公约在第二十份批准书或加入书交存于联合国秘书长之日起第三十天开始生效。

2. 在第二十份批准书或加入书交存后批准或加入本公约的国家，本公约在其批准书或加入书交存之日起第三十天对该国开始生效。

第 28 条

1. 各国在签署或批准本公约或在加入本公约时，可声明不承认第 20 条所规定的委员会的职权。

2. 按照本条第 1 款作出保留的任何缔约国，可随时通知联合国秘书长撤销其保留。

第 29 条

1. 本公约任何缔约国均可提出修正案，并送交联合国秘书长。然后由秘书长将这一提议的修正案转交缔约各国，并要求它们通知秘书长是否同意举行一次缔约国会议以便审议和表决这一提案。如在来文发出之日起四个月内至少有三分之一的缔约国同意召开这样一次会议，秘书长应在联合国主持下召开这次会议。由出席会议并参加表决的缔约国过半数通过的任何修正案应由秘书长提请所有缔约国同意。

2. 当本公约三分之二的缔约国通知联合国秘书长，它们已按照本国的宪法程序同意这一修正案时，按照本条第 1 款通过的修正案即行生效。

3. 修正案一经生效，即应对同意修正案的国家具有拘束力，其他国家则仍受本公约条款或以前经其同意的修正案的拘束。

第 30 条

1. 两个或两个以上缔约国之间有关本公约的解释或适用的任何争端，如不能通过谈判解决，在其中一方的要求下，应提交仲裁。如果自要求仲裁之日起六个月内各方不能就仲裁之组织达成一致意见，任何一方均可按照国际法院规约要求将此争端提交国际法院。

2. 每一国家均可在签署或批准本公约或加入本公约时，宣布认为本条第 1 款对其无拘束力。其他缔约国在涉及作出这类保留的任何国家时，亦不受本条第 1 款的拘束。

3. 按照本条第 2 款作出保留的任何缔约国，可随时通知联合国秘书长撤销其保留。

第 31 条

1. 缔约国可以书面通知联合国秘书长退约。秘书长收到通知书之日起一年后，退约即行生效。

2. 这种退约不具有解除缔约国有关退约生效之日前发生的任何行为或不行为在本公约下所承担的义务的效果。退约也不得以任何方式妨碍委员会继续审议在退约生效前已在审议的任何问题。

3. 自一个缔约国的退约生效之日起，委员会不得开始审议有关该国的任何新问题。

第 32 条

联合国秘书长应将下列事项通知联合国所有会员国和本公约所有签署国或加入国：

（a）根据第 25 条和第 26 条进行的签署、批准和加入情况；

（b）本公约根据第 27 条生效日期；任何修正案根据第 29 条生效日期；

（c）根据第 31 条退约情况。

第 33 条

1. 本公约的阿拉伯文、中文、英文、法文、俄文和西班牙文文本具有同等效力，应交存于联合国秘书长。

2. 联合国秘书长应将本公约的正式副本转送给所有国家。

有效调查和记录酷刑和其他残忍、不人道或有辱人格待遇或处罚的原则

联合国大会2000年12月4日第55/89号决议通过

1. 有效调查和记录酷刑和其他残忍、不人道或有辱人格待遇或处罚（下称“酷刑或其他不当待遇”）的目的包括下列各项：

（a）澄清事实，确定并确认个人和国家对受害人及其家属的责任；

（b）查明防止此种情事再度发生所需的措施；

（c）促进起诉和/或酌情对经查实应负责任的人采取纪律处分，并表明有必要由国家提供充分的赔偿和补救，包括公平和充分的经济赔偿和提供医疗服务和康复的办法。

2. 国家应确保立即切实调查关于酷刑或其他不当待遇的申诉和报告。即使没有明示申诉，但如果有其他迹象显示可能发生了酷刑或其他不当待遇，也应进行调查。调查员应独立于涉嫌施行酷刑的人及其服务的机关，并应具有能力、公正无私。他们应能咨商公正的医疗专家或其他专家，或有权委托这些专家进行调查。进行此种调查所用的方法应符合最高的专业标准，调查结果应予公布。

3.（a）调查当局应有权力和义务取得调查所需的一切资料。[①] 负责调查的人应有进行有效调查所需的一切预算和技术资源。他们也应有权要求所有以官方身份行事涉嫌参与施行酷刑或其他不当待遇的人到场作证。此种权力也应适用于任何证人。为此目的，调查当局应有权向证人，包括任何被指控参与其事的官员发出传票，并有权要求提供证据。

---

① 在某些情况下，专业道德可能要求资料保密。这些要求应得到尊重。

（b）应保护据称遭受酷刑或其他不当待遇的受害人、证人、进行调查的人及其家人免遭暴力、暴力威胁或可能因调查而引起的任何其他形式的恐吓。酷刑或其他不当待遇的可能涉案人员如果其职位可直接或间接控制或影响申诉、证人及其家属以及进行调查的人，应解除其职务。

4. 据称遭受酷刑或其他不当待遇的受害人及其法律代理人应得到通知和有机会出席任何听讯以及取得一切与调查有关的资料，并应有权提出其他证据。

5.（a）如果因缺乏专门知识或怀疑存有偏见，或因显然一贯存在滥用职权行为，或出于其他实质性理由，既定程序不足以完成调查，国家应确保通过独立调查委员会或类似的程序进行调查。选任的独立调查委员会成员应为公认为公正无私、具有能力和独立性的人。成员尤应独立于任何涉嫌实施此种行为的人及其可能服务的机构或机关。委员会应有权取得调查所需的一切资料并应根据这些原则的规定进行调查。

（b）应在合理时间内提出一份书面报告，其中应包括调查的范围、程序和评价证据所用的方法以及根据对事实的认定和适用的法律提出的结论和建议。报告编写完毕后即应公布。报告还应详述查实确已发生的具体事件、据以作出这些判断的证据并开列作证证人姓名，但须予保护的证人，不公布其身份。国家应在合理时间内对调查报告作出答复，并酌情表明拟为此采取的步骤。

6.（a）参与调查酷刑或其他不当待遇的医疗专家，在任何时候其行为均应符合最高的道德标准，尤应在进行任何检查之前取得知情同意。检查应符合既定的医疗执业标准。特别是，检查应在医疗专家的控制下并在安全人员及其他政府官员不在场的情况下保密进行。

（b）医疗专家应立即如实编写书面报告。这份报告应包括下列各项基本资料：

（Ⅰ）会见的情况：检查对象的姓名和检查时在场的人的姓名和工作单位；确切的时间和日期；进行检查的机构（例如拘留中心、医疗室或房舍）地点、性质和地址（酌情包括房间号码）；检查对象在检查时的情况（例如抵达时或在检查时所用戒具的性质、检查时保安部队是否在场、陪同囚犯的人的行为举止或对检查员所作的威胁性言论）；和任何其他有关因素；

（Ⅱ）历史：详细记录检查对象在会见时所述事情始末，包括其所述的施刑办法或不当待遇、发生酷刑或其他不当待遇的时间和一切身心不适的症状；

（Ⅲ）身体和心理检查：记录临床检查的一切身体和心理检查结果，包括适当的诊断检查和在可能时包括所有伤痕的彩色照片；

（Ⅳ）意见：阐明身体和心理检查结果与可能施行的酷刑或其他不当待遇可能存在的关系，建议是否应给予任何必要的医疗和心理治疗和/或进一步的检查；

（Ⅴ）检查员的身份：报告应明确表明进行调查的人的身份并应署名。

（c）报告应保密，并应送交接受检查的人或其指定的代理人。应征求检查对象或其代理人对检查程序的看法，并记录在报告内。此外，也应酌情向负责调查据称的酷刑或虐待情事的当局提交书面报告。国家应负责确保将报告妥善送交这些人。不应向任何其他人提供报告，除非经接受检查的人同意或经有权执行此种移送的法院核可。

关于移交外国囚犯的模式协定[1]及有关外国囚犯待遇的建议[2]

第七届联合国预防犯罪和罪犯待遇大会通过

（1985 年 8 月 26 日—9 月 6 日 · 意大利 · 米兰）

第七届联合国预防犯罪和罪犯待遇大会，

回顾第六届联合国预防犯罪和罪犯待遇大会通过的第 13 号决议[3]曾敦促联合国会员国考虑制定移交罪犯的程序，

认识到拘留在国外监狱中的外国人由于语言、文化和风俗习惯和宗教信仰不同而遭遇到的困难，

考虑到可以让外国囚犯有机会在他们的国籍国或居住国服刑从而达到社会改造的目的，

深信制定双边或多边移交囚犯的程序可能是极为可取的，注意到现有多边和双边的移交外国囚犯的国际协定，

1. 通过本决议附件一内载的《关于移交外国囚犯的模式协定》；

2. 批准下面附件二内载的关于外国囚犯待遇的建议；

3. 请那些尚未与其他会员国就外国囚犯移交给他们自己国家的问题建立条约关系或希望修订现有条约的关系的会员国在建立这种关系时考虑到本决议所

---

① 《第七届联合国预防犯罪和罪犯待遇大会，1985 年 8 月 26 日至 9 月 6 日，米兰：秘书处编写的报告》（联合国出版物，出售品编号：E.86.IV.1），第一章，D 节 1，附件一。

② 同上，附件二。

③ 《第六届联合国预防犯罪和罪犯待遇大会，1980 年 8 月 25 日至 9 月 5 日，加拉加斯：秘书处编写的报告》（联合国出版物，出售品编号：E.81.IV.4），第一章，B 节。

附的《关于移交外国囚犯的模式协定》；

请秘书长在会员国提出要求时，协助他们拟定移交外国囚犯的协定并定期就此向犯罪预防和控制委员会提出报告。

附件一

关于移交外国囚犯的模式协定

序　　言

________________________和________________________

希望在刑事司法方面进一步发展相互合作，

相信这种合作将增进公理正义并促进被判刑的人获得社会改造，

考虑到要实现这些目标，就需要让因刑事罪行被剥夺自由的外国人有机会在其自己的社会里服刑，

深信实现这个目的的最佳途径是将外国囚犯移交给他们自己的国家，

铭记着应确保根据世界公认原则的规定，充分尊重人权，

兹议定如下：

一、总　　则

1. 应促进罪犯获得社会改造，为此应提供方便让在国外被判定有罪行的人尽早返回其国籍国或居住国服刑。据此各国应相互提供最充分的合作。

2. 移交囚犯应在相互尊重国家主权和管辖权的基础上进行。

3. 移交囚犯应于所判定犯罪行为根据遣送国（判决国）和接受移交国（执行国）的国家法律得判处剥夺自由时进行。

4. 移交要求可由判决国或执行国提出。囚犯及其至亲可向其中一国表示对移交事项关心。为此目的，缔约国应将各自的主管当局通知囚犯。

5. 移交应由判决国或执行国之间的协定决定，并应以囚犯的同意为基础。

6. 应充分告诉囚犯移交的可能性及法律后果，特别是他是否有可能会由于在移交前犯过的其他罪行而被起诉。

7. 应让执行国有机会证实囚犯是否自愿同意。

8. 有关移交囚犯的任何规则均应适用于因犯罪行为而判处徒刑和判处施加剥夺自由措施的刑罚。

9. 如该人不能自由决定其意愿，他的法律代表应有资格同意移交。

二、其他规定

10. 移交只能根据有执行效力的最终判决作出。

11. 在要求移交时，作为一般规则，囚犯仍必须至少服满六个月的徒刑，但是，无定期徒刑情况下也应允许移交。

12. 关于是否移交囚犯的决定应毫不延迟地作出。

13. 对于为执行判决国所作出的判决而被移交的人，执行国不得对其以将予执行的判决所依据的同一行为再次审判。

三、程序规则

14. 执行国的主管当局应：（a）立即或者通过法院或行政命令继续执行判

决；或（b）改换判决，用执行国法律对相应罪行所规定的处分来替代判决国所作出的处分。

15. 若是继续执行，则执行国应受判决国所作判决的法律性质和期限的约束。但是，如果该判决的性质或期限与执行国的法律不相一致，则该国可以把判决改为本国法律对相应罪行所规定的刑罚或措施。

16. 若是改换判决，则执行国应在适当考虑判决国所作判决的情况下根据本国的法律改变该处分的性质或期限。但是，不得将剥夺自由的处分改换成罚款的处分。

17. 执行国应受判决国所作判决书上所有事实结论的约束。因此，只有判决国有权复审判决。

18. 应从最终判决中扣除被判刑人在任一国家业已被剥夺自由的整个时间。

19. 在任何情况下，囚犯的处境不得因移交而变坏。

20. 任何移交费用及有关的运输费用均应由执行国负担，但判决国和执行国另有决定者除外。

四、执行和赦免

21. 判决应根据执行国的法律的执行作出。

22. 判决国和执行国均应有权赦免和大赦。

五、最后条款

23. 本协定适用于其生效前或生效后所作判决的执行。

24. 本协定须经批准。批准书应尽早交存于________。

25. 本协定应自交换批准书之日后第三十天生效。

26. 任何缔约国都可书面通知________退出本协定。退约应自________收到通知之日起六个月后生效。

为此，下列签字人经其本国政府正式授权，在本条约上签字，以兹证明。

附件二

关于外国囚犯待遇的建议

1. 分配外国囚犯去什么监狱不应仅仅以该囚犯的国籍为依据。

2. 外国囚犯应与本国囚犯一样享有教育、工作和职业培训的机会。

3. 应根据对待本国囚犯的同样原则，让外国囚犯原则上有资格接受监外教养措施以及出监假和其他批准的离监外出。

4. 对外国囚犯进监后，应立即用他们能理解的语文并且通常以书面告诉他们监狱制度的主要特点，包括有关规则和条例。

5. 应尊重外国囚犯的宗教戒律和习惯。

6. 应毫不迟延地让外国囚犯知道他们有权要求与他们的领事当局取得联系和其他任何有关他们地位的情况。如果外国囚犯希望从外交或领事机构获得援助，则应立即与他们联系。

7. 在与医疗或教改工作人员交往时以及在申诉、特殊牢房、特殊饮食、宗教活动和法律事务等事宜方面，应以外国囚犯能理解的语文对他们进行适当帮助。

8. 经外国囚犯同意，应提供一切必要的探监和通信机会来促进他们与家庭和社区机构的联系。应让红十字国际委员会这类国际人道主义组织有机会帮助外国囚犯。

9. 缔结双边和多边关于监督和援助获得缓期执行或准予假释的罪犯的协定将能进一步有助于解决外国囚犯所面临的问题。

保护所有遭受任何形式拘留或监禁的人的原则

联合国大会 1988 年 12 月 9 日第 43/173 号决议通过

本原则的范围

本原则为保护所有遭受任何形式拘留或监禁的人而适用。

用　语

为本原则的目的：

（a）“逮捕”是指因指控的罪行或根据当局的行动扣押某人的行为；

（b）“被拘留人”是指除因定罪以外被剥夺人身自由的任何人；

（c）“被监禁人”是指因定罪而被剥夺人身自由的任何人；

（d）“拘留”是指上述被拘留人的状况；

（e）“监禁”是指上述被监禁人的状况；

（f）“司法当局或其他当局”一语是指根据法律其地位及任期能够最有力地保证其称职、公正和独立的司法当局或其他当局。

原则 1

所有遭受任何形式拘留或监禁的人均应获得人道待遇和尊重其固有人格尊严的待遇。

原则 2

逮捕、拘留或监禁仅应严格按照法律规定并由为此目的授权的主管官员或人员执行。

原则 3

遭受任何形式拘留或监禁的人在任何国家内依据法律、公约、条例或习惯应予承认或实际存在的任何人权，不应因本原则未承认或仅在较小范围内予以承认而加以限制或减损。

原则 4

任何形式的拘留或监禁以及影响到在任何形式拘留或监禁下的人的人权的一切措施，均应由司法当局或其他当局以命令为之，或受其有效控制。

原则 5

1. 本原则应适用于在任何一国领土内所有的人，不因其人种、肤色、性别、语言、宗教或宗教信仰、政治或其他见解、国籍、种族或社会出身、财产、出生或其他身份而有任何区别。

2. 根据法律适用而只是为了保护妇女特别是孕妇和哺乳母亲、儿童和青少年、老年人、病人或残疾人的权利和特殊地位而采取的措施，不应视为歧视。这种措施是否有其必要以及如何执行应由司法或其他当局不断加以审查。

原则 6

对于遭受任何形式拘留或监禁的人不应施加酷刑或施以残忍、不人道或有辱人格的待遇或处罚。[①] 任何情况均不得作为施以酷刑或其他残忍、不人道或有辱人格待遇或处罚的理由。

原则 7

1. 各国应通过法律禁止任何违反本原则所载权利和义务的行动，规定任何这种行为应受适当制裁，并应根据指控进行公正调查。

2. 有理由相信违反本原则的情事已经发生或将要发生的官员，应向其上级当局就该情事提出报告，必要时并应向拥有复审或补救权力的其他适当当局或机关提出报告。

---

① “残忍、不人道或有辱人格的待遇或处罚”一词应加以适当解释，借以提供最大限度的保护，以防止肉体或精神上虐待，其中包括使被拘留人或被监禁人暂时或永久地被剥夺视觉或听觉等任何自然感官的使用，或使其丧失对地点或时间知觉的拘禁条件。

3. 有理由相信违反本原则的情事已经发生或将要发生的任何其他人应有权将该情事向有关官员的上级提出报告，以及向拥有复审或补救权力的其他适当当局或机关提出报告。

原则 8

对被拘留人应给予适合其尚未定罪者身份的待遇。因此，在可能情形下，应将他们同被监禁人隔离。

原则 9

逮捕、拘留某人或调查该案的当局只应行使法律授予他们的权力，此项权力的行使应受司法当局或其他当局的复核。

原则 10

任何人在被逮捕时应被告知将其逮捕的理由，并应立即被告知对他提出的任何指控。

原则 11

1. 任何人如未及时得到司法当局或其他当局审问的有效机会，不应予以拘留。被拘留人应有权为自己辩护或依法由律师协助辩护。

2. 被拘留人与其如果有的律师，应及时获得完整的通知，说明拘留的任何命令及拘留理由。

3. 司法当局或其他当局应被授权根据情况对拘留的持续进行审查。

原则 12

1. 应对下列各项妥为记录：

（a）逮捕理由；

（b）逮捕的时间和解送被逮捕人前往看守所的时间以及其首次在司法当局或其他当局出庭的时间；

（c）有关的执法官员的身份；

（d）关于看守的确切资料。

2. 这种记录应以法定格式通知被拘留人或其如果有的律师。

原则 13

任何人应于被捕时和拘留或监禁开始时或于其后及时地由负责逮捕、拘留或监禁的当局，分别提供并解释其享有权利的资料和说明如何行使这些权利。

原则 14

一个人如果不充分通晓或不能以口语使用负责将其逮捕、拘留或监禁的当局所用的语言，有权用其所通晓的语言及时得到在原则 10、原则 11 第 2 段、原则 12 第 1 段和原则 13 中所提到的资料，如果必要的话，有权在其被捕后的法律程序中获得译员的免费协助。

原则 15

虽有原则 16 第 4 段和原则 18 第 3 段所载的例外，被拘留人或被监禁人与外界，特别是与其家属或律师的联络，不应被剥夺数日以上。

原则 16

1. 被拘留人或被监禁人在被逮捕后和每次从一个拘留处所转移到另一个处所后，应有权将其被逮捕、拘留或监禁或转移一事及其在押处所通知或要求主管当局通知其家属或其所选择的其他适当的人。

2. 如果被拘留人或被监禁人是外国人，应及时告知其有权循适当途径同其为国民或在其他情形下按照国际法有权与其联络的国家的领事馆或外交使团联络，如其为难民或在其他情形下受国际组织保护，则有权同主管国际组织的代表联络。

3. 如果被拘留人或被监禁人是青少年或者无能力理解其权利，则应由主管当局主动进行本原则所指的通知，应特别注意通知其父母或监护人。

4. 本原则所指的任何通知应不迟延地进行或允许不迟延地进行。但主管当局可因调查上述要求的特别需要在合理期限内推迟通知。

原则 17

1. 被拘留人应有权获得法律顾问的协助。主管当局应在其被捕后及时告知其该项权利，并向其提供行使该权利的适当便利。

2. 被拘留人如未自行选择法律顾问，则在司法利益有此需要的一切情况下，应有权获得由司法当局或其他当局指派的法律顾问，如无充分的支付能力，则无须支付。

原则 18

1. 被拘留人或被监禁人应有权与其法律顾问联络和磋商。

2. 应允许被拘留人或被监禁人有充分的时间和便利与其法律顾问进行磋商。

3. 除司法当局或其他当局为维持安全和良好秩序认为必要并在法律或合法条例具体规定的特别情况外，不得终止或限制被拘留人或被监禁人授受其法律顾问来访和在既不被搁延又不受检查以及在充分保密的情形下与其法律顾问联络的权利。

4. 被拘留人或被监禁人与其法律顾问的会见可在执法人员视线范围内但听力范围外进行。

5. 本原则所述的被拘留人或被监禁人与其法律顾问之间的联络不得用作对被拘留人或被监禁人不利的证据，除非这种联络与继续进行或图谋进行的罪行有关。

原则 19

除须遵守法律或合法条例具体规定的合理条件和限制外，被拘留人或被监禁人应有权接受特别是其家属的探访，并与家属通信，同时应获得充分机会同外界联络。

原则 20

如经被拘留人或被监禁人请求，在可能情形下，应将其拘禁在其通常住所的合理距离内的拘留或监禁处所。

原则 21

1. 应禁止不当利用被拘留人或被监禁人的处境而进行逼供，或迫其以其他方式认罪，或作出不利于他人的证言。

2. 审问被拘留人时不得对其施以暴力、威胁或使用损害其决定能力或其判断力的审问方法。

原则 22

即使被拘留人或被监禁人同意，也不得对其做任何可能有损其健康的医学或科学试验。

原则 23

1. 被拘留人或被监禁人的任何审问的持续时间和两次审问的间隔时间以及进行审问的官员和其他在场人员的身份，均应以法定格式加以记录和核证。

2. 被拘留人或被监禁人或在法律有此规定的情形下其律师应可查阅本原则

第1段所指的资料。

原则 24

在被拘留人或被监禁人到达拘留或监禁处所后，应尽快向其提供适当的体格检查，随后应在需要时向其提供医疗和治疗。医疗和治疗均应免费提供。

原则 25

只要不违反为确保拘留或监禁处所的安全和良好秩序而定的合理条件，被拘留人或被监禁人或其律师应有权向司法当局或其他当局要求或申请第二次体格检查或医疗意见。

原则 26

被拘留人或被监禁人接受医疗检查的事实、医生姓名和检查结果，均应妥为记录。这类记录应确保可以查阅。查阅的方式应按照国内法的有关规则。

原则 27

在确定是否采纳不利于被拘留人或被监禁人的证据时应当考虑不符合取证原则的情形。

原则 28

只要不违反为确保拘留或监禁处所的安全和良好秩序而定的合理条件，被拘留人或被监禁人应有权在公共来源可利用的资源范围内取得合理数量的教育、文化和信息材料。

原则 29

1. 为了监督有关法律和规章的严格遵守，应由直接负责管理拘留或监禁处所的机关以外的主管当局所指派并向其负责的合格而有经验的人员定期视察拘留处所。

2. 只要不违反为确保拘留或监禁处所的安全和良好秩序而定的合理条件，被拘留人或被监禁人应有权同按照第1段视察拘留或监禁处所的人进行自由和完全保密的谈话。

原则 30

1. 被拘留人或被监禁人在拘留或监禁期间构成违纪行为的类型、可以施加的惩戒方式和期限以及有权施加惩罚的当局，应以法律或合法条例加以规定，并正式公布。

2. 在采取惩戒行动以前，被拘留人或被监禁人应有权陈述意见，并有权就该行动向上级当局提出复审。

原则 31

主管当局应力求按照国内立法确保被拘留人或被监禁人的家属特别是未成年家属在需要时得到帮助，并应专门采取特别措施对无人监护的儿童给予适当照料。

原则 32

1. 拘留如属非法，被拘留人或其律师应有权随时按照国内立法向司法或其他当局提起诉讼，对其拘留的合法性提出异议，以便使其获得立即释放。

2. 本原则第 1 段所指的诉讼应属简易程序，对财力不足的被拘留人不应收费。拘留当局应将被拘留人移送该复审当局，不得有不当稽延。

原则 33

1. 被拘留人或被监禁人或其律师应有权向负责管理拘留处所的当局和上级当局，必要时向拥有复审或补救权力的有关当局，就所受待遇特别是受到酷刑或其他残忍、不人道或有辱人格的待遇提出请求或指控。

2. 在被拘留人或被监禁人或其律师均无法行使本原则第 1 段所规定的权利的情形下，其家属或任何知情的人均可行使该权利。

3. 经指控人要求，应对请求或指控保密。

4. 每一项请求或指控应得到迅速处理和答复，不得有不当稽延。如果请求或指控被驳回，或有不当稽延情事，指控人应有权提交司法当局或其他当局。无论被拘留人或被监禁人还是本原则第 1 段所指的任何指控人都不得因提出请求或指控而受到不利影响。

原则 34

任何被拘留人或被监禁人如在拘留或监禁期间死亡或失踪，司法当局或其他当局应自动或依其家属或任何知情的人请求，查询其死亡或失踪原因。死亡或失踪如在拘留或监禁终止后不久发生，在有充分根据的情形下，应在相同程序的基础上进行此种查询。此种查询的结果或有关报告应根据请求提供，除非这样做会妨害正在进行的刑事调查。

原则 35

1. 政府官员因违反本原则所载权利的行为或不行为而造成的损害应按照国内法规定的关于赔偿责任的现行规则加以补偿。

2. 根据本原则要求作记录的资料应按照国内法所规定的程序提供，以用于根据本原则提出的索赔。

原则 36

1. 涉嫌被控犯有刑事罪行的被拘留人，在获得辩护上一切必要保证的公开审判中依法确定有罪之前应被视为无罪。

2. 有调查和审判期间，只有在执法上确有必要时，才能根据法律具体规定的理由及其条件和程序对这种人进行逮捕和拘留。除为拘留目的，或为防止阻碍调查和执法过程，或为维持拘留处所的安全和良好秩序而确有必要外，应禁止对这种人施加限制。

原则 37

以刑事罪名被拘留的人应于被捕后迅速交给司法当局或其他法定当局。这种当局应不迟延地判定拘留的合法性和必要性。除非有这种当局的书面命令，在调查中或审判中不得对任何人加以拘留。被拘留人在交给这种当局时，应有权就其在押期间所受待遇提出说明。

原则 38

以刑事罪名被拘留的人应有权在合理期间内接受审判或在审判前获释。

原则 39

除法律规定的特别情形外，以刑事罪名被拘留的人应有权利在审判期间按照法律可能规定的条件获释，除非司法当局或其他当局为了执法的利益而另有决定。这种当局应对拘留的必要性进行复审。

一般条款

本原则中任何规定不得解释为限制或减损《公民权利及政治权利国际公约》中所规定的任何权利。

关于在刑事事项中采用恢复性司法方案的基本原则

经济及社会理事会，

回顾其题为“制定和实施刑事司法调解和恢复性司法措施”的1999年7月28日第1999/26号决议，其中理事会请预防犯罪和刑事司法委员会考虑是否应制订联合国在调解和恢复性司法领域的标准，

还回顾其2000年7月27日题为“关于在刑事事项中采用恢复性司法方案的基本原则”的第2000/14号决议，其中理事会请秘书长向会员国和有关政府间组织和非政府组织及联合国预防犯罪和刑事司法方案网各研究所征求意见，以了解制订有关在刑事事项中采用恢复性司法方案的共同原则的可取性和方法，包括为此目的制订一项新文书的可取性，

考虑到对受害者的现行国际承诺，特别是《为罪行和滥用权力行为受害者取得公理的基本原则宣言》①，

注意到2000年4月10日至17日在维也纳举行的第十届联合国预防犯罪和罪犯待遇大会期间在题为“罪犯者与被害人：司法过程中的责任与公正问题”议程项目项下就恢复性司法进行的讨论情况，②

注意到大会题为“执行《关于犯罪与司法：迎接二十一世纪的挑战的维也纳宣言》的行动计划”的2002年1月31日第56/261号决议，特别是为了落实

---

① 大会第40/34号决议，附件。

② 见《第十届联合国预防犯罪和罪犯待遇大会，2000年4月10日至17日，维也纳：秘书处编写的报告》（联合国出版物，出售品编号C.00.IV.8），第五章，E节。

《维也纳宣言》[①]第28段所作的承诺就恢复性司法采取的行动，

赞赏地注意到恢复性司法专家组在其2001年10月29日至11月1日在加拿大渥太华举行的会议上所做的工作，

注意到秘书长关于恢复性司法的报告[②]，以及恢复性司法专家组的报告[③]，

1. 注意到本决议所附关于在刑事事项中采用恢复性司法方案的基本原则；

2. 鼓励各会员国在制订和实施恢复性司法方案时利用关于在刑事事项中采用恢复性司法方案的基本原则；

3. 请秘书长确保向各会员国、联合国预防犯罪和刑事司法方案网各研究所和其他国际、区域和非政府组织最广泛地宣传关于在刑事事项中采用恢复性司法方案的基本原则；

4. 吁请已经采取恢复性司法措施的会员国根据请求向其他国家提供有关这些做法的资料；

5. 还吁请各会员国相互协助制订和实施各种研究、培训和其他方案以及各项旨在促进就恢复性司法进行讨论和交流经验的活动；

6. 又吁请各会员国考虑通过自愿捐款向提出请求的发展中国家和转型期经济国家提供技术援助，协助其制订恢复性司法方案。

第37次全体会议

2002年7月24日

---

① 大会第55/59号决议，附件。

② E/CN.15/2002/5和Corr.1。

③ E/CN.15/2002/5/Add.1。

附 件

关于在刑事事项中采用恢复性司法方案的基本原则

联合国经济及社会理事会第2002/12号决议，附件

序 言

回顾全世界恢复性司法倡议大幅度增加，

认识到这些倡议常常利用传统的和当地的司法形式，而这些司法形式往往将犯罪视为基本上对人有危害的，

强调恢复性司法是对犯罪的一种不断发展变化的对策，它通过使受害者、罪犯和社区复原而尊重每个人的尊严与平等，建立理解并促进社会和谐，

强调这种方法能够使犯罪所影响的人公开交流其感情和经历，而且着眼于解决他们需要的，

意识到这种方法为受害者提供了获得补偿、增强安全感和寻求将事情了结的机会，使罪犯能够深刻认识其行为的原因和影响并切实承担责任，同时使社区能够理解犯罪的根本原因，促进社区福利并预防犯罪，

注意到实行恢复性司法就必须采取一系列措施，这些措施能够灵活地适应已确定的刑事司法制度并与这些制度相互补充，同时要考虑到法律、社会和文化环境，

认识到采用恢复性司法并不妨碍国家起诉被指控的罪犯的权利。

一、用 语

1.“恢复性司法方案”系指采用恢复性程序并寻求实现恢复性结果的任何

方案。

2.“恢复性程序”系指通常在调解人帮助下，受害者和罪犯及酌情包括受犯罪影响的任何其他个人或社区成员共同积极参与解决由犯罪造成的问题的程序。恢复性程序可以包括调解、调和、会商和共同确定责任。

3.“恢复性结果”系指由于恢复性程序而达成的协议。恢复性结果可能包括旨在满足当事方的个别和共同需要和履行其责任并实现受害者和罪犯重新融入社会的补偿、归还、社区服务等对策和方案。

4.“当事方”系指受害者、罪犯和可能参与恢复性程序的受到犯罪影响的其他任何个人或社区成员。

5.“调解人”系指其作用为公平和公正地促进当事方参与恢复性程序的人。

二、恢复性司法方案的采用

6. 在不违反本国法律的情况下，恢复性司法方案可以在刑事司法制度的任何阶段采用。

7. 只有在有充分证据指控罪犯及受害者和罪犯自由和自愿同意的情况下才可以使用恢复性程序。受害者和罪犯在程序期间应当能够随时撤回这类同意。协议应自愿达成并应只载列合理而相称的义务。

8. 受害者和罪犯通常应当就案件所涉基本事实达成一致意见作为参与恢复性程序的基础。不得在随后的法律诉讼中将罪犯的参与用作认罪的证据。

9. 在将案件交由恢复性程序处理或实施恢复性程序时，应当考虑导致权力上的不相等的差别以及当事方之间的文化差异。

10. 在将案件交由恢复性程序处理或实施恢复性程序时，应当考虑当事方的安全。

11. 如果恢复性程序不适合或没有可能，应当将案件交由刑事司法当局处理，并应当毫不迟延地作出如何继续处理的决定。在这些案件中，刑事司法官员应当尽力鼓励罪犯担负起对受害者和受害社区的责任，并支持受害者和罪犯重新融入社会。

三、恢复性司法方案的运作

12. 各会员国应当考虑制定有关采用恢复性司法方案的准则和标准，必要时应当同立法当局共同制定。这类准则和标准应当尊重本文书所列基本原则并特别涉及：

（a）将案件交由恢复性司法方案处理的条件；

（b）在恢复性程序之后对案件的处理；

（c）调解人的资格、对调解人的培训和评估；

（d）恢复性司法方案的管理；

（e）与恢复性司法方案运作有关的权限标准和行为守则。

13. 应当对恢复性司法方案尤其是恢复性程序适用基本程序性保障措施，保证公平对待罪犯和受害者：

（a）在不违反本国法律的情况下，被害人和罪犯应当有权就恢复性程序咨询法律顾问，必要时还有权得到笔译或口译服务；此外，未成年者应当有权得到父母或监护人的帮助；

（b）在同意参加恢复性程序之前，当事方应当能够完全获知本人的权利、程序的性质和当事方的决定可能产生的后果；

（c）不得以不公平的手段强迫或诱使受害者或罪犯参加恢复性程序或接受恢复性后果。

14. 对恢复性程序期间非公开进行的讨论应当予以保密且事后不得对外透露，但当事方同意或本国法律要求的除外。

15. 恢复性司法方案产生的协议结果应当适当受到司法监督或纳入司法裁决或判决。受到司法监督或纳入司法裁决或判决的协议结果应当享有与任何其他司法裁决或判决相同的地位，且不得就相同事实进行起诉。

16. 如果当事方之间没有达成协议，则应当将案件交还现有的刑事司法程序处理，并应当毫不迟延地作出如何继续处理的决定。在随后的刑事司法诉讼中，不得将未达成协议本身加以利用。

17. 对于恢复性程序过程中所达成协议未予执行的情况，应再交由恢复性方案或如果本国法律要求则交由既定刑事司法程序处理，并应当毫不迟延地作出如何继续处理的决定。在随后的刑事司法诉讼中，不得将未执行协议而不是未执行司法裁决或判决作为加重刑罚的理由。

18. 调解人应当以公正方式行使职责，适当尊重当事方的尊严。调解人应当以这种身份确保当事方以相互尊重的方式行事，并应当使当事方能自行找出适切的解决办法。

19. 调解人应当十分了解当地文化和社区的情况，并酌情在担负调解职责之前得到初步培训。

四、恢复性司法方案的继续发展

20. 各会员国应当考虑制定旨在发展恢复性司法和在执法、司法和社会当局以及当地社区中间倡导有利于使用恢复性司法的文化的国家战略和政策。

21. 刑事司法当局和恢复性司法方案主管人员应当进行定期磋商，就恢复性程序和结果达成共识并提高其有效性，以便扩大恢复性方案的使用范围并探讨可将恢复性方针体现于刑事司法惯例之中的方式。

22. 各会员国应当酌情与民间社会合作，推动对有关恢复性司法方案的研究和评价，以便评估这些方案在多大程度上能做到以下各点：取得恢复性结果、成为刑事司法程序的一种互补或替代方法并使所有各方都取得积极的结果。恢复性司法程序的具体形式可能要因时间的不同而不同。因此，各会员国应当鼓励对这类方案定期进行严格的评价和修改。研究和评价的结果应当对制定进一步的政策和方案起指导作用。

五、但　书

23. 这些基本原则的任何条款均不影响本国法律或适用的国际法所规定的罪犯或受害者的任何权利。

卡多马社区服务宣言和1997年2月3日至7日在圣何塞举行的题为“刑事司法：监狱人满为患的挑战”的研讨会的建议

联合国经济及社会理事会第1998/23号决议，附件一和二

卡多马社区服务宣言

回顾1996年9月19日至21日在坎帕拉举行的非洲监狱条件问题国际研讨会通过的《关于非洲监狱条件的坎帕拉宣言》，该宣言考虑到监禁特别对短期服刑者的作用有限，以及监禁对整个社会所造成的负担，

注意到许多国家对替代判处监禁的措施日益感兴趣以及全世界在这方面取得的可喜进展，

赞赏地注意到经济及社会理事会关于国际合作改善监狱条件的1997年7月21日第1997/36号决议确认《坎帕拉宣言》的重要性，《坎帕拉宣言》附于该决议之后，

铭记《联合国非拘禁措施最低限度标准规则》（东京规则）[①] 和《联合国少年司法最低限度标准规则》（北京规则），[②] 考虑到许多非洲国家监狱人满为患情况

① 大会第45/110号决议，附件。

② 大会第40/33号决议，附件。

已达到不人道的程度，

回顾《非洲人权和人民权利宪章》[①] 重申人的固有尊严和禁止有辱人格的惩罚和待遇，

欢迎津巴布韦社区服务方案的成功和经过三年的试行得到了津巴布韦政府的通过，

赞赏地注意到其他非洲国家，包括法语非洲国家和葡语非洲国家也对实行社区服务办法作为其刑事司法制度中的一种刑事制裁感兴趣，

1997 年 11 月 24 日至 28 日在津巴布韦卡多马召开的非洲社区服务裁决国际会议与会者发表下列宣言：

1. 利用监狱应严格限制为最后不得已的措施。监狱是对稀有资源和人的潜力的一种浪费。被监禁的大多数囚犯对社会并不构成什么实际的威胁。

2. 我们的监狱人满为患现象需要通过采取社区服务办法等积极的行动来解决。

3. 社区服务符合非洲处理罪犯和在社区范围内治愈犯罪创伤的传统。另外，社区服务是一个积极而又符合成本效益的措施，只要有可能就应该首先采用这种办法而不判处徒刑。

4. 社区服务应得到有效的执行和监督，需要实施一个工作方案，让罪犯利用自己的时间为社区从事若干小时的自愿工作。

5. 请各国政府、捐助者和民间社会组织支持这一重要领域的研究、试办方案和其他活动。

6. 已经实行社区服务的国家应考虑到其他国家的经验并相应地审查自己的办法。

7. 应通过针对公众舆论的宣传运动促进社区支助并开发统计数据库以测量社区服务的效用。

8. 我们鼓励还没有这样做的国家采取替代判处监禁的办法，为此，我们保证我们同其他社区服务国家委员会和（或）有关团体合作并通过它们协调我们

---

① 联合国，《条约汇编》，第 1520 卷，第 26363 号。

的行动，以便更好地推行这一办法。

9. 我们通过附后的行动计划。

附　录

卡多马社区服务宣言行动计划

继 1997 年 11 月 24 日至 28 日在津巴布韦卡多马举行的非洲社区服务裁决会议的与会者通过《卡多马社区服务宣言》之后，又通过下列行动计划：

1. 网络

设立一个社区服务国家委员会和其他有关团体网络以通过下述方式提供相互支持和鼓励：

——提供顾问援助召开分区域和其他地方的研讨会；

——交流文件（立法、指导原则、行政方式）和想法；

——协调和支持新的项目；

——实施方案方面的合作和援助；

——工作人员培训援助；

——互访。

2. 社区服务指南

汇编一个社区服务指南。为此，在因特网上将设立一个主页，向有关人员通报这一领域的发展变化情况，还将出版一本书，其中包括：

——从事社区服务方案工作的所有社区服务国家委员会和联系人的联络点及地址；

——专家和顾问名单；

——有关国家联系人；

——全世界的有关团体和组织；

——捐助者和政府联系人。

该书将以不同语文分发，包括法文和英文。

3. 通讯

印发一份通讯：

——由各社区服务国家委员会定期出版并向网络散发；

——包括采取的倡议、遇到的问题、找到的解决办法、讲习班报告、活动日历、提供支助的请求（如顾问）、统计数据和其他资料；

——通过因特网或以邮寄的方式（或以此两种方式）加以传播。

4. 研究和数据收集

建立研究和数据收集机制：

——研究结果和收集的数据应通过通讯或因特网加以交流；

——确定的研究项目（如关于成本效益分析的项目）和网络支持的供资申请；

——在实施社区服务方案的地方，将在区域和国际范围进行有关社区服务的效益和存在问题的联合研究项目。

1997 年 2 月 3 日至 7 日在哥斯达黎加圣何塞举行的题为“刑事司法：监狱人满为患的挑战”的研讨会的建议：

1. 秘书长应当采取措施通过利用现有资源或通过单立一个预算项目确保向提出请求的国家提供援助，以改善监狱的物质条件。

2. 秘书长应当采取措施，在优先考虑最拥挤的监狱的情况下，确保为有关实体提供必要的资源，以便对提出培训请求的会员国的监狱行政人员和业务人员进行培训。

3. 应当采取措施，确保世界银行和美洲开发银行等国际及区域金融机构采取行动，缓解监狱过分拥挤的状况，包括为监狱建造和基础设施翻修方案提供援助。

4. 应当请世界卫生组织和各区域机构在其援助方案内纳入一些行动倡议，以改善提出援助请求国家的监狱医院设施以及向囚犯提供的医疗和医院服务。

5. 会员国应当促请秘书长协同提出请求的会员国，促进并采取对某些监狱实行私营化的措施，使监狱考虑到囚犯的安全和福利并能重返社会，将囚犯的劳动用于有利可图的工业，使囚犯获释后有就业机会。

6. 会员国应当设法在监狱中设立人权委员会和工作小组作为解决冲突的替代机制。

7. 会员国应当探索采取让私人企业参与监狱社会改造方案战略的可能性，办法是，建立各种企业和微型企业，以鼓励对囚犯职业培训进行投资、在狱内创造就业机会和出狱者重返劳动力市场，从而确保让出狱者在各国生产活动主流范围内重返社会并接受改造的原则得到充分实施。

8. 会员国应当采取措施，确保通过促销方案营销监狱产品并逐渐在监狱中建立车间。

关于良好的监狱管理方法的阿鲁沙宣言

联合国经济及社会理事会第 1999/27 号决议，附件

意识到监狱管理是一种社会服务，应当使公众了解监狱部门的工作，

又意识到在非洲监狱和囚犯管理中，需要促进提高透明度和加强责任制，

回顾提出非洲刑罚改革议程的《关于非洲监狱条件的坎帕拉宣言》①，

注意到《卡多马社区服务宣言》②，该宣言建议在处理较轻的犯罪行为时更多地采用非拘禁措施，

又注意到《非洲人权和人民权利宪章》③、《公民权利及政治权利国际公约》、《经济、社会及文化权利国际公约》④ 和《禁止酷刑和其他残忍、不人道或有辱人格的待遇或处罚公约》⑤ 中有关保护人的生命权利、获得迅速审理的权利和人的尊严的各项规定，

铭记《囚犯待遇最低限度标准规则》⑥、《囚犯待遇基本原则》⑦、《联合国少年司法最低限度标准规则》（北京规则）⑧、《保护所有遭受任何形式拘留或监禁的

---

① 第 1997/36 号决议，附件。

② 第 1998/23 号决议，附件一。

③ 联合国，《条约汇编》，第 1520 卷，第 26363 号。

④ 大会第 2200A（XXI）号决议，附件。

⑤ 大会第 39/46 号决议，附件。

⑥ 见《第一届联合国预防犯罪和罪犯待遇大会，1955 年 8 月 22 日至 9 月 3 日，日内瓦：秘书处编写的报告》（联合国出版物，出售品编号：1956.IV.4），附件一，A 节。

⑦ 大会第 45/111 号决议，附件。

⑧ 大会第 40/33 号决议，附件。

人的原则》[①]和《执法人员行为守则》[②]，

又铭记监狱管理人员，凡遵守关于保护囚犯的国家和国际标准的，应得到他们工作所在监狱管理部门和整个社区的尊重与合作，

注意到大多数非洲监狱的条件没有达到上述国家和国际各项最低限度标准，

1999年2月23日至27日在阿鲁沙召开的中非、东非和南部非洲教养机构负责人第四次会议与会者商定下列原则：

（a）根据上述各项国际标准，促进和执行良好的监狱管理做法，还没有根据这些标准调整国内法律的进行此种调整；

（b）改进各监狱和整个教养系统的管理工作，以增加监狱部门的透明度和提高效率；

（c）提高监狱工作人员的专业素质并改进其工作和生活条件；

（d）尊重和保护囚犯的权利和尊严，确保遵守各项国家和国际标准；

（e）为监狱工作人员举办培训方案，有目的和有针对性地将人权标准纳入培训方案，提高监狱管理人员的基本技能，并为此建立一个中非、东非和南部非洲教养机构负责人会议培训委员会；

（f）建立一个包括刑事司法系统所有组成部分的刑事司法机制，以协调各项活动并在解决共同问题中开展合作；

（g）请民间社会团体与监狱部门一道合作，改进监禁条件和监狱的工作环境；

（h）呼吁各国政府和国家以及国际组织充分支持这一宣言。

---

① 大会第43/173号决议，附件。

② 大会第34/169号决议，附件。

监狱劳动

联合国第一届预防犯罪和罪犯待遇大会通过
（1955年9月2日）

联合国第一届预防犯罪和罪犯待遇大会，通过了附在本次议后的关于监狱劳动的各项建议，

1. 根据联合国大会第415（v）号定议附件d款的有关规定，谨请联合国秘书长将这些建议提交经济及社会理事会社会问题委员会通过；

2. 希望经济及社会理事会采纳建议中提出的总的原则并建议各国政府在制定有关规章时，在研究修改法律和行政法规时，尽可能全面地考虑这些原则；

3. 特别强调要注意那些就今后应该继续研究的问题提出的建议，同时希望经济及社会理事会社会问题委员会支持将这些问题列入根据上述决议成立的地区性咨询小组的工作计划。

附　件

《关于监狱劳动的建议总的原则》

I. 凡服刑囚犯都必须参加劳动，但要以医生开具的体质和神经状况证明为度。监狱劳动不应被视作附加刑罚，而是一种有利于恢复囚犯适应能力，为其从事某种职业作准备，培养他们良好的劳动习惯，防止游手好闲和放荡不羁的措施，对于不能依法强迫参加劳动的囚犯，应当允许和鼓励他们从事

劳动。

II. 对于囚犯及其在职业培训方面享有的益处，不得单从通过监狱劳动营利的角度来考虑，国家有责任使每个囚犯都有充分的、适当的工作可做。最好通过国家安排，在官方规定的市场上推销监狱劳动的产品。如有正当的理由，亦可通过私营企业推销产品，但必须谨慎行事，勿使这种制度导致剥削监狱劳动，同时要保护私营企业和自由劳动者的利益。

III. 监狱劳动应在能提高对劳动的爱好和兴趣的条件下或环境中进行，监所劳动的领导和组织，不论是工业生产还是农业生产，都应尽可能地接近于自由劳动的领导和组织形式，使囚犯能够适应正常的经济生活条件。

IV. 在监狱劳动安排上，应特别注意对那些能够有效地接受职业培训的囚犯，尤其是青年囚犯进行职业培训。这种培训应符合本国通行的一般做法和标准，以使囚犯获得与在监所外接受培训的人同样的技能，并且在必要时，能够获得如同在正常条件下获得的毕业文凭或证书。

为适应劳动市场的要求和囚犯的教育程度、才能和兴趣，劳动工种应尽可能地多样化。

囚犯在工余时间，应有进修机会，例如通过上理论课或实践课，提高现有工作水平或学习他们感兴趣的其他适宜的工作。

V. 最好对囚犯的专业特长进行测验，这种做法对他们是有利的。在分配囚犯担任监所内某项专门工作时，应考虑测验的结果。

在符合合理的专业方向以及行政管理和监所纪律要求的范畴内，对于囚犯选择最适合于自己的工作，应当考虑他们的爱好。所负工作应有利于保持或提高囚犯诚实谋生的能力。

应该从囚犯重新适应社会的角度出发，探讨哪些工种对于监狱最为合适。

VI. 为保护自由劳功者的安全和健康而制定的各项措施，监所亦应遵守。同时，应就囚犯所受工伤和所患职业疾病的赔偿问题作出规定，赔偿条件不应低于自由劳动者依法享受的条件。此外，囚犯应最大限度地享受国家现行的社会保险制度。

VII. 囚犯应获得公平的劳动报酬，其数额至少应能够激发他们的劳动兴趣和热情。

报酬最好充足些，使囚犯至少能够部分地帮助家庭生活、赔偿他们原来的受害者，满足个人在许可范围内的需要以及建立劳役金等。在正常情况下，囚犯获释时，应通过主管部门或适当的机构将劳役金退给囚犯。

VIII. 在制定监狱劳动计划时，应最大限度地采用开放式狱所形式。这样做，不仅可以利用这类狱所提供的多种劳动机会，也可以使监狱劳动在与自由劳动相近的条件下进行。

IX. 应考虑建立或者在已经存在的情况下，发展这样一种制度：允许经过挑选的囚犯，尤其是判处长期监禁的囚犯，在出狱前几个月，每天离所去为私人雇主或公共企业工作，最好是从事其在判刑前已经掌握或是在监禁期间学会的职业。

关于强迫或强制劳动公约

大会满意地看到，国际劳工组织已就修改《关于强迫或强制劳动公约》采取了一些初步措施。

大会认为，对这项公约的任何修改，特别是对公约第二条第 2 段的修改，最好从强迫劳动的定义中排除私人雇主或公共企业雇用某些囚犯在监所外进行的劳动，以利于他们重返社会。不过，在任何情况下，都必须执行在工资和劳动条件方面所给予的保证，这对防止剥削囚犯是很必要的。这种做法乃是合理的刑事政策的一个基本组成部分。

需要继续研究的几个问题

大会建议主要由地区性咨询小组继续研究下述问题。

a）把监狱劳动纳入国家经济范畴的问题。在这方面，最好取得狱政部门以外的人士，尤其是经济学家、工人和雇主组织的代表的合作。

b）支付酬金的办法，特别是囚犯劳动报酬应以自由劳动市场正常支付的工资为基础的原则问题。对于这种办法的利弊以及是否应将报酬的一部分用于赔偿受害者的问题要进行深入研究。

c）制定出适合特殊类型囚犯的需要，特别是属于自由职业者的囚犯、神经不正常和厌恶劳动的囚犯的需要的监狱劳动计划。

d）涉及羁押人员劳动安排的特殊问题。

e）制定出措施，防止判处刑罚成为囚犯获释后寻找工作时的不可克服的障碍。

保护精神病患者和改善精神保健的原则

联合国大会1991年12月17日第46/119号决议通过

一、适　用

本套原则的适用不得因残疾、种族、肤色、性别、语言、宗教、政治或其他见解、国籍、民族或社会出身、法律或社会地位、年龄、财产或出身而有任何歧视。

二、定　义

在本套原则中：

（a）“律师”系指法律或其他合格的代表；

（b）“独立的主管机构”系指国内法规定的胜任和独立的主管机构；

（c）“精神保健”包括分析和诊断某人的精神状况，以及精神病或被怀疑为精神病的治疗、护理和康复；

（d）“精神病院”系指以提供精神保健为主要职能的任何机构或一机构之任何单位；

（e）“精神保健工作者”系指具有有关精神保健的特定技能的医生、临诊心理学家、护士、社会工作者或其他受过适宜培训的合格人员；

（f）“患者”系指接受精神保健的人，并包括在精神病住院的所有人；

（g）“私人代表”系指依法负有职责在任何特定方面代表患者利益或代表患者行使一定权利的人，并且包括未成年人的父亲或母亲或法定监护人，除非国内法另有规定；

（h）“复查机构”系指根据原则 17 设立、审查患者非自愿住入或拘留在精神病院情况的机构。

三、一般性限制条款

本套原则所载权利的行使仅受法律所规定的限制，以及保护有关人士或他人健康或安全，或保护公共安全、秩序、健康或道德或他人的基本权利和自由所必要的限制。

原则 1　基本自由和基本权利

1. 人人皆有权得到可获得的最佳精神保健护理，这种护理应作为保健和社会护理制度的一个组成部分。

2. 所有精神病患者或作为精神病患者治疗的人均应受到人道的待遇，其人身固有的尊严应受到尊重。

3. 所有精神病患者或作为精神病患者治疗的人均应有权受到保护，不受经济、性行为或其他形式的剥削、肉体虐待或其他方式的虐待和有辱人格的待遇。

4. 不得有任何基于精神病的歧视，“歧视”系指会取消或损害权利的平等享受的任何区分、排除或选择。只是为保护精神病患者的权利或使其在身心上得到发展而采取的特别措施，不应被视为有歧视性。歧视不包括依照本套原则中的规定，为保护精神病患者或其他个人的人权而作的必要的区分、排除或选择。

5. 每个精神病患者均有权行使《世界人权宣言》《经济、社会及文化权利国际公约》《公民权利及政治权利国际公约》以及《残疾人权利宣言》和《保护所有遭受任何形式拘留或监禁的人的原则》等其他有关文书承认的所有公民、政治、经济、社会和文化权利。

6. 仅经国内法设立的独立公正的法庭公平听证之后，方可因某人患有精神病而作出他或她没有法律行为能力，并因没有此种能力应任命一名私人代表的任何决定。如果能力有问题者本人无法取得此种代表，则应在他或她没有足够能力支付的范围内为其免费提供此种代表。律师不得在同一诉讼中代表精神病院或其工作人员，并不得代表能力有问题者之家庭成员，除非法庭认为其中并无利害冲突。应依照国内法规定，合理定期复审关于能力和私人代表必要性的决定。能力有问题者、他或她的任何私人代表及任何其他有关的人有权就任何此类决定向上一级法庭提起上诉。

7. 如法院或其他主管法庭查明精神病患者无法管理自己的事务，则应视患者的情况酌情采取必要的措施，以确保其利益受到保护。

原则 2　保护未成年人

应在本套原则的宗旨和有关保护未成年人的国内法范围之内给予特殊照顾以保护未成年人的权利，包括在必要时任命一名家庭成员之外的私人代表。

原则 3　在社区中的生活

每一精神病患者有权在可能的条件下于社区内生活和工作。

原则 4　精神病的确定

1. 确定一人是否患有精神病，应以国际接受的医疗标准为依据。

2. 确定是否患有精神病，绝不应以政治、经济或社会地位，或是否属某个文化、种族或宗教团体，或与精神健康状况无直接关系的其他任何理由为依据。

3. 家庭不和或同事间不和，或不遵奉一个人所在社区的道德、社会、文化或政治价值观或宗教信仰之行为，不得作为诊断精神病的一项决定因素。

4. 过去作为患者的治疗或住院背景本身不得作为目前或今后对精神病的任何确定的理由。

5. 除与精神病直接有关的目的或精神病后果外，任何人或权力机构都不得将一个人归入精神病患者一类，也不得用其他方法表明其为精神病患者。

原则 5　体格检查

除依照国内法批准的程序进行的以外，不得强迫任何人进行用以确定其是否患有精神病的体格检查。

原则 6　保密

与本套原则适用的所有人有关的情况应予保密的权利应当得到尊重。

原则 7　社区和文化的作用

1. 每个患者均应有权尽可能在其生活的社区内接受治疗和护理。

2. 如治疗在精神病院进行，患者应有权尽可能在靠近其住所或其亲属或朋友之住所的精神病院中接受治疗，并有权尽快返回社区。

3. 每个患者均有权以适合其文化背景的方式接受治疗。

原则 8　护理标准

1. 每个患者均应有权得到与其健康需要相适应的健康和社会护理，并有权根据与其他患者相同的标准获得护理和治疗。

2. 每个患者均应受到保护，免受不当施药，其他患者、工作人员或其他人的凌辱，或造成精神苦恼、身体不适的其他行为的伤害。

原则 9　治疗

1. 每个患者应有权在最少限制的环境中接受治疗，并且得到最少限制性或侵扰性而符合其健康需要和保护他人人身安全需要的治疗。

2. 对每个患者的治疗和护理均应按合格医疗人员所定个人处方计划进行，处方计划应与患者商议、定期审查，必要时加以修改。

3. 应始终按照精神保健工作者适用的道德标准提供精神保健，包括诸如联合国大会通过的有关医务人员，特别是医生在保护被监禁和拘留的人不受酷刑和其他残忍、不人道或有辱人格的待遇或处罚方面的任务的《医疗道德原则》等国际公认的标准。精神病学的知识和技能决不可滥用。

4. 对每个患者的治疗应以保护和提高个人和自主能力为宗旨。

原则 10　药物

1. 药物应符合患者的最佳健康需要，为治疗和诊断目的给予患者，不得作为惩罚施用，或为他人便利而使用。在不违反下文原则 11 第 15 款规定的前提下，精神病医生仅应施用药效已知或已证实的药物。

2. 所有施药均应由经法律授权的精神保健工作者开写处方，并应记入患者病历。

原则 11　同意治疗

1. 除本条原则第 6 款、第 7 款、第 8 款、第 13 款和第 15 款规定者外，未经患者知情同意，不得对其施行任何治疗。

2. 知情同意系指以患者理解的形式和语言适当地向患者提供充足的、可以理解的以下方面情况后，在无威胁或不当引诱情况下自由取得的同意：

（a）诊断评价；

（b）所建议治疗的目的、方法、可能的期限和预期好处；

（c）可采用的其他治疗方式，包括侵扰性较小的治疗方式；

（d）所建议治疗可能产生的疼痛或不适、可能产生的风险和副作用。

3. 患者在给予同意的过程中可要求有其本人选择的一个或多人在场。

4. 除本条原则第 6 款、第 7 款、第 8 款、第 13 款和第 15 款规定者外，患者有权拒绝或停止接受治疗。须向患者说明拒绝或停止接受治疗的后果。

5. 决不应请患者或引诱患者放弃作出知情同意的权利。如果患者请求这样做，则应向其说明：未取得知情同意，不能给予治疗。

6. 除本条原则第 7 款、第 8 款、第 12 款、第 13 款、第 14 款和第 15 款规定者外，如符合下列条件可不经患者知情同意即可对患者实行所建议的治疗方案：

（a）患者其时是作为非自愿患者被强制留医；

（b）掌握所有有关情况，包括本条原则第 2 款所列情况的独立主管机构确信，其时患者缺乏对所建议治疗方案给予或不给予知情同意的能力，或国内法律规定，根据患者本人的安全或他人的安全，患者不予同意是不合理的；

（c）独立主管当局确信，所建议的治疗方案最适合病人的病情需要。

7. 患者如有私人代表，依法授权可对其治疗予以同意者，上文第 6 款则不予适用；但除本条原则第 12 款、第 13 款、第 14 款和第 15 款规定者外，如该私人代表在被告知本条原则第 2 款所述情况后代表患者表示同意，可不经患者知情同意即对其施行治疗。

8. 除本条原则第 12 款、第 13 款、第 14 款和第 15 款规定者外，如果经法律批准合格的精神保健工作者确定，为防止即时或即将对患者或他人造成伤害，迫切需要治疗，则也可不经患者知情同意即对其施行治疗。但此种治疗期限不得超过为此目的所绝对必要的时间。

9. 在未经患者知情同意而批准治疗的情况下，应尽力将治疗的性质和任何可采用的其他方法告知患者，并在切实可行的范围内尽可能使患者参与拟订治疗方案。

10. 所有治疗均应立即记入患者病历，并表明是非自愿还是自愿治疗。

11. 不得对患者进行人体束缚或非自愿隔离，除非根据精神病院正式批准的程序而且是防止即时或即将对患者或他人造成伤害的唯一可用手段。使用这种手段的时间不得超过为此目的所绝对必要的限度。所有人体束缚或非自愿隔离的次数、原因、性质和程度均应记入患者的病历。受束缚或隔离的患者应享有人道的条件，并受到合格的工作人员的护理和密切、经常的监督。在有私人代表或涉及私人代表时，应立即向其通知对患者的人体束缚或非自愿隔离。

12. 绝育决不得作为治疗精神病的手段。

13. 仅在国内法许可，据认为最有利于精神病患者健康需要并在患者知情同意的情况下方可对患者实施重大的内科或外科手术，除非患者没有能力表示知情同意，在这种情况下只有在独立的审查之后方可批准手术。

14. 决不得对精神病院的非自愿患者进行精神外科及其他侵扰性和不可逆转的治疗，对于其他患者，在国内法准许进行此类治疗的情况下，只有患者给予知情同意且独立的外部机构确信知情同意属实，而这种治疗最符合患者病情需要时，才可施行此类手术。

15. 临床试验或试验性治疗不得施用于未经知情同意的患者，只有在经为此目的而专门组成的独立主管审查机构批准的情况下，才可允许无能力给予知情同意的患者接受临床试验或试验性治疗。

16. 在本条原则第 6 款、第 7 款、第 8 款、第 13 款、第 14 款和第 15 款所说明的情况下，患者、其私人代表，或任何有关人士均有权就其所接受的任何治疗向司法或其他独立主管机构提出上诉。

原则 12　权利的通知

1. 对于精神病院的患者，应在住院后尽快以患者能理解的形式和语言使其知道根据本套原则和国内法他或她应享有的一切权利，同时应对这些权利和如何行使这些权利作出解释。

2. 如患者无法理解此种通知，在这种情况下，如有私人代表，则应酌情将患者的权利告知，或转告一个或几个最能代表患者利益且愿这样做的人。

3. 具备必要行为能力的患者有权指定一人代表他或她接受有关通知，并指定一人代表其利益与精神病院的主管部门交涉。

原则 13　精神病院内的权利和条件

1. 精神病院的每个患者的下列权利尤应得到充分尊重：

（a）在任何场合均被承认为法律面前的人；

（b）隐私；

（c）交往自由，包括与院内其他人交往的自由；收发不受查阅的私人信函的自由；单独会见律师或其他机构代表和在一切合理时间单独会见其他来访者的自由；私下接待律师或私人代表及在一切合理的时间接待其他来访者的自由；享受邮政和电话服务及看报、收听电台和收看电视的自由；

（d）宗教或信仰自由。

2. 精神病院的环境和生活条件应尽可能接近同龄人正常生活的环境和条件，而且尤其应包括：

（a）娱乐和闲暇活动设施；

（b）教育设施；

（c）购买或接受日常生活、娱乐和通信的各种用品的设施；

（d）提供有关设施，并鼓励使用此类设施，使患者从事与其社会和文化背景相适应的有收益职业，并接受旨在促进重新加入社区生活的适宜的职业康复措施。此类措施应包括职业指导、职业培训和安置服务，使患者在社区中找到或保持就业。

3. 患者应绝对免于强迫劳动。在合乎患者需要和病院管理方要求的范围内，患者应能选择希望从事的工作。

4. 不应剥削精神病院患者的劳动。每个患者均有权为所做的任何工作得到报酬，其数额应与正常人所做的同类工作依照国内法或惯例而得到的报酬相同。

无论如何，每个患者都有权从为其工作支付给精神病院的任何报酬中得到其应得的一份报酬。

原则 14　精神病院的资源

1. 精神病院应能得到与其他保健机构同样的资源，特别是：

（a）有足够数量的合格医务人员和其他有关专业人员以及有足够的房舍，以向每一个患者提供个人安宁和适当而积极的治疗方案；

（b）对患者进行诊断和治疗的设备；

（c）适当的专业护理；

（d）充足、定期和综合治疗，包括药物供应。

2. 主管当局应经常视察每个精神病院，以确保其条件、对患者的治疗和护理情况符合本套原则。

原则 15　住院原则

1. 如患者需要在精神病院接受治疗，应尽一切努力避免非自愿住院。

2. 精神病院入院条件应与为其他任何疾病住入其他任何医院的条件相同。

3. 不是非自愿住院的每一个患者应有权随时离开精神病院，除非下文原则16 所规定的将其作为非自愿患者留医的标准适用；患者应被告知这一权利。

原则 16　非自愿住院

1. 唯有在下述情况下，一个人才可作为患者非自愿地住入精神病院；或作为患者自愿住入精神病院后，作为非自愿患者在医院中留医，即法律为此目的授权的合格精神保健工作者根据上文原则 4，确定该人患有精神病，并认为：

（a）因患有精神病，很有可能即时或即将对他本人或他人造成伤害；或

（b）一个人精神病严重，判断力受到损害，不接受入院或留医可能导致其病情的严重恶化，或无法给予根据限制性最少的治疗方法原则，只有住入精神病院才可给予的治疗。在（b）项所述情况下，如有可能应找独立于第一位的另一位此类精神保健工作者诊治；如果接受这种诊治，除非第二位诊治医生同意，否则不得安排非自愿住院或留医。

2. 非自愿住院或留医应先在国内法规定的短期限内进行观察和初步治疗，然后由复查机构对住院或留医进行复查。住院或留医理由应不迟缓地通知患者，

同时，住院或留医之情事及理由应立即详细通知复查机构、患者私人代表（如有代表），如患者不反对，还应通知患者亲属。

3. 精神病院仅在经国内法规定的主管部门加以指定之后方可接纳非自愿住院的患者。

原则 17　复查机构

1. 复查机构是国内法设立的司法或其他独立和公正的机构，依照国内法规定的程序行使职能。复查机构在作出决定时应得到一名或多名合格和独立的精神保健工作者的协助，并应考虑其建议。

2. 复查机构按上文原则 16 第 2 款的要求对患者作为非自愿患者住院或留医的决定进行的初步审查应在该决定作出之后尽快进行，并应按照国内法规定的简要和迅速的程序进行。

3. 复查机构应按照国内法规定的合理间隔定期审查非自愿住院患者的病情。

4. 非自愿住院的患者可按照国内法规定的合理间隔向复查机构申请出院或自愿住院的地位。

5. 复查机构在每次审查时应考虑上文原则 16 第 1 款所规定的非自愿住院标准是否仍然对患者适用，如不适用，患者应不再作为非自愿住院患者继续住院。

6. 如负责病情的精神保健工作者在任一时候确信某一患者不再符合非自愿住院患者的留院条件，应给予指示，令患者不再作为非自愿住院患者继续住院。

7. 患者或其私人代表或任何有关人员均有权向上一级法庭提出上诉，反对令患者住入或拘留在精神病院中的决定。

原则 18　诉讼保障

1. 患者有权选择和指定一名律师代表患者的利益，包括代表其申诉或上诉。若患者本人无法取得此种服务，应向其提供一名律师，并在其无力支付的范围内予以免费。

2. 必要时患者有权得到一名译者的服务协助。在此种服务属于必要而患者无法取得的情况下，应向其提供，并应在其无力支付的范围内予以免费提供。

3. 患者及其律师可在任何听证会上要求得到和出示一份独立编拟的精神保健报告和任何其他报告以及有关的和可接受的口头证据、书面证据和其他证据。

4. 提交的病历及任何报告和文件的副本应送交患者及其律师，除非在特殊情况下认定，向患者透露详情会严重损害患者的健康，或危及他人的安全。任何不送交患者的文件应按国内法可能规定的办法在可靠的条件下送交患者的私人代表和律师。如果一份文件的任何部分不送交患者，患者或患者的律师（如有律师）应得到关于不送交的通知及其理由，此事应受到司法审查。

5. 患者、患者的私人代表及律师有权出席、参加任何听证会，并亲自陈述意见。

6. 若患者或其代表请某人出席听证会，应准许该人出席，除非认定此人之出席会严重损害患者健康或危及他人的安全。

7. 就听证会或其一部分应公开或非公开举行和是否可予以公开报道作出任何决定时，应充分考虑到患者本人的愿望，有必要尊重患者及他人的隐私，有必要防止严重损害患者的健康或避免危及他人的安全。

8. 听证会上作出的决定和提出的理由应以书面形式表达。副本应送交患者及他或她的私人代表和律师。在决定是否应全部或部分公开该决定时，应充分考虑到患者本人的愿望，有必要尊重他或她的隐私和他人的隐私，考虑到公开司法裁判中的公共利益，以及有必要防止严重损害患者的健康或避免危及他人的安全。

原则 19　知情权利

1. 患者（在本条原则中包括原患者）有权查阅精神病院保存的关于他或她的病历和个人记录。对此项权利可加以限制，以便防止严重损害患者的健康和避免危及他人的安全，任何不让患者了解的此类记录应按国内法可能规定的办法在可靠的条件下送交患者的私人代表和律师。如有任何资料不送交患者，患者或患者的律师应得到关于不送交的通知及理由，此事应受到司法审查。

2. 患者或患者的私人代表或律师的任何书面意见应按其要求列入患者档案。

原则 20　刑事罪犯

1. 本条原则适用因刑事犯罪服刑或在对其进行刑事诉讼或调查期间被拘留

的、并被确认患有精神病或被认为可能患有此种疾病的人。

2. 所有此类人士应得到上文原则 1 中规定的最佳可得护理。本套原则应尽可能完全适用此类人士，仅在必要的情况下可有有限的修改和例外，此种修改和例外不得妨害此类人士根据上文原则 1 第 5 款指明的各项文书享有的权利。

3. 国内法可批准法庭或其他主管机构根据合格和独立的医疗意见下令将此类人士送入精神病院。

4. 对确定患有精神病者的治疗应在任何情况下符合上文原则 11 的规定。

原则 21　控告

每一患者和原患者有权通过国内法规定的程序提出控告。

原则 22　监督和补救

各国应确保实行适当的机制，促进对本套原则的遵守，视察精神病设施，提出、调查和解决控告事宜并为渎职或侵犯患者权利提起适宜的纪律或司法诉讼。

原则 23　执行

1. 各国应通过适当的立法、司法、行政、教育和其他措施执行本套原则，并应定期审查此类措施。

2. 各国应以适当和积极的手段广为宣传本套原则。

原则 24　与精神病院有关的原则范围

本套原则适用所有住入精神病院的人。

原则 25　现有权利的保留

不得以本套原则未承认患者的某些现有权利或承认范围小于现行范围为借口限制或减损患者的任何现有权利。

联合国少年司法最低限度标准规则
（北京规则）

联合国大会1985年11月29日第40/33号文件决议

第一部分　总　则

1. 基本观点

1.1　会员国应努力按照其总的利益来促进少年及其家庭的福利。

1.2　会员国应尽力创造条件确保少年能在社会上过有意义的生活，并在其一生中最易沾染不良行为的时期使其成长和受教育的过程尽可能不受犯罪和不法行为的影响。

1.3　应充分注意采取积极措施，这些措施涉及充分调动所有可能的资源，包括家庭、志愿人员及其他社区团体以及学校和其他社区机构，以便促进少年的幸福，减少根据法律进行干预的必要，并在他们触犯法律时对他们加以有效、公平及合乎人道的处理。

1.4　少年司法应视为是在对所有少年实行社会正义的全面范围内的各国发展进程的一个组成部分，同时还应视为有助于保护青少年和维护社会的安宁秩序。

1.5　应根据每个会员国的经济、社会和文化情况来执行本原则。

1.6　应逐步地建立和协调少年司法机关，以便提高和保持这些机关工作人员的能力，包括他们的方法、着手办法和态度。

说明

这些主要的基本观点涉及总的社会政策，旨在尽可能促进少年的幸福，从而尽量减少少年司法制度进行干预的必要。这样做也可减少任何干预可能带来的害处。在不法行为发生前为青少年采取这类照管措施是旨在避免产生有适用本规则之需要的基本政策手段。

规则 1.1 至规则 1.3 说明了积极的少年社会政策所起的重要作用，尤其在预防少年犯罪和不法行为方面的重要作用。规则 1.4 规定少年司法是为少年取得社会公理的一个组成部分，而规则 1.6 则谈到有必要经常改进少年司法，不使其落后于一般关于少年的渐进社会政策的发展，并切记有必要不断改善工作人员的服务。规则 1.5 力求考虑到会员国的现状，这些现状势必会使会员国执行具体规则的方式互不相同。

2. 规则的范围和采用的定义

2.1 下列最低限度标准规则应公平适用于少年罪犯，不应有任何区别，例如种族、肤色、性别、语言、宗教、政治或其他见解、民族本源或社会出身、财产、血统或其他身份地位的区别。

2.2 为了本规则的目的，会员国应在符合本国法律制度和法律概念的情况下应用下列定义：

（a）少年系指按照各国法律制度，对其违法行为可以不同于成年人的方式进行处理的儿童或少年人；

（b）违法行为系指按照各国法律制度可由法律加以惩处的任何行为（行为或不行为）；

（c）少年犯系指被指控犯有违法行为或被判定犯有违法行为的儿童或少年人。

2.3 应努力在每个国家司法管辖权范围内制定一套专门适用于少年犯的法律、规则和规定，并建立受权实施少年司法的机构和机关，其目的是：

（a）满足少年犯的不同需要，同时保护他们的基本权利；

（b）满足社会的需要；

（c）彻底和公平地执行下述规则。

说明

特意拟就本最低限度标准规则以使可在不同的法律制度内适用，同时规定了一些无论根据哪种关于少年的定义和任何对待少年犯的制度都可用于处理少年犯的最低限度标准。实施本规则时应始终公平对待和不加任何区别。因此规则 2.1 强调了公平和不加任何区别地实行本规则的重要性。这条规则遵循了《儿童权利宣言》原则 2 的拟写方式。

规则 2.2 界定“少年”和“违法行为”是“少年犯”概念的组成部分，少年犯是本最低限度标准规则的主要对象（另见规则 3 和规则 4）。应当指出的是，年龄限度将取决于各国本身的法律制度，并对此作了明文规定，从而充分尊重会员国的经济、社会、政治、文化和法律制度，这样，在“少年”的定义下，年龄幅度很大，从 7 岁到 18 岁或 18 岁以上不等。鉴于各国法律制度的不同，这种差别似乎是难免的，而且不会削弱本最低限度标准规则的作用。规则 2.3 说明有必要制定具体的国家立法，以便合法地和符合实际地适当执行本最低限度标准规则。

3. 规则应用范围的扩大

3.1　本规则的有关规定不仅适用于少年犯，而且也适用于可能因犯有对成年人不予惩处的任何具体行为而被起诉的少年。

3.2　应致力将本规则中体现的原则扩大应用于所有受到保护福利和教管程序对待的少年。

3.3　还应致力将本规则中体现的原则扩大应用于年纪轻的成年罪犯。

说明

规则 3 把少年司法最低限度标准规则规定的保护扩大到下列范围：

（a）各国法律制度中所称的“身份罪”，在这方面少年的违法行为范围较成人为广（如旷课、在学校和家庭不服管教、公共场所酗酒等）（规则 3.1）；

（b）少年福利和教管程序（规则 3.2）；

（c）处理年轻的成年罪犯的程序，当然取决于每一特定的年龄限度（规则

3.3）。

将本规则的应用范围扩大到上述三个方面似乎是有道理的。规则 3.1 规定了这些方面最低限度的保证。人们认为，规则 3.2 是迈向对所有触犯法律的少年提供比较公正、公平、合似人道的司法待遇的可喜的一步。

4. 刑事责任年龄

4.1　在承认少年负刑事责任的年龄这一概念的法律制度中，该年龄的起点不应规定得太低，应考虑到情绪和心智成熟的实际情况。

说明

由于历史和文化的原因，负刑事责任的最小年龄差别很大。现代的做法是考虑一个儿童是否能达到负刑事责任的精神和心理要求，即根据孩子本人的辨别和理解能力来决定其是否能对本质上反社会的行为负责。如果将刑事责任的年龄规定得太低或根本没有年龄限度的下限，那么责任概念就会失去意义。总之，不法行为或犯罪行为的责任概念与其他社会权利和责任（如婚姻状况、法定成年等）密切有关。

因此，应当作出努力以便就国际上都适用的合理的最低年龄限度的问题取得一致意见。

5. 少年司法的目的

5.1　少年司法制度应强调少年的幸福，并应确保对少年犯作出的任何反应均应与罪犯和违法行为情况相称。

说明

规则 5 提到了少年司法问题两个最重要的目的。

第一个目的是增进少年的幸福。这是那些由家庭法院或行政当局来处理少年犯的法律制度的一个着重点，但是，在那些遵循刑事法院模式的法律制度中也应当对少年的幸福给予重视强调，从而可以避免只采用惩罚性的处分（并参看规则 14）。

第二个目的是“相称原则”。这一原则作为限制采取惩罚性处分的一种手段是众所周知的，而这一原则在大多数情况下表现为对违法行为的严重性有公正的估量。不仅应当根据违法行为的严重程度而且也应根据本人的情况来对少年犯作出反应。罪犯个人的情况（如：社会地位、家庭情况、罪行造成的危害或影响个人情况的其他因素）应对作出相称的反应产生影响（如：考虑到罪犯为赔偿受害人而作出的努力，或注意到其愿意重新做人过有益生活的表示）。

由于同样的原因，旨在确保少年犯的幸福所作的反应也许会超过需要，因而侵犯了少年个人的基本权利，在某些少年司法制度中就存在这类情况。在这方面，应当确保对罪犯的情况和对违法行为、包括受害人的情况所作出的反应也要相称。

实质上，规则 5 要求的正是在任何少年违法和犯罪案件中作出公正反应。这条规则中包括的问题也许会有助于促进以下两个方面的进展：既需要新的和创新的反应形式，又需要防止不适当地扩大对少年的正规社会约束网。

6. 处理权限

6.1　鉴于少年的各种不同特殊需要，而且可采取的措施也多种多样，应允许在诉讼的各个阶段和少年司法的各级——包括调查、检控、审判和后续处置安排——有适当的处理权限。

6.2　但是，应尽量确保在行使任何这种处理权时所有各阶段和各级别充分承担责任。

6.3　行使处理权的人应具有特别资历或经过特别训练，能够根据自己的职责和权限明智地行使这种处理权。

说明

规则 6.1、规则 6.2 和规则 6.3 结合了有效、公正与合乎人道的少年司法的几个重要特点：必须允许在各级重要的诉讼程序中行使自由处理权，这样使有决定权的人能够对每一案件采取最适当的行动；必须规定进行核查和制衡，以便制止任何滥用自由处理权的现象并保护少年犯的权利。追究责任和专业化对制止扩大处理权是一种最为恰当的手段。因此，这里强调了专业条件和培训专家的重要性，对确保明智地处理少年犯问题是一种宝贵的手段（并参看规则 1.6

和规则 2.2）。在这方面，还强调了需要制订行使处理权的具体准则和对审查、上诉等制度作出规定，以便可以对裁决和责任进行检查。这些内容在这里没有具体列明，因为在国际最低限度标准规则中很难包含这些内容，也不可能包括各种司法制度的所有差别。

7. 少年的权利

7.1　在诉讼的各个阶段，应保证基本程序方面的保障措施，诸如假定无罪、指控罪状通知本人的权利、保持沉默的权利、请律师的权利、要求父亲或母亲或监护人在场的权利、与证人对质的权利和向上级机关上诉的权利。

说明

规则 7.1 强调了几个重要问题，这些问题是进行公平合理审判的基本内容，并且在现有的一些人权文献中已得到了国际上的承认（并参看规则 14）。例如：在《世界人权宣言》第 11 条和《公民权利及政治权利国际公约》第 14 条第 2 款中，都有假定无罪的内容。

规则 14 以下的这些最低限度标准规则特别具体规定了对少年犯的诉讼程序中的一些重要问题，而规则 7.1 只是一般地确认了最基本的程序方面的保障措施。

8. 保护隐私

8.1　应在各个阶段尊重少年犯享有隐私的权利，以避免由于不适当的宣传或加以点名而对其造成伤害。

8.2　原则上不应公布可能会导致使人认出某一少年犯的资料。

说明

规则 8 强调了保护少年犯罪享有隐私权的重要性。青少年特别易沾污名烙印。犯罪学方面对于这种加以点名问题的研究表明，将少年老是看成“少年犯”或“罪犯”会造成（各种不同的）有害影响。

规则 8 还强调了保护少年犯不受由于传播工具公布有关案件的情况（例如被指控或定罪的少年犯的姓名）而造成的有害影响的重要性。少年犯的个人利益应当受到保护和维护，至少在原则上应如此（规则 8 的一般性内容在规则 21 中将作进一步的规定）。

9. 保留条款

9.1　本规则的任何部分都不应解释为排除应用联合国所通过的《囚犯待遇最低限度标准规则》和其他人权文书以及国际社会所承认的有关照顾和保护青少年的准则。

说明

规则 9 旨在避免在根据现有或正在拟订的国际人权文书和标准中所载原则解释和实施本规则时出现任何误解——这些文书如《世界人权宣言》;《经济、社会及文化权利国际公约》和《公民权利及政治权利国际公约》;《儿童权利宣言》和《儿童权利公约》草案。应该认识到，本规则的适用不影响可能载有适用范围更广泛的规定的任何这类国际文件（并参看规则 27）。

第二部分　调查和检控

10. 初步接触

10.1　一俟逮捕就应立即将少年犯被捕之事通知其父母或监护人，如无法立即通知，即应在随后尽快通知其父母或监护人。

10.2　法官或其他主管人员或主管机关应不加拖延地考虑释放问题。

10.3　应设法安排执法机构与少年犯的接触，以便在充分考虑到案件发生情况的条件下，尊重少年的法律地位，促进少年的福利，避免对其造成伤害。

说明

《囚犯待遇最低限度标准规则》第 92 条在原则上已包括了规则 10.1。

法官或其他主管人员应不加拖延地考虑释放问题（规则 10.2）。主管人员系该词最广义所指的任何人员或机关，包括有权释放任何被捕的人的社区委员会或警察当局（并参看《公民权利及政治权利国际公约》第9条第3款）。

规则10.3涉及警察和其他执法人员在处理少年罪行时的某些基本程序问题和行为。大家公认，“避免伤害”的措辞比较灵活，它包括可能互相影响的许多特点（例如恶语相伤、身体暴行或环境影响等）。触犯少年司法程序本身对少年就可能是“有害的”；因此，“避免伤害”应首先广义地解释为尽可能不伤害到少年，以及尽可能不造成其他任何或无故的伤害。这在与执法机构的初步接触中特别重要，因为这可能深刻地影响到少年对国家和社会的态度。而且，任何进一步的干预是否成功，在很大程度上取决于这种初步接触。在这种情况下，同情和宽厚坚定的态度极为重要。

11. 观护办法

11.1　应酌情考虑在处理少年犯时尽可能不提交下面规则14.1中提到的主管当局正式审判。

11.2　应授权处理少年犯案件的警察、检察机关或其他机构按照各法律系统为此目的规定的标准以及本规则所载的原则自行处置这种案件，无须依靠正式审讯。

11.3　任何涉及把少年犯安排到适当社区或其他部门观护的办法都应征得少年、其父母或监护人的同意，但此种安排决定在执行前需经主管当局审查。

11.4　为便利自行处置少年案件，应致力提供各种社会方案，诸如短期监督和指导、对受害者的赔偿和补偿等。

说明

观护办法，包括免除刑事司法诉讼程序并且经常转交社区支助部门，是许多法律制度中正规和非正规的通常做法。这种办法能够防止少年司法中进一步采取的诉讼程序的消极作用（例如被定罪和判刑带来的烙印）。许多时候不干预可能是最佳的对策。因而，在一开始就采取观护办法而不转交替代性的（社会）部门可能是适当的对策。当罪行性质不严重，家庭、学校或进行非正规社会约束的其他机关已经以或可能会以适当的和建设性的方式作出反应时，情况尤其是如此。

规则 11.2 指出，警察、检察机关或法院、仲裁庭、委员会或理事会等其他机构可在作出决定的任何阶段采用观护办法。可以由一个、几个或全部当局根据各法律制度的规则和政策并遵循本规则来施行这种做法。这些做法不一定局限于性质较轻的案件，从而能使观护办法成为一种重要的工具。

规则 11.3 强调取得少年犯（或父母或监护人）对建议的观护措施的同意这一要求的重要性。（转送社区服务而不征得这种同意，将违反《废止强迫劳动公约》。）但是对这种同意也并非不能表示反对，因为，这种同意有时完全是由于少年出于走投无路的绝望心情才同意的。这一规则强调，在观护的各个阶段中，都应尽力减少强制和威胁的可能性。少年不应感到有压力（如避免出庭）或被迫同意接受观护方案。因此，最好作出规定，以便由“主管当局在执行前”客观地评价对少年犯的处置是否适宜。（“主管当局”可不同于规则 14 所指的当局。）

规则 11.4 建议，以社区观护办法作为代替少年司法诉讼程序的可行办法。特别推举以赔偿受害者的方式来了结的方案以及通过短时期监督和指导以避免将来触犯法律事件的方案。视个别案件情况有必要采取适当观护方法，即使犯有比较严重的罪行（例如初犯，由于同伙的压力而犯下罪行等）。

12. 警察内部的专业化

12.1　为了圆满地履行其职责，经常或专门同少年打交道的警官或主要从事防止少年犯罪的警官应接受专门指导和训练。在大城市里，应为此目的设立特种警察小组。

说明

规则 12 提请人们注意，必须对从事少年司法的所有执法人员提供专门训练。由于警察是与少年司法制度发生接触的第一步，因此，他们必须以充分认识而且恰当的方式行事，这一点极为重要。

虽然都市化与犯罪的关系显然十分复杂，但是少年犯罪行为的增加是与大城市的发展特别是无计划的迅速发展存在着联系的。因此，特种警察小组不仅对实施本文件中所载的具体原则（如规则 1.6）是不可缺少的，而且，从广义上说，对改善少年犯罪的预防和控制及少年罪犯的处理也是不可缺少的。

13. 审前拘留

13.1　审前拘留应仅作为万不得已的手段使用，而且时间应尽可能短。

13.2　如有可能，应采取其他替代办法，诸如密切监视、加强看管或安置在一个家庭或一个教育机关或环境内。

13.3　审前拘留的少年有权享有联合国所通过的《囚犯待遇最低限度标准规则》内载的所有权利和保障。

13.4　审前拘留的少年应与成年人分开看管，应拘留在一个单独的监所或一个也拘留成年人的监所的单独部分。

13.5　看管期间，少年应接受按照他们的年龄、性别和个性所需要的照顾、保护和一切必要的社会、教育、职业、心理、医疗和物质方面的个人援助。

说明

不应低估在审前拘留期间“犯罪污染”对少年的危害性。因此，强调需要采取替代性措施是极为重要的。为此目的，规则 13.1 鼓励制定新的和创新的措施，以便为了少年的利益而避免采取这种拘留。

审前拘留的少年享有《囚犯待遇最低限度标准规则》以及《公民权利及政治权利国际公约》所规定的一切权利和保障，特别是第 9 条和第 10 条第 2 款（b）项和第 3 款所规定的权利和保障。

规则 13.4 不妨碍各国采取其他至少与本规则所提措施同样有效的对付成年罪犯的不利影响的措施。

列举了可能必要的各种不同的援助方式，以提请人们注意需要解决的受拘留少年的广泛特别需求（例如少女和少年、吸毒、酗酒、患精神病的少年、由于被逮捕而精神上受到创伤的少年人等）。

受拘留少年的不同的身心特点可能要求采取分类措施，从而对审前拘留的某些人实行单独看管，这样能避免少年受害，并提供更为恰当的援助。

第六届联合国预防犯罪和罪犯待遇大会在其关于少年司法标准的第 4 号决

议规定，本规则除其他外，应反映出这一基本原则，即审前拘留应仅作为万不得已的手段使用，未成年的人不应被关押在易受成年被拘留者不良影响的设施中，并始终应考虑到他们发育成长阶段所特有的需要。

第三部分　审判和处理

14. 审判主管当局

14.1　少年罪犯的案件未（按规则 11）转送观护机构时，则应由主管当局（法院、仲裁、委员会、理事会等）按照公平合理审判的原则对其加以处理。

14.2　诉讼程序应按照最有利于少年的方式和在谅解的气氛下进行，应允许少年参与诉讼程序，并且自由地表达自己的意见。

说明

要拟订一个可充当普遍称为审判当局的主管机关或个人的定义是很困难的。“主管当局”包括法院或仲裁庭的主持人（由一名法官或几名法官组成），包括专业和非专业地方法官以及行政管理委员会（如苏格兰和斯堪的纳维亚的制度）或其他更加非正规的带有审判性质的社区机构和解决冲突机构。

处理少年罪犯的程序在任何时候均应遵守在称为“正当法律程序”的程序下几乎普遍适用于任何刑事被告的最低限度标准。根据正当法律程序，“公平合理审判”应包括如下的基本保障：假定无罪、证人出庭和受询问、公共的法律辩护、保持沉默的权利、在审讯时最后发言的权利、上诉的权利等（并参看规则 7.1）。

15. 法律顾问、父母和监护人

15.1　在整个诉讼程序中，少年应有权由一名法律顾问代表，或在提供义务法律援助的国家申请这种法律援助。

15.2　父母或监护人应有权参加诉讼，主管当局可以要求他们为了少年的利益参加诉讼，但是如果有理由认为，为了保护少年的利益必须排除他们参加诉讼，则主管当局可拒绝他们参加。

说明

规则 15.1 采用了同《囚犯待遇最低限度标准规则》第 93 条类似的词语。法律顾问和义务法律援助来确保向少年提供法律援助是必要的，规则 15.2 中所述的父母或监护人参加的权利则应被视为对少年一般的心理和感情上的援助，在整个程序过程中都是如此。主管当局在对案件寻求适当处理时可能特别会从少年的法律代表（或少年可以而且真正信任的某个其他个人助理）的合作中获益。如果父母或监护人的出席起了反作用，例如，如果他们对少年表现出仇视的态度，那么这种关怀就会受挫；因此必须规定有排除他们参加的可能性。

16. 社会调查报告

16.1　所有案件除涉及轻微违法行为的案件外，在主管当局作出判决前的最后处理之前，应对少年生活的背景和环境或犯罪的条件进行适当的调查，以便主管当局对案件作出明智的判决。

说明

在大多数少年法律诉讼案中，必须借助社会调查报告（社会报告或判决前调查报告）。应使主管当局了解少年的社会和家庭背景、学历、教育经历等有关事实。为此，有些司法制度利用法院或委员会附设的专门社会机构和人员来达到这个目的。其他人员包括缓行监督人员也可起到这一作用。因此，本规则要求提供足够的社会服务，以便提出合乎要求的社会调查报告。

17. 审判和处理的指导原则

17.1　主管当局的处理应遵循下列原则：

（a）采取的反应不仅应当与犯罪的情况和严重性相称，而且应当与少年的情况和需要以及社会的需要相称；

（b）只有经过认真考虑之后才能对少年的人身自由加以限制并应尽可能把

限制保持在最低限度；

（c）除非判决少年犯有涉及对他人行使暴力的严重行为，或屡犯其他严重罪行，并且不能对其采取其他合适的对策，否则不得剥夺其人身自由；

（d）在考虑少年的案件时，应把其福祉看作主导因素。

17.2　少年犯任何罪行不得判以死刑；

17.3　不得对少年施行体罚；

17.4　主管当局有权随时撤销诉讼。

说明

制订审判少年犯的准则，主要困难在于存在着未解决的哲理性冲突如：

（a）教改，或罪有应得；

（b）帮助，或压制和惩罚；

（c）根据每个案件情况作出反应，或者基于保护整个社会作出反应；

（d）普遍遏制，或逐个瓦解。

处理少年案件的这些做法之间的矛盾比在成人案件中的矛盾要大。少年案件所特有的各种各样的原因和反应，使得所有这些解决办法都相互交错而不可分。

少年司法最低限度标准规则应起的作用不是规定遵循哪种办法，而是确认一种最符合国际上所接受原则的办法。因此，规则 17.1 尤其是（a）、（c）分段中所确定的要点，基本上应视为能确保有共同起点的实际可行的准则；如果这些准则得到有关当局重视（并参看规则 5），就可大大有助于确保少年的基本权利得到保护，特别是个人发育成长和受教育的基本权利。

规则 17.1（b）意味着采用严厉的惩罚性办法是不合适的。在成人案件中和可能某些严重的少年违法案件中，可能会认为罪有应得和惩罚性处分有些好处，但在少年案件中必须一贯以维护少年的福祉和他们未来的前途为重。

根据第六届联合国预防犯罪大会第 8 号决议，考虑到必须满足少年的特别要求，鼓励尽可能采用监外教养办法。因此，考虑到公共安全，应当充分应用现有的替代处分办法和制订新的替代处分办法。应当尽可能通过缓期判刑、有条件的判刑、委员会裁决和其他处置办法实行缓刑。

规则 17.1（c）与第六届大会第 4 号决议的指导原则之一相一致，这条原则旨在避免对少年实行监禁，除非没有其他适当的办法可以保护公共安全才这样做。

规则 17.2 禁止死刑的规定是与《公民权利及政治权利国际公约》第 6 条第 5 款相一致的。

禁止使用体罚的规定是与《公民权利及政治权利国际公约》第 7 条和《保护人人不受酷刑和其他残忍、不人道或有辱人格待遇或处罚宣言》以及《禁止酷刑和其他残忍、不人道或有辱人格的待遇或处罚公约》和儿童权利公约草案相一致的。

随时撤销诉讼的权力（规则 17.4）是处理少年犯与处理成年犯不同的固有特点。主管当局随时可能掌握到事实情况，而致完全停止干预似乎是对案件最好的处理。

18. 各种不同的处理办法

18.1 应使主管当局可以采用各种各样的处理措施，使其具有灵活性，从而最大限度地避免监禁。有些可以结合起来使用的这类措施包括：

（a）照管、监护和监督的裁决；

（b）缓刑；

（c）社区服务的裁决；

（d）罚款、补偿和赔偿；

（e）中间待遇和其他待遇的裁决；

（f）参加集体辅导和类似活动的裁决；

（g）有关寄养、生活区或其他教育设施的裁决；

（h）其他有关裁决。

18.2 不应使少年部分或完全地离开父母的监督，除非其案情有必要这样做。

说明

规则 18.1 的目的是列举在不同的法律制度下一些已经实行而且至今证实有成效的重要反应和处分。总的来说，它们是一些很有希望的做法，值得效法和进一步加以发展。本规则没有对人员编制提出要求，因为可能某些地区会缺乏足够人员；可在这些地区试行或制定出需要较少人员的措施。

规则 18.1 所举例子都有共同的情况，即它们依靠和求助于社区有效执行监外教养办法。以社区为基础的改造是一种传统办法，现在已有多种形式。在这个基础上，应当鼓励有关当局提供以社区为基础的服务。

规则 18.2 指出家庭的重要性，根据《经济、社会及文化权利国际公约》第 10 条第 1 款，家庭是“社会的自然和基本的单元”。在家庭里，父母不仅有权利，而且有责任照料和监督其子女。因此，规则 18.2 要求把孩子与父母隔离开来这种办法当作万不得已的措施。只有当案情事实证明确实到了需要采取这一重大步骤（例如虐待儿童）时才可采取这种措施。

19. 尽量少用监禁

19.1 把少年投入监禁机关始终应是万不得已的处理办法，其期限应是尽可能最短的必要时间。

说明

进步的犯罪学主张采用非监禁办法代替监禁教改办法。就其成果而言，监禁与非监禁之间，并无很大或根本没有任何差别。任何监禁机构似乎不可避免地会对个人带来许多消极影响；很明显，这种影响不能通过教改努力予以抵销。少年的情况尤为如此，因为他们最易受到消极影响的侵袭。此外，由于少年正处于早期发育成长阶段，不仅失去自由而且与正常的社会环境隔绝，这对他们所产生的影响无疑较成人更为严重。

规则 19 的目的是从两个方面对监禁加以限制：从数量上（“万不得已的办法”）和从时间上（“最短的必要时间”）。规则 19 反映出第六届联合国大会第 4 号决议的基本指导原则之一：除非在别无任何其他适当办法时，才把少年罪犯投入监狱。因此，本规定要求，如果不得不对少年实行监禁，则应将剥夺其自由的程度限制在最低限度，并就监禁作出特殊安排，同时注意区别罪犯、罪行和监禁机构的种类。实际上，应首先考虑采用“开放”而不是“关闭式”监禁机构。此外，任何设施均应是教养或感化性的，而不是监禁性的。

20. 避免不必要的拖延

20.1　每一案件从一开始就应迅速处理，不应有任何不必要的拖延。

说明

在少年案件中迅速办理正式程序是首要的问题。否则，会妨碍法律程序和处置可能会达到的任何好效果。随着时间的推移，少年在理智和心理上就越来越难以（如果不是不可能）把法律程序和处置同违法行为联系起来。

21. 档案

21.1　对少年罪犯的档案应严格保密，不得让第三方利用。应仅限于与处理手头上的案件直接有关的人员或其他经正式授权的人员才可以接触这些档案。

21.2　少年罪犯的档案不得在其后的成人讼案中加以引用。

说明

本条规则在于在关系档案或案卷的相互冲突利益之间取得平衡，即加强控制的警察、检察机关和其他当局的利益同少年罪犯的利益。（并参看第8条）“其他经正式授权的人员”一般除其他人员外，还包括研究人员。

22. 需要专业化和培训

22.1　应利用专业教育、在职培训、进修课程以及其他各种适宜的授课方式，使所有处理少年案件的人员具备并保持必要的专业能力。

22.2　少年司法工作人员的组成应反映出触犯少年司法制度的少年的多样成分。应努力确保少年司法机构中有合理的妇女和少数民族工作人员。

说明

处理案件的主管当局人员背景可能非常不同（在大不列颠及北爱尔兰联合王国及受习惯法系影响区域的地方法官；采用罗马法的国家及受这些国家影响的地区的经过正式训练的法官；其他一些地方推选的或任命的非专业审判员或陪审人员、社区委员会的成员等）。对于所有这些人员都要求具有最低限度的法律、社会学、心理学、犯罪学和行为科学的知识，这是同有组织的专业化和主管当局的独立性同等重要的。对于社会工作者和缓刑监督人员来说，要求把职业专门化作为承担处理少年罪犯任务的前提条件可能是行不通的。因此，受过在职专业教育应为最低条件。

专业资格是确保公正有效地执行少年司法的一个重要因素。因此，有必要改进人员的聘用、晋升和专业培训工作，并为其提供必要的手段，以便他们能有效地履行其职能。

在遴选、任命、提升少年司法人员时，应避免政治、社会、性别、种族、宗教、文化或其他任何种类的歧视，以便在少年司法工作中保持公正。这是由联合国第六届大会所建议的。此外，该届大会还要求会员国确保给予从事刑事司法工作的妇女公正平等的待遇，并建议应采取特别措施，聘用、培训妇女从事少年司法工作并为其晋升提供便利。

第四部分　非监禁待遇

23. 处理的有效执行

23.1　应为执行以上规则 14.1 所提到的主管当局所作裁决作出适当的规定，这些裁决可由当局本身或视情况需要由某个其他当局来执行。

23.2　这种规定应包括当局认为有必要时随时更动裁决的权力，其条件是应根据本规则所载原则来决定这种更动。

说明

处理少年案件比处理成人案件更易于对罪犯的一生产生长期影响。因此重要的是主管当局或原来处理案件的具备主管当局同样条件的独立机关（假释委员会、缓刑办公室、保护少年福利机构或其他机构）应监督对处理决定的执行。有些国家为此目的任命了执行法官。

主管当局的组成、权力和职能应是灵活的；规则 23 对它们进行了大致的说明，目的是使它们获得广泛接受。

24. 提供必要的援助

24.1 应作出努力在诉讼的各个阶段为少年提供诸如住宿、教育或职业培训、就业或其他任何有帮助的实际援助，以便利推动改造的过程。

说明

增进少年的福利应是最优先的考虑。因此，规则24强调，提供必要的设施、服务以及其他必要的协助是十分重要的，因为这样可以通过改造过程增进少年的最佳利益。

25. 动员志愿人员和其他各项社区服务

25.1 应发动志愿人员、自愿组织、当地机构以及其他社区资源在社区范围内并且尽可能在家庭内为改造少年犯作出有效的贡献。

说明

本规则反映出为所有教改少年犯的工作制定改造方针的必要性。要使主管当局的指令得到有效的执行，社区方面的合作是必不可少的。志愿人员特别是自愿服务已经证明是非常有价值的资源，但目前未得到充分利用。在某些情况下，前科犯（包括已戒除的前吸毒者）的合作，可以提供相当大的帮助。

本规则是根据规则1.1至1.6中所列诸项原则和《公民权利及政治权利国际公约》中的有关规定制定的。

第五部分　监禁待遇

26. 监禁待遇的目标

26.1 被监禁少年的培训和待遇的目标是提供照管、保护、教育和职业技能，以便帮助他们在社会上起到建设性和生产性的作用。

26.2　被监禁少年应获得由于其年龄、性别和个性并且为其健康成长所需要的社会、教育、职业、心理、医疗和身体的照顾、保护和一切必要的援助。

26.3　应将被监禁的少年与成年人分开，应将他们关押在分别的一个监所或在关押成年人的监所的一个单独部分。

26.4　对被监禁的少女罪犯个人的需要和问题，应加以特别的关心。她们应得到的照管、保护、援助、待遇和培训决不低于少年罪犯。应确保她们获得公正的待遇。

26.5　为了被监禁少年犯的利益和福祉，父母或监护人应有权探望他们。

26.6　应鼓励各部会和部门之间的合作，给被监禁的少年提供适当的知识或在适当时提供职业培训，以便确保他们离开监禁机关时不致成为没有知识的人。

说明

规则 26.1 和 26.2 所确定的监禁待遇目标是任何制度和文化都可以接受的，但很多地方尚未达到这些目标，在这方面还需做更多的工作。

医疗特别是心理上的帮助，对被监禁的吸毒成瘾的、狂暴的和患精神病的少年，是极重要的。

规则 26.3 规定，使处于监禁的少年免受成人罪犯的不利影响和保障他们的福祉，正如第六届大会第 4 号决议所规定的，是与本规则的一项基本指导原则相一致的。这一规则不妨碍各国采取至少与这一规则中所提措施同样有效的其他对付成人罪犯的不利影响的措施（并参看规则 13.4）。

规则 26.4 是针对第六届大会所指出的女性罪犯一般得到的注意较男性罪犯差这一事实。特别是第六届大会的第 9 号决议要求在刑事司法程序的每一阶段对女性罪犯给予公正的待遇，并在监禁时期对她们的特殊问题和需要给予特别的关心。此外，还应根据第六届大会的《加拉加斯宣言》——该宣言特别要求在刑事司法中给予平等待遇——并以《消除对妇女歧视宣言》和《消除对妇女一切形式歧视公约》为背景来考虑本规则。探望权（规则 26.5）是根据规则 7.1、规则 10.1、规则 15.2 和规则 18.2 的规定而来的。部会部门之间的合作（规则 26.6）对普遍提高监禁待遇和培训的质量有特别的重要意义。

27. 联合国所通过的《囚犯待遇最低限度标准规则》的适用

27.1　联合国《囚犯待遇最低限度标准规则》和有关各项建议应就其有关方面适用于被监禁的包括被拘留尚待审判的少年罪犯。

27.2　应尽最大的努力执行《囚犯待遇最低限度标准规则》所规定的有关原则，以便根据少年的年龄、性别和个性满足他们不同的需要。

说明

《囚犯待遇最低限度标准规则》是联合国最早颁布的这类文书之一。人们普遍认为该规则已在全世界范围内产生影响。尽管在一些国家，其执行只是一种愿望而不是一个事实，但是该规则对监禁机关的人道和公平管理仍起着重要的影响作用。

《囚犯待遇最低限度标准规则》包括了一些涉及被监禁的少年罪犯的基本保护（住宿、建筑、被褥、衣服、申诉和要求、与外界的接触、食物、医疗、参加宗教仪式、按年龄分组、工作人员、工作等），其中也包括了处罚和纪律的规定以及对危险罪犯的管束。如果要在少年司法最低限度标准规则范围内，根据少年罪犯监禁机关的特点，来更动上述最低限度标准规则，是不适当的。

规则 27 着重于被监禁少年的必要需求（规则 27.1）以及根据他们年龄、性别和个性的不同需要（规则 27.2）。因此，本规则的目标和内容是与《囚犯待遇最低限度标准规则》的有关规定互相关联的。

28. 经常、尽早地采用假释办法

28.1　有关当局应尽最大可能并尽早采用从监禁机关假释的办法。

28.2　有关当局应对从监禁机关假释的少年给予帮助和监督，社区应予充分的支持。

说明

如规则 14.1 所提到的主管当局或某些其他当局具有就假释作出决定的权力。因此，本规则提到“有关”而不是“主管”当局，这是恰当的。

如果情况允许，应采取假释，不一定要服满刑期。当表明有改过自新进步良好的证据时，甚至在监禁时曾经被认为危险的罪犯，在可行时，也可予以假释。像缓刑一样，假释是有条件的，须做到在有关当局判决规定的一段时间内有良好的表现，例如，罪犯“行为良好”，参加社区教改方案、在重返社会训练所居住等。

从监禁机关获得假释的罪犯，应由一名缓刑工作人员或其他人员（尤其是尚未采用缓刑的地方）给予帮助和监督，也应鼓励社区的支持。

29. 半监禁式的办法

29.1　应努力提供帮助少年重获社会新生的半监禁式办法，如重返社会训练所、教养院、日间训练中心及其他这类适当的安排办法。

说明

不应低估在监禁期后加以照管的重要性。本规则强调有必要组成一系列半监禁式的安排办法。

本规则也强调有必要提供各种不同的设施和服务，以满足少年犯重返社会的不同需要，并且把提供指导和结构上的支助作为帮助顺利重获社会新生的一项重要措施。

第六部分　研究、规划、政策制订和评价

30. 研究作为规划、政策制订和评价的基础

30.1　应作出努力组织和促进必要的研究工作，把它作为有效规划和制定政策的基础。

30.2　应作出努力定期地审查和评价少年不法行为和犯罪的趋势、问题和原因以及被拘禁的少年的各种特殊需要。

30.3　应作出努力在少年司法制度中建立经常的评价研究体制，收集和分

析有关数据和资料供有关评价和今后改善和改革管理之用。

30.4　在少年司法方面的提供服务工作应作为国家发展努力的一个组成部分来进行系统的规划和执行。

说明

人们普遍承认，利用研究作为制定一项通晓情况的少年司法政策的基础，是保持实践与知识同时提高并不断发展和改进少年司法制度的一个重要方法。在少年司法方面，研究同政策的相互反馈是尤其重要的。由于少年的生活方式及少年犯罪形式和领域的迅速而且往往急剧的变化，社会和司法机关对少年犯罪和不法行为的反应很快就变得不合时宜和不适当了。

因此规则30为把研究结合到少年司法政策的制定和应用的过程，规定了一些标准。本规则指出，应特别注意有必要对现行的方案和措施作经常的审查和评价，并从总体发展目标这一更大的角度进行规划。

对少年的需要及其不法行为的趋势和问题进行不断的评价，是正规地和非正规地改进制订有关政策和确定适当干预方法的一个条件。在这方面，负责机构应促进独立人士和团体进行研究，获得并考虑到少年本身的意见，不仅是那些触犯过少年司法制度的少年的意见，也许是有价值的。

在规划过程中必须特别强调更加有效和公平地提供必要服务的制度。为此应对少年普遍和特定的需要和问题进行全面和经常的评价，并定出明确的优先事项。在这方面，在使用现有资源、包括适于建立具体程序以执行和监督既定方案的监外教养办法和社区支持方面，也应进行协调。

联合国预防少年犯罪准则
（利雅得准则）

联合国大会 1990 年 12 月 14 日第 45/112 号决议通过

一、基本原则

1. 预防少年违法犯罪是社会预防犯罪的一个关键部分。青少年通过从事合法的、有益社会的活动，对社会采取理性态度和生活观，就可以形成非犯罪型的态度。

2. 要成功地预防少年违法犯罪，就需要整个社会进行努力，确保青少年的均衡发展，从其幼童期起尊重和促进其性格的发展。

3. 为诠释本《准则》的目的，应遵循以儿童为中心的方针。青少年应发挥积极作用，参与社会活动，而不应被看作仅仅是社会化的或控制的对象。

4. 在实施本《准则》时，根据国家法律制度，青少年从其幼年开始的福利应是任何预防方案所关注的重心。

5. 应认识到制定进步的预防少年违法犯罪政策以及系统研究和详细拟订措施的必要性和重要性。这些政策措施应避免对未造成严重损害其发展或危害他人行为的儿童给予定罪和处罚。这种政策和措施应包括：

（a）提供机会，特别是受教育的机会，以满足青少年的不同需要，作为对所有青少年，特别是那些明显处于危险或面临社会风险而需要特别照顾和保护的青少年的一种辅助办法，以保障所有青少年的个人发展；

（b）在法律、程序和建立机构、设施和服务网的基础上，采取专门化的防止不端行为的理论和方法，以减少发生违法的动机、需要和机会或诱发的条件；

（c）官方干预，首先应着重于青少年的整体利益并以公正、公平的思想作为指导；

（d）维护所有青少年的福利、发展、权利和利益；

（e）要考虑青少年不符合总的社会规范和价值的表现或行为，往往是成熟和成长过程的一部分，在他们大部分人中，这种现象将随着其步入成年而消失；

（f）要认识到专家绝大多数的意见是，把青少年列为“离经叛道”、“违规闹事”或“行为不端”，往往会助成青少年发展出不良的一贯行为模式。

6. 在防止少年违法犯罪中，应发展以社区为基础的服务和方案，特别是在还没有设立任何机构的地方。正规的社会管制机构只应作为最后的手段来利用。

二、本《准则》的范围

7. 本《准则》应在下列国际文书的广义范围内予以诠释和执行；《世界人权宣言》《经济、社会及文化权利国际公约》《公民权利及政治权利国际公约》《儿童权利宣言》和《儿童权利公约》，并符合《联合国少年司法最低限度标准规则》（北京规则）的内容以及有关儿童和青少年权利、利益和福祉的其他文书和规范。

8. 本《准则》应结合每个会员国当前的经济、社会和文化条件予以执行。

三、总的预防

9. 全面性的预防计划应由各级政府制订，并包括下列内容：

（a）深入地分析问题，查明现有的方案、服务、设施和可取得的资源；

（b）明确划定参与预防工作的合格机关、机构和人员的责任；

（c）制定具体办法，适当协调各政府机构和非政府机构间的预防工作；

（d）对根据预测的研究所制定的政策、方案和战略不断进行监测，并在执行过程中认真作出评估；

（e）制定有效减少发生不端行为的机会的方法；

（f）促进社区通过各种服务和方案进行参与；

（g）国家、州省和地方政府之间开展密切的跨学科合作，吸收私营部门、所针对社区的公民代表、劳工、儿童保育、卫生教育、社会、执法、司法机关等部门参加，采取协调一致共同行动防止青少年违法和犯罪行为；

（h）让青少年参与制定防止不端行为的政策和程序，包括借助社区资源、青少年自助、受害者赔偿和援助方案等；

（i）各级的专业人员。

四、社会化过程

10. 预防政策的重点应促使所有儿童和青少年尤其是要通过家庭、社区、同龄人、学校、职业培训和工作环境以及通过各种自愿组织成功地走向社会化和达到融合。应对儿童和青少年适当的个人发展给予应有的尊重，并应在其社会化和融合的过程中，把他们视为完全的、平等的伙伴。

A. 家　庭

11. 每个社会均应将家庭及其所有成员的需要和福利置于高度优先地位。

12. 由于家庭是促使儿童初步社会化的中心环节，政府和社会应竭力维护家庭，包括大家庭的完整。社会有责任帮助家庭提供照料和保护，确保儿童的身心福祉。应提供适当安排，包括托儿服务。

13. 各国政府应制定政策以利儿童在稳定和安定的家庭环境中成长。凡在解决不稳定状况或冲突状况中需要帮助的家庭，均应获得必要的服务。

14. 如缺乏稳定和安定的家庭环境，而社区在这方面向父母提供帮助的努力又归于失败，同时不能依靠大家庭其他成员发挥这种作用的情况下，则应考虑采取其他的安置办法，包括寄养和收养。这种安置应尽最大可能仿造成一种稳定和安定的家庭环境，与此同时还应为孩子建立永久感，以避免引起由于连续转移寄养而连带产生的问题。

15. 对受到经济、社会和文化上迅速而不平衡变化影响的家庭的儿童，尤其是土著、移民和难民家庭的儿童，应给予特别的关注。由于这类变化可能破坏家庭的社会能力，而往往由于角色和文化冲突的结果，无法按照传统方式抚养培育孩子时，则必须采用创新性的、有益于社会的方式来保证儿童的社会化过程。

16. 应采取措施和制定方案，为家庭提供机会，学习在孩子发展和照顾方面父母的角色和义务，同时促进亲子之间的关系，使父母能敏锐地发现孩子的种种问题，并鼓励参与家庭和社区范围的活动。

17. 各国政府应采取措施，促进家庭的和睦团结，并劝阻使孩子与父母分开的做法，除非出现特殊情况，影响到孩子的幸福和前途，而没有别的可行办法。

18. 强调家庭和大家庭的社会化功能十分重要；认识到青少年在社会上的未来作用、责任、参加与合作精神也同样十分重要。

19. 为确保儿童适当社会化的权利，各国政府及其他机构应依靠现有的社会和法律机构，但当传统的制度和习俗不起作用时，还应提供和允许创新措施。

B. 教　育

20. 各国政府有义务使所有青少年都能享受公共教育。

21. 教育系统除其学术和职业培训活动外，还应特别注意以下方面：

（a）进行基本价值观念的教育，培养对孩子自身的文化特性和模式、对孩子所居住国家的社会价值观念、对与孩子自身不同的文明、对人权和基本自由的尊重；

（b）促使青少年的个性、才能、身心方面的能力得到最充分的发展；

（c）青少年应作为教育过程的积极而有效的参加者，而不仅是作为教育的对象；

（d）举办一些活动，培养学生对学校和社区的认同感和归属感；

（e）鼓励青少年理解和尊重各种不同的观点和意见以及文化上和其他的差异；

（f）提供职业培训、就业机会及职业发展方面的信息和指导；

（g）对青少年提供正面的情绪支助并避免精神方面的不适待遇；

（h）避免粗暴的处分方式，特别是体罚。

22. 教育系统应设法与家长、社区组织和关注青少年活动的机构共同合作。

23. 应让青少年及其家庭认识法律，知道他们的法定权利和责任以及普遍的价值体系，包括联合国的各项文书。

24. 教育系统应对面临社会风险的青少年给予特别的关怀和注意。应编制专门的预防方案、教材、课程、方法和工具，并予以充分利用。

25. 应特别重视制订防止青少年酗酒吸毒及滥用其他药物的全面政策和战略。教师和其他专业人员应充分准备并得到培训来防止和对付这些问题。应向全体学生提供关于包括酒精在内的药物使用和滥用情况资料。

26. 各学校应成为向青少年提供医疗、辅导及其他服务的中心和介绍中心，特别是应向那些受到虐待、忽视以及受到伤害和剥削利用而有特殊需要的青少年提供上述服务。

27. 应通过各种教育方案使教师及其他成年人以及全体学生能敏锐地注意到青少年的问题、需要和见解，尤其是贫困阶层、处境不利阶层、少数族裔或其他少数人和低收入阶层的青少年。

28. 学校系统应致力要求在课程、教学方法以及聘请和培训合格教师方面，达到并推动最高的专业水平和教育水平。应确保由合适的专业组织和当局对工作绩效进行定期监测并作出评估。

29. 学校系统应与社区团体合作，规划、制定和实施青少年感兴趣的课外活动。

30. 对于有困难遵守出勤规定的学生和对于中途退学者，应给予特别的帮助。

31. 各个学校应推动定出公平合理的政策和规定；在制订学校政策包括纪律政策的委员会上以及决策方面应有学生的代表。

C. 社　区

32. 社区应制订或加强现有的符合青少年特殊需要，适应他们的问题、兴趣和忧虑的各种社区性服务和方案，以及向青少年及其家庭提供适当的辅导和指导。

33. 社区应提供或加强现有的各种社区性支助青少年的措施，其中包括设立社区发展中心、文娱活动设施和服务，以解决面临社会风险的儿童的特殊问题。在提供这些协助措施时，应确保尊重个人的权利。

34. 对已无法留在家里或无家可归的青少年，应建立专门设施，向他们提供适当的收容住所。

35. 应提供各种服务和帮助措施，解决青少年步入成年期所经历的种种困难。这种服务应包括对吸毒青少年的特别方案，其中应强调关怀、辅导、协助和着重治疗的干预。

36. 向青少年提供服务的自愿组织，应由各国政府及其他有关机构提供财政及其他支助。

37. 应建立或加强地方一级的青少年组织，并给予管理社区事务的充分参加资格。这些组织应鼓励青少年举办集体性和自愿性的项目，尤其是帮助那些需要协助的青少年的项目。

38. 政府机构应负起特别责任，向无家可归或流浪街头的儿童提供必要的服务；应随时向青少年提供当地设施、住所、就业及其他帮助形式和来源的信息。

39. 应建立各种适合青少年的特别兴趣的文娱设施和服务，并方便他们使用。

D. 大众传播媒介

40. 应鼓励大众传播媒介确保青少年能获得本国和国际的各种信息和资料。

41. 应鼓励大众传播媒介表现青少年对社会的积极贡献。

42. 应鼓励大众传播媒介向社会上青少年提供关于现有的服务、设施和机会等方面的信息。

43. 应促使一般的大众传播媒介，特别是电视和电影尽量减少对色情、毒品和暴力行为的描绘，在展现暴力和剥削时要表现出不赞成的态度，特别是对儿童、妇女和人与人的关系要避免卑贬、侮辱性的陈现，提倡平等的原则和角色的平等。

44. 大众传播媒介在播放有关青少年吸毒酗酒的消息时，应意识到自身的广泛社会作用、责任和影响。应通过平衡的方式播放始终一贯的信息，发挥其防止药物滥用的威力。应促进在各个层次开展有效的认识毒品的宣传。

五、社会政策

45. 政府机构应把帮助青少年的计划和方案放在高度优先地位，并应拨付足够资金及其他资源，以有效地提供服务、设施和配备人员，进行适当医疗、精神保健、营养、住房及其他有关服务，包括吸毒酗酒的预防和治疗，保证这些资源真正用于青少年身上，使青少年得到益处。

46. 将青少年安置教养的做法，应作为最后的手段，而且时间应尽可能短，应把他们的最大利益放在最重要的位置。应严格规定允许采取此种正规干预的标准，并且一般只限于下述几种情况：

（a）孩子受到了父母或监护人的伤害；

（b）孩子受到了父母或监护人的性侵犯或身体上、精神上的虐待；

（c）孩子受到了父母或监护人的疏忽、遗弃或剥削；

（d）孩子因父母或监护人的行为而遭到身体或道德方面的危险；

（e）孩子的行为表现对其有严重的身心危险，如采取非安置教养办法，其父母、监护人或孩子本身，或任何社区服务，均无法应付此种危险。

47. 政府机构应向青少年提供机会，使其可继续接受全日制教育，如果父母或监护人不能供养，则应由国家提供经费，并且得到工作的锻炼。

48. 防止违法不端行为的方案应以可靠的、科学的研究结果为依据，进行规划和制定，并应定期监测、评价和作出相应的调整。

49. 应向专业界和一般公众传播关于何种行为或情况显示或可导致青少年身心受到伤害、损害、虐待和剥削的科学知识。

50. 参与各种计划和方案应以自愿为原则。应使青少年本身参与计划和方案的规划、制订和执行。

51. 各国政府应在刑事司法系统内和系统外，开始或继续探讨、制订和执行各项政策、措施和战略，以防止对青少年的和影响到青少年的家庭暴力，并确保家庭暴力的受害者得到公正待遇。

六、立法和少年司法工作

52. 各国政府应颁布和实施一些特定的法律和程序，促进和保护所有青少年的权利和福祉。

53. 应颁布和实施防止伤害、虐待、剥削儿童和青少年以及利用他们进行犯罪活动的法规。

54. 不应使儿童或青少年在家庭、学校或任何其他机构内受到粗暴或侮辱性的纠正或惩罚措施的对待。

55. 应制订立法，限制和管制儿童和青少年获取任何种类武器的可能，并予以执行。

56. 为防止青少年进一步受到污点烙印、伤害和刑事罪行处分，应制定法规，确保凡成年人所做不视为违法或不受刑罚的行为，如为青少年所做，也不视为违法且不受刑事。

57. 应考虑设立一个监察处或类似的独立机关，确保维护青少年的地位、权利和利益并适当指引他们得到应有的服务。监察官或指定的其他机关也应监督《利雅得准则》《北京规则》和《保护被剥夺自由少年规则》的执行情况。监察官或其他机关应定期出版一份关于执行这些文书的进展情况和在执行过程中所遭遇困难的报告。还应建立推动儿童福利的机构。

58. 为适应青少年的特殊需要，应培训一批男女执法人员及其他有关人员，尽可能地使他们熟悉和利用各种方案和指引办法，不把青少年放在司法系统中处置。

59. 应颁布立法，保护儿童和青少年免受吸毒和贩毒之害，并予以严格执行。

七、研究、政策制订和协调

60. 应作出努力并建立适当机制，以促进各经济、社会、教育和卫生机构和服务、司法系统、青少年、社区和发展机构及其他有关机构之间开展多学科和部门内的协调和配合。

61. 应加强在国家、区域和国际各级交流通过执行项目、方案、实践和创新活动所得的有关防止青少年犯罪和违法行为以及少年司法的信息、经验和专门知识。

62. 应进一步发展和加强包括开业者、专家和决策者在内的关于防止青少年犯罪和违法行为以及少年司法的区域和国际合作。

63. 关于某些实际问题和政策性问题，特别是培训、试点和示范项目以及关于防止青少年犯罪和违法行为的具体问题的技术和科学合作，各国政府和联合国系统及其他有关部门应给予强有力的支持。

64. 应鼓励开展协作，进行防止青少年犯罪和违法行为的有效办法的科学研究，并将研究结果广为散播和予以评价。

65. 联合国各有关机关、研究所、机构和部门应就有关儿童、少年司法以及防止青少年犯罪和违法行为的各种问题，继续进行密切的合作与协调。

66. 根据本《准则》，联合国秘书处应与有关机构合作，在进行研究、科学协作、提出政策选择以及审查和监测其执行情况方面发挥积极的作用，并应作为取得有关防止违法不端行为有效办法的可靠信息的来源。

联合国保护被剥夺自由少年规则

联合国大会 1990 年 12 月 14 日第 45/113 号决议通过

一、基本原则

1. 少年司法系统应维护少年的权利和安全，增进少年的身心福祉，监禁办法只应作为最后手段加以采用。

2. 只应根据本《规则》和《联合国少年司法最低限度标准规则》所规定原则和程序来剥夺少年的自由。剥夺少年的自由应作为最后的一种处置手段，时间应尽可能短，并只限于特殊情况。制裁的期限应由司法当局确定，同时不排除今后早日释放的可能性。

3. 本《规则》旨在制定出符合人权和基本自由为联合国所接受保护以各种形式被剥夺自由少年的最低限度标准，目的在避免一切拘留形式的有害影响，并促进社会融合。

4. 本《规则》应公正无私地适用于所有少年，不得由于种族、肤色、性别、年龄、语言、宗教、国籍、政治观点或其他见解、文化信仰或习俗、财产、出生或家庭地位、族裔本源或社会出身、残疾而有任何歧视。少年的宗教文化信仰、习俗及道德观念应得到尊重。

5. 制定《规则》是为了向管理少年司法系统的专业人员提供一种现成的参考标准、鼓励和指导。

6. 本《规则》应以本国语文印发给少年司法工作人员。不熟悉拘留所内工作人员所用语文的少年应有权在必要时获得传译服务，特别应有权在体格检查和纪律程序过程中获得这种服务。

7. 各国酌情将本《规则》纳入本国立法或对本国立法作出相应修正，并对违反本《规则》情事规定有效补救措施，包括少年受到伤害时为其提供赔偿。各国还应监测本《规则》的适用情况。

8. 主管机构应不断致力，使公众认识到，照料好被拘留的少年，让他们为重返社会作好准备，是一项非常重要的社会服务，为此目的，应采取积极步骤，促进少年与当地社区的公开接触。

9. 本《规则》中的任何规定不得解释为免予执行国际社会所公认有助于少年儿童和所有青年人的权利、照料和保护的有关联合国人权文书和标准。

10. 遇本《规则》第二至第五部分所载某些规则的实际应用与第一部分所载规则发生任何冲突时，遵守第一部分则应视为主要要求。

二、规则的范围和适用

11. 为本《规则》的目的，应采用以下定义：

（a）少年系指未满 18 岁者。应由法律规定一年龄界限，对在这一年龄界限以下的儿童不得剥夺其自由。

（b）剥夺自由系指对一个人采取任何形式的拘留或监禁，或将其安置于另一公私拘禁处所，由于任何司法、行政或其他公共当局的命令而不准自行离去。

12. 剥夺自由的实施情况应以确保尊重少年的人权为条件。应当保证拘留在各种设施内的少年能得益于有意义的活动和课程，这些活动和课程将有助于增进他们的健康，增强他们的自尊心，培养他们的责任感，鼓励他们培养有助于他们发挥社会一员的潜力的态度和技能。

13. 被剥夺自由的少年不应因有关这一身份的任何理由而丧失其根据国内法或国际法有权享有并与剥夺自由情况相容的公民、经济、政治、社会或文化权利。

14. 少年各项权利的保护特别是关于执行拘留措施的合法性应由司法当局加以保证，而社会融合的各项目标则应根据国际标准、本国法律和条例，由获准探访少年但不属于拘留设施的一个适当组成机关进行定期检查及执行其他管理措施来加以保证。

15. 本《规则》适用于被剥夺自由少年所在的任何类别和形式的拘留设施。本《规则》第一、第二、第四和第五部分适用于扣押少年的一切拘留设施和机构处所，第三部分则针对被逮捕或待审讯的少年。

16. 本《规则》应根据每个会员国普遍的经济社会和文化条件加以实施。

三、被逮捕或待审讯的少年

17. 被逮捕扣押的少年或待审讯（“未审讯”）的少年应假定是无罪的，并当作无罪者对待。应尽可能避免审讯前拘留的情况，并只限于特殊情况。因此，应作出一切努力，采用其他的替代办法。在不得已采取预防性拘留的情况下，少年法院和调查机构应给予最优先处理，以最快捷方式处理此种案件，以保证尽可能缩短拘留时间。应将未审讯的拘留者与已判罪的少年分隔开来。

18. 未审讯少年拘留的待遇条件应与下述各项规定相一致，必要时还可酌情根据假定无罪的要求、拘留期限和有关少年的法律地位和状况，作出具体的补充规定。这些规定应包括但不一定只限于下列各项：

（a）这些少年应有权得到法律顾问，并应能申请免费法律援助（如有这种援助的话），能经常与法律顾问进行联系。此种联系应保证能私下进行，严守机密。

（b）如果有可能，应向这些少年提供机会从事有酬工作或继续接受教育或培训，但不应要求他们一定这样做。而工作、教育或培训都不应引致继续拘留。

（c）这些少年应可得到和保留一些消遣和娱乐用具，只要符合司法管理的利益。

四、少年设施的管理

A. 记　录

19. 所有报告包括法律记录、医疗记录和纪律程序记录以及与待遇的形式、内容和细节有关的所有其他文件，均应放入保密的个人档案内，该档案应不时补充新的材料，非特许人员不得查阅，其分类编号应使人一目了然。在可能情况下，每个少年均应有权对本人档案中所载任何事实或意见提出异议，以便纠正那些不确切、无根据或不公正的陈述。为了行使这一权利，应订立程序，允许根据请求由适当的第三者查阅这种档案。释放时，少年的记录应封存，并在适当时候加以销毁。

20. 任何拘留所在未获得司法、行政或其他公共当局的有效拘留令时，均不得接受任何少年入所。拘留令的内容应立即登记入册。不得将少年拘留在任何没有这种登记册的设施内。

B. 入所、登记、迁移和转所

21. 在所有拘留少年的场所，均应保存下列关于所接受的少年的完整而可靠的资料记录：

（a）关于该少年的身份的资料；

（b）拘留的事实和理由以及有关负责当局；

（c）入所、转所和释放的日期和时间；

（d）每一次接收少年入所，或将其照料下的少年转所或释放时，将情况通知其家长或监护人的具体内容；

（e）已知身心健康问题的细节，包括吸毒和酗酒在内。

22. 应毫不迟延地向有关少年的家长和监护人或关系最近的亲属提供上述入所、安置、转所和释放的资料。

23. 接收后应尽快就每一少年的个人情况和处境拟写全面报告和有关资料，

提交管理部门。

24. 少年入所时，应发给每人一本以其易懂语文刊印的有关拘留设施的规定及其权利和义务的书面说明，连同负责受理申诉的主管当局的地址以及能提供法律协助的公私机构或组织的地址，如少年为文盲或看不懂书面资料，应以能使他充分理解的方式向他传达资料内容。

25. 应帮助所有少年了解有关该拘留所内部组织的条例、所提供照料的目的和方法、纪律要求和程序、获取资料和提出申诉的其他所允许方法以及所有为使他们充分理解其拘留期间的权利和义务所必要的其他事项。

26. 运送少年的费用应由管理部门负担，运送工具应通风良好、光线充足，其条件应是不使他们感到难受或失去尊严。不得任意将少年从一所转到另一所。

C. 分类和安置

27. 少年入所后，应尽快找他们谈话，撰写一份有关心理及社会状况的报告，说明与该少年所需管教方案的特定类型和等级有关的任何因素。此报告应连同该少年入所时对其进行体格检查的医官报告一起送交所长，以便在所内为该少年确定最适宜的安置地点及其所需和拟采用的特定类型和等级的管教方案。如需要特别感化待遇，且留在该所的时间许可，则应由该所训练有素的人员拟定一项个别管教书面计划，说明管教目的和时间构想以及应用以达到目标的方式、阶段和延迟情况。

28. 拘留少年的环境条件必须根据他们的年龄、个性、性别、犯罪类别以及身心健康充分考虑到他们的具体需要、身份和特殊要求，确保使他们免受有害的影响和不致碰到危险情况。将被剥夺自由的各类少年实行分开管理的主要标准是提供最适合有关个人特殊需要的管教方式，保护其身心道德和福祉。

29. 在各种拘留机构内，少年应与成人隔离，除非他们属于同一家庭的成员。作为确经证明有益于所涉少年的特别管教方案内容的一部分，可在管制情况下让少年与经过慎重挑选的成人在一起。

30. 应为少年设立开放性的拘留所，开放性的拘留所是完全没有或很少警备设施的场所。这类拘留所内人数应尽可能不多。拘留在完全关闭的拘留所内的少年人数也应不多以便进行个别管教。少年拘留所应进行分权管理，且其规模应便于少年与其家庭的联系和接触。应设小型拘留所，与社区的社会、经济和文化环境融合。

D. 物质环境和住宿条件

31. 被剥夺自由的少年有权享有可满足一切健康和尊严要求的设施和服务。

32. 少年拘留所的设计和物质环境应符合收容教养改过自新的目的，并应适当顾及少年的隐私、对感官刺激、与同龄人交往和参加文体娱乐活动的需要。少年拘留所的设计和结构应尽量减少火灾危险，确保能从房舍中安全撤出。应装置有效的火警系统，建立正规的经常演习制度来保证少年的安全。拘留所不得建造在明知有害健康或有其他危险的地区。

33. 寝室通常应为小组集体宿舍或个人睡房，并须注意到当地的标准。于睡眠时间应经常对所有住宿地区包括单人房间和集体宿舍进行不打扰人的检查，以保证每个少年的安全。应按照地方或国家标准，向每一少年发放足够的干净被褥，并应保持整齐和经常更换以确保干净。

34. 便所的位置和标准应使所内每一少年于需要时可正当方便，并应清洁隐蔽。

35. 持有个人财物是隐私权的一项基本内容，对少年的心理健康至关重要。应充分承认和尊重每一个少年持有个人财物和拥有充分设施来存放这些财物的权利。少年个人财物中本人不想保留的或予以没收的部分，应置于安全保管之下。保管财物的清单应由少年签字。应采取措施使这些财物保持完好。除准许其花掉的钱或向外界寄送的财物外，所有这些物件和金钱均应在该少年获释时如数归还。如少年收到或被发现持有任何药品，应由医官决定如何使用。

36. 所内少年应有权尽可能穿用自己的衣服。拘留所应确保每一少年得到适合气候和足以保持其健康的衣服，这种衣服绝不得是侮辱性或屈辱性的。应允许出于任何原因调离或离开拘留所的少年穿自己的衣服。

37. 每个拘留所应确保所内少年均应有权享用经过适当制作并在正常用餐时间提供的食品，其质量和数量应满足营养、卫生和健康标准，并尽可能考虑到宗教和文化方面的要求。应随时向每一少年提供清洁饮水。

E. 教育、职业培训和工作

38. 达到义务教育年龄的所有少年均有权获得与其需要和能力相应并以帮助其重返社会为宗旨的教育。这种教育应尽可能在拘留所外的社区学校里进行，但无论如何应有合格的教师，其课程应与本国的教育制度一致，以便获释后能继续学业而不感到困难。拘留所管理部门应特别注意外籍的或具有特殊文化或族裔需要的少年的教育。文盲或有认知或学习困难的少年应有权接受特殊教育。

39. 应允许和鼓励超过义务教育年龄但仍想继续学习的少年继续学习，应尽力为他们提供获得适当的教育课程的机会。

40. 向拘留所内的少年颁发毕业文凭或学历证明时，不应以任何方式表示该少年曾受拘留教养。

41. 每一拘留所均应有图书馆，藏有数量足够宜于少年阅读的知识性和娱乐性图书，应鼓励所内少年能够充分利用这些图书。

42. 所内少年均应有权获得职业培训，所选职业应能使其为今后的就业做好准备。

43. 在正当选择职业并合乎拘留所管理部门的要求范围内，所内少年应能按照自己的愿望选择所想从事的工作。

44. 适用于童工和青年工人的所有国家和国际保护性标准均应适用于被剥夺自由的少年。

45. 应尽可能让所内少年最好在当地社区从事有报酬的劳动，以补充所提供的职业培训，增加其在重返社区后获得适当就业的可能性。所提供的工作应能作为适当的培训，对少年获释后有所助益。拘留所内提供工作的安排和方法应尽量与社区内类似工作的安排和方法相同，以使少年适应正常的职业生活条件。

46. 参加工作的所内少年均有权获得公平的报酬。为拘留所或为第三方赢利的这一目的不得高于少年及其职业培训的利益。通常应将少年收益的一部分作为储蓄金另立，在少年获释时交还。少年应有权利用这些收益的剩余部分购买物品供自己使用，或者赔偿因其违法行为而受到伤害的受害者，或者寄给家里或拘留所外的其他人。

F. 娱　乐

47. 所内少年应有权每天做适当时间的自由活动，如天气允许，活动地点应为室外，活动期间通常应提供适当的娱乐或体能训练。应为这些活动提供适当的场地、设施和设备。每一少年每天均应另有闲暇活动时间，根据少年的要求，其中部分时间应用于帮助学习手工艺技能。拘留所应确保每一少年的体格上能够参加向其提供的体育活动。应在医护人员指导下，向有需要的少年提供补救性的体育锻炼和理疗。

G. 宗　教

48. 应允许所内每一少年满足其对宗教和精神生活的需要，特别是参加在拘留所内举行的仪式或聚会或自行联系仪式并持有其宗教派别进行宗教仪式和宣讲时所必要的书籍或物品。如果拘留所内信仰某一宗教的少年达到一定人数，应指定或批准该宗教一名或数名合格代表，允许他们定期举行仪式并应所内少年的要求对他们进行个别的宗教探望。每一少年均应有权接受其选择的任一宗教合格代表的探望，也应有权不参加宗教仪式和自由表示不接受宗教教育、辅导或宣传。

H. 医疗护理

49. 所内少年均应有权获得充分的预防性和治疗性的医疗护理，包括牙医、眼科和精神科护理以及医疗所需药品和特别膳食。如可能，所有这种医疗护理通常应由拘留所所在社区的有关卫生机构和服务部门向被拘留少年提供，以防止他们受人以特殊眼光看待，而培养他们的自尊，并促使他们与社区融合。

50. 所内少年有权在入拘留所时立即由医生进行体检，以便记录进所前受过任何虐待的迹象，并查明需要医疗护理的任何身心方面的情况。

51. 向所内少年提供医疗服务时应设法检查和治疗任何可能影响少年重返社会的身心疾病、药物滥用或其他情况。每一少年拘留所应能随时获得足够的医疗设施和设备，这些设施和设备应与收容人数及其要求相称，并配合所内医疗人员所受预防性保健护理和处理紧急医疗事件的培训。生病、感觉不适或有身心不适症状的少年，应迅速由医官检查。

52. 任何医官如有理由认为某一少年的身心健康已受到或将受到长期拘留、绝食或任何拘留条件的损害，应立即将实际情况报告有关拘留所的所长和负责保障少年福祉的独立当局。

53. 患有精神病的少年应送往受独立的医疗管理的专门机构接受治疗。应与有关机构作出安排，采取措施确保必要时在释放后继续进行精神病治疗。

54. 少年拘留所应采用由合格人员管理的预防吸毒戒毒康复专门方案，这些方案应与有关少年的年龄、性别及其他要求相符，应向吸毒酗酒少年提供解毒设施和服务，并配备训练有素的工作人员。

55. 基于医疗理由为进行必要治疗时方得施药，可能时应事先通知有关少年并征得其同意。施药的目的绝不是套取资料或口供，也不是一种惩罚或管束手段。绝不能对少年进行药物试验和治疗试验。任何药物均应由合格的医护人员批准和施给。

I. 生病、受伤和死亡通知

56. 所内少年的家属或监护人以及少年指定的任何其他人均有权查问并于该少年的健康发生任何重大变化时及时了解他的健康状况。遇所内少年死亡、因生病而需要将他转送到所外医疗机构或因其健康状况而需要在拘留所内接受门诊治疗 48 小时以上时，拘留所所长应立即将此情况通知该少年的家属或监护人或其他指定者。遇所内少年为外国公民时，应将此事通知其所属国家领事当局。

57. 遇所内少年在其被剥夺自由期间死亡，关系最近的亲属应有权查验死亡证明书、验看遗体和决定处置遗体的方法。遇少年在拘留期间死亡，应对死因进行独立的调查，调查报告应提供给关系最近的亲属。如系释放后六个月内死亡，并有理由认为死亡原因与拘留期间有关，也应进行这种调查。

58. 所内少年如有近亲死亡、重病或重伤时应立即获通知，该少年应有机会参加已逝近亲的葬礼或探望病况濒危的亲属。

J. 与外界的接触

59. 应提供一切手段确保所内少年与外界充分接触，这是他们有权享有的公正人道待遇的一个组成部分，对使青少年做好准备重返社会来说也极其重要。应允许所内少年与其家人、朋友以及外界有信誉组织的人员或代表接触，允许他们离开拘留所回家探亲，并应特准由于教育、职业或其他重要原因而外出。如系服刑少年，则其离拘留所外出时间应计入服刑时间。

60. 所内少年均应有权经常定期地接受探访，原则上每周一次，至少每月一次，探访的环境应尊重少年的隐私及其与家人和律师接触并进行无拘束交谈的需要。

61. 除非有法定限制，所内少年均应有权与其选择的人进行书面或电话联系，必要时应助其有效地享有此一权利。每一少年均应有权收取信件。

62. 所内少年均应有机会阅读报纸、期刊及其他出版物，听收音机和看电视节目及电影，以及接受他感兴趣的任何合法俱乐部或组织的代表的探访，借此经常了解新闻。

K. 身体束缚和使用武力的限制

63. 禁止为任何目的使用束缚工具和武力，但规则 64 规定者除外。

64. 束缚工具和武力只有在特殊情况下，当所有其他控制方法都已用尽并证明无效时才能使用，并必须有法律和条例的明文授权和规定。使用束缚工具和武力不应造成屈辱或侮辱，使用范围应有限，时间应尽可能短。为了防止少年自我伤害、伤害他人或严重毁坏财物，可根据所长的命令使用束缚工具。如发生这种情况，所长应立即与医护及其他有关人员磋商，并报告上级管理当局。

65. 在任何少年拘留所内所方人员禁止携带和使用武器。

L. 纪律程序

66. 任何纪律措施和程序均应确保安全，确保共同生活的秩序，并应符合维护少年自身尊严的原则和拘留所管教的根本目的，即灌输一种正义感、自尊感和尊重每个人的基本权利的意识。

67. 应严格禁止任何构成残酷、不人道或有辱人格的待遇的纪律措施，其中包括体罚、关在暗室、密闭或单独禁闭或其他任何有害有关少年身心健康的惩罚。禁止以任何理由减少供食的限制或不准与家人接触的做法。劳动应视为一种培养少年自尊的教育手段，以便为其重返社会做好准备，因而不应强行劳动以之作为一种纪律处罚。任何少年不应由于同一违反纪律事件而受到一次以上的处罚。禁止进行集体处罚。

68. 主管管理当局所采立法或条例应充分考虑到少年的基本特点、需要和权利，定出关于下述各项规范：

（a）构成违反纪律的行为；

（b）可施加的纪律处罚的种类和时限；

（c）有权施加此种处罚的官员；

（d）有权审理上诉的官员。

69. 关于越轨行为的报告应立即送交主管当局，主管当局应及时对之作出决定。主管当局应对事件进行彻底的检查。

70. 除严格按现行法律和条例办事的情况外，任何少年不应受到纪律处罚。除非先将所指控的违反纪律行为以少年充分理解的适当方式告知当事人并给予提出申辩的适当机会，包括向公正无私的主管当局上诉的权利，任何少年不应受到处罚。所有纪律程序均应作出完整记录。

71. 任何少年不应担负执行惩戒的责任，除非是在监管某一社会、教育或体育活动中或在自行管理方案中。

M. 视察和投诉

72. 有资格的视察人员或相当资格的不属于拘留所管理部门的当局，应有权经常进行视察和自行进行事先不经宣布的视察，在行使这一职责时，其独立性应享有充分的保证。在少年被剥夺或可能被剥夺自由的任何设施，视察人员应不受限制地接触到这些设施所雇用或在其中工作的所有人员、其中的所有少年以及阅看此类设施的所有记录。

73. 属于视察机关或公共卫生部门的合格医官应参加视察，评估有关环境、卫生、住宿、膳食、体操和医务等各项规定的执行情况，并评估所内生活关系到少年身心健康的任何其他方面或其他情况。每一少年都应有权同任何视察人员进行秘密交谈。

74. 在完成一次视察后，视察人员应就其视察结果提出一份报告。此项报告应包括评价各拘留所是否充分执行本规则和本国有关法律的规定，并提出为保证执行本规则和本国法律规定而认为必要的任何步骤的建议。视察人员所发现的情况之中，如有任何事实表明发生了违反关于少年权利或少年拘留所作业方面的法律规定的现象，应将有关事实通知有关当局以进行调查和起诉。

75. 每一少年应随时有机会向拘留所所长及其委托的代表提出请求或申诉。

76. 每一少年应有权通过核准的渠道向少年拘留所的中枢管理部门、司法部门或其他适当部门提出请求或申诉，其内容不受检查，而且应及时得到答复。

77. 应采取努力，设立一个独立的部门（监察专员），接受和调查被剥夺自由的少年提出的申诉，并协助达成公平的解决方案。

78. 每一少年应有权请求家人、法律顾问、人道主义团体或可能时请求其他人提供帮助，以便提出申诉。如文盲少年需要利用提供法律顾问或有权接受申诉的公私机构和组织的服务，则应向他们提供协助。

N. 重返社会

79. 所有所内少年都应得到安排，帮助他们在释放后重返社会，重过家庭生活、重新就学或就业。应为此设立有关的程序，包括提前释放和特别课程。

80. 主管当局应提供或确保提供一些服务，帮助少年在社会上重新立足并减少对这些少年的偏见。这些服务应在可能的情况下确保向该少年提供适当的住所、职业、衣物和足够的生活资料，使获释后能够维持生活，以便顺利融入社会。应与提供此种服务机构的代表磋商，并让他们与拘留中的少年接触，以便帮助他们重返社会。

五、管理人员

81. 管理人员应具适当的条件并包括足够数量的专家，例如教育人员、职业教导员、辅导人员、社会工作者、精神病专家和心理学家。这些专家及其他的专门人员一般应长期聘用。但在合适情况下按其所能提供协助和培训的程度，并不排除聘用兼职人员或志愿人员的做法。各拘留所应根据被拘留少年的个别需要和问题，利用社区可提供的所有合宜的补救、教育、道德和精神及其他来源和形式的帮助。

82. 管理当局应认真挑选和聘用各级和各类的工作人员，因为各拘留所是否管理得好，全靠他们的品德、人道、处理少年的能力和专业才能以及个人对工作的适应性。

83. 为达致上述目的，管理人员应作为专业人员加以任用，给以优厚报酬以便吸引和留住合适的男女人才。应不断鼓励少年拘留所的管理人员努力做到人道、负责、专业、公平和有效率地履行自己的职责和义务，他们任何时候都应以身作则，使自己的言行赢得少年的尊敬，为他们树立好榜样。

84. 管理当局应建立合宜的组织形式和管理形式，以利拘留所内不同类别的工作人员之间的联系，从而保证照顾少年的各个部门之间的合作，还应有利于工作人员同管理当局之间的联系，以保证直接与少年接触的人员能够很好地发挥作用，便于其有效地履行职责。

85. 所有管理人员应受适当培训，以便能够有效地执行其责任，尤其包括关于儿童心理、儿童福利和国际人权和儿童权利标准和规范、包括本规则各项内容的培训。所有管理人员应通过参加在其任内定期举办的在职人员进修班，保持并提高其专业知识和业务能力。

86. 拘留所所长应在管理能力、学历和经验方面充分符合其工作所要求的条件，并应按专职进行工作。

87. 拘留所管理人员在履行其职责时应尊重和保护所有少年的人格尊严和基本人权，特别是：

（a）拘留所任何人员不得以任何借口或在任何情况下施加、唆使或容忍发生任何严刑拷打行为或施加其他粗暴、残酷、不人道或有辱人格的待遇、处罚、感化或纪律手段；

（b）所有管理人员应坚决反对和制止任何贪污受贿行为，并在发现时立即报告主管当局；

（c）所有管理人员均应遵守本《规则》，凡有理由相信发生了或将要发生严重违反本《规则》情事的人员，应将情况报告其上级机关或掌有审查或纠正权力的机关；

（d）所有管理人员应确保少年的身心健康得到充分保护，包括保护其不受性侵犯、身体上和精神上的虐待以及剥削利用，必要时应立即采取行动，给予医疗处置；

（e）所有管理人员应尊重少年的隐私权，尤其应对其作为专业人员身份从中得知的有关少年或其家庭的机密情事保守秘密；

（f）所有管理人员应致力减少拘留所内外生活上的区别，因为这种区别往往会削弱对拘留所内少年人格尊严的尊重。

刑事司法系统中儿童问题行动指南

联合国经济及社会理事会

1997 年 7 月 21 日第 1997/30 号决议通过

1. 根据经济及社会理事会 1996 年 7 月 23 日第 1996/13 号决议，在由奥地利政府财政支持下于 1997 年 2 月 23 日至 25 日在维也纳举行的一个专家组会议上制定了本《刑事司法系统中儿童问题行动指南》。在制定《行动指南》时，专家们考虑到了各国政府发表的意见和提供的资料。

2. 出席这次会议的有来自不同区域十一个国家的 29 位专家、秘书处人权中心、联合国儿童基金会和儿童权利委员会的代表以及与少年司法有关的非政府组织观察员。

3.《行动指南》就其执行而言，其对象是秘书长及联合国各有关机构和方案和《儿童权利公约》的缔约国，就《联合国少年司法最低限度标准规则》（北京规则）、《联合国预防少年犯罪准则》（利雅得准则）和《联合国保护被剥夺自由少年规则》（以下统称为联合国少年司法标准和规范）的使用和适用而言，其对象是会员国。

一、目的、目标和基本考虑

4.《行动指南》的目的是为实现下列目标提供一个框架：

（a）执行《儿童权利公约》，实现公约中所载关于少年司法中的儿童的各项目标，以及使用和适用联合国少年司法标准和规范以及其他有关文书，例如《为罪行和滥用权力行为受害者取得公理的基本原则宣言》；

（b）促进向缔约国提供援助，有效地执行《儿童权利公约》及有关文书。

5. 为确保有效使用《行动指南》，各国政府、联合国系统有关实体、非政府组织、专业团体、传媒、学术机构、儿童和民间社会其他成员之间加强合作至关重要。

6.《行动指南》应基于这样一条原则：执行公约的责任明确在于公约各缔约国。

7. 使用《行动指南》的基础应是儿童权利委员会的各项建议。

8. 在国际和国家一级使用《行动指南》时，应考虑到下列方面：

（a）按照公约的四项基本总原则，尊重人的尊严，这四项总原则是：不歧视，包括注意到性别问题；维护儿童的最高利益；生命权、生存权和发展权；尊重儿童的意见；

（b）以儿童的各项权利为取向；

（c）最大限度地调动资源和努力对《行动指南》执行工作采取通盘做法；

（d）在跨学科基础上实现服务一体化；

（e）儿童和社会有关部门共同参与；

（f）通过发展过程加强合作伙伴；

（g）不再依靠外部机构的可持续性；

（h）对最迫切需要者的公平适用和使这些人本身也得到公平利用的机会；

（i）运作上的责任制和透明度；

（j）以有效预防和纠正措施为基础的积极主动的对策。

9. 应拨出充分的资源（人力、组织、技术、财政和信息资源），并在各级（国际、区域、国家、省区和当地一级）加以有效的利用，与各有关的伙伴，包括政府、联合国实体、各国非政府组织、专业团体、传媒、学术机构、儿童和民间社会的其他成员以及其他伙伴进行协作。

二、执行《儿童权利公约》，实现其目标以及使用和适用少年司法国际标准和规范的计划

A. 一般适用的措施

10. 应认识到少年司法领域全面和统一的国家方法的重要性，尊重儿童各项权利的相互依存性和不可分割性。

11. 应采取与政策、决策、领导和改革有关的措施，其目标是确保：

（a）《儿童权利公约》的原则和条款以及联合国少年司法标准和规范在国家和地方立法政策和实践中得到充分反映，特别是通过建立针对儿童的少年司法制度，保障儿童的权利，防止儿童权利遭到侵犯，促进儿童的尊严感和价值感，以及充分尊重他们的年龄、成长阶段和他们有意义地参与社会和为社会作出贡献的权利；

（b）以儿童能够理解的语言向儿童广泛宣传上述文书的有关内容；另外，如必要，应制定程序，确保每个儿童至少在其首次与刑事司法系统发生接触时都获得有关的资料，了解这些文书中规定的其各项权利，并提醒儿童遵守法律的义务；

（c）促进公众和媒介认识根据联合国少年司法标准和规范以儿童为核心的司法精神、目标和原则。

B. 具体目标

12. 各国应确保有效实行本国的出生登记方案。在司法制度所涉及的儿童年龄不详的情况下，应采取措施确保通过独立和客观的评估查清儿童的真实年龄。

13. 虽然国家立法规定了刑事责任年龄、法定成年人年龄和承诺年龄，但各国仍应确保儿童享有受到国际法保障的所有权利，特别是公约第 3 条、第 37 条和第 40 条规定的那些权利。

14. 应特别注意以下方面：

（a）应有以儿童为核心的全面的少年司法程序；

（b）应由独立专家组审查现有的和拟议的少年司法法律及其对儿童的影响；

（c）凡尚未达到法定刑事责任年龄的儿童均不得受到刑事指控；

（d）国家应设立主要对犯有刑事行为的少年行使司法权的少年法庭，并应制订旨在顾及儿童特定需要的特别程序。或者，普通法院应酌情纳入这种程序。必要时应考虑制定国家立法和采取其他措施，当有儿童被送交少年法庭以外的其他法庭时，根据公约第3条、第37条和第40条规定，使其享有作为儿童的所有权利并受到保护。

15. 应对现有的程序进行一次审查，如可能应制定转送教改或其他替代传统刑事司法系统的措施，以避免对受到犯罪指控的青少年实行刑事司法制度。应采取适当的步骤，在逮捕前、审判前、审判和审判后阶段全国范围都可采用广泛的各种替代和教育措施，以防止重犯并促进儿童罪犯在社会中改过自新。对于少年犯案件，应视情况采用非正规的解决争端机制，包括调停和修复性司法做法，特别是与受害者有关的程序。在这些拟采取的措施中，应有家庭参与，如果这样做对儿童罪犯有利的话。各国应确保替代措施符合公约、联合国少年司法标准和规范，以及其他现有的预防犯罪和刑事司法标准和规范，例如《联合国非拘禁措施最低限度标准规则》（东京规则），特别应注意在实行这类措施时确保遵守适当的程序规则和遵守尽量减少干预的原则。

16. 应优先注意建立适当的机构和方案，在需要时为儿童免费提供法律和其他援助，如翻译服务，特别是确保在实践中每名儿童自其被拘留之时起，获得这种援助的权利都受到尊重。

17. 应确保采取适当行动，减少这样一些需要特别保护措施的儿童的问题：在街头工作或生活的儿童、长期丧失家庭环境的儿童、残疾儿童、少数民族、移民和土著居民的儿童和其他脆弱儿童群体。

18. 应减少将儿童关在封闭式监所的做法。只有在根据公约第37（b）条规定并且在万不得已时，才对儿童实行这种关押，而且应尽量缩短关押时间。少年司法和福利系统中应严禁体罚。

19.《联合国保护被剥夺自由少年规则》和公约第37（d）条也适用于儿童因任何司法、行政或其他公共当局的命令而不得随意离开的任何公共或私营环境。

20. 为了保持在押少年与其家庭和社区的联系，并且为了便于其重返社会，应确保对儿童具有合法利益的亲属和人员能够方便地进入儿童自由受到剥夺的机构，除非儿童的最高利益将不希望这样做。

21. 必要时应建立一个独立的机构，监测和定期报告拘禁设施的状况。应在联合国少年司法标准和规范范围内，特别是在《联合国保护被剥夺自由少年规则》的范围内进行监测。各国应允许儿童与监测机构进行自由和秘密的联系。

22. 对人道主义、人权和其他有关组织提出的进入拘禁设施的请求，各国应酌情给予积极的考虑。

23. 关于刑事司法系统中的儿童，对政府间组织、非政府组织和其他有关当事方提出的关切应给予适当的注意，特别是系统问题，包括不适当的收监和长期拖延对遭到剥夺自由的青少年的影响。

24. 与刑事司法系统在押儿童发生联系或负责这些儿童的所有人员，都应受到人权、公约各项原则和条款以及联合国其他少年司法标准和规范的教育和培训，作为其培训方案的一个组成部分。这类人员包括：警察和其他执法人员；法官和司法行政官、检察官、律师和行政管理人员；监狱官员和在少年犯关押机构工作的其他专业人员；保健人员、社会工作者、维持和平人员和与少年司法有关的其他专业人员。

25. 根据现有的国际标准，各国应建立机制确保对指称儿童基本权利和自由受到官员故意侵犯的案件进行迅速、彻底和公正的调查。各国应同样确保对经发现负有责任的官员实行适当的制裁。

C. 应在国际一级采取的措施

26. 少年司法在国际、区域和国家范围内，包括在联合国全系统行动范围内应受到适当注意。

27. 这一领域的所有机构之间迫切需要密切合作，尤其是秘书处预防犯罪和刑事司法司、联合国人权事务高级专员办事处 / 人权事务中心、联合国难民事务高级专员办事处、联合国儿童基金会、联合国开发计划署、儿童权利委员会、国际劳工组织、联合国教育、科学及文化组织和世界卫生组织。另外，请世界银行和其他国际及区域金融机构和组织以及非政府组织和学术机构支持少年司法领域提供的咨询服务和技术援助。因此，应特别在下列方面加强合作：研究、资料传播、培训、《儿童权利公约》的执行和监测、现行标准的使用和适用以及提供技术咨询和援助方案，例如通过使用现有的国际少年司法网络。

28. 应确保通过技术合作和咨询服务方案来有效地执行《儿童权利公约》及使用和适用国际标准，特别注意与保护和促进在押少年人权、加强法治和改进少年司法系统工作有关的下列方面：

（a）协助法律改革；

（b）加强国家能力和基础设施；

（c）举办培训方案，对警察和其他执法官员、法官和司法行政官、检察官、律师、行政管理人员、监狱官员和在少年犯关押机构工作的其他专业人员、保健人员、社会工作者、维持和平人员及与少年司法有关的其他专业人员进行培训；

（d）编写培训手册；

（e）编印宣传和教育材料，使儿童了解其在少年司法中的权利；

（f）协助开发信息和管理系统。

29. 鉴于在维持和平行动中还涉及对儿童权利的保护，所以秘书处预防犯罪和刑事司法司与维持和平行动部之间应保持密切合作。维持和平行动还应适当解决在和平建设和战后或其他新情况下儿童和青少年犯罪受害者和犯罪者的问题。

D. 技术咨询和援助项目的实施机制

30. 根据公约第 43 条、第 44 条和第 45 条，儿童权利委员会应审查缔约国关于公约执行情况的报告。根据公约第 44 条，这些报告中应指出可能影响公约义务履行程度的因素和困难。

31. 请公约缔约国在其首期和定期报告中提供关于公约条款和联合国少年司法标准和规范使用和实施情况的全面资料、数据和指标。

32. 作为对各缔约国履行其公约义务进展情况进行审查的一个结果，委员会可向缔约国提出提议和一般性建议，以确保公约得到充分遵守［根据公约第 45（d）条］。为促进公约的有效实施和鼓励少年司法领域的国际合作，委员会可在认为适当时，向各专门机构、联合国儿童基金会和其他有关机构转交缔约国要求或说明需要技术咨询或援助的任何报告以及委员会就此类要求或说明提出的任何意见和建议［根据公约第 45（b）条］。

33. 因此，如果缔约国的报告和委员会的审查过程表明确有必要开始实行少年司法领域的改革，包括在联合国技术咨询和援助方案或专门机构的这类方案协助下进行的改革，委员会可建议缔约国请求获得这类援助，包括预防犯罪和刑事司法司、人权事务中心和联合国儿童基金会提供的援助。

34. 为了提供适当的援助响应这些请求，应设立一个少年司法技术咨询和援助协调小组，由秘书长主持每年至少举行一次会议。根据下文第 39 段，这个小组的成员将包括下列单位的代表：预防犯罪和刑事司法司、联合国人权事务高级专员办事处、人权事务中心、联合国儿童基金会、联合国开发计划署、儿童权利委员会、联合国预防犯罪和刑事司法方案网所属各研究所、其他各有关联合国实体，以及其他感兴趣的政府组织、区域组织和非政府组织，包括国际少年司法网络和参与提供技术咨询和援助的学术机构。

35. 在举行协调小组的第一次会议之前，应拟定一项关于解决如何进一步开展少年司法领域国际合作问题的战略。协调小组还应协助查明共同问题，汇编良好的实际范例，分析共同的经验和需要，从而可促成采取战略性更强的需要评估方法和提出有效的行动建议。汇编良好实际范例将有助于少年司法领域协调一致的咨询服务和技术援助，包括尽早与请求这类援助的政府达成一致，以及与拥有国家项目各部分执行能力和职权的所有其他伙伴达成一致，从而确保采取最有效的针对具体问题的行动。应与各有关当事方紧密合作，不断增补这一汇编。汇编中将考虑到可能实行的转送教改方案和措施，以改进少年司法工作，减少使用少年拘留所和审前拘留，改进对剥夺自由的少年的待遇和建立有效的重新融入和恢复方案。

36. 应按照《联合国预防少年犯罪准则》（利雅得准则）的要求，将重点放在制定全面的预防计划上。项目的重点应是实行得当的战略，特别是通过家庭、社区、同龄人群体、学校、职业培训和工作单位将所有儿童和青少年有效组织起来和培养他们适应社会生活。这些项目应特别注意需要特别保护措施的儿童，如在街头工作或生活的儿童或长期丧失家庭环境的儿童、残疾儿童或少数民族、移民和土著居民的儿童。特别是，关于在街头工作或生活的儿童，对他们的特别需要应采取创新的对策，避免执法和司法当局实行关押和正式干预，以及对有关儿童加以刑事定罪。

37. 在各有关组织和机构工作人员酌情随时开展的联合行动基础上，战略还将规定向公约缔约国提供国际咨询服务和技术援助的协调过程，以期制定更加长期的技术援助项目。

38. 在国家一级参与提供咨询服务和技术援助方案的重要人员是联合国驻地协调员，而联合国人权事务高级专员办事处 / 人权事务中心、联合国儿童基金会和联合国开发计划署外地办事处则将发挥重要的作用。强调通过联合国国别战略说明等方法将少年司法技术合作纳入国家计划和方案规划工作的重要性。

39. 必须为协调小组的协调机制和为加强遵守公约而制定的区域和国别项目调集资源。用于此种目的（见上文第 34 至 38 段）的资源将来自经常预算和预算外资源。具体项目资源的大部分将必须从外部调集。

40. 必须同时为协调小组的协调机制和为加强遵守公约而拟定的区域和国别项目调动资源。现有预算将可提供这些用途的一些资源。但协调小组的一些经费将需要从外部来源调集，具体项目的大部分资源也将如此。

E. 对执行国别项目的进一步考虑

41. 预防少年犯罪和少年司法工作的明确宗旨之一是通过不仅治标而且也

治本的办法来实现长期改变。例如，只有通过实行一种全面的方法才能适当解决滥用少年拘留办法的问题，这种全面的方法涉及各级调查、检控和司法以及教管系统的组织结构和管理结构。这要求尤其与警察、检察官、法官和司法行政官、地方社区当局、行政当局取得联系以及这些人员当局之间的联系，并且还要与拘留所有关当局取得联系。另外，还需要有相互紧密合作的意愿和能力。

42. 为防止进一步过分依靠刑事司法措施来解决儿童行为问题，应努力建立和实行旨在加强社会援助的方案，这将可以酌情使儿童接受教改而避开司法系统，以及更好地实行非拘禁措施和重返社会方案。为建立和实行这类方案，需要促进少年司法部门、不同执法机构、社会福利和教育部门之间的密切合作。

三、与儿童受害者和儿童证人有关的计划

43. 根据《为罪行和滥用权力行为受害者取得公理的基本原则宣言》，各国应承诺确保儿童受害者和儿童证人有适当的机会获得公理和公平的待遇、赔偿、补偿和社会援助。如适用，应采取措施防止通过司法系统外的补偿办法来解决刑事问题，如果这样做不符合儿童的最高利益的话。

44. 警察、律师、司法人员和其他法院人员应受到如何处理儿童受害者案件方面的培训。各国应考虑建立（如果尚未建立）专门的办事处和部门来处理涉及儿童遭受侵犯的案件。各国应酌情制定适当处理儿童受害者案件的工作守则。

45. 对待儿童受害者时应给予同情并尊重他们的尊严。他们有权向司法机构申诉并为其所受损害迅速获得国家法律规定的补救。

46. 儿童受害者应可获得符合他们需要的援助，如法律援助、保护、安全的住房、经济援助、咨询、保健和社会服务、重返社会和生理及心理恢复方面的服务。应对那些受到艾滋病毒感染或患有艾滋病的儿童给予特别的援助。重点应放在家庭和社区范围的康复上，而不是关在收容机构中。

47. 必要时应设立和加强司法和行政机构，使儿童受害者能够通过迅速、

公平、方便的正规或非正规程序获得补救。因此，应告知儿童受害者和/或其法律代表通过这些机构寻求补救的权利。

48. 应通过司法制度使人权遭受侵犯的所有儿童受害者获得公平和适当的补偿，对人权的侵犯特别包括酷刑和其他残忍、不人道或有辱人格的待遇或处罚，包括强奸和性虐待、非法或任意剥夺自由、不正当的拘留和错判误判。国家应提供必要的法律代表将诉讼案提请适当的法庭审理。如有必要，还应提供儿童母语的翻译服务，一切费用由国家负担。

49. 儿童证人需要司法和行政程序方面的援助。各国应审查评价并视需要加强证据法和程序法中犯罪见证人儿童的地位，以确保儿童的权利得到充分保护。按照不同的法律传统、习俗和法律框架，在调查和检控过程中以及在审理案件过程中，应尽量避免儿童受害者与犯罪者之间的直接接触。应禁止在媒介中对儿童受害者指名道姓，如需要保护该儿童的隐私权，或此种禁止与会员国的根本法律原则相悖，则应劝阻此种指名道姓的做法。

50. 各国应视需要考虑修正本国的刑事程序法，以便将儿童证词录像及录像证词在法庭的播放等可作为正式的证据。特别是，警察、检察官、法官和司法行政官应采取对儿童更加友善的工作方法，例如在警察行动和对儿童证人问话方面。

51. 应通过下述方法，便利司法和行政程序来满足儿童受害者和儿童证人的需要：

（a）让儿童受害者了解他们的作用以及诉讼的范围、时间、进度和对他们案件的处理情况，在涉及严重罪行时尤其如此；

（b）鼓励制定儿童证人准备计划，以使儿童在作证前熟悉刑事司法程序；应在整个法律程序中向儿童受害者和儿童证人提供适当的援助；

（c）让儿童受害者在涉及其利益的适当诉讼阶段出庭申诉其观点和关切事项以供考虑，而不损及被告并符合有关国家刑事司法制度；

（d）采取措施尽量缩短刑事司法程序的拖延，保护儿童受害者和儿童证人的隐私权，并在必要时确保他们的安全，不受恐吓和报复。

52. 作为一般原则，被跨越国界非法转移或错误拘留的儿童应送返其原籍国。应适当注意他们的安全，在返回前，他们应得到人道待遇和必要的援助。应将他们立即送返原籍国，以确保遵守《儿童权利公约》。在1980年《国际拐骗儿童民事问题海牙公约》或国际私法海牙会议核准的1993年《保护儿童和跨国收养方面合作海牙公约》或《双亲责任和保护儿童措施方面管辖权、适用法律、承认、执法与合作公约》可适用的情况下，应立即适用这些公约关于送还儿童的规定。儿童返回后，原籍国应根据国际人权原则尊重他们，并提供适当的家庭安置措施。

53. 联合国预防犯罪和刑事司法方案，包括这一方案网所属的各研究所以及联合国人权事务高级专员办事处/人权事务中心、联合国儿童基金会、联合国开发计划署、儿童权利委员会、联合国教育、科学及文化组织、世界银行和有关的非政府组织，应根据会员国的请求，在联合国预算总经费内或从预算外资源内协助会员国为执法和其他刑事司法人员，包括警官、检察官、法官和司法行政官在内，开展多学科培训、教育和宣传活动。

关于在涉及罪行的儿童被害人和证人的事项上坚持公理的准则

联合国经济及社会理事会

2005年7月22日第2005/20号决议通过

经济及社会理事会，

回顾其1996年7月23日第1996/16号决议，其中请秘书长继续促进联合国预防犯罪和刑事司法标准和规范的实施和适用，

并回顾其2004年7月21日关于为罪行的儿童被害人和证人取得公理的准则的第2004/27号决议，其中请秘书长召集一个政府间专家组，以便拟订关于在涉及罪行的儿童被害人和证人的事项上取得公理的准则，

进一步回顾大会1985年11月29日第40/34号决议，其中大会通过了决议所附《为罪行和滥用权力行为受害者取得公理的基本原则宣言》，

回顾大会在其1989年11月20日第44/25号决议中通过的《儿童权利公约》，特别是其中第3条和第39条的规定，以及大会在其2000年5月25日第54/263号决议中通过的《儿童权利公约关于买卖儿童、儿童卖淫和儿童色情制品问题的任择议定书》，特别是其中第8条的规定，

认识到应当在确保罪行的儿童被害人和证人取得公理的同时保证被告人的权利，

并认识到作为被害人和证人的儿童特别容易受到伤害而且需要得到与其年龄、成熟水平和独特需要相适合的特别保护、援助和支持，以防止因其参与刑事司法程序而可能进一步陷入困窘和受到创伤，

铭记犯罪和伤害行为对儿童被害人和证人的身心和情感所造成的严重后

果，特别是在涉及性剥削的情况下，

并铭记儿童被害人和证人参与刑事司法程序是有效进行起诉所必需的，特别是在儿童被害人可能是唯一的证人的情况下，

认识到儿童权利国际事务局在为拟订关于在涉及罪行的儿童被害人和证人的事项上坚持公理的准则奠定基础方面所做的努力，

赞赏地注意到由加拿大政府提供预算外资源于2005年3月15日和16日在维也纳举行的拟订关于在涉及罪行的儿童被害人和证人的事项上坚持公理的准则政府间专家组会议的工作并注意到政府间专家的报告，

注意到2005年4月18日至25日在曼谷举行的第十一届联合国预防犯罪和刑事司法大会关于题为“使标准发挥作用：预防犯罪和刑事司法标准制定工作五十年”的项目的报告，

欢迎第十一届联合国预防犯罪和刑事司法大会高级别部分会议通过的《关于协作与对策：建立预防犯罪和刑事司法战略联盟的曼谷宣言》，特别是其中承认向罪行的儿童被害人和证人提供支助和服务的重要性的第17段和第33段，

1. 通过本决议所附关于在涉及罪行的儿童被害人和证人的事项上坚持公理的准则，以作为可协助会员国加强对参与刑事诉讼的儿童被害人和证人的保护的有益框架；

2. 请会员国酌情利用这一准则制订关于参与刑事诉讼的、罪行的儿童被害人和证人的立法、程序、政策和做法；

3. 号召已制订了关于儿童被害人和证人的立法、程序、政策或做法的会员国应请求酌情向其他国家提供信息资料，并协助它们拟订和实施与准则使用有关的培训或其他活动；

4. 号召联合国毒品和犯罪问题办事处在可获得的预算外资源范围内，不排除使用联合国毒品和犯罪问题办事处经常预算中的现有资源，应请求向会员国提供技术援助以及咨询服务，以协助它们利用准则；

5. 请秘书长确保尽可能广泛地在会员国、联合国预防犯罪和刑事司法方案网各研究所和其他国际、区域和非政府组织和机构中传播准则；

6. 建议会员国提请相关政府机构和非政府组织和机构注意准则；

7. 请联合国预防犯罪和刑事司法方案网各研究所提供与准则有关的培训并汇总和传播有关国家一级成功范例的资料；

8. 请秘书长向预防犯罪和刑事司法委员会第十七届会议报告本决议执行情况。

附　件

关于在涉及罪行的儿童被害人和证人的事项上取得公理的准则

一、目　标

1. 本准则涉及为罪行的儿童被害人和证人取得公理，提出了当代知识体系和相关的国际及区域规范、标准和原则所共同确认的良好做法。

2. 准则应当依照相关的国家法规和司法程序加以实施，并应当考虑到法律、社会、经济、文化和地理方面的条件。但是，各国应当不断努力克服在适用准则方面所遇到的实际困难。

3. 准则为实现下述目标提供了实际框架：

（a）协助审查国内法律、程序和做法，以便使它们能够确保充分尊重罪行的儿童被害人和证人的权利并促进《儿童权利公约》缔约方对《公约》的实施；

（b）协助政府、国际组织、公共机构、非政府组织和社区组织以及其他有关方面设计和执行各种处理与罪行的儿童被害人和证人有关的关键问题的法规、政策、方案和做法；

（c）指导专业人员并在适当情况下指导致力于罪行的儿童被害人和证人工作的自愿人员本着《为罪行和滥用权力行为受害者取得公理的基本原则宣言》，在国家、区域和国际各级的成年和少年司法程序中进行日常工作；

（d）协助和支持那些关爱儿童的人以敏感的态度与罪行的儿童被害人和证人接触。

4. 在执行准则时，考虑到受害情形对不同类型儿童的影响不同，例如对儿童，特别是对女孩的性侵犯，每一法域都应确保为保护罪行的儿童被害人和证人并满足他们的特殊需要而提供适当的培训，采取适当的挑选办法和实行适当的程序。

5. 准则所涉及的领域是一个正在不断积累和改进知识和做法的领域。准则既非面面俱到，也不是要限制进一步的发展，关键是这种发展应与准则的基本目标和原则相辅相成。

6. 准则还可适用于诸如恢复性司法等非正规和习惯司法系统中的程序和非刑法领域中的程序，其中包括但不限于监护、离婚、收养、儿童保护、心理健康、入籍、移民和难民等方面的法律。

二、特别考虑

7. 准则的制订顾及以下诸方面：

（a）认识到全世界千百万儿童因犯罪和滥用权力行为而受到伤害，儿童的权利尚未得到充分承认，他们在协助司法过程时还可能遭受更多痛苦；

（b）认识到儿童易受损害，需要得到与其年龄、成熟程度和个人特殊需要相当的特别保护；

（c）认识到女孩特别易受损害，有可能在司法系统的各个阶段受到歧视；

（d）重申必须作出一切努力防止儿童受害，主要办法包括执行《预防犯罪准则》；

（e）认识到事实上是被害人和证人的儿童如果被错误地当成违法者就有可能遭受更多的痛苦；

（f）回顾《儿童权利公约》阐明了争取儿童权利得到有效承认的要求和原

则，《为罪行和滥用权力行为受害者取得公理的基本原则宣言》阐明了为被害人提供了解情况、参与、受保护、获得赔偿和援助的权利的原则；

（g）回顾为落实《为罪行和滥用权力行为受害者取得公理的基本原则宣言》中的各项原则而发起的国际和区域举措，其中包括联合国药物管制和预防犯罪办事处1999年印发的《为被害人争取公理手册》和《关于基本原则宣言的决策人员指南》；

（h）承认儿童权利国际事务局在为编写为罪行的儿童被害人和证人争取公理的准则奠定基础方面所作的努力；

（i）认为改进对待罪行的儿童被害人和证人的做法可使儿童及其家庭更乐于披露受害情形和更加支持司法过程；

（j）回顾必须保证为罪行的儿童被害人和证人取得公理，同时保障被指控者和被定罪者的权利；

（k）考虑到法律制度和法律传统的多样性，应注意到犯罪日趋具有跨国性质，因此需要确保罪行的儿童被害人和证人在所有国家受到同等的保护。

三、原　则

8. 如国际文书特别是《儿童权利公约》所指出并且如儿童权利委员会的工作所体现的那样，为了确保为罪行的儿童被害人和证人取得公理，专业人员和其他负责这些儿童福祉的人必须尊重以下普遍原则：

（a）尊严。每个儿童都是一个独特和宝贵的人，因此其个人尊严、特殊需要、利益和隐私应当得到尊重和保护。

（b）不歧视。每个儿童都有权得到公平和平等的对待，而不因其父母或法定监护人的种族、肤色、性别、语言、宗教、政治或其他见解、民族、族裔或社会出身、财产、伤残、出生或其他身份而有任何差别。

（c）儿童的最大利益。虽然应保障被控告的和已定罪的罪犯的权利，但每个儿童都有权要求对其最大利益给予首要考虑。这包括得到保护的权利和有机会和谐发展的权利：

（Ⅰ）受到保护。每个儿童都享有生命权和生存权，而且享有免受任何形式的苦难、虐待或忽视，包括身心、精神和情感虐待和忽视的权利。

（Ⅱ）和谐发展。每个儿童都享有获得和谐发展机会的权利，而且享有获得足以保证身心、精神、道德和社会发展的生活条件。对于受过创伤的儿童，应当采取一切步骤使其能够享受健康的发展。

（d）参与权。在不违反本国程序法的情况下，每个儿童都有权用自己的语言自由表达其看法、意见和信念，有权特别对影响其生活的决定，包括在任何司法程序中作出的决定发表意见，并有权要求按其能力、年龄、智力成熟程度和不断变化的行为能力将这些意见考虑进去。

四、定　义

9. 本准则通篇适用以下定义：

（a）“儿童被害人和证人”指18岁以下的儿童和青少年，他们是犯罪的被害人或罪行的证人，而不论其在犯罪或者在对被指控的罪犯或罪犯团伙的起诉中所起的作用；

（b）“专业人员”指在其工作范围内与罪行的儿童被害人和证人接触的人或负责考虑对其适用本准则的司法系统中的儿童的需要的人，这包括但不限于以下各种人：儿童被害人的维护人和支持人；儿童保护服务机构从业人员；儿童福利机构工作人员；检察官并酌情包括辩护律师；外交人员和领事人员；家庭暴力行为方案工作人员；法官；法院工作人员；执法官员；医疗和精神保健专业人员；社会工作者；

（c）“司法过程”包括侦破犯罪、提出申诉、侦查、起诉以及审判和审判后程序，而不论案件是在针对成年或少年的国内、国际或区域刑事司法系统中还是在习惯或非正式司法系统中处理；

（d）“儿童敏感性”指兼顾儿童受保护的权利，同时又考虑到儿童个人需要和意见的做法。

五、受到有尊严和有同情心的对待的权利

10. 在整个司法过程中应当以关爱和敏感的态度对待儿童被害人和证人，考虑到他们的个人处境和紧迫需要、年龄、性别、伤残情况和成熟程度，并充分尊重他们的身体、精神和道德的完整性。

11. 每个儿童都应当被当作有个人需要、意愿和情感的个人来对待。

12. 在为确保司法过程的公平和公正结果而必须保持证据收集工作高标准的同时，应当将对儿童私生活的干涉限制到最低必要程度。

13. 为了避免给儿童造成更多的痛苦，应当由受过训练的专业人员以敏感的、尊重人的和周密的方式进行面谈、检查和其他形式的调查。

14. 本准则中所说明的所有互动均应在考虑到儿童特殊需要的适当环境中根据儿童的能力、年龄、智力成熟程度和不断变化的行为能力以具有儿童敏感性的方式进行。它们还应当以一种儿童能够使用并且理解的语言进行。

六、免受歧视的权利

15. 儿童被害人和证人应当享有利用司法过程的权利，使其受到保护，不遭受基于儿童的、父母的或法定监护人的种族、肤色、性别、语言、宗教、政治或其他见解、民族、族裔或社会出身、财产、伤残、出生或其他身份的歧视。

16. 向儿童被害人和证人及其家庭提供的司法过程和支助服务应当以敏感的态度对待儿童的年龄、愿望、理解、性别、性趋向、种族、文化、宗教、语言和社会背景、种姓、社会经济条件以及移民或难民地位，同时还应以敏感的态度注意到儿童的特殊需要，包括健康、能力和行为能力。专业人员应当接受有关这些差别的培训和教育。

17. 在某些情况下，有必要提供考虑到性别和某些针对儿童的犯罪（例如涉及儿童的性侵犯）的不同性质的特别服务和保护。

18. 年龄不应当是儿童有权充分参与司法过程的障碍。每个儿童都应当被当作有行为能力的证人，但须经过检查，而且只要其年龄和成熟程度使其无论是否获得辅助交流的手段和其他援助都能提供让人明白而可信的证词，即不得仅以儿童的年龄为由而推定其证词为无效和不可信。

七、获知权

19. 儿童被害人和证人、他们的父母或监护人和法律代表从第一次与司法过程打交道而且在整个司法过程中都应当被迅速而充分地告知以下方面的情况，但以可行和恰当为限：

（a）是否提供健康、心理、社会和其他有关方面的服务以及利用这些服务并在适当情况下获得法律或其他咨询或代理、赔偿和紧急资助的途径；

（b）成年和少年刑事司法程序，包括儿童被害人和证人的作用，提供证据的重要性、时机和方式，以及在侦查和审判期间进行“诘问”的方式；

（c）为儿童提出申诉和参与侦查和法院程序而提供的现有支助机制；

（d）庭审和其他相关步骤的具体地点和时间；

（e）是否提供保护措施；

（f）对影响儿童被害人和证人的判决进行复审的现有机制；

（g）根据《儿童权利公约》和《为罪行和滥用权力行为受害者取得公理的

基本原则宣言》儿童被害人和证人享有的相关权利。

20. 此外，儿童被害人、他们的父母或监护人和法律代表应当被迅速而充分地告知以下方面情况，但以可行和恰当为限：

（a）具体案件的进展情况和处理情况，包括被指控人的逮捕和拘押情况以及此种情况即将发生的任何变化、检察机关的决定和审判后的有关变化发展以及案件的结果；

（b）通过司法过程、通过替代的民事诉讼程序或通过其他渠道从罪犯或从国家获得赔偿的现有机会。

八、表达意见和关切的权利

21. 专业人员应当尽一切努力使儿童被害人和证人能够就其参与司法过程有关的问题表达自己的看法和关切，其办法包括：

（a）确保就上文第 19 段中提出的事项听取儿童被害人并在适当情况下听取证人的意见；

（b）确保儿童被害人和证人能够自由地并以其自己的方式就其参与司法过程、他们对涉及被告的安全问题的关切、他们愿意提供证词的方式以及他们对司法过程结论的感受表达其看法和关切；

（c）适当考虑到儿童的看法和关切，如果专业人员和其他相关者无法满足这些关切，应向儿童解释原因。

九、获得有效援助的权利

22. 儿童被害人和证人以及在适当情况下他们的家庭成员应当有权利用按

下文第 40 至 42 段所述接受过相关培训的专业人员提供的援助。这种援助可以包括各方面的援助和支助服务，例如资金、法律、咨询、健康、社会和教育方面的服务，生理和心理恢复服务以及儿童重返社会所需要的其他服务。所有这些援助都应考虑到儿童的需要并使其能够有效地参与司法过程的各个阶段。

23. 在协助儿童被害人和证人时，专业人员应当尽一切努力协调各种支助服务，以使儿童不受到过多的干预。

24. 儿童被害人和证人应当从儿童被害人 / 证人专家等支助人员那里接受援助，这种援助应从最初报案时开始并一直延续到不再需要此种服务为止。

25. 专业人员应当制定并采取各种措施，以使儿童更易于提供证词或提供证据，从而加强审判前阶段和审判阶段的沟通和理解。这些措施可以包括：

（a）儿童被害人和证人方面的专家考虑儿童的特殊需要；

（b）包括专家在内的支助人员和适当的家庭成员在儿童出庭作证期间陪伴儿童；

（c）必要时指定监护人保护儿童的法律权益。

十、隐私权

26. 儿童被害人和证人的隐私应当作为首要事项得到保护。

27. 对儿童参与司法过程的情况应当加以保护。为此可以采取的做法包括保密和限制披露某些可能导致在司法过程中认出成为被害人和证人的儿童的情况。

28. 应当采取措施保护儿童，以免发生将其不恰当地暴露给公众的情况，例如，可在国家法律允许的情况下限制公众和媒体在儿童出庭作证期间进入法庭。

十一、在司法过程中免受痛苦的权利

29. 专业人员应当采取措施，防止在侦破、侦查和起诉过程中造成痛苦，以便确保儿童被害人和证人的最大利益和尊严得到尊重。

30. 专业人员应当以敏感的态度对待儿童被害人和证人，以便：

（a）为儿童被害人和证人提供支助，包括在符合儿童的最大利益的情况下在儿童参与司法过程的整个期间陪伴儿童；

（b）就司法过程提供确切性，包括以尽量确切的方式使儿童被害人和证人清楚地了解司法过程中预期发生的事情；儿童参与庭审和审判，应当提前安排，并应尽力确保儿童与同其打交道的专业人员之间的关系在整个过程中具有连续性；

（c）确保在可行情况下尽快进行审判，除非延误符合儿童的最大利益；对涉及儿童被害人和证人的犯罪的侦查也应从速进行，而且应当订有关于从速处理涉及儿童被害人和证人的案件的程序、法律或法院规则；

（d）使用注意儿童敏感性的程序，包括专门为儿童设计的面谈室、在同一地点为儿童被害人配备的多学科综合服务、照顾儿童证人需要而重新配置的法院环境、儿童出庭作证期间休庭、在白天适合儿童年龄和成熟程度的时间安排庭审、确保儿童只在必要时出庭的适当的通知制度以及其他有利于儿童出庭作证的适当措施。

31. 专业人员还应采取措施：

（a）限制面谈次数：应当采用特别程序向儿童被害人和证人取证，以减少面谈、陈述、庭审，特别是与司法过程的不必要接触的次数，采取的办法包括使用事先录制的录像；

（b）在与法律制度不抵触并且适当尊重辩护权的情况下，确保儿童被害人和证人不受到被指控的加害人的盘问：如有必要，应当在被指控的加害人看不到儿童被害人和证人的情况下对儿童被害人和证人进行面谈和法庭诘问，并应提供单独的法院等候室和专用面谈区；

（c）确保对儿童被害人和证人的诘问以注意儿童敏感性的方式进行，同时允许法官行使监督权，便利作证并减少可能的恐吓，为此采取的办法包括使用取证辅助手段或指定心理学专家。

十二、安全受保护的权利

32. 如果儿童被害人和证人的安全可能有危险，应当采取适当措施，要求将这些安全风险报告给有关当局，并在司法过程之前、期间和之后保护儿童免遭此种风险。

33. 与儿童被害人和证人接触的专业人员，如果怀疑被害人或证人已经、正在或可能受到伤害，必须立即向有关当局报告。

34. 应当对专业人员进行察觉和防止对儿童被害人和证人的恐吓、威胁和伤害的培训。如果儿童被害人和证人有可能成为恐吓、威胁或伤害的目标，即应提供适当条件确保儿童的安全。这种保障措施可以包括：

（a）在司法过程的任何期间避免儿童被害人和证人与被指控的加害人直接接触；

（b）使用法院下达的限制令并辅之以登记制度；

（c）下令对被告实行审前拘留并规定“不许接触”的特别保释条件；

（d）对被告实行软禁；

（e）在可能和适当的情况下，警方或其他有关机构对儿童被害人和证人提供保护，并确保其行踪不被泄露。

十三、获得赔偿的权利

35. 只要有可能，儿童被害人应当获得赔偿，以便实现充分补救、重返社会和恢复。获得和强制执行赔偿的程序应当通俗易懂并注意儿童敏感性。

36. 在有关程序注意儿童敏感性和尊重本准则的情况下，应当鼓励刑事诉讼程序与赔偿程序两者相结合的做法，同时配合恢复性司法等非正规和社区司法程序。

37. 赔偿金可以包括刑事法院命令罪犯给予的补偿金、由国家管理的被害人赔偿方案提供的资助以及民事诉讼程序下令偿付的赔偿金。如有可能，应当考虑到重返社会和学校、治疗、精神保健和法律服务方面的费用。还应当建立程序，确保强制执行赔偿令和在支付罚金之前支付赔偿金。

十四、要求采取特别防范措施的权利

38. 除了为所有儿童制定的防范措施之外，还应为特别容易被再次加害或侵犯的儿童被害人和证人制定特别战略。

39. 对于存在着儿童被害人可能再次被害的风险的情形，专业人员应当制定和实施有具体针对性的综合战略和干预措施。这些战略和干预措施应当考虑到受害情形的性质，包括与家庭中的虐待行为、性剥削行为、机构环境下的虐待行为和贩运有关的受害情形。这些战略可以考虑到基于政府、街道和市民倡议的战略。

十五、执　行

40. 应当向与儿童被害人和证人接触的专业人员提供适当培训、教育和信息，以期改进和持久地采用专门的方法、做法和态度，有效而敏感地保护和应对儿童被害人和证人。

41. 专业人员应当接受培训，包括在专门机构和服务部门接受培训，以便有效地保护和满足儿童被害人和证人的需要。

42. 这种培训应当包括下述方面：

（a）包括儿童权利在内的有关人权规范、准则和原则；

（b）专业人员职务的准则和道德职责；

（c）发现针对儿童犯罪的迹象和征兆；

（d）危机评价技能和方法，包括转诊方法，侧重于保密需要；

（e）针对儿童的犯罪所造成的影响、后果（包括生理和心理方面的不利影响）和创伤；

（f）旨在协助儿童被害人和证人参与司法过程的特别措施和方法；

（g）跨文化和年龄相关的语言、宗教、社会和性别问题；

（h）成年人与儿童沟通的有关技巧；

（i）可尽量减少对儿童的任何创伤，同时又可尽量提高儿童提供的情况的质量的面谈和评价方法；

（j）以富有敏感性、通情达理、有建设性和令人感到宽慰的方式与儿童被害人和证人打交道的技巧；

（k）保护和出示证据以及诘问儿童证人的方法；

（l）与儿童被害人和证人打交道的专业人员的作用和所使用的方法。

43. 专业人员应当尽力采取一种多学科和协作办法，协助儿童熟悉各种可利用的服务，例如被害人支助、维护、经济资助、咨询、教育、健康、法律和社会服务等。这种办法可以包括为司法过程的不同阶段制定的规程，以鼓励向儿童被害人和证人提供服务的各种实体之间开展合作，并进行有在同一地点工作的警察、检察官、医疗、社会服务人员以及心理学人员参加的其他形式的多学科工作。

44. 应当在国家和国际一级加强各国之间的国际合作以及社会不同部门之间的合作，包括为便利收集和交换信息以及为侦破、侦查和起诉涉及儿童被害人和证人的跨国犯罪而相互提供援助。

45. 专业人员应当考虑以本准则为依据制订旨在协助儿童被害人和证人参

与司法过程的法律和书面政策、标准和程序。

46. 应当允许专业人员与司法过程中的其他机构一道定期审查和评价其对确保保护儿童权利和有效执行本准则所发挥的作用。

2005 年 7 月 22 日第 36 次全体会议

消除对妇女的暴力行为宣言

联合国大会 1994 年 2 月 23 日第 48/104 号决议通过

大会，

认识到迫切需要使人人享有平等、安全、自由、人格完整和尊严的权利和原则普遍适用于妇女，

注意到这些权利和原则已庄严载入各项国际文书之中，这些国际文书包括：《世界人权宣言》《公民权利及政治权利国际公约》《经济、社会及文化权利国际公约》《消除对妇女一切形式歧视公约》和《禁止酷刑和其他残忍、不人道或有辱人格的待遇或处罚公约》，

认识到有效实施《消除对妇女一切形式歧视公约》将有助于消除对妇女的暴力行为，并认识到本决议所载《消除对妇女的暴力行为宣言》将是对这一进程的加强和补充，

关切地认为对妇女的暴力行为是实现《提高妇女地位内罗毕前瞻性战略》中所确认的平等、发展与和平的障碍，该《战略》为打击对妇女的暴力行为提出了一整套措施，同时，对妇女的暴力行为也是充分实施《消除对妇女一切形式歧视公约》的障碍，

申明对妇女的暴力行为侵犯了妇女的人权和基本自由，也妨碍或否定了妇女享有这些人权和自由，并关切地看到在有关对妇女的暴力行为方面长期未能保护和促进这些权利和自由，

认识到对妇女的暴力行为是历史上男女权力不平等关系的一种表现，此种不平等关系造成了男子对妇女的支配地位和歧视现象，并妨碍了她们的充分发展，还认识到对妇女的暴力行为是严酷的社会机制之一，它迫使妇女陷入从属

于男子的地位，

关切地注意到属于少数群体的妇女、土著民族妇女、难民妇女、移徙妇女、居住在农村社区或边远社区的妇女、贫困妇女、被收容或被拘留的妇女、女童、残疾妇女、老年妇女和武装冲突情况下的妇女等一些妇女群体特别易受暴力行为的伤害，

忆及经济及社会理事会1990年5月24日第1990/15号决议附件第23段，其中承认家庭中和社会上对妇女施加暴力的现象普遍存在，而且不分收入、阶级和文化界线，必须相应采取紧急而有效的步骤来消除此种现象，

又忆及经济及社会理事会1991年5月30日第1991/18号决议，其中理事会建议拟定一项国际文书框架，明确正视对妇女的暴力问题，

欢迎妇女运动在提醒人们更多地注意对妇女的暴力问题的性质、严重性和程度方面所发挥的作用，

震惊地看到使妇女在社会上获得法律、社会、政治和经济平等的机会受到特别是连续发生的地方性暴力行为的限制，

深信鉴于以上情况，有必要明确而全面地确定对妇女的暴力行为的定义，明确阐述为确保消除对妇女的一切形式暴力而应予执行的权利，各国应就其责任作出承诺，整个国际社会也应作出承诺，致力于消除对妇女的暴力，

庄严宣布下述《消除对妇女的暴力行为宣言》，并敦促作出一切努力，使之广为人知并获得尊重：

第1条

为本《宣言》的目的，“对妇女的暴力行为”一词系指对妇女造成或可能造成身心方面或性方面的伤害或痛苦的任何基于性别的暴力行为，包括威胁进行这类行为、强迫或任意剥夺自由，而不论其发生在公共生活还是私人生活中。

第2条

对妇女的暴力行为应理解为包括但并不仅限于下列各项：

（a）在家庭内发生的身心方面和性方面的暴力行为，包括殴打、家庭中对女童的性凌虐、因嫁妆引起的暴力行为、配偶强奸、阴蒂割除和其他有害于妇女的传统习俗、非配偶的暴力行为和与剥削有关的暴力行为；

（b）在社会上发生的身心方面和性方面的暴力行为，包括强奸、性凌虐、在工作场所、教育机构和其他场所的性骚扰和恫吓、贩卖妇女和强迫卖淫；

（c）国家所做或纵容发生的身心方面和性方面的暴力行为，无论其在何处发生。

第3条

妇女有权在政治、经济、社会、文化、公民或其他任何领域平等享有所有人权和基本自由，这些人权和自由并应受到保护。这些权利尤其包括：

（a）生命权利；

（b）平等权利；

（c）自由和人身安全的权利；

（d）受法律平等保护的权利；

（e）不受一切形式歧视的权利；

（f）身心健康方面达到其所能及的最高标准的权利；

（g）得到公正和有利的工作条件的权利；

（h）不受酷刑或其他残忍、不人道或有辱人格待遇或处罚的权利。

第4条

各国应谴责对妇女的暴力行为，不应以任何习俗、传统或宗教考虑为由逃避其对消除这种暴力行为的义务。各国应以一切适当手段尽快采取政策消除对妇女的暴力行为，为此目的：

（a）如尚未批准或加入《消除对妇女一切形式歧视公约》者，应考虑批准或加入该《公约》或撤销其对该《公约》的保留；

（b）应避免对妇女施加暴力；

（c）应作出适当努力，防止、调查并按照本国法律惩处对妇女施加暴力的行为，无论是由国家或私人所施加者；

（d）应在本国法律中拟定刑事、民事、劳动或行政处分规定，以惩罚和纠正使妇女受到暴力伤害的错误行为；应为遭受暴力行为的妇女提供运用司法机制的机会，并根据国家立法的规定为受到伤害的妇女提供公正而有效的补救办法；各国还应使妇女了解通过这种机制寻求补救的各项权利；

（e）应考虑是否可能拟定国家行动计划，用以促进对妇女的保护，使其免受任何形式暴力的伤害，或者在现有的计划中列入这方面的规定，为此，应酌情考虑一些非政府组织，特别是关注对妇女的暴力行为问题的非政府组织所可提供的合作；

（f）应全面拟定能促进保护妇女免受任何形式暴力行为伤害的预防性方法和各种法律、政治、行政及文化性质的措施，并确保不致因法律、执法方式或其他干预行动方面缺乏性别敏感性而出现使妇女再次受伤害的情况；

（g）应在其现有资源允许范围内并酌情在国际合作的基础上，尽最大努力确保使遭受暴力的妇女以及必要时使其子女得到专门援助，诸如康复、协助照料和扶养子女、治疗、指导、保健和社会服务、设施和方案以及支助结构等，并应采取其他一切有助于其安全和身心康复的适当措施；

（h）应在政府预算中拨出足够资源，用于与消除对妇女的暴力行为有关的活动；

（i）应采取措施，确保负责执行政策以防止、调查和惩办对妇女的暴力行为的执法人员和政府官员受到培训，使之对妇女的需要保持敏感；

（j）应采取各种适当措施，特别是教育方面的措施，以改变有关男女行为的社会和文化模式，消除基于男尊女卑或女尊男卑思想和基于男女角色的陈规定型观念的偏见、风俗和其他各种习俗；

（k）应促进针对普遍存在的对妇女的各种形式暴力行为，尤其是有关家庭暴力行为而进行的研究、数据收集和统计资料汇编，并应鼓励研究探讨对妇女的暴力行为的原因、性质、严重程度及后果，以及研究为防止和纠正对妇女的暴力行为而实行的措施的有效性；此类研究的统计资料和调查结果应予以公布；

（l）应采取措施，消除对特别易受到暴力伤害的妇女施加暴力的现象；

（m）在遵照联合国有关的人权文书的规定提交报告时，应列入有关对妇女的暴力行为和执行本《宣言》采取的措施的资料；

（n）应鼓励拟定有助于执行本《宣言》所载原则的适当准则；

（o）应确认全世界妇女运动和非政府组织在提高认识和缓解对妇女的暴力行为问题上所起的重要作用；

（p）应促进并加强妇女运动和非政府组织的工作，并应在地方、国家和区域各级与其开展合作；

（q）应鼓励本国为其成员的政府间区域组织酌情将消除对妇女的暴力行为问题纳入其方案。

第5条

联合国系统各机关和专门机构应在各自主管的领域促进本《宣言》所载的权利和原则得到确认和实现；为此目的，尤其应当做到：

（a）促进国际和区域合作，以确定杜绝暴力行为的区域战略、交流经验并为有关消除对妇女的暴力行为的方案筹措资金；

（b）举办各类会议和讨论会，以期启发所有人对于消除对妇女暴力行为问题的认识；

（c）促进联合国系统内人权条约机构之间的协调和交流，以期有效地解决对妇女的暴力行为问题；

（d）在联合国系统各组织和机构编制的诸如世界社会状况定期报告的社会趋势和问题分析中，列入审查对妇女的暴力行为的趋势的内容；

（e）鼓励联合国系统各组织和机构之间的协调，以期将对妇女的暴力问题纳入实施中的各项方案，尤其应注意那些特别易受到暴力伤害的妇女群体；

（f）促进制定有关对妇女的暴力行为的准则或手册，其中应考虑到本《宣言》所述各项措施；

（g）在履行其贯彻执行人权文书的职责时，酌情考虑消除对妇女的暴力行为的问题；

（h）与非政府组织合作，共同解决对妇女的暴力行为问题。

第6条

本《宣言》任何部分均不应影响任何国家的立法或某一国家内现行的任何国际公约、条约或其他文书中所可能载列的更有助于消除对妇女的暴力行为的任何规定。

联合国关于女性囚犯待遇和女性罪犯非拘禁措施的规则（曼谷规则）

联合国大会2010年12月21日第65/229号决议通过

大会，

回顾主要涉及囚犯待遇的联合国预防犯罪和刑事司法标准和准则，特别是《囚犯待遇最低限度标准规则》、切实实施《囚犯待遇最低限度标准规则》的程序、《保护所有遭受任何形式拘留或监禁的人的原则》以及《囚犯待遇基本原则》，

又回顾主要涉及替代监禁措施的联合国预防犯罪和刑事司法标准和准则，特别是《联合国非拘禁措施最低限度标准规则》（东京规则）和《刑事事项中使用恢复性司法方案的基本原则》，

还回顾其2003年12月22日第58/183号决议，其中大会请各国政府、相关国际机构和区域机构、国家人权机构和非政府组织加倍注意女性囚犯包括女性囚犯的子女的问题，以查明关键问题和解决问题的方法，

考虑到《东京规则》中规定的替代监禁措施，并考虑到触及刑事司法制度的女性的性别特殊性及因而需要优先考虑对她们适用非拘禁措施，

记及大会2006年12月19日第61/143号决议，其中敦促各国除其他外采取积极措施，解决造成暴力侵害妇女行为的结构性根源问题，加强预防工作，消除歧视性的做法和社会规范，包括在制定反暴力政策时考虑到需要予以特别关注的妇女，如狱中妇女或在押妇女，

又记及其2008年12月24日第63/241号决议，其中大会吁请所有国家注意父母在押和被监禁对儿童产生的影响，特别是确定并推广关注受父母在押和

服刑所影响的婴儿和儿童的需要及其身体、情感、社会和心理发展的良好做法，

考虑到《关于犯罪与司法：迎接二十一世纪的挑战的维也纳宣言》，其中会员国除其他外承诺将根据女性囚犯和女性罪犯的特殊需要，制订着眼于行动的政策建议，以及实施《维也纳宣言》的行动计划，

提请注意《关于协作与对策：建立预防犯罪和刑事司法战略联盟的曼谷宣言》，因为它专门涉及在押及拘禁和非拘禁环境中的妇女，

回顾会员国在《曼谷宣言》中建议预防犯罪和刑事司法委员会考虑审议与监狱管理和囚犯有关的标准和准则是否充分，

注意到联合国人权事务高级专员提出的将2008年10月6日至12日指定为被拘押者尊严和正义周的倡议，其中特别强调妇女和女孩的人权，

考虑到女性囚犯是具有特殊需要和要求的脆弱群体之一，

意识到世界各地现有的许多监狱设施主要是为男性囚犯设计，而过去这些年来女性囚犯人数有了显著增加，

承认一些女性罪犯并不对社会构成危险，与所有罪犯一样，对她们实行监禁可能会使她们更加难以重新融入社会，

欢迎联合国毒品和犯罪问题办公室编写《妇女与监禁问题监狱管理者和政策制订者手册》，

又欢迎人权理事会2009年3月25日第10/2号决议邀请各国政府、相关国际机构和区域机构、国家人权机构和非政府组织更多关注狱中妇女和女孩问题，包括与狱中妇女的子女有关的问题，以期查明和处理与这个问题有关的特定性别方面和挑战，

还欢迎世界卫生组织欧洲区域办事处与联合国毒品和犯罪问题办公室之间的协作，并注意到《关于狱中妇女健康问题基辅宣言》，

表示注意到《关于替代性儿童照料的导则》，

回顾预防犯罪和刑事司法委员会2009年4月24日第18/1号决议，其中委员会请联合国毒品和犯罪问题办公室执行主任在2009年召开一次不限成员名额政府间专家组会议，按照《囚犯待遇最低限度标准规则》和《东京规则》，制定针对在押及拘禁和非拘禁环境中妇女待遇的补充规则，欢迎泰国政府提出

担任东道主承办专家组会议，并请专家组会议向随后于2010年4月12日至19日在巴西萨尔瓦多举行的第十二届联合国预防犯罪和刑事司法大会提交专家组会议工作成果，

又回顾第十二届联合国预防犯罪和刑事司法大会的四次区域筹备会议均欢迎制定一套针对在押及拘禁和非拘禁环境中妇女待遇的补充规则，

还回顾《关于应对全球挑战的综合战略：预防犯罪和刑事司法系统及其在变化世界中的发展的萨尔瓦多宣言》，其中会员国建议预防犯罪和刑事司法委员会作为优先事项审议《联合国关于女性囚犯待遇和女性罪犯非拘禁措施的规则》草案，以便采取适当行动，

1. 表示赞赏地注意到制定针对在押及拘禁和非拘禁环境中妇女待遇补充规则的专家组于2009年11月23日至26日在曼谷举行的会议中所开展的工作和该会议的成果；

2. 表示感谢泰国政府担任东道主承办专家组会议和为举办该会议所提供的财政支持；

3. 通过本决议所附的《联合国关于女性囚犯待遇和女性罪犯非拘禁措施的规则》，并核可第十二届联合国预防犯罪和刑事司法大会关于该规则应称作《曼谷规则》的建议；

4. 承认，鉴于世界各地的法律、社会、经济和地理条件有很大差异，不能在所有地方和所有时间同样适用所有这些规则；但认识到这些规则在整体上代表着全球的愿望，有助于改善女性囚犯及其子女和社区的境况这一共同目标，故应当有助于推动作出持续努力，克服规则适用中的实际困难；

5. 鼓励会员国制定立法，确立替代监禁措施，并优先考虑为这种制度提供经费，以及发展实施这一制度所需的机制；

6. 鼓励已经制定关于狱中妇女或关于女性罪犯替代监禁措施的立法、程序、政策或做法的会员国，将信息提供给其他国家和相关的国际、区域和政府间组织及非政府组织，并协助它们制订和开展关于这些立法、程序、政策或做法的培训或其他活动；

7. 邀请会员国在制定相关立法、程序、政策和行动计划时考虑到女性囚犯

的特殊需要和现实，并酌情参考《曼谷规则》；

8. 又邀请会员国酌情收集、保持、分析并公布关于狱中妇女和女性罪犯的具体数据；

9. 强调在判决或决定对怀孕妇女或儿童的唯一或主要养育人实行审前措施时，在可能和适当情况下，优先选用非拘禁措施，只有在严重犯罪或暴力犯罪的情况下才考虑拘禁判决；

10. 请联合国毒品和犯罪问题办公室根据请求向会员国提供技术援助和咨询服务，以便酌情制定或加强关于狱中妇女和女性罪犯替代拘禁措施的立法、程序、政策和做法；

11. 又请联合国毒品和犯罪问题办公室酌情采取步骤，确保广泛传播作为《囚犯待遇最低限度标准规则》和《联合国非拘禁措施最低限度标准规则》（东京规则）的补充文件的《曼谷规则》，并确保加强这一领域的宣传活动；

12. 还请联合国毒品和犯罪问题办公室在向各国提供相关援助中加强与联合国其他相关实体、政府间组织和区域组织及非政府组织的合作，并查明各国的需要和能力，以加强国家对国家的合作和南南合作；

13. 邀请联合国系统各专门机构和相关的政府间和非政府区域和国际组织参与实施《曼谷规则》；

14. 邀请会员国和其他捐助方根据联合国的规则和程序，为此目的提供预算外捐助。

附　件

联合国关于女性囚犯待遇和女性罪犯非监禁措施的规则（曼谷规则）初步意见

1.《囚犯待遇最低限度标准规则》，一视同仁地适用于所有囚犯；因此，在适用中应考虑包括女性囚犯在内所有囚犯的具体需要和实际情况。然而，《规则》系50多年前通过，并未对妇女的特殊需要予以足够关注。随着全世界女性囚犯人数的增加，需要进一步阐明在女性囚犯待遇方面应予考虑的事项，这已日益重要和迫切。

2. 由于认识到需要就适用于女性囚犯和女性罪犯的特有考虑因素提供全球标准，同时考虑到联合国不同机构通过的一系列相关决议，其中要求联合国会员国适当回应女性罪犯和女性囚犯的需要，故此制定本规则，以期在女性囚犯待遇和女性罪犯替代监禁措施方面，适当地补充和增补《囚犯待遇最低限度标准规则》和《联合国非拘禁措施最低限度标准规则》（东京规则）。

3. 本规则决非要取代《囚犯待遇最低限度标准规则》或《东京规则》，因此，这两套规则所载的所有相关规定继续无歧视地适用于所有囚犯和罪犯。本规则的某些规定进一步阐明了《囚犯待遇最低限度标准规则》和《东京规则》中适用于女性囚犯和罪犯的现有规定，而另一些规定则涉及新的领域。

4. 这些规则是在联合国相关各项公约和宣言所载原则启发下制定，因此符合现有国际法的规定。这些规则所面向的是参与实行非拘禁惩处措施和社区措施的监狱管理部门和刑事司法机关（包括决策者、立法者、检察部门、司法部门和缓刑执行部门）。

5. 联合国在各种不同场合强调了关于处理女性罪犯情形的具体要求。例如，1980年，第六届联合国预防犯罪和罪犯待遇大会通过了一项关于女性囚犯具体需要的决议，其中建议，在执行第六届联合国预防犯罪和罪犯待遇大会所通过的与罪犯待遇直接或间接相关的决议时，应认识到女性囚犯的特殊问题，并应认识到需要提供解决问题的方法；尚未向女性罪犯提供与男性罪犯同等的作为替代监禁措施使用的方案和服务的国家，应着手提供；联合国、政府组织和在联合国具有咨商地位的非政府组织以及所有其他国际组织，应做出持续努力，以确保在拘捕、审判、判刑和监禁女性罪犯期间给予她们公正和平等待遇，并应特别注意女性罪犯所遇到的特殊问题，例如怀孕和照料子女。

6. 第七届、第八届和第九届预防犯罪和罪犯待遇大会也提出了有关女性囚犯的具体建议。

7. 第十届预防犯罪和罪犯待遇大会通过了《关于犯罪与司法：迎接二十一世纪的挑战的维也纳宣言》，其中会员国承诺在联合国预防犯罪和刑事司法方案范围内以及在国家预防犯罪和刑事司法战略范围内，考虑并解决方案和政策对男女产生的不同影响（第 11 段）；并根据女性囚犯和罪犯的特殊需要，制定着眼于行动的政策建议（第 12 段）。实施《维也纳宣言》的行动计划中单独有一节（第十三节）专门讨论所建议的具体措施以进一步落实《宣言》第 11 段和第 12 段中所做承诺，其中包括各国按照本国法律制度审查、评估并在必要情况下修改国内有关刑事事项的立法、政策、程序和做法，以确保妇女受到刑事司法系统的公平对待。

8. 联合国大会在其题为“司法行政领域的人权问题”的 2003 年 12 月 22 日第 58/183 号决议中，呼吁加倍注意女性囚犯包括女性囚犯子女的问题，以查明关键问题和解决问题的方法。

9. 联合国大会在其题为“加紧努力消除一切形式暴力侵害妇女行为”的 2006 年 12 月 19 日第 61/143 号决议中，强调“暴力侵害妇女行为”是指对妇女造成或可能造成身心方面或性方面的伤害或痛苦的任何基于性别的暴力行为，包括任意剥夺自由，不论其发生在公共生活或私人生活中，并敦促会员国审查并酌情修订、修正或废除一切歧视妇女或者对妇女具有歧视性影响的法律、条例、政策、做法和惯例，如果存在多种法律制度，确保这些制度的规定符合国际人权义务、承诺和原则，包括不歧视原则；采取积极措施，解决造成暴力侵害妇女行为的结构性根源问题，加强预防工作，消除歧视性做法和社会规范，包括对于那些需要特别关注的妇女，例如被监禁或被拘留的妇女；同时为执法人员和司法人员提供有关两性平等和妇女权利的培训和能力建设。该决议确认了暴力侵害妇女行为对触及刑事司法制度的妇女具有特定影响这一事实，并确认她们在监禁期间免遭侵害的权利。身心安全对于确保女性罪犯的人权以及改善她们的最终处境至关重要。本规则考虑到了这方面的问题。

10. 最后，在 2005 年 4 月 25 日第十一届联合国预防犯罪和刑事司法大会通过的《关于协作与对策：建立预防犯罪和刑事司法战略联盟的曼谷宣言》中，会员国宣布致力于发展和维护公正有效的刑事司法制度，包括根据适用的国际标准，对所有关押在审前拘押所和教改所里的人给予人道待遇（第 8 段）；会员国建议预防犯罪和刑事司法委员会考虑审查与监狱管理和囚犯有关的标准和规范的适足性（第 30 段）。

11. 正如与《囚犯待遇最低限度标准规则》一样，鉴于世界各地的法律、社会、经济和地理状况存在很大差异，下文的规则显然不能在所有地方、所有时间都同样适用。然而，这些规则应能激励人们不断努力，以克服在如何适用方面的实际困难，因为这些规则在整体上代表了全球的愿望，联合国认为由此可实现改善女性囚犯、她们的子女以及她们社区的最终处境这一共同目标。

12. 本规则主要涉及妇女及其子女的需要，但有一些涉及男女囚犯都适用的问题，例如有关父母亲责任、某些医疗服务、搜查程序等问题。不过，由于关注的重点包括在狱中服刑的母亲的子女，因此需要认识到父母双方在子女的生活中扮演的重要角色。有鉴于此，本规则中有些规则将同样适用于身为人父的男性囚犯和罪犯。

导　　言

13. 以下规则决非是要取代《囚犯待遇最低限度标准规则》和《东京规则》。因此，这两套规则所载的所有规定继续无歧视地适用于所有囚犯和罪犯。

14. 本规则第一节事关相关机构的一般管理，适用于被剥夺自由的所有各类妇女，包括刑事或民事、未经审判或已判刑的女性囚犯，以及法官命令接受“安全措施”或惩教措施的妇女。

15. 第二节所载规则只适用于每一分节所涉的特定类别。然而，A 分节下适用于被判刑囚犯的规则，应同样适用于 B 分节所涉及的囚犯类别，但前提是这些规则与管辖这类妇女的规则并不冲突，并且对她们有利。

16. A 分节和 B 分节都规定了有关少年女性囚犯待遇的额外规则。但必须指出，需要按照国际标准，尤其是《联合国少年司法最低限度标准规则》（北京规则）、《联合国预防少年犯罪准则》（利雅得准则）、《联合国保护被剥夺自由少年规则》以及《刑事司法系统中儿童问题行动指南》，单独拟订有关这类囚犯待遇和重新融入社会的战略和政策，同时应尽最大可能避免实行监禁。

17. 第三节载有关于对女性和少年女性罪犯适用非拘禁惩处和措施的规则，包括关于刑事司法程序中拘捕、审前、判决和判决后这些阶段的规则。

18. 第四节载有关于研究、规划、评价、提高公众认识和交流信息的规则，适用于本规则所涵盖的所有各类女性罪犯。

一、普遍适用规则

1. 基本原则

［补充《囚犯待遇最低限度标准规则》规则 6］

规则 1

为了将《囚犯待遇最低限度标准规则》规则 6 中所体现的不歧视原则付诸实践，在适用本规则时应考虑女性囚犯的独特需要。不应将照顾这种需求以实现两性实质上的平等视为歧视性做法。

2. 收监

规则 2

1. 应适当关注妇女和儿童的收监程序，因为他们在这个时候尤易受到伤害。应为新入狱的女性囚犯提供便利，让她们与亲属取得联系；寻求法律咨询；了解监狱规则和规章、监狱制度，知道在需要其所通晓语言的帮助时向何处求助；如果系外国人，则还需为其提供寻求领事代表的便利。

2. 在收监之前和收监时，应允许负有养育子女责任的妇女为子女做好安排，考虑到儿童的最高利益，包括在可能情况下留出一段合理的暂不拘押时间。

3. 登记

［补充《囚犯待遇最低限度标准规则》规则 7］

规则 3

1. 被收监妇女的子女人数以及具体个人信息，应在收监之时加以记录。在不影响母亲权利的情况下，此类记录应至少包含子女的姓名、年龄，若不与母亲在一起，还应包含其住址及其受抚养或受监护状况。

2. 与这些子女身份相关的所有信息都应保密，此类信息的使用应始终遵守考虑到儿童最高利益这一要求。

4. 监狱分配

规则 4

应尽可能将女性囚犯分配至靠近其住家或者社会康复场所的监狱，考虑她们的养育责任，以及每个女性囚犯的个人倾向以及是否有适当的方案和服务。

5. 个人卫生

［补充《囚犯待遇最低限度标准规则》规则 15 和规则 16］

规则 5

女性囚犯的囚所应具备满足妇女特殊卫生需要所要求的设施和物品，包括免费提供卫生巾和正常供水以供儿童和妇女个人护理之用，尤其是对烹制食品的妇女和怀孕、哺乳或者例假时的妇女。

6. 医疗卫生服务

［补充《囚犯待遇最低限度标准规则》规则 22 至规则 26］

（a）入狱时体检

［补充《囚犯待遇最低限度标准规则》规则 24］

规则 6

女性囚犯的健康检查应包括全面检查，以确定初级保健需要，同时还应确定：（a）是否患有性传播疾病或血液传播疾病；视风险因素，还可为女性囚犯提供艾滋病毒检测，附带检测前及检测后咨询辅导；（b）心理保健需要，包括创伤后紧张错乱症及自杀和自残风险；（c）女性囚犯的生殖健康史，包括目前或最近是否怀孕、分娩以及任何相关的生殖健康问题；（d）是否存在药物依赖性；（e）在收监之前是否可能遭受性虐待以及其他形式的暴力侵犯。

规则 7

1. 如果诊断发现拘押前或拘押期间存在性虐待或者其他形式的暴力侵犯，应告知女性囚犯向司法部门求助的权利。应让女性囚犯充分了解相关的程序和步骤。如果女性囚犯同意采取法律行动，应通知有关人员并立即将案件报告主管部门进行调查。监狱管理部门应帮助此类妇女寻求法律援助。

2. 不论该妇女是否选择采取法律行动，监狱管理部门都应努力确保她可以立即得到专业的心理支助或咨询。

3. 应制定具体措施，以避免对提出如此报告或者采取法律行动的人实施任何形式的报复。

规则 8

应始终尊重女性囚犯的医疗保密权利，具体而言包括不分享信息和不接受生殖健康史检查的权利。

规则 9

如果女性囚犯有子女陪伴，该子女也应接受健康检查，最好是由儿童健康专家检查，以确定任何医治需要。应为其提供适当的保健服务，至少应等同社区提供的服务水平。

（b）与性别相关的保健

规则 10

1. 应为女性囚犯提供与性别相关的保健服务，至少应等同社区提供的服务水平。

2. 如果女性囚犯要求女性医生或护士对其进行检查或治疗，应尽可能为其安排女性医生或护士，急诊情况除外。如果违背女性囚犯的意愿由一名男性医务人员进行检查，在检查过程中应有一名女性工作人员在场。

规则 11

1. 在体检过程中只能有医护人员在场，除非医生认为存在异常情形，或者医生出于安保原因而要求一名监狱工作人员在场，或者如上文规则 10 第 2 款所述，该女性囚犯特别要求有一名工作人员在场。

2. 如果在体检过程中需要有非医务职能监狱工作人员在场，这类工作人员应是女性，并且进行体检时应保护隐私，保障尊严和保密。

（c）心理健康与护理

规则 12

应为监狱中或非拘押环境中需要心理保健的女性囚犯提供个性化、关注性别问题并且注意心灵创伤问题、全面的心理保健和康复方案。

规则 13

监狱工作人员应了解妇女何时会感到特别痛苦，以便对她们的状况感觉敏锐并确保为她们提供适当支助。

（d）艾滋病毒预防、治疗、护理和援助

规则 14

在制定惩戒机构应对艾滋病毒 / 艾滋病的方案和服务时，应注意妇女的具体需要，包括预防母婴传播。在此方面，监狱管理部门应鼓励和支持制定有关艾滋病毒预防、治疗和护理的同伴教育等举措。

（e）药物滥用治疗方案

规则 15

监狱保健服务部门应为女性药物滥用者提供专门的治疗方案，或为此类方案提供便利，其中应考虑到以往的受害情形、怀孕妇女以及有子女妇女的特殊需要以及她们的不同文化背景。

（f）预防自杀和自残

规则 16

与心理健康和社会福利机构协商制定和实施相应策略，预防女性囚犯自杀和自残，并应为有此风险者提供考虑到其性别特点的适当和专门支持，这应成为女子监狱心理健康综合政策的一部分。

（g） 预防保健服务

规则 17

女性囚犯应接受有关预防保健措施的教育和信息，包括预防艾滋病毒、性传播疾病和其他血液传播疾病以及妇女特有疾病。

规则 18

应为女性囚犯提供与社会中同龄妇女相同的特别针对妇女的预防保健措施，例如宫颈巴氏涂片以及乳癌和妇科癌检查。

7. 安全保障

［补充《囚犯待遇最低限度标准规则》规则 27 至规则 36］

（a）搜查

规则 19

应采取有效措施确保在进行人身搜查过程中女性囚犯的尊严和尊重得到维

护，人身搜查只能由受过适当搜查方法妥善培训的女性工作人员按照既定程序进行。

规则 20

应制定其他检查方法，例如扫描，以取代脱衣搜查和侵犯性的人身搜查，从而避免侵犯性的人身搜查带来的心理伤害和可能的身体影响。

规则 21

监狱工作人员在搜查狱中陪伴母亲的儿童以及探监儿童时，应表现出称职的能力、职业水准和敏感性，并应维护尊重和尊严。

（b）惩戒和处罚

［补充《囚犯待遇最低限度标准规则》规则 27 至规则 32］

规则 22

在监狱中不应对怀孕妇女、养育婴幼儿的妇女和哺乳母亲实施禁闭或惩戒性隔离等惩罚。

规则 23

对女性囚犯实施的惩戒性制裁不应包括禁止与家人联系，尤其是与子女联系。

（c）戒具

［补充《囚犯待遇最低限度标准规则》规则 33 和规则 34］

规则 24

绝不应对处于生产、分娩过程或者分娩不久后的妇女使用戒具。

（d）向囚犯提供信息和囚犯提出的投诉；检查

［补充《囚犯待遇最低限度标准规则》规则 35 和规则 36 及关于检查的规则 55］

规则 25

1. 应立即为报告受到虐待的女性囚犯提供保护、支持和咨询辅导，并应由独立的主管部门对其声称受到的虐待进行调查，同时充分尊重保密原则。保护措施应特别考虑到报复风险。

2. 遭受性虐待的女性囚犯，特别是因此而怀孕者，应得到适当的医疗咨询和辅导，并应向她们提供必要的身心保健、支持和法律援助。

3. 为了监测女性囚犯的拘押条件和待遇，巡视、探访或监督单位或监管机构中应包括女性成员。

8. 与外部世界的接触

［补充《囚犯待遇最低限度标准规则》规则 37 至规则 39］

规则 26

应通过一切合理方式鼓励和便利女性囚犯与其家人接触，包括与其子女以及子女监护人和法律代表接触。在可能情况下，应采取措施抵消拘押在离家较远监所中的女性面临的不便条件。

规则 27

在允许配偶探视的情况下，女性囚犯应能与男性平等地行使这一权利。

规则 28

涉及子女的探视，应在有利于创造良好探视经历的环境中进行，包括工作人员的态度，并应允许母亲和子女之间的公开接触。在可能情况下，应鼓励与子女接触时间较长的探视。

9. 监所工作人员和培训

［补充《囚犯待遇最低限度标准规则》规则 46 至规则 55］

规则 29

对受雇于女子监狱的工作人员进行的能力建设，应使他们能够应对女性囚犯重新融入社会的特殊需要，并能管理安全和有助改造的设施。女性工作人员的能力建设措施还应包括担任高层职务的机会，承担制定有关女性囚犯待遇和看管工作的政策和战略等重要职责。

规则 30

监狱管理机关中的管理层应作出明确的持续承诺，预防和处理对女性工作人员的性别歧视。

规则 31

应制定和实施关于监狱工作人员行为的明确政策和规章，目的是为女性囚犯提供最大限度的保护，使之免遭任何基于性别的言行暴力、虐待和性骚扰。

规则 32

监狱女性工作人员应能得到与男性工作人员平等的培训机会，所有参与女子监狱管理工作的工作人员都应接受关于性别敏感性和禁止歧视和性骚扰的培训。

规则 33

1. 分管女性囚犯的所有工作人员都应接受与女性囚犯的特殊需要和人权有关的培训。

2. 除急救和基本医疗知识外，还应为在女子监狱中工作的监狱工作人员提供与妇女健康主要问题有关的基本培训。

3. 在允许子女陪伴狱中母亲的情况下，还应为监狱工作人员提供关于儿童成长知识和儿童保健方面的基本培训，使他们能在需要时和紧急情况下适当应对。

规则 34

监狱工作人员的常规培训课程中应包括关于艾滋病毒问题的能力建设方案，作为其中的组成部分。除了艾滋病毒 / 艾滋病预防、治疗、护理和支持外，诸如性别和人权等问题也应成为培训课程的组成部分，重点应特别放在这些问题与艾滋病毒、耻化和歧视的关系上。

规则 35

监狱工作人员应接受培训，以便发现女性囚犯的心理保健需要及自残和自杀风险，并通过提供支持和将这类案例提交专家处理而给予援助。

10. 少年女性囚犯

规则 36

监狱管理部门应制定措施，满足少年女性囚犯的保护需要。

规则 37

少年女性囚犯应能平等享有为少年男性囚犯提供的教育和职业培训。

规则 38

少年女性囚犯应能得到与年龄和性别相适应的方案及服务，例如性虐待或暴力侵害问题的咨询。她们应接受有关妇女保健的教育，并应能如成年女性囚犯那样定期寻求妇科专家协助。

规则 39

怀孕的少年女性囚犯应得到与成年女性囚犯同等的支助和医疗护理。应由专科医生监测她们的健康状况，同时应考虑到由于她们的年龄关系，她们在怀孕期间产生健康问题的风险可能更大。

二、适用特殊类别的规则

A. 被判刑囚犯

1. 分类与个别考虑

［补充《囚犯待遇最低限度标准规则》规则 67 至规则 69］

规则 40

监狱管理人员应制定和实施分类方法，处理女性囚犯的特殊需要和状况，从而确保为这些囚犯的尽早改造、待遇和重新融入社会做出适当和个性化的规划并予以实施。

规则 41

对性别问题敏感的风险评估和囚犯分类应：

（a）考虑到女性囚犯对其他人构成的风险通常较低，高度保安措施和加强隔离会对女性囚犯产生特别有害的影响；

（b）在监所分配和服刑规划中考虑到女性囚犯背景的基本信息，例如她们可能经历过的暴力侵害、精神残疾和药物滥用历史，以及养育子女和其他照看责任；

（c）确保女性囚犯服刑计划中包括与她们的特殊需要相匹配的改造方案和服务；

（d）确保那些有着心理保健需要的人被安排在非限制性和保安级别尽可能低的环境中，并且得到适当的待遇，而不是仅仅由于她们的心理健康问题便把她们关押在保安级别较高的设施内。

2. 监狱制度

［补充《囚犯待遇最低限度标准规则》规则 65、规则 66 和规则 70 至规则 81］

规则 42

1. 女性囚犯应能参与均衡和全面的活动方案，其中应考虑到与性别相关的适当需要。

2. 监狱制度应具有足够灵活性，满足怀孕妇女、哺乳母亲以及带有子女的妇女的需要。监狱中应提供托儿设施或安排，使女性囚犯能够参与监狱活动。

3. 应作出特别努力，为怀孕妇女、哺乳母亲以及在监狱中带有子女的妇女提供适当安排。

4. 应作出特别努力，为有社会心理辅导需要特别是遭受过身心方面或性方面虐待的女性囚犯提供适当服务。

社会关系及出狱后关怀［补充《囚犯待遇最低限度标准规则》规则 79 至规则 81］

规则 43

监狱管理部门应鼓励并在可能情况下便利对女性囚犯的探视，以此作为确保她们心理健康和重新融入社会的重要前提。

规则 44

鉴于女性囚犯多有遭受家庭暴力的经历，应妥善询问她们包括家庭成员在内的哪些人可被允许来探视她们。

规则 45

监狱管理部门应在尽可能最大限度上对女性囚犯采用请假回家、开放式监狱、重返社会训练所和基于社区的方案和服务等可选办法，为她们从监狱到重获自由的过渡提供方便，减少耻化并尽可能早地使她们与家人重新建立联系。

规则 46

监狱管理部门应与缓刑和（或）社会福利机构、地方社区团体和非政府组织合作，设计并实施释放前和释放后重新融入社会的综合方案，其中应考虑到妇女的特殊需要。

规则 47

应与社区服务机构合作，为刑满释放后需要心理、医疗、法律和实际帮助的女性提供释放之后的进一步支助，以确保她们成功地重新融入社会。

3. 怀孕妇女、哺乳母亲和在监狱中带有子女的母亲

［补充《囚犯待遇最低限度标准规则》规则 23］

规则 48

1. 对怀孕或哺乳的女性囚犯，应按照由合格保健人员起草和监测的方案，向她们提供健康和饮食建议。应向怀孕妇女、婴儿、儿童和哺乳母亲免费提供适当和及时的食品、健康的环境以及日常活动的机会。

2. 除非有具体健康原因，不应劝阻女性囚犯为其婴儿哺乳。

3. 对最近分娩但其婴儿不在狱中与其一起生活的女性囚犯，应将其医疗和营养需要纳入待遇方案。

规则 49

是否允许子女与狱中母亲待在一起的决定应以儿童的最高利益为本。与狱中母亲待在一起的儿童绝不应被作为囚犯对待。

规则 50

应尽可能为子女与其同在狱中的女性囚犯提供与子女相处的机会。

规则 51

1. 应与社区保健服务机构合作，为与狱中母亲一起生活的儿童提供持续的保健服务，并由专家监测儿童的成长情况。

2. 为这类儿童成长而提供的环境应尽可能接近监狱之外儿童所处的环境。

规则 52

1. 应在相关国内法范围内，根据个案评估，并以儿童的最高利益为本，决定何时将子女与母亲分开。

2. 应审慎采取让子女离开监狱的措施，并且只能在已为儿童确定其他照看安排的情况下实施，对于外国囚犯，还应与领事官员协商。

3. 子女与母亲分开并安排由家人或亲属照看或通过其他替代方式照看之后，应在符合儿童最高利益和无损公共安全的情况下，为女性囚犯与子女会面提供尽可能多的机会和便利。

4. 外国人

［补充《囚犯待遇最低限度标准规则》规则 38］

规则 53

1. 如存在相关的双边或多边协定，在非居民外国女性囚犯提出申请或经其知情同意后，应在其监禁期间尽早考虑移交她们本国，尤其是在她们有子女在本国的情况下。

2. 如果让与非居民外国女性囚犯一起生活的儿童离开监狱，应考虑将该儿童迁回其本国，同时应考虑到该儿童的最高利益，并与其母亲协商。

5. 少数群体和土著人民

规则 54

监狱管理部门应认识到来自不同宗教和文化背景的女性囚犯有着不同的需要，她们在寻求与性别和文化相关的方案和服务时可能面临多种形式的歧视。因此，监狱管理部门应与女性囚犯本人以及相关群体协商，提供满足这些需要的综合方案和服务。

规则 55

应与相关群体协商，审查释放前和释放后服务，以确保它们适合于土著女性囚犯以及来自不同族裔和种族群体的女性囚犯，并且确保她们可以获得这些服务。

B. 被捕或候审囚犯

［补充《囚犯待遇最低限度标准规则》规则 84 至规则 93］

规则 56

相关当局应认识到审前在押妇女所面临的受虐待特殊风险，应在政策和实践中采取适当措施，保障这些女性在此期间的安全（另见下文关于审前拘押替代安排的规则 58）。

三、非拘禁措施

规则 57

《东京规则》各项规定应成为制定和实施对女性罪犯的适当应对措施的指导方针。应在会员国法律制度范围内拟定有性别区分的转化措施和审前及量刑替代安排等可选办法，其中应考虑到许多女性罪犯的受害史以及她们担负的照看责任。

规则 58

考虑到《东京规则》规则 2.3 的规定，不应在不适当考虑女性罪犯的背景和家庭联系的情况下，将她们与家人和社区分开。只要适当和可能，应尽量实施替代方式管理犯有罪行的妇女，例如转化措施和审前及量刑替代安排等。

规则 59

一般而言，应使用非拘禁手段的保护方式，例如，安置在由独立团体、非政府组织或者其他社区服务机构管理的避难所中，以此保护需要这种保护的妇女。只有在必要时并且在所涉妇女明确请求的情况下，才可采用涉及拘禁的临时措施保护妇女，并且在任何情况下都应由司法或其他主管部门予以监督。不得违背所涉妇女的意愿而继续实施这种保护措施。

规则 60

应提供适当资源为女性罪犯设计合适的替代安排，以便将非拘禁措施与干预措施相结合，解决导致妇女触及刑事司法制度的最常见问题。这些安排可包括对家庭暴力和性虐待受害人的治疗课程和咨询服务；为精神残疾者提供的适当治疗；改善就业前景的教育和培训方案。这种方案应考虑到提供照看儿童服务和专为妇女提供服务的必要性。

规则 61

在对女性罪犯量刑时，考虑到她们的照看责任和典型背景，法院应有权力考虑减轻罪行的因素，例如无犯罪史、犯罪行为相对不严重及犯罪性质。

规则 62

应改善社区的对性别问题有敏感认识、考虑到心灵创伤和专对妇女开放的药物滥用治疗方案的提供情况，并进一步方便妇女获取这种治疗，目的是预防犯罪、转化和替代量刑。

1. 量刑后处置

规则 63

关于有条件提前释放（假释）的决定，应积极考虑女性囚犯的照看责任以及她们重新融入社会的特殊需要。

2. 怀孕妇女和有受抚养子女的妇女

规则 64

在可能和适当情况下，对怀孕妇女和有受抚养子女的妇女应首先选择非拘禁判决，只有在罪行严重或暴力犯罪或该妇女构成持续危险的情况下，并在考虑到儿童最高利益之后，才考虑拘禁判决，同时还应确保做好照看这类儿童的适当安排。

3. 少年女性罪犯

规则 65

对于触犯法律的儿童，应尽最大可能避免实行监禁。在作出决定时应考虑到少年女性罪犯因其性别而容易受到伤害这一因素。

4. 外国人

规则 66

应尽最大努力批准《联合国打击跨国有组织犯罪公约》及其《关于预防、禁止和惩治贩运人口特别是妇女和儿童行为的补充议定书》，以期充分实施其中的规定，从而为人口贩运活动受害人提供最大限度的保护，以避免许多外国妇女二次受害。

四、研究、规划、评价以及提高公众认识

1. 研究、规划和评价

规则 67

应作出努力，围绕妇女所犯罪行、妇女对抗刑事司法制度的诱因、二次判罪和监禁对妇女的影响、女性罪犯的特性以及用以减少妇女再次犯罪可能性的方案等问题，组织和促进注重成果的综合研究，以此作为有效规划、拟定方案和制定政策的基础，以期对女性罪犯重新融入社会的需要做出回应。

规则 68

应作出努力，组织和促进研究，查明由于母亲对抗刑事司法制度，尤其是母亲被监禁而受到影响的儿童人数，以及这种状况对儿童的影响，以期协助制定政策和拟定方案，其中考虑到儿童的最高利益。

规则 69

应作出努力，定期审查、评价和公布与女性犯罪行为相关的趋势、问题和因素，以及对女性罪犯及其子女重新融入社会的需要做出回应的效果，以期减少这些妇女对抗刑事司法制度而给她们自身及其子女带来的耻辱和负面影响。

2. 提高公众认识、信息共享和培训

规则 70

1. 应告知媒体和公众有关导致妇女身陷刑事司法系统禁锢的原因以及对此做出回应的最有效方法，以使妇女能够重新融入社会，同时应考虑到其子女的最高利益。

2. 公布和传播研究成果和良好做法范例应构成相关政策的综合要素，这些政策旨在改善刑事司法系统对女性罪犯做出的回应对她们及其子女产生的结果并提高公正性。

3. 应向媒体、公众和专职负责女性囚犯和罪犯事务的人员经常提供有关本规则涵盖的事项以及本规则实施情况的事实信息。

4. 应为相关的刑事司法人员制定和实施关于本规则和研究成果的培训方案，以提高他们的认识，并使他们敏感了解本规则所载各项规定。

联合国非拘禁措施最低限度标准规则
（东京规则）

联合国大会1990年12月14日第45/110号决议通过

一、总 则

1. 基本目的

1.1 本《最低限度标准规则》为促进采用非拘禁措施提出了一套基本原则，并为作为监外教养对象的人提供最低限度的保障措施。

1.2 本《规则》拟促进社区在更大程度上参与刑事司法管理工作，特别是在罪犯处理方面，并促进在罪犯当中树立对社会的责任感。

1.3 应根据各国现行的政治、经济、社会和文化情况，并顾及各国刑事司法制度的目的和目标来执行本《规则》。

1.4 会员国在执行本《规则》时应力求在罪犯的个人权利与受害者的权利和社会对于公共安全和预防犯罪的关注之间达到妥善的平衡。

1.5 会员国应在其本国法律制度内采用非拘禁措施，从而减少使用监禁办法的程度，并使刑事司法政策合理化，同时考虑到遵守人权的义务、社会正义的需求以及改造罪犯方面的需要。

2. 非拘禁措施的范围

2.1 本《规则》的有关各项规定应在刑事司法执行工作的各个阶段适用于

所有受到起诉、审判或执行判决的人。为了本《规则》的目的，这类人通称为“罪犯”，不论其为嫌疑犯、被告或被判刑者。

2.2 实施本《规则》时，不得以种族、肤色、性别、年龄、语言、宗教、政治或其他见解、民族本源或社会出身、财产、出生或其他状况为由而实行任何歧视。

2.3 为了配合犯法行为的性质和严重程度、罪犯的个性和背景以及保护社会的需要，并避免不必要地使用监禁办法，刑事司法制度应规定出一套从审前至判决后处置的范围广泛的非拘禁措施。应决定可用的非拘禁措施的数目和种类以便保持始终一贯的判刑。

2.4 应鼓励制定和密切监督新的非拘禁措施，并对其使用情况进行有系统的评价。

2.5 应根据法律保障措施和法制，考虑在社区内对罪犯加以处理，避免诉诸正规的诉讼或法院审判。

2.6 应根据尽少干预的原则应用非拘禁措施。

2.7 采用非拘禁措施应成为向非刑罚化和非刑罪化方向努力的一部分，而不得干预或延误为此目的进行的努力。

3. 法律保障措施

3.1 非拘禁措施的采纳、界定以及适用应在法律条文中加以规定。

3.2 非拘禁措施的选择应是根据对犯法行为性质和严重程度以及对罪犯个性和背景、判刑目的和受害者权利方面各项既定标准的评估。

3.3 司法当局或其他独立的主管当局应本着充分负责的精神和以法制为唯一准则，在诉讼程序的各个阶段中行使其酌处权。

3.4 正规诉讼或审判之前或拟替代此类诉讼或审判的所有非拘禁措施，实施前应征得罪犯的同意。

3.5 在罪犯提出申请后，有关给予非拘禁措施的决定，须接受司法机关或其他独立的主管当局审查。

3.6 罪犯应有权就非拘禁措施执行中影响其个人权利的事宜，向司法机关或其他独立的主管当局提出请求或申诉。

3.7 应为任何有关不遵守国际公认人权事件的冤情提供求偿并且可能时补救的适当机制。

3.8 非拘禁措施不应涉及对罪犯进行医疗或心理试验或给罪犯的身心带来不当伤害危险。

3.9 应始终保护受非拘禁措施罪犯的尊严。

3.10 在执行非拘禁措施时，对罪犯权利的限制不应超过原判决主管当局所规定的程度。

3.11 在适用非拘禁措施时，应尊重罪犯以及其家庭成员的隐私权。

3.12 罪犯的个人档案记录应予严格保密，不应让第三方接触。只有直接参与处置有关罪犯案件者或其他经过适当授权的人员，才能接触这类档案记录。

4. 保留条款

4.1 解释本《规则》时，不得排除《囚犯待遇最低限度标准规则》、《联合国少年司法最低限度标准规则》（北京规则）、《保护所有遭受任何形式拘留或监禁的人的原则》，或国际社会公认与罪犯待遇及保护其基本人权有关的任何其他人权文书和标准的适用。

二、审前阶段

5. 审前处置

5.1 在适当时并在不违反法律制度的情况下，应授权警察、检察部门或其他处理刑事案件的机构，在它们认为从保护社会、预防犯罪或促进对法律或受害者权利的尊重的角度来看，没有必要对案件开展诉讼程序时，可撤销对该罪犯的诉讼。为斟酌决定撤销诉讼或确定予以起诉的目的，应在每一种法律制度内拟订一套既定的标准。对轻微犯罪案件，检察官可酌情处以适当的非拘禁措施。

6. 避免审前拘留

6.1 审前拘留应作为刑事诉讼程序的最后手段加以使用，并适当考虑对被指称犯法行为的调查和对社会及受害者的保护。

6.2 应尽量在早期阶段采用替代审前拘留的措施。审前拘留的期限不应超过为实现规则 5.1 中规定的目的所需的时间，并应以合乎人道的方式和在尊重人的固有尊严的基础上实施此种拘留。

6.3 罪犯应有权就审前拘留问题向司法机关或其他独立的主管当局提出上诉。

三、审讯和判决阶段

7. 社会调查报告

7.1 如果社会调查报告有其可能，则司法当局可利用由特许主管官员或机构编写的这一报告。报告应载有关于罪犯本人有关其犯罪方式和现行犯法行为的社会资料。它还应载有有关判决程序的资料和建议。报告应确实、客观和公正，观点应明确。

8. 判决处置

8.1 司法当局由于可使用一系列非拘禁措施，因此在作出判决时应考虑到罪犯改过自新的需要、对社会的保护和受害者的利益，并应尽可能征求受害者的意见。

8.2 判决当局可以下列方式处置案件：

（a）口头制裁，如告诫、申诉和警告；

（b）有条件撤销；

（c）身份处罚；

（d）经济处分和罚款，如罚钱和按日计算的罚金；

（e）没收或征用令；

（f）对被害者追复原物或赔偿令；

（g）中止或推迟判决；

（h）缓刑和司法监督；

（i）社区服务令；

（j）送管教中心；

（k）软禁；

（l）任何其他非监禁方式；

（m）上述办法的某种结合。

四、判决后阶段

9. 判决后处置

9.1　主管当局应可使用广泛一系列判决后替代办法，以尽可能避免监禁，并协助罪犯早日重返社会。

9.2　判决后处置办法可包括：

（a）准假和中途管教所；

（b）工作或学习假；

（c）各种形式的假释；

（d）宽恕；

（e）赦免。

9.3 在罪犯提出申请后，有关判决后处置的决定，除赦免外，须接受司法当局或其他独立的主管当局的审查。

9.4 应尽量在早期阶段考虑以某种形式自监狱释放以实施非拘禁方案。

五、非拘禁措施的执行

10. 监督

10.1 监督的目的是减少再度犯罪和协助罪犯重返社会，尽量使其不致重新犯案。

10.2 如必须对非拘禁措施加以监督，则应由主管当局根据法律规定的具体条件予以执行。

10.3 在一定的非拘禁措施范围内，应针对每个案件确定旨在帮助罪犯悔改前非的最适当监督和处理方式。必要时应定期审查和调整监督和处理措施。

10.4 必要时应向罪犯提供心理、社会和物质方面的援助，并使他们有机会与社区加强联系，从而促使他们重返社会。

11. 期限

11.1 非拘禁措施的期限不得超过主管当局根据法律确定的时间。

11.2 可订立规定在罪犯积极配合这种措施时，可望早日终止措施。

12. 条件

12.1 主管当局在决定罪犯应遵守的条件时，应考虑到社会的需要以及罪犯和受害者的需要和权利。

12.2 须遵守的条件应切实可行、明确，条件数目尽可能少，其目的应是减少罪犯重新染上犯罪行为的可能性，并应是增加他们重返社会的机会，同时考虑到受害者的需要。

12.3 在开始实行非拘禁措施时，应以口头或书面方式向罪犯解释包括罪犯的义务和权利在内的关于适用该项措施的条件。

12.4 主管当局可以根据既定的法律规定，视罪犯的进展表现，更改这些条件。

13. 处理过程

13.1 在一定的非拘禁措施范围内，应对适当案件制定各种不同的方案，诸如个案工作、集体治疗、收容管教方案和对各类罪犯的专门处理等，以便有效地符合罪犯的需要。

13.2 应由受过适当培训并具有实际经验的专业人员进行处理。

13.3 一旦决定有必要进行处理时，应作出各种努力了解每一罪犯的背景、个性、悟性、智力和价值观念，特别是导致他犯法的环境。

13.4 主管当局可在适用非拘禁措施时设法利用社区和社会支助系统。

13.5 承办案件的数量应切实维持在力所能及的程度，以便确保有效执行处理方案。

13.6 主管当局应为每个罪犯设立和保持专案记录。

14. 惩戒和违反条件

14.1 罪犯违反其须遵守的条件可导致非拘禁措施的更改或撤销。

14.2 更改或撤销非拘禁措施应由主管当局作出，但事先必须对监督人员和罪犯双方提出的事实进行仔细的审查。

14.3 非拘禁措施的失败不应自动导致拘禁措施的施加。

14.4 更改或撤销非拘禁措施时，主管当局应力求确立另一项合适的非拘禁措施。只有当无其他合适的替代措施时，才能实施监禁徒刑。

14.5 罪犯违反条件时予以逮捕和扣押监督的权力应由法律予以明文规定。

14.6 更改或撤销非拘禁措施时，罪犯应有权向司法当局或其他独立的主管当局提出上诉。

六、工作人员

15. 征聘

15.1　征聘工作人员时，不得以种族、肤色、性别、年龄、语言、宗教、政治或其他见解、民族本源或社会出身、财产、出生或其他状况为由而实行任何歧视。工作人员征聘政策应考虑到国家关于平权行动的政策，并反映出拟予以监督的罪犯的多种类别。

15.2　任命实施非拘禁措施的人员应有合格的个人条件，在可能情况下应受过适当的专业培训和具有实际经验。对这些资格应有明确的规定。

15.3　为了获得和留住合格的专业工作人员，应使之享有适当的公务员地位、与其工作性质相称的适当薪金和福利，并应有充分的机会在专业和事业上得到发展。

16. 工作人员培训

16.1　培训的目的是使工作人员明了在改造罪犯、确保罪犯的权利和保护社会方面的责任。培训还应使工作人员了解需要与有关机构的活动进行合作与协调。

16.2　在工作人员开始工作前，应向他们提供内容包括有关非拘禁措施的性质、进行监督的目的以及适用非拘禁措施的各种方式的培训课程。

16.3　开始工作后，工作人员应通过参加在职培训和进修班来保持和增进其知识水平和专业能力。应为此目的提供充足的设施。

七、志愿人员及其他社区资源

17. 公众参与

17.1　公众参与是一大资源，应作为改善接受非拘禁措施的罪犯与家庭及社区之间的联系的最重要因素之一来加以鼓励。应用它来补充刑事司法的执行工作。

17.2　应把公众参与视作社区成员自身为保护社会作出贡献的一个机会。

18. 公众理解与合作

18.1　应鼓励政府机构、私人部门和一般公众向提倡采用非拘禁措施的自愿组织提供支持。

18.2　应定期组织会议、研讨会、专题讨论会及其他活动，来提高对公众参与施行非拘禁措施的必要性的认识。

18.3　应利用各种形式的大众传播媒介，帮助公众采取建设性态度，以便开展有助于更广泛适用非拘禁措施和罪犯社会改造的活动。

18.4　应作出一切努力使公众了解自己在执行非拘禁措施方面的重要作用。

19. 志愿人员

19.1　应根据志愿人员从事有关工作的悟性和兴趣来对他们加以仔细甄选和征聘。应针对他们须履行的特定责任进行适当的培训，应使他们能够从主管当局得到支持和辅导，并有机会与其商量。

19.2　志愿人员应通过提供辅导及其他力所能及且符合罪犯需要的适当援助形式，鼓励罪犯及其家属与社区建立有益的联系和范围较广的接触。

19.3　应确保志愿人员在执行其任务时不发生事故，不受到伤害和不承担公共责任。他们工作中所引起的经核准的开支应得到偿还。他们为社区福利提供的服务应得到公众的承认。

八、研究、规划、政策制订和评价

20. 研究和规划

20.1　应努力争取公私营机构参加组织和推动对罪犯的非拘禁措施的研究

工作，以此作为规划过程的一个基本方面。

20.2 应针对当事人、开业者、社区和政策制订者面临的问题定期开展研究工作。

20.3 应在刑事司法制度内设立研究和信息机制，以收集和分析与罪犯的非拘禁措施执行情况有关的数据和统计数字。

21. 政策制订和方案发展

21.1 应系统地规划和执行非拘禁措施的方案，以便在国家发展过程中将其作为刑事司法制度的一个组成部分。

21.2 应定期进行评价，以便更有效地执行非拘禁措施。

21.3 应定期进行审查，以评价非拘禁措施的目的、作用和效果。

22. 与有关机构和活动的联系

22.1 应逐步在各级形成适当的机制，促进负责非拘禁措施的部门在诸如保健、住房、教育、劳工和大众传播媒介等领域，与刑事司法系统的其他部门及政府的和非政府的社会发展和福利机构之间建立联系。

23. 国际合作

23.1 应努力促进各国之间在非拘禁措施领域的科学合作。应与联合国秘书处预防犯罪和刑事司法处密切协作，通过联合国各个预防犯罪和罪犯待遇研究所，加强会员国关于非拘禁措施的研究、培训、技术援助和信息交换。

23.2 应根据《有条件判刑或有条件释放罪犯转移监督示范条约》进一步推动有关立法规定的比较研究和协调工作，以便开拓非拘禁办法的范围，并便利这类办法的跨国适用。

监狱中防范和应对新冠肺炎的措施

2020 年 3 月 31 日

在新冠肺炎大流行期间，我们不可忘记全世界近 1,100 万名囚犯以及那些负责确保他们在监禁中的安全、保障和人道待遇的警员们。各国应当认识到新冠肺炎和新冠病毒对那些无法保持人身距离的受监禁人群所构成的特殊风险。鉴于监狱人口的健康状况相对较差，因此这种风险也就更高。为向监狱内和监狱外的人提供保护，迫切需要在监狱中采取循证的新冠肺炎防控措施，而且这些措施应当完全按照《联合国囚犯待遇最低限度标准规则》予以执行。

然而，对于许多原本就人满为患，且因各种其他系统性挑战而备受困扰的监狱系统来说，仅仅采取新冠肺炎防控措施可能还不够。因此，在无损于公共安全的情况下，监狱中的新冠肺炎防范工作还应当包括努力减少入狱人数和加快释放某些类别的囚犯。

联合国毒品和犯罪问题办公室乃至整个联合国长期以来一直呼吁解决监狱人满为患问题，仅仅将监禁作为万不得已的手段使用；如确有必要监禁，则须充分履行各国在剥夺个人自由的同时所承担的照看义务。面对新冠肺炎目前在监狱环境中构成的特殊风险，上述呼吁如今再度成为令人瞩目的焦点。

背　　景

新冠肺炎大流行是联合国 75 年历史上一场绝无仅有的危机。导致这种疾病的病毒具有很强的传染性，即便是无症状感染者也会传染其他人。在开发出疫苗和特效药之前，全世界正在动员起来“压平曲线”，控制进一步感染，包括为在全社区保持人身距离而采取的史无前例的公共卫生干预措施。与此同时，我们还必须确保更多地关注社会中那些特别容易受感染的边缘群体，尤其是发生传染可能性很高的聚居人群。人身自由被剥夺的场所对于生活和工作在那里的人群来说无疑是高风险环境。

囚犯和监狱工作人员是易于感染新冠肺炎的高危群体

囚犯，顾名思义，是指那些在受到严格限制的空间内彼此十分贴近地生活、劳作、吃饭（经常还有睡觉）的人。在另一个封闭环境中所发生的事件给我们敲响了警钟：2020 年 2 月，钻石公主号游轮在日本近海被隔离了将近一个月后，船上总共 3,700 乘客和船员中约有 700 人经检测后确诊为新冠病毒阳性。新冠病毒传入监狱后，其风险和潜在影响会进一步加剧，因为监狱人口的健康状况与一般社区相比往往明显更差。这包括结核病、丙型肝炎和艾滋病毒等传染性疾病，以及精神疾病和吸毒病症等非传染性疾病的流行率相对较高。那些在监狱工作的警员和医疗保健专业人员由于每天与囚犯密切互动，其受感染的风险同样也较高。

监狱属于新冠肺炎高危环境

许多国家对监狱以及其他拘留场所的系统性忽视导致资源、管理、监督和问责机制不到位，包括工作人员装备差和与公共卫生系统之间的联系有限等。监狱人满为患现象在大多数国家存在，是妨碍根据基本人权提供安全、健康的拘留环境的最根本障碍之一。许多监狱系统住宿空间狭窄、卫生和通风条件差、营养不良、医疗保健服务不足，同样会造成感染控制措施不力，致使新冠肺炎感染、扩大和蔓延的风险因此而大增。

监狱卫生问题即是公共卫生问题

绝大多数囚犯最终将返回各自的社区。因此，毫无疑问，如果监狱系统内新冠肺炎传染率快速升高，将对普通公众中的疫情产生放大效应。囚犯入狱和获释的高周转率，以及囚犯与狱警、医疗保健专业人员、访客和服务人员的日常互动等，都使监狱与公共卫生问题息息相关。基于这些理由，社区中实行的新冠肺炎控制战略如不包括监狱环境是无法持续的。

需要在监狱中快速应对新冠肺炎

已有许多国家报告了囚犯和（或）狱警的新冠肺炎确诊病例，其中包括奥地利、比利时、加拿大、中国、法国、德国、伊朗、意大利、荷兰、巴基斯坦、韩国、摩尔多瓦、南非、西班牙、瑞士、土耳其、英国和美国。这一数字肯定会在未来大幅增加。时间紧迫，刻不容缓。由于采取了更多的限制措施，例如暂停探监和离监探亲等，或者由于恶劣的条件和医疗服务，世界各地的监狱业已处于高度紧张的状态。巴西、哥伦比亚、印度、意大利、约旦、黎巴嫩、尼日利亚、罗马尼亚、斯里兰卡、泰国、英国和委内瑞拉还因此而爆发了监狱暴力抗议活动，导致囚犯和监狱工作人员死伤或囚犯越狱事件。

符合人权的强有力的感染防控措施

“为囚犯提供医疗保健是国家的责任。囚犯应享有的医疗保健标准应与在社区中能够享有的相同，并应能够免费获得必要的医疗保健服务，不因其法律地位而受到歧视。”

《联合国囚犯待遇最低限度标准规则》

（《纳尔逊·曼德拉规则》）

应将监狱和其他拘留场所列为国家应对新冠肺炎疫情的卫生和应急计划中不可或缺的组成部分。拘留场所中的防范、预防和应对措施的设计和实施应当符合世界卫生组织（世卫组织）制定的专项指南。这些措施应当包括具体的风险评估和应急计划；强有力的卫生和感染控制措施；个人防护装备等相关用品的不间断供应；与地方和国家公共卫生主管部门之间保持密切联系；以及对监狱工作人员和医疗保健专业人员的支持和能力建设。应当进一步将新冠肺炎应对措施纳入监狱整体医疗卫生战略，以确保继续关注监狱人口中更广泛的医疗需求，包括其他各种常见疾病。

感染防控措施必须以确保囚犯、狱警、监狱其他工作人员和访客的健康和福祉为核心考量，同时须尊重《联合国囚犯待遇最低限度标准规则》(《纳尔逊·曼德拉规则》) 中所列明的各项基本保障措施。重要的是，其中应包括以下要求：除例外情形，不得一天内对囚犯实行 22 个小时或更长的没有实际意义的人际接触的监禁，而且最长不得超过连续 15 天（长期单独监禁）；确保外部检查机构和法律顾问能够继续与囚犯接触；只有医疗保健专业人员才可做出临床决定；避免完全暂停与其家人的联系。在任何情况下，监狱中的新冠肺炎措施都不得构成不人道或有辱人格的待遇。

应当承认，监狱工作人员和在监狱中工作的医疗保健专业人员所发挥的职能对于应对新冠肺炎疫情至关重要，因此必须使他们得以获得必要的教育、设备和支持。为使那些已经身处限制性环境的人群做好准备接受可能必须采取的额外程序，以保护他们自身的健康以及他们的家人和社区的健康，为囚犯量身定做提高认识工作和透明的沟通渠道具有同等重要的意义。

面对新冠肺炎疫情，各国还须寻找其他方法来缓解监狱系统预期将会承受的压力。许多监狱人满为患，而且长期被忽视，致使它们在整体基础设施、设备和人力资源等诸方面准备不足，甚至无力启动最基本的防控措施来应对一场新的瘟疫。

非监禁措施

“为了配合犯法行为的性质和严重程度、罪犯的个性和背景以及保护社会的需要，并避免不必要地使用监禁办法，刑事司法制度应规定出一套从审前至判决后处置的范围广泛的非拘禁措施。”

《联合国非拘禁措施最低限度标准规则》

(《东京规则》)

要遏制入狱人数的持续增加和加快释放适当类别的囚犯，需要采取的基本办法是重新评估通常采用的监禁手段，确定哪些类别的囚犯特别容易受到新冠肺炎的影响。对许多国家来说，减少囚犯人数甚至可能是采取有意义的防控措施的前提条件。法官和治安官在此方面发挥着关键作用，需要根据病毒的发展演变情况对接受强化审查的个人作出还押候审或判刑的决定。

审前拘留替代办法和减刑或暂缓执行某些刑罚将是减少新入狱人数的宝贵手段。这对于轻微罪行，包括非暴力和非性侵性质的罪行，尤其重要。例如，芬兰已经采取措施，推迟执行6个月及以下的刑期和罚款转换刑期，以防止新冠肺炎在监狱中传播。

释放机制尤其关系到新冠肺炎对其构成特别风险的囚犯，例如老年囚犯和患有慢性病或其他疾病的囚犯，以及其他特定类别的囚犯，包括孕妇、抚养子女的妇女、即将服刑期满的囚犯和因轻罪被判刑的囚犯。在此种情形中，应考虑采取保外就医、有条件释放或提前释放的处理办法，以及考虑对各类经过谨慎选择后确认不会损害公共安全的囚犯实行赦免或大赦。

在埃塞俄比亚，总统已下令赦免了4,000多名囚犯，以期努力遏制新冠肺炎的蔓延，被赦免的主要是最高刑期为3年的人和即将刑满获释的人。在美国，至少有4个州已决定释放数百名审前羁押人员和因轻罪服刑的其他囚犯。德国北莱茵－威斯特法伦州也正在采取类似的举措，将因此而获益的约有1,000名囚犯。伊朗伊斯兰共和国暂时释放了85,000名囚犯，以努力抗击新冠病毒。同样，阿富汗也已下令释放10,000名囚犯，其中大多是妇女、青少年、患病囚犯和55岁及以上的囚犯。

全球还有逾15个国家目前正在采取其他措施来减少狱中人数以应对新冠肺炎威胁，其中包括阿尔巴尼亚、澳大利亚、阿塞拜疆、巴林、法国、希腊、印度、印度尼西亚、爱尔兰、以色列、约旦、尼泊尔、波兰、苏丹、土耳其和英国。此类措施通常将某些类别的囚犯排除在外，包括被判犯有性犯罪、家庭暴力和其他暴力犯罪的人。

为减少狱中人数的所有努力都需要得到社区的缓刑服务、社会服务和医疗服务的综合支持才能具有可持续性，而这些服务机构也由于新冠肺炎大流行而正在对其服务作出相应的调整。

敲响警钟

监狱和其他拘留环境中容易暴发新冠肺炎的问题必须引起所有国家的严重关切。此种疫情暴发不仅会使囚犯和负责看管他们的人员遭受惨重的影响，还同样会削弱社区正在进行的防控努力，从而更加重了本已捉襟见肘的公共卫生服务的负担。

因此，监狱和其他拘留场所必须成为国家新冠肺炎应对工作不可或缺的组成部分。在这场前所未有的危机中，拘留和监禁在封闭环境中的必须仅限于那些无法采取其他措施的人，同时还须向刑事司法系统所查办的人提供有意义的支持。

监狱管理部门以及政府和社会所有其他相关部门的协调一致和紧急行动至关重要。防止新冠肺炎在监狱中暴发，包括为此采取积极措施减少狱中人数，要比一旦疫情暴发后才设法加以控制容易得多。

预防犯罪与刑事司法

加拉加斯宣言

联合国大会1980年12月15日第35/171号决议通过

第六届联合国预防犯罪和罪犯待遇大会，

铭记着由于世界上许多地区的犯罪事件，包括新形式的犯罪事件激增，因此所有国家应在预防犯罪和罪犯待遇方面取得迅速的进展，

考虑到犯罪现象的社会影响会损害各国的整体发展，侵害各国人民的精神和物质福利，伤害人的尊严，造成恐惧和暴力的气氛，降低生活的素质，

考虑到国际社会应进行协调和有系统的努力，在社会、文化、政治和经济发展的总纲内，协调和加强预防犯罪方面的科技合作和政策，

认识到联合国在国际上进行预防犯罪和罪犯待遇方面的努力所发挥的作用，

考虑到此种作用必须一致协议方式，在国际上、特别是在区域一级予以加强，使这一领域缔结的协定能够真正发生效力，联合国的技术咨询服务和协调服务也更加有系统和有效率地展开，

欢迎第六届联合国预防犯罪和罪犯待遇大会在预防犯罪和罪犯待遇方面所表现的合作精神和所取得的进展。

一、宣 告

1. 由于特别是新奇复杂的犯罪案件日益增多，刑事案件的执行面临种种困

难，要使刑事审判制度和预防犯罪战略成功，首须依靠世界各地社会情况的改善和生活素质的提高：因此，以法律标准为唯一基础的传统预防犯罪战略须加以检讨。

2. 预防犯罪和刑事审判问题的检讨，必须联系到经济发展、政治制度、社会文化价值、社会变动以及新的国际经济秩序等情况。

3. 预防犯罪和罪犯待遇方案务须首先以各个国家的社会、文化、政治、经济情况为基础，在自由和尊重人权的气氛下拟订，同时会员国务要培养制订和规划刑事政策的能力，并使所有犯罪预防政策配合社会、经济、政治和文化发展战略。

4. 科学研究必须加以提倡，且须照顾到每一国家或每一区域的特殊环境和优先次序。

5. 会员国应保证，负责刑事审判制度的施行的各级人员，应具备能执行其任务的适当资格，并且在执法时不受个人或集体利益的影响。

6. 刑事案件和司法的执行必须基于下列各项原则：保证法律面前人人平等，没有任何歧视；享有有效辩护权；保证有司法机构足以使审判迅速而且公平，人人的安全、权利和自由得到更好的保障。

7. 在预防犯罪和罪犯待遇方面应不断研究新的方法，发展更好的技术，从而制定刑法，使其可以切实发挥重要的作用，创造稳定的免于压迫或操纵的社会情况。

8. 在鼓励制定有助于预防犯罪的社会政策和培养积极态度方面，家庭、学校和工作单位可以发挥重要的作用，在规划和制定国家刑事政策和预防犯罪方案时，应对这些因素加以考虑。

9. 鉴于联合国在刑事政策方面起着促进国际合作及制订规范与方针的重要作用，大会和经济及社会理事会务必保证必要时采取适当措施，加强联合国在预防犯罪和罪犯待遇方面的各主管机构的活动，特别是在区域一级和分区域一级的活动，同时应考虑到各区域的特殊需要，包括在那些还没有研究、训练和技术援助机构的区域设立这种机构，并加强现有的机构。此外，还应当实施第六届联合国预防犯罪和罪犯待遇大会的结论，包括实施关于在预防犯罪方面进行国际合作的新前景的结论，并保证联合国所有机构同联合国犯罪预防和控制委员会进行有效的合作，执行大会各项有关决议。

二

鉴于第六届联合国预防犯罪和罪犯待遇大会的与会国家十分重视本宣言的各项规定，请大会按照本宣言尽早采取适当的行动。

联合国预防犯罪和刑事司法方案的原则声明和行动纲领

联合国大会 1991 年 12 月 18 日第 46/152 号决议通过

我们，联合国各会员国，

聚会于巴黎，以审议各种旨在促进预防犯罪和刑事司法领域国际合作和加强联合国预防犯罪和刑事司法方案的方式和方法，使该方案充分发挥作用并适应各会员国的需要和优先事项，

认为联合国的目标之一，如同《联合国宪章》所述，是促成国际合作，以解决属于经济、社会、文化或人道主义性质之国际问题，且不分种族、性别、语言或宗教，增进并激励对于全体人类之人权及基本自由之尊重，

深信迫切需要更有效的国际机制，以协助各会员国并促进预防犯罪和刑事司法领域联合战略的制定，从而巩固联合国作为这一领域协调中心的作用，

注意到载于《米兰行动计划》和《着眼于发展和新的国际经济秩序的预防犯罪和刑事司法指导原则》以及联合国各届预防犯罪和罪犯待遇大会所制定并经大会核准的其他有关文件中所载的原则的重要性，

重申联合国在预防犯罪和刑事司法方面所担负的责任，

铭记联合国在预防犯罪和刑事司法领域中的各项目标，尤其是减少犯罪率、更有效率和效力地执法和司法、尊重人权和促进公正、人道和职业行为方面的最高标准等项目标，

承认至关重要的是为有效的联合国预防犯罪和刑事司法方案争取积极支持，为方案的制定提供援助手段，并安排适当的执行机制，

对犯罪率的规模和增长及其所带来的财政、经济和社会方面的后果深表

关切，

对犯罪涉及的人和物方面的巨大损害及所采取的新的国家和跨国形式感到震惊，并认识到犯罪对国家和受害者个人的影响，

承认会员国对预防犯罪和刑事司法负有首要责任，

强调有必要加强区域合作和国际合作，以打击犯罪和惯犯，改善刑事司法系统的工作，促进对个人权利的尊重，保障犯罪受害者的权利和公众的普遍安全，

认识到一致的意见是有必要制定一项新的、强有力的联合国预防犯罪和刑事司法方案，有必要设立一个进行决策和确定优先事项的政府间机构，有必要提高联合国维也纳办事处社会发展和人道主义事务中心之内秘书处单位的效能，并加强技术合作，帮组各国，特别是发展中国家将联合国各项政策方针转化为具体的实践，包括进行培训，

决心通过下述方面将我们的政治意愿转化为具体行动，

（a）建立针对共同问题开展切实合作的必要机制；

（b）为开展国家间合作和协调奠定基础，以应付新形式的、严重的、跨国性的、规模巨大的犯罪；

（c）建立关于联合国预防犯罪和刑事司法准则和标准执行情况和有效性的情报交流；

（d）为更有效地预防犯罪和更人道的司法提供援助手段，特别是向发展中国家提供此类手段；

（e）为建立一个真正有效的联合国预防犯罪和刑事司法方案奠定充足的资源基础。

宣告我们对上述目标的坚定承诺，并协议如下：

一、原则声明

1. 我们承认，世界正经历着极为重大的变化，带来了有利于民主，有利于

国际合作，有利于更广泛地享有基本人权和基本自由和有利于实现各国经济发展和社会福祉愿望的政治气候。但是，在出现这种形势的同时，今日的世界仍然受到暴力行为和其他各种严重犯罪行为的困扰，这些现象无论发生在任何地方，都构成对维护法治的威胁。

2. 我们认为，建于法治基础之上的司法制度乃是文明社会的一大支柱，我们要尽力提高其质量。一个人道而有效率的刑事司法系统可有助于促进公平、促进良好的社会变革和社会正义，维护基本的价值观念和人民应享的各项权利。个人的每一种权利都应得到法律保护，不容侵犯，在这一进程之中，刑事司法系统起着至为重要的作用。

3. 我们相信，在世界范围内降低犯罪率，除与其他因素有关外，还与改善大众的社会境况有关。发达国家和发展中国家都在这方面遇到困难。然而，鉴于发展中国家面临的具体问题，应该优先处理这些国家所遇到的困难。

4. 我们认为，不断增多的犯罪阻碍着发展进程，影响着人类的幸福，在我们各个社会中引起了普遍的不安。假如这种形势继续下去，则进步与发展终将成为犯罪的牺牲品。

5. 我们还认为，面对犯罪行为的日趋国际化，必须有新的、与之相适应的对应措施。有组织的犯罪正是在放宽边境检查以利于促进贸易和发展的形势下乘虚而入。如不采取有力的预防措施，则此种犯罪的发生率和规模，在未来数年之内势必进一步增大。因此，预见到此种形势并帮助各会员国构建适当的预防和控制战略，具有特别重要的意义。

6. 我们认识到，许多犯罪都具有国际性质。据此，各国亟须在尊重国家主权的情况下设法解决由此而来的一些问题，例如，在此种犯罪跨越了国界或者以跨越国界作为逃避侦查或逃脱法网的手段时，就必须解决在取证、引渡罪犯和促进司法互助方面产生的问题。尽管各国法律制度不同，但经验证明，相互之间的协助与合作乃是一种有效的对应措施，可有助于防止出现管辖权冲突。

7. 我们还认识到，民主以及更好的生活质量只有在人人享有和平与安全的条件下才能昌盛发展，犯罪构成着对社会稳定的威胁，对安全环境的威胁。因此，适当顾及人权的预防犯罪和刑事司法乃是对维护和平与安全的直接贡献。

8. 我们必须确保在犯罪者能力与本领增大的同时，执法当局和刑事司法当局的能力与本领也应相应增大。通过集思广益，制定合宜的对付办法，就能确保最大限度地防止犯罪和减少受害。我们特别认识到有必要改善和加强发展中国家主管预防和控制犯罪的部门的能力，这些国家严峻的经济和社会形势使这方面的需求更为巨大。

9. 我们呼吁国际社会对技术合作和援助活动给予更大的支持，使之有利于所有国家，包括发展中国家和较小国家，此种活动应致力于扩大和加强必要的基础结构，借以有效地预防犯罪并建立起实际可行的、公平而人道的刑事司法系统。

10. 我们承认联合国预防犯罪和刑事司法方案对国际社会起着重大作用。我们注意到，长期以来，一个众所公认的事实是，对于此项方案的执行，所拨给的资源是不够的，致使此项方案无法发挥它的潜力，我们还注意到，第六届联合国预防犯罪和罪犯待遇大会、第七届联合国预防犯罪和罪犯待遇大会和第八届联合国预防犯罪和罪犯待遇大会都曾呼吁增加执行此项方案的资源，我们又注意到，预防和控制犯罪委员会第十一届会议给予优先注意的是一个小组委员会提出的结论和建议，该小组委员会的设立旨在就犯罪问题提供全面情况，并遵照大会 1989 年 12 月 8 日第 44/72 号决议的要求评估最有效的手段用以激发旨在支持各会员国的国际实际行动。预防和控制犯罪委员会在其 1990 年 2 月 16 日第 11/13 号决议中一致核可该小组委员会关于必须制定有效的国际犯罪和司法方案的报告。得到第八届预防犯罪大会赞同的该报告，对于按照大会第 45/108 号决议的规定，建立联合国预防犯罪和刑事司法方案，提供了重要的依据。

11. 因此，我们建议加强预防犯罪和刑事司法领域的国际合作，包括制定有效的联合国预防犯罪和刑事司法方案。

12. 我们深信，各国政府有必要更明确地确认联合国预防犯罪和刑事司法方案及其秘书处的作用和职能，并确定该方案范围内的优先事项。

13. 我们强烈地认为，对于该方案的审议应着眼于加强其有效性，提高其效率并建立一个适当的秘书处支助机构。

二、行动纲领

A. 定　义

14. 联合国预防犯罪和刑事司法方案应汇总下述各有关机构和系统在援助会员国努力降低犯罪发生率和所涉损失以及研拟各国刑事司法系统的适当作用方面的工作：预防犯罪和刑事司法委员会、联合国各预防犯罪和罪犯待遇研究所、政府指定的预防犯罪和刑事司法领域国家联系人网络、全球犯罪和刑事司法情报网和联合国各界预防犯罪和罪犯待遇大会。本方案的建立将遵循下列所述各项程序，并在联合国现有总资源范围内予以实施。

B. 目　标

15. 方案应着眼于协助国际社会满足其预防犯罪和刑事司法领域的迫切需要，通过及时提供实际援助来协助各国解决国内或跨国犯罪问题。

16. 方案的总目标应当有助于：

（a）预防国内和国家间的犯罪；

（b）控制国内和国际犯罪；

（c）加强预防犯罪、刑事司法和打击跨国犯罪等方面的区域和国际合作；

（d）联合和巩固会员国在预防和打击跨国犯罪方面的工作；

（e）更有效和有力地执行司法工作，并应适当尊重所有那些受犯罪影响和所有那些涉及刑事司法系统的人的人权；

（f）促使在公正、人道、司法和职业行为方面达到最高标准。

C. 联合国预防犯罪和刑事司法方案的工作范围

17. 方案应包括适当形式的合作，以协助各国应付国内和跨国犯罪问题。具体说来，可包括：

（a）在国家、区域和全球各级就具体预防问题和刑事司法措施开展调查和研究；

（b）定期进行国际调查，以评价犯罪趋势和刑事司法系统活动及预防犯罪战略方面的发展情况；

（c）在国家间交流和传播关于预防犯罪和刑事司法方面的资料，尤其是关于各种创新措施和实施中所取得的成效；

（d）对工作在预防犯罪和刑事司法各个领域中的人员进行培训并提高其技能；

（e）提供包括咨询服务在内的技术援助，尤其是在预防犯罪和刑事司法方案的规划、执行和评价、培训以及现代通信和信息技术的使用等方面；此种援助可采取例如提供研究金、参观考察、顾问服务、借调人员、开设课程、举办研讨会、示范和试点项目等形式进行。

18. 联合国预防犯罪和刑事司法方案的范围内，联合国应当直接开展上述各种形式的合作，或担任协调和促进的角色。应当特别注意设立机构的工作，灵活而得当地提供援助，并在会员国有要求时满足它们的需要，但不应重复其他现有机构的活动。

19. 为开展这些形式的合作，会员国应在彼此间并同联合国建立和维持可靠而有效的联系渠道。

20. 方案还可在尊重各国主权的情况下酌情审查各项有关预防犯罪和刑事司法的国际文书的有效性及实施情况，必要时还可审查进一步制定和促进这类文书。

D. 方案优先次序

21. 在拟定方案时，应根据各成员国的需要和关切问题来确定优先领域，特别要考虑到下述各个方面：

（a）实证材料，包括关于犯罪性质、程度和趋势的研究结论和其他资料；

（b）各种形式犯罪和（或）犯罪控制对个人、地方、国家和国际社会以及对发展进程所带来的社会、财政和其他代价；

（c）遇到与国家或国际环境有关的特别困难的发展中国家或发达国家需要能够借助于专家和必要的资源，以制定适合国家和当地水平的预防犯罪和刑事司法方案；

（d）在工作方案范围内使方案开发与实际行动之间达到平衡的必要性；

（e）在司法及预防和控制犯罪方面保护人权；

（f）评估在哪些领域国际一级和方案范围内的协调一致行动将最有成效；

（g）避免与联合国系统其他实体或与其他组织的活动发生重叠。

22. 预防犯罪和刑事司法委员会并不受在组成之前所赋予它的任务的约束，但应当运用上文第 21 段所述各项原则对其优缺点进行评价。

E. 结构和管理

1. 预防犯罪和刑事司法委员会

23. 应设立一个预防犯罪和刑事司法委员会，作为经济及社会委员会的一个职司委员会。委员会应有权在其认为必要时设立特设工作组和任命特别报告员。

成员

24. 委员会应由经济及社会理事会根据公平地域分配原则选出的四十个联合国会员国构成。委员会成员任期为三年，但首批成员中有一半的任期将于两年后结束，其名单将通过抽签选定。每一成员国都应尽一切努力确保其代表团中包括有在预防犯罪和刑事司法方面受过特别培训和富有实践经验的专家和高级官员，最好是在该领域负有政策责任的人员。联合国经常预算中应编列支付委员会最不发达成员国代表差旅费的经费。

届会

25. 委员会应每年召开一届会议，每届会议不超过 10 个工作日。

职能

26. 委员会应具有以下职能：

（a）在预防犯罪和刑事司法领域向联合国提供政策指导；

（b）根据上文第21段规定的优先原则，在中期规划制度的基础上制定方案，并对其实施情况进行监测和审查；

（c）促进和帮助协调联合国各预防犯罪和罪犯待遇研究所的活动；

（d）动员各会员国对方案的支持；

（e）筹备各届联合国预防犯罪和罪犯待遇大会并审议这些大会提交的关于工作方案可能列入的事项的建议。

2. 预防和控制犯罪委员会

27. 一俟经济及社会理事会设立了预防犯罪和刑事司法委员会后，预防和控制犯罪委员会即应予以撤销。一个基本需要将是，要有一些预防和控制犯罪方面的独立专家参与工作。

28. 预防犯罪和刑事司法委员会在必要时应使用有限数目的合格而有经验的专家的服务，这些专家或者作为单独的顾问，或者组成工作组，协助委员会的筹备和后续工作。他们的咨询意见应转呈委员会考虑。凡需要此种专家服务时，应鼓励委员会寻求此种咨询意见。专家们的任务之一是协助筹备各届联合国预防犯罪和罪犯待遇大会。

3. 联合国预防犯罪和罪犯待遇大会

29. 作为方案的一个协商机构，联合国预防犯罪和罪犯待遇大会应为下述目的提供论坛：

（a）各个国家、政府间组织和非政府组织以及代表各专业和学科的专家之间交换意见；

（b）交流研究、法律和政策制定方面的经验；

（c）查明预防犯罪和刑事司法方面出现的趋势和问题；

（d）就预防犯罪和刑事司法委员会提交大会的某些问题向委员会提供咨询和意见；

（e）就工作方案可能列入的题目提出建议供委员会审议。

30. 为提高方案的有效性和收到最佳效果，应实施如下安排：

（a）每五年召开一届大会，为期 5 至 10 个工作日；

（b）预防犯罪和刑事司法委员会应选出准确拟定的题目，以确保讨论重点并做到富有成果；

（c）每五年一次的区域会议应在委员会的指导下召开，讨论与委员会或预防犯罪大会议程相关的问题，或讨论任何其他事项，除非某一区域并不认为有必要召开这样的会议；联合国各预防犯罪和罪犯待遇研究所应酌情充分参与这些会议的组织工作；委员会应适当考虑通过联合国经常预算为这些会议提供资金的必要性，如果这些会议在发展中区域召开，尤应如此；

（d）应鼓励举行着重实践的讲习班，讨论委员会选定的题目，作为大会方案的一部分，并应鼓励召开与大会有关的辅助会议。

4. 秘书处和方案的组织结构

31. 方案秘书处是一个常设机构，负责促进实施由预防犯罪和刑事司法委员会确定优先事项的预防犯罪和刑事司法方案并协助委员会评估所取得的进展和分析所遇到的困难。为此，秘书处应当：

（a）调动现有资源，包括各研究所、非政府组织、政府间组织和其他主管当局，以实施方案；

（b）协调有关犯罪和司法方面的研究、培训和资料，特别是通过全球犯罪和刑事司法情报网向各成员国提供技术援助和使用资料；

（c）协助委员会作出工作安排，根据委员会的指示，筹备预防犯罪和罪犯待遇大会和与方案有关的任何其他活动；

（d）确保可能提供刑事司法援助的捐助国与需要这方面帮助的国家相互接触；

（e）将需要刑事司法领域援助的情况通知适宜的筹资机构。

32. 建议秘书长，为确认对方案给予高度重视，应按照上文第 14 段所规定的条件，尽早将秘书处社会发展和人道主义事务中心预防犯罪和刑事司法处升格为司级，同时要考虑到联合国维也纳办事处的结构。

33. 方案秘书处的专业人员应称作“预防犯罪和刑事司法官员”。

34. 方案秘书处应由一名高级官员作为领导，负责方案总的日常管理和监督工作，并与其活动涉及本方案的有关政府官员、专门机构和政府间组织进行联络。

F. 方案支助

1. 联合国预防犯罪和罪犯待遇研究所

35. 联合国各个预防犯罪和罪犯待遇研究所的活动应得到各成员国和联合国的支助，应特别注意设于发展中国家的此种研究所的需要。鉴于此种研究所的重要作用，制定整个方案时应充分吸收他们对政策拟订和实施的意见并照顾到他们的资源需要，特别应照顾到非洲区域预防犯罪和罪犯待遇研究所的需要。

2. 联合国预防犯罪和罪犯待遇研究所之间的协调

36. 各研究所应经常彼此通报和向预防犯罪和刑事司法委员会通报其执行情况。

37. 委员会在可得到资源的情况下可请研究所执行方案的某些部分，委员会还可就研究所之间的活动提出建议。

38. 委员会应努力调集预算外资源，以支持研究所的活动。

3. 政府指定的预防犯罪和刑事司法领域国家联系人网络

39. 各会员国应指定一名或多名预防犯罪和刑事司法领域的国家联系人作为联络点，以便直接与方案秘书处和方案其他单位进行联系。

40. 在有关法律、科学和技术合作、培训、国家法规资料、法律政策、刑事司法系统组织、预防犯罪措施和监禁教养等事项方面，国家联系人应促进与秘书处的联系。

4. 全球犯罪和刑事司法情报网

41. 各会员国应支持联合国发展和维持全球犯罪和刑事司法情报网，以便于收集、分析、交流和酌情传播信息，并集中整理预防犯罪和刑事司法领域的各非政府组织和科学机构提供的资料。

42. 各会员国应保证经常向秘书长提供有关统计资料，并根据请求，介绍各自国家的犯罪动态、结构和程度以及预防犯罪和刑事司法战略的运作。

5. 政府间组织和非政府组织

43. 政府间组织和非政府组织以及科学界是专业知识、支持和协助的宝贵来源。在方案开发和实施中，应充分利用其贡献。

G. 方案的资金筹措

44. 方案应由联合国经常预算提供资金，用于技术援助的拨款可由会员国和有关筹资机构的直接自愿捐款加以补充。应鼓励各会员国向联合国社会防护信托基金提供捐款，该信托基金将改名为联合国预防犯罪和刑事司法基金。还鼓励各会员国作出实物捐助，支持方案的业务活动，特别是通过借调工作人员，主办培训班和研讨会，以及提供必要的设备和服务，对方案加以支持。

那不勒斯政治宣言和
打击有组织跨国犯罪的全球行动计划

联合国 1994 年 11 月，A/49/748，附件，第一节 A

我们，国家元首和政府首脑、主管刑事司法系统的部长以及政府的其他高级代表，

在联合国成立五十周年前夕在那不勒斯召开有史以来第一次这样的会议，审议采取何种方式及方法加强并改进打击有组织跨国犯罪的国家能力及国际合作，为采取协调一致、有效的全球行动打击有组织跨国犯罪并防止其进一步扩大奠定基础；

深切关注过去十年来有组织犯罪的急剧增长及其在全球的蔓延，这是对主权国家内部安全和稳定的威胁；

对有组织跨国犯罪在人员和物质方面造成高昂的代价及对国家经济、全球金融系统及法治和基本社会价值观念所产生的影响感到震惊；

认识到许多国家特别是发展中国家和转型期国家的需要，这些国家正在努力实现其刑事司法系统现代化，使其能够更好地履行职能，提高对有组织跨国犯罪的反应水平；

深信迫切需要建立更有效的国际机制，协助各国和促进预防和打击有组织跨国犯罪共同战略的执行，并进一步需要加强联合国作为该领域联络点的作用；

重申联合国在预防犯罪和刑事司法方面肩负的责任并认识到有必要加强其在制订一项预防和控制有组织跨国犯罪的综合性行动纲领方面的作用；

认识到各国对这一现象仍有不同的理解和评估，因此在打击有组织犯罪方面也有着不同的政策选择；

宣布我们的政治意愿和坚定的决心，以及对于确保全面而迅速地执行《政治宣言和打击有组织跨国犯罪全球行动计划》的坚定承诺。

一、政治宣言

1. 我们决心通过严格而有效的但始终遵守国际人权和基本自由的立法措施和实际执行文书，保护我们的社会使其免受各种形式有组织跨国犯罪的影响。

2. 我们决心联合一致，共同制止有组织跨国犯罪的扩大和多样化，我们严重关切有组织跨国犯罪与恐怖主义犯罪之间的联系。尽管最近取得了种种成绩，我们认为仍然应当进一步制订协调一致的战略并开展其他形式的国际合作。

3. 我们将特别努力打击犯罪组织的社会和经济实力，摧毁其向合法经济渗透、清洗犯罪收益、使用暴力和恐怖手段的能力。

4. 我们申明，各国、所有有关的全球及区域组织应对打击有组织跨国犯罪给予高度优先地位，同时，一般公众、新闻媒介、各企业、机构和非政府组织应给予必要的支持。

5. 在认识到有组织犯罪的全球性影响的同时，我们也认识到预防和控制措施也必须因国家、区域而异，这类措施应当立足于提高本国的能力、加深对有组织犯罪集团的了解及交流这方面经验。

6. 我们关切地注意到有组织跨国犯罪威胁到发展中国家和转型期国家的社会和经济发展，并威胁到这些国家的体制结构。国际社会应当协助这些国家自己作出努力，使它们的刑事司法系统既有能力充分预防和打击有组织跨国犯罪，同时也适当遵守国际人权和基本自由。

7. 我们对预防犯罪和刑事司法委员会的建立及其所取得的成绩表示满意。我们强烈建议联合国预防犯罪和刑事司法方案对加强国际合作，打击有组织跨国犯罪继续给予优先重视，同时认识到，有限的资源对该方案在执行其各项任务方面起着制约作用。我们促请秘书长考虑到联合国在这方面的责任范围，拨出充分的财政和人力资源，用于联合国打击有组织跨国犯罪方面的活动。

8. 我们促请那些尚未成为极为重要的《1988 年联合国禁止非法贩运麻醉药品和精神药物公约》缔约方的国家尽快成为该公约的缔约方。我们促请所有国家充分执行这一协定和现有的其他有关协定，并在必要时制定新的文书对付毒品贩运以外的形形色色有组织跨国犯罪活动。

9. 我们希望尽可能加强并提高各国以及联合国及有关的其他国际和区域组织的能力，以便在以下几方面实现更有效的国际合作，对付有组织跨国犯罪造成的威胁：

（a）使针对有组织犯罪的法规更趋于一致；

（b）加强调查、检控和司法各级在业务事项上的国际合作；

（c）确定区域和全球一级国际合作的方式和基本原则；

（d）拟订关于有组织跨国犯罪的国际协定；

（e）预防和打击洗钱和管制犯罪收益的使用的措施和战略。

10. 我们对执行本政治宣言和打击有组织跨国犯罪全球行动计划特别重视并给予最高度的优先，为此，我们将致力于加强对发展中国家和转型期国家各项方案的财政援助及其他援助，并从总的官方发展援助及其他官方来源调动资金，用于打击有组织犯罪的各项方案，并呼吁预防犯罪和刑事司法委员会定期审查本文所概述的各项活动。

二、打击有组织跨国犯罪的全球行动计划

A. 有组织跨国犯罪构成的问题和危险

11. 国际社会应当对有组织犯罪形成一种普遍接受的概念，以此为基础，制定更为协调一致的国家措施，进行更为有效的国际合作。

12. 为了有效地打击有组织犯罪，各国在制订战略、政策、立法及其他措施时，应当考虑到有组织犯罪的结构特点和作案手法。下述特点虽不是有组织

跨国犯罪现象的法律定义或全面的定义，但却很典型：为从事犯罪活动而组成集团；犯罪集团的头领得以对本集团进行控制的一套等级关系或个人关系；使用暴力、恐吓或行贿收买等手段达到赢利或控制地盘或市场的目的；为发展犯罪活动或向合法企业渗透而进行的非法收益洗钱；扩大到新的活动领域或本国边界之外的潜在可能性，与其他有组织跨国犯罪集团合作。

13. 为了认识并明智地预防和打击有组织跨国犯罪活动，国际社会应当加强对犯罪组织及其活动的了解。各国应当收集、处理、传播有关这一现象的更可靠的数据和信息。

B. 针对有组织跨国犯罪的国家立法以及关于立法及其他措施的准则

14. 每个国家都应审查那些面临有组织犯罪问题的国家提供的经验以及从研究和分析有组织犯罪的结构及其犯罪活动获得的情报，以便就防止和消除此种现象需有哪些实体法、程序法和管理条例及组织结构确定有益的指导原则。

15. 各国应在必要时考虑制定实体法规，惩治参加犯罪组织或参与犯罪阴谋的行为并对法人团体规定刑事责任，借以加强在国内打击有组织犯罪的能力，并增进国际合作。

16. 各国应确保本国的整个刑事司法系统拥有足以对付复杂的有组织犯罪活动的结构和能力，其中包括对付贪污腐败、恐吓和暴力的保障制度。

17. 为了有力地打击有组织犯罪，各国必须打破有组织犯罪集团守口如瓶的规定和威胁恐吓。如果本国法律有适当的规定，应当考虑采用可靠的收集证据的方法，如电子监视、便衣行动和控制下交付，但应充分尊重得到国际公认的各项人权和基本自由，特别是隐私权，并应酌情在司法监督之下进行。应当考虑采取措施，鼓励有组织犯罪成员给予合作和出庭作证，包括为证人及其家属采取适当的保护方案，并在国家法律允许的范围内，根据他们在检控过程中给予的合作从轻处理。

18. 应当考虑采取在下文关于洗钱和犯罪收益的F节中详细论述的管理措

施，以及可使商界和政府提高透明度并保持廉洁的其他行政法机制，作为与打击有组织犯罪的刑法手段同样重要的预防性措施。

19. 各国应在有正当理由的情况下努力建立并配备专门调查部门，使其精通有组织犯罪集团的结构特点和作案手法。各国还应当努力为上述部门提供必要的培训和资源，以便将精力集中在有关有组织跨国犯罪的情报收集和分析方面。

20. 各国应当开展教育方案，培养遵纪守法观念，并执行各种措施来提高公众对有组织犯罪的后果的认识，争取公众、新闻媒介及私营部门支持国家和国际一级打击有组织犯罪的努力。

21. 各国应当考虑给予有组织犯罪的受害者以适当的补偿或赔偿，同时考虑到大会 1985 年 11 月 29 日第 40/34 号决议通过的《为罪行和滥用权力行为受害者取得公理的基本原则宣言》的规定。

22. 联合国和其他有关的全球组织和区域组织应在必要时利用各国经验和专门知识及有关组织有益经验的基础上，制定切实可行的实体法及程序法模式和准则。联合国和这些组织还应当根据请求协助各国审查、评估各国的立法，规划和实施改革，为此应考虑到现行惯例及文化、法律和社会传统。

C. 调查、检控和司法各级的国际合作

23. 有组织跨国犯罪能够随着新机会的出现，将其活动从一个国家转移到另一国家，并且扩大其活动规模。因此，各国应确保建立起切实的国际合作制度的基本组成部分。

24. 因为缺乏有关合作安排会严重阻碍有效的共同努力，各国应在必要时开展和改进双边和多边援助。在这方面，应依靠并更加广泛地促进执行“示范”条约及有关的区域文书。

25. 各国应力求充分执行现有的有关引渡问题的双边和多边公约和协定，确保各项规定得到执行，并确保有效地执行法律互助请求。

26. 各国应通过非正式的和行之有效的机制改进现有协定的实际适用，例如：交流阐述本国程序的手册，指定负责司法互助的“中央当局”，设立可迅速

处理请求的“联络点”，成立联合特别工作组，查明“最佳”调查方法，以及分享先进调查技术等。

27. 各国应鼓励发展收集情报的基本能力，同时应尊重每个人的人权和基本自由，并建立联络官员之类的安排，以便于收集和向其他国家传播情报，以及建立其他形式的合作。

D. 区域和国际一级国际合作的方式和准则

28. 由于认识到区域做法的重要性，各国应当采取措施，防止在特定区域活动的有组织犯罪集团进一步扩大其活动范围，并应继续促进各种区域战略。

29. 各国应当加强各种旨在根据请求帮助发展中国家和经济转型期国家加强其执法和司法系统能力的技术合作活动。

30. 各国应当确保适当协调双边和多边技术合作活动，以避免重叠或重复努力。

31. 联合国应当根据请求提供和协助提供技术合作，包括系统交流经验和专门知识，适当培训警务和司法人员，以及应用有效的对应措施。以下领域似乎具有特别重要意义：

（a）在刑法制度尚未包括打击有组织犯罪的国家里拟定适当的立法；

（b）为警务人员、检控人员、法官和地方法官以及向调查机构提供专门技术知识的所有人员举办特别培训班；

（c）收集、分析和交流关于犯罪组织及有关活动的信息，同时注意到其他有关政府间组织的工作。

E. 拟定包括公约在内的各种打击有组织跨国犯罪的国际文书的可行性

32. 各国应当考虑利用通过拟定和实施基础广泛的现有双边或多边协议而取得的正面经验和成果，进一步制定各种国际文书。这些国际文书的制定将促使各国立法在惩治有组织跨国犯罪方面更加统一或一致，有助于采取更加有效的刑事司法措施和更多地利用互助和引渡办法。

33. 各国应当特别考虑拟订更加有效的手段和文书所涉及的实际问题，如示范性技术协定，警务和司法合作手册，信息正常流通和其他通信方法，以及储存和增补资料的数据库。这类文书可采用类似有些国家在国际贩毒领域已经缔结的那些谅解备忘录的形式。

34. 关于拟定国际文书如打击有组织跨国犯罪公约的机会，有组织跨国犯罪问题世界部长级会议请预防犯罪和刑事司法委员会着手征求各国政府对这一或这类公约的作用及其所涉问题的看法。

F. 预防和控制洗钱和管制犯罪收益

35. 各国应当确保将打击有组织跨国犯罪的斗争建立在以打垮犯罪组织的经济实力为目标的战略的基础之上，其中应当包括刑法措施，特别是适当的制裁和判刑，以及适当的管理机制。

36. 各国应当考虑将清洗犯罪活动收益的行为作为犯罪论处的必要性，以对付有组织犯罪集团积累大量资本的问题，以及这些集团随后需要清洗利润和对合法企业进行投资的问题。

37. 各国应当考虑采用预防措施，确保明确查明公司股东的情况和有关收买和转让的准确资料，确保公共行政管理商业部门、金融机构和有关职业的道德高标准，以及金融和经济部门管理当局与刑法执行机构之间的合作。

38. 各国应当考虑采取立法措施，视需要没收或扣押非法收益，没收资产，并提供临时安排，如冻结或扣押资产，同时应当始终适当尊重善意第三方的利益。在不违背其法律制度基本原则的情况下，各国还应当考虑分摊所没收的资产的可能性和——在特定条件下并始终通过司法程序或其他法律程序——在未作出刑事定罪的情况下没收或扣押非法收益，或者没收或扣押金额可高于已判罪行所涉的资金数额。

39. 各国应当考虑采用立法和管理措施，限制金融保密的范围，以便促进有效的洗钱管制和国际合作。这些措施还应当包括有义务适用“了解客户”规则以及有义务查明和报告可疑金融交易，同时充分保护金融机构的代表，使其不必因为诚实报告这类交易情况而承担任何赔偿责任，但严重失职的除外。另外，各国应当高度重视采取适当措施，防止洗钱活动从受严密监管的银行转移到各种提供金融服务但不受监管的公司和行业。为此，各国应当努力进行研究，查明可能会帮助进行洗钱活动的公司，并确定能否将报告要求和其他要求扩大到银行和金融机构范围以外的其他可能的领域。

40. 联合国和其他国际、全球、区域组织及机构，例如在打击洗钱活动中发挥了积极作用的金融行动特别工作组、国际刑事警察组织、美洲国家组织的美洲药物管制委员会（美洲药管会）、欧洲委员会、欧洲联盟、阿拉伯国家内政部长理事会和英联邦秘书处，应当共同努力加强这一领域共同的法规和执法战略。

41. 联合国应当协助各国进行需求评估，制定条约，发展刑事司法基础结构和开发人力资源，根据请求向各国提供技术援助，利用联合国各研究所和其他有关机构的专业知识及合作，包括主办了预防和管制洗钱和使用犯罪收益：全球性做法国际会议的联合国预防犯罪和刑事司法方案国际科学和专业咨询理事会。

G. 后续和实施

42. 各国应当根据《打击有组织跨国犯罪的全球行动计划》采取必要措施，尽可能在国家、区域和国际各级将之付诸实施。

43. 联合国应当通过其预防犯罪和刑事司法委员会及其各研究所和其他有关机构，协助各国打击有组织犯罪的努力，其方式包括评估需要和定期审查根据其工作方案重点实施《政治宣言和全球行动计划》方面的进展情况，协助采取以上所建议的具体行动，并开展技术合作。

44. 预防犯罪和刑事司法委员会应当根据其工作方案的优先重点，定期审查实施《打击有组织跨国犯罪的全球行动计划》实施方面的进展情况。

45. 现有资源并不足以使联合国预防犯罪和刑事司法方案支持增强国家一级的努力和加强政府间合作，也不足以使其履行其重要责任。应当赋予联合国控制犯罪活动以更高优先，在1992—1997年中期计划和相应的两年期预算中划拨充分的资源，各国也应当向该方案提供更多的自愿捐款，以期加强联合国控制犯罪结构，提高其效能。

城市犯罪预防领域的合作和技术援助准则

联合国经济及社会理事会第 1995/9 号决议附件

A. 合作与援助活动的设计和实施

1. 城市犯罪预防合作项目应考虑到下述原则：

一、对问题采取因地制宜的做法

2. 城市犯罪的特点是因素繁多而且形式多样。根据综合性预防犯罪行动计划在地方一级采取多机构的做法和有协调的对策，往往是大有裨益的。这就需要：

（a）因地制宜地诊断调查犯罪现象、犯罪特点、导致犯罪的因素、犯罪的形式及范围；

（b）确定可参与汇编上述预防犯罪诊断性调查和打击犯罪行动的有关行动者，如公共机构（国家或地方）、地方选出的官员、私营部门（协会、企业等）、志愿部门、社区代表等；

（c）酌情设立促进联络、交流信息、联合工作和协调一致战略设计工作的协商机制；

（d）结合当地情况拟订解决这些问题的可行的办法。

二、综合性预防犯罪行动计划

3. 为了保证行动计划的全面性和有效性，综合性预防犯罪行动计划的拟订者应当：

（a）确定：

（Ⅰ）拟解决犯罪问题的性质和类型，例如：偷盗、抢劫、入屋行窃、种族攻击、与毒品有关的犯罪、少年犯罪以及非法拥有火器等，同时考虑到直接或间接引起这些问题或者促成这些问题发生的所有因素；

（Ⅱ）追求的目标和为实现目标而确定的时限；

（Ⅲ）设想的行动和该计划执行人员的各自责任（例如，是否调动地方资源或国家资源）；

（b）考虑所涉及的各个方面行动者，特别是下列人员的代表：

（Ⅰ）除警察、法院、检察人员、缓刑监督人员外，社会工作者和教育、住房和保健工作者等；

（Ⅱ）社区：选任官员、协会、志愿人员、父母、受害者组织等；

（Ⅲ）经济部门：企业、银行、商业、公共交通等；

（Ⅳ）传播媒介；

（c）考虑下列各因素对预防犯罪行动计划的适切性：

（Ⅰ）家庭、各代人之间或者各社会群体之间的关系等；

（Ⅱ）教育、宗教、公民道德观、文化等；

（Ⅲ）就业、培训、同失业和贫困作斗争的措施；

（Ⅳ）住房和城市规划；

（Ⅴ）保健、吸毒和酗酒；

（Ⅵ）政府和社区对社会处境最不幸成员的福利援助；

（Ⅶ）同暴力和不容异己文化作斗争；

（d）考虑规定在各级应采取的行动：

（Ⅰ）初级预防：

（ⅰ）促进情势犯罪预防措施，例如，加强对犯罪目标的防范和减少犯罪机会；

（ⅱ）促进福利和保健的发展和进步，以及对各种社会剥夺形式作斗争；

（ⅲ）促进集体价值观念和尊重基本人权；

（ⅳ）促进公民责任和社会调解程序；

（ⅴ）促进警察和法院工作方法的调整；

（Ⅱ）累犯的预防：

（ⅰ）促进警察干预方法（迅速反应，当地社区内的干预，等等）的调整；

（ⅱ）促进司法干预方法的调整和执行其他的补救办法；

①根据案情的性质和严重程度采取多样化处理方法和措施（例如，转送教改机构的计划、调解、对待未成年人的特别办法等）；

②系统研究如何通过执行非拘禁措施使城市犯罪罪犯重新参加社会生活；

③在服刑的范围内在监狱中给予社会教育支助，并以此作为释放前的准备；

（ⅲ）调动社区在管教罪犯方面的积极作用；

（Ⅲ）在服刑后：提供援助和社会教育支助、家庭支助等；

（Ⅳ）通过下述办法，切实改善受害者待遇，以保护受害者：

（ⅰ）提高对权利和如何有效行使权利的认识；

（ⅱ）加强权利（特别是赔偿权利）；

（ⅲ）采用受害者援助办法。

B. 行动计划的实施

一、中央主管部门

4. 中央主管部门，在其权限允许的范围内应当：

（a）积极支持、援助并鼓励地方行动者；

（b）将国家政策和战略与地方战略和需要协调起来；

（c）在中央一级的各个行动部门建立协商与合作机制。

二、各级主管部门

5. 各级主管部门应当：

（a）在促进这些活动时经常注意尊重人权基本原则；

（b）鼓励和／或实施适当的培训并提供适当的资料，对所有参与预防犯罪的专业人员给予支助；

（c）交流经验和组织专门知识交流活动；

（d）对已实施战略的有效性定出定期评估的方法，并且规定对战略可加修订。

联合国关于犯罪和公共安全问题的宣言

联合国大会1996年第51/60号决议附件

大会，

深信通过一项关于犯罪和公共安全问题的宣言将有助于加强打击严重跨国犯罪活动的斗争，

1. 核可本决议附件所载联合国关于犯罪和公共安全问题的宣言；

2. 促请会员国按照宣言的规定，在国家和国际一级采取所有适当措施打击严重跨国犯罪活动；

3. 请秘书长将宣言获得通过一事通报各会员国及有关专门机构和组织；

4. 促请会员国作出一切努力，务确保宣言众所周知，各国并应依本国立法充分遵守和实施宣言；

5. 请会员国推动各项有助于提高公众对预防犯罪和促进公共安全过程的认识和参与的公众运动，包括利用大众传播媒介

1996年12月12日　第82次全体会议

大会，

回顾《联合国五十周年纪念宣言》[①]《消除国际恐怖主义措施宣言》[②]《那不勒

① 第50/6号决议。

② 第49/60号决议，附件。

斯政治宣言和打击有组织跨国犯罪全球行动计划》，[①]庄严宣布《联合国关于犯罪和公共安全问题的宣言》如下：

第 1 条

会员国应采取有效的国家措施，打击严重的跨国犯罪活动，包括有组织犯罪、非法贩运毒品及军火、走私其他非法物品、有组织贩运人口、恐怖主义犯罪以及清洗严重犯罪活动的收益，努力保护其公民及其管辖区内所有人的安全和福利，会员国应保证在这类努力中相互合作。

第 2 条

会员国应促进双边、区域多边和全球执法合作和援助，包括适当的法律互助安排，促进对严重跨国犯罪的执行者或负责者的侦查、逮捕及起诉，确保执法部门和其他主管当局能够在国际一级有效开展合作。

第 3 条

会员国应采取措施防止犯罪组织在本国领土获得支助和开展活动。会员国应尽可能对那些从事严重跨国犯罪活动者规定进行有效引渡或起诉，使他们无处避难。

第 4 条

严重跨国犯罪活动事项中的相互合作和援助还应酌情包括加强各国之间交流信息的系统，并利用培训、交流方案及国际一级执法培训学术机构和刑事司法研究所等方式向会员国提供双边和多边技术援助。

第 5 条

促请尚未成为与国际恐怖主义问题各个方面有关的现有主要国际条约缔约国的会员国尽早成为这些条约的缔约国。缔约国应有效实施条约的规定，以打击恐怖主义犯罪。会员国还应采取措施执行关于消除国际恐怖主义措施的大会1994年12月9日第49/60号决议及其载有《消除国际恐怖主义措施宣言》的附件。

第 6 条

促请尚未成为各项国际药物管制公约缔约国的会员国尽快成为其缔约

① 见第49/159号决议。

国。缔约国应有效实施经1972年《议定书》[①]修订的1961年《麻醉品单一公约》、[②]1971年《精神药物公约》[③]及1988年《联合国禁止非法贩运麻醉药品和精神药物公约》[④]的规定。会员国明确重申，它们应在共同分担责任的基础上采取一切必要的预防和执法措施，以消除麻醉药品和精神药物的非法生产、贩运、分销和消费，包括各种便于打击参加此类有组织跨国犯罪的罪犯的措施。

第7条

会员国应在本国管辖范围内采取措施，加强其发现并阻止从事严重跨国犯罪活动者和这类犯罪活动的作案工具越境流动的能力，并应采取具体有效措施保护其边境，如：

（a）对爆炸物和犯罪分子非法贩运某些专门设计用于制造核武器、生物武器或化学武器的材料及其组件采取有效的管制措施，为了减少这类贩运产生的危险，加入并充分实施所有与大规模毁灭性武器有关的国际条约；

（b）加强对发放护照的监督，加强防范措施，防止篡改和伪造护照；

（c）加强对有关非法跨国枪支贩运条例的执行，以便既制止利用枪支进行犯罪活动，又减少助长致命冲突的可能性；

（d）协调各种措施和交换信息，打击有组织违法偷运人口跨越国境。

第8条

为了进一步打击犯罪收益的跨国流动，会员国同意酌情采取措施，打击隐瞒或掩盖严重跨国犯罪活动所得收益的真实来源以及企图兑换或转移这类收益的行为。会员国还同意要求金融机构及有关机构保持必要的记录和酌情举报可疑交易，确保有效的法律和程序，以查封和没收严重跨国犯罪活动的收益。会员国确认有必要对犯罪活动限制任何银行保密法的适用，并在侦查这些活动和其他可能用于洗钱目的的活动中取得金融机构的合作。

---

① 联合国，《条约汇编》，第976卷，第14152号。

② 联合国，《条约汇编》，第520卷，第7515号。

③ 联合国，《条约汇编》，第1019卷，第14956号。

④ 见《联合国关于通过禁止非法贩运麻醉药品和精神药物公约的会议正式记录，1988年11月25日至12月20日，维也纳》，第一卷（联合国出版物，出售品编号：E.94 XI.5）。

第 9 条

会员国同意采取步骤，通过诸如培训、划拨资源和与其他国家的技术援助安排等措施，加强其刑事司法、执法和受害者援助系统的整体专业水平，并推动其社会各阶层参与打击和防止严重跨国犯罪活动。

第 10 条

会员国同意通过执行打击贿赂和贪污腐化的国内适用法律，以打击和制止破坏文明社会法律基础的腐败和贿赂现象。为此目的，会员国还同意考虑制订协调一致的国际合作措施，制止腐败行径，并发展技术性专门知识，防止和控制腐败现象。

第 11 条

为实施本宣言而采取的行动应充分尊重会员国的国家主权和领土管辖权以及会员国根据现行条约和国际法所享有的权利和承担的义务，并应符合联合国承认的人权和基本自由。

为预防犯罪及公共健康和安全目的实行枪支管制

联合国经济及社会理事会第 1997/28 号决议

经济及社会理事会，

回顾 1995 年 4 月 29 日至 5 月 8 日在开罗举行的第九届联合国预防犯罪和罪犯待遇大会通过的 1995 年 5 月 7 日第 9 号决议，①

回顾其 1995 年 7 月 24 日第 1995/27 号决议第四 . A 节和 1996 年 7 月 24 日第 1996/28 号决议，

意识到有效实施这些决议的必要性，

注意到秘书长关于枪支管制措施的报告，②

还注意到由秘书处预防犯罪和刑事司法司编写的"联合国国际枪支管制情况研究报告"草案③中的调查结果，

进一步注意到美洲国家组织美洲药物滥用管制委员会就管制非法枪支和炸药国际流动问题所做的工作，包括关于管制枪支国际流动示范条例的提议，

1. 促请尚未答复关于"联合国国际枪支管制情况研究报告"草案的问题单的会员国在 1997 年 9 月 30 日之前作出回答；

2. 请秘书长继续收集和传播关于枪支管制资料的数据，包括 1997 年 2 月 10 日至 14 日在维也纳举行的收集和分析枪支管制资料专家组会议报告④中提

---

① 见 A/CONF.169/16/Rev.1，第一章。

② E/CN.15/1997/4 和 Corr.1。

③ E/CN.15/1997/CRP.6。

④ E/CN.15/1997/CRP.4。

及的订正调查格式，并不断地经常维持一份每一会员国负责提供这种资料和加强现有枪支管制数据库的联系人和组织名单；

3. 赞赏地注意到秘书长提议召开一次特设专家组会议，邀请各有关国际组织参加，[①] 以便更好地协调数据收集方面的工作，这对于更加全面地了解与枪支管制有关的问题来说是必要的；

4. 请秘书长在现有资源范围内促进承认枪支管制在下述各方面的相关性的技术合作项目：处理对妇女的暴力行为，为犯罪行为受害者伸张正义，处理作为犯罪行为的受害者和作案者的儿童和少年问题，以及在冲突后维持和平项目中重建或加强法治；

5. 鼓励会员国，如尚未这样做的话，考虑对民用枪支采取包括以下共同要素的管制做法：

（a）关于枪支安全和储藏的条例；

（b）对涉及误用或非法占有枪支的罪行的适当惩罚和 / 或行政制裁；

（c）会员国为了鼓励公民上缴非法、不安全或无用枪支而认为适宜的减免刑事责任、赦免或类似方案；

（d）许可证制度，包括枪支买卖许可证，以便确保枪支不为被判为严重犯罪者或会员国本国法律禁止其拥有或占有枪支者所得；

（e）枪支记录制度，包括商业分销枪支系统及在制造和进口时在枪支上适当加以标志的要求，以便协助刑事调查，不便于偷窃，和确保枪支只分发给根据会员国本国法律可以合法拥有或占有枪支者；

6. 请秘书长在根据经经济及社会理事会第 1996/28 号决议核可的工作计划[②] 拟于 1997 年组织的四次关于枪支管制区域讲习班的临时议程中，在现有资源范围内或根据预算外资金提供的情况，列入是否有可能以上文建议的管制做法为基础拟订一项联合国原则宣言，收集有关枪支管制的可比较资料，提供技术援助，培训和分享资料，以及实施双边、区域或多边打击非法贩运枪支协定

---

① E/CN.15/1997/20，第 10 段。

② 《经济及社会理事会正式记录，1996 年，补编第 10 号》和更正（E/1996/30 和 Corr.1–3），第 73(g) 段。

和安排的必要性，以便确保所有会员国在枪支管制方面都有充分的能力，并请每一有关非政府组织在各区域讲习班上就其议程涉及的议题提交一份声明，但不允许非政府组织参加将讨论敏感的执法问题的讲习班；

7. 还请秘书长就以上文建议的管制办法为基础拟定一项原则宣言问题向各会员国、构成联合国预防犯罪和刑事司法方案网的各研究所以及联合国有关实体、政府间组织和非政府组织征求意见，并向预防犯罪和刑事司法委员会第七届会议提交一份载有所收到的意见的报告；

8. 进一步请秘书长探索以什么方式方法在平民使用枪支与城市、社区和家庭中不可接受的暴力行为程度相互间的联系方面编制一个不断对刑事司法行政人员进行教育和教育公众提高认识的方案，并传播这类资料，以便鼓励会员国采取类似方案；

9. 鼓励会员国确保追查非法枪支和对其他会员国为了追查枪支而提出的请求迅速作出精确的答复；

10. 请国际刑事警察组织（刑警组织）审查其会员国的枪支和弹道追查能力，以便使预防犯罪和刑事司法委员会了解这种能力是否充分，并最好以索引形式澄清和汇编通用的枪支术语和说明，以便增进会员国之间交换有关非法枪支的调查资料；

11. 请遵照大会 1995 年 12 月 12 日第 50/70 号决议成立的联合国小型武器问题政府专家小组和其他有关的政府间专门机构就其有关会员国中非法军用小型武器非法扩散问题所做工作的结果向预防犯罪和刑事司法委员会提供现有资料；

12. 请海关合作组织（亦称世界海关组织）审查与民用枪支流动有关的国际海关惯例和全世界枪支走私趋势，包括签批进出口许可证、监测、标准议定书，包括通用进出口证明和事先通知制度等事项，以便就管制枪支国际流动的有效性向预防犯罪和刑事司法委员会提供咨询；

13. 请其他有关政府间组织在国际枪支管制情况研究报告范围内重新分析与枪支有关的问题的数据，以便通过秘书长让预防犯罪和刑事司法委员会了解在改进收集和分析学科间相关统计方面可能采取的步骤；

14. 重申请秘书长根据经济及社会理事会第1996/28号决议核可的工作计划中的安排，出版“联合国国际枪支管制情况研究报告”，并尽可能广泛地加以分发；

15. 鼓励会员国在本国分发秘书长关于枪支管制措施的报告和“联合国国际枪支管制情况研究报告”，并考虑该报告和研究报告是否有助于评价在枪支管制方面应否采取新的行动；

16. 请秘书长就本决议的执行情况编写一份报告提交预防犯罪和刑事司法委员会第七届会议；

17. 决定预防犯罪和刑事司法委员会第七届会议应利用上文第16段提及的秘书长的报告，审议题为“枪支管制措施”的项目。

在预防犯罪和刑事司法领域中消除对妇女的暴力行为的示范战略和实际措施

联合国大会 1997 年 12 月 12 日第 52/86 号决议通过

1. 对妇女的暴力行为的多重性表明，对于不同的暴力表现形式和发生暴力行为的不同环境需要采取不同的战略。下文所载的实际措施、战略和活动可在预防犯罪和刑事司法领域推行，以处理对妇女的暴力行为问题。除另有说明者外，“妇女”一词的含义包括“女童”。

2.《在预防犯罪和刑事司法领域中消除对妇女的暴力行为的示范战略和实际措施》回顾了《消除对妇女的暴力行为宣言》[①] 中确定的并在第四次妇女问题世界会议所通过的《行动纲要》中重申的对妇女的暴力行为的定义，以各国政府在《行动纲要》中通过的措施作为基础，同时铭记有些妇女群体特别容易遭受暴力迫害。

3.《示范战略和实际措施》具体确认需要实行一项积极的政策，将性别观念纳入与消除对妇女的暴力行为有关的所有政策和方案的主流，实现性别平等和提供平等和公正的司法机会，以及在涉及消除对妇女的暴力行为的决策领域确立性别均衡的目标。《示范战略和实际措施》应作为准则，根据各项有关国际文书实施，包括《消除对妇女一切形式歧视公约》[②]、《儿

① 第 48/104 号决议。

② 第 34/180 号决议，附件。

童权利公约》[1]和《公民权利及政治权利国际公约》[2]以推动其公正和有效地实施。

4. 各会员国和其他实体应在不妨碍法律面前两性平等原则的情况下实施《示范战略和实际措施》，以促进各国政府在刑事司法制度范围内为处理对妇女的暴力行为的各种表现形式而作出的努力。

5.《示范战略和实际措施》旨在提供法律上和事实上的男女平等。《示范战略和实际措施》并非给妇女以优惠待遇，而是旨在确保纠正妇女在取得法律申诉机会方面，特别是就暴力行为提出申诉时所面临的任何不平等或任何形式的歧视。

一、刑　法

6. 促请各会员国：

（a）定期审查、评价和修订本国的法律、法规和程序，特别是刑法，以确保其在消除对妇女的暴力行为方面的价值和效力，并消除容许或宽恕对妇女的暴力行为的规定；

（b）在本国法律制度的范围内审查、评价和修订本国刑法和民法，严禁一切对妇女的暴力行为，尚未这样做的国家应为此采取措施；

（c）审查、评价和修订本国刑法，以确保：

（Ⅰ）可在本国法律制度范围内，限制因关于暴力犯罪的法律问题被法庭提审的人或被判定犯有这类罪行的人拥有和使用枪支和其他受管制武器；

（Ⅱ）可在本国法律制度范围内，禁止或限制个人骚扰、恐吓或威胁妇女。

---

① 第44/25号决议，附件。

② 见第2200A（XXI）号决议，附件。

二、刑事诉讼程序

7. 促请会员国酌情审查、评价和修订本国的刑事诉讼程序，以确保：

（a）警察在按国内法律规定获得司法授权的情况下，有充分的权力在发生对妇女的暴力行为时进入房舍，进行逮捕，包括没收武器；

（b）起诉的主要责任在检控当局而不在受暴力侵害的妇女；

（c）受暴力侵害妇女享有与其他证人同等的出庭作证机会，并采取措施为此种作证提供便利和保护受暴力侵害的妇女的隐私；

（d）辩护规则和原则不得歧视妇女，对妇女施加暴力的人不得以荣誉或挑衅等辩护理由逃脱一切刑事责任；

（e）对妇女犯有暴力行为的人，即便故意受到酒精或药物的影响，亦不能开脱其一切刑事责任或其他责任；

（f）在法院审判程序中依照本国刑法原则考虑对妇女施加暴力的人先前的暴力、虐待、潜随追踪和剥削行为的证据；

（g）在不违背本国宪法的情况下，法院有权在发生对妇女的暴力行为时下达保护和禁止令，包括将对妇女施加暴力的人从住所中带走，禁止在住所内外与受害人及其他受影响的当事人进一步接触，并有权对违反这些命令的行为判处刑罚；

（h）必要时可采取措施，确保受害人及其家属的安全，并保护其不受恐吓和报复；

（i）在作出有关非监禁或准监禁判决、准予保释、有条件释放、假释或缓刑的判决时考虑到安全风险。

三、警　察

8. 促请会员国在本国法律制度的框架内：

（a）确保有关对妇女的暴力行为的适用法律规定、法规和程序一贯得到实施，以使刑事司法系统承认所有对妇女施加暴力的犯罪行为并相应采取对策；

（b）制定不会有辱受暴力侵害的妇女的人格和尽量减少侵扰的调查方法，同时保持收集最有力证据的标准；

（c）确保警察的各种程序，包括就逮捕、拘留和以任何方式释放对妇女施加暴力的人的条件作出的判决考虑到受害人和其他具有家庭、社会或其他关系的人的安全，并确保这些程序防止暴力行为的进一步发生；

（d）授权警察对向妇女施加暴力的事件迅速作出反应；

（e）确保依照法律规则和行为守则行使警察权力，并确保使警察对任何违反此种规则和守则的行为承担责任；

（f）鼓励妇女加入警察部队，包括在行动一级。

四、判刑和教改

9. 促请会员国酌情：

（a）审查、评价和修订政策和程序以确保实现下述目标：

（Ⅰ）使犯罪者对其与对妇女的暴力有关的行为负责；

（Ⅱ）停止暴力行为；

（Ⅲ）如施加暴力者为受害者家庭成员，应考虑到所判刑罚对受害者及其家庭成员的影响；

（Ⅳ）所处刑罚力求与其他暴力犯罪所处刑罚相拟；

（b）确保把犯罪者从拘押或监禁中获释的情况通知受暴力侵害的妇女，如果此种通知对受害者的安全比对侵犯犯罪者的隐私权更重要的话；

（c）在判刑过程中考虑到包括在法律允许的情况下通过受害影响陈述了解到的受害者身心受害的严重性及受害造成的影响；

（d）通过立法使法院拥有一整套判刑处置权，以保护受害者、其他受影响的人和社会免受进一步的暴力行为之害；

（e）确保鼓励判刑法官在判刑时提出对犯罪者的治疗建议；

（f）确保采取适当措施消除对因任何原因而被拘押的妇女的暴力；

（g）制订和评价不同类型罪犯的罪犯治疗方案和罪犯简介；

（h）在刑事诉讼程序之前、期间和之后，保护受害者和证人的安全。

五、对受害人的支助和援助

10. 促请会员国酌情：

（a）除向受暴力侵害的妇女提供关于参加刑事诉讼程序、诉讼程序时间安排、进展和最终判决的资料外，还提供关于权利和补救及如何获得此种权利和补救的资料；

（b）鼓励并援助受暴力侵害的妇女提出正式起诉并坚持到底；

（c）确保受暴力侵害的妇女通过正式和非正式程序立即得到公平的受害补救，包括向犯罪者或国家寻求赔偿或补偿；

（d）规定便于受暴力侵害的妇女利用和特别照顾其需要并确保公平处理案件的法院机制和程序；

（e）在国家法律允许的情况下，建立司法保护和法院禁止令登记制度，以便警察或刑事司法官员可迅速查证此种命令的效力。

六、健康和社会服务

11. 促请会员国与私人部门、有关专业组织、基金会、非政府组织和社区组织，包括致力于妇女平等的组织和研究机构合作，酌情：

（a）建立、资助并协调一个为可能遭受或已遭受暴力行为之害的妇女及其子女提供便于使用的紧急和临时住宿设施和服务的可持续网络；

（b）建立、资助并协调诸如免费信息热线、专业多学科咨询和危机干预服务之类的服务和支助小组，以便帮助遭受暴力行为之害的妇女及其子女；

（c）拟订并资助各种方案，告诫并防止酗酒和滥用药物，因为对妇女暴力行为事件中常有酗酒和滥用药物情况；

（d）加强私人医疗机构和急诊室与刑事司法机构之间的联系，以便报告、记录对妇女的暴力行为，并作出反应；

（e）制定示范程序，帮助刑事司法系统工作人员处理受暴力侵害的妇女；

（f）尽可能设立专门单位，由受过如何处理对妇女暴力行为案件所涉复杂情况和受害者敏感问题方面的专门训练的相关学科人员组成。

七、培　训

12. 敦促会员国与非政府组织合作，包括致力于妇女平等的组织，并与相关的专业协会合作，酌情：

（a）为警察、刑事司法官员、从业人员和参与刑事司法系统的专业人员提供或鼓励制定强制性跨文化和性别敏感性训练单元，内容涉及对妇女暴力行为的不可接受性、其影响和后果以及促进对妇女暴力行为问题的充分反应；

（b）确保警察、刑事司法官员、从业人员以及参与刑事司法系统的专业人员在所有有关人权文书方面的充分培训、敏感性和教育；

（c）鼓励专业人员协会拟订可实施的刑事司法系统从业人员从业和行为标准，以便为妇女争取正义和平等。

八、研究和评估

13. 促请会员国和构成联合国预防犯罪和刑事司法方案网的各研究所、联合国系统有关实体、其他有关国际组织、研究所和非政府组织，包括致力于妇女平等的组织，酌情：

（a）拟订关于对妇女暴力的性质和程度的犯罪调查；

（b）收集按性别分列的数据和资料，以便结合现有数据，供预防犯罪和刑事司法领域的需要评估、决策和政策制订的分析和使用，特别是：

（Ⅰ）对妇女暴力行为的各种不同形式，其原因和后果；

（Ⅱ）经济贫困和剥削在多大程度上与对妇女的暴力联系在一起；

（Ⅲ）受害者与犯罪者之间的关系；

（Ⅳ）各种干预形式对犯罪者个人的改过自新或防止重犯的效果以及对减少对妇女暴力行为的影响；

（Ⅴ）枪支、药物和酒精的使用问题，特别是在发生家庭暴力，妇女受暴力侵害的情况下；

（Ⅵ）曾受暴力行为之害者或身处暴力环境与日后暴力活动之间的关系；

（c）监测并发表有关对妇女暴力的发生率、逮捕和开释率、起诉犯罪者及案件处理情况的年度报告；

（d）评估刑事司法系统在满足受暴力侵害的妇女的需要方面的效率和效力。

九、预防犯罪措施

14. 促请会员国以及私人部门、有关专业协会、基金会、非政府组织以及社区组织，包括致力于妇女平等的组织以及研究所，酌情：

（a）拟订并实施相关的、有效的提高公众意识和公众教育方案和学校方案，通过促进平等、合作、相互尊重以及男女分担责任来防止对妇女的暴力行为；

（b）在参与消除对妇女暴力行为的公共和私人实体中，拟订多学科及对性别问题敏感的方针，特别是通过执法官员与专门保护受暴力行为之害的妇女的部门建立合作伙伴关系；

（c）为犯罪者或被查明为潜在的犯罪者的人建立联系方案，促进和平解决冲突及驾驭和控制愤怒情绪的能力并促进改变对性别角色和关系的态度；

（d）建立联系方案，为妇女，包括暴力行为受害者，提供有关性别角色、妇女人权以及关于对妇女暴力行为的社会、健康、法律和经济各个方面的资料，以使妇女有能力保护自己不受各种暴力行为的侵犯；

（e）编写并传播包括在各级教育机构中传播有关对妇女各种不同形式暴力行为以及处理这个问题的现有方案方面的资料，包括和平解决冲突方案，所采取的方式应适合所针对的对象；

（f）支持致力于妇女平等的组织以及非政府组织的举措，提高公众对妇女暴力行为问题的认识，并协助消除对妇女的暴力行为。

15. 促请会员国以及传媒、传媒协会、传媒自律机构、学校及其他有关伙伴在尊重媒介自由的同时，酌情开展提高公共意识宣传及制定适当的措施和机制，例如有关传媒描写暴力方面的行业守则和自律措施，以便提高对妇女权利的尊重，防止歧视妇女和产生妇女定型观念。

十、国际合作

16. 促请会员国和各联合国机构和研究所酌情：

（a）交换有关消除对妇女的暴力的成功干预模式和预防方案的资料并汇编干预模式指南；

（b）在区域和国际一级同有关实体合作和协作，以防止对妇女的暴力和根据国家法律通过国际合作和援助机制促进旨在有效地将对妇女施加暴力的人绳之以法的措施；

（c）为联合国妇女发展基金旨在消除对妇女的暴力的活动作出贡献和提供支助。

17. 促请会员国：

（a）将对《消除对妇女一切形式歧视公约》的任何保留范围限制在尽可能以精确严密的方式提出而且同《公约》目标和宗旨并不相悖的那些保留上；

（b）谴责一切在武装冲突情况下侵犯妇女人权的行为，将其视为违反国际人权和人道主义法的行为，并要求对这类侵犯行为作出特别有效的反应，其中尤其包括谋杀、有计划的强奸、性奴役和强迫怀孕等行为；

（c）尚未成为《消除对妇女一切形式歧视公约》缔约方的国家要积极争取批准或加入《公约》，以期到2000年时实现普遍批准；

（d）在草拟国际刑事法院规约时应充分考虑纳入性别观点，尤其是受暴力之害的妇女的观点；

（e）同对妇女暴力行为及其因果问题特别报告员合作并协助其完成受命进行的任务和职责，提供所要求的一切资料并对特别报告员的走访和函电作出回应。

十一、后续活动

18. 促请会员国和联合国各机构在取得预算外资源的情况下，并促请构成联合国预防犯罪和刑事司法方案网的研究所、其他有关国际组织、研究机构、非政府组织，包括致力于妇女平等的组织，酌情：

（a）鼓励将《示范战略和实际措施》译成当地语言，并确保其广泛传播，供培训和教育方案使用；

（b）将《示范战略和实际措施》作为旨在消除对妇女的暴力的活动的基础、政策参考和实用指南；

（c）以《示范战略和实际措施》为基础，按请求协助各国政府对其刑事司法制度，包括其刑事立法进行审查、评价和修订；

（d）支助构成联合国预防犯罪和刑事司法方案网的研究所开展旨在消除对妇女的暴力的技术合作活动；

（e）制订旨在将《示范战略和实际措施》付诸实施的各种协调一致的国家、区域和分区域计划和方案；

（f）以《示范战略和实际措施》为基础，设计以警察和刑事司法工作人员为对象的标准培训方案和手册；

（g）在国家和国际一级根据《示范战略和实际措施》定期审查和监测各项旨在消除对妇女的暴力的计划、方案和举措的进展情况。

关于犯罪与司法：迎接二十一世纪的挑战的维也纳宣言

联合国大会第十届预防犯罪和罪犯待遇大会

2000 年 4 月 17 日第 55/59 号决议通过

我们，联合国各会员国，

关注全球性严重犯罪对我们的社会所带来的冲击，并深信有必要就预防犯罪和刑事司法开展双边、区域及国际合作，

尤为关注跨国有组织犯罪及其各种形式之间的关系，

确信适当的预防和善后方案对实施有效的犯罪控制战略至关重要，此类方案同时应考虑到各种使人容易受到影响而且可能卷入犯罪活动的社会经济因素，

强调建立一个公正、负责、讲道德和有效率的刑事司法系统是促进经济及社会发展和人民安全的重要因素，

意识到旨在减少犯罪和促进受害者、犯罪者和社区复原的恢复性司法方针的前景，

于 2000 年 4 月 10 日至 17 日会聚维也纳，召开第十届联合国预防犯罪和罪犯待遇大会，并决定本着合作精神，为应付世界性犯罪问题采取更加有效的一致行动，

兹宣告如下：

1. 我们赞赏地注意到第十届联合国预防犯罪和罪犯待遇大会各区域筹备会议的结果。

2. 我们重申联合国在预防犯罪和刑事司法领域的各项目标，具体来说就是

减少犯罪，提高执法和司法的效率和效能，尊重人权和基本自由，提倡实行公平、人道和职业行为最高标准。

3. 我们强调每个国家均有责任建立和保持一个公正、负责、讲道德和有效率的刑事司法系统。

4. 我们认识到，有必要由各国在应付全球犯罪问题方面开展更密切的协调与合作，同时考虑到采取行动打击犯罪是我们大家的共同责任。因此，我们承认有必要发展和促进技术合作活动，以协助各国努力加强国内刑事司法系统并提高其进行国际合作的能力。

5. 我们将在考虑到各国关切的情况下，作为高度优先事项，完成联合国打击跨国有组织犯罪公约及其议定书的谈判。

6. 我们支持旨在协助会员国进行能力建设的种种努力，包括获得培训和技术援助以及制定立法、条例和培养专门人才，以便利公约及其议定书的实施。

7. 我们应力求在符合公约及其议定书的目标的情况下：

（a）在国家和国际发展战略中纳入预防犯罪内容；

（b）在公约及其议定书拟涉及的各个方面加强双边和多边合作，包括技术合作；

（c）在涉及预防犯罪的各个方面加强捐助方合作；

（d）加强国际预防犯罪中心以及联合国预防犯罪和刑事司法方案网络的能力，以根据会员国的请求，协助其建立拟由公约及其议定书涉及的领域中的能力。

8. 国际预防犯罪中心正在努力同联合国区域间犯罪和司法研究所合作编制一份供参考用的有组织犯罪全球综合概览，并协助各国政府制订政策和方案，我们对此表示欢迎。

9. 我们重申对联合国和联合国预防犯罪和刑事司法方案，特别是对预防犯罪和刑事司法委员会和国际预防犯罪中心、联合国区域间犯罪和司法研究所、方案网络各研究所的继续支持和承诺，并决心酌情进一步通过持续供资来加强该方案。

10. 我们保证加强国际合作，以创造有利于打击有组织犯罪、促进增长和可持续发展和消除贫困和失业的环境。

11. 我们承诺在联合国预防犯罪和刑事司法方案以及各国的预防犯罪和刑事司法战略的范围内，考虑并解决方案和政策对男女不同的影响。

12. 我们还承诺根据女性刑事司法工作者、受害者、囚犯和罪犯的特殊需要，制订着眼于行动的政策建议。

13. 我们强调指出，要采取预防犯罪和刑事司法方面的有效行动，便需要各国政府，国家、区域、区域间及国际机构、政府间组织及非政府组织和民间社会各阶层，包括大众媒介和私营部门，作为伙伴和行动者参与此种行动，同时承认各自的作用和贡献。

14. 我们承诺寻求更加有效的协作方式，以消除贩运人口特别是妇女儿童和偷运移徙者的祸患。我们还应考虑支持国际预防犯罪中心和联合国区域间犯罪和司法研究所制订的打击贩运人口全球方案，该方案须经由会员国密切协商并须经预防犯罪和刑事司法委员会审查，为此，我们将2005年定为在全世界大大降低这类犯罪率的目标年，如果不能实现，则应在该年对所提倡措施的实际执行情况进行评估。

15. 我们还承诺加强国际合作和司法互助，以遏制非法制造和贩运枪支及其零部件和弹药现象，并将2005年定为在全世界范围内大大降低此类活动发生率的目标年。

16. 我们还承诺以《联合国反对国际商业交易中的贪污和贿赂宣言》《公职人员国际行为守则》和有关的区域公约以及区域和全球论坛为基础，采取更强有力的反腐败国际行动。我们强调迫切需要制订独立于联合国打击跨国有组织犯罪公约的有效的国际反腐败法律文书，并请预防犯罪和刑事司法委员会请秘书长经与各会员国磋商，向预防犯罪和刑事司法委员会第十届会议提交一份深入审查和分析各项有关国际文书和建议的报告，以作为制订这一文书的准备工作的一部分。我们应考虑支持国际预防犯罪中心和联合国区域间犯罪和司法研究所制定的反腐败全球方案。该方案需与会员国密切协商制订并由预防犯罪和刑事司法委员会进行审查。

17. 我们重申，打击洗钱和犯罪经济活动作为《那不勒斯政治宣言和打击有组织跨国犯罪全球行动计划》中阐明的一项原则，是打击有组织犯罪战略的一个基本组成部分。我们确信这一行动的成败取决于建立广泛的制度和协调各种打击清洗犯罪收益的适当的机制，包括支助各种针对办理各种犯罪收益清洗的海外金融服务的国家和领土的举措。

18. 我们决定就预防和控制计算机犯罪制订着眼于行动的政策建议，并请预防犯罪和刑事司法委员会在考虑到其他论坛正在进行的工作的情况下进行这方面的工作。我们还承诺致力于增进各国防止、调查和检控高技术犯罪及计算机犯罪的能力。

19. 我们注意到暴力和恐怖主义行为继续引起严重关注。我们将在遵守《联合国宪章》并考虑到联合国大会所有有关决议的情况下，结合我们在防止和打击恐怖主义方面所开展的其他努力，共同采取有效、坚决和迅捷的措施，以防止和打击以助长各种形式和表现的恐怖主义为目的的犯罪活动。为此，我们保证竭尽全力促进普遍加入与打击恐怖主义有关的各项国际文书。

20. 我们还注意到，种族歧视、仇外情绪和与之有关各种形式的不宽容行为仍在继续，因此，我们承认应当采取步骤，在国际预防犯罪战略和规范内纳入专门措施，防止和打击与种族主义、种族歧视、仇外情绪有关的犯罪以及所涉及的各种形式的不宽容行为。

21. 我们申明，我们决心努力制止基于种族的不宽容心态而发生的暴力行为，决心在预防犯罪和刑事司法方面对计划中的关于种族主义、种族歧视、仇外情绪和有关不宽容问题世界会议作出重大的贡献。

22. 我们承认，联合国预防犯罪和刑事司法各项标准和规范有助于有效地对付犯罪，特别是跨国有组织犯罪。我们还承认监狱改革、司法和检控机构的独立和《公职人员国际行为守则》的重要性。我们将努力酌情在本国法律和实践中采纳和适用联合国预防犯罪和刑事司法的各项标准和规范。我们保证酌情审查有关的法规和行政程序，以向有关官员提供必要的教育和培训，并确保负责执行刑事司法的机构得到必要的加强。

23. 我们还承认有关刑事事项国际合作的各项示范条约作为开展国际合作的重要手段的价值，并请预防犯罪和刑事司法委员会吁请国际预防犯罪中心修订简编，以便向有此用途的各国提供这些示范条约的最新版本。

24. 我们极为关切地认识到，处境困难的青少年常常有走上犯罪道路的危险或容易变成犯罪集团，包括涉及跨国有组织犯罪的集团的招纳对象，我们承诺采取对策来防止此种现象的发展，必要时在国家发展计划和国际发展战略中列入有关少年司法的内容，并将少年司法列入各国发展合作的供资政策之中。

25. 我们承认，国际、国家、区域和地方各级综合性预防犯罪战略必须通过各种社会、经济、卫生、教育和司法政策来消除与犯罪和受害有关的根源及风险因素。我们促请制订这种战略，同时意识到许多国家的预防举措均已取得切实的成绩，并相信可以通过采用和分享各国的共同专门知识减少犯罪。

26. 我们承诺优先考虑控制审前拘留和监禁人数的增长和监狱人满为患现象，为此而酌情采用安全而有效的非监禁措施。

27. 我们决定为支助犯罪受害者而酌情实施国家、区域和国际行动计划，包括调解和恢复性司法机制，并确定以 2002 年作为目标年份，各国在此年份以前须重新审查其与之有关的做法，进一步发展受害者支助服务，开展了解受害者权利的活动，并考虑在制定和执行保护证人的政策的同时设立受害者基金。

28. 我们鼓励制订各种尊重受害者、犯罪者、社区以及其他各当事方的权利、需要和利益的恢复性司法政策、程序和方案。

29. 我们请预防犯罪和刑事司法委员会为执行和落实我们在本宣言中所作的承诺而拟定具体措施。

执行《关于犯罪与司法：迎接二十一世纪的挑战的维也纳宣言》的行动计划

联合国大会 2002 年第 56/261 号决议

一、打击跨国有组织犯罪的行动

1. 为了执行和贯彻根据《关于犯罪与司法：迎接二十一世纪的挑战的维也纳宣言》[①] 第 5、6、7 和 10 段作出的各项承诺，并促进《联合国打击跨国有组织犯罪公约》及其各项议定书[②] 的签署、批准、生效和逐步实施，建议采取以下具体措施。

A. 国家行动

2. 尚未签署公约及其各项议定书的国家应尽快签署，已签署这些法律文书的国家则应尽一切努力尽快加以批准。各国将为有效实施公约及其各项议定书确定优先事项，并将酌情尽快开展工作，直至所有这些法律文书的各项规定全面生效和实施。各国将单独和集体地作出努力，酌情支持下列行动：

（a）制定立法，以规定或加强制裁、调查权力、刑事诉讼程序和其他事项；

① 第 55/59 号决议，附件。

② 第 55/25 号决议，附件一至三。

（b）建设能力，包括为进行合作的目的，办法是加强预防犯罪和刑事司法系统，以及建立或扩大负责防止、侦查和控制跨国有组织犯罪的机构；

（c）建立或改进各种培训法官、检察官、执法人员和其他负责防止、侦查和控制跨国有组织犯罪的人员或机构的方案；

（d）在符合本国法律和国际协定与安排的情况下，发展和交流以下方面的资料和分析技术：有组织犯罪的方法与活动和一般趋势，以及涉嫌参与有组织犯罪的具体个人或集团的身份、行踪与活动；

（e）普遍促进有效的犯罪控制战略。

3. 各国还将努力酌情：

（a）通过提供资助、专门知识和（或）其他形式协助，支持秘书处药物管制和预防犯罪办事处国际预防犯罪中心作出努力，通过区域讨论会促进公约及其各项议定书的批准，并在批准前和批准后向签署国提供协助；

（b）以可持续的方式增加其预算外捐助的总体水平，并加强和扩大中心的捐助基础，以确保旨在支持公约及其各项议定书的项目以及其他项目和方案能有充足的物质和技术资源；

（c）加强国际合作，以建立有利的环境打击有组织犯罪，从而促进增长和可持续的发展并消灭贫穷和失业。

B. 国际行动

4. 国际预防犯罪中心将酌情同其他有关国际和区域组织合作，依照本决议采取下列行动：

（a）组织高级别研讨会，以提高国家、政府间组织和非政府组织和其他关键团体或个人对公约及其各项议定书的认识；

（b）根据请求协助各国制定立法和条例，并提供其他专门知识或技术合作，以促进法律文书的批准和实施；

（c）根据请求协助各国开展或加强公约所涵盖领域的双边和多边合作，特别是在涉及使用现代通信技术的领域；

（d）同有关国家协商，定期收集和分析跨国有组织犯罪数据；

（e）同有关国家协商，维持一个数据库，以便更全面地深入分析有组织犯罪集团实施的战略和活动的模式和趋势及地域分布形势，以及打击跨国有组织犯罪的最佳做法；

（f）维持有关国家立法的数据库；

（g）支助拟订一项打击跨国有组织犯罪公约特设委员会制订公约缔约方会议的规则和程序；

（h）为公约缔约方会议提供秘书处支持和一般性支持。

二、反贪污行动

5. 为了执行和贯彻根据《维也纳宣言》第 16 段作出的承诺，拟订一项有效的反贪污国际法律文书，制订并执行其他防止和打击贪污的措施和方案，建议采取以下具体措施。

A. 国家行动

6. 各国将单独和集体地作出努力，酌情支持下列行动：

（a）充分参加依照大会 2000 年 12 月 4 日第 55/61 号决议设立的联合国反贪污公约谈判特设委员会的会议；

（b）促进发展中国家特别是最不发达国家充分和有效地参加特设委员会的审议；为此，可以向国际预防犯罪中心提供预算外资源；

（c）努力在 2003 年年底最后审订未来的联合国反贪污公约，同时考虑到现有的反贪污法律文书，并在一切有关的情况下考虑到《联合国打击跨国有组织犯罪公约》；

（d）酌情开始制定本国的立法、行政及其他措施，以促进批准和有效地执行未来的联合国反贪污公约，包括制订反贪污国内措施以及支持同其他国家开展有效合作的措施。

7. 各国将努力酌情以下述措施处理本国的贪污问题：

（a）对本国贪污的类型、根源、影响和代价作出评估；

（b）在政府和民间社会的利害有关者广泛参与的基础上制订反贪污国家战略和行动计划；

（c）维持或确定适当的国内制裁、调查权力和刑事诉讼程序，以对付贪污及相关问题；

（d）加强国家治理系统和机构，特别是刑事司法机构，以建立和（或）确保加强独立性和抗拒能力，不受贪污的影响；

（e）维持或建立机构和结构，以确保政府、企业以及其他关键的社会和经济部门的透明度和公开问责制；

（f）发展反贪污措施方面的专门知识，对官员进行关于贪污的性质和后果以及如何有效打击贪污的教育和培训。

8. 各国将努力酌情以下述措施对付跨国贪污：

（a）签署、批准和执行现有反贪污国际文书；

（b）依照本国法律在国家一级适当落实国际反贪污措施和建议；

（c）发展和提高本国在反贪污事项上提供国际合作的能力，包括处理返还贪污所得的问题；

（d）提高有关政府部门，如司法部、内务部、外交部和发展合作部等的认识，以了解跨国贪污造成的问题的严重性以及支持采取有效对策的必要性；

（e）直接地并通过对全球反贪污方案的财政资助向其他国家的反贪污方案提供物质、技术或其他方面的支助；

（f）减少转移和隐藏贪污所得的机会并处理将贪污所得返还来源国的问题；可采取的行动包括确保根据《联合国打击跨国有组织犯罪公约》及其他国际法律文书执行打击洗钱的措施以及制订和实施新的措施。

B. 国际行动

9. 国际预防犯罪中心将酌情同其他有关的国际和区域组织合作，依照本决议采取下列行动：

（a）在联合国反贪污公约谈判特设委员会的工作过程中向其提供实质性专门知识和充分的秘书处服务；

（b）在会员国的协助下确保发展中国家，特别是最不发达国家充分、有效地参与特设委员会的工作，包括提供旅费和当地费用；

（c）根据请求向各国提供技术合作，以促成批准和执行未来的联合国反贪污公约；

（d）在未来的联合国反贪污公约所涉及的领域协助各国开展或加强双边和多边合作；

（e）维持一个以标准格式收集各国对贪污情况已进行的评价的数据库，并编制一套反贪污最佳做法的资料；

（f）促进各国交流经验和专门知识；

（g）修订和增补反贪污实际措施手册；[①]

（h）制订防止和打击贪污的技术合作项目，以便在反贪污全球方案的范围内根据请求协助各国实施这些项目。

三、打击贩运人口的行动

10. 为了执行和贯彻根据《维也纳宣言》第 14 段所作出的承诺，立即采取有效措施防止并打击贩运人口特别是妇女和儿童，同时为了促进各国在这方面开展合作，建议采取以下具体措施。

① 《国际刑事政策评论》，第 41 号和第 42 号（联合国出版物，出售品编号：E.93.IV.4）。

A. 国家行动

11. 各国将单独和集体地作出努力，酌情支持下列行动：

（a）在符合本国法律和国际协定与安排的情况下，开发和交流下述方面的资料和分析性专门知识：本国和区域贩运活动的性质和程度；已查明的贩运者或贩运组织的身份、手段和方法；

（b）酌情采取或加强防止和惩处贩运人口的有效法律和程序以及支持和保护此种贩运活动被害人和证人的有效措施；

（c）考虑采取措施，为贩运人口活动的被害人提供保护及身心和社会康复措施；

（d）在有关贩运人口的事项上酌情支持国内和国际非政府组织和其他组织以及民间社会成员并与其合作；

（e）审查和评估打击贩运人口活动的国内措施的有效性，并考虑提供这类资料供比较和研究以制定更有效的措施打击此种贩运活动；

（f）编制和传播关于贩运人口的宣传资料，以教育此种贩运活动的潜在被害人；

（g）加强开展国际合作的能力，以制定和执行打击贩运人口活动的措施；

（h）考虑提供自愿捐助以支持执行打击贩运人口全球方案；

（i）提供更多的资源以支持制定和执行打击贩运人口的国家和区域战略。

B. 国际行动

12. 国际预防犯罪中心将酌情同其他有关的国际和区域组织合作，依照本决议采取下列行动：

（a）制订技术合作项目，防止和打击贩运人口活动并保护此种活动的被害人和证人，以便根据请求协助各国在打击贩运人口的全球方案项下执行这些项目；

（b）同联合国区域间犯罪和司法研究所合作，维持一个全球数据库，收集有关贩运人口活动的性质和程度以及防止和控制贩运人口的最佳做法的资料；

（c）研制旨在评估打击贩运人口措施的有效性的工具。

四、打击偷运移民的行动

13. 为了执行和贯彻根据《维也纳宣言》第 14 段作出的承诺，立即采取有效的措施防止和打击偷运移民，同时为了促进各国在这方面开展合作，建议采取以下具体措施。

A. 国家行动

14. 各国将单独和集体地作出努力，酌情支持下列行动：

（a）在符合本国法律和国际协定与安排的情况下，开发和交流下述方面的资料和分析性专门知识：与偷运移民有关的国内活动和区域活动的性质和程度；已查明的偷运者或偷运组织的身份、手段和方法；

（b）依照《联合国打击跨国有组织犯罪公约关于打击陆、海、空偷运移民的补充议定书》[①] 酌情颁布或加强防止和惩治偷运移民活动的有效法律以及支持和保护被偷运移民和偷运案证人的权利的措施；

（c）采取措施保护被偷运移民的基本权利以及在本国力所能及的范围内保护偷运案证人的基本权利，保护其免遭暴力，并在移民的生命、安全或人格尊严在偷运过程中受到危害时采取适当措施；

（d）在有关偷运移民的事项上酌情支持国内和国际非政府组织和其他组织以及民间社会成员并与其合作；

（e）审查并评估打击偷运移民的国内措施的有效性，并考虑为比较和研究

---

① 第 55/25 号决议，附件三。

以制定更有效的措施而提供此种资料；

（f）编制并传播关于偷运移民活动的宣传资料，以教育官员、公众和潜在的移民了解这类偷运活动的真正性质，包括有组织犯罪集团的参与和被偷运移民面对的危险；

（g）加强开展国际合作的能力，以制定并实施打击偷运移民的措施。

B. 国际行动

15. 国际预防犯罪中心将酌情同其他有关的国际和区域组织合作，依照本决议制定防止和打击偷运移民的技术合作项目，同时保护被偷运移民的权利，以便根据请求协助各国执行这些项目。

五、打击非法制造和贩运枪支及其零部件和弹药的行动

16. 为了执行和贯彻根据《维也纳宣言》第15段作出的承诺，根据《联合国打击跨国有组织犯罪公约关于打击非法制造和贩运枪支及其零部件和弹药的补充议定书》[①]的规定立即酌情采取有效措施减少非法制造和贩运枪支及其零部件和弹药及相关犯罪活动的发生，建议采取以下具体措施。

A. 国家行动

17. 各国将单独和集体地作出努力，酌情支持下列行动：

（a）酌情通过或加强国家立法和程序，特别是有关刑事犯罪的诉讼程序以及没收、扣押、充公和处置枪支及其零部件和弹药的程序；

---

① 第55/255号决议，附件。

（b）执行关于置备枪支、枪支标识和停用枪支的记录的规定；

（c）就枪支及其零部件和弹药进出口和过境建立或维持有效的许可或审批制度；

（d）建立适当的法律和行政措施，以防止枪支被丢失、被窃或移作他用，交换与枪支有关的资料并开展双边、区域和国际合作，包括采取交换资料和提供技术协助的手段；

（e）考虑建立有效的监管框架，监管从事涉及枪支进出口或过境的交易的经纪人的活动。

B. 国际行动

18. 国际预防犯罪中心将酌情同其他有关的国际和区域组织合作，依照本决议采取下列行动：

（a）制订防止、打击和杜绝枪支及其零部件和弹药非法贩运活动及相关活动的技术合作项目，以协助提出请求的国家特别是发展中国家和经济转型期国家执行这些项目；

（b）建立并维持一个全球数据库，收录现有的国家和区域枪支条例和有关的执法程序，以及与枪支管制措施有关的最佳做法。

六、打击洗钱的行动

19. 为了执行和贯彻根据《维也纳宣言》第 17 段作出的承诺，根据有关的国际文书，特别是《联合国打击跨国有组织犯罪公约》，及参照区域、区域间和多边组织有关打击洗钱活动的举措，制订、通过和实施有效的国内立法、条例和行政措施，以便同其他国家合作防止、侦查和打击国内和跨国洗钱活动，建议采取以下具体措施。

A. 国家行动

20. 各国将单独和集体地作出努力，酌情支持下列行动：

（a）在各有关政府部门和机构的参与下并在同金融部门的代表协商的情况下采取综合措施，以全面有效地对付洗钱的问题；

（b）根据《联合国打击跨国有组织犯罪公约》第6条，努力确保国内立法适当地按刑事罪罚处为掩饰犯罪所得的性质或来源而隐瞒、转换或转让犯罪所得的活动和使用的方法；

（c）努力确保有适当的监管、检查和调查权力以侦查和识别洗钱活动；

（d）努力确保有适当的调查和司法权力以便可查明、追踪、扣押、没收和处置犯罪所得；

（e）努力确保有适当的法律权力和行政资源以便在涉及洗钱活动的案件中可对其他国家的请求作出及时有效的反应；

（f）支持和参与本国和国际研究活动以监测和分析洗钱活动趋势及国际性政策反应；

（g）按照现有多边安排，制定项目或方案，协助其他国家制订、起草或修订打击洗钱活动的立法、条例和行政程序，其中包括打击洗钱活动全球方案和支持执行《联合国打击跨国有组织犯罪公约》的其他活动或项目；

（h）开展活动或方案，如培训讲习班和研讨会，以便培训官员或交流打击洗钱活动的专门知识。

B. 国际行动

21. 药物管制和预防犯罪办事处将酌情同其他有关国际和区域组织合作，依照本决议开展防止和打击洗钱活动的技术合作活动，以便协助提出请求的国家开展这些活动。

七、打击恐怖主义的行动

22. 为了执行和贯彻根据《维也纳宣言》第 19 段作出的承诺，采取有效、果断和迅捷的措施，防止和打击为实施任何形式和表现的恐怖主义而进行的犯罪活动，建议采取以下具体措施。

A. 国家行动

23. 各国将单独和集体地作出努力，酌情支持下列行动：

（a）签署和批准关于恐怖主义的国际文书；

（b）在符合本国法律和国际协定与安排的情况下，研究和搜集情报，以了解为实施任何形式和表现的恐怖主义而进行的犯罪活动，包括参与这种活动的具体个人或集团的身份、行踪和活动，并支持在国际一级开展的类似工作；

（c）审查本国有关的法律和程序，以便采取有效的国内措施打击恐怖主义及相关的犯罪，加强在有关案件中同其他国家合作的能力，并有效实施有关国际文书；

（d）促进反恐怖机构与打击犯罪机构之间的合作，这可以包括在反恐怖机构与打击犯罪机构之间设立联络处或建立其他联系渠道以增进信息交流；

（e）考虑提供自愿捐助，支持执行国际预防犯罪中心的防止恐怖主义活动。

B. 国际行动

24. 国际预防犯罪中心将酌情同其他有关的国际和区域组织合作，与秘书处法律事务厅协调，酌情依照本决议采取下列行动：

（a）采取步骤提高对有关国际文书的认识，鼓励各国签署和批准此类文书，并在可行情况下应请求协助各国实施此类文书；

（b）与会员国合作，酌情采取措施提高公众对国际恐怖主义的性质和范围及其与犯罪包括有组织犯罪的关系的认识；

（c）继续维持现有关于恐怖主义的数据库；

（d）通过收集和传播关于恐怖主义与有关犯罪活动的关系的信息向会员国提供分析支助；

（e）视今后情况发展的需要，拟订具体提议供会员国审议，以加强国际预防犯罪中心的活力，在其职权范围内制定和管理其活动中关于防止恐怖主义的部分。

八、预防犯罪的行动

25. 为了执行和贯彻根据《维也纳宣言》第25段作出的承诺，制订综合性国际、区域、国家和地方预防犯罪战略，建议采取以下具体措施。

A. 国家行动

26. 各国将单独和集体地作出努力，酌情支持下列行动：

（a）促进司法、卫生、教育、社会服务和住房等各社会部门之间的密切合作，这是支持有效的社区本位预防犯罪行动的必要条件；

（b）与民间社会成员密切合作并向其提供协助，以拟定、采取和促进预防犯罪举措，同时考虑到必须尽可能参照经证明行之有效的做法行事，以及在各种社区本位预防犯罪办法之间选取适当的平衡；

（c）鼓励评估预防犯罪方案的效力；

（d）研究各种旨在防止犯罪被害人再次受害的做法；

（e）制订和实施情势犯罪预防方案和其他犯罪预防方案，同时注意需避免公民自由受到任何侵犯；

（f）同其他国家政府和非政府组织协作制定和传播有效的创新性预防犯罪举措和预防犯罪做法方面的专业知识和技巧，包括开展提高公众认识和教育活动，宣传有效的预防犯罪办法以及个人、家庭、社区和各级政府可为更加安全与安宁的社区作出的贡献；

（g）考虑对各国制订综合性国际战略以加强社区本位的预防犯罪工作的集体努力作出贡献；

（h）采取步骤在本国预防犯罪战略中纳入有关措施，以防止和打击与种族主义、种族歧视、仇外心理及有关形式的不容忍相关的犯罪。

B. 国际行动

27. 国际预防犯罪中心将酌情同其他有关的国际和区域组织合作，依照本决议采取下列行动：

（a）利用讨论会、培训方案和其他手段，发展和促进根据实施国国情慎加调整的经证明行之有效的预防犯罪技巧；

（b）应有关国家的请求，开展提高公众认识和教育活动，宣传有效的预防犯罪办法以及个人、家庭、社区和各级政府各自可为更加安全与安宁的社区作出的贡献；

（c）努力促进预防犯罪信息与经验的交流，以鼓励在国与国之间开展有政府、社区和非政府组织参加的新协作形式；

（d）评价犯罪的演化和全球化趋势并通过创新的有效预防犯罪举措制订对策，同时考虑到新技术对犯罪和预防犯罪的影响；

（e）继续协调关于城市地区犯罪及其有效预防措施的研究，包括有效预防犯罪方面可能存在的文化和体制差异；

（f）鼓励会员国在国际预防犯罪战略和规范中纳入有关措施，以防止和打击与种族主义、种族歧视、仇外心理及有关形式的不容忍相关的犯罪，同时考虑到会员国业已采取的措施；

（g）为请求国开发预防犯罪领域的技术合作项目，并协助项目执行；

（h）在预防犯罪领域为决策者编拟一本指南并编写关于经证明行之有效的做法的手册。

九、关于证人和犯罪被害人的行动

28. 为了执行和贯彻根据《维也纳宣言》第27段作出的承诺，尽量在2002年以前完成审查有关做法，并为被害人制订行动计划，发展支助服务，开展宣传运动，考虑设立被害人基金，并制订和实施保护证人的政策，建议采取以下具体措施。

A. 国家行动

29. 各国将单独和集体地作出努力，酌情支持下列行动：

（a）对国家司法制度中的犯罪被害人进行国家和区域研究；

（b）在符合各国国内法律制度的情况下，运用和适用《为罪行和滥用权力行为被害人取得公理的基本原则宣言》，[①] 同时考虑到关于运用和适用宣言的被害人公理问题手册[②] 和关于执行宣言的决策者指南。[③]

B. 国际行动

30. 国际预防犯罪中心将酌情同其他有关的国际和区域组织合作，依照本决议采取下列行动：

（a）在其项目和方案中考虑到向被害人和证人，包括其中的妇女、儿童或贩运人口被害人提供协助和支助的措施；

（b）促进设立犯罪被害人基金；

（c）利用诸如国际被害人网站[④] 等推广在向被害人和证人提供支助和服务

---

① 第40/34号决议，附件。

② E/CN.15/1998/CRP.4/Add.1。

③ E/CN.15/1998/CRP.4。

④ www.victimology.nl.

方面经证明行之有效的做法；

（d）将决策者指南和被害人公理问题手册译成联合国正式语文广泛传播，并协助请求国应用这些文件；

（e）根据请求协助各国拟订关于被害人的新立法，包括利用荷兰政府建立的国际数据库；

（f）在有必要的情况下，为发展、进一步发展或建立被害人服务和其他有关业务活动推动示范或试点项目。

十、关于监狱人满为患和非监禁措施的行动

31. 为执行和贯彻根据《维也纳宣言》第26段作出的承诺，促进安全而有效的非监禁措施，建议采取以下具体措施。

A. 国家行动

32. 各国将单独和集体地作出努力，酌情支持下列行动：

（a）认识到监狱人满为患的状况可能影响囚犯的人权，开展具体行动并制订有时间规定的目标，以解决监狱人满为患问题，包括采取有效措施以尽可能减少审前羁押等行动；制定适当的非监禁办法；在可能情况下考虑以非监禁措施取代监禁；利用习俗在有关当事方之间进行调解、民事赔偿或补偿等办法处理轻罪；就非监禁措施及其运作方式开展公众认识和教育运动；

（b）鼓励国际和区域机构，包括金融机构，根据国内法律，将缓解监狱人满为患状况的措施纳入其有关的技术合作方案；

（c）在考虑到国际标准的情况下推广和实施良好的监狱管理措施；

（d）确保关于监狱人满为患和非监禁措施的国家和国际行动顾及并处理这类行动对男女可能产生的不同影响。

B. 国际行动

33. 国际预防犯罪中心将酌情同其他有关的国际和区域组织合作，依照本决议采取下列行动：

（a）鼓励国际和区域机构，包括金融机构，根据国内法律，将缓解监狱人满为患状况的措施纳入其有关的技术合作方案；

（b）促进就监狱人满为患和非监禁措施采取顾及对男女产生的不同影响及特殊需要的国家和国际行动；

（c）应请求向有关国家提供以咨询服务、需要评估、能力建设、培训等为形式的协助或其他协助，使这些国家能够改善监狱条件。

十一、打击高技术和计算机犯罪的行动

34. 为了执行和贯彻根据《维也纳宣言》第 18 段作出的承诺，在考虑到其他论坛正在进行的工作的情况下，就预防和控制高技术和计算机犯罪制订着眼于行动的政策建议，并增进侦查、防止、调查和起诉这类犯罪的能力，建议采取以下具体措施。

A. 国家行动

35. 各国将单独和集体地作出努力，酌情支持下列行动：

（a）根据国内法律酌情将滥用信息技术定为犯罪，包括在必要时审查欺诈等犯罪的法规，以确保其适用于利用计算机和电信媒体和网络实施这些犯罪的情况；

（b）制订和实施规则和程序，包括行使管辖权的规则和程序，确保能在国家一级有效地侦查和调查与计算机和电信有关的犯罪，并在涉及多国的案件中得到有效合作，同时照顾到国家主权、有效执法的需要及有效保护隐私权和其他有关基本权利的需要；

（c）确保执法人员有适当的培训和装备，以便能够有效快捷地对有关追查通信的协助请求和为侦查和调查跨国高技术和计算机犯罪所需其他措施的请求作出响应；

（d）就采取行动打击高技术和计算机犯罪以及技术变化的影响在国内和国际上与开发和使用计算机、电信设备、网络软硬件和其他有关产品和服务的相关行业进行讨论，这些讨论可包括关键的领域，例如：

（Ⅰ）有关国内和国际对技术与网络进行监管的问题；

（Ⅱ）有关将旨在防止犯罪或便利侦查、调查或起诉犯罪的要素纳入新技术的问题；

（e）酌情以双边方式和通过国际和区域组织，包括与私营部门合作，以技术专门知识和其他形式作出自愿捐助，以便协助其他国家制定和执行有效打击高技术和计算机犯罪的措施，包括上文（c）项和（d）项所提及的措施。

B. 国际行动

36. 国际预防犯罪中心将酌情同其他有关的国际和区域组织合作，依照本决议采取下列行动：

（a）支持开展国家和国际研究活动，以认定新的计算机犯罪形式，并评估这类犯罪在可持续发展、保护隐私权和电子商务等关键领域的影响，以及所采取的对策；

（b）传播国际议定的材料，如准则、法律和技术手册、最低标准、证明行之有效的做法和示范立法，以协助立法人员和执法当局及其他当局制定、采取和适用在一般和特定案件中有效打击高技术和计算机犯罪和罪犯的措施；

（c）酌情促进、支持和执行技术合作和协助项目。此类项目将使预防犯罪、计算机安全、刑事立法和诉讼程序、起诉、调查技术和有关问题方面的专家与寻求这些方面的信息或协助的国家汇合在一起。

十二、关于少年司法的行动

37. 为了执行和贯彻根据《维也纳宣言》第24段作出的承诺，建议采取以下具体措施。

A. 国家行动

38. 各国将单独和集体地作出努力，酌情支持下列行动：

（a）向处境困难的少年及时提供协助，以防止其走上犯罪道路；

（b）支持制订将重点放在有走上犯罪道路危险或容易变成犯罪集团招纳对象的少年上的预防犯罪做法，同时铭记这些少年的权利；

（c）加强少年司法系统；

（d）将预防青少年犯罪和少年司法的综合战略纳入本国发展计划；

（e）促进少年罪犯的再教育和康复工作；

（f）鼓励并在必要时支持民间社会参加实施预防少年犯罪的做法。

B. 国际行动

39. 国际预防犯罪中心将酌情同其他有关的国际和区域组织合作，依照本决议采取下列行动：

（a）应请求制订技术合作项目，以防止青少年犯罪，加强少年司法系统和改善少年犯的康复工作和待遇，并协助各国实施这些项目；

（b）确保联合国有关实体和《刑事司法系统中儿童问题行动准则》[①] 所提到的其他组织间的有效合作。

---

① 经济及社会理事会第1997/30号决议，附件。

十三、关于刑事司法系统中妇女的特殊需要的行动

40. 为了执行和贯彻根据《维也纳宣言》第 11 和 12 段作出的承诺，审查预防犯罪和刑事司法战略，以确定并解决方案和政策对男女产生的不同影响，建议采取以下具体措施。

A. 国家行动

41. 各国将单独和集体地作出努力，酌情支持下列行动：

（a）以符合本国法律制度的方式审查、评价和在必要时修订本国与刑事事项有关的立法、政策、程序和实践，以确保妇女受到刑事司法系统的公平对待；

（b）制订照顾到作为刑事司法从业人员、被害人、证人、囚犯和罪犯的妇女的特殊需要的国家及国际预防犯罪和刑事司法战略；

（c）考虑通过网站、其他媒体或论坛同其他国家交流任何照顾到妇女特殊需要的关于妇女作为刑事司法从业人员、被害人、证人、囚犯和罪犯的经证明行之有效的做法。

B. 国际行动

42. 国际预防犯罪中心将酌情同其他有关的国际和区域组织合作，依照本决议采取下列行动：

（a）收集和传播关于《消除对妇女的暴力行为宣言》[①] 中提及的一切形式和表现的对妇女暴力行为的信息和材料，以实施该中心的预防犯罪和刑事司法方案，包括应国家的请求提供技术协助；

---

① 第 48/104 号决议。

（b）处理涉及对妇女的暴力行为和消除刑事司法行政工作中的性别偏见的问题；

（c）同联合国系统所有其他有关实体合作，就有关对妇女的暴力行为和消除刑事司法行政工作中的性别偏见的问题开展活动，并协调有关这些问题的工作；

（d）汇集和传播国家一级的成功干预模式和预防方案的资料；

（e）继续改进为联合国有关工作人员举办的涉及妇女人权的刑事司法和预防犯罪方面、性别偏见问题和对妇女的暴力行为问题的培训；

（f）根据请求协助会员国使用《在预防犯罪和刑事司法领域中消除对妇女的暴力行为的示范战略和实际措施》。①

十四、关于标准和规范的行动

43. 为了执行和贯彻根据《维也纳宣言》第 22 段作出的承诺，促进在国内法律和实践中酌情使用和适用联合国预防犯罪和刑事司法标准和规范，建议采取以下具体措施。

A. 国家行动

44. 各国将单独和集体地作出努力，酌情在本国法律和实践中使用和适用联合国预防犯罪和刑事司法标准和规范，并以本国语文出版《联合国预防犯罪和刑事司法标准和规范简编》。②

① 第 52/86 号决议，附件。

② 联合国出版物，出售品编号：E.92.IV.I 和更正。

B. 国际行动

45. 国际预防犯罪中心将酌情同其他有关的国际和区域组织合作，依照本决议采取下列行动：

（a）增订《联合国预防犯罪和刑事司法标准和规范简编》；

（b）促进联合国预防犯罪和刑事司法标准和规范的使用和适用，包括根据请求向会员国提供咨询服务和技术合作，协助会员国进行刑事司法和法律改革，组织对执法人员和刑事司法人员的培训，对刑罚和教管系统的行政和管理给予支持，从而促进其提高效率和能力；

（c）协调国际预防犯罪中心和联合国其他有关实体间与联合国预防犯罪和刑事司法标准和规范的使用和运用有关的活动，同时考虑到双边和区域援助方案。

十五、关于恢复性司法的行动

46. 为了执行和贯彻根据《维也纳宣言》第 28 段作出的承诺，鼓励制订恢复性司法政策、程序和方案，建议采取以下具体措施。

A. 国家行动

47. 各国将单独和集体地作出努力，酌情支持下列行动：

（a）在审议确立共同原则的可取性和办法时，考虑经济及社会理事会 2000 年 7 月 27 日题为“关于在刑事事项中使用恢复性司法方案的基本原则”的第 2000/14 号决议；

（b）按照恢复性司法方面现有的和适当的习惯做法处理违法行为，特别是轻罪，但这样做须符合人权要求并为所涉各方同意；

（c）利用本国法律规定的合意手段处理违法行为，特别是轻罪，例如采用调解、赔偿或罪犯补偿被害人的协议等手段；

（d）在执法、司法和社会当局和地方社区中提倡有利于调解和恢复性司法的文化；

（e）为参与制订和实施恢复性司法政策和方案的人员提供适当的训练；

（f）通过在适当时鼓励使用调解、冲突解决、和解和其他恢复性司法措施作为司法程序和拘禁性制裁的替代办法，促进对少年犯的再教育和康复工作；

（g）制定和实施恢复性司法政策和方案，同时考虑到与被害人有关的现有国际承诺，特别是《为罪行和滥用权力行为被害人取得公理的基本原则宣言》；

（h）促进政府与民间社会包括有关的非政府组织之间的合作，以实施恢复性司法方案并确保公众支持使用恢复性司法原则。

B. 国际行动

48. 国际预防犯罪中心将酌情同其他有关的国际和区域组织合作，依照本决议采取下列行动：

（a）交流关于执行和评价恢复性司法方案的经验和经证明行之有效的做法的信息；

（b）协助预防犯罪和刑事司法委员会审议制订关于在刑事事项中使用恢复性司法方案的共同原则的可取性和办法；

（c）召开一次专家会议审查就恢复性司法，包括调解采取进一步行动的建议。

采取行动促进有效预防犯罪

联合国2002年7月24日第37次全体会议通过

经济及社会理事会，

铭记其1996年7月23日第1996/16号决议，其中理事会请秘书长继续促进联合国预防犯罪和刑事司法标准和规范的使用和适用，

回顾其1997年7月21日第1997/33号决议附件所载“负责任的预防犯罪的要素：标准和规范”，特别是该附件第14段至第23段所载有关社区参与预防犯罪的要素，以及1999年9月8日至10日在布宜诺斯艾利斯举行的关于负责任的预防犯罪要素：解决传统的和新出现的犯罪问题专家小组会议所起草的负责任的预防犯罪要素订正草案，

注意到法国、荷兰和加拿大政府与设在蒙特利尔的国际预防犯罪中心合作于1999年10月3日至6日在加拿大蒙特利尔举行的预防犯罪专家国际学术讨论会，该会议是第十届联合国预防犯罪和罪犯待遇大会的一个筹备会议，

注意到2000年4月10日至17日在维也纳举行的第十届联合国预防犯罪和罪犯待遇大会期间组织的关于社区参与预防犯罪的讲习班审议了负责任的预防犯罪要素草案，

承认有必要增补和最后审订负责任的预防犯罪要素草案，

意识到通过以知识为基础的做法大量减少犯罪和受害情形大有可为以及有效地预防犯罪能够对个人及其财产的安全和保障以及世界各地社区的生活质量作出贡献，

注意到大会题为“执行《关于犯罪与司法：迎接二十一世纪的挑战的维也纳宣言》的行动计划”的2002年1月31日第56/261号决议，特别是预防犯罪

方面的行动，以便落实《维也纳宣言》第11、13、20、21、24和25段所作的承诺，

深信有必要为履行《维也纳宣言》所作承诺而推动一项协力开展的议程，

赞赏地注意到预防犯罪专家组于2002年1月21日至24日在加拿大温哥华举行会议时所进行的工作，以及秘书长为根据该区域间会议的成果编写一份载有预防犯罪指导原则订正草案和拟议的国际行动优先领域的报告所进行的工作，

承认各会员国在其政府结构、社会特点和经济能力方面的独特性，而且这些因素将会影响其预防犯罪方案的范围和实施，

还承认环境的变化和预防犯罪方针的发展可能要求进一步制订和调整预防犯罪准则，

1. 认可本决议所附《预防犯罪准则》，以期提供有效预防犯罪的要素；

2. 请各会员国酌情利用准则制订或加强本国在预防犯罪和刑事司法领域的政策；

3. 请联合国有关机构和其他专门组织根据准则的规定加强预防犯罪领域的机构间协调与合作，并为此目的在联合国系统内广泛分发准则；

4. 请秘书处药物管制和预防犯罪办事处国际预防犯罪中心同会员国、联合国预防犯罪和刑事司法方案网各研究所及联合国系统其他有关实体协商，根据药物管制和预防犯罪办事处的准则编拟预防犯罪领域的技术援助提案；

5. 请各会员国建立或加强国际、区域和国家预防犯罪网络，以便制订以知识为基础的战略，交流各种切实可行而且有希望的做法，确定可传播这些做法的要素，并向世界各地社区传播这些知识；

6. 请秘书长向预防犯罪和刑事司法委员会第十四届会议报告本决议的执行情况。

第37次全体会议

2002年7月24日

附 件

预防犯罪准则

联合国经济及社会理事会第 2002/13 号决议，附件

一、导 言

1. 有明显证据表明，经过周密计划的预防犯罪战略不仅能够预防犯罪和受害，而且能够提高社区的安全性并有利于国家的可持续发展。有效的和负责任的预防犯罪能够提高全体公民的生活质量，在降低正规的刑事司法系统的成本及其他由犯罪导致的社会费用方面具有长期效益。预防犯罪为采用更有成本效益的方法来解决犯罪问题提供了可能性。本准则概述了有效预防犯罪的必要要素。

二、概念的参照基准

2. 各级政府有责任创造、维持和促进一个有利的环境，使有关政府机构和包括企业界在内的民间社会各部分在预防犯罪方面都能很好地发挥作用。

3. 就本准则而言，“预防犯罪”包括谋求降低犯罪行为发生的风险及其对个人和社会的潜在有害影响包括惧怕犯罪的各种战略和措施，通过干预来影响犯罪的多种原因。执法、惩处和改造尽管也起着预防的作用，但不在本准则的范围之内，因为这一主题已在联合国其他文书中详加论述。

4. 本准则针对犯罪及其对被害人和社会的影响，并且考虑到了犯罪活动日益增长的国际性。

5. 社区参与和合作 / 伙伴关系是这里提出的预防犯罪概念的重要要素。虽然“社区”一词可以用不同方式加以定义，但在这里的基本含义是地方一级民间社会的参与。

6. 预防犯罪包括各种办法，其中有：

（a）通过社会、经济、卫生和教育方面的措施提高人民的福利并且鼓励亲社会的行为，特别关注儿童与青少年，并重视与犯罪和受害有关的风险和保护性因素（通过社会发展或社会犯罪预防加以预防）；

（b）通过社区成员的各种活动、专门知识和承诺来改变居民点中那些对犯罪和受害具有影响的条件以及犯罪所导致的不安定情况（以当地为基础的犯罪预防）；

（c）通过减少机会，提高被捕风险和使获利最小化，包括通过环境设计和向潜在的和实际的受害者提供援助和信息，以预防犯罪的发生（从环境方面预防犯罪）；

（d）通过帮助罪犯融入社会和其他预防机制来预防再次犯罪（重返社会方案）。

三、基本原则

政府领导

7. 各级政府在制定有效的和人道的预防犯罪战略和在为战略的实施和审查建立和维持体制框架方面，应当发挥领导作用。

社会经济发展与包容

8. 对预防犯罪的考虑应当纳入所有相关的社会及经济政策与方案中，包括针对就业、教育、卫生、住房和城市规划、贫穷、社会边缘化和排斥等问题的政策和方案。应当特别关注社区、家庭、问题儿童与青少年。

合作 / 伙伴关系

9. 合作 / 伙伴关系应当是有效预防犯罪的一个组成部分，因为犯罪的原因是多种多样的，解决犯罪问题所需要的技巧和责任也是多种多样的。这种伙伴关系包括各部委之间的伙伴关系以及当局、社区组织、商业部门和公民个人之间的伙伴关系。

可持续性 / 问责制

10. 预防犯罪需要有充足的资源，包括为各个机构和各种活动提供资金，以便持续开展这一活动。对于筹资、执行和评价，以及对于预期结果的实现，应当有明确的问责制。

知识基础

11. 预防犯罪的战略、政策、方案和行动应当建立在有关犯罪问题、犯罪的多种原因以及有希望并经过验证的做法的广泛、跨学科的知识基础之上。

人权 / 法治 / 守法文化

12. 法治和各会员国所加入的各项国际文书承认的人权必须在预防犯罪的所有方面受到尊重。在预防犯罪中应当积极倡导守法文化。

相互依存

13. 在适宜时，国家预防犯罪的判断和战略应当考虑当地的犯罪问题与国际有组织犯罪之间的联系。

区别对待

14. 预防犯罪战略应当酌情适当关注男女需要的不同，并考虑到易受伤害的社会成员的特殊需要。

四、组织、方法和途径

15. 意识到各国拥有自己独特的政府结构，本节阐述了政府及民间社会各阶层在制定战略以预防犯罪和减少受害者时应当考虑的手段和方法，并借鉴了国际上的良好做法。

社区参与

16. 在下文所列的一些领域，各国政府承担着首要责任。然而，社区及民间社会其他方面的积极参与是有效预防犯罪的一个必不可少的方面。尤其是社区应当在确定预防犯罪的重点、执行和评价以及帮助查明可持续的资源库方面发挥重要作用。

A. 组　织

政府结构

17. 各国政府应当把预防作为其遏制犯罪的机构和方案的一个长期任务，确保政府内部对于预防犯罪的组织工作责任明确、目标清楚，特别是通过：

（a）建立具有专门知识和资源的中心或联络点；

（b）制订重点和目标明确的预防犯罪计划；

（c）在有关政府机构或部门之间建立联系并进行协调；

（d）与非政府组织、商界、私营部门和专业团体以及社区发展伙伴关系；

（e）通过向公众宣传行动的必要性和手段及其作用，鼓励公众积极参与预防犯罪。

培训与能力建设

18. 各国政府应当支持开发预防犯罪的技能，办法是：

（a）向有关机构高级官员提供专业发展机会；

（b）鼓励各大学、学院和其他有关教育机构开设基础班和高级班，包括与从事这项工作的人员合作；

（c）与教育部门和专业团体一起做提供证明和专业资格证书的工作；

（d）提高社区发展和满足自身需要的能力。

支持伙伴关系

19. 各国政府及民间社会各阶层应当支持伙伴关系原则，其中酌情包括：

（a）宣传该原则的重要性及成功的伙伴关系的要素，包括所有伙伴有必要具有明确而透明的角色；

（b）促进在不同级别和跨部门建立伙伴关系；

（c）为伙伴关系的有效运作提供便利。

可持续性

20. 各国政府及其他供资机构应当努力使经证明有效的犯罪预防方案和举措可持续地开办下去，特别是通过：

（a）审查资金分配情况，以在预防犯罪与刑事司法及其他系统之间建立并维持适当的平衡，目的是更有效地预防犯罪与被害；

（b）为预防犯罪活动的筹资、方案编制和协调建立明确的问责制；

（c）鼓励社区参与促进这些方案和举措的可持续性。

B. 方　法

知识基础

21. 各国政府和 / 或民间社会应当酌情促进以知识为基础的犯罪预防，特别是通过：

（a）为社区解决犯罪问题提供必要的信息；

（b）支持产生有科学依据的、有效的、切合实际的有用知识；

（c）促进整理和综合知识，并且查明和弥补知识库中的空白；

（d）在研究人员、决策者、教育工作者、来自其他有关部门的从业者和更广泛的团体之间交流有关知识；

（e）运用这一知识在别处进行成功的干预，制定新的举措，预测新的犯罪问题并防患于未然；

（f）建立数据库系统来帮助更有成本效益地管理犯罪预防工作，包括对犯罪与受害情况进行定期调查；

（g）鼓励运用这些数据来减少再次受害、惯常犯罪和高犯罪率地区。

有计划地进行干预

22. 有计划地进行干预应当促进包括以下各方面的一个过程：

（a）系统分析犯罪问题、其原因、风险因素和后果，特别是在地方一级；

（b）利用最适宜的方法并根据当地的具体问题和情况制订干预计划；

（c）制订进行高效率、有成效和可持续的适当干预的实施计划；

（d）动员那些能够治本的实体；

（e）监督和评价。

支持评价

23. 各国政府、其他供资机构和参与制定和实施计划的机构应当：

（a）进行短期和长期评价，严格验证是什么在起作用，在哪里和为什么起作用；

（b）进行成本效益分析；

（c）评估活动导致犯罪和受害程度的下降情况，犯罪严重程度的下降情况，以及对犯罪的恐惧心理的减轻程度；

（d）系统评估活动的结果和出乎意料的后果，不管是正面的还是反面的，例如犯罪率降低或个人和／或社区的指责。

C. 途　径

24. 本节详细阐述了通过社会发展和从环境方面预防犯罪的途径，还概述了各国政府和民间社会在预防有组织犯罪方面应当尽量遵循的方法。

社会发展

25. 各国政府应当消除犯罪和受害的风险因素，办法是：

（a）通过综合的和非谴责性的社会和经济发展方案，包括卫生、教育、住房和就业方案，促进保护性因素；

（b）倡导消除边缘化和排斥的活动；

（c）倡导积极的冲突解决办法；

（d）利用教育和公众宣传战略来培育尊重文化特性、守法和容忍的文化。

环境方面

26. 各国政府和民间社会，在适宜时包括企业界，应当支持制定从环境方面预防犯罪的方案，特别是通过：

（a）改进环境设计；

（b）谨慎对待隐私权的、恰当的监督方法；

（c）鼓励设计更易抵制犯罪的消费品；

（d）使目标“难以得手”，但又不影响现有环境的质量或限制进入公共场所的自由；

（e）实施预防再次被害的战略。

预防有组织犯罪

27. 各国政府和民间社会应当致力于分析和应对跨国有组织犯罪与国内和当地犯罪问题之间的联系，特别是采取以下办法：

（a）通过适当的立法、行政或其他措施减少有组织犯罪集团现在和将来用犯罪所得参与合法市场的机会；

（b）制定措施，防止有组织犯罪集团滥用政府当局操作的招标程序以及政府当局为商业活动发放的补贴和许可证；

（c）酌情设计犯罪预防战略，以保护处于社会边缘的群体，尤其是妇女和儿童，他们容易受到有组织犯罪集团的活动的伤害，比如贩卖人口和偷运移民。

五、国际合作

标准和规范

28. 请各会员国在促进预防犯罪的国际行动中考虑到它们已加入的有关人权和预防犯罪的主要国际文书，例如《儿童权利公约》（大会第 44/25 号决议，附件）、《消除对妇女的暴力行为宣言》（大会第 48/104 号决议）、《联合国预防少年犯罪准则》（利雅得准则）（大会第 45/112 号决议，附件）、《为罪行和滥用权力行为受害者取得公理的基本原则宣言》（大会第 40/34 号决议，附件）、《预防城市犯罪方面的合作和技术援助准则》（第 1995/9 号决议，附件）、《关于犯罪与司法：迎接二十一世纪的挑战的维也纳宣言》（大会第 55/59 号决议，附件）以及《联合国打击跨国有组织犯罪公约》及其议定书（大会第 55/25 号决议，附件一至三，以及大会第 55/255 号决议，附件）。

技术援助

29. 各会员国及有关国际供资组织应当向发展中国家和转型期经济国家、社区及其他有关组织提供财政和技术援助，包括能力建设和培训，以便在区域、国家和地方各级实施有效预防犯罪战略和社区安全战略。在这方面，应当特别关注通过社会发展预防犯罪方面的研究和行动。

网络建设

30. 各会员国应当加强或建立国际、区域和国家预防犯罪网，以便交流各种切实可行而且有希望的做法，确定可传播这些做法的要素，并向世界各地的社区传播这些知识。

跨国犯罪与地方犯罪之间的联系

31. 各会员国应当共同分析和应对跨国有组织犯罪与国家和地方犯罪问题之间的联系。

将预防犯罪作为优先事项

32. 秘书处药物管制和预防犯罪办事处国际预防犯罪中心、联合国预防犯罪和刑事司法方案网各附属研究所和联系研究所以及联合国其他相关实体应当按照本准则的规定，将预防犯罪作为它们的优先事项，建立协调机制并拟订从事需求评估和技术咨询的专家名册。

传　播

33. 联合国有关机构及其他组织应当进行合作，用尽可能多的语文提供预防犯罪方面的信息，不管是使用印刷媒体还是电子媒体。

曼谷宣言
协作与对策：建立预防犯罪和刑事司法战略联盟

联合国预防犯罪和刑事司法大会2005年第60/177号决议，附件

我们联合国各会员国，

于2005年4月18日至25日会聚曼谷，召开第十一届联合国预防犯罪和刑事司法大会，并决定本着合作精神，采取更加有效而协调的行动打击犯罪和寻求正义，

深信联合国预防犯罪和刑事司法大会作为一个主要的政府间论坛，通过在国家、区域和国际各级便利意见和经验的交流、动员公众舆论并提出政策选择建议，促进了各国的政策和做法，从而为预防犯罪和刑事司法领域所取得的进展作出重大贡献，并促进这一领域的国际合作，

回顾前十届联合国预防犯罪大会的工作，

重申赋予联合国预防犯罪和刑事司法方案与各会员国以及各区域和国际组织在预防犯罪和刑事司法领域一道开展工作的责任，

非常关注跨国有组织犯罪，包括非法药物贩运、洗钱、贩卖人口、偷运移民、非法贩运武器和恐怖主义的蔓延和各个方面；它们之间存在的任何联系以及有组织犯罪集团的活动日益增加的复杂性和多样性，

强调加强各种文明之间的对话、促进宽容、防止不加区分地将不同的宗教和文化视为目标以及解决各种发展问题和未决冲突，将有助于国际合作，而这正是打击各种形式和表现的恐怖主义的最重要要素之一，并重申任何情况下任

何恐怖行为都不具有正当性，

重申各国必须确保所采取的任何打击恐怖主义的措施符合其在国际法下的所有义务并应采取与《联合国宪章》和国际法，尤其是国际人权法、难民法和人道主义法相一致的措施，

震惊地注意到新的经济和金融犯罪的快速增加、地域范围上的蔓延以及影响，这对各国经济和国际金融系统构成了重大威胁，

强调需要在现有的框架和文书范围内，尤其是在联合国支持的框架和文书范围内采取一种综合、系统的打击腐败和洗钱的做法，因为这些犯罪能够助长其他犯罪活动的实施，

赞赏地注意到第十一届联合国预防犯罪和刑事司法大会各区域筹备会议所进行的工作，①

兹宣告如下：

1. 我们宣告我们实现本宣言中所述愿望和目标的政治意愿和决心。

2. 我们重申继续支持联合国和联合国预防犯罪和刑事司法方案，特别是预防犯罪和刑事司法委员会、联合国毒品和犯罪问题办事处、联合国区域间犯罪和司法研究所与方案网各研究所的工作以及我们作出的承诺，并决心酌情通过持续供资，进一步加强该方案。

3. 本着责任共担的精神，我们重申我们将在打击犯罪和恐怖主义的斗争中，努力在多边、区域和双边各级，在包括引渡和司法协助等领域内改进国际合作。我们通过联合国和其他有关的全球和区域组织，努力确保我们尤其是在对跨国有组织犯罪和恐怖主义的预防、侦查、起诉和判决以及发现跨国有组织犯罪与恐怖主义之间存在的任何联系方面开展国际合作的国家能力，并酌情确保在这方面的国际能力的一致性。

4. 我们欢迎《联合国打击跨国有组织犯罪公约》及其两项议定书②的生效。

---

① A/CONF.203/RPM.1/1、A/CONF.203/RPM.2/1、A/CONF.203/RPM.3/1 和 Corr.1 及 A/CONF.203/RPM.4/1。

② 大会第 55/25 号决议，附件一至三。

我们呼吁所有尚未批准或加入这一公约及其议定书以及《联合国反腐败公约》①和反恐怖主义国际文书的国家寻求设法批准或加入这些文书并执行其规定。对这些文书的规定的执行，我们承诺充分履行我们在国际法，尤其是国际人权法、难民法和人道主义法项下的义务。我们支持为促进这些文书的执行所作的各项努力。

5. 我们吁请捐助国和金融机构继续经常提供充足的自愿捐款，以便为发展中国家和经济转型期国家提供技术援助，帮助它们建立预防和对付各种形式的犯罪并适用联合国预防犯罪和刑事司法方面的标准和规范的能力，尤其是便利它们加入并实施关于打击恐怖主义的国际文书和打击犯罪的有关国际文书，如《联合国打击跨国有组织犯罪公约》及其各项议定书、《联合国反腐败公约》以及各项国际药物管制公约。

6. 我们支持联合国内为预防犯罪和刑事司法方面的能力建设提供援助以及就具有跨国性质的刑事事项开展合作而采取一种更加综合的做法，以此促进建立和加强法治。

7. 我们根据国家立法，特别通过收集和分享关于犯罪和恐怖主义以及关于有效的对策的信息，寻求改进我们在国家和国际一级针对犯罪和恐怖主义的对策。我们欢迎联合国毒品和犯罪问题办事处以及联合国预防犯罪和刑事司法方案网在犯罪和司法趋势方面所做的重要工作。

8. 我们深信，坚持法治和善政以及对地方、国家和国际各级公共事务和公共财产进行妥善管理，是创造和维持一个成功预防和打击犯罪的环境的先决条件。我们致力于建立和维护公正有效的刑事司法制度，包括根据适用的国际标准，对所有关押在审前羁押所和教改所里的人给予人道待遇。

9. 我们认识到公共部门以外的个人和团体，如民间团体、非政府组织和社区组织在促进预防和打击犯罪和恐怖主义的斗争中所发挥的重要作用。我们鼓励在法治范围内采取加强这一作用的措施。

10. 我们认识到综合有效的预防犯罪战略能够大大减少犯罪和受害。我们

---

① 大会第58/4号决议，附件。

促请采取这类战略来解决犯罪和受害的根源和风险因素，并促请在特别考虑到《预防犯罪指导原则》① 的情况下，进一步制定这类战略并在地方、国家和国际各级予以实施。

11. 我们注意到，刚刚摆脱冲突的国家尤其容易受到犯罪特别是有组织犯罪和腐败的危害，因此，我们建议各会员国、区域组织以及诸如联合国毒品和犯罪问题办事处等国际实体与秘书处维持和平行动部和其他有关实体协调，针对这些问题采取更有效的对策，以便在冲突后形势下重建、加强或维持法治和伸张正义。

12. 关于有组织犯罪集团越来越多地涉足文化财产的盗窃和贩运以及野生动植物保护物种的非法贩运，我们认识到打击这些形式犯罪的重要性，而且，考虑到有关国际法律文书，如《关于禁止和防止非法进出口文化财产和非法转移其所有权的方法的公约》②、《野生动植物濒危物种国际贸易公约》③ 和《生物多样性公约》④，我们吁请各会员国采取旨在加强国际合作的有效措施。

13. 我们关切地注意到，作为严重的、有利可图和残忍的有组织犯罪形式，绑架和贩卖人口事件增多，其目的经常是为犯罪组织筹资，并在有些情况下为恐怖主义活动筹资，因此建议制订旨在打击这些犯罪的措施，并注意建立打击这类犯罪的实用机制。我们认识到，有必要采取旨在向绑架和贩卖人口活动的被害人及其亲属提供适当援助和保护的措施。

14. 铭记大会 2004 年 12 月 20 日关于预防、打击和惩处人体器官贩运的第 59/156 号决议，我们注意到对非法切割和贩运人体器官引起的严重关切并将感兴趣地审查该决议请秘书长提出的报告。

15. 我们重申实施现有文书并进一步拟订刑事事项国家措施并开展国际合作的根本重要性，例如考虑加强和扩大有关措施，特别是打击电脑犯罪、洗钱和

---

① 经济及社会理事会第 2002/13 号决议，附件。

② 联合国，《条约汇编》，第 823 卷，第 11806 号。

③ 同上，第 993 卷，第 14537 号。

④ 同上，第 1760 卷，第 30619 号。

贩运文化财产以及有关引渡、司法协助以及没收、收回和退还犯罪所得的措施。

16. 我们注意到，在当前全球化时期，伴随着信息技术以及新的通信和计算机网络系统的飞速发展，出现了为犯罪目的滥用这些技术的现象。我们因此欢迎各种加强和补充现有合作以预防、侦查和起诉高技术犯罪和计算机犯罪的努力，包括通过发展与私营部门的伙伴关系而作出的努力。我们认识到联合国对各种区域及其他国际论坛在打击电脑犯罪方面所作的重要贡献，请预防犯罪和刑事司法委员会在考虑到这一经验的情况下研究在联合国主持下与其他重点类似的组织合作在该领域提供进一步援助的可行性。

17. 我们认识到应当特别注意保护犯罪和恐怖主义的证人和被害人，我们承诺将根据需要加强法律和金融框架，以便为此种被害人提供支助，尤其是把《为罪行和滥用权力行为受害人取得公理的基本原则宣言》[①] 考虑进去。

18. 我们吁请会员国根据本国法律采取步骤，促进利用司法、考虑向有需要的人提供法律援助并能够在刑事司法系统中有效地主张这些人的权利。

19. 我们关切地注意到贩运毒品问题及其所造成的严重的社会和经济后果，我们因此要求加强国际合作打击这种形式的有组织犯罪。

20. 我们将加强国际合作，创造一个有利于打击犯罪的环境，包括通过有效而平衡的发展战略和预防犯罪政策，促进增长和可持续发展并根除贫困和失业。

21. 我们吁请尚未加入反恐怖主义世界文书的国家加入并实施这些文书。为了加强各国加入并实施这些文书以及执行安全理事会有关反恐怖主义决议的能力，我们支持联合国毒品和犯罪问题办事处继续努力在其任务范围内并与安全理事会反恐怖主义委员会和反恐怖主义执行局协调，通过应请求提供技术援助而协助各国努力批准和实施这些文书。这可包括协助刑事司法系统为有效实施这些文件提供便利。

22. 我们希望尽快完成正在进行中的关于国际恐怖主义的综合性公约草案的谈判工作。为此，我们认识到对恐怖主义提出一个可能的定义是有待解决的

---

① 大会第 40/34 号决议，附件。

关键问题之一。我们吁请会员国考虑签署和批准《制止核恐怖主义行为国际公约》①。

23. 我们深信，《联合国反腐败公约》的尽快生效和随后的实施对于国际一级的反腐败努力十分关键，因此我们将对支持这方面的努力给予高度重视，我们吁请尚未签署、批准或加入该公约的国家寻求签署、批准或加入这项公约。

24. 我们还深信，公共事务和公共财产的妥善管理以及法治对于预防和控制腐败至关重要，包括采取有效的措施对其进行侦查和起诉。而且，我们认识到，为了遏制腐败，有必要在公共和私营部门促进廉洁和问责的风气。

25. 我们深信，资产追回是《联合国反腐败公约》的一个关键组成部分，因此我们强调有必要依照该公约的原则采取措施便利资产的追回。

26. 我们意识到侦查和起诉涉及包括洗钱行为在内的复杂的经济和金融犯罪的案件时所面对的挑战。我们呼吁会员国在预防、侦查和起诉经济和金融犯罪，包括洗钱和通过或利用信息技术实施的这类犯罪，尤其是与资助恐怖主义和贩运非法药物有关的这类犯罪方面，强化各种开展国家行动和国际合作的政策、措施和制度。

27. 我们意识到对付证件和身份资料欺诈对遏制有组织犯罪和恐怖主义至关重要。我们力求加强国际合作，包括提供技术援助，通过改进安全措施来打击证件和身份资料欺诈，尤其是欺诈性使用旅行证件，并鼓励通过适当的国家法律。

28. 我们建议向发展中国家提供自愿捐款和适当的技术援助，以加强其能力，支持它们有效打击经济和金融犯罪的努力。

29. 我们努力酌情在我们预防犯罪和刑事司法改革的国家方案中使用和适用联合国标准和规范，并根据需要，努力确保其广泛传播。我们努力便利为包括狱警、检察人员、审判人员和其他有关专业人员群体在内的执法人员提供适当培训，同时考虑到这些标准和规范以及国际一级的最佳做法。

30. 我们建议预防犯罪和刑事司法委员会考虑审查与监狱管理和囚犯有关

---

① 大会第 59/290 号决议，附件。

的标准和规范的适当性。

31. 我们关切地注意到与监禁有关的物质条件和社会条件可能助长艾滋病毒/艾滋病在审前羁押所和教改所并进而在社会上的传播，从而产生严重的监狱管理问题；我们呼吁各国酌情并根据国家法律制定和采取措施和准则，以确保艾滋病毒/艾滋病这一特定问题在这类场所得到充分的解决。

32. 为了促进被害人的利益和罪犯的改造，我们认识到进一步制定包括了起诉以外其他选择的恢复性司法政策、程序和方案的重要性，从而避免监禁可能带来的不良后果，帮助减少刑事法庭的案件数量，并促进酌情将恢复性司法方法纳入刑事司法体系中。

33. 我们申明决心对少年司法给予特别关注。我们将考虑如何确保为作为犯罪被害人的儿童和触犯法律的儿童，尤其是被剥夺自由的儿童提供服务，并确保提供服务时酌情考虑到其性别、社会处境和发展需要以及联合国的有关标准和规范。

34. 我们强调有必要考虑采取措施防止城市犯罪的扩散，包括加强这一领域执法和审判方面的国际合作和能力建设以及促进地方当局和民间社会的参与。

35. 我们对泰国人民和政府给予与会代表的盛情款待以及为第十一届预防犯罪大会所提供的精良设施深表感谢。

关于应对全球挑战的综合战略：预防犯罪和刑事司法系统及其在变化世界中的发展的萨尔瓦多宣言

联合国大会 2010 年 12 月 21 日第 65/230 号决议通过

大会，

强调联合国根据经济及社会理事会 1948 年 8 月 13 日第 155 C（VII）号决议和大会 1950 年 12 月 1 日第 415（V）号决议在预防犯罪和刑事司法领域承担的责任，

肯定联合国预防犯罪和刑事司法大会作为主要的政府间论坛，通过推动国家、区域和国际一级交流观点和经验、动员公众舆论以及提出政策选择建议，对各国的政策和做法产生了影响并推动了在该领域的国际合作，

回顾其 1991 年 12 月 18 日第 46/152 号决议，会员国在该决议附件中确认联合国预防犯罪和刑事司法大会应每五年举行一次，并且应当特别提供论坛，便于各国、政府间和非政府组织以及代表不同专业和学科的个人专家之间交换意见，交流研究、法律和政策制定方面的经验以及查明预防犯罪和刑事司法方面新的趋势和问题，

又回顾其关于联合国经济和社会领域各次主要会议和首脑会议成果的统筹协调执行及后续行动的 2003 年 6 月 23 日第 57/270 B 号决议，其中强调，所有国家都应当促进与联合国各次主要会议和首脑会议的承诺相一致和协调的政策，强调联合国系统担负着协助各国政府继续充分参与落实和执行联合国各次主要会议和首脑会议达成的协定和承诺的重要职责，并邀请政府间机构进一步

推动执行联合国各次主要会议和首脑会议的成果，

还回顾其 2009 年 12 月 18 日第 64/180 号决议，其中大会吁请第十二届联合国预防犯罪和刑事司法大会为进一步的后续措施和行动制订具体提案，尤须关注与有效执行关于跨国有组织犯罪、恐怖主义和腐败等问题的国际法律文书有关的实际安排以及与此有关的技术援助活动，并请预防犯罪和刑事司法委员会第十九届会议高度优先审议第十二届预防犯罪大会的结论和建议，以便通过经济及社会理事会建议大会第六十五届会议采取适当的后续行动，

铭记各国国家元首和政府首脑在 2000 年 9 月 8 日联合国千年首脑会议上通过的《联合国千年宣言》①，其中国家元首和政府首脑决心：除其他外，在国际事务和国内事务中加强对法治的尊重，采取一致行动打击国际恐怖主义并尽快加入各项有关的国际公约，加倍努力履行关于应对世界毒品问题的承诺，并加紧努力打击包括人口贩运和偷运以及洗钱活动在内的各种形式的跨国犯罪，

审议了第十二届大会的报告②以及委员会第十九届会议提出的相关建议，③

1. 表示满意 2010 年 4 月 12 日至 19 日在巴西萨尔瓦多举行的第十二届联合国预防犯罪和刑事司法大会所取得的成果，包括第十二届预防犯罪大会高级别部分所通过的《关于应对全球挑战的综合战略：预防犯罪和刑事司法系统及其在变化世界中的发展的萨尔瓦多宣言》；

2. 表示赞赏联合国毒品和犯罪问题办公室为筹备和落实第十二届大会所做的工作，并感谢联合国预防犯罪和刑事司法方案网各研究所为预防犯罪大会做出的贡献，特别是在预防犯罪大会框架内举行的讲习班；

3. 赞赏地注意到第十二届大会的报告，其中载有预防犯罪大会的成果，包括在预防犯罪大会期间举行的讲习班和高级别部分会议上提出的各项结论和建议；

---

① 见第 55/2 号决议。

② A/CONF.213/18。

③ 《经济及社会理事会正式记录，2010 年，补编第 10 号》（E/2010/30）。

4. 赞同本决议所附由第十二届预防犯罪大会通过并经预防犯罪和刑事司法委员会核可的《萨尔瓦多宣言》；

5. 邀请各国政府在制定法规和政策指示时考虑到第十二届预防犯罪大会通过的《萨尔瓦多宣言》及各项建议，并酌情作出一切努力，实施其中所载各项原则，同时考虑到各自国家在经济、社会、法律和文化方面的具体情况；

6. 邀请会员国查明在《萨尔瓦多宣言》涵盖的哪些领域需要以国际标准和最佳做法为基础的进一步工具和培训手册，并将这一信息提交预防犯罪和刑事司法委员会，以便其在审议联合国毒品和犯罪问题办公室今后活动的可能领域时予以考虑；

7. 欣见巴西政府决定根据《联合国打击跨国有组织犯罪公约》[①]第30条、《联合国反腐败公约》[②]第62条以及大会2000年11月15日第55/25号决议第9段和2003年10月31日第58/4号决议第4段的规定，将没收资产价值的一个百点比捐给联合国毒品和犯罪问题办公室，并期待这一决定得到迅速落实；

8. 又欣见预防犯罪和刑事司法委员会迅速审议《萨尔瓦多宣言》涉及的一些问题并采取相关行动，包括委员会第十九届会议通过的各项决议所涉及的问题，例如对移民、移民工人及其家庭的暴力问题、对环境有重大影响的新形式犯罪问题和刑事事项国际合作问题；

9. 请预防犯罪和刑事司法委员会按照《萨尔瓦多宣言》第42段设立一个不限成员名额政府间专家组，在委员会第二十届会议之前召开会议，全面研究网络犯罪问题及会员国、国际社会和私营部门采取的对策，包括就国家立法、最佳做法、技术援助和国际合作交流信息，以期审查各种备选方案，加强现有的并提出新的国家和国际打击网络犯罪的法律和其他对策；

10. 又请预防犯罪和刑事司法委员会按照《萨尔瓦多宣言》第49段设立一个不限成员名额政府间专家组，在委员会第二十届和第二十一届会议之间召开会议，就最佳做法、国家立法和现行国际法以及修订现行联合国囚犯待遇最

---

① 联合国，《条约汇编》，第2225卷，第39574号。

② 同上，第2349卷，第42146号。

低限度标准规则以使它们反映出惩教理念和最佳做法的近期进展等方面交流信息，以期就下一步可能采取的行动向委员会提出建议；

11. 请根据上文第 9 段和第 10 段设立的不限成员名额政府间专家组向预防犯罪和刑事司法委员会报告工作进展；

12. 请联合国毒品和犯罪问题办公室在制订和实施技术援助方案时，力求特别是通过建设、加强刑事司法系统和使之现代化以及促进法治等途径，在预防、起诉和惩治犯罪方面取得可持续和持久的成果，并以长远眼光，为刑事司法系统各个组成部分综合设计这种方案，以实现这些目标，增强提出请求的国家预防和制止有组织犯罪和网络犯罪等影响社会的各类犯罪的能力；

13. 又请联合国毒品和犯罪问题办公室继续提供技术援助，促进《联合国反腐败公约》《联合国打击跨国有组织犯罪公约》以及与预防和制止恐怖主义有关的各项国际文书的批准和实施；

14. 请预防犯罪和刑事司法委员会第二十届会议审议提高联合国预防犯罪和刑事司法大会所涉进程效率的各种备选方案，同时考虑到联合国预防犯罪和刑事司法大会经验教训问题政府间专家组 2006 年 8 月 15 日至 18 日在曼谷举行的会议提出的建议；[①]

15. 请秘书长将包括《萨尔瓦多宣言》在内的第十二届预防犯罪大会报告分发给各会员国、政府间组织和非政府组织，以确保尽可能广泛地传播预防犯罪大会的各项建议，并就确保适当落实《萨尔瓦多宣言》的方式和方法征求会员国意见，供预防犯罪和刑事司法委员会第二十届会议审议和采取行动；

16. 赞赏地欢迎卡塔尔政府提出担任 2015 年第十三届联合国预防犯罪和刑事司法大会的东道主；

17. 表示深为感谢巴西人民和政府给予第十二届预防犯罪大会与会者的盛情款待以及为第十二届大会提供的优良设施；

18. 请秘书长向大会第六十六届会议报告本决议执行情况。

---

① 见 E/CN.15/2007/6。

附　件

关于应对全球挑战的综合战略：预防犯罪和刑事司法系统及其在变化世界中的发展的萨尔瓦多宣言

我们联合国各会员国，

于2010年4月12日至19日会聚在巴西萨尔瓦多，召开第十二届联合国预防犯罪和刑事司法大会，① 以期本着合作精神，采取更为有效的协调行动，预防、起诉和惩治犯罪并伸张正义，

回顾前十一届联合国预防犯罪和刑事司法大会的工作、第十二届大会各区域筹备会议的结论和建议，② 以及预防犯罪和刑事司法委员会设立的各相关工作组编写的文件，③

重申在预防犯罪、司法工作和诉诸司法过程中，包括在刑事司法方面，必须尊重和保护人权和基本自由，

认识到预防犯罪和刑事司法系统是法治的核心，长期可持续的经济和社会发展与一个良好运作、高效、有效和人道的刑事司法系统的建立可彼此产生积极的影响，

关切地注意到新形式和新出现的跨国有组织犯罪上升，

---

① 根据第46/152、56/119、62/173、63/193和64/180号决议。

② 见A/CONF.213/RPM.1/1、A/CONF.213/RPM.2/1、A/CONF.213/RPM.3/1和A/CONF.213/RPM.4/1。

③ 联合国预防犯罪和刑事司法大会经验教训问题政府间专家组（曼谷，2006年8月15日至18日）（见E.CN.15/2007/6）；审查和更新《在预防犯罪和刑事司法领域中消除对妇女的暴力行为的示范战略和实用措施》政府间专家组（曼谷，2009年3月23日至25日）（E/CN.15/2010/2）；制定在押以及拘禁和非拘禁环境中妇女待遇特别补充规则专家组（曼谷，2009年11月23日至26日）（见A/CONF.213/17）；保护文化财产免遭贩运问题专家组（维也纳，2009年11月24日至26日）（见E/CN.15/2010/5）；改进关于犯罪数据收集、报告和分析工作专家组（布宜诺斯艾利斯，2010年2月8日至10日）（见E/CN.15/2010/14）。

严重关切有组织犯罪对人权、法治、安全和发展的不利影响，严重关切有组织犯罪活动错综复杂、多样、跨越国界，与其他犯罪并且在有些情况下与恐怖主义活动存在联系，

强调指出需要加强国际、区域和次区域合作，以期有效预防、起诉和惩治犯罪，特别是通过提供技术援助提高各国的国家能力，

严重关切对移民、移民工人及其家庭和处境脆弱的其他群体实施的犯罪行为，特别是以歧视和其他形式的不宽容为动机的行为，

兹宣布如下：

1. 我们认识到，有效、公正和人道的刑事司法系统的基础是致力于在司法工作和预防及控制犯罪工作中坚持保护人权。

2. 我们又认识到，每个会员国都有责任酌情更新和维持一个有效、公正、负责和人道的预防犯罪和刑事司法系统。

3. 我们确认联合国预防犯罪和刑事司法标准和准则的价值和影响，并努力将这些标准和准则作为制定和执行国家预防犯罪和刑事司法政策、法律、程序和方案的指导原则。

4. 铭记联合国预防犯罪和刑事司法标准和准则的普遍性，我们请预防犯罪和刑事司法委员会考虑审查并在必要情况下更新和补充这些标准和准则。为使之有效，我们建议做出适当努力，促进最广泛地适用这些标准和准则，并提高国家一级负责适用这些标准和准则的主管当局和实体对之的认识。

5. 我们确认在预防犯罪、诉诸司法和通过刑事司法系统提供保护等方面，各会员国需要确保切实的性别平等。

6. 我们表示深为关切全世界普遍存在各种不同形式和表现的暴力侵害妇女行为，敦促各国加强努力，预防、起诉和惩治暴力侵害妇女行为。在这方面，我们赞赏地注意到 2009 年 3 月 23 日至 25 日在曼谷举行的政府间专家组会议最后审定的《在预防犯罪和刑事司法领域中消除对妇女的暴力行为的示范战略和实用措施》增订本草案①，并期待着预防犯罪和刑事司法委员会审议该草案。

---

① 第 65/228 号决议，附件。

7. 我们认识到必须实行适当立法和政策，以防受害人受到伤害，包括再次伤害，为受害人提供保护和援助。

8. 我们认为国际合作和技术援助可发挥重要作用，促进在预防、起诉和惩治犯罪方面实现可持续和持久成果，特别是通过建立和增强刑事司法系统并使其实现现代化，以及促进法治。因此，为实现上述目标，应当从长远角度出发，以综合方式为刑事司法系统各个组成部分制定各项专门的技术援助方案，使请求援助国有能力预防和制止影响社会的有组织犯罪等各类犯罪活动。在这方面，联合国毒品和犯罪问题办公室多年积累的经验和专门知识是一笔宝贵的财富。

9. 我们大力建议分配充足的人力和财力资源，用以制定和实施有效的预防犯罪、刑事司法和预防恐怖主义的政策、方案和培训。在这方面，我们强调亟须向联合国毒品和犯罪问题办公室提供与其任务相当的资源。我们吁请各会员国和其他国际捐助方支持联合国毒品和犯罪问题办公室，包括其区域和国家办事处，以及联合国预防犯罪和刑事司法方案网各研究所和请求国，并与他们协调，向请求国提供技术援助，以加强这些国家的预防犯罪能力。

10. 我们确认联合国毒品和犯罪问题办公室在提供技术援助以促进批准和实施与预防和制止恐怖主义有关的各项国际文书方面具有主导作用。

11. 我们请预防犯罪和刑事司法委员会考虑加强联合国毒品和犯罪问题办公室收集、分析和传播关于全球犯罪和受害趋势和分布情况的准确、可靠和可比数据的能力，并且我们吁请各会员国支持信息搜集和分析工作，并考虑指定协调中心，应委员会请求提供信息。

12. 我们欢迎预防犯罪和刑事司法委员会决定参与关于保护文化财产免遭贩运问题的专题辩论，欢迎保护文化财产免遭贩运问题不限成员名额政府间专家组 2009 年 11 月 24 日至 26 日在维也纳举行的会议所提建议，[①] 并请预防犯罪和刑事司法委员会采取适当的后续行动，其中除其他外包括探讨是否有必要制定预防贩运文化财产犯罪的准则。另外，我们敦促尚未采取行动的国家考虑制定有效立法，预防、起诉和惩治各种形式的此类罪行，并加强这一领域的国际

① 见 E/CN.15/2010/5。

合作和技术援助，包括在追回和返还文化财产方面，同时酌情铭记现有各项相关国际文书，包括《联合国打击跨国有组织犯罪公约》。

13. 我们认识到，跨国有组织犯罪与非法网络相互交织的风险与日俱增，其中许多是新出现的或正在演变中。我们吁请会员国相互合作，包括交换信息，努力应对这些演变中的跨国犯罪威胁。

14. 我们确认对环境产生重大影响的新形式罪行所构成的挑战。我们鼓励各会员国加强在此领域的国家预防犯罪和刑事司法立法、政策和做法。我们请各会员国在此领域加强国际合作、技术援助和交流最佳做法。我们请预防犯罪和刑事司法委员会与联合国相关机构协调，研究这一挑战的性质和加以有效应对的方法。

15. 我们表示严重关切经济欺诈和与身份有关的犯罪活动构成的挑战及此类罪行与其他犯罪活动并且在有些情况下与恐怖主义活动之间的联系。因此，我们请各会员国采取适当法律措施，预防、起诉和惩治经济欺诈和与身份有关的犯罪活动，并继续支持联合国毒品和犯罪问题办公室在此领域的工作。此外，鼓励各会员国加强这一领域的国际合作，包括通过交流相关情报和最佳做法，以及通过技术和司法协助。

16. 我们认识到根据国际义务和国内法开展刑事事项国际合作是各国努力预防、起诉和惩治犯罪特别是跨国形式犯罪活动的基石，我们鼓励在各个级别继续开展和加强国际合作活动。

17. 我们吁请尚未批准或加入《联合国反腐败公约》的国家考虑批准或加入该公约，我们欢迎设立公约执行情况审议机制，期待其有效实施，并肯定关于追回资产和技术援助的各政府间工作组的工作。

18. 我们又吁请尚未批准或加入《联合国打击跨国有组织犯罪公约》及其各项议定书[①]的国家考虑批准或加入这些文书，并赞赏地注意到联合国大会2009年12月18日第64/179号决议决定于2010年举行高级别会议和一次特别条约活动。我们又注意到正在实行中的相关举措，其目的是探讨关于一个适当

---

① 联合国，《条约汇编》，第2225、2237、2241和2326卷，第39574号。

和有效机制的各种备选方案，以协助《联合国打击跨国有组织犯罪公约》缔约方会议审议该公约执行情况。

19. 我们吁请尚未批准或加入打击恐怖主义及打击资助恐怖主义活动的国际文书的会员国考虑批准或加入这些文书。我们又吁请所有缔约国利用这些文书和相关的联合国决议，加强国际合作，打击一切形式和表现的恐怖主义及资助恐怖主义活动，包括后者不断演变的特点。

20. 我们吁请各会员国按照各自的国际义务酌情设立或加强中央主管机关，给予充分授权和配置，以便处理有关刑事事项国际合作的请求。从这一角度考虑，应加强区域法律合作网络。

21. 意识到在刑事事项国际合作方面可能存在差距，我们请预防犯罪和刑事司法委员会考虑审查这一问题，探讨是否需要以各种手段消除已查明的差距。

22. 我们强调有必要采取有效措施以执行《联合国打击跨国有组织犯罪公约》和《联合国反腐败公约》所载的预防、起诉和惩治洗钱活动的规定。我们鼓励各会员国以这两项公约的规定为基础，制定打击洗钱活动的战略。

23. 我们鼓励各会员国考虑制定战略或政策，打击非法资本流动，并遏制在税务问题上不合作的司法管辖区和地区的有害影响。

24. 我们确认有必要剥夺犯罪分子和犯罪组织的犯罪所得。我们吁请所有会员国在本国国内法律制度内实行有效的机制，扣押、限制和没收犯罪所得，并加强国际合作，以确保有效和迅速追回资产。我们又吁请各国保全被扣押和被没收资产的价值，包括在这些资产有贬值风险的情况下，酌情和在可能情况下处置此类资产以保全其价值。

25. 铭记加强发展中国家和经济转型国家刑事司法系统的必要性，我们敦促《联合国打击跨国有组织犯罪公约》和《联合国反腐败公约》各缔约国充分执行每项公约中的技术援助规定，包括为此而特别考虑根据本国国内法律和这两项公约的规定，捐出一定百分比的根据每一公约而没收的犯罪所得，用以通过联合国毒品和犯罪问题办公室资助技术援助。

26. 我们确信必须预防青年犯罪、支持对青年罪犯进行改造和使其重新融入社会，保护儿童受害人和证人，包括努力防止他们再次受到伤害，并解决囚犯子女的需要。我们强调指出，正如在适用情况下《儿童权利公约》及其《任择议定书》[①]以及在适当情况下联合国其他相关的少年司法标准和准则[②]所要求，这些应对措施应当考虑到儿童和青年的人权和最高利益。

27. 我们支持这一原则，即剥夺儿童自由应仅作为最后选择措施，而且应限于最短的适当时间。我们建议酌情更广泛采用替代监禁办法、恢复性司法和其他有助于将少年犯从刑事司法系统中分流出来的相关措施。

28. 我们吁请各国酌情制定和加强立法、政策和做法，惩治以儿童和青年为目标的一切形式犯罪，保护儿童受害人和证人。

29. 我们鼓励各国向参与少年司法工作者提供适合具体需要的跨学科方式培训。

30. 我们请联合国预防犯罪和刑事司法委员会考虑请联合国毒品和犯罪问题办公室制定并向各国提供具体的技术援助方案，以实现这些目标。

31. 我们吁请民间社会，包括媒体在内，支持努力避免儿童和青年接触可能加剧暴力和犯罪的信息内容，特别是描述暴力侵害妇女和儿童行为并以此为荣的信息内容。

32. 我们确信需要加紧努力，充分执行联合国各项预防犯罪准则以及现行各公约和其他相关国际标准和准则中预防犯罪的条文。

33. 我们认识到制定和采取预防犯罪政策并加以监测和评价是各国的责任。我们认为，这些工作应以参与性的协作综合方法为基础，把包括民间社会在内的所有相关利益攸关方纳入其中。

34. 我们认识到在预防和打击一切形式和表现的犯罪活动方面加强公私合

---

① 联合国，《条约汇编》，第 1577、2171 和 2173 卷，第 27531 号。

② 《联合国少年司法最低限度标准规则》（北京规则）（第 40/33 号决议，附件）；《联合国非拘禁措施最低限度标准规则》（东京规则）（第 45/110 号决议，附件）；《联合国预防少年犯罪准则》（利雅得准则）（第 45/112 号决议，附件）；《联合国保护被剥夺自由少年规则》（第 45/113 号决议，附件）；《关于在涉及罪行的儿童被害人和证人的事项上坚持公理的准则》（经济及社会理事会第 2005/20 号决议，附件）以及《关于在刑事事项中采用恢复性司法方案的基本原则》（经济及社会理事会第 2002/12 号决议，附件）。

作伙伴关系的重要性。我们深信，通过相互和有效地交流情报、知识和经验，并通过共同的协调行动，政府和业界可以制定、改进和实施各项措施，以预防、起诉和惩治犯罪活动，包括新出现和不断变化的挑战。

35. 我们强调指出，各国都需要以全面、综合和参与方式制定国家和地方一级预防犯罪行动计划，其中除其他外，应考虑到导致某些人群和场所遭受侵害和（或）发生犯罪风险更高的因素，而且这些计划需以现有的最佳实证和良好做法为基础。我们强调指出，应把预防犯罪视作推动各国社会和经济发展的相关战略的一个组成部分。

36. 我们敦促各会员国以符合《联合国打击跨国有组织犯罪公约关于预防、禁止和惩治贩运人口特别是妇女和儿童行为的补充议定书》[①] 的方式，考虑通过立法、战略和政策，预防贩运人口活动，起诉犯罪人，并保护贩运活动受害人。我们吁请各会员国在适用情况下与民间社会和非政府组织合作，遵循以受害人为中心的方针，充分尊重贩运活动受害人的各项人权，并更好地利用联合国毒品和犯罪问题办公室制定的各种工具。

37. 我们敦促各会员国以符合《联合国打击跨国有组织犯罪公约关于打击陆、海、空偷运移民的补充议定书》[②] 的方式，考虑通过和实施有效措施，预防、起诉和惩治偷运移民活动并确保被偷运移民的权利。在这方面，我们建议各会员国除其他外，与民间社会和非政府组织合作，开展提高认识运动。

38. 我们申明，我们决心消除暴力侵害移民、移民工人及其家庭的行为，我们并吁请各会员国采取措施有效预防和处理这类暴力案件，确保他们受到各国的人道待遇和礼遇，不论其身份地位为何。我们又请会员国立即采取步骤，在国际预防犯罪战略和准则中纳入相关措施，以期预防、起诉和惩治暴力侵害移民以及与种族主义、仇外心理和相关不容忍行为有关的犯罪行为。我们请预防犯罪和刑事司法委员会进一步全面审议这一问题。

39. 我们注意到，信息和通信技术的发展及因特网使用的日益增加为罪犯

---

① 联合国，《条约汇编》，第 2237 卷，第 39574 号。

② 同上，第 2241 卷，第 39574 号。

提供了新机会，致使犯罪活动上升。

40. 我们认识到儿童的脆弱性，我们吁请私营部门促进和支持努力防止通过因特网对儿童实施性虐待和剥削。

41. 我们建议联合国毒品和犯罪问题办公室根据请求，与会员国、相关国际组织和私营部门合作向各国提供技术援助和培训，以改进国家立法，建设国家主管当局的能力，以便打击网络犯罪，包括预防、发现、调查和起诉各种形式的此类犯罪活动，并增强计算机网络的安全。

42. 我们请预防犯罪和刑事司法委员会考虑召集一个不限成员名额政府间专家组，对网络犯罪问题以及各会员国、国际社会和私营部门就此采取的对策进行一次全面研究，包括就国家立法、最佳做法、技术援助和国际合作交流信息，以期审查各种备选方案，加强现有并提出新的国家和国际打击网络上犯罪的法律和其他对策。

43. 我们努力采取措施，促进就联合国预防犯罪和刑事司法标准和准则开展更广泛的教育和提高认识活动，确保形成尊重法治的文化。在这方面，我们认识到民间社会和媒体与各国合作开展这些活动的作用。我们请联合国毒品和犯罪问题办公室继续发挥关键作用，与联合国其他有关实体密切协调，制定和实施旨在促进和发展这种文化的措施。

44. 我们承诺促进为负责维护法治的官员提供使用和适用这些标准和准则的适当培训，其中包括惩教机构官员、执法官员和司法官员，以及检察官和辩护律师。

45. 我们关切城市犯罪活动及其对特定人群和场所的影响。因此我们建议加强治安与社会政策的协调，以期解决城市暴力问题的其中一些根源。

46. 我们认识到某些群体尤易遭受城市犯罪活动之害，因此我们建议酌情通过和实施公民跨文化方案，旨在打击种族主义和仇外心理，减少对少数群体和移民的排斥现象，以此增进社区凝聚力。

47. 我们承认在世界毒品问题上跨国有组织犯罪与毒品贩运之间存在日益紧密的联系。在这方面，我们强调指出，所有国家迫切需要加强双边、区域和国际合作，以有效应对这种联系构成的挑战。

48. 我们认识到监狱系统是刑事司法系统的关键组成部分之一。我们努力采用联合国关于囚犯待遇的标准和准则，以此作为制定或更新国家监狱管理守则的一个指导来源。

49. 我们请预防犯罪和刑事司法委员会考虑召集一个不限成员名额政府间专家组，就最佳做法以及国家立法和现行国际法交流信息，并审议修订现行联合国囚犯待遇最低限度标准规则，使这些规则反映惩教科学的最新进展和最佳做法，以期就今后可能采取的措施向委员会提出建议。

50. 我们欢迎《联合国关于女性囚犯待遇和女性罪犯非拘禁措施的规则》草案。[①] 我们注意到拟订在押以及拘禁和非拘禁环境中女性待遇特别补充规则专家组会议的成果和建议，[②] 建议预防犯罪和刑事司法委员会作为优先事项予以审议，以便采取适当行动。

51. 我们强调指出，需要加强替代监禁办法，其中可能包括社区服务、恢复性司法和电子监控，并支持改造和重新融入社会方案，包括旨在矫治犯罪行为的方案和为囚犯提供教育和职业培训的方案。

52. 我们建议各会员国努力酌情减少审前羁押，并促进增加诉诸司法和法律辩护机制的机会。

53. 我们支持有效率和高效力地落实联合国各届预防犯罪和刑事司法大会的成果。我们欣见预防犯罪和刑事司法委员会将此事项和今后各届预防犯罪和刑事司法大会的筹备工作列为其年度届会的一个常设议程项目。

54. 我们赞赏地欢迎卡塔尔政府提出担任 2015 年第十三届联合国预防犯罪和刑事司法大会的东道主。

55. 我们表示深为感谢巴西人民和政府的盛情款待以及为第十二届预防犯罪大会提供的优良设施。

---

① 第 65/229 号决议，附件。

② 见 A/CONF.213/17。

关于将预防犯罪和刑事司法纳入更广泛的联合国议程以应对社会和经济挑战并促进国内和国际法治及公众参与的多哈宣言

前　　言

《多哈宣言》在 2015 年 4 月于卡塔尔多哈举行的第十三届预防犯罪和刑事司法大会上以鼓掌方式获得通过。

鉴于全世界将共同庆祝联合国成立 70 周年并界定起改革作用的 2015 年后发展议程,《宣言》是一项重要成就。

在《宣言》中，各会员国认识到可持续发展和法治密切关联、相辅相成。

各会员国重申“共同承诺维护法治并预防和打击一切形式和表现的犯罪”，并强调公众参与这些努力的重要性。

《宣言》还呼吁各国更有效地利用全球商定的框架，其中包括《联合国打击跨国有组织犯罪公约》及其三项议定书、《反腐败公约》、各项国际毒品管制公约、打击恐怖主义的全球法律文书、联合国预防犯罪和刑事司法标准和规范。

这一面向行动的《宣言》有助于进一步加强预防犯罪和刑事司法方面的集体努力、促进法治以及对可持续发展作出贡献。

联合国毒品和犯罪问题办公室继续致力于支持会员国遵守在多哈所做的承诺，倡导守法文化并确保“采取通盘和全面办法打击一切形式和表现的犯罪、暴力、腐败和恐怖主义”。

我还谨借此机会感谢卡塔尔政府作出了奉献和给予热情款待，从而使第十三届预防犯罪大会取得成功并帮助支持会员国商定了这一具有里程碑意义的《宣言》。

尤里·费多托夫

第十三届联合国预防犯罪和刑事司法大会秘书长

联合国毒品和犯罪问题办公室执行主任

关于将预防犯罪和刑事司法纳入更广泛的联合国议程以应对社会和经济挑战并促进国内和国际法治及公众参与的多哈宣言

我们，各会员国国家元首和政府首脑、部长及代表，

于 2015 年 4 月 12 日至 19 日会聚在多哈，召开第十三届联合国预防犯罪和刑事司法大会，重申我们共同承诺在国内和国际两级维护法治并预防和打击一切形式和表现的犯罪，确保我们的刑事司法系统是有效、公正、人道和问责的，为人人提供诉诸司法的机会，在所有各级建立有效、问责、公正和包容的机构，以及维护人的尊严及普遍遵守和尊重所有人权及基本自由的原则。

为此目的，宣告如下：

1. 我们承认联合国预防犯罪和刑事司法大会有着 60 年的传统并在继续发挥重要作用，作为最大、最多样化国际论坛之一，用以在国家、政府间组织和代表各种专业和学科的专家个人之间交流研究、法律和政策与方案制定工作方面的看法和经验，以查明预防犯罪和刑事司法领域新出现的趋势和问题。我们认识到各届预防犯罪大会对法律和政策制定工作的独特和重要贡献，以及对查明预防犯罪和刑事司法方面新出现的趋势和问题的贡献。

2. 我们重申预防犯罪和刑事司法问题具有跨领域性质，从而需要将这些问

题纳入更广泛的联合国议程，以便加强全系统的协调。我们期待预防犯罪和刑事司法委员会今后在设计和实施国家和国际预防犯罪和刑事司法政策与方案方面作出贡献，同时考虑到各届预防犯罪大会的建议，并在这些建议的基础上更进一步。

3. 我们认识到有效、公正、人道和问责的预防犯罪和刑事司法系统及其组成机构作为法治的核心构成部分所具有的重要性。我们承诺采取通盘和全面办法打击一切形式和表现的犯罪、暴力、腐败和恐怖主义，并确保以协调和一致的方式实施这些应对措施，同时为社会和经济发展、消除贫困、尊重文化多样性、社会和平及社会包容实施更广泛的方案和措施。

4. 我们承认可持续发展和法治紧密关联、相互加强。因此，我们欢迎为2015年后发展议程开展包容和透明的政府间进程，该进程旨在制定供大会商定的全球可持续发展目标，并承认大会可持续发展目标开放工作组的提议是将可持续发展目标纳入2015年后发展议程的主要依据，同时认识到，其他意见也将予以考虑。就此，我们重申促进和平、无腐败和包容的社会对于可持续发展的重要性，侧重于以人为本的做法，为人人提供诉诸司法的机会并在所有各级建设有效、问责和包容的机构。

5. 我们重申在支持有效、公正、人道和问责的刑事司法系统及其组成机构方面作出的承诺和表示的坚定政治意愿，鼓励有效参与和包容所有社会各阶层，从而创造为推进更广泛联合国议程而所需的条件，同时充分尊重各国的主权和领土完整原则，并认识到会员国有责任坚持人人享有人的尊严、一切人权和基本自由，特别是针对那些受犯罪影响者，以及那些可能与刑事司法系统接触者，包括弱势社会成员，不论其地位如何，他们可能遭受多种和严重形式的歧视。会员国还有责任预防和打击任何种类不容忍或歧视所引发的犯罪。为此目的，我们致力于：

（a）采取全面、包容的国家预防犯罪和刑事司法政策与方案，其中充分考虑到证据和其他相关因素，包括犯罪的根源及助长发生犯罪的条件，遵守我们在国际法下的义务，并考虑到相关的联合国预防犯罪和刑事司法标准和规范，以及确保对负有维护法治责任的官员进行适当培训并保护人权和基本自由；

（b）确保人人有权毫无不适当延迟地得到法律所设立的有权限、独立和公正的法庭的公正审理，有权平等获得有适当程序保障的司法救济，并且如有必要，获得律师和口译服务，及确保有权享有《维也纳领事关系公约》规定的相关权利；[①] 做到应有的谨慎以预防和打击暴力行为；以及采取有效的立法、行政和司法措施，以预防、起诉和惩治一切形式的酷刑和其他残忍、不人道或有辱人格的待遇或处罚，并消除有罪不罚现象；

（c）审查和改革法律援助政策，为那些没有足够手段者或在司法利益有此需要时，包括必要时，通过制定这一领域的国家计划，扩展刑事诉讼中获得有效法律援助的机会，以及建设提供和确保获得一切事项上和一切形式的有效法律援助的能力，同时考虑到《联合国关于在刑事司法系统中获得法律援助机会的原则和准则》；[②]

（d）按照《联合国反腐败公约》，尽一切努力预防和打击腐败，并采取措施提高公共行政的透明度及促进我们刑事司法系统的廉正和问责制；[③]

（e）将儿童和青年相关问题纳入我们的刑事司法改革努力，在这方面认识到保护儿童免遭一切形式暴力、剥削和虐待的重要性，遵循相关国际文书包括《儿童权利公约》[④] 及其两项任择议定书 [⑤] 规定的缔约方义务，并考虑到《联合国消除预防犯罪和刑事司法领域内暴力侵害儿童行为的示范战略和实际措施》[⑥] 的相关规定；以及制定和适用侧重于儿童最佳利益的、体恤儿童的全面司法政策，在这方面遵循以下原则，即剥夺儿童的自由仅应用作最后不得已的措施并适用最短的适当期限，以便保护与刑事司法系统接触的儿童以及任何其他需要进入法律诉讼特别是与其治疗和重返社会有关的法律诉讼的情况下的儿童。我们期待有关被剥夺自由儿童的这方面全球研究成果；

---

① 联合国，《条约汇编》，第 596 卷，第 8638 号。

② 大会第 67/187 号决议，附件。

③ 联合国，《条约汇编》，第 2349 卷，第 42146 号。

④ 同上，第 1577 卷，第 27531 号。

⑤ 同上，第 2171 和 2173 卷，第 27531 号。

⑥ 大会第 69/194 号决议，附件。

（f）将性别平等视角纳入我们的刑事司法系统的主流，方法是制定和实施国家战略和计划促进充分保护妇女和女童免遭一切暴力行为，包括免遭针对妇女和女童的性别相关杀害，在这方面遵循《消除对妇女一切形式歧视公约》[①]及其任择议定书[②]所规定的缔约方义务并考虑到《在预防犯罪和刑事司法领域中消除对妇女的暴力行为的示范战略和实际措施》增订本[③]和大会关于妇女和女童遭受性别相关杀害问题的决议；

（g）推动把针对特定性别的措施作为我们关于预防犯罪、刑事司法和罪犯待遇（包括女性罪犯的改造和重返社会）的政策的不可分割部分，同时考虑到《联合国女性囚犯待遇和女性罪犯非拘禁措施规则》（《曼谷规则》）；[④]

（h）制定并实施适当和有效的国家战略和计划以提高妇女在刑事司法系统和机构的领导层、管理层及其他层级的地位；

（i）针对属于少数人群体和土著人民的个人，促进法律面前人人平等，包括性别平等，方法是除其他外与其他政府部门、相关民间社会成员和媒体采取全面做法，以及推动刑事司法机构征聘属于这些群体的个人；

（j）实施及加强针对囚犯的以教育、工作、医疗、改造、重返社会和预防再次犯罪为重点的政策，并考虑制定和加强支助囚犯的家人的政策，以及促进和鼓励酌情使用非监禁措施，并审查或改革我们支持成功重返社会的恢复性司法和其他程序；

（k）通过适当的刑事司法改革加大我们应对监狱过于拥挤带来的挑战的努力，其中应酌情包括审查刑罚政策和实际措施以减少审前羁押，更多地使用非拘禁制裁，以及尽可能提高获得法律援助的机会；

（l）按照相关国际文书并考虑到联合国预防犯罪和刑事司法标准和规范，在应对包括腐败和恐怖主义在内的一切犯罪的刑事司法措施框架内，采取有效

---

① 联合国，《条约汇编》，第 1249 卷，第 20378 号。

② 同上，第 2131 卷，第 20378 号。

③ 大会第 65/228 号决议，附件。

④ 大会第 65/229 号决议，附件。

措施对受害人和证人予以承认、保护、支持和协助；

（m）按照《联合国打击跨国有组织犯罪公约关于预防、禁止和惩治贩运人口特别是妇女和儿童行为的补充议定书》[①] 的相关规定，并考虑到《联合国打击贩运人口全球行动计划》[②]，采取面向受害人的做法预防和打击为剥削包括利用他人卖淫进行性剥削或其他形式的性剥削、强迫劳动或服务、奴役或类似奴役的做法、劳役或摘除器官之目的的一切形式的人口贩运；并与区域组织、国际组织和民间社会组织进行必要的合作，以消除可能阻碍向贩运活动受害人提供社会和法律援助的障碍；

（n）按照《联合国打击跨国有组织犯罪公约》[③] 及其《关于打击陆、海、空偷运移民的议定书》[④] 规定的缔约方义务（其中包括有义务使移民不应仅仅因为是被偷运对象这一事实而受到《议定书》规定的刑事起诉）以及其他相关国际文书的相关规定，采取有效措施保护被偷运移民特别是妇女和儿童及无陪伴的移民儿童的人权，以及尽一切可能的努力防止进一步丧失生命，并将犯罪人绳之以法；

（o）采取有效措施消除对所有移民、移民工人及其家人的暴力，并采取一切必要的法律和行政步骤预防和打击涉及暴力侵害这些群体的犯罪；

（p）就任何种类的歧视所引发的犯罪伤害情况开展进一步研究和收集数据，并就能预防此类犯罪、将犯罪人绳之以法和向受害人提供支助的有效法律和政策交流经验和信息；

（q）考虑向刑事司法专业人员提供专业培训，以提高对任何种类歧视引发的仇恨犯罪予以确认、了解、制止和侦查的能力，帮助与受害人群体进行有效接触，以及建立公众对刑事司法机构的信任和与其进行的合作；

（r）加大我们的国内和国际努力，以消除一切形式的歧视，包括种族主义、

---

① 联合国，《条约汇编》，第 2237 卷，第 39574 号。

② 大会第 64/293 号决议。

③ 联合国，《条约汇编》，第 2225 卷，第 39574 号。

④ 同上，第 2241 卷，第 39574 号。

宗教不容忍、排外主义和性别相关歧视，方法是除其他外提高认识，编制教育材料和方案，以及酌情考虑起草和加强反歧视立法；

（s）按照国家立法和适用的国际法，通过用以及时查明和处理案件的适当国内程序，预防和打击属于我们管辖范围内的针对记者和媒体专业人员的暴力行为（记者和媒体专业人员的专业职责常常使其遭受来自特别是有组织犯罪集团和恐怖主义分子的恐吓、骚扰和暴力的风险并处于冲突和冲突后局势中），并通过进行公正、快速和有效的侦查，确保问责；

（t）加强制定和使用旨在提高国际一级犯罪和刑事司法统计信息和分析研究的可用性和质量的工具和方法，以便更好地衡量和评价应对犯罪的措施的影响力，并提高国家、区域和国际各级的预防犯罪和刑事司法方案的有效性。

6. 我们欢迎囚犯待遇最低限度标准规则专家组的工作，注意到该专家组于2015年3月2日至5日在南非开普敦举行的会议上最后定稿的《囚犯待遇最低限度标准规则》修订草案，并期待预防犯罪和刑事司法委员会审议该修订草案并就其采取行动。

7. 我们强调，对所有儿童和青年的教育，包括扫盲，对于预防犯罪和腐败及促进有助于法治和人权的守法文化并同时尊重文化特征具有根本重要性。在这方面，我们还强调青年参与预防犯罪努力的根本作用。因此，我们将致力于：

（a）按照国内法律，在社区的支持下，创造一个安全、积极和有保障的学校学习环境，方法包括保护儿童免遭一切形式的暴力、骚扰、欺凌、性虐待和药物滥用；

（b）将预防犯罪、刑事司法及其他法治方面纳入我们的国内教育体系；

（c）将预防犯罪和刑事司法战略纳入所有相关社会和经济政策与方案，尤其是那些影响青年的此类政策与方案，特别侧重于以增加青年和年轻成人的教育和就业机会为重点的方案；

（d）提供人人获得教育的机会，包括技术和专业技能，以及促进人人获得终身学习技能。

8. 我们致力于加强国际合作，作为我们为增进预防犯罪所作努力的基石，确保我们的刑事司法系统是有效、公正、人道和问责的，并最终预防和打击一切犯罪。我们鼓励缔约国实施并更有效地利用《联合国打击跨国有组织犯罪公约》及其各项议定书、《联合国反腐败公约》、三项国际毒品管制公约以及与打击恐怖主义有关的国际公约和议定书，并促请所有尚未批准或加入这些文书的会员国考虑批准或加入这些文书。我们强调，为打击恐怖主义而采取的任何措施都必须遵守我们根据国际法而负有的一切义务。我们致力于进一步加强国际合作，制止对被强迫和胁迫过着受虐待和有辱人格的生活的大量个人进行的系统剥削，因此，我们努力：

（a）促进和加强国际和区域合作，以进一步发展国家刑事司法系统的能力，方法包括努力使国家立法酌情实现现代化和得到加强，以及联合培训和提升我们的刑事司法官员的技能，特别是推动发展强有力和有效的中央机关以促进在引渡、司法协助、刑事诉讼移交和被判刑人移管等领域的刑事事项国际合作，酌情订立双边和区域合作协定，并继续开发执法机关、中央机关、检察官、法官、辩护律师和法律援助提供者专业网络，以交流信息和分享良好做法及专门知识，酌情包括推广一个全球虚拟网络，从而在可能情况下推进主管机关之间直接接触，以增进信息共享和司法协助，以尽可能的最佳方式利用信息和沟通平台；

（b）继续支持实施能力建设方案和对刑事司法官员进行培训，旨在预防和打击一切形式和表现的恐怖主义，在这方面遵循人权和基本自由，其中包括涉及刑事事项国际合作、资助恐怖主义行为、将互联网用于恐怖主义目的、恐怖主义分子破坏文化遗产和为赎金或为敲诈勒索之目的的绑架等问题的相关方案和培训，以及旨在消除助长恐怖主义蔓延的条件；并通过除其他外有效交流信息和分享经验与最佳做法，开展合作并探讨、进一步分析和确定适当的联合行动领域，以打击跨国有组织犯罪、非法毒品相关活动、洗钱和资助恐怖主义行为之间某些情形下现有、日益增长或潜在的联系，以加强应对这些犯罪的刑事司法措施；

（c）在国家和国际层面采取有效措施防止恐怖主义集团得益于赎金支付；

（d）加强国际、区域、次区域和双边各级的合作，以打击外国恐怖主义战斗人员构成的威胁，包括为此酌情增进务实和及时的信息共享、后勤支助以及能力建设活动，例如联合国毒品和犯罪问题办公室提供的此类活动，以共享并采取最佳做法识别外国恐怖主义战斗人员，防止外国恐怖主义战斗人员进行来自、进入或途径会员国的旅行，防止资助、动员、招募和组织外国恐怖主义战斗人员，打击暴力极端主义和可能助长恐怖主义的暴力激进主义，加大我们实施消除激进主义的方案的努力，并确保按照国际法规定的义务及适用的国内法，将任何参与资助、规划、准备或实施恐怖主义行为或支助恐怖主义行为的人绳之以法；

（e）按照《联合国反腐败公约》，特别是其第五章，实施有效的措施侦查、预防和打击腐败行为及向国外转移和清洗腐败所得资产的行为，并加强国际合作和向会员国的援助，以协助查明、冻结或扣押以及追回和返还此类资产，并在这方面继续讨论以何创新方式改进司法协助，以加快资产追回程序并使资产追回更为成功，同时还借鉴通过实施联合国毒品和犯罪问题办公室和世界银行的追回被盗资产举措积累的经验和知识；

（f）制定战略以预防和打击一切非法资金流动，并强调迫切需要采取更有效的措施打击经济和资金犯罪，包括欺诈，以及税务和法人犯罪，特别是在其各相关跨国方面；

（g）加强或酌情采用相关程序以更有效地预防和打击洗钱，并夯实措施以识别、追查、冻结、扣押和追回犯罪所得，包括尚未计算在内的处于受庇护之处的金钱和其他资产，目的是最终予以没收，包括按照国内法酌情作不基于定罪的没收，并透明地处置被没收的所得；

（h）制定并实施适当的机制以管理和保全所冻结、扣押或没收的系犯罪所得的资产的价值和状况，加强刑事事项国际合作，并探索为没收之目的在民事和行政程序中相互提供类似合作的途径；

（i）采取适当措施预防和打击贩运人口和偷运移民行为，同时保护证人和那些系此类犯罪的对象的人员，方法是酌情按照各相关议定书采取一切必要的法律和行政步骤，并加强国家一级的机构间合作与协调，以及开展更密切的双边、区域和多边合作；

（j）在侦查和起诉与贩运人口和偷运移民有关的犯罪时，考虑同时进行金融调查，以追查、冻结和没收通过此类犯罪获取的所得，并将此类犯罪确立为洗钱的上游犯罪，以及加强相关机构之间的协调和信息共享；

（k）制定并酌情采取有效措施预防和打击非法制造和贩运枪支及其零部件和弹药以及炸药的行为，方法包括开展旨在消除非法使用枪支和非法制造炸药行为的提高认识运动，鼓励《联合国打击跨国有组织犯罪公约关于打击非法制造和贩运枪支及其零部件和弹药的补充议定书》[①]缔约国加强该议定书的实施，方法是除其他外考虑利用现有工具，包括标识和记录保存技术，为追查枪支以及视可能为追查枪支零部件和弹药提供便利，以加强对非法贩运枪支的刑事调查，支持实施《从各个方面防止、打击和消除小武器和轻武器非法贸易的行动纲领》[②]；并注意到关于这一问题及相关事项的现有文书在区域和国际层面的贡献；

（l）以共同和分担责任原则为基础，通过全面、平衡做法，包括通过司法和执法机关之间更有效的双边、区域和国际合作，加大我们应对世界毒品问题的努力，以打击有组织犯罪集团涉足非法药物生产和贩运及相关犯罪活动，并采取步骤减少伴随着贩毒的暴力；

（m）继续探索有关适当和有效机制的所有备选方案，以协助联合国打击跨国有组织犯罪公约缔约方会议以有成效和高效率的方式审议该公约及其各项议定书的实施情况；

（n）邀请会员国在考虑与其他国家订立协定时借鉴联合国刑事事项国际合作示范条约，铭记这些条约作为发展国际合作的重要工具所具有的重要意义，并还邀请预防犯罪和刑事司法委员会继续主动确定可能需要在会员国所提意见的基础上加以更新的联合国各示范条约。

9. 我们致力于确保经济、社会和技术进步带来的惠益成为增进我们努力预防和打击新的和新出现的犯罪形式的积极力量。我们认识到我们有责任充分应对此类犯罪构成的新出现的和演变中的威胁。因此，我们努力：

---

① 同上，第2326卷，第39574号。

② 《联合国小武器和轻武器非法贸易各方面问题大会的报告，2001年7月9日至20日，纽约》（A/CONF.192/15），第四章，第24段。

（a）按照国家立法，制定并实施全面的预防犯罪和刑事司法对策，包括加强我们司法机构和执法机构的能力，并且必要时采取立法和行政措施在国家、区域和国际各级有效预防和打击新的、新出现的和不断演变的犯罪形式，同时考虑到《联合国打击跨国有组织犯罪公约》对“严重犯罪”的适用范围；

（b）探索旨在创造一个安全、有复原力的网络环境的具体措施，预防和打击互联网上实施的犯罪活动，特别是关注身份盗窃、为贩运人口之目的的招募、保护儿童免遭网上剥削和虐待，加强国家和国际层面的执法合作，包括旨在识别和保护受害人，方法是除其他外从互联网删除儿童色情内容，特别是儿童性虐待图像，加强计算机网络安全并保护相关基础设施的健全，以及致力于提供长期技术援助和能力建设，以加强国家机关对付网络犯罪的能力，包括预防、侦查、调查和起诉一切形式的此类犯罪。此外，我们注意到全面研究网络犯罪问题不限成员名额政府间专家组的活动，以及会员国、国际社会和私营部门应对这一问题的措施，并邀请预防犯罪和刑事司法委员会考虑建议该专家组继续在其工作基础上就国家立法、最佳做法、技术援助和国际合作交流信息，以期审查备选方案，以针对网络犯罪而加强现有的应对措施并提议新的国家和国际法律或其他措施；

（c）按照我们在国际文书下，酌情包括在 1970 年《关于禁止和防止非法进出口文化财产和非法转让其所有权的方法的公约》[①] 下所作的承诺，并考虑到《关于贩运文化财产及其他相关犯罪的预防犯罪和刑事司法对策国际准则》[②]，加强并实施应对非法贩运文化财产的预防犯罪和刑事司法综合措施，目的是提供最大可能的国际合作以应对此类犯罪，酌情审查和加强国内立法以打击文化财产贩运，继续收集和共享关于文化财产贩运特别是关于涉及有组织犯罪集团和恐怖主义组织的贩运的信息和统计数据，以及与联合国教育、科学及文化组织、国际刑事警察组织和其他主管国际组织密切合作，以期确保协调在履行各自任务授权方面的努力，从而进一步考虑关于防止侵害各民族以动产形式存在的文

① 联合国，《条约汇编》，第 823 卷，第 11806 号。

② 大会第 69/196 号决议，附件。

化遗产的犯罪行为的示范条约[①]及这一领域的国际标准和规范的潜在效用和改进；

（d）进一步研究一些国家和区域的城市犯罪与其他表现形式的有组织犯罪之间的联系，包括团伙实施的犯罪，并在会员国之间以及与相关国际和区域组织交流有效的预防犯罪和刑事司法方案与政策的经验和信息，以便通过创新的做法应对城市犯罪和团伙相关暴力对特定人口和地点的影响，增进社会包容和就业机会，以及着眼于为青少年和年轻成人重返社会提供便利；

（e）采取有效措施预防和打击对环境产生影响的严重犯罪问题，例如贩运野生生物，包括贩运《濒危野生动植物种国际贸易公约》[②]所保护的动植物群、木材和木材产品及危险废物，以及偷猎等犯罪，方法是加强立法、国际合作、能力建设、刑事司法对策以及旨在除其他外对付与此类犯罪相联系的跨国有组织犯罪、腐败和洗钱的执法努力；

（f）确保我们的执法和刑事司法机构具备专门知识和技术能力，彼此进行密切合作与协调，适当应对这些新的和新出现的犯罪形式，并向这些机构提供必要的资金和结构支持；

（g）继续分析和交流与在区域和全球层面产生各种影响的其他演变中的跨国有组织犯罪形式有关的信息和做法，以期更有效地预防和打击犯罪并加强法治。这可能酌情包括走私石油及其衍生品、贩运贵重金属和石料、非法开采、伪造商标产品、贩运人体器官、血液和组织以及海上实施的海盗行为和跨国有组织犯罪。[③]

10. 我们支持制定并实施协商性和参与性的预防犯罪和刑事司法进程，以便让所有社会成员包括有犯罪和受伤害风险的社会成员参与，以使我们的预防努力更为有效并激励公众对刑事司法系统的信心和信任。我们认识到我们在所

---

① 《第八届联合国预防犯罪和罪犯待遇大会，1990 年 8 月 27 日至 9 月 7 日，哈瓦那：秘书处编写的报告》（联合国出版物，出售品编号：E.91.IV.2），第一章，B.1 节，附件。

② 联合国，《条约汇编》，第 993 卷，第 14537 号。

③ 如预防犯罪和刑事司法委员会第 22/6 号决议所界定。

有各级制定和实施国家和国家以下各级预防犯罪战略和刑事司法政策方面的牵头作用和责任。我们还认识到，要提高此类战略的有效性和公正性，我们就应当采取措施确保民间社会、私营部门和学术界作出贡献，其中包括联合国预防犯罪和刑事司法方案研究所网以及媒体和所有在制定和实施预防犯罪政策方面的其他相关利益攸关者。因此我们致力于：

（a）规划并实施能促进社会经济发展的全面政策和方案，重点是预防犯罪，包括城市犯罪及暴力，并支持其他会员国作此努力，方法特别是交流已在通过社会政策减少犯罪和暴力方面取得成功的政策和方案的经验及相关信息；

（b）制定基于法治并得到教育方案支持的提高认识方案来宣传主要价值观，辅之以促进平等、团结和正义的经济和社会政策，并向外与青年人接触，利用此类方案作为进行积极变革的作用物；

（c）推广基于保护人权和法治的守法文化，同时尊重文化特征，特别侧重于儿童和青年，寻求民间社会的支持，并加大我们的预防努力和措施，其中以家庭、学校、宗教和文化机构、社区组织及私营部门为对象并充分利用其潜力，以便消除犯罪的社会和经济根源；

（d）通过对话和社区参与机制，包括通过提高公众认识、预防受害、增进公共机关、主管机关和民间社会之间的合作及促进恢复性司法，推动对社会冲突的管理和解决；

（e）提高公众对刑事司法的信任，方法是预防腐败和促进尊重人权，以及提高刑事司法系统所有部门的专业能力和监督，从而确保理解和响应所有个人的需要和权利；

（f）探索有否可能利用传统的和新的信息和通信技术制定政策和方案以加强预防犯罪和刑事司法，包括查明公共安全问题，及促进公众参与；

（g）推动改进预防犯罪和刑事司法领域的电子政务系统以促进公众参与，并推动利用新技术便利警察与其所服务的的社区之间的合作和伙伴关系，以及在社区治安方面分享良好做法和交流信息；

（h）加强在预防和打击一切形式和表现的犯罪方面的公私伙伴关系；

（i）确保公众理解法律内容并酌情提高刑事审判的透明度；

（j）确立或发展现有做法和措施来鼓励公众特别是受害人举报和跟踪犯罪和腐败事件，并制定和实施保护举报人和证人的措施；

（k）考虑结合并支持社区举措，促进公民积极参与确保人人获得司法救济，包括意识到其权利，以及促进其参与预防犯罪和罪犯待遇，方法包括为社区服务创造机会，并支助罪犯重返社会和改过自新，在这方面，鼓励就相关重返社会政策和方案以及就相关公私伙伴关系分享最佳做法和交流信息；

（l）鼓励私营部门积极参与预防犯罪，并参与针对包括受害人和从监狱释放人员在内的社会弱势成员的社会包容方案和就业计划；

（m）建设和维持犯罪学和法医学及惩教科学研究能力，并利用当代科学专门知识设计和实施相关政策、方案和项目。

11. 我们继续努力实现本宣言所提出的目标，增进国际合作，维护法治以及确保我们的预防犯罪和刑事司法系统是有效、公正、人道和问责的，与此同时，我们重申适当、长期、可持续和有效技术援助及能力建设政策与方案的重要性。因此，我们努力：

（a）与联合国毒品和犯罪问题办公室密切协作，应会员国的请求，并在评估它们的特定需求和优先事项的基础上，继续提供充足、稳定和可预测的供资以支助设计和实施有效预防和打击一切形式和表现的犯罪的方案；

（b）邀请联合国毒品和犯罪问题办公室、联合国预防犯罪和刑事司法方案研究所网以及所有相关联合国实体和国际及区域组织在履行任务授权时继续与会员国进行协调与合作，以有效应对国家、区域和全球各级面临的挑战，以及提高公众参与预防犯罪和刑事司法的有效性，方法包括编写研究报告和制定并实施方案。

12. 我们重申联合国毒品和犯罪问题办公室仍是实现我们在预防犯罪和刑事司法领域的愿望以及实施本宣言的规定的重要伙伴。

13. 我们赞赏地欢迎日本政府提出希望担任 2020 年第十四届联合国预防犯罪和刑事司法大会东道主。

14. 我们深为感谢卡塔尔人民和政府给予的热情和慷慨款待以及为第十三届预防犯罪大会提供的出色设施。

司法制度与司法协助

关于检察官作用的准则

联合国第八届预防犯罪和罪犯待遇大会1990年9月7日通过

鉴于《联合国宪章》规定，世界各国人民申明决心创造能维护正义的条件并宣告以进行国际合作，不分种族、性别、语言或宗教，促进并鼓励尊重人权和基本自由作为其宗旨之一。

鉴于《世界人权宣言》庄严宣布了法律面前人人平等的原则、无罪推定的原则和有权得到独立和不偏不倚的法庭进行公正和公开审讯的原则，

鉴于目前在这些原则的基本设想和实际情况之间依然常常存在着差距，

鉴于各国应当按照这些原则的精神去组织和开展司法工作，努力使这些原则完全成为现实，

鉴于检察官在司法工作中具有决定性作用，有关履行其重要职责的规则应促进其尊重并按照上述原则行事，从而有助于刑事司法公平而合理，并有效地保护公民免受犯罪行为的侵害，

鉴于通过改进检察官的征聘方法及其法律和专业培训，并向他们提供一切必要手段，使他们在打击犯罪行为，特别是打击新形式和新规模的犯罪行为方面得以恪尽职守，确保检察官具备履行其职责所必需的专业资历具有十分重要的意义，

鉴于联合国大会根据第五届联合国预防犯罪和罪犯待遇大会的建议，在其1979年12月17日第34/169号决议中通过了《执法人员行为守则》，

鉴于第六届联合国预防犯罪和罪犯待遇大会在其第16号决议中要求犯罪预防和控制委员会把制定关于法官的独立及关于法官和检察官的甄选、专业培训和地位的指导方针，列为其工作的重点，

鉴于第七届联合国预防犯罪和罪犯待遇大会通过了《关于司法机关独立的

基本原则》，随后又由联合国大会1985年11月29日第40/32号和1985年12月13日第40/146号决议予以批准，

鉴于《为罪行和滥用权力行为受害者取得公理的基本原则宣言》建议在国际和国家这两级采取措施，使犯罪行为的受害者能更好地获得正义与公平待遇、追复原物、赔偿和援助，

鉴于第七届联合国预防犯罪和罪犯待遇大会在其第7号决议中要求犯罪预防和控制委员会考虑是否需要制定有关以下各方面的准则：检察官的甄选、专业培训和地位，对他们的职责和行为的要求，使他们对刑事司法制度的顺利运作作出更大贡献和增进他们与警方的合作的手段，他们的酌处权的范围，以及他们在刑事诉讼程序中的作用，并就此向今后各届联合国预防犯罪和罪犯待遇大会提出报告，

所制定的下列各项准则，其目的在于协助会员国确保和促进检察官在刑事诉讼程序中发挥有效、不偏不倚和公正无私的作用，各国政府在其国家立法和实践中应尊重并考虑到这些准则的规定，同时还应使检察官、法官、律师、行政和立法部门的成员以及一般公众注意到本准则。本准则制定时考虑的主要是公诉检察官，但它们同样可以酌情适用于特别任命的检察官。

资格、甄选和培训

1. 获选担任检察官者，均应为受过适当的培训并具备适当资历、为人正直而有能力的人。

2. 各国政府应确保：

（a）甄选检察官的标准应包含保障措施，防止基于偏见或成见的任用，不得因种族、肤色、性别、语言、宗教、政治见解或其他见解、种族、社会或族裔出身、财产、本人出身、经济地位或其他地位而对任何人实行歧视，但对检察官候选人须是有关国家国民的要求，不应被视为歧视；

（b）检察官应受过适当的教育和培训，应使其认识到其职务所涉的理想和职业道德，宪法和其他法规中有关保护嫌疑犯和受害者的规定，以及由国家法律和国际法所承认的各项人权和基本自由。

地位和服务条件

3. 检察官作为司法工作的重要行为者，应在任何时候都保持其职业的荣誉和尊严。

4. 各国应确保检察官得以在没有任何恐吓、阻障、侵扰，不正当干预或不合理地承担民事、刑事或其他责任的情况下履行其专业职责。

5. 如若检察官及其家属的安全因履行其检察职能而受到威胁，有关当局应向他们提供人身安全保护。

6. 检察官的服务条件、充足的报酬，在适用的情况下其任期、退休金以及退休年龄均应由法律或者颁布法规或条例加以规定。

7. 如有检察官晋升制度，则检察官的晋升应以各种客观因素，特别是专业资历、能力、品行和经验为根据，并按照公平和公正的程序加以决定。

言论和结社的自由

8. 检察官同其他公民一样，享有言论、信仰、结社和集会的自由。特别是他们应有权参加公众对有关法律、司法和促进及保护人权问题的讨论，有权参加或成立本地、国家或国际组织和参加其会议，而不应因其合法行动或为一合法组织成员而蒙受职业上的不利。在行使这些权利时，检察官应始终根据法律以及公认的职业标准和道德行事。

9. 检察官可自由组织和参加专业协会或代表其利益的其他组织，以促进其专业培训和保护其地位。

在刑事诉讼中的作用

10. 检察官的职责应与司法职能严格分开。

11. 检察官应在刑事诉讼、包括提起诉讼，和根据法律授权或当地惯例，在调查犯罪、监督调查的合法性，监督法院判决的执行和作为公众利益的代表行使其他职能中发挥积极作用。

12. 检察官应始终一贯迅速而公平地依法行事，尊重和保护人的尊严，维护人权从而有助于确保法定诉讼程序和刑事司法系统的职能顺利地运行。

13. 检察官在履行其职责时应：

（a）不偏不倚地履行其职能，并避免任何政治、社会、文化、性别或任何其他形式的歧视；

（b）保证公众利益，按照客观标准行事，适当考虑到嫌疑犯和受害者的立场，并注意到一切有关的情况，无论是否对嫌疑犯有利或不利；

（c）对掌握的情况保守秘密，除非履行职责或司法上的需要有不同的要求；

（d）在受害者的个人利益受到影响时应考虑到其观点和所关心的问题，并确保按照《为罪行和滥用权力行为受害者取得公理的基本原则宣言》，使受害者知悉其权利。

14. 如若一项不偏不倚的调查表明的起诉缺乏根据，检察官不应提出或继续检控，或应竭力阻止诉讼程序。

15. 检察官应适当注意对公务人员所犯的罪行，特别是对贪污腐化、滥用权力、严重侵犯嫌疑犯人权、国际法公认的其他罪行的起诉，和依照法律授权或当地惯例对这种罪行的调查。

16. 当检察官根据合理的原因得知或认为其掌握的不利于嫌疑犯的证据是通过严重侵犯嫌疑犯人权的非法手段，尤其是通过拷打、残酷的、非人道的或有辱人格的待遇或处罚或以其他违反人权办法而取得的，检察官应拒绝使用此类证据来反对采用上述手段者之外的任何人或将此事通知法院，并应采取一切必要的步骤确保将使用上述手段的责任者绳之以法。

酌处职能

17. 有些国家规定检察官拥有酌处职能，在这些国家中，法律或已公布的法规或条例应规定一些准则，增进在检控过程中作出裁决，包括起诉和免于起诉的裁决的公正和连贯性。

起诉之外的办法

18. 根据国家法律，检察官应在充分尊重嫌疑者和受害者的人权的基础上适当考虑免于起诉、有条件或无条件地中止诉讼程序或使某些刑事案件从正规的司法系统转由其他办法处理。为此目的，各国应充分探讨改用非刑事办法的可能性，目的不仅是减轻过重的法院负担而且也可避免受到审前拘留、起诉和定罪的污名以及避免监禁可能带来的不利后果。

19. 在检察官拥有决定应否对少年起诉酌处职能的国家，应对犯罪的性质和严重程度、保护社会和少年的品格和出身经历给予特别考虑。在作这种决定时，检察官应根据有关少年司法审判法和程序特别考虑可行的起诉之外的办法。检察官应尽量在十分必要时才对少年采取起诉行动。

与其他政府机构或组织的关系

20. 为了确保起诉公平而有效，检察官应尽力与警察局、法院、法律界、公共辩护人和政府其他机构进行合作。

纪律处分程序

21. 对检察官违纪行为的处理应以法律或法律条例为依据。对检察官涉嫌已超乎专业标准幅度的方式行事的控告应按照适当的程序迅速而公平地加以处理。检察官应有权利获得公正申诉的机会。这项决定应经过独立审查。

22. 针对检察官的纪律处分程序应保证客观评价和决定。纪律处分程序均应根据法律规定，职业行为准则和其他已确立的标准以及专业道德规范并根据本《准则》加以处理。

遵守准则

23. 检察官应遵守本准则。他们还应竭尽全力防止和坚决反对任何违反准则的行为。

24. 检察官如有理由认为业已发生或即将发生违反本准则的行为，应向其上级机关，并视情况，向其他拥有检察权或纠正权的有关当局或机构报告情况。

关于律师作用的基本原则

联合国第八届预防犯罪和罪犯待遇大会1990年9月7日通过

鉴于世界各国人民在《联合国宪章》中申明决心创造使正义得以维持的条件并宣布其宗旨之一是促成国际合作而不分种族、性别、语言或宗教，增进并激励对于人权及基本自由之尊重，

鉴于《世界人权宣言》提出法律面前人人平等的原则、无罪推定原则、由独立而无偏倚的法庭进行公正和公开听证的权利以及为每一被指控犯有刑事罪的人进行辩护所必要的各项保证，

鉴于《公民权利及政治权利国际公约》进一步宣布了在不无故拖延情况下受审的权利以及由依法设立的合格、独立而无偏倚的法庭进行公正和公开听证的权利，

鉴于《经济、社会及文化权利国际公约》回顾了各国根据《联合国宪章》负有义务促进普遍尊重和遵守人权与自由，

鉴于《保护所有遭受任何形式拘留或监禁的人的原则》明文规定，被拘留的人应有权获得法律顾问的协助，有权与法律顾问联络和磋商，

鉴于《囚犯待遇最低限度标准规则》建议，应确保未受审讯犯人享有获得法律协助和与法律顾问进行保密联络的权利，

鉴于《关于保护面对死刑的人的权利的保障措施》重申，每一涉嫌或被指控犯有可判处死刑罪的人可根据《公民权利及政治权利国际公约》第14条规定在诉讼的各阶段获得适当的法律协助，

鉴于《为罪行和滥用权力行为受害者取得公理的基本原则宣言》为改善罪行的受害者获得司法上的公正与公平待遇、恢复原状、赔偿和援助推荐在国际和国家各级采取各项措施，

鉴于充分保护人人都享有的人权和基本自由，无论是经济、社会和文化权利或是公民权利和政治权利，要求所有人都能有效地得到独立的法律专业人员所提供的法律服务，

鉴于律师专业组织在维护职业标准和道德，在保护其成员免受迫害和不公正限制和侵犯权利，在向一切需要他们的人提供法律服务以及在与政府和其他机构合作进一步推进正义和公正利益的目标等方面起到极为重要作用，

下列各项关于律师作用的基本原则是为了协助各会员国促进和确保律师发挥正当作用而制定的，各国政府应在其本国立法和习惯做法范围内考虑和尊重这些原则，并应提请律师以及其他人例如法官、检察官、行政和立法机关成员以及一般公众予以注意。这些原则还应酌情适用于虽无正式律师身份但行使律师职能的人。

获得律师协助和法律服务

1. 所有的人都有权请求由其选择的一名律师协助保护和确立其权利并在刑事诉讼的各个阶段为其辩护。

2. 各国政府应确保向在其境内并受其管辖的所有的人，不加任何区分，诸如基于种族、肤色、民族、性别、语言、宗教、政治或其他见解、原国籍或社会出身、财产、出生、经济或其他身份地位等方面的歧视，提供关于平等有效地获得律师协助的迅捷有效的程序和机制。

3. 各国政府应确保拨出向穷人并在必要时向其他处境不利的人提供法律服务所需的资金和其他资源。律师专业组织应在安排和提供服务、便利和其他资源方面进行合作。

4. 各国政府和律师专业组织应促进有关方案，使公众了解法律赋予他们的权利和义务以及了解律师在保护他们基本自由方面所起的重要作用。应特别注意对穷人和其他处境不利的人给予帮助，使他们得以维护自己的权利并在必要时请求律师协助。

刑事司法事件中的特别保障

5. 各国政府应确保由主管当局迅速告知遭到逮捕和拘留，或者被指控犯有

刑事罪的所有的人，他有权得到自行选定的一名律师提供协助。

6. 任何没有律师的人在司法需要情况下均有权获得按犯罪性质指派给他的一名有经验和能力的律师以便得到有效的法律协助，如果他无足够力量为此种服务支付费用，可不交费。

7. 各国政府还应确保，被逮捕或拘留的所有的人，不论是否受到刑事指控，均应迅速得到机会与一名律师联系，不管在何种情况下至迟不得超过自逮捕或拘留之时起的四十八小时。

8. 遭逮捕、拘留或监禁的所有的人应有充分机会、时间和便利条件，毫无迟延地、在不被窃听、不经检查和完全保密情况下接受律师来访和与律师联系协商。这种协商可在执法人员能看得见但听不见的范围内进行。

资格和培训

9. 各国政府、律师专业组织和教育机构应确保律师受过适当教育和培训，具有对律师的理想和道德义务以及对国内法和国际法所公认的人权和基本自由的认识。

10. 各国政府和律师专业组织和教育机构应确保在法律职业范围内，对于开始从事或继续从事开业者不因其种族、肤色、性别、族裔本源、宗教、政治或其他见解、原国籍或社会出身、财产、出生、经济或其他地位而有任何歧视，但是关于律师必须是该国国民的规定不应视为具有歧视性。

11. 在国内有一些群体、社区或地区对法律服务的需要得不到满足的情况下，特别是在这类群体有着独特的文化、传统或语言或者这类群体曾是以往歧视的受害者的情况下，该国政府和律师专业组织和教育机构应采取特别措施提供机会使来自这类群体的人选能进入法律专业，并应确保他们受到适合于其群体需要的培训。

义务和责任

12. 律师应随时随地保持其作为司法工作重要代理人这一职业的荣誉和尊严。

13. 律师对其委托人负有的职责应包括：

（a）对委托人的法定权利和义务，以及在与此种权利和义务有关的范围内，对法律系统的运作，提出咨询意见；

（b）以一切适当的方法帮助委托人，并采取法律行动保护他们的利益；

（c）在法院、法庭或行政当局面前给委托人以适当的帮助。

14. 律师在保护其委托人的权利和促进维护正义的事业中，应努力维护受到本国法律和国际法承认的人权和基本自由，并在任何时候都根据法律和公认的准则以及律师的职业道德，自由和勤奋地采取行动。

15. 律师应始终真诚地尊重其委托人的利益。

保证律师履行职责的措施

16. 各国政府应确保律师：

（a）能够履行其所有职责而不受到恫吓、妨碍或不适当的干涉；

（b）能够在国内以及国外旅行并自由地同其委托人进行磋商；

（c）不会由于其按照公认的专业职责、准则和道德规范所采取的任何行动而受到或者被威胁会受到起诉或行政、经济或其他制裁。

17. 律师如因履行其职责而其安全受到威胁时，应得到当局给予充分的保障。

18. 不得由于律师履行其职责而将其等同于其委托人或委托人的诉讼事由。

19. 凡是律师辩护权在其面前得到确认的任何法院或行政当局不得拒绝承认一名合格律师代表其委托人出庭的权利，除非按照本国法律和惯例以及根据这里所述的基本原则，该律师已被取消资格。

20. 律师对于其书面或口头辩护时所发表的有关言论或作为职责任务出现于某一法院、法庭或其他法律或行政当局之前所发表的有关言论，应享有民事和刑事豁免权。

21. 主管当局有义务确保律师能有充分的时间查阅当局所拥有或管理的有关资料、档案和文件，以便使律师能向其委托人提供有效的法律协助，应该迟早在适当时机提供这种查阅的机会。

22. 各国政府应确认和尊重律师及其委托人之间在其专业关系内的所有联络和磋商均属保密。

言论和结社自由

23. 与其他公民一样，律师也享有言论、信仰、结社和集会的自由。特别是，他们应有权参加有关法律、司法以及促进和保护人权等问题的公开讨论并有权加入或筹组地方的、全国的或国际性的组织和出席这些组织的会议而不致由于他们的合法行为或成为某一合法组织的成员而受到专业的限制。律师在行使这些权利时，应始终遵照法律和公认准则以及按照律师的职业道德行事。

律师的专业组织

24. 律师应有权成立和参加由自己管理的专业组织以代表其自身利益，促进其不断受到教育和培训，并保护其职业的完善。专业组织的执行机构应由其成员选举产生并应在不受外来干涉情况下行使职责。

25. 律师的专业组织应与政府合作以确保人人都能有效和平等地得到法律服务，并确保律师能在不受无理干涉情况下按法律和公认的职业标准和道德向其当事人提供意见，协助其委托人。

纪律诉讼

26. 应由法律界通过其有关机构或经由立法，按照本国法律和习惯以及公认的国际标准和准则，制定律师职业行为守则。

27. 对在职律师所提出的指控或控诉按适当程序迅速、公正地加以处理。律师应有受公正审讯的权利，包括有权得到其本人选定的一名律师的协助。

28. 针对律师提出的纪律诉讼应提交由法律界建立的公正无私的纪律委员会处理或提交一个独立的法定机构或法院处理，并应接受独立的司法审查。

29. 所有纪律诉讼都应按照职业行为守则和其他公认的准则和律师职业道德规范并参照本基本原则进行判决。

公职人员国际行为守则

联合国大会 1996 年 12 月 12 日第 51/59 号决议通过

一、总　则

1. 根据国内法的定义，公职为信托的职位，意味着有责任从公共利益出发行事。因此，公职人员的最高忠诚应当是对通过政府的民主体制所体现的本国公共利益的忠诚。

2. 公职人员应保证根据法律或行政政策切实有效地履行其职责和职能，做到秉公办事。无论何时，公职人员都应努力保证由其所负责的公共资源得到最切实有效的管理。

3. 公职人员应全心全意、公正而无私地履行其职责，尤其是在处理与公众的关系方面。无论何时，公职人员都不应对任何集团或个人给予任何不应有的优先照顾，或对任何集团或个人加以不当歧视，或以其他方式滥用赋予他们的权力和威信。

二、利益冲突和回避

4. 公职人员不得利用职务之便不正当地为本人或其家庭成员谋取个人利益或经济利益。公职人员不得进行与其公务、职能和职责或履行这些职责不相符合的任何交易、取得任何职位或职能或在其中拥有任何经济、商业或其他类似的利益。

5. 公职人员应根据法律和行政政策，视本人职务的要求，公布可能会构成利益冲突的业务、商业和经济利益或为经济盈利而从事的活动，在可能产生或已觉察到公职人员的职责与个人利益间利益冲突的情况下，公职人员应遵守为减少或消除这类利益冲突而制定的措施。

6. 无论何时，公职人员都不得不正当地利用在履行公务过程中取得的或由于其公职而得到的公款、公共财产、服务或信息来从事与其公务无关的活动。

7. 公职人员应遵守法律或行政政策所制定的措施，以免卸职后不正当地利用其原先的公职。

三、公布资产

8. 公职人员应视本人的职务并根据法律和行政政策的许可或要求，按要求公布或披露，并在可能的情况下，公布或披露其配偶和 / 或其他受赡养者的私人资产和债务。

四、接受礼品或其他惠赠

9. 公职人员不得直接或间接地索取或接受任何可能影响其行使职责、履行职务或作出判断的礼品或其他惠赠。

五、机密资料

10. 公职人员对于拥有的带有机密性质的资料应保守机密，但因国家立法，履行职责或司法需要而严格规定不予保密者除外。这些限制也应适用于已卸职的公职人员。

六、政治活动

11. 公职人员公务范围之外的政治活动或其他活动应根据法律和行政政策，不在任何方面影响到公众对其公正履行职能和职责的信任。

外国公民在刑事诉讼中的地位

联合国经济及社会理事会第1998/22号决议

经济及社会理事会，

以大会1948年12月10日第217A（III）号决议通过和宣告的《世界人权宣言》为指导，

铭记人权领域的有关国际法律文书，

还铭记1955年8月22日至9月3日在日内瓦举行的第一届联合国预防犯罪和罪犯待遇大会所通过的和经经济及社会理事会1957年7月31日第663C（XXIV）号决议核准的《囚犯待遇最低限度标准规则》[①]和理事会1984年5月25日第1984/47号决议核准的有效实施《囚犯待遇最低限度标准规则》的程序，

回顾大会1994年12月23日第49/159号决议，其中大会核准了《那不勒斯政治宣言和打击有组织跨国犯罪的全球行动计划》，[②]

意识到必须尊重受到刑事诉讼的人的尊严及其公认的权利，[③]

促请尚未这样做的会员国考虑采取下述措施：

（a）仔细地审查是否在诉讼的各个阶段都保证了受到刑事起诉的外国公民对于刑事检控方面的公认权利；

（b）确保个人不致仅因其并非某国国民而在该国受到更严厉的拘押惩罚或处于更差的监狱条件；

---

① 联合国出版物，出售品编号：E.1956.IV.4，附件一，A节。

② A/49/748，附件，第一章，A节。

③ 大会第2200A（XXI）号决议，附件。

（c）作出必要的安排，确保受到刑事诉讼的任何外国公民，凡其母语不是对其进行诉讼的国家的语言，因而其本人无法理解这种诉讼的性质的，能够在其整个审讯过程获得适当的尽可能应用其本国语言的口译服务；

（d）在国内法律或惯例允许的情况下，根据进行诉讼的国家的法规规定，应当使外国公民和本国国民一样得到替代性刑罚或行政处罚，只要他们达到有关的法律要求；

（e）加紧努力实施适用的国际文书，例如《关于领事关系的维也纳公约》,[①] 其中涉及须将拘押其公民事宜告知其领事当局。

---

① 联合国,《条约汇编》, 第596卷，第8638号。

刑事事件互助示范条约

联合国大会1990年12月14日第45/117号决议通过

________________和________________

希望相互提供最广泛的合作，打击犯罪活动，

兹协议如下：

第1条　适用范围

1. 缔约国应按本条约规定，对于在提出协助请求时其刑罚属于请求国司法当局管辖范围的罪行，就其调查或审判程序相互提供尽可能广泛的互助。

2. 按本《条约》提供的互助可包括：

（a）向有关人员收集证词或供述；

（b）协助提供被关押者或其他人作证或协助调查工作；

（c）递送司法文件；

（d）执行搜查和查封；

（e）检查物件和场地；

（f）提供资料和证据；

（g）提供有关文件和记录的原件或经核证副本，包括银行、财务、公司或商务记录。

3. 本《条约》不适用于：

（a）逮捕或关押某人以便予以于引渡；

（b）在被请求国执行在请求国内作出的刑事判决，但被请求国法律和本条约第18条许可者除外；

（c）转送在押犯使之服刑；

（d）刑事事件诉讼的转移。

第 2 条　其他安排

除非缔约国另作决定，本《条约》不得影响缔约国之间按照其他条约或安排或在其他方面承担的义务。

第 3 条　指定中央当局

缔约国应各自指定并相互通报应由其提出或接受为本《条约》目的而作成的请求书的中央当局。

第 4 条　拒绝协助

1. 在下列情况下可拒绝提供协助：

（a）被请求国认为如准许该请求，会损害其主权、安全、公共秩序或其他根本的公共利益；

（b）被请求国认为该罪行属政治性罪行；

（c）有充分理由确信，提出协助请求是为了某人的种族、性别、宗教、国籍、族裔本源或政治见解等原因而欲对其进行起诉，或确信该人的地位会因其中任一原因而受到损害；

（d）该项请求涉及某项在被请求国进行调查或起诉的罪行，或在请求国对该罪行进行起诉将不符合被请求国一事不二审的法律；

（e）所请求的协助需要被请求国如该罪行在其管辖范围内受到调查或起诉，进行不符合其本国法律和惯例的强制性措施；

（f）该行为系军法范围内的罪行，而并非普通刑法范围内的罪行。

2. 不得完全以银行或类似金融机构的保密为由拒绝提供协助。

3. 如该项请求的立即执行将干涉被请求国内正在进行的调查或起诉，被请求国可推迟执行请求。

4. 被请求国在拒绝或推迟执行某项请求之前，应考虑是否按某些条件准予提供协助，如请求国同意按这些条件接受协助，它应遵守这些条件。

5. 凡拒绝或推迟提供互助，均应说明理由。

第 5 条　请求书之内容

1. 要求提供协助的请求书应包含下列内容：

（a）请求机构的名称和进行该请求所涉调查或起诉的主管当局的名称；

（b）该项请求的目的和所需协助的简短说明；

（c）除请求递送文件的情况外，应叙述据称构成犯罪的事实以及关于相关法律的陈述或文本；

（d）必要情况下收件人的姓名或地址；

（e）请求国希望遵循的任何特定程序或要求的理由和细节，包括说明是否要求得到经宣誓或证实的证词或陈述；

（f）对希望在任何期限内执行有关请求的说明；

（g）妥善执行请求所必需的其他资料。

2. 依照本《条约》提出的请求书、佐证文件及其他函件应附有以被请求国语文或该国可接受的另一种语文提出的译文。

3. 如被请求国认为请求书中载列的资料不足以处理该项请求，它可要求提供补充资料。

第 6 条　请求之执行

要求提供协助的请求应依照被请求国的法律和惯例加以立即执行，但须遵照本《条约》第 20 条的规定。只要符合其法律和惯例，被请求国应按请求国要求的方式执行请求。

第 7 条　将材料退还被请求国

按本《条约》交给请求国的任何财产以及记录或文件原件，均应尽快退还给被请求国，除非后者放弃其退还权。

第 8 条　使用之限制

除另有约定外，请求国不经被请求国同意不得将被请求国提供的资料或证词使用或转让于非请求书中陈述的调查或起诉。但在更变指控时，只要该指控罪行系根据本《条约》可为之提供互助的罪行，则可使用所提供的材料。

第 9 条　保守机密

接到请求后：

（a）被请求国应对提出协助的请求、请求书内容及其佐证文件以及准许此种协助的事实，尽力保守机密，如该项请求的执行必须打破机密性，则被请求国应将此情况通知请求国，请求国应随即决定是否仍应执行该请求；

（b）请求国应对被请求国提供的证词和资料保守机密，但需用于请求书中所述调查和起诉的证词和资料除外。

第 10 条　递送文件

1. 被请求国应递送请求国为此目的发送给它的文件。

2. 递送传票的请求应在要求某人出庭之日以前至少［…］天内向被请求国提出。在紧急情况下，被请求国可放弃该时限要求。

第 11 条　取证

1. 被请求国应按照其本国法律并根据请求，获取有关人员经宣誓或证实的证词或以其他方式获取供述，或要求他们拿出证据以便转送请求国。

2. 经请求国的请求，请求国内相关诉讼程序的当事方、他们的法律代表以及请求国的代表可遵照被请求国的法律和程序，在此程序时到场。

第 12 条　拒绝举证之权利或义务

1. 在下述任一情况下，被传召在被请求国或请求国国内举证的人可拒绝举证：

（a）被请求国法律允许或要求该人对于在被请求国提起诉讼的类似情况拒绝举证；或

（b）请求国法律允许或要求该人对于在请求国提起诉讼的类似情况拒绝举证。

2. 如某人声称他按照对方的法律有权利或义务拒绝举证，该人所在的国家对于该情事应根据对方主管当局出示的证明作为该项权利或义务是否存在的凭证。

第 13 条　提供在押人员举证或协助侦查

1. 经请求国的请求，如被请求国同意且其法律许可，可在本人同意情况下，将被请求国内在押人员暂时转移到请求国，以便举证或协助调查。

2. 在对该转移人员按被请求国法律须加以关押的情况下，请求国应对该人维持关押，并在寻求转移的有关事件结束时或在不再需要其出庭的更早时候，将该在押人员送还被请求国。

3. 被请求国如告知请求国不再要求继续关押该转移人员，应将该人释放并作为本《条约》第 14 条所述人员对待。

第 14 条　提供其他人员举证或协助侦查

1. 请求国可请被请求国协助邀请某人：

（a）在请求国有关刑事事件的诉讼程序中出庭，但其为被控告者除外；或

（b）协助在请求国内有关刑事事件的调查。

2. 被请求国应邀请该人作为证人或专家在诉讼程序中出庭或协助调查。被请求国应酌情查实已为该人的安全作出令人满意的安排。

3. 请求书或传票应注明可由请求国支付的大约津贴及旅费和生活费。

4. 被请求国经请求可给予该人预支款项，该笔预支应由请求国偿还。

第 15 条　安全保证

1. 在不违反本条第 2 款规定的情况下，遇某人是依照按本《条约》第 13 条或第 14 条规定提出的请求而来到请求国者：

（a）不得因其离开被请求国之前的任何行为或不行为或定罪而在请求国对其进行关押、起诉、惩罚或对其人身自由施加任何其他限制；

（b）在未征得本人同意的情况下，不得要求该人在有关请求所涉之诉讼程序或调查之外的任何程序中举证或协助任何调查。

2. 如该人可自由离境，但在其被正式告知或通知不再需要其出庭后连续［15 天］内，或有关缔约国另行商定的任何更长限期内，仍未离开请求国，或离开后出于自己的意愿回返者，则本条第 1 款应停止适用。

3. 若某人不同意依第 13 条规定提出的请求或不接受依第 14 条规定提出的邀请，尽管在请求书或传票中有任何相反的陈述，他不应因此而受到任何惩罚或遭受任何强制性措施。

第 16 条　提供公开文件及其他记录

1. 被请求国应提供作为公开记录之一部分或以其他方式向公众开放的、或任由公众购买或查阅的文件或记录的副本。

2. 被请求国可根据向其本国执法和司法当局提供文件或记录的同样条件，提供任何其他文件或记录的副本。

第 17 条　搜查和没收

被请求国应在其法律允许范围内，执行有关搜查和没收以及将任何材料送交请求国作为证据的请求，但需善意第三方的权利受到保护。

第 18 条　犯罪所得

1. 在本条中，“犯罪所得”系指被怀疑或由法院认定为直接或间接由于某项犯罪行为而得来的或获得的财产或由于某项犯罪行为而得来的财产价值及其他利益。

2. 被请求国应在接到请求后设法确定被指称之犯罪所获的任何收益是否位于其管辖范围，并应将调查结果通知请求国。请求国在提出请求时，应通知被请求国其所以认为此种所得可能位于其管辖范围的依据。

3. 对于按本条第 2 款提出的请求，被请求国应尽力追查资产，调查有关的金融交易，并设法获得可能有助于确保追回犯罪所得的其他情报或证据。

4. 如根据本条第 2 款的规定发现可疑的犯罪所得，被请求国应在接到请求后在其法律允许范围内采取措施，在请求国法院对该所得作出最后裁定之前，防止就此种可疑的犯罪所得作出任何交易、转移或处置。

5. 被请求国应在其法律允许范围内，执行或允许执行由请求国法院作出的关于没收或查抄犯罪所得的最终命令，或遵照请求国的请求采取其他适当行动以保证该所得的安全。

6. 缔约国应确保在适用本条时，善意第三方的权利受到尊重。

第 19 条　证明和认证

提供协助的请求书及其佐证文件以及应此请求而提供的文件或其他材料，均无须证明或认证。

第 20 条　费用

除缔约国另有协议，执行请求的一般费用应由被请求国负担。如执行该项请求将需涉及大笔或特殊性质的开支，缔约国应事先进行协商，确定执行该项请求的条件或承付费用的方式。

第 21 条　协商

缔约国应根据任何一方的请求，迅速就本《条约》一般的或针对某一案件的解释、适用或执行进行协商。

第 22 条　最后条款

1. 本条约需得到[批准、接受或核可]。[批准、接受或核可] 书应尽快交换。

2. 本条约应于交换 [批准、接受或核可] 书之日起三十天后生效。

3. 本条约应适用于在其生效后提出的请求，即使有关的行为或不行为发生在该日期之前。

4. 缔约国任何一方均可以书面方式通知对方废除本条约。此项废除应在对方收到通知之日起六个月后生效。

为此，下列签署人经由各自政府正式授权，在本条约上签字，以昭信守。

________________________　________________________

_______年_______月_______日订于________________，

本条约具__________文和__________文，[两种 / 各种] 文本具有同等效力。

刑事诉讼转移示范条约

联合国大会 1990 年 12 月 14 日第 45/118 号决议通过

____________________和____________________

希望根据尊重国家主权和管辖权的原则以及互不干涉国家内政的原则进一步加强在刑事司法方面的国际合作与互助。

相信此种合作应促进公理正义、罪犯的社会安置和罪行受害者的利益。

铭记刑事事件转移诉讼有助于有效的司法工作和减少权限的冲突。

意识到刑事事件转移诉讼可帮助避免审前拘留，从而减少监狱人口。

因此，深信应促进刑事事件转移诉讼。

兹协议如下：

第 1 条　适用范围

1. 在根据一缔约国法律某人涉嫌犯了某种罪行时，该国为了正当司法工作的需要，可请求另一缔约国对此罪行提起诉讼。

2. 为本条约适用目的，缔约国应采取必要的立法措施，确保请求国关于提起诉讼的请求应允许被请求国行使必要的管辖权。

第 2 条　联系渠道

提起诉讼的请求应以书面方式提出。请求书，佐证文件和随后的函件应通过外交渠道在司法部或缔约国指定的任何其他当局之间直接传递。

第 3 条　所需文件

1. 提起诉讼的请求书应载有或附有以下资料：

（a）提出请求的当局；

（b）关于请求对之转移诉讼的行为的说明，包括犯罪的具体时间和地点；

（c）关于查实某一可疑罪行的调查结果的陈述；

（d）请求国据以认为该行为是犯罪行为的法律规定；

（e）关于涉嫌者的身份、国籍和住处的合理准确陈述。

2. 作为请求提起诉讼的佐证而提交的文件应附有以被请求国语文或者该国可接受的另一种语文提出的译文。

第 4 条 证明和认证

按照本国法律规定并除非双方另有决定外，提起诉讼的请求书及其佐证文件以及应此项请求而提供的文件及其他材料，均无须证明或认证。

第 5 条 对请求作出决定

被请求国主管当局应审查对该项提起诉讼的请求采取何种行动，以便根据其本国法律尽可能完全按照请求行事，并应迅速将其决定通知请求国。

第 6 条 两国共认罪行

提起诉讼的请求只有在据以提出请求的行为如发生在被请求国领土属犯罪行为的情况下，才能遵照执行。

第 7 条 拒绝之理由

被请求国如拒绝接受转移诉讼的请求，应将拒绝的理由通知请求国。在下列情况下可拒绝接受：

（a）涉嫌者不是被请求国国民或并非该国通常居民；

（b）该行为系军法范围内的罪行，而并非普通刑法范围内的罪行；

（c）该犯罪行为与赋税、课税、关税或兑换有关；

（d）被请求国认为该犯罪行为属政治罪行。

第 8 条 涉嫌者之立场

1. 涉嫌者可由请求国或被请求国表示其关心转移诉讼，同样，涉嫌者的合法代表或至亲也可表示这种关心。

2. 请求国应在提出转移诉讼请求之前，如实际可行，允许涉嫌者对被指称罪行和拟进行之转移提出其意见。除非该涉嫌者已经潜逃或以其他方式阻碍司法进程。

第 9 条　受害者之权利

请求国和被请求国在转移诉讼中应确保罪行受害者的权利，特别是受害者追复原物或取得赔偿的权利不应由于此种转移而受到影响。如受害者的索赔未能在此种转移前达成解决，被请求国如其法律规定有此可能时，应许可将受害者的索赔要求在所转移的诉讼程序中提出。遇受害者死亡，本规定应相应地适用于受害者的受抚养人。

第 10 条　转移诉讼对请求国之意义（一罪不二审）

一俟被请求国接受对涉嫌者提起诉讼的请求，请求国应暂停止检控，但除必要的调查，包括对请求国的司法协助外，直至被请求国通知请求国该案已得到最终处理为止。从该日期起，请求国即不应再检控该同一罪行。

第 11 条　转移诉讼对被请求国之意义

1. 经协议而转移的诉讼应接受被请求国法律的约束。被请求国在按其法律对涉嫌者提出指控时，应就关于该罪行的法律说明中的具体内容做出必要调整。如被请求国的权限系根据本《条约》第 1 条第 2 款的规定，则该国所宣布的处罚不得比请求国法律所规定的为严。

2. 任何为了诉讼或程序要求在请求国按其法律进行的行为，只要不违背被请求国的法律，均应在被请求国具有同等效力，如同在该国或由该国当局所进行的一样。

3. 被请求国应将诉讼结果的判决通知请求国。为此，应根据请求，将最终判决的副本送交请求国。

第 12 条　临时措施

在请求国宣布它有意递送转移诉讼的请求时，一俟收到请求国的为此目的提出的具体请求后，被请求国可采取请求对之进行转移诉讼的罪行如发生在本国领土根据其本国的法律规定可采取的一切临时性措施，包括临时关押和扣押。

第 13 条　刑事诉讼之多边性

在两个或两个以上国家都待进行对同一涉嫌者因同一罪行的刑事诉讼时，则有关各国应进行协商以决定哪一国应单独继续进行诉讼。由此而达成的协议应具有请求转移诉讼的效果。

第 14 条　费用

除请求国和被请求国双方另行商定者外，一缔约国由于转移诉讼而引起的任何费用均不应得到偿还。

第 15 条　最后条款

1. 本《条约》须经［批准、接受或核可］。［批准、接受或核可］书应尽快交换。

2. 本《条约》应于交换［批准、接受或核可］书之日起三十天后生效。

3. 本《条约》适用于其生效后提出的请求，即使有关的行为或不行为发生在该日期之前。

4. 缔约国任何一方均可以书面方式通知对方废除本《条约》。此项废除应在对方收到通知之日起六个月后生效。

为此，下列签署人经由各自政府正式授权，在本《条约》上签字，以昭信守。

____________________　　____________________

________年________月________日订于________________，本条约具________文和________文，［两种 / 各种］文本具有同等效力。

有条件判刑或有条件释放罪犯转移监督示范条约

联合国大会1990年12月14日第45/119号决议通过

________________和________________

希望根据尊重国家主权和管辖权的原则以及不干涉国家内政的原则进一步加强在刑事司法方面的国际合作与互助，相信此种合作应促进公理正义、被判刑者的社会安置和罪行受害者的利益，铭记对有条件判刑或有条件释放的罪犯进行转移监督可有助于更多地采用监外教养办法，意识到在罪犯本国进行监督而不是在罪犯没有根源的国家执行处刑，也有助于罪犯早日更有效地重新参与社会，因此，深信促进在罪犯的通常居住国对有条件判刑或有条件释放的罪犯进行监督将可促进罪犯的社会改造和更多地应用监外教养办法，

兹协议如下：

第1条　适用范围

1. 如依据法院最终判决确定某人的罪行并对其已采取下列措施者，本《条约》应可适用：

（a）给予缓刑而未宣判处刑；

（b）给予剥夺自由的缓期处刑；

（c）给予判刑，但在判刑之时或之后全部或部分地减轻执行（假释）或有条件地予以缓刑。

2. 作出判决的国家（判刑国）可要求另一国（执行国）负责实施判决的条件（转移监督）。

第 2 条　联系渠道

转移监督的请求应以书面方式提出。请求书、佐证文件和随后的函件应通过外交渠道在司法部或缔约国指定的任何其他当局之间直接传递。

第 3 条　所需文件

1. 转移监督的请求书应载有被判刑者的身份、国籍和住处的所有必要资料。请求书应附有本《条约》第 1 条所提及的任何法院判决原件或副本和一份证明该项判决为最终判决的证书。

2. 作为请求转移监督的佐证而提交的文件应附有以被请求国语文或该国可接受的另一种语文提出的译文。

第 4 条　证明和认证

按照本国法律规定并除双方另有决定外，转移监督的请求书及其佐证文件以及应此项请求而提供的文件及其他材料均无须证明或认证。

第 5 条　对请求作出决定

执行国主管当局应审查对该项监督请求采取何种行动，以便根据其本国法律尽可能完全按照请求行事，并应迅速将其决定通知判刑国。

第 6 条　两国共认罪行

转移监督的请求只有在据以提出请求的行为如发生在执行国领土属犯罪行为的情况下，才能遵照执行。

第 7 条　拒绝之理由

执行国如拒绝接受转移监督的请求，应将拒绝的理由通知判刑国。在下列情况下可拒绝接受：

（a）被判刑者并非执行国的通常居民；

（b）该行为系军法范围内的罪行，而并非普通刑法范围内的罪行；

（c）该犯罪行为与赋税、课税、关税或兑换有关；

（d）执行国认为该犯罪行为属政治罪行；

（e）执行国在按其本国法律由于时限已过而撤销的情况下，不再能进行监督或执行处罚。

第8条　被判刑者之立场

不论已被判刑或还在受审的人，均可向判刑国表示其关心转移监督以及愿意履行所限定的任何条件。同样，其合法代表或至亲也可表示这种关心。在适当情况下，缔约国应将本条约规定下的各种可能性告诉罪犯或其至亲。

第9条　受害者之权利

判刑国和执行国在转移监督中应确保罪行受害者的权利，特别是受害者追复原物或取得赔偿的权利不应由于此种转移监督而受到影响。遇受害者死亡，本规定应相应地适用于受害者的受抚养人。

第10条　转移监督对判刑国之意义

执行国接受实施在判刑国所作出判决条件这一责任，应致使判刑国执行处刑权限消失。

第11条　转移监督对执行国之意义

1. 经协议而转移的监督和其后程序应按执行国法律进行。只有该国具有撤销的权利。该国可在必要范围内修改所规定的条件或措施以使之适应其本国法律，但是修改的条件或措施就其性质和期限而言不得比在判刑国所宣判的为严。

2. 执行国如撤销有条件判刑或有条件释放，应按其本国法律执行处刑，但不得超过判刑国所加的限度。

第12条　复审、赦免和大赦

1. 只有判刑国有权对任何要求重新审理案件的申请作出裁决。

2. 缔约国双方均可根据本国宪法或其他法律给予赦免、大赦或减刑。

第13条　通报情况

1. 缔约国应于必要时就有可能影响在执行国内的监督措施或执行措施的一切情况互通信息。为此，它们应将任何可能与此有关的决定副本送交对方。

2. 监督期届满后，执行国经判刑国提出请求，应向其提供一份有关被监督者行为和遵守所规定措施情况的最终报告。

第14条　费用

除判刑国和执行国另行商定者外，执行国内的监督和执行费用不应得到偿还。

第 15 条　最后条款

1. 本条约须经［批准、接受或核可］。［批准、接受或核可］书应尽快交换。

2. 本条约应于交换［批准、接受或核可］书之日起三十天后生效。

3. 本条约适用于其生效后提出的请求，即使有关的行为或不行为发生在该日期之前。

4. 缔约国任何一方均可以书面方式通知对方废除本条约，此项废除应在对方收到书面通知之日起六个月后生效。

为此，下列签署人经由各自政府正式授权，在本条约上签字，以昭信守。

________________________________　________________________________

__________年__________月__________日订于______________________________，本条约具______________文和______________文，［两种 / 各种］文本具有同等效力。

关于分享没收的犯罪所得或财产的示范协定

联合国经济及社会理事会第 2005/14 号决议，附件

________________国政府与________________国政府关于分享没收的犯罪所得或财产的示范协定

________________国政府与________________国政府（以下称“双方”），

回顾《联合国打击跨国有组织犯罪公约》，①尤其是第 12 条第 1 款、第 13 和第 14 条，

还回顾 1988 年《联合国禁止非法贩运麻醉药品和精神药物公约》，②尤其是第 5 条第 1 款、第 4 款和第 5 款，

认识到本协定不应当影响《联合国反腐败公约》③所规定的原则或其后所制定的便利该公约的执行的任何适当机制，

重申本协定的各项规定不应当对 1988 年《联合国禁止非法贩运麻醉药品和精神药物公约》和《联合国打击跨国有组织犯罪公约》所规定的国际合作方面各项规定和原则有任何影响，并且本协定旨在加强这些公约中所设想的国际合作的有效性，

考虑到［如双方之间存在司法协助条约则提及该项条约］，

希望建立一个分享没收的犯罪所得或财产的适当框架，

---

① 大会第 55/25 号决议，附件一。

② 联合国，《条约汇编》，第 1582 卷，第 27627 号。

③ 大会第 58/4 号决议，附件。

兹商定如下：

第 1 条　定义

在本协定中：

（a）“犯罪所得”、“没收”和“财产”等术语应当按照《联合国打击跨国有组织犯罪公约》第 2 条和 1988 年《联合国禁止非法贩运麻醉药品和精神药物公约》第 1 条的定义理解；

（b）“合作”意指《联合国打击跨国有组织犯罪公约》第 13、第 16、第 18 至 20、第 26 和第 27 条或者 1988 年《联合国禁止非法贩运麻醉药品和精神药物公约》第 5 条第 4 款、第 6、第 7、第 9 至 11 条和第 17 条所述的任何援助以及《联合国打击跨国有组织犯罪公约》第 7 条所设想的各实体之间的合作，这种合作是由一方提供的，并促成或便利了犯罪所得或财产的没收。

第 2 条　适用范围

本协定的目的仅仅是为了双方之间的相互协助。

第 3 条　没收的犯罪所得或财产［可以］［应当］予以分享的情形

在不影响《联合国打击跨国有组织犯罪公约》第 14 条第 1、第 2 和第 3（a）款以及 1988 年《联合国禁止非法贩运麻醉药品和精神药物公约》第 5 条第 5（b）（一）款中列明的原则的情况下，如一方占有所没收的犯罪所得或财产并与另一方进行了合作，或获得了另一方的合作，则该方［可以］［应当］根据本协定与另一方分享这类犯罪所得或财产。[①]

第 4 条　关于分享没收的犯罪所得或财产的请求

1. 关于分享没收的犯罪所得或财产的请求应当在双方商定的时间期限内提出，应当说明与请求有关的合作情况，并应当列入充分的详细信息以确认案件、没收的犯罪所得或财产以及所涉及的机构或双方可能商定的其他信息。

备选案文 1

［2. 在收到根据本条规定提出的关于分享没收的犯罪所得或财产的请求后，

① 可能有必要在协定中插入一项关于从原所在国被非法购买或出口的艺术作品或考古文物的返还的具体条文。

没收的犯罪所得或财产所在的一方应当经与另一方协商，根据本协定第 3 条考虑是否分享这类犯罪所得或财产。]

备选案文 2

[2. 在收到根据本条规定提出的关于分享没收的犯罪所得或财产的请求后，没收的犯罪所得或财产所在的一方应当根据本协定第 3 条与另一方分享这类犯罪所得或财产。]

第 5 条　没收的犯罪所得或财产的分享

备选案文 1

[1. 一方提出与另一方分享没收的犯罪所得或财产，应当：

（a）根据其国内法律和政策按在其看来与另一方给予的合作相称的程度自行确定拟分享的没收的犯罪所得或财产的比例；

（b）根据本协定第 6 条将与以上（a）项所述比例相应的款项转让给另一方。

2. 在确定转让金额时，持有没收的犯罪所得或财产的一方可以纳入所没收的犯罪所得或财产的利息和升值，并可以扣减促成没收犯罪所得或财产的侦查、起诉或审判程序所产生的合理费用。]

备选案文 2

[1. 在根据本协定分享没收的犯罪所得或财产时：

（a）拟分享的没收的犯罪所得或财产的比例应当由双方在合理金额或双方商定的任何其他合理的基础上确定；

（b）持有没收的犯罪所得或财产的一方应当根据本协定第 6 条将与以上（a）项所述比例相应的款项转让给另一方。

2. 在确定转让金额时，双方应就与没收的犯罪所得或财产的利息和升值以及促成没收犯罪所得或财产的侦查、起诉或审判程序所产生的合理费用的扣减有关的任何问题达成一致意见。]

3. 双方商定，只要经过事前协商，没收的犯罪所得或财产价值很小时不宜分享。

第 6 条　分享的犯罪所得或财产的支付

1. 除非双方另有约定，根据本协定第 5 条第 1（b）款转让的任何款项均应当以如下方式支付：

（a）以犯罪所得或财产所在的一方的货币计价；

（b）通过电子资金汇划或支票的方式。

2. 任何这类款项的支付均应当：

（a）在________国政府收款的任何情况下，支付给［此处指明请求中所列明的有关办公室或指定账户］；

（b）在________国政府收款的任何情况下，支付给［此处指明请求中所列明的有关办公室或指定账户］；或者

（c）支付给接受付款的一方为本条之目的可能不时通知指定的其他收款人。

第7条　转让条件

1. 在进行转让时，双方承认对所转让的犯罪所得或财产的全部权利或所有权和权益均已经过判决，不必要通过其他审判程序即可完成没收。一旦犯罪所得或财产已被转让，转让该犯罪所得或财产的一方即不对其承担任何赔偿责任或责任，并放弃对所转让的犯罪所得或财产的全部权利或所有权和权益。[①]

2. 除非另有约定，在一方根据本协定第5条第1（b）款转让犯罪所得或财产的情况下，另一方应将该犯罪所得或财产用于自行确定的任何合法用途。

第8条　通信渠道

双方之间根据本协定的规定进行的所有通信应当通过［依据本协定前言提及的条约中关于司法协助的第［…］条指定的中央权力机关］或通过下述机构进行：

（a）对于________国政府，通过________办公室进行；

（b）对于________国政府，通过________办公室进行；

或者

（c）通过双方为本条之目的可能不时通知指定的各自提名机构进行。

第9条　适用领域

本协定适用于［需要时指定各自政府扩大适用本协定的领域］。

---

① 如果一国国内法要求其出售所没收的犯罪所得或财产并仅允许分享资金，本条文可能是不必要的。

第 10 条　修正

本协定可在双方书面同意时加以修正。

第 11 条　磋商

双方应在对方提出请求时迅速就本协定的解释、适用或执行进行一般磋商或针对一具体案例的磋商。

第 12 条　生效

本协定一俟双方签署或双方通知已完成必要的内部程序[①]即告生效。

第 13 条　协定的终止

任何一方可以在任何时候以书面通知另一方终止本协定。终止应于收到通知［____］月后生效。但是，各项规定应继续适用于根据本协定拟分享的已没收的犯罪所得或财产。

兹由经各自政府正式授权的下列署名人签署本公约，以昭信守。

__________年__________月__________日订于__________________________。

［签名］　　　　　　　　　　　　［签名］

______________________________　　　______________________________

代表____________________政府　　　代表____________________政府

① 可以是签署、批准、在官方公报上发表或其他方式。

司法人权保护

世界人权宣言

《世界人权宣言》是人权史上具有里程碑意义的文件。它由来自世界各个地区不同法律和文化背景的代表起草，于1948年12月10日在巴黎召开的大会会议上以第217A（III）号决议通过。《世界人权宣言》作为所有国家和所有人民的共同成就，第一次规定了基本人权应得到普遍保护。《世界人权宣言》已被翻译成近500种语言。

序　言

鉴于对人类家庭所有成员的固有尊严及其平等的和不移的权利的承认，乃是世界自由、正义与和平的基础，

鉴于对人权的无视和侮蔑已发展为野蛮暴行，这些暴行玷污了人类的良心，而一个人人享有言论和信仰自由并免予恐惧和匮乏的世界的来临，已被宣布为普通人民的最高愿望，

鉴于为使人类不致迫不得已铤而走险对暴政和压迫进行反叛，有必要使人权受法治的保护，

鉴于有必要促进各国间友好关系的发展，

鉴于各联合国国家的人民已在联合国宪章中重申他们对基本人权、人格尊严和价值以及男女平等权利的信念，并决心促成较大自由中的社会进步和生活水平的改善，

鉴于各会员国业已誓愿同联合国合作以促进对人权和基本自由的普遍尊重和遵行，

鉴于对这些权利和自由的普遍了解对于这个誓愿的充分实现具有很大的重要性，

因此现在，

大会，

发布这一世界人权宣言，作为所有人民和所有国家努力实现的共同标准，以期每一个人和社会机构经常铭念本宣言，努力通过教诲和教育促进对权利和自由的尊重，并通过国家的和国际的渐进措施，使这些权利和自由在各会员国本身人民及在其管辖下领土的人民中得到普遍和有效的承认和遵行；

第一条

人人生而自由，在尊严和权利上一律平等。他们赋有理性和良心，并应以兄弟关系的精神相对待。

第二条

人人有资格享有本宣言所载的一切权利和自由，不分种族、肤色、性别、语言、宗教、政治或其他见解、国籍或社会出身、财产、出生或其他身份等任何区别。并且不得因一人所属的国家或领土的政治的、行政的或者国际的地位之不同而有所区别，无论该领土是独立领土、托管领土、非自治领土或者处于其他任何主权受限制的情况之下。

第三条

人人有权享有生命、自由和人身安全。

第四条

任何人不得使为奴隶或奴役；一切形式的奴隶制度和奴隶买卖，均应予以禁止。

第五条

任何人不得加以酷刑，或施以残忍的、不人道的或侮辱性的待遇或刑罚。

第六条

人人在任何地方有权被承认在法律前的人格。

第七条

法律之前人人平等，并有权享受法律的平等保护，不受任何歧视。人人有权享受平等保护，以免受违反本宣言的任何歧视行为以及煽动这种歧视的任何行为之害。

第八条

任何人当宪法或法律所赋予他的基本权利遭受侵害时，有权由合格的国家法庭对这种侵害行为作有效的补救。

第九条

任何人不得加以任意逮捕、拘禁或放逐。

第十条

人人完全平等地有权由一个独立而无偏倚的法庭进行公正的和公开的审讯，以确定他的权利和义务并判定对他提出的任何刑事指控。

第十一条

（一）凡受刑事控告者，在未经获得辩护上所需的一切保证的公开审判而依法证实有罪以前，有权被视为无罪。

（二）任何人的任何行为或不行为，在其发生时依国家法或国际法均不构成刑事罪者，不得被判为犯有刑事罪。刑罚不得重于犯罪时适用的法律规定。

第十二条

任何人的私生活、家庭、住宅和通信不得任意干涉，他的荣誉和名誉不得加以攻击。人人有权享受法律保护，以免受这种干涉或攻击。

第十三条

（一）人人在各国境内有权自由迁徙和居住。

（二）人人有权离开任何国家，包括其本国在内，并有权返回他的国家。

第十四条

（一）人人有权在其他国家寻求和享受庇护以避免迫害。

（二）在真正由于非政治性的罪行或违背联合国的宗旨和原则的行为而被起诉的情况下，不得援用此种权利。

第十五条

（一）人人有权享有国籍。

（二）任何人的国籍不得任意剥夺，亦不得否认其改变国籍的权利。

第十六条

（一）成年男女，不受种族、国籍或宗教的任何限制有权婚嫁和成立家庭。他们在婚姻方面，在结婚期间和在解除婚约时，应有平等的权利。

（二）只有经男女双方的自由和完全的同意，才能缔婚。

（三）家庭是天然的和基本的社会单元，并应受社会和国家的保护。

第十七条

（一）人人得有单独的财产所有权以及同他人合有的所有权。

（二）任何人的财产不得任意剥夺。

第十八条

人人有思想、良心和宗教自由的权利；此项权利包括改变他的宗教或信仰的自由，以及单独或集体、公开或秘密地以教义、实践、礼拜和戒律表示他的宗教或信仰的自由。

第十九条

人人有权享有主张和发表意见的自由；此项权利包括持有主张而不受干涉的自由，和通过任何媒介和不论国界寻求、接受和传递消息和思想的自由。

第二十条

（一）人人有权享有和平集会和结社的自由。

（二）任何人不得迫使隶属于某一团体。

第二十一条

（一）人人有直接或通过自由选择的代表参与治理本国的权利。

（二）人人有平等机会参加本国公务的权利。

（三）人民的意志是政府权力的基础；这一意志应以定期的和真正的选举予以表现，而选举应依据普遍和平等的投票权，并以不记名投票或相当的自由投票程序进行。

第二十二条

每个人，作为社会的一员，有权享受社会保障，并有权享受他的个人尊严和人格的自由发展所必需的经济、社会和文化方面各种权利的实现，这种实现是通过国家努力和国际合作并依照各国的组织和资源情况。

第二十三条

（一）人人有权工作、自由选择职业、享受公正和合适的工作条件并享受免于失业的保障。

（二）人人有同工同酬的权利，不受任何歧视。

（三）每一个工作的人，有权享受公正和合适的报酬，保证使他本人和家属有一个符合人的尊严的生活条件，必要时并辅以其他方式的社会保障。

（四）人人有为维护其利益而组织和参加工会的权利。

第二十四条

人人有享有休息和闲暇的权利，包括工作时间有合理限制和定期给薪休假的权利。

第二十五条

（一）人人有权享受为维持他本人和家属的健康和福利所需的生活水准，包括食物、衣着、住房、医疗和必要的社会服务；在遭到失业、疾病、残废、守寡、衰老或在其他不能控制的情况下丧失谋生能力时，有权享受保障。

（二）母亲和儿童有权享受特别照顾和协助。一切儿童，无论婚生或非婚生，都应享受同样的社会保护。

第二十六条

（一）人人都有受教育的权利，教育应当免费，至少在初级和基本阶段应如此。初级教育应属义务性质。技术和职业教育应普遍设立。高等教育应根据成绩而对一切人平等开放。

（二）教育的目的在于充分发展人的个性并加强对人权和基本自由的尊重。教育应促进各国、各种族或各宗教集团间的了解、容忍和友谊，并应促进联合国维护和平的各项活动。

（三）父母对其子女所应受的教育的种类，有优先选择的权利。

第二十七条

（一）人人有权自由参加社会的文化生活，享受艺术，并分享科学进步及其产生的福利。

（二）人人对由于他所创作的任何科学、文学或美术作品而产生的精神的和物质的利益，有享受保护的权利。

第二十八条

人人有权要求一种社会的和国际的秩序，在这种秩序中，本宣言所载的权利和自由能获得充分实现。

第二十九条

（一）人人对社会负有义务，因为只有在社会中他的个性才可能得到自由和充分的发展。

（二）人人在行使他的权利和自由时，只受法律所确定的限制，确定此种限制的唯一目的在于保证对旁人的权利和自由给予应有的承认和尊重，并在一个民主的社会中适应道德、公共秩序和普遍福利的正当需要。

（三）这些权利和自由的行使，无论在任何情形下均不得违背联合国的宗旨和原则。

第三十条

本宣言的任何条文，不得解释为默许任何国家、集团或个人有权进行任何旨在破坏本宣言所载的任何权利和自由的活动或行为。

公民权利及政治权利国际公约①

联合国大会1966年12月16日
第2200（XXI）号决议通过并开放给各国签字、批准和加入
按照第49条规定，于1976年3月23日生效

序　言

本公约缔约各国，

考虑到，按照联合国宪章所宣布的原则，对人类家庭所有成员的固有尊严及其平等的和不移的权利的承认，乃是世界自由、正义与和平的基础，

确认这些权利是源于人身的固有尊严，

确认按照世界人权宣言，只有在创造了使人人可以享有其公民和政治权利，正如享有其经济、社会、文化权利一样的条件的情况下，才能实现自由人类享有公民及政治自由和免于恐惧和匮乏自由的理想，

考虑到各国根据联合国宪章负有义务促进对人的权利和自由的普遍尊重和遵行，

认识到个人对其他个人和对他所属的社会负有义务，应为促进和遵行本公约所承认的权利而努力，

兹同意下述各条：

① 中国政府已于1998年10月5日签署本公约。

第一部分

第一条

一、所有人民都有自决权。他们凭这种权利自由决定他们的政治地位，并自由谋求他们的经济、社会和文化的发展。

二、所有人民得为他们自己的目的自由处置他们的天然财富和资源，而不损害根据基于互利原则的国际经济合作和国际法而产生的任何义务。在任何情况下不得剥夺一个人民自己的生存手段。

三、本公约缔约各国，包括那些负责管理非自治领土和托管领土的国家，应在符合联合国宪章规定的条件下，促进自决权的实现，并尊重这种权利。

第二部分

第二条

一、本公约每一缔约国承担尊重和保证在其领土内和受其管辖的一切个人享有本公约所承认的权利，不分种族、肤色、性别、语言、宗教、政治或其他见解、国籍或社会出身、财产、出生或其他身份等任何区别。

二、凡未经现行立法或其他措施予以规定者，本公约每一缔约国承担按照其宪法程序和本公约的规定采取必要的步骤，以采纳为实施本公约所承认的权利所需的立法或其他措施。

三、本公约每一缔约国承担：

（甲）保证任何一个被侵犯了本公约所承认的权利或自由的人，能得到有效的补救，尽管此种侵犯是以官方资格行事的人所为；

（乙）保证任何要求此种补救的人能由合格的司法、行政或立法当局或由国家法律制度规定的任何其他合格当局断定其在这方面的权利；并发展司法补救的可能性；

（丙）保证合格当局在准予此等补救时，确能付诸实施。

第三条

本公约缔约各国承担保证男子和妇女在享有本公约所载一切公民和政治权利方面有平等的权利。

第四条

一、在社会紧急状态威胁到国家的生命并经正式宣布时，本公约缔约国得采取措施克减其在本公约下所承担的义务，但克减的程度以紧急情势所严格需要者为限，此等措施并不得与它根据国际法所负有的其他义务相矛盾，且不得包含纯粹基于种族、肤色、性别、语言、宗教或社会出身的理由的歧视。

二、不得根据本规定而克减第六条、第七条、第八条（第一款和第二款）、第十一条、第十五条、第十六条和第十八条。

三、任何援用克减权的本公约缔约国应立即经由联合国秘书长将它已克减的各项规定、实行克减的理由和终止这种克减的日期通知本公约的其他缔约国家。

第五条

一、本公约中任何部分不得解释为隐示任何国家、团体或个人有权利从事于任何旨在破坏本公约所承认的任何权利和自由或对它们加以较本公约所规定的范围更广的限制的活动或行为。

二、对于本公约的任何缔约国中依据法律、惯例、条例或习惯而被承认或存在的任何基本人权，不得借口本公约未予承认或只在较小范围上予以承认而加以限制或克减。

第三部分

第六条

一、人人有固有的生命权。这个权利应受法律保护。不得任意剥夺任何人的生命。

二、在未废除死刑的国家，判处死刑只能是作为对最严重的罪行的惩罚，判处应按照犯罪时有效并且不违反本公约规定和防止及惩治灭绝种族罪公约的法律。这种刑罚，非经合格法庭最后判决，不得执行。

三、兹了解：在剥夺生命构成灭种罪时，本条中任何部分并不准许本公约的任何缔约国以任何方式克减它在防止及惩治灭绝种族罪公约的规定下所承担的任何义务。

四、任何被判处死刑的人应有权要求赦免或减刑。对一切判处死刑的案件均得给予大赦、特赦或减刑。

五、对十八岁以下的人所犯的罪，不得判处死刑；对孕妇不得执行死刑。

六、本公约的任何缔约国不得援引本条的任何部分来推迟或阻止死刑的废除。

第七条

任何人均不得加以酷刑或施以残忍的、不人道的或侮辱性的待遇或刑罚。特别是对任何人均不得未经其自由同意而施以医药或科学试验。

第八条

一、任何人不得使为奴隶；一切形式的奴隶制度和奴隶买卖均应予以禁止。

二、任何人不应被强迫役使。

三、（甲）任何人不应被要求从事强迫或强制劳动；

（乙）在把苦役监禁作为一种对犯罪的惩罚的国家中，第三款（甲）项的规定不应认为排除按照由合格的法庭关于此项刑罚的判决而执行的苦役；

（丙）为了本款之用，“强迫或强制劳动”一词不应包括：

（1）通常对一个依照法庭的合法命令而被拘禁的人或在此种拘禁假释期间的人所要求的任何工作或服务，非属（乙）项所述者；

（2）任何军事性质的服务，以及在承认良心拒绝兵役的国家中，良心拒绝兵役者依法被要求的任何国家服务；

（3）在威胁社会生命或幸福的紧急状态或灾难的情况下受强制的任何服务；

（4）属于正常的公民义务的一部分的任何工作或服务。

第九条

一、人人有权享有人身自由和安全。任何人不得加以任意逮捕或拘禁。除非依照法律所确定的根据和程序，任何人不得被剥夺自由。

二、任何被逮捕的人，在被逮捕时应被告知逮捕他的理由，并应被迅速告知对他提出的任何指控。

三、任何因刑事指控被逮捕或拘禁的人，应被迅速带见审判官或其他经法律授权行使司法权力的官员，并有权在合理的时间内受审判或被释放。等候审判的人受监禁不应作为一般规则，但可规定释放时应保证在司法程序的任何其他阶段出席审判，并在必要时报到听候执行判决。

四、任何因逮捕或拘禁被剥夺自由的人，有资格向法庭提起诉讼，以便法庭能不拖延地决定拘禁他是否合法以及如果拘禁不合法时命令予以释放。

五、任何遭受非法逮捕或拘禁的受害者，有得到赔偿的权利。

第十条

一、所有被剥夺自由的人应给予人道及尊重其固有的人格尊严的待遇。

二、（甲）除特殊情况外，被控告的人应与被判罪的人隔离开，并应给予适合于未判罪者身份的分别待遇；

（乙）被控告的少年应与成年人分隔开，并应尽速予以判决。

三、监狱制度应包括以争取囚犯改造和社会复员为基本目的的待遇。少年罪犯应与成年人隔离开，并应给予适合其年龄及法律地位的待遇。

第十一条

任何人不得仅仅由于无力履行约定义务而被监禁。

第十二条

一、合法处在一国领土内的每一个人在该领土内有权享受迁徙自由和选择住所的自由。

二、人人有自由离开任何国家，包括其本国在内。

三、上述权利，除法律所规定并为保护国家安全、公共秩序、公共卫生或道德、或他人的权利和自由所必需且与本公约所承认的其他权利不抵触的限制外，应不受任何其他限制。

四、任何人进入其本国的权利，不得任意加以剥夺。

第十三条

合法处在本公约缔约国领土内的外侨，只有按照依法作出的决定才可以被驱逐出境，并且，除非在国家安全的紧迫原因另有要求的情况下，应准予提出反对驱逐出境的理由和使他的案件得到合格当局或由合格当局特别指定的一人或数人的复审，并为此目的而请人作代表。

第十四条

一、所有的人在法庭和裁判所前一律平等。在判定对任何人提出的任何刑事指控或确定他在一件诉讼案中的权利和义务时，人人有资格由一个依法设立的合格的、独立的和无偏倚的法庭进行公正的和公开的审讯。由于民主社会中的道德的、公共秩序的或国家安全的理由，或当诉讼当事人的私生活的利益有此需要时，或在特殊情况下法庭认为公开审判会损害司法利益因而严格需要的限度下，可不使记者和公众出席全部或部分审判；但对刑事案件或法律诉讼的任何判刑决应公开宣布，除非少年的利益另有要求或者诉讼系有关儿童监护权的婚姻争端。

二、凡受刑事控告者，在未依法证实有罪之前，应有权被视为无罪。

三、在判定对他提出的任何刑事指控时，人人完全平等地有资格享受以下的最低限度的保证：

（甲）迅速以一种他懂得的语言详细地告知对他提出的指控的性质和原因；

（乙）有相当时间和便利准备他的辩护并与他自己选择的律师联络；

（丙）受审时间不被无故拖延；

（丁）出席受审并亲自替自己辩护或经由他自己所选择的法律援助进行辩护；如果他没有法律援助，要通知他享有这种权利；在司法利益有此需要的案件中，为他指定法律援助，而在他没有足够能力偿付法律援助的案件中，不要他自己付费；

（戊）讯问或业已讯问对他不利的证人，并使对他有利的证人在与对他不利的证人相同的条件下出庭和受讯问；

（己）如他不懂或不会说法庭上所用的语言，能免费获得译员的援助；

（庚）不被强迫作不利于他自己的证言或强迫承认犯罪。

四、对少年的案件，在程序上应考虑到他们的年龄和帮助他们重新做人的需要。

五、凡被判定有罪者，应有权由一个较高级法庭对其定罪及刑罚依法进行复审。

六、在一人按照最后决定已被判定犯刑事罪而其后根据新的或新发现的事实确实表明发生误审，他的定罪被推翻或被赦免的情况下，因这种定罪而受刑罚的人应依法得到赔偿，除非经证明当时不知道的事实的未被及时揭露完全是或部分是由于他自己的缘故。

七、任何人已依一国的法律及刑事程序被最后定罪或宣告无罪者，不得就同一罪名再予审判或惩罚。

第十五条

一、任何人的任何行为或不行为，在其发生时依照国家法或国际法均不构成刑事罪者，不得据以认为犯有刑事罪。所加的刑罚也不得重于犯罪时适用的规定。如果在犯罪之后依法规定了应处以较轻的刑罚，犯罪者应予减刑。

二、任何人的行为或不行为，在其发生时依照各国公认的一般法律原则为犯罪者，本条规定并不妨碍因该行为或不行为而对任何人进行的审判和对他施加的刑罚。

第十六条

人人在任何地方有权被承认在法律前的人格。

第十七条

一、任何人的私生活、家庭、住宅或通信不得加以任意或非法干涉，他的荣誉和名誉不得加以非法攻击。

二、人人有权享受法律保护，以免受这种干涉或攻击。

第十八条

一、人人有权享受思想、良心和宗教自由。此项权利包括维持或改变他的宗教或信仰的自由，以及单独或集体、公开或秘密地以礼拜、戒律、实践和教义来表明他的宗教或信仰的自由。

二、任何人不得遭受足以损害他维持或改变他的宗教或信仰自由的强迫。

三、表示自己的宗教或信仰的自由，仅只受法律所规定的以及为保障公共安全、秩序、卫生或道德、或他人的基本权利和自由所必需的限制。

四、本公约缔约各国承担，尊重父母和（如适用时）法定监护人保证他们的孩子能按照他们自己的信仰接受宗教和道德教育的自由。

第十九条

一、人人有权持有主张，不受干涉。

二、人人有自由发表意见的权利；此项权利包括寻求、接受和传递各种消息和思想的自由，而不论国界，也不论口头的、书写的、印刷的、采取艺术形式的或通过他所选择的任何其他媒介。

三、本条第二款所规定的权利的行使带有特殊的义务和责任，因此得受某些限制，但这些限制只应由法律规定并为下列条件所必需：

（甲）尊重他人的权利或名誉；

（乙）保障国家安全或公共秩序，或公共卫生或道德。

第二十条

一、任何鼓吹战争的宣传，应以法律加以禁止。

二、任何鼓吹民族、种族或宗教仇恨的主张，构成煽动歧视、敌视或强暴者，应以法律加以禁止。

第二十一条

和平集会的权利应被承认。对此项权利的行使不得加以限制，除去按照法律以及在民主社会中为维护国家安全或公共安全、公共秩序，保护公共卫生或道德或他人的权利和自由的需要而加的限制。

第二十二条

一、人人有权享受与他人结社的自由，包括组织和参加工会以保护他的利益的权利。

二、对此项权利的行使不得加以限制。除去法律所规定的限制以及在民主社会中为维护国家安全或公共安全、公共秩序，保护公共卫生或道德，或他人的权利和自由所必需的限制。本条不应禁止对军队或警察成员的行使此项权利加以合法的限制。

三、本条并不授权参加一九四八年关于结社自由及保护组织权国际劳工组织公约的缔约国采取足以损害该公约中所规定的保证的立法措施，或在应用法律时损害这种保证。

第二十三条

一、家庭是天然的和基本的社会单元，并应受社会和国家的保护。

二、已达结婚年龄的男女缔婚和成立家庭的权利应被承认。

三、只有经男女双方的自由的和完全的同意，才能缔婚。

四、本公约缔约各国应采取适当步骤以保证缔婚双方在缔婚、结婚期间和解除婚约时的权利和责任平等。在解除婚约的情况下，应为儿童规定必要的保护办法。

第二十四条

一、每一儿童应有权享受家庭、社会和国家为其未成年地位给予的必要保护措施，不因种族、肤色、性别、语言、宗教、国籍或社会出身、财产或出生而受任何歧视。

二、每一儿童出生后就立即加以登记，并应有一个名字。

三、每一儿童有权取得一个国籍。

第二十五条

每个公民应有下列权利和机会，不受第二条所述的区分和不受不合理的限制：

（甲）直接或通过自由选择的代表参与公共事务；

（乙）在真正的定期的选举中选举和被选举，这种选举应是普遍的和平等的并以无记名投票方式进行，以保证选举人的意志的自由表达；

（丙）在一般的平等的条件下，参加本国公务。

第二十六条

所有的人在法律前平等，并有权受法律的平等保护，无所歧视。在这方面，法律应禁止任何歧视并保证所有的人得到平等的和有效的保护，以免受基于种族、肤色、性别、语言、宗教、政治或其他见解、国籍或社会出身、财产、出生或其他身份等任何理由的歧视。

第二十七条

在那些存在着人种的、宗教的或语言的少数人的国家中，不得否认这种少数人同他们的集团中的其他成员共同享有自己的文化、信奉和实行自己的宗教或使用自己的语言的权利。

第四部分

第二十八条

一、设立人权事务委员会（在本公约里以下简称“委员会”）。它应由十八名委员组成，执行下面所规定的任务。

二、委员应由本公约缔约国国民组成，他们应具有崇高道义地位和在人权方面有公认的专长，并且还应考虑使若干具有法律经验的人参加委员会是有用的。

第二十九条

一、委员会委员由具有第二十八条所规定的资格的人的名单中以无记名投票方式选出，这些人由本公约缔约国为此目的而提名。

二、本公约每一缔约国至多得提名二人，这些人应为提名国的国民。

三、任何人可以被再次提名。

第三十条

一、第一次选举至迟应于本公约生效之日起六个月内举行。

二、除按第三十四条进行补缺选举而外，联合国秘书长应在委员会每次选举前至少四个月书面通知本公约各缔约国，请它们在三个月内提出委员会委员的提名。

三、联合国秘书长应按姓名字母次序编造这样提出的被提名人名单，注明提名他们的缔约国，并应在每次选举前至少一个月将这个名单送交本公约各缔约国。

四、委员会委员的选举应在由联合国秘书长在联合国总部召开的本公约缔约国家会议举行。在这个会议里，本公约缔约国的三分之二应构成法定人数；凡获得最多票数以及出席并投票的缔约国代表的绝对多数票的那些被提名人当选为委员会委员。

第三十一条

一、委员会不得有一个以上的委员同为一个国家的国民。

二、委员会的选举应考虑到成员的公匀地域分配和各种类型文化及各主要法系的代表性。

第三十二条

一、委员会的委员任期四年。他们如被再次提名可以再次当选。然而，第一次选出的委员中有九名的任期在两年后即届满；这九人的姓名应由第三十条第四款所述会议的主席在第一次选举完毕后立即抽签决定。

二、任期届满后的选举应按公约本部分的上述各条进行。

第三十三条

一、如果委员会其他委员一致认为某一委员由于除暂时缺席以外的其他任何原因而已停止执行其任务时，委员会主席应通知联合国秘书长，秘书长应即宣布该委员的席位出缺。

二、倘遇委员会委员死亡或辞职时，主席应立即通知联合国秘书长，秘书长应宣布该席位自死亡日期或辞职生效日期起出缺。

第三十四条

一、按照第三十三条宣布席位出缺时，如果被接替的委员的任期从宣布席位出缺时起不在六个月内届满者，联合国秘书长应通知本公约各个缔约国，各缔约国可在两个月内按照第二十九条的规定，为填补空缺的目的提出提名。

二、联合国秘书长应按姓名字母次序编造这样提出来的被提名人名单，提交本公约各缔约国。然后按照公约本部分的有关规定进行被缺选举。

三、为填补按第三十三条宣布出缺的席位而当选的委员会委员的任期为按同条规定出缺的委员会委员的剩余任期。

第三十五条

委员会委员在获得联合国大会的同意时，可以按照大会鉴于委员会责任的重要性而决定的条件从联合国经费中领取薪俸。

第三十六条

联合国秘书长应为委员会提供必要的工作人员和便利，使能有效执行本公约所规定的职务。

第三十七条

一、联合国秘书长应在联合国总部召开委员会的首次会议。

二、首次会议以后，委员会应按其议事规则所规定的时间开会。

三、委员会会议通常应在联合国总部或联合国驻日内瓦办事处举行。

第三十八条

委员会每个委员就职以前，应在委员会的公开会议上郑重声明他将一秉良心公正无偏地行使其职权。

第三十九条

一、委员会应选举自己的职员，任期二年。他们可以连选连任。

二、委员会应制定自己的议事规则，但在这些规则中应当规定：

（甲）十二名委员构成法定人数；

（乙）委员会的决定由出席委员的多数票作出。

第四十条

一、本公约各缔约国承担在（甲）本公约对有关缔约国生效后的一年内及（乙）此后每逢委员会要求这样做的时候，提出关于它们已经采取而使本公约所承认的各项权利得以实施的措施和关于在享受这些权利方面所作出的进展的报告。

二、所有的报告应送交联合国秘书长转交委员会审议。报告中应指出影响实现本公约的因素和困难，如果存在着这种因素和困难的话。

三、联合国秘书长在同委员会磋商之后，可以把报告中属于专门机构职司范围的部分的副本转交有关的专门机构。

四、委员会应研究本公约各缔约国提出的报告，并应把它自己的报告以及它可能认为适当的一般建议送交各缔约国。委员会也可以把这些意见同它从本公约各缔约国收到的报告的副本一起转交经济及社会理事会。

五、本公约各缔约国得就按照本条第四款所可能作出的意见，向委员会提出意见。

第四十一条

一、本公约缔约国得按照本条规定，随时声明它承认委员会有权接受和审议一缔约国指控另一缔约国不履行它在本公约下的义务的通知。按照本条规定所作的通知，必须是由曾经声明其本身承认委员会有权的缔约国提出的，才能加以接受和审议。任何通知如果是关于尚未作出这种声明的缔约国的，委员会不得加以接受。按照本条规定所接受的通知，应按下列程序处理：

（甲）如本公约某缔约国认为另一缔约国未执行公约的规定，它可以用书面通知提请该国注意此事项。收到通知的国家应在收到后三个月内对发出通知的国家提供一项有关澄清此事项的书面解释或任何其他的书面声明，其中应可能地和恰当地引证在此事上已经采取的、或即将采取的、或现有适用的国内办法和补救措施。

（乙）如果此事项在收受国接到第一次通知后六个月内尚未处理得使双方满意，两国中任何一国有权用通知委员会和对方的方式将此事项提交委员会。

（丙）委员会对于提交给它的事项，应只有在它认定在这一事项上已按照普遍公认的国际法原则求助于和用尽了所有现有适用的国内补救措施之后，才加以处理。在补救措施的采取被无理拖延的情况下，此项通知则不适用。

（丁）委员会审议按本条规定所作的通知时，应以秘密会议进行。

（戊）在服从分款（丙）的规定的情况下，委员会应对有关缔约国提供斡旋，以便在尊重本公约所承认的人权和基本自由的基础上求得此事项的友好解决。

（己）在提交委员会的任何事项上，委员会得要求分款（乙）内所述的有关缔约国提供任何有关情报。

（庚）在委员会审议此事项时，分款（乙）内所述的有关缔约国应有权派代表出席并提出口头和／或书面说明。

（辛）委员会应在收到按分款（乙）提出的通知之日起十二个月内提出一

项报告：

（1）如果案件在分款（戊）所规定的条件下获得解决，委员在其报告中应限于对事实经过作一简短陈述；案件有关双方提出的书面说明和口头说明的记录，也应附在报告上。在每一事项上，应将报告送交各有关缔约国。

二、本条的规定应于有十个本公约缔约国已经作出本条第一款所述的声明时生效。各缔约国的这种声明应交存联合国秘书长；秘书长应将声明副本转交其他缔约国。缔约国得随时通知秘书长撤回声明。此种撤回不得影响对曾经按照本条规定作出通知而要求处理的任何事项的审议；在秘书长收到缔约国撤回声明的通知后，对该缔约国以后所作的通知，不得再予接受，除非该国另外作出了新的声明。

第四十二条

一、（甲）如按第四十一条规定提交委员会处理的事项未能获得使各有关缔约国满意的解决，委员会得经各有关缔约国事先同意，指派一个专设和解委员会（以下简称"和委会"）。和委会应对有关缔约国提供斡旋，以便在尊重本公约的基础上求得此事项的友好解决。

（乙）和委会由各有关缔约国接受的委员五人组成。如各有关缔约国于三个月内对和委会组成的全部或一部分未能达成协议，未得协议和委会委员应由委员会用无记名投票方式以三分之二多数自其本身委员中选出。

二、和委会委员以其个人身份进行工作。委员不得为有关缔约国的国民，或为非本公约缔约国的国民，或未按第四十一条规定作出声明的缔约国的国民。

三、和委会应选举自己的主席及制定自己的议事规则。

四、和委会会议通常应在联合国总部或联合国驻日内瓦办事处举行，但亦得在和委会同联合国秘书长及各有关缔约国磋商后决定的其他方便地点举行。

五、按第三十六条设置的秘书处应亦为按本条指派的和委会服务。

六、委员会所收集整理的情报，应提供给和委会，和委会亦得请有关缔约国提供任何其他有关情报。

七、和委会于详尽审议此事项后，无论如何应于受理该事项后十二个月内，向委员会主席提出报告，转送各有关缔约国：

（甲）如果和委会未能在十二个月内完成对案件的审议，和委会在其报告中应限于对其审议案件的情况作一简短的陈述；

（乙）如果案件不能在尊重本公约所承认的人权的基础上求得友好解决，和委会在其报告中应限于对事实经过和所获解决作一简短陈述；

（丙）如果案件不能在分款（乙）规定的条件下获得解决，和委会在其报告中应说明对于各有关缔约国间争执事件的一切有关事实问题的结论，以及对于就该事件寻求友好解决的各种可能性的意见，此项报告中亦应载有各有关缔约国提出的书面说明和口头说明的记录；

（丁）和委会的报告如系按分款（丙）的规定提出，各有关缔约国应于收到报告后三个月内通知委员会主席是否接受和委会报告的内容。

八、本条规定不影响委员会在第四十一条下所负的责任。

九、各有关缔约国应依照联合国秘书长所提概算，平均负担和委会委员的一切费用。

十、联合国秘书长应被授权于必要时在各有关缔约国依本条第九款偿还用款之前，支付和委会委员的费用。

第四十三条

委员会委员，以及依第四十二条可能指派的专设和解委员会委员，应有权享受联合国特权及豁免公约内有关各款为因联合国公务出差的专家所规定的各种便利、特权与豁免。

第四十四条

有关实施本公约的规定，其适用不得妨碍联合国及各专门机构的组织法及公约在人权方面所订的程序，或根据此等组织法及公约所订的程序，亦不得阻止本公约各缔约国依照彼此间现行的一般或特别国际协定，采用其他程序解决争端。

第四十五条

委员会应经由经济及社会理事会向联合国大会提出关于它的工作的年度报告。

第五部分

第四十六条

本公约的任何部分不得解释为有损联合国宪章和各专门机构组织法中确定联合国各机构和各专门机构在本公约所涉及事项方面的责任的规定。

第四十七条

本公约的任何部分不得解释为有损所有人民充分地和自由地享受和利用他们的天然财富与资源的固有的权利。

第六部分

第四十八条

一、本公约开放给联合国任何会员国或其专门机构的任何会员国、国际法院规约的任何当事国、和经联合国大会邀请为本公约缔约国的任何其他国家签字。

二、本公约须经批准。批准书应交存联合国秘书长。

三、本公约应开放给本条第一款所述的任何国家加入。

四、加入应向联合国秘书长交存加入书。

五、联合国秘书长应将每一批准书或加入书的交存通知已经签字或加入本公约的所有国家。

第四十九条

一、本公约应自第三十五件批准书或加入书交存联合国秘书长之日起三个月生效。

二、对于在第三十五件批准书或加入书交存后批准或加入本公约的国家，本公约应自该国交存批准书或加入书之日起三个月生效。

第五十条

本公约的规定应扩及联邦国家的所有部分，没有任何限制和例外。

第五十一条

一、本公约的任何缔约国均得提出对本公约的修正案，并将其提交联合国秘书长。秘书长应立即将提出的修正案转知本公约各缔约国，同时请他们通知秘书长是否赞成召开缔约国家会议以审议这个提案并对它进行表决。在至少有三分之一缔约国家赞成召开这一会议的情况下，秘书长应在联合国主持下召开此会议。为会议上出席投票的多数缔约国家所通过的任何修正案，应提交联合国大会批准。

二、此等修正案由联合国大会批准并为本公约缔约国的三分之二多数按照他们各自的宪法程序加以接受后，即行生效。

三、此等修正案生效时，对已加接受的各缔约国有拘束力，其他缔约国仍受本公约的条款和他们已接受的任何以前的修正案的拘束。

第五十二条

除按照第四十八条第五款作出的通知外，联合国秘书长应将下列事项通知同条第一款所述的所有国家：

（甲）按照第四十八条规定所作的签字、批准和加入；

（乙）本公约按照第四十九条规定生效的日期，以及对本公约的任何修正案按照第五十一条规定生效的日期。

第五十三条

一、本公约应交存联合国档库，其中文、英文、法文、俄文、西班牙文各本同一作准。

二、联合国秘书长应将本公约的正式副本送第四十八条所指的所有国家。

经济、社会及文化权利国际公约 ①

联合国大会1966年12月16日
第2200（XXI）号决议通过并开放给各国签字、批准和加入
按照第27条规定，于1976年1月3日生效

序　　言

本公约缔约各国，

考虑到，按照联合国宪章所宣布的原则，对人类家庭所有成员的固有尊严及其平等的和不移的权利的承认，乃是世界自由、正义与和平的基础，

确认这些权利是源于人身的固有尊严，

确认，按照世界人权宣言，只有在创造了使人可以享有其经济、社会及文化权利，正如享有其公民和政治权利一样的条件的情况下，才能实现自由人类享有免于恐惧和匮乏自由的理想，

考虑到各国根据联合国宪章负有义务促进对人的权利和自由的普遍尊重和遵行，

认识到个人对其他个人和对他所属的社会负有义务，应为促进和遵行本公约所承认的权利而努力，

兹同意下述各条：

---

① 中国政府于1997年10月27日签署本公约，对第8条第1款（甲）等提出三项声明，第九届全国人大常委会第二十次会议于2001年2月28日批准。

第一部分

第一条

一、所有人民都有自决权。他们凭这种权利自由决定他们的政治地位，并自由谋求他们的经济、社会和文化的发展。

二、所有人民得为他们自己的目的自由处置他们的天然财富和资源，而不损害根据基于互利原则的国际经济合作和国际法而产生的任何义务。在任何情况下不得剥夺一个人民自己的生存手段。

三、本公约缔约各国，包括那些负责管理非自治领土和托管领土的国家，应在符合联合国宪章规定的条件下，促进自决权的实现，并尊重这种权利。

第二部分

第二条

一、每一缔约国家承担尽最大能力个别采取步骤或经由国际援助和合作，特别是经济和技术方面的援助和合作，采取步骤，以便用一切适当方法，尤其包括用立法方法，逐渐达到本公约中所承认的权利的充分实现。

二、本公约缔约各国承担保证，本公约所宣布的权利应予普遍行使，而不得有例如种族、肤色、性别、语言、宗教、政治或其他见解、国籍或社会出身、财产、出生或其他身份等任何区分。

三、发展中国家，在适当顾到人权及它们的民族经济的情况下，得决定它们对非本国国民的享受本公约中所承认的经济权利，给予什么程度的保证。

第三条

本公约缔约各国承担保证男子和妇女在本公约所载一切经济、社会及文化权利方面有平等的权利。

第四条

本公约缔约各国承认，在对各国依据本公约而规定的这些权利的享有方面，国家对此等权利只能加以同这些权利的性质不相违背而且只是为了促进民主社会中的总的福利的目的的法律所确定的限制。

第五条

一、本公约中任何部分不得解释为隐示任何国家、团体或个人有权利从事于任何旨在破坏本公约所承认的任何权利或自由或对它们加以较本公约所规定的范围更广的限制的活动或行为。

二、对于任何国家中依据法律、惯例、条例或习惯而被承认或存在的任何基本人权，不得借口本公约未予承认或只在较小范围上予以承认而予以限制或克减。

第三部分

第六条

一、本公约缔约各国承认工作权，包括人人应有机会凭其自由选择和接受的工作来谋生的权利，并将采取适当步骤来保障这一权利。

二、本公约缔约各国为充分实现这一权利而采取的步骤应包括技术的和职业的指导和训练，以及在保障个人基本政治和经济自由的条件下达到稳定的经济、社会和文化的发展和充分的生产就业的计划、政策和技术。

第七条

本公约缔约各国承认人人有权享受公正和良好的工作条件，特别要保证：

（甲）最低限度给予所有工人以下列报酬：

（1）公平的工资和同值工作同酬而没有任何歧视，特别是保证妇女享受不差于男子所享受的工作条件，并享受同工同酬；

（2）保证他们自己和他们的家庭得有符合本公约规定的过得去的生活。

（乙）安全和卫生的工作条件。

（丙）人人在其行业中有适当的提级的同等机会，除资历和能力的考虑外，不受其他考虑的限制。

（丁）休息、闲暇和工作时间的合理限制，定期给薪休假以及公共假日报酬。

第八条

一、本公约缔约各国承担保证：

（甲）人人有权组织工会和参加他所选择的工会，以促进和保护他的经济和社会利益；这个权利只受有关工会的规章的限制。对这一权利的行使，不得加以除法律所规定及在民主社会中为了国家安全或公共秩序的利益或为保护他人的权利和自由所需要的限制以外的任何限制。

（乙）工会有权建立全国性的协会或联合会，有权组织或参加国际工会组织。

（丙）工会有权自由地进行工作，不受除法律所规定及在民主社会中为了国家安全或公共秩序的利益或为保护他人的利益和自由所需要的限制以外的任何限制。

（丁）有权罢工，但应按照各个国家的法律行使此项权利。

二、本条不应禁止对军队或警察或国家行政机关成员的行使这些权利，加以合法的限制。

三、本条并不授权参加一九四八年关于结社自由及保护组织权国际劳工公约的缔约国采取足以损害该公约中所规定的保证的立法措施，或在应用法律时损害这种保证。

第九条

本公约缔约各国承认人人有权享受社会保障，包括社会保险。

第十条

本公约缔约各国承认：

一、对作为社会的自然和基本的单元的家庭，特别是对于它的建立和当它负责照顾和教育未独立的儿童时，应给以尽可能广泛的保护和协助。缔婚必须经男女双方自由同意。

二、对母亲，在产前和产后的合理期间，应给以特别保护。在此期间，对有工作的母亲应给以给薪休假或有适当社会保障福利金的休假。

三、应为一切儿童和少年采取特殊的保护和协助措施，不得因出身或其他条件而有任何歧视。儿童和少年应予保护免受经济和社会的剥削。雇用他们做对他们的道德或健康有害或对生命有危险的工作或做足以妨害他们正常发育的工作，依法应受惩罚。各国亦应规定限定的年龄，凡雇用这个年龄以下的童工，应予禁止和依法应受惩罚。

第十一条

一、本公约缔约各国承认人人有权为他自己和家庭获得相当的生活水准，包括足够的食物、衣着和住房，并能不断改进生活条件。各缔约国将采取适当的步骤保证实现这一权利，并承认为此而实行基于自愿同意的国际合作的重要性。

二、本公约缔约各国既确认人人享有免于饥饿的基本权利，应为下列目的，个别采取必要的措施或经由国际合作采取必要的措施，包括具体的计划在内：

（甲）用充分利用科技知识、传播营养原则的知识和发展或改革土地制度以使天然资源得到最有效的开发和利用等方法，改进粮食的生产、保存及分配方法；

（乙）在顾到粮食入口国家和粮食出口国家的问题的情况下，保证世界粮食供应，会按照需要，公平分配。

第十二条

一、本公约缔约各国承认人人有权享有能达到的最高的体质和心理健康的标准。

二、本公约缔约各国为充分实现这一权利而采取的步骤应包括为达到下列目标所需的步骤：

（甲）减低死胎率和婴儿死亡率，和使儿童得到健康的发育；

（乙）改善环境卫生和工业卫生的各个方面；

（丙）预防、治疗和控制传染病、风土病、职业病以及其他的疾病；

（丁）创造保证人人在患病时能得到医疗照顾的条件。

第十三条

一、本公约缔约各国承认，人人有受教育的权利。它们同意，教育应鼓励人的个性和尊严的充分发展，加强对人权和基本自由的尊重，并应使所有的人能有效地参加自由社会，促进各民族之间和各种族、人种或宗教团体之间的了解、容忍和友谊，和促进联合国维护和平的各项活动。

二、本公约缔约各国认为，为了充分实现这一权利起见：

（甲）初等教育应属义务性质并一律免费；

（乙）各种形式的中等教育，包括中等技术和职业教育，应以一切适当方法，普遍设立，并对一切人开放，特别要逐渐做到免费；

（丙）高等教育应根据成绩，以一切适当方法，对一切人平等开放，特别要逐渐做到免费；

（丁）对那些未受到或未完成初等教育的人的基础教育，应尽可能加以鼓励或推进；

（戊）各级学校的制度，应积极加以发展；适当的奖学金制度，应予设置；教员的物质条件，应不断加以改善。

三、本公约缔约各国承担，尊重父母和（如适用时）法定监护人的下列自由：为他们的孩子选择非公立的但系符合于国家所可能规定或批准的最低教育标准的学校，并保证他们的孩子能按照他们自己的信仰接受宗教和道德教育。

四、本条的任何部分不得解释为干涉个人或团体设立及管理教育机构的自由，但以遵守本条第一款所述各项原则及此等机构实施的教育必须符合于国家所可能规定的最低标准为限。

第十四条

本公约任何缔约国在参加本公约时尚未能在其宗主领土或其他在其管辖下的领土实施免费的、义务性的初等教育者，承担在两年之内制定和采取一个逐步实行的详细的行动计划，其中规定在合理的年限内实现一切人均得受免费的义务性教育的原则。

第十五条

一、本公约缔约各国承认人人有权：

（甲）参加文化生活；

（乙）享受科学进步及其应用所产生的利益；

（丙）对其本人的任何科学、文学或艺术作品所产生的精神上和物质上的利益，享受被保护之利。

二、本公约缔约各国为充分实现这一权利而采取的步骤应包括为保存、发展和传播科学和文化所必需的步骤。

三、本公约缔约各国承担尊重进行科学研究和创造性活动所不可缺少的自由。

四、本公约缔约各国认识到鼓励和发展科学与文化方面的国际接触和合作的好处。

第四部分

第十六条

一、本公约缔约各国承担依照本公约这一部分提出关于在遵行本公约所承认的权利方面所采取的措施和所取得的进展的报告。

二、（甲）所有的报告应提交给联合国秘书长；联合国秘书长应将报告副本转交经济及社会理事会按照本公约的规定审议；

（乙）本公约任何缔约国，同时是一个专门机构的成员国者，其所提交的报告或其中某部分，倘若与按照该专门机构的组织法规定属于该机构职司范围的事项有关，联合国秘书长应同时将报告副本或其中的有关部分转交该专门机构。

第十七条

一、本公约缔约各国应按照经济及社会理事会在同本公约缔约各国和有关的专门机构进行咨商后，于本公约生效后一年内，所制定的计划，分期提供报告。

二、报告得指出影响履行本公约义务的程度的因素和困难。

三、凡有关的材料应经本公约任一缔约国提供给联合国或某一专门机构时，即不需要复制该项材料，而只需确切指明所提供材料的所在地即可。

第十八条

经济及社会理事会按照其根据联合国宪章在人权方面的责任，得和专门机构就专门机构向理事会报告在使本公约中属于各专门机构活动范围的规定获得遵行方面的进展作出安排。这些报告得包括它们的主管机构所采取的关于此等履行措施的决定和建议的细节。

第十九条

经济及社会理事会得将各国按照第十六条和第十七条规定提出的关于人权的报告和各专门机构按照第十八条规定提出的关于人权的报告转交人权委员会以供研究和提出一般建议或在适当时候参考。

第二十条

本公约缔约各国以及有关的专门机构得就第十九条中规定的任何一般建议或就人权委员会的任何报告中的此种一般建议或其中所提及的任何文件，向经济及社会理事会提出意见。

第二十一条

经济及社会理事会得随时和其本身的报告一起向大会提出一般性的建议以及从本公约各缔约国和各专门机构收到的关于在普遍遵行本公约所承认的权利方面所采取的措施和所取得的进展的材料的摘要。

第二十二条

经济及社会理事会得提请从事技术援助的其他联合国机构和它们的辅助机构以及有关的专门机构对本公约这一部分所提到的各种报告所引起的任何事项予以注意，这些事项可能帮助这些机构在它们各自的权限内决定是否需要采取有助于促进本公约的逐步切实履行的国际措施。

第二十三条

本公约缔约各国同意为实现本公约所承认的权利而采取的国际行动应包括签订公约、提出建议、进行技术援助，以及为磋商和研究的目的同有关政府共同召开区域会议和技术会议等方法。

第二十四条

本公约的任何部分不得解释为有损联合国宪章和各专门机构组织法中确定

联合国各机构和各专门机构在本公约所涉及事项方面的责任的规定。

第二十五条

本公约中任何部分不得解释为有损所有人民充分地和自由地享受和利用他们的天然财富与资源的固有权利。

第五部分

第二十六条

一、本公约开放给联合国任何会员国或其专门机构的任何会员国、国际法院规约的任何当事国、和经联合国大会邀请为本公约缔约国的任何其他国家签字。

二、本公约须经批准。批准书应交存联合国秘书长。

三、本公约应开放给本条第一款所述的任何国家加入。

四、加入应向联合国秘书长交存加入书。

五、联合国秘书长应将每一批准书或加入书的交存通知已经签字或加入本公约的所有国家。

第二十七条

一、本公约应自第三十五件批准书或加入书交存联合国秘书长之日起三个月后生效。

二、对于在第三十五件批准书或加入书交存后批准或加入本公约的国家，本公约应自该国交存其批准书或加入书之日起三个月后生效。

第二十八条

本公约的规定应扩及联邦国家的所有部分，没有任何限制和例外。

第二十九条

一、本公约的任何缔约国均得提出对本公约的修正案，并将其提交联合国秘书长。秘书长应立即将提出的修正案转知本公约各缔约国，同时请它们通知秘书长是否赞成召开缔约国家会议以审议这个提案并对它进行表决。在至少有三分之一缔约国赞成召开这一会议的情况下，秘书长应在联合国主持下召开此会议。为会议上出席并投票的多数缔约国所通过的任何修正案，应提交联合国大会批准。

二、此等修正案由联合国大会批准并为本公约缔约国的三分之二多数按照它们各自的宪法程序加以接受后，即行生效。

三、此等修正案生效时，对已加接受的各缔约国有拘束力，其他缔约国仍受本公约的条款和它们已接受的任何以前的修正案的拘束。

第三十条

除按照第二十六条第五款作出的通知外，联合国秘书长应将下列事项通知同条第一款所述的所有国家：

（甲）按照第二十六条规定所作的签字、批准和加入；

（乙）本公约按照第二十七条规定生效的日期，以及对本公约的任何修正案按照第二十九条规定生效的日期。

第三十一条

一、本公约应交存联合国档库，其中文、英文、法文、俄文、西班牙文各本同一作准。

二、联合国秘书长应将本公约的正式副本分送第二十六条所指的所有国家。

儿童权利公约①

联合国大会1989年11月20日第44/25号决议通过

并开放给各国签字、批准和加入

按照第49条规定，于1990年9月2日生效

序　言

本公约缔约国；

考虑到按照《联合国宪章》所宣布的原则，对人类家庭所有成员的固有尊严及其平等和不移的权利的承认，乃是世界自由、正义与和平的基础；

铭记联合国人民在《宪章》中重申对基本人权和人格尊严与价值的信念，并决心促成更广泛自由中的社会进步及更高的生活水平；

认识到联合国在《世界人权宣言》和关于人权的两项国际公约中宣布和同意：人人有资格享受这些文书中所载的一切权利和自由，不因种族、肤色、性别、语言、宗教、政治或其他见解、国籍或社会出身、财产、出生或其他身份等而有任何区别；

回顾联合国在《世界人权宣言》中宣布：儿童有权享受特别照料和协助；

深信家庭作为社会的基本单元，作为家庭所有成员、特别是儿童的成长和幸福的自然环境，应获得必要的保护和协助，以充分负起它在社会上的责任；

---

① 1990年8月29日中国政府签署本公约。第七届全国人大常委会第二十三次会议于1991年12月29日批准加入，对第6条作保留。

确认为了充分而和谐地发展其个性，应让儿童在家庭环境里，在幸福、亲爱和谅解的气氛中成长；

考虑到应充分培养儿童可在社会上独立生活，并在《联合国宪章》宣布的理想的精神下，特别是在和平、尊严、宽容、自由、平等和团结的精神下，抚养他们成长；

铭记给予儿童特殊照料的需要已在1924年《日内瓦儿童权利宣言》和在大会1959年11月20日通过的《儿童权利宣言》中予以申明，并在《世界人权宣言》、《公民权利及政治权利国际公约》（特别是第23条和第24条）、《经济、社会及文化权利国际公约》（特别是第10条）以及关心儿童福利的各专门机构和国际组织的章程及有关文书中得到确认；铭记如《儿童权利宣言》所示："儿童因身心尚未成熟，在其出生以前和以后均需要特殊的保护和照料，包括法律上的适当保护"；

回顾《关于儿童保护和儿童福利、特别是国内和国际寄养和收养办法的社会和法律原则宣言》、《联合国少年司法最低限度标准规则》（北京规则）以及《在非常状态和武装冲突中保护妇女和儿童宣言》；

确认世界各国都有生活在极端困难情况下的儿童，对这些儿童需要给予特别的照顾；

适当考虑到每一民族的传统及文化价值对儿童的保护及和谐发展的重要性；

确认国际合作对于改善每一国家，特别是发展中国家儿童的生活条件的重要性；

兹协议如下：

第一部分

第一条

为本公约之目的，儿童系指18岁以下的任何人，除非对其适用之法律规定成年年龄低于18岁。

第二条

1. 缔约国应尊重本公约所载列的权利，并确保其管辖范围内每一儿童均享受此种权利，不因儿童或其父母或法定监护人的种族、肤色、性别、语言、宗教、政治或其他见解、民族、族裔或社会出身、财产、伤残、出生或其他身份而有任何差别。

2. 缔约国应采取一切适当措施确保儿童得到保护，不受基于儿童父母、法定监护人或家庭成员的身份、活动、所表达的观点或信仰而加诸的一切形式的歧视或惩罚。

第三条

1. 关于儿童的一切行动，不论是由公私社会福利机构、法院、行政当局或立法机构执行，均应以儿童的最大利益为一种首要考虑。

2. 缔约国承担确保儿童享有其幸福所必需的保护和照料，考虑到其父母、法定监护人或任何对其负有法律责任的个人的权利和义务，并为此采取一切适当的立法和行政措施。

3. 缔约国应确保负责照料或保护儿童的机构、服务部门及设施符合主管当局规定的标准，尤其是安全、卫生、工作人员数目和资格以及有效监督等方面的标准。

第四条

缔约国应采取一切适当的立法、行政和其他措施以实现本公约所确认的权利。关于经济、社会及文化权利，缔约国应根据其现有资源所允许的最大限度并视需要在国际合作范围内采取此类措施。

第五条

缔约国应尊重父母或于适用时尊重当地习俗认定的大家庭或社会成员、法定监护人或其他对儿童负有法律责任的人以下的责任、权利和义务，以符合儿童不同阶段接受能力的方式适当指导和指引儿童行使本公约所确认的权利。

第六条

1. 缔约国确认每个儿童均有固有的生命权。

2. 缔约国应最大限度地确保儿童的存活与发展。

第七条

1. 儿童出生后应立即登记，并有自出生起获得姓名的权利，有获得国籍的权利，以及尽可能知道谁是其父母并受其父母照料的权利。

2. 缔约国应确保这些权利按照本国法律及其根据有关国际文书在这一领域承担的义务予以实施，尤应注意不如此儿童即无国籍之情形。

第八条

1. 缔约国承担尊重儿童维护其身份包括法律所承认的国籍、姓名及家庭关系而不受非法干扰的权利。

2. 如有儿童被非法剥夺其身份方面的部分或全部要素，缔约国应提供适当协助和保护，以便迅速重新确立其身份。

第九条

1. 缔约国应确保不违背儿童父母的意愿使儿童与父母分离，除非主管当局按照适用的法律和程序，经法院审查，判定这样的分离符合儿童的最大利益而确有必要。在诸如由于父母的虐待或忽视，或父母分居而必须确定儿童居住地点的特殊情况下，这种裁决可能有必要。

2. 凡按本条第 1 款进行诉讼，均应给予所有有关方面以参加诉讼并阐明自己意见之机会。

3. 缔约国应尊重与父母一方或双方分离的儿童同父母经常保持个人关系及直接联系的权利，但违反儿童最大利益者除外。

4. 如果这种分离是因缔约国对父母一方或双方或对儿童所采取的任何行动，诸如拘留、监禁、流放、驱逐或死亡（包括该人在该国拘禁中因任何原因而死亡所致，该缔约国应按请求将该等家庭成员下落的基本情况告知父母、儿童或适当时告知另一家庭成员，除非提供这类情况会有损儿童的福祉，缔约国还应确保有关人员不致因提出这类请求而承受不利后果）。

第十条

1. 按照第 9 条第 1 款所规定的缔约国的义务，对于儿童或其父母要求进入或离开一缔约国以便与家人团聚的申请，缔约国应以积极的人道主义态度迅速予以办理。缔约国还应确保申请人及其家庭成员不致因提出这类请求而承受不利后果。

2. 父母居住在不同国家的儿童，除特殊情况以外，应有权同父母双方经常保持个人关系和直接联系。为此目的，并按照第 9 条第 1 款所规定的缔约国的义务，缔约国应尊重儿童及其父母离开包括其本国在内的任何国家和进入其本国的权利。离开任何国家的权利只应受法律所规定并为保护国家安全、公共秩序、公共卫生或道德、或他人的权利和自由所必需且与本公约所承认的其他权利不相抵触的限制约束。

第十一条

1. 缔约国应采取措施制止非法将儿童移转国外和不使返回本国的行为。

2. 为此目的，缔约国应致力缔结双边或多边协定或加入现有协定。

第十二条

1. 缔约国应确保有主见能力的儿童有权对影响到其本人的一切事项自由发表自己的意见，对儿童的意见应按照其年龄和成熟程度给以适当的看待。

2. 为此目的，儿童特别应有机会在影响到儿童的任何司法和政策诉讼中，以符合国家法律的诉讼规则的方式，直接或通过代表或适当机构陈述意见。

第十三条

1. 儿童应有自由发表言论的权利，此项权利应包括通过口头、书面或印刷、艺术形式或儿童所选择的任何其他媒介，寻求、接受和传递各种信息和思想的自由，而不论国界。

2. 此项权利的行使可受某些限制约束，但这些限制仅限于法律所规定并为以下目的所必需：

（A）尊重他人的权利和名誉；

（B）保护国家安全或公共秩序或公共卫生或道德。

第十四条

1. 缔约国应尊重儿童享有思想、信仰和宗教自由的权利。

2. 缔约国应尊重父母并于适用时尊重法定监护人以下的权利和义务，以符合儿童不同阶段接受能力的方式指导儿童行使其权利。

3. 表明个人宗教或信仰的自由，仅受法律所规定并为保护公共安全、秩序、卫生或道德或他人之基本权利和自由所必需的这类限制约束。

第十五条

1. 缔约国确认儿童享有结社自由及和平集会自由的权利。

2. 对此项权利的行使不得加以限制，除非符合法律所规定并在民主社会中为国家安全或公共安全、公共秩序、保护公共卫生或道德或保护他人的权利和自由所必需。

第十六条

1. 儿童的隐私、家庭、住宅或通信不受任意或非法干涉，其荣誉和名誉不受非法攻击。

2. 儿童有权享受法律保护，以免受这类干涉或攻击。

第十七条

缔约国确认大众传播媒介的重要作用，并应确保儿童能够从多种的国家和国际来源获得信息和资料，尤其是旨在促进其社会、精神和道德福祉和身心健康的信息和资料，为此目的，缔约国应：

（A）鼓励大众传播媒介本着第 29 条的精神散播在社会和文化方面有益于儿童的信息和资料；

（B）鼓励在编制、交流和散播来自不同文化、国家和国际来源的这类信息和资料方面进行国际合作；

（C）鼓励儿童读物的著作和普及；

（D）鼓励大众传播媒介特别注意属于少数群体或土著居民的儿童在语言方面的需要；

（E）鼓励根据第 13 条和第 18 条的规定制定适当的准则，保护儿童不受可能损害其福祉的信息和资料之害。

第十八条

1. 缔约国应尽其最大努力，确保父母双方对儿童的养育和发展负有共同责任的原则得到确认。父母或视具体情况而定的法定监护人对儿童的养育和发展负有首要责任。儿童的最大利益将是他们主要关心的事。

2. 为保证和促进本公约所列举的权利，缔约国应在父母和法定监护人履行其抚养儿童的责任方面给予适当协助，并应确保发展育儿机构、设施和服务。

3. 缔约国应采取一切适当措施确保就业父母的子女有权享受他们有资格得到的托儿服务和设施。

第十九条

1. 缔约国应采取一切适当的立法、行政、社会和教育措施，保护儿童在受父母、法定监护人或其他任何负责照管儿童的人的照料时，不致受到任何形式的身心摧残、伤害或凌辱，忽视或照料不周，虐待或剥削，包括性侵犯。

2. 这类保护性措施应酌情包括采取有效程序以建立社会方案，向儿童和负责照管儿童的人提供必要的支助，采取其他预防形式，查明、报告、查询、调查、处理和追究前述的虐待儿童事件，以及在适当时进行司法干预。

第二十条

1. 暂时或永久脱离家庭环境的儿童，或为其最大利益不得在这种环境中继续生活的儿童，应有权得到国家的特别保护和协助。

2. 缔约国应按照本国法律确保此类儿童得到其他方式的照顾。

3. 这种照顾除其他外，包括寄养、伊斯兰法的“卡法拉”（监护）、收养或者必要时安置在适当的育儿机构中。在考虑解决办法时，应适当注意有必要使儿童的培养教育具有连续性和注意儿童的族裔、宗教、文化和语言背景。

第二十一条

凡承认和（或）许可收养制度的国家应确保以儿童的最大利益为首要考虑并应：

（A）确保只有经主管当局按照适用的法律和程序并根据所有有关可靠的资料，判定鉴于儿童有关父母、亲属和法定监护人方面的情况可允许收养，并且判定必要时有关人士已根据可能必要的辅导对收养表示知情的同意，方可批准儿童的收养；

（B）确认如果儿童不能安置于寄养或收养家庭，或不能以任何适当方式在儿童原籍国加以照料，跨国收养可视为照料儿童的一个替代办法；

（C）确保得到跨国收养的儿童享有与本国收养相当的保障和标准；

（D）采取一切适当措施确保跨国收养的安排不致使所涉人士获得不正当财务收益；

（E）在适当时通过缔结双边或多边安排或协定促成本条的目标，并在这一范围内努力确保由主管当局或机构负责安排儿童在另一国收养的事宜。

第二十二条

1. 缔约国应采取适当措施，确保申请难民身份的儿童或按照适用的国际法或国内法及程序可视为难民的儿童，不论有无父母或其他任何人的陪同，均可得到适当的保护和人道主义援助，以享有本公约和该有关国家为其缔约国的其他国际人权和（或）人道主义文书所规定的可适用权利。

2. 为此目的，缔约国应对联合国和与联合国合作的其他主管的政府间组织或非政府组织所做的任何努力提供其认为适当的合作，以保护和援助这类儿童，并为只身难民儿童追寻其父母或其他家庭成员，以获得必要的消息使其家庭团聚。在寻不着父母或其他家庭成员的情况下，也应使该儿童获得与其他任何由于任何原因而永久或暂时脱离家庭环境的儿童按照本公约的规定所得到的同样的保护。

第二十三条

1. 缔约国确认身心有残疾的儿童应能在确保其尊严、促进其自立，有利于其积极参与社会生活的条件下享有充实而适当的生活。

2. 缔约国确认残疾儿童有接受特别照顾的权利，应鼓励并确保在现有资源范围内，依据申请斟酌儿童的情况和儿童的父母或其他照料人的情况，对合格儿童及负责照料该儿童的人提供援助。

3. 鉴于残疾儿童的特殊需要，考虑到儿童的父母或其他照料人的经济情况，在可能时应免费提供按照本条第 2 款给予的援助，这些援助的目的应是确保残疾儿童能有效地获得和接受教育、培训、保健服务、康复服务、就业准备和娱乐机会，其方式应有助于该儿童尽可能充分地参与社会，实现个人发展，包括其文化和精神方面的发展。

4. 缔约国应本着国际合作精神，在预防保健以及残疾儿童的医疗、心理治疗和功能治疗领域促进交换适当资料，包括散播和获得有关康复教育方法和职业服务方面的资料，以其使缔约国能够在这些领域提高其能力和技术并扩大其经验。在这方面，应特别考虑到发展中国家的需要。

第二十四条

1. 缔约国确认儿童有权享有可达到的最高标准的健康，并享有医疗和康复设施。缔约国应努力确保没有任何儿童被剥夺获得这种保健服务的权利。

2. 缔约国应致力充分实现这权利，特别是应采取适当措施，以：

（A）降低婴幼儿死亡率；

（B）确保向所有儿童提供必要的医疗援助和保健，侧重发展初级保健；

（C）消除疾病和营养不良现象，包括在初级保健范围内利用现有可得的技术和提供充足的营养食品和清洁饮水，要考虑到环境污染的危险和风险；

（D）确保母亲得到适当的产前和产后保健；

（E）确保向社会各阶层、特别是向父母和儿童介绍有关儿童保健和营养、母乳育婴优点、个人卫生和环境卫生及防止意外事故的基本知识，使他们得到这方面的教育并帮助他们应用这种基本知识；

（F）开展预防保健、对父母的指导以及计划生育教育和服务。

3. 缔约国应致力采取一切有效和适当的措施，以期废除对儿童健康有害的传统习俗。

4. 缔约国承担促进和鼓励国际合作，以期逐步充分实现本条所确认的权利。在这方面，应特别考虑到发展中国家的需要。

第二十五条

缔约国确认在有关当局为照料、保护或治疗儿童身心健康的目的下受到安置的儿童，有权获得对给予的治疗以及与所受安置有关的所有其他情况进行定期审查。

第二十六条

1. 缔约国应确认每个儿童有权受益于社会保障，包括社会保险，并应根据其国内法律采取必要措施充分实现这一权利。

2. 提供福利时应酌情考虑儿童及负有赡养儿童的义务的人的经济情况和环境，以及与儿童提出或代其提出的福利申请有关的其他方面因素。

第二十七条

1. 缔约国确认每个儿童均有权享有足以促进其生理、心理、精神、道德和社会发展的生活水平。

2. 父母或其他负责照顾儿童的人负有在其能力和经济条件许可范围内确保儿童发展所需生活条件的首要责任。

3. 缔约国按照本国条件并其能力范围内，应采取适当措施帮助父母或其他负责照顾儿童的人实现此项权利，并在需要时提供物质援助和支助方案，特别是在营养、衣着和住房方面。

4. 缔约国应采取一切适当措施，向在本国境内或境外儿童的父母或其他对儿童负有经济责任的人追索儿童的赡养费。尤其是，遇对儿童负有经济责任的人住在与儿童不同的国家的情况时，缔约国应促进加入国际协定或缔结此类协定以及做出其他适当安排。

第二十八条

1. 缔约国确认儿童有受教育的权利，为在机会均等的基础上逐步实现此项权利，缔约国尤应：

（A）实现全面的免费义务小学教育；

（B）鼓励发展不同形式的中学教育，包括普通和职业教育，使所有儿童均能享有和接受这种教育，并采取适当措施，诸如实行免费教育和对有需要的人提供津贴；

（C）根据能力以一切适当方式使所有人均有受高等教育的机会；

（D）使所有儿童均能得到教育和职业方面的资料和指导；

（E）采取措施鼓励学生按时出勤和降低辍学率。

2. 缔约国应采取一切适当措施，确保学校执行纪律的方式符合儿童的人格尊严及本公约的规定。

3. 缔约国应促进和鼓励有关教育事项方面的国际合作，特别着眼于在全世界消灭愚昧与文盲，并便利获得科技知识和现代教学方法。在这方面，应特别考虑到发展中国家的需要。

第二十九条

1. 缔约国一致认为教育儿童的目的应是：

（A）最充分地发展儿童的个性、才智和身心能力；

（B）培养对人权和基本自由以及《联合国宪章》所载各项原则的尊重；

（C）培养对儿童的父母、儿童自身的文化认同、语言和价值观、儿童所居住国家的民族价值观、其原籍国以及不同于其本国的文明的尊重；

（D）培养儿童本着各国人民、族裔、民族和宗教群体以及原为土著居民的人之间谅解、和平、宽容、男女平等和友好的精神，在自由社会里过有责任感的生活；

（E）培养对自然环境的尊重。

2. 对本条或第 28 条任何部分的解释均不得干涉个人和团体建立和指导教育机构的自由，但须始终遵守本条第 1 款载列的原则，并遵守在这类机构中实行的教育应符合国家可能规定的最低限度标准的要求。

第三十条

在那些存在有族裔、宗教或语言方面属于少数人或原为土著居民的人的国家，不得剥夺属于这种少数人或原为土著居民的儿童与其群体的其他成员共同享有自己的文化、信奉自己的宗教并举行宗教仪式或使用自己的语言的权利。

第三十一条

1. 缔约国确认儿童有权享有休息和闲暇，从事与儿童年龄相宜的游戏和娱乐活动，以及自由参加文化生活艺术活动。

2. 缔约国应尊重并促进儿童充分参加文化和艺术生活的权利，并应鼓励提供从事文化、艺术、娱乐和休闲活动的适当和均等的机会。

第三十二条

1. 缔约国确认儿童有权受到保护，以免受经济剥削和从事任何可能妨碍或影响儿童教育或有害儿童健康或身体、心理、精神、道德或社会发展的工作。

2. 缔约国应采取立法、行政、社会和教育措施确保本条得到执行。为此目的，并鉴于其他国际文书的有关规定，缔约国尤应：

（A）规定受雇的最低年龄；

（B）规定有关工作时间和条件的适当规则；

（C）规定适当的惩罚或其他制裁措施以确保本条得到有效执行。

第三十三条

缔约国应采取一切适当措施，包括立法、行政、社会和教育措施，保护儿童不致非法使用有关国际条约中界定的麻醉药品和精神药物，并防止利用儿童从事非法生产和贩运此类药物。

第三十四条

缔约国承担保护儿童免遭一切形式的色情剥削和性侵犯之害，为此目的，缔约国尤应采取一切适当的国家、双边和多边措施，以防止：

（A）引诱或强迫儿童从事任何非法的性生活；

（B）利用儿童卖淫或从事其他非法的性行为；

（C）利用儿童进行淫秽表演和充当淫秽题材。

第三十五条

缔约国应采取一切适当的国家、双边和多边措施，以防止为任何目的或以任何形式诱拐、买卖或贩运儿童。

第三十六条

缔约国应保护儿童免遭有损儿童福利的任何方面的一切其他形式的剥削之害。

第三十七条

缔约国应确保：

（A）任何儿童不受酷刑或其他形式的残忍、不人道或有辱人格的待遇或处罚。对未满 18 岁的人所犯罪行不得判以死刑或无释放可能的无期徒刑。

（B）不得非法或任意剥夺任何儿童的自由。对儿童的逮捕、拘留或监禁应符合法律规定并仅应作为最后手段，期限应为最短的适当时间。

（C）所有被剥夺自由的儿童应受到人道待遇，其人格固有尊严应受尊重，并应考虑到他们这个年龄的人的需要的方式加以对待。特别是，所有被剥夺自由的儿童应同成人隔开，除非认为反之最有利于儿童，并有权通过信件和探访同家人保持联系，但特殊情况除外。

（D）所有被剥夺自由的儿童均有权迅速获得法律及其他适当援助，并有权向法院或其他独立公正的主管当局就其被剥夺自由一事之合法性提出异议，并有权迅速就任何此类行动得到裁定。

第三十八条

1. 缔约国承担尊重并确保尊重在武装冲突中对其适用的国际人道主义法律中有关儿童的规则。

2. 缔约国应采取一切可行措施确保未满 15 岁的人不直接参加敌对行动。

3. 缔约国应避免招募任何未满 15 岁的人加入武装部队。在招募已满 15 岁但未满 18 岁的人时，缔约国应致力首先考虑年龄最大者。

4. 缔约国按照国际人道主义法律规定它们在武装冲突中保护平民人口的义务，应采取一切可行措施确保保护和照料受武装冲突影响的儿童。

第三十九条

缔约国应采取一切适当措施，促使遭受下述情况之害的儿童身心得以康复并重返社会：任何形式的忽视、剥削或凌辱虐待；酷刑或任何其他形式的残忍、不人道或有辱人格的待遇或处罚；或武装冲突。此种康复和重返社会应在一种能促进儿童的健康、自尊和尊严的环境中进行。

第四十条

1. 缔约国确认被指称、指控或认为触犯刑法的儿童有权得到符合以下情况方式的待遇，促进其尊严和价值感并增强其对他人的人权和基本自由的尊重。这种待遇应考虑到其年龄和促进其重返社会并在社会中发挥积极作用的愿望。

2. 为此目的，并鉴于国际文书的有关规定，缔约国尤应确保：

（A）任何儿童不得以行为或不行为之时本国法律或国际法不禁止的行为或不行为之理由被指称、指控或认为触犯刑法；

（B）所有被指称或指控触犯刑法的儿童至少应得到下列保证：

（1）在依法判定有罪之前应视为无罪；

（2）迅速直接地被告知其被控罪名，适当时应通过其父母或法定监护人告知，并获得准备和提出辩护所需的法律或其他适当协助；

（3）要求独立公正的主管当局或司法机构在其得到法律或其他适当协助的情况下，通过依法公正审理迅速作出判决，并且须有其父母或法定监护人在场，除非认为这样做不符合儿童的最大利益，特别要考虑到其年龄或状况；

（4）不得被迫做口供或认罪；应可盘问或要求盘问不利的证人，并在平等条件下要求证人为其出庭和接受盘问；

（5）若被判定触犯刑法，有权要求高一级独立公正的主管当局或司法机构依法复查此一判决及由此对之采取的任何措施；

（6）若儿童不懂或不会说所用语言，有权免费得到口译人员的协助；

（7）其隐私在诉讼的所有阶段均得到充分尊重。

3. 缔约国应致力于促进规定或建立专门适用于被指称、指控或确认为触犯刑法的儿童的法律、程序、当局和机构，尤应：

（A）规定最低年龄，在此年龄以下的儿童应视为无触犯刑法之行为能力；

（B）在适当和必要时，制订不对此类儿童诉诸司法程序的措施，但须充分尊重人权和法律保障。

4. 应采用多种处理办法，诸如照管、指导和监督令、辅导、察看、寄养、教育和职业培训方案及不交由机构照管的其他办法，以确保处理儿童的方式符合其福祉并与其情况和违法行为相称。

第四十一条

本公约的任何规定不应影响更有利于实现儿童权利且可能载于下述文件中的任何规定：

（A）缔约国的法律；

（B）对该国有效。

第二部分

第四十二条

缔约国承担以适当的积极手段，使成人和儿童都能普遍知晓本公约的原则和规定。

第四十三条

1. 为审查缔约国在履行根据本公约所承担的义务方面取得的进展，应设立儿童权利委员会，执行下文所规定的职能。

2. 委员会应由 10 名品德高尚并在本公约所涉领域具有公认能力的专家组成。委员会成员应由缔约国从其国民中选出，并应以个人身份任职，但须考虑到公平地域分配原则及主要法系。

3. 委员会成员应以无记名表决方式从缔约国提名的人选名单中选举产生。每一缔约国可从其本国国民中提名 1 位人选。

4. 委员会的初次选举应最迟不晚于本公约生效之日后的 6 个月进行，此后每 2 年举行 1 次。联合国秘书长应至少在选举之日前 4 个月函请缔约国在 2 个月内提出其提名的人选。秘书长随后应将已提名的所有人选按字母顺序编成名单，注明提名此等人选的缔约国，分送本公约缔约国。

5. 选举应在联合国总部由秘书长召开的缔约国会议上进行。在此等会议上，应以 2/3 缔约国出席作为会议的法定人数，得票最多且占出席并参加表决缔约国代表绝对多数票者，当选为委员会成员。

6. 委员会成员任期 4 年。成员如获再次提名，应可连选连任。在第一次选举产生的成员中，有 5 名成员的任期应在 2 年结束时届满；会议主席应在第一次选举之后立即以抽签方式选定这 5 名成员。

7. 如果委员会某一成员死亡或辞职或宣称因任何其他原因不能再履行委员会的职责，提名该成员的缔约国应从其国民中指定另一名专家接替余下的任期，但须经委员会批准。

8. 委员会应自行制订其议事规则。

9. 委员会应自行选举其主席团成员，任期 2 年。

10. 委员会会议通常应在联合国总部或在委员会决定的任何其他方便地点举行。委员会通常应每年举行 1 次会议。委员会的会期应由本公约缔约国会议决定并在必要时加以审查，但需经大会核准。

11. 联合国秘书长应为委员会有效履行本公约所规定的职责提供必要的工作人员和设施。

12. 根据本公约设立的委员会的成员，经大会核可，得从联合国资源领取薪酬，其条件由大会决定。

第四十四条

1. 缔约国承担按下述办法，通过联合国秘书长，向委员会提交关于他们为实现本公约确认的权利所采取的措施以及关于这些权利的享有方面的进展情况的报告：

（A）在本公约对有关缔约国生效后 2 年内；

（B）此后每 5 年 1 次。

2. 根据本条提交的报告应指明可能影响本公约规定的义务履行程度的任何因素和困难。报告还应载有充分的资料，以使委员会全面了解本公约在该国的实施情况。

3. 缔约国若已向委员会提交全面的初次报告，就无须在其以后按照本条第 1 款（B）项提交的报告中重复原先已提供的基本资料。

4. 委员会可要求缔约国进一步提供与本公约实施情况有关的资料。

5. 委员会应通过经济及社会理事会每 2 年向大会提交 1 次关于其活动的报告。

6. 缔约国应向其本国的公众广泛供应其报告。

第四十五条

为促进本公约的有效实施和鼓励在本公约所涉领域进行国际合作：

（A）各专门机构、联合国儿童基金会和联合国其他机构应有权派代表列席对本公约中属于他们职责范围内的条款的实施情况的审议。委员会可邀请各专门机构、联合国儿童基金会以及它可能认为合适的其他有关机关就本公约在属于它的各自职责范围内的领域的实施问题提供专家意见。委员会可邀请各专门机构、联合国儿童基金会和联合国其他机构就本公约在属于它们活动范围内的领域的实施情况提交报告。

（B）委员会在其可能认为适当时应向各专门机构、联合国儿童基金会和其他有关机构转交缔约国要求或说明需要技术咨询或援助的任何报告以及委员会就此类要求或说明提出的任何意见和建议。

（C）委员会可建议大会请秘书长代表委员会对有关儿童权利的具体问题进行研究。

（D）委员会可根据依照本公约第 44 条和第 45 条收到的资料提出提议和一般性建议。此类提议和一般性建议应转交有关的任何缔约国并连同缔约国做出的任何评论一并报告大会。

第三部分

第四十六条

本公约应向所有国家开放供签署。

第四十七条

本公约须经批准。批准书应交存联合国秘书长。

第四十八条

本公约应向所有国家开放供加入。加入书应交存于联合国秘书长。

第四十九条

1. 本公约自第 20 份批准书或加入书交存联合国秘书长之日后的第 30 天生效。

2. 本公约对于在第 20 份批准书或加入书交存之后批准或加入本公约的国家，自其批准书或加入书交存之日后的第 30 天生效。

第五十条

1. 任何缔约国均可提出修正案，提交给联合国秘书长。秘书长应立即将提议的修正案通知缔约国，并请它们表明是否赞成召开缔约国会议以审议提案并进行表决。如果在此类通知发出之日后的 4 个月内，至少有 1/3 的缔约国赞成召开这样的会议，秘书长应在联合国主持下召开会议。经出席会议并参加表决的缔约国多数通过的任何修正案应提交大会批准。

2. 根据本条第 1 款通过的修正案若获大会批准并为缔约国 2/3 多数所接受，即行生效。

3. 修正案一旦生效，即应对接受该项修正案的缔约国具有约束力，其他缔约国则仍受本公约各项条款和他们已接受的任何早先的修正案的约束。

第五十一条

1. 联合国秘书长应接受各国在批准或加入时提出的保留，并分发给所有国家。

2. 不得提出内容与本公约目标和宗旨相抵触的保留。

3. 缔约国可随时向联合国秘书长提出通知，请求撤销保留，并由他将此情况通知所有国家。

通知于秘书长收到当日起生效。

第五十二条

缔约国可以书面通知联合国秘书长退出本公约。秘书长收到通知之日起 1 年后退约即行生效。

第五十三条

指定联合国秘书长为本公约的保管人。

第五十四条

本公约的阿拉伯文、中文、英文、法文、俄文和西班牙文文本具有同等效力，应交存联合国秘书长。

下列全权代表，经各自政府正式授权，在本公约上签字，以资证明。

域外最新刑事执行法律法规选编

A Compilation of The Latest Extraterritorial Laws and Regulations on Criminal Execution

第二卷

司法部预防犯罪研究所 编

中国法制出版社
CHINA LEGAL PUBLISHING HOUSE

CONTENTS | 目录

丹麦刑事执行法

2000年5月31日第32号令颁布

谢望原　译

第一编　序　言

第一章　本法适用范围与中央权力

适用范围

第一条

根据本法规则执行者为下列刑事处罚措施：

1）监禁；

2）罚金；

3）缓刑执行；

4）置于安全监护。

中央权力

第二条

司法部监狱与缓刑局负责前条述及之刑事处罚措施执行等之中央行政管理。

第二章　关于刑事处罚执行之一般规定

第三条

刑事处罚之执行，必须既关注处罚之执行，又关注帮助或者影响被定罪人过上合法持久之正常生活之需要。

第四条

在刑事处罚执行期间，不得对被定罪人之生存方式强加法律规定之外或者其被适用之刑事处罚本身外之限制。

第二编　监禁刑

第三章　总　则

第五条

司法部部长应当制定有关监狱与缓刑管理机构建立用于执行监禁刑之刑罚机构规则以及有关将此类执行监禁刑机构分为开放和封闭设施之规则。

第六条

司法部部长应当制定有关在监狱与缓刑管理机构管理下之机构服刑之囚犯因偶然事故招致损害之赔偿规则。

第七条

第一款　被定罪要服监禁刑之人，在服刑开始之前，有权就其在行刑期间之有关工作、教育以及社会与个人事项得到监狱与缓刑管理机构之咨询。

第二款　司法部部长应当制定前款规定之咨询如何进行之规则。

第四章　处罚执行开始

第八条

第一款　监禁刑之执行应当尽快开始。

第二款　对于宣告其刑后被释放之被定罪人，其刑之执行始于该被定罪人为监狱与缓刑管理机构管理下之机构接收之时。

第三款　对于宣告其刑后被还押或者已经在服监禁刑之被定罪人，其刑之执行始于监狱与缓刑管理机构告知该被定罪人之通知生效之时。

第九条

第一款　被定罪人在终审之后没有还押的，则传唤其执行监禁刑。

传唤应当按照司法部部长制定之规则进行。

第二款　被定罪人特别提出迅速开始执行其刑之申请的，此种申请应当尽可能批准。

第五章　缓刑与中止行刑

第十条

司法部部长或者被授权之人，在符合以下条件情况下，可以决定监禁刑或者监禁刑之一部分缓期执行：

1）考虑被定罪人之工作、教育、家庭或者健康情况，认为有缓期执行必要；

2）对被定罪人缓期执行与正当执行法律不会发生冲突。

第十一条

司法部部长应当制定有关缓期执行程序和中止行刑管理程序之规则。就前述管理规则而言，司法部部长可以决定只有在特定期限届满之前提出申请的，方可获准本法第十二条规定之缓期执行。

第十二条

第一款　没有被羁押之被定罪人及时提出缓期执行或者中止行刑申请的，其刑之执行应当暂缓至其申请批准与否之决定作出之时。

第二款　被定罪人先前已经被缓期执行，或者其缓期执行、中止行刑之申请被否决的，若被定罪人又提出含有重要信息之新缓期执行、中止行刑申请，且在某种程度上有可能获准缓期执行、中止行刑，或者有其他特别理由等待对新申请作出决定的，则其刑之执行在其新申请被考虑期间暂缓。

第十三条

第一款　被缓期执行之被定罪人，不得实施犯罪行为，被定罪人必须遵守规定之条件、服从监狱与缓刑管理机构之监督。

第二款　若被定罪人不遵守缓刑附加之条件，或者有新信息表明先前获准缓期执行之被定罪人又实施了犯罪行为，则可以撤销缓期执行，尽快恢复监禁刑之执行。

第六章　刑期之计算

第十四条

第一款　在计算确定刑期时，监狱和缓刑管理机构应当确定：

1）刑之全部执行后释放之时间；

2）根据《刑法典》第三十八条第一款，执行确定刑期三分之二后可能假释之时间；

3）根据《刑法典》第四十一条第一款，终生监禁执行十二年后可能假释之时间。

第二款　终审判决后被定罪人被还押的，其监禁刑之执行始于终审判决之日。

第三款　被定罪人终审判决后没有被羁押的，其刑之执行始于其被收监或者被逮捕服刑之时。

第十五条

刑之执行开始后，应当尽快通知被定罪人刑之计算确定期间。

第十六条

若刑之执行中止，或者刑期计算之先决条件有所改变，则刑期应当由监狱与缓刑管理机构再行计算确定；应当尽快通知被定罪人变更后计算确定之刑期。

第十七条

若被定罪人应当连续服数个监禁刑，则将数个监禁刑刑期累计计算其应服刑期。

第十八条

第一款　在计算刑期时，应当扣除逮捕、拘禁和根据《刑法典》第八十六条之规定强制于医院进行精神检测之时日。

第二款　在刑事处罚执行过程中，被定罪人涉嫌其他案件而被逮捕、拘禁或者强制于医院进行精神检测者，若被定罪人后来涉嫌之案件被撤销或者被宣告无罪的，则计算刑期时，应当进一步扣除其因后来涉嫌之其他案件而被逮捕、拘禁或者强制于医院进行精神检测之时日。扣除之日数，等于以二十四小时为一日之被关押所持续之时间另加百分之五十后的最接近之日数。但是，此种扣减执行时日，仅适用于本法第七十五条所述及之监禁刑执行被中止之情况。

第三款　囚犯被无合法理由置于本法第一百零六条第二项和第三项所规定之审讯室、惩戒单人囚室、安全囚室或者被无合法理由禁止参加社会活动的，在计算刑期时，应当扣除此种无合法理由而特别限制被定罪人自由之时间。扣除之日数，等于以二十四小时之百分之五十为一日计算之此种限制自由措施持续之最接近日数。

第四款　根据上列第二款扣减刑期的，不能按照《司法行政法》第九十三A章之规定给予因剥夺自由之赔偿。根据上列第三款扣减刑期的，不能因为被采取了本法第一百零六条第二项和第三项规定之限制自由措施而给予赔偿。

第十九条

司法部部长应当制定刑期计算规则。

第七章　矫正机构之选择与随后在矫正机构间之转换

行刑机构等

第二十条

第一款　监禁刑之执行在监狱或者拘留所进行。

第二款　但是，根据本法第七十八条之规定置于和转换至特别行刑机构等处所之被定罪人，在特殊情况下可以在监狱与缓刑管理机构之监所或者在监狱与缓刑管理机构外之机构等处所执行。

置于监狱或者拘留所

第二十一条

第一款　监禁刑一般在监狱执行。

第二款　若考虑超过了监狱与缓刑管理机构之行刑处所收容能力而认为有必要，则短期监禁刑可以在拘留所执行。

第三款　下列情况下，监禁刑可以在拘留所执行：

1）为防止行刑机构在狱犯人、工作人员或者其他人凌虐被定罪人而有必要的；

2）根据被定罪人所犯之罪或其危害性，认为为了防止其脱逃、纵火、偷带或者买卖兴奋药物而有必要的；

3）为了保护被定罪人免遭凌虐，而有必要的；或者

4）根据医疗情况，被定罪人应当被置于 Vestre 医院的[①]。

第四款　若被定罪人提出请求在拘留所服刑，并有下列情况之一的，其监禁刑之执行可以仅在拘留所进行：

1）为了工作、教育或者其他获准之活动而请假的；或者

2）有关特殊之家庭或者个人情况使之在拘留所服监禁刑具有合理性的。

---

① 此为丹麦的一所具有拘留所性质的医院。——译者注

置于开放或者封闭监狱

第二十二条

第一款 监禁刑之执行，一般在开放监狱进行。

第二款 五年或者五年以上之监禁刑，应当在封闭监狱执行。但是，如果根据对被定罪人行止之了解，认为将其置于开放监狱执行并无不当的，则五年或者五年以上之监禁刑也应当在开放监狱执行。

第三款 为了防止行刑机构在狱犯人、工作人员或者其他人凌虐被定罪人而有必要的，可以将被判处监禁刑之犯罪人置于封闭监狱行刑。

第四款 根据被定罪人之有关行止情况和犯罪性质，有特别理由认为将其置于开放监狱行刑可能出现以下情况之一的，应当将其置于封闭监狱行刑：

1）可能脱逃；或者

2）可能实施犯罪、严重违纪行为或者其他违法行为、有关情况清楚表明其不适宜在开放监狱行刑。

第五款 有下列情况之一的，其监禁刑之执行可以进而在封闭监狱进行：

1）为了保护被定罪人免遭凌虐而一定认为有必要的；或者

2）根据其医疗信息，被定罪人应当被置于 Anstalten ved Herstedvester[①] 精神治疗机构的。

第六款 被定罪人要求在封闭监狱行刑或者特殊之家庭以及其他个人情况使之在封闭监狱服刑具有合理性的，可以将被定罪人置于封闭监狱行刑。

矫正机构之选择

第二十三条

第一款 监禁刑之执行，应当在一定程度上选择被定罪人家庭所在地之就近行刑处所执行。在决定被定罪人应当在开放监狱、封闭监狱或者拘留所服刑时，应当进一步考虑被定罪人本人之要求，特别是有关其工作、家庭或者健康

---

① 此为丹麦一所开放监狱之名称。——译者注

之情况。

第二款　在下列情况下，可以不受前款第一句述及之规则限制：

1）短期监禁刑；

2）监狱与缓刑管理机构之行刑处所收容能力已经超限；

3）为了保护被定罪人免遭凌虐；

4）为了给被定罪人提供教学、医疗或者其他帮助；

5）为了防止行刑机构之在狱犯人、工作人员或者其他人之凌虐；

6）为了防止囚犯脱逃；或者

7）为了避免囚犯在与其有亲友关系之人所工作之行刑处所服刑。

囚犯从封闭监狱转换至开放监狱

第二十四条

第一款　符合下列条件之一的，在封闭监狱服刑之人应当被转换至开放监狱服刑：

1）本法第二十二条第三款至第六款和第二十五条第二款至第四款规定之条件不再存在的；

2）转换至开放监狱不认为是不谨慎之举。

第二款　若在封闭监狱服刑之人剩余刑期已经十分短暂，则可以不必将服刑之人转换至开放监狱服刑。

囚犯从开放监狱转换至封闭监狱

第二十五条

第一款　有下列情况之一的，在开放监狱服刑之人可以转换至封闭监狱服刑：

1）服刑之人实施了脱逃行为或者试图脱逃的；

2）服刑之人被发现持有并非少量之兴奋药物；

3）有特殊理由认为服刑之人实施了偷带兴奋药物或者兴奋药物交易行为；或者

4）有特殊理由认为服刑之人实施了凌虐在狱犯人、行刑机构工作人员或者其他人之行为。

第二款　为了防止在开放监狱服刑之人凌虐在狱犯人、行刑机构工作人员或者其他人，若认为有必要，可以将在开放监狱服刑之人转换至封闭监狱服刑。

第三款　根据现实可靠信息，有特别实质性证据表明在开放监狱服刑之人有下列情形之一的，同样可以将其转换至封闭监狱服刑：

1）脱逃的；或者

2）实施了犯罪、严重违纪行为或者其他违法行为，其行为清楚地显示其不适宜在开放监狱服刑的。

第四款　有下列情形之一的，在开放监狱服刑之人也可以转换至封闭监狱服刑：

1）为了保护服刑之人免遭凌虐而认为有必要转换至封闭监狱服刑的；或者

2）根据其医疗信息，该服刑之人应当被转换至 Anstalten ved Herstedvester 精神治疗机构的。

第五款　有理由认为在开放监狱服刑之人存在转换服刑处所之情况的，可以暂时将其置于拘留所服刑。如果该服刑之人同意此种处置，可以将其留置于拘留所服刑而不必转换至封闭监狱。根据上列第三款之规定转换至 Anstalten ved Herstedvester 精神治疗机构的，该种临时处置亦具有在封闭监狱服刑之效力。

第六款　在开放监狱服刑之人，若其有关家庭或者其他个人之特别情况使其适合于在封闭监狱服刑的，也可以将其转换至封闭监狱服刑。

服刑之人在同类矫正机构间之转换

第二十六条

服刑之人可以因为下列原因而在开放监狱之间、封闭监狱之间或者拘留所之间转换：

1）考虑到监狱与缓刑管理机构之行刑处所已无收容能力；

2）为了保护服刑之人免遭凌虐；

3）为了给服刑之人提供教学、医疗或者其他特殊帮助；

4）为了防止在狱犯人、行刑处所工作人员或者其他人凌虐服刑之人；

5）有特殊理由认为服刑之人实施了凌虐在狱犯人、行刑机构工作人员或者其他人之行为；

6）有特殊理由认为服刑之人会脱逃、实施纵火或者偷带兴奋药物以及兴奋药物交易行为，防止其实施此类性质之行为有必要的；

7）服刑之人提出转换服刑处所之请求，且其有关特殊家庭或者其他个人情况使其适合转换服刑处所的；

8）为了避免服刑之人在与其有亲友关系之人所工作之行刑处所服刑。

服刑之人由拘留所转换至监狱

第二十七条

第一款　在拘留所服刑之人，当本法第二十一条第三款、第四款和第二十八条第一款、第三款规定之情形不再存续时，应当转换至监狱服刑。但是，所剩刑期十分短暂的，可以不必转换。

第二款　因为以下原因，在拘留所服刑之人可以转换至监狱服刑：

1）考虑到监狱与缓刑管理机构之行刑处所已无收容能力；

2）为了防止其凌虐在狱犯人、行刑机构工作人员或者其他人；

3）为了给服刑之人提供教学、医疗或者其他特殊帮助。

第三款　上列第一款和第二款规定之转换，是转换至开放监狱抑或封闭监狱，应当根据本法第二十二条之规定，并认真参酌本法第二十四条和第二十五条之规定作出决定。

服刑之人由监狱转换至拘留所

第二十八条

第一款　有下列情形的，在监狱服刑之人可以转换至拘留所服刑：

1）为了防止其凌虐在狱犯人、行刑机构工作人员或者其他人而有必要的；

2）有特殊理由认为服刑之人会脱逃、实施纵火、偷带兴奋药物或者兴奋药物交易行为，为了防止其实施此类行为而有必要转换的；

3）为了保护服刑之人免遭凌虐而有必要转换的；或者

4）根据其医疗信息，服刑之人应当被转换至 Anstalten ved Herstedvester 精神治疗机构的。

第二款　在开放监狱服刑不超过八周者，可以转换至拘留所服刑，以代替本法第二十五条第一款、第二款和第三款规定之转换至封闭监狱服刑。

第三款　在监狱服刑之人提出转换至拘留所服刑请求，并且有下列理由之一的，可以将其转换至拘留所服刑：

1）因为工作、教育或者其他获准之活动而请假；

2）特殊之有关家庭或者其他个人情况使其适宜在拘留所服刑。

新矫正机构之选择

第二十九条

本法第二十三条之规定，同样适用于本法第二十四条至第二十八条规定之行刑处所转换之决定。

行政管理规则

第三十条

司法部部长应当制定有关本法第二十一条至第二十九条规定之服刑人之处置或者转换规则。

第八章　在矫正机构期间囚犯之权利与义务

告知与计划

第三十一条

第一款　囚犯被置于矫正机构后，行刑机构必须尽快告知其有关刑事处罚执行中之权利、义务以及其他必须遵守之条件。

第二款　行刑机构应当与囚犯合作，在接收囚犯后，应当尽快制订囚犯服刑计划和后续释放时间计划。在囚犯服刑期间，应当经常用此种计划比照检查囚犯服刑之表现，如有必要，则应当根据囚犯服刑情况对计划作适当调整变更。

第三款　司法部部长可以制定有关规则，根据这些规则，上列第二款之规定对于仅应当服短期刑之囚犯可以限制适用。

指　导

第三十二条

囚犯必须服从行刑机构工作人员有关行刑机构职责行为之指导。

交　往

第三十三条

第一款　在可能之程度上，囚犯应当有权同其他囚犯进行交往。

第二款　若囚犯提出不与其他囚犯交往接触之要求，且条件允许，则其监禁刑之执行在没有或者在有限之交往接触情况下进行。

第三款　若囚犯提出不与其他不同性别之囚犯交往接触之要求，且条件允许，则除了工作时间之交往外，其监禁刑之执行在不与性别不同之囚犯交往情况下进行。

第四款　在本法第六十三条和第六十四条规定之情况下，监禁刑之执行可以仅在没有交往之情况下进行。

第五款　司法部部长应当制定有关上列第一款规定囚犯交往遵循之规则，包括有关限制囚犯之可能性以及有关限制其生活区域之可能性。

共同影响

第三十四条

第一款　囚犯应当有机会通过选举出之发言人就其在行刑机构之生存状况提出意见。

第二款　行刑机构之每一个区或者特定囚犯之一个组，可以选举一位发言人。每一位囚犯均可以被选举为发言人。所有囚犯或者其发言人，有权选举一位共同发言人。发言人和共同发言人之选举，以书面无记名投票形式进行，该选举过程要受到行刑机构和囚犯代表之监督。

第三款　囚犯无权参加有关服刑人员个人事项或者有关行刑机构安全以及治安事项之讨论。

第四款　司法部部长应当制定有关囚犯共同意见提出规则。

参加礼拜活动等

第三十五条

第一款　囚犯有权参加在行刑机构举行之礼拜活动。但是，若出于合理之良好秩序、安全或者治安等方面考虑，行刑机构负责人或者被授权之人可以不准许囚犯参加礼拜活动。

第二款　囚犯有权同来自其教会之牧师谈话。

自己之钱款和物品

第三十六条

第一款　囚犯有权携带、持有和支配自己之物品，但是，与良好秩序、安全和治安不兼容者除外。

第二款　司法部部长应当制定有关限制囚犯在行刑机构携带、持有和支配自己物品之规则。

第三款　司法部部长应当制定有关准许囚犯在行刑机构携带、持有和支配自己物品之规则。

公开出版

第三十七条

第一款　行刑机构之囚犯有权发表公开出版物。

第二款　监狱应当为囚犯之出版物提供资助。

第三款　行刑机构负责人有权事先阅读囚犯拟发表之公开出版物。若出于合理之安全和治安等需要之考虑，或者拟出版物之内容严重侵犯他人权利者，行刑机构负责人可以禁止某些拟出版物出版。

第四款　司法部部长应当制定上列第二款和第三款规定之执行规则，包括上述出版物之资助条件以及规定条件未能遵守时中止资助出版之规则。

工作与教育等

第三十八条

第一款　囚犯有权利和义务参加工作、接受教育以及参加其他获准之活动。

第二款　出于可行性或者其他特别必要性之考虑，司法部部长可以制定某些行刑机构或者某些类型囚犯不受上列第一款规定约束之规则。但是，必须尽可能为囚犯提供工作机会。

第三十九条

第一款　囚犯从事工作之选择，应当根据其个人案件情况全面考虑评价后作出决定。

第二款　作出上列第一款规定之决定时，应当尽可能考虑囚犯个人之要求以及囚犯在狱外获得工作或者教育机会之可能性。通过引导或者其他教育方法，应当向囚犯提出建议，尽可能弥补其所缺失之基础教育或者其他职业教育。

第四十条

行刑机构之工作场所应当设法提供在安全和健康方面完全适合囚犯之工作条件。

第四十一条

司法部部长应当制定有关囚犯工作之规则，包括考虑囚犯履行工作义务时参与其加入之宗教协会活动。

第四十二条

第一款　参加工作之囚犯应当得到报酬。因为本法第三十八条第二款规定之原因而没有被提供工作机会的，也应当给予报酬。由于疾病而没有参加工作的囚犯，同样应当给予报酬。

第二款　其他囚犯应当仅给予够其个人需要之费用，但是须考虑下列第三款和本法第一百一十一条第一款之规定。

第三款　司法部部长应当制定上列第一款和第二款规定之报酬给付规则，

可以制定相关其他未参加工作囚犯应当因工作得到补偿之规则。

业余时间

第四十三条

第一款　囚犯应当尽可能参与有关个人事务，包括做饭和做清洁卫生。

第二款　行刑机构应当给囚犯提供业余活动机会。

第三款　囚犯有权每日至少在户外逗留一小时，但是此种户外逗留与有关维持行刑机构之治安安全相冲突者以及将囚犯置于本法第六十六条规定之安全单人囚室的除外。

社会服务

第四十四条

第一款　行刑机构应当就囚犯个人的有关工作、教育、社会和个人情况有目标地提出建议和帮助，从而

1）提高服刑人摆脱犯罪与过上正常生活的能力；并且

2）限制因剥夺自由而产生的有害影响。

第二款　根据前款采取相关措施时，行刑机构应当提供帮助，与根据其他立法能够提供帮助的个人、机构和行政当局进行联系。

健康服务

第四十五条

第一款　囚犯有权享受医疗待遇和其他健康服务。

第二款　会同卫生部长协商后，司法部部长可以制定有关对符合《剥夺自由和其他精神病强制法》规定条件者强制其到 Austalten ved Herstedvester 精神病院接受治疗之规则，被强制治疗者不能转换至普通精神病院。

第三款　精神病矫治应当根据上列第二款之法律规则进行，服刑人有权就有关强制治疗之决定向患者申诉委员会提出申诉。若服刑人尚无《刑法典》第七十一条规定之帮助者，应当为其指定一位患者顾问。

第四款　司法部部长应当制定有关囚犯健康服务规则。

第九章　囚犯与狱外之联系

请　假

第四十六条

第一款　在下列情况下，囚犯可以获准请假：

1）请假之目的基于合理之教育、有关工作、治疗、家庭或者其他个人原因；

2）没有特别理由认定囚犯之请假可能会实施其他犯罪、逃避刑事处罚或者其他方式滥用请假权；以及

3）批准囚犯之请假不会妨碍正当之法律执行。

第二款　囚犯有下列情形之一者，批准其请假时应当特别重视评估滥用请假权之危险性：

1）因实施危险犯罪而被定罪，并且在审判至刑罚执行期间没有被释放过；

2）在服刑期间脱逃或者试图脱逃；

3）在服刑期间又实施犯罪；

4）在服刑期间，前次请假后没有如期返回，或者有其他滥用请假权利行为；

5）在前次请假期间，有前列第二项至第四项之行为表现，不符合再次无监护请假；或者

6）不听传唤到案服刑。

第四十七条

获准请假之时间，应当计算在刑期之内。

第四十八条

第一款　批准囚犯请假，以其不实施任何犯罪或者在请假期间不滥用获准请假之便利为条件。

第二款　批准囚犯请假时，可以进一步规定囚犯应当遵守的其他有利于防止滥用请假权利实施违法犯罪行为之条件，包括在请假期间，囚犯

1）受到行刑机构工作人员之监护；

2）晚上住在拘留所、监狱与缓刑管理机构之行刑处所；

3）定期向监狱与缓刑管理机构或者警察局报告，或者服从类似监督；以及

4）遵守《刑法典》第五十七条规定之条件。

第四十九条

有下列情形之一者，撤销请假批准，或者变更准假条件：

1）囚犯利用请假脱逃，或者不遵守根据本法第四十八条规定之条件的；或者

2）新的信息表明，有特别理由认定囚犯可能滥用获准请假实施违法行为的。

第五十条

司法部部长应当制定囚犯请假规则。此种规则可以规定，囚犯须在行刑机构执行一定期限或者服刑一定时间后方可获准第一次请假；可以进一步规定，对于曾经滥用请假权利之囚犯，在一定时间内不准许其请假。

探　视

第五十一条

第一款　囚犯有权每周至少有一次一小时接受探视的时间，并尽可能允许探视时间延长至两小时。各个行刑机构可以准许增加本款第一句规定之探视次数。

第二款　不论其案件已决或者未决，囚犯有权不受前款限制地接受被指定的或者自己选择的承办其案件之辩护律师的会见。本款第一句关于律师会见囚犯之规定，同样适用于根据《司法行政法》第七百三十三条由司法部部长批准之公设辩护人。

第三款　囚犯是外国公民的，有权不受上列第一款规定限制地接受其所属国家之使领馆代表之探视。

第五十二条

行刑机构可以决定，探视者应当事先得到行刑机构之允许方可探视囚犯。探视之允许以探视者同意其外衣和随身携带之物品受到检查为条件。

第五十三条

第一款　司法部部长应当制定有关囚犯有权接受探视之操作规则。司法部

部长应当基于良好秩序、治安安全之考虑，进一步制定有关限制探视权之规则，以及制定行刑机构负责人或者被授权负责之人决定禁止特定人员探视和探视在行刑机构工作人员监督下进行之规则。但是，本法第五十一条第二款规定之律师会见囚犯，不得受到监视。

第二款　行刑机构之负责人制定发布其他方面有关探视操作之规则。

第五十四条

第一款　若囚犯能够照料孩子，则其有权带自己不满三周岁之孩子同住行刑处所。

第二款　司法部部长应当制定有关此项权利行使之规则。

信函收发

第五十五条

第一款　囚犯有权收发信函。

第二款　行刑机构可以在没有法院令情况下开拆、封存囚犯拟寄出之信函或寄给囚犯之信函。除下列第三款规定情况外，开拆或封存囚犯拟寄出之信函或寄给囚犯之信函，应当在囚犯在场的情况下进行。

第三款　只有行刑机构认为为了良好之秩序和治安安全或者为了保护被害人而有必要者，方可审读囚犯拟寄出之信函或寄给囚犯之信函。

第四款　在审读囚犯拟寄出之信函或寄给囚犯之信函后，若慎重考虑该信函不利于维护良好秩序、治安安全或者对被害人之保护，则行刑机构负责人或者被授权之人可以命令截留该信函，不应当将其交寄或送交囚犯。

第五款　已收到之信函，因为前列第四款规定不应当交给囚犯的，应当退回。但是，若出于治安安全考虑认为有必要扣留的，则可以扣留已寄达囚犯之信函。

第六款　寄给囚犯之信函被扣留的，应当通知寄信人。寄给囚犯之信函可能被没收的，对寄信人之通知可以延迟至四周。

第七款　司法部部长应当制定有关囚犯收发信函权利之行使规则。

第五十六条

第一款　囚犯有权不受监督地与下列机构或人士通信：

司法部部长、监狱与缓刑局局长；法院，包括特别申诉法院；特别委员会；检察机关和警察局；议会调查舞弊情况官员；议院；欧洲人权法院；欧洲防止酷刑、非人道和侮辱人格委员会；联合国人权委员会；联合国反酷刑委员会；以及被指定或囚犯自己选择之承办其案件（不论其案件已决或未决）之辩护律师。前述规定同样适用于根据《司法行政法》第七百三十三条由司法部部长批准之公设辩护人。

第二款　司法部部长应当制定有关囚犯有权不受监督收发前述函件之规则，包括有关寄信人之身份查证之规则。司法部部长可以进一步制定囚犯有权不受监督地与其他个人、丹麦的、外国的或者国际公共当局通信的规则。

电话通话

第五十七条

第一款　囚犯在实际可行之程度上有权进行电话通话。

第二款　若慎重考虑为了维护良好秩序、治安安全和对被害人之保护有必要，则可以剥夺囚犯电话通话之权利。

第三款　囚犯在封闭的行刑机构进行电话通话，该机构工作人员可以在没有法院令情况下监听通话，除非由于上列第二款述及之理由而认为没有必要监听。电话受到监听的，应当告知通话双方。

第四款　司法部部长可以制定发布有关囚犯有权进行电话通话的操作规则。

报纸、书籍等

第五十八条

第一款　囚犯有权通过阅读报纸和收听收看广播电视等方式获取信息。

第二款　囚犯有权通过公共图书馆借阅书籍杂志。

第三款　外国籍囚犯在尽可能程度上有权借阅其本国文字的报纸、书籍等。

与媒体接触

第五十九条

第一款　囚犯有权在其行刑机构向媒体发表言论和就相关事项让媒体拍照。

第二款　但是，不利于维护良好秩序、治安安全、保护其犯罪被害人或者防止其他明显妨害司法审判的，前款规定之权利可以予以限制。

第三款　司法部部长可以制定发布有关上列第一款规定囚犯权利行使之规则。

第十章　针对囚犯之措施

人身和住处检查

第六十条

第一款　为了确保有关良好秩序之规定得到遵守，或者为了确保治安安全考虑得到有效保障，若有必要，在下列情况下行刑机构可以检查囚犯随身或者在住处持有之物品：

1）囚犯被置于行刑处所时；

2）囚犯被怀疑非法持有物品；

3）在探视之前或者之后；或者

4）请假离开行刑机构或住处之前或者之后。

第二款　若有特别理由认为囚犯非法持有物品，行刑机构负责人或者被授权之人，出于维护良好秩序或者治安安全考虑，可以进一步对囚犯人身进行严格检查。

第三款　若认真考虑采取检查措施之目的和囚犯所犯之罪，以及此种检查措施可能被认为引起不良后果，因而属不当者，则不得进行检查。

第四款　检查应当在条件允许的范围内以最宽容之方式进行。

第五款　需要脱衣检查的，仅可以由与囚犯同性别之工作人员进行和见证。但是，此一规定不适用于医护人员。

第六款　上列第二款规定之检查，仅可在医生参与下进行。医生决定是否对囚犯进行严格人身检查，应当考虑检查伴生之痛苦和危险，以及被检查者身体情况是否有能力承受检查。

第七款　出于维护良好秩序和治安安全慎重考虑，认为有必要者，行刑机构负责人或者被授权之人可以决定扣留所发现之囚犯非法持有之物品。

第八款　出于维护良好秩序和治安安全考虑，认为有必要的，行刑机构可以进一步审读所发现之囚犯所持有之信函或其他便条，行刑机构负责人或者被授权之人可以决定扣留此信函或者其他便条。本法第五十六条之规定同样适用之。

第九款　司法部部长应当制定对囚犯人身和住处进行检查之程序规则。

拍照和提取指纹

第六十一条

第一款　为了以后进行身份识别之目的，行刑机构有权对囚犯拍照和提取其指纹。

第二款　司法部部长可以制定发布有关前款规定拍照和提取指纹之操作规则，包括照片和指纹的保留和销毁。

使用强制力

第六十二条

第一款　若因下列情况而有必要，行刑机构可以对囚犯使用强制力：

1）为了防止暴力威胁、控制暴力对抗、防止自杀或者其他自伤行为；

2）为了防止脱逃或者阻止脱逃；或者

3）为了对囚犯即时采取某种必要措施而该囚犯拒不接受或者无视有关工作人员劝导。

第二款　可以以擒拿、盾牌、警棍、催泪瓦斯方式或者器械使用强制力。

第三款　若慎重考虑使用强制力之目的和囚犯所犯之罪以及此种措施可能被认为引起不良后果，因而使用强制力属不当者，则不得使用强制力。

第四款　在条件允许情况下，应当以宽容之方式使用强制力。使用强制力后，若囚犯有患病之嫌，包括因为使用强制力而受伤，或者囚犯要求提供医疗帮助的，应当给予医疗诊护。

第五款　司法部部长应当制定有关对囚犯使用强制力之规则。

阻止社会交往

第六十三条

第一款　行刑机构负责人或者被授权之人，在有下列必要情况下，可以阻止囚犯与其他囚犯之社会交往：

1）为了防止脱逃、犯罪或者暴力行为；

2）为了采取出于维护治安安全而有必要或者需要之措施，或者为了实施正常之健康防护、防止危险疾病传染；或者

3）因为囚犯实施了严重的、时常复发的被禁止行为，该行为清楚地表明该囚犯不宜与其他囚犯一起逗留。

第二款　若有理由认为囚犯符合上列第一款规定之阻止社会交往之条件，则行刑机构可以在考虑决定阻止其社会交往事项之同时，对该囚犯暂时阻止其同其他囚犯之社会交往。若有理由认为囚犯符合本法第二十五条规定关于转换至封闭监狱、本法第二十六条规定在同等封闭监狱之间进行转换或者本法第二十八条规定转换至拘留所之条件，则行刑机构可以在考虑决定转换事项同时，对该囚犯进一步采取措施阻止其与其他囚犯的社会交往。

第三款　被阻止社会交往的囚犯，应当被隔离在特别区域的住处，将其置于自己的住处，或者置于拘留所。

第四款　囚犯因为涉及使用武器或者其他危及人身安全之方式实施严重犯罪而在服刑，且在行刑期间或者在行刑前羁押期间，脱逃或者使用武器或其他危及人身安全之方式试图脱逃的，如有特别实际根据怀疑该囚犯会再次试图脱逃，可以决定将其轮换隔离于不同的封闭监狱和拘留所的有特别安全防护措施之区域和住处。

第五款　若考虑采取措施阻止社会交往之目的和囚犯所犯之罪以及此种阻止其社会交往可能被认为引起不良后果，因而阻止其社会交往属不当者，则不得阻止其社会交往。

第六款　在条件允许情况下，阻止囚犯社会交往应当以仁慈之方式进行。

第七款　当阻止囚犯社会交往之理由不再存在时，应当立即停止阻止囚犯

之社会交往。行刑机构至少应当每周考虑一次部分或者全部停止阻止囚犯社会交往之问题。

第八款 司法部部长应当制定有关阻止囚犯同其他囚犯进行社会交往之规则。

第六十四条

第一款 本法第六十三条之规定，不包括行刑机构就下列事项作出之决定：

1）为了维护良好秩序或者治安安全，将囚犯隔离于自己的住处或者受特别监护之单人囚室；或者

2）将拒不参加行刑机构有权安排其从事之活动者隔离于自己之住处，或者在工作时间将其隔离于其他当地处所。

第二款 司法部部长应当制定有关上列第一款隔离囚犯之规则，包括授权使用监护单人囚室之规则。

器械之限制

手　铐

第六十五条

第一款 在下列必要情况下，可以对囚犯使用手铐：

1）为了阻止暴力威胁或者制服暴力对抗；

2）为了防止自杀或者其他自伤行为；或者

3）为了防止脱逃。

第二款 但是，若考虑使用手铐之目的和囚犯所犯之罪以及使用手铐可能被认为引起不良后果，因而对其使用手铐属不当者，则不得对囚犯使用手铐。

第三款 在条件允许情况下，应当以仁慈之方式使用手铐。若使用手铐致使囚犯有患病之嫌，包括受伤，或者囚犯个人提出医疗帮助请求的，应当给予医疗诊护。

第四款 司法部部长应当制定有关使用手铐之规则，包括有关医疗诊护和其他监督规则。

安全单人囚室

第六十六条

第一款　若有下列之必要情形，则根据行刑机构负责人或者被授权之人的命令，可以将囚犯置于安全单人囚室，并强制性地以安全带将囚犯之手脚缚定：

1）为了阻止暴力威胁或者制服暴力对抗；或者

2）为了防止自杀或者其他自伤行为。

第二款　但是，若考虑前列第一款规定之措施之目的和囚犯所犯之罪以及此种措施可能被认为引起不良后果，因而使用该措施属不当者，则不得将囚犯置于安全单人囚室和强制加以束缚。

第三款　在条件允许情况下，将囚犯置于安全单人囚室和强制加以束缚时，应当以仁慈之方式进行。

第四款　被强制束缚之囚犯，应当有人二十四小时进行监护。

第五款　囚犯被强制于安全单人囚室时，行刑机构应当立即召唤医生到达囚犯身边。应召医生应当及时到场，除非该医生认为显然没有必要。

第六款　若囚犯有患病之嫌，包括受伤，或者其本人提出医疗帮助请求的，将该囚犯置于安全单人囚室而并不加以束缚的，亦应当召唤医生到场。

第七款　司法部部长应当制定有关授权安全单人囚室、使用安全单人囚室和束缚囚犯之规则，包括医疗诊护以及其他监督规则。

第十一章　纪律惩戒、没收与补偿扣除

纪律惩戒

第六十七条

囚犯有下列情形之一的，由行刑机构负责人或者被授权之人决定，可以对囚犯采取纪律惩戒措施：

1）违反本法第三十二条之规定的；

2）不到案服刑、脱逃或者试图脱逃的；

3）无视本法第三十八条第一款规定之工作义务的；

4）违反刑事条款时，其违法行为涉及独立地违反狱内良好秩序和治安安全的；

5）违反司法部部长制定发布的可能招致纪律惩戒之规则的；以及

6）违反行刑机构负责人制定发布的可能招致纪律惩戒之规则的。

第六十八条

第一款　纪律惩戒可以以警告、罚款或者置于惩戒单人囚室之形式适用。

第二款　但是，仅在下列情况下方能使用惩戒单人囚室：

1）脱逃或者不到案服刑的；

2）偷带、持有、使用酒类、兴奋药物或者为一般立法禁止之其他物品的；

3）偷带、有武器或者其他危及人身安全物品的；

4）针对其他囚犯、行刑机构工作人员和其他人员使用暴力或者以暴力相威胁的；

5）严重恣意损坏公共财物的；以及

6）其他严重的或者复发的违法行为。

第三款　纪律惩戒可以以罚款和置于惩戒单人囚室之形式适用。

第四款　根据囚犯一定时间内没有实施犯罪或者其他违纪行为情况，纪律惩戒之执行情况可以部分或者全部免除。

第六十九条

第一款　在将罚款作为纪律惩戒措施时，决定罚款数额，应当考虑违法行为之性质和严重程度。但是，最高罚款数额可以对应于囚犯一周劳动所获得正常之报酬量，减去其个人必需开支之补偿部分。

第二款　适用之罚款，可以从囚犯根据本法第四十二条第一款参加工作而获得之报酬中扣减。但是，囚犯至少应当得到维持其个人需要之数额报酬。

第七十条

第一款　使用置于惩戒单人囚室作为纪律惩戒方法时，其惩戒期限不得长于四周，且应当考虑囚犯之违法性质和严重程度。

第二款　被处以置于惩戒单人囚室之囚犯，应当被置于特别牢房、自己住处或者拘留所。在处置期间，禁止该囚犯在行刑机构进行社会交往。

第三款　司法部部长应当制定有关使用惩戒单人囚室之规则。

审讯囚室

第七十一条

第一款　若有事实根据怀疑实施了必定会招致置于惩戒单人囚室之处罚的违法行为，慎重考虑对其违纪案件进行调查有必要的，可以将其置于审讯囚室。

第二款　置于审讯囚室的时间，不得超过调查必需之时间，且最长不得超过五日。

第三款　囚犯被置于审讯囚室的时间，应当折抵置于惩戒单人囚室之时间。

第四款　将囚犯置于审讯囚室的执行规则，与置于惩戒单人囚室相同。

处理违纪案件之程序

第七十二条

司法部部长应当制定有关处理违纪案件程序之规则。

没　　收

第七十三条

第一款　行刑机构可以决定没收非法带入行刑机构之款物，可以决定没收在行刑机构非法取得或者流转之款物。但是，款物属于不应当对此非法行为负责任之人者除外。

第二款　行刑机构可以进一步决定没收试图偷带给囚犯之款物。但是，款物属于不应当对此非法行为负责之第三人者除外。若款物属于特定囚犯，且该囚犯证明自己并不知道此非法行为者，则本款第一句之规定亦不得适用。

第三款　若不能确定在行刑机构建筑物内发现上列第一款述及之款物属谁所有，则行刑机构可以决定将其没收。

第四款　司法部部长应当制定有关没收程序之规则。

扣减报酬

第七十四条

第一款　在服刑期间，囚犯由于有责任之行为造成行刑机构财物损害的，行刑机构可以决定扣减囚犯根据本法第四十二条第一款规定从事工作获得之报酬，作为损害赔偿。但是，囚犯至少应当得到自己个人必需之报酬量。

第二款　司法部部长应当制定有关扣减报酬程序之规则。

第十二章　刑之中止

由于脱逃、不到案服刑、候审羁押而刑之中止等

第七十五条

第一款　囚犯有下列情况之一的，其监禁刑之执行中止：

1）不到案服刑、脱逃或者由于其他自己造成之原因逃避刑之执行的；或者

2）被逮捕或者至少二十四小时被候审羁押的。

第二款　司法部部长应当制定有关前款规定刑之中止执行规则。

准许刑之执行中止

第七十六条

第一款　有以下情况之一时，司法部部长或者被授权之人可以准许刑之执行暂时中止：

1）在有关非常特殊情况下，诸如因为工作原因、教育、家庭或者健康情况不适合即时继续刑之执行的；

2）认为不存在滥用中止执行之危险的；以及

3）中止执行与正当法律执行不相矛盾的。

第二款　准许中止刑之执行，以服刑人不实施犯罪行为为条件。中止执行时，可以进一步规定服刑人应当遵守的其他条件，包括服从监狱与缓刑管理机构的监督。

第三款　若服刑人不遵守准许刑之中止执行所须遵守之条件，或者有新的信息显示先前被准许刑之中止执行的被定罪人实施了犯罪行为，则可以撤销刑之中止执行许可，尽可能恢复监禁刑之执行。

第四款　司法部部长应当制定有关上列第一款规定刑之中止执行规则。

恢复刑之执行

第七十七条

为了继续执行监禁刑之目的，囚犯被传唤到案、接受逮捕的，或者囚犯被监狱与缓刑管理机构通知继续执行监禁刑的，其监禁刑恢复执行。

第十三章　在缓刑管理机构之行刑处所或者在监狱与缓刑管理机构之外的处所等执行监禁刑

第七十八条

第一款　符合以下条件的，司法部部长或者其他被授权之人，可以决定将被定罪人暂时或在全部刑期中或剩余刑期中置于医院、监护中心、适宜处所或机构行刑：

1）被定罪人需要在能够提供食宿之有关机构进行特别治疗或护理；

2）被定罪人因为年龄、健康或者其他特别原因，有特殊理由不被置于监狱或者拘留所服刑；或者

3）从法律执行的基本考虑来看，将被定罪人置于监狱或拘留所外行刑不违背法律精神。

第二款　不满十八周岁之被定罪人，应当置于上列第一款述及之行刑机构行刑。但是，从法律执行的基本考虑来看，将其置于监狱或拘留所外行刑违背法律精神的除外。

第三款　将被定罪人置于监狱或拘留所外行刑，以其不实施犯罪行为为条件。将被定罪人置于监狱或拘留所外行刑时，可以进一步规定被定罪人应当遵守的其他条件，包括服从监狱与缓刑管理机构的监督。

第四款　若被定罪人不遵守在监狱或拘留所外服刑所须遵守之条件，或者有新的信息显示先前被决定在监狱或拘留所外行刑之被定罪人实施了犯罪行为，则可以将其送回或者转换至监狱或拘留所行刑。

第五款　司法部部长应当制定有关将被定罪人置于监狱或拘留所外之机构行刑之规则。

第十四章　释　放

释放时间

第七十九条

第一款　被定罪人服刑完毕、被假释、中止刑之执行或者暂缓行刑的，应当予以释放。

第二款　司法部部长应当制定有关释放时间以及可以短时间提前释放之规则，包括基于有关重要的工作或者其他特殊情况而提前释放之规则。

关于假释之决定

第八十条

第一款　正在服刑之囚犯，可以根据《刑法典》第三十八条第一款之规定被假释，在囚犯已经服刑三分之二后，应当就其有关假释问题及时作出决定。

第二款　司法部部长应当制定有关假释程序之规则，包括在作出拒绝假释决定后一年之内须重新考虑终生监禁刑之假释问题或者重新收监执行监禁刑之假释问题。

假释之监督执行和特别条件
关于监督执行之一般规定等

第八十一条

《刑法典》第三十九条第二款和第四十一条第三款规定之假释监督和其他

条件（特别条件），由监狱与缓刑管理机构负责执行，除非假释决定中有其他规定。

第八十二条

第一款　监督机关应当告知被假释者假释监督和假释期间须遵守条件所涉及之权利义务，包括违反假释期间须遵守条件招致之后果。

第二款　监督机关应当进一步与被假释者联系，且在监督开始之最后阶段设计监督期限和顺利完成假释之时间计划。应当经常用此计划检查、对照监督期间被假释者遵守假释条件之情况，如有必要或者可能，应当根据检查发现之情况调整改变计划。

由监狱与缓刑管理机构进行之监督等

第八十三条

第一款　根据监狱与缓刑管理机构之指令，被假释者应当经常同监狱与缓刑管理机构保持联系，包括到监狱与缓刑管理机构接受探访。被假释者应当向监狱与缓刑管理机构报告其住处和工作信息。

第二款　被假释者应当遵守被假释期间须遵守之特别条件，向监狱与缓刑管理机构报告有关特别条件遵守情况。

第三款　被假释者应当根据要求证实自己报告之信息的真实性。

第四款　被假释者应当服从监狱与缓刑管理机构为执行监督和落实特别条件遵守情况而进行的其他指导。

第八十四条

为了提高被定罪人守法生活之能力，监狱与缓刑管理机构应当就有关个人工作以及社会和个人情况向被假释者提供指导和帮助。在此方面，监狱与缓刑管理机构应当积极与那些能够根据其他立法提供帮助之个人、机构和当局进行接洽。

第八十五条

司法部部长应当制定有关监督与特别条件遵守、落实之规则，包括监督之开始、联系频率以及与当局其他部门之合作等。

条件之违反

第八十六条

第一款　若被假释者逃避监督或者不遵守假释特别条件，监狱与缓刑管理机构应当作出处置，以便重新使被定罪人接受监督，并确保其遵守假释特别条件。

第二款　若被假释者违反假释期间应当遵守之条件，且该违反假释期间应当遵守之条件可能产生冒险犯罪之结果，则监狱与缓刑管理机构应当就此向监狱与缓刑局作出报告。

第三款　被假释者违反其他规定或须遵守之条件的，监狱与缓刑管理机构可以发布命令，令其遵守这些规则和条件。若先前就类似违反其他规定或须遵守条件之事项已发布令被假释者遵守之命令，被假释者再次违反时，则应当向监狱与缓刑局作出报告。

第四款　收到上列第二款和第三款述及之报告后，应当尽快就其违纪行为招致之后果作出决定，按照《刑法典》第四十条第二款、第三款和第四十二条第二款处理。

第五款　司法部部长应当制定有关处理被假释者违法案件程序规则，包括上列第一款述及之处置、上列第二款和第三款述及之提出报告以及上列第三款规定之命令发布程序规则。

由监狱与缓刑管理机构以外之当局监督等

第八十七条

与有关部门协商后，司法部部长可以制定由监狱与缓刑管理机构以外之当局负责监督假释之执行规则。

第八十八条

本法第八十一条至第八十七条之规定，同样适用于《刑法典》第四十三条含括的对有条件暂缓行刑设定之监督与必须遵守之特别条件，同样适用于对刑之执行中止或者其他符合本法规定设定之监督与必须遵守之特别条件。

第十五章 有关监禁刑执行程序之特别事项

第八十九条

第一款 无论囚犯是否提出要求，行刑机构应当经常考量准许请假、假释、为了刑之继续执行而转换行刑处所，以及其他重要事项。

第二款 司法部部长应当制定有关前款述及之行刑机构履行义务之规则。

第三编 罚 金

第十六章 罚金之执行

第九十条

第一款 除非判决有其他规定，罚金应当交给警察局。

第二款 司法部部长或者被授权之人，可以准许缓期缴纳罚金，或者分期缴纳罚金。

第三款 司法部部长应当制定有关征收罚金和免除罚金之执行程序。

第四款 司法部部长可以进一步制定规则，确认由警察局决定的缓期缴纳罚金或者分期缴纳罚金之决定不能交由上级行政当局审议。

第九十一条

第一款 不缴纳罚金的，应当强制征收，但是警察局认为强制征收罚金是不适当的或者可能严重降低被执行人生活水平的除外。

第二款 警察局可以征收由公诉人起诉的刑事案件适用之罚金，可以根据《资源税征收法》和《扣缴工资联合登记法》规定扣押和扣缴个人收入。扣缴令由警察局发出。

第三款 警察局可以会同其他公共机构就扣缴个人收入进行必要调查。此外，警察局可以索取由公共当局以及法院登记保管的对罚金刑执行具有重要意义的债务人情况之信息。有关部门向警察局提供之报告，应当以书面形式或者直接数据移交形式作出。

第九十二条

第一款　司法部部长应当制定本法第九十一条第二款规定之扣缴个人收入规则，包括有关向扣缴工资联合登记部门提出报告、债务人向警察局提供有关执行和扣缴之信息的义务、被要求执行扣缴人的义务与责任，以及被要求执行之人在其可承受之范围内执行和扣缴罚金之权利方面的规则。

第二款　对于故意或者过失违反根据上列第一款制定之规则的，可以处以罚金。也可以根据《刑法典》第五章之规定对法人等规定有关刑事责任之条款。

第九十三条

对于不缴纳罚金而执行一个替代刑的，应当按照本法第二章关于刑事处罚执行之一般规定，参酌《刑法典》第五十三条至第五十五条之规定，按照本法第二编关于监禁刑之执行原则执行之。

第四编　缓期执行与附社会服务刑

第十七章　缓期执行

第九十四条

《刑法典》第五十七条规定之缓期执行须服从之监督与其他须遵守之条件（特别条件），应当由监狱与缓刑管理机构负责监督落实，除非判决中有其他规定。

第九十五条

第一款　监督机关应当告知接受缓期执行的被定罪人有关权利以及涉及服从监督和遵守特别条件之义务，包括告知其违反义务招致的后果。

第二款　监督机关应当进一步与被定罪人联系，在监督开始之最后时间，设计监督期限与顺利完成的时间计划。应当经常用此计划检查、对照监督期间被缓期执行者服从和遵守缓期执行期间须遵守之条件情况，如有必要或者可能，应当根据检查发现的情况调整改变计划。

由监狱与缓刑管理机构负责之监督

第九十六条

第一款　根据监狱与缓刑管理机构的指令，接受缓期执行的被定罪人，应当经常同监狱与缓刑管理机构保持联系，包括到监狱与缓刑管理机构接受探访。被定罪人应当向监狱与缓刑管理机构报告其住处和工作信息。

第二款　被定罪人应当遵守缓期执行期间须遵守的特别条件，并向监狱与缓刑管理机构报告有关特别条件遵守情况。

第三款　被定罪人应当根据要求证实自己报告之信息的真实性。

第四款　被定罪人应当服从监狱与缓刑管理机构为执行监督和落实特别条件遵守情况而进行的其他指导。

第九十七条

为了提高接受缓期执行之被定罪人守法生活之能力，监狱与缓刑管理机构应当就有关个人工作、社会和个人情况向被定罪人提供指导和帮助。在此方面，监狱与缓刑管理机构应当积极与那些能够根据其他立法提供帮助之个人、机构和当局进行接洽。

第九十八条

司法部部长应当制定有关监督与特别条件遵守落实之规则，包括监督之开始、联系频率以及与当局其他部门之合作等。

条件之违反

第九十九条

第一款　若接受缓期执行之被定罪人逃避监督或者不遵守缓期执行特别条件，监狱与缓刑管理机构应当作出处置，以便重新使被定罪人接受监督，并确保其遵守缓期执行特别条件。

第二款　若被定罪人违反缓期执行期间应当遵守之条件可能产生冒险犯罪之结果，监狱与缓刑管理机构应当就此向检察机关作出报告。

第三款　被定罪人违反其他规定或须遵守之条件的，监狱与缓刑管理机构可以发布命令令其遵守这些规则或条件。若先前就此类违反规定或须遵守条件之事项已发布令被定罪人遵守之命令，接受缓期执行之被定罪人再次违反时，则应当向检察机关作出报告。

第四款　司法部部长应当制定有关处理违反缓期执行须遵守条件之案件的程序规则，包括上列第一款述及之处置、上列第二款和第三款述及之提出报告以及上列第三款规定之命令发布程序规则。

由监狱与缓刑管理机构以外之当局监督等

第一百条

与有关部长协商之后，司法部部长可以制定由监狱与缓刑管理机构以外之当局负责缓期执行监督之规则。

第十八章　附社会服务条件之刑的执行

关于执行社会服务条件之规定

第一百零一条

第一款 《刑法典》第六十三条规定之社会服务须遵守条件，由监狱与缓刑管理机构负责监督执行。

第二款　社会服务须遵守条件要求被定罪人必须在固定的最大限度内完成规定的工作。社会服务应当在固定的最大时间限度的整个期间持续地予以执行，且至少必须在法定时间经过三分之二后方可完成执行，但是，出现特殊情况的除外。

第三款　执行社会服务的处所应当由监督机关决定。被定罪人应当遵守监狱与缓刑管理机构制定发布的有关执行社会服务的规则。

第一百零二条

司法部部长应当制定有关遵守执行社会服务须遵守之条件的规则，包括在执行社会服务期间由偶发事故引起的赔偿规则。

条件之违反

第一百零三条

第一款　监狱与缓刑管理机构应当监督被定罪人履行规定的工作义务。

第二款　被定罪人违反执行社会服务须遵守之条件，或者违反监狱与缓刑管理机构关于执行社会服务须遵守之规定的，监狱与缓刑管理机构应当发布令被定罪人遵守执行社会服务之条件和规则的命令。若先前已发布此类命令，被定罪人再次违反的，则应当就此向检察机关作出报告。

第三款　司法部部长应当制定有关处理违反社会服务条件之案件程序规则。

有关其他条件执行之规则

第一百零四条

本法第九十四条至第一百条之规定，同样适用于《刑法典》第五十七条规定之条件的执行。

第五编　安全监护

第十九章　安全监护之执行

第一百零五条

第一款　应当根据本法第二章关于刑事处罚执行和本法第二编关于监禁刑执行之一般规定执行安全监护，安全监护一般在 Anstalten ved Herstedvester 精神病医院执行。

第二款　司法部部长应当制定有关安全监护执行规则，包括准许请假、转换至其他行刑机构服刑以及假释的程序规则。

第六编　刑之执行的共同规则等

第二十章　在刑之执行期间适用的赔偿措施等

第一百零六条

囚犯受到下列不公正对待的，有权获得《司法行政法》第一千零一十八条规定之赔偿：

1）无正当理由超期服监禁刑；

2）无正当理由被置于审讯室、惩戒单人囚室或者安全单人囚室；或者

3）无正当理由被禁止社会交往。

第一百零七条

在刑事处罚等措施执行期间，囚犯被不公正地采取本法第一百零六条述及之措施的，可以获得《司法行政法》第一千零一十八条规定之赔偿。

第一百零八条

根据本法第一百零六条或者第一百零七条提出赔偿请求，应当在被不公正处置结束之后两个月内向监狱与缓刑管理机构提出。但是，受害人延迟提出赔偿请求被认为有合理理由的，则在限定期限届满后提出赔偿请求的，可以给以正当考虑。

第一百零九条

司法部部长应当制定有关在刑事处罚执行期间采取不正当措施而引起之赔偿案件处理程序规则。

第二十一章　在监狱与缓刑管理机构之行刑处所服刑费用之给付

第一百一十条

第一款　在监狱或者拘留所之内或之外从事有偿工作之囚犯，应当为其服刑支付费用。

第二款　前款之规定同样适用于在监狱与缓刑管理机构之行刑处所从事有偿工作或者得到社会利益之被定罪人。

第三款　司法部部长应当制定有关费用支付规则。

第二十二章　有关申诉规则等

行政申诉程序

第一百一十一条

第一款　对监狱与缓刑管理机构的地方部门和警察局根据本法作出的决定，可以向司法部部长提出申诉；但是，本法第九十条第四款规定的除外。

第二款　向司法部部长提出申诉，应当在被定罪人得到决定通知后两个月之内进行。在特别情况下，司法部部长可以决定放宽时间限制。

第三款　向司法部部长提出申诉，并不影响前述决定执行，除非作出决定之人或者司法部部长规定在对决定申诉期间暂不执行处理决定。

第四款　司法部部长应当制定有关帮助申诉和处理申诉案件的程序规则。

法院复查

第一百一十二条

被定罪人在收到最后行政处置决定通知后，在四周之内，该被定罪人可以就下列事项要求将处置决定提交法院复查：

1）关于根据本法第十四条或者第十五条作出的有关刑期计算之决定，但是，基于有关《司法行政法》第九百九十八条述及的刑之解释争议的除外；

2）关于根据本法第五十五条第四款作出的有关扣押信函之决定，该决定基于保护涉案犯罪之被害人之考虑时；

3）关于根据与本法第六十七条有关的本法第七十条第一款作出的有关在惩戒单人囚室进行纪律惩戒超过七日之决定；

4）关于根据本法第七十三条作出的有关没收款物之决定，其款物之价值超过了付给囚犯一周工作之正常报酬时；

5）关于根据本法第七十四条作出的有关因为损害责任而扣减其报酬的决定，其扣减款额超过了上列第四项述及之囚犯一周工作之正常报酬时；

6）关于根据本法第八十条作出的有关拒绝给予《刑法典》第三十八条第一款或者《刑法典》第四十一条规定之假释之决定，被处终生监禁刑者已服刑十四年时；

7）关于根据本法第八十六条第四款作出的有关重新将被假释者收监执行《刑法典》第四十条第二款或第三款规定之剩余刑期之决定，或者重新将被假释者收监执行《刑法典》第四十二条第二款规定继续服终生监禁刑之决定；

8）关于根据与本法第八十六条第四款相关之本法第八十八条作出的有关将附条件暂缓执行其刑者收监执行其刑或执行《刑法典》第四十三条述及的剩余刑期之决定；或者

9）关于作出拒绝给予本法第一百零一条规定之因使其不公正地超期服监禁刑或无正当理由被置于前列第三项述及之惩戒囚室之赔偿决定。

第一百一十三条

第一款　复查案件应当送交作出原始处置决定的行刑机构所在地有管辖权的一审法院审查。提出复审请求之囚犯后来被转换至其他行刑机构服刑的，其复查案件可以送交被定罪人现时服刑之机构所在地有管辖权的一审法院复查。被定罪人没有被监禁的，其复查案件应当送交被定罪人现时居住地或者正停留地有管辖权的一审法院审查。

第二款　若因为证人住处、囚犯假释或者其他特别原因，为了便于案件审查处理，根据复查案件一方当事人之请求，收到复查案件的法院可以准许将案件移交上列第一款述及之合法地点的另一法院复查。

第三款　关于案件是否应当移交其他法院复查，应当以法院令的形式作出裁定。由法院令裁定移交的案件，不得就其移交裁定向上一级法院提出上诉。

第一百一十四条

第一款　司法部部长不得无正当理由延迟向法院提交复查案件，司法部部长应当提供说明被上诉之处置决定的案件材料和真实的事实情况，以及可能对案件的审判具有重要意义的证据。

第二款　司法部部长应当制定向有关法院送交案件的程序规则。

第一百一十五条

第一款　复查案件之当事人，是被定罪人、其款物被按照本法第七十三条和第一百二十三条规定没收之任何第三人以及司法部部长。

第二款　若法院认为有必要，应当为被定罪人指定一位律师，但是，被定罪人已经聘请律师的除外。

第一百一十六条

第一款　复查案件应当以书面审查形式进行，但是法院作出其他审查形式决定的除外。法院可以要求提供更多有关案件的信息。

第二款　复查案件以口头复查形式进行的，法院应当决定对被定罪人、其他有关人员以及有关证据介绍进行查询。法院应当亲自传唤当事人和证人。

第一百一十七条

向法院提交复查案件，并不产生延缓执行效力，但是司法部部长或者法院决定延缓执行的除外。

第一百一十八条

若复查案件请求应当被驳回，或者原处置决定是否应当被维持、变更或者认定无效，应当以法院令的形式作出决定。

第一百一十九条

第一款　关于为被定罪人指定律师之费用及其偿还，同样应当适用有关法律援助情况下不收取费用之规则。在特殊情况下，法院可以命令被定罪人支付部分或者全部律师办案费用。

第二款　关于不是被指定律师所花费之办案费用，应当适用《司法行政法》第三十章之规定。

第一百二十条

第一款　对于一审法院作出的裁定，本法第一百一十五条规定之当事人可以向高等法院提出上诉。

第二款　向高等法院之上诉，由当事人告知一审法院，由一审法院向高等法院提出。可以口头提出上诉请求，记录在案。一审法院应当向高等法院移交当事人之上诉请求和案件材料。

第三款　在上诉期间，案件按照法律规定的与一审复查相同的规则进行复审。《司法行政法》第三百九十八条第二款第三句之规定，仅当被定罪人没有被监禁时方可适用之。

第一百二十一条

第一款　对高等法院作出的裁定不得上诉。但是，案件具有十分重大影响的，特别委员会可以批准其上诉。在复审获准向最高法院上诉的案件审理期间，《司法行政法》第三百九十二条第二款第三句和第四句之规定适用之。

第二款　在向最高法院上诉期间，本法第一百二十条之规定同样适用之。

第一百二十二条

第一款　本法第一百一十二条第二项或第六项第一部分述及之处理决定被法院裁定维持的，在法院裁定宣告经过六个月以后，可以就此事项再次提请法院复查。本法第一百一十二条第六项第二部分述及之处理决定被法院裁定维持的，在法院宣告经过一年以后，可以就此事项再次提请法院复查。本法第一百一十二条第一项、第三项至第五项和第七项至第九项述及之处理决定被法院裁定维持的，不得再次就此事项提请法院复查。

第二款　根据《刑法典》第四十条重新收监执行剩余刑期的，对于其后来被拒绝给予假释之决定，可以在重新收监之决定作出经过六个月以后首次提请法院复查。根据《刑法典》第四十二条重新收监执行终生监禁刑的，对于其后来被拒绝给予假释之决定，可以在重新收监之决定作出经过一年以后首次提请法院复查。

第一百二十三条

非囚犯之其他个人，对于有关按照本法第七十三条作出的没收其价值超过囚犯一周工作所得正常报酬之款物决定的申诉，本法第一百一十二条至第一百二十一条之规定同样适用之。

俄罗斯联邦刑事执行法典

1997年1月8日第1号联邦法令
（2009年2月14日第36次修订文本）
（2009年3月27日生效）

赵路　译

目　录

总　则

第七十四条　矫正机构的类别

第七十五条　遣送被判处剥夺自由刑人员履行刑罚

副一条　遣送被处刑人员到流刑移住区

第七十六条　被判处剥夺自由刑人员的移送

第七十七条　留置被判处剥夺自由刑人员在隔离侦讯室或监狱从事庶务性服务

副一条　指派被判处剥夺自由刑人员参与调查活动或司法审理

副二条　被判处剥夺自由刑并应承担其他案件刑事责任人员的羁押期限

第七十八条　矫正机构类别的变更

第七十九条　对被判处剥夺自由刑人员到矫正机构的接收

第八十条　被判处剥夺自由刑人员在矫正机构的分别关置

第八十一条　被判处剥夺自由刑人员在同一矫正机构内履行全部刑罚期限

第十二章　矫正机构管制制度与保障手段

第八十二条　矫正机构的管制制度与基本规定

第八十三条　监察监督技术设备

第八十四条　矫正机构内部的业务侦查活动

第八十五条　矫正机构内特殊状况下的管制制度

第八十六条　安全措施及适用根据

第十三章　矫正机构的刑罚履行条件

第八十七条　被判处剥夺自由刑人员履行刑罚的条件

第八十八条　被判处剥夺自由刑人员食品与生活必需品的购买

第八十九条　与被判处剥夺自由刑人员的会面

第九十条　被判处剥夺自由刑人员对邮包、转交物品与印刷品邮件的收取

第九十一条　被判处剥夺自由刑人员的信函往来与汇款收发

第九十二条　被判处剥夺自由刑人员的电话通话

第九十三条　被判处剥夺自由刑人员的放风活动

第九十四条　对被判处剥夺自由刑人员收看电影与电视转播、收听无线电广播的审查

本文本附含下列修订法令：

1. 俄罗斯联邦联邦法 1998 年 1 月 8 日第 11 号联邦法令（《俄罗斯日报》，1998 年 1 月 14 日第 6 期）；

2. 俄罗斯联邦联邦法 1998 年 7 月 21 日第 117 号联邦法令（《俄罗斯日报》，1998 年 7 月 29 日第 142 期）；

3. 俄罗斯联邦联邦法 1998 年 7 月 24 日第 125 号联邦法令（《俄罗斯日报》，1998 年 8 月 12 日第 153—154 期，本法令于 2000 年 1 月 6 日产生效力）；

4. 俄罗斯联邦联邦法 1999 年 3 月 16 日第 49 号联邦法令（《俄罗斯日报》，1999 年 3 月 18 日第 51 期）；

5. 俄罗斯联邦联邦法 2001 年 3 月 9 日第 25 号联邦法令（《俄罗斯日报》，2001 年 3 月 14 日第 52 期）；

6. 俄罗斯联邦联邦法 2001 年 3 月 20 日第 26 号联邦法令（《俄罗斯日报》，2001 年 3 月 23 日第 58 期）；

7. 俄罗斯联邦联邦法 2001 年 6 月 19 日第 85 号联邦法令（《俄罗斯日报》，2001 年 6 月 23 日第 118—119 期）；

8. 俄罗斯联邦联邦法 2003 年 6 月 11 日第 75 号联邦法令（《俄罗斯日报》，2003 年 6 月 17 日第 115 期）；

9. 俄罗斯联邦联邦法 2003 年 12 月 8 日第 161 号联邦法令（《议会公报》，2003 年 12 月 11 日第 231 期，本法令生效程序参见俄罗斯联邦联邦法 2003 年 12 月 8 日第 161 号联邦法令第 10 条，本法令依据俄罗斯联邦联邦法 2004 年 3 月 11 日第 12 号联邦法令修改适用）；

10. 俄罗斯联邦联邦法 2004 年 6 月 29 日第 58 号联邦法令（《俄罗斯日报》，2004 年 7 月 1 日第 138 期）；

11. 俄罗斯联邦联邦法 2004 年 8 月 22 日第 122 号联邦法令（《俄罗斯日报》，2004 年 8 月 31 日第 188 期，本法令生效程序参见俄罗斯联邦联邦法 2004 年 8 月 22 日第 122 号联邦法令第 155 条）；

12. 俄罗斯联邦联邦法 2004 年 11 月 4 日第 129 号联邦法令（俄罗斯联邦立法委员会 2004 年 11 月 8 日第 45 号法令）；

13. 俄罗斯联邦联邦法 2005 年 2 月 1 日第 1 号联邦法令（《俄罗斯日报》，2005 年 2 月 3 日第 20 期）；

14. 俄罗斯联邦联邦法 2005 年 4 月 1 日第 28 号联邦法令（《俄罗斯日报》，2005 年 4 月 5 日第 68 期）；

15. 俄罗斯联邦联邦法 2005 年 4 月 1 日第 29 号联邦法令（《俄罗斯日报》，2005 年 4 月 5 日第 68 期）；

16. 俄罗斯联邦联邦法 2005 年 5 月 9 日第 46 号联邦法令（《俄罗斯日报》，2005 年 5 月 12 日第 98 期）；

17. 俄罗斯联邦联邦法 2005 年 5 月 9 日第 47 号联邦法令（《俄罗斯日报》，2005 年 5 月 12 日第 98 期）；

18. 俄罗斯联邦联邦法 2006 年 1 月 5 日第 8 号联邦法令（《俄罗斯日报》，2006 年 1 月 11 日第 1 期）；

19. 俄罗斯联邦联邦法 2006 年 1 月 9 日第 12 号联邦法令（《俄罗斯日报》，2006 年 1 月 12 日第 2 期）；

20. 俄罗斯联邦联邦法 2006 年 4 月 3 日第 46 号联邦法令（《俄罗斯日报》，

2006年4月6日第70期);

21. 俄罗斯联邦联邦法2006年5月2日第58号联邦法令(《俄罗斯日报》,2006年5月5日第95期);

22. 俄罗斯联邦联邦法2006年12月30日第273号联邦法令(《俄罗斯日报》,2007年1月10日第1期);

23. 俄罗斯联邦联邦法2007年6月6日第91号联邦法令(《俄罗斯日报》,2007年6月9日第123期);

24. 俄罗斯联邦联邦法2007年7月19日第142号联邦法令(《俄罗斯日报》,2007年7月25日第159期);

25. 俄罗斯联邦联邦法2007年7月21日第194号联邦法令(《俄罗斯日报》,2007年7月25日第159期,本法令于2007年9月1日产生效力);

26. 俄罗斯联邦联邦法2007年7月24日第214号联邦法令(《俄罗斯日报》,2007年8月1日第165期,本法令生效程序参见俄罗斯联邦联邦法2007年7月24日第214号联邦法令第32条);

27. 俄罗斯联邦联邦法2007年10月2日第225号联邦法令(《俄罗斯日报》,2007年10月6日第223期,本法令生效程序参见俄罗斯联邦联邦法2007年10月2日第225号联邦法令第14条)。

28. 俄罗斯联邦联邦法2007年12月1日第299号联邦法令(《俄罗斯日报》,2007年12月4日第271期);

29. 俄罗斯联邦联邦法2008年4月3日第40号联邦法令(《俄罗斯日报》,2008年4月9日第76期);

30. 俄罗斯联邦联邦法2008年7月14日第112号联邦法令(《俄罗斯日报》,2008年7月16日第150期);

31. 俄罗斯联邦联邦法2008年7月23日第160号联邦法令(《俄罗斯日报》,2008年7月25日第158期,本法令于2009年1月1日产生效力);

32. 俄罗斯联邦联邦法2008年11月8日第194号联邦法令(《俄罗斯日报》,2008年11月11日第232期);

33. 俄罗斯联邦联邦法2008年12月3日第235号联邦法令(《俄罗斯日报》,

2008年12月9日第251期）；

34. 俄罗斯联邦联邦法2008年12月22日第261号联邦法令（《俄罗斯日报》，2008年12月26日第265期）；

35. 俄罗斯联邦联邦法2008年12月22日第271号联邦法令（《俄罗斯日报》，2008年12月26日第265期）；

36. 俄罗斯联邦联邦法2009年2月14日第23号联邦法令（《俄罗斯日报》，2009年2月18日第27期）。

本法典于：

1996年12月18日　俄罗斯联邦国家杜马审议通过

1996年12月25日　俄罗斯联邦联邦委员会核议批准

2009年2月14日　第36次修订

总　　则

第一编　俄罗斯联邦刑事执行立法的基本原则

第一章　普遍原则

第一条　俄罗斯联邦刑事执行立法的目的与任务

1. 俄罗斯联邦刑事执行立法，以矫正被处刑人员、预防被处刑人员及其他人员实施新的犯罪为自身宗旨。

2. 俄罗斯联邦刑事执行立法的任务为：调整刑罚执行与刑罚履行的程序与条件，确定被处刑人员矫正方法，保护被处刑人员的权利、自由与法律利益，对被处刑人员回归社会（适应社会）提供救助。

第二条　俄罗斯联邦刑事执行立法的构造与内容

1. 俄罗斯联邦刑事执行立法由本法典及其他联邦性法律共同组成。

2. 俄罗斯联邦刑事执行立法确立了有关下列事项的普遍规则与准则:《俄罗斯联邦刑事法典》规定的刑罚执行及其他刑事法律性措施适用，被处刑人员矫正方法适用及其刑罚执行与履行的程序与条件，刑罚执行机关管理机构活动程序，国家权力机关与地方自治机关、其他组织、社会团体以及公民参与被处刑人员矫正程序，刑罚免除与对被释放人员提供救助的程序等普遍规则与准则。

第三条　俄罗斯联邦刑事执行立法与国际性法律规范

1. 俄罗斯联邦刑事执行立法及其适用实践以《俄罗斯联邦宪法》、俄罗斯联邦签署加入的国际性法律与国际条约公认原则和准则为基础，是俄罗斯联邦法律制度不可分割的组成部分，其中包括严格遵守保障被处刑人员免予刑讯、暴力与其他残酷或降低人格尊严处遇的保护规则。

（注：本款规定依据俄罗斯联邦联邦法 2008 年 4 月 3 日第 40 号联邦法令于 2008 年 4 月 20 日颁布适用。）

2. 如果俄罗斯联邦签署加入的国际条约规定有其他刑罚执行或被处刑人员处遇规则不同于俄罗斯联邦刑事执行立法的，则应当适用国际条约规定规则。

3. 本款规定于 2008 年 4 月 20 日丧失效力——俄罗斯联邦联邦法 2008 年 4 月 3 日第 40 号联邦法令。

4. 国际组织就刑罚执行与被处刑人员处遇问题所作的建议（声明），在具备必要的经济能力与社会条件的情况下，应当在俄罗斯联邦刑事执行立法中予以实现。

第四条　有关刑罚执行问题的规范性法令

联邦执行权力机关有权在联邦性法律基础之上，就刑罚执行问题下达基本的规范性法令。

第五条　俄罗斯联邦刑事执行立法对被处刑现役军人的效力

1. 对被处刑现役军人科处的刑罚，应当依据本法典、其他联邦性法律与规范性法令，以及由在俄罗斯联邦国防领域内履行制定与实施国家政策、调整规范性法律职能的联邦执行权力机关会同俄罗斯联邦总检察机关协商制定的被处刑现役军人刑事处罚履行条例执行。

（注：本款规定依据俄罗斯联邦联邦法 2008 年 11 月 8 日第 194 号联邦法令

于2008年11月22日颁布适用。）

2. 被处刑现役军人应当根据俄罗斯联邦立法履行刑罚并例服军役。本条第一款所列规范性法令中的禁止原则对其扩大适用。

第六条　俄罗斯联邦刑事执行立法的空间效力与时间效力

1. 俄罗斯刑事执行立法适用于俄罗斯联邦全部领域。

2. 刑罚执行、被处刑人员矫正方法适用与对被免除刑罚人员提供救助等事项，应当根据其执行时具有效力的法律实行。

第七条　刑罚执行及其他刑事法律性措施适用的根据

刑罚执行与其他刑事法律性措施适用的根据为，刑事案判决或法院就其下达且已具有法律效力的刑事案判决予以变更的决定抑或决议，以及特赦法令或大赦法令。

第八条　俄罗斯联邦刑事执行立法的原则

俄罗斯联邦刑事执行立法以法制原则、人道主义原则、民主主义原则、被处刑人员法律面前地位平等原则、刑罚执行差别对待与个别处理原则、强制性措施合理适用原则、被处刑人员矫正与激励被处刑人员实施适法行为的方法原则、刑事处罚与矫正感化相结合原则为基础。

第九条　被处刑人员矫正与基本矫正方法

1. 被处刑人员矫正，即指造就被处刑人员对他人、社会、劳动、人类社会公共生活规范、准则与传统所应具有的尊重态度，并激励其实施适法行为。

2. 被处刑人员的基本矫正方法为：法定的刑罚（制度）执行与刑罚履行程序，教导工作，社会性有益劳动，普通教育，职业培训与社会感化。

3. 被处刑人员矫正方法适用时，应同时考虑所予科处的刑罚类别、已然犯罪的性质以及社会危害性程度、被处刑人员自身特性与其品行举止。

第二章　被处刑人员的法律地位

第十条　被处刑人员法律地位的基础

1. 俄罗斯联邦尊重并保护被处刑人员的权利、自由与法律利益，保障在刑罚执行期间对被处刑人员适用的矫正方法、法律保护与人身安全具有合法性。

2. 刑罚执行期间，在俄罗斯联邦刑事法、刑事执行法以及其他法律规定例外与禁止之外，保障被处刑人员所应享有的俄罗斯联邦公民权利与自由。被处刑人员不应免除履行自身公民义务，但在联邦性法律予以确定的情况下除外。

3. 被处刑人员为外国公民或无国籍者的，应当在俄罗斯联邦刑事法、刑事执行法与其他法律规定的例外与禁止外，享有并承担俄罗斯联邦签署加入的国际条约与俄罗斯联邦立法中有关《外国公民与无国籍者法律地位法》中确定的权利与义务。

4. 被处刑人员的权利与义务，应由本法典根据具体刑罚类别的履行程序与条件予以确定。

第十一条　被处刑人员的基本义务

1. 被处刑人员应当履行俄罗斯联邦法律规定的俄罗斯联邦公民义务，遵循通行的社会行为道德规范，遵守卫生与保健要求。

2. 被处刑人员应当遵守确定刑罚履行程序与条件的联邦性法律规定要求，以及据此制定的各项规范性法令规定要求。

3. 被处刑人员应当履行刑罚执行机关与机构行政管理部门的合法要求。

4. 被处刑人员应当礼貌对待工作人员、其他刑罚执行机关到访人员以及其他的被处刑人员。

5. 被处刑人员应当在刑罚执行机关与机构的行政管理部门传唤时报到，并就刑事案判决要求的执行问题给予解释。被处刑人员在不报到的情况下，可以对其予以强制性拘传。

6. 被处刑人员，对其应当承担的义务不予履行，以及不完成刑罚执行机关与机构行政管理部门合法性要求的，应当承担法律规定的责任。

第十二条　被处刑人员的基本权利

1. 被处刑人员有权获知与自身权利与义务、法院所处刑罚类别、履行程序与条件等事项相关的信息。刑罚执行机关与机构的行政管理部门，有义务向被处刑人员提供上述信息，有义务让被处刑人员了解刑罚履行程序与条件变更的情况。

2. 被处刑人员有权获得刑罚执行机关工作人员的礼貌对待。他们不应遭受手段残酷或降低人格尊严的处遇或惩罚。对被处刑人员适用的强制性措施只能立基于法律根据之上。

（注：本款规定依据俄罗斯联邦联邦法 2003 年 12 月 8 日第 161 号联邦法令于 2003 年 12 月 11 日补充适用。）

3. 被处刑人员，无论其自身是否同意，都不得对其进行侵害生命与健康的医学试验或其他实验。

4. 被处刑人员享有向刑罚执行机关与机构的行政管理部门、刑罚执行机关与机构的上一级别管理部门（以下简称上级机关）、法院、检察机关、国家权力机关与地方自治机关、社会团体，以及国家间人的权利与自由保护机关提出建议、声明与申诉的权利。

（注：本款规定依据俄罗斯联邦联邦法 2003 年 12 月 8 日第 161 号联邦法令于 2003 年 12 月 11 日颁布适用。）

5. 被处刑人员为俄罗斯联邦公民的，应当使用俄罗斯联邦国家语言或按其意愿使用刑罚履行地点的俄罗斯联邦主体国国家语言递交说明、邮寄信函以及提请本条第四款所指建议、声明与申诉。被处刑人员为外国公民与无国籍者的，有权使用本民族语言或其掌握的其他任何语言递交说明、邮寄信函以及提出本条第四款所指建议、声明与申诉，在必要的情况下，可以借助于翻译服务。对被处刑人员进行回复的语言应当与其使用语言相应。在不能使用相应语言予以回复的情况下，应当使用俄罗斯联邦国家语言附带刑罚执行机关与机构提供的相应语言翻译予以回复。

6. 被处刑人员享有身体健康保健的权利，其中包括视医疗诊断证书在分科门诊或固定医疗诊断条件下获得初级医疗卫生救助与专项医疗救助的权利。

6–1. 被处刑人员有权获得矫正机构心理辅助部门工作人员与其他有权进行相应辅助的人员对其提供的心理辅助。对被处刑人员提供相关的心理辅助措施只能在其同意的情况下方可实行。

（注：本款规定依据俄罗斯联邦联邦法 2003 年 12 月 8 日第 161 号联邦法令

于 2003 年 12 月 11 日增补适用。）

7. 依据俄罗斯联邦相应法律，被处刑人员享有获得社会保障的权利，其中包括领取退休金与社会补助金的权利。

（注：本款规定依据俄罗斯联邦联邦法 2001 年 3 月 9 日第 25 号联邦法令于 2001 年 3 月 14 日颁布适用。）

8. 为获取司法救助，被处刑人员可以借助律师以及其他有权予以相应救助的人员提供的服务。

9. 被判处拘禁刑、限制自由刑或者剥夺自由刑的外国公民，有权同本国设立于俄罗斯联邦的外交代表机构与领事机关保持联系，而该国未在俄罗斯联邦设立外交代表机构与领事机关的外国公民，有权同本国对其权利予以保护的国家外交代表机构或国家间上述被处刑人员权利保护机构保持联系。

10. 被处刑人员权利的实现程序，由本法典及其他规范性法令予以确定。

11. 被处刑人员在实现自身权利的同时，不应破坏刑罚履行程序与条件，并且不得侵犯其他人员的权利与法律利益。

第十三条　被处刑人员的人身安全权利

1. 被处刑人员享有人身安全的权利。

2. 在被处刑人员人身安全受到威胁的情况下，该人有权向拘禁刑、限制自由刑或者剥夺自由刑刑罚执行机关的任何公职人员提交申请，请求保障其人身安全。在这种情况下，上述公职人员应当立即采取措施保障提出申请的被处刑人员人身安全。

3. 执行本条第二款规定刑罚类别的管理机关官长，依据被处刑人员申请或主动采取决定，移送被处刑人员到安全地点或采取其他措施消除威胁被处刑人员人身安全的危险。

4. 对身为刑事诉讼程序参与者的被处刑人员所适用的安全措施，应当由刑罚执行机关或机构官长，在法院、检察官、侦查官、调查机关与调查官所做的合理决议的基础上实行。

（注：本款规定依据俄罗斯联邦联邦法 2006 年 4 月 3 日第 46 号联邦法令于 2006 年 4 月 17 日增补适用。）

第十四条　对被处刑人员良心自治与宗教信仰自由的保障

1.保障被处刑人员良心自治与宗教信仰自由。他们有权信奉任何宗教或不信奉任何宗教，有权自由选择、怀有或是传播宗教信仰并遵循信仰实施行为。

2.良心自治与宗教信仰自由权利的行使自愿自主，但在这种情况下，不应破坏刑罚执行机关内部管理秩序规章，不应侵犯其他人员的权利。

3.被判处限制自由刑刑罚的被处刑人员，依据其个人请求，可以准许到刑罚执行中心区域以外的教堂参加祈祷活动。

4.对于被判处拘禁刑或者剥夺自由刑刑罚的被处刑人员，可以按其请求邀约并由其自主选择神职人员，该人员应当属于依照宗教联合组织规定程序注册的神职人员。在刑罚执行机关区域内，准许被处刑人员举行宗教仪式，使用祭祀物品与宗教文献。上述机构的行政管理部门应当分设相应处所以便实现上述目的。

（注：本款规定依据俄罗斯联邦联邦法 2003 年 12 月 8 日第 161 号联邦法令于 2004 年 5 月 12 日补充适用；依据俄罗斯联邦联邦法 2004 年 3 月 11 日第 12 号联邦法令修订适用。）

5.本款规定于 2004 年 5 月 12 日丧失效力——俄罗斯联邦联邦法 2003 年 12 月 8 日第 161 号联邦法令。

（注：本款规定依据俄罗斯联邦联邦法 2004 年 3 月 11 日第 12 号联邦法令修订适用。）

6.对于罹患严重疾病的被处刑人员，以及被判处死刑即将执行刑事案判决的人员，据其请求，应当保障能够邀约神职人员进行所有必要的宗教仪式。

第十五条　被处刑人员请求的递交及审核程序

1.被处刑人员可以递交建议、声明、申请与申诉。

（注：本款规定依据俄罗斯联邦联邦法 2003 年 12 月 8 日第 161 号联邦法令于 2003 年 12 月 11 日颁布适用。）

2.被处刑人员提出的建议、声明与申诉可以用口头方式或者书面形式进行表述。刑罚执行机关与机构的行政管理部门应当负责对其进行审核。

3.被判处拘禁刑、军事惩戒营禁闭刑、剥夺自由刑与死刑等刑罚的被处刑人员，对本法典第十二条第四款所指机关提出的建议、声明与申诉，应当通过刑罚执行机关与机构的行政管理部门递交。被判处其他类别刑罚的人员提出的建议、声明与申诉可自行递交。

4. 被判处拘禁刑、军事惩戒营禁闭刑、剥夺自由刑与死刑等刑罚的被处刑人员，向对刑罚执行机关与机构活动予以检查与监督的机构所递交的建议、声明与申诉，不应受到检查，并应在不晚于一日的期限内（公休日与节假日除外）递交到指定机关。

5. 被处刑人员就刑罚执行机关与机构行政管理部门所作决定与实行行为提出建议、声明与申诉的，该决定与行为并不因此暂缓实行。

6. 被处刑人员提出的建议、声明与申诉送达机关与公职人员，应在俄罗斯联邦法律规定的期限内对其进行审核，并将审核通过的决定告知被处刑人员。

第三章　刑罚执行机关与机构及其活动监察

第十六条　刑罚执行机关与机构

1. 罚金刑由司法执行警察在被处刑人员居住地点（工作地点）执行。

（注：本款规定依据俄罗斯联邦联邦法 2003 年 12 月 8 日第 161 号联邦法令于 2003 年 12 月 11 日颁布适用。）

2. 剥夺担任一定职务或从事一定活动权利刑，由刑事执行监察机关在被处刑人员居住地点（工作地点）、矫正中心、矫正机构或者军事惩戒营执行。刑事案判决中有关剥夺担任一定职务或从事一定活动权利的要求，应当由被处刑人员工作机关的行政管理部门以及有权依据相关法律撤销从事相应活动许可的机关执行。

3. 剥夺专门称号、荣誉称号、军衔、职衔和国家奖励刑，由下达刑事案判决的法院执行。刑事案判决中关于判处剥夺专门称号、荣誉称号、军衔、职衔和国家奖励刑的要求，应当由授予该称号、职衔或者颁发国家奖励的公职人员抑或俄罗斯联邦相应机关执行。

4. 义务性劳动刑应当由刑事执行监察机关在被处刑人员居住地点执行。

5. 矫正性劳动刑应当由刑事执行监察机关执行。

6. 本款规定于 2003 年 12 月 11 日丧失效力——俄罗斯联邦联邦法 2003 年 12 月 8 日第 161 号联邦法令。

7. 限制自由刑应当由矫正中心执行。

8. 拘禁刑应当由拘禁所执行。

9. 剥夺自由刑应当由流刑移住区、教导院、矫正治疗机构和实行一般管制制度、严厉管制制度、特别管制制度的矫正院或监狱执行。对于本法典第七十七条所指人员应当由隔离侦讯室执行。

10. 终身剥夺自由刑应当由对履行终身剥夺自由刑被处刑人员实行特别管制制度的矫正院执行。

11. 死刑应当由刑事执行系统的管理机构执行。

12. 对现役军人判处的刑罚应当由以下部门执行：

军事惩戒营禁闭刑由专门就此设立的军事惩戒营执行；拘禁刑由卫戍部队指挥部门在现役被处刑军人禁闭室或卫戍部队禁闭室相应分支机构执行；限制性军役刑由上述现役被处刑军人服役所在地军事部队指挥部门执行（以下简称军队指挥部）。

13. 被判处附条件提前免除刑罚（缓刑）的被处刑人员，应当受到刑事执行监察机关的监督。对被判处附条件提前免除刑罚的被处刑军人，对其监督应当由军队指挥部执行。

14. 本条第四款、第五款、第七款、第八款、第九款与第十款所指管理机构为刑事执行系统的管理机构。

（注：本款规定依据俄罗斯联邦联邦法 2006 年 1 月 9 日第 12 号联邦法令于 2006 年 1 月 23 日颁布适用。）

（注：本条规定依据俄罗斯联邦联邦法 2001 年 3 月 9 日第 25 号联邦法令于 2001 年 3 月 14 日颁布适用。）

第十七条　有关刑罚履行地点的通知

有关被处刑人员到达刑罚履行地点的通知，刑罚执行机关或机构的行政管理部门，应当自被处刑人员到达之日起十日内送交被处刑人员指定的一名亲属处。

第十八条　对被处刑人员适用的医疗性强制措施

1. 被判处限制自由刑、拘禁刑、剥夺自由刑的被处刑人员，罹患不排除刑事责任能力精神性障碍疾患的，由执行上述刑罚类别的机构，遵循法院判决对其适用医疗性强制措施。

（注：本款规定依据俄罗斯联邦联邦法 2003 年 12 月 8 日第 161 号联邦法令于 2003 年 12 月 11 日颁布适用。）

2. 本条第一款规定刑罚在履行期间内，如果确证被处刑人员罹患不排除刑事责任能力的精神性障碍疾患，对自己或他人具有一定危害性，上述刑罚执行机关的行政管理部门应向法院递交有关对其适用医疗性强制措施的提议。

（注：本款规定依据俄罗斯联邦联邦法 2001 年 3 月 9 日第 25 号联邦法令于 2001 年 3 月 14 日补充适用；依据俄罗斯联邦联邦法 2003 年 12 月 8 日第 161 号联邦法令于 2003 年 12 月 11 日颁布适用。）

3. 本款规定于 2001 年 3 月 14 日予以废除——俄罗斯联邦联邦法 2001 年 3 月 9 日第 25 号联邦法令。

（注：原文本第四款规定于 2001 年 3 月 14 日起变更为本文本第三款规定——俄罗斯联邦联邦法 2001 年 3 月 9 日第 25 号联邦法令）

4. 被判处本条第一款规定刑罚的被处刑人员，罹患酒精瘾癖、麻醉剂瘾以及毒瘾的，或携带人体免疫性缺损病毒（感染艾滋病病毒）的被处刑人员，以及患有开放性肺结核或罹患性病未进行过全程医疗的被处刑人员，应当由执行上述刑罚的机关遵循医疗鉴定委员会决定对其进行强制医疗。

（注：本款规定依据俄罗斯联邦联邦法 2003 年 12 月 8 日第 161 号联邦法令于 2003 年 12 月 11 日补充适用。）

第十九条　国家权力机关的监察

（注：本条名称依据俄罗斯联邦联邦法 2004 年 8 月 22 日第 122 号联邦法令于 2005 年 1 月 1 日颁布生效。）

联邦性国家权力机关对刑罚执行机关与机构的活动实行监察。实施监察的程序由俄罗斯联邦法律予以调整。

（注：本条规定依据俄罗斯联邦联邦法 2004 年 8 月 22 日第 122 号联邦法令于 2005 年 1 月 1 日颁布适用。）

第二十条　司法监察

1. 在裁决有关附条件提前免除刑罚，较轻刑罚类别替代剩余部分刑罚，被处刑人员鉴于疾病免除刑罚，对怀有身孕与尚有年幼子女未满十四岁的女性被处刑人员延期执行刑罚以及变更矫正机构类别等问题时，法院应对相关的刑罚执行情况予以监督。

（注：本款规定依据俄罗斯联邦联邦法 2001 年 3 月 9 日第 25 号联邦法令于 2001 年 3 月 14 日颁布适用。）

2. 法院依据俄罗斯联邦法律对被处刑人员与其他人员针对刑罚执行机关与机构行政管理部门行为提出的申诉予以审查。

（注：本款规定依据俄罗斯联邦联邦法 2003 年 12 月 8 日第 161 号联邦法令于 2003 年 12 月 11 日颁布适用。）

3. 执行刑罚的机关与机构应当通知下达刑事案判决的法院有关被判处限制自由刑、拘禁刑、军事惩戒营禁闭刑、剥夺自由刑人员刑罚履行开始及刑罚履行地点的事宜，以及有关罚金刑，剥夺担任一定职务或从事一定活动权利刑，剥夺专门称号、荣誉称号、军衔、职衔和国家奖励刑，义务性劳动刑，矫正性劳动刑，限制性军役刑，死刑等刑罚执行的状况。

（注：本款规定依据俄罗斯联邦联邦法 2003 年 12 月 8 日第 161 号联邦法令于 2003 年 12 月 11 日颁布适用。）

第二十一条　管理监察

对刑罚执行机关与机构活动的监察，应当由上级机关与上级机关公职人员进行管理监察。管理监察的实施程序由规范性法令予以确定。

第二十二条　对刑罚执行机关与机构行政管理部门法律遵守状况的检察监督

俄罗斯联邦总检察长与其下辖检察长，依据《俄罗斯联邦检察机关法》对刑罚执行机关与机构行政管理部门的法律遵守状况实施检察监督。

第二十三条　社会团体对刑罚执行机关与机构工作的协助

1. 社会团体应当对刑罚执行机关与机构的工作予以协助，应当参与被处刑人员的矫正工作。

2. 在俄罗斯联邦法律规定程序与基础之上，社会团体可以对刑罚执行机关与机构活动予以监督。

第二十四条　访查刑罚执行机关与机构

1. 下列人员，在履行公务时访查刑罚执行机关与机构的，有权不经特别许可：

（1）俄罗斯联邦总统、俄罗斯联邦政府主席、俄罗斯联邦联邦议会联邦委员会成员与国家杜马议员、俄罗斯联邦人权专员，以及俄罗斯联邦各主体国总统与政府首脑、俄罗斯联邦各主体国人权专员、地方自治机关首脑——在相应区域内；

（注：本项规定依据俄罗斯联邦联邦法 2003 年 12 月 8 日第 161 号联邦法令于 2003 年 12 月 11 日补充适用。）

（2）俄罗斯联邦总检察长、俄罗斯联邦各主体国检察长与其下辖各级检察长，以及对相应区域刑罚执行实行直接监督的检察长；

（3）上级机关公职人员；

（4）在刑罚执行机关与机构所在区域内进行案件审理的法院法官；

（5）对刑罚执行机关与机构活动进行监督的公共监察委员会专员与成员——在相应区域内。

（注：本项规定依据俄罗斯联邦联邦法 2003 年 12 月 8 日第 161 号联邦法令于 2003 年 12 月 11 日补充适用。）

2. 本款规定于 2003 年 12 月 11 日丧失效力——俄罗斯联邦联邦法 2003 年 12 月 8 日第 161 号联邦法令。

（注：原文本第二款至第四款规定于 2001 年 6 月 23 日起相应顺延为本文本第三款至第五款——俄罗斯联邦联邦法 2001 年 6 月 19 日第 85 号联邦法令。）

3. 大众信息媒体代表与其他人员，在出具相应刑罚执行机关与机构行政管理部门抑或上级机关特别许可的情况下，有权访查该刑罚机关与机构。

4. 对被处刑人员进行摄影、摄像、录像，采访被处刑人员，应当获得被处刑人员本人书面形式的许可。

5. 对保障与保护被处刑人员安全的客体进行摄影、摄像与录像的，应当取得刑罚执行机关与机构行政管理部门书面形式的许可。

分　则

第二编　被处刑人员非社会隔离性刑罚的执行

第四章　义务性劳动刑执行

第二十五条　义务性劳动刑的执行程序

1. 义务性劳动刑由刑事执行监察机关在被处刑人员居住地点内执行。被处刑人员履行的义务性劳动类别与劳动对象，应当由地方自治机关会同刑事执行监察机关协商确定。

（注：本款规定依据俄罗斯联邦联邦法 2006 年 12 月 30 日第 273 号联邦法令于 2007 年 1 月 21 日颁布适用。）

2. 被判处义务性劳动刑的被处刑人员，自法院相应附带刑事案判决（裁决、决议）副本的执行命令到达刑事执行监察机关后，应当在不晚于十五日的期限内开始履行刑罚。

3. 刑事执行监察机关负责对被处刑人员进行登记；对其说明刑罚履行的程序与条件；同地方自治机关协商确定被处刑人员履行义务性劳动刑的劳动项目清单；监督被处刑人员的行为；对被处刑人员的劳动时间进行汇总计算。

（注：本款规定依据俄罗斯联邦联邦法 2003 年 12 月 8 日第 161 号联邦法令于 2003 年 12 月 11 日颁布适用。）

第二十六条　义务性劳动刑的执行与履行条件

1. 被判处义务性劳动刑的被处刑人员：

应当遵守其履行义务性劳动刑刑罚所在机构的内部秩序规章，认真对待劳动；应当在对其指定的劳动项目上工作并应完成法庭裁定的义务性劳动刑期限；有关居住地点的变更应当通知刑事执行监察机关，在刑事执行监察机关传唤时应当报到。

（注：本款规定依据俄罗斯联邦联邦法2006年1月9日第12号联邦法令于2006年1月23日补充适用。）

2. 被处刑人员基本工作地点对其提供例行年度假期的，不应就此暂缓执行义务性劳动刑。

3. 在下列情况下，被处刑人员罹患严重疾病影响继续履行刑罚的，或者被认定为一级残障的，被处刑人员有权向法庭递交有关免除其继续履行刑罚的申请。

（注：本款规定依据俄罗斯联邦联邦法2006年1月9日第12号联邦法令于2006年1月23日颁布适用。）

3-1. 被判处义务性劳动刑的女性被处刑人员，在怀有身孕的情况下，有权向法庭递交申请要求自例行孕假与产假开始之日起对其延期执行刑罚。

（注：本款规定依据俄罗斯联邦联邦法2006年1月9日第12号联邦法令于2006年1月23日增补适用。）

4. 被处刑人员在无酬劳基础上履行义务性劳动刑。

（注：本款规定依据俄罗斯联邦联邦法2003年12月8日第161号联邦法令于2003年12月11日增补适用。）

第二十七条　义务性劳动刑期限的计算

1. 义务性劳动刑期限以“小时”为计算单位，被处刑人员在该时间内履行义务性劳动刑。

2. 在休息日与被处刑人员基本工作、服务或学习之余的闲暇期间内，义务性劳动刑的履行时间不应当超过四个小时；在工作日期间——应当在工作、服务或学习结束后两个小时之内，而在被处刑人员同意的情况下——可以为四个小时。照例，一个星期内执行义务性劳动刑的时间不应低于十二个小时。在具有正当理由的情况下，刑事执行监察机关有权决定减少被处刑人员一个星期内的工作时间。

第二十八条　被处刑人员履行义务性劳动刑机关行政管理部门的职责

1. 被处刑人员履行义务性劳动刑机关的行政管理部门，负责对被处刑人员完成所处义务性劳动刑情况予以监督，负责通知刑事执行监察机关有关已完成劳动的小时数目抑或被处刑人员逃避履行刑罚的情况。

2. 本款规定于 2003 年 12 月 11 日丧失效力——俄罗斯联邦联邦法 2003 年 12 月 8 日第 161 号联邦法令。

3. 在下列情况下，因执行义务性劳动刑而导致被处刑人员伤残的，应当遵循俄罗斯联邦劳动法规定对被处刑人员进行致害赔偿。

第二十九条　被判处义务性劳动刑人员的责任

1. 被判处义务性劳动刑的人员，破坏刑罚履行程序与条件的，刑事执行监察机关应当对其予以警告，告知依据俄罗斯联邦法律规定就此应当承担何种责任。

2. 对于恶意逃避履行义务性劳动刑的被处刑人员，刑事执行监察机关应向法院递交有关依据《俄罗斯联邦刑事法典》第四十九条第三款规定变更义务性劳动刑为其他刑罚类别的报告。

第三十条　蓄意逃避履行义务性劳动刑

被处刑人员，具有下列情形之一的，应当认定为蓄意逃避履行义务性劳动刑（注：本段规定依据俄罗斯联邦联邦法 2003 年 12 月 8 日第 161 号联邦法令于 2003 年 12 月 11 日颁布适用）：

（1）在一个月期限内，两次以上无正当理由不参加义务性劳动的；

（2）在一个月期限内，两次以上破坏劳动纪律的；

（3）以逃避履行刑罚为目的进行藏匿的。

2. 蓄意逃避履行刑罚的被处刑人员，所处地点不详的，应当对其予以通告侦缉，并可拘留四十八小时以下，该期限可由法院延长至三十日。

（注：本款规定依据俄罗斯联邦联邦法 2003 年 12 月 8 日第 161 号联邦法令于 2003 年 12 月 11 日增补适用。）

第五章　罚金刑执行

第三十一条　罚金刑的执行程序

1. 被判处一次性缴纳罚金的被处刑人员，应当自法院下达的刑事案判决产生效力之日起三十日内缴清罚金。

2. 在以下情况下，如果被处刑人员不能一次性缴清罚金的，法院根据其申请可以裁决在三年期限内分期缴清罚金。

（注：本款规定依据俄罗斯联邦联邦法 2007 年 10 月 2 日第 225 号联邦法令于 2007 年 10 月 6 日颁布适用。）

3. 被判处分期缴纳罚金的被处刑人员，以及法院根据本条第二款规定判处其分期缴纳罚金的被处刑人员，应当自法院下达的刑事案判决或民事案判决产生效力之日起三十日内缴纳第一部分罚金，剩余部分的罚金，被处刑人员应当在每月不晚于月末之日以前缴纳。

（注：本条规定依据俄罗斯联邦联邦法 2003 年 12 月 8 日第 161 号联邦法令于 2003 年 12 月 11 日颁布适用。）

第三十二条　蓄意逃避缴纳罚金

1. 被处刑人员不缴纳罚金或者不在本法典第三十一条第一款与第三款规定的期限内缴纳部分罚金的，应当认定为恶意逃避缴纳罚金。

2. 对于被处刑人员恶意逃避缴纳作为基础性刑罚判处的罚金，司法执行警察应当自本法典第三十一条第一款与第三款规定的缴纳期限届满之日起十日后不晚于三十日期限内，向法院递交有关根据《俄罗斯联邦刑事法典》第四十六条第五款规定将罚金刑变更为其他刑罚类别的报告。

3. 对于被处刑人员恶意逃避缴纳作为附加刑罚判处的罚金的，司法执行警察应当依据俄罗斯联邦法律规定的强制程序对其强制追缴罚金。

（注：本款规定依据俄罗斯联邦联邦法 2006 年 1 月 9 日第 12 号联邦法令于 2006 年 1 月 23 日颁布适用。）

4. 被处刑人员蓄意逃避履行刑罚且所处地点不详的，应当对其予以通告侦缉，并可拘留至四十八小时。该期限可由法院延长至三十日。

（注：本条规定依据俄罗斯联邦联邦法 2003 年 12 月 8 日第 161 号联邦法令于 2003 年 12 月 11 日颁布适用。）

第六章 剥夺担任一定职务或从事一定活动权利刑执行

第三十三条 剥夺担任一定职务或从事一定活动权利刑的执行程序

1. 剥夺担任一定职务或从事一定活动权利刑，无论是作为基础刑，还是作为罚金刑、义务性劳动刑、矫正性劳动刑以及附条件提前免除刑罚的附加刑进行判处的，都应当由被处刑人员居住地点（工作地点）的刑事执行监察机关执行。

（注：本款规定依据俄罗斯联邦联邦法 2006 年 1 月 9 日第 12 号联邦法令于 2006 年 1 月 23 日补充适用。）

2. 上述刑罚作为限制自由刑、拘禁刑、军事惩戒营禁闭刑或者剥夺自由刑的附加刑判处时，应当由基础刑执行机关与机构执行。而在基础刑履行完毕之后由被处刑人员居住地点的刑事执行监察机关继续执行。

（注：本款规定依据俄罗斯联邦联邦法 2006 年 1 月 9 日第 12 号联邦法令于 2006 年 1 月 23 日补充适用。）

3. 刑事执行监察机关应当对被处刑人员进行登记；监督被处刑人员对法院刑事案判决科处的禁止担任一定职务或从事一定活动权利处罚的遵守状况；检查被处刑人员工作机关行政管理部门对刑事案判决要求的执行情况，以及担当撤销禁止被处刑人员从事一定活动决定的职能部门；组织被处刑人员的教导工作。

4. 被附加判处剥夺担任一定职务或从事一定活动权利刑的被处刑人员在该处履行基础刑的刑罚执行机关行政管理部门，不得指派被处刑人员从事其被禁止从事的活动。

5. 在被处刑人员应征入伍或参加军役，抑或参加择一性公民义务（军役替代性文职）的情况下，刑事执行监察机关应当将法院刑事案判决副本移交军事委员会（军役局）或被处刑人员服役地点以便在军役履行期间执行该种刑罚。

第三十四条　被处刑人员工作机关的行政管理部门职责

1. 刑事案判决中有关剥夺担任一定职务或从事一定活动权利刑的要求，被处刑人员工作机关的行政管理部门必须执行。

2. 被处刑人员工作机关的行政管理部门必须执行下列各项要求：

（1）在接收法院下达的刑事案判决副本与刑事执行监察机关的通知后，应当在不晚于三日内免除被处刑人员担任的但被剥夺担任权利的职务，或者禁止其从事一定的活动，并将有关刑事案判决已予执行的通知送交刑事执行监察机关；

（2）遵照刑事执行监察机关要求提交与刑罚执行相关的证明文件；

（3）在变更或中止被处刑人员劳动合约的情况下，应当在三日内将此情况通知刑事执行监察机关；

（4）在以下情况下，未履行完毕刑罚的被处刑人员被工作机关辞退的，应当在其劳动手册上记载有关根据何种理由、在多长期限内、剥夺其担任何种职务或从事何种活动的权利等情况。

第三十五条　具有撤销从事一定活动许可职权机关的职责

1. 刑事案判决中有关剥夺从事一定活动权利的要求，具有撤销从事相应活动许可职权的机关必须执行。

2. 上述机关，在接收法院下达的刑事案判决副本与刑事执行监察机关的通知后，必须在三日内撤销被处刑人员被禁止从事活动项目的许可，取消相应授权该人从事上述活动的文件，并向刑事监察执行机关递交有关通知。

第三十六条　剥夺担任一定职务或从事一定活动权利刑期限的计算

1. 剥夺担任一定职务或从事一定活动权利刑的刑罚期限，无论该刑罚是作为基础刑判处，还是作为罚金刑、义务性劳动刑或者矫正性劳动刑的附加刑判处，抑或在附条件提前免除刑罚的条件下，如果此时附加刑未延期执行，则该刑罚期限自法院下达的刑事案判决产生法律效力之时起开始计算。上述刑罚期限对被处刑人员曾经担任或从事的已予禁止从事或担任的职务与活动时间不予计人。

2. 在科处剥夺担任一定职务或从事一定活动权利刑为限制自由刑、拘禁刑、军事惩戒营禁闭刑、剥夺自由刑的附加性刑罚的情况下，该刑罚期限自被处刑人员于矫正中心、拘禁所、军事惩戒营或矫正机构释放之日起进行计算。

3. 在本条第二款予以规定的情况下，刑事案判决中有关剥夺担任一定职务或从事一定活动的要求，同样及于被处刑人员履行上述基础刑刑罚类别的全部时间。

第三十七条　被判处剥夺担任一定职务或从事一定活动权利刑人员的责任

被判处剥夺担任一定职务或从事一定活动权利刑的人员，必须执行刑事案判决的要求，按照刑事执行监察机关要求提供有关上述刑罚履行的文件，并告知刑事执行监察机关有关所处工作地点、工作地点变更、辞职以及居住处所变更等情况。

（注：本条规定依据俄罗斯联邦联邦法 2003 年 12 月 8 日第 161 号联邦法令于 2003 年 12 月 11 日补充适用。）

第三十八条　不执行法院有关剥夺担任一定职务或从事一定活动权利刑刑事案判决的责任

权力专员、国家职员、地方自治机关职员、国家或市政自治机构、商业或其他组织机构职员，蓄意不执行法院有关剥夺担任一定职务或从事一定活动权利且已具备法律效力的刑事案判决、判决或者其他法令，以及被处刑人员违反刑事案判决要求的，应当依据俄罗斯联邦法律规定程序承担相应责任。

第七章　矫正性劳动刑执行

第三十九条　矫正性劳动刑的执行程序

1. 矫正性劳动刑，在地方自治机关会同刑事执行监察机关协商后确定的地点履行，但应当在被处刑人员居住区域内。

（注：本款规定依据俄罗斯联邦联邦法 2003 年 12 月 8 日第 161 号联邦法令于 2003 年 12 月 11 日颁布适用。）

2. 被判处矫正性劳动刑的人员，自附带刑事案判决副本的法院命令（裁定、决议）送达刑事执行监察机关之日起不晚于三十日，应当遣送到刑事执行监察机关履行刑罚。

（注：本款规定依据俄罗斯联邦联邦法 2003 年 12 月 8 日第 161 号联邦法令于 2003 年 12 月 11 日颁布适用。）

3. 刑事执行监察机关应当对被处刑人员进行登记；向其说明刑罚履行的程序与条件；监督被处刑人员对刑罚履行条件的遵守状况与被处刑人员所在劳动机关行政管理部门对刑事案判决要求的执行情况；依据俄罗斯联邦法律规定程序，在警务机关工作人员参与的情况下开展对被处刑人员的教导工作；检查被处刑人员的行为；就变更被处刑人员矫正性劳动刑刑罚履行地点问题请示地方自治机关；对在传唤或登记时无正当理由不予报到的被处刑人员采取拘传决定；对被处刑人员采取初步侦缉措施；准备并递交有关下落不明的被处刑人员材料到相应机关。

（注：本款规定依据俄罗斯联邦联邦法 2003 年 12 月 8 日第 161 号联邦法令于 2003 年 12 月 11 日颁布适用；依据俄罗斯联邦联邦法 2005 年 2 月 1 日第 1 号联邦法令于 2005 年 2 月 14 日颁布适用。）

第四十条　矫正性劳动刑的履行条件

1. 被判处矫正性劳动刑的人员，必须遵守刑罚履行的程序与条件。认真对待劳动，并在刑事执行监察机关对其予以传唤时前来报到。

（注：本款规定依据俄罗斯联邦联邦法 2005 年 2 月 1 日第 1 号联邦法令于 2005 年 2 月 14 日颁布适用。）

2. 应当从被处刑人员的劳动报酬中扣除法院刑事案判决规定的数额。

3. 在矫正性劳动刑履行期间，禁止被处刑人员不经刑事执行监察机关书面许可自行停止劳动。该许可只在对劳动停止原因的理由进行审查后方可下达。不予下达该许可时应当具有充分理由。对不予下达许可的决定可以通过法律规定程序进行投诉。

4. 被处刑人员无权拒绝指定由其完成的劳动。

（注：本款规定依据俄罗斯联邦联邦法 2003 年 12 月 8 日第 161 号联邦法令于 2003 年 12 月 11 日颁布适用。）

5. 有关工作地点与居住处所变更的情况，被处刑人员应当在十日内告知刑事执行监察机关。

6. 在矫正性劳动刑履行期间，由被处刑人员所在的劳动改造机关行政管理部门会同刑事执行监察机关协商确定，为被处刑人员提供时长为十八个工作日的带薪年假。俄罗斯联邦劳动法规规定的其他假期类别，基本上都可以向被处刑人员提供。

第四十一条　对被判处矫正性劳动刑人员规定的责任与禁制（失效）

（注：本条规定于2003年12月11日丧失效力——俄罗斯联邦联邦法2003年12月8日第161号联邦法令。）

第四十二条　矫正性劳动刑期限的计算

1. 矫正性劳动刑期限以“月”与“年”为计算单位，被处刑人员在该期限内从事劳动并在其劳动报酬中扣除相应款项。被处刑人员于法定刑罚期限内每个月完成劳动的日数，应当不少于当月的工作日日数。如果被处刑人员未能完成规定的工作日日数，并且不具有本法典对未在刑罚期限内完成工作日日数应当如何计算予以规定的理由，则矫正性劳动刑刑罚的履行延长至被处刑人员完全完成工作日规定日数。

2. 被处刑人员参加劳动之日为矫正性劳动刑履行期限开始之日。

（注：本款规定依据俄罗斯联邦联邦法2003年12月8日第161号联邦法令于2003年12月11日颁布适用。）

3. 被处刑人员因正当理由未能参加劳动的时间，不计入矫正性劳动刑刑罚履行期限。

（注：本款规定依据俄罗斯联邦联邦法2003年12月8日第161号联邦法令于2003年12月11日颁布适用。）

4. 被处刑人员在罹患严重疾病阻碍刑罚履行或被鉴定为一级残障的情况下，有权向法院递交有关要求免除其继续履行刑罚的申请。

（注：本款规定依据俄罗斯联邦联邦法2006年1月9日第12号联邦法令于2006年1月23日颁布适用。）

5. 被判处矫正性劳动刑的女性被处刑人员，在怀有身孕的情况下，有权向法庭递交申请要求自例行孕假与产假开始之日起对其延期执行刑罚。

（注：本款规定依据俄罗斯联邦联邦法2006年1月9日第12号联邦法令于

2006年1月23日颁布适用。）

6. 在实行工作时间累计核算的单位中工作的被处刑人员，其刑罚期限应当根据核算期内持续的工作时间计算，但不应超过法定的工作时间数量。

7. 下列时间不应计入刑罚期限：被处刑人员未劳动的时间；因酒精瘾癖、麻醉剂瘾与毒瘾或其相关行为影响而引发疾病的时间；拘留类行政处罚履行的时间以及在刑罚履行期间根据其他案件的强制性处罚措施程序予以监视居住（软禁）或监禁的时间。

（注：本款规定依据俄罗斯联邦联邦法2003年12月8日第161号联邦法令于2003年12月11日颁布适用；依据俄罗斯联邦联邦法2006年1月9日第12号联邦法令于2006年1月23日颁布适用。）

第四十三条　被判处矫正性劳动刑人员工作单位的行政管理部门的职责

1. 被判处矫正性劳动刑人员工作单位的行政管理部门具有下列职责：及时准确地从被处刑人员劳动报酬中缴扣款项并依据规定程序划拨所扣金额；监督被处刑人员工作中的行为举止并协助刑事执行监察机关对被处刑人员进行教育工作；遵守本法典规定的刑罚履行条件；向刑事执行监察机关通知有关对被处刑人员适用的奖励与惩戒措施、被处刑人员逃避履行刑罚的情况，以及事先通知有关调动被处刑人员到其他职务或将其辞退的情况。

2. 不履行上述职责的，应当依据俄罗斯联邦法律承担责任。

第四十四条　自被判处矫正性劳动刑人员劳动报酬中缴扣款项的实施程序

1. 刑事执行监察机关对从被判处矫正性劳动刑人员劳动报酬中缴扣款项与划拨缴扣金额到相应预算中的准确性与及时性予以监督。为便于实施该监督，刑事执行监察机关有权让财政机关与税务机关介入。

2. 在被处刑人员每一工作月结束后对其支付劳动报酬时，应当从其基本工作地点支付的劳动报酬中缴扣款项，不论依据执行文件是否存在对其予以扣缴的要求。

3. 在缴扣款项时，应当计算被处刑人员劳动报酬中的钱款部分与实物部分。缴扣金额应按月划拨到相应的财政预算。

4. 不得从被处刑人员依据社会保险与社会保障程序领取的补助金、一次性补偿金中扣缴款项，失业补助金以及对生产事故与职业病所致不幸状况进行强制性社会保险按月支付的保险费除外。

（注：本款规定依据俄罗斯联邦联邦法1998年7月24日第125号联邦法令于2000年1月6日补充适用。）

5. 被处刑人员暂时性劳动能力丧失补助金应按其劳动报酬计算，不必考虑法院刑事案判决科处的扣缴数额。

（注：本款规定依据俄罗斯联邦联邦法2006年12月30日第273号联邦法令于2007年1月21日颁布适用。）

6. 在变更或撤销法院下达的刑事案判决并终止案件的情况下，从被处刑人员劳动报酬中多扣缴的数额应当全部返还。

7. 刑事执行监察机关、被处刑人员本人抑或其工作单位的行政管理部门，在被处刑人员物质状况恶化的情况下，有权向法院递交有关要求降低从被处刑人员劳动报酬中扣缴数额的申请。有关降低扣缴数额的决定应当在参考被处刑人员全部收入后作出。

第四十五条　对被判处矫正性劳动刑人员适用的奖励措施（失效）

（注：本条规定于2003年12月11日丧失效力——俄罗斯联邦联邦法2003年12月8日第161号联邦法令。）

第四十六条　破坏矫正性劳动刑履行程序与条件及蓄意逃避履行矫正性劳动刑的责任

1. 下列情况视为被处刑人员破坏矫正性劳动刑的履行程序与条件：

（1）自收取刑事执行监察机关书面指令之日起十五日内无正当理由不参加劳动；

（注：本项规定依据俄罗斯联邦联邦法2003年12月8日第161号联邦法令于2003年12月11日颁布适用。）

（2）无正当理由不到刑事执行监察机关报到；

（注：本项规定于2003年12月11日丧失效力——俄罗斯联邦联邦法2003年12月8日第161号联邦法令。）

（3）旷工或在醉酒、麻醉剂瘾抑或毒瘾发作状态下参加劳动。

2. 被判处矫正性劳动刑的人员在破坏刑罚履行程序与条件的情况下，刑事执行监察机关可以书面形式对其提出将矫正性劳动刑替换为其他刑罚的警告，被处刑人员必须一月两次到刑事执行监察机关进行登记。

（注：本款规定依据俄罗斯联邦联邦法 2003 年 12 月 8 日第 161 号联邦法令于 2003 年 12 月 11 日补充适用；依据俄罗斯联邦联邦法 2005 年 2 月 1 日第 1 号联邦法令于 2005 年 2 月 14 日颁布适用。）

3. 被处刑人员因实施本条第一款规定中的任何违法行为而被予以书面形式的警告后，再次破坏刑罚履行程序与条件的，以及从居住地潜逃而下落不明的，应当认定为恶意逃避履行矫正性劳动刑。

4. 从居住地潜逃下落不明的被处刑人员，可以宣布对其进行侦缉并可羁押至四十八个小时。该期限可由法院延长至三十日。

（注：本款规定依据俄罗斯联邦联邦法 2003 年 12 月 8 日第 161 号联邦法令于 2003 年 12 月 11 日颁布适用。）

5. 对于恶意逃避履行矫正性劳动刑的被处刑人员，刑事执行监察机关应向法院递交有关依据《俄罗斯联邦刑事法典》第五十条第三款规定以其他刑罚类别替代矫正性劳动刑的报告。

第八章　限制自由刑执行

第四十七条　限制自由刑的履行地点

1. 被判处限制自由刑的被处刑人员在专门机构——矫正中心内履行刑罚。通常应在被处刑人员居住或者对其进行刑罚裁处的俄罗斯联邦主体国地域内履行。

2. 被处刑人员，对其科处的限制自由刑依据替代程序变更为其他刑罚的，可以遣送至处于俄罗斯联邦其他主体国地域内的矫正中心履行刑罚。被处刑人员居住地未设置矫正中心的，也可依据该程序遣送以便刑罚的履行。

3. 地方自治管理机关，应当协助限制自由刑刑罚执行机关对遣送至当地履行刑罚的被处刑人员进行劳动与生活安置。

第四十八条　对被判处限制自由刑人员至刑罚履行地点的遣送

1. 被判处限制自由刑人员居住地点的刑事执行监察机关，自收到法院下达的附带刑事案判决（裁决、决议）副本的有关命令之后，应当在不晚于十日内对被处刑人员下达关于遣送其至刑罚履行地点的指令。指令中对被处刑人员路途所需时间应予考虑并指明期限，被处刑人员应在该期限内到达刑罚履行地点。被判处限制自由刑的人员或依据替换程序以该种刑罚替代其他刑罚类别的被处刑人员，由国家支付费用自行前往刑罚履行地点。

2. 考虑到被处刑人员自身的个性特点、矫正机构与矫正中心所处地点，被处刑人员依据法院裁定可以按照对被判处限制自由刑人员规定的程序遣送至矫正中心。

3. 被处刑人员未履行部分的剥夺自由刑刑罚变更为限制自由刑的，应当对其解除羁押并由国家支付费用自行前往刑罚履行地点。矫正机构的行政管理部门也可批准被处刑人员为期五日的短期出行，其出发及其后自行返回矫正中心的路途时间不予计入。这种情况下，矫正机构的行政管理部门应向被处刑人员下达有关前往刑罚履行地点的书面指令，并在应对准许的路途时间予以考虑的情况下指明前往矫正中心应当行走的路线与到达时间。

4. 在以下情况下，被处刑人员逃避接收本条第一款规定指令或在该指令确定的期限内未到达刑罚履行地点的，对其可予通缉并应羁押至四十八小时，该期限可由法院延长至三十日。

5. 被处刑人员被羁押后，应当依据对被判处剥夺自由刑人员规定的程序将其遣送至刑罚履行地点，或向法院递交有关以剥夺自由刑替代限制自由刑的报告。

（注：本条规定依据俄罗斯联邦联邦法 2003 年 12 月 8 日第 161 号联邦法令于 2003 年 12 月 11 日颁布适用。）

第四十九条　限制自由刑期限的计算

1. 限制自由刑的期限应当自被处刑人员到达矫正中心之日起开始计算。

（注：本款规定依据俄罗斯联邦联邦法 2003 年 12 月 8 日第 161 号联邦法令于 2003 年 12 月 11 日颁布适用。）

2. 在以限制自由刑替代剥夺自由刑未履行部分的刑罚时，羁押作为强制性措施对被处刑人员适用时的关置时间与将其由矫正机构遣送至矫正中心的押解时间，应当以一日关置折抵两日限制自由刑的方式计入限制自由刑期限当中。此外，由矫正机构释放后至其到达矫正中心之前的短期出行时间也应计入限制自由刑期限。

3. 被处刑人员擅自缺勤或者擅离居住场所时间超过一昼夜的，不应计入限制自由刑履行期限。

4. 在被处刑人员罹患严重疾病不能继续履行刑罚的情况下，或者被认定为一级残障抑或二级残障的，被处刑人员有权向法院递交有关免除其继续履行刑罚的申请。

（注：本款规定依据俄罗斯联邦联邦法 2006 年 1 月 9 日第 12 号联邦法令于 2006 年 1 月 23 日颁布适用。）

5. 被判处限制自由刑的女性被处刑人员在怀有身孕的情况下，有权向法院递交有关自例行孕假与产假开始之日起延期履行刑罚的申请。

（注：本款规定依据俄罗斯联邦联邦法 2006 年 1 月 9 日第 12 号联邦法令于 2006 年 1 月 23 日增补适用。）

第五十条　限制自由刑的履行程序

1. 矫正中心的地域应当依据俄罗斯联邦政府规定的程序予以确定。

（注：本款规定依据俄罗斯联邦联邦法 2004 年 8 月 22 日第 122 号联邦法令于 2005 年 1 月 1 日颁布适用。）

2. 矫正中心实行由俄罗斯联邦刑罚执行领域内履行制定与实施国家政策、调整规范性法律职能的联邦执行权力机关会同俄罗斯联邦总检察机关批准的《矫正中心内部秩序章程》。

（注：本款规定依据俄罗斯联邦联邦法 2008 年 11 月 8 日第 194 号联邦法令于 2008 年 11 月 22 日颁布适用。）

3. 被判处限制自由刑的人员应当受到监管，并应履行以下义务：

（1）执行《矫正中心内部秩序章程》。

（2）在矫正中心行政管理部门指派的地点工作。

（3）应经常置身于矫正中心区域之内，不经行政管理部门许可不得离开。被处刑人员，对其裁处的限制自由刑依据替代程序变更为较轻刑罚类别的，在必要的情况下，矫正中心的行政管理部门可以在被处刑人员登记后准许其离开矫正中心出行五日，如果其释放后矫正中心行政管理部门未曾准许其出行的。

（4）通常情况下，应当居住于专门配备给被处刑人员居住的宿舍，未经矫正中心行政管理部门准许，夜间不得离开。

（5）应当轮班参与对矫正中心房舍与区域无酬劳性的修缮劳动，一般情况下在每周非工作时间内从事两个小时。

（6）应当经常随身携带能够证明被处刑人员个人身份的法定格式证件。

4. 被判处限制自由刑的被处刑人员，依据替代程序变更为较轻刑罚类别的，以及依据法院刑事案判决被判处限制自由刑的被处刑人员，通常不得关置于同一矫正中心。

5. 曾经履行剥夺自由刑并有前科的被处刑人员，应与其他被处刑人员分开单独关置；因实施共同犯罪被处刑的人员应单独履行刑罚。

6. 禁止被处刑人员购买、存有与使用俄罗斯联邦法律与《矫正中心内部秩序规章》所列清单中的物品与物质。如果查获被处刑人员具有该类物品的，应当根据矫正中心官长决定对其予以收缴并保管，抑或销毁，抑或出售。销售收缴物品所获的钱款应当计入相应预算。被收缴的物质依据相同程序予以保管或销毁。

7. 被处刑人员以及其居住的房舍可以被搜查，对于被处刑人员的物品——可以进行检查。

8. 被处刑人员未违反过《矫正中心内部秩序章程》且有家庭的，根据矫正中心官长的决定，可以准许其与家庭共同在租赁或私有住宅中生活。这些被处刑人员应当每月进行四次登记，登记的周期由矫正中心官长的决定予以确定。

9. 被判处限制自由刑的被处刑人员，可以准许到位于俄罗斯联邦主体国地域内刑罚履行地点设置的中等职业教育与高等职业教育机构参加函授学习。

第五十一条　被判处限制自由刑人员的物质—生活保障

1. 应当保障在矫正中心履行刑罚的被处刑人员必需的居住—生活条件。

2. 被处刑人员应当安排在矫正中心宿舍居住，应当为其提供个人床位与寝具。被处刑人员在矫正中心的居住面积标准不应少于 4 平方米 / 人。

3. 被处刑人员应当使用私人钱款购买服装、内衣与鞋袜。如果被处刑人员因其个人意志之外的原因而没有私人钱款的，矫正中心行政管理部门应当根据个别程序对其提供救助。

4. 被处刑人员的饮食由矫正中心的行政管理部门组织供应，被处刑人员自己负担费用。如果被处刑人员因其个人意志之外原因而没有个人钱款的，其饮食费用由国家予以保障。

5. 在矫正中心的被处刑人员有权随身携带钱款并对其进行支配，有权购买、存有和使用俄罗斯联邦法律与《矫正中心内部秩序章程》所列清单以外的所有物品、产品与物质。

第五十二条　被判处限制自由刑人员的医疗卫生保障

1. 应当依据俄罗斯联邦有关的健康保健立法及本法典规定的刑罚履行程序，对被判处限制自由刑的被处刑人员提供医疗防治与卫生救助。

2. 为便于对被处刑人员提供门诊医疗保健服务，可以根据俄罗斯联邦刑罚执行领域内履行制定与实施国家政策、调整规范性法律职能的联邦执行权力机关，以及在俄罗斯联邦医疗卫生保健领域内履行制定与实施国家政策、调整规范性法律职能的联邦执行权力机关的决定创建医疗机构。

（注：本款规定依据俄罗斯联邦联邦法 2004 年 6 月 29 日第 58 号联邦法令于 2004 年 7 月 1 日颁布适用；依据俄罗斯联邦联邦法 2008 年 11 月 8 日第 194 号联邦法令于 2008 年 11 月 22 日颁布适用。）

3. 对被处刑人员提供的住院医疗服务，应当由矫正中心所在地的卫生保健机关管理部门根据在俄罗斯联邦医疗卫生保健领域内履行制定与实施国家政策、调整规范性法律职能的联邦执行权力机关会同俄罗斯联邦刑罚执行领域内履行制定与实施国家政策、调整规范性法律职能的联邦执行权力机关共同制定的规范性法律文件所定程序实行。

（注：本款规定依据俄罗斯联邦联邦法 2004 年 6 月 29 日第 58 号联邦法令于 2004 年 7 月 1 日颁布适用；依据俄罗斯联邦联邦法 2008 年 11 月 8 日第 194

号联邦法令于2008年11月22日颁布适用。）

4. 矫正中心的行政管理部门负责执行法定的卫生保健与防疫要求。

第五十三条　被判处限制自由刑人员的劳动条件

1. 被判处限制自由刑的人员可以到各种所有制形式的组织中劳动。

2. 被处刑人员的劳动活动由俄罗斯联邦劳动法规予以调整，但有关聘用就业、解聘职位与调动至其他工作岗位的规则除外。

3. 调动被处刑人员参加其他工作，其中包括调动至其他地区的，可由被处刑人员工作单位与矫正中心的行政管理部门协商后实行，但对被处刑人员的意见应尽量予以考虑。

4. 对不具备专业特长的被处刑人员，应当保障其接受初级职业教育或职业培训。

第五十四条　矫正中心行政管理部门的职责

1. 矫正中心行政管理部门对被判处限制自由刑的人员进行登记；向其说明刑罚履行的程序与条件；组织筹备被处刑人员的劳动与生活配置；保障遵守刑罚履行的程序与条件；对被处刑人员予以监管并就破坏刑罚履行法定程序的行为采取预防措施；对被处刑人员进行教导工作；适用法律明确规定的奖惩措施；对被释放人员进行培训工作。

2. 上述职责的执行程序由本法典以及其他规范性法令予以确定。

第五十五条　被判处限制自由刑人员工作单位行政管理部门的职责

1. 被判处限制自由刑人员工作单位的行政管理部门，在参考被处刑人员身体健康状况与职业培训状况的情况下保障引导他们参加劳动；保障他们接受初等职业教育或职业培训并参与创建必要的居住与生活条件。

2. 除下列情形外，被处刑人员工作单位的行政管理部门不得解除被处刑人员的工作：

（1）依据俄罗斯联邦刑事法律规定的理由被免除刑罚履行的；

（2）调动被处刑人员到其他单位工作或调往其他矫正中心的；

（3）以剥夺自由刑替代限制自由刑的；

（4）履行剥夺自由刑的行为人，法院对其裁处限制自由刑的刑事案判决产生法律效力的；

（5）鉴于被处刑人员的健康状况或工作量减少而不能完成该项工作的。

第五十六条　对被判处限制自由刑人员的教导工作

1. 矫正中心的行政管理部门以及被处刑人员工作单位的行政管理部门，应当对被判处限制自由刑的人员进行教导工作。

2. 被处刑人员对实行的教导性措施积极参与的应予奖励，对此在确定被处刑人员改造程度的时候应当予以考量。

第五十七条　对被判处限制自由刑人员适用的奖励措施

1. 对表现良好、认真对待劳动的被判处限制自由刑人员，矫正中心的行政管理部门可以对其适用以下奖励措施：

（1）予以表扬；

（2）准许在矫正中心区域外度过休息日与节日；

（3）准许离开矫正中心区域外出休假；

（4）发放奖金；

（5）提前撤销以前科处的处罚。

2. 被处刑人员依据法定程序可以请求予以附条件提前免除履行刑罚。

第五十八条　破坏限制自由刑履行程序与条件，以及蓄意逃避履行限制自由刑的责任

1. 破坏限制自由刑刑罚履行的程序与条件，是指破坏劳动纪律、社会秩序或对被处刑人员规定的居住制度，无正当理由擅自脱离矫正中心区域，不返回或不及时返回刑罚履行地点，脱离工作地点或居住地点时间未超过二十四小时的，对其应当下达书面形式的惩戒。

2. 对破坏劳动纪律、社会秩序或法定居住制度的被处刑人员，以及无正当理由擅自脱离矫正中心的被处刑人员，不返回或者不及时返回刑罚履行地点、脱离工作地点或居住地点未超过二十四小时的被处刑人员，矫正中心的行政管理部门可以对其适用下列惩戒措施：

（1）予以警告；

（2）在一个月期限内，每日于固定时间段禁止离开宿舍；

（3）根据《矫正中心内部秩序章程》在惩戒隔离室内关置十五日以下。

3. 蓄意逃避履行刑罚是指被处刑人员无正当理由擅自脱离矫正中心，不返回或不及时返回刑罚履行地点，脱离工作地点或居住地点超过二十四小时的。

4. 对蓄意逃避履行刑罚的被处刑人员，矫正中心官长或其代职人员应向法院递交有关变更限制自由刑未履行部分的刑罚为剥夺自由刑的报告。自该报告递交之日起至法院判决下达后，被处刑人员根据检察长的批准可以在惩戒隔离室关置三十日以下。

5. 被处刑人员脱离矫正中心区域期限超过二十四小时的，应当对其宣布通缉并应关置至四十八小时。该期限可由法院延长至三十日。

（注：本条规定依据俄罗斯联邦联邦法2003年12月8日第161号联邦法令于2003年12月11日颁布适用。）

第五十九条　对被判处限制自由刑人员适用奖惩措施的程序

1. 对被判处限制自由刑人员适用奖励与惩戒措施的决定，应当以书面的形式下达。

（注：本款规定依据俄罗斯联邦联邦法2003年12月8日第161号联邦法令于2003年12月11日颁布适用。）

2. 在适用惩戒措施时应考虑被处刑人员违法行为的实施情节、人身特性以及之前的行为表现，所处惩戒应与现行违法行为的严重程度和性质相适应。惩戒应自违法行为发现之日起不晚于十日内予以科处，如果应对违法行为进行调查的，则应自调查结束之日起不晚于违法行为实施之日后三十日内进行。通常情况下，处罚应立即执行，但在特殊情况下应自惩戒科处之日起不挽于三十日内执行。

3. 矫正中心官长或其代职人员完全拥有适用本法典规定的所有奖惩措施的权力，支队队长有权宣布对被处刑人员予以表扬。

第六十条　对被判处限制自由刑人员监管与预防其违反限制自由刑履行程序的措施

1. 对被判处限制自由刑人员的监管由矫正中心行政管理部门负责实施，其意是指在被处刑人员居住地点与工作地点，以及非劳动时间内对其进行监视与监督，监管的实施程序由规范性法律文件予以明确。

2. 被处刑人员在破坏社会秩序的情况下，可以将其关置于惩戒隔离室，直至有关对其适用何种惩戒措施的决定下达后，但关置时间不得超过二十四小时。

第九章　附加刑执行

第六十一条　法院有关剥夺专业称号、荣誉称号、军衔、职衔和国家奖励刑刑事案判决的执行

1. 下达有关剥夺专门称号、荣誉称号、军衔、职衔和国家奖励刑刑事案判决的法院，应当在该刑事案判决产生法律效力后将副本送交授予被处刑人员上述称号、职衔或对其颁发国家奖励的公职人员。

2. 公职人员应当依据法定程序在相应文件中作出有关剥夺被处刑人员专门称号、荣誉称号、军衔、职衔和国家奖励的记录，并应采取措施剥夺规定其在具有相应称号、职衔或奖励时所享有的权利与利益。

3. 法院对现役军人下达的刑事案判决副本，应当送交到当地军役登记处的军事委员会。

4. 公职人员在自收取刑事案判决副本之日起一个月期间内，应将有关刑事案判决执行的情况通知下达判决的法院。

第六十二条　法院有关没收财产的刑事案判决执行程序（失效）

（注：本条规定于2003年12月11日丧失效力——俄罗斯联邦联邦法2003年12月8日第161号联邦法令。）

第六十三条应予没收的财产（失效）

（注：本条规定于2003年12月11日丧失效力——俄罗斯联邦联邦法2003年12月8日第161号联邦法令。）

第六十四条　司法执行人员就法院有关没收财产刑刑事案判决执行的行为（失效）

（注：本条规定于2003年12月11日丧失效力——俄罗斯联邦联邦法2003年12月8日第161号联邦法令。）

第六十五条　第三人对应予没收财产的义务（失效）

（注：本条规定于2003年12月11日丧失效力——俄罗斯联邦联邦法2003年12月8日第161号联邦法令。）

第六十六条　将没收的被处刑人员财产交付财政机关（失效）

（注：本条规定于2003年12月11日丧失效力——俄罗斯联邦联邦法2003年12月8日第161号联邦法令。）

第六十七条　对刑事案判决执行后查明财产的没收（失效）

（注：本条规定于2003年12月11日丧失效力——俄罗斯联邦联邦法2003年12月8日第161号联邦法令。）

第三编　拘禁刑执行

第十章　拘禁刑执行的程序与条件

第六十八条　拘禁刑的执行地点

1. 被判处拘禁刑的人员在判刑地拘禁所履行刑罚。

2. 被处刑人员通常在同一拘禁所内履行完毕全部刑罚期限。

3. 在被处刑人员罹患疾病或为保障其个人人身安全的情况下，以及在存在其他特殊情况，阻碍被处刑人员继续在该拘禁所内履行刑罚的，可以将被处刑人员从一拘禁所移送到另一拘禁所。

第六十九条　拘禁刑的执行条件与程序

1. 被判处拘禁刑的人员应当在严加隔离的条件下关置。应与以下类别的被羁押人员单独隔离并分别关置：男性被处刑人员、女性被处刑人员、未成年被处刑人员，以及曾在矫正中心履行刑罚但仍有前科的人员。

2. 本法典对被判处剥夺自由刑并在一般管制制度监狱内履行刑罚的人员所规定的关置条件，对被判处拘禁刑的人员扩及适用。除律师与其他有权对其提供法律救助的人员以外，被处刑人员不得同其他人员会面；除内有必需的基本生活物品和换季衣物的邮包、转交物品与印刷品邮件以外，被处刑人员不得收取其他包裹、转交物品与印刷品邮件。不对被处刑人员进行基本教育、专业教育与职业培训；无押送队伍不得对其进行移送。被处刑人员有权每月花费数额为四百卢布的钱款购买食品与生活必需用品。

（注：本款规定依据俄罗斯联邦联邦法2009年2月14日第23号联邦法令于2009年3月1日颁布适用。）

3. 对未成年被处刑人员可以每月提供一次同父母或代替父母的人员进行为期三个小时以下的短期会面。

4. 被处刑人员有权享有每日不少于一个小时的放风时间，而未成年被处刑人员则不应少于一个半小时。

5. 在具有特殊的个人情况时，可以批准被判处拘禁刑的被处刑人员同近亲属进行电话通话。

第七十条　指派被判处拘禁刑人员参与劳动

拘禁所行政管理部门有权指派被处刑人员每周参加拘禁所不超过四个小时的无偿性庶务服务。

第七十一条　对被判处拘禁刑人员适用的奖惩措施

1. 被判处拘禁刑的人员因表现良好可以对其适用予以表扬、提前撤销所科惩戒或准许进行电话通话的奖励措施。

2. 被处刑人员因违反刑罚履行法定程序可以对其适用予以警告、在惩戒隔离室关置十日以下的惩戒措施。

3. 对被处刑人员适用奖励与惩戒措施的程序，应由本法典第一百一十四条与第一百一十七条规定予以调整。

第七十二条　被判处拘禁刑人员的物质—生活保障及医疗服务

1. 被判处拘禁刑人员的物质—生活保障，应当按照对被判处剥夺自由刑并在一般管制制度监狱内履行刑罚人员所确定的标准实行，而对于未成年被处刑人员，则应当按照教导院规定的标准实行。

2. 应当对被处刑人员提供医疗救助。

第四编　剥夺自由刑执行

第十一章　剥夺自由刑执行的基本原则

第七十三条　剥夺自由刑的履行地点

1. 被判处剥夺自由刑的人员，除本条第四款明确规定的人员以外，应当在其居住或者被裁处刑罚的俄罗斯联邦主体国境内矫正机构履行刑罚。在特殊情况下，鉴于被处刑人员健康状况或者为保障其人身安全，抑或经被处刑人员本人同意，可以将其遣送至设置于俄罗斯联邦其他主体国区域内相应的矫正机构履行刑罚。

（注：本款规定依据俄罗斯联邦联邦法 2005 年 5 月 9 日第 47 号联邦法令于 2005 年 5 月 23 日补充适用。）

2. 如果在俄罗斯联邦主体国领域内被处刑人员的居住地或刑罚裁处地没有相应的矫正机构或者不能将被处刑人员关置于现有矫正机构的，则在取得刑事执行系统内上一级相应机关的同意后，应将被处刑人员遣送至位于俄罗斯联邦其他主体国领域内具有关置该人员条件的矫正机构。

（注：本款规定依据俄罗斯联邦联邦法 2007 年 7 月 19 日第 142 号联邦法令于 2007 年 8 月 5 日颁布适用。）

3. 女性被处刑人员、未成年被处刑人员应遣送至相应矫正机构所在地履行刑罚。

（注：本款规定依据俄罗斯联邦联邦法 2005 年 5 月 9 日第 47 号联邦法令于 2005 年 5 月 23 日颁布适用；依据俄罗斯联邦联邦法 2007 年 7 月 19 日第 142 号联邦法令于 2007 年 8 月 5 日颁布适用。）

4. 因实施《俄罗斯联邦刑事法典》第一百二十六条、第一百二十七条副一条第二款与第三款、第二百零五条与第二百零六条、第二百零八条第一款、第二百零九条至第二百一十一条、第二百七十五条、第二百七十七条至第二百七十九条、第二百八十一条、第三百一十七条、第三百二十一条第三款、第三百六十条第二款规定的犯罪被裁处刑罚的被处刑人员，实施极其危险累次犯罪的被处刑人员，被判处终身剥夺自由刑的被处刑人员，在监狱中履行剥夺自由刑的被处刑人员、被判处死刑依据特赦程序变更为剥夺自由刑的被处刑人员，遣送至刑事执行系统联邦机关指定地点的相应矫正机构履行刑罚。

（注：本款规定依据俄罗斯联邦联邦法 2005 年 5 月 9 日第 47 号联邦法令于 2005 年 5 月 23 日增补适用。）

第七十四条　矫正机构的类别

1. 矫正机构包括：矫正院、教导院、监狱、医疗矫正机构。隔离侦讯室对留置完成庶务性服务工作的被处刑人员，以及在其同意的情况下留置于隔离侦讯室不超过六个月的被处刑人员执行矫正机构的职能。

（注：本款规定依据俄罗斯联邦联邦法 2003 年 12 月 8 日第 161 号联邦法令于 2003 年 12 月 11 日增补适用。）

2. 矫正院是专门为履行剥夺自由刑的成年被处刑人员设立的机构。矫正院可以划分为流刑移住区，实行一般管制制度的矫正院、严厉管制制度的矫正院与特别管制制度的矫正院。在任何一所矫正院都可设置实施不同管制制度的隔离区段。上述区段的设置程序应当由俄罗斯联邦刑罚执行领域内履行制定与实施国家政策、调整规范性法律职能的联邦执行权力机关予以确定。

（注：本款规定依据俄罗斯联邦联邦法 2001 年 3 月 9 日第 25 号联邦法令于 2001 年 3 月 14 日补充适用；依据俄罗斯联邦联邦法 2008 年 12 月 3 日第 235 号联邦法令于 2008 年 12 月 20 日补充适用。）

3. 因实施过失犯罪、蓄意的轻度犯罪、中度犯罪被判处剥夺自由刑的被处刑人员，以及依照本法典第七十八条第二款与第三款规定根据与程序从一般管制制度与严厉管制制度矫正院移送的被处刑人员，应当在流刑移住区内履行刑罚。

（注：本款规定依据俄罗斯联邦联邦法 2001 年 3 月 9 日第 25 号联邦法令于 2001 年 3 月 14 日颁布适用。）

4. 除本条第五款、第六款与第七款规定所列男性被处刑人员及女性被处刑人员外，其他男性被处刑人员应当在一般管制制度矫正院履行刑罚。

（注：本款规定依据俄罗斯联邦联邦法 2003 年 12 月 8 日第 161 号联邦法令于 2003 年 12 月 11 日颁布适用。）

5. 下列男性被处刑人员应当在严厉管制制度矫正院履行刑罚：因实施极其重度犯罪初次被判处剥夺自由刑的；如果被处刑人员曾经履行过剥夺自由刑，则在实施累次犯罪与极其危险累次犯罪的情况下。

（注：本款规定依据俄罗斯联邦联邦法2003年12月8日第161号联邦法令于2003年12月11日颁布适用。）

6. 实施极其危险累次犯罪的男性被处刑人员，被判处终身剥夺自由刑以及被判处死刑但依据特赦程序变更为定期剥夺自由刑或终身剥夺自由刑的被处刑人员，应当在特别管制制度矫正院履行刑罚。

7. 因实施极其重度犯罪被判处五年以上剥夺自由刑的被处刑人员，实施极其危险累次犯罪的被处刑人员，以及因蓄意破坏刑罚履行程序而从矫正院移送来的被处刑人员，应当在监狱内履行刑罚。

8. 本法典第一百零一条第二款规定的被处刑人员，应当在医疗矫正机构与医疗防治机构内履行刑罚。医疗防治机构对其机构内的被处刑人员执行矫正机构的职能。在医疗矫正机构与医疗防治机构内可以设置具有流刑移住区职能的隔离区段。上述区段的设置程序应当由俄罗斯联邦刑罚执行领域内履行制定与实施国家政策、调整规范性法律职能的联邦执行权力机关予以确定。

（注：本款规定依据俄罗斯联邦联邦法2001年3月9日第25号联邦法令于2001年3月14日颁布适用；依据俄罗斯联邦联邦法2008年12月3日第235号联邦法令于2008年12月20日补充适用。）

9. 被判处剥夺自由刑的未成年被处刑人员，以及留置在教导院直至年满十九岁的被处刑人员，应当在教导院履行刑罚。在教导院内可以设置具有一般管制制度矫正院职能的隔离区段关置刑罚履行时年满十八岁的被处刑人员。上述区段的设置程序应当由俄罗斯联邦刑罚执行领域内履行制定与实施国家政策、调整规范性法律职能的联邦执行权力机关予以确定。

（注：本款规定依据俄罗斯联邦联邦法2003年12月8日第161号联邦法令于2003年12月11日补充适用；依据俄罗斯联邦联邦法2008年11月8日第194号联邦法令于2008年11月22日颁布适用；依据俄罗斯联邦联邦法2008年12月22日第261号联邦法令于2009年1月6日颁布适用。）

第七十五条　遣送被判处剥夺自由刑人员履行刑罚

1. 被判处剥夺自由刑的人员，自收到隔离侦讯室行政管理部门通知有关法院下达的刑事案判决产生法律效力之日起十日内，应被遣送履行刑罚。在该期限内，被处刑人员有权接受亲属或其他人员的短期会面。遣送被处刑人员到矫正机构的程序由俄罗斯联邦刑罚执行领域内履行制定与实施国家政策、调整规范性法律职能的联邦执行权力机关予以确定。

（注：本款规定依据俄罗斯联邦联邦法 2008 年 11 月 8 日第 194 号联邦法令于 2008 年 11 月 22 日颁布适用。）

2. 隔离侦讯室的行政管理部门必须根据被处刑人员的指定，向其一位近亲属通知有关被处刑人员将被遣送至何地履行刑罚的事宜。

副一条　遣送被处刑人员到流刑移住区

1. 刑事执行系统的地方机关，自收到法院下达的刑事案判决（裁决、决议）副本之后十日内向被判处在流刑移住区履行剥夺自由刑的被处刑人员下达遣送其至刑罚履行地点的指令，并应保障将其遣送至流刑移住区。在上述指令中对被处刑人员路途所需的时间应当予以考虑并指明期限，被处刑人员应当在该期限内到达刑罚履行地点。遣送被处刑人员到流刑移住区履行刑罚的程序由俄罗斯联邦刑罚执行领域内履行制定与实施国家政策、调整规范性法律职能的联邦执行权力机关予以确定。

2. 被处刑人员由国家支付费用自行前往流刑移住区。刑事执行系统的地方机关应当依据俄罗斯联邦政府规定程序对其支付路途费用，保障食品供应或旅途所需钱款。

3. 刑罚履行期限自被处刑人员到达流刑移住区之日起开始计算。这种情况下，被处刑人员根据本条第一款规定指令前往刑罚履行地点的路途时间，以一日折抵一日的方式计入剥夺自由刑履行期限。

4. 在以下情况下，被处刑人员逃避侦查或躲避法院，破坏对其采取的强制性措施或不经常居住在俄罗斯联邦常住地的，根据法院判决，可以依据本法典第七十五条与第七十六条规定程序对其进行羁押并由押送队押解前往流刑移住区。

5. 被处刑人员，在刑事案判决下达以前被羁押的，以及依据本法典第七十八条第二款第三项与第四项规定变更矫正机构类别的，应当依据本法典第七十五条与第七十六条规定程序由押送队押解前往流刑移住区。

6. 在以下情况下，被处刑人员逃避接收本条第一款规定指令或者在指令规定期限内未到达刑罚履行地点的，对其宣布通缉并应关置四十八小时以下。该期限可由法院延长至三十日。

7. 被处刑人员被关置后，法院下达判决根据《俄罗斯联邦刑事诉讼法典》第三百九十六条第四款副一款与第三百九十七条第十八款副一款规定羁押被处刑人员，依据本法典第七十五条与第七十六条规定程序由押送队押解遣送被处刑人员至流刑移住区，或者依据本法典第七十八条第四款副一款规定变更被处刑人员矫正机构类别。这种情况下的刑罚履行期限应当自关置之日起开始计算。

8. 在以下情况下，法院认定被处刑人员未亲自接收本条第一款规定指令或在指令规定期限内未到达刑罚履行地点的原因为正当的，则应当依据本条第一款与第二款规定遣送其至流刑移住区。

（注：本条规定依据俄罗斯联邦联邦法 2008 年 12 月 22 日第 271 号联邦法令于 2009 年 3 月 27 日增补适用。）

第七十六条　被判处剥夺自由刑人员的移送

1. 将被判处剥夺自由刑人员遣送至刑罚履行地点以及将其从一刑罚履行地点移送至另一刑罚履行地点的，应当在押送人员护送下进行。依据本法典第七十五条副一条第一款与第二款规定自行前往流刑移住区的被处刑人员除外。

（注：本款规定依据俄罗斯联邦联邦法 2008 年 12 月 22 日第 271 号联邦法令于 2009 年 3 月 27 日增补适用。）

2. 在押送人员护送下移送被处刑人员应当遵循以下规则：男性被处刑人员与女性被处刑人员、未成年被处刑人员与成年被处刑人员、被判处死刑的被处刑人员与其他被处刑人员、实施共同犯罪的被处刑人员应当分别关置。罹患开放性结核病或未进行全疗程性病医治的被处刑人员、罹患不排除刑事责任能力精神性障碍的被处刑人员应当与健康的被处刑人员分离单独关置，必要情况下，根据医生的诊断证明还应有医务人员随行前往。

（注：本款规定依据俄罗斯联邦联邦法 2001 年 3 月 9 日第 25 号联邦法令于 2001 年 3 月 14 日颁布适用。）

3. 在移送被处刑人员时，应保障其必要的物质生活与医疗卫生条件。

4. 在移送被处刑人员时，应保障其应季衣物，以及在整个行进路程中按照被处刑人员规定标准保障其食品供应。

5. 移送被处刑人员的费用由国家承担。

6. 被处刑人员移送程序由依据本法典通过的规范性法令予以确定。

第七十七条　留置被判处剥夺自由刑人员在隔离侦讯室或监狱从事庶务性服务

（注：本条名称依据俄罗斯联邦联邦法 1999 年 3 月 16 日第 49 号联邦法令于 1999 年 3 月 18 日补充适用。）

1. 特殊情况下，被判处剥夺自由刑的人员，此前未履行过剥夺自由刑且被裁处在一般管制制度矫正院履行刑罚的，在其本人同意的情况下，可以留置在隔离侦讯室或监狱内从事庶务性服务。

（注：本款规定依据俄罗斯联邦联邦法 2006 年 4 月 3 日第 46 号联邦法令于 2006 年 4 月 17 日颁布适用。）

2. 留置被处刑人员从事庶务性服务工作，由隔离侦讯室或监狱的官长在被处刑人员本人出具书面同意的情况下作出决定。

3. 被留置在隔离侦讯室或监狱从事庶务性服务工作的被处刑人员，应当关置在开放的（不上锁）公共囚室，与其他本法典规定在一般管制制度矫正院条件下履行刑罚的人员分开，并应享有每日两个小时的放风权利。

4. 本款规定于 1999 年 3 月 18 日丧失效力——俄罗斯联邦联邦法 1999 年 3 月 16 日第 49 号联邦法令。

副一条　指派被判处剥夺自由刑人员参与调查活动或司法审理

（注：本条名称依据俄罗斯联邦联邦法 2003 年 12 月 8 日第 161 号联邦法令于 2003 年 12 月 11 日颁布适用。）

1. 被判处剥夺自由刑并在矫正院、教导院或者监狱内履行刑罚的被处刑人员，在必须作为见证人、刑事被害人、犯罪嫌疑人（刑事被告人）参与调查活动的情况下，可以留置在隔离侦讯室，抑或以侦查人员的合理决定或调查人员决定为基础，从上述矫正机构移送至隔离侦讯室，侦查人员的决定应在获得附属于俄罗斯联邦各主体国的俄罗斯联邦检察机关侦查委员会下辖侦查机关领导人或其副职，抑或同级别专门侦查机关负责人或其副职、俄罗斯联邦各主体国相应权力执行机关下辖侦查机关（或附属于相应联邦权力执行机关）的俄罗斯联邦各主体国区域侦查机关领导人或其副职同意后——不超过两个月的期限；获得俄罗斯联邦检察机关附属侦查委员会主席或其副职、相应联邦权力执行机关下辖侦查机关（或附属于相应联邦权力执行机关）领导人或其副职同意后——三个月期限以内。调查人员的决定，应当经俄罗斯联邦主体国检察机关检察长或副检察长、同级别检察长或副检察长同意后——不超过两个月期限，而在获得俄罗斯联邦总检察长或副总检察长同意后——应当在三个月期限内。

（注：本款规定依据俄罗斯联邦联邦法 2003 年 12 月 8 日第 161 号联邦法令于 2003 年 12 月 11 日颁布适用；依据俄罗斯联邦联邦法 2007 年 7 月 24 日第 214 号联邦法令于 2007 年 9 月 7 日颁布适用。）

2. 被处刑人员，在必须作为见证人、刑事被害人、刑事被告人参与法院案件审理的情况下，可以根据法院决定或法官决议留置在隔离侦讯室或从矫正院、教导院或者监狱移送至隔离侦讯室。

（注：本款规定依据俄罗斯联邦联邦法 2003 年 12 月 8 日第 161 号联邦法令于 2003 年 12 月 11 日颁布适用。）

3. 在本条第一款与第二款予以规定的情况下，被处刑人员应当依据《有关羁押实施犯罪的犯罪嫌疑人与刑事被告人的联邦性法令》规定程序羁押于隔离侦讯室，其在矫正机构履行刑罚的条件由法院下达的刑事案判决予以确定。以电话通话权代替在矫正院或教导院区域内或其区域外进行长期会面的权利，以及以电话通话权代替未成年被处刑人员离开教导院进行短期会面的权利，应当依据本法典第八十九条第三款规定实行。

副二条　被判处剥夺自由刑并应承担其他案件刑事责任人员的羁押期限

在以下情况下，如果被判处剥夺自由刑人员应承担其他案件的刑事责任并被选择羁押类别强制性措施予以适用的，其在侦讯隔离室内的关置期限依据俄罗斯联邦刑事诉讼立法予以确定。

（注：本条规定依据俄罗斯联邦联邦法 1999 年 3 月 16 日第 49 号联邦法令于 1999 年 3 月 18 日增补适用。）

第七十八条　矫正机构类别的变更

1. 根据被判处剥夺自由刑人员的行为举止及其对劳动所持态度，可以变更其矫正机构的类别。

2. 表现积极的被处刑人员可以遵循下列方式进行移送履行刑罚：

（1）从监狱移送至矫正院——被处刑人员在监狱至少已履行法院刑事案判决所处刑罚期限的一半；

（2）从特别管制制度的矫正院移送至严厉管制制度的矫正院——被处刑人员在特别管制制度矫正院至少已履行法院刑事案判决所处刑罚期限的一半；

（注：本项规定依据俄罗斯联邦联邦法 2001 年 3 月 9 日第 25 号联邦法令于 2001 年 3 月 14 日增补适用。）

（注：原文本第二项规定于 2001 年 3 月 14 日相应顺延为本文本第三项规定——俄罗斯联邦联邦法 2001 年 3 月 9 日第 25 号联邦法令。）

（3）从一般管制制度矫正院移送至流刑移住区——在宽松条件下关置的被处刑人员至少已履行所处刑罚期限的四分之一；

（注：本项规定依据俄罗斯联邦联邦法 2003 年 12 月 8 日第 161 号联邦法令于 2003 年 12 月 11 日颁布适用。）

（4）从严厉管制制度矫正院移送至流刑移住区——被处刑人员至少已履行所处刑罚期限的三分之一；此前附条件提前免除履行剥夺自由刑的被处刑人员与在履行剩余刑罚期间又实施新罪的被处刑人员——至少应履行所处刑罚期限的一半；而因实施极其重度犯罪被处刑的人员——至少应履行所处刑罚期限的三分之二。

（注：本项规定依据俄罗斯联邦联邦法 2003 年 12 月 8 日第 161 号联邦法令于 2003 年 12 月 11 日增补适用。）

2-1. 矫正机构类别变更时刑罚的履行期限，应当自被处刑人员羁押之日起开始计算。

（注：本项规定依据俄罗斯联邦联邦法2003年12月8日第161号联邦法令于2003年12月11日增补适用。）

3. 下列被处刑人员不得移送至流刑移住区：

（1）实施极其危险累次犯罪的被处刑人员；

（2）被判处终身剥夺自由刑的被处刑人员，在依据特赦程序将剥夺自由刑改判为定期剥夺自由刑的情况下；

（3）被判处死刑依据特赦程序改判为剥夺自由刑的被处刑人员；

（4）未经过强制性医疗以及要求在封闭型医疗机构进行专业治疗的被处刑人员；

（5）被处刑人员，就其移送流刑移住区未予下达书面形式许可的。

4. 蓄意破坏刑罚履行法定程序的被处刑人员，可以遵循下列方式移送：

（1）从流刑移住区移送至法院裁定所确定的矫正院类别；

（2）从依据法院刑事案判决遣送其履行刑罚的流刑移住区移送至一般管制制度的矫正院；

（3）从一般管制制度、严厉管制制度与特别管制制度矫正改造院移送至监狱，其在由该类别矫正院移送至监狱时未履行的剩余部分刑罚期限不超过三年期限的。被判处终身剥夺自由刑的人员、被判处死刑依据特赦程序变更为终身剥夺自由刑的人员，以及女性被处刑人员不应被移送至监狱履行刑罚。

（注：本项规定依据俄罗斯联邦联邦法2001年3月9日第25号联邦法令于2001年3月14日补充适用；依据俄罗斯联邦联邦法2005年4月1日第28号联邦法令于2005年4月16日颁布适用。）

4–1. 被判处剥夺自由刑在流刑移住区履行刑罚的人员，逃避接收本法典第七十五条副一条第一款规定指令的，或者未在指令规定期限内到达刑罚履行地点的，其矫正机构类别可以变更为一般管制制度矫正院。

（注：本款规定依据俄罗斯联邦联邦法2008年12月22日第271号联邦法令于2009年3月27日增补适用。）

5. 矫正机构类别的变更由法院决定。

第七十九条　对被判处剥夺自由刑人员到矫正机构的接收

1. 接收被判处剥夺自由刑人员到矫正机构的事项应当由上述机构行政管理部门根据《矫正中心内部秩序章程》规定程序实施。

2. 到达矫正机构的被处刑人员，应当首先关置在检疫隔离所十五日以下。在检疫隔离所留置期间，被处刑人员应当在普通条件下履行刑罚。

第八十条　被判处剥夺自由刑人员在矫正机构的分别关置

1. 矫正机构中的男性被处刑人员与女性被处刑人员、未成年被处刑人员与成年被处刑人员应当分别关置。

2. 初次被判处剥夺自由刑的人员与曾经履行剥夺自由刑的被处刑人员应当分开关置。以下人员应当与其他被处刑人员隔离关置：实施累次犯罪的被处刑人员、实施极其危险累次犯罪的被处刑人员；被判处终身剥夺自由刑的人员；被判处死刑依据特赦程序变更为定期剥夺自由刑的人员。

（注：本款规定依据俄罗斯联邦联邦法 2001 年 3 月 9 日第 25 号联邦法令于 2001 年 3 月 14 日颁布适用；依据俄罗斯联邦联邦法 2003 年 12 月 8 日第 161 号联邦法令于 2003 年 12 月 11 日增补适用。）

3. 曾为法院与护法机关工作人员的被处刑人员——应当关置在单独的矫正机构。其他被处刑人员也可以被遣送到该机构。

4. 本条规定对被处刑人员予以单独关置的要求，不扩大适用于医疗矫正机构及附带幼儿园的矫正院。被遣送至上述机构的被处刑人员应当在法律针对由法院裁定的该类矫正院所确定的条件下关置。

5. 罹患各种传染性疾病的被处刑人员，应单独关置并同健康的被处刑人员分别关置。

第八十一条　被判处剥夺自由刑人员在同一矫正机构内履行全部刑罚期限

1. 被判处剥夺自由刑人员，通常应当在同一所矫正院、监狱或者教导院内履行完毕全部的刑罚期限。

2. 移送被处刑人员从一所矫正院到另一相同类别矫正院，或从一所监狱到另一相同类别监狱只准许在以下情况下实行：被处刑人员罹患疾病或为保障其人身安全、矫正机构改组或撤销，以及在其他阻碍被处刑人员继续置身于该矫正机构的特殊状况下。被处刑人员的移送程序由俄罗斯联邦刑罚执行领域内履行制定与实施国家政策、调整规范性法律职能的联邦执行权力机关予以确定。

（注：本款规定依据俄罗斯联邦联邦法2008年11月8日第194号联邦法令于2008年11月22日颁布适用。）

第十二章　矫正机构管制制度与保障手段

第八十二条　矫正机构的管制制度与基本规定

1. 矫正机构管制制度，是指由法律以及符合法律规定的规范性法令所予确定的剥夺自由刑刑罚履行与执行程序，保障对被处刑人员予以看护与隔离、对被处刑人员予以长期监管、执行被处刑人员应当承担责任的履行、实现被处刑人员的权利与法定利益、保障被处刑人员与工作人员的人身安全、将不同类别的被处刑人员分别关置、根据法院裁处的矫正机构类别确定各类关置条件、变更刑罚履行条件。

2. 管制制度为其他被处刑人员矫正手段的适用创造条件。

3. 在矫正机构内部实行由俄罗斯联邦刑罚执行领域内履行制定与实施国家政策、调整规范性法律职能的联邦执行权力机关会同俄罗斯联邦总检察机关批准的《矫正中心内部秩序章程》。

（注：本款规定依据俄罗斯联邦联邦法2008年11月8日第194号联邦法令于2008年11月22日颁布适用。）

4. 矫正机构行政管理部门必须保障向被处刑人员发放法定样式的囚服。囚服样式由俄罗斯联邦规范性法令予以确定。

5. 对被处刑人员及其居住的房舍可以进行搜查，而被处刑人员的物品——可予检查。人身搜查应当由与被处刑人员相同性别的人员进行。在紧急情况下，准许对被处刑人员居住处所进行搜查，但是居住的被处刑人员应当在场。

6. 矫正机构行政管理部门有权对矫正机构区域内以及管制规定中毗邻区域内的人员、其物品、交通运输工具进行检查，以及没收俄罗斯联邦立法规定与

《矫正中心内部秩序章程》所列清单中规定的违禁物品与文件。

7. 搜查与检查的实施程序由俄罗斯联邦刑罚执行领域内履行制定与实施国家政策、调整规范性法律职能的联邦执行权力机关会同俄罗斯联邦总检察机关共同制定。

（注：本款规定依据俄罗斯联邦联邦法 2008 年 11 月 8 日第 194 号联邦法令于 2008 年 11 月 22 日颁布适用。）

8. 禁止被处刑人员随身携带自邮包、转交物品、印刷品中收取的或者购买的物品清单，由《矫正中心内部秩序章程》予以确定。

（注：本款规定依据俄罗斯联邦联邦法 2001 年 3 月 9 日第 25 号联邦法令于 2001 年 3 月 14 日颁布适用。）

9. 在被处刑人员身边查获的钱款、有价证券与其他贵重物品，依据《矫正中心内部秩序章程》应由矫正机构行政管理部门予以收缴与保管，在被处刑人员释放之前的刑罚履行期间，无权对其予以使用或处置。自被处刑人员身边收缴的违禁物品、物质与食品，应当根据矫正机构官长决定予以保管或销毁，并应制作相关记录。钱款、有价证券与其他贵重物品，其持有者不能确定的，应当根据俄罗斯联邦相应立法划归国家收入。

（注：本款规定依据俄罗斯联邦联邦法 2001 年 3 月 9 日第 25 号联邦法令于 2001 年 3 月 14 日补充适用。）

10. 被处刑人员依据法定程序购买的有价证券由矫正机构行政管理部门保障保管。

第八十三条　监察监督技术设备

1. 为预防被处刑人员脱逃、实施其他犯罪抑或违反法定的刑罚履行程序，矫正机构行政管理部门有权利用视听、电子以及其他监察监督技术设备，以便获取有关被处刑人员行为举止的必要信息。

2. 矫正机构行政管理部门必须开付收据向被处刑人员告知有关适用上述监察监督技术设备事宜。

3. 监察监督技术设备的清单及其使用程序应当由俄罗斯联邦规范性法令予以确定。

第八十四条　矫正机构内部的业务侦查活动

1. 依据俄罗斯联邦立法，在矫正机构内可以实施业务侦查活动，其宗旨在于：保障被处刑人员、矫正机构工作人员与其他人员的人身安全；查明、预防与侦破在矫正机构内预备实施或已然实施的犯罪及破坏刑罚履行法定程序的行为；在法定程序下对从矫正机构实施脱逃行为的被处刑人员以及逃避履行剥夺自由刑的被处刑人员实施侦查；协助查明与侦破有关被处刑人员在到达矫正机构前实施的犯罪。

2. 业务侦查活动由矫正机构的业务部门以及其他在该管辖权限内具有职能的机关实施。

第八十五条　矫正机构内特殊状况下的管制制度

1. 在发生自然灾害、矫正改造机构所在地区宣布紧急状态或军事状态、大规模群体骚乱的情况下，以及在被处刑人员结伙不服从改造的情况下，可以在矫正机构内实行特殊状况下的管制制度。

（注：本款规定依据俄罗斯联邦联邦法 2006 年 4 月 3 日第 46 号联邦法令于 2006 年 4 月 17 日颁布适用。）

2. 在矫正机构实行特殊状况管制制度期间，可以中止实施本法典第八十八条至第九十七条中对被处刑人员规定的某些权利，实施看管与监督强化措施、接触某些客体的特殊程序、变更日常生活秩序、限制从事生产、公共生活、文化教育以及其他服务，但医疗卫生服务不在此列。

（注：本款规定依据俄罗斯联邦联邦法 2003 年 12 月 8 日第 161 号联邦法令于 2003 年 12 月 11 日颁布适用。）

3. 特殊状况下管制制度依据俄罗斯联邦刑罚执行领域内对被处刑人员履行执行职能、检查与监督职能的执行权力机关负责人或在俄罗斯联邦各主体国刑事执行系统地方机关官长会同俄罗斯联邦总检察长或相应检察长下达的决定，可以实施持续时间三十日。在特殊情况下，特殊状况管制制度的实行时间可由上述公职人员根据本条第一款规定理由延长三十日。

（注：本款规定依据俄罗斯联邦联邦法 1998 年 7 月 21 日第 117 号联邦法令于 1998 年 7 月 29 日颁布适用；依据俄罗斯联邦联邦法 2004 年 6 月 29 日第 58

号联邦法令于2004年7月1日颁布适用；依据俄罗斯联邦联邦法2008年11月8日第194号联邦法令于2008年11月22日颁布适用。）

4. 在发生直接威胁被处刑人员、矫正机构工作人员与其他人员生命与健康的情况时，矫正机构官长可以独立采取本条第二款规定措施，并立即通知有权采取相关决定的公职人员。这种情况下，上述公职人员自收到相关通知后三日内，应当下达决定实行特殊状况下管制制度或者撤销已采取的措施。

第八十六条　安全措施及适用根据

1. 在以下情况下，被处刑人员对抗矫正机构工作人员、蓄意不服从工作人员合法要求、蛮横滋事、参与群体性骚乱、绑架人质、袭击公民或者实施其他社会性危害行为，以及在被处刑人员脱逃或拘捕从矫正机构逃跑的被处刑人员时，为制止上述违法行为，防止其对周边或其自身造成危害，可对其采用武力[身体暴力]、专门工具或武器。

2. 本条第一款规定的安全措施适用程序由俄罗斯联邦立法予以确定。

第十三章　矫正机构的刑罚履行条件

第八十七条　被判处剥夺自由刑人员履行刑罚的条件

1. 在同一所矫正院区域内，被判处剥夺自由刑的人员可以在该矫正院不同管制类别规定的普通、宽松与严厉条件下履行刑罚。

2. 被关置在监狱内的被处刑人员，对其适用一般管制制度与严厉管制制度。

3. 被处刑人员从一种刑罚履行条件到另一种刑罚履行条件的移送，应当以本法典第一百二十条、第一百二十二条、第一百二十四条、第一百二十七条、第一百三十条与第一百三十二条规定为基础，依据矫正机构委员会决定实行，该项工作地方自治机关代表可以参与，而在俄罗斯联邦立法予以规定的情况下，公众监督机关的代表也可以参与。矫正机构委员会还应处理有关移送关置于监狱的被处刑人员从一般管制制度到严厉管制制度以及从严厉管制制度到一般管制制度的问题。

（注：本款规定依据俄罗斯联邦联邦法2003年12月8日第161号联邦法令

于2003年12月11日补充适用。）

4. 在以下情况下，被处刑人员不同意移送到矫正机构严厉条件下或监狱严厉管制制度下履行刑罚的，有权依据法定程序对移送裁决提出申诉。

第八十八条　被判处剥夺自由刑人员食品与生活必需品的购买

1. 被判处剥夺自由刑的人员，可以使用其在刑罚履行期间收入的钱款，以及其领取的退休金、社会补助金与转账钱款，通过非现金结算支付方式购买食品与生活必需品。上述金额应计入被处刑人员的个人记名账户。

（注：本款规定依据俄罗斯联邦联邦法2003年12月8日第161号联邦法令于2003年12月11日颁布适用；依据俄罗斯联邦联邦法2006年4月3日第46号联邦法令于2006年4月17日颁布适用。）

2. 被处刑人员在刑罚履行期间收入的钱款、其领取的退休金与社会补助金，在购买食品与生活必需品时可以无限制使用。

（注：本款规定依据俄罗斯联邦联邦法2006年4月3日第46号联邦法令于2006年4月17日颁布适用。）

2-1. 准许用于购买食品与生活必需品的钱款数额，除本条第二款规定之外，由本法典第一百二十一条、第一百二十三条、第一百二十五条、第一百三十一条与第一百三十三条予以确定。

（注：本款规定依据俄罗斯联邦联邦法2006年4月3日第46号联邦法令于2006年4月17日增补适用。）

3. 在准许花费的钱款在当月没有用完的情况下，被处刑人员在下一月可以使用该钱款购买食品与生活必需品。

4. 本款规定于2005年1月1日丧失效力——俄罗斯联邦联邦法2004年8月22日第122号联邦法令。

5. 怀有身孕的女性被处刑人员、身边有子女的女性被处刑人员，可以无限制地使用其个人记名账户上的钱款购买食品与生活必需品。

（注：本款规定依据俄罗斯联邦联邦法2001年3月9日第25号联邦法令于2001年3月14日颁布适用。）

6. 一级残障或者二级残障的被处刑人员，以及在医疗矫正机构的被处刑人员，可以使用其个人记名账户上的钱款购买食品与生活必需品。

（注：本款规定依据俄罗斯联邦联邦法 2001 年 3 月 9 日第 25 号联邦法令于 2001 年 3 月 14 日颁布适用。）

7. 禁止向被处刑人员销售的食品与生活必需品清单及其数量，应当由《矫正机构内部秩序规章》予以确定。

第八十九条　与被判处剥夺自由刑人员的会面

1. 在矫正机构区域内，准许被判处剥夺自由刑的人员获取持续时间为四个小时的短期会面或持续时间为三日的长期会面。在本法典予以规定的情况下，被处刑人员可被准许在矫正机构区域外获取居住时间持续五日的长期会面。这种情况下，矫正机构的官长应当确定进行会面的程序与地点。

2. 同亲属或其他人员进行的短期会面应当在矫正机构行政管理部门代表在场的情况下进行，可以同男性配偶（女性配偶）、父母、子女、收养者、被收养者、亲生兄弟姐妹、祖父母、孙子女进行长期会面并有权同他们一起居住，而在矫正机构官长同意的情况下，可同其他人员进行会面。

（注：本款规定依据俄罗斯联邦联邦法 2003 年 12 月 8 日第 161 号联邦法令于 2003 年 12 月 11 日颁布适用。）

3. 依据被处刑人员的请求，准许其将长期会面变更为短期会面或以电话通话方式代替短期会面或长期会面，而在矫正院，准许以短期离开矫正院出行会面替换长期在矫正院区域外居住会面。以一种会面方式替换为其他会面方式的程序由俄罗斯联邦刑罚执行领域内履行制定与实施国家政策、调整规范性法律职能的联邦执行权力机关予以确定。

（注：本款规定依据俄罗斯联邦联邦法 2008 年 11 月 8 日第 194 号联邦法令于 2008 年 11 月 22 日颁布适用。）

4. 为使被处刑人员获得司法救助，可以准许其同律师或者其他有权对其提供司法救助的人员会面，对其人数不做限制，持续时间为四个小时以内。根据被处刑人员申请，可准许其同律师进行单独会面，无第三人听证并不应使用其他监听技术设备。

（注：本款规定依据俄罗斯联邦联邦法 2003 年 12 月 8 日第 161 号联邦法令

于2003年12月11日颁布适用。）

第九十条　被判处剥夺自由刑人员对邮包、转交物品与印刷品邮件的收取

1. 准许被判处剥夺自由刑的人员接收以下邮包、转交物品与印刷品邮件：

（1）女性被处刑人员与关置在教导院的人员——无数量限制；

（2）男性被处刑人员——本法典第一百二十一条、第一百二十三条、第一百二十五条与第一百三十一条规定数量。

单个邮包或印刷品邮件的最高重量依照邮政法规确定。单个转交物品的重量不应超过单个邮包的法定重量。

（注：本款规定依据俄罗斯联邦联邦法2001年3月9日第25号联邦法令于2001年3月14日颁布适用。）

2. 罹患疾病的被处刑人员、一级残障或二级残障的被处刑人员，可以补充收取邮包与转交物品，其数量与类别依据医疗诊断书确定。

（注：本款规定依据俄罗斯联邦联邦法2001年3月9日第25号联邦法令于2001年3月14日颁布适用。）

3. 邮寄药品与医疗用品的邮包、转交物品与印刷品邮件，被处刑人员根据医疗诊断收取的，不计入本法典第一百二十一条、第一百二十三条、第一百二十五条与第一百三十一条所指邮包、转交物品与印刷品邮件之列。其投寄到矫正机构医疗部门的目的是治疗相应的被处刑人员。

（注：本款规定依据俄罗斯联邦联邦法2001年3月9日第25号联邦法令于2001年3月14日颁布适用。）

4. 邮包、转交物品与印刷品邮件应当接受检查。

5. 被处刑人员收取邮包、转交物品与印刷品邮件的程序及对其实施检查的程序由俄罗斯联邦刑罚执行领域内履行制定与实施国家政策、调整规范性法律职能的联邦执行权力机关予以确定。

（注：本款规定依据俄罗斯联邦联邦法2008年11月8日第194号联邦法令于2008年11月22日颁布适用。）

6. 被处刑人员在获得矫正机构行政管理部门许可后，可以投寄邮包与印刷品邮件。

第九十一条　被判处剥夺自由刑人员的信函往来与汇款收发

1. 准许被判处剥夺自由刑的人员花费个人钱款收发信函与电报，对其数量不做限制。

2. 被处刑人员收取与投寄的函件应当接受矫正机构行政管理部门检查，被处刑人员同法院、检察机关、刑事执行系统上级机关以及俄罗斯联邦人权专员、俄罗斯联邦各主体国人权专员、依据俄罗斯联邦相关立法成立的公共监督委员会、欧洲人权法院往来信函不应接受检查，被处刑人员同辩护人或其他依据法律提供司法救助的人员间往来信函不应接受检查，但在以下情况下除外，如果矫正机构行政管理部门掌握可靠材料确证在投寄信函中含有激发、计划或者组织实施犯罪抑或引诱其他人员实施犯罪信息的。这种情况下，对邮政信函、电报或其他电信往来的监察依据矫正机构负责人或其副职下达的合理决定实施。

（注：本款规定依据俄罗斯联邦联邦法 2001 年 3 月 20 日第 26 号联邦法令于 2001 年 3 月 23 日颁布适用；依据俄罗斯联邦联邦法 2003 年 12 月 8 日第 161 号联邦法令于 2003 年 12 月 11 日补充适用。）

3. 关置于矫正机构非亲属关系间被处刑人员的信函往来，应当在矫正机构行政管理部门许可下进行。

4. 被处刑人员有权接收汇款，有权向其近亲属汇寄钱款，在矫正机构行政管理部门许可的情况下——可将本人记名账户中的钱款汇寄给其他人员。

（注：本款规定依据俄罗斯联邦联邦法 2006 年 4 月 3 日第 46 号联邦法令于 2006 年 4 月 17 日补充适用。）

第九十二条　被判处剥夺自由刑人员的电话通话

1. 被判处剥夺自由刑的人员享有电话通话的权利。在缺乏技术设备的情况下，电话通话的次数可由矫正机构行政管理部门控制在每年六次以下。每次电话通话的持续时间不应超过十五分钟。通话费用可由被处刑人员使用本人钱款自行支付，或者使用其亲属或其他人员的钱款支付。电话通话的实施程序由管辖矫正机构的联邦权力执行机关予以确定。

（注：本款规定依据俄罗斯联邦联邦法 2003 年 12 月 8 日第 161 号联邦法令于 2003 年 12 月 11 日颁布适用。）

2. 矫正机构的行政管理部门，在被处刑人员到达矫正机构及在具有其他特殊的个人情况时，可以在其请求下准许被处刑人员进行电话通话。

（注：本款规定依据俄罗斯联邦联邦法 2003 年 12 月 8 日第 161 号联邦法令于 2003 年 12 月 11 日颁布适用。）

3. 在严厉条件下履行刑罚的被处刑人员以及在惩戒隔离室、纪律隔离室、囚房式监舍、统一型囚房式监舍或者单人囚室履行惩戒措施的被处刑人员，只在个人具有特殊的情况时才准许进行电话通话。

4. 关置在矫正机构的被处刑人员间禁止进行电话通话。特殊情况下，经矫正机构官长许可，可以准许被处刑人员同履行剥夺自由刑的亲属间进行电话通话。

（注：本款规定依据俄罗斯联邦联邦法 2003 年 12 月 8 日第 161 号联邦法令于 2003 年 12 月 11 日补充适用。）

5. 被处刑人员的电话通话可以受到矫正机构工作人员的监察。

（注：本款规定依据俄罗斯联邦联邦法 2003 年 12 月 8 日第 161 号联邦法令于 2003 年 12 月 11 日颁布适用。）

第九十三条　被判处剥夺自由刑人员的放风活动

1. 在封闭监舍、惩戒隔离室、纪律隔离室、囚房式监舍、统一型囚房式监舍、公共囚室或者单人囚室内履行剥夺自由刑的被处刑人员，如果不参加露日劳动的，享有根据本法典第一百一十八条、第一百二十一条、第一百二十三条、第一百二十五条、第一百二十七条与第一百三十一条规定时长的放风权利。

2. 被处刑人员应当于日间在矫正机构区域专门配备的区段内进行放风。在被处刑人员违反《矫正机构内部秩序规章》的情况下，放风活动可以提前终止。

第九十四条　对被判处剥夺自由刑人员收看电影与电视转播、收听无线电广播的审查

1. 除在监狱内履行刑罚的被判处剥夺自由刑人员以外，其他被判处剥夺自由刑的人员，以及移送到惩戒隔离室、囚房式监舍、统一型囚房式监舍与单人囚室的被处刑人员，每周应当至少为其放映一次电影和录像。

（注：本款规定依据俄罗斯联邦联邦法 2001 年 3 月 9 日第 25 号联邦法令于 2001 年 3 月 14 日颁布适用。）

2. 被处刑人员，除移送到惩戒隔离室、囚房式监舍、统一型囚房式监舍与单人囚室的，应当准许在工作之余的自由时间内收看电视转播，但规章规定作为夜间休息的日间作息时间除外。

3. 被处刑人员与被处刑人员组成的团组，可以自行支付钱款，通过商业贸易网点购买或者通过其亲属或其他人得到电视机与收音机。

4. 准许被处刑人员在工作之余的时间内收听广播，但规章规定作为夜间休息的日间作息时间除外。居住监舍、教导室、休息室、工作监舍、进行惩戒与纪律隔离的囚室、囚房式监舍、统一型囚房式监舍、单人囚室应当由矫正机构支付钱款安装无线电收音机。

（注：本款规定依据俄罗斯联邦联邦法 2001 年 3 月 9 日第 25 号联邦法令于 2001 年 3 月 14 日颁布适用。）

第九十五条　被判处剥夺自由刑人员书刊文具的购买与保管

1. 准许被判处剥夺自由刑的人员通过邮寄的邮包、转交物品以及印刷品邮件收取文具，通过商业网点购买书刊，以及使用自己的钱款无限制订阅报纸与杂志。

2. 禁止被处刑人员收取、购买、存有与散播宣传战争、煽动民族与宗教仇恨、崇尚暴力或虐待行为的出版物、具有淫秽色情性质的出版物以及订阅该类出版物。

3. 接收通过商业网点所购书刊的邮包与印刷品邮件，不计入被处刑人员有权接收的邮包与印刷品邮件数量。

4. 被处刑人员随身最多准许留有十册图书与杂志。

5. 超过本条第四款规定数量的书刊，被处刑人员应当上交保管或经其同意交付矫正机构的图书室使用。

第九十六条　被处刑人员在无押送或护送情况下的通行条件与程序

1. 在矫正院与教导院履行剥夺自由刑的被处刑人员，以及留置在隔离侦讯室与监狱从事庶务性服务的被处刑人员表现良好的，可以准许在无押送或护送情况下在矫正机构区域外通行，如果对其履行工作的性质来讲是必须的。

2. 以下被处刑人员禁止在无押送或护送情况下于矫正机构区域外通行：实

施极其危险累次犯罪的被处刑人员；被判处死刑依据特赦程序改判为剥夺自由刑的人员；被判处终身剥夺自由刑的人员；在该矫正机构内履行刑罚不满六个月的被处刑人员；具有未撤回或未清算惩戒的被处刑人员；实施极其重度犯罪的被处刑人员；身处严厉关置条件下的被处刑人员；在刑罚履行期间实施故意犯罪的被处刑人员；罹患开放性肺结核的被处刑人员；未完成性病、酒精瘾癖、吸毒瘾癖、麻醉剂瘾癖全程治疗的被处刑人员；感染艾滋病病毒的被处刑人员；罹患不排除刑事责任能力精神性障碍疾患的被处刑人员。

3. 被处刑人员在无押送或护送情况下于矫正机构区域外通行的权利，应当由矫正机构官长对被处刑人员下达决定予以准许。

4. 被处刑人员，享有在无押解或护送情况下通行权利的，应当关置在单独居住的房舍。可以准许其在矫正机构区域外宿舍居住，但应在矫正机构行政管理部门同地方自治机关协商后确定的地区内。

5. 享有在无押解或护送情况下于矫正机构区域外通行权利的被处刑人员，其行为由《矫正机构内部秩序规章》予以调整。

6. 被处刑人员，在违反《矫正机构内部秩序规章》或其从事的工作性质有所变更的情况下，在无押解或护送情况下通行的权利由矫正机构官长下达决定予以撤销。

第九十七条　被判处剥夺自由刑人员到矫正机构外的出行

1. 被判处剥夺自由刑人员，关置于矫正院或教导院的，以及依据法定程序留置在隔离侦讯室与监狱从事庶务性服务的被处刑人员，在以下情况下，可以准许离开矫正机构出行：

（1）鉴于个人的特殊情况（近亲属死亡或罹患危及生命的严重疾病、导致被处刑人员或其家庭遭受严重物质损害的自然灾害），以及为预先解决被处刑人员释放后的劳动与生活安置问题，准许进行持续时间七日以下的短期出行，不计入往返路途的必需时间；

（2）长期出行的时间可以为年度带薪休假时间，而本法典第一百零三条第二款所指被处刑人员，或者非因本人原因而无工作保障的被处刑人员，其长期出行的时间等同于年度带薪休假的时间。

2. 对有子女抚养在矫正院婴儿室的女性被处刑人员，可以准许离开矫正院短期出行十五日以便安置子女到亲属处或幼儿园，不计入路途往返的必需时间，而对于女性被处刑人员，有残障子女在矫正院以外生活的，可以准许每年一次相同期限的短期出行以便同子女会面。

（注：本款规定依据俄罗斯联邦联邦法 2003 年 12 月 8 日第 161 号联邦法令于 2003 年 12 月 11 日颁布适用。）

3. 依据本条第一款与第二款规定理由出行的，不适用于以下被处刑人员：实施极其危险累次犯罪的被处刑人员；被判处死刑依据特赦程序改判为剥夺自由刑的人员；被判处终身剥夺自由刑的人员；罹患开放性肺结核的被处刑人员；未完成性病、酒精瘾癖、吸毒瘾癖、麻醉剂瘾癖全程治疗的被处刑人员，在采取防疫措施的情况下不准许被处刑人员出行。

（注：本款规定依据俄罗斯联邦联邦法 2001 年 3 月 9 日第 25 号联邦法令于 2001 年 3 月 14 日颁布适用。）

4. 被处刑人员，罹患不排除刑事责任能力精神性障碍的、鉴定为一级残障或二级残障或因身体状况需要他人护理的，以及未成年被处刑人员，准许由其亲属陪同或其他陪同人员随行下到矫正机构区域外出行。

5. 被处刑人员有关鉴于个人特殊情况离开矫正院短期出行的申请，应当在一日内予以审核。

6. 准许离开矫正院出行的许可，由矫正机构官长参考被处刑人员所施犯罪的性质与程度、已履行的刑罚期限及其行为举止后作出。

7. 被处刑人员在矫正机构外的出行时间应计入刑罚履行期限。

8. 被处刑行人员离开矫正机构的出行费用，由其本人自行支付或由其他人支付。被处刑人员在于矫正机构区域外短期出行的留置时间内不对其发放劳动报酬。

9. 在发生无法预料的情况阻碍被处刑人员于规定期限返回的，按照被处刑人员身处地点内务机关官长决定，返回矫正机构的时间可以延长至五日，同时应立即将此事项通知矫正机构行政管理部门。

10. 被处刑人员离开剥夺自由刑场所出行的批准程序由《矫正机构内部秩

序规章》予以确定。

11. 被处刑人员逃避在法定期限内返回矫正机构时，其所处地点的内务机关在检察长批准的情况下，应当对其进行羁押，期限不超过三十日，以便解决将其押送到刑罚履行地点抑或追究其刑事责任的问题。

12. 在同其他国家签署协议的情况下，被处刑人员准许依据协议规定程序出行到相应国家。

第九十八条　对被判处剥夺自由刑人员国家强制性社会保险与赡养金的保障

1. 被判处剥夺自由刑的人员，指派参加劳动的，应当对其提供国家强制性社会保险，女性被处刑人员应当依据俄罗斯联邦政府规定程序保障获得怀孕与生育补助金。向女性被处刑人员发放的怀孕与生育补助金不考虑其劳动义务或其他义务的履行情况。

（注：本款规定依据俄罗斯联邦联邦法 2001 年 3 月 9 日第 25 号联邦法令于 2001 年 3 月 14 日颁布适用；依据俄罗斯联邦联邦法 2003 年 12 月 8 日第 161 号联邦法令于 2003 年 12 月 11 日颁布适用。）

2. 被处刑人员在年老、残障、丧失供养者以及其他俄罗斯联邦立法规定的情况下，有权依据一般理由获取国家赡养金保障。

3. 被处刑人员赡养金支付由矫正机构所在地点的居民社会保障机构通过将赡养金划入被处刑人员个人记名账户的方式实行。

4. 在履行剥夺自由刑期间丧失劳动能力的被处刑人员，有权依据俄罗斯联邦立法规定情况与程序取得损害赔偿。

5. 可以从被处刑人员赡养金中进行钱款扣缴。从赡养金中实施扣缴的根据、类别与程序由本法典第一百零七条规定予以确定。

6. 本款规定于 2003 年 12 月 11 日丧失效力——俄罗斯联邦联邦法 2003 年 12 月 8 日第 161 号联邦法令。

第九十九条　被判处剥夺自由刑人员的物质—生活保障

1. 被判处剥夺自由刑人员人均居住面积标准为：矫正院——不能少于二平方米；监狱——不能少于二点五平方米；专门为女性被处刑人员履行刑罚设置

的矫正院——不能少于三平方米；教导院——不能少于三点五平方米；医疗矫正机构——不能少于三平方米；刑事执行系统的矫正预防机构——不能少于五平方米。

2. 应当向被处刑人员提供个人床位与寝具。保障根据季节与性别的不同对其提供相应服装、个人卫生用品（最低限度的肥皂、牙刷、牙膏、牙粉）、卫生纸、一次性剃须刀（专为男性）、个人清洁用品（专为女性）。

（注：本款规定依据俄罗斯联邦联邦法 2003 年 12 月 8 日第 161 号联邦法令于 2003 年 12 月 11 日补充适用。）

3. 被处刑人员饮食与物质生活保障的最低标准由俄罗斯联邦政府予以确定。如果由接收被处刑人员参与劳动的企业支付费用，则可以在规定标准之上提供额外饮食。被处刑人员的被服供给标准由俄罗斯联邦刑罚执行领域内履行制定与实施国家政策、调整规范性法律职能的联邦执行权力机关予以确定。被处刑人员，非因自身原因所致不能工作的以及不领取赡养金的被处刑人员，应当由国家支付费用保障其饮食与基本生活必需品。

（注：本款规定依据俄罗斯联邦联邦法 2008 年 11 月 8 日第 194 号联邦法令于 2008 年 11 月 22 日颁布适用。）

4. 有劳动报酬的被处刑人员与领取赡养金的被处刑人员，除特殊饮食与特殊服装之外，其饮食、服装、公共生活服务与个人卫生用品的费用自行支付。逃避工作的被处刑人员，上述费用从其个人记名账户现有钱款中扣除。饮食、服装、公共生活服务与个人卫生用品的费用应当每月按照当月消耗的实际数额支付。

（注：本款规定依据俄罗斯联邦联邦法 2003 年 12 月 8 日第 161 号联邦法令于 2003 年 12 月 11 日颁布适用。）

5. 对于罹患疾病被免除工作的被处刑人员、怀有身孕与处于哺乳期的女性被处刑人员在工作免除期间的饮食应当无偿供给。对于关置于教导院或者被鉴定为一级残障或二级残障的被处刑人员，其饮食、服装、公共生活服务与个人卫生用品应当无偿供给。

（注：本款规定依据俄罗斯联邦联邦法 2003 年 12 月 8 日第 161 号联邦法令

于2003年12月11日颁布适用。）

6.对于怀有身孕的女性被处刑人员、处于哺乳期的女性被处刑人员、未成年被处刑人员以及罹患疾病或被鉴定为一级残障或二级残障的被处刑人员，应当创造良好的生活居住条件并规定更高标准的饮食。

7.被处刑人员可以超出本法典第八十八条、第一百二十一条、第一百二十三条、第一百二十五条、第一百三十一条与第一百三十三条对购买食品与生活必需品钱款准许消费的数额规定，使用个人记名账户中的钱款额外购买准许在矫正院穿着的服装，其中包括运动服装，支付额外的医疗防治及其他按其意愿选择的《矫正机构内部秩序规章》规定中的服务。

第一百条　怀孕、哺乳与有年幼子女的女性被处刑人员物质—生活保障特点

1.在有年幼子女的女性被处刑人员履行刑罚的矫正机构内可以设置幼儿园。矫正机构幼儿园应当具有保障儿童正常生活与发展的必需条件。有年幼子女三岁以下的女性被处刑人员可以关置在矫正机构幼儿园，工作之余以外的自由时间同子女在一起不受限制。可以准许上述人员同其子女共同生活。

2.经女性被处刑人员同意可以将其子女移交亲属或根据监管监护机关决定交由其他人员，抑或将已满三岁的年幼子女移送至相应的儿童机构。

3.如果养育在矫正机构幼儿园的幼儿年满三岁，而其母亲刑罚的履行期限距离完毕已不足一年，则矫正机构的行政管理部门可以延长幼儿在矫正机构幼儿园的留置时间，直至其母亲将全部刑罚期限履行完毕。

4.怀身孕的女性被处刑人员、处于生产期或者产后期的女性被处刑人员，应当对其提供专门的医疗服务。

（注：本款规定依据俄罗斯联邦联邦法2003年12月8日第161号联邦法令于2003年12月11日颁布适用；依据俄罗斯联邦联邦法2008年7月14日第112号联邦法令于2008年7月27日颁布适用。）

第一百零一条　被判处剥夺自由刑人员的医疗卫生保障

1.对被判处剥夺自由刑人员组织与提供的医疗防治与卫生预防救助，依据俄罗斯联邦法律与《矫正机构内部秩序章程》规定实行。

2. 刑事执行系统内的被处刑人员医疗服务由医疗防治机构（医院、专门的精神疾患与结核疾病医院）与医疗部门组织进行，而对于罹患开放性结核疾病、酒精瘾癖与麻醉剂瘾癖被处刑人员的关置与治疗——由医疗矫正机构实行。

（注：本款规定依据俄罗斯联邦联邦法 2001 年 3 月 9 日第 25 号联邦法令于 2001 年 3 月 14 日颁布适用。）

3. 矫正机构行政管理部门承担执行被处刑人员身体健康防护—卫生防疫保障的法定要求。

4. 在被处刑人员拒绝进食导致对其生命健康产生危害的情况下，准许根据医疗指征对其适用强制性喂食的措施。

5. 健康保健机关对被处刑人员提供医疗救助、组织与实施卫生监督、进行医疗防治与卫生防治以及指派医务人员实现上述目的的程序，由俄罗斯联邦立法、在俄罗斯联邦刑罚执行领域内履行制定与实施国家政策、调整规范性法律职能的联邦执行权力机关与俄罗斯联邦卫生保健领域内履行制定国家政策、调整规范性法律职能的联邦执行权力机关下达的规范性法令予以规定。

（注：本款规定依据俄罗斯联邦联邦法 2004 年 6 月 29 日第 58 号联邦法令于 2004 年 7 月 1 日颁布适用；依据俄罗斯联邦联邦法 2008 年 11 月 8 日第 194 号联邦法令于 2008 年 11 月 22 日颁布适用。）

第一百零二条　被判处剥夺自由刑人员的物质责任

1. 被判处剥夺自由刑的人员，在刑罚履行期间导致国家或自然人与法人遭受物质损害的，应当承担下列的物质责任：

因被处刑人员履行劳动义务而导致的损害——在俄罗斯联邦劳动法规定数额内承担物质责任；

被处刑人员因其他行为导致的损害——在俄罗斯联邦民事法规定数额内承担物质责任。

2. 被处刑人员应当赔偿对矫正机构造成的损害，承担因制止其逃跑及在其故意伤害自身身体健康时实施治疗的额外费用。

3. 不当扣缴的物质损害赔偿金额，应返还到被判刑人员个人的记名账户。

第十四章　被判处剥夺自由刑人员的劳动、职业教育与职业培训

第一百零三条　指派被判处剥夺自由刑人员参与劳动

1. 每名被判处剥夺自由刑的人员都应在矫正机构行政管理部门指定地点从事指定劳动。矫正机构行政管理部门应当考虑被处刑人员的性别、年龄、劳动能力、健康状况，按照能力、特长以及现有的工作岗位指派其参加劳动。被处刑人员在具有对被处刑人员予以必要保护与隔离的条件下，应当指派参加位于矫正机构区域内与（或）区域外刑事执行系统联邦性国家联合企业与其他法律组织形式的单位被处刑人员劳动适应中心与生产劳动技能中心的劳动。

（注：本款规定依据俄罗斯联邦联邦法 2007 年 6 月 6 日第 91 号联邦法令于 2007 年 6 月 20 日颁布适用。）

2. 六十岁以上的男性被处刑人员与五十五岁以上女性被处刑人员，以及被鉴定为一级残障与二级残障的被处刑人员，依据俄罗斯联邦劳动法与俄罗斯联邦残障人员社会保护法规定依据其个人意愿参加劳动，未成年被处刑人员依据俄罗斯联邦劳动法规定参加劳动。

3. 被处刑人员，依据本法典第七十四条第七款规定在监狱内履行剥夺自由刑的，其劳动活动只准许在监狱内组织进行。

4. 禁止被处刑人员参与劳动的工作清单，由《矫正机构内部秩序规章》予以确定。

5. 被处刑人员参与生产劳动活动不应妨碍矫正机构基本任务的执行，即对被处刑人员进行矫正。

6. 禁止被处刑人员为处理劳动冲突而终止工作，拒绝工作或终止工作是蓄意破坏刑罚履行法定程序的行为，可以适用惩戒措施并承担物质责任。

第一百零四条　被判处剥夺自由刑人员的劳动条件

1. 被判处剥夺自由刑人员的工作持续时间、劳动保护规定、安全与职业健康技术根据俄罗斯联邦劳动法规定予以确定。工作（倒班）开始与结束时间按

照矫正机构行政管理部门同被处刑人员工作的企业行政管理部门协商后制定倒班时间表确定。

2. 考虑在矫正机构与监狱关置的被处刑人员从事的工作性质，准许累计计算工作时间。

3. 被处刑人员指派参与有偿劳动的时间应当计入总的劳动期限当中。矫正机构行政管理部门负责按照日历年度总计对被处刑人员已完成的工作时间进行核算。在被处刑人员经常逃避履行劳动的情况下，相应时间按照矫正机构行政管理部门决定从其总的劳动期限中予以扣除。矫正机构行政管理部门决定被处刑人员可以向法院进行申诉。

4. 参与工作的被处刑人员有权享有年度带薪假期，持续时间为十八个工作日的——为在教导院履行剥夺自由刑的人员；十二个工作日的——为在其他矫正机构履行剥夺自由刑的人员。提供的上述假期依据本法典第九十七条规定可以为离开矫正机构区域出行或者不离开该区域。被处刑人员关置于囚房式监舍、统一型囚房式监舍或者单人囚室的时间不应计入对其提供年度带薪假期的所需期限。

5. 被处刑人员，从事繁重工作以及在有害或危险劳动条件下进行工作、在位于极北地域或类似地域所设企业内工作的，超额完成工作定额或成为完成规定任务典范的，抑或依据本人意愿工作的一级残障或二级残障被处刑人员、六十岁以上的男性被处刑人员与五十五岁以上的女性被处刑人员，其年度带薪假期的期限可以增加到十八个工作日，而未成年被处刑人员——可以增加到二十四个工作日。

第一百零五条　被判处剥夺自由刑人员的劳动报酬

1. 被判处剥夺自由刑人员享有依据俄罗斯联邦劳动法规定获取劳动报酬的权利。

2. 被处刑人员，完全完成当月规定时间工作定额与完成对其规定的劳动定额的，向其支付的报酬数额不应低于法定劳动报酬的最低限额。

3. 在未完全参加工作日或工作周劳动的情况下，被处刑人员的劳动报酬，应与其完成劳动的工作时间或已完成的工作量成正比。

第一百零六条　被判处剥夺自由刑人员对无报酬劳动的参与

1. 被判处剥夺自由刑的人员，只在为完成改善矫正机构与其毗邻区域设施的工作时，可以参加无报酬性劳动。

2. 被鉴定为一级残障或二级残障的被处刑人员、六十岁以上的男性被处刑人员与五十五岁以上的女性被处刑人员、怀有身孕的女性被处刑人员，按其意愿参与无报酬劳动。

3. 被处刑人员在工作之余的自由时间内依据轮换程序参与上述工作，一周的工作时间不应当超过两个小时。工作时间的延长可以依据被处刑人员的书面申请予以增加，抑或在必须进行紧急作业的情况下由矫正机构官长决定予以增加。

（注：本款规定依据俄罗斯联邦联邦法 2003 年 12 月 8 日第 161 号联邦法令于 2003 年 12 月 11 日颁布适用。）

第一百零七条　自被判处剥夺自由刑人员工资与其他收入中扣除款项

1. 依据本法典第九十九条第四款规定从被判处剥夺自由刑人员的工资、赡养金或其他收入中扣除款项，补偿其各种生活费用。

2. 在扣除赡养费、所得税、俄罗斯联邦养恤基金扣款以及其他必要扣款后进行被处刑人员生活费用补偿扣款，应当依据《俄罗斯联邦民事诉讼法典》规定程序按照执行单或其他执行文书自剩余款项中进行扣缴。

3. 不计全部扣缴款项，计入矫正机构被处刑人员个人记名账户中的数额不应少于对其支付的工资、赡养金或其他收入的百分之二十五。而计入六十岁以上男性被处刑人员与五十五岁以上女性被处刑人员、一级残障或二级残障的被处刑人员、未成年被处刑人员与怀有身孕或有年幼子女养育在矫正机构幼儿园内的女性被处刑人员个人记名账户的——不应少于对其支付的工资、赡养金或其他收入的百分之五十。

第一百零八条　被判处剥夺自由刑人员的职业教育与培训

1. 对不具有职业（专业）的被判处剥夺自由刑人员，应当在矫正机构内组织必要的初级职业教育与培训，被处刑人员据此可以在矫正机构内或自矫正机构释放后从事一定工作。

2. 一级残障或二级残障的被处刑人员，六十岁以上的男性被处刑人员与五十五岁以上的女性被处刑人员，可以依据本人意愿接受相应的职业培训。

3. 在评价被处刑人员改造程度的时候，对其接受初级职业教育与职业培训的态度予以考查。

4. 被处刑人员的初级职业教育与职业培训，依据在俄罗斯联邦刑罚执行领域内履行制定与实施国家政策、调整规范性法律职能的联邦执行权力机关会同在俄罗斯联邦教育领域内履行制定与实施国家政策、调整规范性法律职能的联邦执行权力机关共同协商确定的程序实行。矫正机构行政管理部门应当参考现有条件对被处刑人员获得高等职业教育的活动予以协助。

（注：本款规定依据俄罗斯联邦联邦法 2007 年 7 月 21 日第 194 号联邦法令于 2007 年 9 月 1 日颁布适用；依据俄罗斯联邦联邦法 2008 年 11 月 8 日第 194 号联邦法令于 2008 年 11 月 22 日颁布适用。）

5. 履行终身剥夺自由刑的被处刑人员，其职业培训直接在生产中进行。

第十五章　对被判处剥夺自由刑人员的教导感化

第一百零九条　对被判处剥夺自由刑人员的教导工作

1. 对被判处剥夺自由刑人员进行教导工作旨在对其进行矫正，培养被处刑人员对他人、社会、劳动、人类社会群体的规范、准则与传统的尊重态度，提高其教育与文化程度。

2. 在确定被处刑人员矫正程度以及对其适用奖励与惩罚措施的时候，其对实施的教导性措施活动参与的情况应予考虑。

3. 可以在矫正机构日程中规定教导性措施，规定被处刑人员必须参加。

4. 被处刑人员教导工作的实行，应对其人身特性与性质及其所施犯罪的情节予以个别考虑。

第一百一十条　对被判处剥夺自由刑人员进行教导工作的基本形式与方法

1. 矫正机构内对被判处剥夺自由刑人员实行促进其矫正的道德教育、法制教育、劳动教育、体能教育与其他教育。

2. 组织对被处刑人员的教导工作，应分别考虑矫正机构类别、刑罚期限、关置条件，在适用心理教育方法的基础上采取个人、小组与群体的形式进行。

3. 为便于在矫正机构内组织对被处刑人员的教导工作，可以按照俄罗斯联邦政府规定标准创建物质技术基地。

第一百一十一条　被判处剥夺自由刑人员的业余组织

1. 可以在矫正机构内创建剥夺自由刑人员业余组织，在矫正机构行政管理部门监督下工作。

2. 被处刑人员参与业余组织工作的应当予以鼓励，并在评价其矫正程度的时候予以考虑。

3. 被处刑人员业余组织的主要任务在于：在精神、职业与体格的发展上对被处刑人员提供帮助；促进被处刑人员发扬有益的主动精神；对被处刑人员矫正予以正面影响；参与处理被处刑人员劳动、日常生活与闲暇时间的组织问题；协助矫正机构行政管理部门维持纪律与秩序、建立被处刑人员间的健康关系；对被处刑人员及其亲属提供社会救助。被处刑人员业余组织还可以承担其他不违背刑罚履行目的、程序与条件的目标。

4. 被处刑人员业余组织的成员不享有额外待遇。被处刑人员业余组织及其成员不能享有矫正机构行政管理部门的职权。

5. 被处刑人员业余组织的创立与活动程序，应当由俄罗斯联邦刑罚执行领域内履行制定与实施国家政策、调整规范性法律职能的联邦执行权力机关予以确定。

（注：本款规定依据俄罗斯联邦联邦法 2008 年 11 月 8 日第 194 号联邦法令于 2008 年 11 月 22 日颁布适用。）

6. 矫正机构内表现良好的被处刑人员可以组成矫正机构集体委员会。也可以在矫正机构内创建其他被处刑人员业余组织，如果其活动宗旨在于处理本条第三款规定的任务。

7. 关置于监狱及囚房式监舍、统一型囚房式监舍的被处刑人员之间不得创建业余组织。

第一百一十二条　被判处剥夺自由刑人员的普通教育

1. 对于未满三十岁的被判处剥夺自由刑人员，应当在劳动改造机构内组织强制接受普通教育。

（注：本款规定依据俄罗斯联邦联邦法2007年7月21日第194号联邦法令于2007年9月1日颁布适用。）

2. 超过三十岁的被处刑人员与一级残障或二级残障的被处刑人员，按其意愿接受基本普通教育或中等（完全）普通教育。

3. 为通过考试，参加学习的被处刑人员依据俄罗斯联邦劳动法规可以免予进行工作。

4. 被处刑人员接受基本普通教育或中等（完全）普通教育的应当予以鼓励，并在评价其矫正程度时予以考虑。

5. 刑事执行系统教育机构的教学团队应当协助矫正机构行政管理部门对被处刑人员进行教导工作。

6. 履行终身剥夺自由刑的被处刑人员不应接受普通教育。应当在不违背刑罚履行程序与条件的情况下为其创造自学条件。

7. 被处刑人员接受基本普通教育与中等（完全）普通教育的组织，刑事执行系统教育机构（学校与培训辅导站）的创建、改建与撤销，应当依照在俄罗斯联邦刑罚执行领域内履行制定与实施国家政策、调整规范性法律职能的联邦执行权力机关会同在俄罗斯联邦教育领域内履行制定国家政策、调整规范性法律职能的联邦执行权力机关共同确定的程序实行。

（注：本款规定依据俄罗斯联邦联邦法2008年11月8日第194号联邦法令于2008年11月22日颁布适用。）

第一百一十三条　对被判处剥夺自由刑人员适用的奖励措施

1. 被判处剥夺自由刑的被处刑人员，因行为表现良好，认真对待劳动、学习，积极参与被处刑人员业余组织与教导矫正措施的工作，可以对其适用下列形式的奖励措施：

（1）予以表扬；

（2）颁发奖品；

（3）发放奖金；

（4）准许接收额外的邮包或转交物品；

（5）本项规定于2003年12月11日丧失效力——俄罗斯联邦联邦法2003年12月8日第161号联邦法令；

（6）提供额外的短期会面与长期会面；

（7）准许使用数额为五百卢布以下的钱款购买食品与生活必需品；

（注：本项规定依据俄罗斯联邦联邦法2009年2月14日第23号联邦法令于2009年3月1日颁布适用。）

（8）对于关置于严格刑罚履行条件矫正院及监狱的被处刑人员，在一个月内应将每日放风的时间增加至两个小时；

（注：本项规定依据俄罗斯联邦联邦法2005年4月1日第29号联邦法令于2005年4月16日颁布适用。）

（9）提前撤销曾经科处的惩戒。

2. 对在流刑移住区履行刑罚的被处刑人员，可以适用准许在流刑移住区外度过节假日类别的奖励措施。

3. 对于表现良好的被处刑人员，还可以适用本法典第七十八条第二款与第八十七条规定的措施。

4. 为便于继续矫正，表现良好的被处刑人员在实际履行上述法律规定部分的刑罚期限后，可以提出申请以较轻刑罚类别替代其未履行完毕的部分刑罚。

（注：本款规定依据俄罗斯联邦联邦法2003年12月8日第161号联邦法令于2003年12月11日颁布适用。）

5. 对于表现良好的被处刑人员，可以提出特赦申请。

第一百一十四条　对被判处剥夺自由刑人员适用奖励措施的程序

1. 予以表扬可以通过口头或书面的形式宣布，其他奖励措施只能以书面的形式公布。

2. 依据奖励程序，被处刑人员准许在一年内额外收取四件邮包或转交物品，对其提供四次短期会面或长期会面。

3. 提前撤销曾经科处的惩戒，准许在本法典第一百一十五条第一款第一项与第二项、第一百三十六条第一项与第二项规定惩戒下达之日起三个月后，本法典第一百一十五条第一款第三项、第四项、第五项与第六项规定惩戒履行之日起六个月后实行。

（注：本款规定依据俄罗斯联邦联邦法2003年6月11日第75号联邦法令于2003年6月17日颁布适用。）

4. 被处刑人员，尚有未撤销或未注销的惩戒的，仅可对其适用提前撤销曾经科处的处罚。

（注：本款规定依据俄罗斯联邦联邦法2003年6月11日第75号联邦法令于2003年6月17日增补适用。）

第一百一十五条　对被判处剥夺自由刑人员适用的措施

1. 对于破坏法定刑罚履行程序的被判处剥夺自由刑人员，可以适用以下的惩戒措施：

（1）予以警告；

（2）数额为二百卢布以下的纪律罚金；

（注：本项规定依据俄罗斯联邦联邦法2003年12月8日第161号联邦法令于2003年12月11日颁布适用。）

（3）将关置在矫正院或监狱的被处刑人员关置在惩戒隔离室十五日以下；

（4）关置于一般管制制度与严厉管制制度矫正院、囚房式监舍以及特别管制制度矫正院的男性被处刑人员，蓄意违反刑罚履行程序的，应当移送到单人囚室关置六个月以下；

（5）蓄意违反刑罚履行程序的男性被处刑人员，应当移送到统一型囚房式监舍关置一年以下；

（6）蓄意违反刑罚履行程序的女性被处刑人员，应当移送到囚房式监舍关置三个月以下。

2. 对被处刑人员，在流刑移住区履行剥夺自由刑的，可以适用为期三十日撤销在宿舍外居住的权利与禁止于工作之余时间离开宿舍出行类别的惩戒。

3. 在流刑移住区履行剥夺自由刑的被处刑人员，不应适用本条第一款第四项、第五项与第六项规定惩戒。

4. 本款规定于2005年5月23日丧失效力——俄罗斯联邦联邦法2005年5月9日第46号联邦法令。

第一百一十六条　被判处剥夺自由刑人员蓄意破坏刑罚履行的认定的法定程序

1.被判处剥夺自由刑人员蓄意违反刑罚履行法定程序的行为是指：使用酒精饮品或麻醉制剂，抑或精神致幻药物；轻度流氓行为；恫吓、对抗矫正机构行政管理部门代表或对其实施不具备犯罪构成特征的侮辱行为；制造、存有或者转递违禁物品；逃避履行法院裁定或医疗鉴定委员会裁决指定的医疗性强制措施或强制治疗；组织罢工或其他群体性对抗活动，以及积极参与上述活动；男女同性间性行为；组织被处刑人员团伙旨在实施本条所列的违法行为，以及积极参与上述行为；无正当理由拒绝工作或终止工作。

（注：本款规定依据俄罗斯联邦联邦法2001年3月9日第25号联邦法令于2001年3月14日颁布适用。）

2.被处刑人员，于一年时间内反复实施违反刑罚履行法定程序的行为，如果上述违法行为中的每一件行为都被裁处在惩戒隔离室或纪律隔离室予以关置类别的惩戒措施，也应当认定为是蓄意违反刑罚履行法定程序的行为。

（注：本款规定依据俄罗斯联邦联邦法2003年6月11日第75号联邦法令于2003年6月17日补充适用。）

3.被处刑人员，实施本条第一款与第二款规定的违法行为，在对其裁处本法典第一百一十五条第一款第三项、第四项、第五项，第六项与第一百三十六条第二项所定惩戒条件的情况下，应当认定为是蓄意破坏刑罚履行程序的行为。

（注：本款规定依据俄罗斯联邦联邦法2003年6月11日第75号联邦法令于2003年6月17日颁布适用。）

4.依据矫正机构官长就矫正机构行政管理部门递交报告下达的决议，认定被处刑人员蓄意违反刑罚履行法定程序并同时予以惩戒。

（注：本款规定依据俄罗斯联邦联邦法2001年3月9日第25号联邦法令于2001年3月14日颁布适用。）

第一百一十七条　对被判处剥夺自由刑人员适用惩戒措施的程序

1.对被判处剥夺自由刑人员适用惩戒措施时，应当考虑违法行为的实施情节、被处刑人员的人身个性与此前表现。所科处的惩戒应当与违法行为的严重程度和性质相一致。在科处惩戒之前被处刑人员应当递交书面解释。被处刑人员没有可能给予书面解释的，矫正机构行政管理部门应当予以协助。在被处刑人员拒绝给予书面解释的情况下，应当制作相应文书。惩戒措施应自违法行为发现之日起不晚于十日内予以科处，如果应当对违法行为进行调查的，则应自调查结束之日起，但应自违法行为实施之日起不晚于三个月内进行。惩戒应立即执行，但在特殊情况下——应自其科处之日起不晚于三十日内执行。禁止对一次违法行为科处几次惩戒。

（注：本款规定依据俄罗斯联邦联邦法2004年11月4日第129号联邦法令补充适用。）

2. 警告以口头或书面形式宣布，其他惩戒措施仅以书面形式公布。惩戒的科处应当依据矫正机构官长或其代职人员下达的裁决实行。

3. 纪律罚金仅对违反本法典第一百一十六条第一款所列违反刑罚履行程序的行为科处。纪律罚金的罚款数额应当划入联邦预算。

4. 将被处刑人员移送到囚房式监舍、统一型囚房式监舍或者单人囚室，以及关置于惩戒隔离室或纪律隔离室时，应当指明对其进行关置的期限。

（注：本款规定依据俄罗斯联邦联邦法2005年4月1日第28号联邦法令于2005年4月16日补充适用。）

5. 移送到囚房式监舍的被处刑人员，除移送到囚房式监舍之外，对其可以适用所有的惩戒措施。

6. 对移送到统一型囚房式监舍的被处刑人员，除移送到囚房式监舍与统一型囚房式监舍之外，对其可以适用所有的惩戒措施。

7. 女性被处刑人员，有三岁以下年幼子女在矫正机构幼儿园及因怀孕与生育被免除劳动的，以及被鉴定为一级残障或二级残障的被处刑人员，不应移送至惩戒隔离室、囚房式监舍与统一型囚房式监舍。

（注：本款规定依据俄罗斯联邦联邦法2003年12月8日第161号联邦法令于2003年12月11日颁布适用。）

8. 被处刑人员如果自履行纪律罚金之日起一年内，没有被科处新的惩戒措施的，则认定其为未受过惩戒的人员。

第一百一十八条　被判处剥夺自由刑人员在惩戒隔离室、囚房式监舍、统一型囚房式监舍与单人囚室内的监禁条件

1. 关置于惩戒隔离室的被判处剥夺自由刑人员，禁止进行会面、电话通话、购买食品、收取邮包、转交物品与印刷品邮件。他们享有每日一个小时的放风权利。

2. 依据处罚程序移送到囚房式监舍、统一型囚房式监舍或者单人囚室的被处刑人员，享有下列权利：

（1）每月使用其个人记名账户中数额为五百卢布的钱款购买食品与生活必需品；

（注：本项规定依据俄罗斯联邦联邦法 2003 年 12 月 8 日第 161 号联邦法令于 2003 年 12 月 11 日颁布适用；依据俄罗斯联邦联邦法 2009 年 2 月 14 日第 23 号联邦法令于 2009 年 3 月 1 日颁布适用。）

（2）六个月接收一个邮包或转交物品与一个印刷品邮件；

（3）每日享有一个半小时的放风时间；

（3–1）未曾违反刑罚履行法定程序的被处刑人员，在其处于囚房式监舍、统一型囚房式监舍期间，其放风时间依据矫正机构官长决定可以在一个月内增加到每日两个小时；

（注：本项规定依据俄罗斯联邦联邦法 2005 年 4 月 1 日第 29 号联邦法令于 2005 年 4 月 16 日增补适用。）

（4）经矫正机构行政管理部门许可，可以每六个月接受一次短期会面；

2–1. 对关置于惩戒隔离室、囚房式监舍、统一型囚房式监舍、单人囚室的被处刑人员，可以按其请求邀约并由其自主选择神职人员，该神职人员应当属于依照宗教联合组织规定程序注册的人员。

（注：本款规定依据俄罗斯联邦联邦法 2003 年 12 月 8 日第 161 号联邦法令于 2003 年 12 月 11 日增补适用。）

3. 被关置在惩戒隔离室的被处刑人员，移送到囚房式监舍或单人囚室的被处刑人员，应当与其他被处刑人员分开单独从事劳动。

4. 本款规定于 2003 年 12 月 11 日丧失效力——俄罗斯联邦联邦法 2003 年

12月8日第161号联邦法令。

5. 在将被处刑人员从惩戒隔离室、囚房式监舍、统一型囚房式监舍或单人囚室移送到刑事执行系统医疗防治机构的情况下，其在上述医疗防治机构留置的时间应当计入惩戒履行的时间。

第一百一十九条　对被判处剥夺自由刑人员适用奖惩措施的矫正机构公职人员

1. 矫正机构官长或其代职人员对本法典第一百一十三条与第一百一十五条规定所列的奖励与惩戒措施享有充分适用的权力。

2. 支队队长享有适用下列各项奖励措施的权力：

（1）予以表扬；

（2）准许额外花费钱款购买食品与生活必需品；

（3）提前撤销其曾科处的惩戒。

3. 支队队长有权口头予以警告。

第十六章　剥夺自由刑在不同类别矫正机构的执行

第一百二十条　一般管制制度矫正院

1. 被判处剥夺自由刑在该矫正院履行刑罚的被处刑人员，以及从宽松条件或严厉刑罚履行条件下移送过来的被处刑人员，在一般管制制度矫正院普通条件下履行刑罚。如果被处刑人员在隔离侦讯室留置期间曾违反法定的羁押程序，因此对其适用关入单身禁闭室类别的惩戒措施的，则其关置于一般刑罚履行条件下的期限自羁押期限之日起计算。

（注：本款规定依据俄罗斯联邦联邦法2001年3月9日第25号联邦法令于2001年3月14日补充适用；依据俄罗斯联邦联邦法2003年6月11日第75号联邦法令于2003年6月17日颁布适用。）

2. 被处刑人员，在未受到因违反刑罚履行法定程序而科处的惩戒并且认真对待劳动的情况下，且在普通刑罚履行条件下履行刑罚的期限不少于六个月的，可以将其移送到宽松刑罚履行条件下履行刑罚。

3. 在普通条件下履行刑罚的被处刑人员，如果被认定为蓄意违反刑罚履行程序的，应当移送到严厉刑罚履行条件下履行刑罚。

4. 在宽松条件下履行刑罚的被处刑人员，如果被认定为蓄意违反刑罚履行程序的，应当移送到普通刑罚履行条件或严厉刑罚履行条件下履行刑罚。

5. 从严厉刑罚履行条件到普通刑罚履行条件的移送，应当在被处刑人员不具有因违反刑罚履行法定程序而被科处刑罚的情况后经过六个月实行。

6. 从严厉刑罚履行条件再次移送到普通刑罚履行条件或从普通刑罚履行条件再次移送到宽松刑罚履行条件的实行，应当依照本条第二款与第五款规定程序进行。

7. 被处刑人员，自其他一般管制制度矫正机构移送过来的，应当在其移送前对其确定的刑罚条件下继续履行刑罚。

第一百二十一条　一般管制制度矫正院剥夺自由刑的履行条件

1. 在一般管制制度矫正院普通刑罚履行条件下履行刑罚的被判处剥夺自由刑人员，应当在宿舍居住。准许其享有下列权利：

（1）除本法典第八十八条第二款规定钱款外，每月可以使用其个人记名账户上的其他钱款，花费数额为三千卢布的钱款购买食品与生活必需品；

（注：本项规定依据俄罗斯联邦联邦法 2006 年 4 月 3 日第 46 号联邦法令于 2006 年 4 月 17 日颁布适用；依据俄罗斯联邦联邦法 2009 年 2 月 14 日第 23 号联邦法令于 2009 年 3 月 1 日颁布适用。）

（2）一年内接受六次短期会面与四次长期会面；

（注：本项规定依据俄罗斯联邦联邦法 2003 年 12 月 8 日第 161 号联邦法令于 2003 年 12 月 11 日颁布适用。）

（3）一年内收取六个邮包或转交物品及六件印刷品邮件。

2. 在宽松条件下履行刑罚的被处刑人员在宿舍居住。准许享有以下权利：

（1）每月不受限制地花费其个人记名账户上的钱款购买食品与生活必需品；

（注：本项规定依据俄罗斯联邦联邦法 2001 年 3 月 9 日第 25 号联邦法令于 2001 年 3 月 14 日颁布适用。）

（2）一年内接受六次短期会面与六次长期会面；

（3）一年内收取十二个邮包或转交物品及十二个印刷邮件。

3. 在宽松条件下履行刑罚的被处刑人员，以顺利适应社会为宗旨，可以根据矫正机构官长决定在刑罚期限结束前六个月解除羁押。这种情况下，准许被处刑人员在矫正机构行政管理部门监督下在矫正院区域以外居住与工作。他们可以同享有在无人押解与护送情况下自由往来的被处刑人员共同居住。女性被处刑人员可以准许在矫正院区域之外同家人或子女在租赁或私有住宅内共同生活。

（注：本款规定依据俄罗斯联邦联邦法 2003 年 12 月 8 日第 161 号联邦法令于 2003 年 12 月 11 日补充适用。）

4. 在严厉条件下履行刑罚的被处刑人员居住在封闭监舍。准许享有以下权利：

（1）除本法典第八十八条第二款规定钱款外，每月可以使用其个人记名账户上的其他钱款，花费数额为两千卢布的钱款购买食品与生活必需品；

（注：本项规定依据俄罗斯联邦联邦法 2006 年 4 月 3 日第 46 号联邦法令于 2006 年 4 月 17 日颁布适用；依据俄罗斯联邦联邦法 2009 年 2 月 14 日第 23 号联邦法令于 2009 年 3 月 1 日颁布适用。）

（2）一年内接受两次短期会面与两次长期会面；

（3）一年内收取三个邮包或转交物品及三个印刷邮件；

（4）享有每日一个半小时的放风时间。

第一百二十二条　严厉管制制度矫正院

1. 被判处剥夺自由刑且裁处在该矫正院履行刑罚的人员，除在履行剥夺自由刑期间实施故意犯罪的，以及从宽松或严厉刑罚履行条件下移送来的被处刑人员，应当在严厉管制制度矫正院普通条件下履行刑罚。如果在留置于侦讯隔离室期间对被处刑人员未适用过关置于单身禁闭室种类惩戒措施的，则其处于普通刑罚履行条件下的期限自羁押之日开始起计算。

（注：本款规定依据俄罗斯联邦联邦法 2003 年 12 月 8 日第 161 号联邦法令于 2003 年 12 月 11 日补充适用。）

2. 被处刑人员，在普通条件下履行刑罚期限不少于九个月的，在不具有因违反刑罚履行法定程序而被科处刑罚并且认真对待劳动的情况下，可以将其移送至宽松条件下履行刑罚。

3. 在普通条件下履行刑罚的被处刑人员，被认定为蓄意违反刑罚履行程序的，应当被移送到严厉条件下履行刑罚。

4. 在宽松条件下履行刑罚的被处刑人员，被认定为蓄意破坏刑罚履行法定程序的，应当移送到普通或严厉条件下履行刑罚。

5. 履行剥夺自由刑期间实施故意犯罪的被处刑人员，在到达严厉管制制度矫正院时应当关置在严厉条件下履行刑罚。

6. 从严厉刑罚履行条件到普通刑罚履行条件的移送，应当在不具有因违反刑罚履行法定程序而被科处刑罚的情况后过九个月实行。

7. 再次从严厉刑罚履行条件移送到普通刑罚履行条件或者从普通刑罚履行条件移送到宽松刑罚履行条件的，应当依据本条第二款与第六款规定程序实行。

8. 被处刑人员，从其他严厉管制制度矫正院移送过来的，应当在与其移送前相同的刑罚履行条件下继续履行刑罚。

第一百二十三条　严厉管制制度矫正院剥夺自由刑的履行条件

1. 在严厉管制制度矫正院普通条件下履行刑罚的被处刑人员，应当居住于宿舍。准许其享有以下权利：

（1）除本法典第八十八条第二款规定钱款外，每月可以使用其个人记名账户上的其他钱款，花费数额为两千卢布的钱款购买食品与生活必需品；

（注：本项规定依据俄罗斯联邦联邦法2006年4月3日第46号联邦法令于2006年4月17日颁布适用；依据俄罗斯联邦联邦法2009年2月14日第23号联邦法令于2009年3月1日颁布适用。）

（2）一年内接受三次短期会面与三次长期会面；

（3）一年内收取四个邮包或转交物品及四件印刷品邮件。

2. 在宽松条件下履行刑罚的被处刑人员在宿舍居住。准许其享有以下权利：

（1）除本法典第八十八条第二款规定钱款外，每月可以使用其个人记名账户上的其他钱款，花费数额为三千卢布的钱款购买食品与生活必需品；

（注：本项规定依据俄罗斯联邦联邦法2006年4月3日第46号联邦法令于

2006年4月17日颁布适用；依据俄罗斯联邦联邦法2009年2月14日第23号联邦法令于2009年3月1日颁布适用。）

（2）一年内接受四次短期会面与四次长期会面；

（3）一年内收取六个邮包或转交物品及六件印刷品邮件。

3. 在严厉条件下履行刑罚的被处刑人员居住在封闭监舍。准许其享有以下权利：

（1）除本法典第八十八条第二款规定钱款外，每月可以使用其个人记名账户上的其他钱款，花费数额为一千卢布的钱款购买食品与生活必需品；

（注：本项规定依据俄罗斯联邦联邦法2006年4月3日第46号联邦法令于2006年4月17日颁布适用；依据俄罗斯联邦联邦法2009年2月14日第23号联邦法令于2009年3月1日颁布适用。）

（2）一年内接受两次短期会面与一次长期会面；

（3）一年内收取两个邮包或转交物品及两件印刷品邮件；

（4）享有每日一个半小时的放风时间。

第一百二十四条　特别管制制度矫正院

1. 被判处剥夺自由刑且裁处在该矫正院履行刑罚的人员，除在履行剥夺自由刑期间实施故意犯罪的，以及从宽松或严厉刑罚履行条件下移送来的被处刑人员，应当在特别管制制度矫正院普通条件下履行刑罚。如果在留置于侦讯隔离室期间对被处刑人员未适用过关置于单身禁闭室种类的惩戒措施，则其处于普通刑罚履行条件下的期限自羁押之日开始起计算。

（注：本款规定依据俄罗斯联邦联邦法2003年12月8日第161号联邦法令于2003年12月11日颁布适用。）

2. 被处刑人员，在普通条件下履行刑罚期限不少于一年的，在不具有因违反刑罚履行法定程序而被科处刑罚并且认真对待劳动的情况下，可以将其移送到宽松条件下履行刑罚。

3. 在普通条件下履行刑罚的被处刑人员，被认定为是蓄意违反刑罚履行程序的，应当被移送到严厉条件下履行刑罚。

4. 在宽松条件履行刑罚的被处刑人员，被认定为是蓄意破坏刑罚履行法定程序的，应当移送到普通或严厉条件下履行刑罚。

5. 履行剥夺自由刑期间实施故意犯罪的被处刑人员，在到达特别管制制度矫正院时应当关置在严厉条件下履行刑罚。

（注：本款规定依据俄罗斯联邦联邦法 2003 年 12 月 8 日第 161 号联邦法令于 2003 年 12 月 11 日颁布适用。）

6. 从严厉刑罚履行条件到普通刑罚履行条件的移送，应当在不具有因违反刑罚履行法定程序而被科处刑罚的情况后过一年实行。

7. 再次从严厉刑罚履行条件移送到普通刑罚履行条件或者从普通刑罚履行条件移送到宽松刑罚履行条件的，应当依据本条第二款与第六款规定程序实行。

8. 被处刑人员，从其他特别管制制度矫正院移送过来的，应当在其移送前相同条件下履行刑罚。

第一百二十五条　特别管制制度矫正院剥夺自由刑的履行条件

1. 在特别管制制度矫正院普通条件下履行刑罚的被处刑人员应当居住于宿舍，准许其享有以下权利：

（1）除本法典第八十八条第二款规定钱款外，每月可以使用其个人记名账户上的其他钱款，花费数额为一千卢布的钱款购买食品与生活必需品；

（注：本项规定依据俄罗斯联邦联邦法 2006 年 4 月 3 日第 46 号联邦法令于 2006 年 4 月 17 日颁布适用；依据俄罗斯联邦联邦法 2009 年 2 月 14 日第 23 号联邦法令于 2009 年 3 月 1 日颁布适用。）

（2）一年内接受两次短期会面与两次长期会面；

（3）一年内收取三个邮包或转交物品及三件印刷品邮件。

2. 在宽松条件下履行刑罚的被处刑人员在宿舍居住。准许其享有以下权利：

（1）除本法典第八十八条第二款规定钱款外，每月可以使用其个人记名账户上的其他钱款，花费数额为两千卢布的钱款购买食品与生活必需品；

（注：本项规定依据俄罗斯联邦联邦法 2006 年 4 月 3 日第 46 号联邦法令于 2006 年 4 月 17 日颁布适用；依据俄罗斯联邦联邦法 2009 年 2 月 14 日第 23 号联邦法令于 2009 年 3 月 1 日颁布适用。）

（2）一年内接受三次短期会面与三次长期会面；

（3）一年内收取四个邮包或转交物品及四件印刷品邮件。

3. 在严厉条件下履行刑罚的被处刑人员居住在封闭监舍。准许其享有以下权利：

（1）除本法典第八十八条第二款规定钱款外，每月可以使用其个人记名账户上数额为七百卢布的钱款购买食品与生活必需品；

（注：本项规定依据俄罗斯联邦联邦法 2006 年 4 月 3 日第 46 号联邦法令于 2006 年 4 月 17 日颁布适用；依据俄罗斯联邦联邦法 2009 年 2 月 14 日第 23 号联邦法令于 2009 年 3 月 1 日颁布适用。）

（2）一年内接受两次短期会面；

（3）一年内收取一个邮包或转交物品及一件印刷品邮件；

（4）享有每日一个半小时的放风时间。

第一百二十六条　对被判处终身剥夺自由刑人员设置的特别管制制度矫正院

被判处终身剥夺自由刑的人员，以及被判处死刑依据特赦程序改判为终身剥夺自由刑的人员，应与其他被处刑人员分开，单独关置于特别管制制度矫正院履行刑罚。

第一百二十七条　对被判处终身剥夺自由刑人员设置的特别管制制度矫正院剥夺自由刑的履行条件

1. 被判处终身剥夺自由刑的人员应当关置于囚室，通常情况下不应多于两人。依据被处刑人员请求以及在其他必要情况下，在对被处刑人员人身安全产生威胁时依据矫正机构官长决定，可以将被处刑人员关置于单人囚室。上述被处刑人员的劳动活动应当参考被处刑人员在囚室关置的要求进行安排。

2. 被处刑人员享有每日一个半小时的放风时间。在其表现良好的情况下，放风时间可以延长至两个小时。

3. 所有被处刑人员在到达特别管制制度矫正院时应当关置于严厉条件下履行刑罚。从严厉刑罚履行条件到普通刑罚履行条件的移送，应当在严厉条件下履行刑罚不少于十年后，依据本法典第一百二十四条第六款规定根据实行。

（注：本款规定依据俄罗斯联邦联邦法 2003 年 12 月 8 日第 161 号联邦法令

于2003年12月11日补充适用。）

4. 在普通条件下履行刑罚不少于十年后，被处刑人员可以依据本法典第一百二十四条第二款规定根据移送到宽松条件下履行刑罚。

5. 被处刑人员，在宽松条件下履行刑罚被认定为蓄意违反刑罚履行法定程序的，应当移送到普通条件或者严厉条件下履行刑罚，而在普通条件下履行刑罚的被处刑人员——应当移送到严厉刑罚履行条件下。再次移送到普通条件或者宽松条件下履行刑罚的，应当依据本条第三款与第四款规定程序实行。

6. 被处刑人员在普通条件、宽松条件以及严厉条件下履行刑罚的程序，其中涉及花费款项购买食品与生活必需品、接受会面的次数与类别、收取邮包、转交物品与印刷品邮件数量的部分，由本法典第一百二十五条规定予以确定。

第一百二十八条　流刑移住区

1. 以下被处刑人员应当在流刑移住区履行剥夺自由刑：因实施过失犯罪被处刑的人员，初次因实施轻度或者中度故意犯罪被处刑的人员；因表现良好而依据本法典第七十八条规定程序自一般管制制度或严厉管制制度矫正院移送的被处刑人员。

（注：本款规定依据俄罗斯联邦联邦法2001年3月9日第25号联邦法令于2001年3月14日颁布适用；依据俄罗斯联邦联邦法2006年4月3日第46号联邦法令于2006年4月17日颁布适用。）

2. 在流刑移住区，被处刑人员在同等条件下履行剥夺自由刑。

（注：本款规定依据俄罗斯联邦联邦法2001年3月9日第25号联邦法令于2001年3月14日颁布适用；依据俄罗斯联邦联邦法2006年4月3日第46号联邦法令于2006年4月17日颁布适用。）

3. 男性被处刑人员与女性被处刑人员可以同时关置在同一流刑移住区。实施共同犯罪的被处刑人员通常情况下应当单独关置履行剥夺自由刑。

第一百二十九条　流刑移住区剥夺自由刑的履行条件

1. 被判处剥夺自由刑的人员在流刑移住区可以：

（1）在无人看守的情况下拘留，但应当受到流刑移住区行政管理部门的监督；从其起床到就寝时间内享有在流刑移住区区域内自由活动的权利；在获得流刑移住区行政管理部门许可后，可以在无人监督的情况下离开流刑移住区出行，但应在相应地方行政管理机关区域内，如果按其执行工作性质或因学习需要必须出行的；可以穿着普通服装；可以随身携带钱款与贵重物品；花费的钱款不受限制；收取邮包、转交物品与印刷品邮件的数量不受限制。

（2）通常情况下，居住于专门对其配备的宿舍内。被处刑人员，未曾违反过刑罚履行法定程序且有家庭的，依据流刑移住区官长命令，可以准许其同家人共同居住在流刑移住区区域内或区域外的租赁房屋或个人私有住宅。上述被处刑人员应当一个月四次到流刑移住区进行登记。登记的周期由流刑移住区官长的命令予以确定。被处刑人员居住的处所，流刑移住区行政管理部门代表随时可以进行访查。

（3）使用能够证明被处刑人员身份的法定格式证件。被处刑人员护照与其他个人证件应当放入其个人档案中保管。

2. 禁止被处刑人员将《矫正机构内部秩序章程》所列清单中规定的物品或物质带入宿舍或者在宿舍内使用与存有。

3. 被处刑人员的劳动由《俄罗斯联邦劳动法》予以调整，但有关聘用就业、解雇职位与调动至其他工作的规则除外。调动被处刑人员到其他工作职位，其中包括调动到其他地点的，可由其工作企业的行政管理部门同流刑移住区行政管理部门协商后实行。

4. 被处刑人员，准许参加位于相应地区行政管理部门区域内高等与中等职业教育机构举办的函授学习。

5. 在流刑移住区履行剥夺自由刑且未从事过社会性有益劳动的被处刑人员，对其适用三十日以下于自由时间段禁止离开宿舍区域种类惩戒时，应当享有每日持续时间不少于两个小时的放风权利。

（注：本款规定依据俄罗斯联邦联邦法 2008 年 12 月 22 日第 271 号联邦法令于 2009 年 3 月 27 日增补适用。）

第一百三十条　监狱

1. 被判处剥夺自由刑刑罚期限超过五年以上、部分刑罚期限应在监狱内履行的男性被处刑人员，以及因在普通管制、严厉管制与特别管制制度矫正院违反法定刑罚履行程序而被移送至监狱为期三年以下的被处刑人员，都应关置在监狱。监狱内同样还可以关置依据本法典第七十七条规定根据应当关置的被处刑人员。根据法院刑事案判决指定的监狱刑罚履行期限，自被处刑人员到达监狱时开始计算。如果在关置与侦讯隔离室期间对被处刑人员未适用关置于单身禁闭室类别的惩戒措施，则其在严厉管制制度中履行刑罚的期限自关置之日起开始计算。

（注：本款规定依据俄罗斯联邦联邦法2001年3月9日第25号联邦法令于2001年3月14日补充适用；依据俄罗斯联邦联邦法2003年12月8日第161号联邦法令于2003年12月11日补充适用。）

2. 监狱内实行一般管制制度与严厉管制制度。

3. 被判处在该矫正院履行刑罚的被处刑人员以及从普通管制制度下移送过来的被处刑人员，应当在严厉管制制度下关置。

4. 一级残障以及二级残障的被处刑人员不应当关置在严厉管制制度下。

（注：本款规定依据俄罗斯联邦联邦法2001年3月9日第25号联邦法令于2001年3月14日颁布适用。）

5. 被处刑人员，在严厉管制制度下至少履行刑罚一年之后，可以被移送到一般管制制度下履行刑罚。

6. 被处刑人员，在一般管制制度下履行刑罚被认定为蓄意违反刑罚履行法定程序的，应当移送到严厉管制制度下履行刑罚。再次移送到一般管制制度的实行可以依据本条第五款规定程序进行。

第一百三十一条　监狱内履行剥夺自由刑的条件

1. 被判处剥夺自由刑的人员在监狱中应当关置在封闭的普通囚室内。必要情况下，根据监狱官长在获得检察长同意后采取的合理决定，可以将被处刑人员关置于单人囚室。

2. 遵照本法典第八十条规定要求将被处刑人员关置于囚室。除此之外，在一般管制或严厉管制制度之下的被处刑人员应当单独关置。与其他被处刑人员隔离并单独关置的还有从一所矫正院移送到另一所矫正院的被处刑人员、留置在监狱内履行庶务性服务的被处刑人员。

3. 关置于监狱的被处刑人员，其放风活动应当于白天在监狱区域内专门配置的露天区域内进行。在被处刑人员违反内部法定秩序规章时，其放风活动可以提前终止。

4. 在一般管制制度下履行刑罚的被处刑人员，准许享有下列权利：

（1）除本法典第八十八条第二款规定钱款外，每月可以使用其个人记名账户上的其他钱款，花费数额为八百卢布的钱款购买食品与生活必需品。

（注：本项规定依据俄罗斯联邦联邦法 2006 年 4 月 3 日第 46 号联邦法令于 2006 年 4 月 17 日颁布适用；依据俄罗斯联邦联邦法 2009 年 2 月 14 日第 23 号联邦法令于 2009 年 3 月 1 日颁布适用。）

（2）一年内接受两次短期会面与两次长期会面。

（3）一年内收取两个邮包或转交物品及两件印刷品邮件。

（4）享有每日一个半小时的放风时间。

5. 在严厉管制制度下履行刑罚的被处刑人员，准许其享有以下权利：

（1）除本法典第八十八条第二款规定钱款外，每月可以使用其个人记名账户上的其他钱款，花费数额为六百卢布的钱款购买食品与生活必需品。

（注：本项规定依据俄罗斯联邦联邦法 2006 年 4 月 3 日第 46 号联邦法令于 2006 年 4 月 17 日颁布适用，依据俄罗斯联邦联邦法 2009 年 2 月 14 日第 23 号联邦法令于 2009 年 3 月 1 日颁布适用。）

（2）一年内接受两次短期会面。

（3）一年内收取一个邮包或转交物品及一个印刷品邮件。

（4）享有每日一个半小时的放风时间。

第十七章　矫正院履行剥夺自由刑的特点

第一百三十二条　教导院

（注：本条名称依据俄罗斯联邦联邦法 2001 年 3 月 9 日第 25 号联邦法令于 2001 年 3 月 14 日颁布适用。）

1. 教导院规定有普通的刑罚履行条件、宽松的刑罚履行条件与严厉的刑罚履行条件。

（注：本款规定依据俄罗斯联邦联邦法 2001 年 3 月 9 日第 25 号联邦法令于 2001 年 3 月 14 日颁布适用。）

2. 在教导院普通条件下履行刑罚的为被判处到教导院履行刑罚的未成年被处刑人员，除此前履行过剥夺自由刑与因在刑罚履行期间实施故意犯罪而被处刑的未成年被处刑人员，以及从宽松、优待或者严厉的刑罚履行条件下移送过来的未成年被处刑人员。

如果被处刑人员在侦讯隔离室留置期间违反羁押法定程序并对其适用关置于单身禁闭室类别的惩戒措施，则其处于普通刑罚履行条件下的期限应当自其羁押之日起开始计算。

（注：本段规定依据俄罗斯联邦联邦法 2003 年 6 月 11 日第 75 号联邦法令于 2003 年 6 月 17 日颁布适用。）

（注：本款规定依据俄罗斯联邦联邦法 2001 年 3 月 9 日第 25 号联邦法令于 2001 年 3 月 14 日颁布适用。）

3. 被处刑人员，在剥夺自由刑履行期间实施故意犯罪且此前履行过剥夺自由刑的，应当在严厉条件下履行刑罚。被认定为蓄意违反刑罚履行法定程序的被处刑人员与从普通与宽松刑罚履行条件下移送的被处刑人员，也应当在严厉条件下履行刑罚。被处刑人员在具有未因违反刑罚履行法定程序而被适用惩戒措施并且认真对待劳动与学习的情况后过六个月，可以将其移送至普通条件下履行刑罚。

（注：本段规定依据俄罗斯联邦联邦法 2001 年 3 月 9 日第 25 号联邦法令于 2001 年 3 月 14 日补充适用。）

未成年被处刑人员留置于检疫办公室以及被羁押的期限，应当计入在严厉条件下的刑罚履行期限，如果对未成年被处刑人员适用了相应的惩戒措施，且其违反了羁押法定程序而因此对其适用了关置于单身禁闭室类别的惩戒措施。

（注：本段规定依据俄罗斯联邦联邦法 2003 年 12 月 8 日第 161 号联邦法令于 2003 年 12 月 11 日增补适用。）

4. 被处刑人员，在未因违反刑罚履行法定程序受到惩戒并认真对待劳动与学习的情况下，可以按照以下条件从普通条件移送到宽松条件下履行刑罚：

（注：本段规定依据俄罗斯联邦联邦法2001年3月9日第25号联邦法令于2001年3月14日颁布适用。）

（1）初次履行剥夺自由刑的男性被处刑人员，以及所有类别的女性被处刑人员——应当在普通刑罚履行条件下履行三个月的刑罚之后；

（2）男性被处刑人员，此前履行过剥夺自由刑的——应当在普通条件下履行六个月刑罚之后。

5. 在宽松条件下履行刑罚的被处刑人员，为便于预备释放，应当移送到优待条件下履行刑罚。

（注：本款规定依据俄罗斯联邦联邦法2003年12月8日第161号联邦法令于2003年12月11日颁布适用。）

6. 在普通条件下履行刑罚的被处刑人员，被认定为蓄意违反刑罚履行法定程序的，应当移送到严厉条件下履行刑罚。

7. 被认定为蓄意违反刑罚履行程序的被处刑人员，应当自宽松的刑罚履行条件移送到普通或者严厉的刑罚履行条件。

8. 在优待条件下履行刑罚的被处刑人员，被认定为蓄意违反刑罚履行法定程序的，应当移送到普通条件下履行刑罚。再次移送到优待条件下履行刑罚的实行应当在遣返到宽松刑罚履行条件后不早于六个月的期限内进行。

9. 将被处刑人员从一种刑罚履行条件移送到另一种刑罚履行条件，应当由教导院官长根据该院教导委员会报告实行，除以下情况以外，将被处刑人员从普通刑罚履行条件移送到宽松刑罚履行条件的情况应当依据教导支队委员会报告实行。

10. 在被处刑人员不同意移送到严厉条件下履行刑罚的情况下，有权依据法律规定程序对有关移送的判决予以申诉。

（注：本款规定依据俄罗斯联邦联邦法2003年6月11日第75号联邦法令于2003年6月17日增补适用。）

第一百三十三条　在教导院履行剥夺自由刑的条件

（注：本条名称依据俄罗斯联邦联邦法2001年3月9日第25号联邦法令于2001年3月14日颁布适用。）

1. 被处刑人员，在教导院普通条件下履行刑罚的，准许其享有以下权利：

（注：本段规定依据俄罗斯联邦联邦法2001年3月9日第25号联邦法令于2001年3月14日颁布适用。）

（1）除本法典第八十八条第二款规定钱款外，每月可以使用其个人记名账户上的其他钱款，花费数额为四千卢布的钱款购买食品与生活必需品；

（注：本项规定依据俄罗斯联邦联邦法2006年4月3日第46号联邦法令于2006年4月17日颁布适用；依据俄罗斯联邦联邦法2009年2月14日第23号联邦法令于2009年3月1日颁布适用。）

（2）一年内接受八次短期会面与四次长期会面；

（注：本项规定依据俄罗斯联邦联邦法2003年12月8日第161号联邦法令于2003年12月11日颁布适用。）

（3）本项规定于2001年3月14日丧失效力——俄罗斯联邦联邦法2001年3月9日第25号联邦法令。

2. 在宽松条件下履行刑罚的被处刑人员，应当居住在宿舍。准许其享有以下权利：

（1）除本法典第八十八条第二款规定钱款外，每月可以使用其个人记名账户上的其他钱款，花费数额为六千卢布的钱款购买食品与生活必需品；

（注：本项规定依据俄罗斯联邦联邦法2006年4月3日第46号联邦法令于2006年4月17日颁布适用；依据俄罗斯联邦联邦法2009年2月14日第23号联邦法令于2009年3月1日颁布适用。）

（2）一年内接受十二次短期会面与四次长期会面。根据教导院行政管理部门的决定，可以在教导院区域外进行长期会面；

（3）本项规定于2001年3月14日丧失效力——俄罗斯联邦联邦法2001年3月9日第25号联邦法令。

3. 被处刑人员，在优待条件下履行刑罚的，应当居住于宿舍。准许其享有以下权利：

（1）可以无限制地花费其个人账户上的钱款购买食品与生活之必需品；

（2）接受短期会面无次数限制，以及一年内六次在教导院区域以外居住的长期会面。

（注：本款规定依据俄罗斯联邦联邦法 2001 年 3 月 9 日第 25 号联邦法令于 2001 年 3 月 14 日颁布适用。）

4. 在优待条件下履行刑罚的被处刑人员，依据教导院官长决定可以在无人看管的情况下居住在教导院区域外宿舍，但是应当在教导院行政管理部门监督下进行。这种情况下准许其享有以下权利：

（1）可以使用钱款；

（2）穿着普通服装。

（注：本款规定依据俄罗斯联邦联邦法 2001 年 3 月 9 日第 25 号联邦法令于 2001 年 3 月 14 日增补适用。）

（注：原文本第四款规定于 2001 年 3 月 14 日起相应顺延为本文本第五款规定——俄罗斯联邦联邦法 2001 年 3 月 9 日第 25 号联邦法令。）

5. 在严厉条件下履行刑罚的被处刑人员，应当居住在工作与学习之余予以禁闭的独立式住宅监舍，准许其享有以下权利：

（1）除本法典第八十八条第二款规定钱款外，每月可以使用其个人记名账户上的其他钱款，花费数额三千卢布的钱款购买食品与生活必需品；

（注：本项规定依据俄罗斯联邦联邦法 2006 年 4 月 3 日第 46 号联邦法令于 2006 年 4 月 17 日颁布适用；依据俄罗斯联邦联邦法 2009 年 2 月 14 日第 23 号联邦法令于 2009 年 3 月 1 日颁布适用。）

（2）本项规定于 2001 年 3 月 14 日丧失效力——俄罗斯联邦联邦法 2001 年 3 月 9 日第 25 号联邦法令；

（注：原文本第三项规定于 2001 年 3 月 14 日起相应顺延为本文本第二项规定——俄罗斯联邦联邦法 2001 年 3 月 9 日第 25 号联邦法令。）

（3）一年内可以接受六次短期会面。

（注：本项规定依据俄罗斯联邦联邦法 2003 年 12 月 8 日第 161 号联邦法令于 2003 年 12 月 11 日颁布适用。）

第一百三十四条　对教导院被判处剥夺自由刑人员适用的奖励措施

（注：本条名称依据俄罗斯联邦联邦法 2001 年 3 月 9 日第 25 号联邦法令于

2001年3月14日颁布适用。）

未成年被处刑人员，因表现良好、认真对待劳动与学习、积极参与被处刑人员业余组织工作的，在对其适用本法典第一百一十三条规定的教导措施之外，还可以对其适用下列奖励措施：

（1）有权在该教导院工作人员携同下离开教导院区域出行参加文化娱乐及体育活动；

（2）有权在父母、父母替代者或者其他近亲属陪同下离开教导院出行；

（3）本项规定于2005年4月16日丧失效力——俄罗斯联邦联邦法2005年4月1日第29号法令；

（4）提前从严厉条件移送到普通条件下履行刑罚。

（注：本项规定依据俄罗斯联邦联邦法2003年12月8日第161号联邦法令于2003年12月11日增补适用。）

第一百三十五条　教导院对被判处剥夺自由刑人员适用奖励措施的特点

（注：本条名称依据俄罗斯联邦联邦法2001年3月9日第25号联邦法令于2001年3月14日颁布适用。）

1.依据奖励措施可以向被处刑人员提供在教导院工作人员携同下离开教导院区域出行参加文化娱乐及体育活动的权利，或在父母、父母替代者以及其他近亲属陪同下离开教导院出行的权利，可以向其发放普通服装；

2.被处刑人员不得参与夜间举行的文化娱乐与体育活动；

3.离开教导院区域出行的时间由教导院官长予以确定，但不应超过八个小时；

4.依据奖励措施程序提前从严厉刑罚履行条件移送到一般刑罚履行条件的，在遵守本法典第一百一十四条规定要求的情况下，应当在严厉刑罚履行条件下履行过三个月期限的刑罚之后准予实行。

（注：本款规定依据俄罗斯联邦联邦法2007年12月1日第299号联邦法令于2007年12月15日增补适用。）

第一百三十六条　对教导院被判处剥夺自由刑人员适用的惩戒措施

（注：本条名称依据俄罗斯联邦联邦法2001年3月9日第25号联邦法令于

2001 年 3 月 14 日颁布适用。）

对违反刑罚履行法定程序的未成年人员，在适用本法典第一百一十五条第一款第一项与第二项规定的惩戒措施之外，还可适用下列惩戒措施：

（1）剥夺在一个月内观看电影的权利；

（2）在纪律隔离室关置七日以下，可因参加学习离开该处。

第一百三十七条　教导院对被判处剥夺自由刑人员适用惩戒措施的程序

（注：本条名称依据俄罗斯联邦联邦法 2001 年 3 月 9 日第 25 号联邦法令于 2001 年 3 月 14 日颁布适用。）

1. 对被关置于纪律隔离室的被处刑人员，禁止进行长期会面、电话通话、购买食品与生活必需品、收取邮包、转交物品与印刷品邮件、使用台式游戏机以及吸烟。每日享有两个小时的放风时间。

2. 对被关置于纪律隔离室的被处刑人员，可以适用除关置于纪律隔离室以外所有的惩戒措施。

3. 以进行教导为目的或者根据医疗诊断证明，允许依据教导院官长或其代职者决定提前将被处刑人员从纪律隔离室释放。

（注：本款规定依据俄罗斯联邦联邦法 2005 年 4 月 1 日第 29 号联邦法令于 2005 年 4 月 16 日颁布适用。）

第一百三十八条　教导院对被处刑人员适用奖惩措施的公职人员

1. 教导院官长或其代职人员享有充分适用奖惩措施的权力。

2. 支队队长有权适用以下奖励措施：

（1）予以表扬；

（2）准许额外花费钱款购买食品与生活必需品；

（3）本项规定于 2007 年 12 月 15 日丧失效力——俄罗斯联邦联邦法 2007 年 12 月 1 日第 299 号联邦法令；

（4）提前撤销其曾科处的惩戒。

3. 支队教导人员享有适用以下奖励措施的权力：

（1）予以表扬；

（2）提前撤销其曾科处的惩戒。

4. 支队队长享有适用以下惩戒措施的权力：

（1）予以警告；

（2）剥夺在一个月内观看电影的权利。

5. 支队教导人员有权宣布警告。

第一百三十九条　被判处剥夺自由刑人员成年后在教导院的留置

1. 以强化矫正效果、实施中等（完全）普通教育或者职业培训为目的，年满十八岁的被处刑人员可以留置于教导院至刑罚期限结束，但不应超过其年满十九岁以后。

（注：本款规定依据俄罗斯联邦联邦法 2001 年 3 月 9 日第 25 号联邦法令于 2001 年 3 月 14 日颁布适用；依据俄罗斯联邦联邦法 2008 年 12 月 22 日第 261 号联邦法令于 2009 年 1 月 6 日颁布适用。）

2. 对年满十八岁留置于教导院的被处刑人员，对未成年被处刑人员规定的刑罚履行条件、饮食标准与物质生活保障对其扩大适用。

3. 年满十八岁的被处刑人员在教导院留置事宜，应当根据教导院官长同检察长协商后下达的决定实行。

第一百四十条　被判处剥夺自由刑人员从教导院到矫正院的移送

1. 被判处剥夺自由刑且年满十八岁的被处刑人员，表现消极的，应当从教导院移送到教导院内具有矫正院一般管制职能的单独区域以便继续履行刑罚，或者移送到一般管制制度的矫正院履行刑罚。

（注：本款规定依据俄罗斯联邦联邦法 2003 年 12 月 8 日第 161 号联邦法令于 2003 年 12 月 11 日增补适用。）

2. 移送年满十八岁的被处刑人员到教导院内具有矫正院一般管制职能的单独区域矫正院的裁决，应当由法院依据俄罗斯联邦刑事诉讼法规定程序下达。

（注：本款规定依据俄罗斯联邦联邦法 2003 年 12 月 8 日第 161 号联邦法令于 2003 年 12 月 11 日颁布适用。）

3. 所有年满十九岁的被处刑人员，为便于继续履行刑罚，根据教导院官长决定，应当从教导院或者教导院内具有矫正院一般管制职能的单独区域移送到一般管制制度的矫正院。

（注：本款规定依据俄罗斯联邦联邦法2003年12月8日第161号联邦法令于2003年12月11日补充适用；依据俄罗斯联邦联邦法2008年12月22日第261号联邦法令于2009年1月6日颁布适用。）

第一百四十一条　教学教养流程的组织活动

1. 以矫正被判处剥夺自由刑人员、培养其独立生活为目的，应当组织统一的教学教养流程，旨在培养被处刑人员实施适法行为、对待劳动与学习的认真态度、获得初等职业教育、职业培训、提高教育与文化素养。

2. 对被处刑人员进行的普通（完全）教育、初等职业教育与职业培训，应当在教导院的夜校、职业技术学校与生产（劳动）培训讲习班基地进行。

（注：本款规定依据俄罗斯联邦联邦法2007年6月6日第91号联邦法令于2007年6月20日颁布适用；依据俄罗斯联邦联邦法2007年7月21日第194号联邦法令于2007年9月1日颁布适用。）

3. 未成年被处刑人员允许在教育机构接受中等或高等函授职业教育。

（注：本款规定依据俄罗斯联邦联邦法2003年12月8日第161号联邦法令于2003年12月11日增补适用；依据俄罗斯联邦联邦法2006年4月3日第46号联邦法令于2006年4月17日颁布适用。）

第一百四十二条　社会团体对教导院工作的参与

1. 为协助教导院行政管理部门组织教学教养流程活动、强化物质技术基础，解决被处刑人员社会保护问题、被释放人员劳动与生活安置等事宜，在教导院下设由国家企业、机关、组织、社会团体与公民中选取的代表组成监督委员会，该委员会的组织与活动由具有管辖职权的联邦执行权力机关制定规范性原则予以制约。

（注：本款规定依据俄罗斯联邦联邦法2008年7月23日第160号联邦法令于2009年1月1日颁布适用。）

2. 为提高对被处刑人员矫正效果的有效性及对教导院行政管理部门提供协助，可以在教导院下属支队下设由被处刑人员父母、父母代替者与其他近亲属组成的家长委员会。家长委员会的活动由教导院官长确定原则予以调整。

第五编　对现役被处刑军人裁定的限制性军役刑、拘禁刑与军事惩戒营禁闭刑执行

第十八章　限制性军役刑的执行

第一百四十三条　限制性军役刑的执行程序与条件

1. 军事部队指挥官依据法院下达的刑事案判决，在收取送达的法院刑事案判决副本与有关命令其执行的指示后，在不晚于三日的期限内下达命令，命令中应当申明现役被处刑军人在履行限制性军役刑期间，根据何种理由、在多长期限内不得晋升职务并授予军衔，多长期限不应当计入届时军衔授予军龄的期限中。除此之外，并应指明根据法院下达的刑事案判决，应当从现役被处刑军人军饷中扣下多少数额划入相关预算。命令应当在军事部队公布，并传达到已被处刑的现役军人本人并予以执行。

2. 关于刑事案判决送达、相应命令发布与对其予以执行的问题，军事部队指挥官应当在三日内通知下达刑事案判决的法院。命令副本应同时递交该法院。

第一百四十四条　对现役被处刑军人军饷的扣缴

法院下达的刑事案判决中规定应当从现役被处刑军人军饷中扣缴的数额，根据其职务工资、军衔工资、月度津贴与其他津贴，以及其他额外的钱款收入进行计算。

第一百四十五条　现役被处刑军人的调职

1. 被判处限制性军役刑的现役被处刑军人，依据刑罚执行程序，在法院下达的刑事案判决规定期限内，不得晋升军职。

2. 现役被处刑军人，如果考虑到其所施犯罪的性质与其他情节，则不应继续担任与指挥下属相关的职务，根据相应军事部队指挥官决定，应当将其或是安置到军事部队系统内从事其他职务，或是调派至其他部队或地区，相关事宜应通知下达刑事案判决的法院。

第一百四十六条　现役被处刑军人的教导工作

军事部队指挥官应当参考现役被处刑军人所施犯罪的社会危害性性质与程

度、人身个性，以及其对军事职责的态度与行为表现对其开展教导工作。

第一百四十七条　限制性军役刑的终止执行

在不晚于法院下达的刑事案判决以及军事部队公布命令所规定的限制性军役刑期限届满前三日，军事部队指挥官应当发布有关限制性军役刑终止执行的命令并应指明终止期限。相关命令的副本应当递交下达刑事案判决的法院。

第一百四十八条　对解除军役的现役被处刑军人所处限制性军役刑的免除或变更

在法院下达的刑事案判决法定期限届满之前，现役被处刑军人可以依据俄罗斯联邦立法规定理由解除其军事役务。这种情况下，军事部队指挥官应向法院递交有关将未履行的剩余部分刑罚变更为较轻刑罚或免除刑罚的报告。

第十九章　对现役被处刑军人执行的拘禁刑

第一百四十九条　现役被处刑军人拘禁刑的履行地点

被判处拘禁刑的现役军人，应当在现役被处刑军人禁闭室或者相应卫戍部队分部禁闭室履行刑罚。

第一百五十条　现役被处刑军人的单独关置

1. 现役被处刑军官应当同其他种类的被处刑现役军人分别关置。

2. 具有陆军准尉、海军准尉、陆军军士、海军军士军衔的现役被处刑军人应当与现役被处刑士兵（列兵）分开关置。

3. 应征服役的现役被处刑军人应当与依照合约服役的现役被处刑军人分别关置。

4. 现役被处刑军人应当与依据其他原因被拘禁的现役军人分别关置。

第一百五十一条　现役被处刑军人到禁闭室的遣送

被判处拘禁刑的现役被处刑军人在接收法院刑事案判决后十日内应当遣送到禁闭室履行刑罚。

第一百五十二条　现役被处刑军人履行拘禁刑的程序与条件

现役被处刑军人履行拘禁刑的程序与条件由本法典、俄罗斯联邦国防领域内履行制定与实施国家政策、调整规范性法律职能的联邦执行权力机关的规范性法令，以及现役被处刑军人刑罚履行规则予以确定。

（注：本条规定依据俄罗斯联邦联邦法 2008 年 11 月 8 日第 194 号联邦法令于 2008 年 11 月 22 日颁布适用。）

第一百五十三条　对现役被处刑军人适用的奖惩措施

1. 现役被处刑军人因表现良好与认真对待军役的，可以对其适用予以表扬、提前撤销所科处罚或将全部或部分拘禁刑履行时间计入一般军役期限等奖励措施。

2. 现役被处刑军人，因违反刑罚履行程序可以对其适用予以警告或移送到单人囚室关置十日以下的惩戒措施。

3. 军队指挥官与卫戍部队官长享有适用奖励与惩戒措施的权力。

4. 卫戍部队官长享有将拘禁刑履行时间计入一般军役期限类别奖励措施的权力。

第一百五十四条　现役被处刑军人法律地位的特点

1. 履行拘禁刑的时间不应计入一般军役期限与届时授予军衔的服役年限。

2. 现役被处刑军人在履行拘禁刑期间不得被授予届时军衔、任命高一级别职务、移送到新的服役地点或者解除军役，但在认定其鉴于健康状况不适于继续履行军役的情况除外。

3. 根据军衔工资数额发放现役被处刑军人在拘禁刑履行期间的军饷。

第二十章　军事惩戒营禁闭刑执行

第一百五十五条　军事惩戒营禁闭刑的履行地点

1. 被判处军事惩戒营禁闭刑的现役军人，应当在独立惩戒营或独立惩戒连履行刑罚。军事惩戒营的组织结构及其数量由在俄罗斯联邦国防领域内履行制定与实施国家政策、调整规范性法律职能的联邦执行权力机关予以确定。

（注：本款规定依据俄罗斯联邦联邦法 2008 年 11 月 8 日第 194 号联邦法令于 2008 年 11 月 22 日颁布适用。）

2. 现役被处刑军人到军事惩戒营的遣送与接收依据现役被处刑军人刑事处罚履行条例实行。

3. 对现役被处刑军人适用本法典规定的基本矫正方法，以及军役履行所规定的其他方法。

第一百五十六条　军事惩戒营制度

1. 军事惩戒营内部规定有刑罚执行与刑罚履行程序，以确保对现役被处刑军人的矫正、对其军事纪律、军事职责自觉态度的教育、对赋予其承担的军事义务与军事培训要求的执行、其权利与法定利益的实现、现役被处刑军人的保护与监督、现役被处刑军人个人与上述军事部队工作人员人身安全的保障。

2. 现役被处刑军人应当遵守军事惩戒营规定的制度要求。

3. 在军事惩戒营禁闭刑履行期间，所有现役被处刑军人不计其军衔与曾任职务，均应按照士兵（水兵）地位对待，并穿着为该军事惩戒营制定的统一样式与识别标志的服装。

第一百五十七条　军事惩戒营制度的特点

1. 军事惩戒营制度依据本法典第十二章与本条要求予以保障。

2. 准许现役被处刑军人随身携有的物品清单与数量，由现役被处刑军人刑罚履行条例予以确定。不准许现役被处刑军人随身保存钱款、有价证券、其他贵重物品以及清单中未予明确的物品。

3. 在现役被处刑军人随身发现的钱款、有价证券与其他贵重物品应当予以收缴，并应依据上述条例保存至刑罚履行完毕。从现役被处刑军人身边收缴的违禁物品与物质，应当移交保管或者依据军事惩戒营指挥官命令予以销毁，并就该事项制作相关文书。

第一百五十八条　现役被处刑军人接受会面

1. 现役被处刑军人享有进行短期与长期会面的权利。

2. 短期会面是指与亲属及其他人员每月进行两次持续时间不超过四个小时的会面。

3. 长期会面是指与男性配偶（女性配偶）及近亲属，以及在军事惩戒营指挥官许可情况下同其他人员进行一年四次持续时间三日的会面，有权在军事惩戒营专门配备的房舍内共同居住，抑或由军事惩戒营指挥官酌定在军事惩戒营区域以外共同居住。

（注：本款规定依据俄罗斯联邦联邦法 2003 年 12 月 8 日第 161 号联邦法令于 2003 年 12 月 11 日颁布适用。）

4. 在进行长期会面期间，现役被处刑军人应当免除执行军役义务、工作与学习。

5. 根据现役被处刑军人请求，短期会面与长期会面可以替代为电话通话。

6. 为使现役被处刑军人获得法律救助，根据其申请提供其与律师或其他有权予以司法救助的人员进行会面。根据现役被处刑军人与上述人员的意愿，会面可以单独进行。上述会面的次数不受限制。

（注：本款规定依据俄罗斯联邦联邦法 2006 年 5 月 2 日第 58 号联邦法令于 2006 年 5 月 16 日补充适用。）

7. 对依据惩戒程序被拘禁的被处刑人员，可以按其请求邀约并由其自主选择神职人员，该人员应当属于依照宗教联合组织规定程序注册的神职人员。

（注：本款规定依据俄罗斯联邦联邦法 2003 年 12 月 8 日第 161 号联邦法令于 2003 年 12 月 11 日增补适用；依据俄罗斯联邦联邦法 2006 年 5 月 2 日第 58 号联邦法令于 2006 年 5 月 16 日颁布适用。）

第一百五十九条　现役被处刑军人邮包、转交物品与印刷品邮件的收取

1. 现役被处刑军人有权于每月收取一个邮包，于会面时接收的转交物品以及收取的印刷品邮件不受数量限制。

2. 邮包、转交物品与印刷品邮件应当打开，其中物品在军事惩戒营代表监督下由接收的现役被处刑军人取出。

3. 在邮包、转交物品与印刷品邮件中发现的禁止现役被处刑军人拥有的物品应予收缴，列入现役被处刑军人个人物品登记单并同其他个人物品一起保存直至其刑罚履行期限届满。这种情况下，对禁止流通的物品与物质应予收缴并不再返还现役被处刑军人。军事惩戒营指挥官应立即通知检察长有关发现该类物品与物质的事项。

4. 汇入现役被处刑军人名下的钱款应当划入其个人记名账户。

第一百六十条　现役被处刑军人的通信

1. 现役被处刑军人有权收取并寄送信函与电报，无数量限制。

2. 寄达信函由军事惩戒营代表转交，并应在其监督下由被处刑军人拆封。若发现其中夹带有违禁物品的应当予以收缴。

3. 现役被处刑军人收取的信函与电报不应受到检查。

第一百六十一条　现役被处刑军人食品与生活必需品的购买

现役被处刑军人有权每月花费其个人记名账户上数额三千卢布的钱款购买食品与生活必需品，以及花费其每月军饷的全部数额购买上述必需物品。

（注：本条规定依据俄罗斯联邦联邦法 2003 年 12 月 8 日第 161 号联邦法令于 2003 年 12 月 11 日颁布适用；依据俄罗斯联邦联邦法 2009 年 2 月 14 日第 23 号联邦法令于 2009 年 3 月 1 日颁布适用。）

第一百六十二条　现役被处刑军人到军事惩戒营外短期出行

1. 鉴于特殊的个人情况（近亲属死亡或者罹患危及生命的疾患、自然灾害对现役被处刑军人或其家庭造成重大的物质损害）可以准许现役被处刑军人离开军事惩戒营进行为期七日的短期出行，往返时间不计入。现役被处刑军人在军事惩戒营区域外的停留时间应当计入其刑罚履行的期限。

2. 对现役军人规定的休假，不得提供给现役被处刑军人。

第一百六十三条　现役被处刑军人的军事训练

现役被处刑军人的军事训练、军事培训与教育，应当依据在俄罗斯联邦国防领域内履行制定与实施国家政策、调整规范性法律职能的联邦执行权力机关制定的专门大纲实行。为此，应当创建必要教育设施。

（注：本条规定依据俄罗斯联邦联邦法 2008 年 11 月 8 日第 194 号联邦法令于 2008 年 11 月 22 日颁布适用。）

第一百六十四条　现役被处刑军人的劳动

1. 现役被处刑军人应当参与军事惩戒营项目的劳动或由在俄罗斯联邦国防领域内履行制定与实施国家政策、调整规范性法律职能的联邦执行权力机关确定的其他项目的劳动，以及军事惩戒营配套建筑设施的修建工作。

2. 在不能保障现役被处刑军人参加本条第一款规定项目的工作时，在遵守军事惩戒营条例要求的情况下可以指派他们参加其他单位的劳动项目。

3. 组织现役被处刑军人的劳动应当遵守俄罗斯联邦劳动法规定的劳动保护、安全技术与职业健康的规则。

4. 现役被处刑军人完成工作的价值，应当根据其工作单位规定的造价确定。

5. 应当自现役被处刑军人工资收入中划拨百分之五十的份额到军事惩戒营账户，以代偿供养现役被处刑军人的费用、完善军事惩戒营设施、创建与发展个体生产基地、设立物质奖励基金、解决现役被处刑军人的社会生活需要。现役被处刑军人工资收入中的剩余部分应当划归到其个人记名账户。

第一百六十五条　现役被处刑军人的教导工作

1. 军事惩戒营指挥人员开展对现役被处刑军人的教导工作。

2. 现役被处刑军人原所在军事部队指挥官同军事惩戒营指挥官应当经常保持联系，关注原下属的行为表现并对其矫正予以协助。

3. 地方自治机关与社会团体应当协助军事惩戒营指挥人员开展对现役被处刑军人的教导工作。

第一百六十六条　军事惩戒营刑罚履行条件的变更

1. 现役被处刑军人具有模范行为表现、认真对待军役与劳动的，在履行刑罚期限至少三分之一之后，依据军事惩戒营指挥官命令可以将其移送到宽松条件下履行刑罚。

2. 现役被处刑军人，在宽松条件下履行刑罚的，应当编入专门对该类被处刑军人设置的军事惩戒营分部中，准许他们享有以下权利：

（1）无限制地花费其个人记名账户上的钱款购买食品与生活必需品；

（2）一年内额外接受两次长期会面；

（3）在军事惩戒营区域外进行短期会面与长期会面；

（4）无人押送在军事惩戒营区域外活动，如果根据其执行职责的性质是必须的。

3. 在宽松条件下履行刑罚的现役被处刑军人，依据惩戒措施可以被移送到普通条件下履行刑罚。到宽松条件下履行刑罚的再次移送，应当依照本条第一款与第二款规定程序在不早于在普通条件下履行三个月刑罚后实行。

第一百六十七条　对现役被处刑军人适用的奖励措施

1. 对现役被处刑军人可以适用以下奖励措施：

（1）予以表扬；

（2）颁发奖品；

（3）发放奖金；

（4）准许同亲属进行一次短期会面或者长期会面，或者进行一次电话通话；

（5）提前撤销以前科处的惩戒。

2. 为实现继续矫正的目的，现役被处刑军人具有模范行为表现、认真对待军役与劳动的，可以由军事惩戒营指挥官提请，在实际履行上述刑罚法定期限后，将未履行完毕的部分刑罚替换为较轻种类刑罚。

（注：本款规定依据俄罗斯联邦联邦法 2003 年 12 月 8 日第 161 号联邦法令于 2003 年 12 月 11 日颁布适用。）

第一百六十八条　对现役被处刑军人适用的惩戒措施

1. 对现役被处刑军人适用以下惩戒措施：

（1）予以警告；

（2）予以严厉警告；

（3）在军事惩戒营禁闭三十日以下。

2. 依据惩戒程序被拘禁的现役被处刑军人，在军事惩戒营禁闭室单人囚室履行惩戒。

（注：本款规定依据俄罗斯联邦联邦法 2006 年 5 月 2 日第 58 号联邦法令于 2006 年 5 月 16 日颁布适用。）

第一百六十九条　奖惩措施的适用程序

军事惩戒营指挥官具有适用奖励与惩戒措施的权力，上述措施的适用与记录程序由在俄罗斯联邦国防领域内履行制定与实施国家政策、调整规范性法律职能的联邦执行权力机关依据军事条例规定予以确定。

（注：本条规定依据俄罗斯联邦联邦法 2008 年 11 月 8 日第 194 号联邦法令于 2008 年 11 月 22 日颁布适用。）

第一百七十条　现役被处刑军人的物质生活与医疗保障

1. 应当依据军事条例的要求为现役被处刑军人创造必要的居住—生活条件。

2. 应当依照对现役军人规定的规范标准保障现役被处刑军人的食品与物品财物供给。

3. 对现役被处刑军人提供的医疗保障应当根据俄罗斯联邦立法规定的要求实行。

4. 现役被处刑军人，需要住院进行诊疗的，应当在看守下移送到军医院并押置在专门配备的病房内。在军医院对现役被处刑军人实行看守的事项由军医院所在地卫戍部队指挥官部署的兵力与装备执行。

5. 每月划入现役被处刑军人个人记名账户中的军饷为其职务工资或应征服役士兵（水兵）第一年初级工资的数额。烟草津贴划入现役被处刑军人个人记名账户。

6. 准许现役被处刑军人以非现金结算方式取得或购买的或者自邮包、转交物品或印刷品邮件中取得的必需物品与食品清单，应当由现役被处刑军人刑罚履行条例予以确定。

第一百七十一条　总军役期对现役被处刑军人军事惩戒营刑罚履行时间的计入

1. 现役被处刑军人在军事惩戒营履行刑罚的留置时间不应计入总军役期限。

2. 对掌握军事专业、了解并准确履行军事条例要求且圆满执行军役、在应征服役期限届满后自军事惩戒营释放的现役被处刑军人，总军役期限可以将其在军事惩戒营履行刑罚的时间予以计入。

3. 现役被处刑军人在军事惩戒营履行刑罚的留置时间计入总军役期限的程序，应当由在俄罗斯联邦国防领域内履行制定与实施国家政策、调整规范性法律职能的联邦执行权力机关予以确定。

（注：本条规定依据俄罗斯联邦联邦法 2008 年 11 月 8 日第 194 号联邦法令于 2008 年 11 月 22 日颁布适用。）

第六编　免除履行刑罚、对免除履行刑罚的被处刑人员予以救助与监督

第二十一章　免除履行刑罚

第一百七十二条　免除履行刑罚的根据

免除履行刑罚的根据为：

（1）履行完毕法院刑事案判决裁定的刑罚期限；

（2）撤销法院下达的刑事案判决，终止案件的审理；

（3）附条件提前免除履行刑罚；

（4）变更未履行部分的刑罚为较轻刑罚种类；

（5）特赦法令与大赦法令；

（6）罹患严重疾病或残障；

（7）法律规定的其他根据。

第一百七十三条　终止履行刑罚与免除程序

1. 剥夺担任一定职务或从事一定活动权利刑、义务性劳动刑、矫正性劳动刑、限制自由刑、拘禁刑、定期剥夺自由刑刑罚的履行，以及限制性军役刑、军事惩戒营禁闭刑刑罚的履行，在对其他依据法律规定可能调整刑罚期限等变更事项予以考虑之后，应在刑罚履行期限的最后一日予以终止。

2. 被判处限制自由刑、拘禁刑与定期剥夺自由刑的被处刑人员，应当在刑罚期限结束的最后一日上午予以释放。如果刑罚履行期限在休息日或者节日当日结束的，被处刑人员应当在节日或者休息日的前一日予以释放。在以“月”为单位计算刑罚期限的时候，应当在最后一个月的相应日期予以释放，如果该月份没有相应日期的——则应当在该月份最后一日释放。

3. 免除被处刑人员的刑罚时，应当返还属于被处刑人员的物品财物、保存在其个人记名账户上的钱款、个人证件与有价证券，以及有关免予被处刑人员刑罚的证明文件与有关其劳动活动的证明文件。

4. 保存在被免除限制自由刑、拘禁刑或者剥夺自由刑人员档案内的护照、

记工手册与赡养金证明在该人员释放时应当返还给其本人。在被处刑人员个人档案中没有护照、记工手册与赡养金证明的情况下，以及在以下情况，如果护照效力期限已经丧失，则矫正机构的行政管理部门应提前采取措施取得以上证明文件。在为取得新颁发的护照而必须支付费用的情况下，应当从被处刑人员个人记名账户的钱款中予以扣除。如果被处刑人员个人记名账户中没有钱款缴纳新护照颁发所需费用时，该费用由国家支付。

（注：本款规定依据俄罗斯联邦联邦法 2003 年 12 月 8 日第 161 号联邦法令于 2003 年 12 月 11 日增补适用。）

5. 提前免除履行刑罚应在相关文件到达之日进行，如果该文件在工作日结束时收到的，则在第二日早晨进行。

6. 刑事执行监察机构在矫正劳动期限结束之日，以及在依据其他根据免除该种刑罚的时候——应当在不晚于收取相关文件后的下一工作日内向被处刑人员履行矫正性劳动刑单位的行政管理部门提出终止从被处刑人员工资中扣缴钱款。应当向被释放人员发放有关刑罚履行以及免除刑罚的证明文件。

7. 鉴于刑事案件终止及刑事案判决撤销而免除履行刑罚的被处刑人员，应当由刑罚执行机关或机构负责人向其说明恢复其财产、劳动、居住的权利以及其他于刑罚履行期间丧失的权利。在有关免除上述被处刑人员刑罚的证明文件中应当以国家名义对其予以正式致歉。

第一百七十四条　免除现役被处刑军人的刑罚履行

1. 履行限制性军役刑、拘禁刑或者军事惩戒营禁闭刑的现役被处刑军人，在罹患疾病不适于继续履行军役的情况下，应当免予继续履行刑罚。其未履行部分的刑罚可以替换为较轻的刑罚类别。

2. 在军役期间刑罚的现役被处刑军人，在产生以下情况时，即俄罗斯联邦法律规定了其他的退役理由时，可由法院依据规定程序提前免除刑罚，并将未履行部分的刑罚替换为较轻的刑罚类别。

第一百七十五条　有关免除刑罚履行的申请与将未履行部分刑罚替换为较轻刑罚类别报告的提请程序

（注：本条名称依据俄罗斯联邦联邦法 2003 年 12 月 8 日第 161 号联邦法令

于2003年12月11日颁布适用。)

1. 被处刑人员，对其可以适用附条件提前免除刑罚，其律师（法定代表）有权向法院递交有关请求附条件提前免除履行刑罚的申请。在申请中应当包含以下信息，证明为便于继续进行矫正，被处刑人员不需要完全履行法院裁定的刑罚，因为被处刑人员在刑罚履行期间已经部分或者全部补偿了其所致损害或以其他方式补偿了犯罪结果导致的损害，对所施犯罪有所忏悔，以及可以包含其他有关证明被处刑人员矫正情况的信息。有关附条件提前免除刑罚履行的申请，被处刑人员应当通过执行刑罚的机关或机构行政管理部门递交。

（注：本款规定依据俄罗斯联邦联邦法2003年12月8日第161号联邦法令于2003年12月11日颁布适用。）

2. 执行刑罚的机关或机构行政管理部门，在被处刑人员有关要求附条件提前免除履行刑罚的申请递交后不晚于十日内，应向法院递交上述申请并附带对被处刑人员作出的鉴定。在鉴定中应当包含有关被处刑人员的信息、其在刑罚履行期间对待学习与工作的态度、对实施犯罪所持态度的资料，以及行政管理部门有关适用附条件提前免除刑罚具有正当性的结论。

（注：本款规定依据俄罗斯联邦联邦法2003年12月8日第161号联邦法令于2003年12月11日颁布适用。）

3. 对表现积极的被处刑人员，可以将其未履行部分的刑罚替换为较轻的刑罚种类，执行刑罚的机关或者机构应当向法院递交有关替换未履行部分刑罚为较轻刑罚种类的报告。有关以较轻刑罚种类替代未履行部分刑罚的报告中应当包含有关被处刑人员的信息其在刑罚履行期间对待学习与工作的态度、对实施犯罪所持态度的资料。

（注：本款规定依据俄罗斯联邦联邦法2003年12月8日第161号联邦法令于2003年12月11日颁布适用。）

4. 适用大赦的程序由颁布大赦法令的机关予以确定。

5. 产生精神性障碍疾患阻碍其继续履行刑罚的被处刑人员或者其法定代表，有权依据《俄罗斯联邦刑事法典》第八十一条规定向法院递交有关免除被处刑人员继续履行刑罚的申请。有关鉴于产生精神性障碍疾患而免除继续履行刑罚的申请，被处刑人员或其法定代表应当通过执行刑罚的机关或机构行政管理部门递交。在被处刑人员或其法定代表不能自行向法院提请有关鉴于产生精神性障碍疾患而免除继续履行刑罚的报告时，由执行刑罚的机关或机构官长向法院递交。附同上述申请或者报告应向法院递交医疗鉴定委员会鉴定结论以及被处刑人员个人档案。

（注：本款规定依据俄罗斯联邦联邦法 2006 年 1 月 9 日第 12 号联邦法令于 2006 年 1 月 23 日颁布适用。）

6. 被处刑人员，罹患其他严重疾病阻碍履行刑罚的，有权依据《俄罗斯联邦刑事法典》第八十一条规定向法院递交有关免除其继续履行刑罚的申请。有关鉴于罹患重疾免除继续履行刑罚的申请，被处刑人员应当通过执行刑罚的机关或机构行政管理部门递交。附同上述申请应当向法院递交医疗鉴定委员会或社会医疗鉴定机构的鉴定结论与被处刑人员个人档案。

（注：本款规定依据俄罗斯联邦联邦法 2006 年 1 月 9 日第 12 号联邦法令于 2006 年 1 月 23 日颁布适用。）

7. 在认定被判处义务性劳动刑或者矫正性劳动刑的人员为一级残障或者二级残障的情况下，以及被判处限制自由刑的人员被认定为一级残障或者二级残障的，该类人员有权向法院递交有关提前免除继续履行刑罚的申请。

（注：本款规定依据俄罗斯联邦联邦法 2006 年 1 月 9 日第 12 号联邦法令于 2006 年 1 月 23 日颁布适用。）

8. 阻碍履行刑罚的疾病清单，以及向鉴于疾病免除履行刑罚的被处刑人员提供医疗鉴定的程序，由俄罗斯联邦政府予以确定。

（注：本款规定依据俄罗斯联邦联邦法 2003 年 6 月 11 日第 75 号联邦法令于 2003 年 6 月 17 日增补适用。）

（注：原文本第八款至第十一款规定于 2003 年 6 月 17 日起相应顺延为本文本第九款至第十二款规定——俄罗斯联邦联邦法 2003 年 6 月 11 日第 75 号联邦法令。）

9. 被判处义务性劳动刑、矫正性劳动刑或者限制自由刑的女性被处刑人员在怀有身孕的情况下，有权向法院递交有关自对其提供的孕假与产假开始之日起延期履行刑罚的申请。

（注：本款规定依据俄罗斯联邦联邦法2006年1月9日第12号联邦法令于2006年1月23日颁布适用。）

10. 在法院驳回附条件提前免除履行刑罚或者以较轻刑罚种类替代未履行部分刑罚请求的情况下，再次向法院递交相应申请或者报告事项只在法院下达有关驳回裁决之日起过六个月之后方可进行。在法院驳回对被判处终身剥夺自由刑人员附条件提前免除刑罚申请的情况下，再次向法院递交相应申请的事项只在法院下达驳回裁决之日起过三年之后才可以进行。

（注：本款规定依据俄罗斯联邦联邦法2003年12月8日第161号联邦法令于2003年12月11日颁布适用。）

11. 本款规定于2001年3月14日丧失效力——俄罗斯联邦联邦法2001年3月9日第25号联邦法令。

12. 法院对附条件提前免除刑罚履行请求的驳回不阻碍向法院递交有关将未履行部分刑罚替代为较轻刑罚种类的报告。

（注：本款规定依据俄罗斯联邦联邦法2003年12月8日第161号联邦法令于2003年12月11日颁布适用。）

13. 附条件提前免除刑罚的人员与依据程序以较轻刑罚种类替代未履行部分刑罚的被判处限制自由刑人员，如果在法律规定情况下曾经被遣送至矫正机构的，可以重新递交有关附条件提前免除履行刑罚的申请或者请求将未履行部分刑罚替换为较轻刑罚种类，自有关撤销附条件提前免除履行刑罚或者以较轻刑罚种类代替剥夺自由刑裁定下达之日起过一年之后。

（注：本款规定依据俄罗斯联邦联邦法2003年12月8日第161号联邦法令于2003年12月11日颁布适用。）

第一百七十六条　特赦申请的提请程序

被处刑人员有权向俄罗斯联邦总统递交有关特赦的申请。被处刑人员应当通过执行刑罚的机关或者机构行政管理部门递交有关特赦的申请。

（注：本条规定依据俄罗斯联邦联邦法2003年12月8日第161号联邦法令于2003年12月11日颁布适用。）

第一百七十七条　怀有身孕及有年幼子女的女性被处刑人员刑罚履行的延期

1. 在矫正院履行刑罚的女性被处刑人员，怀有身孕与有年幼子女的，法院可以在其幼儿未满十四岁之前对其延期履行刑罚。

（注：本款规定依据俄罗斯联邦联邦法 2001 年 3 月 9 日第 25 号联邦法令于 2001 年 3 月 14 日颁布适用。）

2. 延期履行刑罚不适用于因实施重度或者极其重度侵害人身的犯罪被判处刑罚期限超过五年以上的女性被处刑人员。

3. 矫正机构的行政管理部门向法院递交有关免除女性被处刑人员刑罚的报告。在报告中应当附带对女性被处刑人员所做鉴定、其亲属同意接受其与子女并向其提供住所创造必要条件便于其同子女生活的证明、有关怀孕的医学证明抑或有子女的证明，以及女性被处刑人员个人档案。

4. 矫正机构管理部门，在收取法院有关对女性被处刑人员延期履行刑罚的裁决后，对其予以释放。矫正机构行政管理部门应当自女性被处刑人员处收取有关自其到达之日起三日内向居住地当地刑事执行监察机构报到的甘结。

5. 女性被处刑人员由国家承担费用自行到达居住地点。

6. 女性被处刑人员释放之日，应当向其居住地的刑事执行监察机关递交法院有关延期履行刑罚并指明释放日期的决议副本。

7. 刑事执行监察机关对女性被处刑人员予以登记并对其行为举止进行继续监督。

8. 刑事执行监察机关在女性被处刑人员报到后三日内，应当向被释放的女性被处刑人员所在矫正机构递交有关确认证明。

第一百七十八条　对女性被处刑人员延期履行刑罚条件遵守状况的监督

1. 如果女性被处刑人员自其释放之日起两周内尚未到达，则刑事执行监察机关实施初步侦缉措施，在侦缉措施无结果的情况下，宣布对女性被处刑人员进行通缉。

2. 对其适用延期履行刑罚的女性被处刑人员，破坏社会秩序或劳动纪律的，如果在其延期履行刑罚期间曾对其适用行政惩戒或者纪律惩戒措施的，抑或其逃避教导并照管子女的，刑事执行监察机关应当宣布对其予以警告。

3. 在以下情况下，如果女性被处刑人员拒绝养育子女或者在对其予以警告之后继续逃避教导或者照管子女的，其居住地刑事执行监察机关应向法院递交有关撤销延期履行刑罚并遣送女性被处刑人员继续履行法院刑事案判决中所处刑罚的报告。该报告应附带法院有关延期履行刑罚的裁决副本。

4. 如果女性被处刑人员具有以下情节的，应被认定为是逃避教养子女：未正式拒绝养育子女，但是将其遗弃在妇产医院或转送到儿童养育院，抑或采取反社会生活方式并且不教养照管子女，抑或将子女安置在亲属或者其他人员处，抑或隐匿躲藏，抑或实施其他能够证明为是逃避养育子女的行为。

5. 在年幼子女年满十四岁时或者在其死亡的情况下，女性被处刑人员居住地刑事执行监察机关在考查女性被处刑人员所施犯罪的性质以及社会危害程度、其行为举止、对教养子女的态度、履行部分与未履行部分的刑罚期限等事项，向法院递交有关免除女性被处刑人员履行剩余部分刑罚或者将剩余部分的未履行刑罚替换为较轻刑罚种类的报告。

（注：本款规定依据俄罗斯联邦联邦法 2001 年 3 月 9 日第 25 号联邦法令于 2001 年 3 月 14 日颁布适用。）

第一百七十九条　刑罚履行完毕人员的法律地位

刑罚履行完毕的人员，承担并享有俄罗斯联邦公民法定义务与权利，对于负有前科的人员，应由联邦性法律作出限制。

第二十二章　对免除刑罚履行的被处刑人员的救助与监督

第一百八十条　执行刑罚机关协助免除刑罚履行的被处刑人员进行劳动与生活安置的行政职责

1. 在不晚于拘禁刑期限届满前两个月，抑或限制自由刑或剥夺自由刑期限届满前六个月，而对于被判处剥夺自由刑为期六个月以下的被处刑人员——则在刑事案判决产生法律效力后，执行刑罚机关的行政管理部门应当通知被处刑人员选择作为居住地的地方自治管理机关与联邦就业服务机构有关其即将释放、现有住所、其劳动能力与所具特长等情况。

（注：本款规定依据俄罗斯联邦联邦法 2003 年 12 月 8 日第 161 号联邦法令于 2003 年 12 月 11 日增补适用。）

2. 同被处刑人员进行教导工作以便其做好释放准备，向被处刑人员申明其享有权利与所负义务。

3. 被处刑人员，为一级残障或二级残障的，以及年满六十岁以上的男性被处刑人员与年满五十五岁以上的女性被处刑人员，就其请求或者执行刑罚机关行政管理部门的报告，可由社会保护机关将其安置到残障人员福利院与敬老院。

第一百八十一条　对免除刑罚履行人员提供的救助

1. 被处刑人员，免除限制自由刑、拘禁刑或定期剥夺自由刑的，应保障其免费到达居住地，依据全权的联邦权力执行机关规定程序保障其途中食品供给或所需钱款。

（注：本款规定依据俄罗斯联邦联邦法 2008 年 7 月 23 日第 160 号联邦法令于 2009 年 1 月 1 日颁布适用。）

2. 从剥夺自由刑地点释放的被处刑人员，在没有必要的换季衣物或购买换季衣物的钱款时，应由国家负担保障其换季衣物。依照俄罗斯联邦政府规定数额对其发放一次性现款救助金。

3. 免除刑罚的被判刑人员，保障其食品与服装供给、发放一次性现款救助金，以及路途费用的事项由执行刑罚机关行政管理部门进行。

4. 执行刑罚机关的行政管理部门，对于因健康状况需要他人护理的被处刑人员、怀有身孕及有年幼子女的女性被处刑人员以及未成年被处刑人员，在免除履行限制自由刑、拘禁刑或者剥夺自由刑时，应将其释放的消息预先通知其亲属或其他人员。

5. 本条第四款所指从矫正机构免除刑罚履行的被处刑人员，以及未满十六岁的未成年被处刑人员，应在其亲属或其他人员，抑或矫正机构工作人员护送下遣往居住地。

第一百八十二条　免除刑罚履行人员的劳动与生活安置以及其他种类社会救助权利

免除限制自由刑、拘禁刑或者剥夺自由刑的被处刑人员，依据俄罗斯联邦法律与规范性法令享有劳动与生活安置权利并有权获得其他种类的社会救助。

第一百八十三条　对免除刑罚履行人员的监督

对免除刑罚履行人员的监督依据俄罗斯联邦法律与规范性法令实行。

第七编　死刑执行

第二十三章　死刑的执行

第一百八十四条　死刑执行的一般原则

1. 被判处死刑的人员，应当关置在具有保障对其加强看护与隔离条件的单人囚室。

2. 在被处刑人员递交特赦申请的情况下，中止执行法院刑事案判决直至俄罗斯联邦总统下达相关决定。

3. 在被处刑人员拒绝递交特赦申请的情况下，矫正机构行政管理部门在检察长参与下制作相应文书。上述文书由检察长进行认证并递交到俄罗斯联邦最高法院与俄罗斯联邦总检察机关，以便核实刑事案件并下达结论呈报俄罗斯联邦总统。此时刑事案判决的执行在俄罗斯联邦总统采取决定前予以中止。

（注：本款规定依据俄罗斯联邦联邦法 1998 年 1 月 8 日第 11 号联邦法令于 1998 年 1 月 14 日颁布适用。）

4. 死刑执行的根据是产生法律效力的法院刑事案判决，以及俄罗斯联邦总统不接受被处刑人员有关特赦申请的决定或者俄罗斯联邦总统有关对拒绝递交特赦申请的被处刑人员作出的不适用特赦决定。

（注：本款规定依据俄罗斯联邦联邦法 1998 年 1 月 8 日第 11 号联邦法令于 1998 年 1 月 14 日颁布适用。）

第一百八十五条　被判处死刑人员的法律地位

1. 法院下达的刑事案判决产生法律效力后，被判处死刑的人员有权依照法律规定程序提出特赦申请。

2. 被判处死刑人员享有下列权利：

（1）依据法定程序办理必要的民事法律关系与婚姻家庭关系手续；

（2）获取必要的医疗救助；

（3）获取司法救助，无时间与次数限制同律师与其他有权提供司法救助的人员进行会面；

（4）无限制地收取寄送信函；

（5）每月同近亲属进行一次短期会面；

（6）同神职人员进行会面；

（7）享有每日持续三十分钟的放风时间；

（8）每月依据对关置在监狱严厉管制制度下被处刑人员所定的钱款数额购买食品与生活必需品。

3. 被判处死刑的人员，法院对其下达的刑事案判决已经产生法律效力，但是有关特赦的问题尚未得到处理或者特赦申请得到核准的，在遣往矫正机构继续履行刑罚之前，应当依据本法典第一百二十七条规定程序予以关置。

4. 被判处死刑人员，对其递交的特赦申请不予接受或者采取不适用特赦决定的，在遣送相关机构执行刑事案判决之前，应当依据本法典第一百三十一条第五款规定条件予以关置。

（注：本款规定依据俄罗斯联邦联邦法 1998 年 1 月 8 日第 11 号联邦法令于 1998 年 1 月 14 日颁布适用。）

第一百八十六条　死刑的执行程序

1. 死刑执行采取不公开的枪决方式执行。对几名被处刑人员执行的死刑，应当在其余被处刑人员不在场的情况下单独对每名被处刑人员执行。

2. 死刑执行时，检察长、执行死刑机关的代表以及医生应当在场。

3. 被处刑人员已经死亡由医生验证。有关法院刑事案判决执行事项应当制作记录，并由本条第二款所指人员进行签字。

4. 执行死刑机关的行政管理部门，应将刑罚执行事项通知下达刑事案判决的法院，以及被处刑人员的一名近亲属。不得收尸埋葬也不应通知尸体埋葬地点。

第八编　对附条件提前免除刑罚人员的监督

第二十四章　对附条件提前免除刑罚人员行为监督的实行

第一百八十七条　对附条件提前免除刑罚人员行为实行监督的机关

1. 对附条件提前免除刑罚人员于考验期间的行为实行监督事项由该人员居住地刑事执行监察机关实行，对于附条件提前免除刑罚的现役被处刑军人——由其所在军事部队指挥部实行。

2. 依据俄罗斯联邦法律与规范性法令规定程序，内务部相应机关服务部门人员应当参与对被判处附条件提前免除刑罚人员实行监督。

（注：本款规定依据俄罗斯联邦联邦法 2006 年 1 月 9 日第 12 号联邦法令于 2006 年 1 月 23 日颁布适用。）

第一百八十八条　对附条件提前免除刑罚人员行为实行监督的程序

1. 刑事执行监察机关对处于考验期的被处刑人员进行单独登记，在内务部相应机关各部门工作人员参与下，对附条件提前免除刑罚人员遵守社会秩序的状况与对法院裁定由其承担义务的履行状况予以监督。

（注：本款规定依据俄罗斯联邦联邦法 2006 年 1 月 9 日第 12 号联邦法令于 2006 年 1 月 23 日颁布适用。）

2. 在对附条件提前免除刑罚人员裁定以剥夺担任一定职务或从事一定活动权利刑作为附加性刑罚的时候，刑事执行监察机关可以充分适用本法典第三十三条至第三十八条规定措施。

3. 如果附条件提前免除刑罚的人员应征服役，应将法院刑事案判决副本递交军事委员会，必要情况下，还应递交为便于对附条件提前免除刑罚人员在军役履行地点的行为予以监督而要求提供的其他证明文件。军事部队指挥部应在十日内通知刑事执行监察机关有关对附条件提前免除刑罚人员予以登记的决定，在军役结束时——应向刑事执行监察机关通知有关其离开军事部队的事宜。

4. 附条件提前免除刑罚人员应向刑事执行监察机关与军事部队指挥部报告

自己的行为并履行法院裁定由其承担的义务，在刑事执行监察机关传唤时应当到场。附条件提前免除刑罚人员在传唤时无正当理由不到场的，可以对其进行拘传。

5. 如果附条件提前免除刑罚人员逃避对其行为的监督时，刑事执行监察机关应当采取初步措施确定其所处地点及逃避原因。

第一百八十九条　考验期的计算

1. 考验期自法院刑事案判决产生法律效力时起开始计算。

2. 考验期届满之时，对附条件提前免除刑罚人员行为的监督终止，并撤销其在刑事执行监察机关的登记。

第一百九十条　附条件提前免除刑罚人员的责任

1. 附条件提前免除刑罚人员在逃避履行法院裁定由其承担的义务时，抑或破坏社会秩序时，应当对其科处行政惩戒，刑事执行监察机关或军事部队指挥部以书面形式对其予以警告有关因此撤销附条件执行的可能性。

（注：本款规定依据俄罗斯联邦联邦法2006年1月5日第8号联邦法令于2006年1月22日补充适用。）

2. 附条件提前免除刑罚人员在不履行本法典第一百八十八条第四款规定要求的情况下，以及在具有其他情节证明对附条件提前免除刑罚人员应当裁定承担其他义务时，刑事执行监察机关抑或军事部队指挥部的官长应向法院递交相应报告。

（注：本款规定依据俄罗斯联邦联邦法2006年1月5日第8号联邦法令于2006年1月22日补充适用。）

3. 刑事执行监察机关与军事部队指挥部在具有充分根据的情况下，向法院递交有关延长考验期的报告

（注：本款规定依据俄罗斯联邦联邦法2006年1月5日第8号联邦法令于2006年1月22日补充适用。）

4. 如果附条件提前免除刑罚人员在考验期期间经常抑或蓄意不履行法院裁定由其承担的义务的，或者附条件提前免除刑罚人员为逃避监督而藏匿的，刑事执行监察机关或军事部队官长应向法院递交有关撤销附条件执行并履行法院

刑事案判决对其所处刑罚的报告。

（注：本款规定依据俄罗斯联邦联邦法2006年1月5日第8号联邦法令于2006年1月22日补充适用。）

5. 经常不履行义务，是指一年内超过两次实施禁止附条件提前免除刑罚人员实施的行为或者不履行对附条件提前免除刑罚人员规定的行为，或者持续性不履行法院裁定由其承担的义务（超过三十日）。

6. 为逃避监督而藏匿，是指附条件提前免除刑罚人员所处地点不明超过三十日的。

俄罗斯联邦总统 Б. 叶利钦

莫斯科·克里姆林宫

1997年1月8日第1号联邦法令

附 件

依据法院刑事案判决不应予以没收的财产清单

（注：本清单依据俄罗斯联邦联邦法2003年12月8日第161号联邦法令于2003年12月11日丧失效力。）

俄罗斯联邦联邦法令
俄罗斯联邦刑事执行法典生效令

（2002年1月10日修订文本）

本文本附经下列法律修订：

1. 俄罗斯联邦联邦法 2002 年 1 月 10 日第 4 号联邦法令（《俄罗斯日报》，2002 年 1 月 12 日第 6 期）。

本文本于：

1996 年 12 月 18 日俄罗斯联邦国家杜马审议通过

1996 年 12 月 25 日俄罗斯联邦联邦委员会核准

2002 年 1 月 10 日第一次修订文本

第 1 条 《俄罗斯联邦刑事执行法典》自 1997 年 7 月 1 日起产生效力，本联邦性法律对其规定有其他生效期限的原则除外。

第 2 条 下列法令自 1997 年 7 月 1 日起认定为丧失效力：

（1）俄罗斯苏维埃联邦社会主义共和国于 1970 年 12 月 18 日通过的《关于〈俄罗斯苏维埃联邦社会主义共和国劳动矫正法典〉核准法令》所批准的《俄罗斯苏维埃联邦社会主义共和国劳动矫正法典》（《俄罗斯苏维埃联邦社会主义共和国最高委员会公报》1970 年第 51 号公报第 1220 条；1973 年第 22 号公报第 491 条；1977 年第 12 号公报第 258 条；1983 年第 10 号公报第 319 条、第 40 号公报第 1429 条；1985 年第 39 号公报第 1353 条；1987 年第 29 号公报第 1060 条、第 43 号公报第 1501 条；1988 年第 31 号公报第 1006 条；1989 年第 22 号公报第 550 条；《俄罗斯联邦人民代表议会与俄罗斯联邦最高委员会公报》1992 年第 29 号公报第 1687 条；1993 年第 10 号公报第 360 条、第 22 号公报第 789 条、第 32 号公报第 1234 条；《俄罗斯联邦立法议会》1996 年第 25 号公报第 2964 条）。以及俄罗斯苏维埃联邦社会主义共和国与俄罗斯联邦自 1970 年 12 月 18 日至 1997 年 7 月 1 日间通过的所有法令，其中包括对《俄罗斯苏维埃联邦社会主义共和国劳动矫正法典》所作各项变更与补充；

（2）俄罗斯苏维埃联邦社会主义共和国最高苏维埃主席团 1971 年 5 月 5 日《关于〈俄罗斯苏维埃联邦社会主义共和国劳动矫正法典〉生效程序》的命令（俄罗斯苏维埃联邦社会主义共和国最高苏维埃 1971 年第 18 号公报第 348 条）；

（3）俄罗斯苏维埃联邦社会主义共和国最高苏维埃主席团 1965 年 9 月 30

日（俄罗斯苏维埃联邦社会主义共和国最高苏维埃主席团命令于 1986 年 6 月 18 日颁布生效）《关于批准监督委员会条例的命令》以及由该命令批准的监督委员会条例（俄罗斯苏维埃联邦社会主义共和国最高苏维埃公报：1965 年第 40 号公报第 990 条；1970 年第 41 号公报第 832 条；1971 年第 22 号公报第 433 条；1972 年第 51 号公报第 1209 条，1986 年第 26 号公报第 727 条）；

（4）俄罗斯苏维埃联邦社会主义共和国最高苏维埃主席团 1984 年 7 月 16 日《关于批准俄罗斯苏维埃联邦社会主义共和国被处刑人员非劳动矫正类措施刑罚的执行程序与条件条例》的命令，以及该命令核准的在俄罗斯苏维埃联邦社会主义共和国被处刑人员非劳动矫正类措施刑罚的执行程序与条件条例（俄罗斯苏维埃联邦社会主义共和国最高苏维埃 1984 年第 29 号公报第 991 条）；

（5）俄罗斯苏维埃联邦社会主义共和国 1984 年 12 月 6 日《关于批准俄罗斯苏维埃联邦社会主义共和国最高苏维埃主席团有关在俄罗斯苏维埃联邦社会主义共和国部分立法法令中进行修正与补充法令》的法律（俄罗斯苏维埃联邦社会主义共和国最高苏维埃 1984 年第 50 号公报第 1758 条），其中确认了俄罗斯苏维埃联邦社会主义共和国最高苏维埃主席团 1984 年 7 月 16 日《关于批准俄罗斯苏维埃联邦社会主义共和国被处刑人员非劳动矫正措施类刑罚的执行程序与条件条例》。

第 3 条　自 1997 年 7 月 1 日起，下列法令在俄罗斯联邦领域内认定为丧失效力：

（1）苏维埃社会主义共和国联盟 1969 年 7 月 11 日核准，附带其后修订与补充的苏维埃社会主义共和国联盟与各联盟共和国劳动矫正原则（苏维埃社会主义共和国联盟最高苏维埃公报 1969 年第 29 号第 247 条）；

（2）苏维埃社会主义共和国联盟最高苏维埃主席团 1969 年 10 月 6 日《关于苏维埃社会主义共和国与各联盟共和国劳动矫正法律原则的生效程序》命令（苏维埃社会主义共和国联盟最高苏维埃公报 1969 年第 41 号第 365 条）；

（3）苏维埃社会主义共和国联盟最高苏维埃主席团 1983 年 3 月 15 日《关于批准对被处刑人员适用非劳动矫正类措施的刑事处罚执行程序与条件的规

定》命令，以及该命令所确定的有关批准对被处刑人员适用非劳动矫正类措施刑事处罚执行程序与条件的规定（苏维埃社会主义共和国联盟最高苏维埃公报1983年第12号第175条）；

（4）苏维埃社会主义共和国联盟1983年6月17日《关于批准苏维埃社会主义共和国最高苏维埃主席团有关对苏维埃社会主义共和国联盟部分立法性法令予以变更与补充命令》的法律（苏维埃社会主义共和国联盟最高苏维埃公报1983年第25号第387条），对苏维埃社会主义共和国联盟最高苏维埃主席团1983年3月15日《关于批准对被处刑人员适用非劳动矫正类措施刑事处罚的执行程序与条件规定》；

（5）苏维埃社会主义共和国联盟最高苏维埃主席团1983年4月21日《有关批准在苏维埃社会主义共和国联盟武装力量惩戒营条例》的命令以及该命令批准的《苏维埃社会主义共和国联盟武装力量惩戒营条例》（苏维埃社会主义共和国联盟最高苏维埃主席团会议记录1983年第73号联邦法令第135号决议）。

第4条　在俄罗斯联邦领域内生效的其他法律与规范性法令，应当依据《俄罗斯联邦刑事执行法典》引用。

上述法律与其他规范性法令在依据《俄罗斯联邦刑事执行法典》引用之前，其与《俄罗斯联邦刑事执行法典》不相抵触的部分继续适用。

第5条　《俄罗斯联邦刑事执行法典》中有关义务性劳动刑、限制自由刑与拘禁刑的原则，在就执行这些刑罚设置的必要条件产生效力后，产生联邦性法律规范的效力。但在这种情况下，以上各项刑罚种类的效力产生时间，义务性劳动刑——应当不晚于2004年、限制自由刑——应当不晚于2005年、拘禁刑——应当不晚于2006年。

（注：本条规定依据俄罗斯联邦联邦法2002年1月10日第4号联邦法令于2002年1月12日颁布生效。）

第6条　责成俄罗斯联邦政府：

（1）在三个月的期限内：

就《俄罗斯联邦刑事执行法典》原则的实现，采取必要的规范性法令；

保障对各部以及其他联邦执行权力机关制定的违反《俄罗斯联邦刑事法典》

的规范性法令予以修订与撤销；

起草并批准《关于刑事执行监察机关与其定员编制预算标准条例以及军事惩戒营条例》；

向俄罗斯联邦联邦会议国家杜马议会递交《对〈俄罗斯苏维埃联邦社会主义共和国房屋住宅法〉第六十条有关被判处剥夺自由刑超过六个月刑罚期限的被处刑人员房屋住宅保管规定予以修订的联邦法律草案》。

（2）于1997年期间起草并批准《有关拘留中心与其定员编制预算标准条例以及矫正中心与其人员编制预算标准条例》。

第7条 作出规定，对履行剥夺自由刑刑罚的被处刑人员，在《俄罗斯联邦刑事执行法典》生效后，即在1997年7月1日之后，因实施违反刑罚履行法定程序的行为可以被移送到严厉条件下关置。

第8条 规定对1997年7月1日前移送到改善条件下关置的被处刑人员，适用《俄罗斯联邦刑事执行法典》对在宽缓条件下履行刑罚的被处刑人员规定的原则。

第9条 俄罗斯联邦政府在拟制1997年及其后年度的联邦预算草案的时候，应当规定拨付统一的基建投资与财政资金，以确保《俄罗斯联邦刑事执行法典》产生效力。

俄罗斯联邦总统：Б.叶利钦

莫斯科·克里姆林宫

1997年1月8日第2号联邦法令

法国监狱法

2009 年 11 月 24 日第 2009-1436 号

NOR：JUSX0814219L

2018 年 12 月 29 日合并版

国民议会和参议院一致通过，

根据 2009 年 11 月 19 日宪法委员会第 2009-593 DC 号决议；

法兰西共和国总统颁布该法律，其内容如下：

剥夺自由的刑罚预备卷（已废止）

第 1 条（已废止）

• 由 2014 年 8 月 15 日第 2014-896 号法律第 24 条废止。

第一卷　关于监狱服务部门和被监禁人员权利的条款

第一章　关于监狱服务部门的职能和组织的条款

第 2 条

监狱服务部门是执行刑事判决的参与部门。在遵守社会公共利益、受害者的权利和被监禁人员的权利的条件下，该部门负责安置或再安置司法机关交付的人员、监禁再犯、维护公共安全。监狱服务部门的设立可保证服刑人员刑罚的个体化和调整。

第 2-1 条

• 由 2014 年 8 月 15 日第 2014-896 号法律第 30 条创建。

监狱服务部门由监狱管理局管理，由司法部部长主管，国家各部门、地方行政单位、协会和其他公法人或私法人协管。

上述部门及其工作人员应保证服刑人员能够获得方便其安置或再安置的公法权利和必要设施。

监狱管理局与其他国家部门、地方行政单位、协会和其他公法人或私法人之间的协定中规定了被监禁的服刑人员获得第二段提及的权利和设施的条件和方式。

根据第二段提及的公众利益的最终目的和预期结果，确定了上述协定的具体目标并定期评估。

第 3 条

• 由 2014 年 8 月 15 日第 2014-896 号法律第 30 条修改。

监狱管理局负责保证监狱机构的管理、监管和档案保管等职能。其他职能可委托给拥有国务委员会法令条款规定资质的其他公法人或私法人。

第 4 条

• 由 2014 年 5 月 26 日第 2014-528 号法律第 10 条修改。

羁押巡视员负责监察交付给监狱管理局的被羁押人员的帮扶和转移条件，以保障他们的基本权利。

不得对羁押巡视员和被监禁人员之间的电话沟通、通信以及其他任何形式的沟通进行管控。不遵守此条款将受到刑法第 432-9 条规定的处罚。

第 5 条

每个监狱机构都设立一个评估委员会，评估机构的运行情况，必要时，提出改善运行情况的建议。

法令中规定了此委员会的组成和运行方式。

第 6 条（已废止）

• 由 2011 年 3 月 29 日第 2011-334 号法律第 16 条废止。

第 7 条

• 由 2018 年 8 月 3 日第 2018-699 号法律第 42 条修改。

I. 法令规定了独立观察所负责收集和分析违法行为、刑事判决执行、再犯和累犯方面的数据，制订年度公开报告，报告中按违法类型、判处和执行的刑罚，指出再犯和累犯比例以及每个刑罚机构的这些比例。还包括每个监狱机构的自杀率。此报告包含了监狱内部的行为评估，可用于防止再犯和累犯，有利于再安置和预防自杀。

此报告还公布被判监禁或徒刑的服刑人员的监禁期以及刑罚调整的统计数据。

再犯和轻罪观察所的成员中包括一名国民议员和一名参议员。

II. 法令中规定了观察所的任务、组成、组织和运行方式。

第 8 条

法令中规定了地方行政单位代表、协会代表和其他公法人或私法人加入负责监狱机构运行评估的机构并跟踪监狱政策实施的条件。

第 9 条（已废止）

• 由 2013 年 7 月 8 日第 2013–595 号法律第 87 条修改。

• 由 2014 年 3 月 5 日第 2014–288 号法律第 21 条（VD）废止。

第 10 条

上诉法院首席院长、检察长、预审庭庭长、终审法庭审判长、检察官、自由和拘禁审理法官、预审法官、刑罚执行法官和青少年犯罪法官每年至少到辖区内的每个监狱机构走访一次。

第二章　关于监狱工作人员和监狱管理民间预备队的条款

第一节　关于监狱工作人员执行任务的条款

第 11 条

• 由 2014 年 8 月 15 日第 2014–896 号法律第 30 条修改。

监狱管理局包括管理人员、监管人员、安置和帮教人员以及行政和技术人员。

根据国务委员会法令制定的监狱服务部门职业道德法，规定了这些人员以及按照第 3 条授权的公法人或私法人相关人员需遵守的条例。

法令还规定了监狱管理局人员的宣誓条款以及誓言的内容。

第 12 条

• 由 2017 年 2 月 28 日第 2017–258 号法律第 1 条修改。

在管理人员的授权下，监狱管理局的监管人员组成一支受国家支配的军队来保证对内安全。

在保证安全的任务范畴内，他们保证被羁押人员的人身权，参与被羁押人员的刑罚个体化和再安置工作。

他们还需保证司法部中央管理局大楼的安全。

只有在正当防卫、防止越狱或暴力对抗或按照命令作出惯性反应的情况下，才能在必要的限度内使用武力。在这些情况以及《对内安全法》第 L.435–1 条第 1 款和第 2 款规定的情况下，在绝对必要时可适度使用火器。

第 12–1 条

• 由 2017 年 2 月 28 日第 2017–258 号法律第 29 条创建。

被分配到监狱安全队且由监狱长或跨地区监狱服务部门主任任命的监狱管理局的监管人员，在监狱服务部门整个辖区范围内，在有正当理由认为被监禁人员以外的人员准备进行危害监狱机构安全的犯罪行为时，可对被监禁人员以外的人员进行检查。

检查过程中，他们可要求涉事人员通过各种方式证明身份，对其进行安全检查，在该人员同意的情况下，对其行李物品进行目视检查、搜查。应由与被查人员相同性别的工作人员进行安全检查。

如果该人员拒绝检查或无法证明自己的身份，那么第一段提及的工作人员应立即向辖区内的警察局或宪兵队的任意司法警官报告，司法警官可命令该工作人员立即描述该人员特征或扣留此人直至司法警官或司法警官治下的司法警察到达。没有得到命令就不能扣留该人员。如果司法警官决定按照刑事诉讼法第 78–3 条进行身份核实，那么该法规第 78–3 条第三段规定的核实期限自检查实施时开始计算。本节第一段提及的工作人员应将根据本段所实施的检查写成报告提交给辖区的检察官。

法令中详细规定了辖区的定义和标识。

第 13 条

• 由 2014 年 8 月 15 日第 2014–896 号法律第 33 条修改。

安置和帮教方面的监狱服务工作人员负责起草和执行司法机关对于被羁押人员、嫌犯或服刑人员的决定。

因此，这些工作人员执行安置和预防再犯政策，保证对被羁押人员的跟踪或监管，为被监禁人员准备出路。他们定期对服刑人员进行身体评估、家庭和社会关系评估，根据评估结果，确定对他们的帮扶内容和方式。

第 14 条

监狱管理局地方服务部门的人员，在章程规定的条件下，行使他们的表达权和示威游行权。

第 15 条

监狱管理局的工作人员必须经过最初培训以及与工作任务性质和变化相匹配的后续培训。

根据工作人员或管理局的要求，他们需参加由监狱管理培训学院、地方服务部门或其他公共或私人培训机构组织的培训或进修班。

第 16 条

• 由 2012 年 3 月 12 日第 2012–351 号法律第 17 条修改。

I. 根据 1983 年 7 月 13 日关于公务员权利和义务的第 83–634 号法律第 11 条，监狱管理局的公职人员所享受的国家保护涵盖因履行职能而受到的损害。

这一保护延伸到这些公职人员的子女、直系尊亲属、配偶、伴侣或民事互助契约涉及的其他人员。由于公职人员的职能，他们可能受到威胁、暴力行为、突击、侮辱、诽谤或凌辱。

根据申请，按照死亡公职人员的死亡事实或事后认定因履行职能而死亡的事实，对履行职能时死亡或因履行职能而死亡的监狱管理局服务部门公职人员的配偶、子女、直系尊亲属实施国家保护。

II. 修改了以下条款：

——2003 年 3 月 18 日第 2003–239 号法律第 112 条

第二节　监狱管理民间预备队

第 17 条

设立监狱管理民间预备队是为了保证完成司法部加强安全的任务以及人员培训、学习或国际合作的任务。监狱管理民间预备队还负责协助安置和帮教方面的监狱服务工作人员履行帮教职责。

预备队由监狱管理局内部的退休志愿者组成。

预备队人员需遵守监狱服务部门职业道德法。

不能完成第一段规定的任务而受到纪律处罚的公职人员不能成为入选民间预备队的志愿者。

第 18 条

第 17 条提及的公职人员可以在从服务部门离职五年后申请重新加入监狱管理民间预备队。

志愿者应具备法令规定的能力。入选的志愿者将签署一份合同，合同至少为期一年，可续签。志愿者每年为司法部的服务部门提供至少一百五十天的协助服务。

第 19 条

根据这些人员或管理局的要求，第 17 条提及的公职人员参加由监狱管理培训学院、地方服务部门或其他公共或私人培训机构组织的培训或进修班。

第 20 条

对于从事雇佣劳动的预备队人员，根据劳动合同、劳动协议或集体协议、或者雇主和司法部之间的协议中的最有利条款，当他在工作时间从事第 17 条规定的任务且每年超过十个工作日时，需得到雇主的同意。

法令规定了本条的适用条件。法令对适用本条款的雇员向其雇主提交申请的形式和期限、雇主拒绝雇员的申请、雇员通知监狱管理局申请被拒等方面作出了规定。

第 21 条

法令中规定了对预备队人员被占用时间的补偿条件。

如果预备队人员从事雇佣劳动，那么在他完成监狱管理民间预备队的任务期间，他的劳动合同暂时中止。总而言之，这一期间将被视为法定及社会福利方面的年资、晋级、带薪休假和社会福利权利的有效工作时间。

不能因预备队人员从事本节规定的活动缺席出勤而对其进行辞退、职业降级或纪律处罚。

在预备队服务期间，根据社会保障法第 L.161–8 条规定的条件，当事人本人及其权利人享有社会保障体系中的医疗保险、生育保险、残疾和死亡保险福利，在预备队服务期外则解除以上福利。

第三章　关于被监禁人员的权利和义务的条款

第一节　一般条款

第 22 条

监狱管理局保证每个被监禁人员的尊严和权利都受到尊重。在保证监禁固有条件、机构安全、良好秩序、预防再犯和保护受害者权益的前提下，尊重被监禁人员的尊严和权利。对被监禁人员施行的限制措施需考虑被监禁人员的年龄、健康状况、健全状况和品行因素。

第 23 条

被监禁人员进入监狱机构时，已被口头告知（以他可以理解的语言）并通过阅读入狱手册了解了与监禁制度、被监禁人员的权利和义务以及上诉和申诉有关的条款。

同样将监狱机构适用的条例告知被监禁人，并保证被监禁人在整个监禁期间可以阅读这些条例。

第 24 条

每个被监禁人员都应知晓自己的权利，并可享受每个监狱机构中设置的免费法律咨询机构的服务。

第 25 条

被监禁人员可与其律师自由沟通。

第 26 条

被监禁人员享有思想、信仰和宗教自由的权利。在不影响监狱机构安全和良好秩序的前提下，他们可以根据监狱场所的条件按照自己的选择进行礼拜。

第二节　服刑义务

第 27 条

每个服刑人员都必须根据监狱长、安置和帮教方面的监狱服务部门主任的建议至少从事一项活动，该活动与当事人的年龄、能力、健全状态和品行因素相匹配，最终目的是实现当事人的再安置。

如果服刑人员没有经过基础教育，首选活动应是读、写和计算学习。如果服刑人员不会法语，首选活动是法语学习。如果服刑人员从事劳动活动，将调整学习时间。

第 28 条

在保证监狱机构的良好秩序和安全的条件下，也可将各种活动混合组织。

第 29 条

在保证监狱机构的良好秩序和安全的前提下，监狱管理局可向被监禁人员征求其从事活动的意见。

第三节　公民权和社会权

第 30 条

• 由 2014 年 8 月 15 日第 2014–896 号法律第 31 条修改。

以下情况，被监禁人员可以将监狱机构视为选举住所：

1. 被监禁人员没有个人住所的，为方便行使公民权，每次投票选举前，监狱长和主管行政机关组织投票程序，保证代理投票的实施；

2. 为享有社会活动和家庭法第 L.121–1 条和第 L.264–1 条中的权利，监禁期间，如被监禁人员没有应急住所或个人住所，或者不能证明这些住所合法地位的；

3. 方便被监禁人员办理行政手续的。

为方便被监禁人员准备出狱手续，他们可以将该法典第 L.264-1 条规定的选举住所选定为距离他们安置或再安置活动场所 / 或距离接收他们的卫生机构或社会医疗机构最近的市镇社会活动中心或跨市镇的社会活动中心或者类似用途的机构。

第 31 条

收入低于法定金额的被监禁人员可以得到国家的实物救助，用于改善他们的物质生活条件。救助金将按照法令规定的条件以现金形式支付。

第 32 条

修改了以下条款：

• 修改刑事诉讼法第 717-3 条（V）

第 33 条

• 由 2018 年 9 月 5 日第 2018-771 号法律第 77 条修改。

被监禁人员从事监狱机构组织的职业活动时，监狱机构应出具监狱管理局提供的协议书。协议书由监狱长和被监禁人员签署，写明被监禁人员的职业权利和义务、工作条件和报酬。

对于劳动法第 L.5132-1 条到第 L.5132-17 条关于通过经济活动实现安置的条款以及劳动法第 L.5213-13 条到第 L.5213-19 条关于定向企业的条款，协议书中详细规定了在合规情况下（即使没有劳动合同）被监禁人员仍可按照国务委员会法令规定的条件于某日（最迟 2020 年 9 月 1 日）享受这些条款的方式。

在本条款实施范围内，监狱长应确保采取适当的措施保证被监禁残疾人员在参加职业活动方面得到平等对待。

第四节　私生活、家庭生活以及与外界的关系

第 34 条

预审结束、等待出庭审判的嫌犯有权获得家庭探视权，直至出庭审判。

第 35 条

被监禁人员享有维护与家庭成员关系的权利，可通过家庭成员探视，或者，如果刑罚情况允许，可被允许离开监狱机构，行使该权利。嫌犯可由家庭成员

或其他人员探视，每周至少三次，服刑人员每周至少一次。

只有出于维护良好秩序和安全或防止违法行为的目的，监狱管理局才能拒绝向服刑人员家庭成员发放探视许可、暂停或收回此许可。

出于同样的目的，或探视对服刑人员的再安置造成障碍时，监狱管理局可以拒绝向家庭成员以外的其他人员发放探视许可、暂停或收回此许可。

嫌犯的探视许可由司法机关发放。

拒绝发放探视许可时应说明原因。

第 36 条

监狱机构内部的家庭生活间或家庭接待室向所有被监禁人员开放。

每个被监禁人员都可以申请至少每季度在家庭生活间或家庭接待室进行一次探视，时间根据探视人的远近确定。嫌犯应在主管司法机关的许可下行使此权利。

第 37 条

修改了以下条款：

• 修改民法第 2499 条（VT）

• 修改民法第 515–3 条（V）

• 修改民法第 515–5 条（V）

第 38 条

监狱机构和有关省份之间的协议，规定了给予作为母亲的被监禁人与其子女的社会援助，制定了一项措施，使孩子定期走出监狱机构，促进他们的社会化。

第 39 条

被监禁人员享有与家庭成员通电话的权利。为了准备再安置，他们还可被准许与其他人员通电话。在任何情况下，嫌犯的上述行为都必须得到司法机关的准许。

出于维护良好秩序和安全或防止违法行为的目的，出于保密原因，可以拒绝、暂停或收回嫌犯的通话许可。

根据刑事诉讼法第 727–1 条，对电话沟通实施监控。

备注：

在 2016 年 5 月 24 日第 2016–543QPC 号决议（NOR：CSCX1613964S）中，

宪法委员会声明2009年11月24日第2009-1436号法律第39条第二段的语句“出于保密原因，……嫌犯的”违反了宪法。此决议第21段规定了违宪声明的生效条件。

第40条

服刑人员以及嫌犯，在司法机关不反对的情况下，可与任意人员通信。

如果被监禁人员发出或收到的信件可能严重影响他们的再安置或严重危害良好秩序和安全，监狱管理局可以检查和扣留这些信件。另外，按照司法机关规定的条件，嫌犯发出或收到的信件将被交付给司法机关。

法令中列出的法国以及国际监狱管理局和司法机关以及监狱机关的神甫都不能检查或扣留被监禁人员和辩护人之间的信件。

监狱管理局决定扣留被监禁人员的信件时，应将此决定告知该被监禁人员。

备注：

根据宪法委员会2018年6月22日第2018-715 QPC号决议：

——2009年11月24日第2009-1436号法律第40条第一段的语句“在司法机关不反对的情况下”违反了宪法；

——推迟到2019年3月1日废止这些条款；

——为中止自2018年6月22日起发现的违宪问题，可根据刑事诉讼法第145-4条第四段第二句规定的条件，就该日之后作出的否决决议向预审庭庭长提出异议。

第41条

被监禁人员应书面同意为确定他们的身份而传播或使用他们的肖像或声音。

出于维护公共秩序、防止违法行为、保护受害者或第三方权益以及相关人员的再安置的目的，且有必要限制传播或使用用于确定服刑人员身份的肖像或声音时，监狱管理局可以阻止该肖像或声音的传播或使用。嫌犯肖像和声音的传播和使用由司法机关管理。

第42条

每个被监禁人员都享有个人资料的隐私权。可以将这些资料保管在监狱机构的档案室内，档案室向相关人员开放。被监禁人员入狱登记的相关资料，在其入狱时就必须交给档案室保管。

第五节　信息获取

第 43 条

被监禁人员可以获取文字和音像出版物。但是，监狱管理局可以禁止被监禁人员获取包含严重威胁人员、监狱机构安全的内容或对监狱服务部门人员及被监禁人员有侮辱性或诽谤性话语或符号内容的出版物。

第六节　安　全

第 44 条

监狱管理局应确保每个被监禁人员在任何集体或个人场所的人身权都得到切实保护。

即便监狱机构没有过错，对于监狱机构内部因被监禁人员施加的暴力行为造成的另一被监禁人员死亡的，国家需承担损害赔偿。

对于遭受一个或多个同监人施加暴力行为的被监禁人员，应进行特殊监管并采用特殊监禁制度。这种被监禁人员优先享有单人间。

一旦被监禁人员死亡，监狱管理局应立即通知其家庭或近亲死亡的情况，并应其要求，为他们办理手续提供便利。

第七节　健　康

第 45 条

在遵守公共卫生法第 L.6141–5 条第三段和第四段的前提条件下，监狱管理局尊重被监禁人员的医疗保密权以及诊断保密权。

第 46 条

• 由 2017 年 1 月 12 日第 2017–31 号法律第 7 条修改。

医疗机构根据公共卫生法规定的条件保证被监禁人员的健康权。

在医疗质量和持续性方面，被监禁人员与居民享有相同的条件。

地区卫生局局长、跨地区监狱服务部门主任、监狱长和相关医疗机构主任签署的协议中规定了为保证被监禁人员享有与居民相同的医疗急救条件，医疗专业人员应召紧急进入监狱机构进行治疗的条件。

在监禁期间，被监禁人员的精神状态也被考虑在内。监狱管理局与各方合作，开展健康预防和教育活动。

监狱管理局提供预防生理或心理疾病的住宿、医疗、饮食和同住条件。

第 47 条

应为监禁在女囚区或在专门的监狱机构中的女性被监禁人员提供适当的医疗条件。

第 48 条

不能向进入监狱中实施治疗措施的医生和医护人员索要与被监禁人员医疗或健康预防无关的证明或医学鉴定。

第 49 条

• 由 2016 年 1 月 26 日第 2016-41 号法律第 7 条修改。

在没有监狱管理人员在场时，以下人员需持有允许与被监禁人员交谈的访问许可证：

1. 公共卫生法第 L.1110-11 条中提及的救治病危人员的志愿者；

2. 公共卫生法第 L.1111-5 条和第 L.1111-5-1 条中提及的陪伴未成年病人的成年人；

3. 公共卫生法第 L.1111-6 条中提及的陪伴和协助病人的值得信赖的人；

4. 公共卫生法第 L.1111-7 条中提及的咨询病人病历信息时应在场的人员；

5. 公共卫生法第 L.2212-7 条第三段中提及的未成年被监禁人员自愿终止妊娠时的陪伴人员。

第 50 条

每个有公共卫生法第 L.1111-6-1 条规定的残疾情况的被监禁人员都有权自己指定一位助工。出于特殊原因，监狱管理局可阻止他选择助工。

第 51 条

• 由 2016 年 1 月 26 日第 2016-41 号法律第 44 条修改。

建议在每个被监禁人员监禁开始时对其进行毒品、精神药物、酒精和烟草方面的健康检查。健康检查是预防性的，目的是维护公共卫生和患者的利益，检查结果是保密的。

作为试验性操作，直至 2018 年 1 月 1 日，根据部长令规定的条件，在某些监狱机构中，国家允许在被监禁人员监禁开始时对其进行牙齿状况评估。

第 52 条

应保证女性被监禁人员在分娩或妇科检查时无束缚且无监狱管理人员在场，以保护其尊严。

第 53 条

建议每个服刑人员在被释放前一个月进行体检。

第 54 条

在本法律颁布之日起两年内，为每个被监禁人员建立唯一电子病历。

第 55 条

修改了以下条款：

• 修改公共卫生法第 L1431–2 条（VD）

第 56 条

修改了以下条款：

• 修改公共卫生法第 L1434–9 条（VD）

第八节　监　控

第 57 条

• 由 2016 年 6 月 3 日第 2016–731 号法律第 111 条修改。

当被监禁人员的行为有违法可能或影响人员安全及监狱机构良好秩序的风险时，可对其进行搜查。搜查的性质和频率与搜查必要性和被监禁人员的品行密切相关。

如果怀疑违禁品或违禁物质或对人身或财产安全构成威胁的物品或物质被带入了监狱机构内部，监狱长可以下令在指定的时间内搜查某些场所，而不考虑被监禁人员的品行。必须在有必要时才能进行搜查，且搜查应适度。应将搜查理由和内容写成详细报告提交给辖区的监察官和监狱管理局办公室。

只有触碰式搜查或使用电子检测装备仍不能满足搜查需要时，才能进行全面搜查。

除非有特别必要的理由，否则禁止进行人体内部检查。人体内部检查只能由不在监狱机构内部工作、司法机关为此征调的医生进行。

第 58 条

可以在监狱机构内可能发生人身伤害的公共区域安装监控摄像头。这是所有监狱机构必须做的，包括本法律生效之后开设的监狱机构。

第 58-1 条

• 由 2016 年 7 月 21 日第 2016-987 号法律第 9 条创建。

监狱管理局办公室负责实施监狱机构内监禁单元视频监控系统中个人特征的相关数据处理。

这些措施的最终目的是，通过监禁单元视频监控，实现对单独关押的被羁押人员的检查，考虑到这些人员监禁的特殊环境，这些人员越狱或自杀可能会对公共秩序和公共舆论造成重大影响。

在监狱内部安全及被羁押人员安全方面，这些措施可降低被羁押人员的越狱风险，避免被羁押人员发生自杀行为。

只有刑事诉讼凭证中明确规定时，才能对被临时监禁人员的监禁单元采取这些措施。只有特许情况下才能采取这些措施。

在对席审判环节，将告知被监禁人员对其采取视频监控的决定，被监禁人员有权提出书面和口头意见。这种情况下，被监禁人员可由律师协助发言。

紧急情况下，如果该措施是防止当事人越狱或自杀的唯一方法，司法部部长可决定对被监禁人员采取临时视频监控措施。临时监控时间不能超过五天。超出这一期限时，如果没有根据上述条款作出采取视频监控措施的决定，那么应当终止视频监控措施。临时监控期限计入视频监控措施总期限内。

由司法部部长作出对被监禁人员采取三个月视频监控的决定（可延期），并说明理由。需将此决定告知被监禁人员。

在任何时候，尤其在作出延长监控时间的决定前，都可收集监狱机构值班医生的书面意见。

视频监控系统可实现对当事人的实时监控。监禁单元中的遮板使图像变得不透明，从而保护私人生活。摄像头的位置是可以看到的。

相关监禁单元视频监控中的视频序列全都被记录在数据处理中。

不传输或记录声音。

视频监控措施不与生物识别装置一同使用。

数据处理中存储的图像将在数码载体中保存一个月。

如果有充分理由认为被监禁人员有自杀或越狱的风险，监狱长或监狱长代表可以查看七天内存储的视频监控数据。只有司法或行政调查时才能审查超过七天的数据。

不需要转交给司法机关的数据或行政调查不需要的数据，超过一个月的将被删除。

按照职能或工作需要，可以接触到上述个人特征数据的人员或人员级别有：

1. 由监狱长指定并授权的实时审查数据的监狱管理局人员；

2. 监狱长或监狱长代表可以查看七天内的存储数据；

3. 监狱长指定并授权的当地相关计算机人员。

上述措施不适用 1978 年 1 月 6 日关于计算机、数据集和自由的第 78–17 号法律第 38 条规定的反对权。

采取了视频监控措施的监狱管理局的监狱长适用上述 1978 年 1 月 6 日第 78–17 号法律第 39 条和第 40 条中规定的存取权和更正权。

设置了视频监控系统的监禁单元入口处应当张贴布告，说明视频监禁系统的存在以及存取和更正所采集数据的方式。

需每天记录查看、创建和更新方面的处理措施。这些每日记录将保存三个月。需每天记录对已存储视频序列的提取处理。

该每日记录将保存一年。

第九节　未成年被监禁人员

第 59 条

监狱管理局保证未成年被监禁人员享有未成年人的基本权利。

第 60 条

没有完成义务教育的未成年被监禁人员必须参加教育活动。

第 61 条

国务委员会的法令中规定了本章节的执行方式。

第四章　其他条款

第 62 条

修改了以下条款：

• 修改 2004 年 3 月 9 日第 2004–204 号法律第 205 条（V）

第 63 条

修改了以下条款：

• 废止 1987 年 6 月 22 日第 87–432 号法律第 1 条（Ab）

第二卷　关于刑罚宣告、临时拘留的替代方案、剥夺自由的刑罚的调整以及监禁的条款

第一章　修改刑法的条款

第 64 条

根据本章节条款修改刑法。

第一节　关于刑罚调整的条款

第 65 条

修改了以下条款：

• 修改刑法第 132–24 条（V）

第 66 条

修改了以下条款：

• 修改刑法第 132–25 条（V）

• 修改刑法第 132–26 条（V）

• 修改刑法第 132–26–1 条（V）

• 修改刑法第 132–27 条（V）

第二节　关于（轻罪者）无偿劳动（时间）

第 67 条

修改了以下条款：

• 修改刑法第 131–8 条（V）

第 68 条

修改了以下条款：

• 修改刑法第 131–22 条（V）

第 69 条

修改了以下条款：

• 修改刑法第 132–54 条（V）

• 修改刑法第 132–55 条（V）

• 修改刑法第 132–57 条（V）

第二章　修改刑事诉讼法的条款

第 70 条

根据本章节条款修改刑事诉讼法。

第一节　关于居家软禁并受电子监控的条款

第 71 条

修改了以下条款：

- 修改刑事诉讼法第 7 节：司法检查、软禁……（V）
- 创建刑事诉讼法第 2 小节：居家软禁……（V）
- 修改刑事诉讼法第 3 小节：临时拘留（V）
- 修改刑事诉讼法第 4 小节：关于……的民事损害赔偿（V）
- 修改刑事诉讼法第 137 条（V）
- 创建刑事诉讼法第 142-10 条（V）
- 创建刑事诉讼法第 142-11 条（V）
- 创建刑事诉讼法第 142-12 条（V）
- 创建刑事诉讼法第 142-13 条（V）
- 创建刑事诉讼法第 142-4 条（V）
- 创建刑事诉讼法第 142-5 条（V）
- 创建刑事诉讼法第 142-6 条（V）
- 创建刑事诉讼法第 142-7 条（V）
- 创建刑事诉讼法第 142-8 条（V）
- 创建刑事诉讼法第 142-9 条（V）
- 调整刑事诉讼法第 143 条（T）

第二节　关于刑罚调整的条款

第 1 小节　关于刑罚调整的宣告

第 72 条

修改了以下条款：

- 修改刑事诉讼法第 707 条（V）

第 73 条

修改了以下条款：

- 修改刑事诉讼法第 498 条（V）
- 修改刑事诉讼法第 505 条（V）
- 废止刑事诉讼法第 548 条（Ab）

• 修改刑事诉讼法第 549 条（V）

• 修改刑事诉讼法第 708 条（V）

第 74 条

修改了以下条款：

• 修改刑事诉讼法第 712–6 条（V）

第 75 条

修改了以下条款：

• 修改刑事诉讼法第 712–8 条（V）

第 76 条

修改了以下条款：

• 修改刑事诉讼法第 712–19 条（V）

第 77 条

修改了以下条款：

• 修改刑事诉讼法第 712–21 条（V）

第 78 条

修改了以下条款：

• 调整刑事诉讼法第 712–22 条（T）

• 修改刑事诉讼法第 712–22 条（V）

• 创建刑事诉讼法第 712–23 条（V）

第 79 条

修改了以下条款：

• 修改刑事诉讼法第 712–23 条（V）

• 修改刑事诉讼法第 720–1 条（V）

• 修改刑事诉讼法第 720–1–1 条（V）

第 80 条

修改了以下条款：

• 修改刑事诉讼法第 720–5 条（VT）

第 81 条

修改了以下条款：

• 修改刑事诉讼法第 723 条（V）

• 修改刑事诉讼法第 723–1 条（V）

• 修改刑事诉讼法第 723–11 条（V）

• 修改刑事诉讼法第 723–7 条（V）

第 82 条

修改了以下条款：

• 修改刑事诉讼法第 729 条（V）

第 83 条

修改了以下条款：

• 修改刑事诉讼法第 712–13 条（V）

• 修改刑事诉讼法第 712–7 条（V）

• 修改刑事诉讼法第 730 条（V）

第 2 小节　关于刑罚调整简化程序的条款

第 84 条

修改了以下条款：

• 创建刑事诉讼法 – 第 1 段：适用于……的条款（V）

• 创建刑事诉讼法 – 第 2 段：适用于……的条款（VT）

• 修改刑事诉讼法第 7 节：关于……调整的简化程序（V）

• 修改刑事诉讼法第 8 节：关于终止……的方式（VT）

• 创建刑事诉讼法第 723–13–1 条（V）

• 调整刑事诉讼法第 723–14 条（T）

• 修改刑事诉讼法第 723–14 条（VT）

• 修改刑事诉讼法第 723–15 条（V）

• 创建刑事诉讼法第 723–15–1 条（V）

• 创建刑事诉讼法第 723–15–2 条（V）

• 修改刑事诉讼法第 723-16 条（V）
• 修改刑事诉讼法第 723-19 条（VT）
• 修改刑事诉讼法第 723-20 条（VT）
• 废止刑事诉讼法第 723-21 条（Ab）
• 废止刑事诉讼法第 723-23 条（Ab）
• 修改刑事诉讼法第 723-24 条（VT）
• 修改刑事诉讼法第 723-25 条（VT）
• 修改刑事诉讼法第 723-27 条（VT）
• 修改刑事诉讼法第 723-28 条（VT）

第 85 条

修改了以下条款：

• 修改刑事诉讼法第 723-29 条（V）

第三节　关于监禁制度的条款

第 86 条

修改了以下条款：

• 修改刑事诉讼法第 728 条（V）

第 87 条

修改了以下条款：

• 创建刑事诉讼法第 715-1 条（V）
• 修改刑事诉讼法第 716 条（V）

第 88 条

修改了以下条款：

• 修改刑事诉讼法第 717 条（V）

第 89 条

修改了以下条款：

• 修改刑事诉讼法第 717-1 条（V）
• 修改刑事诉讼法第 763-7 条（V）

第 90 条

修改了以下条款：

• 修改刑事诉讼法第 717–2 条（V）

第 91 条

修改了以下条款：

• 修改刑事诉讼法第 726 条（V）

第 92 条

修改了以下条款：

• 创建刑事诉讼法第 726–1 条（V）

第四节　其他条款和协同条款

第 93 条

修改了以下条款：

• 修改刑事诉讼法第 113–5 条（V）

• 修改刑事诉讼法第 138 条（M）

• 修改刑事诉讼法第 143–1 条（V）

• 修改刑事诉讼法第 144 条（V）

• 创建刑事诉讼法第 145–4–1 条（V）

• 修改刑事诉讼法第 179 条（VT）

• 修改刑事诉讼法第 181 条（VT）

• 修改刑事诉讼法第 186 条（V）

• 修改刑事诉讼法第 207 条（M）

• 修改刑事诉讼法第 212 条（V）

• 修改刑事诉讼法第 394 条（V）

• 修改刑事诉讼法第 396 条（V）

• 修改刑事诉讼法第 397–7 条（V）

• 修改刑事诉讼法第 495–10 条（V）

• 修改刑事诉讼法第 501 条（V）

• 修改刑事诉讼法第 569 条（V）
• 修改刑事诉讼法第 706–53–2 条（V）
• 修改刑事诉讼法第 706–53–4 条（V）
• 修改刑事诉讼法第 706–64 条（V）
• 修改刑事诉讼法第 706–71 条（V）

第 94 条

修改了以下条款：

• 修改刑事诉讼法第 471 条（V）
• 修改刑事诉讼法第 474 条（V）
• 修改刑事诉讼法第 702–1 条（V）
• 修改刑事诉讼法第 710 条（V）
• 修改刑事诉讼法第 712–4 条（V）
• 修改刑事诉讼法第 721–3 条（M）
• 修改刑事诉讼法第 733–1 条（V）
• 修改刑事诉讼法第 747–2 条（V）
• 修改刑事诉讼法第 775–1 条（V）

第 95 条

修改了以下条款：

• 修改 1983 年 6 月 27 日第 83–520 号法律第 58 条（V）
• 修改刑事诉讼法第 709–2 条（V）
• 修改刑事诉讼法第 716–5 条（V）
• 修改刑事诉讼法第 719 条（M）
• 废止刑事诉讼法第 727 条（Ab）

第 96 条

修改了以下条款：

• 创建刑事诉讼法第 844–1 条（V）
• 创建刑事诉讼法第 844–2 条（V）
• 创建刑事诉讼法第 868–2 条（V）

• 创建刑事诉讼法第 868–3 条（V）

• 创建刑事诉讼法第 868–4 条（V）

• 创建刑事诉讼法第 901–2 条（VT）

• 创建刑事诉讼法第 926–1 条（Ab）

• 创建刑事诉讼法第 934–1 条（V）

• 创建刑事诉讼法第 934–2 条（VT）

第 97 条

修改了以下条款：

• 废止刑事诉讼法第 222 条（Ab）

• 修改刑事诉讼法第 727–1 条（V）

第三卷　最后条款

第 98 条

修改了以下条款：

• 修改 2007 年 3 月 5 日第 2007–297 号法律第 5 条（V）

第 99 条

• 由 2017 年 7 月 19 日第 2017–1179 号条例第 7 条修改。

I. 本法律适用于：

1. 除第 21 条第二段到第四段、第 33 条第二段、第 55 条、第 56 条和第 98 条之外，其他条款适用于新喀里多尼亚和法属波利尼西亚；

2. 除第 2–1 条和第 3 条、第 21 条第二段到第四段、第 33 条第二段、第 55 条、第 56 条和第 98 条之外，其他条款适用于瓦利斯群岛和富图纳群岛；

II. 在实施第 2–1 条和第 8 条时，应将新喀里多尼亚视为地方行政单位。

——在新喀里多尼亚和法属波利尼西亚实施第 2–1 条时，第三段内容如下：

“监狱管理局与其他国家部门、市镇、协会和其他公法人或私法人之间的协定中规定了被监禁的服刑人员获得第二段提及的权利和设施的条件和方式。其他地方行政单位可以参与这些协定的缔结。”

III. 国家可与法属波利尼西亚和新喀里多尼亚主管当局达成协议，确定第 46 条的实施条件。

IV. 第 21 条第二段到第四段适用于马约特。

V. 作为第 5 条的例外情况，监狱管理局在法属波利尼西亚设立特别评估委员会。

VI. 在圣皮埃尔和密克隆群岛及瓦利斯群岛和富图纳群岛实施第 27 条时，应将语句“安置和帮教方面的监狱服务部门主任”删除。

VII. 在瓦利斯群岛和富图纳群岛、法属波利尼西亚及新喀里多尼亚实施第 30 条时，第 2 段和最后一段内容如下：

2：为享有地方法规规定的权利和补助，监禁期间，如果被监禁人员没有应急住所或个人住所，或者不能证明这些住所的合法地位；

“为方便被监禁人员准备出狱手续，他们可以将获取地方法规规定的补助、行使相关权利所必需的选举住所选定为距离他们安置或再安置活动场所 / 或距离接收他们的卫生机构或社会医疗机构最近的市镇社会活动中心或跨市镇的社会活动中心或者用作此用途的机构。”

VIII. 在瓦利斯群岛和富图纳群岛、法属波利尼西亚及新喀里多尼亚实施第 45 条时，将语句“在遵守公共卫生法第 L.6141–5 条第三段和第四段的前提条件下”删除。

IX. 第 37 条不适用于法属波利尼西亚。

X. 在瓦利斯群岛和富图纳群岛、法属波利尼西亚及新喀里多尼亚实施第 38 条时，将语句“有关省份”替换为“地方行政单位的主管机构”。

XI. 在瓦利斯群岛和富图纳群岛、法属波利尼西亚及新喀里多尼亚实施第 46 条时，将语句“根据公共卫生法”和语句“地区卫生局局长”分别替换为“根据地方适用法规”和“地方行政单位的主管机构”。

XII. 在法属波利尼西亚和新喀里多尼亚实施第 49 条第 1 段时，将语句“公共卫生法第 L.1110–11 条中提及的”删除。

XIII. 根据2016年1月26日第2016–41号法律起草的第49条适用于瓦利斯群岛和富图纳群岛。

第100条

• 由2014年12月29日第2014–1655号法律第106条修改。

截至2019年12月31日，由于监狱场所内部布置或现有被监禁人员的数量不满足法律实施条件，可以违反拘留所中单人间监禁的规定。在2016年第二季度和2019年最后的一个季度，政府向议会提交关于单人监禁的报告，报告中特别明确了本法律颁布以来监舍项目财政和预算信息，以及单人间监禁的影响。

但是，服刑人员，或嫌犯（在负责侦讯的法官的许可下），可以要求转移至可单人监禁的最近的拘留所。

本法律将作为国家法律执行。

2009年11月24日，于巴黎

法兰西共和国总统

尼古拉·萨科齐

总理

弗朗索瓦·菲永

国务部部长，司法部部长

司法与自由部部长

米谢勒·阿里奥－玛丽

卫生与体育部部长

罗斯林·巴切罗－纳昆

司法国务秘书

让－玛丽·博克尔

（1）第2009–1436号法律——预备文件：参议院：（2007—2008）第495号法案；让－勒内·勒塞尔夫先生以法律委员会的名义提交的（2008—2009）第143号报告；尼古拉·阿布先生以社会事务委员会的名义发布的（2008—2009）第222号公告；让－勒内·勒塞尔夫先生以法律委员会的名义提交的

（2008—2009）第 201 号补充报告；（2008—2009）委员会第 202 号公告正文；2009 年 3 月 3、4、5 和 6 日讨论，紧急声明后，2009 年 3 月 6 日通过法案（TA 第 59 号，2008—2009）。国民议会：由参议院通过的第 1506 号法案；让－保罗・加罗德先生以法律委员会的名义提交的第 1899 号报告；盖昂阿尔勒・于埃以妇女权益代表团的名义提交的第 1900 号报告；2009 年 9 月 15、16 和 17 日讨论后，2009 年 9 月 22 日通过法案（TA 第 336 号）。参议院：由国民议会修改的（2008—2009）第 628 号法案；让－勒内・勒塞尔夫先生以调解委员会的名义提交的（2009—2010）第 20 号报告；2009 年 10 月 13 日讨论通过（TA 第 2 号，2009—2010）。国民议会：让－保罗・加罗德先生以调解委员会的名义提交的第 1962 号报告；2009 年 10 月 13 日讨论通过（TA 第 349 号）。宪法委员会：2009 年 11 月 19 日公布在当天官方日报上的第 2009-593 DC 号决议。

意大利监狱法[1]

杨超　译

第一章　监狱待遇

第一节　指导原则

第 1 条　待遇和再教育

监狱待遇应当符合人道，并且应当保障对人格的尊重。

监狱待遇以绝对不偏不倚为特点，在国籍、种族、经济条件、社会条件、政治主张和宗教信仰方面，绝不得歧视。

应当维护监狱内的秩序和纪律，不得采用不符合上述要求的限制，也不得对被告人采用超越司法目的的限制。

对囚犯和被收容人，称呼和使用其名字。

对被告人的待遇应当严格遵守下述原则：在最终定罪前，他们不被视为罪犯。

对被判刑人和被收容人实行的管教，应当侧重于帮助，包括通过与外界的接触，使之重新适应社会，并且遵循因人而异的个别化原则。

第 2 条　执行刑罚和监禁性保安处分的费用

执行刑罚和监禁性保安处分的费用由国家负担。

被判刑人应依照《刑法典》第 145 条、第 188 条、第 189 条和第 191 条，以及《刑事诉讼法典》第 274 条的规定缴纳生活费。

---

① 该法律于 1975 年 7 月 26 日颁布，编号 354。此文本包含截至 1997 年 12 月 31 日的修订条款。

被收容人的生活费，依照《刑法典》第213条倒数第2款的规定或者根据《刑法典》第213条最后1款关于缴纳医疗费的规定，从报酬中扣除。

生活费是指与食品和生活用品相关的费用。

缴纳的生活费数额不超过实际开支的三分之二。各财政年度之初，由司法部、财政部协商确定共和国监狱中所有囚犯的平均生活费额。

第3条　囚犯和被收容人待遇平等

在监狱内，保障给予囚犯和被收容人以平等的生活待遇。执行细则就个人活期存款和外送财物总额规定具体的限度。

第4条　囚犯和被收容人行使权利

囚犯和被收容人享有本法赋予的权利，即使他们处于法定禁治产状态。

第4条-2　对因某些犯罪被判刑的人禁止给予优待和对其社会危险性的审查[①]

1. 除1991年1月15日第8号法令（已转换为1991年3月15日第82号法律并进行了修改）第13条-3所作的规定外[②]，对下列罪行的囚犯和被收容人，仅当其按照第58条-3的规定向司法机关提供合作时，方可获准享受派往狱外参加劳动、享受奖励假、本法第六节规定的除提前释放外的监禁替代措施等优待[③]：

（1）以恐怖主义、国际恐怖主义或颠覆民主制度为目的实施的暴力犯罪；

（2）《刑法典》第416条-2和第416条-3规定的犯罪，以及利用该条条件实施的犯罪；或以帮助该条规定的集团活动为目的实施的犯罪；

（3）《刑法典》第600条、第600条-2第1款、第600条-2第2款和第3款、第601条、第602条、第609条-8和第630条规定的犯罪；

（4）1998年7月25日第286号单行法《关于移民和外国人的法律》第12条第1款和第3款规定的犯罪；

---

① 此款被2009年7月15日第94号法律第2条和2009年7月23日第99号法律修改。

② 意大利宪法法院2014年8月22日第239号判决宣告第4-2条第1款部分内容违宪，宣布只有在具有特别危险的个案情形，方不能适用监视居住措施。

③ 此款经2015年2月23号第19号法律第1款和2015年2月18日第7号具有法律效力的政令第3-2条第1款修改，该政令后转化为2015年4月17日第43号法律并进行了修改。

（5）1973 年 1 月 23 号第 43 号总统法令《关于海关的法令》第 291–4 条规定的犯罪；

（6）1990 年 8 月 9 日第 309 号总统法令《关于麻醉药品和精神药品的法令》第 74 条规定的犯罪。

1–2. 在下列情况下，对于因前款规定的某一犯罪被监禁或者收容的人，也可以允许其享受第 1 款规定的优待：（1）已取得的材料能够确定地排除他们与有组织犯罪、恐怖主义犯罪或颠覆犯罪相联系的现实性；（2）判决已经确认有限地参与了犯罪活动或补充查明犯罪事实或责任，使得与司法机关的合作变得事实上不能；（3）适用了《刑法典》第 62 条第 6 项和第 114 条规定的减轻情节，或者适用了《刑法典》第 116 条第 2 款的规定，即使赔偿损失是在宣告处罚判决之后进行的，即使所提供的合作在客观上无关紧要。

1–3. 对下列犯罪，只要取得的材料能够确定表明被监禁或者收容的人与有组织犯罪、恐怖主义犯罪或颠覆犯罪无关，也可以允许其享受第 1 款规定的优待：

（1）《刑法典》第 575 条、第 600–2 条第 2 款和第 3 款、第 600–3 条第 3 款、第 600–5 条、第 628 条第 3 款和第 629 条第 2 款规定的犯罪；

（2）1973 年 1 月 23 号第 43 号总统法令《关于海关的法令》第 291–3 条规定的犯罪；

（3）1990 年 8 月 9 日第 309 号总统法令《关于麻醉药品和精神药品的法令》第 73 条规定的严重犯罪（该法第 80 条第 2 款规定的情形）；

（4）即为了实施《刑法典》第 473 条和第 474 条、第 2 卷第 2 章第 2 节第 1 部分、第 609–2 条、第 609–4 条和第 609–8 条规定的犯罪，以及为了实施 1998 年 7 月 25 日第 286 号法令第 12 条第 3 款、第 3–2 款、第 3–3 款规定的犯罪的目的，而构成《刑法典》第 416 条第 1 款和第 3 款规定的犯罪的。

1–4. 对《刑法典》第 600–2 条、第 600–3 条、第 600–4 条、第 600–5 条、第 609–2 条、第 609–3 条、第 609–4 条、第 609–5 条、第 609–8 条和第 609–11 条规定的犯罪的被监禁和被收容人，只有当其人格评估结果符合要求时，方可享受第 1 款规定的优待措施。前述观测时间应不低于 1 年，观测人员构成中应当包括本法第 80 条第 4 款规定的专家。人格的科学观察合格情况下，也可以允许其享受第 1 款规定的优待。《刑法典》第 609 条 -2 规定的犯罪情形，也适用本款关于观测时间的规定，但适用该条规定的减轻刑罚的情况除外。

1-5. 除本条第 1 款的规定外，当涉及《刑法典》第 600-2 条、第 600-3 条规定的犯罪时，即便涉及《刑法典》第 600-4 条第 1 款、第 600-5 条、第 609-4 条、第 609-5 条和第 609-11 条，以及第 609-2 条和第 609-8 条规定中的性犯罪，如果给未成年人造成了伤害，在是否能够给予被监禁和被收容人优待时，监察法官和监察法庭应就是否积极参与本法第 13-2 条规定的再教育计划进行评估后作出决定。

2. 为适用本条第 1 款规定的优待措施，监察法官或者监察法庭可以要求获取被判刑人的详细情况，并可以命令的方式要求对被判刑人监禁地拥有管辖权的省公共秩序和安全委员会提供必须信息。在任何情况下，法官在提出了解情况要求的 30 日后作出决定。可以要求关押被判刑人监狱的监狱长参与上述省委员会。

2-2.① 为适用第 1 款第三句规定的优待，监察法官或者监察法庭对由警察局长了解到的具体情况作出决定。在任何情况下，法官在提出了解情况要求的 30 日后作出决定。

3. 以下情况，如果委员会认为有必要，可以将相关情况通知法官并把第 2 款规定的期限延长 30 日，以便由主管中央机关获取进一步的材料和情况：（1）委员会认为存在与安全有关的特别要求；（2）或者认为可能与本地以外或国外有组织犯罪存在关联。

3-2.② 对下列情形中的囚犯或被收容人，不得适用派往狱外参加劳动、享受奖励假和第六节规定的监禁替代措施等优待：（1）国家反黑手党检察官、国家反恐怖主义检察官③、辖区检察官提起的故意犯罪诉讼；（2）对监禁或收容地

① 此款被 1993 年 8 月 12 日第 296 号法律增加并修改。

② 此款由 1992 年 6 月 8 日第 306 号法律增加。

③ 该处被 2015 年 2 月 18 日第 7 号具有法律效力的政令第 20 条修改，该政令已转化为 2015 年 4 月 17 日第 43 号法律并进行了修改，修改内容为将原来的“国家反黑手党检察官”替换为“国家反黑手党检察官和国家反恐怖主义检察官”。

拥有管辖权的省公共秩序和安全委员会明确通知不得适用的；（3）与有组织犯罪存在关联的。

第二节　一般条件

第 5 条　对监狱建筑的要求

监狱建筑的建造应当与关押的囚犯或被收容人数相适应，实际关押的囚犯或被收容人不能超过设计人数。

监狱建筑应当有满足个人生活需要的场所和开展集体活动的场所，在条件允许的情况下，还应有开展文化、体育和宗教活动的场所。[①]

第 6 条　居住地和夜宿地[②]

1. 囚犯和被收容人生活的地方，应当满足以下条件：足够的空间；能够满足其劳动和阅读需要的光照，包括自然光和人工光的照明；根据气候条件要求配备的通风和取暖设备，以及隐蔽的、体面的、合理的卫生设施。上述场所应当保持良好的清洁状态。

2. 居住地应具备能够满足囚犯和被收容人日常生活中合作管理的公共空间。

3. 夜宿地应是具备一张或数张床位的居室。

4. 当多个人员被安置在同一囚室时，在选择被安置的人员时，应特别谨慎和注意。

5. 除非医嘱不允许或监狱情况不允许，对被判处终身监禁的囚犯，原则上应安排其在单人居室夜宿，而不是安排其在多人居室。

6. 除第 5 款规定的条件外，还应保障被告人在单人居室夜宿，但监狱情况不允许的除外。

7. 各囚犯和被收容人保管自己的床上用品。

第 7 条　服装和生活用品

发给每人足够数量的衣物和生活用品，并且保持良好的清洁状态，以满足

---

① 此款由 2018 年 10 月 2 日第 124 号立法性政令第 1 条第 1 款增加并修改，原款规定被本条替换。

② 此条由 2018 年 10 月 2 日第 124 号立法性政令第 1 条第 1 款 b）项增加并修改，原规定被本条替换。

正常的生活需要。

服装的布料要色彩一致，式样体面。当活动需要时可以发工作服。

被告人和被判处1年以下监禁刑者，可以穿着自己的服装，但必须清洁、合适。发给被告人的服装，应当与发给被判刑人和被收容人的有所区别。

囚犯和被收容人可以使用自己的床上用品和一些具有特殊精神意义或感情意义的物品。

第8条　个人卫生

保证囚犯和被收容人，能够适当、充分地使用脸盆、热水淋浴，以及个人洗护所必需的其他物品。①

夜宿地居室应保证具备独立的卫生设备和场所，以保证隐私。②

各监狱定期组织理发和刮胡子。允许使用个人的电动剃须刀。

只有存在特殊的卫生保健理由时，才可以强令理发和刮胡子。

第9条　营养

保证囚犯和被收容人获得与年龄、性别、健康状况、劳动、季节、气候相适合的充足良好的营养。在条件允许的地方，经囚犯申请，应保证其可以获得符合其宗教信仰要求的膳食。③

一般根据需要在指定地点提供膳食。

应当保证囚犯和被收容人的饮用水供应。

日常膳食的数量和质量由部颁命令确认的专门一览表规定。

膳食服务一般由监狱管理机关直接经办。

每月从囚犯或被收容人中确定一名代表，由其监督本法附表的执行以及膳食的制作。上述代表每月以随机选择的方式确定。

在执行细则确定的限度内，允许囚犯和被收容人自费购买营养品和享乐品。

---

① 此款被2018年10月2日第124号立法性政令第1条第1款c）项修改，原款规定被本款和第二款替换。

② 此款由2018年10月2日第124号立法性政令第1条第1款c）项增加，本款和前款规定替代了原第1款规定。

③ 此款被2018年10月2日第123号立法性政令第11条第1款b）项修改，原款规定被本款替换。

营养品或享乐品，一般应委托监狱管理机关直接经营的零售店经销，或者由按照价格控制部门确定的价格从事销售活动的企业经销。商品价格不得超过监狱所在地的一般市场价格。前款提到的代表和一名由监狱长指定的监狱民事人员，共同监督狱中出售的物品的质量和价格。

第 10 条　放风时间

准许不从事室外劳动的人每日有不低于 4 小时的放风时间。①

只有出于特殊原因，并经监狱长批准，才可缩短放风时间，但每日不得少于 2 小时。缩短放风时间的，监狱长批准后，应将其批准决定告知地区监狱管理机关和监察法官。

用于放风的场所应具备能够抵抗恶劣天气的条件。②

放风集体进行，除非出现第 33 条和第 39 条第 4 项、第 5 项列举的情况。在可能情况下，放风时开展体育活动。

第 11 条　保健服务

各监狱根据预防和保健的要求，为囚犯和被收容人开设医药服务，并且取得至少一名精神病专家的帮助。

当监狱的保健服务无力治疗或确诊时，经监察法官决定，可以根据需要将被判刑人和被收容人转至民用医院或其他监外治疗场所。对于被告人的迁转申请，在第一审判决宣告后，由监察法官决定是否允许；在第一审判决宣告前，由预审法官决定是否允许；在正式预审期间，由公诉机关决定；在对当场捕获的犯人即时审讯和即决裁判的情况，在被告正式出庭前，由院长决定；在预审阶段和审理阶段，由初审法官依职权决定；在上诉预审到重罪法庭审理期间，由上诉法院院长决定；在重罪法庭召开会议前及后续的召集会议，由重罪法庭庭长决定。③

---

① 此款被 2018 年 10 月 2 日第 123 号立法性政令第 11 条第 1 款 C）项修改，原款规定被本条第 1–3 款替换。

② 本条第 2 款和第 3 款由 2018 年 10 月 2 日第 123 号立法性政令第 11 条第 1 款 C）项增加。

③ 此款被 1977 年 1 月 12 日第 1 号法律第 1 条修改。

在不存在逃跑危险的情况下，根据前款规定拥有管辖权的司法机关，或者监狱长在特别紧急情况下，可以决定对迁转到民用医院或者其他治疗场所的囚犯和被收容人在其住院期间不实行监视，除非这种监视对于保护他们的人身安全是必要的。①

没有受到监视的囚犯或者被收容人员无正当理由离开治疗地的，可依照《刑法典》第 285 条第 1 款的规定处罚。②

在入狱前应当接受一般的医疗检查，以确定是否有潜在的身体或精神疾病。在狱期间，不论当事人提出要求与否，均需通过经常的定期检查提供保健帮助。

保健员应当每天探视病人和提出看病要求者。当发现需细致调查和专门治疗的疾病时，应当立即说明，他还应当定期检查每个人是否适合参加他们所从事的劳动。

对怀疑或已确诊患有传染病的囚犯和被收容人立即隔离。当怀疑患有精神病时，立即根据有关精神病防治和精神卫生的规定采取应急措施。③

各女犯监狱为孕妇和产妇设置专门的保健服务。

准许母亲将 3 岁以下的子女留在自己身边。为照管和保护儿童，建立专门的幼儿园。

为了组织保健服务并发挥其作用，经地区同意并且依照卫生部的方针，狱政机关可以取得地方公共保健机构、医院、泛医保健组织的合作。

囚犯和被收容人可以自费请求所信任的保健员看病。对于被告人，在第一审判决宣告前，必须经诉讼法官批准。

省级医生每年至少视察监狱两次，检查卫生保健状况，检查监狱保健机构预防传染病的措施是否得当，以及监狱关押机构的卫生保健条件。

省级医生就视察情况和应当采取的措施向卫生部和司法部汇报，并且告知地区有关部门和监察法官。

---

① 此款由 1989 年 4 月 17 日第 134 号法律第 1 条增加。

② 此款由 1989 年 4 月 17 日第 134 号法律第 1 条增加。

③ 见前注。

第 12 条　开展劳动、训练和娱乐活动的设施

监狱根据待遇要求，提供开展劳动、课程学习、职业训练、娱乐活动、文化活动和其他集体活动的设备。

监狱还应当设立拥有图书和期刊的图书馆。图书和期刊由根据第 16 条第 2 款成立的委员会选择。

囚犯和被收容人的代表，参加图书馆的服务运营工作。

第三节　待遇方式

第 13 条　个别性待遇

监狱待遇应当符合每个人人格的特殊需要。

应当首先安排对囚犯和被收容人的人格进行科学观察，发现其生理和心理缺陷以及不适应社会生活的其他原因。这种观察在执行初期进行，并且在执行期间继续。

根据观察结果制订对各个被判刑人和被收容人员应实行的再教育方式并且编制有关计划，该计划在执行期间根据要求不断补充或修改。

待遇的一般方针和个别方针连同司法材料、传记和保健文书一起存入个人档案，该档案以后不断记录待遇的实际发展情况及其结果。

应当鼓励被判刑人和被收容人为观察及待遇活动提供合作。

第 13 条 –2　对未成年人性犯罪被告的心理干预[①]

对触犯《刑法典》第 600–2 条、第 600–3 条规定罪名的被判刑人，即便涉及《刑法典》第 600–4 条第 1 款、第 600–5 条、第 609–4 条、第 609–5 条和第 609–11 条，以及第 609–2 条和第 609–8 条的规定中的性犯罪，如果给未成年人造成了伤害，可以给其安排心理治疗以帮助其康复和提供帮助。根据本法第 4 条 –2 第 1 款 –5 的规定，对心理治疗的参与的评估，以决定是否给予优待措施。

第 14 条　囚犯和被收容人的分遣、编组和分类

各监狱和监区的囚犯和被收容人的数量应当以有利于实现待遇个别化为限。

① 本条由 2012 年 10 月 1 日第 172 号法律第 7 条第 3 款增加。

在向各监狱分遣囚犯和被收容人以及各监区编组时，要特别考虑开展集体管教活动的可能和避免相互不良影响的要求。分遣时一般还要遵循第 42 条第 1 款和第 2 款规定标准。

保障被告人同被判刑人、被收容人相互隔离；25 岁以下的青年犯同成年犯相互隔离；被判刑人同被收容人相互隔离；被判处拘役者同被判处有期徒刑者相互隔离。

在特殊情况下，允许囚犯和被收容人参加为其他类别人员组织的活动。

在专门的监狱或监狱中的专门监区安置女性囚犯。

第 14 条 –2　特别监管制度[①]

1. 对下列被判刑人、被收容人和被告人可以实行为期不超过 6 个月的特别监管制度，该期限可予以多次延长，每次延长不超过 3 个月：

1）其行为妨害或扰乱监狱内的安全与秩序的；

2）以暴力或威胁阻碍其他囚犯或被收容人活动的；

3）在监狱生活中对其他囚犯霸凌的。

2. 狱政机关在事先听取包括两名第 80 条第 4 款指定的专家的纪律委员会意见后，以附理由的决定，适用前款规定的特别监管制度。

3. 对被告人适用特别监管制度，还需听取主管司法机关的意见。

4. 在必要和紧急情况下，狱政机关可以先临时使用特别监管制度，然后应当自作出决定之日起 10 日内征求上述机构的意见。该期限届满后，征求过上述意见的狱政机关应在 10 日内作出最终决定，如果在 10 日内未作出决定，先前的临时处置则自动失效。

5. 可以根据以前服刑中的行为或其在自由状态中表现出的具体行为，不问罪名的性质，自被判刑人、被收容人和被告人入狱之时起，就对其实行特别监管制度。司法机关向决定采取上述措施的狱政机关提供可能了解的有关材料。

6. 一旦根据本条列举的制度作出决定，应立即告知监察法官，以便其行使监督权。

---

① 此条由 1986 年 10 月 10 日第 663 号法律第 1 条增加。

第 14 条 -3　申辩 ①

1. 当事人可以就适用或延长特别监管制度的决定，自通知最终决定之日起 10 日内，向监察法庭提出申辩。该申辩不影响决定的执行。

2. 监察法庭自接到申辩之日起 10 日内，在合议室以裁决作出决定。

3. 诉讼在辩护人和公诉人的参与下进行。当事人和狱政机关可以提供备忘录。②

4. 对于其他未另行规定的程序，适用第二章第二节 -2 列举的规定。

第 14 条 -4　特别监管制度的内容 ③

1. 特别监管制度意味着为维护秩序和安全对囚犯和被收容人各项权利的行使和监狱法规定的各项待遇规则，实行最为必要的限制。

2. 关于对囚犯的通信检查，适用本法第 18 条 -3 的规定。④

3. 前两款列举的限制，在适用特别监管制度的决定中确定，并且说明理由。

4. 在任何情况下，限制不得涉及下列事项：卫生和保健要求，膳食，衣服被服，持有、购买和接受内部条例许可且不会对安全造成威胁的物品，阅读图书期刊、参加宗教仪式，使用许可类型的收音机，每天至少 2 小时的放风（第 10 条规定的情况除外），与辩护人会面，以及同配偶、同居者、子女、父母和兄弟会面。

5. 如果关押囚犯和被收容人的监狱无法实行特别监管，狱政机关可以以附理由的决定将囚犯或被收容人迁移到其他适当的狱所，并且尽可能考虑到辩护人和家属的因素，该决定应立即通知监察法官。后者如发现迁移理由不足的情况，应向司法部部长汇报。

第 15 条　待遇内容

被判刑人和被收容人的待遇，以开展教育、劳动、宗教、文化、娱乐、体育活动为主，向他们提供与外界接触的适当机会，并且促进同家庭关系的发展。

---

① 此条由 1986 年 10 月 10 日第 663 号法律第 2 条增加。

② 在宪法法院 1993 年 2 月 16 日第 53 号判决中，本条第 1-3 款以及意大利《刑事诉讼法典》第 236 条第 2 款被宣布为违宪。

③ 此条由 1986 年 10 月 10 日第 663 号法律第 1 条增加。

④ 此款被 2004 年 4 月 8 日第 95 号法律第 3 条第 1 款修改，原款被现行规定替换。

除非情况不允许，为实现再教育，保障给予被判刑人和被收容人以劳动的机会。

根据被告人的要求，允许他们参加教育、文化和娱乐活动，除有正当理由或司法机关作出否决外，允许他们从事劳动，在可能情况下，允许他们按照自己的选择，在适合其法律地位的条件下参加职业培训。

第 16 条　监狱规章

各狱政机关参考在押囚犯和被收养人的需要制定待遇方针，根据该方针实行监狱待遇。

各监狱实行的待遇方式由狱内规章予以调整。一个由监察法官主持，并有监狱长、医生、监狱牧师、劳动主管人、一名管教员和一名社会扶助员参加的委员会负责起草并修改规章。委员会可以寻求第 80 条第 4 款列举的专家的合作。

狱内规章对以任何名义进入监狱的人所需接受的检查作出规定。

狱内规章及其修正条款由司法部批准。

第 17 条　狱外团体参加再教育活动

应当遵循使被判刑人和被收容人重返社会的宗旨，鼓励并且组织个人、公私团体和机构参加再教育活动。

对于一切确实关心囚犯重返社会的工作并且有能力促进监狱组织与自由社会间交往的人，根据监察法官的方针，并经监狱长同意，可以允许其经常进入监狱。

前款列举的人员，应在监狱长控制下开展工作。

第 18 条　会面、通信和了解信息[①]

允许囚犯和被收容人员与亲属和其他人以及被监禁人的担保人[②]会面和通信，包括为实施法律活动[③]而会见和通信。

会面在指定地点进行，看守人员在场监视，但不听谈话内容。

---

① 此条被 1977 年 1 月 12 日第 1 号法律第 2 条修改，原规定被现行规定替代。另外，根据 2004 年 4 月 8 日第 95 号法律第 3 条第 2 款的规定，原规定中的第 6 款和第 9 款被废除，已不再适用。

② 此款被 2008 年 12 月 30 日第 207 号具有法律效力的政令第 12–2 条修改，后经修改转化为 2009 年 2 月 27 日第 14 号法律。

③ 宪法法院 1997 年 7 月 3 日第 212 号判决宣告前款规定部分违宪。

与家属会面受到特别优待。

监狱行政机关向囚犯和被收容人提供用于通信的必要工具。

可以批准囚犯和被收容人，按照执行细则规定的方式和注意事项同家属进行电话联系，在特殊情况下，可以批准同第三者通电话。

准许囚犯和被收容人自己掌握狱外公开发行的报纸、期刊和书籍，并且利用其他信息工具。

除第 18 条 –2 所作的规定外，对于被告人，批准在第一审判决前的会面、对通信实行检查和批准电话通信的权限，归本法第 11 条第 2 款规定的司法机关。在第一审判决宣告后，批准会面的权限归监狱长。[①]

第 18 条 –2　为调查目的的会面[②]

1. 1991 年 10 月 29 日第 345 号法令（经 1991 年 12 月 30 日第 410 号法律转换并修改）第 3 条规定的反黑手党调查局的人员、1991 年 5 月 13 日第 152 号法令（经 1991 年 7 月 12 日第 203 号法律转换并修改）第 12 条规定的中央机构或者跨省机构的人员以及由上述调查局或者机构的中央级负责人指派的司法警察官员有权探访监狱，并且可以依照本条第 2 款的规定获准与囚犯或者被收容人会面，以便获取有助于预防和打击有组织犯罪的情况。

1–2[③]. 前款规定同样适用于为调查恐怖主义犯罪的省级调查机关、国家警察部队或宪兵部队的人员，以及中央级负责人指派的司法警察官员和财税警察官员。上述人员有权探访监狱，以便获取有助于预防和打击恐怖主义犯罪、国际恐怖主义犯罪和颠覆民主制度犯罪的情况。

司法警察官员的调查限于获得与恐怖主义犯罪资金支持相关的内容。

2. 对于本条第 1 款和第 1–2 款列举的警察人员，根据情况，由下列人员批准会面：

---

① 此款由 1986 年 10 月 10 日第 663 号法律第 4 条增加。

② 此款由 1992 年 6 月 8 日第 306 号政令第 16 条第 3 款增加，后经修改并转化为 1992 年 8 月 7 日第 356 号法律的内容。

③ 此款由 2005 年 7 月 27 日第 144 号政令第 1 条增加，后经修改并转化为 2005 年 7 月 31 日第 155 号法律的内容。

1）如果涉及的是被收容人、被判刑人或者被告人，由司法部部长或者由其委托的人员批准；

2）如果涉及的是正在接受调查的人员，由公诉人批准。

3. 本条第2款列举的会面批准应当在专门登记簿上注明。该登记簿由主管机关保存。

4. 在特别紧急的情况下，以内务部部长或者受其委托的警察领导人的决定作证明，可以不要求本条第2款第1）项规定的批准，并将会面情况立即通知该项列举的人员，后者决定应在本条第3款规定的专门登记簿上加以注明。

5. 国家反黑手党检察官和反恐怖主义犯罪检察官，为行使《刑事诉讼法典》第371条–2规定的推动和协调职能，也有权在无须批准的情况下与囚犯和被收容人会面；如果有关会面所涉及的是因《刑事诉讼法典》第51条第3款–2和第3款–3列举的某一犯罪而受到指控或判刑的并且正在接受调查的人员，应当将本条第2款和第4款规定的决定通知国家反黑手党检察官。[①]

第18条–3[②] 对通信的检查和限制

1. 为了调查或预防犯罪的需要，或者为了监狱的安全和秩序需要，可以决定实行为期不超过6个月的通信检查和限制，该期限可以延长，但延长时间不超过3个月：

（1）仅限于通过书信或电报通信，以及接收印刷文件；

（2）对通信进行检查；

（3）对通信的信封进行检查，但不得阅读通信内容。

2. 下列情形下，被判刑人、被告人和被告的通信权利不适用前款规定的限制措施：

（1）寄给《刑事诉讼法典》第103条第5款规定的人员的；

（2）寄给本法第35条规定的人员的；

① 此款被2015年2月18日第7号政令第6条第1–2款修改，该款后经修改并转化为2015年4月17日第43号法律的内容。

② 本条由2004年4月8日第95号法律第1款增加。

（3）寄给国会议员的；

（4）寄给其国籍国驻意大利外交代表或领事的；

（5）寄给意大利参与的国际组织或人权组织在意大利的外交代表的。

3. 本条第 1 款规定的决定应附理由，可以根据公诉机关的要求或监狱长的建议作出：

（1）如果涉及的是被收容人和被判刑人，由监察法官批准；

（2）如果涉及的是被告，在一审判决宣告前，由《刑事诉讼法典》第 279 条规定的法官决定；如果是审判委员会，由法院院长或重罪法庭庭长决定。

4. 第 3 款规定的司法机关，如果认为没有必要亲自实施通信检查，可以委托监狱长或监狱长委派的狱政人员实施。

5. 如果第 3 款规定的司法机关在通信检查中发现且认为不宜将信件交给收件人，可以决定将信件扣留，并立即通知囚犯和被收容人。

6. 当事人可以就适用第 1 款和第 5 款措施的决定提出申辩：

（1）如果决定是监察法官作出的，可以依据《刑事诉讼法典》第 14–3 条的规定向监察法庭提出；

（2）其他情况下，应向作出决定的法官所在的辖区法院提出。

审议委员会的法官中不能包括签发决定的法官。除本法另有规定的外，适用《刑事诉讼法典》第 666 条的规定。

7. 依据本条第 1 款第 3 项的规定，在对信件开封检查时，应有相应的囚犯或被收容人在场。

第 19 条　教育

在监狱内，根据现行方针，通过组织义务教育课程和职业教育课程并借助适当方式，开展文化和职业培训活动。

要特别重视对 25 岁以下囚犯的文化和职业培训。

根据教学制度规定的进程，可以在监狱内开设高中课程。

鼓励学习大学课程和相当于大学程度的课程，支持参加函授课程、广播电视教育课程的学习。

为获取图书馆内的出版物提供方便，并且确保有充分的自由进行阅读选择。

第20条　劳动

在监狱中，应当采用一切方式为囚犯和被收容人参加劳动以及参加职业培训提供便利。为此目的，可以进行由公共或者私人企业直接组织和管理的劳动，并且可以进行由公共企业或者与地区达成协议的私人企业组织和开展的培训活动。①

监狱劳动不具有惩罚性并且支付报酬。

被判刑人和被处以送往农垦区和劳动场处分者必须参加劳动。

被处以收容于医疗看守所和司法精神病院处分者，当劳动适合医疗目的时，可以分配其参加劳动。

监狱劳动的组织和方式应当反映自由社会的劳动组织和方式，使劳动者得到适合于正规劳动条件的职业锻炼，帮助他们重返社会。

在分配参加劳动时，应当特别考虑有关人员在监禁或者收容期间脱离工作的时间、家庭负担、职业经历、文件记载的以前所从事的活动以及他们在出狱后可能从事的活动，但对于根据本法第14-2条的规定被适用特别监管制度的被判刑人和被收容人除外。②

在安排监狱内劳动时，遵照在两个专门名单中确定的先后次序，上述两个名单中的一个是一般性的，另一个则反映资格或技能。③

为了确定上述名单中的先后次序，并且为了确定对主管劳动安排的机构是否存在障碍，在每一监狱机构设立一个由监狱长、一名监管人员或监狱警察部队管理人员、一名教育人员代表、一名由全国最具有代表性的工会组织一致指定的代表、一名由当地就业委员会指定的代表和一名当地工会组织的代表组成的委员会。④

一名囚犯和被收容人的代表也参加上述委员会的会议，但没有表决权；该代表按照监狱内部条例规定的方式随机指派。⑤

---

① 此款经1993年8月12日第296号法律修改。

② 此款经1993年8月12日第296号法律修改。

③ 此款由前述第187号法律政令增加。

④ 此款由1993年8月12日第296号法律增加。

⑤ 此款由1993年8月12日第296号法律增加。

按照以上规定的标准，为每一位委员会成员选择或者指定一名替补者。

对于狱外劳动，适用关于普通农业安置的一般纪律以及 1987 年 2 月 28 日第 56 号法律第 19 条的规定。①

对于本条未作规定的事宜，适用关于安排劳动的一般规定。②

中央狱政机关和地方狱政机关，可以与公共企业、私人企业或有关社会组织签署合作协议，为囚犯和被收容人提供劳动机会。合作协议中应写明劳动内容、劳动条件和劳动报酬，以及注明该协议不享受国家财政支持。③ 监狱领导机关在事先取得司法部部长同意后，可以变通国家的一般会计规则和特别会计规则，按照等于或者低于其成本的价格出售监狱劳动产品，但应尽量考虑相应产品在当地批发市场上的实际价格。④

对于表现出工艺、文化和艺术才能的囚犯和被收容人，可以免去一般劳动，并且允许他们根据个人意愿从事工艺、智力或艺术活动。

可以允许不具有足够技术知识的人做有酬学徒工。

提供劳动的时间不得超过关于劳动的现行法律规定的限度，并且应当参照上述法律保障节假日休息，给予保险待遇和社会保障待遇。对于参加第 1 款规定的职业培训课程学习的囚犯和被收容人，在地区拨款的限度内，给予保险待遇和有关上述培训的现行规定所要求的任何其他保护。⑤

本法的效力，根据宪法以及劳动开展和 1991 年 11 月 8 日第 381 号法律规定的社会组织的目的，不适用于无民事行为能力和无刑事责任能力人。⑥

在每年 3 月 31 日之前，司法部部长向议会提交一份有关在上一年度实施关于囚犯劳动问题的法律规定情况的分析报告。⑦

---

① 此款由 1993 年 8 月 12 日第 296 号法律增加。

② 此款由 1993 年 8 月 12 日第 296 号法律增加。

③ 此内容由 2000 年 7 月 22 日第 193 号法律第 5 条增加。

④ 此款由 1986 年 10 月 10 日第 663 号法律第 5 条增加。

⑤ 此款被 1993 年 8 月 12 日第 296 号法律第 1 条修改。

⑥ 此款由 2000 年 7 月 22 日第 193 号法律第 5 条增加。

⑦ 此款被 1993 年 8 月 12 日第 296 号法律第 1 条修改。

第 20 条 -2　组织劳动的方式[①]

1. 地区监狱管理局局长可以通过劳务合同委托监狱外的人员对劳动实行技术指导，上述人员也由主管劳动负责人特别培养，并且根据与地区的协议共同参加对囚犯的职业资格确定。他们还可以实验设置新的劳动项目，在必要时，利用公共或者私人企业提供的服务，并且取得有关的设计。

2. 监狱管理机关在不冲突的情况下，适用第 20 条第 11 款的规定，促进监狱劳动产品的销售，也可以与拥有自己的贸易推销网的公共或者私人企业签订专门的协议。

3. 在预先获得监狱领导同意后，向监狱管理机关订货的私人可以变通国家的一般会计规则和特别会计规则，根据现行的做法和习惯，实行延期付款。

4. 废除 1942 年 7 月 3 日第 971 号法律第 1 条和以 1920 年 5 月 16 日第 1908 号谕令批准的有关规定第 611 条。

第 21 条　狱外劳动[②]

1. 囚犯和被收容人可以被分配参加其条件足以保证积极实现第 15 条规定的目标的狱外劳动。但是，如果有关人员因第 4 条 -2 第 1 款、第 1-3 款和第 1-4 款[③]列举的某一犯罪而被判处有期徒刑，可以在至少服满三分之一刑期并且至少服满 5 年刑期后分配参加狱外劳动。对于被判处无期徒刑的人，在至少服满 10 年刑期后，可以分配参加狱外劳动。[④]

2. 被分配参加狱外劳动的囚犯和被收容人在去劳动时不受押送，除非出于安全原因认为必须护送。在事先取得主管司法机关批准后，可以允许被告人参加狱外劳动。

3. 当在私人企业劳动时，劳动应当在囚犯或被收容人所属的监狱领导机关的直接控制下进行，为此目的，该机关可以利用其属员和社会服务人员。

---

① 此款由 1993 年 8 月 12 日第 296 号法律增加。

② 此款被 1986 年 10 月 10 日第 663 号法律第 6 款修改。

③ 此处由 2009 年 7 月 15 日第 94 号法律第 2 条修改。

④ 此款由 1993 年 8 月 12 日第 296 号法律第 1 款增加。

4. 对于每一被判刑人或被收容人，允许狱外劳动的决定在监察法官批准后生效。

4-2. 以上各款的规定以及第 20 条第 16 款第二句的规定也适用于获准在监狱场所外参加职业培训课程的囚犯和被收容人。①

4-3. 在考虑其本身技能和劳动习惯的情况下，囚犯和被收容人可以被分配参加在国内、大区、省、市、社区、地方医疗企业或者在包括国际性组织在内的企业、组织、社会救助机构、社会医疗机构开展的有利于集体利益的公共事业的志愿或无偿劳动。囚犯和被收容人还可以志愿者或提供无偿劳动的形式，被分配参加为受害者家庭提供的支持性活动。

在任何情况下，不得损害囚犯和被收容人的工作、学习、家庭和健康。

本款规定不适用于《刑法典》第 416 条 -2 规定的犯罪及利用该条规定的条件实施的犯罪。在不违反本法的情况下，适用 2000 年 8 月 28 日第 274 号立法性政令第 54 条的规定。②

第 21 条 -2　对未成年子女的帮扶③

1. 在符合本法第 21 条规定的条件下，可以准许女性被判刑人或被收容人在狱外照顾和帮扶其不到 10 岁的子女。

2. 适用本法关于派往狱外劳动的规定，特别是第 21 条的规定。

3. 如果未成年人的母亲已经死亡，或者不具备抚养能力，而又确实不能将未成年人托付给其父亲之外的其他人时，上述措施也可以适用于男性囚犯。

第 21 条 -3　关于在情况紧急时探视生理残疾的病患、子女、配偶或同居伴侣的规定④

1. 在未成年子女有生命危险或健康严重恶化的情况下，或者在未成年人子女患严重生理残疾时，若其母亲或父亲被判刑、被收容或被申诉，无论是否与该

---

① 此款由 1993 年 8 月 12 日第 296 号法律第 1 款增加。

② 该款由 2013 年 8 月 9 日第 94 号法律增加。

③ 此条由 2001 年 3 月 8 日第 40 号法律第 5 条增加。

④ 此条由 2011 年 4 月 21 日第 62 号法律第 2 条增加，并被 2015 年 4 月 16 日第 47 号法律第 14 条修改。

子女一起生活，经监察法官批准，或在特别紧急的情况下经监狱长批准，可以允许被判刑人、被收容人或被告人前往狱外探望病人或患有严重生理残疾的子女。如果病人住院的，在确定探视方式时应考虑住院时长和病理学上的康复期间。

本款规定的紧急情况及生理残疾，适用1992年2月5日第104号法律第3条第3款及该法第4条的规定。

2. 如果女性被判刑人、被告人或被收容人的子女不满10岁或患有严重生理残疾，无论子女是否与其共同居住，或者男性被判刑人、被告人或被收容人的子女不满10岁，孩子母亲已经死亡或确定无法帮助抚养子女的，当子女健康严重恶化时，经具有管辖权的法官批准，可以允许其前往照顾子女。前述法官批准的时间应在探访日24小时前作出，并确定具体的探访方式。

本款规定的紧急情况及生理残疾，适用1992年2月5日第104号法律第3条第3款及该法第4条规定。

2-2. 本条第1款和第2款规定同样适用于符合1992年2月5日第104号法律第3条第3款及该法第4条规定条件的配偶或同居伴侣。

第22条　报酬的确定[①]

1. 根据实际提供劳动的数量和质量以及囚犯劳动的组织和工种，对各类劳动人员平等地确定报酬额，该报酬额不低于劳工集体合同规定的经济待遇的三分之二。为此，应建立一个由监狱总局局长参加并主持，由监狱总局囚犯和被收容人劳动办公室主任、监狱总监察官、一名财政部代表、一名劳动和社会保障部代表以及全国最有代表性的工会组织的代表各一名参加的委员会。

2. 监狱总监察官担任该委员会的秘书长。

3. 该委员会确定徒工的经济待遇。

4. 如果监狱在一般劳动时间中组织义务教育课程、中等教育课程或职业培训课程，该委员会还应确定参加上述课程学习且参加狱内或狱外劳动的囚犯或被收容人可享受的、脱产留薪的最高工时数以及享受这种待遇的条件和方式。

---

① 此款被1986年10月10日第663号法律第7款修改。

第 23 条　酬金和家庭补助费

依照下列比例支付劳动酬金：被收容人发给全部报酬，被告人和被判刑人发给报酬的十分之七。[①]

报酬与发给被判刑人酬金之间的差额，交给救济和扶助受害人基金会。[②]

报酬与发给被告人酬金之间的差额，另外收存，如果被告人被释放或被宣告无罪，将其还给权利人，如果被告人被判刑，将其交给前款提到的基金会。[③]

对参加劳动的囚犯和被收容人所负担赡养的人，按比例并且根据法定手续发给家庭补助费。

家庭补助费根据执行细则规定的手续直接汇给被赡养人。

第 24 条　酬金的查封和扣押

对于应归被判刑人的酬金、赔偿损失和缴纳诉讼费的应付款具有优先扣除权，对于应归被判刑人和被收容人的酬金，第 2 条第 2 款和第 3 款规定的应付款也具有优先扣除权。

在任何情况下，均应当为被判刑人保留相当于五分之三的酬金额，该款不受查封和扣押，因必须支付生活费或赔偿对狱政机关的动产或不动产造成的损失而受查封和扣押的，不在此限。

应向被收容人和被告人支付的报酬不受查封或扣押，因必须支付生活费或者赔偿对狱政机关的动产或不动产造成的损失而受查封或扣押的，不在此限。

第 25 条　储蓄

囚犯和被收容人的储蓄由下列部分组成：

1）根据前条规定为其保留的酬金；

2）入狱时拥有的钱款；

3）通过变卖自己的物品、家庭和他人寄来的物品而取得的钱款或以奖励和贴补名义收到的钱款。

---

① 此款被 1986 年 10 月 10 日第 663 号法律第 29 条废除。

② 见前注。

③ 见前注。

参加储蓄的钱款对所有者的法定利息。

储蓄由监狱领导机构保存。

执行细则应当规定保存的方式，并且规定由囚犯和被收容人掌握用以按规定购买个人用品或者寄给家属或共同生活人的存款部分，以及出狱时应付给本人的部分。

第 25 条 –2　地区监狱劳动委员会①

1. 设立地区监狱劳动委员会。该委员会由地区监狱管理局局长任主席，并且由企业协会和合作协会在当地的代表、在劳动和职业培训领域进行工作的地区代表组成。在地区劳动和大众就业办公室供职的一名官员，代表劳动和社会保障部，参加该委员会的工作。

2. 地区监狱管理局，在听取地区监狱劳动委员会和各监狱领导机构的意见后，依照有关方针，组织监狱劳动。

3. 供监狱支配的劳动岗位应当在数量和质量上符合各监狱场所的实际需要。这些岗位在各监狱领导机构预先制定的表格中加以确定，该表格分别列举与狱内工业劳动、农业劳动和监狱服务有关的岗位。

4. 在本条第 3 款列举的表格中，还列举可在狱外的公共或私人企业或者合作协会安排的劳动岗位，以及与私人企业或合作协会打算直接在监狱内组织和管理的生产有关的岗位。

5. 监狱领导机构，每年根据囚犯的人数、民事机构人员、可支配的监狱警察人员和生产结构，制订并且提出劳动年度计划。

6. 上述表格可以根据形势的变化而加以修改，该表格和劳动计划由地区监狱管理局局长在听取地区监狱劳动委员会的意见后予以批准。

7. 在各监狱的条例中，列举可以在减缓安全戒备的地点实施的劳动活动。

第 26 条　宗教和礼拜活动

囚犯和被收容人有表达自己的宗教信仰、参加修道、从事礼拜活动的自由。

举行狱内天主教礼拜仪式受到保障。

---

① 此款由 1993 年 8 月 12 日第 296 号法律增加和修改。

各监狱至少设一名牧师。

信仰其他宗教者有权根据自己的要求接受本宗教司铎人员的礼拜帮助，并且举行礼拜仪式。

第 27 条　文化、娱乐和体育活动

应当鼓励和组织在监狱内开展文化、体育和娱乐活动以及有助于表现囚犯和被收容人人格的其他活动，包括在再教育工作中开展的活动。

监狱长、管教员、社会扶助员以及囚犯和被收容人的代表组成一个委员会，负责组织前款列举的活动，并且维持与外界的接触，以有利于重返社会。

第 28 条　家庭关系

要特别注意维持、改善和重建囚犯、被收容人同家庭间的关系。

第 29 条　关押、迁移、疾病和死亡情况的通知

囚犯和被收容人可以将其入狱或迁移的消息直接通知亲属和他们可以指出的其他人。

当囚犯、被收容人死亡或患严重身体和精神疾病时，应当及时通知其亲属和他们可以指出的其他人。囚犯和被收容人同样应及时获知前款列举人员死亡或病重的消息。

第 30 条　准假

当家属或共同生活人濒临生命危险时，经监察法官准许，被判刑人和被收容人可以按照执行细则的规定，前往探望病人。对于被告人，在第一审诉讼阶段，由有权根据第 11 条第 2 款的规定在第一审判决宣告前决定将被告人送狱外就医的司法机关准假。在上诉阶段，由合议组织的审判长准假；在终审上诉阶段，由审理该上诉的司法办公室主任准假。

当发生特别严重的家庭事件时，也可例外地获得类似准假。

对于无正当理由逾期不归的囚犯，如果超假时间为 3 小时以上 12 小时以下，予以纪律处分；如果超假时间更长，依照《形法典》第 385 条第 1 款的规定处罚，并且可适用该条最后一款的规定。

对于无正当理由逾期不归 3 小时以上的被收容人，予以纪律处分。

第 30 条 –2　有关准假问题的决定和申辩[①]

在就准假申请作出决定前，主管机关应当通过请假人欲往地的公共安全机关了解有关理由是否属实。

对于准假申请，以附理由决定的形式作出处理。

处理决定可以通过电报、电话直接通知公诉人和当事人。如果决定是由监察法官作出的，公诉人和当事人可以自接到通知后 24 小时内向监察法庭提出申辩；如果是由其他司法机构作出的，可以向上诉法院申辩。

监察法庭或上诉法院自接到申辩后 10 日内，根据了解的大致情况作出决定，并且按照前款规定直接发出通知。

对准假申请作出决定的监察法官或上诉法院院长不参加对申辩作出决定的合议组织。

在执行前款规定时，如果上诉法院管区的监察法官不能组成监察法庭，按照第 68 条第 3 款和第 4 款的规定组合法庭。

在第 3 款规定的期限届满前，以及在第 4 款规定的诉讼期间，直至该诉讼结束前，暂缓执行准假决定。

前款规定不适用第 30 条第 1 款规定的准假情况。在这种情况下，必须实行监送。

决定准假机构通过季度报告将准假情况和有关结果报告上诉法院的检察长。

第 30 条 –3　奖励假[②]

1. 当被判刑人的行为根据本条第 8 款的规定被认为合规并且不具有社会危险性时[③]，监察法官在听取监狱长的意见后，可以给其每次不超过 15 日的奖励假，以便培养其在感情、文化或工作上的兴趣。奖励假的期限每服刑年度总共不得超过 45 日。

2. 对于未成年的被判刑人，奖励假每次不得超过 30 日，每服刑年度的总

① 此条由 1977 年 7 月 20 日第 450 号法律第 2 条增加。

② 此条由 1986 年 10 月 10 日第 663 号法律第 9 条增加，并被 2009 年 7 月 15 日第 94 号法律第 2 条修改。

③ 此款被 1991 年 7 月 12 日第 203 号法律修改，将原文中的“特别的社会危险性”改为“社会危险性”。

期限不得超过 100 日。①

3. 奖励假制度是待遇计划的组成部分，它应当由管教人员和监狱社会扶助人员同当地社会工作者合作执行。

4. 对于下列被判刑人可以给予奖励假：

1）被判处拘役或者 4 年以下有期徒刑包括与拘役并处 4 年以下有期徒刑者；②

2）被判处 4 年以上有期徒刑者，在至少服刑四分之一后，但第 3）项规定的情况除外③；

3）因第 4 条 –2 第 1 款、第 1–3 款、第 1–4 款列举的某一犯罪而被判刑者，在至少服刑一半后，并且已服刑期不超过 10 年；④

4）被判处无期徒刑者，在至少服刑 10 年后。⑤

5. 对于在服刑或接受限制性处分期间被判刑的人以及在服刑或接受限制性处分期间因故意犯罪而受到指控的人，只有自实施行为之日起经过 2 年后，才被允许享受奖励假。

6. 在必要情况下，适用第 30 条第 1 款规定的预防措施；并且适用同一条第 3 款和第 4 款的规定。

7. 对于有关奖励假的决定，可以根据第 30 条 –2 规定的程序向监察法庭提出申辩。

8. 当被判刑人在服刑期间表现出稳定的责任感并且能够正确把握个人行为，在监狱组织的活动和劳动或文化活动中行为端正时．被视为行为规矩。

第 30 条 –4　对累犯的奖励假规定⑥

在下列情形下，可以对依据《刑法典》第 99 条第 4 款规定适用刑罚的累犯给予奖励假：

---

① 此款被 2013 年 8 月 9 日第 94 号法律修改。

② 此项被 2013 年 8 月 9 日第 94 号法律修改。

③ 此项被 2013 年 8 月 9 日第 94 号法律修改。

④ 宪法法院 1998 年 12 月 30 日第 450 号判决宣布第 3 项规定中有关未成年人的部分违宪。

⑤ 此款被 1991 年 7 月 12 日第 203 号法律修改。

⑥ 此条规定由 2005 年 12 月 5 日第 251 号法律第 7 条增加。

（1）对第 1 项规定的累犯，已执行三分之一刑罚的；

（2）对第 2 项规定的累犯，已执行一半刑罚的；

（3）对第 3 项和第 4 项规定的累犯，已执行三分之二刑罚且已服刑期限不超过 15 年的。

第 31 条　建立囚犯和被收容人的代表机构

第 12 条和第 28 条指出的囚犯和被收容人的代表机构，根据狱内规章确定的方式随机指定。

第四节　监狱管制

第 32 条　囚犯和被收容人的行为规则——赔偿损失的责任

在囚犯和被收容人入狱时，如有必要，在入狱后，告知他们有关其权利、义务、纪律和待遇的一般规定和特别规定。

他们应当遵守管理监狱生活的规则和规定。

在监所服务中，任何囚犯和被收容人均不得负有意味着行使约束权或者取得优越于他人的地位的使命。

囚犯和被收容人应当照料自己掌握的物品，并且避免对他人物品造成任何损坏。

囚犯和被收容人对狱政机关的动产或不动产造成损坏，不论是否可能受到刑事追究和纪律处分，均须赔偿损失。

第 33 条　隔离

有下列情况之一的，可以在狱内实行连续隔离：

1）根据保健原因而规定的情况；

2）在执行禁止参加集体活动的制裁期间；

3）对于预审阶段的被告人和处于预防性诉讼中的被逮捕人，当司法机关认为有必要隔离时。

第 34 条　人身搜查

出于安全原因，囚犯和被收容人得接受人身搜查。

人身搜查应当在充分尊重人格的情况下进行。

第35条　申辩权[①]

囚犯和被收容人可以向下列人员和机关，以口头或者书面包括以密封件形式，提出申请或申辩：

（1）监狱长、地区监狱局局长、监狱总局局长、司法部部长；

（2）视察监狱的司法机关和卫生保健机关；

（3）国家护民官、大区或地方护民官；[②]

（4）地区委员会主席；

（5）监察法官；

（6）国家元首。

第35条-2　关于向司法部门提出的申辩

1. 第69条第6款规定的申辩程序，适用《刑事诉讼法典》第666条和第678条规定。除《刑事诉讼法典》第666条第2款规定的不予受理的情况外，监察法官应确定审理的日期，并通知有权出庭或转达意见和请求的部门。[③]

2. 第69条第6款第1项的申辩，应在收到通知决定后10日内提出。

3. 申辩意见被采纳的，属于第69条第6款第1项的情形的，监察法官应裁定撤销原惩罚决定，属于第69条第6款第2项的情形的，应查明造成的实际损害，并命令行政机关在法官指定的日期内赔偿受害人。

4. 对监察法官作出的裁定不服的，可以自接到裁决通知之日起15日内向监察法庭申请复议。

4-2. 对监察法庭作出的裁定，认为裁定违法的，可以自接到通知之日起15日内，向最高法院申请复审。

5. 对终审决定拒不执行的，当事人及其特别授权的代理人可以依据《刑事诉讼法典》第666条和第678条的规定，要求作出决定的监察法官签发执行令。

---

① 此条规定被2014年2月21日第10号法律修改。

② 护民官，即Garante nazionale dei diritti delle persone detenute o private della libertà personale，是根据2014年2月21日第10号法律成立的组织，该组织旨在保护公民的私权和人权，有权对监狱、警察局、移民中心等进行检察。——译者注

③ 此条由2014年2月21日第10号法律增加。

6. 监察法官若接受请求的：

（1）发出执行令。执行令应载明执行的时间和方式，并应参考行政机关之前为执行监察法官决定而制订的执行待遇计划，但该计划违法的除外；

（2）宣告违反命令或规避执行命令的行为违法；

（3）必要时任命特派专员。①

7. 监察法官对所有与执行令相关的问题进行调查了解，包括与特派专员相关的问题。

8. 对于违法的措施，任何情况下都可以向最高法院申请复审。

第 35 条 –3　对违反《欧洲人权条约》第 3 条规定的国家赔偿 ②

1. 违反《欧洲人权条约》第 3 条的标准拘押超过 15 日以上，且造成第 69 条第 6 款第 2 项的损害的，经被监禁人亲自或通过其特别授权的代理人申请，监察法官可以裁定对被监禁人尚未执行的刑罚进行减刑，作为对其的赔偿。减刑的标准为每受到非法侵害 1 日折抵 10 日刑期。

2. 若根据前款规定折抵后的期限超出尚未执行的刑期的，对未折抵的非法侵害期间部分，监察法官可以裁定给予被侵害人金钱赔偿，赔偿标准为非法侵害期间 800 欧元 / 天。该赔偿标准同样适用于违反《欧洲人权条约》第 3 条的标准拘押不足 15 日的情形。

3. 在刑期中不能折抵计算的预防性羁押期间或在服刑完毕的囚犯，受到第 1 款规定的侵害的，可以在出狱或结束预防性羁押之日起 6 个月内，亲自或通过其特别授权的代理人，向其住所地所在大区首府的法院提起诉讼。法庭应根据《民事诉讼法典》第 737 条及相关规定作出判决。对规定程序的政令不得提出异议。赔偿标准适用本条第 2 款的规定。③

第 36 条　纪律管制

实行纪律管制是为了提高责任感和自我克制的能力。它同每个人的体质和

---

① 本法草案原第 3 项在正式立法时被删除。

② 本条由 2014 年 8 月 11 日第 117 号法律增加并修改。

③ 这里指的是 2014 年 6 月 26 日第 92 号政令。

精神条件相适应。

第 37 条　奖励

奖励是对个人在监狱组织的活动中所表现出的责任感的肯定。

奖励和有权授予奖励的机构由执行细则规定。

第 38 条　违纪

不得因未被有关条例明文规定为违纪的行为处罚囚犯和被收容人。

准许当事人表白自己无过错。在宣布其过错后，如果无附理由的处罚决定，不得处以任何制裁。

在适用制裁时，除考虑行为的性质和严重程度外，还应当考虑行为人的态度和人身条件。

执行制裁应当尊重人格。

第 39 条　纪律制裁

对违纪者给予下列制裁：

1）监狱长召训；

2）监狱长当众予以警告；

3）禁止参加娱乐和体育活动，为期不超过 10 日；

4）隔离放风，为期不超过 10 日；

5）禁止参加集体活动，为期不超过 15 日。

无保健员出具证明违纪人可以接受制裁的证明书，不得执行禁止参加集体活动的制裁。被禁止参加集体活动者接受持续的保健观察。

对孕妇和 6 个月内的产妇，以及 1 年内哺乳自己婴儿的母亲，暂缓执行禁止参加集体活动的制裁。

第 40 条　有权决定制裁的机关

召训和警告处分由监狱长决定。

其他制裁由纪律委员会决定，该委员会由监狱长任主席，当监狱长有正当阻碍理由不能出席时，由级别最高的职员任主席，并且有保健员和管教员参加。

第 41 条　身体强制措施和使用戒具

对囚犯和被收容人不允许采取身体强制措施，除非为预防或制止暴力行为、阻止逃脱的企图，或者为制服其抗拒命令包括消极抗拒而必须采用该措施。

无论因何原因对囚犯和被收容人采取身体强制措施的人员，应当立即向监狱长汇报，监狱长迅即安排进行健康检查，并且就此进行其他的有关调查。

不得使用执行细则未明文规定的任何戒具，在任何情况下，不得为维护纪律而使用戒具，使用戒具的目的仅在于避免对人身和物品造成损害或者保障对象本人的安全。使用戒具应当严格遵守必要的时间限制，并且应当不断接受保健员的观察。

在监狱内部的服务人员不得携带武器，监狱长命令在非常情况下携带的除外。

第 41 条 –2　紧急情况①

1. 在出现暴乱或其他紧急的严重情况时，司法部部长有权在有关监狱或其局部暂时停止对囚犯和被收容人执行正常的待遇规则。这种暂停的理由应为需要恢复秩序和安全，期限应当严格限制在为实现上述目的所必需的时间。

2. 为维护公共秩序和安全，如果本法规定的待遇规则和有关制度可能与维护秩序和安全的要求相冲突，根据内政部长的要求，司法部部长也有权决定针对下列犯罪而被囚禁的人完全或部分停止适用上述待遇规则和制度：第 4 条 –2 第 1 款规定的犯罪、黑手党犯罪、利用黑手党条件或以黑手党犯罪为目的的犯罪、有证据表明存在与恐怖主义或颠覆民主制度相关的犯罪、适用本法规定可能危及公共秩序或安全的犯罪。这种暂停应限于为实现上述目的所必需的时间。数罪并罚或因数个罪名被合并执行数个预防性羁押的，在执行第 4 条 –2 规定的罪名的范围内，可以停止适用上述待遇规则。②

2–2. 司法部部长决定或应内政部长要求决定采取第 2 款规定的措施的，应签发附理由的命令，并可听取负责案件调查的公诉机关或承办法官处的公诉机关的意见，还可要求国家反黑手党犯罪机关、反恐怖主义犯罪机关，以及其他中央警察机关或有组织犯罪、恐怖主义犯罪、颠覆犯罪的专案组，在各自职权范围内，提供必要的信息。

---

① 此条由 1986 年 10 月 10 日第 663 号法律第 10 条增加。

② 此条由 1992 年 8 月 7 日第 356 号法律第 1 条增加。

命令的有效期为 4 年，命令到期后，经调查评估认为仍与有组织犯罪组织、恐怖主义犯罪组织和颠覆犯罪组织保持联系的，可以相同的形式延长命令期限，每次延长的期限为 2 年。前述评估应考虑犯罪概况、犯罪人在犯罪组织中的地位和起到的作用、犯罪团伙的持续运作时间、未审理的新的犯罪事件、监狱改造计划的效果以及其家庭成员的生活水平。不能仅以经过时间的长短来认定其是否仍与有组织犯罪组织、恐怖主义犯罪组织和颠覆犯罪组织保持联系。

2–3.[①]

2–4. 适用特别监禁制度的囚犯应被关押在专门设立的一般位于海岛上的特别监狱内，或被关押在与监狱其他部分隔离开并受到特别看守的独立的监区。第 2 款关于暂时停止监狱规定和待遇的制度规定：

（1）增加监狱内部和外部的安全措施，主要包括防止其与所属的有组织犯罪联系的必要措施、防止其与对立的犯罪组织冲突的必要措施以及防止与其他属于相同组织或与该组织有联盟关系的囚犯或被收容人串供的必要措施。

（2）每个月只能允许一次会面，会面的时间为固定的时间，且会面的地点应配备能够防止传递物品的设备。禁止与家属或同居伴侣之外的人会面，但特别例外的情况除外。是否属于例外情形，应由下列人员根据个案情况决定：对于囚犯，由监狱长决定；对于被告人，在一审判决作出前，由本法第 11 条第 2 款规定的拥有相应职权的法官决定。会面受到监听和记录，并应事先获得第 11 条第 2 款规定的拥有相应职权的法官许可。在执行 6 个月的刑罚后且未安排会面的囚犯和被告，经监狱长或第 11 条第 2 款规定的拥有相应职权的法官批准，可以允许其与家属或同居伴侣进行电话通话，每次通话时间不得超过 10 分钟。通话应被监听并记录。会面时应通过视频监控和记录。

与辩护人的会面不适用本项规定。与辩护人的会面每周不得超过 3 次，但会面和通话时间适用与家属会面和通话的规定。

（3）可以限制从外部获得的钱款、财物和物品。

（4）不得担任囚犯和被收容人代表。

---

① 此款已被 2009 年 7 月 15 日第 94 号法律第 2 条第 5 款 e）项废除。

（5）通信受到审查，但与国会议员、具有司法职能的欧盟相关机构或国际组织的通信除外。

（6）放风时同行人数应在 4 人以内，时间为每天不超过 2 小时，但不得违反第 10 条第 1 款规定的最低限度。此外还可采取通过设施改造等所有一切必要的安全防范措施，以保证杜绝不同犯罪组织的囚犯之间相互交流、交换物品和烹饪现象的发生。

2–5. 被施以或延长第 2 款规定的措施的囚犯和被收容人及其代理人，自收到通知之日起 20 日内，可以向罗马监察法庭申辩。提出申辩不暂缓执行措施。

2–6. 监察法庭应自收到第 2–5 款的申辩之日起 10 日内，在合议室内根据《刑事诉讼法典》第 666 条和第 678 条的规定，就适用措施是否合理作出决定。在听证会上，公诉机关可根据第 2–2 款的规定委派一名共和国公诉办公室的代表或一名国家反黑手党和反恐怖主义检察官的代表，来履行其职能。国家反黑手党和反恐怖主义检察官、驻上诉法院的总检察官、囚犯、被拘禁人或代理人，认为监察法庭裁决违法的，可以自收到通知之日起 10 日内向最高法院提起上诉。上诉状应及时转移至最高法院，且并不影响措施的执行。申诉成功的，司法部部长应根据第 2 款的规定重新作出决定，并在作出决定时指出监察法庭原决定中忽略的要素或者新的要素。

2–7. 囚犯或被监禁人参加听证的，适用 1989 年 7 月 28 日第 271 号立法性政令第 146 条 –2 的规定。

第 42 条　迁移和解送

根据确实严重的安全原因、监狱的需要或者司法、健康、学习及家庭等原因安排迁移。

在安排迁移时，应当考虑关押在家庭住地附近的原则。

囚犯和被收容人迁移时，应当携带个人的行李和至少一部分个人储蓄。

解送成年囚犯和被收容人，按照法律和各项规章规定的手续，由宪兵队和公安警卫部队尽速执行。如果解送的对象是女性，应采取人身扶助措施。[①]

---

① 此款已被 1992 年 12 月 12 日第 492 号法律废除。

在解送中，采取适当措施避免引起公众围观或造成任何形式的示众，不使被解送人感到窘迫。除出于安全原因而必须采用其他手段外，只许使用手铐。在执行细则规定的情况下，准许穿着便服。[①]

第 42 条 –2　解送[②]

1. 所有从一地向另一地强制性押送囚犯、被收容人、被拘押人、被逮捕人或处于限制人身自由状态的人员的活动，均为解送。

2. 对于成年的囚犯和被收容人，解送由司法警察部队，按有关法律和条例规定的方式，在尽可能短的时间内予以执行；如果被解送人是女性，女工作人员给予协助。

3. 如果被解送人处于未成年人司法机构的管辖之下，在没有分管未成年人的司法警察分队的地方，可以要求其他警察部队进行解送。

4. 在解送中，采取适当的预防措施，以保护被解送人不受到公众的围观和其他形式的示众，并且防止给他们带来其无益的不便。违反本规定的，可酌情处以纪律处分。

5. 在个别解送中，当被解送人具有一定的危险性或逃跑的可能，或者环境情况给解送带来困难时，必须使用手铐。在所有其他情况下，禁止使用手铐和任何其他的身体强制手段。在对囚犯或者被收容人实行个别解送时，对上述危险性和逃跑可能的评估由司法机关或者主管的监狱领导机构在作出解送决定时进行，上述机关确定相应的注意事项。

6. 在集体解送中，一律须使用种类由部颁令确定的手铐。禁止使用任何其他的身体强制手段。

7. 当实行个别解送和集体解送时，在条例列举的情况下，允许穿着便服。解送第 3 款列举的人员一般穿着便服。

第 43 条　出狱

囚犯和被收容人出狱，由监狱领导机构根据有关司法机关或公共安全机关

---

① 此款已被 1992 年 12 月 12 日第 492 号法律废除。

② 此条由 1992 年 12 月 12 日第 492 号法律增加。

的书面命令立即执行。

监狱长应至少在3个月前，将出狱的消息通知监狱所在地的社会帮助委员会和社会服务站。告知提供适当扶助所必需的材料。如果出狱时间不能在3个月前确定，监狱长一旦得知有关决定后，应当立即通知。

除专门的法律条款所作的规定外，监狱将一切有关出狱包括暂时出狱的情况提前通知监察法官、对有关地域拥有管辖权的警察局和警察机构。

监狱纪律委员会，在出狱时或出狱以后，向有关询问者发出证明出狱人业已达到的职业技术水平和客观介绍其品行的证明书。

无便服者，发给便服一套。

第44条　出生、结婚、死亡

在监狱内结婚、出生、死亡，不在有关户籍文书上提及监狱。

监狱领导机构应当将囚犯或被收容人死亡的消息立即通知当地司法机关、死者受辖的司法机关和司法部。

尸体立即交亲属处理。

第五节　扶　助

第45条　家庭扶助

囚犯和被收容人的待遇包括对其家庭的扶助活动。

开展这种扶助活动是为了维持和改善囚犯、被收容人与家属的关系，克服可能妨碍他们重返社会的困难。

必要时，可以同富有经验的公共或私人社会扶助机构进行合作。

第46条　出狱后的扶助

囚犯和被收容人在出狱前的一段时间和出狱后的适当时期内，接受特别帮助。

社会服务站在前条列举机构的合作下开展工作，帮助囚犯和被收容人最终恢复社会生活。

对患有严重身体疾病、精神疾病或精神失常的出狱人，应当向负责公共保健的机构说明情况，以便给予必要的扶助。

第六节　替代监禁的措施和免除债务

第 47 条　交社会服务站考验[①]

1. 如果被判处的监禁性刑罚不超过 3 年，可以将被判刑人交付狱外的社会服务站考验，其期限与应服刑期相同。

2. 当依据对被关押人人格所进行的至少为期 1 个月的狱内观察可以认为交社会服务站包括通过第 5 款列举的限制措施会有助于对罪犯的再教育并且确能预防重新犯罪的危险时，适用上述处置。

3. 当被判刑人在犯罪后的行为足以使人得出第 2 款所指出的判断时，可以在不先进行狱内观察的情况下决定将其交社会服务站考验。[②]

3-2. 判处 4 年以下有期徒刑或剩余刑期在 4 年以下的被判刑人可以提出交社会服务站考验的申请，若在其提出申请前一年的服刑期间或在被预防性羁押期间的行为足以使人得出第 2 款所指出的判断时，可以决定将其交社会服务站考验。[③]

4. 上述申请应在刑罚开始执行后，向依执行地确立的有管辖权的监察法庭提出。因延长监禁造成严重损害的，可向被监禁地有管辖权的监察法官提出。监察法官根据材料确定申请人符合交付社会服务站考验的条件且因超期羁押受到损害，而且无逃跑的危险时，可以命令释放被监禁人和暂时将其交社会服务站考验。监察法官应立即将相关文件转报监察法庭，并由监察法庭在 60 日内作出裁定，监察法官的命令在监察法庭作出裁决前有效。[④]

5. 对于交付活动应制作笔录，其中规定被交付人在与社会服务站关系、住所、迁移自由、禁止去某些地点或参加某项工作方面应当遵守的限制措施。

6. 在同一处置中可以决定，在交付考验的整个或部分时期中被判刑人不得在某一市镇逗留；具体地规定限制被交付人从事可能导致其他犯罪的活动或建立此类个人关系的措施。

---

① 此条被 1986 年 10 月 10 日第 663 号法律第 11 条修改。

② 此款由 1998 年 5 月 27 日第 165 号法律修改。

③ 此款由 2014 年 2 月 21 日第 10 号法律增加。

④ 此款由 2014 年 2 月 21 日第 10 号法律修改。

7. 在笔录中还应当规定，被交付人应尽一切可能帮助他的犯罪受害人并且按时履行家庭扶助的义务。

8. 在交付考验期间，监察法官可以对限制措施进行变更。在紧急情况下，经狱外执行办公室负责人批准，可以准许被考验人暂时违反限制措施。发生上述情况的，狱外执行办公室负责人应立即通知监察法官并在第 10 款规定的报告中进行汇报。[①]

9. 社会服务站检查被交付人的行为，帮助他克服阻碍其适应社会生活的困难，并且帮助他建立与其家庭和其他生活环境的联系。

10. 社会服务站定期向监察法官汇报被交付人的表现。

11. 当被交付人实施的违反法律或限制措施的行为看来不能使考验继续时，撤销交付考验的处置。

12. 考验期的良好完结使刑罚或其他任何刑事效果消灭。当事人陷入经济困难的，监察法庭也可宣布不再执行尚未执行的财产刑。[②]

12-2. 被交付人在交付考验期间的行为表明其存在积极的人格良性发展和社会康复的，可以根据第 54 条规定对其减刑。决定减刑的，适用第 69 条第 8 款、第 69 条 -2 和第 54 条第 3 款的规定。[③]

第 47 条 -2　被废除 [④]

第 47 条 -3　监禁居住 [⑤]

01.[⑥] 对年满 60 周岁，包括开始执行刑罚时年满 60 周岁或执行刑罚后一段时间满 60 周岁的被判处有期徒刑的罪犯，只要不是惯犯、职业犯或倾向犯或《刑法典》第 99 条规定的情形，可以在被判刑人的住宅、公共医疗或扶助地点执行，但下列情形除外：

---

① 此款由 2014 年 2 月 21 日第 10 号法律增加。

② 此款由 2006 年 2 月 21 日第 49 号法律修改。

③ 此款由 2002 年 12 月 19 日第 277 号法律增加。

④ 此条被 1998 年 5 月 27 日第 165 号法律第 3 条废除。

⑤ 此条由 1986 年 10 月 10 日第 663 号法律第 13 条增加，并且经 1993 年 6 月 14 日第 187 号法律修改。

⑥ 此款由 2005 年 12 月 5 日第 251 号法律第 7 条第 2 款增加。

（1）触犯《刑法典》第2卷第12章第3节第1部分规定的罪名的；

（2）触犯《刑法典》第609条–2、第609条–4、第609条–8规定的罪名的；

（3）《刑事诉讼法典》第51条第3款–2的规定的情形；

（4）本法第4条–2规定的情形。

1. 4年以下有期徒刑包括不超过4年的余刑和拘役，可以在被判刑人的住宅、其他私人住所或者公共医疗或扶助地点执行。满足本款第（1）项规定的，还可在救助之家[①]执行。其对象是[②]：

（1）正在怀孕或哺乳其子女的妇女或者与10岁以下子女共同生活的母亲；

（2）与10岁以下子女共同生活的父亲，且子女母亲去世或不能给予生活帮助；

（3）处于非常严重的非健康状态，需持续地同当地卫生负责人接触的人；

（4）年满60周岁，生活不能自理或部分不能自理的人；

（5）不满21岁的人，出于确有根据的健康、学习、工作和家庭的要求。

1–2. 被判处2年以下有期徒刑包括余刑不足2年的，无论是否符合本条第1款规定的条件，未实行交付社会服务站考验的情况且监视居住足以防止再实施其他犯罪活动的，可以适用监视居住措施。本款规定不适用于本法第4条–2规定的被判刑人。[③]

1–3. 对属于《刑法典》第146条和第147条规定对执行监禁性刑罚的强制性推迟或任择性推迟等事项，即便刑罚超过本款第1条规定的刑罚限制，监察法官可以决定适用监视居住措施，并在命令中确定适用的期限。该期限可以延长。监视居住期间计入刑罚执行期间。

1–4. 在刑罚开始执行后，可以向对执行地有管辖权的监察法庭申请适用监视居住措施。如果存在超期羁押并给申请人造成严重损害的，符合本条第01款、

① 救助之家，即case famiglia protette，是根据2011年4月21日第62号法律设立的组织，旨在针对子女年幼却被判刑或被起诉的家庭提供救助。

② 本款规定根据2011年4月21日第62号法律修改。

③ 本款被2005年12月5日第251号法律第7条第3款修改。

第1款、第1–2款和第1–3款规定的情形，可向有权作出临时措施的监察法官提出申请。申请适用本法第47条第4款规定。[①]

2. 被废除。

3. 被废除。

4. 监察法庭在决定采取监禁居住措施时，根据《刑事诉讼法典》第284条[②]的规定，确定其执行方式。它还确定并宣告有关社会服务站介入的规定。这些措施和规定可以由执行监禁居住地的主管监察法官加以变更。

4–2. 监察法庭在决定采取监禁居住措施时，确定国家机关实施监察的权力，并可规定通过电子技术或其他设备的方式。适用《刑事诉讼法典》第275条–2的规定。

5. 被适用监禁居住处置的被判刑人不受本法和有关执行细则规定的监狱管制。狱政机关对被监禁居住人的生计、治疗和医疗救助不承担任何责任。

6. 当被监禁居住人违反法律或有关规定的行为明显使继续用这些措施成为不可能时，应当撤销监禁居住。

7. 当第1款和第1–2款列举的情况结束时，也应当撤销监禁居住措施。

8. 监禁于自己的住宅或第1款列举的其他地点的被判刑人，如果远离该地点，依照《刑法典》第385条最后一款处罚。

9. 对第8款列举之罪的控告意味着暂时停止享受该优待，因此而被定罪则意味着撤销该优待。

9–2. 当第1–2款规定的监视居住措施被撤销时，尚未执行的刑罚不得适用替代性监禁措施。

第47条–4　艾滋病患者和严重免疫缺陷者的替代性监禁措施[③]

1. 本法第47条和第47条–3规定的措施，经当事人或其代理人申请，可以不受规定的刑罚限制，适用于患有艾滋病或严重免疫缺陷的被监禁人。前述

① 本款由2013年8月9日第94号法律修改。

② 此处被1998年5月27日第165号法律修改。

③ 此条由1999年7月12日第231号法律第5条增加。

艾滋病患者或严重免疫缺陷患者的确定适用《刑事诉讼法典》第286条–2第2款的规定，他们正在或着手开始在传染病治疗机构或高校或其他依据地方艾滋病救助计划设立的医疗机构接受治疗和帮助。

2. 提出第1款申请的，应提交由具有相应资质的公共医疗机构或监狱医疗机构出具的证明，除证明申请人的健康状况外，还应载明在传染病治疗机构或高校或其他依据地方艾滋病救助计划设立的医疗机构正在进行或将要实施的治疗计划的真实性。

3. 实施替代性监禁措施的命令还应载明实施计划的方式。

4. 采取监视居住方式的，由社会服务机构提供支持并监察治疗计划的执行情况。

5. 符合本条第1款规定，但当事人已享受过类似优待，且优待措施被撤销不足1年的，监察法官不得批准其申请。

6. 申请人因触犯《刑事诉讼法典》第380条的规定被起诉或被采取预防性羁押的，法官可以撤销第1款规定的优待措施。

7. 监察法官根据本条第5–6款的规定，不批准或撤销替代性监禁措施时，可以命令被监禁人在配备治疗设施的监狱医疗机构进行治疗和接受必要帮助。

8. 本条未规定的，适用第47条–3的规定。

9. 适用本条规定时，不受本法第4条–2中关于优待措施禁止的限制，但仍适用本法第4条第2款、第2–2款、第2–3款的规定。

10. 本条规定适用于被拘留者、被拘禁者。

第47条–5　在特殊情况下的监视居住[①]

1. 对不符合第47条–3规定的10岁以下子女共同生活的母亲，若不存在实施其他犯罪的风险，且有恢复与其子女共同生活的可能时，在服完至少三分之一的刑期后或在被判无期徒刑的服刑15年后，可以根据第1–2款规定的方式，准许可以在其住宅、私人住所或者为其子女提供照顾和帮助的公共医疗机

---

① 此条由2001年3月8日第40号法律第3条增加。

构、扶助机构或救济机构执行刑罚。[①]

1–2. 但第 4 条 –2 规定的罪名除外，本条第 1 款规定的女性罪犯，在服完至少三分之一的刑期后或在被判无期徒刑的服刑 15 年后，可在看守较松的监狱机构执行刑罚；若不存在实施其他犯罪或逃跑的风险，可以在其住宅、私人住所或者为其子女提供照顾和帮助的公共医疗机构、扶助机构或救济机构执行刑罚。若无法在其住宅或私人住所执行的，可在救助之家执行。[②]

2. 被适用特别监禁居住处置的被判刑人，狱政机关对被监禁居住人的生计、治疗和医疗救助不承担任何责任。

3. 监察法庭在决定采取监禁居住措施时，根据《刑事诉讼法典》第 284 条第 2 款[③]的规定，确定具体的执行方式，包括执行的起止时间、有关社会服务站介入的规定。这些措施和规定可以由执行监禁居住地的主管监察法官加以变更。相关程序适用《刑事诉讼法典》第 284 条第 4 款的规定。

4. 对于狱外监视居住应制作笔录，其中规定被监视居住人与社会服务站关系时的行为规范。

5. 社会服务站检查被监视居住人的行为，帮助他克服阻碍其适应社会生活的困难，并且帮助他建立与其家庭和其他生活环境的联系。社会服务站定期向监察法官汇报被交付人的表现。

6. 当被监禁居住人违反法律或有关规定的行为明显使继续适用这些措施成为不可能时，应当撤销特别监禁居住。

7. 对母亲已经死亡或无法将子女托付给其母亲的子女，前款关于母亲特别监禁居住的规定，也适用于父亲。

8. 当子女年满 10 周岁时，经已经适用特别监禁居住措施的当事人申请，监察法官可以：

---

① 此款被 2011 年 4 月 21 日第 62 号法律第 3 条修改。

② 此款由 2011 年 4 月 21 日第 62 号法律第 3 条增加。宪法法院 2017 年 4 月 12 日第 76 号判决宣布本款但书部分违宪。

③ 这里指的是 1930 年《刑事诉讼法典》。新《刑事诉讼法典》中的相应条款是第 284 条第 3 款。

（1）对符合第50条关于半自由管制第2款、第3款和第5款规定的条件的，可以裁定延长优待；

（2）在综合考虑社会服务机构关于申请人表现、优待措施的期限和剩余刑期的基础上，可以裁定准许适用本法第21条-2关于在狱外扶助子女规定。

第47条-6　无正当理由离开监禁地的规定[①]

1. 被准许适用特别监禁居住措施的被判刑人，无正当理由离开住所未超过12小时的，可以建议撤销监视居住优待措施。

2. 离开住所地超过12小时的，依照《刑法典》第385条第1款处罚，并可适用第385条最后一款的规定。

3. 实施颠覆犯罪的，撤销监视居住。

4. 对依照本法第47条-5，第7款的规定给予监视居住措施的父亲，本条规定同样适用。

第48条　半自由管制

半自由管制是指准许被判刑人和被收容人在监狱外度过1天的部分时间，以便参加劳动、训练和其他有助于重返社会的活动。

获准接受半自由管制的被判刑人和被收容人应送往专门的监狱或者普通监狱的独立监区，并且穿着便服。

在第47条第2款规定的情况下，不批准接受半自由管制。[②]

第49条　应接受半自由管制的情况[③]

第50条　可接受半自由管制的情况[④]

1. 凡被判处拘役或6个月以下有期徒刑而未交社会服务站考验的人，可以在半自由管制下服刑。

2. 除第1款规定的情况外，被判刑人只有在服刑至少一半之后，才可获准接

① 本条由2001年3月8日第40号法律第4条增加。

② 此款已被1986年10月10日第663号法律第29条废除。

③ 此条已被1981年11月24日第689号法律第110条废除。

④ 此条经1998年5月27日第165号法律和2009年7月15日第94号法律修改。

受半自由管制；若符合第4条-2中第1款、第1-3款、第1-4款规定的，则只有在服刑至少三分之二后，才可获准接受半自由管制。被收容人在任何时候均可获准接受半自由管制。在第47条规定的情况下，如果不符合将被判刑人交付社会服务站考验的条件，可以允许被判刑人接受半自由管制，但在至少服刑一半之前。[①]

3. 为计算刑期，不考虑同监禁刑并处的财产刑。

4. 当有条件帮助被判刑人逐渐重返社会时，根据其在待遇过程中的进步，决定适用半自由管制。

5. 被判处无期徒刑者在至少服刑20年之后，可以获准接受半自由管制。

6. 在第1款规定的情况下，如果被判刑人证明了自己重返社会生活的意志，也可以在服刑开始之前适用半自由管制；在这种情况下，适用第47条第4款的规定。

7. 如果允许接受半自由管制针对的是带有不满3岁子女的母亲，她有权享受1976年4月29日第431号共和国总统令最后一款所列举的为适用半自由管制而设置的住房。

第50条-2　关于累犯的半自由管制规定[②]

1. 对《刑法典》第99条第4款规定的累犯，只有在服刑至少三分之二后，才可获准接受半自由管制；若符合第4条-2中第1款、第1-3款、第1-4款规定的，则只有在服刑至少四分之三后，才可获准接受半自由管制。

第51条　停止和撤销半自由管制

当接受半自由管制者表现出不适合该处置时，可以随时撤销。

获准接受半自由管制的被判刑人在12小时内无正当理由不回监狱，予以纪律处分，并且可以建议撤销半自由管制。

如果超过12小时，对被判刑人应依照《刑法典》第385条第1款的规定处罚，并且可适用同条最后一款的规定。

对前款规定的控告意味着停止半自由管制，因该罪而受处罚意味着撤销该优待。

---

① 此款由1998年5月27日第165号法律修改。

② 此条规定被2013年8月9日第94号法律废除。

获准接受半自由管制的被收容人3小时以上无正当理由不回监狱，适用第53条最后一款的规定。

第51条-2　出现新的剥夺自由的理由[①]

1. 当在实行交付社会服务站考验、监禁居住、特别监禁居住或半自由管制期间出现需执行另一监禁刑的理由时，公诉机关应立即通知监察法官，并以书面形式提出申请。如果后者考虑到刑罚的累计刑期认为仍然存在着第47条第1款，第47条-3第1款、第1-2款或第50条前三款列举的条件，以命令的形式决定暂时继续适用正实行的措施；在相反的情况下，则可决定暂时停止该措施。

2. 对本条第1款作出的决定，可依据第69条-2的规定提起申辩。

第51条-3　替代措施的预防性暂缓[②]

如果被交付社会服务站考验的人、获准接受半自由管制的人或获准接受监禁居住及特别监禁居住处置的人表现出足以导致撤销该措施的行为，负责检查该措施的监察法官以附理由的命令决定暂时停止执行上述处置，命令将违纪者拘传入狱。

应当立即将有关文书移送监察法庭以便作出有关决定。如果监察法庭自收到文书之日起30日内未作出决定，监察法官的暂时停止措施的决定将不再有效。

第52条　对接受半自由管制的被判刑人的放假

对接受半自由管制的被判刑人，每年可以奖励名义放假一次或数次，总假期不超过45日。

在放假期间，被判刑人接受监视自由的管制。

如果被判刑人在放假期间违反为其规定的义务，可以撤销假期。但不以撤销半自由管制为条件。

对于假满或在撤销假期后不归的被判刑人，可以适用前条的规定。

第53条　对被收容人的放假

被收容人在为复查其危险性而确定的期限届满前，可以获得一次6个月的

---

① 此条被2014年2月21日第10号法律修改。

② 此条由1996年10月10日第663号法律增加，并被2001年3月8日第40号法律修改。

假期。

他们可以因个人或家庭的重大需要，获得一次为期不超过 15 日的假期；此外，还可以每年获得一次以帮助其适应社会生活为目的、为期不超过 30 日的假期。

对获准接受半自由管制的被收容人，还可以奖励名义，准予前条第 1 款所规定的假期。

在放假期间，被收容人接受监视自由的管制。

如果被收容人在放假期间违反为他规定的义务，可以撤销假期，但不以撤销半自由管制为条件。

对于无正当理由逾期不归 3 小时以上的被收容人，予以纪律处分，如果正在接受半自由管制，可以予以撤销。

第 53 条 -2　假期的计算 ①

1. 因犯或被收容人在假期中度过的时间计入剥夺人身自由措施的刑期之中，除非出现逾期不归或实施其他证明其不配享受这种优待的严重行为的情况。在这类情况下，监察法官以说明理由的命令宣告不予计算刑期。

2. 针对上述命令，当事人可以根据第 14 条 -3 规定的程序，向监察法庭提出申辩。作出决定的监察法官不参加合议庭。

第 54 条　提前释放 ②

1. 如果被判处监禁性刑罚的人，确已接受再教育，为了鼓励他的这种表现并且为使其更有效地重返社会，可以允许每服 6 个月刑罚减刑 45 日。为此目的，在预防性羁押或在监禁居住状态中度过的时间也予以计算。

2. 对此项优待的准许应通知上诉法院或发出执行令的法庭中的检察官，如果执行令是由独任法官发出的，则应通知独任法官。

3. 在接受此项优待后的服刑过程中，因非过失犯罪而被判刑意味着撤销此优待。

---

① 此条由 1986 年 10 月 10 日第 663 号法律第 17 条增加。

② 此条被 1986 年 10 月 10 日第 663 号法律第 19 条修改。

4. 在为适用奖励假、半自由管制或假释而计算需执行的刑期时，第 1 款规定的减除部分被视为已服刑期。本规定也适用于被判处无期徒刑的人。

第 55 条　执行监视自由的方式

对于被处以监视自由者，《刑法典》第 228 条的规定不变，社会服务站为他们重返社会提供支持和扶助。

第 56 条　免除债务 ①

对经济条件困难并且根据第 30 条 –3 最后一款的规定被认为表现得规矩的被判刑人和被收容人，免除有关诉讼费和生活费的债务。有关请求可以在偿还费用程序结束之前提出。

第 57 条　要求优待

被判刑人、被收容人及其亲属可以要求获得第 47 条、第 50 条、第 52 条、第 53 条、第 54 条和第 56 条所规定的优惠待遇，该要求也可以由纪律委员会提出。

第 58 条　通知公共安全机关

除 56 条规定的处置外，本节规定的并且由监察法官或监察法庭采取的处置，立即通知负责档案登记的省级公共安全机关。

第 58 条 –2　在司法档案中登记 ②

在司法档案中登记监察法庭关于处以和撤销监禁替代措施的决定。

第 58 条 –3　与司法机关合作的人 ③

1. 第 21 条第 1 款、第 1–3 款、第 1–4 款、第 4 款、第 30 条 –3 第 4 款和第 50 条第 2 款关于因第 4 条 –2 第 1 款列举的某一犯罪而被判刑者的规定，不适用于努力设法避免犯罪活动造成进一步后果的人以及向司法警察或司法机关提供一定的帮助以收集对查清犯罪事实和确定或者逮捕犯罪行为人具有决定性意义材料的人，即使上述努力或者帮助是在宣告处罚后作出的。

---

① 此条被 2002 年 5 月 30 日第 115 号共和国总统令第 229 条废除。

② 此条被 2002 年 11 月 14 日第 313 号共和国总统令第 52 条废除。

③ 此条由 1991 年 7 月 12 日第 203 号法律增加，并由 2001 年 2 月 13 日第 45 号法律和 2009 年 7 月 15 日第 94 号法律修改。

2. 本条第 1 款列举的行为由监察法官加以审核，为此，该法官应了解必要的情况，并且听取负责审理有关犯罪的检察官的意见。

第 58 条 –4　禁止予以优特 ①

1. 对于依照《刑法典》第 385 条的规定判处刑罚的过失犯，不能准许派往狱外参加劳动、享受奖励假、实行第 47 条规定情况下的交社会服务站考验、实行监禁居住或者半自由管制。②

2. 如果根据第 47 条第 11 款、第 47 条 –3 第 6 款或第 51 条第 1 款的规定已决定对被判刑人撤销监禁性保安处分，也对该被判刑人适用第 1 款的规定。

3. 禁止给予优待的期限为 3 年，时间从第 1 款列举的行为实施之时或者第 2 款列举的决定发布之时起计算。

4. 如果因《刑法典》第 289 条 –2 和第 630 条规定的被判刑的人在犯罪时造成被绑架人死亡的，在至少实际服满二分之一的刑期之前，或者在被判处无期徒刑的情况下至少服满 26 年刑期之前，不允许对其适用第 4 条 –2 第 1 款列举的任何优待措施。

5. 除第 1 款和第 3 款规定的情况外，如果因第 4 条 –2 第 1 款、第 1–3 款和第 1–4 款列举的某一犯罪被判刑的人因应判处 3 年以上有期徒刑的非过失犯罪而受到追诉或者被宣告处罚，并且对该犯罪是由可依照《刑法典》第 385 条处罚的人实施的，或者是在狱外劳动期间、享受奖励假期间或者接受监禁替代措施期间实施的，不得将其派往狱外劳动、给予奖励或者适用第六节规定的监禁的替代措施，如果已经准予，则予以撤销。③

6. 为适用第 5 款的规定，对新罪进行诉讼的机关将有关情况通告最后监禁地的监察法官。

7. 第 5 款规定的禁止给予优待的期限为 5 年，时间自重新执行看管或刑罚之时或者发布撤销有关措施的决定之时起计算。

---

① 此条由 1991 年 7 月 12 日第 203 号法律增加。

② 此款经 2005 年 12 月 5 日第 251 号法律修改。

③ 此款由 2009 年 7 月 15 日第 94 号法律修改。

7–2. 符合《刑法典》第 99 条第 4 款规定的累犯的，只可享受一次第 47 条规定的交社会服务站考验、实行监禁居住或者半自由管制措施。[①]

第 58 条 –5　监禁居住期间的特别检查措施[②]

1. 监察法官或监察法庭决定准许监禁居住措施时，在兼顾警察部队现有装备功能和可操作性的基础上，可以就利用电子设备或其他设备进行检查的方式作出规定。上述检查措施的规定也可在执行过程中作出。适用《刑事诉讼法典》第 275 条 –2 的规定，但有特别规定的除外。

第二章　有关监狱组织的规定

第一节　监　狱

第 59 条　成年犯监狱

成年犯监狱分为：

1）预防性看守所；

2）刑罚执行所；

3）监禁性保安处分执行所；

4）观察站。

第 60 条　预防性看守所

预防性看守所分为独任法官管区看守所和法院管区看守所。

独任法官管区看守所负责看管独任法官管区内的被告人，设立在无法院管区看守所的独任法官管区中心地。

法院管区看守所负责看管各司法机关管辖的被告人，设立在法院管区的中心地。

独任法官管区看守所和法院管区看守所还负责看管被公共安全机关或司法

① 此款由 2005 年 12 月 5 日第 251 号法律第 7 条第 7 款增加。

② 此条由 2014 年 2 月 21 日第 10 号法律增加。

警察机关拘留和逮捕的人，以及迁移中的囚犯和被收容人。

数个独任法官管区或数个法院管区可以只分别设立一个独任法官管区看守所或一个法院管区看守所。

第 61 条　刑罚执行所

刑罚执行所分为：

1）执行拘役刑的拘役所。

拘役所的监区可以设立在独任法官管区看守所或法院管区看所内。

2）执行有期徒刑的徒刑执行所。

徒刑执行所的监区可以设立在法院管区看守所内。

根据特殊需要，在执行细则规定的期限内并且按照其所规定的手续，被判处拘役或有期徒刑者可被送往预防性看守所；被判处有期徒刑者也可被送往拘役所。

第 62 条　监禁性保安处分执行所

监禁性保安处分执行所分为：

1）农垦区；

2）劳动场；

3）医疗看守所；

4）司法精神病院。

在上述监所，分别执行《刑法典》第 215 条第 2 款第（1）项、第（2）项和第（3）项规定的保安处分。

在劳动场内，可以设立执行送往农垦区处分的监区，也可以在后者中设立前者。

在司法精神病院内，可以设立执行收容于医疗看守所处分的监区。

在有期徒刑执行所内，可以设立执行送往农垦区或劳动场处分的监区。

第 63 条　观察站

观察站作为独立的监狱或者其他监狱的监区而设立。

观察站直接开展第 13 条列举的观察活动，并且为在各监狱内开展的类似观察活动提供咨询。观察的结果记入个人档案。

应司法机关的要求，可以将接受刑事追诉者送往观察站进行法医检查。

观察站还可以从事科学研究工作。

第 64 条　刑罚执行所与监禁性保安处分执行所的区别

各个监所应当根据囚犯和被收容人的法律地位、待遇个别化的要求以及分组的需要，在组织上具有不同的特点。

第 65 条　病残人监狱

在身体或精神方面患有疾病或者具有缺陷者，应当送往特别监狱或者实行专门待遇的特别监区。

由于自身条件不能接受普通监狱管制者，送往上述监狱或监区。

第 66 条　监狱的设立、改造和撤销

监狱和监区的设立、改造和撤销，由司法部以部颁命令决定。

第 67 条　视察监狱

下列人员可以不经批准视察监狱：

1）内阁总理和宪法法院院长；

2）部长、宪法法院的法官、副部长、议会成员和最高审判委员会委员；

3）上诉法院院长、上诉法院的共和国检察官、法院院长和法院的共和国检察官、独任法官、监察法官、在各自管辖范围内可以视察；其他法官因履行其职务可以视察；

4）各自管区内的区议会议员、区政府官员；

5）履行职务的普通教区主教；

6）省长和省警察局局长，省级医生；

7）监狱总局局长和他指派的官员；

8）狱政总监察官；

9）牧师监察官；

10）监狱警察部队的军官。

10）–2. 护民官。[①]

① 此项由 2009 年 2 月 27 日第 14 号法律增加。

10）-3. 欧盟议会的议员。[①]

由于职务原因陪同前款列举人员视察的随行人员以及第 18 条 -2 规定的人员[②]，进入监狱无须批准。

司法警官和警员为履行其职务，经司法机关事先批准，可以进入监狱。

天主教牧师和其他宗教的司铎，经监狱长批准，可以进入监狱。

第 67 条 -2 视察拘留所[③]

第 67 条的规定适用于视察拘留所[④]的情况。

第二节 监察法官

第 68 条 监察办公室[⑤]

1. 监察办公室设立在本法附表 A[⑥]列举的地点并对该表列举的法院管区行使管辖权。

2. 为行使第 69 条、第 70 条和第 70 条 -2 分别列举的职责，为上述监察办公室配备最高法院法官、上诉法院法官、法院法官、档案机构人员、书记员、执行人员以及附属人员。

前述行政管理人员在任职期间被临时指派到所属辖区的其他司法机关任职的，应出具监察法院院长签发的无障碍证明。[⑦]

3. 具有最高法院法官、上诉法院法官或法院法官资格的法官，可以根据上诉法院院长的命令临时行使缺席的或停职的监察法官的职务。

4. 行使监察职务的法官不应担任其他司法职务。可以就其职责范围内的辅助性工作，根据第 78 条的规定的标准，以志愿服务员的身份从事辅助工作，

---

① 此项由 2012 年 2 月 17 日第 9 号法律增加。

② 此款被 1992 年 6 月 8 日第 306 号法律修改。

③ 此条由 2012 年 2 月 17 日第 9 号法律增加。

④ 拘留所，即 camera di sicurezza，是 2012 年 2 月 17 日第 9 号法律增加的新的羁押场所。

⑤ 此条经 1986 年 10 月 10 日第 663 号法律第 20 条修改。

⑥ 2012 年 9 月 7 日第 155 号立法性政令更新和修改了该表。

⑦ 此款规定由 2016 年 10 月 25 日第 197 号法律增加。

但不得就该活动取酬。[①]

第 69 条　监察法官的职权和决定[②]

1. 监察法官对监狱的组织工作实行监督，向司法部部长反映各项工作的要求，特别注重再教育工作的实施。

2. 监察法官还行使直接监督权，保障对被告人执行的看守符合法律和各项规章的要求。

3. 监督人身保安处分的执行。

4. 负责复查《刑法典》第 208 条第 1 款和第 2 款指出的危险性，并且负责适用、执行、更改和撤销包括提前撤销保安处分。在作出上述决定时，他还负责以附理由命令的形式撤销《刑法典》第 102 条、第 103 条、第 104 条和第 105 条、第 108 条列举的关于惯犯、职业犯或倾向犯的宣告。

5. 以裁定批准第 13 条第 3 款列举的待遇计划，如果发现计划中有违反被判刑人或被收容人权利的内容，他将计划退回并且发表自己的评论，以便重新制订。他以命令的形式批准允许参加狱外劳动的决定。他还可以宣布旨在消除违反被判刑人和被收容人权利做法的规定。[③]

6. 根据第 35 条 –2 规定的程序，就囚犯和被收容人提出的关于执行下列规范的申辩作出决定：[④]

1）关于行使纪律权的条件的规范；关于建立纪律机构及其权限的规范；关于宣告罪错和辩解权的规范；依据第 39 条第 1 款第 4—5 项规定而对监狱措施合理性的评估。

2）行政部门违反本法及相关执行细则，严重侵害被监禁人或被收容人权利的行为的宣告。

7. 以附理由的命令，就处于半自由管制中的囚犯的准假和放假问题以及有

---

① 此款规定由 2014 年 8 月 11 日第 117 号法律增加。

② 此条经 1986 年 10 月 10 日第 663 号法律第 21 条修改。

③ 2014 年 2 月 21 日第 10 号法律对此款做了修改，删除了“在待遇过程中”。

④ 此款被 2014 年 2 月 21 日第 10 号法律修改。

关交社会服务站考验和监禁居住的各项变更措施作出决定。

8. 以裁定就提前释放中减刑、免除债务和《刑法典》第148条列举的收容作出决定。①

9. 就有关对囚犯实行恩赦的建议和申请发表附理由的意见。

10. 行使法律赋予他的所有其他职责。

第69条-2　关于提前释放的程序规定②

1. 对提前释放申请，监察法官在合议室内听证后以命令方式作出决定，听证时申请人不出席，决定作出后应根据《刑事诉讼法典》第127条的规定及时通知申请人。

2. 监察法官应在向公诉机关提交征求意见15日后，方可作出决定。公诉机关不回复的，不影响本规定的适用。

3. 对本条第1款的决定有异议的，辩护人、当事人和公诉机关，可以自收到通知之日起10日内，向拥有管辖权的监察法庭申请复审。

4. 监察法庭的决定适用《刑事诉讼法典》第678条及本法第60条-2第5-6款的规定。

5. 根据第70条第1款向监察法庭申请提前释放的，监察法庭收到申请后应将申请移送监察法官。

第70条　监察法庭的职权和决定③

1. 在各上诉法院及其派出庭管区建立监察法庭，负责处理交社会服务站考验、监禁居住、半自由管制、假释、为提前释放而实行的减刑、撤销或终止上述措施、《刑法典》第146条和第147条第2）项和第3）项规定的对执行监禁性刑罚的强制性推迟或任择性推迟等事项，以及法律授权该法庭决定的其他事项。

2. 监察法庭还审理就第69条第4款列举的处置提出的申诉。作出上述处置决定的法官不参加审理申诉的合议庭。

---

① 此款被2002年12月19日第277号法律修改。

② 此条由2002年12月19日第277号法律增加。

③ 此条被1986年10月10日第663号法律第22条修改。

3. 监察法庭由所有在上诉法院及其派出庭管区供职的监察法官、从第 80 条第 4 款列举的部门中选出的专家以及从犯罪学教师中选出的专家组成。

4. 最高司法委员会根据各法庭工作的需要，每 3 年重新任命一次适当数量的上述任职专家和替补专家。

5. 监察法庭的决定由合议庭作出，合议庭由法庭庭长、一名监察法官和两名第 4 款指出的专家组成，如果庭长缺席或者遇其他阻碍原因，由在司法职务和资历上仅次于他的法官代替。

6. 对与监察诉讼有关的被判刑人或被收容人拥有管辖权的两名普通法官之一，可以成为监察法官。

7. 审判庭的组成每年[①] 根据司法制度的规定确定一次。

8. 法庭的决定以合议裁定的形式发出；在票数对等的情况下，取决于庭长的投票。

9. 对于参加监察法庭的专家，保留予以第 80 条第 4 款列举的在监狱工作的专家的经济待遇。

第 70 条 –2　监察法庭庭长[②]

1. 监察法庭庭长的职务授予具有最高法院法官资格的法官，设立在上诉法院派出庭中的监察法庭的庭长职务由上诉法官担任。

2. 庭长除在所属的司法办公室行使监察法官的职务外，还负责：

1）领导和组织监察法庭的活动；

2）从组织上协调本法庭所属的各监察办公室的活动，以便提高法庭的工作效率；

3）在缺席、出现阻碍原因或紧迫的工作需要的情况下，决定在各监察办公室范围内接纳法官和辅助人员；

4）要求上诉法院院长发布第 68 条第 3 款列举的各项决定；

5）建议最高司法委员会任命组成法庭的任职专家或替补专家，并且编制

① 根据现行规定为每 2 年确定一次。

② 此条被 1986 年 10 月 10 日第 663 号法律第 23 条修改。

他们的薪俸表；

6）开展法律和条例授权其从事的其他活动。

第 70 条 –3　新的称谓①

1. 现行法律中的“监察庭”和“监察裁判官”的称谓分别由“监察法庭”和“监察法官”的称谓所取代。

2. 为了使第 68 条列举的监察法庭及各监察办公室开展工作，从司法部专门的预算项目中提取必要的资金，以解决经费和装备问题。

第二节 –2　监察程序

第 71 条　一般性规范②

1. 监察法庭为根据第 70 条第 1 款和第 2 款明文列举的权限作出决定，监察法官为根据《刑法典》第 148 条的规定作出关于免除债务和收容方面的决定，关于适用、执行、变更或撤销包括提前撤销保安处分的决定以及为适用上述处分确定人身特性的决定，适用以下各条款列举的程序。

2. 监察法庭或监察法官在接到请求、建议或拟主动提起诉讼后，要求当事人行使指派辩护人的权利。如果自提出此要求之日起 5 日内当事人未指派辩护人，法庭庭长或监察法官为其指定辩护人。然后，法庭庭长以命令的形式确定审理的日期，并且至少提前 5 日通知公诉人、当事人和辩护人。

3. 在提出有关请求和建议或者主动提起诉讼时对当事人所处的监狱拥有管辖权的监察法庭或监察法官，拥有上述权限。

4. 如果当事人未被关押或收容，上述权限归属于对当事人的居所或居住地拥有管辖权的监察法庭或监察法官。如果根据以上指出的标准仍不能确定管辖权，则应适用《刑事诉讼法典》第 635 条第 2 款的规定。

5. 当本法未另作规定时，可适用《刑事诉讼法典》第四编第五章第一节所包含的规定。《刑事诉讼法典》第 641 条只对该法典第 212 条列举的情况有效。

---

① 此条由 1986 年 10 月 10 日第 663 号法律第 24 条增加。

② 此条被 1986 年 10 月 10 日第 663 号法律第 25 条修改。

第 71 条 -2　审理

公诉机关和辩护人出席案件审理。当事人本人可以参与案件讨论或提交备忘录。

在监察法庭审理的案件中，由派驻在上诉法院的总检察长代表公诉机关履行职责，在监察法官审理的案件中，由派驻在监察办公室所在法庭的检察官代表公诉机关履行职责。

监察法庭和监察法官在作出决定时，应通过听证以获取相关的观察报告或表现报告，必要时，可以进行必要的调查或向技术专家或医疗专家进行咨询。

监察程序性决定和命令，应自作出之日起 10 日内，通知公诉机关、当事人和辩护人。

第 71 条 -3　向最高法院申诉①

对于监察法庭和监察法官的裁定，公诉人、当事人以及第 14 条 -3 和第 69 条第 6 款列举情况下的狱政机关，可以以违反法律为由，自通知决定之日起 10 日内向最高法院提出申诉。适用《刑事诉讼法典》第 640 条第 3 款②的规定，也适用《刑事诉讼法典》第 631 条③最后一款④的规定。

第 71 条 -4　通知⑤

依照《刑事诉讼法典》第 645 条⑥的规定，将前条指出的消息和决定通知当事人。

第 71 条 -5　撤销⑦

对于在提前释放期间被判刑者，依照第 54 条的规定撤销减刑，监察法庭

---

① 此条由 1986 年 10 月 10 日第 663 号法律第 26 条增加。

② 这里指的是 1930 年《刑事诉讼法典》。在现行《刑事诉讼法典》中的相应条款是第 680 条第 3 款。

③ 这里指的是 1930 年《刑事诉讼法典》。在现行《刑事诉讼法典》中的相应条款是第 666 条第 1 款和第 678 条第 1 款。

④ 这里指的是 1930 年《刑事诉讼法典》。在 1988 年的新《刑事诉讼法典》中的相应条款是第 66 条第 7 款。

⑤ 此条由 1977 年 1 月 12 日第 1 号法律第 11 条增加。

⑥ 这里指的是 1930 年《刑事诉讼法典》。在 1988 年的新《刑事诉讼法典》中的相应条款是第 189 条。

⑦ 此条由 1977 年 1 月 12 日第 1 号法律第 11 条增加，并且已经被 1986 年 10 月 10 日第 663 号法律第 27 条废除。

根据为处理行刑事故而规定的手续作出该决定。

第 71 条 –6　不得许可[①]

当就第 71 条第 1 款列举的决定提出的申请因缺乏法律条件而显无根据或纯属重提已被驳回的相同内容申请时，庭长在征求公诉人意见后发布附理由命令，宣布该申请为不得许可的，并且决定不再提起监察程序。

裁决在 5 日内通知当事人，他有权自接到该通知之日起 5 日内提出异议，要求审理。

异议提出后，监察法庭庭长开展监察程序。

第三节　社会服务和扶助

第 72 条　社会服务站

在监察办公室所在地，为成年犯设立社会服务站。

司法部部长可以命令的形式决定为数个监察办公室设立一个服务站并且确定其所在地。

社会服务站隶属狱政机关，其组织由执行细则调整。

社会服务站根据监察法官或监察法庭要求，通过自己的工作人员尽量满足各种社会要求，为执行、变更、延长或撤销保安处分并且为囚犯和被收容人的待遇提供必要的资料，努力确保被处以非监禁性保安处分者恢复正常的社会生活。

服务站还应监狱领导机构的要求，为促使监狱待遇取得成效提供咨询服务。开展本法规定的其他社会服务工作。

第 73 条　救济和扶助犯罪受害人基金会

在监狱总局设立救济和扶助犯罪受害人基金会。

该基金会具有法人资格，依照国家会计法规进行管理，并可以获得全国律师协会的帮助。

对基金会的收支、管理和工作，适用 1932 年 5 月 9 日第 547 号法律第 4

---

① 此条由 1977 年 1 月 12 日第 1 号法律第 1 条增加。

条指出的规定。

基金会理事会由下列人员组成：

1）监狱总局局长，任主席；

2）财政部代表一人；

3）内政部代表一人。

监狱总局中负责扶助工作的办公室主任行使秘书长的职权。

上述人员不应领取任何津贴和报酬。

基金会的财产，除来自遗赠、捐赠、贡赋外，还来自第23条规定的报酬与酬金间的差额。

基金会的资金用于救济和扶助因犯罪而处于确需帮助境地的受害人。

第74条　社会帮助委员会

在各法院管区的中心地设立社会帮助委员会，由法院院长或由他任命的一名法官任主席，参加人有少年犯法院院长或者一名由其指定的法官、一名监察法官、一名地区代表、一名省代表、一名省长指定的民政局官员、市长或其代表、省级医生、省劳动局负责人、一名普通教区的代表、法院管区各监狱的监狱长。此外，法院院长在参加社会扶助工作的公私机构所指派的人员中任命6名代表参加该委员会。

社会帮助委员会具有法人资格，接受司法部的监督，并且可以获得全国律师协会的帮助。

社会帮助委员会的成员免费提供劳务。

应司法部部长的建议，以共和国总统令，可以将数个社会帮助委员会合并为一。

社会帮助委员会为执行狱内扶助和出狱扶助的任务，通过下列渠道筹集必要的经费：

1）1932年5月9日第547号法律第4条规定的罚款收款处的分配款；

2）1956年5月21日第491号法律规定的年度拨款；

3）每年根据财政部长对罚款收款处收支发布的命令按50%的比例分得的监狱工厂收入；

4）一般的预算资金；

5）构成本机构财产的其他资金。

社会帮助委员会为执行救济和扶助犯罪受害人的任务，通过前条列举的收款处分配款和该机构为上述目的而接受的遗赠、捐赠和其他贡赋，筹集必要的经费。

执行细则确定社会帮助委员会的内部组织和工作方式，该委员会在7名以上成员出席时作出决定。

第75条　社会援助委员会为提供狱内扶助和出狱扶助开展的活动

社会帮助委员会开展下列活动：

1）注意经常回访出狱人，及时提供意见和帮助，促使他们重新适应社会生活；

2）注意收集一切必要的情况，核实出狱人的现实需要，研究根据其能力和家庭条件满足这些需要的方法；

3）了解在管区内安置工作的可能性，并且通过第77条规定的委员会开展工作，保障在本管区居住或决定在此居住的被释放者就业；

4）为需要接受职业训练而不能立即找到工作的被释放者组织（也可在法人或个人参与下组织）培训班和劳动；督促被释放者积极参加地区组织的正规培训班和职业入门训练；

5）注意维护囚犯、被收容人同其家庭的关系；

6）向主管机关和有关机构指出囚犯和被收容人家庭所需要获得的特殊帮助；

7）发放救济款和救济物资；

8）同有关组织合作，协调法人、公私团体和个人的活动，为被释放者、囚犯家属及被收容人家属提供最有效、最恰当的扶助和慈善工作。

第76条　社会帮助委员会为救济和扶助犯罪受害人开展的活动

社会帮助委员会通过发放救济款和救济物资向犯罪受害人提供救济，并且尽力扶助因犯罪而失去父母的未成年孤儿。

第77条　帮助被扶助人就业委员会

为帮助出狱人参加工作，在各社会帮助委员会和第74条第4款规定的机构内设立帮助被扶助人就业委员会。

该委员会由社会帮助委员会主席或者由其指定的法官任主席，参加人有：由工、商、农、手工业联席会议主席指定的各行业代表4人，由国内最有代表性的工会组织指定的工人代表3人，雇主代表3人，自耕农代表1人，省劳动和大众就业局局长，狱政领导机构的职员1人，第72条规定的社会服务站扶助员1人。

该委员会的成员由社会帮助委员会主席任命。

该委员会在至少5人出席时作出决定。

第78条　志愿扶助员

监狱行政机关可以应监察法官的建议，批准适合从事扶助和教育工作的人来监狱参加工作，帮助囚犯和被收容人树立道德观念，并且帮助他们在将来重新适应社会生活。

志愿扶助员可以在监狱长领导下参加监狱的文化娱乐活动，监狱长协调他们同整个从事监狱待遇工作的人员间的行动。

参加以上各款列举的活动不得取酬。

志愿扶助员可以同社会服务站合作，参加关于交由社会服务站考验、半自由管制和对出狱人及其家庭的扶助方面的工作。

第四节　最后的过渡性规定

第79条　受刑事处分的不满18岁未成年人的监察法官任职

在未颁布专门法律前，对于受到刑事处分的不满18岁未成年人也适用本法的规定。

对于前款规定的未成年人和犯罪时不满18岁而现已满18岁者，监察法庭和监察法官的职权分别由少年法庭和驻少年法庭的监察法官行使。

对于少年监察法官，不适用第68条最后一款的规定。

第80条　狱政机关的人员

在成年犯监狱，除现行法律规定的人员外，从事工作的还有成年犯管教员和隶属社会服务站的扶助员。

监狱行政机关为开展观察和待遇活动可以在每年同财政部商定的数量限度

内使用临时雇员。

对于临时雇员，按照相应人员的每日待遇标准给予同等待遇。

狱政机关为开展观察和待遇活动可以取得从事心理学、社会服务学、教育学、精神病学、临床犯罪学研究的专家的帮助，并且根据各自作出的工作给予适当报酬。

第59条规定的监所护士工作，由具有护士资历的专业人员承担。

根据1970年10月28日第775号法律第17条颁布的1971年3月31日共和国总统令中规定的狱政机关工作人员的组织建制，为此增加800人，专门从事上述部门的工作。这800人按照640人为专业工作人员，160人为干部的比例进行分配。

录用上述人员的有关方式将由执行细则确定。

第81条　社会扶助员的权限

从事领导工作的社会扶助员在本法第72条规定的社会服务站的范围内行使1962年7月16日第1085号法律第9条、第10条和第11条规定的权限。

从事具体工作的社会扶助员在社会服务站范围内，开展本法第72条列举的活动。他们监督和扶助接受替代监禁处分者，并且对被处以监视自由处分者提供帮助和扶助；此外，还参加扶助出狱者的工作。

第82条　管教员的权限

管教员参加小组活动，对囚犯和被收容人的人格进行科学观察，并且从事个别的或集体的再教育工作，使自己的活动同其他从事再教育人员的行动协调一致。

在允许的情况下，他们也对被告人进行再教育工作。

他们还参加图书馆管理以及分发书籍和报纸杂志的工作。

第83条　社会服务人员和管教人员的组织机构

本法附表B取代1962年7月16日第1085号法律关于社会服务领导机构的附表。

设立成年犯管教员和成年犯社会扶助员的工作机构。

前款指出的机构建制分别由本法附表C和附表D确定。

对于从事上述工作的人员，适用国家职员章程的规定和1940年7月30日第 2041 号谕令中不相抵触的规定及后来的修正案；这些人员直接隶属狱政机构及其派出机构。

于 1970 年 7 月 1 日取得领导资格的社会服务领导机构的人员，达到 1972 年 6 月 30 日第 748 号共和国总统令第 22 条第 1 款规定年龄的，无须参加该令第 22 条和第 23 条规定的培训，即可被任命为首席领导。

在行政委员会根据情况报告和有关方面的综合鉴定表示同意后，在现有职位的限度内，以部长令任命上述人员。

第 84 条　为录用成年犯社会扶助工作机构的人员而举行的专门招考

自本法生效之日起 6 个月内，司法部将为录用前条指出的成年犯社会扶助工作机构的人员举行一次招考，其录用比例限制在该机构组织建制总人数的 50%。

自本法生效之日起 30 个月内，将再举行一次公开招考，为成年犯社会扶助工作机构录用另外的 50% 人员。根据 1971 年 6 月 21 日的部颁命令参加录用 160 名社会扶助人员的考试而被少年犯社会服务机构录取的社会扶助员，可以参加本次招考。

第 1 款规定的招考对象系本法生效时在成年犯监狱从事社会扶助的有偿工作并具有大专文凭或具有 2 年制或 3 年制社会服务学校颁发的专业合格证书的人员，并且不受录用国家职员的现行规定中的年龄限制。

考试为口试，有以下科目：

1）社会服务的理论和实践；

2）心理学；

3）刑法和刑事诉讼法概论；

4）监狱规章。

考试委员会由监狱总局局长或者其代表主持，并且由下列人员组成：

1 名参加监狱总局工作的上诉法院法官；

1 名精神病学、心理学、犯罪学或犯罪人类学的大学教师；

1 名狱政机关的总监察官；

1 名社会服务学教师。

秘书长的职权由上述狱政机关的 1 名领导级二级以上的管理人员行使。

取得60分以上成绩者即通过考试。

考试通过者任命如下：

1）按照本条第3款的规定曾经连续供职2年以上者，任命为一级社会扶助员；

2）曾经连续供职4年以上者，任命为二级社会扶助员；

3）曾经连续供职8年以上者，任命为三级社会扶助员。

依前款规定为一级或二级扶助员者按照本条第3款的规定连续从事社会扶助工作的工龄，除已计算的2年或4年外，剩余部分在下次定级时予以计算。

自发布委任状之日起3个月内，考试通过者有权在退休待遇和退职金问题上要求为本条第3款规定的工龄支付补贴。

第85条　任用从事领导工作的人员

从1962年7月16日第1085号法律第5条e项中，删去“依照法律建立或批准”的字句。

第86条　监察办公室的人员

自本法生效之日起6个月内，根据司法部部长的建议，征得财政部长的同意，以共和国总统令，确定第68条规定的应根据现有组织的总体建制分配给各监察办公室的法官和其他人员的名额。

第87条　执行细则

自本法生效之日起6个月内，根据司法部部长的建议，征得财政部长的同意，以共和国总统令，颁布执行细则。其中有关监狱教育部分，在颁布前需征得公共教育部长的同意。[①]

在颁布上述细则前，现行细则中凡不与本法相抵触的条款仍可适用。

在第1款指出的期限内，应颁布有关规定限制成年犯管教机构和社会扶助机构吸收工作人员。

有关交社会服务站考验和半自由管制的规定，将于官方公报公布本法1年

---

① 执行细则于1976年4月29日以第431号总统政令的形式颁布，后经多次修改，最新的一次是1989年5月18日第248号总统政令对其进行的修改。

后生效。

第 88 条　机构设立的完成

设立成年犯社会服务工作人员组织机构，扩大社会服务领导人员组织机构，设立成年犯管教人员工作机构和扩大本法规定的精神病院、医疗看守所中的专业工作人员机构，在 7 年内完成。

第 89 条　被废止的规定

废止《刑法典》第 141 条、第 142 条、第 143 条、第 14 条、第 149 条和第 207 条最后一款、《刑事诉讼法典》第 585 条和其他与本法相抵触的条款。

第 90 条　安全要求①

当出现非常严重影响治安和安全的原因时，司法部部长有权在严格必要的特定时期内，全部或部分停止在一个或数个监狱适用本法规定的、可能违背治安和安全要求的待遇规则和制度。

第 91 条　财政保障

实施本法所需要的财政支出，1975 财政年度估计为 250 亿里拉，这些经费通过缩减财政部本财政年度支出预算第 6856 项规定的相同拨款数额予以筹集。

---

① 此条已被 1986 年 10 月 10 日第 663 号法律第 10 条废除。

意大利关于监狱制度和执行剥夺及限制自由措施的规定

（2000年6月30日第230号意大利总统政令）

杨超　译

第一部分　监狱待遇及关于监狱组织的规定

第一章　监狱待遇

第一节　指导原则

第1条　待遇措施

1. 对被告人采取的限制自由措施应能够尊重其人格利益、文化和职业。

2. 对被判刑人和被收容人采取的再教育措施，还应能够改进其人格条件和主观态度，改善其与家属的社会关系，克服可能妨碍他们重返社会的困难。

3. 如无相反规定，本法关于被告人的有关规定适用于接受调查的犯罪嫌疑人。

第2条　安全和监狱制度的落实

1. 监狱制度的相关规定旨在保障为实现对囚犯和被收容人监禁改造的目的所应具备的基本秩序。监狱长在其职权范围内，通过管理狱政人员来维护监狱的安全并保障监狱制度得到遵守和落实。

2. 监狱的安全人员和看守人员不同于隶属警察总局的拘留所，后者依据法律和相关法规来行使职权。

第 3 条　监狱和社会服务中心的管理

1. 监狱和社会服务中心分别由狱政管理机关的相应部门根据现行法律规定进行管理。

2. 监狱长和社会服务中心主任的职权包括，负责组织、协调和检查监狱和社会服务中心开展的工作，决定在监狱和社会服务中心内开展的各项计划及狱外待遇的启动时机，并保障计划的顺利开展，对监狱工作人员，包括那些在职权范围内为了履行委托的任务的非监狱行政管理人员下达指令。

3. 监狱长和社会服务中心主任应就其职责范围内的行为向地区长官和监狱总局负责。

第 4 条　工作协调和相互配合

1. 所有监狱工作人员，应根据各自的职责，参与在监狱和社会服务中心开展的对囚犯和被收容人的待遇活动。每个专业工作人员或志愿者的活动，都应有助于营造积极的相互配合和合作的氛围。

2. 基于上述目的，分别位于每个监狱区域的监狱和社会服务中心，构成一个统一的业务综合体，监狱和社会服务中心应充分根据和利用当地社区的资源来组织和开展工作和改造计划；监狱的监狱长们和社会服务中心的主任们应召开定期会议。

3. 监狱总局和地区长官，分别在其认为合适的时候，推动全国范围和地方范围内监狱机构和社会服务中心的合作和协调。

第 5 条　监察法官对监狱组织的监督

监察法官负责对监狱的各项活动和囚犯及被收容人所受到的待遇进行监督，为履行上述职能，有权进行实地探访、会见，或在需要时对文件进行审查。

第二节　一般性待遇

第 6 条　监狱机构的卫生和照明条件

1. 在监狱机构内，须给囚犯和被收容人提供适当的卫生条件。

2. 房间窗户须能够保证阳光和自然空气直接进入。不能使用遮挡阻止阳光和空气入内。只有在特殊情形下，出于对安全的考虑，才能使用遮挡，但仍然需要保证有足够的空气和阳光。

3. 应在房间内外都配备控制房间内电灯，包括收音机和电视的开关设备。在房间外，由监狱工作人员管理；房间内给囚犯和被收容人使用。当使用这些设备影响到房间内其他人员的生活作息时，房间外监狱工作人员可以直接关闭房间的设备。

4. 对于需要进行夜间监管的人员，照明设备在夜间也应明显调暗。

5. 囚犯或被收容人如有生理或心理问题，可以为他们的房间提供卫生清洁及其他相关的卫生服务，应通过适当的方式进行。

6. 无法找到人员进行清洁房间卫生服务时，监狱行政机关应向进行清洁工作的囚犯和被收容人提供报酬。

7. 如果条件允许，可以将吸烟与不吸烟人群分开安排。

第 7 条　卫生服务

1. 房间内应配有卫生间。

2. 卫生间内应配有冷、热水供应，洗脸池及淋浴设备，有女性囚犯和被收容人的监狱机构或部门，还应配有坐浴盆。

3. 卫生间、洗脸池及淋浴须根据所需数量配备，另外，还应配备在房间附近及公共活动区域。

第 8 条　个人卫生

1. 根据不同性别，由政令，通过列表对需要保养和清洁物品的数量和质量，作出专项规定。

2. 可以根据需要，对男性和女性囚犯和被收容人，分别定期组织理发和刮胡须服务。

3. 在允许在外过夜的房间中，可以使用电动剃须刀。

4. 狱内条例应规定提供理发和刮胡须服务的时间和方式，以及每天使用热水的时间。

5. 根据卫生和医疗的需要，可以强令沐浴。

第 9 条　服装和生活用品

1. 床上用品、衣服和个人内衣，包括那些经监狱行政机构同意，囚犯和被收容人的物品，属于符合政令中根据不同性别，列表对物品数量和质量作出专门规定的物品。

2. 上述服装及其作用应符合不同季节所需，特别是处于极端天气地区的监狱机构，衣服质量须能够保证重复穿着后仍保持清洁且保暖。

3. 应保证衣物在使用期间保有功效。

4. 包括在物品使用保质期之前，衣物如果出现损坏的，监狱行政机关应进行替换。如果在保质期之前出现的损害是因囚犯或被收容人造成的，应要求其赔偿损失。

5. 对于有特殊需求的人员，卫生机构应对其床上用品、内衣及衣服的数量和质量作出规定。

6. 未成年人应着便服。

7. 对于个人内衣和衣服，包括上述经囚犯或被收容人同意，能够用于穿着的衣物，及后续的变化，都应通过登记卡进行登记，将样本交由当事人保存或由监狱领导机构负责保管，并在迁移后向其转交。

8. 衣物清洗之后，监狱的领导机构，应负责每一名囚犯和被收容人都能拿回属于其所有的衣物。

9. 囚犯和被收容人所穿着或属于其本人的衣服，如果无法通过监狱行政机关提供的普通流程进行清洗，则应自己支付费用。

10. 如果本人经济条件无法负担，监狱行政机关应在人员释放时向其提供便服。

第 10 条　个人所有的床上用品和衣物

1. 狱内管理条例应规定，允许囚犯和被收容人使用其个人所有的床上用品，另外，这些床上用品应当是能为其所用。

2. 应确保囚犯和被收容人能够接受所提供的清洗服务，包括费用。

3. 允许持有具有特别意义的个人物品，或是没有经济价值但具有情感价值，且不会对狱内生活秩序造成干扰的物品。

第 11 条　日间生活

1. 应向囚犯和被收容人供应一日三餐。

2. 狱内管理条例应对一日三餐的时间作出具体规定，以确保早餐时间与起床时间不会间隔太长，午餐应在早餐5小时之后，晚餐应在午餐的6小时之后。

3. 对于未成年人，应提供可选择间隔的一日四餐。

4. 膳食清单应根据第9条第1款规定的标准，由政令依据第9条第4款作出批准，并符合高级营养机构提供的建议。膳食清单至少每5年应进行更新。在可能的情形下，形成膳食清单还应考虑不同宗教信仰所规定的内容。

第12条　对狱内膳食及售卖物品价格的监管

1. 由本法第9条第6款规定的，囚犯和被收容人的代表，由3人组成。

2. 应在监狱内的厨房内准备膳食，每一个厨房内都应有一名代表。

3. 囚犯和被收容人的代表帮助对食物产品提取采样，以对食物的数量和质量进行监管，鉴别各种食物产品相互作用对食品包装的影响。

4. 对于工作或学习的囚犯和被收容人，允许其缺席工作或学习，以能够作为代表参与工作，对于囚犯和被收容人为监狱行政机关在假期工作的时间，应付酬劳。

5. 上述代表和监狱长委派的人员，根据第9条第7款规定，将他们联合或分开观察的报告提交给监狱长。

6. 监狱的领导机构应每个月向公共机构收集狱外相关产品的价格，以保证狱内便利店的售卖价格与之相符，同时，还应收集监狱机构附近大型经销商实际售卖商品的价格信息。狱内便利店售卖商品的价格，同样应当告知囚犯和被收容的代表，须根据获得的上述信息对价格进行调整。

第13条　对食物进行包装和分配的场所——使用炉灶

1. 监狱内的厨房，须具备给最多200人提供膳食的能力。如果囚犯和被收容人的数量超过200人，应配备多个厨房。

2. 厨房内的工作应交由囚犯和被收容人。为此，应持续性地组织开展相关专业课程。

3. 在必要的时候，进餐应当在规定的场所，进餐场所应当能容纳进餐囚犯和被收容人的人数。狱内条例应作出规定，允许囚犯和被收容人能够轮流进入厨房烹饪。

4. 允许囚犯和被收容人在其房间内使用个人炉灶加热饮品和已经煮熟的食物，包括准备方便类的饮料和食物。

5. 炉灶的大小和性能须符合政令中的规定，同样，还应遵循政令中对使用方式，收回和因使用炉灶所支出费用的规定。

6. 未能采用直接管理措施的情形时，则部分由行政机关承担管理职责，并根据本法第 9 条第 5 款和第 6 款的规定供给粮食及上述膳食，但必须由领导机构专门阐明未能采用直接管理的原因。无论如何，直接管理措施能够通过提供唯一的供应商落实食品。直接管理相当于根据本法第 47 条第 3 款，通过建立与社会合作关系的协议实现。

7. 狱内管理条例可以规定，在没有持续性的情形下，允许囚犯和被收容人烹调食品，允许烹调的食品及保存方式。

第 14 条　接收、购买及持有物品及食品

1. 狱内管理条例应规定，对于监狱内所有囚犯和被收容人，允许其为了实现治疗，及完成待遇计划活动、文化活动、娱乐活动和体育活动，接收、购买和持有商品和食物。对允许持有的商品和物品，还应从新的技术工具角度进行个别考量。但无论如何，禁止持有现金。

2. 出于对安全的要求，可以对允许持有的物品作出限制，同样，在不同于监禁性措施时，适用第 14 条 –2，第 41 条 –2 和第 64 条的规定。

3. 不允许从狱外接收酒精性饮料。允许在狱内便利店购买或每日饮用不超过 1 升的酒，其酒精度不超过 18 度，或是饮用啤酒不超过 1 升。售卖和饮用酒精性饮料都应在进餐点进行。任何情形下，都不允许存储酒精性饮料。

4. 不允许带入的物品由监狱领导机构收回，除非其构成了犯罪行为的一部分，或是在囚犯和被收容人释放出狱的文书中所交付的。腐坏或体积超大的商品和物品不允许放入仓库存储，应由其家人在参加会见时带走或通过邮寄，费用由囚犯或被收容人承担。

5. 来自狱外的商品和物品都必须装在包裹内，在交付给收件人之前，必须经过检查。

6. 囚犯和被收容人可以每个月接收 4 个包裹，总重量不超过 20 公斤，不包括衣服或是狱内管理条例有规定的特定情形，同样，用于公共消费的食品不能私自打开进行检查。

7. 允许购买或接收个人使用的物品，但不能超过正常个人需要的限度。

8. 从狱外接收或购买的食品，不允许超过单个人的必需量。

9. 囚犯或被收容人不允许存储超过每星期必需量的食品。

10. 上述条款中作出的限制性规定，不能适用于作为母亲的囚犯，告知监狱是其婴幼儿生活必需的包裹、物品和商品。

第 15 条　囚犯和被收容人之间的转让

1. 禁止囚犯和被收容人之间转让和接收储蓄的金额，除非是发生在同一个家庭主要成员之间。

2. 允许囚犯和被收容人之间对低廉价值的物品进行转让。

第 16 条　使用开放性空间

1. 开放性空间，除了那些为实现本法第 10 条规定目的的场所，应当用于开展待遇性活动，特别是，监狱领导机构预先制订计划中的体育活动、娱乐活动和文化活动。

2. 放风地点在可能的情形下，不能安排在工厂之间，必须确保在合适的时间段，并且地点应经过卫生部门和精神医学部门的评估，在开展待遇计划活动点附近进行放风，以减少人员因剥夺人身自由被关注所带来的负面影响。

3. 减少放风时间，但每天不得低于 1 小时，出于特殊原因，必须将放风限制在短暂的时间内，须由监狱长采取措施且阐明原因，并告知地区长官和监察法官。

4. 用于放风的场所，须给环境署的工作人员提供保护环境的可能。

第 17 条　医疗救助

1. 囚犯和被收容人可以依法申请和享受医疗救助。

2. 在监狱领域开展的医疗救助计划、地址和协调组织工作，以及对医疗活动的检查控制，依照现行法律确定的职权部门和规定的方式开展。

3. 除本法第 11 条第 2 款规定的情形外，医疗救助应在监狱内实施。

4. 根据调查的监狱内关押的人数和对相应的医疗需求的分析的基础上，在全国范围内组织安排合适的诊疗机构和医疗机构。

5. 任何情况下不能保证由在编的精神病专家进行精神病治疗，监狱机构可根据本法第 80 条第 4 款规定指定精神病专家。

6. 经监狱长批准，可以准许一审判决宣告后的被告人、被判刑人以及被收容人，去可被信赖的医疗机构开展自费性医疗。

7. 按照本条第 6 款规定的相同方式，也可以准许去可被信赖的医院或监狱内的诊疗和医疗机构接受自费性的医疗处置、手术和治疗。

8. 当情况紧急，需要将囚犯或被收容人移转至狱外进行治疗，而又无法立即获得主管机关的许可命令时，监狱长可直接决定采取迁转措施，在及时将情况告知给有权做决定的主管机关的同时，将迁转措施告知监狱总局和地区行政长官。

9. 每个监狱都应开展持续性的预防性医疗活动，指出、提示和干预可能的病理性的情况，包括长期不运动和运动过少的情况。

第 18 条　医疗费用资助

1. 禁止向囚犯和被收容人就国家规定的医疗服务索要任何形式的费用。

2. 外籍、无国籍和无固定住所且根据现行法律注册医疗服务的囚犯和被收容人，由分配该囚犯和被收容人的机构所在地的公共卫生服务机构提供医疗救助。

3. 提供医疗服务的机构，依照现行法律规定，为被拘禁的囚犯家属和参加劳动的被收容人提供医疗救助。

第 19 条　对孕妇和带小孩的母亲的特别帮助——托儿所

1. 对孕妇和有孩子的母亲提供产科和妇科医疗救助，这些救助由狱外的专业人员和医疗专家提供。原则上应在狱外的治疗护理机构分娩。

2. 还可以由与产科医学相关的人员提供医疗救助。

3. 由被拘禁或被收容的母亲监护的儿童的医疗保健由儿科专家负责。

4. 产科专家、妇科专家和儿科专家，与医学相关的人员，以及托儿所的育儿人员，可根据其提供的服务给予报酬。

5. 在关押孕妇和带小孩的女性的监狱或监区，一般应设置专门的产科监区和托儿所。在不影响监狱日常秩序的情况下，关押孕妇和带小孩的女性场所的门可以不关闭，以便他们能够在内部进行活动。

6. 应保障儿童在监狱内能够开展与其年龄相应的娱乐活动和接受与其年龄相应的教育。此外，经其母亲同意，由所在地提供的公共服务或志愿者服务的组织下，儿童可以被带往狱外或所在地的幼儿所开展前述娱乐活动和教育活动。

7. 当达到法律规定的年龄界限或因其他原因，需要将儿童与其被囚禁或被收容的母亲分开时，若母亲表示没有可以信赖的可以托付孩子的人时，监狱管理人员应及时向幼儿帮扶机构和社会服务中心反映该情况，以便及时采取措施，但无论如何都应保证母亲与孩子之间持续不断的联系。

第 20 条　关于生理残疾者和半智力残疾者的特殊规定

1. 对患有生理残疾或半智力残疾的囚犯和被收容人，除本条其他条款规定的情形外，应提供必要的措施以便于其参与所有的监狱活动，特别是那些潜在的能够维持、改善和重建其与家庭和社会环境的活动，包括超出本法第 37 条规定的限制在狱外开展的会见。地方公共卫生医疗的主管机构可以会同监狱方一起确定相关行为人的条件和需求，并与监狱管理人员协商确定有关的外部资源，包括他们可以在公共服务机构提供服务和有助于他们重归社会的外部资源。

2. 对患有生理残疾或半智力残疾的囚犯和被收容人的通信检查，除本法第 38 条规定的情况外，同样可以适用医疗需要的通信，由医疗机构进行检查核实。

3. 当许可患有生理残疾或半智力残疾的囚犯和被收容人会面和电话通信时，应考虑本条第 1 款的规定。

4. 如果医疗机构认为患有生理残疾或半智力残疾的囚犯和被收容人具备从事生产性活动或提供服务的能力，可以准许其从事劳动并享受法律规定的所有相关权利。

5. 不具备从事生产性活动或提供服务的能力的，可以根据医疗机构的建议，安排其接受运动疗法，并可接受一定的补贴，补贴标准由部颁命令规定。

6. 本法第 9 条、第 12 条、第 20 条和第 27 条关于监狱代表的规定适用于患有生理残疾或半智力残疾的囚犯和被收容人。但如果医疗机构认为随机抽选确定的候选人的个人精神状况不具备履行职责的能力的，监察法官可以决定将其排除。被排除的人将由其他人选替换，替换的人选应通过随机抽选的方式从其他囚犯或被收容人中确定。

7. 对患有生理残疾或半智力残疾的囚犯和被收容人，只有当医疗机构认为其具有责任能力且能够充分认识到其实施的行为的意义时，方可对其适用法律规定的惩戒措施。

8. 对获准奖励假、放假或半自由管制的患有生理残疾或半智力残疾的囚犯和被收容人，需要时可以接受所在地公共精神医疗服务机构的帮助。

9. 嗜毒且患有生理残疾或半智力残疾的囚犯和被收容人，应与精神治疗服务机构和戒毒机构合作，接受相应的治疗。

10. 在 1999 年 6 月 22 日第 230 号立法性政令完成前，适用本条以及第 17—19 条规定。

第 21 条　图书馆服务

1. 监狱管理应为囚犯和被收容人提供进入监狱图书馆的便利，以使其能够阅读图书馆的读物，并为其以适当的方式在监狱内利用图书馆拥有的读物提供可能。

2. 在选择书籍和期刊时，应注意文化的多元性，体现社会中多种文化的均衡性和代表性。

3. 图书馆服务一般委托给一名教育工作者负责。图书馆负责人负责维护图书馆出版物、制作图书卡片、分发书籍期刊、发起文化传播活动，以及依照本法第 12 条的规定从囚犯和被收容人中选出辅助前述活动的代表。可以聘用一个或多个书记员，并按照规定支付报酬。

4. 囚犯和被收容人的代表，应根据监狱人数是否超过 500 人，依照本法第 67 条第 3 款或第 5 款的规定，通过随机抽选的方式确定。

5. 图书馆应配备阅览室，并对囚犯和被收容人开放。囚犯和被收容人中的劳动者和学生应能够在其工作或学习结束后去阅览室阅读。开放的时间和方式由监狱内部制度规定。

第三章　入狱和待遇方式

第 22 条　入狱

1. 监狱接收的人员包括，根据 1989 年 7 月 28 日第 271 号立法性政令第 94

条规定的人员以及根据命令执行剥夺或限制某人自由的刑罚的人。

2. 除非司法机关明确指明，在任何情况下不可依照本法第 33 条第 1 款第 3 项规定的对被拘禁人隔离关押。

3. 对应采取的限制自由的措施不符合监狱设计目的致使监狱无法执行的，监狱长应以决定方式通知监狱总局，以便于将其进行分配。

4. 对抓捕的现行犯或因涉嫌犯罪而被拘留的，在送入监狱前，应由侦查机关先将情况通报主管司法机关，以便其及时作出是否采取第 3 款规定措施的决定。对那些司法机关并未作出限制人身自由决定而到监狱机关自首的人员，监狱长可参照前述方式作出决定。

5. 司法机关在决定采取隔离关押措施时，应在命令中明确关押的方式、限制和期限。

6. 当欠缺前述决定时，监狱长应要求主管司法机关予以补充。在任何情况下都应留意被拘禁人可能出现的心理物理学上的痛苦状态。

7. 在隔离关押期间，经监狱长许可的人员，包括非监狱在编人员，可以按照监狱总局规定的方式与被拘禁人接触。

第 23 条　入狱的方式

1. 当囚犯或被收容人以自由人状态进入监狱时，监狱管理部门应对其进行个人搜查、对指纹进行调查，并依照本法第 62 条规定的方式，使其具备本法第 29 条第 1 款规定的能力。自囚犯或被收容人入狱之日起 2 日内，应安排医生对其进行体检。

2. 除本法第 24 条第 4 款规定的情况外，若医疗机构或其他机构查明被判刑人属于《刑法典》第 146 条和第 147 条第 1 款第 2—3 项规定的情形，监狱长应将相关文件移送主管的监察法官和监察法庭。对被采取预防性监禁的人员，适用前述规定。

3. 在囚犯和被收容人入狱时，应安排一名考察和待遇方面的专家与其进行面对面的会见交谈，以确定其是否能够适应限制自由的状态。考察的结果应通知需要对其采取适当干预措施的工作人员和第 29 条规定的观察和考验组织的工作人员。

应将可能的风险因素告知第 2 款中的司法机关。如果被监禁人员具有精神药品依赖症，还应告知监狱内的精神药品依赖治疗中心。

4. 在尽快完成前面款项规定的工作后，监狱管理机关可以要求监狱总局向其提供被监禁人的历史监禁信息，以便获得其已经存在的个人档案。

5. 根据 1989 年 9 月 30 日第 334 号部颁命令第 7 条的规定、本法第 32 条第 1 款和第 69 条第 2 款的规定，为了解登记和填写个人档案所需的必要信息，监狱长或其指派的监狱工作人员可以与囚犯或被收容人会谈。

6. 如果囚犯或被收容人拒绝提供其个人身份信息，或有充分的理由认为其提供的是虚假信息，以及无法成功确认其真正的个人信息时，应将被监禁人登记在“身份不明”的类别中，并记载照片和个人特征信息和身体标记，同时将情况上报给监狱总局。

7. 在会见时，应询问被监禁人是否存在需要立即干预介入的个人问题和家庭问题。监狱管理机关应将此类问题通知社会服务中心。

8. 囚犯和被收容人上交的物品，以及那些在其身上发现且不能由其携带的物品，交由监狱管理部门保管。不易保管的，可予以变卖或由其自费寄给指定的人。前述交付活动应制作笔录。

9. 对被告交付的物品及以被告人身份发现的物品，应告知公诉的司法机关。

10. 监狱工作人员、第 78 条规定的志愿服务者、第 17 条规定的社会代表以及社会和医疗组织的工作人员，与被告人、被判刑人和被收容人的接触和活动，不适用第 18 条和本规定第 37 条的内容。

第 24 条　注册登记

1. 根据 1989 年 9 月 30 日第 334 号部颁政令第 7 条规定所做的登记，除了有关被监禁人相关的信息外，还应按照时间顺序，记录囚犯和被收容人因转狱或移转等原因而进入或离开监狱的相关信息。

2. 登记册在投入使用之前应交给监狱长，由监狱长对每页进行编号，并加盖其办公印章。在登记册的最后由监狱长写明总页数、日期并签名。

3. 本条第 2 款的规定适用于依据《刑事诉讼法典》第 123 条进行的登记以及根据 1989 年 7 月 28 日第 271 号立法性政令第 44 条进行的登记。

4.《刑事诉讼法典》第 123 条规定的申辩、上诉和宣告，应将原件从登记册中抽出或以正本的方式通知司法机关。如果情况紧急的，可以用更快的方式进行告知。囚犯或被收容人就本法第 6 章第 1 节规定的决定提出申辩的，应在提出申请之日起 3 日内移送给监察法官或监察法庭。

第 25 条　律师名册

1. 在每个监狱都应设置一本包含所在行政区的律师名册，并保证囚犯和被收容人能够阅览。

2. 禁止监狱工作人员以直接或间接方式就辩护人的选择施加影响。

第 26 条　个人档案

1. 应为每个囚犯或被收容人建立个人档案，并在其进入监狱时开始填写记录。当被拘禁人转狱时其档案应随同一并移转，当囚犯或被收容人被释放时，档案应由监狱档案部门保管。对档案的保管应及时通知监狱总局。

2. 个人档案的封面应包括个人数据、电子手印、照片和其他确认个人身份必要的信息。

3. 在个人档案中，除 1989 年 7 月 28 日第 271 号立法性政令第 94 条规定的内容外，还应包括本法第 13 条第 4 款规定的数据和内容，应特别明确记录受到的奖励、纪律惩戒和确定的违纪行为，以及可能发生的暂停惩罚、免除惩罚和废除惩罚，申诉记录，本法第 6 章第 1 节规定的待遇措施，接受的特别监管和相关的申诉，以及其他部颁命令规定的内容。

4. 所有监察法官和监察法庭依本法第 6 章第 1 节和第 14 条 –3 规定作出的决定，都应通知监狱管理部门，并应在个人档案中备案记录。采取交社会服务站考验、半自由管制和监禁居住措施的，还应通知替代性监禁措施执行地的社会服务站。

5. 在每次预防性羁押到期和刑罚到期时，监狱管理部门应根据本法第 103 条第 2 款规定，对囚犯表现进行评估并记录在每个囚犯的个人档案中。

6. 当囚犯或被收容人被转移至其他监狱时，应就其整体表现和行为进行综合评估并记录在其个人档案中。

第 27 条　对个性的观测

1. 对每一名有需要进行观察的个人直接开展个性科学观测活动，应结合行为人可能存在的生理或心理问题、情感状况、教育背景和社会环境，判断其是否处于正常的生活环境。为进行观测，应从司法机关、医院、精神科医生及社会关系中获取信息，以及他们对行为人生活经历和监狱实施待遇的评价。以从司法机关处获得的信息为基础，结合行为人对其违法行为、违法原因、造成损害后果及受害人的反思，对违法犯罪行为导致损害的恢复情况，以及对受害人的赔偿情形，通过结合上述各种因素完成对个人个性的观测。

2. 从观察中发现有显著改变的，加上被判刑人或被收容人的合作，可认为是形成新的个别化待遇计划的因素，这一计划应在 9 个月内完成。

3. 通过对行为人的行为以及对生活方面的介入，在观测活动中查明发现行为人确有转变，并显示出有新的需求，应要求开展新的待遇计划。

4. 在囚犯和被收容人迁移至另一监狱机构时，应继续进行观测行为和待遇计划活动。

第 28 条　完成对个性的观测

1. 应在执行刑罚和保安处分的同一监管机构，依照规定，完成对人员个性的科学观测。

2. 如果发现进行观测的人员，有进行深入研究观测的需要，应由监狱机构或观察站的负责人提出这一要求。

3. 由来自行政机关的人员进行观测，根据所开展的工作，还可由依据第 80 条第 2 款和第 4 款规定的专家进行。

4. 开展观测活动属于监狱或是其他合作机构负责人的工作职责范围。

第 29 条　个别化待遇

1. 待遇计划应根据本法第 13 条第 3 款规定，制定特殊待遇，根据本法第 1 条第 7 款规定，制定原则性待遇。

2. 计划应由观察行为和待遇小组完成，这一小组由监狱长担任组长，成员由其他监狱人员以及根据第 28 条规定的开展观察活动的专家组成。

3. 小组应定期集中，对进行中的待遇实践和结果进行检验。

4. 小组中的技术秘书应由教育工作者担任。

第 30 条　对被监禁人和被收容人监狱的分配

1. 被判刑人和被收容人，在开始执行刑罚或保安处分时，应根据所执行刑罚或所实施处分的种类，在其所居住的地区内分配监狱。万一出现没有合适类型的监狱，或监狱已经满员的情形，则必须在最近的地点分配同一等级的监狱。

2. 在临时分配的监狱内，也应根据本法第 13 条的规定开展观察活动。

3. 个别化待遇项目中的信息也能作为确定监狱的考虑因素。

4. 确定被判刑人和被收容人的监狱，应符合个别化待遇项目中规定的内容以及根据本法第 115 条规定，监狱机构内能组织开展活动的类型。

5. 由监狱行政总局对被判刑人和被收容人所确定或临时分配的内容，可以涉及从一个地区迁移至另一个地区的监狱机构。在同一个地区区域内，涉及对不同监狱的分配，应通知监狱行政总局，除非对被判刑人和被收容人的分配是由监狱行政总局，在法律规定的管辖权之内所作出的。

第 31 条　在部门内的分类

1. 为了落实本法第 14 条第 2 款规定的标准，对囚犯和被收容人进行分配，监狱机构应通过对主体自制状况为标准以实现在狱内对他们进行不同部门的再分类。

2. 对于没有处于本法第 33 条第 1 款规定隔离措施中的被告人，考虑到他们的年龄、之前的服刑经历、故意或过失犯罪，根据监狱内不同部门所采取预防性措施，以作出最合适的分配。

第 32 条　出于预防性原因作出的分配与分类

1. 囚犯和被收容人如果有出现需要采取特别预防措施的行为，同样也是为了保护同监舍人员，以防止可能的侵害或强暴，应将其分配至合适的机构或部门，以便于采取上述保护性措施。

2. 应每半年对永久性预防措施进行审查。

3. 另外，需要注意的是，尽管最为合适的方式是将会实施侵害或强暴行为的囚犯和被收容人与其他人员分开安置，为实现这一目的，同样可以在监狱内通过合适的部门进行安置，但是作出这种分配，必须时常对其单独进行复查，以鉴别是否有理由将其永久性地与原来的群体分开。

第 33 条　特殊监察制度

1. 当监狱行政总局提出或作出标注，或由监狱领导机构提出，或由司法机关作出标注，认为应当对囚犯或被收容人根据本法第 14 条 –2 第 1 款实施后延长特殊监察制度，应向监狱长提出召开纪律委员会会议，以使得在 10 天内对这一提议发表意见。

2. 司法机关须在 10 天内获得由监狱行政总局根据本法第 14 条 –2 第 3 款规定作出意见。

3. 监狱的领导机构应要求主管司法机关采取措施，以针对特殊监察制度所作出或延长特殊监察，根据本法第 11 条第 2 款批准，对符合要求到达和出发的时间进行监管。司法机关应在其办公室收到请求的 10 天内采取相应措施。

4. 特殊监察制度采取的临时措施，以及对囚犯和被收容人作出限制的措施，同样应进行通知，签发后实施。

5. 涉及最终措施或是延长特殊监察制度，包括之前通过特殊监察制度所采取的临时措施。应通知囚犯或被收容人监狱的领导机构，并寄发复印件。

6. 对于特殊监察制度所采取的措施或延长特殊监察，以及申诉意见都应放入个人档案。

7. 监狱领导机构所采取的措施，应逐次向监察法官寄送之前措施的复印件以及当事人如果有提出申诉的意见。

8. 当囚犯或被收容人处于特殊监察措施中，需要迁移至属于另一个监察管辖区范围的监狱机构时，应向目的地监狱领导机构的办公室转达通知，并随附措施及通过前款提出申诉记录的复印件。

9. 当发现囚犯或被收容人在监狱内没有合适的部门进行安置，即实施特殊监察制度会对女性囚犯或被收容人带来偏见或对监狱秩序或安全造成影响时，可以迁移至另一个合适的监狱。在必要时，可将实施特殊监察的囚犯或被收容人迁移至另一个监狱或本法第 32 条规定的另一个部门。

第 34 条　对特殊监察措施提出的申诉

1. 针对最终措施中涉及处以或延长特殊监察者，可以提出申诉，如果建议是由监狱长通过文书转达，应依据《刑事诉讼法典》第 123 条，和 1989 年 6 月 28 日第 271 号有立法效力政令的第 44 条规定进行登记，并最晚在收到建议的第 2 天，将复印件转交给监察法庭，由监察法庭将复印件，以及通过特殊监察制度采取或延期的措施归入当事人的个人档案。在紧急情况下，应通过最为快捷的通信方式进行通知。

2. 囚犯或被收容人提出申诉请求时，可以同时任命辩护律师。

3. 监狱行政机关如没有直接采取措施，可以委派地区行政长官或监狱长，向监察法庭提交备忘录，对囚犯或被收容人提出申诉采取的相应措施。

第 35 条　外国囚犯和被收容人

1. 对外国公民执行剥夺自由措施时，必须考虑到他们的语言困难和不同文化。必须提供帮助尽可能地与其使领馆进行联系沟通。

2. 另外，必须有助于专业人员的介入化解文化冲突，或通过与地方单位或志愿者签订协议。

第 36 条　狱内条例

1. 监狱行政部门应公平地依照本法第 16 条第 1 款的指示，在不同级别的监狱机构内实现本法第 14 条规定不同类别的待遇方式。

2. 狱内条例，以及其他涉及待遇方式的条款还包括有本法第 16 条、第 31 条，管理条例第 8 条、第 10 条、第 11 条、第 13 条、第 14 条、第 37 条、第 67 条和第 74 条，纪律规定及下列事项：

a）监狱开放和关闭的时间；

b）组织女性囚犯和被收容人进行日常活动的方式；

c）根据规定，为囚犯和被收容人提供不同服务的方式；

d）在当地社区放风的时间；

e）放风的方式、时间和轮次；

f）为进行谈话、书信通信及拨打电话规定特定的时间表和方式；

g）允许发布通知及其他类似的方式；

h）同意进行的游戏。

3. 对监狱内特定的部门，狱内条例能够对上述内容作出不同规定。

4. 狱内条例中，根据《监狱法》第 16 条第 2 款规定的委员会，应当公平且无差别地遵循监狱行政部门依据《监狱法》第 16 条第 1 款和当前条款第 1 款所作出的指令。如果上述指令，狱内条例规范发生无法适用的情形，必须由委员会进行修订，并能在其收到意见的20天内，适用这一指令。

5. 必须让囚犯和被收容人熟知狱内条例。

第37条　会谈

1. 对被判刑人、被收容人及经监狱长批准，在一审判决宣布之后的被告人可以进行会谈。非亲属和同居者应有合适的理由，经过批准才能参加会谈。

2. 对于一审宣判之前的被告人，进行会谈的请求应提交给诉讼程序中的司法机关。

3. 允许进行会谈的人员应验明身份，并依据狱内管理条例规定的方式进行监管，以确保没有危险物品或其他不允许带入监狱内的物品带入监狱。

4. 会谈过程中应保证不会被其他人打扰。如参与会谈的人员有不正确的行或猥亵行为，负责监管会谈的领导有权暂停会谈，并报告给监狱长，以决定是否逐次排除会谈。

5. 会谈应在监狱内进行，不能在隔断的空间或是开放性空间中进行。如有出于健康或安全的适当原因，会谈可在狱内具备隔断性的公共场所进行。对于特殊原因，监狱领导机构有权同意会谈可以在狱内专门地点进行。任何情形下，会谈都应在监狱司法警察的监管下进行。

6. 应有合适的谈话地点确保囚犯和其辩护律师能够进行会谈。

7. 对于生病的被收容人和囚犯允许在医疗地点进行会谈。

8. 被收容人或囚犯每月享有6次会谈的权利。如果被收容人或囚犯犯有《监狱法》第4条–2第1款第一段规定的其中一种罪行，或有其他禁止享受上述会谈权利的情形，每月会谈次数不得超过4次。

9. 如果病情危重，或谈话涉及10岁以下的人员参与或是有其他特殊情况，能够在第8款规定之外的地点进行会谈。

10. 会谈最长持续1小时。如有特殊情形，可以延长与其亲属或同居者的会谈时间。如果在本次会谈前一星期中，被收容人或囚犯没有进行过其他会谈或是有紧急情况且获得监狱机构的同意，与亲属或同居者的会谈可以在非监狱机构内进行，且最多延长至2小时。被收容人或囚犯的会谈最多不得超过3个人参加。除非有法条对亲属或同居者参加会谈作出例外性规定。

11. 如果被收容人或囚犯与其家庭没有联系，监狱领导机构应向社会服务站提出，并提供介入会谈的机会。

12. 会谈应进行适当的登记。

13. 如果被收容人或囚犯需要在所有的节假日中劳动，在可能的情况下，应便于其能在节假日中进行会谈。

第 38 条　书信及电话通信

1. 应允许被收容人或囚犯收发书信和电话通信。经监狱领导机构允许，可接收传真。

2. 监狱行政管理机关应向被收容人或囚犯免费提供通信渠道，不能收取费用，保证其每周都能写一封信并通过平邮寄出。

3. 监狱内的便利店应始终开放，以能购买通信所必需的物品。

4. 在寄出的信封上，被收容人或囚犯应写明其姓和名。

5. 寄送或送达已封口的信件，应进行检查以确保没有不允许带入的物品。应确保检查只涉及是否有违禁物品，而不能对书信内容进行检查。

6. 监狱领导机构如果怀疑在书信往来中，包括寄出和送达的信件中含有构成犯罪或可能会对监狱中安全或秩序带来危险的内容，应立即进行标记并采取措施，与监察法官，如涉及一审判决宣布之前的被告人，则应与诉讼程序中的司法机关对信件进行商谈。

7. 书信往来应由通信办公室负责检查，由监察法官或主管司法机关决定寄送或扣下。

8. 本条第 6 款和第 7 款的规定，同样适用于收到的电报和传真。

9. 如果监狱领导机构发现寄出的电报无法送达，根据第 6 款的规定，应通知监察法官或主管司法机构，以决定是否寄送给其他人员。

10. 如被收容人或囚犯的信件被扣下，应立即告知。

11. 不得对被收容人或囚犯与国际行政或司法机构的信件往来进行检查，以保障其人权。

第 39 条　电话通信

1. 每一个监狱机构都应根据需要，装有一台以上的电话。

2. 被判刑人和被收容人应监狱长批准，每周可以有一次，与其亲属或同居者进行电话联络，或是出于改造目的和查验目的，可以与非亲属或同居者通话。另外，经批准，出现放假或假期内需要被判刑人或被收容人重新回到监狱时，可以与其家人或是同居者通话。如果被监禁人或被收容人犯有本法第 4 条 –2 规定的罪名之一，可以禁止其享有上述权利，每个月电话通话的次数不可以超过 2 次。

3. 考虑到紧急情况或特殊情形，如果是与 10 岁以下的人员进行通话或是出现迁移被收容人的情形，可以对批准作出特殊规定，或对第 2 款规定的内容作出限制性规定。

4. 被告人经诉讼程序中的司法机关或在一审判决之后，经监管法官批准，也可以使用电话通信，并遵循第 2 款和第 3 款规定的频率和方式。

5. 囚犯或被收容人想要进行电话通话，须通过书面申请交于有管辖权的机构，写明要通话的号码及人员，并且人员和号码必须对应。如果没有撤销，批准始终有效。在第 2 款和第 3 款规定的情形中，申请者必须阐明批准其通话的原因，且只能在其阐明的理由仍然存在的情形下，才允许通话。如果作出拒绝请求的决定，须阐明理由。

6. 监狱工作人员通过技术方式确定电话通信录。每次谈话最长持续 10 分钟。

7. 有管辖权的司法机关可根据本法第 18 条的规定，监管电话通信，对谈话内容进行监听，并通过适当的准备方式进行登记。犯有本法第 4 条 –2 罪行的囚犯或被收容人，根据其提出的请求批准进行的电话通话，应进行登记。

8. 由当事人承担电话通信费用，包括预付费的电话。

9. 对每一次通话发生的费用，同时进行审计。

10. 如果囚犯和被收容人需要直接与境外号码进行通话，只要没有特殊的预防性原因，当事人只能与所指明通话的人员进行对话。如果囚犯在通话中发生要与其亲属或同居者进行通话的情况，只须根据第 7 款的规定，批准进行通话。

第 40 条　使用收音机及其他设备

1. 允许囚犯和被收容人使用个人收音机。另外，监狱长可批准，出于工作或学习的目的，在房间内睡前使用个人电脑，阅读带，或便携式压缩盘。

2. 应根据政令规定确定设备的性能，使用方式，因使用电力可能需要支出的费用。

第 41 条　义务教育阶段的课程

1. 公共教育部与司法部，应平等地组织义务教育阶段的课程，除第 43 条第 1 款规定的情形之外，以及高中阶段中相关义务学习的课程。开展的活动以及合作进行的教育课程以上述部门之间所签订的协议为基础。

2. 地区教学办公室的领导人，根据指示，以及监狱领导机构和教学机构领导人提供的正式要求，根据监狱中人员的需要，在地区部门范围内，与地区监狱行政机构负责人共同商定义务教育阶段不同种类的课程。

3. 由教育行政机关的主管部门负责组织教学及实施具体教学工作。教育单位的领导机构提供场所和配套设施。

4. 监狱的领导机构应负责，在教学课程中向囚犯和被收容人转达适当的信息并帮助其能够最大限度地参与课程。领导机构还应负责使课程时间表的安排与劳动工作和其他监狱组织的活动时间不冲突。在可能的情况下，应避免将正在参加教学课程的囚犯和被收容人迁移至另一个监狱，哪怕是出于裁减人员的目的，也应避免介入任何可能会打断参加教育活动的情形。当领导机构认为将参加课程的囚犯或被收容人进行迁移是合适的，应当听取观察和待遇小组人员及教育机构的意见，并将意见统一整理好，向主管机构提交，并由其作出决定。如果决定进行迁移，则落实迁移，监狱方应尽可能确保迁移的人员能够继续进行教学课程。

5. 可以由教育机构开展与学历教育相关的课程，经与监狱领导机构协商同意，课程可以由具备资格的志愿者参与，但这些工作都应当由学校的教育工作人员负责。

6. 每一所监狱都应当成立教育委员会，承担咨询和建议职责，委员会由监狱长担任主席，负责待遇和教师管理。委员会由监狱长负责召集开会，并每年或每两年提交教育计划书。

第 42 条　职业化培养课程

1. 以女性囚犯，包括意大利和外国女性囚犯的需要为基础，以及考虑劳动市场的需求，监狱的领导机构应帮助囚犯参加职业化培养课程。为此，应推动与地区和当地主管单位签订协议。根据第 21 条最后一款的规定，可以开展全部或部分课程，并在狱外进行实践。

2. 监狱的行政机关应推动与当地单位签订议定书，以确保囚犯或被收容人能够持续参加活动，并在释放出狱后，具有获得资格证书的可能性。

3. 监狱的领导机构应提供场地、配套设施及计划，获得地区长官的同意后，可以开展专门符合囚犯和被收容人需要的培养性活动，以促进监狱劳动工作的发展。

4. 监狱的领导机构应负责，在教学课程中向囚犯和被收容人转达适当的信息并帮助其能够最大限度地参与课程。领导机构还应负责使课程时间表的安排与劳动工作和其他监狱组织的活动时间不冲突。在可能的情况下，应避免将正在参加教学课程的囚犯和被收容人迁移至另一个监狱，哪怕是出于裁减人员的目的，也应避免介入任何可能会打断参加教育活动的情形。当领导机构认为将参加课程的囚犯或被收容人进行迁移是合适的，应当听取观察和待遇小组人员及任职教师的意见，并将意见统一整理好，向主管机构提交，并由其作出决定。如果决定进行迁移，则落实迁移，监狱方应尽可能确保迁移的人员能够继续进行教学课程。

第 43 条　高中阶段教育课程

1. 高中阶段教育课程，以及根据现行规定包含于义务教育中的课程，由监狱行政机关向公共教育部提出要求，在确定的监狱机构内建立上述阶段学校的分支机构。根据第 41 条第 1 款的规定，确保每个地区至少有一所上述的分支机构。

2. 这些面向囚犯和被收容人的课程，也可以在执行剥夺自由措施期间进行，应有系统性学习的活动，不少于一学年的时间。

3. 适用第 41 条第 3 款、第 4 款、第 5 款和第 6 款的规定。

4. 为方便那些无法按时参加课程的被判刑人和被收容人，监狱的领导机构可以与就近的高中合作，组织个人准备考试，以进入高中课程的第二学年。为此，也可以适用于参加职业资格的人员。同样，也可以给被告人提供这些便利。

5. 经与教育机构协商同意，尽可能给学生提供进行上述考试的不同课程。

6. 万一无法同时进行学习和根据第 41 条第 4 款规定的劳动活动，被判刑人和被收容人在本条第 1 款规定的上课期间，可以免除劳动。对于那些为准备第 4 款规定的考试，参加课程的人员，提出要求可以免除劳动。

第 44 条　大学课程

1. 囚犯和被收容人如果有注册的大学课程或具有注册大学课程的必要条件，应提供便利以完成学习。

2. 为此，取得高等教育机构的同意，可以允许学生使用任何可能的帮助以能够通过考试。

3. 正在参加大学课程的人员提出要求后，考虑到他们所承担的学习和获益，可以免除劳动。

4. 在可能的情形下，对大学生囚犯和被收容人可以安排方便学习的房间和部门，另外，还可为他们提供合适的公共场所。经批准，这些学生可以在自己的房间内或其他学习场所，持有书籍、出版物及其他所有学习所需的工具。

第 45 条　发放给学生的经济补助

1. 参加职业化培养课程的次数应当与政令中所规定的，按照不同程度发放的补助金时间相符合。

2. 课程可以在劳动时间内进行，但是必须是无法在不同的时间进行学习和劳动的情况下。在这种情形下，囚犯和被收容人所领取的次数，对于劳动，酬金比例是根据开展有效劳动的时长计算，另外则需考虑第 1 款规定的，有效按时参加学习课程的时长。

3. 对于参加二年级学习课程的囚犯，所获得补助金的天数，按照政令中规定参加的次数以及非自愿性缺席的次数。在一学年结束，新学年开始之前，学生应当获得与应工作天数相当的补助金，依据政令的规定，只要在一学年中通过课程学习，获得积极的成果，且没有领取报酬的情形下。

4. 在每一个学年结束的时候，学生如果通过法定的考试，可以单独继续进行第二学年的学习，包括那些将参加公立或类似大学的人员，以及已经通过所有考试，税费的支出，应符合监狱总局规定的生产奖励限度。

5. 义务教育阶段的课程同样能够在劳动时间内进行，但是必须是在无法根据第 41 条第 4 款规定，在不同的时间进行学习和劳动的情况下。在此情形下，囚犯和被收容人领取的次数，对于劳动，根据开展有效劳动时长计算。

6. 囚犯和被收容人通过课程学习，获得积极的成果，可以按限度获得监狱总局规定的奖励性收益。

7. 有奖学金或津贴的人员，不再享有本款规定的经济补助。

8. 对于本款提供的补助金和本条规定的生产奖励金数额，由司法部部长和财政部部长每年共同颁布的政令作出规定，并写入预算和财政计划。

第 46 条　排除专业化课程学习的情形

1. 囚犯或被收容人无论是在专业化学习课程还是单独学习中，如果其行为表现无法完成学习，则应将其排除在课程学习之外。

2. 排除学习的决定应由监狱长批准，并听取观察与待遇小组以及教育机构的意见，须阐述排除的原因，特别是排除决定与上述机构意见不一致时。如果囚犯或被收容人重新出现能够继续学习的能力，应允许其重新进行学习。

第 47 条　组织劳动

1. 对于劳动型监狱，监狱的领导机构应当根据地区长官决定的计划，组织并管理狱内或狱外的劳动。同样，还可以由公共或私人公司，特别是，可由经监狱领导机构转让特许权，有合作关系的社会公司组织并管理劳动。监狱领导机构与公司之间的关系，通过协定作出具体规定，包括使用，借用狱内场所或设备，以及为了开展生产活动需要由企业预先垫付费用的方式。囚犯和被收容人在这种附属关系中进行劳动，相当于建立了劳动关系，直接由企业进行管理。雇主应将劳动报酬交于监狱的领导机构，由其根据法律规定进行扣减，并根据领导机构掌握的证明材料，留出需要供养家庭主要成员的津贴费，后再分配给劳动者。雇主必须向监狱领导机构展示其为了开展劳动所必须配备的保护性和预防性准备。

2. 监狱可能会组织在狱外实施监禁刑措施的地方进行劳动，应在场所内提供配套设备以能够在劳动时间内在此用餐。

3. 第 1 款规定的协议，特别是有合作关系的社会组织，能够提供狱内服务，例如分配食物，清洁和维修工厂。

4. 监狱行政机关必须作出规定，监狱内的衣物和床上用品，包括提供装饰品以及其他监狱内的必需品须由监狱劳动力供应。这些由监狱发布的劳动命令，不代表监狱间存在经济关系，须单独由监狱总局或地区长官根据其职权进行评估、要求以及根据劳动命令中所规定的，生产监狱必需品。只有具备正当理由，即具有显著经济利益的情形下，才能由狱外单位作为上述产品的供应商。对于这种利益的评估，应当考虑其对落实监狱待遇的实质能力，并且必须能够使用监狱的劳动力。

5. 产品应当满足监狱行政机关、地方行政机关以及公共或私人单位签订订单的要求。

6. 地方行政机关和公共单位签订的劳动订单，由监狱总局与地方行政长官商讨后进行分配。监狱的领导机构可以直接签订私人单位的订单。

7. 当公共或私人单位签订的订单，能够提供原材料和配件、设备及技术性人员，那么，对于提供这些帮助的价值，应该考虑到确定花费的影响及商品的定价。

8. 如果监狱内没有足够合格的人力完成订单，监狱行政机关应预先分析市场消化订单的可能性，从而组织或管理直接进行生产规定的物品，以能够进入市场售卖或由公共单位购买。

9. 监狱的领导机构，应给囚犯和被收容人所分配的劳动提供帮助，提供售卖监狱内生产产品的机会，根据《监狱法》第 20 条第 13 款的规定，产品价格应等于或低于其价值，监狱领导机构应向商会、工业协会、手工业协会和农业协会，税务部门，或公共主管机构问询监狱所在地产品进入市场的实际价格，以确定产品最终售卖的价格。

10. 工作岗位根据每所监狱囚犯的人数进行分配，岗位数量应固定，由监狱的领导机构规定并通过列表公布，包括狱内劳动、狱外劳动、监狱内服务工作的具体岗位数量。同时，这一列表还应包括允许在监狱内和监狱外实施在家劳动的数量。列表根据情况的变化作出修订并经地区长官批准。

11. 未成年人监狱应当负责专门组织开展职业化培养的劳动活动。

第 48 条　狱外劳动

1. 获得监察法官根据《监狱法》第 21 条第 4 款规定作出的批准，监狱领导机构有权对被收容人和囚犯狱外劳动的待遇计划和划分执行作出规定。

2. 根据《监狱法》第 21 条的规定，对被告人狱外劳动的决定由主管司法机关作出，并应通知监察法官。

3. 监狱的领导机构必须说明理由才能批准狱外劳动的请求或批准允许进行狱外劳动，同样，涉及规定的所有情形，都必须提供所有需要的文件。

4. 监察法官或上述司法机关，根据案件情形，同意被收容人或囚犯进行狱外劳动，或批准同意被告人进行狱外劳动，应考虑所犯罪行、持续的时间，实施被剥夺自由措施的效果及预期效果，以及剩余刑期，包括在狱外劳动可能实施其他罪行的风险。

5. 被收容人或囚犯进行狱外劳动应着便服，不能带手铐。

6. 如出于安全考虑，需要对被收容人和囚犯狱外劳动实施押送，应由监狱司法警察根据监狱领导机构规定的方式进行。对于被判刑人，监狱司法警察及城市警察、宪兵都有权在狱外劳动期间对其实施监管。

7. 对于未成年人进行狱外劳动，如出于安全考虑，可由任何一名符合资格的监狱行政人员进行陪伴。

8. 出于同意对被收容人或囚犯狱外劳动进行分配的目的，监狱总局通过研究，可以在现行纪律范围内与主管主体进行合作。

9. 地区长官应当公平地对待所有监狱领导机构狱外劳动需求，并提供全部可进行狱外劳动的工作岗位。

10. 囚犯或被收容人的雇主根据法律规定扣除费用，即应给予劳动者的费用及供养核心家庭成员的补助费后，具体扣除费用应根据监狱领导机构提供的文件材料，应将酬金交给监狱的领导机构。雇主还应向监狱领导机构展示其为了开展劳动所提供的保护性和预防性措施。

11. 囚犯或被收容人进行狱外劳动，同样应享有普遍劳动者的权利，除了执行剥夺自由刑所必须限制的权利。

12. 允许狱外劳动，在具备《监狱法》第 21 条第 1 款规定的条件时，可以开展自治劳动，但只能开展有资格的自治组织所规定的劳动，并且囚犯或被收容人应具备必要的能力，愿意进行职业性工作。囚犯或被收容人将其劳动中获得的收益交给监狱的领导机构，如果需要提取应根据《监狱法》第 24 条第 1 款的规定。

13. 如果狱外劳动措施中没有指定具体劳动类别，应当写明囚犯或被收容人在狱外期间所必须遵行的行为，包括外出和回来的时间，这需要考虑到根据待遇计划中与家人共同进餐或为维持家庭关系所共处的时间。另外，外出和回来的时间应为一个固定的时间段，以防止意外事件导致无法按时归来。超过规定时间归来，应根据《刑法典》第 385 条规定的罪名，记录进囚犯的报告。

14. 监狱领导机构同意囚犯或被收容人进行狱外劳动措施的复印件，应当转交至监狱总局、地区长官、社会服务站的负责人，还应通知开展狱外劳动所在地的警察局。

15. 修改或撤销同意被收容人或囚犯狱外劳动措施的决定，应通知监狱行政管理部门、地区长官及监察法官，涉及被告人的决定，应通知上述司法机关。撤销狱外劳动的决定在监察法官批准后生效执行。在等待监察法官发出批准令的期间，监狱长有权作出暂停同意狱外劳动的决定。

16. 根据《监狱法》第 21 条第 3 款规定，对被收容人或囚犯遵守规定的情况和劳动进行检查，应尊重其权利和人格。

17.《监狱法》第 21 条第 3 款，同样可以适用于同意开展狱外独立劳动的情形。

18. 如果是在公共企业中开展劳动，监狱长应与该企业负责人签订严格的协议，上述主体能够根据指示对被收容人或囚犯的行为进行监管。

第 49 条　狱内机构分配劳动优先权的标准

1. 决定分配被收容人或囚犯劳动优先权的因素应依据《监狱法》第 20 条第 6 款的规定。

2. 监狱机构负责人，及观察与待遇小组应公平且透明地分配劳动。

第 50 条　劳动义务

被判刑人、在农业营地和家庭劳动中实施保安处分措施的人，以及不允许通过半自由管制或狱外劳动，或没有批准开展农业、工业或艺术或在家劳动的人，即对于那些无法进行符合《监狱法》第20条第6款规定标准劳动的人，监狱内应开展组织另一种劳动活动。

第51条　农业、工业或艺术活动

1. 劳动时间之外，在合适或专门的地点，开展农业、工业和艺术活动，特殊情况下，可以在室内开展活动，但不能使用引发危险、拥堵的工具或实施猥亵行为。

2. 被告人同样可允许进行活动，他们也可以要求在劳动时间内实施这些活动。

3. 被判刑人和被收容人要求在其劳动时间内开展农业、工业或艺术活动，当其具有《监狱法》第20条第14款规定的才能，并愿意承担职业性工作时，经批准能够免除日常劳动。

4. 听取观察和待遇小组的意见，监狱长可批准决定进行观察的内容以及偿还由行政机关垫付的费用。

5. 不需要监狱行政机关支出的费用的情况下，能够允许将有价值的物品寄送至监狱外。

6. 被判刑人、被收容人，以及实施半自由管制和狱外劳动的人员可以领取从农业、工业或艺术活动中获得的经济收益，但领取应遵循《监狱法》第24条第1款的规定。

第52条　在居所中的劳动

遵循法律规定，包括依照日常劳动的时长，并遵守本法第51条规定的方式和条件，能够在监狱机构内开展在居所中的劳动。

第53条　排除劳动的情形

听取观察小组成员的建议，包括囚犯和被收容人明确表示拒绝履行所分配给他们劳动的情形时，听取劳动主管和雇主的观点后，经监狱长同意，可排除劳动。

第54条　半自由管制中的劳动

1. 半自由管制中被收容人或被判刑人的雇主，扣除根据法律规定和分配给供养家庭核心成员的补助费后，应向监狱领导机构缴纳报酬。雇主还应向监狱领导机构展示其保障开展劳动的安全与预防性措施。

2. 被收容人或被判刑人允许进行半自由管制中的劳动应享受普通劳动者同样的权利待遇，除非是执行剥夺自由措施所必须作出的限制。

3. 被判刑人或被收容人允许在半自由管制中进行独立劳动，扣除领取的费用后应把报酬缴纳给监狱机构的领导机构。

第 55 条　对主要家庭成员的补助费

1. 作为劳动者的囚犯和被收容人应向监狱领导机构提供文件材料，以显示其承担家庭供养的状况，具有获取家庭补助的权利。

2. 假如囚犯或被收容人没有提供文件材料，监狱领导机构应通知供养者，并让其提供材料。

3. 如果人员或供养人遇到难以提供文件材料的情况，监狱领导机构应直接联系主管办公室，要求提供证明。

4. 补助费应直接交给供养者或进行邮寄。

5. 如果供养者期间出现无行为能力的状况，应交由其法定代理人，如果法定代理人就是被收容人或囚犯本人，应交由可委托的人。

第 56 条　领取劳动报酬

1. 被判刑人以维持生活支出费用的名义和根据《刑法典》第 145 条第 2 款第 1）项和第 3）项规定，所支取报酬的比例应比照从报酬中支付赔偿的费用。

2. 剩余报酬则留于有执行管辖权的法官，对报酬以及支付维持生活支出的费用的争议，通过申诉，由监察法官决定按照《刑法典》第 145 条规定的顺序进行支取。

第 57 条　储蓄

1. 被判刑人或被收容人的储蓄分为定期和活期。

2. 报酬的五分之一作为定期储蓄。剩余部分的报酬应为活期储蓄，且不得超过 1032 欧元。超过规定的金额不得再作为储蓄，除非需要立即支付为诉讼费用，缴纳赔偿或补偿款，包括偿还债务。应强制性要求所有者交由其所指定的家人或同居者，或以其名义存入银行或邮局。

3. 定期储蓄不得在执行剥夺自由刑期间使用。除非监狱长出于特殊原因的考虑，能批准使用部分定期储蓄。

4. 活期储蓄可以用于寄送给家人或同居者，经批准可用于购物、通信、支付法律辩护费用、罚金、罚款或债务，或是其他所有为实现待遇目的的支出费用。用于支付法律辩护的费用，应提交律师费的账单，如果诉讼程序还在进行中，根据最新的诉讼结果出具预交费的清单，账单或预交费清单的复印件应留于监狱领导机构。

5. 被告人在被拘留时，其活期储蓄金额不得超过 2065 欧元。

6. 监狱总局应在每个年初，确定能够用于购买、通信所支出的费用和能送给家人和同居者的总额。

7. 为进行学习和工作，只有监狱长批准用于购买工具、用具、书籍的金额可以作为第 6 款的例外性规定。

8. 监狱的领导机构在每一个财政年底，应确定监狱机构内每一名囚犯或被收容人的储蓄、到期贷款的法定利息。

9. 当事人每月底应计算剩余的金额。

10. 监狱领导机构给予囚犯和被收容人的资金总额包括储蓄与到期利息。如果囚犯或被收容人的经费资金额超过狱内生活日常标准，监狱应同样提供能够进行存款和借贷服务的银行服务。存款和借贷基金会中总额的利息应纳入国库。

11. 实施半自由管制的被判刑人和被收容人，可从活期储蓄中支取现金，用于支付必要的费用，甚至可以超过第 6 款规定的限额。

12. 囚犯和被收容人可以从活期储蓄中支取现金，用于支付假期和学习执照的费用，现金总额视情节需求而定。

13. 司法部部长可通过政令修改当前法律规定的储蓄总额。

第 58 条　表达宗教信仰的自由

1. 囚犯和被收容人有权参加宗教祷告仪式，只要不影响狱内的秩序和安全，也不违反法律，即本条规定的内容。

2. 允许囚犯或被收容人根据其表达的意愿，在单独房间或属于多人房间的合适空间内，摆放用于宗教祷告的画像和标志。

3. 在自由活动时间内，允许单个囚犯或被收容人与牧师进行专门的宗教活动，但不能在公众面前实施猥亵性行为。

4. 为庆祝天主教的宗教活动，每个监狱都应该配备一名以上的神甫，以满足宗教活动的需求。根据相关法律自生效并执行之日，即 1984 年 2 月 28 日，在罗马签订的议定书及新增条款中第 11 条第 2 款作出的规定，对 1929 年 2 月 11 日意大利共和国和梵蒂冈签订的协议作出修订，后续批准与执行 1985 年 3 月 25 日，第 121 号法律。其规定由一名以上的神甫进行精神教导或帮助以满足这种需求，在监狱机构内配备有多名神甫时，通过互相合作共同进行由地区长官交付给监狱行政部门的宗教服务，或是在未成年人监狱机构，由未成年人再教育站的负责人进行精神教导和帮助，但接受神甫的监督。

5. 对于由牧师进行教导的其他宗教祷告活动，甚至包括不需要牧师的宗教活动，监狱领导机构应提供合适的地点以开展活动。

6. 为保证囚犯和被收容人能够提出精神教导或帮助的要求，包括庆祝天主教之外的其他宗教祷告仪式，监狱的领导机构，应使用意大利法律规定进行宗教祷告的神甫，或其他由内政部指定的牧师，以使得囚犯和被收容人，能够在包括上述规定之外的情形中，依据《监狱法》第 17 条第 2 款规定，进行求助。

第 59 条　文化、娱乐和体育活动

1. 应尽可能地提供不同项目的文化、娱乐和体育活动。这些活动的组织必须方便工作和读书的囚犯和被收容人都能参与。

2. 特别是对于年轻人，开展体育活动应当包含的意义是，在体育运动中须激发以国家或地方为单位带队进行合作的意识。

3. 根据《监狱法》第 67 条的规定，任命囚犯和被收容人代表机构的代表，并依照现行条例第 67 条的规定确定人数，对于不超过 5 百名囚犯和被收容人的监狱机构，设置 3 名代表，超过 5 百人的，设置 5 名代表。

4. 代表机构同样可以与囚犯和被收容人根据本法第 71 条规定开展合作，通过组织符合规定中不同类别的活动，以开展治疗。

5. 代表机构可在自由时间组织活动。

6. 监狱的领导机构可以允许志愿者或《监狱法》第17条规定的人员组织或开展活动。

第60条　组织不劳动的被收容人和囚犯进行活动

对于有独立自主能力但不愿意参与劳动的被收容人和囚犯，监狱领导机构应组织其参加活动，活动时间应与劳动的时间相一致，并确保有相应的放风时间。

第61条　家庭关系及治疗进程

1. 主要由相关机构领导代表及社会服务站的人员负责调和介入被收容人和囚犯与其家庭的关系。

2. 对于被收容人和囚犯因远离其核心家庭成员带来的负面影响，尽可能提供采取措施与其孩子保持有效沟通，对于未成年人，应帮助其适应未来的家庭和生活环境，使其能够回归社会。最后，根据观察小组作出的特殊指示，监狱长能够作出以下决定：

a）根据第37条规定的情形，允许进行面谈；

b）允许部分探视人员入监面谈，及允许他们在合适场所一起度过部分或整个日间，一起进餐，并有权根据《监狱法》第18条第2款的规定暂停面谈。

第62条　入狱时的通知

1. 无论被收容人或囚犯是处于自由状态还是迁移过程中，一旦人员收入监狱机构，只要其提出要求，监狱执行人员应立即将收监事实通知其亲属或指定的人。在有明文规定的情形下，如果被收容人或囚犯同意，也可以通过普通邮件或电报的方式进行通知。声明应以文字形式记录。

2. 通知应放入没有封口的信封或以电报形式发送，但内容仅限于被收入监狱或迁移的情况，通知的费用应由当事人承担。如果涉及未成年人或经济困难的被收容人或囚犯，应由监狱方面承担通知的费用。

3. 如涉及外国被收容人或囚犯，监狱方面应根据现行法律规定的方式通知使领馆。

第63条　患病及死亡的通知

1. 如被收容人或囚犯出现严重生理、心理疾病或死亡时，监狱方应立即通过最为快捷且方便的方式告知其亲属或其指定的人，治疗的状况及监狱方面承担的费用。

2. 一旦监狱方面得到被收容人或囚犯亲属，或是其他经常联系人患有严重疾病或死亡的消息，应立即将相关事宜以最为便捷的方式，告知被收容人或囚犯。

3. 如被收容人或囚犯死亡，狱方还应在死亡当日立即通知监察法官。

第 64 条　准假

1. 根据《监狱法》第 30 条规定，允许被收容人或囚犯提出申请，享有最高 5 天的假期，在有需要的情形下，如果被收容人或囚犯所要去的地方较远，可以考虑增加相应的时间。

2. 依照规定决定假期所允许的方式，对于任何一种特殊的情形，根据被告人或被判刑人个人状况，结合其所犯的罪行，决定被收容人或囚犯是否在假期的部分或全部的时间中必须进行陪送。

3. 监察法官或主管的司法法官通过监狱领导机构获取被执行人的个人信息。

4. 有权决定在被收容人或囚犯关押的监狱机构内，度过夜间超过 18 小时的假期。

5. 押送应由监狱司法警察负责。假期的批准应当通过正式手续办理。

6. 如果假期必须在法律规定的地点之外执行，遇到紧急情况时，如有必要，考虑到环境和执行地点的效果，可以重新确定执行地，并根据《监狱法》第 30 条 –1 款规定采取相关措施。

第 65 条　奖励假

1. 根据本法第 26 条，监狱长必须保证被判刑人能提出奖励假的要求，结合本法第 26 条规定个人档案中的所有信息，结合被判刑人的行为表现、社会危险性，以及犯罪动机，通过对被判刑人个人科学观测的结果及再教育中的实际表现，包括在执行监禁刑及减刑期间的整体表现，并向监察法官阐述给予奖励假的原因。

2. 对许可的奖励假，监察法官有权规定被判刑人在其住所中应当遵循的行为规定，并结合已有信息及其他能获得的信息，包括警察局提供的信息，决定在奖励假期中对被判刑人实施监视居住。

3. 奖励假期间内，必须由宪兵或城市警察进行监管，在特殊情形下，监狱管理机构也有权派出监狱警察实施附加的监管活动。

4. 在执行阶段，通过监狱长指派的监狱管理人员或社会服务站的人员，如有需要，应当在被判刑人和当地援助组织之间建立有效的联系，以使当地主管机构能处理相关问题。

5. 如果奖励假决定是由非监狱机构作出的，监狱机构负责人应及时通知监狱领导机构及当地社会服务站，为的是相关人员能够依据本条第 4 款和第 6 款的规定，以及时介入发挥作用。

6. 在假期中被判刑人，在有必要的情形时，要求监狱和主管的社会服务站，以最快速的方式提供相应的信息和资料。当事人能够标明其需求，以使得监狱或社会服务站能够作出最为合适且及时的回复，符合主管机构和监狱的要求。

第 66 条　与警察局的联络沟通

对于撤销执行第 64 条和第 65 条假期的决定，监狱长应毫无迟疑地通知被执行人社区所在地区的警察机构。

第 67 条　保证代表的随机抽选

1. 根据《监狱法》第 9 条、第 12 条、第 20 条、第 27 条规定，代表资格的随机抽选方式应由监狱内部管理规定，保证抽选对所有被收容人和囚犯都是公平的。通过确定的机制抽选任命的代表及其候补者。

2. 根据《监狱法》第 12 条、第 20 条和第 27 条被任命为代表的被收容人和被判刑人，任职为 4 个月。

第 68 条　狱外团体活动参加再教育活动

1. 监狱领导机构应鼓励狱外团体参加再教育活动，以实现《监狱法》第 17 条规定的，私人及私人团体或是公共、私人组织对再教育的帮助。

2. 监狱领导机构对私人及机构或组织所属人员在监狱内的活动进行评估，以其自己的观点，对活动后续可能会带来的影响一并向监察法官进行汇报。

3. 通过监察法官的批准，可以进入监狱，但须遵守开展活动的相关规定。

4. 开展的前款规定活动，监狱领导机构应与监狱内执行人员进行全方面的合作。确保经批准进入监狱机构的人员依照规定的方式和时间与监狱内执行人员实施合作活动。

5. 如果在狱内活动没有遵守之前规定的条件和行为，或是没有遵守监狱方面的安全要求，负责人通过与监察法官进行沟通，以提供相应的帮助使得后续行为能够完成，同时作出暂停批准的决定。

6. 协调调配人员和合适单位以开展阶段性的合作措施，监狱领导机构及社会服务站应以被判刑人和被监禁人为中心进行治疗性活动，使其能够重返社会或增加改造的可能性。

第四章　监狱制度

第 69 条　监狱生活相关法律与规范的信息

1. 每个监狱机构都应当具备相应的设施，拥有图书馆及其他保障囚犯生活的设施，相关法律、规范和狱中规则，包括其他任何涉及被收容人和囚犯权利和义务的法律和原则都应对监狱生活待遇作出规定。

2. 入狱时，每一名被收容人或囚犯都应收到一份说明，其清晰地阐明狱中的权利和义务，包括如何行使权利的方式、监狱的管理结构、所提供服务及其他必要事项。说明信是由司法部部长的政令所签发，有效期为签发之日起 180 天。政令同时规定，说明信中的权利同样应当通知被关押人或囚犯的家属。对于外国被收容人或囚犯，说明信还应翻译为其能够通晓的语言。[①]

3. 有关第 1 款法律任何后续的更新和修订都应及时通知被收容人或囚犯。

4. 对被收容人或囚犯相关法律、规范和与狱中生活相关的规范都应与其他法律一样，可对法律进行合理的解释。

第 70 条　行为规范

1. 被收容人和囚犯有义务且无差别地遵守监狱生活的法律规范及规则；也

① 此款由 2012 年 7 月 5 日第 136 号法律所规定。

必须遵守所在监狱及其他探视型机构内部制定的行为规则。

2. 被收容人和囚犯鉴于互助性要求，应当确保各自的行为规范。

3. 在被收容人和犯罪互助性的关系中，相互间须使用敬语。

第 71 条　心理改造及帮助

1. 某一被收容人或囚犯有表现出进行合作的特别态度，积极参加监狱方面开展的有益性项目，应当让其参加互助小组的活动，以从心理改造、文化、研究和体育各方面进行活动，甚至包括社会劳动中进行互助。

2. 改造及帮助所有活动都应在监狱执行人员的直接监督下进行，且必须确保避免其活动涉及或可能提供的服务是为了在其他被收容人或囚犯中获得领导地位。

第 72 条　对因管理或第三人造成损失的赔偿

1. 在任何情况下，因监狱管理造成对动产或不动产的损失，都应开展相关调查，以确定具体的损失金额并对责任作出认定。

2. 听取当事人意见并认定损害结果后，监狱领导机构应通知责任人登记确定的赔偿金额，要求进行赔偿并确定赔偿方式，允许通过分期形式交付赔偿。

3. 金额应以赔偿的名义确定，通过金钱进行赔付。

4. 如果损失是由其他被收容人或囚犯所造成的，监狱领导机构应采取相关措施以有助于作出自愿性赔偿。

5. 自愿性赔偿可以在监狱管理系统中被认定为减轻量刑情节。

第 73 条　隔离

1. 在患有传染性疾病的情形下，出于卫生原因进行连续性隔离应有医生开具的处方。因此，取决于患者的病情以送往当地护理站或医院进行治疗。在隔离期间，应由医护人员给予患者特殊的生理和心理护理，一旦病情不再具有传染性就应解除隔离。

2. 有期徒刑执行期间进行连续性的隔离就应不再进行公共活动，隔离应在普通房间内进行，至少保证被收容人或囚犯不会被打扰或造成损害。根据《监狱法》第 6 条规定，也可执行隔离。

3. 被收容人或囚犯根据第 2 款规定不再进行公共活动，并不排除与其家属的交流。

4. 对判处无期徒刑的囚犯，执行日间隔离并不排除继续进行劳动、日常学习课程及其他宗教事宜。

5. 应确保日常膳食和正常的饮用水供应。

6. 对于处在初步审查阶段的人员，进行隔离的条件应与其他人员一致，除非司法机关为保证刑事诉讼程序的进行作出了限制性规定。

7. 对于用作被收容人和囚犯进行隔离的场所应有特殊设置，以能够进行监控，人员的配备上包括一名医生、其他负责观察和治疗的人员，及负责监管的监狱司法警察。

8. 不允许使用法律规定之外的部门和科室进行隔离。

第 74 条　搜查

1. 根据《监狱法》第 34 条规定，搜查由监狱司法警察负责，并应有另一人在场，并至少应为副主管级别。负责执行搜查和在场的警察都应与被搜查人是同一性别。

2. 如果能够通过仪器进行检查就不应再进行搜查工作。

3. 搜查应在房间中进行，且必须尊重被收容人和被关押人及其所属的物品。

4. 监狱内部制定的规则结合本法第 83 条，对日常搜查情况作出规定。

5. 在非常规场所进行搜查应有监狱长的政令。

6. 搜查一般在监狱长的职权下进行，特殊情况下，根据 1981 年第 121 号法律第 13 条第 5 款的规定，应与警察或其他武装力量协同进行搜查。

7. 发生特殊紧急情况，负责检查的人员应立即通知监狱长，尤其应告知发生紧急情况的原因。

第 75 条　提出诉讼和申诉

1. 监察法官、地区长官及监狱长都必须向所有被收容人或囚犯提供直接与其联系的途径。即必须定期与被收容人或囚犯进行个人谈话，特别是监狱长应经常进行谈话。谈话场所应是所有被收容人和囚犯都能进入，同时，这一场所还应方便谈话人员提出口头的诉讼要求和申诉。进入监狱机构的监察法官和地区长官应具有两个主管机构中其中一个所开具的预约记录，并记录上述谈话。

同样，监狱长也应作出适当的记录，以能够提交于庭审。

2. 被收容人或囚犯提出诉讼或申诉要求的，应向《监狱法》第 35 条规定的司法机关提交书面诉状。

3. 如果被收容人或囚犯提出要将书面诉状通过邮政系统寄送，应将诉状放入密封的信封中直接送入狱外，并标注“挂号信”。如果寄件人有经济困难，应由监狱领导机构负责邮寄。

4. 无论被收容人或囚犯以口头或书面形式提出诉讼及申诉要求，监察法官和监狱行政管理人员应在最短时间内向其告知，接受请求后所采取的措施及未被接受的原因。

第 76 条　酬金

1. 被收容人和囚犯的酬金经监狱长同意发放，明确规定包含以下内容：

a）劳动中承担的特定工作；

b）在学校和职业训练中承担的特定工作及收益；

c）与相关组织积极进行合作，并开展了文化、研究和体育活动；

d）在其他被收容人或囚犯遇到个人困难时，从精神和物质上提供了帮助以支持其渡过思想上的困难时期；

e）监狱生活出现混乱的情形时，通过负责的行为，直接提供帮助，让大家重新回归正常理性的秩序；

f）有公民的英勇行为。

2. 酬金由上述行为与下列因素组成：

a）经济制度；

b）根据 1990 年第 309 号法律，第 47 条、第 47 条 -3、第 50 条、第 52 条、第 53 条、第 54 条、第 56 条规定，提出转让的利益；

c）提出减刑，保释及撤销预防性安全措施。

3. 第 2 款 a）项所规定的酬金由监狱长同意，同款 b）项和 c）项规定的酬金由纪律委员会同意，并取得观察小组的同意。

4. 对酬金类型和方式的选择应考虑到行为主体所表现出的行为及其行为习惯。

5. 被告人所获得的酬金应告知诉讼程序中的司法机关。

第77条 违反纪律及处罚

1. 被收容人和囚犯在有下列情形时应接受纪律性处罚：

1）疏于搞好个人和监舍的卫生；

2）没有正当理由不待在分配的位置；

3）故意不完成所应完成的劳动；

4）在公众面前教唆或实施猥亵行为；

5）活动或娱乐的方式违反了监狱规定；

6）假装生病；

7）对监狱允许持有的物品进行非法交易；

8）持有或对监狱不允许持有的物品进行非法交易；

9）在《监狱法》第33条第1款第2项和第3项所规定的情形中，与监狱外或监狱内进行欺诈性沟通；

10）在公众面前实施猥亵或冒犯性行为；

11）恐吓或通过类似方式制服同监舍人员；

12）对行政机关委托看管被收容人或囚犯的材料进行造假；

13）占有或损坏监狱行政管理的财产；

14）通过侵犯性行为持有或进行交易；

15）对监狱管理人员或其他因工作或探视进入监狱的人员持侵犯性态度；

16）不遵守秩序或规定或无正当事由的迟延执行规定；

17）依据《监狱法》第30条、第30条-3、第51条、第52条、第53条规定重新进入监狱机构时无正当事由的迟到；

18）参与骚乱或暴动；

19）鼓动进行骚乱或暴动；

20）越狱；

21）对其他关押人员、监狱执行人员及探视者造成损害，其行为依据法律构成犯罪。

2. 构成上述规定的未遂行为，同样应接受纪律处罚。

3. 在上述第1）项至第8）项违反纪律的行为，不能处以排除进行公共活动的处罚，除非在违反纪律行为 3 个月内再次实施同一性质违反纪律的行为。

4. 对被告人的纪律处罚应通知诉讼程序中的司法机关。

第 78 条　预防性措施

1. 如发生绝对紧急的情形，为避免对人和财产的损失，包括避免对监狱机构安全或秩序造成重大威胁，监狱长出于预防性考虑，可以对违反行为的被收容人或囚犯处以排除进行公共活动处分，将被收容人或囚犯滞留在单独的房间内，以等待纪律委员会撤销此措施。

2. 采取预防性措施后，应立即对人员进行卫生检查，并根据《监狱法》第 39 条第 2 款的规定重新发放证明。

3. 负责人应尽快启动和开展纪律处分程序，适用《监狱法》第 81 条第 2 款及后款的规定。

4. 开展预防性措施时间不得超过 10 天。执行处分的最终时间应扣除预防性措施的适用时间。

第 79 条　刑事程序和纪律措施

1. 纪律法官听取纪律委员会决定后，可以暂缓决定，为的是向定罪的司法机关报告。

2. 如果由监狱领导机构负责刑事程序的阶段性结果，纪律性措施可以与刑事程序同时采用。

第 80 条　暂缓和停止处分

1. 如果责任人没有再出现违反纪律的情形，可以有条件地暂停执行处分，为期 6 个月。在上述期间内，如再次违反纪律，应撤销暂停执行处分的决定并继续执行处分，除非违反纪律的情形被取消。

2. 对于例外性情节，司法机关有权改变已经商定的处分。

3. 如有医学证明表明行为主体身体条件无法执行排除公共活动的处分时，应在身体条件不再妨碍处分时再执行。

第 81 条　程序性纪律规范

1. 当监狱内执行人员直接发现或获悉发生了违反纪律的行为，应拟写对所有行为情节作出清晰描述的报告，并逐级上报至监狱长。

2. 监狱长听取监狱司法警察长官对事件及发生原因的报告后，应迅速且不晚于10天内，告知行为人所拥有的权利以进行自我辩护。

3. 由负责人或其下属人员查明事实。

4. 撤销应按照第2款规定的格式通知当事人。

5. 在庭审中，公诉人可以选择是否听取行为人的自我辩护。

6. 如果在程序执行中发现，主管纪律委员会作出的处分与事实有出入，应交由纪律委员会决定程序。

7. 处分应在决定普通庭审程序或快速程序时一同作出并宣布。

8. 如果处以最高纪律处分，应由监狱领导机构及时通知被收容人或囚犯，及监察法官，并计入个人档案。

第82条　强制性身体检查的方式

根据《监狱法》第41条第3款规定，强制性身体检查应与在公立医院进行的健康检测方式相同。

第83条　迁移

1. 确实是出于司法或安全的原因应安排被收容人和囚犯有序迁移至另一地。

2. 被收容人或囚犯在迁移之前都应进行搜查并由医生进行检查，以确保其在生理和心理状态上都能够进行迁移，特别应涉及人身状况是否能够支撑旅途劳顿或是拒绝进行迁移的情形。在后一种情形中，狱方应当立即将这一意愿传达给作出迁移决定的司法机构。

3. 在迁移过程中，监狱领导机构在法律规定有关移送的范围内，可交由被收容人或囚犯自己携带个人物品。

4. 押送的长官应从领导机构处接收下列物品：

a）满足迁移旅途中所需数量和质量的食物，或是足够用于购买上述食物的金钱，在日间需要的食物标准由司法部部长的政令规定；

b）个人档案；

c）第2款规定的健康证明；

d）标有个人标志的行李；

e）部分或所有储蓄以流动债券的形式；

f）所转交储蓄总额的证明文件。

5. 负责押送的长官，将从迁移地监狱领导机构处接收所交付转移的物品、贵重物品及文件，按次序将其所接收的物品交由目的地监狱领导机构。

6. 被收容人或囚犯的储蓄及其他酬金，不能交于押送或放在个人行李中，应在最短的时间内，转交至接收监狱的领导机构，同时移交的还包括个人档案。

7. 根据第 6 款规定寄送物品的费用，由监狱行政机关负责，但重量不得超过 10 公斤，超出部分，应由被收容人或囚犯提出申请。

8. 如果迁移在短时间内完成，第 4 款、第 5 款、第 6 款的规定应根据具体情节需要进行适用，同样也应考虑当事人的想法。

9. 如有需要，可能不包括将下列被收容人或囚犯及其他人员进行迁移：

a）被收容人或囚犯正在进行治疗活动，尤其关于劳动、教育、职业化培训或是其他经监察程序允许的替代性措施；

b）被收容人或囚犯正在进行医学治疗，且不合适在其他地方进行后续治疗；

c）在监狱机构内囚犯的子女；

d）一审判决宣布之前的被告人，或是已经确定了庭审时间，提出上诉决定的被告人。

第 84 条　移送

除本法第 42 条 –1 款及其他法律特别规定的情形外，通过监狱行政部门负责人的命令确定被收容人和囚犯移送方式。

第 85 条　有权决定迁移或移送的机构

1. 监狱总局可以决定在不同地区监狱机构进行迁移，或是对规范保留的规定作出处理。在同一个地区不同监狱机构之间的迁移，由地区长官决定。对被告人非因司法规定作出的迁移，应预先得到诉讼程序中司法机关的认可。

2. 当出现严重生存问题以及安全原因情形时，可以对被告人进行迁移，监狱总局在获得诉讼程序中司法机关的认可后，考虑到原因、迁移时长、迁移目的地的因素，可以提前进行迁移，但，无论如何，须获得诉讼程序中的司法机关的批准。

3. 对被告人出庭在庭审辩护阶段的迁移或移送，由诉讼程序中的司法机关向监狱领导机构提出要求，并可以毫无迟延地采取措施，告知监狱总局。同样，为被告人在监察法庭出庭，可以适用迁移或移送。

4. 确定对某一囚犯或被收容人迁移时，监狱的领导机构应毫无迟延地通知监察法官。

5. 出于非第 3 款规定，而是其他刑事司法原因，或民事司法原因进行迁移或移送，必须获得主管法官同意，认为存在明显的原因使得囚犯无法在受限制的地点完成应开展的活动。

6. 为满足司法需要，行为人可回到原来的监狱。

7. 在决定紧急的情形下，出于健康原因，监狱长可以直接进行迁移，并立即通知主管机构。

8. 对被判刑人或被收容人的迁移应通知主管执行的检察院。

9. 根据第 28 条第 2 款规定的分配由监狱总局负责。

第 86 条　对女性囚犯和被收容人的移送

对女性囚犯和被收容人的移送应有女性司法监狱警察的参与。

第 87 条　使用便服进行移送

在移送中，囚犯和被收容人可以穿着便服。

第 88 条　出狱的待遇

1. 出狱前的阶段，可以从出狱前 6 个月起算。被判刑人和被收容人可以享有特别待遇，这一待遇应包含有建立行为人与其家庭状况、工作和将要回归环境之间的专门联系。为此，应专门与行为人就其可能遇到的不同问题进行交谈，并检验其可能提出的解决方式。在当事人提出，将其迁移至离其居住地最近监狱的请求时，应进行迁移，除非有其他相反的合理理由。

2. 为确定和执行上述计划，监狱领导机构可以要求社会服务站、有管理权的服务机构以及志愿者共同合作。

第 89 条　出狱

1. 主管司法机关，通过书面决定形式宣布囚犯及被收容人出狱。

2. 被判刑人出狱，应当已经完成刑罚措施中所规定的天数，如果有可能，应在上午时间段释放出狱。

3. 一旦监狱领导机构收到相关措施，应立即将其他囚犯和被收容人释放出狱。

4. 但根据《刑事诉讼法典》第679条规定，在刑罚之后采取监禁刑保安措施时，或是相反的情况，则不能释放出狱，应当继续执行程序，根据本法第30条的规定，重新分配监禁场所。

5. 社会服务站、当地主管服务机构以及志愿者之间达成协议，应努力在囚犯或被收容人将要安家的地点建立与其主要家庭成员的联系，以进行适当的介入。

6. 如果是由于严重的生理疾病、严重或轻微的精神疾病实施的释放出狱，必须由治疗场所重新接管，应移送至最近且合适的医疗机构。

7. 释放出狱人员无法乘坐交通工具时，应等待医疗人员，可暂缓释放出狱并允许病患者留在原来的监狱机构内，如果能够满足一般性组织的需求，同时应避免实施监狱内的限制规定。

8. 如果是被告人出现需要暂缓释放出狱的情形，应立即通知主管司法机关，如果是涉及被判刑人或被收容人，应立即通知监察法官，任何情形下，都应立即通知监狱总局。

9. 如果被释放人员没有前往其居住地的经费，监狱长在收到请求后，应提供旅途所必要的经费、如果释放出狱的是居住地在外国的人员，应提供需要的旅途经费以前往其居住地国的使领馆。

10. 释放出狱的文书应交付给行为人，包括储蓄和个人物品。

11. 由监狱领导机构处理的储蓄和个人物品应在释放出狱时归还本人，领导机构应当预先进行适当的调查，以能在最短的时间内恢复原状。

12. 释放出狱一年后，如果没有任何恢复原状的可能，由监狱领导机构负责售卖的财物及收益，与最终的储蓄金一同交由赔偿基金会，由其清点金额并存储，以归还给当事人。

第90条　对越狱的措施

1. 如果囚犯或被收容人越狱，监狱的领导机构应立即通知当地警察局、公诉人、监察法官以及监狱总局，同时应采取措施，由监狱工作人员进行初步调查。

2. 越狱人的财产，如果没有腐坏，应由监狱领导机构负责保管一年，一年后可售卖。售卖收益应部分计入经费，最终算入储蓄。储蓄经费由监狱领导机构放入存款和借贷基金会。

3. 在越狱人回原监狱的文书中，监狱的领导机构应赎回负责保管的财物，并要求恢复原状。恢复原状的资金计入储蓄。

4. 如果囚犯在越狱中死亡，监狱的领导机构应当要求已经验明身份的继承人或其他权利人，根据第 92 条第 4 款的规定，授权存款和借贷基金会根据死亡人员所获得的酬金数额，直接将存款金交给权利人。

第 91 条　身份证明的说明

第44条第1款规定的身份证明文书，须指明开具证明机构所在街道和邮编，不能遗漏任何信息。

第 92 条　死亡时的措施

1. 如果囚犯或被收容人死亡，医疗人员根据法律查明原因，并将报告交于监狱的领导机构。

2. 监狱的领导机构应同时将死亡的消息，转达给本法第 44 条第 2 款规定的司法机关，并作出民事死亡证明。

3. 已故人的财物应进行清点并将清单复印件寄送给原居住地的市长，并通知继承人。

4. 财物应当送交继承人，或当其他权利人提出权利要求时，根据法律的规定交付金额。

5. 死亡一年之后，如果没有继承人或其他权利人提出要回财产的要求，这些财产应转给当地法庭，以进行后续转移。

6. 如果囚犯或被收容人是外国人、出生在外国的意大利人或无法知晓出生地的人员，死亡的消息应告知驻罗马法庭的共和国检察官。

7. 如果亲属没有举行葬礼或处理遗体，则由行政部门负责支付费用。

第 93 条　由国家警察及其他武装力量承担公共安全职能

如果出现群体性暴力或认为将会出现暴力性群体事件时，监狱长如果无法依靠现有人员作出有效的处理，可要求国家警察或其他武装力量根据规定维持公共安全，并立即通知监察法官、地区长官、监狱总局及政府派驻的行政长官。

第五章 援 助

第 94 条 对家庭的帮助

1. 根据第 45 条的规定，对囚犯和被判刑人进行家庭帮助，特别是涉及即将要与其亲属分离的阶段。在此情形下，必须向其家人，特别是未成年人，提供精神支撑和建议以帮助其将要面对的情感创伤，不应当忽略因远离亲属所带来的实际和物质问题。

2. 另外，需要特别关注的是，在囚犯和被收容人回归家庭的阶段中，也应对其家庭提供帮助。

第 95 条 合并对家庭和出狱人员的帮助

在开展对囚犯和被收容人，及出狱人员的家庭帮助活动中，社会服务站和社会帮助理事会应联系当地主管机构，相关部门中的公共和私人公司以提供帮助。上述机构和公司相当于在计划中提供最为恰当的方式，以满足监狱及后监狱阶段的特殊需要。

第 96 条 要求交付社会服务站考验及作出决定

1. 由被收容人或囚犯提出交付社会服务的要求应提交至监狱长，并与个人档案复印件一同转交至关押地的监察法官。监狱长应提交类似纪律委员会的推荐信。

2. 除了第 3 款规定的情形，如被判刑人处于自由状态，则向主管检察官提出执行要求。

3. 根据《刑事诉讼法典》第 656 条第 9 款 a）项的规定，请求应直接向主管监察法庭提出。

4. 交付考验的决定，并写明开展交付考验地主管监察办公室地址。监察法院秘书处应立即将这一决定通过能够保证信息真实性的方式，转达给法院秘书处及监狱机构，如果当事人就是囚犯本人，还应通知当事人、检察院及成年人社会服务站，并在决定通知书页面下端标注以下信息：

a）判决或有罪判决中验明身份的信息，如果是正在执行刑罚中的措施，验明身份的必要信息还包括须注明：主管检察院负责执行刑罚的部门，以及执行程序中登记的号码；

b）监察法官办公室的地址，以及有权管理的成年人社会服务站所开展交付考验的地点。

5. 根据第 47 条规定，由有权管理的社会服务站依照第 118 条规定的方式，开展和实施对观察行为的监管。

6. 如果检察院或监察法官作出暂停执行的决定，重新作出交付的决定应考虑第 4 款 a）项规定的内容，以及必须毫不迟疑地将再次执行的信息通知主管检察院的部门。任何情形下，重新执行的决定还应通知当事人及其辩护人，以及有权管理的社会服务站和其他所在地相关机构。

第 97 条　交付社会服务站考验

1. 除了《刑事诉讼法典》第 666 条第 7 款暂停执行的情形，交付考验的决定应立即执行，监察法庭秘书处负责传达决定的复印件，如果被判刑人已被监禁，执行监禁的领导机构应将其释放并实施替代性措施，根据第 3 款的规定，作出预先口头承诺。应向当事人发放决定的复印件并作出口头宣布。任何情形下，决定应毫无迟延地向下列机构转达：

a）对主管交付考验的监察办公室，并随附诉讼程序档案材料；

b）对考验有管理权的成年人社会服务站，及相关独立场所；

c）负责执行刑罚的检察院部门；

d）应通知主管机构、当事人及其辩护律师，如当事人已处于自由状态，或进行监视居住或是处于《刑事诉讼法典》第 656 条第 10 款规定的监禁措施之中，必须在 10 天内发出行为人获得自由的通知，并向根据第 3 款规定作出口头承诺和执行交付考验有管理权的社会服务站发出通知。上述机构应立即与社会服务站或其他对成年人考验具管辖的机构、其他独立机构进行联系。

2. 在缺少交付期限时，社会服务站的负责人应立即通知监察法庭。监察法庭应撤销措施，除非存在迟延提交期限的理由。

3. 交付社会服务站考验决定中的当事人，如果根据本法第 47 条第 5 款规定，有签署记录并承担了根据同款规定的工作。如被判刑人已被监禁，这一记录应呈交于监狱或成年人社会服务站的负责人，如果被判刑人处于自由状态中，或是正在执行监视居住或处于《刑事诉讼法典》第 656 条第 10 款规定的监禁措施之中，考验主管机构应根据第 1 款 d）项规定预先通知。成年人社会服务站应向下列机构毫无迟延地转达所收到的记录：

a）作出决定的监察法庭；

b）主管考验的监察办公室；

c）决定与执行最终刑罚的检察院部门。

4. 签署的记录从社会服务站开始，如果被判刑人接受考验时已经处于自由状态，社会服务站接纳记录的复印件应交送有执行管辖权检察院的部门，并加上执行刑罚的命令，注明由监察法庭规定的结束交付考验的日期，并通知当事人。如果所交付考验的刑罚与有罪判决的刑罚不一样，主管检察院应根据 1981 年《刑事诉讼法典》第 663 条规定，实施并罚措施。

5. 对于交付社会服务站考验的决定，监察法庭如果认为处于被监禁中的被判刑人有需要人员陪伴的特殊需求，能够作为将其从监狱释放的特殊原因，并同意由其家人或志愿者陪伴其在社会服务站进行考验。

6. 当开展交付考验的地点远离原关押监狱时，应适用本法第 89 条第 9 款的规定。

7. 如果在交付考验期间提出，要在另一个司法管辖区中的地点继续执行交付考验，监察法官应当对继续执行交付社会服务站进行详细考察，采取后续措施并对已有决定作出修订。通知被交付人及社会服务站新的措施。监察法庭秘书处应将交付考验的档案转交至主管监察办公室，以及负责后续执行交付考验的社会服务站。如果监察法官不同意这一请求，应通知负责执行交付考验的社会服务站。

8. 社会服务站的负责人应严格依据本法第 118 条规定的方式，开展成年人的社会服务活动，以完成本法第 47 条规定的相关行为。社会服务站同样应根据本法第 78 条规定，与志愿者合作。

9. 至少每 3 个月，社会服务站应根据本法第 47 条规定的内容向监察法官报告。监察法官有权在任何时候撤销交付考验的决定，并要求社会援助机构根据第 8 款的规定提供信息。

10. 监察法官同样应考虑社会服务站所提供的信息，并在有必要的情形下，对决定进行修改，并以决定形式通知监察法庭及社会服务站。

第 98 条　抗诉或停止、撤销及宣布社会服务站考验的决定无效

1. 如果突然出现执行监禁刑的新理由，监察法官应作出通知，并提供本法第 51 条 –2 的规定。执行规定措施的决定应包含本法第 96 条第 4 款 b）项规定的信息。如果决定已经实施，应通知执行交付考验的社会服务站。如有暂停实施的措施，应同样注明上述信息，以及后续所须执行的新刑罚，还应包含的内容有：对警察机关发布的命令，陪伴其重新回到最近的一个监狱机构，同时，在新的措施中注明，须直接且立即执行。

2. 监察法官应将文书和采取的措施都转达给监察法庭，以作出最终措施。如果是监察法官临时采取的措施，还应包括：截至于监察法庭根据本法第 51 条 –2 规定期限内，临时措施的实施效果，以及在庭审中经审查所作出的最终决定。如果决定是在后续庭审中作出的，需要进一步查明。

3. 如监察法庭在新作出的刑罚中延长了交付社会服务站的考验，应依据《刑事诉讼法典》第 96 条第 4 款 a）项和 b）项规定，在决定中注明日期。依据第 97 条第 4 款规定可适用的情形，公布并通知法令。依据《刑事诉讼法典》第 663 条第 2 款规定，主管的检察院部门应采取执行刑罚的相应措施，并注明在有期徒刑期间执行新交付考验的时间，通知当事人和主管的办公室。社会服务站的负责人或其副手应继续开展考验，根据规定拟写对交付考验和执行替代性刑罚期间的反馈，并将情况告知监察法庭和监察法官。

4. 但是，如果监察法庭认为缺少实施替代性措施的条件，有权宣布无效并实施监禁性刑罚措施。决定中应包含原来刑罚的核心信息，依据本法第 96 条第 4 款 a）项、b）项的规定，特别是扣减执行交付考验的期间，所剩余应执行的刑罚。决定应依据本法第 97 条第 1 款的规定发布并通知。根据《刑事诉讼法典》第 663 条第 2 款规定，主管的检察院部门，应根据上述第 3 款的规定采取相应措施。

5. 假如监察法官根据直接掌握或所知悉的信息，又认为重新出现了应撤销交付考验的条件，可批准监察法庭作出决定。如重新认为有必要的话，可以暂停实施替代性措施，同时根据本法第 51 条 –3 的规定，指示主管的警察部门，直接向其转达执行刑罚决定的复印件，并陪伴其重新回到监狱机构。

6. 应向监察法庭转交公文，以及已暂停实施替代性措施的公文。

7. 监察法庭作出最终决定，如果认为有必要的话。如果监察法庭撤销了替代性刑罚，在决定中应根据本法第 96 条第 4 款 a）项、b）项的规定，注明相关信息及应执行刑罚的剩余刑期，还应考虑被判刑人及在交付考验期间的表现。如果在此期间，有暂停实施替代性措施的决定并重新送回监狱，应注明重新执行剩余监禁性刑罚的日期。适用决定时，应根据本法第 97 条第 1 款的规定进行发布和通知。有执行刑罚管辖权的检察院部门，应根据本法第 97 条第 3 款最后一部分的规定重新作出执行原有刑罚的决定。

8. 如果宪法法院宣布同意交付社会服务站考验的决定部分无效，停止替代性措施。无效判决须通知负责执行的检察院。当检察院重新发出执行监禁刑的决定时，应扣除交付社会服务站考验的时间。

第 99 条　特殊情况下适用社会服务站考验

1. 根据 1990 年 10 月 9 日，共和国总理第 309 号法令第 94 条规定，如果被判刑人属于精神麻醉品和酒精依赖者，提出要求执行社会服务站考验，应在刑罚执行完毕后执行考验决定，相关请求应提交给监狱机构负责人，并毫不迟延地转交给检察院负责执行的部门。

2. 如当事人处于自由状态，应适用《刑事诉讼法典》第 656 条规定。当事人应遵循立即进行治疗性计划的协议。由监察法院负责对当事人是否缺乏独立作出意愿的能力进行评估。

3. 如果不冲突，应适用第 96 条、第 97 条、第 98 条规定的交付社会服务站考验的规定。

4. 万一在交付期间，出现需要撤销计划的情形，对已经作出的交付考验进行评价，如果从有权管理的社会服务站获得相关信息，作出的正面结论，应重新决定进行考验的规定。只有在剩余刑期超过 3 年时，监察法官应依据本法第

51条–2规定，移交至监察法庭，由其作出相关规定。

第100条　监禁居住

1.监视居住应从执行通知到达后，能够执行之日起开始起算。

2.同意监视居住的指令中必须明确主管的监察办公室，以执行后续的监管。

3.根据《监狱法》第47条–3，第1款a）项、b）项、c）项和e）项规定，在第76条第2款b）项规定之外的情形，监察法庭除独立作出同意监视居住的决定，还可依照监狱领导机构的指示作出决定。

4.一旦执行同意监视居住的决定，监察法庭秘书处应向文书中指定的监察办公室秘书处转达所有文书。

5.监视居住期间，如当事人要求在另一司法管辖区中的地点继续执行，应遵循第97条第7款的规定。

6.如果有关监视居住的法律规定作出修订，监察法官应通知作出决定的监察法庭，有监察管辖权的司法警察办公室以及社会服务站。

7.如有权管理的社会服务站依照法律规定的情形介入监视居住，应严格依照第118条的规定办理手续，并按照规定的方式和范围开展活动。

8.如没有冲突，可适用于本法第96条、第97条和第98条规定的情形。

第101条　半自由管制

1.除了根据《刑事诉讼法典》第666条第7款暂停执行的情形，同意执行半自由管制的指令在发出后，应同时交送监察法庭中监察办公室的秘书处、监狱领导机构及社会服务站。

2.如被判刑人和囚犯进行半自由管制提出执行特殊待遇的要求，必须在5天内，且只能由监狱长向监察法官提交请求并批准。如在不同地点执行半自由管制，在获得自由后，应持有待遇计划的复印件，同时新的执行机构或部门有权对当前半自由管制的方式作出限制性规定。在计划中，对半自由管制方式应作出规定，被判刑人或被收容人须履行所规定的义务，并用书面形式记录狱外期间遵守规定的情况，以及与家庭和社会服务站的关系状况，包括遵守外出和归来的时间规定。在待遇计划中，为实现重新回归社会，应在半自由管制中开展特殊活动，以能够融入家庭和社会环境，在上述特殊活动期间，应专门作出与家人共同进餐的安排，其他时间则应规定，在狱外规定环境中与可能需要供养人建立关系的安排，并报告依据规定的行为，特别是那些社会服务站根据狱外环境状况新增的行为措施规定，通过半自由管制程序回归社会的状况。

3. 由负责人承担履行待遇计划的责任，并由社会服务站进行看守和帮助处于自由状态中的行为人。社会服务的介入应严格依据第 118 条规定的方式进行，在一定范围内采取适当措施。

4. 在本法第 1 条规定的情形中，负责人向监察法庭和监察法官进行汇报。

5. 同意半自由管制决定的作出，须考虑机构人员的配备、履行职能的情况，及经批准可使用的费用状况。

6. 如果出现第 48 条第 1 款规定的情形，规定的活动或措施须在其他司法管辖区执行，应适用第 89 条第 9 款的规定。原监狱机构负责人应通知目的地执行半自由管制的机构。当事人应立即被新的半自由管制机构所接纳，按照已定的待遇计划及修订进行管理。

7. 在狱外治疗场所进行半自由管制，应遵循本法第 11 条第 2 款的规定。

8. 监狱机构中拥有自治权的部门，有权安排半自由管制在属于或部分属于民用住宅楼中进行。

9. 如没有冲突，可适用于本法第 96 条、第 97 条及第 98 条规定的情形。

第 102 条　放假

1. 对于同意进行半自由管制的被判刑人及任何状态中的被收容人，如果被取消了放假，在有需求的情形时，监狱领导机构应交予其部分储蓄，用于作为放假需要的费用。

2. 对需要到另一点进行假期所支出的费用，适用本法第 89 条第 9 款的规定。

3. 行为人必须直接前往目的地，不得中转，并向警察局出示证明以表现所需要的天数，以及到达的时刻。同样，回来时，也必须出示证明归途需要的天数及出发时刻。

第 103 条　减刑以提前释放

1. 根据本法第 54 条规定，对于提出请求的和提出要求让与利益给其他人的请求；如不冲突，可以适用本法第 96 条第 1 款的规定。

2. 对参与被判刑人再教育活动的评估依照专门的规定，涉及在履行行为中所展现出的下列因素，包括项目中提供机会以促使获益的可能性，保持改造行为并建立与监狱内执行人员、伙伴、家庭成员、狱外团体之间的关系。

3. 在执行刑罚期间，对非故意犯罪的行为人，检察院中负责执行的职能部门应与作出有罪判决的监察法庭保持沟通。

4. 决定应指明，减刑措施在确定性刑罚执行期间中的期限。

第 104 条　有条件的假释

1. 负责人应毫不迟延地向监察法庭转达假释的要求或建议，并随附个人档案的复印件，以及对人格观察的结论，如果已完成。

2. 同意有条件假释的决定应立即执行，除非符合《刑事诉讼法典》第 666 条第 7 款暂缓执行的情形，决定应转达给监狱的领导机构以释放出狱，当事人应向监察法官、警察局及当地主管的社会服务站履行有条件假释规定的相关事项。监察法官负责作出措施，制定自由监管时应遵循的规定，警察局负责拟写当事人对监管规定的执行状况，社会服务站根据本法第 105 条的规定实施对自由监管的介入。

3. 决定中应确定假释的最长期限，释放出狱后，当事人应到执行自由监护的监察办公室报到。

4. 监察法官如查明有违反规定的情形，应向监察法庭提出撤销假释。

第 105 条　社会服务对自由监管的介入

1. 监察法官发布执行自由监管决定的复印件，应转达至社会服务站，并根据第 118 条规定的方式，在一定范围内通过适当的措施进行自由监管。

2. 社会服务站应定期向监察法官报告介入自由监管的效果。

第 106 条　可免除的债务

1. 免除诉讼程序费用及维持生活的费用，由监察法官负责计算，依据行为人的表现进行评估；还应考虑其他能够直接反映其认知的因素，包括行为人个人档案中记载的信息，特别是涉及行为人行为变化的情况。如果行为人没有处在被监禁的状态下，应按照自由状态中的行为条例进行评估。

2. 对经济状况的查明，监察法官应与社会服务站进行合作，并要求财政部门提供信息。

3. 提出暂缓执行缴纳最终诉讼程序费用的建议或请求，在庭审中提出请求或由执行法官秘书处提出建议交由监察办公室秘书处，也由监察办公室秘书处负责作出接受或拒绝的决定。

4. 对于请求免除债务以维持生活的请求，同样应转达至被收容人或囚犯所关押地的领导机构。发出通知后，或是已提出免除债务请求，但监狱的领导机构如果还未收到免除债务通知，则不能预先从诉讼程序中扣除，恢复用于维持生活的费用。同意或拒绝的决定也应转达至主管的领导机构。

5. 发出拒绝决定的通知后，暂停诉讼程序或停止已经开始的程序。

第 107 条　与执行机构的联系

1. 监察法官对执行刑罚作出的措施，由秘书处负责转达，可通过远距离通信系统以确保信息的真实性，（向司法秘书处转达[①]），如果当事人已被监禁，向监狱的领导机构转达，并通知当事人和检察官，必要时，也转达至社会服务站，在对判决或有期徒刑判决中验明身份信息进行记录后，如果有并罚的执行措施，应对必要信息进行验明。任何情况下，都应注明所负责执行刑罚的检察院部门和执行程序中的登记号码。

2. 如果依据第 1 款规定作出的决定被上诉至宪法法院，法院秘书处应在决定作出 3 天内通知作出上诉决定监察法庭的秘书处，同时采取第 1 款规定的措施。

第 108 条　延期执行监禁刑

有执行管辖权的检察院、司法警察办公室、司法警察、监狱长、社会服务站负责人，如果发现《刑法典》第 146 条、第 147 条第 1 款第 2）项、第 3）项规定的情节，应同意延期执行监禁刑，并毫无迟延地通知主管监察法庭和监察法官。

第 109 条　对减刑建议或请求的意见

在管辖区内如果有被判刑人对减刑的建议或请求表达了合适的原因，并向监狱或社会服务站的领导机构提交适当的材料后，监察法官应在最短时间内与其见面。

---

① 此处已被 2002 年第 313 号有法律效力政令的第 54 条第 1 款废除。

第二部分 监狱组织法

第一章 监狱组织

第 110 条 执行不同类别刑罚的机构

1. 根据本法第 61 条第 3 款的规定，行政区之家接收包括被判处有期徒刑不超过 2 年或是剩余刑期不超过 2 年，且没有特殊监管问题的囚犯。监狱领导机构和观测行为及待遇小组的职能是，在监所机构，包括行政区之家内实现对被判刑人的矫正。

2. 管辖区之家则负责接收拘留的被判刑人，包括被判处有期徒刑不超过 5 年或剩余刑期不超过 5 年的被判刑人。

3. 本条第 1 款的规定，同样可以适用于拘留有期徒刑不超过 2 年的被判刑人。

4. 由地区级监狱行政部门负责人根据法律规定，负责对监狱进行分配。

5. 执行有期徒刑的地点同样也可以执行无期徒刑。

第 111 条 司法精神病院，治疗和看护之家，专门接收生理或心理病患及未成年人的机构和部门

1. 除了本法第 113 条规定，司法精神病院、治疗和看护之家及专门接收生理或心理病患及未成年人机构和部门的领导机构，其应具备在预防性刑罚执行机构承担技术和医学职责的工作经历，特别是，能够发挥治疗病患并帮助其康复的效果。

2. 司法精神病院，治疗和看护之家，专门接收生理或心理病患及未成年人的机构和部门的人员应具有专业能力且自愿在这些机构工作的意愿，这些人员的挑选和资格认定由院方负责，院方根据所接收人员的特殊情况而设定专门的条件。

3. 除了已经接收的人员，对于那些指定适用进入司法精神病院的人员，无论是确定的还是临时性的措施，除了应适用《刑事诉讼法典》第 215 条第 2 款第 3）项规定的保安处分，被告人、被判刑人和被收容人，根据各自情况，还应遵守《刑事诉讼法典》第 148 条、第 206 条、第 212 条第 2 款规定的情形。

4. 除了已经接收的人员，对于那些指定适用进入治疗和看护之家的人员，无论是确定的还是临时性的措施，除了适用《刑法典》第 215 条第 2 款规定的保安措施，被告人和被收容人，根据各自情况，还应遵守《刑事诉讼法典》第 148 条、第 206 条和第 212 条第 2 款的规定。

5. 对于没有患精神疾病但正被采取监禁刑措施的被告人和被判刑人，根据个人情况，可适用临时性保安处分，或收入司法精神病院或治疗和看护之家这些专门为精神病患或未成人设立的机构或部门。

6. 司法精神病院或治疗和看护之家的领导机构，应每月向主管的司法机关报告，根据《刑事诉讼法典》第 148 条、第 206 条和第 212 条第 6 款规定所接收人员的精神状况。

7. 对于因部分精神缺陷而减刑的被判刑人，如果其身体条件无法长期在普通监狱内执行刑罚，应转入专门接收病患或未成年人的监狱机构或部门。同样，当其病理状况有明显好转或已恢复，应重新安排进入普通监狱机构，或是在治疗的最后一个阶段，可以转入普通监狱机构。

第 112 条　对精神疾病的核实

1. 核实被告人、被收容人和囚犯的精神状态，是为了能够采取《刑事诉讼法典》第 148 条、第 206 条、第 212 条第 2 款，及第 70 条、第 71 条、第 72 条规定的措施，以及现行规范条例第 111 条第 4 款的规定，监狱的领导机构或发现者应对人员进行标记，对被告人应告知诉讼程序中的司法机关，对被收容人和囚犯应告知监察法官。应在行为人所处的同一个监狱机构内完成对其精神疾病的查验，如果所处监狱没有足够的设备进行查验，则应移至另一个同等级的监狱机构完成查验。

2. 刑事诉讼程序中的司法机关或监察法官出于特殊原因，有权在司法精神病医院、治疗和看护之家、专门接收病患及未成年人的生理或心理机构和部门，包括民用医院内进行精神疾病的核实。对被核实人员的观测不得超过 30 天。

3. 对核实的结果，诉讼程序中的司法机关或监察法官，如果没有采取《刑事诉讼法典》第 148 条、第 206 条和第 212 条第 2 款，或是第 70 条、第 71 条或第 72 条及现行规范条例第 111 条第 4 款规定的措施，应将其安排回原来的监狱机构。

第 113 条　与公共精神服务机构的协议

遵循现行监狱行政法规，为有助于治疗病患并帮助在司法精神病院中的囚犯回归社会，组织能够开展最为先进治疗手段的机构进行诊疗，并与其他公共精神服务机构签订治疗精神疾病的合作议定书。

第 114 条　与观察站开展研究活动的合作

观察站的核心工作是开展科学研究活动，包括对观察方法进行分析和评估，并与监狱行政管理部门开展合作。

第 115 条　对被收容人和囚犯的分配

1. 每一个地区都应有系统性的监狱机构，通过不同类别的关押机构以满足执行刑罚的属地原则，同时也考虑到实现一般性特点的需求。

2. 根据本法第 59 条第 1 款第 2）项、第 3）项规定，在各类别监狱机构及其各部门中，都应实现对被收容人和囚犯的分配，分类标准根据本法第 14 条第 2 款的规定。

3. 考虑到没有表现出危险性的囚犯和被收容人，对于那些显示出需要进行特殊对待的人员，有自治权的监狱机构或有自治权的部门有权对其实施强化看守，以确保有更多的空间能够让上述第一类人员进行活动。

4. 对于精神药品和酒精依赖问题的被收容人和囚犯，以及那些精神及生理上反常的人员，特别是对于携带有艾滋病的人员，有权分配至自治机构或有自治权的部门，以确保实现强化型待遇。

5. 再教育活动后应有适当的计划，依靠可行性的研究方法以对再教育活动进行鉴定。

6. 在一个监狱机构中，不同部门应有足够的自治权，以采取不同种类的待遇措施。

第 116 条　宗教神甫进入监狱机构

1. 不同于牧师及监狱长根据第 58 条规定批准进入监狱的人员，宗教神甫可以根据某一被收容人或囚犯的请求进入监狱，对于开展活动的神甫，应预先查明其品质。开展这一类型的活动应保证必要的隐私。

第117条　机构内的检查

1. 对被收容人和囚犯的检查须尊重其人格。不允许当面对被收容人和囚犯的狱中生活进行观测，或是与被告人就正在进行的刑事诉讼程序进行争辩。

2. 监狱行政管理部门可批准本法第67条规定之外的人员进入监狱，并确定其检查的方式。同样，还可对属于第67条规定类别的人员入狱检查方式作出总则性规定。

第二章　社会服务和扶助

第118条　社会服务站

1. 成年犯的社会服务站应设立在相对偏僻的位置，由任命人员开展工作并应具备合适的组织机构以便能够开展各种活动。

2. 上述社会服务站应能满足社会服务的各项要求，包括秘书处和行政—财经工作。

3. 社会服务站的工作还应由专家参与，专家的选择应根据本法第80条规定，能够且必须能作为顾问提供咨询服务，在社会服务站负责人的领导下进行合作。

4. 社会服务站应位于机构和监察办公室的附近。

5. 社会服务站的负责人应任命有能力完成工作的人员，平等对待相关所属部门，公正地组织和分配工作以能够完成分配的工作，并同时为帮助对象开展治疗。服务站负责人应定期组织社会服务人员就问题或技术难题进行讨论，以能够实现技术化管理。应确保所开展的活动直接由专业人员进行监督。

6. 应对狱外环境中适用和执行监禁刑替代措施、替代性处分及保安处分的待遇进行观察，同时还应介入对在监狱机构中人员的待遇进行观察，社会服务站应与刑罚执行主管部门，以及其他主管机构和辖区内的机构组织进行合作。

7. 当地单位所提供的强化型服务被认为是从社会动态变化的整体视角出发，关注个人与其家庭的关系，同时也是通过服务，为能更好地实现进入社会服务站人员与社会的融合。这种合作被认为是监狱行政管理发展的总体方向。

8. 特别规定的是，成人在监狱外的环境中参与实施社会服务，是为了使行为人受益并有助于完成以下措施所衍生出的任务。这种参与，有统一规定的程序也有个性化要求，具体特征包括：

a）没有强制性参与的特征，给予行为人的感受是，建立在对行为人有充分信任、能够重新控制好自己行为的基础之上；

b）通过来自家庭和社会资源给行为人提供有效帮助；

c）对行为人的行为进行监管，依据规定执行的措施，在同一时间段给予其帮助，以确保能够遵守义务和监察法官所规定的内容；

d）从以下几部分加快对评估的完善：个人状况，对刑事处罚行为的态度，回归社会行为和期限。

第 119 条　社会帮助委员会

1. 社会帮助委员会应在各法院管区的中心地设立。

2. 社会帮助委员会由秘书处、财经处和档案室组成。

3. 与上述服务相关的行为，由秘书处的专业人员负责履行，在法庭上提供的服务则应委托给主席。

4. 这些服务都是免费提供。

第 120 条　志愿者服务

1. 根据本法第 78 条第 1 款规定，从人道主义的情感和利益角度考虑，对剥夺或限制自由的人员以及那些缺乏自理能力、生活必须需要帮助的人群，批准属于自愿者组织或保险机构的人员与监狱及社会服务站领导签订合同，在规定的部门持续性地开展活动。其中单个批准到期将导致合同撤销。

2. 合同应明确志愿者具体开展活动的种类，特别应写明志愿者能否经常进入一个或多个监狱机构或与社会服务站开展合作。

3. 批准时长为 1 年，但如果监狱或社会服务站的领导经评估认为活动可行，可以考虑重新批准。

4. 监狱或社会服务站的负责人对志愿者活动进行评价，同时也应确保监狱执行人员与志愿者开展全面的合作。经批准进入监狱或社会服务站的人员应遵循规定的方式和时间以开展活动并执行替代性措施。

5. 如果志愿者在改造活动中暴露出不适当行为，监狱机构或社会服务站的负责人应暂停对其的批准，请求监狱总局撤销其活动，并通知监察法官。

第二章 赔偿的计算

第一节 行政规定与赔偿基金的登记

第 121 条 赔偿基金会

1. 赔偿基金会由以下部门构成：

a）主席；

b）行政理事会；

c）秘书。

2. 第 1 款规定的人员，履行工作没有报酬。

第 122 条 主席

1. 监狱总局局长，或是其委派的人员，担任赔偿基金的主席及法定代理人。

2. 赔偿基金主席：

a）担任第 123 条行政理事会的主席；

b）制定具体规定以执行行政理事会的决定并监督其是否准确履行职能；

c）在行政理事会职权范围内采取紧急措施，除非在召集理事会开会之前作出批准；

d）在预算范围内，符合国家财政计划的原则性规定，以及其他需要直接适用的规定，签订必要性合同落实行政理事会的决定；

e）在预算范围内，依据理事会的决定支付费用；

f）行使对基金行政进展进行监管和审计的权力；

g）向行政理事会提交预算、决算及赔偿基金账户报告。

第 123 条 行政理事会

1. 赔偿基金会的行政理事会由以下人员构成：

a）监狱总局局长，或是其委派的人员，履行主席职责；

b）人事中心办公室、囚犯待遇办公室、财产和服务中心办公室的负责人，或是其委派的人员，以及一名由监狱总局任命的行政和审计专家；

c）由财政部任命的工作人员，负责预算和财政计划。

2. 行政理事会负责对下列条款中的工作进行监督：

a）一般情况下，每6个月，特殊情况下，在有需要或至少有两名理事提出要求，并指出所要讨论的内容，由主席负责召集理事会。

b）基金会的秘书同时担任行政理事会的秘书一职，并参加理事会的会议，有权发表其对于日常秩序提问的意见。

c）须有三分之二的成员出席会议才有效；大多数参会人员投赞同票，通过决定有效；如出现均票，则由主席投出决定票。

d）由主席和秘书作会议记录，并确定下一次会议涉及讨论的内容。

3. 行政理事会开展以下工作：

a）在每年的12月发布基金会的预算条款；

b）商议第129条规定账户的分配；

c）商议关于接受自愿捐赠，捐赠、资助、捐款及其他收益的事宜；

d）商议购买、售卖、出租及调换不动产，包括购买商品，进行登记并准备履行基金会职责所需的物品；

e）商议使用的方式，包括存款至现金账户，在存款和借贷基金会处保管流动资金；

f）商议需要提取储备金的情形及提取方式，以应对预算赤字，新的费用支出或是意外性支出；

g）商议机构的建制及人员，对依据基金会所分配资金开展的活动进行监督，并对实际的工作方式和合法性作出限制规定；

h）批准由主席根据需要采取的措施。

第124条　秘书

1. 赔偿基金会的秘书由主席提名，行政理事会任命，应从监狱行政机关人员进行挑选，并根据其工作职能应具备特定的专业技能。

2. 秘书：

a）指挥办公室秘书协调本款规定的工作；

b）负责对主席提交于行政理事会的内容进行预审，并准备需要商讨的事项；

c）参加理事会的会议，有权发表其对于日常性问题的建议；

d）拟写行政理事会会议记录，并负责保存；

e）接受主席的指令；

f）负责基金会的审计工作，对账册和账目本，包括书信往来，保存的文书和材料进行审计；

g）拟写每年的预算条款，相关变化的情况，决算账户以及所有其他审计材料，向行政理事会提交并批准；

h）作为基金会动产和不动产的保管人；

i）负责组织和安排基金会及主席的工作活动；

j）协调并监管基金会的审计，包括那些根据第 129 条规定基金会所分配资金开展的活动，以完成由机构根据第 123 条第 3 款第 9）项规定，所进行的基本活动；

k）完成所有行政和审计工作，并在需要时制订合同；

l）直接领取基金会的收入，并向主席和成员支付费用；

m）履行所有本条规定中所包含的工作。

第二节　行政规定与登记

第 125 条　存款账户和财产账户

1. 赔偿基金会的财政捐款由存款账户和财产账户组成。

2. 存款账户包括所有临时或保证金性措施。

3. 财产账户则包括所有其他金额，特别是那些根据法律或司法机关作出的规定。

4. 财产账户和保证金，根据规定存入账户存款和借贷基金。行政理事会有权商议流动资金的投资，或是部分投资，不包括那些来自国家预算、以国家名义或由国家担保的，或是以经过批准的、可信任公司的名义，应确保投资能获得利润比存款和借贷基金会的正常净利息税更多。

5. 银行服务以及以第 4 款名义进行的购买和售卖，由存款和借贷基金会履行职责。

第 126 条　缴纳的总金额

1. 除了第 2 款规定的情形，归于罚款基金会的总金额，须与服务特许权所有人根据税法规定应收回和收入的金额合并计算。服务特许权所有人的收回数额应归入省级国家财产机构的收回总额，包括通过国家的中央财政机构特殊记名现金账户进行的借贷，根据“存款和借贷基金会——管理原则”应有利于罚款基金会，直接交由省级国家财政机构。省级国家财政部门发放收入的偿还收据。

2. 执行预防性和刑罚措施的机关必须向罚款基金会缴纳的总额，应当明确，根据第 1 款规定，通过国家的中央财政机构特殊现金账户进行的借贷，直接交由省级国家财政机构。省级国家财政部门发放收入的偿还收据。

3. 司法办公室和执行预防性和刑罚措施机关的领导机构，应及时向赔偿基金会寄送说明信，以进行沟通，信件中应说明每一次交款的原因。

4. 监狱制造业的收益，在国家预算收入、收入专章的收入款项中有作出规定，根据 1999 年 11 月 10 日，第 456 号共和国总统政令所规定的方式，以司法部部长作出的专门规定为基础，根据现行规定中的限度，须重新分配应缴纳于赔偿基金会的预算。

5. 因此，总金额的数量是由存款和借贷基金会在每年 6 月 30 日和 12 月 31 日，通过现金账户进行信用贷款获得的收益和流动资金的利息。

6. 存款和借贷基金必须每半年告知赔偿基金会，账户目前的具体数额，以及其他正在进行的，会对账户数额产生直接影响的活动。

第 127 条　财产

赔偿基金会的财产组成：

a）拥有所有权的动产和不动产；

b）以任何名义让与的股权收益；

c）来自以捐赠或以其他名义所获得任何性质的财产；

d）为了流动资金投资所购买的公共或私人债券；

e）存入银行、信用机构以及基金的资金。

第 128 条　收入

1. 赔偿基金会的收入分为现金收入和财产收入。

2. 现金收入的组成：

a）财产的定期收益；

b）存款和股票的收益；

c）根据法律或其他原始性规范规定，应直接分配或转移给基金会的收益或其他收入；

d）在基金会的存款以及根据司法机关规定应转移给基金会的存款；

e）根据基金会每年预算，来自监狱制造业的收入；

f）来自单位或个人的志愿捐献，捐赠、资助和捐款；

g）售卖无法再使用的动产；

h）其他可能的收入。

3. 财产收入的组成：

a）售卖不动产和其他财物的获利；

b）偿还的股票所有权；

c）因投资获得的遗产和现金捐赠；

d）获得财产的资金。

第 129 条　宗旨与干预

1. 赔偿基金会，根据 1932 年 5 月 9 日，第 547 号法律第 4 条规定，是具备公法中法人资格的单位，应根据第 2 款和第 3 款的规定，提供落实根据本条规定进行直接和间接干预的具体措施。

2. 基金会财产性资金的分配，预先由行政理事会根据下列计划进行商议：监狱行政机关的财政计划，使用欧洲框架资金中流动资金的计划，包括依据公共性、全国性及地区性法规规定的资金使用计划。

3. 基金会的财产性资金还可进行的分配，预先由行政理事会根据财产计划进行商议以落实经济援助，帮助囚犯和被收容人的家庭，包括会给囚犯和被收容人回归社会，以及在执行监禁刑替代性措施的阶段，提供帮助。

4. 根据第 3 款的规定，应预先指定落实计划的负责人，人员能够由下列机构进行推荐：公共单位、私人单位、基金会或其他履行志愿性服务及社会公益性服务的组织机构、监狱机构、监狱行政机关的社会服务站。

5. 根据第 3 款规定的计划，除了那些由监狱机构和社会服务站提交的计划，应随附有请求人作出的相关说明，包括，地方政府办公处关于计划实施地所在省社会安全的意见。

6. 根据第 3 款规定作出的投资，在每 6 个月之前应预先作出有利性评估，在每次预先评估中，主管人员和基金会的行政理事会应根据第 4 款的规定提出建议。

7. 根据第 2 款和第 3 款规定财政计划，所支出的费用，以及其他根据赔偿基金会职能所支付的费用，包括为司法费用扣除的预防性存款，以及由继承人存入维持监狱生活的费用，由基金会主席发出支付令并转交至存款和借贷基金会，尤其负责根据第 4 款规定的财政计划或其他权利进行借贷。

8. 根据第 7 款规定的发生贷款的总金额应告知存款和借贷基金会。

第 130 条　预算

预算条款和决算账户由司法部部长和财政部长达成一致后批准，并写入预算和财政计划。

第三部分　最终和过渡性条款

第 131 条　日常性任命

1. 地区长官可根据本法第 80 条第 2 款的规定，作出直接任命。

2. 确认申请人能够适当地履行相关工作后，对其作出任命。

3. 为此，每个地区都应该成立委员会，委员会由地区长官担任主席，监狱行政机关人员作为成员，根据第 2 款规定，通过面谈确认合适的一名专家。

4. 由地区机构的工作人员担任秘书。

第 132 条　任命专家以开展观察活动

1. 地区长官应在每一个上诉法庭辖区中列出专家名单，提供给监狱和社会服务站的领导机构，以根据本法第 80 条的规定，开展观察和待遇项目的活动。

2. 名单中登记注册的专业人士，应没有前科记录，年龄在 25 周岁以上。能够作为注册的专业人士，还应持有专业证书，必须证实能够在监狱特定的部门内开展适当的观察活动。由地区长官与其进行面谈，以及对将要取得专业证书作出的评价，以确定能够作为专业人士。因此，地区长官可以根据本法第 80 条的规定，咨询其大学老师的建议。

3. 由地区长官批准，监狱和社会服务站的领导机构根据第 2 款的规定批准专业人士单一的任职。

第 133 条　未成年人司法中心和未成年人社会服务办公室负责人的职责

未成年人司法中心、未成年人当地社会服务办公室负责人的职责，应分别相当于当前规范对地区长官及接收成年人社会服务站负责人职责的规定。

第 134 条　与服务相关的条款

1. 在当前规范生效 5 年内，如果狱内房间内没有配备卫生间，应在预算范围之内，根据本法第 7 条的规定进行整改，以符合监狱场所建筑要求。如果还没有配套设施，应提供相应的卫生服务，如淋浴，特别是关押女性囚犯和被收容人的监狱。

2. 狱内房间的卫生系统，在取消之前，无论如何，应当允许在适当隐密的条件下进行使用。

3. 在实现第 7 条规定的服务之前，应保证每天提供热水淋浴。

第 135 条　与进餐及包装食物场所相关的条款

1. 在当前规范生效 5 年内，第 13 条第 1 款和第 3 款规定的场所，监狱部门必须在预算范围之内，对狱内已有场所进行适当调整，以符合监狱场所建筑要求。

2. 如果没有符合第 1 款的规定，那么，进餐场所应能够容纳整组的囚犯，可以在合适楼层中的房间内进餐。

3. 另外，如果没有在第 1 款规定的时间内完成整改，可以批准在房间内，或如果可能的话，根据需要在其他场所，烹调方便类的食品，应对这类食品作出规定，及监测的方式、食品的价值、外包的情形，还有在可能使用电炉时，消耗电力所需要支出的费用。

第 136 条　最终条款

执行监狱组织的规定，共和国主席 1975 年 4 月 29 日通过的第 431 号法令，以及后续的修订和新增条款都已删除。

现行法令，即本法在加盖国家印玺之后将载入《意大利共和国规范性文件正式汇编》。任何人均有义务予以遵守并且使其得到遵守。

意大利为保护囚犯最基本人权及减少监狱人数的紧急措施

（2013 年 12 月 23 日第 146 号具有法律效力的政令）

（2013 年 12 月 23 日第 300 号法律公报发布）

随后由 2014 年 2 月 21 日第 10 号具有法律效力的政令作出修订

（2014 年 2 月 21 日第 43 号法律公报发布）

杨超　译

第 1 条　对刑事诉讼法的修订（省略）[①]

第 2 条　对统一法典中涉及麻醉品或具有精神性质药品的预防、治理和恢复，以及药物依赖症状的相关修订。涉及麻醉品或精神性质药品违法行为构成的轻微犯罪。[②]

第 3 条　对监狱组织法的修订

1.（省略）[③]

1–2. 关于狱外执行刑罚机构，其领导履行工作职能期间的财产开支保障，自现行政令转化为法律并生效的 3 年期间内，除 2006 年 2 月 15 日，第 63 号有立法效力政令第 3 条和第 4 条的规定之外，执行狱外刑罚机构领导者应能够发挥监狱机构领导者所承担的工作之职能。[④]

---

① 由刑事诉讼法第 275 条 –2，第 678 条，作出修订。

② 1990 年 10 月 9 日第 309 号总统令，对刑事诉讼法第 380 条和 1988 年第 448 号总统令作出修订。

③ 由 1975 年 6 月 25 日第 354 号法律作出修订。

④ 此款由 2016 年 12 月 30 日第 244 号有法律效力的政令第 10 条第 2 款作出修订，之后由 2017 年 2 月 27 日第 19 号法律修订。

2.（省略）

第 4 条 有条件提前释放的特殊规定

1. 对于那些依据 1975 年 6 月 26 日第 354 号法律第 4 条 –2 规定及后续修订的罪名，被判处有期徒刑的人，在法律生效的前 2 年中，根据 1975 年 6 月 26 日，第 354 号法律第 54 条规定，扣减刑罚提前释放，相当于每半年扣除 75 天的刑罚。

2. 对于被判刑人，自 2010 年 1 月 1 日起，已经通过提前释放的，也应承认给予每半年扣减 30 天的待遇，同样，执行后续再教育活动也应享有这一权利。

3. 根据前款规定扣减刑罚，从 2010 年 1 月 1 日起，同样可以适用于进行抵罪的半年刑罚。

4.（废除）①

5. 本条前几款规定不能适用于同意交付考验以及进行监视居住的被判刑人，度过相对阶段后，全部或部分执行地执行这些替代措施，也不能适用于根据《刑事诉讼法典》第 656 条第 10 款规定，拘留于居所的被判刑人或同意执行监视居住的被判刑人。

第 5 条 执行不超过 18 个月的监禁刑 ②

第 6 条 对《统一法典》中移民事项的修订 ③

第 7 条 国家保护被收容人或被剥夺自由人权利机构

1. 在司法部内，成立保护全国被收容人或被剥夺自由人权利的机构，以下简称“国家保护机构”。

2. 这一机构由一名主席和两名成员组成，三人的任期都为 5 年且不得延长。所挑选的三人不应属于公共行政机构的人员，以保证其独立和行使职权保护人权，三人的任命由内政部决定，以共和国总统令发布，并经有管辖权委员会的议会同意。

---

① 废除的条款已经转为政令。

② 此条由 2010 年 10 月 26 日第 199 号法律作出修订。

③ 此条由 1998 年 6 月 25 日第 286 号具有立法效力的政令作出修订。

3. 国家保护机构的成员不能任职于监狱机构，应通过选举或由政党任命。在辞职、死亡或因生理或精神状况无法任职、严重违反工作职能或是因非过失犯罪被判处刑事处罚情形时，应立即任命候补者。国家保护机构的成员应每年享有一次性津贴，发放金额标准，主席津贴相当于议会每年津贴的 40%，成员津贴相当于议会每年津贴的 30%，剩余的应为报销在工作中所必需花费的食宿、交通费用。①

4. 国家保护机构，遵循司法部中组织架构及每月可使用的资源，最多不能配备超过 25 名工作人员，其中至少 20 名工作人员应由司法部人员任职，并从中担任负责人，内政部不超过 2 人，国家卫生服务局不超过 3 人，能够保留所享有的经济待遇、行政机关任职的待遇，包括一部分应为工作职能所决定的必须性待遇，另一部分为附属性待遇，同样也具有固定性和连续性。工作其他的附属待遇与司法部相同。上述人员的挑选应具有在机构职责范围内获得广泛认可的人。司法部部长、内政部部长、经济与财政部长达成一致后，以总统令对机构的组织架构和组成作出决定。②

5. 国家保护机构，推动并帮助与其他地区保护机构的合作，或是其他有相同事项管辖权的机构进行合作：

a）监督，为了对囚犯、被收容人，及其他在监狱或根据宪法原则和法律规范、意大利批准的关于人权保护的国际公约，及其他国内法所建立的限制人身自由的场所，处于关押状态中人员进行监视。

b）探视，不需要授权可以进行探视，即不需要以下机构的授权：监狱机构、司法精神病院及其他专门接收处于监禁性保安处分措施下人员的医学机构，社会治疗机构、公共或私人接纳处于替代性措施或对的人员，包括没有预先通知的情况下，也没有可能对正在调查的行为造成损害的情形下，进入警察局的安全室进行探视，或是其他任何一个能够作为密室的地点或是其他能够满足此需要的地点。

---

① 此款由 2015 年 12 月 28 日第 208 号法律第 1 条第 317 款作出修订。

② 此款由 2017 年 12 月 27 日第 205 号法律第 1 条第 476 款所替代。

c）开展研究，预先得到当事人的书面同意，对被收容人或被剥夺自由人的档案中记载的行为，及涉及被收容或被剥夺自由的行为进行查阅。

d）要求根据 b）项规定架构中行政负责人提交必要的信息和材料；如果行政机关没有在 30 天作出回复，提交材料，应告知有管辖权的监察法官，并要求其发布提交文件的命令。

e）检查，是否根据 1999 年 8 月 31 日，第 394 号共和国总统令第 20 条、第 21 条、第 22 条和第 23 条及后续修订，遵循这些条款的规定，履行相关权利，根据《统一法典》第 14 条，即 1998 年 6 月 25 日第 286 号有立法效力的政令，归国长期定居站，应对任何人在任何地点都没有限制。①

f）提交对行政机关的专项建议，如果查明确有违反法律规范的行为，或根据 1975 年 6 月 26 日第 354 号法律第 35 条规定提出的申诉和庭审基本权利。行政机关如果作出否认，应在 30 天内告知其否认的原因。

g）每年向共和国参议院议长和众议院议长，及内政部部长和司法部部长转交主要活动的报告。

5-2. 为保证顺利开展工作，2016—2017 年授权于每人 20 万欧元的经费，2018 年起，为 30 万欧元每年。

第 8 条　建议通过关于自 2013 年起给囚犯或被收容人的雇主，提供便利或帮助的相关条款（省略）

第 9 条　财政保障（省略）

第 10 条　生效时间

本法令在公布并载入《意大利共和国规范性文件正式汇编》之日生效，并将提交于议会以转化为法律。

① 根据 2017 年 2 月 17 日第 13 号有法律效力政令第 19 条第 1 款，后转为 2017 年 4 月 13 日第 46 号法律，作出修订。

加拿大矫正与有条件释放法

1992年6月18日通过

郭建安 译

名　　称

第1条

本法可以《矫正与有条件释放法》的名称引用。

第一章　机构矫正与社区矫正

定　　义

第2条

（1）在这一部分，**“局长”**是指根据本法第6条第1款任命的矫正局长。

“违禁品”是指下列物品：

（a）麻醉品；

（b）武器或武器部件以及任何事先未经许可而持有的可用于杀害、伤害或致残一个人的物品或者可用于这类目的的变造品；

（c）炸药或炸弹及其部件；

（d）事先未经许可而持有的超过定量的货币；

（e）在（a）—（d）中未提及的其他未经事先许可而持有的可危及监狱安全或人身安全的物品。

“日假释”的含义与在第二章中的含义相同。

“囚犯”是指：

（a）在下列情况之下被置于监狱中的人：

（i）根据判决、拘押令或移管令；

（ii）根据国家假释委员会依照日假释或法定释放规定的条件。

（b）被判决、拘押或移管到监狱但是处于下列情况之下的人：

（i）根据本法获准暂时离监或工作释放而离开监狱；

（ii）非因暂时离监、工作释放、假释或法定释放，而是因由一个矫正职员或矫正局授权的人指导或监督而离开监狱。

“监狱长”是指在监狱里正式负责该监狱的人。

“麻醉品”是指任何一种如果进入人体便可能损害或改变判断、行为或认识现实和满足正常生活需要能力的物品，但是不包括咖啡因、尼古丁或任何依照监狱职员或注册医疗卫生专业人员的指示而进行的任何经当局认可的药物治疗。

“长期监督”是指根据刑事法典第753.1条（3）（b）或第759条（3）（a）（i）、第759条（4）（a）（ii）及第759条（4.2）（a）（i）判决的长期监督。

“部长”是指加拿大内政部部长。

“罪犯”是指：

（a）囚犯；

（b）被判决、拘押在监狱或移管到监狱但基于下列原因而在监狱之外的人：

（i）假释或法定释放；

（ii）根据本法第81条（1）签订的协议；

（iii）根据法院的判令。

“假释”的含义与第二章的含义相同。

“监狱”是指：

（a）由矫正局为了监管囚犯而永久或临时开办的任何设施，包括与其相关的土地；

（b）根据本法第7条宣布为监狱的任何场所。

“规定的”是指条例规定的意思。

“判决”是指监禁判决，并且包括外国法院对根据《罪犯移管法》被移管到加拿大的加拿大罪犯作出的判决。

“矫正局”是指本法第 5 条规定的加拿大矫正局。

“职员”是指矫正局的雇员。

“法定释放”与本法第二章的含义相同。

“被害人”是指：

（a）由于某一犯罪行为而遭受生理或心理损害的人；

（b）如果（a）中所指的人死亡，便包括其配偶或亲属，或者在法律上或事实上受其监护或其有责任监护和抚养的人及其赡养的人。

“来访者”是指囚犯和职员之外的任何人。

（2）除本章另有规定或根据第 96 条（b）作出的条例另有规定之外，

（a）本章赋予局长的权力、义务和职能只能由其本人行使或履行，在局长不在或不能行使或履行，或者没有局长的情况下，由代理局长的人行使或履行；

（b）本章赋予监狱长的权力、义务和职能只能由其本人行使或履行，在监狱长不在或不能行使或履行，或者在没有监狱长的情况下，由当时负责该监狱的人行使或履行。

第 2.1 条

基于本章的目的，在第 3 条、第 4 条、第 23—27 条、第 55 条、第 56 条、第 57 条（2）、第 66 条（3）、第 68 条、第 69 条、第 76 条、第 77 条、第 79—82 条、第 87 条（b）、第 90 条和第 91 条适用于根据长期监督令需受到监督的人和对其的长期监督时，视其为罪犯，但是根据情况要求可有所变更。

目　　的

第 3 条

联邦矫正系统的目的是通过下列手段促进维持一个公正、和平和安全的社会：

（a）通过安全和人道地监管和监督罪犯来执行法院作出的判决；

（b）通过在监狱和社区提供矫正计划来帮助罪犯自新并作为守法公民回归社会。

原　　则

第 4 条

指导矫正局取得第 3 条规定的目的的原则是：

（a）保护社会是矫正过程中的最高考虑；

（b）在注意到判决法官陈述的理由和建议及来自审理或量刑过程中的其他信息、来自国家假释委员会的释放政策和所有建议、从被害人和罪犯那里获得的信息等各种相关信息的基础上执行判决；

（c）矫正局通过及时与其他刑事司法部门交流有关信息以及及时向罪犯、被害人和公众传达矫正局的矫正政策和计划来提高矫正局的效能和公开性；

（d）矫正局应当最低限度地使用为保护公众、职员和罪犯所需要的限制措施；

（e）罪犯享有所有社会成员所享有的权利和特许权，除非这些权利和特许权被作为判决的后果而自然剥夺或限制；

（f）矫正局促进公众成员对其管理的参与；

（g）以坦率和公正的方式并在罪犯能够利用一种有效的诉冤程序的基础上作出矫正决定；

（h）矫正政策、计划和实践要避免性别、文化和语言歧视，要适应女犯和原住民的特殊需要，还要适应其他具有特殊需要的罪犯群体的需要；

（i）罪犯要遵守监狱有关暂时离监、工作释放、假释和法定释放的规则和条件，还要积极参加旨在促进其自新和回归的计划；

（j）矫正局应当适当选择、培训职员，并给予职员：

（i）适宜的职业发展机会；

（ii）良好的工作条件，包括一个不存在有损个人尊严做法的工作环境；

（iii）参与制定矫正政策和计划的机会。

加拿大矫正局

第5条

在加拿大和为加拿大，应当继续保留一个矫正服务部门，即加拿大矫正局。它承担以下责任：

（a）监管囚犯；

（b）提供有助于罪犯自新和成功地复归社会的计划；

（c）囚犯的释放前准备；

（d）假释、法定释放监督和对罪犯的长期监督；

（e）维持一个关于矫正局管理的公众教育计划。

第6条

（1）总督可以任命局长。局长在部长的领导下控制和管理矫正局及其相关所有事项。

（2）矫正局的国家总部和局长办公室应当按照国家首都法的计划设在国家首都特区。

（3）局长可以设矫正局地区分部。

第7条

（1）在符合本条（3）的情况下，局长可以将监狱和教养院法中规定的任何拘禁场所或任何医院宣布为关押任何一个人或任何一类人的监狱。

（2）在符合本条（3）的情况下，总督可以通过命令将任何场所宣布为监狱。

（3）不经省督同意，根据该省某一立法管理或监督之下的任何拘禁场所、医院或其他场所都不得根据本条（1）和（2）的规定宣布为监狱。

第8条

在加拿大，在任何与被宣称为监狱用地地点或图示争议相关的法院诉讼中，由局长签发的确定监狱用地地点或图示的证书都被作为证据接受，在没有相反证据的情况下，应当视为被该证书确定为地点或以图表示的土地构成一个监狱。

第9条

为了进一步确定的目的，根据本法第2条（b）（ii）被定义为囚犯的人应当视为在矫正局的合法监管之下。

第 10 条

局长可以通过名字或级别以书面形式指定任何职员为治安官员。被指定的职员享有治安官员对下列人员依法享有的权力、职能、保护和特许权：

（a）处于长期监督令之下的罪犯；

（b）在监狱中的任何人。

囚犯的接收

第 11 条

监狱可以根据判决、收监令或移管令接收被投入监狱的人。收监令对某监狱的指定无效。

第 11.1 条

对根据判决、收监令或移管令在监狱服刑但在其依法服刑完毕之前非法逍遥法外的罪犯，监狱长有权在无其他替代本法的情况下通过签发逮捕令将其抓捕并重新投入监管之下。

第 12 条

为了更好地使被判决入狱或被依法移管到监狱的人上诉或料理个人事项，在其被判决 15 天之后才能收监，除非他本人同意在未到 15 天时被移管到监狱。

第 13 条

如果没有注册医疗卫生专业人员签发的健康证书，说明第 12 条中规定的人是否患有危险疾病或传染疾病，监狱长可以拒绝接收其入监。

第 14 条

（1）对于根据本法第 12 条或第 13 条而不收监的人，应当关押在一个矫正设施中。

（2）被指定收押本条（1）规定的人的省矫正设施的负责人，在查验下列文件之后，应当将该人关押在他负责的省矫正设施中，直到其被移管到一个监狱或依法释放。

（a）拘押令；

（b）高级法院或省法院法官、治安法院法官或罪犯被定罪的法院的职员证明的拘押令的副本。

第15条

（1）尽管刑事法典中有关于将一个人判决、拘押或移管到监狱的规定，但是纽芬兰省的人不经该省督指定官员的同意不得收监。

（2）根据前款不收监的人，应当关押在名为女王监狱的纽芬兰省矫正设施中，而且服从适用于该设施的所有法令、条例和规则。

（3）经总督同意，部长可以与纽芬兰省签订协议向该省提供根据本条第2款关押的人的费用。

交换矫正服务协议

第16条

（1）经总督同意，部长可以与省政府签订下列协议：

（a）在被判决、拘押或移管到监狱者所在省的矫正设施或医院中对其进行关押；

（b）对根据任何国会法令或条例规定的犯罪判决不少于2年监禁或拘押的人在监狱进行关押。

（2）在不违反本条（3）的情况下，根据本法第1条（b）所签协议被关押在监狱的人，尽管有刑事法典第743.3条（1）的规定，在其所在监狱适用的所有法律、条例和规则都对其适用。

（3）根据本法第1条（b）所签协议被移管到监狱的罪犯的释放日期从判决中减去下列日期：

（a）罪犯从被移管到监狱的那一天算起应当减去的刑期，包括法定的和自己挣得的减刑；

（b）在监狱和感化院法确定的刑期均衡的原则下罪犯挣得的最大限度的减刑。

在陪护之下暂时离监

第17条

（1）当机构领导认为罪犯符合（a）至（d）的条件时，机构领导可以在不违反刑事法典第746.1条的情况下，批准囚犯符合（e）和（f）规定期限的离监：

（a）若囚犯根据本条规定离监，将不会因重新犯罪而对社会构成威胁；

（b）囚犯在监狱职员或机构领导指定的其他人员陪护下对医疗、管理、社区服务、家庭联系、个人发展等自行目的或包括尽父母责任在内的情感原因离监是适当的；

（c）囚犯因之而被判刑的行为不妨碍批准离监；

（d）制订了合理的离监计划；

（e）因医疗原因无限期离监；

（f）因非医疗原因时期限如下：

（i）不超过5天；

（ii）经过局长同意超过5天但不超过10天。

（2）机构领导可以对暂时离监规定其认为合理和必要的任何条件，以保护社会。

（3）机构领导可以在暂时离监开始之前或开始之后取消暂时离监。

（4）机构领导应当向囚犯书面说明批准、拒绝或取消暂时离监的理由。

（5）除批准暂时离监的时间之外，还可以批准囚犯为囚犯暂时离监所需的旅行时间。

（6）当根据本法第16条（1）（a）规定的协议，囚犯被收押在一个省政府开办的限制病人自由的医院里时，机构领导可以授权该医院负责人在其指定的期间内和事项上行使机构领导根据本条对囚犯行使的权力。

工作释放

第18条

（1）在本条，“工作释放”是指一项有组织的囚犯在矫正职员或者由监狱长授权的其他人员或机构的监督下离开监狱工作或者到社区服务一定时间的计划。

（2）监狱长认为囚犯符合本法第二章的规定或者根据刑事法典第746条（1）而可以独自暂时离监的下列条件时，可以作出其有权决定的期限之内的工作释放。如果超过60天，需要经局长批准。

（a）囚犯不会因为重新犯罪而在工作释放期间对社会构成不当的危险；

（b）囚犯最好参加一项有组织的工作或者在社区中从事社区服务；

（c）根据囚犯因之而被判刑的行为可以对其予以工作释放；

（d）准备了一项周密的工作释放计划。

（3）监狱长可以对工作释放规定其认为对保护社会所必要和合理的任何条件。

（4）监狱长可以在工作释放开始之前或之后中止或取消工作释放。

（5）监狱长应当就予以、拒绝、中止或取消工作释放向囚犯书面说明理由。

（6）当工作释放在开始之后被中止或取消时，监狱长可以书面签发拘捕囚犯和将其重新投入监管的命令。

调　　查

第19条

（1）当囚犯死亡或者遭受严重身体伤害时，无论是否根据本法第20条作过调查，矫正局都应当即刻对该事件进行调查并向局长或其指定的人报告。

（2）矫正局应当向本法第三章规定的矫正调查人提交一份本条（1）规定的报告的副本。

第20条

局长可以任命一个或多个人就矫正局管理的任何事项进行调查和报告。

第21条

调查法第7—13条的规定在下列情况下适用于根据本法第20条规定的调查：

（a）如果这几条规定的“局长”是指根据本法第20条任命的人时；

（b）在必要的情况下作出其他修改。

死亡或伤残的赔偿

第22条

部长或部长授权的人可以依照矫正与有条件释放条例对下列人员因参加经同意的计划而引起的死亡或伤残予以补偿：

（a）囚犯；

（b）处于日假释之下的人。

信　息

第23条

（1）当一个人被判决、拘押或移管到监狱时，矫正局应当采取尽可能实际的合理措施来获取下列信息：

（a）关于犯罪的相关信息；

（b）关于囚犯个人历史的信息，包括社会、经济、犯罪和青少年犯罪历史的信息；

（c）关于下列机构作出判决或拘押令的理由和提出的建议的信息：

（i）定罪、判刑或拘押的法院；

（ii）审理对定罪、判刑或拘押令上诉的法院。

（d）向本款（c）（i）或（ii）规定的法院提交的有关定罪、判刑或拘押的所有报告；

（e）所有有关执行判决或拘押的其他信息，包括现有的来自被害人的信息、被害人影响陈述和判刑法官就罪犯是否适合假释所提意见的副本。

（2）当罪犯书面请求查阅矫正局根据本条第1款取得的信息时，应当允许罪犯以规定的方式接触根据隐私法和接触信息法可以公布的信息。

（3）隐私法和接触信息法的实施不限制或禁止矫正局获取本条第1款（a）至（e）规定的任何信息。

第24条

（1）矫正局应当采取各种合理措施来保证其使用的有关罪犯的信息尽可能

准确、及时和完整。

（2）当矫正局根据第 23 条第 2 款允许罪犯查阅信息，而罪犯认为信息有错或不完整时，可以采取下列措施：

（a）罪犯可以要求矫正局进行更正；

（b）当矫正局拒绝罪犯的更正要求时，矫正局应当在其信息中加上一份附注，说明罪犯曾经要求更正以及要求怎样更正。

第 25 条

（1）矫正局应当在适当的时候向国家假释委员会、省政府、省假释委员会、警察局和其他矫正局授权监督罪犯的机构提供其掌握的有关罪犯释放决策和罪犯监督的所有信息。

（2）在因单独暂时离监、假释或法定释放而释放囚犯之前，矫正局如果知晓囚犯的目的地应当通知目的地的警察局。

（3）当矫正局有合理的根据认为对某一应予到期释放的囚犯按期释放会对他人构成威胁时，应当在释放之前及时采取各种合理的措施向警察局提供其所掌握的有关已察觉威胁的所有信息。

第 26 条

（1）在罪犯侵害的被害人的要求下，局长：

（a）应当向被害人公布关于罪犯的下列信息：

（i）罪犯的姓名；

（ii）罪犯被法院定的罪名和将罪犯定罪的法院；

（iii）罪犯开始服刑的日期和刑期的长度；

（iv）根据本法罪犯符合暂时离监或假释条件的日期和进行这类审查的日期。

（b）在认为公布罪犯的下列信息对被害人利益的保护超过因此可能导致对罪犯隐私权的侵犯时，可以向被害人公布下列信息：

（i）罪犯的年龄；

（ii）罪犯服刑的监狱的地点；

（iii）如果罪犯因暂时离监、工作释放、假释或法定释放而被释放时，释放的日期；

（iv）根据本法第 130 条为了审查目的而举行听证的日期；

（v）对罪犯暂时离监、工作释放、假释或法定释放所附加的条件；

（vi）罪犯暂时离监、工作释放、假释或法定释放的目的地以及罪犯在到达目的地的过程中是否从被害人附近经过；

（vii）罪犯是否处于监管之下。如果没有被监管，其未被监管的原因。

（2）当一个罪犯被从监狱移管到省矫正设施，而且局长认为公布该罪犯将被移管到的省矫正设施所在省的省名对被害人的利益超过因为公布该信息可能对罪犯隐私造成的侵犯时，可以根据该罪犯侵害的被害人的要求向被害人公布该信息。

（3）本条第 1 款在根据情况进行必要限制的情况下也适用于局长确信具有下列情况的人：

（a）罪犯的行为（无论是否被起诉或定罪）对其造成了伤害或身心损害；

（b）就该行为向警察或皇家律师提出了控告或者根据刑事法典提供了信息。

（4）本条第 2 款在根据情况进行必要限制的情况下也适用于局长确信具有下列情况的人：

（a）本条（2）规定的罪犯的行为（无论是否被起诉或定罪）对其造成了伤害或身心损害；

（b）就该行为向警察或皇家律师提出了控告或者根据刑事法典提供了信息。

第 27 条

（1）当罪犯根据本章或矫正与有条件释放条例有权在矫正局对其采取决定的过程中进行陈述时，采取决定的人员或机构应当在符合本条（3）的情况下，在采取决定前的合理时间内，向罪犯提供在采取决定时将要考虑的所有信息或所有信息的概要。

（2）当罪犯根据本章或矫正与有条件释放条例有权了解矫正局对其采取决定的原因时，采取决定的人员或机构应当在符合本条（3）的情况下，在采取决定之后，即刻向罪犯提供在采取决定时将要考虑的所有信息或所有信息的概要。

（3）除非对违纪行为采取决定，当局长有合理的根据认为公布本条（1）或（2）的信息将危害下列安全或行为时，局长有权不向罪犯提供为保护本款（a）、（b）、（c）中确认的利益而必需的信息：

（a）任何个人的安全；

（b）监狱的安全；

（c）任何合法调查行为。

（4）当一个罪犯不能适当理解任何一种加拿大的官方语言时，该罪犯有权在下列情况下获得翻译帮助：

（a）在本章和矫正与有条件释放条例规定的任何听证中；

（b）基于理解根据本章向罪犯提供的材料的目的。

囚犯的关押与转监

第28条

当一个囚犯被关押在或者即将被关押在一个监狱时，矫正局应当采取一切必要的措施来保证，在考虑到下列因素的基础上，关押的监狱是对该囚犯限制性最小的一所监狱：

（a）为下列目的所必要的监管和控制程度和类型：

（i）公众的安全；

（ii）该囚犯和该监狱中其他囚犯的安全；

（iii）监狱的警戒程度。

（b）接近下列场所：

（i）该囚犯的家所在的社区及其家庭；

（ii）适宜的文化环境；

（iii）适宜的语言环境。

（c）拥有适当的计划和服务，而且该囚犯具有参加的愿望。

第29条

局长可以将一个被判决、拘留或移管到监狱的人转到下列场所：

（a）按照根据本法第96条（d）制定的条例，在不违背本法第28条的前提下转到另外一个监狱；

（b）根据依照本法第 16 条（1）（a）签订的协议和任何可适用的条例转到一个省矫正场所或医院。

警戒程度的分类

第 30 条

（1）矫正局应当依照根据本法第 96 条（z.6）制定的条例，将每一囚犯分配到最高警戒程度、中等警戒程度或最低警戒程度的设施中去。

（2）矫正局应当以书面形式向每一囚犯说明将其分配到某一警戒程度类型中或者改变最初分类的理由。

行政隔离

第 31 条

（1）行政隔离的目的是防止一个囚犯与一般囚犯进行交流。

（2）当一个囚犯在监狱中被行政隔离时，矫正局应当努力尽快使其重回该监狱或另外一个监狱的一般囚犯中去。

（3）如果一个机构领导有合理的根据相信发生下列情况并且确信没有其他合理的替代措施时，可以下令将一个囚犯行政隔离：

（a）以下情况：

（i）囚犯实施了或者企图实施危害监狱安全或任何人人身安全的行为；

（ii）囚犯继续留在一般囚犯之中会将危害监狱安全或任何人人身安全时。

（b）囚犯继续留在一般囚犯之中将妨害一项对可能导致刑事指控或者根据本法第 41 条（2）构成的严重违纪行为的调查时；

（c）囚犯继续留在一般囚犯之中将危害囚犯自身的安全时。

第 32 条

根据本法第 33 条（1）向机构领导作出的所有建议和机构领导作出的是否解除一个囚犯的行政管理的所有决定，都应当考虑第 33 条的规定。

第 33 条

（1）当一个囚犯非自愿地被行政隔离时，机构领导指定的人应当履行下列程序：

（a）在规定的时间以规定的方式举行听证来审查囚犯的案件；

（b）在规定的时间以规定的方式举行进一步的听证来审查囚犯案件；

（c）在完成本条（a）规定的听证之后和每次完成本条（b）规定的听证之后，向机构领导作出是否应当解除对囚犯的行政隔离的建议。

（2）本条（1）（a）规定的听证，除非在下列情况下，应当在囚犯在场的情况下举行：

（a）囚犯自愿不参加；

（b）举行听证的人有合理的根据确信囚犯在场将危害参与听证的任何人的安全；

（c）囚犯严重干扰听证。

第 34 条

当机构领导不准备接受根据本法第 33 条作出的是否解除一个囚犯的行政隔离的建议时，应当在尽可能快的时间内会见囚犯，以便作出下列举措：

（a）向该囚犯解释其不准备接受建议的理由；

（b）给予囚犯一个口头或书面陈述的机会。

第 35 条

当一个囚犯要求被行政隔离或要求继续被行政隔离，机构领导不准备批准囚犯的要求时，应当在尽可能快的时间内会见囚犯，以便作出下列举措：

（a）向该囚犯解释其不准备接受罪犯要求的理由；

（b）给予囚犯一个口头或书面陈述的机会。

第 36 条

（1）处于行政隔离之下的囚犯应当每天受到注册医疗卫生专业人员的至少一次探访。

（2）机构领导应当每天视察行政隔离区至少一次，并且根据囚犯的要求会见囚犯。

第 37 条

除非基于下列理由，处于行政隔离之下的囚犯应当享有与一般囚犯同样的权利、特许权和监禁条件：

（a）这些权利、特许权和条件只能通过与其他囚犯交流才能享有；

（b）这些权利、特许权和条件因下列情况可以合理地不给予囚犯：

（i）行政隔离区具有专门的限制；

（ii）监狱警戒的要求。

惩　戒

第 38 条

本法第 40—44 条和矫正与有条件释放条例确立惩戒制度的目的是，通过一种有助于囚犯自新和成功回归社会的过程，鼓励囚犯以一种促进监狱良好秩序的方式来规范自身的行为。

第 39 条

除非按照本法第 40—44 条和矫正与有条件释放条例，不得对囚犯进行惩戒。

第 40 条

囚犯的下列行为构成违纪行为：

（a）不服从职员的合法命令；

（b）不经批准进入禁止囚犯进入的区域；

（c）故意或过失损坏或毁坏非自己所有的财产；

（d）盗窃；

（e）持有盗窃的财产；

（f）以一种能够损坏职员权力的方式不尊重或辱骂职员；

（g）以一种可能激怒对方实施暴力的方式不尊重或辱骂任何人；

（h）与他人斗殴，殴打或威胁他人；

（i）持有或买卖违禁品；

（j）未经事先批准而拥有或买卖未经局长令或机构领导书面许可的物品；

（k）服用或向囚犯身体中注射麻醉品；

（l）当根据本法第 54—55 条要求提供尿检样本时不提供或拒绝提供尿样；

（m）制造或参与下列行为：

（i）骚乱；

（ii）很可能危及监狱安全的其他任何行为；

（n）为了脱逃或帮助其他囚犯脱逃而实施任何行为；

（o）提供、给予或接受贿赂或报偿；

（p）没有合理的理由拒绝或脱离工作；

（q）从事赌博；

（r）故意违反关于囚犯行为的成文规则；

（s）试图从事或帮助他人实施本条（a）至（r）规定的任何行为。

第 41 条

（1）当职员有合理的根据认为一个囚犯实施了或正在实施某种违纪行为时，应当采取各种措施，尽可能非正式地解决该事件。

（2）当未能取得非正式的解决时，机构领导可以根据该行为的严重性以及各种加重或减轻因素，对罪犯作出轻微违纪行为或严重违纪行为的指控。

第 42 条

对被指控违纪的囚犯，应当按照矫正与有条件释放条例给予书面通知，而且通知必须说明指控的是轻微违纪还是严重违纪。

第 43 条

（1）对于违纪行为的指控，应当依照规定的程序处理，包括以规定的方式举行听证。

（2）除非在下列情况下，举行本条（1）规定的听证时，囚犯应当在场：

（a）囚犯自愿不参加；

（b）举行听证的人有合理的根据认为囚犯在场将危及在听证现场的任何人的人身安全；

（c）囚犯严重干扰听证。

（3）除非根据在听证中提交的有关囚犯实施了听证的违纪行为的证据能够

排除任何合理的疑问，举行听证的人不应当认定囚犯违纪。

第44条

（1）被确认违纪的囚犯，依照本法第96条（i）至（j）制定的条例，承担下列一项或多项责任：

（a）警告或斥责；

（b）丧失特许权；

（c）责令赔偿；

（d）罚款；

（e）履行额外义务；

（f）在严重违纪案时被与其他囚犯隔离30天以内。

（2）根据本条（1）处以的罚款和赔偿可以规定的方式收缴。

可简易裁决的犯罪

第45条

任何人实施下列行为均构成可简易裁决的犯罪：

（a）在监狱来访者控制点之外持有违禁品；

（b）在监狱来访者控制点之前持有根据本法第2条“违禁品”的定义中（b）或（c）规定的物品；

（d）为囚犯传递或从囚犯那里接受违禁品；

（e）未经事先批准为囚犯传递或从囚犯那里接受珠宝；

（f）非法侵入一所监狱。

搜查和扣押

第46条

在第47—67条，有关术语的定义如下：

“体穴”是指肛门或阴道。

“体穴搜查”是指以规定的方式对体穴进行物理探查。

“身体搜查”是指下列两种搜查：

（a）以规定方式对着衣身体的手工搜查或技术探查；

（b）根据第 96 条（1）制定的任何可适用的条例对下列物品的搜查：

（i）包括个人可以穿着的衣物在内的个人所有物；

（ii）被要求脱下来的任何外衣或夹克。

“非侵扰性搜查”是指下列两种搜查：

（a）以规定的方式对着衣身体进行的非侵扰性的技术探查；

（b）根据第 96 条（1）制定的任何可适用的条例对下列物品的搜查：

（i）包括个人可以穿着的衣物在内的个人所有物；

（ii）被要求脱下来的任何外衣或夹克。

“裸体搜查”是指下列两种搜查：

（a）以规定的方式进行的裸体肉眼检查；

（b）根据第 96 条（1）制定的任何可适用的条例，对所有衣着、衣着中的物品和个人可以携带的其他个人物品的搜查。

“尿分析”是指一种规定的由一个人为了分析目的，提取正常排泄的尿样的程序。

对囚犯的搜查

第 47 条

（1）在规定的情况下，职员在没有具体怀疑时可以对囚犯进行例行的非侵扰性的搜查或例行的身体搜查。规定的情况仅限于为安全目的所要求的情况。

（2）根据合同为矫正局向某一规定类型的囚犯提供服务的人，在下列情况下职员有权进行根据本条（1）所实施的搜查：

（a）在合同中规定了这类搜查，但是根据合同这类搜查不属于该人的主要服务；

（b）搜查与该人根据合同提供的主要服务具有合理的相关性；

（c）该人接受过规定的从事这类搜查的培训。

第 48 条

在下列情况下，与囚犯同性的职员在没有具体怀疑时可以对囚犯进行例行的裸体搜查：

（a）在规定的情况下。这种情况仅限于囚犯到过很可能接触到违禁品并能够将违禁品隐藏在身体上或隐藏到身体里的地方时。

（b）当囚犯进入或离开隔离区时。

第 49 条

（1）当职员有合理的根据怀疑囚犯携带着违禁品或者有关违纪或犯罪行为的证据时，可以对囚犯进行搜身检查。

（2）根据合同为矫正局向某一规定类型的囚犯提供服务的人，在下列情况下职员有权进行根据本条（1）所实施的搜查：

（a）在合同中规定了这类搜查，但是根据合同这类搜查不属于该人的主要服务；

（b）搜查与该人根据合同提供的主要服务具有合理的相关性；

（c）该人接受过规定的从事这类搜查的培训。

（3）在下列情况下，同性职员可以对囚犯进行裸体检查：

（a）有合理的根据认为囚犯携带着违禁品或者有关违纪或犯罪行为的证据，且认为为了找到违禁品或证据有必要进行裸体检查；

（b）并使机构领导确信有合理的根据这么怀疑。

（4）在下列情况下，职员可以在不符合本条（3）（b）或本条（3）性别要求的情况下进行裸体检查：

（a）满足了本条（3）（a）的要求；

（b）并且有合理的根据认为若遵守本条（3）（b）或者本条（3）的性别要求必然造成的延迟将导致对人身安全的危险或者证据的丢失或毁坏。

第 50 条

当职员有合理的根据认为囚犯在体穴内携带着违禁品时，可以不扣押或试图扣押囚犯携带的违禁品，但是应当告知机构领导。

第 51 条

当机构领导有合理的根据确信囚犯在体穴内携带着违禁品时，可以以书面形式作出下列决定：

（a）在取得囚犯和合格的医疗从业者的同意之后，由合格的 X 光机械师进行 X 光检查；

（b）在事先通知监狱医疗官员的情况下，将囚犯关押在没有自来水设备的单身囚室中，以期囚犯将违禁品排出来。

第 52 条

当机构领导有合理的根据确信囚犯在体穴内携带着违禁品，而且为了找到或扣押违禁品而有必要进行体穴搜查时，在取得囚犯的同意之后，可以以书面形式授权一个合格的医疗从业者进行体穴搜查。

第 53 条

（1）当机构领导有合理的根据确信有下列情况时，可以在遵守本条（2）的前提下，以书面形式授权本款（b）规定的搜查：

（a）违禁品对囚犯性命或人身安全或监狱的安全存在着明显和实质性危险时；

（b）为了扣押违禁品而有必要对监狱内所有囚犯和监狱任何地方都进行搜查时。

（2）根据本条（1）所授权的裸体搜查，在每一案件中都应当由与被搜查的囚犯同一性别的职员进行。

第 54 条

在遵守本法第 56 条和第 57 条（1）的前提下，职员在下列情况下可以要求囚犯进行尿样分析：

（a）职员有合理的根据认为囚犯实施了或者正在实施本法第 40 条（k）规定的违纪行为，并有必要提供尿样作为证据，且事先取得了机构领导的授权；

（b）依照条例可以作出的局长令，作为在没有具体怀疑对象的情况下进行规定的随机抽样尿样分析的一部分；

（c）当尿样分析是为了参加下列计划而规定的要求时：

（i）某项规定的计划或者涉及与社区接触的活动；

（ii）某项规定的化学物质滥用治疗计划。

第 55 条

在遵守本法第 56 条和第 57 条（2）的前提下，职员或者由矫正局授权的其他任何人，在下列情况下，可以要求罪犯提供尿样分析：

（a）当职员或被授权的其他人有合理的根据怀疑罪犯违反暂时离监、工作释放、假释或法定释放要求戒除酒精或毒品的条件而为了检查罪犯是否遵守了这一条件时；

（b）为了检查罪犯是否遵守了暂时离监、工作释放、假释或法定释放要求戒除酒精或毒品的条件而进行定期检查时。

第 56 条

当根据本法第 54—55 条要求罪犯进行尿样分析时，作出这一要求的人应当即刻告知罪犯其作出要求的根据和不提供的后果。

第 57 条

（1）根据本法第 54 条（a）被要求进行尿样分析的囚犯，应当给予其在提交尿样之前向机构领导陈述的机会；

（2）根据本法第 55 条被要求定期进行尿样分析的囚犯，应当给予其合理的机会向掌握定期间隔长短的官员进行陈述。

囚舍的搜查

第 58 条

在规定的情形下，职员可以以规定的方式对囚犯的囚舍和囚舍中的物品进行搜查。但是，所谓规定的情形必须仅限于为保证安全而合理需要的情况。

来访者的搜查

第 59 条

在规定的情形下，在没有具体怀疑对象时，职员可以对来访者进行例行的非侵扰性的搜查或搜身检查。但是，所谓规定的情形必须仅限于为保证安全而合理需要的情况。

第 60 条

（1）当职员有合理的根据怀疑某一来访者携带着违禁品或者携带着与本法第 45 条规定的犯罪行为相关的证据时，可以对来访者进行搜身检查。

（2）在下列情况下，在事先给予来访者自愿离开监狱的机会之后，若来访者不愿离开，与其同性别的职员可以对其进行裸体搜查：

（a）当职员有合理的根据怀疑某一来访者携带着违禁品或者携带着与本法第45条规定的犯罪行为相关的证据，并且认为为了找到违禁品或证据有必要进行裸体搜查时；

（b）当职员使机构领导确信存在下列情形时：

（i）有合理的根据怀疑某一来访者携带着违禁品或者携带着与本法第45条规定的犯罪行为相关的证据；

（ii）并且有合理的根据确信为了找到违禁品或证据有必要进行裸体搜查。

（3）当职员有合理的根据怀疑某一来访者携带着违禁品或者携带着与本法第45条规定的犯罪行为相关的证据，并且认为为了找到违禁品或证据有必要进行裸体搜查时，职员或机构领导可以采取下列措施：

（a）为了下列目的，职员可以拘留来访者：

（i）为了获取机构领导批准进行裸体搜查；

（ii）为了获取警方的服务。

（b）当职员使机构领导确信存在下列情形时，机构领导可以授权与来访者同一性别的职员对来访者进行裸体搜查：

（i）有合理的根据怀疑携带着违禁品或者携带着与本法第45条规定的犯罪行为相关的证据；

（ii）并且有合理的根据确信为了找到违禁品或证据有必要进行裸体搜查。

（4）根据本条（3）被拘留的来访者应当享有下列权利：

（a）即刻被告知拘留的理由；

（b）在被搜查之前应有合理的机会来毫不耽搁地聘请和咨询律师，并且应当被告知其享有这一权利。

汽车的搜查

第61条

（1）在规定的情形下，在没有具体怀疑时，职员可以规定的方式，对停放在监狱的汽车进行例行的搜查。但是，所谓规定的情形必须仅限于为保证安全而合理需要的情况。

（2）当职员有合理的根据怀疑停放在监狱中的汽车里存有违禁品，并且构成本法第45条规定的犯罪时，可以在事先获取机构领导授权的情况下对汽车进行搜查。

（3）当职员有合理的根据认为若遵守本条（2）造成的延误搜查将导致对人身安全的危险或者违禁品的丢失或毁坏时，可以在未经事先授权的情况下对汽车进行搜查。

警告的张贴

第62条

每一所监狱都应当在其土地的入口处和来访者控制点张贴显著的警告，说明依照本章和矫正与有条件释放条例，所有来监狱的来访者和汽车都要接受搜查。

职员的搜查

第63条

在规定的情形下，在没有具体怀疑时，职员可以规定的方式，对其他职员进行例行的非侵扰性的搜查或搜身检查。但是，所谓规定的情形必须仅限于为保证安全而合理需要的情况。

第64条

（1）当职员有合理的根据怀疑其他职员携带着违禁品或者携带着与根据本法第45条构成的刑事犯罪有关的证据，而且为了找到违禁品或证据而有必要进行搜身检查或裸体检查时，可以采取下列措施：

（a）为了下列目的而拘留被怀疑的其他职员：

（i）获取机构领导同意进行搜身检查或裸体检查的授权；

（ii）获取警方的服务。

（b）当职员使机构领导确信有合理的根据怀疑其他职员携带着违禁品或者携带着与某一刑事犯罪有关的证据，而且为了找到违禁品或证据而有必要进行搜身检查或裸体检查时，机构领导可以采取下列措施：

（i）授权一个职员对其他职员进行搜身检查；

（ii）授权一个同一性别的职员对其他职员进行裸体检查。

（2）根据本条（1）被拘留的职员应当享有下列权利：

（a）即刻被告知拘留的理由；

（b）在被搜查之前应有合理的机会来毫不耽搁地聘请和咨询律师，并且应当被告知其享有这一权利。

扣押权

第65条

（1）根据本法第50条的规定，职员可以扣押在根据本法第47—64条进行搜查过程中发现的违禁品或者与违纪行为或犯罪行为有关的证据，除非是在体穴搜查或本法第51条（a）规定的搜查过程中。

（2）从事体穴搜查的医疗人员可以扣押在搜查过程中发现的这类违禁品或者与违纪行为或犯罪行为有关的证据。

（3）根据本法第47条（2）或第49条（2）进行搜查的人员可以扣押在搜查过程中发现的这类违禁品。

对社区居住设施的搜查

第66条

（1）当由矫正局授权的社区居住设施的雇员有合理的根据怀疑罪犯正在或已经违反了罪犯假释、法定释放或暂时离监的条件，并且为了证实这一点有必要进行搜查时，可以进行下列搜查：

（a）对居住在该设施中的罪犯进行搜身检查；

（b）搜查罪犯的房间和房间内的物品。

（2）根据本条（1）进行搜查的雇员可以扣押任何在搜查过程中发现的有关罪犯违反释放条件的证据。

（3）在本条中，“社区居住设施”是指向假释、法定释放或暂时离监的罪犯提供食宿的场所。

关于搜查和扣押的报告

第 67 条

对于根据本法第 47—66 条进行的搜查和在搜查过程中所扣押物品，依照根据本法第 96 条（o）制定的条例需要提交报告时，必须依照这些条例提交报告。

一般生活条件

第 68 条

任何人都不得将戒具作为对罪犯进行惩罚的工具。

第 69 条

任何人都不得对罪犯实施或者鼓动、同意或默认对罪犯实施任何残忍、不人道或有辱人格的待遇或处罚。

第 70 条

矫正局应当采取各种合理的措施来保证监狱、监狱环境、囚犯居住和工作条件以及职员工作条件的安全、有益健康，并且没有损害个人尊严的情况。

第 71 条

（1）为了促进囚犯与社区的关系，囚犯有权在不超出规定的保护监狱安全和人员安全的合理限度内，与家庭、朋友和监狱之外的其他人保持合理的接触，包括会见和通讯。

（2）每一个监狱都应当在来访者控制点张贴显著的告示，列清来访者在来访者控制点外可以携带的物品。

（3）当来访者在事先未经允许的情况下持有本条（2）中规定的告示列举的清单之外的物品时，职员可以终止或者限制接见。

第 72 条

在不超出为保证监狱安全和人员安全所规定的合理限度内，每个加拿大众院议员、参院议员和法院法官都享有下列权力：

（a）进入任何监狱；

（b）参观某个监狱的任何部分；

（c）经囚犯同意会见任何囚犯。

第 73 条

在不超出为保证监狱安全和人员安全所规定的合理限度内，囚犯应当享有在监狱内和平集会和与其他囚犯接触的机会。

第 74 条

矫正局在作出影响整个囚犯人口或者影响某一囚犯群体的决定时，应当向囚犯提供参与的机会，除非决定与安全事项相关。

第 75 条

在不超出为保证监狱安全和人员安全所规定的合理限度内，囚犯有权自由和公开地参与和表明宗教和精神信仰。

罪犯计划

第 76 条

矫正局应当提供一系列旨在适应罪犯需要和有助于罪犯成功回归社会的计划。

第 77 条

在不限制第 76 条通则的情况下，矫正局应当履行如下职责：

（a）提供旨在专门适应女罪犯需要的计划；

（b）就女犯计划向下列组织或个人进行咨询；

（i）适当的妇女组织；

（ii）其他具有女犯知识和女犯工作经验的个人和组织。

第 78 条

（1）为了下列目的，局长可以授权向罪犯付酬：

（a）鼓励罪犯参加矫正局提供的计划；

（b）为了帮助其回归社会而向罪犯提供经济援助。

（2）当某一罪犯收到本条（1）规定的报酬或者从规定渠道收到收入时，矫正局可以采取下列行动：

（a）依照本法第 96 条（z.2）制定的条例和局长令，从罪犯的报酬或收入中扣除一部分；

（b）根据依照本法第 96 条（z.2.1）和局长令制定的条例，要求罪犯向代表加拿大的女王陛下支付部分款项，来补偿其在获得收入或报酬过程中支出的食宿费或者由矫正局提供的工作服的费用。但是，罪犯支付的总额不得超过其根据本条（1）所获全部报酬或者毛收入的 30%。

原住民罪犯

第 79 条

在第 80 条至第 84 条，下列术语的含义如下：

“原住民”是指印第安人、伊纽特人和白人与印第安人的混血儿。

“原住民社区”是指最初的民族、部落的会议、群体、社区、组织或以原住民首领为主的其他群体。

“矫正服务”是指为罪犯提供的包括监管和照料在内的服务或计划。

第 80 条

在不限制第 76 条通则的情况下，矫正局应当提供旨在专门适应原住民罪犯需要的计划。

第 81 条

（1）部长或其授权的人可以与原住民社区签订向原住民罪犯提供由部长或其授权的人支付费用的矫正服务的协议。

（2）尽管本条（1）规定的是向原住民罪犯提供矫正服务的内容，但是根据该款签订的协议也可以向非原住民罪犯提供矫正服务。

（3）依照根据本条（1）签订的任何协议，局长可以在罪犯和原住民社区同意的情况下，将罪犯转到原住民社区监管和照料。

第82条

（1）矫正局应当建立一个全国原住民顾问委员会，可以建立地区性的或地方性的原住民顾问委员会。委员会应当就对原住民罪犯的矫正服务向矫正局提供建议。

（2）为了实现本条（1）确定的职能，所有委员会都应当定期与原住民社区和其他具有原住民事项知识的适当人员进行咨询。

第83条

（1）显然，原住民的精神信仰、精神领袖和长者享有与其他宗教和其他宗教领袖同样的地位。

（2）矫正局应当在向下列机构咨询之后，采取各种合理的措施来保证使原住民囚犯能够享有原住民精神领袖或长者的精神信仰方面的服务：

（a）第82条规定的全国原住民顾问委员会；

（b）根据第82条的规定建立的合适的地区性和地方性原住民顾问委员会。

第84条

当申请假释的囚犯表示愿被释放到一个原住民社区的兴趣时，如果囚犯同意，矫正局应当向该原住民社区作出下列事项：

（a）以适当方式通知该社区囚犯的假释申请；

（b）给予该社区提出一项囚犯释放和回归计划的机会。

第84.1条

根据长期监督令需要受到监督的罪犯表示愿到一个原住民社区接受监督的兴趣时，如果罪犯同意，矫正局应当向该原住民社区作出下列事项：

（a）以适当方式通知该社区长期监督令；

（b）给予该社区提出一项囚犯监督释放和回归计划的机会。

医疗保健

第85条

在第86条和第87条，下列术语的含义如下：

“医疗保健”是指由注册的医疗卫生专业人员提供的医疗、牙医治疗和精神治疗。

“精神治疗”是指对严重损害判断、行为、认知能力或适应一般生活能力的思维、心情、知觉、适应和记忆失调的治疗。

“治疗”是指医疗保健方面的治疗。

第 86 条

（1）矫正局应当向每个囚犯提供下列医疗服务：

（a）基本的医疗保健；

（b）有助于囚犯康复和成功回归社会的合理的非基本医疗保健。

（2）根据本条（1）提供的医疗保健应当达到从专业上可以接受的标准。

第 87 条

在下列情况下，矫正局应当考虑罪犯的健康状况和医疗保健方面的需要：

（a）在各种影响罪犯的决定中，包括与安排住宿、转监、行政隔离和惩戒事项有关的决定；

（b）在为罪犯释放和监督做准备时。

第 88 条

（1）除非在本条（5）规定的情况下，罪犯有权不接受治疗：

（a）除非囚犯自愿表示同意，不对囚犯进行治疗。如果治疗已经开始，应当停止治疗，除非囚犯另外表示愿意接受治疗；

（b）囚犯有权拒绝治疗或者在任何时候撤除治疗。

（2）基于本条（1）（a）的立法宗旨，只有囚犯在下列方面进行过咨询并且具有理解能力的前提下对治疗作出的同意才是在获取充分信息基础上的同意：

（a）治疗后好转、减轻、控制和治愈的可能性和程度；

（b）与治疗相关的任何严重危险及其程度；

（c）替代治疗的任何其他适当手段；

（d）拒绝治疗的可能影响；

（e）囚犯拒绝治疗或者在任何时候都可以撤除治疗的权利；

（3）基于本条（1）（a）的立法宗旨，仅仅因为治疗是暂时离监、工作释放或假释的要求时，囚犯对治疗的同意不应当被认为是不自愿的。

（4）除非一个独立于矫正局之外并按规定组成的委员会实施了下列步骤，不应当对囚犯进行试验性治疗：

（a）认可试验性治疗计划在临床上是合理的，并且符合公认的道德标准；

（b）审查了罪犯对治疗的同意，并且确定符合本条的规定。

（5）当囚犯不能理解本条（2）（a）至（e）规定的各种事项时，应当按照相应的省法律来确定对囚犯给予治疗。

第89条

对在作出绝食决定时具有理解绝食后果能力的囚犯，矫正局不应当以任何方法强制进食。

诉冤程序

第90条

矫正局应当设立公正和及时解决罪犯就局长权限范围内事项诉冤的程序，而且这一程序应当依照根据第96条（u）制定的条例实施。

第91条

每一罪犯都应当完全能够求助诉冤程序而不会产生任何消极后果。

囚犯的释放

第92条

囚犯可以从监狱或局长指定的其他任何场所获得释放。

第93条

（1）除本条（2）规定的情形之外，所有因法定释放或刑满释放而有权在某一天从监狱获得释放的囚犯，都应当在这一天的前一个工作日的正常工作时间内获得释放。

（2）当机构领导确信通过提前释放比按照本条（1）的规定释放更有利于囚犯回归社会时，机构领导可以在囚犯因法定释放或期满释放而有权从监狱获得释放的那一天的前5日内释放囚犯。

（3）根据本条（2）视案情被释放的囚犯，在实际释放的那一刻就应当被视为因法定释放或刑满而被释放了。

（3.1）根据委员会依本法第126条所作出的完全假释令而将被释放的囚犯，应当在本法第120条确定的那一天的正常工作时间内被释放。如果那一天不是工作日，囚犯应当在此后的第一个工作日的正常工作时间被释放。

（4）当根据本法第94条（1）被关在监狱的囚犯要求释放时，矫正局应当尽可能在合理迅速的时间内释放囚犯。但是，除非在工作日的正常工作时间内，囚犯不得要求矫正局将其释放。

第94条

（1）若因假释或法定释放而已经被从监狱释放或者因法定释放缘由而有权被从监狱释放的人要求，机构领导可以允许其暂时在监狱内居留以助其身心康复。但是，这种暂时居留的时间不得超过其刑期届满的时间。

（2）根据本条（1）暂时居留在监狱的人在其在监狱居留期间应当被视为囚犯。

（3）尽管本条（2）作出了上述规定，但是依照本条（1）居留在监狱的人的假释和法定释放应当根据案情视为已经生效，而且应当符合本法的有关规定。

年度报告

第95条

部长应当在下一个财政年度的1月31日之后，国会第5次会议之前，向两院提交关于矫正局在上一财政年度运作情况的报告。

条　　例

第96条

总督可以制定关于下列问题的条例：

（a）规定职员的义务；

（b）授权全体职员或某些级别的职员行使权力，履行义务或者执行本章授予局长或机构领导的职能；

（c）与执行本法第 22 条有关的下列事项：

（i）可以给予补偿的情况；

（ii）构成伤残的条件；

（iii）确定一个人构成伤残和伤残程度的方法；

（iv）哪些计划属于同意的计划；

（v）可以付给补偿的对象；

（vi）可以付给的补偿、一次性或分期支付补偿的时间、支付补偿的条件、支付补偿的方式；

（d）根据本法第 28 条对囚犯关押和根据第 29 条对囚犯移管；

（e）规定本法第 70 条列举的事项；

（f）在囚犯暂时或永久离监时发给的零用钱、被服和其他必需品；

（g）对囚犯的行政隔离；

（h）规定本法第 42 条中给予囚犯通知的内容和给予囚犯通知的时间；

（i）有关本法第 44 条规定的违纪处分事项：

（i）规定每一类处分的最大限度，其中对严重违纪行为处分的最大限度应当高于对轻微违纪行为处分的最大限度；

（ii）规定在实施这些处分时应当考虑或适用的因素和原则；

（iii）规定每一类处分的范围；

（iv）规定对这些处分的执行、中止和取消。

（j）规定对举行违纪行为听证人员所作决定的审查；

（k）规定下列事项：

（i）任命职员以外的人进行违纪行为听证或者根据本条（j）制定的条例审查听证决定；

（ii）本款（i）规定人员的报酬、旅费和食宿费。

（l）规定下列条款中所列搜查的执行方式：

（i）第 46 条“搜身检查”定义的（b）项；

（ii）第 46 条“非侵扰性搜查”定义的（b）项；

（iii）第 46 条“裸体搜查”定义的（b）项。

（m）规定在进行尿样分析和报告分析结果时应当遵守的程序；

（n）规定来访者拒绝检查可能对其探视囚犯或留在监狱的权利所产生的影响；

（o）规定下列事项：

（i）本法第 67 条规定的报告的提交；

（ii）归还或没收根据本法第 65 条和第 66 条（2）扣押的物品，否则由矫正局所有。

（p）规定对监狱人口的限制以及对囚犯使用出版物、音像资料、胶片和计算机程序的限制；

（q）规定囚犯存在托管账号的现金；

（r）规定囚犯的工作和工作报酬；

（s）规定监狱工业；

（t）规定囚犯从事的职业；

（u）规定罪犯诉冤程序；

（v）规定矫正局的组织、培训、纪律、效率、行政和良好管理；

（w）规定囚犯使用下列渠道的权利：

（i）法律顾问和法律读物；

（ii）非法律读物；

（iii）听取宣誓和口供的专员。

（x）规定囚犯参与司法程序；

（y）规定处理囚犯死亡应遵守的程序；

（z）规定处理脱逃囚犯的结果的程序；

（z.1）规定依照可适用的省法律向死亡囚犯的个人代表转交囚犯财产；

（z.1.1）规定依照本法第 78 条（2）（a）可以扣除或者根据该条（2）（b）需要支付费用之后的收入的来源；

（z.2）规定依照本法第 78 条（2）（a）可以扣除的收入的用途和数额或最大限额；

（z.2.1）规定收集依照本法第 78 条（2）（b）所扣费用的方法，是否将罪犯存在根据本法第 96 条（q）建立的托管账号中的现金转到女王陛下名下；

授权局长通过局长令确定罪犯支付的比例或金额以及不需要支付的情况；

（z.3）规定根据本法第 82 条（1）建立的委员会成员的报酬、旅费和食宿费用；

（z.4）规定社区成员对矫正局管理的参与；

（z.5）规定职员使用武力之后应当遵循的程序；

（z.6）规定将囚犯分到根据本法第 30 条规定的不同安全类型之中。这类条例必须规定在确定囚犯的安全类型时应当考虑的因素；

（z.7）规定为了保证监狱和个人的安全而对囚犯与囚犯之间或囚犯与其他人之间通信进行合理的监控与窃听；

（z.8）规定由职员陪护的暂时离监和工作释放；

（z.9）规定根据本法第 26 条所作请求的方法和形式，以及如何处理这类请求；

（z.10）为了使本章的任何规定生效而对矫正局施加义务和限制；

（z.11）规定应当对本章加以规定的任何内容；

（z.12）为了普遍执行本章的宗旨和规定而需要的条例。

规　　则

第 97 条

根据本章和矫正与有条件释放条例，局长可以就下列事项制定规则：

（a）矫正局的管理；

（b）本法第 4 条规定的事项；

（c）为了普遍执行本章和矫正与有条件释放条例的宗旨和规定而需要的规则。

局长令

第 98 条

（1）局长可以将根据本法第 97 条指定的任何或者所有规则确定为局长令；

（2）局长令应当易为罪犯、职员和公众获取。

第二章　有条件释放、拘留和长期监督

第 99 条

（1）在本章，下列术语的含义如下：

“委员会”是指根据本法第 103 条延续下来的“全国假释委员会”，并包括根据本法第 112 条的规定或者根据本法第 113 条可适用的本章其他规定行使假释职权的省假释委员会。

“局长”的含义与其在第一章的含义相同。

“社区居住设施”的含义与其在本法第 66 条（3）中的含义相同。

“日假释”是指全国假释委员会或省假释委员会批准罪犯在服刑期间白天假释，但是每天晚上回到监狱、社区居住设施或省矫正设施居住。除非有书面许可，罪犯才可以晚上不回来居住。

“完全假释”是指全国假释委员会或省假释委员会批准罪犯在服刑期间离开监狱，不再受到监禁。

“长期监督”的含义与其在第一章中的含义相同。

“部长”的含义与其在第一章中的含义相同。

“罪犯”是指在本条生效之前或之后，根据下列法令或裁决而处于服刑状态之下的人，但是不包括根据《青少年罪犯法》而被投入监管的该法意义上的青少年犯，也不包括根据刑事法典第 732 条间歇服刑的人：

（a）国会通过的某一法律或者本章可以适用的某一省法律；

（b）判决中不包括罪犯须回到法院要求的刑事或蔑视法庭的裁决。

“假释”包括完全假释和日假释。

“监狱”的含义与其在第一章中的含义相同。

“省假释委员会”是指安大略省假释委员会、英属哥伦比亚省假释委员会和根据立法或由省督建立的其他任何省假释委员会。

“条例”是指总督根据本法第 156 条制定的条例。

“判决”的含义与其在第一章中的含义相同。

“严重损害”是指严重的身体伤害或严重的心理损伤。

"服刑"的含义与其在第一章中的含义相同。

"法定释放"是指根据本法第 127 条，在罪犯刑期届满之前将罪犯从监禁状态下释放并予以监督。

"法定释放日"是指根据本法第 127 条确定的日期。

"无陪护暂时离监"是指根据本法第 116 条罪犯在没有职员陪护的情况下暂时离监。

"被害人"的含义与其在第一章中的含义相同。

"工作日"是指加拿大从事公共服务的办公室在不同省开门的日子。

（2）基于本章的目的，依照法律刑期届满是指在不考虑下列时间的情况下刑期结束的那一天：

（a）罪犯可能被法定释放的时间；

（b）本条生效后根据罪犯的分数而给予的减刑。

（3）除非本章或矫正与有条件释放条例另有规定，权力、义务和职能的行使必须符合下列规定：

（a）由本章或根据本章授予局长的权力、义务和职能只能由局长行使或履行。若当时局长不在或不能行使或者该职位空缺时，由代理局长的人行使或履行；

（b）由本章或根据本章授予机构领导的权力、义务和职能只能由机构领导行使或履行。若当时机构领导不在或不能行使或者该职位空缺时，由负责该监狱的人行使或履行。

第 99.1 条

基于本章的目的，根据长期监督令监督的人被视为罪犯。在根据情况作出必要修改的情况下，在第 100 条、第 101 条、第 109 条至第 111 条和第 140 条至第 145 条适用于该人和对该人的长期监督。

目标和原则

第 100 条

有条件释放的目标是，通过以最好地促进罪犯自新和作为守法公民回归社区为宗旨对释放的时间和条件作出决定，为维持一个公平、和平和安全的社会作出贡献。

第 101 条 指导全国委员会和省委员会取得有条件释放目标的原则如下：

（a）在决定案件时，保护社会应当是首要考虑；

（b）各假释委员会应当考虑所有与案件相关的信息，包括量刑法官阐述的理由和提出的建议、来自审理和量刑听证的任何其他信息、矫正当局提供的信息和评估以及从被害人和罪犯那里获取的信息；

（c）各假释委员会应当通过与其他刑事司法部门及时交流相关信息和与罪犯、被害人和公众交流其政策和计划而提高委员会效率和公开性；

（d）各假释委员会在作出保护社会的决定时应当将限制性减少到最低限度；

（e）各假释委员会应当采取适当的政策并以此为指导，还应向其委员会成员提供必要的培训以执行这类政策；

（f）各假释委员会应当向罪犯提供相关信息、所作决定的理由和要求对所作决定复议的渠道，以保证有条件释放程序是公正的和可理解的。

第 102 条

全国假释委员会和省假释委员会如果认为符合下列条件，可以批准假释：

（a）罪犯不会因重新犯罪而在依照法律刑期届满之前对社会构成不适当的危险；

（b）罪犯的释放将有助于通过促进其作为守法公民回归社会而保护社会。

假释委员会的组成和管辖

第 103 条

全国假释委员会继续由 25 名以内专职委员和若干兼职委员组成。委员由总督根据部长的提名任命。专职委员和兼职委员的任期，在行为良好的前提下，分别为不超过 10 年和 3 年。

第 104 条

总督应当指定专职委员中的一人任委员会的主席，另外指定一名专职委员任委员会的执行副主席。

第 105 条

（1）被任命的委员会委员的背景应当足够多样化，以便能够在委员会的工作中集体代表社区的价值观念和观点，并使社区了解无陪护暂时离监、假释和法定释放等有关事项。

（2）委员会的兼职委员享有与专职委员相同的权力和义务。

（3）除主席和执行副主席以外的每个委员都应当被分配到任命文件指定的一个部中工作。

（4）委员会的所有委员都是委员会每个部的当然委员，经主席同意并在主席同意的条件下和期限内，都可以参加委员会任一部的任一小组。

（5）委员会的委员应当按照本法第 151 条（2）制定的政策行使其职能。

（6）根据本法第 151 条（3），本章规定的对任何一类案件中任何一件案件的审查，都应当由一个由条例规定最少人数的委员会成员组成的小组来负责。

第 106 条

（1）在委员会的专职委员不在或者不能履行职责的情况下，总督可以根据部长的提名任命一个替补委员来行使那一委员的职能。

（2）根据上款任命的替补委员享有与专职委员同样的权力和义务，除非主席对某些权力和义务做了限制。

第 107 条

（1）根据本法、监狱和教养院法、罪犯移管法和刑事法典，委员会具有下列管辖权和绝对的裁量权：

（a）批准罪犯假释；

（b）中止或者撤销罪犯的假释或法定释放，无论罪犯是否因中止假释或法定释放而被依据逮捕令羁押；

（c）取消准予罪犯假释的决定或者取消中止、终止或撤销罪犯假释或法定释放的决定；

（d）审查和决定本法第 129 条列举的案例；

（e）作出准予在监狱服下列刑罚的罪犯无陪护暂时离监的决定或者撤销这类决定：

（i）作为最低刑罚的终身监禁或由死刑减为终身监禁；

（ii）不确定刑；

（iii）对附表一和附表二列举的犯罪的判刑。

（2）本条上款规定的管辖权扩大到任何根据省法律判刑的罪犯和根据刑事法典第743条（1）需要在监狱服刑的罪犯，无论其被判处的刑罚是应当单独执行还是应当与某一或更多根据国会的法律或省法律判处的刑罚合并或连续执行。

第108条

（1）当省里没有建立假释委员会时，全国假释委员会对于在该省矫正设施服刑的罪犯同样具有本法第107条（a）至（c）规定的管辖权和裁量权。

（2）在授权全国假释委员会行使该款规定管辖权的立法之后由省督确定生效日期之前，本条第2款不适用于该省。

（3）在假释法第14条（1）于本条生效之前就已经生效的省里，本条应当不受第3款的限制。

第109条　经过下列期限之后，全国假释委员会根据申请可以取消或者变更根据刑事法典第259条（1）和（2）作出的禁止令期满前的那一部分时间：

（a）终身禁止令开始计算10年之后；

（b）5年以上终身以下禁止令开始计算5年之后。

第110条　全国假释委员会应当根据部长的指示，就向部长作出的有关行使皇家赦免权的请求进行或者提起部长所要求的调查。

第111条

全国假释委员会应当保持下列计划：

（a）与其他刑事司法部门交流信息的计划；

（b）与罪犯、被害人、被害人组织、其他对处理本章事项具有特殊兴趣的组织和机构以及公众交流政策和计划的计划。

省假释委员会的构成和管辖

第112条

（1）省假释委员会在不违反本条（2）的前提下，对下列罪犯之外的，在该省矫正设施中服刑的罪犯的假释，依照本章行使管辖权：

（a）最低刑为终身监禁的罪犯；

（b）被减为终身监禁的罪犯；

（c）被判处不定期拘留的罪犯。

（2）省假释委员会可以但并不被要求对日假释行使本条规定的管辖权。

第113条

（1）当一个省建立了省假释委员会时，该省省督可以通过命令宣布本章中不适用于该省假释委员会的所有或任何规定适用于省假释委员会和其管辖之下的罪犯。

（2）省督可以就省假释委员会及其管辖之下的罪犯制定条例，就像总督根据本法第156条就全国假释委员会及其管辖的罪犯制定条例的方式和目的一样。

第114条

（1）在不违反根据本条所签协议的前提下，在一个省被假释的罪犯移居另外一个省时仍然由批准其假释的省假释委员会管辖。

（2）经总督同意，部长可以与一个建立了省假释委员会的省政府签订协议，将由全国假释委员会对一个没有建立省假释委员会的省假释的罪犯的管辖权移交给前一省的假释委员会。

（3）已经建立省假释委员会的省政府可以与加拿大政府签订协议，将其省假释委员会对在其省里假释的罪犯的管辖权，在该罪犯移居一个没有建立省假释委员会的省里时，移交给全国假释委员会。

（4）各省政府之间可以相互签订协议，将其省假释委员会对在其省里假释的罪犯的管辖权，在该罪犯移居另一个省时，移交给罪犯移居所到省的假释委员会。

（5）在根据情形作出必要修改的情况下，本条（1）至（4）适用于法定假释的罪犯。

无陪护暂时离监

第115条

（1）在不违反本条（2）的前提下，在监狱中服刑的罪犯获得法定假释之前必须已经实际服刑的时间如下：

（a）终身监禁的罪犯，除（a.1）规定的罪犯之外，罪犯必须服刑至距其适合完全假释的日期不到 3 年；

（a.1）刑事法典第 746.1 条（3）规定的罪犯，除（b.1）规定的情况之外，应当长于下列期限：

（i）在未服满符合假释条件刑期的情况下，已服满其应服监禁刑期的 4/5；

（ii）服满根据本法第 120.2 条（2）规定符合完全假释条件的刑期，实际服刑不少于原判刑期的 1/3。

（b）间歇服刑的罪犯，除（b.1）规定的罪犯之外，服刑时间应当长于下列期限：

（i）服满根据刑事法典第 761 条规定的完全假释条件的刑期；

（ii）服满根据本法第 120.2 条（2）规定符合完全假释条件的刑期，实际服刑不少于原判刑期的 1/3。

（b.1）间歇服刑的罪犯按本款计算生效日期之后，服刑应当长于下列期限：

（i）3 年；

（ii）服满根据本法第 120.2 条（2）规定符合完全假释条件的刑期，实际服刑不少于原判刑期的 1/2。

（c）在其他所有案件中，罪犯服刑的期限如下：

（i）服满符合完全假释条件的刑期的一半；

（ii）6 个月。

（2）本条（1）不适用于因生命或健康遇到危险而需要无陪护暂时离监去进行紧急治疗的罪犯。

（3）根据本法第 31 条（1）和第 96 条 （z.6）制定的条例，被划分在最高警戒程度类型中的罪犯不适宜假释。

第 116 条

（1）全国假释委员会认为本法第 107 条（1）（e）规定的罪犯符合下列条件时，可以批准其暂时离监：

（a）罪犯在暂时离监期间将不会因重新犯罪而对社会构成危险；

（b）由于医疗、社区服务、家庭联系、为自新寻求个人发展或包括尽父母责任在内的感情原因，罪犯暂时离监是理想的方式；

（c）罪犯服刑期间的行为不排除对其适用这一手段；

（d）准备了一项整体计划。

（2）局长或机构领导认为罪犯已经达到了上款（a）至（d）的标准时，可以批准本法第 107 条（1）（e）规定的罪犯以外的罪犯暂时离监。

（3）对于因医疗原因需要暂时离监的罪犯，可以批准其无限期无陪护暂时离监。

（4）在不违反本条（6）的前提下，罪犯因社区服务或个人发展原因需要无陪护暂时离监的，可以批准其最长 15 天的时间。对于被矫正局划分为中等警戒程度类型的罪犯，每年不得超过 3 次；对于被矫正局划分为最低警戒程度类型的罪犯，每年不得超过 4 次。

（5）对于因本条（4）规定的原因而批准的暂时离监，两次之间的时间间隔不得少于 7 天。

（6）由于特别个人发展计划而批准的无陪护暂时离监的时间最长不得超过 60 天。如果计划需要，可以延长，但是每次最多不超过 60 天。

（7）由于本条（3）和（4）之外的原因而批准的无陪护暂时离监，对于被矫正局划分为中等警戒程度类型罪犯，每月最多不得超过 48 小时；对于被矫正局划分为最低警戒程度类型的罪犯，每月最多不得超过 72 小时。

（8）罪犯暂时离监必须提出申请，申请的情形和方式应当由相关的条例予以规定。

（9）除了批准的无陪护暂时离监的时间本身，罪犯往返被批准暂时离监地点所必需的时间不计算在内。

（10）批准罪犯特别无陪护暂时离监的全国假释委员会、局长或机构领导，在下列情况下，可以在暂时离监开始之前或之后予以取消：

（a）当其认为取消暂时离监对于防止罪犯违反暂时离监条件是必要的和合理的或者已经发生了罪犯违反条件的情形时；

（b）当批准暂时离监的根据已经改变或者不再存在时；

（c）当审查罪犯的案件后，罪犯不能合理地提供批准其暂时离监所依据的信息时。

第 117 条

（1）全国假释委员会可以根据其规定的条件和确定的时间，授予局长或机构领导本法第 116 条规定的与对任何类型的罪犯或任何类型的暂时离监有关的权力。

（2）当根据一项依据本法第 16 条（1）（a）签订的协议，第 107 条（1）（e）或第 116 条（2）规定的罪犯被关押到一个省政府开办的，在正常情况下人身自由要受到限制的医院时，局长或机构领导，根据案件的情况，可以在其确定的时间内和规定的条件下，授予该罪犯所在医院负责人第 116 条规定的与该罪犯有关的任何权力。

（3）在全国假释委员会没有根据本条（1）授予局长或机构领导有关罪犯或暂时离监的权力的情况下，无陪护暂时离监罪犯所在监狱的机构领导，如果根据在批准罪犯暂时离监时未向全国假释委员会合理提供信息，认为为了保护社会，罪犯应当保持在监管状态下或者重新投入监管时，可以中止罪犯暂时离监。

（4）中止罪犯无陪护暂时离监的机构领导应当即刻将罪犯的案件提交全国假释委员会，后者应当就是否取消暂时离监作出决定。

第 118 条

根据本法第 116 条（10）或者第 117 条（1）或（2）规定授权取消无陪护暂时离监的人员或者根据第 117 条（3）中止无陪护暂时离监的人员，当罪犯未在监狱或者本法第 117 条（2）规定的医院的监管之下时，应当根据本法第 137 条签署书面拘捕令，批准将罪犯逮捕或者重新投入监管。

假释的条件

第 119 条

（1）在不违反刑事法典第 746.1 条的前提下，罪犯在获得日假释之前必须服满下列刑期：

（a）在 1977 年 10 月 15 日之前被判处预防性拘禁的罪犯服满 1 年；

（b）当罪犯是一个非本条（b.1）规定的被判处非监禁刑的罪犯时，应当服满下列刑期：

（i）超过根据刑事法典第 761 条确定的适合完全假释所要求的期限，但是少于 3 年；

（ii）超过根据本法第 120.2 条（2）确定的适合完全假释所要求 3 年以下的期限；

（b.1）当罪犯被判处在一个监狱服不定期刑时，本条生效的时间应当超过下列期限：

（i）3 年；

（ii）根据本法第 120.2 条（2）确定的适合完全假释所要求的 3 年以下的期限；

（c）当罪犯正在服非本条（a）或（b）规定的 2 年或 2 年以上的监禁刑时，应当超过下列期限：

（i）在符合完全假释的期限之前服满 6 个月；

（ii）6 个月。

（d）当罪犯正在服 2 年以下的监禁刑时，应当超过符合完全假释期限的一半。

（1.1）尽管有刑事法典第 746.1 条的规定，但是在本法第 120.2 条（2）或（3）规定的情形下，刑事法典第 746.1 条（1）或（2）规定的罪犯，在根据本法第 120.2 条（2）确定的适合完全假释所要求的 3 年以下的期限之前，不得对其予以日假释。

（1.2）尽管刑事法典第 746.1 条作出了那样的规定．但是在本法第 120.2 条（2）规定的情形下，刑事法典第 746.1 条（3）规定的罪犯，必须服满下列刑期以上才可以获得日假释：

（a）未服满符合假释条件刑期的，已经服刑 1/5；

（b）服满本法第 120.2 条（2）确定的适合完全假释所要求的 3 年以下的期限。

（2）如果正在服6个月以下监禁的罪犯申请日假释，不需要全国假释委员会来审查其案件。

第119.1条

根据本法第125条和第126条符合假释加速审查条件的罪犯，必须服满6个月或原判决刑期的1/6，才可以予以日假释。哪一个期限长算哪一个。

第120条

（1）在符合刑事法典第746.1条和第761条并符合根据该法第743.6条制定的各项规则的情况下，在服满1/3或7年刑期之前，罪犯不能完全假释。

（2）在符合根据刑事法典第741.2条制定的各项规则的情况下，正在服并非作为对其判处的最低刑罚的终身监禁刑的罪犯，要获得完全假释，必须服满距符合完全假释条件所差刑期中的7年减去其在服刑前被羁押的时间。

第120.1条

（1）当正在服刑的罪犯又受到刑事处罚而被数罪并罚时，在服满从新判决下达起的下列日期之前，不能获得完全假释：

（a）按原判决符合假释条件所差的刑期；

（b）按新判决到符合假释条件应服的刑期。

（2）尽管本条（1）作出了上述规定，当正在服刑的罪犯受到按数罪并罚计算刑期的新的刑事处罚时，在服刑至下列日期之中较后一个日期之前不能获得完全假释：

（a）按原判决符合假释条件的日期；

（b）从新判决下达起至按新判决符合假释条件的日期；

（c）在根据本法第139条规定前一个判决包括后一个判决的情况下符合假释条件的日期。

第120.2条

（1）在符合本条（2）规定的情况下，当正在服刑的罪犯又受到刑事处罚而被数罪并罚时，在服满至下列日期之中较后一个日期之前，不能获得完全假释：

（a）按原判决符合假释条件的日期；

（b）罪犯服刑至下列日期：

（i）根据本法第 139 条（1）和刑事法典第 741.2 条所定规则的规定，将剩余刑期与新判决刑期相加后符合假释条件的日期；

（ii）在不包括新判决的情况下服刑至符合假释条件的日期。

（2）当被判处终身监禁或不定期刑的罪犯又被判处不定期刑时，只有服刑至从第二个判决下达之日算起的下列日期，才能完全假释：

（a）按原判决符合假释条件的日期；

（b）按新判决符合假释条件的日期。

（3）当不符合本条第 2 款假释条件的罪犯，根据刑事法典第 745.6 条而被减刑时，只有服刑至从第二个判决下达之日算起的下列日期，才能完全假释：

（a）按原判决减刑之后符合假释条件的日期；

（b）按新判决符合假释条件的日期。

第 120.3 条

在符合刑事法典第 745.6 条之规定的情况下，当正在服刑的罪犯受到新的处罚时，其符合完全假释的日期不得迟于罪犯服刑至从第二个判决下达之日算起到 15 年的那一天。

第 121 条

（1）在不违反本法第 102 条的情况下，尽管本法第 119 条和第 120.3 条以及刑事法典第 743.6 条作了相关规定，但是在下列情况下罪犯在任何时候都可以获得假释：

（a）罪犯患了不治之症；

（b）如果罪犯继续被监禁，其身心健康将受到严重损害；

（c）罪犯继续受到监禁将对其构成在判决时不能合理预见的额外痛苦；

（d）罪犯是根据引渡法或难民法而作出的引渡令的对象并且在引渡之前受到羁押。

（2）本条第 1 款不适用于下列罪犯：

（a）正在服作为最低刑的终身监禁刑或从死刑减至终身监禁刑的；

（b）在监狱中服不定期刑的。

假释的审查

第 122 条

（1）在不违反本法第 119 条（2）的情况下，全国假释委员会应当根据申请，对本条（2）规定的罪犯之外的每一个罪犯的案件，在矫正与有条件释放条例规定的时间进行审查，以确定是否对罪犯适用日假释。

（2）全国假释委员会可以根据申请，在矫正与有条件释放条例规定的时间，审查在没有建立罪犯日假释计划的省矫正设施内服 2 年或 2 年以上监禁刑的罪犯的案件，以确定是否对罪犯适用日假释。

（3）对于根据本条开始的审查，全国假释委员会应当决定是否予以日假释，或者可以根据矫正与有条件释放条例规定的原因，将审查推迟至一个不超过矫正与有条件释放条例所定最长期限的合理的时间进行。

（4）当全国假释委员会决定不予以日假释时，在委员会作出决定的 6 个月之内或者矫正与有条件释放条例或委员会规定、决定的最早的日期之前，罪犯不得再行提出日假释申请。

（5）全国假释委员会可以准予罪犯不超过 6 个月的日假释，还可以经过审查之后不断延长每次不超过 6 个月的期限。

（6）罪犯可以在委员会根据本条开始审查之前的任何时候撤回其日假释的申请。

第 123 条

（1）在不违反本条（2）的情况下，全国假释委员会应当在矫正与有条件释放条例规定的时间，审查正在服 2 年或 2 年以上监禁刑且不属省假释委员会管辖的罪犯的案件，以确定是否对罪犯适用日假释。

（2）当罪犯书面通知全国假释委员会，不希望考虑对其完全假释，在未以书面形式撤销这样的通知时，全国假释委员会不必根据本条（1）或（5）审查该罪犯的案件。

（3）全国假释委员会可以根据申请，在矫正与有条件释放条例规定的时间，审查在监狱或没有建立假释委员会的省矫正设施内服 2 年以下监禁刑的罪犯的案件，以确定是否对罪犯适用完全假释。

（3.1）如果罪犯正在服6个月以下的监禁刑，全国假释委员会不必审查该罪犯申请完全假释的案件。

（4）对于根据本条开始的审查，全国假释委员会应当决定是否予以完全假释，或者可以准予日假释，还可以根据矫正与有条件释放条例规定的原因，将审查推迟至一个不超过矫正与有条件释放条例所定最长期限的合理时间进行。

（5）当经过依本条第122条或本条（1）进行审查之后或者根据本条（2）决定不进行审查之后，全国假释委员会应当在下列日期中较后一个日期之后的2年内再行审查：

（a）根据本条进行初次审查的日期或者预定进行初次审查的日期；

（b）根据本法第122条进行初次审查的日期。

此后，在根据本条或第122条进行每次审查之后的2年内，都要进行一次再审查，直到下列日期为止：

（c）罪犯因完全假释或法定释放而获得释放；

（d）罪犯的刑期结束；

（e）罪犯的剩余刑期距法定释放的日期在4个月之内。

（6）当全国假释委员会经过依本条进行的审查之后决定不予以完全假释时，在委员会作出决定的6个月之内或者矫正与有条件释放条例或委员会规定、决定的最早的日期之前，罪犯不得再行提出日假释申请。

（7）罪犯可以在委员会根据本条开始审查之前的任何时候撤回其完全假释的申请。

第124条

（1）对于非法脱离羁押的罪犯的案件，全国假释委员会不必审查，但是在被通知罪犯已经回来服刑之后，应当尽快审查。

（2）当罪犯被准予假释，但是未确定释放罪犯的具体日期时，假释应当生效。罪犯应当在经过执行准予假释决定所必需的时间之后立即被释放。

（3）当根据本法第122条、第123条或第126条准予罪犯假释时，若全国假释委员会经审查认为决定准予假释时没有向自己合理地提供信息，如果罪犯尚未被释放可以撤销假释；如果罪犯已经被释放可以终止假释。

（4）当全国假释委员会在未经听证的情况下行使本条（3）的权力时，应当在矫正与有条件释放条例规定的时间内进行审查，确定维持还是撤销准予假释的决定。

加速假释审查

第125条

（1）本条和第126条适用于初次被判刑投入或移管到监狱，但不是根据本法第16条（1）（b）所签协议投入或移管到监狱的罪犯，但不适用于下列罪犯：

（a）正在服因下列犯罪被判之刑的，即：

（i）谋杀；

（ii）附表1所列犯罪；

（iii）刑事法典第463条所列但按照附表1所列犯罪起诉的犯罪，但是不包括该表（1）（q）所列犯罪；

（iv）附表2所列但可根据刑事法典第741.2条作出判决的犯罪。

（a.1）根据刑事法典第240条定罪的；

（b）正在服不是作为其犯罪最低处罚的终身监禁刑的；

（c）日假释被撤销的。

（1.1）为了更加确定的目的，本条和第126条分别适用和不适用下列罪犯：

（a）适用于本条（1）规定的因附表（1）（a）所列犯罪之外的犯罪而在初次被判令、投入或移管到监狱之后判刑的罪犯，即罪犯在被初次判刑投入或移管到监狱之前就已经被关押在监狱的罪犯；

（b）不适用于本条（1）规定的在初次被判令、投入或移管到监狱之后犯了根据国会通过的法律将另外受到处罚的罪行的罪犯。

（2）矫正局应当在矫正与有条件释放条例规定的时间审查本条所适用的罪犯的案件，以便提交全国假释委员会根据本法第126条作出决定。

（3）依本条（2）进行的审查，应当以所有合理有效的信息为根据，其中包括下列信息：

（a）根据本法第 23 条获取的罪犯社会背景和犯罪历史；

（b）关于罪犯服刑期间表现和行为方面的信息；

（c）罪犯暴露的暴力行为倾向的信息。

（4）在完成根据本条（2）所进行的审查之后，矫正局应当在矫正与有条件释放条例规定的罪犯符合完全假释条件之前的时间，将罪犯的案件连同其认为与本案相关的所有信息一并提交全国假释委员会。

（5）如果罪犯在一个省矫正设施内服刑，矫正局可以将其本条之下的权力委托给该省矫正当局行使。

第 126 条

（1）全国假释委员会应当在矫正与有条件释放条例规定的时间或在此时间之前以不举行听证的方式审查矫正局依第 125 条提交的罪犯的案件。

（2）尽管第 102 条作出了上述规定，但是如果全国假释委员会确信没有合理的依据认为罪犯若获得释放很可能在其刑期依法届满之前实施暴力犯罪，应当作出对罪犯完全假释的命令。

（3）如果全国假释委员会不根据本条（2）作出对罪犯完全假释的命令，应当通知罪犯委员会的决定及其不准予假释的理由。

（4）全国假释委员会应当将其根据本条（3）给罪犯的拒绝完全假释及其理由的通知提交一个由根据本条（1）参加审查的成员以外的成员组成的小组，这一小组应当在矫正与有条件释放条例规定的时间审查该案件。

（5）尽管第 102 条作出了上述规定，但是如果根据本条（4）审查某一案件的小组确信该案件属于本条（2）规定的情况，应当作出对罪犯完全假释的命令。

（6）未根据本条（5）获得完全假释的罪犯，有权要求全国假释委员会再根据本法第 123 条（5）对其案件进行审查。

（7）在本条，“暴力犯罪”是指谋杀或附表 1 所列任何犯罪，但是在确定是否有合理的根据认为罪犯很可能实施暴力犯罪时，不必确定罪犯是否很可能实施某一具体的犯罪。

（8）当根据本条释放的罪犯的假释被终止或撤销时，罪犯无权再根据本条要求再次进行审查。

第 126.1 条

本法第 125 条和第 126 条，在根据情况进行必要修改后，适用于确定根据第 119.1 条提交的罪犯是否应当获得日假释案件的审查。

法定释放

第 127 条

（1）在不违反本法任何条款的情况下，被判刑投入和移管到监狱的罪犯，有权在根据本条确定的日期获得释放，在其刑期依法届满之前不再羁押。

（2）根据本条，在 1992 年 11 月 1 日之前因一罪或数罪而被判处监禁的罪犯的法定释放日期，应当对照其刑期计算下列减去的时间：

（a）任何法定的或自己通过累计积分挣得的减刑；

（b）根据监狱法或监狱和感化院法所挣分数与刑期相抵后可以减刑的最大幅度。

（3）根据本条，1992 年 11 月 1 日或 11 月 1 日之后因一罪或数罪而被判决的罪犯的法定释放日期是服满其原判刑期 2/3 的那一天。

（4）根据本条，1992 年 11 月 1 日之前因一罪或数罪而被判决并且在 1992 年 11 月 1 日或 11 月 1 日之后又因一罪或数罪而被判决的罪犯的法定释放日期是根据本条（2）和本条（3）所确定的日期中靠后的一个。

（5）根据本法第 130 条（4）和（6），被撤销假释或法定释放的罪犯的法定释放日期，是根据本法第 135 条罪犯因终止或撤销假释或法定释放而被重新投入监禁之后服满原判剩余刑期的 2/3。

（6）当罪犯受到应在省矫正设施服刑的判决，并且不能依照监狱和感化院法挣得或丧失减刑所需的分数，而且不是根据本法第 16 条（1）（a）所签协议而被移管到监狱时，罪犯必须服满下列刑期才有权获得释放：

（a）依照本条在罪犯未挣得或丧失减刑分数的情况下必须服满的刑期；

（b）相当于罪犯不能根据监狱和感化院法挣得或丧失减刑分数并且不计算的那部分刑期。

（7）在1970年8月1日或8月1日之后被判刑投入或移管到［不是根据本法第16条（1）所签协议］监狱的罪犯被法定释放后，接受根据本法实施的监督，但是根据本条法定释放的其他罪犯不接受监督。

假释、法定释放或无陪护暂时离监的效力

第128条

（1）获得假释、法定释放或无陪护暂时离监的罪犯，在获准脱离监管期间，视为继续服刑，直到其刑期依法届满为止。

（2）除非达到日假释条件所要求的程度，因假释、法定释放或无陪护暂时离监而被释放的罪犯，根据本章有权在不违反假释、法定释放或无陪护暂时离监的情况下脱离监管。除非其假释、法定释放或无陪护暂时离监被中止、取消、终止或撤销，罪犯不再因其被判处的刑罚而回到监狱接受监管。

（3）尽管本条（1）作出了上述规定，在移民法第50条（2）、引渡法第25条和难民法第17条规定的情况下，因完全假释或法定释放而被释放的罪犯应当被视为服刑完毕，除非其完全假释或法定释放被中止、终止或撤销或者罪犯在其刑期依法届满之前又回到了加拿大。

法定释放期间的羁押

第129条

（1）在正在服2年或2年以上监禁刑、包括因附表1或附表2列举的犯罪而被判刑的罪犯的法定释放日期到达之前，局长应当促使矫正局审查罪犯的案件。

（2）在根据本条（1）审查完罪犯的案件之后，在罪犯法定释放日期到达前6个月之前，矫正局认为属于下列案件时，应当将其审查的案件连同其认为与案件相关的所有信息一并提交全国假释委员会：

（a）在下列情况下，罪犯因实施附表1列举的犯罪被判刑后正在服刑的：

（i）罪犯的犯罪导致了他人死亡或重伤，并且有合理的根据认为罪犯在刑期依法届满之前很可能再犯此类罪行的；

（ii）罪犯的犯罪是涉及儿童的性犯罪，并且有合理的根据认为罪犯在

刑期依法届满之前很可能再犯此类罪行的。

（b）罪犯因实施附表 2 列举的犯罪被判刑后正在服刑，并且有合理的根据认为罪犯在其刑期依法届满之前很可能再犯严重毒品犯罪的。

（3）当局长有合理的根据认为，正在服 2 年或 2 年以上监禁刑的罪犯，在其刑期依法届满之前，很可能再犯导致他人死亡、重伤的犯罪、涉及儿童的严重性犯罪或严重毒品犯罪时，在作出这样的判断之后，除非在下列情况下，应将案件连同其认为矫正局掌握的与本案有关的所有信息，尽可能快地在罪犯法定释放日期到达 6 个月之前，一并提交给全国假释委员会的主席：

（a）局长是根据罪犯在其法定释放日期到达前 6 个月内的行为或信息作出这样的判断的；

（b）由于根据本法重新计算刑期，罪犯的法定释放日期已过或者已经不足 6 个月了。

（3.1）当本条（3）（b）适用，而且法定释放日期已过时，局长应当在根据该款重新计算之后的 2 个工作日内，作出是否将案件按照本条（3）提交全国假释委员会主席的决定。如果适合提交，应当提交。在局长作出决定之前，罪犯无权在法定释放日期获得释放。

（4）若全国假释委员会要求，矫正局应当采取一切合理的措施向委员会提供有关根据本条（2）或（3）提交给委员会的案件的所有其他信息。

（5）当全国假释委员会主席在罪犯法定释放日期前 6 个月期间接到根据本条（3）提交的案件时，应当根据情况作出如下处理：

（a）如果案件在罪犯法定释放日期前 4 个星期之前提交，应当根据本法第 130 条（1）在该罪犯法定释放日期到达之前审查该案件；

（b）如果案件在罪犯法定释放日期前 4 个星期之内 3 天之前提交，应当：

（i）如果可能，在该罪犯法定释放日期到达之前审查该案件；或者

（ii）在该罪犯法定释放日期到达之前对该案件进行暂时审查。

（c）如果案件在下列日期提交，应当在提交后的 3 天内进行暂时审查：

（i）在罪犯法定释放日期或者在此前 3 天内提交给主席；

（ii）在罪犯法定释放日期过后根据本条（3）（b）提交给主席。

（6）本条（5）规定的暂时审查，应当以矫正与有条件释放条例规定的方式进行。

（7）在根据本条（5）完成暂时审查之后，如果全国假释委员会根据矫正局提供的所有信息认为对该案应当根据本法第 130 条（1）进行审查，应当在尽可能快的时间，但是必须在案件被提交给主席之后的 4 个星期内进行审查。

（8）局长可以将矫正局和局长在本条之下对在省矫正设施服刑的罪犯的权力委托给罪犯服刑地省矫正当局来实施。

（9）在本条、第 130 条和第 132 条中，

“严重毒品犯罪”是指附表 2 列举的犯罪；

“涉及儿童的性犯罪”是指下列犯罪：

（a）根据刑事法典的下列条款应属公诉的犯罪：

（i）第 151 条（性猥亵）；

（ii）第 152 条（引诱性触摸）；

（iii）第 153 条（性剥削）；

（iv）第 160 条（3）（儿童在场兽奸或引诱儿童兽奸）；

（v）第 170 条（父母或监护人引诱儿童实施性行为）；

（vi）第 171 条（房主容留儿童实施性行为）；

（vii）第 172 条（腐蚀儿童）；

（viii）第 212 条（2）（利用儿童卖淫所得为生）；

（ix）第 214 条（4）（获取儿童性服务）。

（b）刑事法典下列条款规定的应属公诉的涉及 18 岁以下未成年人的犯罪：

（i）第 155 条（乱伦）；

（ii）第 159 条（肛交）；

（iii）第 160 条（1）和（2）（兽奸或强迫实施兽奸）；

（iv）第 271 条（性攻击）；

（v）第 272 条（使用武器的性攻击、恐吓第三方的性攻击或造成身体伤害的性攻击）；

（vi）第 273 条（加重性攻击）。

（c）1970 年加拿大修正法第 C-34 章刑事法典 1988 年 1 月 1 日之前的版本中下列条款规定的应属公诉的犯罪：

（i）第 146 条（奸淫 14 岁以下幼女）；

（ii）第 151 条（诱拐 16—18 岁的女性）；

（iii）第 167 条（房主容留亵渎）。

（d）1970 年加拿大修正法第 C-34 章刑事法典 1988 年 1 月 1 日之前的版本中下列条款规定的应属公诉的涉及 18 岁以下未成年人的犯罪：

（i）第 153 条（与继女性交）；

（ii）第 155 条（鸡奸或兽奸）；

（iii）第 157 条（严重猥亵）；

（iv）第 166 条（父母或监护人拉皮条）；

（e）1970 年加拿大修正法第 C-34 章刑事法典 1988 年 1 月 1 日之前的版本中下列条款规定的应属公诉的涉及 18 岁以下未成年人的犯罪：

（i）第 144 条（强奸）；

（ii）第 145 条（强奸未遂）；

（iii）第 149 条（猥亵女性）；

（iv）第 156 条（猥亵男性）。

（10）在确定罪犯是否有可能实施引起他人死亡或严重伤害的犯罪、涉及儿童的性犯罪或严重毒品犯罪时，不必确定罪犯是否会实施某一具体犯罪。

第 130 条

（1）当一个案件被矫正局依据第 129 条（2）提交到全国假释委员会或者被局长依据第 129 条（3）或（3.1）提交到全国假释委员会时，委员会应当在不违反第 129 条（5）、（6）和（7）的情况下，在矫正与有条件释放条例规定的时间，以条例规定的方式实施下列步骤：

（a）通知罪犯其案件已被提交和将被审查；

（b）审查案件。

此外，委员会若认为必要，应当在审查时一并进行一切相关调查。

（2）在全国假释委员会根据本条作出与罪犯有关的决定之前，该罪犯无权获得法定释放。

（3）在完成根据本条（1）对提交的罪犯的案件的审查之后，全国假释委员会可以决定在罪犯的刑期依法届满之前不得从监狱释放，除非像本条（5）规定的，委员会确信具有下列情况：

（a）正在服因附表 1 所列犯罪被判监禁刑的罪犯，如果在其刑期依法届满之前获释，很可能实施导致他人死亡或严重伤害的犯罪或涉及儿童的性犯罪；

（b）正在服因附表 2 所列犯罪被判监禁刑的罪犯，如果在其刑期依法届满之前获释，很可能实施严重毒品犯罪；

（c）根据第 129 条（3）或（3.1）提交给全委员会主席的案件中的罪犯，如果在其刑期依法届满之前获释，很可能实施导致他人死亡或严重伤害的犯罪、涉及儿童的性犯罪或严重毒品犯罪。

（3.1）根据本条（3）作出的决定在决定作出的当天生效。

（3.2）在刑期届满之前根据本条（3）作出决定的情况下，若罪犯受到新的判决，包括后一个判决在内的刑期届满的日期迟于罪犯正在服刑的刑期届满日期时，应当采取下列步骤：

（a）若在罪犯受到第二个判决的那天，第一个判决的法定释放日期已过或者距所剩时间在 9 个月之内，全国假释委员会应当在矫正与有条件释放条例规定的时间，以条例规定的方式审查决定；

（b）若在罪犯受到第二个判决的那天，距第一个判决的法定释放日期还剩 9 个月或 9 个月以上，应当取消决定。

（3.3）在完成本条（3.2）（a）规定的审查之后，全国假释委员会应当进一步采取下列措施：

（a）维持在原判刑期届满之前不得释放的决定；或者

（b）修改决定，在包括后一个判决在内的刑期届满之前不得释放。

（3.4）根据本条（3.2）（a）需要审查的决定作出之后，决定所指的罪犯，在全国假释委员会根据本条（3.3）对该决定作出进一步的决定之前，无权获得法定释放。

（4）当全国假释委员会不能确信存在本条（3）中的情况但存在下列情况时，

可以决定，如果法定释放事后被撤销，罪犯在刑期依法届满之前无权再次获得法定释放：

（a）在案件被提交时，罪犯正在服因包括附表 1 或附表 2 所列犯罪被判处的监禁刑；

（b）正在服因附表 1 所列犯罪而被判处的监禁刑，其犯罪导致了他人的死亡或重伤或者属于涉及儿童的性犯罪。

（5）根据本条（3）所作决定或根据本条（3.3）（b）修改的决定而处于监禁之下的罪犯不符合本法规定的在刑期依法届满之前获得释放的条件，除非属于本法第一章规定的在陪护之下暂时离监就医的情况。

（6）当根据本条（3）或（3.3）（b）决定罪犯不得获释，而后又根据本法第 131 条（3）（a）（ii）或（iii）决定释放，但是其法定释放事后又被撤销时，罪犯无权在刑期届满之前再次获得法定释放。

（7）（已被废止）。

第 131 条

（1）对根据第 130 条（3）作出的每一决定，全国假释委员会应当在决定作出之后的一年内进行一次审查。此后，在决定有效期间，在前次审查后的一年内再次进行一次审查。

（2）全国假释委员会在每次审查时应当一并进行调查，以确定是否有足够的有关罪犯的新信息来支持修改决定或者作出新决定。

（3）在完成本条（1）规定审查之后，全国假释委员会应当进一步采取下列措施：

（a）对于根据第 130 条（3）或第 130 条（3.3）（b）作出的决定采取下列措施：

（i）维持决定；

（ii）当罪犯在法定释放期间一直被关押，而全国假释委员会确信附加的条件是为保护社会和促进罪犯成功回归社会所必需的和合理的时，决定予以法定释放，但是附加罪犯在社区居住设施、精神病学设施居住或者根据本条（4）在根据本条（5）指定监狱中居住的条件；

（iii）决定在不附加以上居住条件的情况下予以法定释放。

（b）对于根据本条（3）（a）（ii）作出的决定，采取下列措施：

（i）维持或修改决定；

（ii）决定在不附加以上居住条件的情况下予以法定释放。

（4）根据本条（3）（a）（ii）附加的罪犯居住在根据本条（5）指定监狱内的条件，只有在局长或局长以姓名或职务指定的人同意的情况下才生效。

（5）为了执行根据本条（3）（a）（ii）作出的决定，局长可以指定专门的监狱。

第 132 条

（1）为了根据本法第 129 条、第 130 条或第 131 条审查和决定罪犯的案件，矫正局、局长或全国假释委员会应当根据案件情况，考虑各种与确定罪犯在刑期依法届满之前是否具有实施导致他人死亡或重伤的可能性相关的因素。其中包括下列因素：

（a）根据有关证据、特别是下列证据确定的持续暴力行为的模式：

（i）罪犯实施的导致他人生理或心理伤害的犯罪的数量；

（ii）罪犯因之而服刑的犯罪的严重程度；

（iii）罪犯显现出的在控制暴力或性冲动方面具有困难而且已经达到危及社会或他人程度的可靠信息；

（iv）罪犯在犯罪时使用了武器；

（v）罪犯作出了明显的暴力威胁；

（vi）罪犯在犯罪时实施了残忍的行为；

（vii）罪犯不关心其行为对他人产生的后果达到了相当程度；

（b）从医学、精神病学或心理学上确定罪犯具有生理或心理疾病或失常因而可能实施这类犯罪的证据；

（c）足以得出罪犯正在计划在刑期依法届满之前实施导致他人死亡或重伤的犯罪的可靠信息；

（d）足以防止公众遭受罪犯在刑期依法届满之前释放可能具有的危险性的监督计划的有效性。

（1.1）为了根据本法第 129 条、第 130 条或第 131 条审查和决定罪犯的案件，矫正局、局长或全国假释委员会应当根据案件情况，考虑各种与确定罪犯在刑期依法届满之前是否具有实施涉及儿童的性犯罪的可能性相关的因素。其中包括下列因素：

（a）根据有关证据、特别是下列证据确定的持续涉及儿童的性行为的模式：

（i）罪犯实施的涉及儿童的性犯罪的数量；

（ii）罪犯因之而服刑的犯罪的严重程度；

（iii）罪犯显现出的在控制涉及儿童的性冲动方面具有困难的可靠信息；

（iv）与罪犯实施任何犯罪相关的具有性性质的行为；

（v）罪犯不关心其行为对他人产生的后果达到了相当程度；

（b）关于显示罪犯可能在刑期依法届满之前实施涉及儿童的性犯罪的性倾向方面的可靠信息；

（c）从医学、精神病学或心理学上确定罪犯具有生理或心理疾病或失常因而可能实施这类犯罪的证据；

（d）足以得出罪犯正在计划在刑期依法届满之前实施这类犯罪的可靠信息；

（e）足以防止公众遭受罪犯在其刑期依法届满之前释放可能具有的危险性的监督计划的有效性。

（2）为了根据本法第 129 条、第 130 条或第 131 条审查和决定罪犯的案件，矫正局、局长或全国假释委员会应当根据案件情况，考虑各种与确定罪犯在其刑期依法届满之前是否具有实施严重毒品犯罪的可能性相关的因素。其中包括下列因素：

（a）根据有关证据、特别是下列证据确定的持续卷入与毒品有关的犯罪的行为模式：

（i）罪犯实施的与毒品有关的犯罪的数量；

（ii）罪犯因之而服刑的犯罪的严重程度；

（iii）罪犯实施的犯罪中涉及的毒品的种类和数量；

（iv）罪犯显现出还会卷入与毒品有关的行为的可靠信息；

（v）罪犯不关心其行为对他人产生的后果达到了相当程度；

（b）从医学、精神病学或心理学上确定罪犯具有生理或心理疾病或失常因而可能实施这类犯罪的证据；

（c）足以得出罪犯正在计划在刑期依法届满之前实施严重毒品犯罪的可靠信息；

（d）足以防止公众遭受罪犯在刑期依法届满之前释放可能具有的危险性的监督计划的有效性。

释放的条件

第133条

（1）在本条，“释放当局”是指下列机构：

（a）在下列形式释放的情况下是指全国假释委员会：

（i）假释；

（ii）法定释放；

（iii）由全国假释委员会根据本法第116条（1）准予的无陪护暂时离监；

（b）在由局长根据本法第116条（2）准予无陪护暂时离监的情况下是指局长；

（c）在由机构领导根据本法第116条（2）准予无陪护暂时离监的情况下是指机构领导。在不违反本条（6）的情况下，每一获得假释、法定释放或无陪护暂时离监后被释放的罪犯都必需遵守矫正与有条件释放条例规定的条件。

（3）为了保护社会和促进罪犯成功回归社会，释放当局可以对获得假释、法定释放或无陪护暂时离监后被释放的罪犯，施加任何其认为合理和必要的条件。

（4）在释放当局认为案件的情况表明必要时，可以要求罪犯居住在社区居住设施中，作为对假释或无陪护暂时离监的条件。

（4.1）为了促进罪犯成功回归社会，释放当局确信，罪犯若不居住在社区居住设施或精神病学设施中，将通过在其刑期依法届满之前实施附表1所列犯罪而对社会构成不当的威胁时，可以要求罪犯居住在这类设施中，作为对法定释放的条件。

（4.2）在本条（4.1）中，“社区居住设施”包括社区矫正中心，但不包括其他任何监狱。

（4.3）在执行本条（4.1）时，不要求释放当局确定罪犯是否可能实施某一具体的犯罪。

（4.4）本条（4.1）规定的对罪犯居住在社区矫正中心的条件，只有在局长或局长以姓名或职务指定的人书面同意的情况下才有效。

（5）根据本条（3）、（4）或（4.1）施加的条件，只在释放当局指定的期间有效。

（6）释放当局根据矫正与有条件释放条例，可以在罪犯释放之前或释放之后采取下列措施：

（a）对于本条（2）规定的条件，解除罪犯对这些条件的遵守或者改变对罪犯适用的任何条件；

（b）对于根据本条（3）、（4）或（4.1）施加的条件，撤销或者改变其中的任何条件。

第 134 条

（1）获得假释、法定释放或无陪护暂时离监后被释放的罪犯，应当服从全国假释委员会成员或委员会主席或局长以姓名或职务指定的人员、机构领导或者罪犯的假释监督官员的指示，尊重假释、法定释放或无陪护暂时离监的条件，以防违反任何条件，保护社会。

（2）在本条，“假释监督官员”是指下列人员：

（a）本法第 2 条（1）界定的职员；或

（b）受矫正局委托指导和监督被假释、法定释放或无陪护暂时离监的罪犯的人。

长期监督的条件

第 134.1 条

（1）在不违反本条（4）的情况下，每一被长期监督令要求接受监督的罪犯都必须遵守矫正与有条件释放条例第 161 条（1）规定的条件。这些条件根据情况可作适当修改。

（2）为了保护社会和促进罪犯成功回归社会，全国假释委员会可以对罪犯确立其认为合理和必要的长期监督的条件。

（3）根据本条（2）施加的条件，在全国假释委员会指定的期间有效。

（4）根据矫正与有条件释放条例，在罪犯接受长期监督期间，全国假释委员会可以采取下列措施：

（a）对于本条（1）规定的罪犯，解除或改变罪犯遵守的条件；

（b）对于本条（2）规定的罪犯，撤销或改变委员会对罪犯规定的条件。

第 134.2 条

（1）根据长期监督令接受监督的罪犯应当服从全国假释委员会成员或者委员会主席或局长以姓名或职务指定的人员、机构领导或者罪犯的假释监督官员的指示，尊重长期监督的条件，以防违反任何条件，保护社会。

（2）在本条，"假释监督官员"是指下列人员：

（a）本法第 2 条（1）界定的职员；或

（b）受矫正局委托指导和监督根据长期监督令接受监督的罪犯的人。

假释、法定释放或长期监督的中止、终止、撤销和无效

第 135 条

（1）全国假释委员会成员或者委员会主席或局长以姓名或职务指定的人员，在罪犯违反假释或法定释放的条件时，或者当委员会成员或被指定的人员确信为了防止罪犯违反条件或为了保护社会而中止假释或法定释放是必要的和合理的时，可以以拘捕令的形式采取下列措施：

（a）中止假释或法定释放；

（b）批准逮捕罪犯；

（c）批准将罪犯重新投入监禁，直到中止被取消，假释或法定释放被终止或撤销或者罪犯的刑期依法届满。

（2）根据本条（1）指定的人员可以以拘捕令的形式将根据本条（1）被重新投入非监狱场所监禁的罪犯移管到监狱中去。

（3）根据本条（1）签发拘捕令的人员或根据该款指定的其他人员，在将罪犯重新投入监禁之后，应当采取下列进一步的措施：

（a）当罪犯正在服 2 年以下的监禁判决时，取消对假释或法定释放的中止或者在 14 天内或全国假释委员会指定的尽可能短的时间之内，将案件连同其对案件的评估一并提交全国假释委员会；

（b）在其他案件中，在 14 天内或全国假释委员会指定的尽可能短的时间之内，取消对假释或法定释放的中止或者将案件连同其对案件的评估一并提交全国假释委员会。在评估中，要说明其认为在什么条件下才能恢复罪犯的假释或法定释放。

（4）全国假释委员会在接到向其提交的正在服 2 年以下监禁判决的罪犯的案件之后，应当审查案件，并在假释与有条件释放条例规定的时间内，或者取消对假释的中止，或者终止或撤销假释。

（5）全国假释委员会在接到向其提交的正在服 2 年或 2 年以上监禁判决的罪犯的案件之后，应当审查案件，并且在假释与有条件释放条例规定的时间内，进一步采取下列措施，除非委员会根据罪犯的请求准予延期：

（a）当委员会根据罪犯释放以来的行为确信，罪犯在其刑期依法届满之前不会因重新犯罪而对社会构成不当的威胁时，应当取消对假释或法定释放的中止；

（b）当委员会不能像本条（a）规定的那样确信时，在因罪犯控制不了的情形而被中止的案件中，应当终止罪犯的假释或法定释放；在其他案件中，应当撤销假释或法定释放；

（c）当罪犯不再符合假释的条件或者不再享有获得法定释放的权利时，应当终止或撤销假释或法定释放。

（6）如果全国假释委员会认为，为了保护社会或促进罪犯回归社会，采取下列措施是合理的和必要的时，在取消对罪犯的假释或法定释放时，可以进一步采取下列措施：

（a）申斥罪犯，以警告罪犯委员会对其释放以来的行为不满意；

（b）修改假释或法定释放的条件；

（c）当罪犯违反了被中止的假释或法定释放的条件或从前被中止过的假释

或法定释放的条件时，命令取消中止的决定在决定作出的30天内不生效。

（6.1）当本条（3）规定的人员或全国假释委员会根据本条取消对罪犯假释或法定释放的中止时，应当视案件情况向罪犯被羁押于其中的设施的负责人发出一份取消中止的通知或者通知的传真件。

（7）尽管有本条（1）—（6）的规定，但是若全国假释委员会确信，继续对罪犯的假释或法定释放将因罪犯在刑期依法届满之前重新犯罪而对社会构成不适当的危险时，委员会在任何时候都可以采取下列措施：

（a）当罪犯不再符合假释的条件或不再享有法定释放的权利时，终止或撤销假释或法定释放；

（b）当罪犯仍然符合假释的条件或享有法定释放的权利时，可以作出下列处理：

（i）当因罪犯不能控制的情形而对社会构成不适当的危险时，终止假释或法定释放；

（ii）当因罪犯能够控制的情形而对社会构成不适当的危险时，撤销假释或法定释放。

（8）若罪犯在被假释或法定释放之后又被判处新的刑罚，无论新判决是针对罪犯假释或法定释放之前还是之后的行为作出的，全国假释委员会都可以行使本条（7）规定的权力。

（9）当全国假释委员会行使其本条（7）所规定的权力时，应当按矫正与有条件释放条例规定的时间对其决定进行审查，审查后或者维持决定，或者取消决定。

（9.1）当未被终止或撤销假释或法定释放的罪犯，因为实施国会通过的法律所规定的犯罪而被监禁时，视情况在其根据新判决被监禁的那一天撤销其假释或法定释放。

（9.2）本条（9.1）不适用于新判决是因其被从中假释或法定释放的判决之前犯罪而作出的，并且应属数罪并罚的情况。

（9.3）当被假释的罪犯受到本条（9.2）规定的那种新判决，而且根据本法第119条、第120条或第120.2条确定的罪犯符合假释条件的日期迟于罪犯受到新判决的日期时，假释无效，罪犯应当被重新监禁。

（9.4）只有经过建立省假释委员会的省的省督根据本法第 113 条（1）宣布，本条（9.1）才适用于该省假释委员会管辖之下的罪犯，否则本条（9.1）不适用于这些罪犯，除非罪犯属于下列情况：

（a）根据本法第 16 条（1）（a）签订的协议正在一个省的矫正设施内服刑；

（b）由于受到了本条（9.1）规定的新判决，根据刑事法典第 743.1 条而被要求在一个省矫正设施内服刑。

（9.5）当一个因本条（9.1）不适用而未被撤销或终止假释的罪犯，因实施国会法律规定的犯罪又受到新的判决，而且该判决应当与其正在服的判决数罪并罚时，对其的假释便无效。罪犯应当被重新监禁，直到从其受到新判决那一天算起，服满其根据新判决符合假释条件为止。到这一天，根据本法的规定恢复罪犯的假释，除非在此之前其假释被撤销或终止掉了。

（10）基于本章的目的，因本条而被监禁的罪犯继续服刑。

（11）基于本章的目的，当对罪犯假释或法定释放的中止被取消时，在中止和中止被取消的这段时间，罪犯被视为一直在服刑。

第 135.1 条

（1）全国假释委员会成员或者委员会主席或局长以姓名或职务指定的人员，在罪犯违反长期监督令的条件或本法第 134.1 条规定的条件时，或者当委员会成员或被指定的人员确信为了防止罪犯违反条件或为了保护社会而中止长期监督是必要的和合理的时，可以以拘捕令的形式采取下列措施：

（a）中止长期监督；

（b）准予逮捕罪犯；

（c）准予将罪犯投入社区居住中心或精神卫生机构，或者当他确信有必要投入监管时，将罪犯投入监管，直到中止被取消，为罪犯确立新的条件或者罪犯被根据刑事法典第 753.3 条起诉为止。

（2）本条（1）（c）规定的将罪犯投入社区居住中心、精神卫生机构或监管的时间不得超过 90 天。

（3）当罪犯被根据本条（1）（c）的规定投入社区居住中心、精神卫生机构或监管时，被投入其中的时间计算在长期监督的时间之内。但是，如果在签署拘捕令到被投入其中之间有一段时间，这段时间不计算在内。

（4）根据本条（1）指定的人员可以以拘捕令的形式命令将根据本条（1）(c)在监狱以外的机构关押的罪犯移管到监狱关押。

（5）根据本条（1）签署拘捕令的人员或根据该款指定的其他人员应当在罪犯被投入社区居住中心、精神卫生机构或监管之后，立即审查罪犯的案件，在30天的期限之内尽可能及时地取消中止或将案件连同其对案件的评估一并提交到全国假释委员会。

（6）在接到提交来的罪犯的案件之后，全国假释委员会应当予以审查，并在60天内作出如下决定：

（a）当委员会根据罪犯在长期监督期间的行为确信，在不改变条件的情况下恢复长期监督不致因罪犯在长期监督期限届满之前重新犯罪而对社会构成实质性危险时，取消中止；

（b）当委员会不能按照本款（a）那样确信时，取消中止，命令恢复长期监督，但是附加委员会认为对保护社会必要的条件；

（c）当委员会取消不能确定适当的足以保护社会免受罪犯重新犯罪危险的监督计划，而且罪犯明显违反了监督条件时，建议根据刑事法典第753.3条提出起诉。

（7）当委员会依照本条（6）(c)建议根据刑事法典第753.3条提出起诉时，矫正局应当向对罪犯违反条件发生地具有管辖权的省检察长提出罪犯触犯刑事法典第753.3条的控告。

（8）如果委员会认为采取下列措施对保护社会和促进罪犯回归社会是必要的和合理的，委员会在取消对长期监督的中止时，可以采取下列措施：

（a）申斥罪犯以警告罪犯委员会对其释放以来的行为不满意；

（b）修改假释或法定释放的条件；

（c）命令取消中止的决定在其指定的期限内不生效，其指定的期限根据本条（2）应不超过其作出决定后的90天，以允许罪犯参与有助于保证社会免受罪犯重新犯罪危险的计划。

（9）当本条（4）规定的人员或委员会根据本条取消对罪犯长期监督的中止时，应当视案件情况向罪犯被羁押于其中的设施的负责人发出一份取消中止的通知或者通知的传真件。

第 136 条

当罪犯的假释或法定释放被终止或撤销或者根据第 135 条（9.3）或（9.5）无效时，全国假释委员会成员或者委员会主席或局长以姓名或职务指定的人员，可以根据本法第 137 条以拘捕令的形式批准将罪犯逮捕并投入监管。

第 137 条

（1）根据本法第 11.1 条、第 18 条、第 118 条、第 135 条、第 135.1 条或第 136 条签署的逮捕令、由省假释委员会签署的逮捕令或者这类逮捕令的传真件，应当由在加拿大任何地点接到逮捕令或传真件的警官执行，只要逮捕令是由在该地区具有管辖权的法官或其他合法当局最初签发或后来签署的。

（2）当警官具有合理的根据认为逮捕令根据本章对某人有效或者由省假释委员会授权逮捕该人时，可以在没有逮捕令的情况下逮捕该人，并将其拘留起来。

（3）当某人被根据本条（2）逮捕时，警官应当在被捕后 48 小时内向其出示逮捕令，否则便应当释放。

第 138 条

（1）当罪犯的假释或法定释放被终止或撤销时，罪犯应当被投入监管，并且应当在假释或法定释放被终止或撤销之日起继续服刑至其刑期届满。

（2）被终止假释或法定释放的罪犯具有下列权利：

（a）视案情可以获得本法第 120 条、第 120.1 条、第 120.2 条或第 120.3 条规定的假释；

（b）根据本法第 127 条规定获得法定释放。

（3）被终止假释或法定释放的罪犯不丧失下列权利：

（a）罪犯根据监狱和矫正院法挣得减刑分数；

（b）根据罪犯移管法挣得分数。

（4）被撤销假释或法定释放的罪犯，视案件可以获得本法第 120 条、第

120.1 条、第 120.2 条或第 120.3 条规定的假释。

（5）尽管有本法第 122 条和第 123 条的规定，但是不要求全国假释委员会基于本条（4）所定假释的目的，在罪犯的假释或法定释放被撤销之后的 1 年内，对罪犯的案件进行审查。

（6）在不违反本法第 130 条（4）和（6）之规定的情况下，被撤销假释或法定释放的罪犯有权获得本法第 127 条规定的法定释放。

多种判决

第 139 条

（1）当正在服刑的罪犯受到另一个判决时，基于刑事法典、监狱和矫正院法以及本法的目的，该罪犯被视为处以一个判决，从第一个判决的开始起算，到第二个判决届满结束。

（2）根据刑事法典第 719 条（1），本条不影响根据被本条视为一个判决的多重判决的起算时间。

审查听证

第 140 条

（1）在下列案件中，全国假释委员会应当以听证的方式对罪犯的案件进行审查。听证应当以罪犯要求使用的两种加拿大官方语言之一进行，除非罪犯以书面形式放弃听证权或者拒绝参加听证：

（a）根据本法第 122 条（1）对日假释的初次审查，正在服 2 年或 2 年以下判决的罪犯的案件除外；

（b）根据本法第 123 条（1）对完全假释的初次审查，包括根据第 126 条（4）进行的审查和根据第 123 条（5）进行的再审查；

（c）根据本法第 129 条、第 130 条（1）或第 131 条（1）进行的审查；

（d）在假释被中止、取消、终止或撤销之后的审查或者在法定释放被中止、终止或撤销之后的审查；

（e）矫正与有条件释放条例规定的某一类审查。

（2）对于本条（1）规定的案件之外的案件，全国假释委员会可以选择以听证的方式审查。

（3）尽管有本条（1）的规定，但是对于矫正与有条件释放条例规定的罪犯的案件，全国假释委员会可以以不听证的方式进行本条（1）（a）或（b）规定的审查，来作出下列决定：

（a）在罪犯以书面形式接受假释条件的情况下准予假释；

（b）在作出决定之前举行听证。

（4）在不违反本条（5）的前提下，全国假释委员会成员或者委员会主席或局长以姓名或职务指定的人员，若罪犯接受委员会成员或指定人员认为适当的条件，在考虑罪犯的观点之后，应允许申请参加听证的其他人作为旁观者参加听证，除非在委员会成员或指定人员确信具有下列情况：

（a）由于申请旁听者参加或其与其他人共同参加听证，听证很可能被打乱或者委员会考虑事情的能力很可能受到负面影响；

（b）申请旁听者的参加很可能对被害人、被害人的家庭成员或罪犯的家庭成员等向委员会提供信息的人产生消极影响；

（c）申请旁听者的参加很可能对该人或公众知情权与罪犯有效回归社会的公共利益之间的适当平衡产生消极影响；

（d）由于申请旁听者的参加，在其中举行听证的机构的安全和良好秩序很可能受到消极影响。

（5）当全国假释委员会在听证过程中断定很可能存在本条（4）规定的潜在情况时，可以决定在没有旁听者的情况下继续进行听证。

（6）当旁听者参加听证时，听证中披露或提到的任何信息或文件都不应被认为是依照公共信息法或隐私法可以公开获得的。

（7）当全国假释委员会进行的审查包括听证时，委员会应当允许罪犯获得其所选择的人的帮助，除非委员会根据本条（4）的规定不允许罪犯所选择的人作为旁听者参加听证。

（8）本条（7）规定的罪犯选择的人享有下列权利：

（a）在罪犯参加听证时参加听证；

（b）在听证的全过程中向罪犯提供建议；

（c）代表罪犯回答在审理中有助于听证有效进行的委员会成员的提问。

（9）不能完全理解任何一种加拿大官方语言的罪犯在听证中有权获得翻译的帮助，以便理解根据本法第141条（1）和第143条（2）（b）向其提供的材料。

信息披露

第141条

（1）全国假释委员会应当至少在其确定的审查罪犯案件的日期15日之前，用加拿大两种官方语言之一种以书面形式向罪犯提供或使罪犯收到委员会在审查案件时要考虑的信息或该信息的概要。

（2）当本条（1）规定的信息在该款规定的时间由全国假释委员会掌握之后，委员会应当尽可能快地向罪犯提供信息或信息概要。

（3）罪犯可以放弃由全国假释委员会提供本条（1）规定的信息或信息概要或者在规定时间收到该信息或信息概要的权利，但是当放弃在规定时间内收到信息的权利，同时罪犯或委员会收到的任何信息太迟，以至于罪犯或委员会不能充分准备审查时，罪犯有权要求将审查推迟到一个委员会确定的合理时间。委员会也可以直接下令推迟。

（4）当全国假释委员会具有合理的根据认为存在下列情况时，可以对罪犯保留为保护本款（a）或（b）确认的利益所特别需要的信息：

（a）为了公共利益不应当披露某些信息；

（b）如果披露信息可能造成下列损害：

（i）损害任何人的安全；

（ii）损害某个矫正机构的安全；

（iii）损害任何合法的调查。

第142条

（1）若罪犯实施的犯罪所侵害的被害人要求，全国假释委员会主席应当或可以向被害人披露有关信息：

（a）应当向被害人披露关于罪犯的下列信息：

（i）罪犯的姓名；

（ii）罪犯被定罪的犯罪和定罪的法院；

（iii）罪犯服刑的起止时间；

（iv）根据本章罪犯符合无陪护暂时离监或假释的日期和委员会审查的日期。

（b）当委员会主席认为披露下列信息对被害人的利益超过因披露可能对罪犯隐私造成的侵犯时，可以向被害人披露下列关于罪犯的信息：

（i）罪犯的年龄；

（ii）罪犯服刑监狱所在地；

（iii）若罪犯被委员会根据刑事法典第746.1条（2）批准无陪护暂时离监或在陪护下暂时离监或者罪犯获准假释或法定释放时，罪犯离监的日期；

（iv）根据本法第130条为审查而举行的听证的日期；

（v）罪犯被批准无陪护暂时离监、假释或法定释放的条件；

（vi）罪犯因无陪护暂时离监、假释或法定释放获得释放时的去向以及罪犯在前往目的地的过程中是否会邻近被害人；

（vii）罪犯是否处以监管之下。若未处以监管之下，原因是什么；

（viii）罪犯是否根据本法第147条对委员会作出的决定提出了申诉，申诉的结果如何。

（2）当罪犯被从监狱移管到省矫正设施时，全国假释委员会主席，应罪犯犯罪行为被害人的要求，若委员会主席认为披露对被害人的利益超过因披露可能对罪犯隐私造成的侵犯，可以向被害人披露罪犯将要去的省矫正设施所在省的名称。

（3）本条（1）和（2），在根据案情适当修改的情况下，也适用于使全国假释委员会主席确信具有下列情形的人：

（a）由于罪犯的行为对该人造成了伤害或者该人因罪犯的行为而遭受了生理或心理损害，无论罪犯的这一行为是否被起诉或定罪；以及

（b）就罪犯的该行为向警察或皇家律师提出了控告，或者根据刑事法典提

出了控告。

（4）矫正与有条件释放条例可以规定本条（1）或（2）规定的向全国假释委员会主席提出请求的方式和形式以及这些请求应如何处理。

（5）在本条，“主席”包括主席以姓名或职务指定的某个人或某一级别的人。

审查和决定的记录

第143条

（1）当全国假释委员会以听证方式审查罪犯的案件时，应当将记录保存至矫正与有条件释放条例规定的时间。

（2）当全国假释委员会经过对罪犯案件的审查作出决定时，应当采取下列措施：

（a）对决定和决定的根据作出记录，并将记录的副本保存至矫正与有条件释放条例规定的时间；以及

（b）以罪犯要求的两种加拿大官方语言之一，在矫正与有条件释放条例规定的时间内，向罪犯提供决定和决定根据的副本。

第144条

（1）全国假释委员会应当对其根据本章作出的决定以及作出决定的根据进行登记。

（2）能够证明自己与案件有关的人，通过向全国假释委员会书面申请，可以接触登记的内容，除非能够合理地推断该信息的披露会导致下列情况发生：

（a）威胁任何人的安全；

（b）暴露属于秘密的信息源；

（c）若公开披露会对罪犯回归社会造成消极影响。

（3）在不违反矫正与有条件释放条例规定的任何条件的情况下，任何人都可以基于研究目的而接触登记的内容，但是不能了解任何人的姓名，可用于推断任何人姓名的信息或若披露可能危及任何人安全的信息。

（4）尽管有本条（2）的规定，但是若登记的决定中包含的信息被在有旁听者参加的听证中加以考虑过时，任何人都有权书面申请接触登记的该信息。

审查和证据

第 145 条

全国假释委员会成员或由委员会主席指定的人员签发的决定、命令、逮捕令或凭证可存于任何法院，并且作为没有签发人签字或印记的证据。

全国假释委员会的组织

申诉部

第 146 条

（1）全国假释委员会应当设立申诉部，由 6 个专职委员会成员组成，由总督根据部长从依照本法第 103 条任命的委员中的推荐人选中任命，其中一人应当被指定为负责申诉部的副主席。

（2）申诉部的成员可以不参加对自己参与作出的决定的申诉的讨论。

（3）申诉部中根据本法第 147 条（4）作出重新审查决定的小组的成员，可以不参加委员会审查该案的小组或申诉部根据申诉结果重新审查该案的小组。

向申诉部的申诉

第 147 条

（1）罪犯若认为全国假释委员会在作出决定时具有下列情况，可以就委员会的决定向申诉部提出申诉：

（a）没有遵守基本的司法原则；

（b）犯了法律方面的错误；

（c）违反或者未遵守根据本法第 151 条（2）适用的政策；

（d）在作决定时根据的是错误或不完全的信息；

（e）没有管辖权或超越了其管辖权，或者未行使其管辖权。

（2）负责申诉部的副主席认为申诉属于下列情况时，可以拒绝审查申诉，不对案件进行全面审查：

（a）申诉是琐碎的或缠诉的；

（b）寻求的补救不在委员会的管辖权之内；

（c）申诉所依据的信息或新的假释或法定释放计划在委员会作出决定时尚未送达委员会；

（d）申诉部收到申诉申请时，还有90天或不到90天罪犯就获得释放。

（3）对全国假释委员会的决定进行申诉，应当在矫正与有条件释放条例规定的时间内，并以该条例规定的方式提出。

（4）申诉部在完成对被罪犯申诉的决定的审查之后，可以作出如下决定：

（a）维持决定；

（b）维持决定，但是命令委员会在下一次审查之前进一步审查该案；

（c）命令委员会重新审查该案，但在重新审查之前决定继续有效；

（d）取消、修改决定或作出相反的决定。

（5）除非在下列情况下，申诉部不应根据本条（4）作出导致罪犯被立即释放的决定：

（a）根据委员会适用的政策或委员会在审查时掌握的信息，被罪犯申诉的决定不能在法律上获得合理的支持；

（b）对罪犯延迟释放是不公正的。

总部和地区分部

第148条

（1）全国假释委员会的总部应当按照国家首都法的规定设定，但是委员会或其执委会的会议可以在委员会主席指定的时间或地点召开；

（2）在大西洋地区、魁北克、安大略、大草原地区和太平洋地区，全国假释委员会应当在与部长协商的基础上，至少设立一个地区办公室，地点由主席确定。

第149条

（1）全国假释委员会应当设立由分配的委员组成的分部。分部委员根据本法或其他国会法律，代表委员会行使职权。委员会主席指定地区分部的具体职责。当一个地区有两个以上分部时，由委员会主席指定其分工。

（2）根据本法第105条（3）分配到地区分部的委员会专职成员，应当居住在距地区分部所在地合理的交通距离之内。

（3）基于本章目的，根据本法第105条（6）组成的委员会小组采取的任何行为或作出的任何事情或决定，都视为委员会采取的行为或作出的事情或决定。

第150条

（1）每一地区分部都应有1名委员会副主席来负责，副主席人选应当由总督根据部长的推荐从专职委员会成员中指定。

（2）负责某一地区分部的副主席就专业行为、培训和委员会分配而来的成员作出决定的质量，向委员会主席负责。

通　　则

第151条

（1）全国假释委员会应当设立执行委员会。执行委员会由主席、执行副主席、负责申诉部的副主席、负责地区分部的副主席和主席征询部长意见后指定的另外两名委员组成。

（2）执行委员会的职责如下：

（a）应当在征询委员会成员意见的基础上通过关于本章所定审查的政策；

（b）应当应主席的请求，就本法和其他国会法律规定的委员会和主席职责范围内的其他问题，向主席提供咨询；

（c）可以指令组成审查某类案件的小组的成员数量多于矫正与有条件释放条例规定的数量。

（3）根据本条（2）通过的政策必须考虑性别、种族、文化和语言方面的差异，并对女性和原住民的特殊需要以及其他具有特殊需要的群体的需要有所反映。

（4）执行委员会的会议应当由主席主持。

第152条

（1）全国假释委员会主席是执行委员会的首席执行官，对委员会的工作和职员进行监督和指导。主席还应当主持委员会的一般会议。

（2）当主席认为某一委员会成员参加审查可能导致会产生偏见的合理担心时，可以指示该成员不参加审查小组。

（3）委员会主席可以指示审理某一具体案件的审查小组的成员数量多于条例规定的数量。

（4）委员会主席可以任命一个或几个委员调查与委员会管理有关的任何事项，并提出报告。在根据情形做必要修改的情况下，调查法第 7—13 条适用于此类调查。这些条款中规定的“专员”指获此任命的一个人或多个人。

（5）委员会主席可以授权委员会的任何专职成员依照其明确的条件行使本章授予主席的任何权力。委员会成员在这种情况下履行的职能应当视为主席履行的职能。

（6）当本章授权主席指定一个人行使某项权力时，主席可以明确该人行使该项权力的条件。

（7）在主席不在或不能履行职务或者主席职位空缺的情况下，执行副主席可以行使主席的全部权力。

（8）在主席和执行副主席都不在或不能履行职务或者这两个职位都空缺的情况下，由部长指定的专职委员会成员可以行使主席的全部权力。

第 153 条

（1）全国假释委员会的每一专职或代理成员都应获得由总督确定标准的报酬，还有权享受对离开委员所在管理中心履行职务时发生的合理履行和生活费用的补偿。

（2）公职人员被任命为全国假释委员会的专职成员时，应当享受无薪假期以便承担该职位。

（3）全国假释委员会的每一兼职委员应当按其服务的天数获得报酬，报酬的标准由总督确定，还有权享受对离开委员通常居住地履行职务时发生的合理履行和生活费用的补偿。

（4）全国假释委员会的专职成员和雇员应当被视为公职人员退休金法意义上的公职人员。

第 154 条

当全国假释委员会的成员在诚恳履行其根据本法或其他任何国会法律规定的作为委员会成员的职责时，不得针对其所为或所言提起刑事或民事诉讼。

第 155 条

（1）全国假释委员会的专职成员不得担任或从事任何与其履行本法或其他国会法律规定的委员会成员职务相矛盾的职务或职业。

（2）全国假释委员会的成员，若其参加审查可能导致会产生偏见的合理担心时，不可以参加案件的审查。

第 155.1 条

（1）全国假释委员会主席可以就任何委员是否因本法第 155.2 条（a）至（d）规定的任一原因而应当成为惩戒或补救措施的对象向部长建议进行调查，以便作出决定。

（2）当部长认为根据本条进行调查适当时，在本条和第 155.2 条被称为“法官”的法官、临时法官或前法官应当进行调查。

（3）根据本条从事调查的法官享有高等法院法官的各种权利、权力或特许权，并且在不限于这些一般权利、权力和特许权的基础上，还享有下列权力：

（a）向任何人发出传票，要求其到传票指定的时间和地点就其所了解的所有与调查有关的事项作证，提交和出示其所有或其控制之下的与调查相关的任何文件、书籍和文章；

（b）主持宣誓或审查宣誓作证的人。

（4）在不违反本条（5）和（6）的情况下，本条规定的调查应当公开进行。

（5）当法官确信在调查过程中或者因公开调查会产生下列情况时，根据本条进行调查的法官，根据申请可以采取任何其认为保证调查的秘密所必要的措施或者为此作出任何决定：

（a）涉及公共安全的事情可能被泄露；

（b）一些经济、个人或其他事项可能披露，而避免向公众披露这类信息对于可能因此受到影响的人的利益或对公共利益的好处超过坚持公开调查原则的好处；

（c）某人的生命、自由或安全极有可能受到危险。

（6）当根据本条进行调查的法官认为适当时，可以采取其认为必要的任何措施或者作出其认为必要的任何决定来保证本条（5）规定的秘密。

（7）根据本条进行调查的法官不受任何证据的法律和技术规则的约束。而且，在调查过程中，法官可以接受在听证中引证的据信可靠或可信的证据，并以此为依据作出决定。

（8）根据本条进行调查的法官认为适当时，可以准予任何一方当事人诉讼资格。

（9）根据本条进行的调查涉及的每一个人都应当获得适当的通知，通知的内容包括调查的事项、举行听证的时间和地点，并且应当享有本人或代理人参加听证进行质证和举证的机会。

第 155.2 条

（1）根据第 151.1 条进行的调查结束之后，从事调查的法官应当准备一份关于调查结论的报告，提交给部长。

（2）当第 155.1 条规定的调查进行完毕，而且从事调查的法官认为调查涉及的委员会成员具有下列情形时，法官可以在调查报告中建议，对该委员停职停薪或撤销职务，还可以建议其认为必要的纪律和补救措施：

（a）因疾病而不能履行委员会成员的；

（b）被确定具有不良行为；

（c）未能正当地履行委员会成员的职务；

（d）因行为或其他原因而被置于与正当履行委员会成员职务不相称的境地。

（3）当部长收到本条（1）规定的报告时，应当抄送总督一份副本。总督可以中止报告所涉及的委员的职务，撤销其职务或者采取其他纪律或补救措施。

条　例

第 156 条

（1）总督可以就本章需要由条例加以规定的任何事项制定条例，以便实现本章的目的和执行本章的规定。

（2）根据本条（1）制定的条例可以适用于下列事项：

（a）在省假释委员会管辖之下的罪犯；

（b）某一特定类型或某些特定类型的罪犯。

（3）总督可以通过条例修改附表 1 和附表 2。

（4）总督可以就下列事项的确定方式制定条例：

（a）根据本法第 120—120.3 条，罪犯在符合假释条件之前必须服满的刑期；

（b）根据本法第 127 条，罪犯在有权被法定释放之前必须服满的刑期；

（c）本法第 139 条（1）适用于有关判决的方式。

第三章　矫正调查人

解　释

第 157 条

在本章，

“局长”的含义与第一章相同。

“矫正调查人”是指根据本法第 158 条任命的加拿大矫正调查人。

“长期监督”的含义与第一章相同。

“部长”的含义与第一章相同。

“罪犯”的含义与第二章相同。

“假释”的含义与第二章相同。

“监狱”的含义与第一章相同。

“省假释委员会”的含义与第二章相同。

第 157.1 条

基于本章的目的，根据长期监督令需要监督的人被视为罪犯。

第 158 条

总督可以任命加拿大矫正调查人。

第 159 条

只有在加拿大常驻的加拿大公民或根据移民法第 2 条（1）在加拿大常住的加拿大永久居民才能被任命为矫正调查人或继续担任矫正调查人。

第 160 条

（1）矫正调查人在行为良好的情况下任职不超过 5 年，但是总督可以随时因故中止或撤销其职务。

（2）矫正调查人可以连选连任。

第 161 条

在矫正调查人不在、不能履行职务或其职位空缺的情况下，总督可以另外任命一个合格的人员在矫正调查人不在、不能履行职务或矫正调查人职位空缺时来代行矫正调查人的职务。被任命代行矫正调查人职务的人在其代行职务期间享有本章规定的矫正调查人同样的职责和所有权力，并领取总督确定的薪金或报酬和开销。

第 162 条

矫正调查人应当专门履行矫正调查人职位的职责和义务，不得再担任任何加拿大皇家政府或省政府的有偿职位，或者从事其他有偿职业。

第 163 条

（1）矫正调查人应当享有总督确定的薪金，并有权享有对在执行本章所赋予权力时发生的旅行和生活费用的补偿。

（2）公职人员养老金法的规定，除与职位保有有关的规定之外，适用于矫正调查人，除非从公职人员之外的人任命的矫正调查人按照公职人员养老金法第 3 条（1）的规定，在其获任命的 60 天以内，以书面形式通知财政委员会的主席，由他选择参加外交人员（特殊）养老金法规定的养老金计划。在这种情况下，外交人员（特殊）养老金法的规定，除与职位保有有关的规定之外，从其获任命起就适用于该矫正调查人，公职人员养老金法的规定对其不适用。

（3）基于政府雇员养老金法和根据航空法第 9 条所制定条例的目的，矫正调查人被视为被雇佣的加拿大公职人员。

管　理

第 164 条

矫正调查人控制和管理与其职位相关的任何事项。

职　员

第 165 条

（1）为了使矫正调查人履行本法规定的职责和义务，应当根据公职人员雇佣法任命必要的官员和雇员。

（2）矫正调查人可以临时雇佣对其工作中的任何事项具有技术或专业知识的人来提供服务，以对其履行本法规定的职责和义务提供咨询和帮助。在财政委员会的同意下，矫正调查人可以确定和付给其临时雇佣人员的补偿和开销。

宣誓就职

第 166 条

矫正调查人和根据本法第 161 条或第 165 条（1）任命的任何人员都应当在开始履行其职责之前作出下列宣誓：

“我，（姓名），宣誓，我将忠实地和公正地尽我所能来履行作为（矫正调查人、代理矫正调查人或矫正调查人的官员和雇员）要求我履行的职责。上帝帮助我做到。”

职　能

第 167 条

（1）矫正调查人的职能是对罪犯的问题进行调查。罪犯的问题关系到局长以及控制和管理人员或者代表局长行使职能的人员的决定、建议、行为或疏忽，并对某个罪犯或某类罪犯具有影响。

（2）在履行上款规定的职能时，矫正调查人不可以调查下列事项：

（a）下列机构的任何决定、建议、行为或疏忽：

（i）根据本法行使排他管辖权的全国假释委员会；

（ii）行使排他管辖权的任何省假释委员会。

（b）被关押在省矫正设施内的罪犯的问题，无论罪犯是否系根据联邦政府与罪犯关押地省政府的协议被关押在这类机构。

（c）根据联邦政府与省政府的协议对附有监督或指令性监督的暂时离监、假释和法定释放的罪犯进行监督的官员的任何决定、建议、行为或疏忽，当这些事项已经、正在或将要由该省调查人调查时。

（3）尽管有本条（2）（b）的规定，矫正调查人可以在任何未设立省假释委员会的省调查被关押在省矫正设施内的罪犯有关假释案件准备的问题。这类案件准备可以由具有控制和管理权或代行局长职能的任何人员进行。

第 168 条

当对矫正调查人对某一具体问题是否具有调查权具有任何疑问时，矫正调查人可以向联邦法院申请宣布令来加以确定。

信息计划

第 169 条

矫正调查人应当保持一项将下列信息与罪犯沟通的计划：

（a）矫正调查人的职能；

（b）矫正调查人可以开始调查的情形；

（c）矫正调查人的独立性。

调　　查

第 170 条

（1）在下列情况下，矫正调查人可以开始调查：

（a）收到罪犯或代表罪犯的人的控诉之后；

（b）接到部长要求之后；

（c）矫正调查人主动调查。

（2）矫正调查人对下列事项具有完全决定权：

（a）是否应当对某一具体控诉或请求进行调查；

（b）应当如何进行每一调查；

（c）是否应当在结束之前终止某一调查。

第 171 条

（1）在调查过程中，矫正调查人可以举行任何听证和进行任何其认为必要的质询，但是任何人都不享有接受矫正调查人听证的权利。

（2）矫正调查人举行的每一听证都应当不公开进行，除非矫正调查人决定公开。

第 172 条

（1）在调查过程中，矫正调查人可以要求任何人履行下列义务：

（a）提供矫正调查人认为该人能够提供的与调查事项有关的任何信息；

（b）在不违反本条（2）的情况下，出示矫正调查人认为该人与调查事项有关并可能由该人拥有或控制的任何文件和物品，供矫正调查人审查。

（2）在根据本条（1）（b）出示文件或物品的人提出归还其文件或物品的请求之后，矫正调查人应当在 10 天内归还这类文件或物品，但是本款不排除矫正调查人根据本条（1）（b）再次要求其出示。

（3）矫正调查人可以复制根据本条（1）（b）出示的任何文件或物品。

第 173 条

（1）在调查的过程中，当进行与控诉、控诉人有关的调查时，矫正调查人可以传唤和询问其认为能够提供与被调查事项相关的任何信息的人，并且可以为此目的审查其宣誓证词。

（2）当某人根据本条（1）的规定受到传唤时，可以由律师代表接受询问。

第 174 条

基于本章的目的，在满足适用的安全要求的前提下，矫正调查人可以在任何时间进入任何由局长占据的或由局长控制和管理的房屋，对房屋进行检查或在其中进行任何调查或检查。

结论、报告和建议

第 175 条

当矫正调查人决定不就控诉或部长的请求进行调查或者决定在结束调查之前终止调查时，应当通知控诉人或部长其根据案情作出的决定。如果矫正调查人认为适当，应当向控诉人提供其决定的理由，但应限于根据隐私法和信息接触法可以披露的信息。

第 176 条

在结束就某一控诉进行的调查之后，当矫正调查人断定控诉没有根据时，应当将其结论通知控诉人。如果矫正调查人认为适当，应当向控诉人提供其决定的理由，但应限于根据隐私法和信息接触法可以披露的信息。

第 177 条

在调查结束之后，当矫正调查人确定本法第 167 条规定的问题对一个或多个罪犯存在时，应当通知下列人员：

（a）局长；

（b）当问题是由于对局长控制和管理之下的某人行使全国假释委员会主席授权的某一权力造成的时，局长和全国假释委员会主席。

第 178 条

（1）在调查结束之后，若矫正调查人认为属于下列情况，在根据案情将问题通知局长或者局长和全国假释委员会主席时，应当表明其观点和理由：

（a）本法第 167 条规定的存在问题的决定、建议、行为或疏忽显然与法律或既定政策相抵触；

（b）本法第 167 条规定的存在问题的决定、建议、行为或疏忽不合理、不公正、太严苛或不适当的专断或者系根据不合理、不公正、太严苛或不适当的专断的法律规则、法律条款或者实践或政策作出的；

（c）本法第 167 条规定存在问题的决定、建议、行为或疏忽系完全或部分地根据法律或事实的错误作出的。

（2）在调查结束之后，矫正调查人若认为在决定或建议的制定过程中或者在行为或疏忽中，由于在下列情况下行使专断权造成了本法第 167 条规定的问题，在根据案情将问题通知局长或者局长和全国假释委员会主席时，应当表明其观点和理由：

（a）为了不适当的目的；

（b）依据不相关的根据；

（c）考虑了不相关的因素；

（d）没有给出任何理由。

第 179 条

（1）当矫正调查人根据情况将问题通知局长或者局长和全国假释委员会主席时，可以作出其认为适当的任何建议。

（2）矫正调查人在就本法第 167 条（1）规定的问题提出建议时，可以在不限制本条（1）的一般性的情况下，作如下建议：

（a）解释为什么作出被调查的决定或建议或者发生被调查的行为或疏忽的理由；

（b）将被调查的决定、建议、行为或疏忽提交适当机构进一步考虑；

（c）取消或改变已作出的决定或建议；

（d）调整被调查的行为或疏忽；

（e）修改或重新考虑被调查的决定、建议、行为或疏忽所依据的法律、实践和政策。

（3）局长和全国假释委员会主席都并不一定就矫正调查人依本条作出的结论或建议采取行动。

第 180 条

如果在根据情况将问题通知局长或全国假释委员会主席之后的合理时间内没有采取矫正调查人认为足够和适当的行动，矫正调查人应当将这一事实通知部长，并将最初根据案情向局长或者局长和全国假释委员会主席提供的所有信息都提供给部长。

第 181 条

当一项调查与某一控诉相关时，矫正调查人应当以自己认为适当的方式，在自己认为适当的时间，将调查结果通知控诉人，并向控诉人提供根据隐私法和信息接触法可以披露的信息。

保　　密

第182条

在不违反本章的情况下，矫正调查人和每一个代表矫正调查人或在矫正调查人领导下工作的人，都不应当披露任何其在行使本章规定的职权或履行本章规定的职能和义务过程中了解到的信息。

第183条

（1）在不违反本条（2）的情况下，矫正调查人可以披露或者授权代表其或在其领导下的人员披露下列信息：

（a）矫正调查人认为对下列调查活动有必要的信息：

（i）实施调查；

（ii）确立作出本章规定的结论和建议的依据。

（b）在对本章规定的犯罪或对刑事法典第131条（伪证）规定的犯罪起诉的过程中与根据本章所作陈述有关的信息。

（2）矫正调查人和每一个代表矫正调查人或在矫正调查人领导下工作的人都应当采取各种合理的防范措施来防止和不得泄露下列信息。如果在20年以内泄露这些信息可以合理地预料会导致下列结果：

（a）泄露在合法调查过程中获得或准备的与下列活动相关的信息：

（i）对犯罪的侦查、预防或镇压；

（ii）在调查正在进行时对加拿大或省法律的执行；

（iii）怀疑对在加拿大安全情报法意义上的加拿大安全构成威胁的活动。

（b）对任何合法的调查行为造成损害。

（c）对任何违反国会法律的造成下列影响：

（i）对该人的依法释放和有条件释放计划造成严重破坏；

（ii）对该人或他人在生理或其他方面造成损害。

（d）泄露由政府机构根据信息接触法或由皇家政府部长准备的意见和建议或者为这二者准备的意见和建议。

（e）泄露本法第196条规定的加拿大女王枢密院秘密。

（3）基于本条（2）（b）的目的，调查包含下列意思：

（a）与执行或实施国会或省法律有关；

（b）由国会或省法律授权或者根据国会或省法律进行。

第184条 不管任何法律或条例中有任何规定，若有下列信件，罪犯所在机构的负责人都不应拆封，并立即根据情况转交矫正调查人或罪犯：

（a）罪犯写给矫正调查人的信件；

（b）矫正调查人写给罪犯的信件。

授　权

第185条

（1）矫正调查人可以授权任何人在矫正调查人限定的范围内行使或履行本章规定的除下列权力或义务之外的职能、权力和义务：

（a）根据本条授权的权力；

（b）根据本法第192条或第193条向部长报告的权力或义务。

（2）根据本条所作授权都是可以随意撤销的，而且任何授权都不妨碍作出授权的矫正调查人行使或履行这些被授让出去的职能、权力和义务。

（3）在根据本条作出授权的矫正调查人不再继续担任该职的情况下，授权继续有效，直到被授权者不再继续任职或者后任矫正调查人撤销了授权。

与其他法律的关系

第186条

（1）即使有任何法律规定了被调查的事项的效力是最终的，不能上诉，或者不能对该事项反对、审查、撤销或者以任何方式质疑，矫正调查人依然有进行调查的权力。

（2）矫正调查人进行调查的权力不在规定了下列权利或程序的法律条款

之列，而且本章的任何规定都不影响这些条款规定的补救、上诉权、反驳权或程序：

（a）为任何人规定了任何补救、上诉权和反驳权；

（b）规定了对任何事项进行询问或调查的任何程序。

法律诉讼

第 187 条

除非由于缺乏管辖权，对矫正调查人所做的包括提出报告和建议在内的任何事项，都不能反对、审查、撤销或质疑。

第 188 条

对矫正调查人或者代表其或在其领导下履行职责的人在行使或履行矫正调查人职能、权力或义务过程中诚实地所做、所报或所说的任何事情，都不得提起刑事或民事诉讼。

第 189 条

矫正调查人或者代表其或在其领导下履行职责的人不能就其在行使或履行或者据称行使或履行矫正调查人任何职能、权力或义务的过程中掌握的事项在根据本章起诉某一犯罪或根据刑事法典第 131 条（伪证）起诉根据本章所作陈述为犯罪的诉讼以外的诉讼中作证，也不能强迫其作证。

第 190 条

基于有关诽谤法律方面的考虑，特作下列规定：

（a）在由矫正调查人进行或者代表矫正调查人进行调查的过程中诚实地所说的任何事情、提供的任何信息或者出示的任何文件或物品，都享有特许权；

（b）由矫正调查人根据本章诚实地起草的任何报告和在报章或电台中诚实地对报告进行的任何公正和准确的解释，都享有特许权。

犯罪和刑罚

第 191 条

任何人实施了下列行为，都构成简易起诉的犯罪，并可以处以不超过 2000

加元的罚金：

（a）没有合法的理由或借口，故意阻挠、妨碍或抵制矫正调查人或其他任何人行使或履行矫正调查人的职能、权力或义务；

（b）没有合法的理由或借口，拒绝或者故意不遵守矫正调查人或本章规定的其他任何人的任何合法要求；

（c）故意做虚假陈述来误导或试图误导矫正调查人或行使或履行矫正调查人的职能、权力或义务的其他任何人。

年度报告和专门报告

第 192 条

矫正调查人应当在每一财政年度结束之后的 3 个月内向部长提交其办公室当年活动情况的报告。部长应当在接到报告之后国会两院开会的前天之中的任何一天将报告提交到两院的会议上。

第 193 条

矫正调查人认为其职能、权力或义务范围内的任何事项非常急迫或重要，因而不能拖到根据本法第 192 条在财政年度结束后提交报告时，可以在任何时候向部长提交专门报告。部长应当在接到报告之后国会两院开会的前 30 天之中的任何一天将报告提交到两院的会议上。

第 194 条

当矫正调查人决定举行与调查有关的公开听证时，应当在其根据本法第 192 条提交的报告中说明举行公开听证的理由。

第 195 条

当矫正调查人觉得有充分的理由将反映或可能消极反映某人或某机构的评论或信息包括在根据本法第 192 条或第 193 条提交的报告中时，应当给予被反映的人或机构就报告中包括的评论或信息进行申述的合理机会，并应当将其申述进行公正和准确的总结，包括在报告中。

女王枢密院秘密

第 196 条

（1）矫正调查人根据本法第 172 条、第 173 条和第 174 条享有的权力不适用于女王枢密院的秘密，在不限制秘密的一般性的原则下，包括下列文件或记录：

（a）向枢密院提出的提议和建议；

（b）向枢密院提交的供其决策考虑的有关背景解释、问题分析或政策选择的讨论文章；

（c）枢密院的日程或枢密院讨论或决定的记录；

（d）反映皇家政府部长之间就作出政府决定或制定政府政策进行交流和讨论的记录；

（e）就提交或建议提交枢密院的事项向皇家政府部长作简要介绍或者属于本条（d）规定的交流或讨论主题的记录；

（f）立法草案；

（g）包含有关本条（a）至（f）规定的某类记录内容的信息的记录。

（2）基于本条（1）的目的，“枢密院”指加拿大女王枢密院、加拿大女王枢密院委员会、内阁和内阁委员会。

（3）本条（1）不适用于下列秘密或文件：

（a）已经存在 25 年以上的女王枢密院的秘密；

（b）在下列情况下本条（1）（b）规定的讨论文章：

（i）如果讨论文章涉及的决定已经公开；

（ii）虽然讨论文章涉及的决定没有公开但是作出决定已经超过了 4 年。

条　　例

第 197 条

总督可以制定其认为对实现本章目的和执行本章规定所必要的条例。

女王陛下

第 198 条 本章在加拿大范围内对女王有约束力。

第四章 重要的相关修改、废止、过渡期条款和生效

刑事法典

第 199 条至第 203 条 （修订了）

第 204 条 （废止了）

监狱与感化院法

第 205 条至第 207 条 （修订了）

罪犯移管法

第 208 条至第 211 条 （修订了）

内政部法

第 212 条 （修订了）

废 止

第 213 条和第 214 条 （废止了）

参 考

第 215 条和第 216 条 （修订了）

过渡期条款

第 217 条 在本法第 214 条有效时担任矫正局局长的人继续担任局长，并且应当被视为根据本法第一章获得了任命。

第 218 条

（1）在本法第 214 条有效时根据监狱法或监狱与感化院法签订的协议，在经授权根据本法第 15 条（3）或第 16 条（1）签订之后，应当视为已经根据本法签订。

（2）在本法第 213 条有效时根据假释法签订的协议，在经授权根据本法第 114 条签订之后，应当视为已经根据本法签订。

第 219 条

在本法第 214 条有效时根据监狱法第 28 条和第 29 条准予的所有暂时离监，都应当作为根据本法第 17 条准予的暂时离监处理。

第 220 条

在本法第 214 条有效时所有有关行政隔离或违纪行为的事项，应当按照本法第一章处理。

第 221 条

在本条和第 222 条至第 227 条，下列术语的含义如下：

“生效日期”指本法第 213 条生效的日期；

“从前的法律”指生效日期开始之前的假释法；

“从前的委员会”指根据从前的法律第 3 条建立的全国假释委员会。

第 222 条

（1）在生效日期之前担任从前的委员会的专职或临时成员的人员都应当被视为在生效日期根据本法第 103 条获得了任命，并担任该职务至其被任命的任期结束。

（2）在生效日期之前担任从前的委员会主席和副主席的人员应当被视为在生效日期根据本法第 104 条获得了任命，并分别担任这两个职务。

（3）从前的法律的废止不影响部长对在生效日期之前根据从前的法律第 8 条指定人员的指定，这些人员可以作为全国假释委员会的地区社区代表继续审查该条规定的几类案件，直到其被指定的日期结束。

（4）本条（3）规定的人员应当享受报酬，由总督确定标准。每履行一天该条规定的义务，享受一天报酬，并且还有权获取对其离开驻地履行义务时发生的费用的补偿。

第 223 条

根据从前的法律开始的对某一罪犯案件的审查，应当在生效日期之后继续进行，就像根据本法开始的审查一样。

第 224 条

（1）根据从前的法律准予的假释和批准的暂时离监，在生效日期那天和生效日期之后，应当像根据本法第二章准予或批准的假释或暂时离监一样处理。

（2）在生效日期之前脱离监管接受指令性监督的人员，在生效日期之后，应当被视为处于本法第二章规定的法定释放状态。

第 225 条

（1）在不违反本条（1.1）的情况下，本法第 119 条（1）（c）不适用于正在服 1992 年 11 月 1 日之前下达的判决的罪犯，但是从前的法律的相应规定和根据从前的法律制定的条例适用于该罪犯，就如同这些规定和条例是本法的规定一样。

（1.1）正在服 1992 年 11 月 1 日之前下达的判决的罪犯，若在生效日期那天或在生效日期之后又受到了新的判决，本法第 119 条（1）（c）对其适用，并根据本法第 139 条被视为判处了一个判决。

（2）本法第 125 条和第 126 条不适用于其案件在生效日期正在根据从前的法律进行完全假释审查的罪犯。

第 226 条

（1）当正在服生效日期之前下达的判决的罪犯，在刑期届满之前刑事法典第 743.6 条生效之后又因该条规定的公诉罪而被判刑，法院确定罪犯应当服刑一半才能假释时，罪犯必须服满一半刑期或后一个判决的 10 年这两个期限之中较短的一个，才能获得完全假释。此外，在下列情况下可以按不同的计算方法：

（a）当两个判决不属数罪并罚时，第一个判决中未服部分的 1/3；

（b）当两个判决属于数罪并罚时，按下列方法计算：

（i）第一个判决的 1/3；和

（ii）在数罪并罚的情况下要获得完全假释所必须服满的刑期。

（2）本条（1）规定的罪犯要获得完全假释不能要求其服满总刑期的一半以上。

第 227 条

当罪犯在生效日期之前根据监狱法第 26.1 条作出的指令监督令获得释放，在指令监督之下的释放被根据本法第二章撤销时，罪犯此后不再享有根据本章获得法定释放的权利。

第 227.1 条

根据 1992 年 11 月 1 日之前的监狱法第 25 条（6）丧失的减期，被视为到 1992 年 11 月 1 日恢复计算。依然可以根据 1992 年 11 月 1 日假释法第 21.4 条（4）对罪犯作出决定，就像根据本法第 130 条作出决定一样。

第 228 条和第 229 条 （修订了）

第 230 条

在本条生效之前根据调查法担任矫正调查人职务的人员，继续担任矫正调查人职务，并且应当被视为根据本法第三章获得了任命，自本条生效日期起任职 1 年。

第 231 条

（1）在本条生效之前根据调查法为矫正调查人提供服务的专职人员应当被视为在本条生效后依照公职人员就业法获得了任命，除非其在本条生效后 90 天以书面形式作出了其他选择。

（2）尽管有本条（1）和公职人员就业法第 28 条的规定，根据本条（1）被视为依照公职人员就业法获得任命的人员，在下列不同情况下的地位有所不同：

（a）如果在不同生效之前已经为矫正调查人提供了至少 1 年的服务，便不用试用；

（b）如果在不同生效之前为矫正调查人提供服务的时间少于 1 年，可以根据公职人员就业法为其确定一定时期的试用期，试用期为 1 年减去其从事服务的时间。

对拘禁条款的审查

第 232 条

（1）在本法第 129 条至第 132 条生效 3 年之后，应当由众院指定或设立委员会对这些条款的实施进行综合审查。

（2）本条（1）规定的委员会应当在根据本条（1）进行审查之后的 1 年内或者在众院批准延长的时间内，向众院提交一份报告。

全法的审查

第 233 条

（1）在本法生效 5 年之后，由众院或由两院指定或设立的委员会应当对本法的所有条款和本法的实施进行综合审查。

（2）本条（1）规定的委员会应当在根据本条（1）进行审查之后的 1 年内或者在众院或两院批准延长的时间内，向众院或两院提交一份报告，报告中应包括委员会的修改建议。

生　　效

第 234 条　本法或本法的任一条款应当在总督以命令形式确定的日期生效。

附表 1

第 107 条（1）、第 125 条（1）、第 126 条（7）、第 129 条和第 130 条

1. 刑事法典下列条款规定的属于公诉罪的犯罪：

（a）第 81 条（2）（a）（故意伤害）；

（b）第 85 条（在犯罪时使用火器）；

（c）第 86 条（1）（用火器瞄准他人）；

（d）第 144 条（越狱）；

（e）第 151 条（性猥亵）；

（f）第 152 条（引诱性触摸）；

（g）第 153 条（性剥削）；

（h）第 155 条（乱伦）；

（i）第 159 条（肛交）；

（j）第 160 条（兽奸、强迫兽奸、儿童在场兽奸或儿童参与兽奸）；

（k）第 170 条（父母或监护人引诱儿童性交）；

（l）第 171 条（房主容留儿童性交或允许在儿童在场的情况下性交）；

（m）第 172 条（腐蚀儿童）；

（n）第 212 条（2）（利用儿童卖淫为生）；

（o）第 212 条（4）（获取儿童性服务）；

（o.1）第 220 条（刑事过失致死）；

（o.2）第 221 条（刑事过失致伤）；

（p）第 236 条（鲁莽杀人）；

（q）第 239 条（意图谋杀）；

（r）第 244 条（故意伤害）；

（s）第 246 条（克制对犯罪的抗拒）；

（s.1）第 249 条（3）和（4）（危险驾驶致伤和危险驾驶致死）；

（s.2）第 255 条（2）和（3）（在精神受到损害的情况下驾驶致伤和致死）；

（s.3）第 264 条（刑事骚扰）；

（t）第 266 条（殴击）；

（u）第 267 条（以武器殴击或致伤）；

（v）第 268 条（加重伤害）；

（w）第 269 条（非法致伤）；

（x）第 270 条（殴击治安官）；

（y）第 271 条（性攻击）；

（z）第 272 条（使用武器的性攻击、恐吓第三方的性攻击和造成身体伤害的性攻击）；

（z.1）第 273 条（加重性攻击）；

（z.2）第 279 条（绑架）；

（z.3）第 344 条（抢劫）；

（z.4）第 433 条（放火——无视人类生命）；

（z.5）第 434.1 条（放火——拥有财产）；

（z.6）第 436 条（失火）；

（z.7）第 465 条（1）（a）（共谋谋杀）。

2. 1990 年 7 月 1 日之前的刑事法典下列条款规定的属于公诉罪的犯罪：

（a）第 433 条（放火）；

（b）第 434 条（点燃其他物质）；

（c）第 436 条（失火）。

3. 1970 年加拿大刑事法典在 1983 年 1 月 4 日之前版本的下列条款规定的属于公诉罪的犯罪：

（a）第 144 条（强奸）；

（b）第 145 条（强奸未遂）；

（c）第 149 条（猥亵女性）；

（d）第 156 条（猥亵男性）；

（e）第 245 条（普通殴击）；

（f）第 246 条（故意殴击）。

4. 1970 年加拿大刑事法典在 1988 年 1 月 1 日之前版本的下列条款规定的属于公诉罪的犯罪：

（a）第 146 条（与 14 岁以下女童性交）；

（b）第 151 条（诱奸 16—18 岁的妇女）；

（c）第 153 条（与继女性交）；

（d）第 155 条（鸡奸或兽奸）；

（e）第 157 条（严重猥亵）；

（f）第 166 条（父母或监护人拉皮条）；

（g）第 167 条（房主容留亵渎）。

5. 在下列情况下，刑事法典第 348 条（1）（b）规定的破门而入和实施属于本附表 1 至 4 列举的公诉罪：

（a）在投监令中说明的；

（b）在传票、登记定罪的信息或起诉书中说明的；

（c）在审判法官的判决理由中说明的；

（d）在根据刑事法典第 655 条认定的关于事实的陈述中说明的。

附表 2

第 107 条（1）、第 125 条（1）、第 129 条、第 130 条和第 132 条

1. 在控制药品和化学物质法第 64 条生效之前麻醉品控制法的下列条款规定的属于公诉罪的犯罪：

（a）第 4 条（贩运）；

（b）第 5 条（进出口）；

（c）第 6 条（种植）；

（d）第 9.1 条（持有通过犯罪获得的财产）；

（e）第 19.2 条（对通过犯罪获得的财产进行洗钱）。

2. 在控制药品和化学物质法第 64 条生效之前食品和药品法的下列条款规定的属于公诉罪的犯罪：

（a）第 39 条（贩运控制药品）；

（b）第 44.2 条（持有通过贩运控制药品获得的财产）；

（c）第 44.3 条（对通过贩运控制药品获得的财产进行洗钱）；

（d）第 48 条（贩运限制药品）；

（e）第 50.2 条（持有通过贩运限制药品获得的财产）；

（f）第 50.3 条（对通过贩运限制药品获得的财产进行洗钱）。

3. 控制药品和化学物质法下列条款规定的属于公诉罪的犯罪：

（a）第 5 条（贩运）；

（b）第 6 条（进出口）；

（c）第 7 条（生产）；

（d）第 8 条（持有通过犯罪获得的财产）；

（e）第 9 条（对犯罪收益进行洗钱）。

4. 实施刑事法典第 465 条（1）（c）的共谋以从事本附表 1 至 3 列举的犯罪。

南非共和国矫正法

席逢遥　丁盈　译

1998年第111号法案　矫正法

批准日期：1998年11月19日

生效日期：2004年7月31日，除非另有说明。

本法被下列法律修改：[①]

2001年第32号法案《矫正服务修正案》

2002年第40号法案《反特定国家机构法律程序制度法》

2002年第55号法案《司法事务修正案》

2008年第25号法案《矫正服务修正案》

2008年第75号法案《儿童司法法》

本　　法

规定：矫正制度；矫正部的建立、职能和管理；在满足人的尊严的条件下监管所有被监禁人；已决犯的权利和义务；未决犯的权利和义务；社区矫正制度；从矫正中心释放和矫正监管；日间假释和假释；矫正服务国家委员会；司法审

① 1998年颁布的《南非共和国矫正法》至今已被多部法律修正，所有被修改的条文都做了注明，用楷体字标示。

查团；独立矫正中心访问者；内部服务评估；矫正部门的官员；公私合营矫正中心；违规惩戒；废止和修正特定法律；以及与此有关事项。

序　言

伴随矫正制度法治目标的变化和1996年宪法中权利法案的影响，特别是其中关于被监禁人的规定；承认——关于矫正问题的国际原则；规定——被监禁人的释放和社区矫正体系；总体上，矫正部的活动；提供——独立的机构调查和审议矫正部的活动，因此本法由南非共和国议会制定颁布，内容如下：

目　录

7 住宿

8 营养

9 卫生

10 服装和卧具

11 锻炼

12 保健

13 与社会的联系

［第 13 条被 2008 年第 25 号法案第 9 条替代］

14 宗教、信仰和观念

15 在矫正中心内死亡

16 矫正、发展、照管计划和服务

［本条被 2008 年第 25 号法案第 12 条（a）款替代］

17 获得法律咨询

［第 17 条被 2008 年第 25 号法案第 13 条替代］

18 阅读材料

19 儿童

20 幼童的母亲

21 投诉和请求

B 纪律

22 总体要求

23 违反纪律

24 程序和处罚

25 ……

［第 25 条被 2008 年第 25 号法案第 19 条废止］

C 安全

26 安全监禁

27 搜查

28 鉴别

29　警戒度分类

[第29条被2008年第25号法案第23条替代]

30　隔离

31　戒具约束

32　使用武力

33　非致命性装备

34　枪支

[第34条被2001年第32号法案第20条替代]

35　其他武器

第四章　已决犯

36　监禁判决的实施目标

37　一般原则

38　评估

39　判决的开始、计算和终止

40　已决犯的劳动

[第40条被2001年第32号法案第21条（a）款修订，被2008年第25号法案第32条替代]

41　矫治、发展和支持服务

[第41条被2008年第25号法案第33条替代]

42　案件管理委员会

[第42条被2001年第32号法案第22条修订，被2008年第25号法案第34条替代]

43　已决犯的处所和转送

44　暂时离监

[第44条被2008年第25号法案第36条（b）款替代]

45　安置和释放

[第45条被2001年第32号法案第32条修订，被2008年第25号法案第37条替代]

第五章　未决犯

46　一般原则

47　服装

［第47条被2008年第25号法案第38条替代］

48　食物和饮料

49　来访者和交流

［第49条被2001年第32号法案第24条替代］

第六章　社区矫正

50　社区矫正的目标

［第50条的生效日期：2004年10月1日］

51　被社区矫正人

52　社区矫正的条件

53　社区矫正服务

54　日间假释

55　开始

56　健康检查

57　监管

58　监管委员会

59　住所软禁

60　社区服务

61　找工作

62　就业

63　补偿

64　计划

65　捐助费用

66　固定地址

67　酒精或非法毒品的使用

［第67条被2008年第25号法案第44条替代］

［第 117 条被 2008 年第 25 号法案第 39 条替代］

118　给予或接受金钱或其他报酬

119　为被监禁人供应特定物品

120　被监禁人接受和寄送物品

121　向被监禁人出售或者提供物品

122　非法进入矫正中心，与被监禁人交流或干扰被监禁人

123　禁止出版

124　非法穿戴矫正部服装、标志，或已决犯服装

［第 124 条被 2008 年第 25 号法案第 81 条替代］

125　冒充官员

126　虚假陈述

127　非法披露信息

128　非法使用或修改计算机材料

129　间接共谋

第十六章　总则

130　……

［第 130 条 2002 年第 40 号法案第 2 条第（1）款废止］

131　被社区矫正人履行服务造成的财产继承损失责任

132　矫正中心餐厅的建立、管理和特定款项免除

133　物品、供应和服务的协议

134　规章

135　国家受法律约束

136　过渡性条款

［第 136 条被 2001 年第 32 号法案第 42 条替代］

137　法律的废除

138　简称和开始

第一章 定 义

1 定义

娱乐，是指除被监禁人的法定权利之外，授予的娱乐和其他活动、消遣或者特别待遇，按照本法包括：

（a）运动；

（b）与社会联系；

（c）阅读资料；

（d）消遣；

（e）激励计划；

［娱乐的定义被2001年第32号法案第1条（a）款替代，被2008年第25条第1条（a）款修订］

地区管理人员……

［**地区管理人员**的定义被2008年第25号法案第1条（b）款删除］

助理，是指按照87条的规定被任命帮助审查法官的人；

授权官员，是指一名矫正官员被矫正中心长官授权，执行第24条规定的纪律程序；

［授权官员的定义被2001年第32号法案第1条（b）款补充］

照管，是指旨在为提高和维护被监禁人社会的、心理的、精神的、健康的和身体的福祉，而为其提供的服务和计划；

［照管的定义被2008年第25号法案第1条（c）款补充］

案件管理委员会，是指按照第42条规定建立的一个委员会；

儿童，是指18岁以下的人；[①]

委员……

［**委员**的定义被2001年第32号法案第1条（c）款替代，被2008年第25

① 此处对儿童的定义的年龄范围依从联合国《儿童权利公约》，为0—18岁，等同于我国法律中未成年人的范畴，与通常理解的14岁以下“较幼小的未成年人”不同。

号法案第 1 条（d）款删除］

社区矫正，是指所有非监禁措施和监管形式，适用于在社区中执行这种措施和监管及受矫正部监控的人；

社区矫正办公室，是指为国家委员指定的，用于社区矫正行政管理的处所；

社区服务，是指为一个社区组织做义务工作，或者为社区做其他有价值的义务工作，没有报酬；

宪法是指南非共和国 1996 年《宪法》（1996 年第 108 号法案）；

合同，是指规定在第 103 条中，有关公私合营矫正中心设计、建筑、融资或者经营的合同；

承包人，是指任何为了有关公私合营矫正中心的设计、建筑、融资或者经营而与国家订约的当事人；

总监，是指受雇于矫正部和按照第 105 条规定雇佣的矫正官员，其职位等于或高于高级别矫正官员；

［总监的定义被 2001 年第 32 号法案第 1 条（d）款替代］

矫正，是指为了改造被监禁人，旨在矫正已决犯的犯罪行为的服务和计划的规定；

［矫正的定义被 2008 年第 25 号法案第 1 条（e）款补充］

矫正中心，是指按照本法建立作为接收、拘留、监禁、训练或者矫治人的任何场所（这些人负有法律责任被监禁或者被置于保护性监禁），所有的土地、附属建筑物和临近这些场所的建筑物和用于与之相联系的所有土地、分支、分部、营地、建筑物、附属建筑物，或者任何这种人被送至用作监禁、拘留、保护、劳动、矫治的场所，或者矫正官员用于与这样的矫正中心相关的住处，及为第 115 条和第 117 条目的，包括每一处用于警察监禁、关押的场所；

［**矫正中心**的定义被 2008 年第 25 号法案第 1 条（e）款补充］

矫正医师，是指按照 1974 年《卫生职业法》（1974 年第 56 号法案）注册，按照本法第 3 条第（4）款任命的执业医师；

［矫正医师的定义被 2008 年第 25 号法案第 1 条（e）款补充］

矫正官员，是指矫正部按照第3条第（4）款任命的雇员；

矫正监管，是指第六章规定的社区矫正的一种形式；

矫正监管和假释委员会，是指部长按照第74条任命的一个委员会；

矫正监管和假释审查委员会，是指按照第76条选举的委员会；

刑事诉讼法，是指1977年《刑事诉讼法》(1977年第51号法案)；

监护官员，是指在公私合营的矫正中心内经过认证的执行监管职责的承包人的雇员，也包括经过认证的分包人的雇员；

日间假释，是指第54条规定的一种社区矫正形式；

部门，是指矫正部；

发展，是指旨在发展和提高能够使已判决被监禁人重新融入社区的能力和技能的服务和计划；

[发展的定义被2008年第25号法案第1条（f）款补充]

主管，是指承包人按照第108条任命的雇员；

残疾，是指身体、心理、智力或者感觉的损伤，阻碍有此类损伤的人在为健康人开发的环境中的操作；

[残疾的定义被2001年第32号法案第1条（e）款补充，被2008年第25号法案第1条（g）款替代]

纪律官员，是指助理主管或者以上衔级的矫正官员，或者无此类官员可用的情况下，专门训练一名矫正官员进行被监禁人纪律听证，由国家委员按照第24条任命；

惯犯，是指《刑事诉讼法》第286条所指的人；

社区矫正长官，是指由国家委员指派的矫正官员，在社区矫正办公室管理和控制社区矫正；

矫正中心长官，是指由国家委员指派的，管理和控制一个特定矫正中心的矫正官员；

[矫正中心长官，旧称监狱长官，被2008年第25号第1条（h）款替代]

住所软禁，是指第59条规定的关于社区矫正的必要条件；

独立矫正中心访问者，是指按照第92条任命的人；

［独立矫正中心访问者的定义，旧称独立监狱访问者，被 2008 年第 25 号法案第 1 条（i）款替代］

被监禁人，[①] 是指无论定罪与否，在任何矫正中心拘留监禁，或者被移交监禁，或者在从一个矫正中心到另一个矫正中心的途中的任何人；

［被监禁人的定义被 2008 年第 25 号法案第 1 条（j）款补充］

审查法官，是指按照第 86 条任命的人；

合资监狱……

［合资监狱的定义被 2008 年第 25 条第 1 条（k）款删除］

司法审查团，是指按照第 85 条建立的审查团；

劳资关系法，是指 1995 年《劳资关系法》（1995 年第 66 号法案）；

法律从业者，是指在南非共和国被许可作为辩护人或者律师从业的任何人；

管理区，是指由地区委员决定的区域，由一个或者多个矫正中心构成，由国家委员指派的矫正官员管控；

戒具约束，是指一种可以限制或者阻止身体移动自由的装置；

［戒具约束的定义被 2008 年第 25 号法案第 1 条（l）款补充］

卫生官员……

［卫生官员的定义被 2008 年第 25 号法案第 1 条（m）款删除］

执业医师，是指 1974 年《卫生职业法》（1974 年第 56 号法案）第 1 条界定的执业医生；

医学治疗，是指 1974 年《卫生职业法》（1974 年第 55 号法案）第 1 条医疗、

---

① 在南非共和国《矫正法》修正中，2008 年第 25 号法案删除了 prison、prisoner 这样的词，对于监管矫正的对象统一称之为 inmate。本文将 inmate 译为“被监禁人”，而不再译作“罪犯”“囚犯”“犯人”。因为在我国，司法部只负责对已决犯的监管改造，故《监狱法》用“罪犯”一词无误；但南非的情况则有很大不同，矫正部负责关押所有被限制人身自由的人，除了监狱中的被监禁人外，还包括了相当于由我国公安机关负责的、关押在拘留所和看守所中的人，而对于未经法庭审判定罪的被拘留人和犯罪嫌疑人，用“罪犯”一词不妥。Inmate 一词本意仅指其人居住在监禁机构中，而没有作人身性质判断，所以用“被监禁人”一词涵盖所有对象比较适合。对于判处非监禁刑——社区矫正的人，本文译作“被社区矫正人”。

牙医、补充规定确定的，由执业医生、牙医、心理学医生作出的治疗、保健或者干预；

部长，是指矫正服务的部长；

母亲和儿童单元，是指在矫正中心内的一种单元，规定单独为母亲和儿童提供睡眠住宿以及托儿所设施，致力于环境的正常化以提高儿童的身体和情感的发展和照管；

国家委员，是指第 3 条第（3）款规定的矫正服务的国家委员；

［国家委员的定义被 2008 年第 25 号法案第 1 条（n）款补充］

国家委员会，是指按照第 83 条建立的矫正服务国家委员会；

以需求为基础的计划，是指按照被监禁人确定的具体需求发展或者提出计划；

［以需求为基础的计划的定义被 2008 年第 25 号法案第 1 条（o）款补充］

非假释期，是指 1977 年《刑事诉讼法》（1977 年第 51 号法案）确定的期间；

假释，是指第六章规定的一种社区矫正形式；

定期监禁，是指按照 1977 年《刑事诉讼法》（1977 年第 51 号法案）第 285 条作出的判决；

监狱……

［监狱的定义被 2008 年第 25 号法案第 1 条（p）款删除］

囚犯……

［囚犯的定义被 2008 年第 25 号法案第 1 条（q）款删除］

专业人员，是指按照 1978 年《护理法》（1978 年第 50 号法案）、1982 年《脊柱按摩医生、同种疗法医生和联盟卫生服务专业法》（1982 年第 63 号法案）、1974 年《药剂法》（1974 年第 53 号法案）、1974 年《卫生职业法》（1974 年第 56 号法案）、1978 年《社会工作法》（1978 年第 110 号法案）注册的人；

省级委员……

［省级委员的定义被 2008 年第 25 号法案第 1 条（r）款删除］

心理专家，是指 1974 年《卫生职业法》（1974 年第 56 号法案）确认的心理学家；

出版物是指：

（a）任何报纸、书籍、期刊、手册、海报或者其他出版物；

（b）已经以任何方式复印的任何书写或者打印文件；

（c）任何绘图、图片、图解或者绘画；

（d）任何印刷品、照片、雕刻品、平板印刷品；

（e）任何录音、磁带、声带或者任何可以为复制而记录声音的物体；

（f）计算机软件；

（g）电影的封面或者包装；

（h）任何画像、雕刻、雕塑或者模型；

公私合营矫正中心，是指涉及第 103 条的矫正中心或者矫正中心的一部分；

［公私合营矫正中心的定义被 2008 年第 25 号法案第 1 条（s）款补充］

公共服务法，是指 1994 年《公共服务法》（1994 年第 103 号公告）；

注册，是指任何物理的、书写的或者打字的记录或者任何计算机随机取存存储器内的数据或者被任何计算机用任何存储介质储存；

注册护士，是指按照 1978 年《护理法》第 16 条作为护士注册的人，不包括任何按照上述条款登记的"护理辅助"和"在编护士"；

高级矫正官员……

［高级矫正官员的定义被 2001 年第 32 号法案第 1 条（f）款删除］

已决犯，是指被证明有罪，被判处监禁或者矫正监管的人；

［已决犯的定义，旧称已判决囚犯，被 2008 年第 25 号法案第 1 条（t）款替代］

单独监禁，是指被关押在单人小监舍内，没有任何娱乐；

监管委员会，是指按照第 58 条建立的委员会；

临时负责人，是指为了第 112 条的目的由矫正部任命的受雇于矫正部的高级或者更高级矫正官员；

［临时负责人的定义被 2001 年第 32 号法案第 1 条（g）款替代］

本法，包括按照本法发布的规章和命令；

［本法的定义被 2001 年第 32 号法案第 1 条（h）款补充］

未决犯，是指任何因被证明有罪而被合法拘留在矫正中心，但是还没有被判处监禁或者矫正监管的人；

［未决犯的定义，旧称未判决囚犯，被2008年第25号法案第1条（u）款替代］

访问者委员会，是指按照第94条任命的委员会。

第二章　引　言

2　矫正制度的目的

矫正制度的目的是致力于维护和保护一个公正的、和平的和安全的社会，通过：

（a）用本法规定的方式强制执行法院判决；

（b）在安全的监管条件下拘禁所有被监禁人，同时确保其人的尊严；

［（b）款被2008年第25号法案第2条替代］

（c）提高所有已决犯的社会责任和人的发展。

［（c）款被2008年第25号法案第2条替代］

3　矫正部的建立、职责和管理

（1）矫正部，按照《宪法》第197条、《公共服务法》第7条第（2）款建立，是公共服务的一部分。

（2）矫正部必须：

（a）按照本法履行矫正系统的目的；

（b）只要可行，尽量自给自足并按照商业原则运作；

（c）为了有效的管理完成所有必需的工作。

（3）矫正服务国家委员是按照《公共服务法》任命的，但是国家委员的服务条件依照本法管理，也有资格享有《公共服务法》授予部门长官的特权。

（4）矫正部由国家委员、国家委员按照本法任命其他矫正官员、按照《公共服务法》任命的其他雇员构成。

（5）矫正部在国家委员管理之下，国家委员必须遵守，不得违反第（2）

款的概括性规定：

（a）决定矫正部的固定编制、数量和岗位的等级；

（b）决定矫正部人力数量的分配强度；

（c）组织或者重新组织矫正部在国家级或者省级的各种部门、单位或团体；

（d）建立和维护为训练学生或者矫正官员的机构或者中心；

（e）授予任何现任或曾任矫正官员的人员，依现状，其本人认可的适当的金钱或者其他奖励，这些人员需具有突出的能力或拥有特殊的资格或者提供值得嘉奖的服务；

（f）授予任何执行了促进矫正部利益行为的人以金钱或者其他报酬；

（g）按照本法、《劳资关系法》、《公共服务法》任命、支付报酬、提升、调任、训练或者解雇矫正官员；

［（g）项被 2001 年第 32 号法案第 2 条（a）款修订］

（h）在其权力范围内，参与《劳资关系法》规定的集体协议。

［（h）项被 2001 年第 32 号法案第 2 条（b）款修订］

（6）国家委员和矫正官员必须履行本法规定的矫正部职责，服从部长可能决定的政策。

第三章　在维护人的尊严的条件下监管所有被监禁人

［本标题被 2008 年第 25 号法案第 3 条替代］

A　总体要求

4　安全监禁的方法

（1）每一名被监禁人被要求接受权威，服从矫正部的国家委员和矫正官员、监护官员的合法指令。

（2）（a）矫正部必须采取必要的步骤确保每名被监禁人安全的监禁，维护每一个矫正中心的安全和良好的秩序。

（b）施加于被监禁人的义务和限制是通过维护安全和良好秩序以确保安全

的监禁，适用的方式应符合其目的，对被监禁人的影响不能超过必要的程度或者期限。

[（b）项被2001年第32号法案第3条替代]

（c）本法所保护的被监禁人最低权利不能因为纪律原因或者其他任何目的被侵犯和限制，但是国家委员可以限制、暂停或修改不同类别被监禁人的娱乐。

[（c）项被2001年第32号法案第3条替代]

5 矫正中心的建立

（1）部长可以通过报纸公告，确定和审查矫正中心的建立，为了：

（a）被监禁人的拘禁和矫治；

[（a）项被2008年第25号法案第4条（a）款替代]

（b）涉及被监禁人的特定目的；

[（b）项被2008年第25号法案第4条（a）款替代]

（c）特定种类的被监禁人。

[（c）项被2008年第25号法案第4条（a）款替代]

[第（1）款被2001年第32号法案第4条替代]

（2）（a）任何按照第（1）款建立的矫正中心在环境要求时可以为一个或多个地区服务，为了任何涉及治安法庭的法律的目的建立的任何矫正中心，其服务超过一个地区则被认为是每个地区的矫正中心，由该矫正中心提供服务。

（b）如果一个地区没有矫正中心，被监禁人可以被拘留在警察监舍内，时间不得超过一个月，除非有国家委员的授权。

[（b）项被2008年第25号法案第4条（b）款替代]

6 收监

（1）（a）如果没有合法的拘留证，不能将人送入矫正中心。

（b）尽管拘留证的措辞涉及拘留场所，但是按照本法的规定，这样的拘留证授权国家委员在任何矫正中心拘留该犯。

（2）每一个矫正中心都必须登记，下列内容必须记录：

（a）关于被监禁人身份的信息；

（b）收监原因和凭证；

（c）收监和释放的日期和时间。

（3）在收监时，被监禁人应当立即被告知其权利：

（a）选择和咨询执业律师；

（b）如果可能导致实质的不公正，则由国家指派一名执业律师，国家付费。

［第（3）款被 2008 年第 25 号法案第 5 条（a）款修订］

（4）（a）收监时必须为被监禁人提供用其能够理解的语言表述的书面资料，告知其所属类别的被监禁人矫治管理的规则、纪律要求、投诉和请求的授权交流渠道以及所有必要的其他类似问题，使之理解其权利和义务。

［（a）项被 2008 年第 25 号法案第 5 条（b）款替代］

（b）如果被监禁人是文盲，矫正官员必须向被监禁人解释这些书面信息，如果必要可借助口语翻译。

［（b）项被 2008 年第 25 号法案第 5 条（b）款替代］

（c）被监禁人必须确认其理解所传达的信息。

（5）收监后，每名被监禁人必须尽快：

（a）沐浴或者淋浴；

（b）如果矫正医师的意见认为有必要保护或者维护被监禁人或者他人的健康，被监禁人应接受健康状况检查，必须包括 1977 年《卫生法》（1977 年第 63 号法案）定义的有感染性和传染性疾病的检测。

［第（5）款被 2001 年第 32 号法案第 5 条替代］

（6）收监时，国家委员必须对被监禁人进行初步的警戒度分类。

7　住宿

（1）被监禁人必须关押在满足规则规定要求的监舍内，涉及地面面积、立体容积、照明、通风、卫生设备、总体卫生条件。这些要求必须充分满足维护人的尊严条件下的监禁。

［第（1）款被 2008 年第 25 号法案第 6 条（a）款替代］

（2）（a）已判决被监禁人必须与等待审理或宣判的人分别关押。

（b）男性被监禁人必须与女性被监禁人分开关押。

（c）儿童被监禁人必须与成年被监禁人分开关押，住宿应适合其年龄。

（d）国家委员可以拘留特定年龄、健康或者个别安全风险类型的被监禁人。

（e）国家委员可依据住处的可用性安排被监禁人住单人监舍或共用监舍。

（f）如果等待审判或者判决的人通过其相互联系破坏公正的结果，国家委员必须将其分开拘禁。

［第（2）款被2001年第32号法案第6条（a）款和（b）款修订，被2008年第25号法案第6条（b）款替代］

（2）为了提供发展或者支持服务或医学治疗的目的，可能会存在对第（2）款（a）—（c）项的违反，如果这种违反被矫正中心的长官批准，则在矫正官员的监管下生效，但无论如何不应当有关于睡眠住宿方面的违背。

8　营养

（1）依照规章的规定，必须为每名被监禁人提供充足的饮食以提高身体健康。

（2）这样的饮食必须供给有营养需求的儿童、孕妇和任何其他种类的身体条件需要特殊饮食的被监禁人。

（3）在合理可行的场合，饮食的规章规定必须考虑宗教需求和文化偏好。

（4）矫正医师可以出于医疗原因的要求，命令改变一名被监禁人的规定饮食和供应食物的间隔。

［第（4）款被2008年第25号法案第7条替代］

（5）食物必须准备好、提供好，间隔不少于4个半小时，不超过6个半小时，但晚餐和早餐之间有可能存在不超过14个小时的间隔。

［第（5）款被2001年第32号法案第7条替代］

（6）必须为每一名被监禁人提供可用的干净饮用水。

9　卫生

（1）每一名被监禁人必须保持其自身、服装、卧具和监舍干净整洁。

（2）矫正部必须提供可以达到上述目标的方法。

10　服装和卧具

（1）矫正部必须为每一名被监禁人提供充分满足卫生和气候条件的要求的服装和卧具。

（2）尽管有第（1）款的规定，未判决被监禁人可以被允许保留或获得适当的服装和卧具。

11　运动

为了保持健康，必须为每名被监禁人提供充分的运动机会，被监禁人有权进行每日至少 1 小时的运动。如果天气允许，这种运动必须在户外进行。

12　保健

（1）矫正部必须基于初级保健原则，在其可用的资源内提供充足的保健服务，以使每名被监禁人过上有益于健康的生活。

（2）（a）每名被监禁人有权获得充分的医疗，但没有被监禁人有权进行公费的美容治疗。

（b）医疗必须由矫正医师、执业医师或专家或保健机构或由矫正医师鉴定的个人或机构提供，按照第（3）款规定由执业医师提供的医疗除外。

（3）每一名被监禁人可以被由其选择的执业医师探访和检查，经矫正中心长官的许可，可以接受该医师的治疗，在这种情况下被监禁人自己负担任何这样的咨询、检查、服务或治疗的费用。

（4）（a）每名被监禁人应当被鼓励接受为维护或恢复其健康所必需的医疗。

（b）被监禁人不得在没有知情同意的情况下，被强迫接受医疗干预或治疗，除非不接受这样的医疗干预或治疗会对其他被监禁人的健康构成威胁。

［（b）项被 2001 年第 32 号法案第 8 条替代］

（c）除非（d）项规定的情况，没有被监禁人的知情同意，不得对被监禁人进行手术，在被监禁人是未成年人的情况下，必须得到其法定监护人的书面同意。

［（c）项被 2008 年第 25 号法案第 8 条替代］

（d）如果治疗被监禁人的执业医师认为，干预是为了被监禁人健康的利益起见、被监禁人没有能力作出这样的同意，则同意手术是不需要的，或者，在被监禁人是未成年人的情况下，如果为了获得其监护人的同意是不可能或不切实际的延误。

13　与社会的联系

（1）矫正部必须鼓励被监禁人保持与社会的联系，使其能够与时事保持同步。

（2）矫正部必须为被监禁人提供机会，在必要的监督下，至少是与其配偶或伙伴、直系亲属、选择的宗教顾问和选择的执业医师交流和探访。

（3）在任何情况下，必须允许每月至少1小时的探访。

（4）如果被监禁人不能得到其配偶、伙伴或直系亲属的探访，该犯有权利获得其他任何人每月一次的探访。

（5）必须允许外国籍被监禁人与适当的外交或领事代表交流，或者如果没有这样的代表，由保护这些被监禁人利益的国家或国际组织外交代表交流。

（6）（a）被一个矫正中心收监和转移至另一矫正中心后，被监禁人必须通知其近亲属，其被关押在一个特定的矫正中心，如果：

（i）不知道近亲属，被监禁人可以通知其他亲属；

（ii）被监禁人不希望通知其近亲属，被监禁人必须向矫正中心长官表明。

（b）国家委员必须确保采取所有合理的步骤使被监禁人能够按照（a）项规定通知其近亲属，如果必要，必须采取步骤代表被监禁人通知其近亲属。

（c）（i）如果被监禁人是儿童，国家委员必须通知适当的对儿童教育和福利负有法定责任的国家机构和这些儿童的父母，当按照（a）项规定必须这样做时。

（ii）如果没有父母，国家委员必须通知法定监护人，如果没有法定监护人，必须通知直系亲属或其他亲属。

（iii）儿童被监禁人不可拒绝通知。

（d）如果配偶、伴侣或直系亲属要求，国家委员必须尽快，由被监禁人提供书面同意书，提供其被拘禁的详细处所。

（7）（a）国家委员可以允许社区组织、非政府组织和宗教派别和组织与已决犯互动，以促进被监禁人进入社区后的改造和重新融合。

（b）（a）项所涉及的组织或教派，必须在矫正部登记，其成员经过国家委员甄别，方可被允许与已决犯互动。

［第13条被2008年第25号法案第9条替代］

14　宗教、信仰和观念

（1）被监禁人必须享有良知、宗教、思想、信仰和观念的自由。

［第（1）款被2008年第25号法案第10条替代］

（2）被监禁人可以自由、自愿地参加矫正中心内举办的宗教仪式和集会，可以拥有自己的宗教文献。

［第（2）款被2008年第25号法案第10条替代］

（3）在可行的情况下，在每一个矫正中心为所有宗教派别的被监禁人提供宗教场所。

（4）不得强迫被监禁人出席宗教仪式或参加宗教活动。

15 在矫正中心内死亡

（1）凡有被监禁人死亡，执业医师不能证明其为自然死亡，矫正中心长官必须按照1959年《验尸法》（1959年第58号法案）报告其死亡。

［第（1）款被2008年第25号法案第11条替代］

（2）矫正中心内的死亡必须立即报告审查法官，由其完成或指示国家委员进行任何调查。

（3）矫正中心长官必须立即通知死亡被监禁人的近亲属，如果无法联系近亲属，则通知任何其他亲属。

16 矫正、发展、照管计划和服务

［本条被2008年第25号法案第12条（a）款替代］

（1）矫正部可以提供矫正、发展、照管计划和服务，甚至并非本法所要求。

［第（1）款被2008年第25号法案第12条（b）款替代］

（2）在任何情况下，当矫正部不提供这样的服务时，国家委员必须告知被监禁人服务可能的其他来源，使要求此类服务的被监禁人能与适合的机构联系。

［第（2）款被2008年第25号法案第12条（b）款替代］

（3）矫正部必须采取措施，按照计划、政策和基础建设，为残疾被监禁人提供住处，或使其在可行的情况下充分行使权利和享受每名被监禁人都有权使用的娱乐。

［第（3）款为2001年第32号法案第9条和2008年第25号法案第12条增加］

（4）矫正部必须采取措施，按照计划、政策和基础建设，创造一种体恤所有被监禁人性别的环境。

[第（4）款为2001年第32号法案第9条增加]

17 获得法律咨询

（1）每名被监禁人都有从其选定的或其付费的执业律师处获得法律问题咨询的权利。

（2）部长可以通过规章，施加对这种咨询的方式的限制，如果这种限制是为了安全监管被监禁人的需要，但法律机密必须保守。

（3）矫正中心长官必须采取合理的步骤使被监禁人行使第6条第（3）款涉及的实体权利。

（4）必须为等待审讯和判决的人提供机会和设施准备辩护。

[第17条被2008年第25号法案第13条替代]

18 阅读材料

（1）每名被监禁人必须被允许获得其选定的阅读材料，除非这些材料构成安全风险或者不利于其健康。

（2）这些阅读材料可以从矫正中心的图书馆获得，或者按照规章规定的方式从矫正中心之外发送给被监禁人。

19 儿童

（1）（a）每一名义务教育的儿童被监禁人必须参加和使用教育计划。

（b）在可行的情况下，所有义务教育的儿童被监禁人必须被允许纳入教育计划。

（2）国家委员必须为每一名儿童被监禁人提供社会工作服务、宗教关怀、娱乐计划和心理服务。

（3）只要可行，国家委员必须确保儿童被监禁人通过增加探访和其他方式保持与其家庭的联系。

20 幼童的母亲

（1）遵照规章规定的条件，女性被监禁人可以被准许将孩子带在身边，直到孩子2岁，或直到为了孩子的利益可以将其适当安置。

[第（1）款被2001年第32号法案第10条和2008年第25号法案第14条（a）

款替代]

（1A）当女性被监禁人收监之时，矫正部必须立即与社会发展部协同，采取必要步骤，促进对此类儿童的适当安置进程。

[第（1A）项被2008年第25号第14条（b）款补充]

（2）矫正部负责第12条所规定的食物、服装、卫生保健，促进儿童在矫正中心期间健康发展。

[第（2）款被2001年第32号法案第10条替代]

（3）只要可行，国家委员必须确保母亲和儿童单元能为女性被监禁人和被准许与其陪伴的儿童提供可用的住宿。

[第（3）款被2008年第25号法案第14条替代]

21　投诉和请求

（1）每名被监禁人在入监和日常必须被给予机会向矫正中心长官或其授权代表投诉和请求。

（2）第（1）款中所指的官员必须：

（a）记录所有投诉和请求以及采取的处理步骤；

（b）迅速处置投诉和请求并告知被监禁人结果；

（c）如果投诉涉及声称的袭击，确保被监禁人立即接受矫正医师指示的医疗检查和治疗。

[（c）项被2001年第32号法案第11条替代]

（3）如果被监禁人不满意对其投诉和请求的回应，被监禁人可以向矫正中心长官表明其不满和原因，该长官必须将问题提交国家委员。

[第（3）款被2008年第25号法案第15条替代]

（4）国家委员的回复必须转达给被监禁人。

[第（4）款被2008年第25号法案第15条替代]

（5）如果对国家委员的回应不满，被监禁人可以将问题提交独立矫正中心访问者，该独立访问者必须按照第93条规定的程序处理。

[第（5）款被2008年第25号法案第15条替代]

B 纪 律

22 总体要求

（1）纪律和秩序必须坚决维护，但不能超过矫正中心的安全目的和良好的秩序所必需的措施。

（2）如果一名被监禁人被法院确定犯下罪行，在这种情况下，矫正部可以不经任何进一步调查即按照本法采取纪律处分。

［第（2）款被2008年第25号法案第16条替代］

（3）纪律处分可能针对任何被监禁人，尽管该被监禁人的刑事诉讼可能待定或正在进行。

（4）被监禁人不得以任何方式参与任何纪律措施的执行。

23 违反纪律

（1）被监禁人如有下列行为，即为触犯纪律：

（a）对矫正官员或其他受雇于矫正中心的人员的合法询问做不诚实回答；

（b）不服从矫正官员的合法指挥和命令或不遵守任何规章或命令；

（c）辱骂任何人；

（d）不执行或拒绝执行本法规定或授权的任何劳动或其他义务；

（e）对本法规定或授权的任何劳动或义务粗心或疏忽；

（f）使用侮辱、淫秽或威胁性的语言；

（g）自己使用下流的语言、动作或姿势；

（h）袭击；

（i）在被禁止的时间和地点与任何人交流；

（j）制造不必要的噪声或引发滋扰；

（k）未经允许离开监舍或其他指定地点；

（l）以任何方式损坏或毁坏矫正中心的任何部分或其中任何物品或任何国家财产；

（m）拥有未授权的物品；

（n）盗窃；

（o）制造或参与骚乱或煽动暴乱或者参与任何其他可能危及矫正中心安全和秩序的活动；

（p）声称是帮派成员或参加帮派活动；

（q）对矫正官员或同犯做不诚实指控；

（r）隐藏、破坏、更改、损坏或丢弃身份证、文件或任何已签发的协议；

（s）实施任何企图威胁其生命、伤害其健康或损害其工作能力的行为；

（t）试图做任何本条涉及的事情。

［第（1）款被 2008 年第 25 号法案第 17 条（a）款修订］

（2）被监禁人帮助、共谋或煽动其他人触犯第（1）款规定的构成违反纪律。

［第（1）款被 2008 年第 25 号法案第 17 条（b）款修订］

24　程序和处罚

（1）纪律听证必须公正，可由一名纪律官员、矫正中心长官或授权官员主持。

［第（1）款被 2001 年第 32 号法案第 12 条替代］

（2）（a）由一名矫正中心长官或授权的官员主持的听证必须采取非正式方式，不得由代理人参加。

［（a）项被 2008 年第 25 号法案第 18 条（a）款修订］

（b）在此类听证会上，被监禁人必须被告知对其的指控，被监禁人享有反驳指控的权利。

（c）（a）项规定的听证会议程必须由一名矫正官员书面记录。

［第（2）款被 2001 年第 32 号法案第 12 条替代］

（3）在矫正中心长官或授权官员主持的听证中，下列惩罚可以分别或选择适用：

（a）训斥；

（b）不超过 1 个月的酬金损失；

（c）不超过 7 天的娱乐限制。

［第（3）款被 2001 年第 32 号法案第 12 条替代］

（4）在纪律官员主持的听证会上，被监禁人：

（a）必须被书面告知指控；

（b）有权出席整个听证会，但如果在听证会期间，受到指控的被监禁人的行为使得听证会在其出席的情况下无法进行，纪律官员可以命令被监禁人离开，听证会在其缺席的情况下继续；

（c）有权听取证言、交叉质证和传唤证人；

（d）有权被其选定的或其付费的执业律师所代表，除非请求该执业律师代表可能引起听证会结果的不合理延误，在此情况下被监禁人会被指示获得其他执业律师的服务；

（e）有权获知决定的理由。

［第（4）款被2001年第32号法案第12条替代，被2008年第25号法案第18条（b）款修订］

（5）在纪律官员主持的听证会上，下列惩罚可以分别或选择适用：

（a）训斥；

（b）不超过2个月的酬金损失；

（c）不超过42天的娱乐限制；

（d）在严重违纪或反复违纪的情况下，为了进行旨在矫正其行为的特别计划而对其隔离，并实施按照（b）（c）项规定的酬金损失和娱乐限制。

［（d）项被2008年第25号法案第18条（c）款替代］

（6）在此期间和条件下，主持的官员认为合适，涉及第（3）款和第（5）款的惩罚可以暂停。

（7）（a）被监禁人的诉讼请求导致第5条（d）项以外的任何惩罚必须提交国家委员审查。

（b）国家委员可以确认或者撤销惩罚，并以适当的命令替代。

［第（7）款被2008年第25号法案第18条（d）款替代］

25 ……

［第25条被2008年第25号法案第19条废止］

C 安 全

26 安全监禁

（1）每一名被监禁人的个人诚信和隐私权利服从于为确保社区安全、矫正官员的安全和所有被监禁人的安全监禁所做的必要的合理限制。

（2）为了实现第（1）款所涉及的目标，服从于第27—35条所列的限制，矫正官员可以：

（a）搜查被监禁人的财产和其监禁的场所，扣押可能对矫正中心的安全或其他任何人构成威胁的任何物品，这些物品可以在刑事审判或纪律程序中作为证据使用；

［（a）项被2008年第25号法案第20条替代］

（b）采取措施鉴别被监禁人；

（c）……

［（c）项被2001年第32号法案第13条（b）款删除］

（d）使用机械方式约束；

（e）使用合理的武力。

［第（2）款被2001年第32号法案第13条（a）款修订］

（3）为了实现第（1）款所涉及的目标，服从于第27—35条所列的限制，国家委员可以对被监禁人分类和指定住宿。

［第（3）款为2001年第32号法案第13条（c）款增加］

27 搜查

（1）被监禁人可以在着装的情况下被手动搜查或通过技术方式搜查。

［第（1）款被2008年矫正法修正案第21条（a）款替代］

（2）依据合理的理由，被监禁人可以以下列方式被搜查：

（a）通过目视检查裸体的方式搜查；

（b）通过物理探测任何体腔的方式搜查；

（c）通过人体组织或身体排泄物样本分析的方式搜查；

（d）如果有合理的理由相信被监禁人吞咽或排泄了任何物品或物质，可能需要在听证会上出示，或者对其自身、矫正官员、矫正中心的安全构成危险，通过有资质的技术人员，使用X光机或技术装置搜查。

[（d）项被2008年第25号矫正法修正案第21条（c）款替代]

（e）若某物体对被监禁人、任何矫正官员、任何其他人、矫正中心的安全构成危险，则可通过拘留被监禁人的方式恢复正常的排泄过程。

[（e）项被2001年第32号法案第14条替代]

[第（2）款和（e）项被2008年第25号矫正法修正案第21条（b）（c）款修订和替代]

（3）第（2）款规定的对被监禁人的搜查受到下列限制：

（a）搜查必须以尽量不侵犯隐私、破坏尊严的方式进行；

（b）搜查必须由与被监禁人同性别的矫正官员执行，异性矫正官员不得在场；

（c）所有搜查必须秘密进行；

（d）第（1）款和第（2）款的搜查规定必须由矫正中心长官授权，但按照第（2）款（c）（d）（e）项必须由注册护士、矫正医师或执业医师执行或监督，取决于搜查的程序需要。

[第（3）款被2001年第32号法案第14条（b）款修订]

[第（3）款和（d）项被2008年第25号矫正法修正案第21条（d）（e）款修订和替代]

（4）矫正官员或人员按照本条执行搜查时可以扣押发现的任何物品。

28　鉴别

（1）为确保安全的监禁，可采取下列步骤鉴别被监禁人：

（a）采集指纹和掌纹；

（b）照相；

（c）确定外部身体特征；

（d）测量；

（e）将被监禁人交由矫正医师确定其年龄；

（f）按照规章规定的方式在被监禁人身体上安装电子或其他装置。

[（f）项为2001年第32号法案第28条（c）款增加]

被监禁人可以请求其私人医师参与（e）项涉及的调查，由该被监禁人付费。

［第（1）款被2008年第25号法案第22条（a）款修订］

（2）以这种方式获得的鉴别数据必须记入被监禁人的个人档案中。

（3）如果按照第（1）款（e）项或其他任何原因确定的被监禁人年龄显示法院决定的该犯年龄是不正确的，矫正中心长官可以将该案移送相关法院重新确定被监禁人的年龄。

［第（3）款被2008年第25号法案第22条（b）款替代］

29 警戒度分类

警戒度分类由被监禁人显现的安全风险程度决定，以此确定其被监禁于某矫正中心或矫正中心某处。

［第29条被2008年第25号法案第23条替代］

30 隔离

（1）将被监禁人隔离一个时期，可以是整天或部分时段，包括监禁在单人监舍，不同于规定在第7条第（2）款（e）项的单人监舍正常住宿，可以允许：

（a）根据被监禁人的书面请求；

［（a）项被2008年第25号法案第24条（b）款替代］

（b）按照第24条第（3）款（c）项、第（5）款（c）项或者第（5）款（d）项，对被监禁人执行娱乐限制惩罚，但以达到此目标的必要程度为限；

［（b）项被2008年第25号法案第24条（b）款替代］

（c）如果此类规定的拘禁是矫正医师基于医学原因作出的；

（d）被监禁人展示暴力或以暴力相威胁；

［（d）项被2008年第25号法案第24条（b）款替代］

（e）如果被监禁人在脱逃后被抓获，有合理的理由怀疑该被监禁人可能再次脱逃或企图脱逃；

［（e）项被2008年第25号法案第24条（b）款替代］

（f）如果南非警方请求，矫正中心长官认为其符合司法行政的利益。

［（f）项被2001年第32号法案第16条（b）款替代］

［第（1）款被2008年第25号法案第24条（a）款修订］

（2）（a）如果被监禁人按照第（1）款（b）—（f）项被隔离：

（i）矫正官员必须至少每4小时探视1次，矫正中心长官必须至少每天探视1次；

（ii）注册护士、心理专家、矫正医师每天至少做1次健康评估；

（b）如果注册护士、心理专家、矫正医师确定隔离威胁被监禁人的健康，隔离必须停止。

［第（2）款被2008年第25号法案第24条（c）款修订］

（3）按照第（1）款（a）项的隔离请求可能随时撤回。

（4）按照第（1）款（c）—（f）项作出的隔离决定仅仅执行最低的必需期限，遵照第（5）款的规定，该期限不超过7天。

（5）如果矫正中心长官认为，按照第（1）款（c）—（f）项规定的隔离期限有必要延长，而且矫正医师或心理专家确认这种延长不会伤害被监禁人的健康，矫正中心长官在得到国家委员的许可后，可延长期限，但不超过30天。

（6）所有情况的隔离和延期隔离必须由矫正中心长官报告国家委员和审查法官。

（7）被隔离的被监禁人可以将问题向审查法官提交，法官必须在收到后72小时内作出决定。

［第（7）款被2008年第25号法案第24条（d）款修订］

（8）隔离的期限必须最短，场所对被监禁人的限制必须最低，应与隔离被监禁人的目的相协调。

（9）除了各种符合第（1）款（b）项的规定必须采取隔离的情况外，隔离应杜绝被规定为一种惩罚或纪律措施的形式。

31 戒具约束

（1）如果为了被监禁人和其他人的安全，或阻止对任何财产的损坏，或合理怀疑被监禁人可能脱逃，或者法院提出请求，矫正官员可以按照规章规定对被监禁人采用戒具约束。

［第（1）款被2008年第25号法案第25条（a）款替代］

（2）被监禁人不得在提交法院时仍被戒具约束，除非法院授权。

［第（2）款被 2008 年第 25 号法案第 25 条（b）款替代］

（3）（a）当被监禁人被隔离并使用戒具约束时，必须由矫正中心长官授权，期限遵从（b）项和（c）项规定，不得超过 7 天。

［（a）项被 2008 年第 25 号法案第 25 条（c）款替代］

（b）戒具约束仅仅被用于必需的最短期间，期限遵从（c）项规定，不得超过 7 天。

（c）国家委员在考虑了矫正医师或心理专家的报告后，可以延长隔离的最长期限，不超过 30 天。

（d）所有使用戒具约束的案例必须立即由矫正中心长官报告国家委员和审查法官。

［（d）项为 2008 年第 25 号法案第 25 条（d）款增加］

（4）……

［第（4）款被 2008 年第 25 号法案第 25 条（e）款废止］

（5）被监禁人被处戒具约束可以向审查法官申诉，法官必须在收到后 72 小时内作出决定。

［第（5）款被 2008 年第 25 号法案第 25 条（f）款替代］

（6）戒具约束应杜绝被规定为一种惩罚或纪律措施。

（7）手铐、脚镣之外的戒具约束仅仅用于被监禁人在其监舍外时使用。

［第（7）款为 2001 年第 32 号法案第 17 条增加，被 2008 年第 25 号法案第 25 条（f）款替代］

32　使用武力

（1）（a）每一名矫正官员都被授权使用合法手段安全监禁所有的被监禁人，服从本法和其他法律的限制，在没有其他手段可用的情况下，可以使用最低限度的武力以实现目标。

（b）一定要使用最低限度的武力时，武力必须与目的相称。

（c）矫正官员不能对被监禁人使用武力，除非武力必需：

（i）自卫；

（ii）保卫其他任何人；

（iii）阻止被监禁人脱逃；

（iv）保卫财产。

［第（1）款被2001年第32号法案第17条修订，被2008年第25号法案第26条（a）款替代］

（2）武力仅在矫正中心长官授权后方可使用，除非矫正官员有理由相信矫正中心长官会授权使用武力，且为获得授权的延误将导致不能实现目标。

（3）如果矫正官员作出了努力以获取授权，但在没有得到允许的情况下使用了武力，矫正官员必须尽快向矫正中心长官报告所采取的行动。

（4）这种使用武力的许可和命令，包括使用非致命性装备或枪支，应服从第33条和第34条所列的限制。

（5）如果使用了武力，相关被监禁人必须立即进行医疗检查，接受矫正医师指示的治疗。

［第（5）款被2001年第32号法案第18条（b）款、2008年第25号法案第26条（a）款替代］

（6）按照第（2）款、第（3）款使用武力的所有实例必须立即报告审查法官。

［第（6）款为2008年第25号法案第26条（c）款增加］

33 非致命性装备

（1）非致命性装备只能由矫正中心长官向矫正官员发放。

［第（1）款被2001年第32号法案第19条（a）款替代］

（2）这种装备只能由经过训练的矫正官员使用。

（3）这种装备按照规章规定的方式使用，只能用于：

（a）如果被监禁人在被命令放下武器或其他危险器具后，拒不执行；

［（a）项被2008年第25号法案第27条（a）款替代］

（b）如果矫正中心的安全或被监禁人及他人的安全受到一名或多名被监禁人威胁；

［（b）项被2008年第25号法案第27条（a）款替代］

（c）为阻止被监禁人脱逃的目的。

（4）无论何时使用这些装备，必须书面报告并遵守规章规定。

（5）枪支或发射管射出的催泪弹和子弹不得直接朝向个人或人群。

［第（5）款为 2001 年第 32 号法案第 19 条（b）款增加］

（6）无论何时，矫正官员决定使用催泪瓦斯，必须确信在这样特定条件下的使用符合第 32 条第（1）款（b）项规定的最低和适度的要求。

［第（6）款为 2001 年第 32 号法案第 19 条（b）款增加］

（7）如果被监禁人受到催泪瓦斯的影响，一旦条件允许，其必须接受医学治疗。

［第（7）款为 2001 年第 32 号法案第 19 条（b）款增加，被 2008 年第 25 号法案第 27 条（b）款替代］

34　枪支

（1）只有矫正中心长官或社区矫正长官有权向矫正官员发放枪支。

（2）枪支只能由经过特别训练的矫正官员使用。

（3）枪支只能作为最后的手段使用，只能用于：

（a）自卫；

（b）保护其他任何人；

（c）阻止被监禁人脱逃；

［（c）项被 2008 年第 25 号法案第 28 条替代］

（d）当矫正中心安全或被监禁人或其他人的安全受到威胁时。

［（d）项被 2008 年第 25 号法案第 28 条替代］

（4）在开火之前，只要环境允许，下列程序必须坚持：

（a）必须给予口头警告；

（b）如果警告无效，必须鸣枪示警；

（c）如果警告无效，射击线路应当控制在不会产生致命伤的方式。

（5）装备橡皮子弹的武器应当只发放给受过训练的矫正官员，仅用于训练目的或紧急情况。

（6）（a）橡皮子弹一般只在距离人超过 30 米时发射；

（b）如果橡皮子弹在少于 30 米时发射，射击方向只能朝向人身体的较低位置；

（c）橡皮子弹不可以在建筑内使用。

（7）无论何时使用武器，必须按照规章规定书面报告。

［第 34 条被 2001 年第 32 号法案第 20 条替代］

35　其他武器

（1）非致命性装备或枪支以外的武器的使用应由国家委员按照规章规定授权。

（2）这些规章必须规定训练、使用方式、管理和报告程序。

第四章　已决犯

36　监禁判决的实施目标

鉴于剥夺自由是服务于惩罚目的这一事实，监禁判决的实施目标是使已决犯具备社会责任并且在将来过无犯罪的生活。

37　一般原则

（1）除了适用于所有被监禁人的义务，每名已决犯必须：

（a）参与评估过程和设计、履行任何旨在实现上述目标的发展计划或方案；

（b）完成涉及任何发展方案或通常为培养勤劳习惯而设计的任何劳动，除非矫正医师或心理专家书面证明其身体或心理不适合完成这样的劳动。

［第（1）款被 2008 年第 25 号法案第 29 条（a）款修订］

（1A）为了向已决犯提供遵守第（1）款规定的义务的机会，只要可能，矫正部必须适用一种管理制度，包括：

（a）矫正官员和被监禁人之间每个人都能理解的良好交流；

（b）协同工作；

（c）被监禁人直接的、相互的监督；

（d）对已决犯的评估；

（e）在规范日和矫正判决计划中的已决犯的需求驱动方案；

（f）为那些有多种技能的员工提供有利的和设施优良的环境的规定；

（g）对已决犯恢复性的、发展的和人权的方法；

（h）有明确问责的授权委托。

［第（1A）款被2008年第25号法案第29条（b）款补充］

（2）除了提供一种满足本法最低限度要求的制度，矫正部必须寻求提供娱乐以创造一种环境，使已决犯能够有尊严地生活并且发展具有社会责任和无犯罪生活的能力。

（3）所有这些娱乐设施必须由规章规定，除非因为经济或其他实际原因，尽可能用于所有被监禁人，在这些娱乐只能被部分矫正中心引进的情况下，其局部引进应当在非歧视性的基础上。

（4）除了第22条阐述的一般目的，已决犯的纪律制度应有其特殊目标，即提高这部分被监禁人的自尊和责任。

［第（4）款被2008年第25号法案第29条（c）款替代］

38 评估

（1）作为已决犯收监以后，这样的犯罪人必须尽快评估以决定其：

（a）为了安全监禁的目的进行警戒度分类；

（b）健康需求；

（c）教育需求；

（d）社会的和心理的需求；

（e）宗教需求；

（f）特定的发展计划需求；

（g）工作分配；

（h）分配到特定的矫正中心；

（i）进入社区重新整合的需求。

［第（1）款被2008年第25号法案第30条（a）款替代］

（1A）（a）在尽快完成第（1）款规定的评估后，案件管理委员会必须汇编关于被判在矫正中心监禁24个月以上的人未来的矫正判决计划。

（b）矫正判决计划必须处理有关第（1）款的问题和需求，必须、特别：

（i）包含旨在处理已决犯的风险和需求的拟议干预，像彻底风险评估期间的鉴别，以矫正违法行为；

（ii）阐明何种服务和计划是将犯罪行为做靶标所要求的，帮助已决犯发展技能以应对导致其犯罪的社会经济条件；

（iii）阐明提高已决犯社会功能所需的服务和计划；

（iv）设定时间框架、具体责任，确保预期的提供给已决犯的服务和计划。

［第（1A）款被2008年第25号法案第30条（b）款替代］

（2）在监禁判决超过24个月的情况下，判决方式必须按照第（1）款和第（1A）款所指的评估、矫正判决计划和宣判法院的解释作出。

［第（2）款被2008年第25号法案第30条（c）款替代］

39　判决的开始、计算和终止

（1）按照第（2）款的规定，监禁判决宣判之日即为生效之日。若被判决人被依法保释，或被判决人以保释方式等待上级法院最终判决，则判决生效之日为其被收监之日。

（2）（a）按照（b）项规定，一人被判多项监禁判决，或在服一种监禁刑罚时又被判附加判决，每一项判决都必须执行，在一项期满后，撤销或赦免另一项，国家委员可以决定其次序，除非法院有特定的指示，或除非法院指示这些判决应同时执行，但是：

（i）被执行任何确定的监禁判决的人与终生监禁同时执行，或被宣布为惯犯或危险犯执行监禁判决的人也同时执行；

（ii）一项或多项终身监禁判决和被执行一项或多项判决的人被宣布为惯犯或危险犯也同时执行；

（iii）危险犯的安置或释放不得采取不同于按照《刑事诉讼法》第286B条的规定。

（b）在被判处一个以上监禁期、不得假释期的情况下，在已决犯获得资格假释之前，由法院确定必须连续执行。

［（b）项被2008年第25号法案第31条（a）款替代］

（3）对于从合法监禁脱逃后按照1962年《引渡法》（1962年第67号法案）引渡并返回南非共和国的已决犯或被非法释放的已决犯，任何监禁判决的期满之日自判决被中断之日延长。

［第（3）款被2008年第25号法案第31条（b）款替代］

（4）任何一个判决期满之日是周日或公共假日的人，必须在此前一天释放。

（5）（a）一人按照《刑事诉讼法》第276条第（1）款（h）项被判多项矫正监管判决，或在按照《刑事诉讼法》第276条第（1）款（h）项服一种矫正监管判决时又被判附加矫正监管判决，除非法院有特定的指示，或除非法院指示这些判决应同时执行，否则国家委员有权决定每一项判决都必须在期满后方能或执行，或撤销或赦免另一项判决。

（b）如果一人被判处矫正监管，在矫正监管开始之前因一项犯罪被判处监禁，矫正监管必须延期直至矫正监管再次被批准，或者直至监禁判决期满、撤销或赦免。

（c）如果一个被判矫正监管的人被准予假释，在假释开始前，矫正监管必须执行。

（d）如果一人被判处矫正监管或在执行社区矫正的人被判处定期监禁，其定期监禁和矫正监管或假释的判决，根据具体情况，必须同时执行，除非法院另有指示。

［（d）项被2008年第25号法案第31条（c）款替代］

（e）如果一人被判处矫正监管或在执行社区矫正的人因藐视法庭被送达拘留证，其矫正监管或假释，根据具体情况，必须为拘留证规定的期间而延期。

［（e）项被2008年第25号法案第31条（c）款替代］

（f）如果被社区矫正的人在假释开始前因犯罪被判处监禁，假释必须被认为撤销，问题提交有关矫正监管和假释委员会考量。

［（f）项被2008年第25号法案第31条（c）款替代］

（6）（a）国家委员认同，如果一名已决犯被错误地从矫正中心被释放，国家委员可以签发逮捕证将该犯重新收监到矫正中心，以服完其剩余刑期。

［（a）项被2008年第25号法案第31条（d）款替代］

（b）证件的签发依照第（6）款（a）项，由《刑事诉讼法》第1条定义的治安官执行。

40　已决犯的劳动

（1）（a）只要可行，必须为已决犯提供充足的工作使其在工作日保持活跃，已决犯可以被强迫从事此类工作。

（b）这些工作必须尽可能为这样的被监禁人提供在其释放后获得雇佣的技能。

（2）已决犯不可以为自身利益工作或开展业务。

（3）（a）已决犯可以选择其喜欢从事的工作类型，如果这种选择是可行的而且符合适宜的职业计划。

（b）已经判决的儿童被监禁人只能从事旨在为其发展获得技能的工作。

（c）已经判决的儿童被监禁人不能被要求从事与其年龄不相适应的工作、或不得在可能使其教育、身体、心理、道德、社会娱乐处于危险中的场所内工作。

（4）（a）按照（b）项，已决犯从其劳动中获得的报酬总量、管理报酬和已决犯的工作条件必须由规章规定。

（b）（a）项规定的报酬总量必须由国家委员决定并经财政部长同意。

（5）已决犯不得按惩罚的形式和纪律措施而被命令或强迫劳动。

（6）已决犯的劳动按照第 37 条第（1）款（b）项包含的原则执行，其执行不构成与矫正部的雇佣关系。

［第 40 条被 2001 年第 32 号法案第 21 条（a）款修订，被 2008 年第 25 号法案第 32 条替代］

41　矫治、发展和支持服务

（1）矫正部必须自己提供或使用他人提供的完整的系列计划和活动，包括以需求为基础的计划，以满足已决犯的教育、训练。

（2）（a）已决犯是文盲或儿童，必须强制参加按照第（1）款规定提供的教育计划。

（b）这些计划必须由规章规定。

（3）矫正部必须提供社会的和心理的服务，通过提高其社会功能和心理健康，为已决犯提供发展和支持。

（4）矫正部必须提供可行的发展和支持计划，满足已决犯的特定需求。

（5）已决犯有权参与、使用按照第（1）款、第（3）款、第（4）款提供的计划和服务。

（6）考虑到其先前的犯罪行为和对社区构成的危险，如果国家委员认为必要，已决犯可以被强迫参与和使用按照第（1）款、第（3）款、第（4）款提供的计划和服务。

（7）计划必须应对女性的特殊需求，必须确保对女性有利。

［第41条被2008年第25号法案第33条替代］

42　案件管理委员会

（1）按照规章规定，每个矫正中心必须有一个或多个由矫正官员组成的案件管理委员会。

（2）案件管理委员会必须：

（a）确保每名已决犯都被评估，已决犯服刑超过24个月的，按照第38条第（1A）款，应有专门计划；

（b）与每名刑期超过24个月的已决犯定期会见，复审这些被监禁人的计划，若其取得进步，必要时修改计划；

（c）经与社区矫正长官磋商，作出初步的安排，确定合适的已决犯进行社区矫正；

（d）向矫正监管和假释委员会提交报告和相关文件：

（i）如果对矫正部有用，法院应将在强制执行监禁判决时一起提供其所作出的关于已决犯被判监禁的罪行和是非曲直判断以及其他任何评论；

（ii）这些被监禁人的前科记录；

（iii）这些被监禁人的表现、惩戒记录、适应、训练、能力、勤勉、体格、心理状态；

（iv）重新犯罪的可能、对社区构成的危险和降低危险的方式；

（v）一名已决犯被宣布为惯犯表明：

（aa）此被监禁人存在合理的可能性，在将来放弃犯罪，过上有益的和勤劳的生活；

（bb）或者，此被监禁人不再有能力进行犯罪；

（cc）出于其他任何原因，安排此被监禁人假释是适合的；

（vi）重新安排此类已决犯矫正监管的可能性依照《刑事诉讼法》第276条

第（1）款（i）目或第287条第（4）款（a）项规定的判决，或者依照《刑事诉讼法》第276A条第（3）款（e）项（ii）目和第286B条第（4）款（b）项（ii）目或者第287条第（4）款（b）项规定和这样安排的条件将此类被监禁人的判决转换成矫正监管；

（vii）安排此类已决犯日间假释或假释的可能性和条件；

（viii）矫正监管和假释委员会可能要求的其他此类事项。

（e）按照（d）项规定向国家委员提交涉及任何被判监禁24小时或以下的已决犯报告。

（3）已决犯必须被告知由案件管理委员会向矫正监管和假释委员会或国家委员递交的报告的内容，视情形而定，为其提供机会向矫正监管和假释委员会或国家委员递交书面陈述。

[第42条被2001年第32号法案第22条修订，被2008年第25号法案第34条替代]

43　已决犯的处所和转送

（1）已决犯必须监禁在最靠近其释放后居住地的矫正中心，应当提供相关的可用的住宿和设施以满足其安全需求及有关的可用的计划。

[第（1）款被2008年第25号法案第35条替代]

（2）已决犯的转送应有同样的考量。

[第（2）款被2008年第25号法案第35条替代]

（3）已决犯在送转前必须由注册护士或矫正医师体检。

如果该已决犯正被矫正医师治疗，在其出院前不得转送，或者在与矫正中心长官协商后由矫正医师批准转送。

[第（3）款被2008年第25号法案第35条替代]

（4）国家委员可以与社会发展部的总干事协商，按照《儿童照管法》（1983年第74号法案）转送已决少年犯到少年教养院，从转送之日起，适用《刑事诉讼法》第290条的规定。

[第（4）款被2008年第25号法案第35条替代]

[第（4）款已被2008年第75号法案《儿童司法法》第99条第（1）款替代]

44　暂时离监

（1）国家委员可以为下列目的，依照其指定的条件和期间，书面准许已决犯暂时离开矫正中心：

（a）照顾性准假；

（b）矫治、发展或支持计划；

（c）准备释放；

（d）关于已决犯进入社区后成功地再融合的其他任何理由。

[第（1）款被2008年第25号法案第36条（a）款替代]

（2）（a）一名获准离开矫正中心的已决犯仍然是已决犯，即使其暂时在矫正中心之外，仍可被置于护卫或监管之下。

（b）如果已决犯被置于监管之下，将适用第58条关于监管的规定，可有必要的修改。

（3）（a）按照第（1）款规定的任何许可随时可以被国家委员撤回。

（b）在这种情况下，国家委员必须通知有关已决犯，如果其在矫正中心外，指示该犯在规定的时间返回矫正中心。

（4）已决犯没有在规定的时间返回矫正中心，即构成犯罪，按第117条的规定定罪处罚。

[第44条被2008年第25号法案第36条（b）款替代]

45　安置和释放

（1）已决犯必须通过参与释放前计划为安置、释放和重新融入社会做准备。

（2）已决犯被处矫正监管或被假释释放，必须遵守第55条第（3）款的规定。

（3）释放时，必须按照规章规定为已决犯提供物质和财政支持。

（4）如果矫正医师认为有必要为释放的已决犯建立健康状况档案，则该犯必须经过健康状况检查，内容包括1977年《健康法》（1977年第63号法案）确定的感染性和传染性疾病的检测。

[第45条被2001年第32号法案第32条修订，被2008年第25号法案第37条替代]

第五章　未决犯

46　一般原则

（1）未决犯只受制于为维护矫正中心安全和良好秩序的必要限制，在可行的情况下，必须被允许使用矫正中心之外的所有可用的娱乐设施。

（2）未决犯可用的娱乐设施可以出于纪律目的而被限制，但必须由规章决定。

47　服装

不可强迫等待审判或判决的人穿着已决犯的服装，除非其自身的服装不适合或不卫生，或为了司法行政的利益而需要被保存，或其不能从另一渠道获得其他适合的服装。

[第 47 条被 2008 年第 25 号法案第 38 条替代]

48　食物和饮料

按照规章的限定，未决犯在矫正中心可以得到寄送给他们的食物和饮料。

49　来访者和交流

按照规章的限定，未决犯可以接待来访者、写信、收信、接受电话交流。

[第 49 条被 2001 年第 32 号法案第 24 条替代]

第六章　社区矫正

50　社区矫正的目标

（1）（a）社区矫正的目标是：

（i）为已决犯提供机会，以非监禁方式服刑；

（ii）促使被社区矫正人在刑期中和未来培养社会责任、过无犯罪的生活；

（iii）促使被社区矫正人以最大限度保持其作为社会一部分的方式进行改造；

（iv）使被社区矫正人在服刑期满之后完全融入社会。

（b）这些目标不适用于按照《刑事诉讼法》第 62 条（f）项或第 71 条作出的限制。

[第（1）款被 2008 年第 25 号法案第 39 条替代]

［第（1）款已被2008年第75号法案《儿童司法法》第99条第（1）款修订］

（2）实施社区矫正的直接目标是确保被社区矫正人遵守规定的条件，保护社会免受这些人可能实施的犯罪侵害。

［第50条的生效日期：2004年10月1日］

51 被社区矫正人

（1）被社区矫正人是：

（a）按照《刑事诉讼法》第6条第（1）款（c）项、第276条第（1）款（h）项、第276条第（1）款（i）项、第276A条第（3）款（a）项（ii）目、第276A条第（3）款（e）项（ii）目、第286B条第（4）款（b）项（ii）目、第286B条第（5）款（b）项（iii）目、第287条第（4）款（a）项、第287条第（4）款（b）项、第297条第（1）款（a）项（i）目（ccA）、第297条第（1）款（b）项、第297条第（4）款规定被判处矫正监管的人；

（b）按照第44条的规定，已决犯被准予暂时离监，身处矫正中心之外时；

［（b）项被2008年第25号法案第40条替代］

（c）按照第54条的规定，被处日间假释的被监禁人，身处矫正中心之外时；

（d）按照第73条规定，被处假释的被监禁人；

（e）按照《刑事诉讼法》第62条（f）项、第71条、第290条第（1）款（a）项、第290条第（3）款规定被处由矫正官员监管的被监禁人。

［（e）项已被2008年第75号法案《儿童司法法》第99条第（1）款替代］

（2）不得强制命令社区矫正，除非被处社区矫正者同意接受按照规定条件作出的社区矫正并且承诺合作。

（3）在考虑安排儿童进行社区矫正之前，在可行的情况下，必须通知其父母或监护人拟议的处置。

52 社区矫正的条件

（1）在作出社区矫正时，法院、矫正监管和假释委员会、国家委员或其他法定授权机构，可以按照第（2）款的规定和本章的限定条件，规定此人：

（a）被处住所软禁；

（b）为了促进已决犯和社区关系的恢复做社区服务；

[（b）项被 2008 年第 25 号法案第 41 条（b）款替代]

（c）找工作；

（d）在可能的地方开始和继续就业；

[（d）项被 2008 年第 25 号法案第 41 条（c）款替代]

（e）向被害人作出补偿或损害赔偿；

（f）参与矫治、发展和支持计划；

（g）参与被害人和被监禁人之间的调解或家庭小组会议；

（h）为其所在社区的矫正费用进行资金捐助；

（i）被限制在一个或多个治安地区；

（j）居住于固定住址；

（k）戒除使用酒精或非法药物；

[（k）项被 2008 年第 25 号法案第 41 条（d）款替代]

（l）戒除刑事犯罪；

[（l）项被 2008 年第 25 号法案第 41 条（a）款替代]

（m）戒除参访特定场所；

（n）戒除与特定人的联系；

（o）戒除用语言或行为威胁特定的人；

（p）接受监督；

（q）如果是儿童，还要接受第 69 条规定的附加条件；

[（q）项被 2008 年第 25 号法案第 41 条（e）款替代]

（r）服从其他与环境相适应的条件。

[（r）项被 2008 年第 25 号法案第 41 条（f）款替代]

（2）这些条件可以同时规定，但是：

（a）按照第 73 条规定准许的假释，可以不包括第（1）款（e）项所涉及的补偿条件，除非补偿是法院原始判决的一部分；

（b）按照《刑事诉讼法》第 62 条（f）项或第 71 条作出的矫正官员监管，可以不包括第（1）款（b）项至（h）项涉及的条件；

[（b）项已被 2008 年第 75 号法案《儿童司法法》第 99 条第（1）款修订]

（c）按照第54条规定准许的日间假释，可以不包括第（1）款（a）项涉及的条件，或第（1）款（e）项涉及的补偿条件，除非损害赔偿是法院原始判决的一部分；

（d）暂时离监许可按照第44条规定，可以不包括第（1）款（b）项至（g）项涉及的条件。

53　社区矫正服务

社区矫正按照本法第39条提供服务。

54　日间假释

（1）被准予日间假释的人在矫正中心内仍然是已决犯，但是，被执行社区矫正过程中：

（a）在日间假释时可以穿着自己的服装；

（b）如果其能够负担，必须为食宿和医疗服务付费。

（2）国家委员、矫正监管和假释委员会、法院或其他机构必须决定日间假释的持续时间，必须告知矫正中心长官，并由其告知相关已决犯该决定。

（3）日间假释者没有向矫正中心报告即属犯罪，按照第117条规定定罪处罚。

55　开始

（1）没有社区矫正办公室提出的授权书或适当的命令，社区矫正不能开始。

（2）每个社区矫正办公室必须在登记簿中记录下列事项：

（a）被社区矫正者的身份信息；

（b）作出社区矫正的机构；

（c）社区矫正命令的条件；

（d）判决开始和期满的时日或社区矫正的期间。

（3）（a）在社区矫正开始时，被社区矫正人必须被书面告知：

（i）应当以某种形式和语言使被社区矫正人理解社区矫正的条件，什么是其被期望去做的或者避免去做的；

（ii）投诉和请求的交流渠道。

（b）如果被社区矫正人是文盲，矫正官员必须通过必要的口语翻译向其解释这些书面信息。

（c）被社区矫正人必须确认其理解这些信息。

（4）在社区矫正开始时，被社区矫正人：

（a）必须允许按照第28条关于被监禁人的规定所要求的方式和同样的范围去建立其身份信息和其他详情；

［（a）项被2008年第25号法案第42条替代］

（b）可以被要求进行健康检查，以决定其身体和精神是否符合作出社区矫正的条件。

56 健康检查

（1）在被执行社区矫正的任何时候，如果矫正官员有理由相信，为了确定规定的条件是否与其身体健康相适宜，健康检查是必需的，则矫正官员可以要求矫正医师执行此类检查。

（2）被社区矫正人必须服从此类检查。

57 监管

（1）所有被执行社区矫正的人必须在社区中接受矫正官员的监管。

（2）此类监管不得为了确保服从社区矫正条件而过分侵犯相关人的隐私。

（3）在监管期间，应适度确保矫正官员和其他任何人的安全，矫正官员可以搜查被社区矫正人并没收任何被发现的武器。

（4）被社区矫正人必须协助监管进程，尤其不能威胁、辱骂、阻碍或者故意回避矫正官员。

（5）被社区矫正人不可受到酒精或其他毒品影响达到损害监管过程的程度。

（6）被社区矫正人可以被要求出席和参加矫正官员或负责监管其行为的官员或监管委员会的会议。

58 监管委员会

（1）（a）按照规章规定，每一个社区矫正办公室必须有一个监管委员会，由参与对被社区矫正人监管的矫正官员组成，如果可行，还应有来自社区的行为科学专家。

（b）监管委员会必须由矫正官员按照规章规定的方式管理。

［（b）项为2001年第32号法案第25条增加］

（2）监管委员会必须决定每个被社区矫正人的监管水平，必须定期复审。

（3）监管委员会必须定期复审每个被社区矫正人的社区矫正目标实现的程度。

（4）在被社区矫正人或直接负责该犯监管的矫正官员的请求下，可以举行附加的复审。

（5）被社区矫正人被通知参加讨论其案件的会议，在会上争议将被提出，其本人可以递交书面意见，交由监管委员会审议。

（6）在复审了每个被社区矫正人的社区矫正目标实现的程度后，监管委员会必须：

（a）决定适用于该犯的监管方法和强度是否应当修改；

（b）视情况而定，提交报告并建议矫正监管和假释委员会或国家委员，希望：

（i）申请变更适用于该犯的社区矫正条件；

（ii）申请或签发对该犯的逮捕证。

[（b）项被2008年第25号法案第43条替代]

59　住所软禁

拘留条件的设定依照第52条第（1）款（a）项，必须规定该犯在其住所的每日受限制的时间和限制持续的总期限。

60　社区服务

（1）在社区服务被设定为社区矫正一部分的情况下，必须规定被社区矫正人被要求服务的小时数，应当每月不少于16个小时，除非法院另有指示。

（2）（a）法院、矫正监管和假释委员会或其他机构有权判处社区服务，可以详细规定在何地完成此类社区服务。

（b）此类命令如果没有争议提交回设定条件的法院、委员会或其他机构时不可以改变，除非该命令本身规定可以被监管委员会改变。

（c）如果法院、委员会或其他机构没有指明在何地履行社区服务，监管委员会必须指定场所。

61　找工作

（1）被社区矫正人被要求按照第52条第（1）款（c）项规定找工作，必须作出合理的努力寻求就业，必须向国家委员提供证据证明其为此所做的努力。

（2）国家委员必须支持就业的努力。

62　就业

被社区矫正人被要求按照第 52 条第（1）款（d）项规定开始和继续就业：

（a）没有国家委员的许可不可以改变工作；

（b）必须尽最大努力完成工作、遵守雇佣合同的条件；

（c）未经国家委员的许可，不可以在工作时间，出于与就业无关的目的离开工作场所。

63　补偿

被社区矫正人被要求按照第 52 条第（1）款（e）项规定补偿：

（a）必须向国家委员提供个人的收入和支出的清单；

（b）必须提交由国家委员指定的、作为法院命令补偿的付款证据。

64　计划

（1）法院、矫正监管和假释委员会或其他机构有权按照第 52 条第（1）款（f）项作出矫治、发展和支持计划，指定何种计划被社区矫正人必须遵从。

（2）只有法院、矫正监管和假释委员会或其他机构这些设定条件的机构可以改变指定，除非条件自身提供其可以被监管委员会改变。

（3）如果上述法院、矫正监管和假释委员会或其他机构没有，指定何种计划被社区矫正人必须遵从，监管委员会必须指定这些计划。

（4）相关人必须参加这些计划并且出席整个计划期间的每个单独的会议，除非向会议请假被国家委员准许。

65　捐助费用

（1）被社区矫正人被要求按照第 52 条第（1）款（h）项对社区矫正费用作出捐助，日间假释人必须向国家委员提供收入和支出清单。

（2）国家委员在该犯的财产范围内，决定该犯必须作出的费用捐助，在监管和日间假释期间可以调整。

66　固定住址

（1）法院、矫正监管和假释委员会或其他机构有权作出社区矫正决定，要求被社区矫正人必须按照第 52 条第（1）款（j）项规定住在一处固定住址，经与国家委员协商后，确定住址。

（2）在住址由法院、矫正监管和假释委员会或其他机构规定的情形下，国家委员随之确认：

（a）将不可能向在那里居住的这类人提供供养，并且也不可能从其他来源获得供养；

（b）居住在这样的住址与社区矫正的规定条件不相容，国家委员可以宣布此住址不合适，并将问题提交回法院、矫正监管和假释委员会或其他机构以规定另一地址，在与国家委员磋商后，第 70 条将不能实施。

67　酒精或非法毒品的使用

在有合理的理由怀疑被社区矫正人违反第 52 条第（1）款（k）项设定的条件使用酒精或非法毒品的情况下，矫正官员可以要求该犯允许矫正医师采集血样和尿样以确定血液或尿液中酒精或毒品的浓度。

［第 67 条被 2008 年第 25 号法案第 44 条替代］

68　监视

（1）在第 52 条第（1）款（p）项设定了监视条件的情况下，必须指定监视的形式。

（2）如果监视包括使用电子或其他装置时，必须由规章规定。

（3）这样的装置的使用可能会侵犯人的尊严和隐私，应限于与其目的相称的范围内。

（4）国家委员可以按照第 96 条第（4）款任命在这种监视中协助矫正官员的人。

［第（4）款被 2008 年第 25 号法案第 45 条替代］

69　儿童的附加条件

（1）按照第 52 条第（1）款（q）项被处社区矫正的儿童，可以被要求参加教育计划，无论其是否处在义务教育阶段。

（2）按照本章接受监管的儿童除按照第 52 条第（1）款（f）项规定要求参与的计划外，国家委员必须确保，如果此名儿童要求，即支持其享有充分的社会工作服务、宗教关怀、娱乐计划和心理服务。

70 违规

（1）如果国家委员确信被社区矫正人没有遵守按照本章条款规定的各种条件或义务，国家委员可以：

（a）依据违规的性质和严重性：

（i）训斥此人；

（ii）命令此人到规定社区矫正条件的矫正监管和假释委员会或其他机构，如果此人违反了某个有管辖权的矫正监管和假释委员会规定的社区矫正条件，到该委员会；

[（ii）目被 2008 年第 25 号法案第 46 条（a）款替代]

（iii）签发对该犯的逮捕令。

（b）如果国家委员确信此人有正当的理由不遵守这样的条件或义务，必须命令适用于该犯的同样条件和义务的社区矫正重新生效。

[第（1）款被 2001 年第 32 号法案第 26 条替代]

（2）（a）按照第（1）款（a）项（iii）目签发的逮捕令可由《刑事诉讼法》第一条定义的治安官员执行。

[（a）项被 2008 年第 25 号法案第 46 条（b）款替代]

（b）按照（a）项被拘留的人，必须在逮捕后 48 小时被带至法院，法院必须发布继续监禁的命令并转交有权处理此问题的有关当局。

（3）国家委员如果确信被社区矫正人没有满足对其要求的条件的原因在于其无法控制的环境变化，国家委员可以命令此人到庭至法院、矫正监管和假释委员会或其他作出社区矫正决定的机构。

（4）被社区矫正人未能遵守按照第（1）款（b）项或第（3）款签发的指示，国家委员可以按照第（1）款（a）项（iii）目签发逮捕令并按照第（2）款采取行动。

[第（4）款被 2008 年第 25 号法案第 46 条（c）款替代]

71 条件的变化

（1）如果国家委员认为环境变化需要改变条件，国家委员可以向法院、矫正监管和假释委员会或其他作出社区矫正决定的机构申请，在特定情况下修正社区矫正的构成条件。

（2）当按照第（1）款作出了申请，国家委员必须命令社区矫正人到庭至上述法院、委员会或其他机构。

（3）如果该犯没有到庭，国家委员可以按照第 70 条第（1）款（a）项（iii）目规定签发对其的逮捕令。

［第（3）款被 2008 年第 25 号法案第 47 条替代］

72　投诉和请求

（1）每一个被社区矫正人可以直接向服刑所在区域的社区矫正办公室长官或者向社区矫正办公室长官指派的另一矫正官员投诉和请求。

（2）第（1）款所涉及的矫正官员必须记录所有这些投诉和请求，以及处置的步骤。

（3）第（1）款所涉及的矫正官员必须迅速处置这些投诉和请求，并告知被社区矫正人结果。

（4）如果此人对社区矫正长官的答复不满，可以将问题提交国家委员，国家委员的答复必须传达给此人。

第七章　从矫正中心释放和矫正监管、日间假释、假释的处置

73　判决的期限和形式

（1）按照本法规：

（a）已决犯在矫正中心服完全部刑期；

（b）被处终生监禁的已决犯在矫正中心度过余生。

［第（1）款已被 2008 年第 25 号法案矫正服务修正案第 48 条（a）款替代］

（2）任何患病的被监禁人，其刑期已满，但矫正医师证明其释放可能导致死亡或损害其健康或成为其他人的传染源，可以被暂时羁押在矫正中心内，直至矫正医师授权其释放。

［第（2）款已被 2008 年第 25 号法案矫正服务修正案第 48 条（a）款替代］

（3）当监禁期满时，已决犯必须从矫正中心和作为监禁刑替代的社区矫正中释放。

［第（3）款已被2008年第25号法案矫正服务修正案第48条（a）款替代］

（4）按照本章的规定，已决犯可以在其监禁期满之前被处矫正监管或日间假释或假释。

［第（4）款已被2008年第25号法案矫正服务修正案第48条（a）款替代］

（5）（a）社区矫正应遵守的条件由下列委员会和法院设定：

（i）已决犯必须由矫正监管和假释委员会决定处以矫正监管或日间假释或假释；

（ii）在已决犯被判处终生监禁的情况下，由法院决定处以矫正监管或日间假释或假释。

［（a）项已被2008年第25号法案矫正服务修正案第48条（a）款替代］

（b）此类处置适用于接受处置条件的已决犯。

（6）（a）受制于（b）项规定，正在服终审判决的已决犯不可假释，直至该犯服完规定的不得假释期，或如果没有非假释期规定，服完刑期的一半，但已决犯已服完25年一次判决刑期或累积刑期，必须考虑假释。

［（a）项被2001年第32号法案第27条（a）款替代］

（b）一个人被判处：

（i）定期性监禁，必须按照规章规定的周期被拘禁在矫正中心；

（ii）矫正训练性监禁，可被拘禁在矫正中心2年，在其服刑至少12个月之前不可假释；

（iii）预防犯罪性监禁，可被拘禁在矫正中心5年，在其服刑至少2年6个月之前不可假释；

（iv）终生监禁，在其服完25年刑期之前不可假释，但已决犯年龄达到65岁，如果已经服刑至少15年，可以被假释；

（v）1997年刑法修正案（1997年第105号法案）第51条、第52条规定的监禁，不可假释直至被监禁人至少服完刑期的4/5，或者25年，适用更短者，但法院在作出监禁判决时，可以规定在被监禁人服完刑期的2/3之后考虑其假释。

[（v）项被2001年第32号法案第27条（b）款替代]

（c）如果被监禁人被宣布为惯犯，可以被拘禁在矫正中心15年，服刑至少7年才可被假释。

[第（6）款已被2008年第25号法案矫正服务修正案第48条（c）款替代]

（7）（a）按照《刑事诉讼法》第276条第（1）款（i）项被判处监禁者，必须至少服完刑期的1/6才可考虑矫正监管，除非法院另有指示，但如果按照《刑事诉讼法》第276条第（1）款（i）项作出不止一项判决，该犯不可被处超过5年的矫正监管。

（b）如果按照《刑事诉讼法》第276条第（1）款（i）项被判处监禁者，作为罚金的替代，监禁期不超过5年，必须服完至少1/6的有效刑期才可考虑处置矫正监管，除非法院另有指示。

（c）如果一个人被判处监禁：

（i）按照《刑事诉讼法》第276条第（1）款（b）项规定的一个确定的期间；

（ii）按照《刑事诉讼法》第276条第（1）款（i）项规定的监禁；

（iii）作为罚金的替代，不超过5年的期间，在考虑处以矫正监管之前，该犯应当服刑至少1/4有效刑期或不得假释期，适用于时限更长者，除非法院另有指示。

（d）按照《刑事诉讼法》第276条第（1）款（b）项被判处确定期限被监禁者，不得被处以矫正监管，除非这样的判决按照《刑事诉讼法》第276A条第（3）款被转处为矫正监管。

[第（7）款已被2008年第25号法案矫正服务修正案第48条（c）款替代]

[第73条已被2008年第25号法案矫正服务修正案第49条补充]

74　矫正监管和假释委员会

（1）部长可以：

（a）命名每个矫正监管和假释委员会；

（b）为每个委员会指定座席；

（c）决定和修改每个委员会的管辖区域。

（2）部长必须任命一个或多个矫正监管和假释委员会组成人员：

（a）一名主席；

（b）一名副主席；

（c）和（d）……

[（c）项和（d）项已被2001年第32号法案第28条（a）款删除]

（e）国家委员提名的一名矫正部官员；

[（e）项已被2001年第32号法案第28条（b）款替代]

（f）2名社区成员。

（3）国家委员必须指派第（2）款（e）项涉及的矫正官员担任委员会的秘书。

[第（3）款已被2008年第25号法案第50条（a）款替代]

（4）如果主席缺席委员会会议，副主席必须主持该会议。

（5）委员会的会议的法定人数由3名成员构成，必须包括主席或副主席。

[第（5）款已被2001年第32号法案第28条（c）款替代]

（6）委员会的任何决定必须由参加会议成员的多数通过，在票数相等的情况下，主持人经过协商后有决定性的一票。

（7）（a）委员会的成员：

（i）担任公职的期限和条件可由部长决定；

（ii）可在任何时间，以向部长提出书面通知的方式辞职。

（b）部长可以以其行为不当、无能、不称职为由开除成员，但部长的这些行为不能排除对官员的纪律处分，在为国家的专职服务中作为其服务的条件。

（c）如果有任何成员辞职、被开除或死亡，部长可以通过按照第（1）款规定任命一人填补空缺，完成前任未完成的任期。

（7A）（a）委员会可以指派一名由南非警察部门的国家委员任命的官员或司法部总干事任命的官员，或者同时指派两名这样的官员，参加委员会的会议。

（b）任何上述官员均可在委员会的会议上投票。

[第（7A）款已被2001年第32号法案第28条（d）款替代]

（8）不是全日制为国家服务的委员会成员，通过公共服务和行政部的推荐，由国家委员决定，可以接受报酬和津贴。

[第（8）款已被2008年第25号法案第50条（b）款替代]

75 矫正监管和假释委员会的权力、职责和义务

（1）矫正监管和假释委员会，经过仔细研究由案件管理委员会按照第42条规定所呈交的终审判决超过24个月的已决犯的报告后，考量任何其他信息或理由，可以：

（a）按照（b）项、（c）项和第（1A）款的规定对已决犯处以矫正监管、日间假释或准予假释，按照第52条规定，设定已决犯社区矫正的条件；

［第（1）款已被2001年第32号法案第29条（a）款替代］

（b）对于按照《刑事诉讼法》第286A条规定被宣布为危险被监禁人的已决犯，向法院建议准予其矫正监管、日间假释或假释，并且按照第52条规定设定社区矫正的期限和条件；

（c）对于被判终生监禁的已决犯，向部长建议准予矫正监管、日间假释或假释，并且按照第52条规定设定该犯社区矫正的条件；

［（c）项已被2008年第25号法案第51条（b）款替代］

［第（1）款已被2008年第25号法案第51条（a）款修订］

（1A）（a）所有包含了第（1B）款规定的犯罪鉴别的案例，除了南非警察部门和司法部的官员都在委员会的情况外，委员会必须请求南非警察部门和司法部的建议。

（b）此建议必须在被请求后的2个月内以书面形式递交。

［第（1A）款已被2001年第32号法案第29条（b）款补充］

（1B）（a）国家委员可以会同南非警察部门的国家委员、司法部总干事、国家检察长，为第（1A）款的目的鉴别犯罪。

（b）（a）项规定的犯罪必须区别于涉及监禁判决超过判决规定期限的犯罪种类。

［第（1B）款已被2001年第32号法案第29条（b）款替代］

（2）（a）如果国家委员听从监管委员会建议，请求矫正监管和假释委员会取消矫正监管或日间假释或假释（所涉及被监禁人最初被判终生监禁的情况除外），或请求修改社区矫正条件，矫正监管和假释委员会必须在14天内考虑此问题，但其建议可以在委员会作出决定之前暂时先予执行。

（b）在考虑了这些条件之后，矫正监管和假释委员会可以取消矫正监管、日间假释、假释，或修改条件，但如果该犯拒绝接受修改条件，矫正监管、日间假释、假释必须取消。

（c）在被监禁人被判处终生监禁的情况下，国家委员接受监管委员会的建议，要求矫正监管和假释委员会取消假释或日间假释或修改该犯的社区矫正条件，该委员会必须在 14 天内考虑此问题，并向部长提交取消或修改建议，但在部长作出决定之前，可以暂时先予执行。

［（c）项已被 2008 年第 25 号法案第 51 条（c）款替代］

（3）（a）无论何时委员会按照第（2）款（a）项或（c）项的作为，必须通知被执行社区矫正的人或已决犯提交书面陈述，或者亲自或由任何人代表出庭（已决犯同案犯、矫正官员或南非警察部门或司法部的官员除外）。

（b）第（1）款（c）项所涉及的人或者已决犯必须由委员会告知其建议，且必须确认建议已被转达至其本人。

（c）第（1）款（c）项和第（2）款（c）项所涉及的案件，委员会必须允许相关人或已决犯提交关于委员会建议的书面陈述，委员会必须将陈述和其报告提交法院。

（4）原告和亲属有权按照《刑事诉讼法》作出陈述或希望参加委员会的会议，国家委员必须告知委员会相应的问题，委员会必须以书面形式告知原告或亲属，其于何时、代表何人，以及会议将于何时、在何地举行。

（4A）矫正监管和假释委员会，无论何时按照本条规定作为，可以要求已决犯出庭口头陈述，以澄清其按照第 42 条第（3）款提交案件管理委员会的陈述中的问题。

［第（4A）款已被 2008 年第 25 号法案第 51 条（d）款补充］

（5）如果在委员会批准了已决犯的矫正监管或准许日间假释或假释之后，在委员会的决定执行之前，案件管理委员会报告此委员会该犯的环境发生了相当程度的变化，执行决定已不明智，则该执行应被延期，直至委员会准许。

［第（5）款已被 2008 年第 25 号法案第 51 条（e）款修订］

（6）如委员会取消矫正监管或日间假释或假释，问题可以在委员会认为合适的期间内被重新考虑，但必须是在 2 年内。

（7）尽管有第（1）款和第（6）款规定，国家委员可以：

（a）对服监禁刑 24 个月或刑期更短的已决犯，处以矫正监管或日间假释或准许假释，并按照第 52 条规定条件；

[（a）项已被 2008 年第 25 号法案第 51 条（a）款替代]

（b）取消矫正监管或日间假释或假释，变更适用于此类人的社区矫正条件。

（8）委员会的决定是最终的，但部长、国家委员或审查法官提交给矫正监管和假释审查委员会重新考虑的案件除外，在这些案件中，以前的诉讼活动记录，委员会必须提交给矫正监管和假释审查委员会。

[第（8）款已被 2008 年第 25 号法案第 51 条（g）款替代]

76　矫正监管和假释审查委员会

（1）矫正监管和假释审查委员会由国家委员会挑选，由下列人员组成：

（a）一名法官作为主席；

（b）一名检察长或其任命的人；

[（b）项已被 2008 年第 25 号法案第 52 条替代]

（c）一名矫正部的成员；

（d）一名矫正系统具有专业知识的人士；

（e）两名公众代表。

（2）国家委员会必须任命矫正监管和假释审查委员会每次会议的成员。

（3）矫正监管和假释审查委员会的大多数成员构成委员会会议的法定人数。

（4）矫正监管和假释审查委员会的大多数成员出席所作的决定是该委员会的决定，在任何问题上发生票数相同的情况时，会议主持人有审慎的和决定性的一票。

77　矫正监管和假释审查委员会在审理由矫正监管和假释委员会决定的案件的权力

（1）考虑按照第 75 条提交的记录，即部长、国家委员、审查法官或相关已决犯希望提交给矫正监管和假释审查委员会的物品，其他允许的证据或论据一并提交，矫正监管和假释审查委员会必须：

（a）确认决定；

（b）代之以自己的决定，作出任何矫正监管和假释审查委员会应当作出的命令。

［第（1）款已被2008年第25号法案第52条修订］

（2）矫正监管和假释审查委员会必须给出决定的理由，为部长、国家委员、本人和相关的矫正监管和假释委员会在具体问题上和所有其他矫正监管和假释委员会提供可用的信息和指导。

78 部长关于被处终生监禁者的权力

（1）在考虑了矫正监管和假释委员会的诉讼记录和对被判终生监禁者的建议书后，国家委员会按照第73条第（6）款（b）项（iv）目的规定，建议部长准予假释或日间假释并按照第52条规定社区矫正的条件。

（2）如果部长按照第（1）款规定拒绝准予假释或日间假释，部长可以建议对已决犯采用有关的矫治、照管、发展和支持方案，可以有助于提高未来处以假释或日间假释的可能性。

（3）当矫正监管和假释委员会按照第73条作出建议，在被判终生监禁的情况下，假释或日间假释被撤回或社区矫正条件被修改，部长根据国家委员会建议，必须考虑并对建议书作出决定。

（4）如部长拒绝或撤销假释或日间假释，部长必须根据国家委员会建议，在2年内对该决定重新作出考虑。

［第78条已被2008年第25号法案第54条替代］

79 出于医学原因的矫正监管或假释

在矫正中心服刑的任何人，基于矫正医师对其治疗的书面证据，被诊断为任何晚期疾病的最后阶段，或其条件可以被考虑处以矫正监管或假释，由国家委员、矫正监管和假释委员会或部长根据具体情况决定，使其能有一个慰藉的和有尊严的死亡。

［第79条已被2008年第25号法案第55条替代］

80 因为值得高度嘉奖的服务而特别减免刑期

（1）矫正监管和假释委员会，在国家委员的建议下，可以准予作出值得高度嘉奖行为的已决犯（被处终生监禁者或者按照《刑事诉讼法》第286A条判决的被监禁人除外），无条件的或遵守该委员会提出条件的不超过2年的特别减免刑期。

[第（1）款已被2008年第25号法案第56条替代]

（2）按照本条规定的特别减免不可导致已决犯的刑期少于非假释期，如果没有规定此类期间，期间由国家委员会按照第73A条决定。

[第（2）款已被2008年第25号法案第56条替代]

81　为减少矫正中心人口的特别措施

（1）如果部长确信矫正中心的通常人口或特定矫正中心的人口达到这样的比例，以致已决犯的安全、人的尊严和身体照料都受到实质影响，这个问题必须提交国家委员会。

[第（1）款已被2001年第32号法案第30条（a）款修订]

（2）国家委员会可以建议提前对任何已决犯或已决犯群体判处社区矫正批准的日期，部长可以核办。

[第（2）款已被2008年第25号法案第57条替代]

（3）社区矫正按照第（2）款规定准予，受制于矫正监管和假释委员会在其权限内或者国家委员按照第75条第（7）款规定对已决犯施加的条件。

[第（3）款已被2008年第25号法案第57条替代]

（4）……

[第（4）款为2001年第32号法案第30条（b）款增加，被2002年第55号法案第18条删除]

82　总统的权力

（1）尽管有相反的规定，总统可以：

（a）在任何时候对已决犯处以矫正监管或假释，应服从矫正监管和假释委员会在其权限内对已决犯建议的条件，在终生监禁的情况下，由部长建议的条件；

[（a）项已被2008年第25号法案第58条（a）款替代]

（b）免除已决犯的任何部分刑期。

[（b）项已被2008年第25号法案第58条（a）款替代]

（2）本法完全不影响总统对于已决犯赦免和缓刑的权力。

［第（2）款已被2008年第25号法案第58条（b）款替代］

第八章　矫正服务国家委员会

83　国家委员会的结构

（1）部长必须任命一个国家委员会。

（2）国家委员会由下列人员组成：

（a）3名南非最高上诉法院法官，或者经与首席法官磋商任命的南非高等法院法官；

［（a）项已被2008年第25号法案第59条（a）款替代］

（b）经与地方法官委员会主席磋商后任命的1名地区法官；

（c）经与国家总检察长磋商后任命的检察长或代理检察长；

（d）经与国家委员磋商后任命的矫正部的2名主任级别或更高级别成员；

（e）经与南非警察部门的国家委员磋商后任命的南非警察部门的的2名主任级别或更高级别成员；

（f）经与南非福利部门的总干事磋商后任命的南非福利部门的的2名主任级别或更高级别成员；

（g）矫正系统内具有专业知识的、但非国家专职服务的人士；

（h）在与相关的议会委员会磋商后，任命的4名或更多的非国家专职服务人士作为公众代表。

［（h）项已被2008年第25号法案第59条（a）款替代］

（3）（a）部长决定其任命时，在国家委员会供职的成员。

（b）如有正当的理由，部长可以终止一名成员的任命。

（4）部长必须任命一名第（2）款（a）项涉及的法官作为国家委员会主席，其他2人作为副主席。

［第（4）款已被2008年第25号法案第59条（b）款替代］

（5）国家委员会的大多数成员构成了委员会会议的法定人数。

（6）国家委员会的大多数成员出席所作的决定是该委员会的决定，在任何问题上发生票数相同的情况时，会议主持人有审慎的和决定性的一票。

（7）国家委员会的非国家服务成员，可以接受经与国家经费部长磋商后由国家委员决定的津贴。

84　国家委员会的职责和义务

（1）国家委员会的首要职责是按照部长的请求或其自身的意愿，为发展关于矫正系统和量刑程序的政策而提供建议。

（2）部长必须向国家委员会提交立法草案和关于矫正系统的主要政策发展提议，听取委员会的评论和建议。

（3）国家委员必须提供必需的信息和资源，使国家委员会能够履行基本职责。

（4）国家委员会可以对矫正系统的任何方面进行调查，并将相应的问题提交审查法官。

（5）国家委员会必须履行本法规定的任何其他职能。

第九章　矫正服务的司法审查

［标题被2008年第25号法案第60条替代］

85　矫正服务司法审查团的建立

（1）对矫正系统的司法审查团是在审查法官的控制之下的一个独立办公室。

（2）对矫正系统的司法审查团的目标是促进对矫正中心的审查，使审查法官能够报告矫正中心内对被监禁人的矫治和矫正中心的条件。

［第85条被2001年第32号法案第31条修订，被2008年第25号法案第61条替代］

86　审查法官

（1）总统必须任命审查法官，该法官必须：

（a）按照《法官的酬劳和职业条件法》（1989年第88号法案）第（1）款定义的高等法院的在职法官；或

（b）按照上述法律第（3）款规定从任解职的法官。

（2）在职的审查法官必须附属于最高上诉法院或高等法院，并在现职期间担任公职，或直至审查法官请求解除审查职责以重新开始审判职责。

（3）审查法官继续享有与法官职务相关的薪水、津贴、福利、特权。

87 ……

［第87条已被2008年第25号法案第62条废止］

88 退休法官的服务条件

（1）按照《法官的酬劳和雇佣条件法》（1989年第88号法案）第3条第（1）款（a）项规定，审查法官或助理可以是从现职退休的法官，审查法官或助理的任何任职期间都被视为按照该法第7条第（1）款规定的履行职务，第（3）款和第（6）款的规定因此也适用于这样的任命。

（2）若被任命者是按照上述法律第3条第（1）款（b）项、（c）项或（d）项规定的退休法官，其酬劳应由司法部部长决定或得到未来的被任命者同意。

88A 首席执行官员的任命

（1）审查法官必须确定一名有适合资格和经验的人士作为首席执行官员，此人：

（a）负责司法审查团所有的行政的、财务的和书记的职能；

（b）就所有司法审查团接受的金钱向国家委员负责；

（c）在审查法官的控制和职权之下。

（2）第（1）款规定的人士必须由国家委员任命。

（3）任命和其他服务条件，包括首席执行官员的薪水和津贴由《公共服务法》规定。

（4）任何有关首席执行官员的行为不当和无能问题必须由审查法官向国家委员提交。

［第88A条被2008年第25号法案第63条补充］

89 职员和助理的任命

（1）首席执行官员必须任命必要的职员，使矫正服务司法审查团能够履行本法规定的职责。

（2）职员的组成必须按照《公共服务法》建立。

（3）这些职员的服务条件，包括薪水和津贴，按照《公共服务法》规定。

（4）（a）首席执行官员必须任命一名或多名具有法律、医学、刑罚学或其他专业知识的人士作为助手，在审查法官要求时，协助审查法官完成任何专业领域的审查或调查。

（b）此类人士必须被任命一个固定期限或完成一项特定任务。

（c）此类人士的酬劳必须按照《公共服务法》决定。

（d）此类人士必须履行审查法官授权和指示的职责。

［第89条被2001年第32号法案第32条修改，被2008年第25号法案第64条替代］

90　审查法官的权力、职责和义务

（1）审查法官审查或安排对矫正中心的审查，目的是报告被监禁人在矫正中心的矫治和条件，以及矫正中心的任何腐败或不诚实的行为。

（2）审查法官可以只接受和处理由国家委员会、部长、国家委员、访问者委员会、在紧急情况下一名独立的矫正中心访问者提交的申诉，审查法官也可以按照其意志处置任何申诉。

（3）审查法官必须就每次审查向部长、就矫正服务向相关的议会委员会提交报告。

［第（3）款被2008年第25号法案第65条（a）款替代］

（4）（a）审查法官必须向总统和部长提交年度报告。

（b）报告必须由部长列入议会的议事日程。

（5）为了执行调查的目的，审查法官可以进行任何调查，并举行听证会。

（6）在听证会上，如果审查法官和司法审查团的秘书分别担任主席和委员会秘书，则适用1947年《委员会法》（1947年第8号法案）第3条、第4条、第5条规定。

（7）审查法官可以将其职能指派给审查团，但听证会由审查法官主持。

［第（7）款被2008年第25号法案第65条（b）款替代］

（8）……

［第（8）款被2008年第25号法案第65条（c）款删除］

（9）审查法官可以制定与本法不一致的规则，作为司法审查团的必需的或应急的有效职能。

（10）审查法官必须履行本法为其规定的其他任何职责。

91　司法审查团的费用

矫正部负担司法审查团的所有费用。

第十章　独立矫正中心访问者

92　独立矫正中心访问者的任命

（1）应审查法官之邀和经与其磋商，首席执行官员必须尽可能，在公开要求提名和与社区组织协商后，为每个矫正中心任命一名独立矫正中心访问者。

［第（1）款被 2008 年第 25 号法案第 66 条替代］

（2）独立矫正中心访问者担任公职这一期间，作为首席执行官员经与审查法官磋商后可以决定此时的任命。

［第（2）款被 2008 年第 25 号法案第 66 条替代］

（3）如果有正当的理由存在，首席执行官员可在任何时候，暂停或终止一名独立矫正中心访问者的服务。

［第（3）款被 2008 年第 25 号法案第 66 条替代］

93　独立矫正中心访问者的权力、职责和义务

（1）独立矫正中心访问者应当处理被监禁人的申诉，通过：

（a）定期访问；

（b）私下与被监禁人会面；

（c）在官方日记中记录申诉，监督申诉的处理方式；

（d）与矫正中心长官或相关下属矫正官员讨论申诉，着眼于内部解决争议。

［第（1）款被 2008 年第 25 号法案第 67 条（a）款修订］

（2）一名独立矫正中心访问者，在使用和执行其权力、职责和义务时，必须被允许进入矫正中心的任何区域，查阅任何文件或记录。

（3）矫正中心长官必须支持独立矫正中心访问者履行指定的权力、职责、义务。

（4）如果矫正中心长官拒绝独立矫正中心访问者的任何涉及其作为访问者的职责和义务的请求，争议必须提交审查法官，审查法官的决定为终局裁决。

（5）独立矫正中心访问者必须向访问者委员会报告任何未解决的申诉，在紧急情况下，或者没有这样的委员会，向审查法官提交上述申诉。

（6）审查法官可以制定相关规则，或任命独立矫正中心访问者，列举在规定期间内访问矫正中心的次数、访问持续的最短期限，或独立矫正中心访问者工作的任何其他方面。

（7）每个独立矫正中心访问者必须向审查法官提交季度报告，包括访问的持续时间、处理申诉的数量和性质、提交给相关访问者委员会的申诉的数量和性质。

（8）……

[第（8）款被2008年第25号法案第67条（b）款删除]

94 访问者委员会

（1）在适当的情况下，审查法官可以为特定的地区建立访问者委员会，由该地区矫正中心的独立访问者构成。

（2）委员会必须至少每季度开一次会。

（3）委员会的职责是：

（a）着眼于解决问题，考虑未解决的申诉；

（b）向审查法官提交那些委员会不能解决的申诉；

（c）组织访问计划表；

（d）扩大和促进社区对矫正问题的兴趣和参与；

（e）向审查法官提交会议记录。

第十一章　服从管理

[标题被2001年第25号法案第33条、2008年第25号法案第68条替代]

95 服从监督

（1）国家委员必须通过内部审计、绩效审计、检查、调查的方式监督对相关规定的遵守，促进矫正部节约和高效的运作，确保符合本法的目标和原则。

（2）此类监督必须对国家和地区级别的内部控制的效力，及各个矫正中心，包括公私合营的矫正中心和社区矫正进行定期评估：

（a）判定矫正部的运作是否有效进行；

（b）审查财务、运作和管理信息的可靠性；

（c）确定部门资产和利益是否得到控制和防止损失；

（d）评估人力和其他资源的有效利用；

（e）监督既定的计划目标是否实现。

（3）国家委员必须建立适当的监督机制。

［第 95 条被 2001 年第 32 号法案第 32 条修订，被 2008 年第 25 号法案第 69 条替代］

95A　部门调查单元

国家委员必须建立一个单元，调查矫正官员的盗窃、欺骗、腐败和管理不善。

［第 95A 条被 2008 年第 25 号法案第 70 条补充］

95B　规则的执行

国家委员必须设立一个单元，制定纪律程序，检举任何 95A 条规定调查的纪律问题。

［第 95B 条被 2008 年第 25 号法案第 70 条补充］

95C　国家委员的报告

（1）国家委员必须在提交议会的年度报告中作出专门说明，以介绍过程和结果：

（a）按照第 95 条服从监督；

（b）第 95A 条规定的调查；

（c）第 95B 条规定的纪律程序。

（2）国家委员，经请求，必须按照第（1）款规定向审查法官寄送任何说明的副本。

［第 95C 条被 2008 年第 25 号法案第 70 条补充］

第十二章　矫正部的官员

96　矫正官员的权力、职责和义务

（1）矫正部和每一位矫正官员在其服务中必须努力实现本法的目的，为此，每一位矫正官员必须履行本法规定的义务。

（2）（a）按照第（1）款的规定，矫正部作为雇主和每一位为矫正部服务的矫正官员之间的关系由《劳资关系法》和《公共服务法》规定。

（b）虽然《劳资关系法》表 8 第 6 条第（2）款，将矫正部的服务认定为该法第 71 条规定的重要服务，但一名提供此类服务的官员不遵守该法第四章规定，参与罢工，罢工对被监禁人、官员或公众构成威胁，如果依照该表 8 第 6 条第（1）款规定，此类解职是实质公平的，该官员可以即刻被解雇。

［第（2）款被 2008 年第 25 号法案第 71 条（a）款补充］

（3）按照该法和《劳资关系法》的规定，以及矫正部工作的要求，国家委员应当确定任命和晋升的资格，决定矫正官员的任命、晋升和调任，但是：

（a）主任或以上级别的矫正官员的任命和晋升需要与部长磋商；

（b）所有有资格的人的任命、晋升或调任都必须被考虑；

（c）对人的评定应当基于训练水平、相关技能、能力，和纠正过去不平衡的需要，以实现矫正部对南非人口更广泛的代表性，包括对人种、性别和残疾人的代表；

（d）尽管有（c）项的规定，国家委员可以按照规章的规定，批准任命、调任、晋升，以促进宪法第 195 条第（1）款涉及的基本价值和原则；

［（d）项被 2001 年第 32 号法案第 35 条（a）款补充］

（e）为了提升或调任的目的，国家委员可以豁免有特殊技能、经过特殊训练、提供特殊服务、成功完成部门规定的培训课程的矫正官员，使之不受报酬规则的约束。

（4）（a）国家委员可以任命非矫正部雇员的无报酬志愿者。

（b）此类人员与矫正官员有同样的义务，遵守同样的限制，只是其行使矫正官员权力的程度由国家委员决定。

（5）关于矫正官员的退休、辞职或解雇的规定包含在1959年《矫正法》（1959年第8号法案）中，除非矫正部议价委员会按照《劳资关系法》和《公共服务法》规定修订，继续有效。

［第（5）款被2001年第32号法案第35条（b）款、2008年第25号法案第71条（b）款补充］

97 权力委托

（1）部长可以按照本法将其任何权力委托给国家委员，但本法第134条规定的权力除外。

［第（1）款被2001年第32号法案第36条替代］

（2）国家委员可以按照本法或其他任何法律将其任何权力委托给任何矫正官员或其他矫正部雇佣的人，委托任何按照第（1）款规定的授权给副主任和以上级别的矫正官员。

［第（2）款被2001年第32号法案第36条替代］

（3）按照本条的任何委托在公报出版之日生效。

98 专业人员

任何国家委员任命的矫正官员直接开展与被监禁人和社区矫正已决犯的工作，保持其专业自由裁量权，但是仍然服从于所有不与其伦理或职业准则冲突的适用于矫正官员的规定。

［第98条被2008年第25号法案第72条替代］

第十三章　综合强制权

99 进入矫正中心

（1）一名宪法法院、最高上诉法院、高等法院法官和地方治安官在其职权范围内，可以随时视察矫正中心。

（2）第（1）款涉及的法官和地方治安官必须被允许进入矫正中心的任何部分，查阅任何文件记录，可以会见任何被监禁人，转交国家委员、部长、国家委员会或审查法官任何引起其注意的问题。

（3）（a）议会有关矫正服务的部长委员会和省级国家委员会相关委员会成员和全国委员会成员，可以随时视察任何一个矫正中心。

（b）（a）项涉及的成员必须被允许进入矫正中心的任何部分，查阅任何文件记录。

（4）当履行公职必需时，警长或副警长必须被允许接近任何被监禁人。

（5）国家委员可以许可第（1）—（4）款以外的任何人，为了特殊的和一般的目的，访问被监禁人、矫正中心或矫正中心的特定部分。

［第（5）款被2008年第25号法案第73条替代］

100　逮捕

（1）除了一名矫正官员作为《刑事诉讼法》规定的治安官享有逮捕权外，任何矫正官员可以在没有逮捕证的情况下，逮捕任何其合理怀疑犯有本法规定的罪行的人。

（2）《刑事诉讼法》适用于第（1）款规定的任何权力的行使，如矫正官员按照《刑事诉讼法》第40条规定作为治安官执行逮捕。

101　进入、搜查和没收

（1）除了矫正官员有权搜查被监禁人、被监禁人监舍和财产，按照第27条规定没收物品，矫正官员也有权进入任何处所，无须搜查证对其合理怀疑的人或场所进行搜查、没收物品，为了：

（a）维护被监禁人的安全监禁，矫正中心安全，控制矫正中心内人员和许可物品的进入；

［（a）项被2008年第25号法案第74条（a）款替代］

（b）执行任何被处社区矫正人的判决和命令；

（c）预防或收集任何按照本法规定的犯罪证据；

（d）调查矫正官员的盗窃、欺骗、腐败和管理不善。

［（d）项被2008年第25号法案第74条（b）款替代］

（2）尽管有第（1）款的规定：

（a）一名矫正官员不可以未经本人同意或国家委员授权搜查另一名矫正官员或没收其财产，但为了控制进入矫正中心或者维护矫正中心的安全监禁或使第（1）款（d）项生效，一般授权可以准予一名矫正官员搜查另一名矫正官员；

（b）不能在矫正中心之外采取第（1）款（c）项或（d）项规定的行动，除非治安官签发搜查证，但一名矫正官员可以在没有搜查证时采取第（1）款（c）项或（d）项规定的行动，当其有合理的根据相信：

（i）按照第（1）款（c）项或（d）项规定的授权行动，搜查证将被签发；

（ii）在获得搜查证的过程中延误时间将无法实现搜查的目的。

［第（2）款被2008年第25号法案第74条（c）款替代］

（3）（a）《刑事诉讼法》第21条有关向警官申请签发证件的规定，经必要的修改，适用于按照本条规定的矫正官员的行为。

（b）《刑事诉讼法》第27条有关禁入或由警官搜查的规定，经必要的修改，适用于按照本条规定的矫正官员的行为。

（c）《刑事诉讼法》第29条有关由警官指挥搜查的方式的规定，经必要的修改，适用于按照本条规定的矫正官员的行为。

（4）（a）国家委员可以通过拍卖的形式，出售按照本法规定的任何被没收财产或者由矫正部照管的死亡或者脱逃被监禁人的财产，如果其在被没收或死亡或脱逃后6个月内没有合法的主张。

（b）销售的收入可以由国家批准应用于任何符合条件的申请人，如果收入尚有所结余，必须被纳入国家收入基金。

（c）如果在（a）项提及的6个月期间之后，有人向国家委员证明其有合法的资格享有收入结余，则结余必须付给此人。

［第（4）款为2001年第32号法案第37条增加］

102　使用武力

（1）除按照本法和其他法律授权使用武力，包括戒具约束、非致命性装备、枪支和其他武器外，任何矫正官员被授权使用武力，对付那些帮助脱逃、扰乱、或威胁扰乱矫正中心运行或社区矫正执行条件的人。

（2）授权使用武力以实现第（1）款的目标，受到下列限制：

（a）没有其他手段可以使用，并与上述目标相称的最低限度武力；

（b）武力仅在矫正中心长官或社区矫正长官授权时才可以使用，除非矫正官员有理由认为立即使用武力是必要的、矫正中心长官或社区矫正长官会准许使用武力。

（3）在没有事先求援就使用武力的情况下，矫正官员必须尽可能快地报告矫正中心长官或社区矫正长官。

第十四章　公私合营矫正中心

103　公私合营矫正中心合同

（1）部长可以依据国家签订合同的法律规定，和财政部长、公共工程部长共同参与任何当事人的合同，设计、构建、资助、运营任何按照第 5 条已经建立或将要建立的矫正中心或矫正中心的一部分。

（2）运营矫正中心的合同期间不超过 25 年。

104　适用于合同的义务和限制

（1）按照本法规定，合同必须有助于维护和保护一个公正、和平和安全的社会，通过：

（a）按照本法规定的方式执行法院判决；

（b）在安全的监禁环境中拘禁所有的已决犯的同时确保其做人尊严；

（c）提高所有已决犯的社会责任和人的发展。

（2）在被通知签订合同后的 21 天内，承包人必须按照《劳资关系法》第 70 条规定建立基本服务委员会，将依照合同声明提供的所有服务作为一项基本服务。

（3）承包人只有在国家委员的事先许可下才可规定矫正中心规则。

（4）合同不可：

（a）对已决犯采取纪律处分或施加惩罚；

（b）参与决定或计算判决；

（c）决定对已决犯拘禁的矫正中心；

（d）决定对已决犯的安排和释放；

（e）参与社区矫正的执行；

（f）准予暂时离监；

（g）转包、放弃、转让或委派合同规定的任何职能，除非合同有授权。

105　总监的任命

国家委员必须为每一个公私合营矫正中心任命一名总监。

106　总监的权力、职责和义务

（1）总监必须监视公私合营矫正中心的日常运营，并向国家委员报告。

（2）总监可以命令承包人雇佣的主管和监护官员：

（a）按照第 27 条第（2）款（a）（b）（e）项规定指挥搜查；

[（a）项被 2001 年第 32 号法案第 38 条替代]

（b）在第 30 条规定的环境中单独拘禁一名已决犯或特定类别的已决犯；

（c）申请批准第 31 条规定的以戒具方式约束一名已决犯不超过 30 天的单独监禁；

[（c）项被 2008 年第 25 号法案第 75 条替代]

（d）按照第 32 条规定使用武力；

（e）按照第 33 条规定使用非致命性装备；

（f）按照第 34 条规定使用枪支；

（g）按照第 35 条规定使用其他武器。

107　主管的任命

（1）按照国家委员的事先批准，承包人必须任命一名主管，作为公私合营矫正中心的长官。

（2）主管是一名监护官员，遵守第 109 条规定的认证。

108　主管的权力、职责和义务

每个公私合营矫正中心主管：

（a）负责公私合营矫正中心的运营，同矫正中心长官享有同样的权力、义务和职责，遵守本法和合同规定的限制；

（b）为了本法第三章 C 部和《刑事诉讼法》第 340 条的目的，享有矫正中心长官的职责；

（c）在紧急情况下，主管可以授权暂时适用第 106 条第（2）款规定的措施，如果其相信获得授权耽误的时间会使该条规定的目标不能实现；

（d）必须尽快报告总监此类行动。

109　监护官员的任命

（1）承包人必须任命监护官员执行监护义务。

（2）任何承包人的雇员不得执行监护义务，除非其被国家委员认证为监护官员。

（3）监护官员可以由国家委员认证，只要规章规定的任职资格标准得到满足。

（4）国家委员必须保持注册登记：

（a）每名经认证的监护官员的全名和身份证号码；

（b）每名认证被暂停或撤销的监护官员的详细资料；

（c）国家委员要求的其他详细资料。

（5）（a）任何监护官员的认证可以由总监暂停：

（i）等待对任何罪行的审判；

（ii）等待任何纪律听证，对其渎职或履行职务有关的指控；

（iii）等待对其身体健康或履行监护义务能力的调查。

（b）总监必须告知国家委员对监护官员的停职决定。

（6）国家委员可以在监护官员被停职后，给予机会陈述、撤销停职或认证。

110　监护官员的权力和义务

监护官员享有本法规定的矫正官员的权力和义务，除了第104条第（4）款涉及的有关事项，或本法其他条款、规章或合同的限制。

111　保守机密

（1）承包人的每一位雇员，在有分包人的情况下，任何分包人的雇员，必须保守在被雇佣过程中获得的任何相关信息的机密，除非有关雇员：

（a）在职责过程中合理地披露这些信息的义务；

（b）国家委员授权披露；

（c）法律或法庭的强制规定。

（2）承包人或分包人必须在雇佣雇员时提醒其注意此项要求。

（3）任何人违反第（1）款和第（2）款的规定是犯罪行为，被定罪罚金或不超过6个月监禁或并处。

112　在公私合营矫正中心紧急情况下委员的权力

（a）如果，经与部长磋商后，国家委员认为：

（i）主管失踪，或可能失踪，有效控制一个公私合营矫正中心或其任何部分；

（ii）必要时，为了安全和可靠地控制一个公私合营矫正中心或其任何部分，国家委员可以任命临时负责人作为矫正中心长官，可以用矫正官员取代监护官员到必需的程度。

（b）（a）项所指的任命，确切的开始时间详细规定在临时负责人的书面任命通知里，并以书面通知结束。

（c）（b）涉及的任命期间：

（i）临时负责人履行主管的职责；

（ii）承包人和分包人必须尽最大的可能，帮助负责人履行这些职责。

（d）在作出或终止临时负责人的任命之后，只要可行，国家委员必须将这些行动通知承包人、主管和总监。

第十五章　犯罪行为

113　妨害矫正官员或监护官员

任何人：

（a）抗拒、阻碍、妨碍矫正官员或监护官员履行职务；

（b）为了迫使矫正官员或监护官员在其履行职务中做或不做任何行为，或威胁或暗示使用暴力反对或限制此类人或其任何亲属或家眷，或威胁毁坏任何此类人、矫正部或承包人的财产；

（c）帮助、共谋、引诱任何矫正官员或监护官员不履行职责或违背职责；

（d）参与、帮助或煽动矫正官员或监护官员逃避其任何法定委任行为；

（e）煽动或引诱被监禁人违反法定的规则、命令、本法的法规和规定，即为犯罪，应被定罪罚金，若不履行付款义务，判处不超过6年的监禁，或单处此类监禁，或并处监禁和罚金。

[（e）项被 2008 年第 25 号法案第 76 条替代]

114　妨害社区矫正条件

任何人帮助、共谋或引诱被社区矫正人违反条件，即为犯罪，应被判处罚金或判处不超过 5 年的监禁，或单处此类的监禁或并处监禁和罚金。

115　帮助脱逃

任何人：

（a）共谋或煽动任何被监禁人脱逃；

（b）帮助被监禁人从矫正中心或任何监禁地脱逃或企图脱逃；

[（b）项被 2008 年第 25 号法案第 77 条替代]

（c）为了帮助被监禁人脱逃，提供或同意提供供应，或帮助、煽动或引诱任何其他人为被监禁人提供任何文件、伪装或其他物品；

[（c）项被 2008 年第 25 号法案第 77 条替代]

（d）没有合法授权传递文件、物品，或引发上述物品被传递进、出矫正中心或监禁地；

（e）庇护或隐藏或帮助庇护、隐藏脱逃的被监禁人，即为犯罪，应被判处罚金，或判处不超过 10 年的监禁，或单处这样的监禁，或并处监禁和罚金。

116　非法释放被监禁人

任何人，没有合法授权，将被监禁人放出或允许其离开矫正中心或监禁地，即为犯罪，应被判处罚金，若不履行付款义务，判处不超过 8 年的监禁，或单处此类监禁，或并处监禁和罚金。

[第 116 条被 2008 年第 25 号法案第 78 条替代]

117　脱逃和潜逃

任何人：

（a）从监禁中脱逃；

（b）与他人共谋使自己或另一被监禁人得以脱逃，或帮助或煽动任何被监禁人从监禁中脱逃；

（c）持有任何文件或物品，意图使其自身或其他被监禁人脱逃；

（d）以任何方式与矫正官员或监护官员或其他任何人勾结，无论其是否在该矫正官员或监护官员或相关人的监管之下，在未获得合法授权或以欺诈方式离开矫正中心；

（e）被处社区矫正的人逃匿，以此躲避监督，即为犯罪，应被判处罚金或判处不超过10年的监禁，或单处这样的监禁，或并处监禁和罚金。

［第117条被2008年第25号法案第39条替代］

118　给予或接受金钱或其他报酬

（1）矫正官员或监护官员和其他人代理或受其雇佣者不得直接或间接：

（a）出售、供应或从为被监禁人或矫正中心出售或供应任何物品中获得利益或好处；

（b）在任何销售或提供此类物品的合同或协议中有利益。

（2）矫正官员不得直接或间接：

（a）在购买为矫正部使用的任何供应中有任何金钱利益，或从这类供应的承包人或卖方处接受任何折扣、礼物或其他报酬；

（b）除了执行矫正公务的目的，与任何被监禁人或任何与被监禁人相关的人存在金钱关系；

［（b）项被2008年第25号法案第79条替代］

（c）代表被监禁人，与任何人有任何未经授权的交流。

（3）除了支付罚金或按照本法制定的规则购买商品，不得有金钱或其他报酬，以无论任何借口，为被监禁人或被监禁人代表付款、结算、给予或许诺，无论在矫正中心服刑，或处于任何矫正官员、监护官员或服务于矫正部的任何人监管下的社区矫正，或受雇于承包人的之前、期间或之后。

（4）除了第（3）款的规定，矫正官员、监护官员或服务于矫正部的人，或受雇于承包人的人不得参与任何与被监禁人的商业交易，或偿付、接受或要求任何金钱，或其他报酬，或接受任何替代金钱或其他报酬的任何服务。

（5）任何人违反本条规定，即为犯罪，应被判处罚金，或不履行付款义务，判处不超过2年的监禁，或单处这样的监禁，或并处监禁和罚金。

119　为被监禁人供应特定物品

（1）没有合法授权，任何人不得：

（a）供应、运输或导致为任何被监禁人供应、运输，或隐藏或放置其使用任何文件、酒精饮料、印度大麻、毒品、鸦片、金钱，或任何其他物品；

（b）将任何文件、酒精饮料、印度大麻、毒品、鸦片、金钱带入或引进任何矫正中心或监禁地，或将任何其他物品在矫正中心出售或使用；

（c）自任何矫正中心，或从任何被监禁人处运送出任何文件或其他物品。

（2）矫正官员、监护官员或服务于矫正部的人，或受雇于承包人的人没有合法授权，不得允许或参与第（1）款禁止的行为。

（3）任何人违反本条规定，即为犯罪，应被判处罚金，或不履行付款义务，判处不超过4年的监禁，或单处此类监禁，或并处监禁和罚金。

120　被监禁人接受或寄送物品

任何被监禁人未经合法授权，直接或间接：

（a）向任何矫正官员、监护官员或服务于矫正部的人、或受雇于承包人的人，给予或发送、或承诺给予或发送，任何金钱或任何其他物品，作为在任何矫正中心之内、之外提供的或将要提供的任何服务的回报；

（b）参与同任何矫正官员、监护官员或服务于矫正部的人、或受雇于承包人的人之间的商业交易；

（c）为自己使用或代表任何其他被监禁人或人员，接受任何文件、酒精饮料、印度大麻、毒品、鸦片、金钱，或任何其他物品；

（d）安排任何矫正官员或监护官员或其他任何人，发送或运入矫正中心任何文件、酒精饮料、印度大麻、毒品、鸦片、金钱，或任何其他物品，为被监禁人自用或其代表使用；

（e）传递给任何矫正官员或监护官员或任何其他人以任何文件和其他物品，为了由这些人隐藏或放置，以便最终由被监禁人或其他人使用，或交付其使用，此行为属于犯罪，应被判处罚金，或不履行付款义务，判处不超过4年的监禁，或单处这样的监禁，或并处监禁和罚金。

121　向被监禁人出售或提供物品

（1）矫正官员或监护官员或其代理或雇佣的人，不得直接或间接：

（a）出售或供应或接收，任何从为被监禁人或为矫正部使用物品的销售或供应中获得的利益或好处；

（b）从任何销售或供应此类物品的合同或协议中获得任何利益；

（c）在购买任何供矫正部使用的供应中有金钱利益，或从承包人或供应卖方处接受任何回扣、礼物或其他报酬；

（d）除了执行矫正职责的目的外，与被监禁人或有关被监禁人、其他任何人有金钱关系；

（e）为了被监禁人，与任何人有未经授权的交流。

（2）任何人违反本条规定，即为犯罪，应被判处罚金，若不履行付款义务，判处不超过1年的监禁，或单处这样的监禁，或并处监禁和罚金。

122　非法进入矫正中心，与被监禁人交流或干扰被监禁人

任何人没有合法授权：

（a）进入任何矫正中心或在矫正官员或监护官员或南非警察部门成员的命令下没有离开；

（b）与被监禁人交流；

（c）以任何方式干扰任何被监禁人或任何被监禁人群体；

（d）为了破坏矫正中心安全或被监禁人的安全监禁，拥有或发布矫正中心或矫正中心一部分或任何安全系统的草图、图表或照片，即为犯罪，应被判处罚金，或不履行付款义务，判处不超过4年的监禁，或单处这样的监禁，或并处监禁和罚金。

123　禁止出版

（1）任何人不得出版任何描述矫正中心生活或条件，藉此可以确认特定被监禁人的出版物，除非有关被监禁人准予这样的出版。

（2）（a）任何人不得未经国家委员许可出版描述正在服刑的被监禁人或被社区矫正人罪行的出版物。

［（a）项被2008年第25号法案第80条（a）款替代］

（b）但是，如果出版的信息构成官方法庭记录的一部分，则不需要被监禁人和国家委员的许可。

（3）国家委员可以拒绝这样的许可，只要其认为出版可能破坏第36条说明的刑罚执行目标或者第50条说明的社区矫正目标。

（4）（a）任何人不满国家委员按照第（2）款和第（3）款作出的准予或拒绝许可的决定，可以在被告知决定后的10天内将问题提交部长。

（b）部长必须确认或撤销该决定。

［第（4）款被2008年第25号法案第80条（b）款替代］

（5）被监禁人和被社区矫正人不得从任何描述正在服刑的被监禁人和被社区矫正人罪行的出版物中获益，或直接或间接接受任何报酬或酬劳。

（6）任何被监禁人或任何其他人违反第（1）（2）（5）款的规定，即为犯罪，应被判处罚金，或不履行付款义务，判处不超过2年的监禁，或单处这样的监禁，或并处监禁和罚金。

（7）法院按照本条对被监禁人或任何其他人定罪，可以宣布此类被监禁人和人员或代表接收的任何报酬或酬劳，没收给国家。

［第（7）款被2008年第25号法案第80条（c）款替代］

124　非法穿戴矫正部服装、标志，或已决犯服装

任何非授权人穿戴或使用：

（a）矫正部的服装、特殊标志，或者矫正部或监护官员的徽章；

（b）规定的已决犯服装，或任何类似欺骗性的服装，即为犯罪，应被判处罚金，若不履行付款义务，判处不超过18个月的监禁，或单处这样的监禁，或并处监禁和罚金。

［第124条被2008年第25号法案第81条替代］

125　冒充官员

任何人假扮成矫正官员或监护官员，即为犯罪，应被判处罚金，若不履行付款义务，判处不超过2年的监禁，或单处这样的监禁，或并处监禁和罚金。

126　虚假陈述

任何人通过虚假陈述的方式获得矫正官员或监护官员的任命，即为犯罪，应被判处罚金，若不履行付款义务，判处不超过1年的监禁，或单处这样的监禁，或并处监禁和罚金。

127　非法披露信息

任何矫正官员或监护官员或服务于矫正部或受雇于承包人、分包人的任何人，非法披露其知道或有合理预期其知道的信息，这样的披露会对矫正部或承包人依照本法规定的权力和职责的运作和履行产生不良影响，该披露行为即为犯罪，应被判处罚金，若不履行付款义务，判处不超过 1 年的监禁，或单处这样的监禁，或并处监禁和罚金。

128　非法使用或修改计算机材料

（1）本条的目的：

（a）“使用计算机”包括通过任何方式使用包含在计算机的随机存储器或被任何计算机存储在任何存储介质中的任何程序或数据，无论这些存储介质是否物理地附属于计算机，此类存储介质属于矫正部或监护官员，或在其控制之下；

（b）“任何计算机内容”包括任何计算机的物理部件，以及包含在或存储在（a）项规定的介质中的任何程序或数据；

（c）“修改”包括暂时或永久的更改；

（d）“在计算机上执行操作”包括复制和下载；

（e）“非法使用”包括由被授权的人使用计算机，但未被授权获取存储在计算机内的特定程序或数据，或在某段暂时未被授权的时间内使用这样的计算机、程序或数据。

（2）任何人故意非法使用属于矫正部、承包人、矫正官员或监护官员有权使用的计算机，或获得存储在计算机内的程序或数据，即为犯罪，应被判处罚金，若不履行付款义务，判处不超过 2 年的监禁，或单处这样的监禁，或并处监禁和罚金。

（3）任何未经授权的人在属于矫正部或承包人或受其控制、或矫正官员或监护官员有权使用的的计算机上执行某项操作，即为犯罪，应被判处罚金，若不履行付款义务，判处不超过 2 年的监禁，或单处此类监禁，或并处监禁和罚金。

（4）任何人为了损坏任何计算机的操作、计算机存储的数据的操作或可靠性、阻止或阻碍使用存储在任何计算机中的任何程序或数据，而故意修改属于矫正部或承包人或受其控制的、矫正官员或监护官员有权使用的计算机内容的行为，即为犯罪，应被判处罚金，若不履行付款义务，判处不超过5年的监禁，或单处此类监禁，或并处监禁和罚金。

（5）南非共和国法院有权审判犯本条规定之罪的任何人，无论此类犯罪是否在南非共和国之外：

（a）被告在南非共和国；

（b）所涉及的计算机在南非共和国；

（c）被告是南非共和国公民。

129 间接共谋

在此不得违背任何具体条款，任何人帮助、共谋或煽动另一人违反本章任何规定，即为犯罪，按照本章规定定罪处罚。

第十六章 总 则

130 ……

［第130条被2002年第40号法案第2条第（1）款废止］

131 被社区矫正人履行服务造成的财产继承损失责任

如果发生正在社区矫正的人在此类服务过程对侵权行为或不作为负有责任，持续的损失可由国家恢复。

132 矫正中心餐厅的建立、管理和特定款项免除

（1）国家委员可以批准建立矫正官员及其家庭和规章规定的其他人或类别的人专用或受益的餐厅，按照规章规定的条件和方式管理，其中必须包括关于餐厅业务终结时的清算和分配资产的条件。

［第（1）款被2001年第32号法案第40条替代］

（2）任何人按照任何法律或规章建立第（1）款规定的任何餐厅，都无须支付执照费或费用、法定课税。

（3）有部长签名的官方文件，或一位由部长授权的人签署任何此类文件，表明部长已认证，是该餐厅符合第（1）款规定的决定性证明。

（4）“餐厅”条款的目的包括：

（a）矫正部官员的任何餐厅、或矫正部的任何机构、或任何临时性或永久性的用于提供娱乐、茶点、必需品的为矫正部官员及其家庭、规章规定的其他人和某类人专用或受益的处所；

（b）在本法生效之前，被部长或其授权的任何人按照第（3）款认证的任何餐厅，应当被认为是按照第（1）款援引的条件和方式建立的餐厅。

133　物品、供应和服务的协议

（1）只要可行，所有国家部门必须，以财政部长决定的公平合理的价格，购买由矫正部已决犯劳动制造的物品和日常用品。

［第（1）款被2008年第25号法案第82条替代］

（2）国家委员为了公共利益或者任何值得无偿提供的慈善利益，可以授权特定的必要服务或者应急服务。

134　规章

（1）部长可以在不违反本法的情况下制定规章：

（a）被监禁人的安全监管和维护矫正中心良好的秩序、纪律和安全；

（b）规定登记注册和记录被监禁人身份信息、收监和释放的日期和时间、授权、被监禁人个人的和犯罪记录的程序；

（c）被监禁人收监体检所应遵守的程序；

（d）对于已决犯的评估；

（e）由矫正中心的矫正官员接收和安全监管的属于被监禁人的金钱或其他物品，及在被监禁人脱逃、死亡或无人认领时对此类财产的处置；

［（e）项被2001年第32号法案第41条（a）款替代］

（f）为被监禁人提供住宿，有关监舍的占地面积、立方容积、采光、通风、卫生设备和一般卫生条件；

（g）基于年龄、性别、健康和安全风险的考虑，对被监禁人的分类；

（h）被监禁人的场所、转移、暂时离监、安置和释放；

（i）被监禁人饮食的特别规定，儿童和孕妇的营养需求、其他种类被监禁人因身体条件要求的规定饮食；

（j）为被监禁人提供和穿用的服装和卧具；

（k）有关被监禁人日常活动和卫生保健中应维护的卫生标准；

（l）被监禁人亲属和其他人到矫正中心探访，安排被监禁人与执业律师咨询；

（m）在已决犯的释放安置之前提供金钱、食物、服装、路费、运输方式；

[（m）项被2008年第25号法案第83条（a）款替代]

（n）被监禁人死亡所应遵循的程序；

（o）通知死亡被监禁人的直系亲属及运送和处置遗体；

（oA）从矫正中心图书馆获得任何出版物、视听资料、影片或计算机程序，从矫正中心外发送给被监禁人或由被监禁人使用的方式；

[（oA）项被2001年第32号法案第41条（b）款补充]

（oB）女性被监禁人被允许带孩子的条件；

[（oB）项被2001年第32号法案第41条（b）款补充]

（p）财政和其他支持机构、社会代理机构和个人，促进已决犯或被社区矫正人的社会责任和人的发展，包括建立一个或多个基金支持这些目标；

[（p）项被2001年第32号法案第41条（c）款补充]

（q）准许何人进入矫正中心；

[（q）项被2001年第32号法案第41条（d）款补充]

（r）被监禁人请求和申诉的方式，他们会如何被矫正官员和监护官员对待；

（s）对被监禁人的纪律处分程序，及对作出的处罚的执行和实施；

（t）已决犯在行使上诉、复审或赦免权利或提出任何或进一步陈述或意见书所遵循的程序；

（u）作为违反纪律的处罚的被限制使用的娱乐设施，和允许未决犯使用的娱乐设施；

（v）搜查将进入矫正中心和在矫正中心之内的人员；

（w）检查、没收和处置在任何矫正中心内发现的任何文件和其他物品；

（x）获准使用的戒具约束和可被使用的方式；

（y）获准使用的非致命性武器和可被使用的方式；

（z）枪支和非致命性武器之外的武器的使用、使用记录和使用训练；

[（z）项被 2001 年第 32 号法案第 41 条（e）款补充]

（aa）使用武力时（包括枪支）的报告程序；

[（aa）项被 2001 年第 32 号法案第 41 条（f）款补充]

（bb）为被监禁人训练和使用，提供和配备车间和其他设施，并为此供应原料；

（cc）有关已决犯工作的工作时间、报酬和条件；

（dd）案件管理委员会成员的构成、任期和会议主持程序；

[（dd）项被 2001 年第 32 号法案第 41 条（g）款补充]

（ee）参与已决犯的劳动或服务合同或其劳动或服务的产品的合同；

（ff）获得和记录有关被社区矫正人的信息；

（gg）社区矫正办公室的构成和监管；

（hh）任命和服务条件，包括矫正官员和志愿工人的纪律规则和程序，不包括按照《公共服务法》确定的高级管理官员和与其相关的个人问题。

[（hh）项被 2008 年第 25 号法案第 83 条（b）款替代]

（ii）按照 1959 年《矫正法》（1959 年第 8 号法案）第 94 条第（1）款（b）项 2 建立的医疗计划的管理和控制，为矫正官员和其他有资格的人提供医疗，成员计划，成员捐款、权利、特权和成员义务，资产、权利、债务的归属和计划的义务，基金资产的处置和计划通常所有合理必要问题的适当运作；

[（ii）项被 2001 年第 32 号法案第 41 条（h）款补充]

（jj）按照 1959 年《矫正法》（1959 年第 8 号法案）第 94 条第（1）款（b）项 3 建立的私人基金的管理和控制，为了矫正官员或其他人在财政或其他方面的发展和支持，为基金自愿捐款，符合基金目的的资金使用，基金通常所有合理必要问题的适当运作；

[（jj）项被 2001 年第 32 号法案第 41 条（j）款补充]

（kk）矫正官员、临时矫正官员、无报酬的志愿工人、公私合营矫正中心的主管和监护官员的权力、义务和职责，矫正中心的通常运作；

（kkA）为了搜查或康复而拘留被监禁人，通过正常排泄物、吞咽物等必需的方式搜查；

[（kkA）项被 2001 年第 32 号法案第 41 条（j）款补充]

（kkB）可能用于被监禁人的戒具约束的类型，其申请和报告程序；

[（kkB）项被 2001 年第 32 号法案第 41 条（j）款补充]

（kkC）电子和其他监视装置的使用和其申请程序；

[（kkC）项被 2001 年第 32 号法案第 41 条（j）款补充]

（kkD）对被判有期徒刑的被监禁人的拘留程序；

[（kkD）项被 2001 年第 32 号法案第 41 条（j）款补充]

（kkE）餐厅的建立、管理和使用，在业务终结时的资产清算和分配；

[（kkE）项被 2001 年第 32 号法案第 41 条（j）款补充]

（kkF）按照 1959 年《矫正法》（1959 年第 8 号法案）第 88 条建立的餐厅的管理和使用，和在业务终结时的资产清算和分配；

[（kkF）项被 2001 年第 32 号法案第 41 条（j）款补充]

（kkG）按照 1959 年《矫正法》（1959 年第 8 号法案）公布的规章第 7A 条建立的俱乐部的管理和成员资格，和新俱乐部的建立和成员资格；

[（kkG）项被 2001 年第 32 号法案第 41 条（j）款补充]

（kkH）当按照该条第（2）款（f）项和（g）项和第（3）款规定行动时，第 95（3A）条规定的单元职能的适当履行；

[（kkH）项被 2001 年第 32 号法案第 41 条（j）款补充]

（ll）通常，为实现本法目的的所有必需的或应急的事项，必须或可以按照本法由规章规定。

[（ll）项被 2001 年第 32 号法案第 41 条（k）款补充]

（2）国家委员可以签发不与本法一致的命令，据此作出的规定，所有矫正官员和其他适用命令的人必须遵守：

（a）可能发生的为被监禁人付款，或者考虑到安全保管、释放或处置属于被监禁人的金钱、贵重物品或其他物品的条件和环境；

（b）被监禁人的沐浴和淋浴；

（c）卧具的卫生要求；

（d）特殊饮食的规定；

（e）收监时的服装和卧具的规定；

（f）为宗教和文化目的的服装穿着；

（g）被监禁人选择的执业医师服务的使用；

（h）提供国家付费的医疗救助设施，不包括外科手术植入；

（i）有关环境卫生条件问题和与健康有关议题的报告；

（j）当被监禁人被转移时，矫正中心长官必须允许被监禁人通知其配偶、伙伴或直系亲属的方式；

（k）提供给被监禁人的有益于其身心健康的娱乐活动；

（l）图书馆的建立和维护；

（m）被监禁人的鉴别详情记录；

［（m）项被2008年第25号法案第83条（c）款替代］

（n）为鉴别的目的对被监禁人采集指纹和照相；

［（n）项被2008年第25号法案第83条（c）款替代］

（o）戒具约束的适用方式；

（p）事件和使用非致命性装备行动的报告；

（q）枪支的操作；

（r）枪支使用的报告；

（s）枪支操作的常规安全措施；

（t）矫正官员使用除非致命性装备和枪支以外的武器类型；

（u）警棍的使用；

（v）烟火装置使用的程序；

（w）被监禁人可用的娱乐设施；

（x）已决犯在周日或其他休息日完成的工作和工作报酬；

（y）接受医疗的被监禁人的释放报告；

（z）对未决犯的娱乐限制；

（aa）缓刑矫正官员的任命；

（bb）矫正部任命的申请人的健康和安全要求；

（cc）根据任命提供给矫正官员的书面雇佣合同；

（dd）矫正官员在矫正部之外从事有报酬工作的条件；

（ee）矫正部服装和装备用品的分配、穿着和维护条件；

[（ee）项被 2008 年第 25 号法案第 83 条（d）款替代]

（ff）矫正官员的服务终止；

（gg）矫正官员从矫正部辞职的条件；

（hh）……

[（hh）项被 2008 年第 25 号法案第 83 条（e）款删除]

（ii）休假的类别和休假条件的差异；

（jj）生活津贴的支付和资格条件的差异；

（kk）调任的矫正官员的个人和家庭用具由国家付费运输；

（ll）设施基金的托管委员会的权力、职责和义务；

（mm）控制矫正部的餐厅的委员会职能的结构和执行；

（nn）有统计价值信息的获得和研究；

（oo）矫正中心长官必须允许特定人进入矫正中心的条件；

（pp）通常，适用于本法或规章的所有必需和应急事项。

[第（2）款被 2001 年第 32 号法案替代]

（3）规章可以规定对于违反或不遵守规章的处罚，在随后的违反和不遵守的情况下，还会有其他处罚。

此类处罚可能由罚金或不超过 6 个月监禁构成，或单处监禁，或并处监禁和罚金。

（4）如果部长认为，规章不适合某个矫正中心或社区矫正办公室，可以修改对该矫正中心或社区矫正办公室的适用。

（5）部长必须将拟议的规章提交国会上下两院中与矫正部相关的议会委员会讨论。

135 国家受法律约束

本法对国家具有约束力。

136 过渡性条款

（1）任何人在第四、六、七章生效前刚开始按照1959年《矫正法》（1959年第8号法案）规定服监禁刑，则涉及其社区矫正的处置，将由矫正监管和假释委员会按照这些章生效之前的假释委员会所适用的政策和指导方针考虑作出此类释放和安置。

（2）在考虑按照第（1）款规定服确定的监禁刑的已决犯的释放和安置时，此类已决犯必须按照1959年《矫正法》（1959年第8号法案）第22A条积满最高的积分。

（3）（a）任何在第四、六、七章生效前刚服终生监禁刑的已决犯，有权在其服刑20年后被考虑日间假释或假释。

（b）（a）项规定的已决犯的案件，必须提交国家委员会，国家委员会必须向部长作出建议对此类已决犯准予日间假释或假释。

（c）如果国家委员会的建议是适宜的，部长可以根据具体情况，命令对已决犯准予日间假释或假释。

（4）如果某人在第四、六、七章生效后被宣判为终生监禁刑，但其终生监禁刑在生效之前已经执行，则该案必须提交部长，部长必须与国家委员会磋商，考虑准予其日间假释或假释。

［第（4）款被2008年第25号法案第84条替代］

［第136条被2001年第32号法案第42条替代］

137 法律的废除

本法制作了附表，据此废除或修改的范围陈列在附表第3列。[①]

---

① 本条所称“废除或修改的范围”仅指1998年《矫正法》（1998年第111号法案）生效后对1959年《矫正法》（1959年第8号法案）和1977年《刑事诉讼法》（1977年第51号法案）的废除或修改。其中，对1959年《矫正法》整体废除（但部分条款依然有效），对1977年《刑事诉讼法》的修改依照1998年《矫正法》，但在此后1998年《矫正法》又被多部法律修改，本文对相关条文都作出了说明，故原附表不再列出。

138 简称和开始

（1）本法称作1998年《矫正法》，生效日期由总统在公报上公告确定。

（2）有关本法的不同规定，不同的日期可以按照第（1）款确定。

（3）不同的日期可以由总统在公报上公告确定，以废除1959年《矫正法》（1959年第8号法案）的不同规定。

域外最新刑事执行法律法规选编

A Compilation of The Latest Extraterritorial Laws and Regulations on Criminal Execution

第三卷

司法部预防犯罪研究所 编

中国法制出版社
CHINA LEGAL PUBLISHING HOUSE

CONTENTS | 目录

日本刑事收容设施及被收容者处遇法

平成十七年（2005 年）法律第五十号

平成十八年（2006 年）七月一日施行

最终更新至平成二十六年（2014 年）六月十三日

目　录

第一编　总　则

第一章　通　则

（目的）

第一条　本法律是为正确适当地对刑事收容设施（包括刑事设施、留置设施、海上安保留置设施）进行管理，同时尊重被收容者、被留置者及海上安保被留置者的人权，根据本人情况进行切合实际的处遇为目的而制定的。

（定义）

第二条　本法律中使用的用语含义，分别在以下各号中规定。

一　被收容者，指被收容在刑事设施里的人。

二　被留置者，指被留置在留置设施里的人。

三　海上安保被留置者，指被留置在海上安保留置设施里的人。

四　受刑者，指判处惩役刑、禁锢刑或者拘留刑的人。

五　惩役受刑者，指为执行惩役刑［包括国际受刑者移送法（平成十四年法律第六十六号）第十六条第一项第一号的协助刑］而被收容在刑事设施里的人。

六　禁锢受刑者，指为执行禁锢刑（包括国际受刑者移送法第十六条第一项第二号的协助刑）而被收容在刑事设施里的人。

七　拘留受刑者，指为执行拘留刑而被收容在刑事设施里的人。

八　未决拘禁者，指被逮捕者、被勾留者以及其他未决而被收容在刑事设施里的人。

九　被逮捕者，指根据刑事诉讼法（昭和二十三年法律第一百三十一号）的规定被逮捕而收容在刑事设施里的人。

十　被勾留者，指根据刑事诉讼法的规定，被勾留在刑事设施里的人。

十一　死刑确定者，指接受死刑宣告后被收容在刑事设施里的人。

十二　各种被收容者，指除受刑者、未决拘禁者及死刑确定者以外的被收容在刑事设施里的人。

第二章　刑事设施

（刑事设施）

第三条　刑事设施收容下列人员并在设施内为他们提供必要的处遇。

一　执行惩役刑、禁锢刑或拘留刑而被收容的人。①

二　根据刑事诉讼法的规定被逮捕而被收容的人。

三　根据刑事诉讼法的规定被勾留的人。

四　死刑宣告后被收容的人。

五　上述各号所列人员以及根据法令的规定应当由刑事设施收容的人

（被收容者的分离）

第四条　根据以下情形，对被收容者按照不同类别进行分离。

一　性别。

二　区别受刑者（不包括未决拘禁者）、未决拘禁者、未决拘禁的服刑者、死刑确定者以及各类被收容者。

三　区别惩役刑服刑者、禁锢刑服刑者以及拘留刑受刑者。

2②　尽管有前项规定，但服刑者应从事第九十二条或第九十三条规定的劳动作业种类的，如果需要该受刑者和其他被收容者协作从事伙食配给劳动或其他劳动作业时，可以不划分同项第二号及第三号的类别。

3　尽管有第一项的规定，但在认为适当时，在居室（居室指由刑事设施最高长官为被收容者主要的休息和就寝所指定的房间，下编第二章亦同）之外

---

① 日本刑法规定的刑罚主刑种类为：惩役刑、禁锢刑、拘留刑。中国刑法规定与之差异较大，在中国法律体系中拘留不属于刑罚。——编者注

② 日文法律序号与我国习惯殊异：日文法条之下的款项用 1、2 等阿拉伯数字标示，但 1 不标出；其下层级用汉文数字一、二、三标示；再下用日文数字标示，本文将日文数字改为加圈的阿拉伯数字表示。——编者注

的场所，可以不划分同项第三号所规定的类别。

（实地监察）

第五条 为了使该法律得到正确的实施，法务大臣有权从其职员中指定监察官，每年必须在各个刑事设施进行一次以上的实地监察。

（听取意见）

第六条 为了使刑事设施适当正确地运营，刑事设施长应当尽量听取相关的机关、公司团体职员以及具有丰富学识经验的人的意见。

（刑事设施视察委员会）

第七条 刑事设施里设置刑事设施视察委员会（以下简称“委员会”）。

2 委员会视察所在的刑事设施后，应当向刑事设施长陈述意见。

（组织等）

第八条 委员会由委员十人组成。

2 委员不仅应当具有较高的人格素质，而且应当从热心于改善刑事设施运营的人员中挑选，由法务大臣任命。

3 委员的任期为一年，可以连任。

4 委员为非常勤工作人员。

5 除前面的各项规定之外，委员会的组织及运营等必要的事项由法务省令加以规定。

（向委员会提供信息以及保证委员的视察）

第九条 根据法务省令，刑事设施长针对刑事设施运营的状况，应当定期或者在必要时向委员会提供信息情报。

2 委员会为了准确把握刑事设施的运营状况，由其委员对刑事设施进行视察。该种场合下，委员会认为有必要时，可以请求刑事设施长协助委员和被收容者进行会见。

3 对于委员视察以及和被收容者会面等事项，刑事设施长必须给予协助。

4 尽管有第一百二十七条（包括准用于第一百四十四条的场合）、第一百三十五条（包括准用于第一百三十八条和第一百四十二条的场合）以及第一百四十条的规定，但是，不得检查被收容者向委员会提出的书面报告。

（将委员会意见进行公示）

第十条　法务大臣每年将委员会向刑事设施长陈述的意见以及将刑事设施长所采取的措施进行归纳后，对主要内容进行公示。

（法官及检察官的巡视）

第十一条　法官和检察官可以巡视刑事设施。

（参观）

第十二条　当有人提出参观刑事设施的申请时，若刑事设施长认为适当便可以允许参观。

（刑务官）

第十三条　根据法务省令决定，刑务官由法务大臣从刑事设施的职员中任命。

2　刑务官的级别，由法务省令决定。

3　要让刑务官对于被收容者的人权有深刻的理解，应当使其掌握为正确适当地对被收容者实施处遇的必要知识和技能，同时，为提升业务能力进行必要的研修和培训。

第三章　留置设施

（留置设施）

第十四条　在都道府县的警察署设置留置设施。

2　留置设施是对以下所列人员进行拘留，并对其实行必要处遇的设施。

一　根据警察法（昭和二十九年法律第一百六十二号）以及刑事诉讼法的规定，留置都道府县警察署的警官即将逮捕的人员或者已经被逮捕的人员。

二　前号所列人员，因下条第一项规定的适用，根据刑事诉讼法规定被勾留的人员。

三　除前两号所列人员之外，根据法令规定，能够被留置在留置设施的人员。

第十五条　除以下人员之外，第三条各号中所述人员可不被收容于刑事设施，而是留置在留置设施中。

一　因要执行惩役刑、禁锢刑或拘留刑罚而被拘押人员（不包括依据刑事诉讼法及其他法令的规定，除执行前述刑罚之外因逮捕、勾留及其他事由而拥有被拘置身份的人员）。

二　因判决死刑而被拘置的人员。

三　依据少年法（昭和二十三年法律第一百六十八号）第十七条之四第一项、少年院法（平成二十六年法律第五十八号）第一百三十三条第二项及少年鉴别所法（平成二十六年法律第五十九号）第一百二十三条规定，被暂时收容的人员。

四　依据逃亡犯罪人引渡法（昭和二十八年法律第六十八号）第五条第一项、第十七条第二项或第二十五条第一项、国际搜查共助法（昭和五十五年法律第六十九号）第二十三条第一项，或者以及有关国际刑事裁判所合作法（平成十九年法律第三十七号）第二十一条第一项或第三十五条第一项规定被拘禁的人员。

2　法务大臣可要求国家公安委员会关于拘留设施的运行情况进行说明，其拘留措施依据前项规定进行，或者可要求其对依据前项规定而被留置者的处遇陈述意见。

（留置业务管理者等）

第十六条　关于管理与留置设施相关的留置业务人员（以下称“留置业务管理者”），如果其留置设施设在警视厅、道府县警察本部或方面本部（第二十条中称“警察本部”），则由警视总监、道府县警察本部部长或方面本部部长（以下称“警察本部部长”）从警视等级以上的警官中指定，如果留置设施设在警察署则应当由警察署长担任。

2　为加深被留置者对人权的理解以及妥善、有效处理被留置者的处遇，应当让从事与留置设施相关的拘留业务方面的警官（以下称“留置担当官”）学习必要知识和技能，以及进行必要的研修和训练，以提升自我。

3　留置担当官不得从事与被留置在其留置设施中的被留置者相关的犯罪调查。

（分离被留置者）

第十七条　应当依据以下区别分离各被留置者。

一　性别。

二　是否拥有受刑者身份的区别。

2　与前项规定无关，在维持留置设施纪律、秩序等管理运营方面产生需要的情况下，如果判定对被留置者的处遇不会带来不良影响，则可以依据同项第二号中所述的区别不进行分离。

（实地监察）

第十八条　为确保本法得以正确施行，警察本部部长可依据都道府县公安委员会（在所在地为道警察本部以外的情况下，则为方面公安委员会。以下称“公安委员会”）制定的规定，从其工作人员中指定监察官，监察官必须每年对各留置设施进行至少一次的实地监察。

（巡查）

第十九条　为确保被留置者处遇的统一，使得本法得以正确施行，警察厅长应当依据国家公安委员会制定的规定，派其指定的工作人员巡查留置设施。

（留置设施视察委员会）

第二十条　在警察本部设置留置设施视察委员会（以下在本章中称“委员会”）。

2　委员会视察与其所在的警察本部相关的由都道府县警察管辖的区域内的留置设施（如为道警察本部，则为包括其所在地方面的区域内的留置设施，如为方面本部则为该方面区域内的留置设施），应当将其视察、运营情况向拘留业务管理者进行意见陈述。

（组织等）

第二十一条　委员会委员（以下各条及下一条第二项中称“委员”）由公安委员会从拥有高水平的人格素质且热衷于留置设施运营改善工作的人员中任命。

2　委员为非常勤人员。

3　委员及前任委员不得泄露通过职务了解到的秘密。

4　除前三项规定的内容之外，委员的定额人数和任期及其他委员会的组织和任期相关必要事项由条例进行规定。在此情况下，委员的定额人数和任期应当参照国家公安委员会制定的标准。

（向委员会提供信息及委员视察等）

第二十二条　根据公安委员会的规定，留置业务管理者，应当就留置设施运营的状况定期或者必要时向委员提供情报。

2　委员会未来掌握留置设施运营的情况，可以由委员对留置设施进行视察。在此情形下，委员会认为必要时，可以要求留置业务管理者为其与被留置者的会见提供协助。

3　留置业务管理者，必须为前项中的视察以及被留置者的会见提供协助。

4　不论第二百二十二条的规定，不能对被拘留者向委员会提出的书面材料进行检查。

（委员会意见等的公布）

第二十三条　警察本部部长应当每年将委员会对留置业务管理者陈述的意见和留置业务管理者基于此采取的措施的相关内容进行总结，并发表概要。

（刑事设施相关规定的适用）

第二十四条　第六条、第十一条以及第十二条的规定，对留置设施适用。在此情形下，第六条以及第十二条中"刑事设施长"替换为"留置业务管理者"。

第四章　海上安保留置设施

（海上安保留置设施）

第二十五条　在管区海上安保本部、管区海上安保本部的事务所或海上安保厅的船舶中设立海上安保留置设施。

2　海上安保拘留设施留置下述人员时，应当将该设施设置成符合此类人员必要处遇的设施。但是，如果在迫不得已的情况下，无法留置在设置于管区海上安保本部或管区海上安保本部的事务所中的海上安保留置设施，则可留置在设置于海上安保厅船舶中的海上安保留置设施。

一　海上安保官或海上安保副官依据海上安保厅法（昭和二十三年法律第二十八号）和刑事诉讼法规定所逮捕或接收的已被逮捕者，其中的被留置者。

二　除前号中的人员之外，依据法令中的规定，判定可留置于海上安保留置设施的人员。

（海上安保留置业务管理者等）

第二十六条　关于海上安保留置设施相关留置业务管理者（以下称"海上

安保留置业务管理者”），如其为设置在管区海上安保本部中的海上安保留置设施，则由管区海上安保本部部长指定的海上安保长官担任，如其为设置在管区海上安保本部事务所的海上安保留置设施，则由该事务所所长担任，如其为设置在海上安保厅船舶中的海上安保留置设施，则由该船舶的船长担任。

2　为加深海上安保被留置者对人权的理解以及妥善、有效处理海上安保被留置者的处遇，应当让从事与海上安保留置设施相关的留置业务方面的海上安保官和海上安保副官（以下称“海上安保留置担当官”）学习必要知识和技能，并进行必要的研修和训练，以提升自我。

3　海上安保留置担当官不得从事与被留置在其海上安保留置设施中的海上安保被留置者相关的犯罪调查。

（海上安保被拘留者的分离）

第二十七条　应当依据性别将海上安保被留置者相互之间进行分离。

（实地监察）

第二十八条　为确保本法得以正确施行，海上安保厅长官可从其工作人员中指定监察官，监察官必须每年对各海上安保拘留设施进行至少一次的实地监察。

（刑事设施相关规定的适用）

第二十九条　第六条、第十一条和第十二条规定适用于海上安保留置设施。在此情况下，经换读后，第六条和第十二条中的“刑事设施长”换用为“海上安保留置业务管理者”。

第二编　被收容者等的处遇

第一章　处遇的原则

（服刑者处遇的原则）

第三十条　服刑者处遇应当针对本人的素质及成长环境，为提高其自觉性、唤醒其改善更生的意愿，以及养成适应社会生活的能力为宗旨进行。

（未决拘禁者处遇的原则）

第三十一条　未决拘禁者的处遇应当考虑到其未决的情况，特别注意防止其逃跑或者毁灭罪证，并尊重其辩护权的行使。

（死刑确定者处遇的原则）

第三十二条　死刑确定者的处遇应当考虑到其情感的稳定。

2　对于死刑确定者，应当采取有助于稳定其情感的咨询、谈话和其他措施，必要时可寻求民间志愿者的合作。

第二章　刑事设施中被收容者的处遇

第一节　收容的开始

（收容开始时的告知）

第三十三条　被收容者在本刑事设施收容时，刑事设施长必须告知以下事项。本刑事设施以外的人成为被收容者之后也同样如此。

一　关于物品的提供及自备的事项。

二　第四十八条第一项规定的私人物品保管及其他现金的管理事项。

三　保健卫生及医疗事项。

四　宗教方面的行为、仪式以及教诲事项。

五　关于书籍等［主要指书籍、杂志、报纸及其他文章书刊图画（书信除外），以下亦同］阅览事项。

六　第七十四条第一项规定的事项。

七　会见及书信收发的事项。

八　关于处罚的事项。

九　针对申请审查时可能采取的措施，审查厅以及审查申请期间的其他申请事项。

十　第一百六十三条第一项规定的提出申告所应当为的行为、申告机关以及申告期间其他同项规定的申告事项。

十一　关于苦情申请的事项。

2　前项规定的告知义务，根据法务省令规定均须书面进行。

（为鉴别而进行的身体检查）

第三十四条　刑务官对刚开始收容的被收容者，在为进行鉴别的必要限度之内可以检查其身体。其后再出现此类必要时，同样也可以进行。

2　根据前项规定对女子被收容者进行身体检查时，必须由女刑务官进行。但是，当女刑务官不能够进行该项检查时，男刑务官可以指挥刑事设施长指名的女职员代为履行。

第二节　处遇的形式

（未决拘禁者的处遇形式）

第三十五条　未决拘禁者（仅限于被收容在刑事设施内的人员。本章以下亦同）的处遇（运动、沐浴与会见以及其他依据法务省令规定的场所的情形除外，下条第一项以及第三十七条第一项亦同），除被认为适合在室外执行的情形之外，日夜都在室内执行。

2　在居住共同居室具有毁灭罪证的可能时，将未决拘禁者（死刑确定者除外）的居室定为单独居室，除认为选择共同居室，在处遇上适合的情形之外，尽量选择单独居室。

3　未决拘禁者之间具有毁灭罪证的可能时，即使在室外也不能令其相互接触。

（死刑确定者的处遇形式）

第三十六条　死刑确定者的处遇，除被认为适合在室外执行的情形之外，日夜都在室内执行。

2　死刑确定者的居室为单独居室。

3　死刑确定者，除参照本法第三十二条第一项规定的处遇原则被认为有益的，即使在室外，也不能令其相互接触。

（各种被收容者的处遇形式）

第三十七条　各种被收容者（仅限于被收容在刑事设施内的人员。以下本章亦同）的处遇，除被认为适合在室外执行的情形之外，日夜都在室内执行。

2　各种被收容者的居室，除收容在共同居室在处遇上适当的情形之外，尽量选择单独居室。

第三节　起居动作的时间段等

（起居动作的时间段等）

第三十八条　刑事设施长应当根据法务省令的规定，具体规定以下时间段并告知被收容者。

一　用餐、就寝及其他起居动作所需的时间段。

二　受刑者（仅限于被收容在刑事设施内的人。本章以下亦同）根据第三十九条第一项进行矫正处遇的时间段以及业余活动的时间段。

（业余活动的支持）

第三十九条　在不妨碍刑事设施的纪律秩序及管理运营的限度内，刑事设施长可以允许受刑者在业余时间段（受刑者的业余时间段指的是受刑者用餐、就寝和其他起居动作时间以外的时间段。下项亦同）自己签约劳动作业（该人与外部机构之间就物品制作所签订的承包协议，以下亦同）。

2　根据法务省令，刑事设施长应当支持被收容者在业余时间从事自己签约的劳动作业、陶冶情操、教育、娱乐、运动竞技及其他业余时间段的活动。

第四节　物品的提供及自负费用

（物品的提供等事项）

第四十条　向被收容者提供以下各号所列的物品（书籍除外，以下各节亦同），出借或者发放刑事设施里日常生活的必需品（第四十二条第一项各号列举的物品除外）。

一　衣物及寝具。

二　食物及饮料。

三　日用品、文具及其他物品。

2　除前项规定的之外，根据法务省令，在必要的场合，可以向被收容者提供室内装饰品及其他刑事设施日常生活的用品（第四十二条第一项各号所列的物品除外）或者嗜好物品（酒类除外，以下亦同）。

（自费物品的使用）

第四十一条 对于受刑者申请使用或者摄取下列自负费用的物品（下一条各号列出的物品除外），根据该人在处遇方面的表现若认为适当的，刑事设施长便可以根据法务省令予以批准。

一 衣物。

二 食品及饮料。

三 室内装饰品。

四 嗜好物品。

五 日用品、文具及其他刑事设施日常生活用品。

2 在受刑者以外的被收容者申请使用或摄取前项各号中所述自费物品和寝具的情况下，除对刑事设施纪律、秩序维持等管理运营方面产生不良影响以及依据第十二节规定被禁止的情况之外，刑事设施长应当依据法务省令规定给予准许。

（自我负担费用的补充器具等）

第四十二条 在排除有可能影响刑事设施的纪律及秩序的前提下，可以允许被收容者使用以下自我负担费用的物品。

一 眼镜及其他矫正用具。

二 自己签约劳动作业所必要的物品。

三 发信必要的信封等物品。

四 根据第一百零六条第一项的规定外出或外宿时使用的衣类及其他物品。

五 其他法务省令规定的物品。

2 前项各号所列的物品不能够使用被收容者自费的物品的场合，如果认为确有必要或者适当时，可以提供这些物品。

（物品的提供标准）

第四十三条 第四十条或者前条第二项规定提供或者出借的物品，应当在考察国民生活的实际情况并参照被收容者地位的基础上，以足以保障被收容者的健康为准。

第五节　财物处理

（现金等物品的检查）

第四十四条　刑事设施的职员，可以进行以下现金等物品的检查。

一　被收容者被收容期间所获得的现金和物品。

二　被收容者在收容中获得的现金及物品（信件除外，以下亦同）以及本号所列现金及物品以外的东西（刑事设施长提供的物品除外）。

三　其他人带到刑事设施来准备交给被收容者或者送给被收容者的现金及物品。

（收容时持有物品的处分）

第四十五条　前条第一号或第二号所列的物品符合以下所列的情形时，刑事设施长可以让被收容者送交亲属及类似人员或者作其他适当的处分。

一　不便保管的物品。

二　可能腐败或者灭失的物品。

三　存在产生危险可能性的物品。

2　根据前项的规定要求对物品进行处分，若被收容者在足够的期间内仍然不进行处分，刑事设施长可以变卖其物品并保管所得的现金。但是，对于不能够变卖的物品，可以将其废弃。

（送入物品的取回）

第四十六条　当第四十四条第三号所列的现金或物品符合以下各号所列的情形时，刑事设施长可以向持有这些现金或物品的人或者寄送人（以下称“寄送人”）收回送入的这些物品。

一　交给被收容者，可能妨碍刑事设施的纪律及秩序的。

二　若寄送人是亲属以外的人，交付给受刑者，可能对其矫正处遇产生障碍的。

三　未决拘禁者根据刑事诉讼法的规定不被允许接受物品的。

四　属于寄送人姓氏不明的东西。

五　不属于自备或者释放时必需的物品（以下称“自备物品等”）。

六　属于前条第一项各号所列的物品。

2　第四十四条第三号规定的现金及物品符合前项第一号至第四号所列的情形，因寄送人住所不明而不能够实现同项规定的取消时，刑事设施长应当通过行政命令的方式进行公告。

3　前项规定的现金或物品，要求依照第一项规定的取消，或者根据前款规定进行公告之日起经过六个月，寄送人仍然不来收回现金或者物品的，收归国库。

4　第二项规定的物品符合第一项第六号的情形时，即便在前项规定期间内，刑事设施长也可以将其变卖后保管现金。但是，对于不能变卖的物品，则可以废弃。

5　第四十四条第三号所列的现金或物品，符合第一项第五号或者第六号的（除同项第一号至第四号所列的内容），因寄送人的住所不明而不能够被取回时，或者要求取回的请求不妥当或者寄送人拒绝收回时，刑事设施长应寻求交付被收容者亲属或类似亲属的人及其他适当的处分方法。

6　前条第二项的规定，准用于前项规定的请求处分的情形。

7　第四十四条第三号所列的现金及物品，不符合本条第一项各号所列的情形时，在被收容者拒绝接受的场合下，刑事设施长应当要求寄送人收回。该场合，准用第二项及第三项的规定。

（物品的交付及代为保管）

第四十七条　以下所列的物品中，属于被收容者能够使用或者保存的东西时，应当交付被收容者。

一　第四十四条第一号或者第二号所列的物品，不属于第四十五条第一项各号所列的情形。

二　第四十四条第三号所列的物品，不属于前条第一项各号所列的情形（被收容者拒绝接受的物品除外）。

2　以下所列的现金及物品，由刑事设施长代为保管。

一　前项各号所列的物品中，根据本法律规定属于服刑者使用或持有的物品之外的。

二　第四十四条各号所列的现金，不符合前条第一项第一号、第二号或第四号所列的范畴。

（保管私人物品等）

第四十八条　刑事设施长根据法务省令，保管私人物品［保管被收容者根据前条第一项规定交付保管的物品（包括第五项规定的接受交付保管的物品）以及被收容者接收的信件，以下亦同］的方法，可以根据刑事设施管理运营的需要进行必要的限制。

2　被收容者保管私人物品（除了法务省令规定的东西）的总量（本节以下称“保管总量”）超过保管限度量（指被收容者一人所能够保管物品的量由刑事设施长决定，以下各章亦同）时，或者代为被收容者保管的物品（除了法务省令规定的东西）的总量（本节以下称“代为保管总量”）超过代为保管的限度量（指被收容者一人能够保管的物品量是由刑事设施长决定的，以下各节亦同）时，刑事设施长可以让该被收容者将超过总量的物品送给亲属或者类似亲属的人或作其他适当的处分。对于可能腐败、灭失的物品，也应当作同样的处分。

3　第四十五条第二项的规定，准用于根据前项规定要求处分的场合。

4　被收容者请求代为保管私人物品时，刑事设施长认为适当的，可以代为保管。但是，代为保管总量超过代为保管限度量时，则不在此列。

5　根据前项规定代为保管的物品，在被收容者要求交付时，刑事设施长可以同意交付。但是，保管总量超过保管限度量时，则不在此列。

（代为保管金的使用）

第四十九条　被收容者购买自备物品或者在刑事设施里日常生活中应当自费负担的费用，申请使用被代为保管的现金时，刑事设施长可以允许使用必要的金额。但是，购买自备物品的现金使用不适用于下列各号。

一　因为购买导致保管总量超过保管限度量或者代为保管的总量超过代为保管限度量的。

二　如果被收容者是未决拘禁者，根据刑事诉讼法的规定不允许购买自备物品的。

（保管的私人物品或代为保管的现金的交付）

第五十条 被收容者提出申请将保管的私人物品（不包括发出的信件）或者代为保管的现金［第一百三十三条（准用于第一百三十六条、一百三十八条、一百四十一条、一百四十二条及一百四十四条规定的场合）所规定的图书资料除外］交给其他人（收容在刑事设施里的人除外）时，若不属于以下各号，刑事设施长可以允许。

一 若交付的对方不属于亲属的场合，该交付可能损害刑事设施的纪律及秩序。

二 被收容者是受刑者的场合，该交付对于受刑者的矫正处遇可能产生障碍时。

三 若被收容者属于未决拘禁者，根据刑事诉讼法的规定不允许交付该物品的。

（关于送入等的限制规定）

第五十一条 除本节的规定的内容之外，根据法务省令的规定，寄送人给被收容者的现金以及被收容者购买的自备物品等，刑事设施长可以根据刑事设施的运营管理需要作必要的限制。

（代为管理物的交付）

第五十二条 释放被收容者时，刑事设施长应将代为保管的现金及物品退还给该人。

（释放者的遗留物）

第五十三条 被释放的被收容者遗留在刑事设施的现金（以下称“遗留物”），从释放的当日起算经过六个月，该人没有提出归还的申请或者没有提供归还的费用的，收归国库。

2 即便在前项期限之内，对于容易腐败或灭失的遗留物，刑事设施长也可以废弃。

（脱逃者的遗留物）

第五十四条 符合以下各号的情形时，从各号规定之日起算经过六个月，被收容者没有提出归还的申请或者没有提供归还费用的，该遗留物收归国库。

一　逃走时，脱逃之日。

二　根据第八十三条第二项的规定被暂时释放时，同条第三项规定的避难状况消失之后没有迅速到规定的场所报到时，避难必要的状况消失之日。

三　根据第九十六条第一项规定的劳动作业或者第一百零六条第一项规定外出或者外宿场合，在刑事设施长指定日没有回到刑事设施之日。

2　前条第二项的规定，准用于前项的遗留物。

（死亡者的遗留物）

第五十五条　死亡被收容者的遗留物，根据法务省令的规定，其遗属等（指法务省令规定的遗属及其他人。本章以下亦同）提出归还申请时，应当归还。

2　死亡的被收容者存在遗留物时，因遗属住所不明依照第一百七十六条的规定不能够通知时，刑事设施长应当通过行政命令进行公告。

3　第一项的遗留物，依照第一百七十六条的规定通知，或者根据前项规定公告之日起算经过六个月而没有根据第一项的规定提出申请的，收归国库。

4　第五十三条第二项的规定，准用于第一项的遗留物。

第六节　保健卫生及医疗

（保健卫生及医疗的原则）

第五十六条　为更好地掌握被收容者的身心状况，保持被收容者的健康及在刑事设施内的卫生，刑事设施应当依照社会一般卫生保健和医疗水平，采取妥善的医疗保健和医疗保护方面的措施。

（运动）

第五十七条　被收容者除星期日及其他法务省令规定的日期以外，应当赋予尽量在户外为保持健康进行适当运动的机会。但是，由于审判日需要出庭或者刑事设施公务而无法提供运动机会的情况不受此限。

（被收容者的清洁义务）

第五十八条　被收容者有义务保持身体、衣服、所持物品、居室及其他日常使用场所的清洁。

（入浴）

第五十九条 根据法务省令的规定，为保持被收容者在刑事设施里的健康卫生必须切实让其入浴。

（理发及剃胡须）

第六十条 根据法务省令的规定，应让受刑者理发、剃胡须。

2 在受刑者提出自行理发的要求时，刑事设施长若认为对该人处遇方面是适当的，便可以允许。

3 如果受刑者以外的被收容者提出理发或剃胡须的申请，刑事设施长应当根据法务省令的规定作出许可。

（健康诊断）

第六十一条 根据法务省令的规定，刑事设施长应当在被收容者开始收容于刑事设施时迅速地，其后每一年一次以上定期进行健康检查。刑事设施在保健卫生方面出现有必要情况时，也同样如此。

2 根据前项规定，被收容者必须接受健康检查。该场合，不得拒绝健康诊断必须进行的采集血液、艾滋病检查等医学措施。

（诊疗等）

第六十二条 当服刑者符合以下各号所列的情形时，刑事设施长应当迅速地通过刑事设施的职员医师（称医师或者牙科医师，以下亦同）进行诊断（包括补给营养等措施，以下亦同）或采取其他必要的医疗措施。但是，当符合第一号所列的情形时，若该人不存在生命危险或者传染疾病的风险，则以不违背该人的意愿为限。

一 负伤、患病或者存在此种可能性时。

二 摄取食品时存在危及生命的风险时。

2 在前项规定的场合，刑事设施长根据伤病种类及程度认为有必要时可以让非刑事设施职员的医师进行诊断。

3 依照前二项的规定进行的诊断，根据需要刑事设施长可将该受刑者送往外部医院或诊疗所就诊，在不得已的情况下也可以让该被收容者在刑事设施之外的医院住院治疗。

（由指定医生进行诊断治疗）

第六十三条 负伤或者患病的服刑者提出指名非刑事设施职员的医师进行诊断的申请时，根据负伤的种类及程度，参照被收容在刑事设施之前的就诊等情况，刑事设施长认为对该被收容者的诊疗是适当的，便可以允许本人自费在刑事设施内接受这样的诊疗。

2 刑事设施长根据规定允许进行前项治疗的场合，为了确认进行同项诊疗的医师（以下称“指定医师”）的诊疗方法或者被收容者以后有在刑事设施内继续治疗的必要时，可以让刑事设施的职员参与该项诊疗，或者向指名的医师进行咨询、复印诊疗记录、请求提供相关的诊疗资料等。

3 根据法务省令的规定，刑事设施长应当指示指定医师进行诊疗时必须遵守的注意事项。

4 在允许进行第一项规定的诊疗场合，当指定医师不遵从依据第二项规定所采取的措施时、不遵守依据前款规定刑事设施长指示的注意事项时或者进行的其他诊疗不恰当时，刑事设施长可以中止治疗，以后不再允许该指定医师进行治疗。

（预防传染的措施）

第六十四条 当有必要防止传染病的发生以及防止其蔓延时，除对被收容者采取第六十一条规定的健康诊断或者第六十二条规定的诊疗措施之外，刑事设施长可以采取预防接种、隔离及其他法务省令规定的措施，直至该传染病的危险消失为止。

（养护措施）

第六十五条 刑事设施长对老人、孕产妇、身体虚弱及其他需要养护的被收容者，针对其养护的需要，可以采取和伤病者等同的措施。

2 刑事设施长在女性被收容者生产时，除不得已的情形之外，应当让其在刑事设施之外的医院、诊疗所及助产所住院。

（抚养孩子）

第六十六条 刑事设施长收到女性被收容者提出在刑事设施内抚养孩子的申请时，若认为适当，可以允许直至该孩子满一周岁。

2　被收容者根据前项规定抚养孩子至一周岁之后，若再提出继续在刑事设施内抚养的申请时，刑事设施长可以参照被收容者的身心状况以及有必要抚养孩子的情况，允许再延续六个月。

3　被收容者根据前二项的规定抚养孩子的场合，应提供抚养孩子所需的物品。

4　在前项规定场合，被收容者提出自备抚养孩子的物品或者持有孩子的用品申请时，在不影响维护刑事设施的纪律及秩序以及不产生管理运营方面的障碍情况下，可以允许。

5　被收容者根据第一项或者第二项的规定抚养孩子时，应对被收容者采取健康诊断、诊疗及其他必要措施。

第七节　宗教行为

（个人从事的宗教行为）

第六十七条　不得禁止或者限制被收容者个人进行的礼拜及其他宗教行为。但是，若对维护刑事设施的纪律及秩序或管理运营方面可能产生消极影响时，则不在此列。

（宗教仪式及教诲）

第六十八条　刑事设施长应当尽量创造条件，赋予被收容者参加宗教家（仅限于民间志愿者，以下各项相同）主持的宗教仪式或者宗教家进行的宗教教诲的机会。

2　刑事设施长认为可能对刑事设施的纪律、秩序及其他管理运营产生障碍时，可以不让被收容者参加前项规定的仪式或者接受同项规定的教诲。

第八节　书籍等的阅览

（自费书籍的阅览）

第六十九条　被收容者阅览自费书籍，除本节及第十二节规定的场所之外，不得禁止或限制。

第七十条　刑事设施长对于被收容者阅览自费书籍符合以下各号所列的情

形时，可以禁止阅览。

一　可能产生有害于刑事设施的纪律、秩序的结果。

二　被收容者是受刑者时，可能对其矫正处遇的切实贯彻产生障碍。

三　被收容者是未决拘禁者时，可能产生毁灭罪证的结果。

2　为了确认前项规定的禁止阅览事由而有必要翻译该书籍时，根据法务省令的规定，可以让被收容者承担其费用。该种场合，若被收容者不承担应当负担的费用，则禁止阅览。

（关于报纸的限制）

第七十一条　根据法务省令的规定，刑事设施长对于被收容者能够获取的报纸范围及获得的方法，以刑事设施管理运营的需要可以作必要的限制。

（赋予接收新闻报道的机会）

第七十二条　刑事设施长应为被收容者准备日刊新闻报纸，通过收听新闻播报及其他方法，尽可能赋予其接收主要新闻事实报道的机会。

2　作为第三十九条第二项规定的援助措施，刑事设施长应当在刑事设施预备阅读的书籍。该种场合，书籍的阅览方法由刑事设施长决定。

第九节　纪律及秩序的维持

（刑事设施的纪律及秩序）

第七十三条　应当合理维护刑事设施的纪律及秩序。

2　为达到前项目的而采取的措施，是确保被收容者的收容及其处遇环境、安全，维护平稳的共同生活而设置的，但不得超过必要的限度。

（遵守事项等）

第七十四条　刑事设施长制定被收容者应当遵守的注意事项（以下称“遵守事项”）。

2　遵守事项，由以下具体规定的事项构成。

一　不得实施犯罪行为。

二　不得对他人使用粗鲁或无理的言行，或实施妨碍他人的行为。

三　不得实施自伤自残的行为。

四　不得妨碍刑事设施的职员执行职务。

五　不得实施可能妨碍自己或其他被收容者收容的行为。

六　不得实施可能有害于刑事设施安全的行为。

七　不得实施破坏刑事设施内的环境或扰乱风纪的行为。

八　关于现金，不得不正当使用、持有、收受及其他行为。

九　无正当理由，不得懈怠第九十二条、第九十三条规定的劳动作业，不得拒绝第八十五条第一项各号、第一百零三条、第一百零四条规定的指导。

十　除上述各号所列事项外，维持刑事设施的纪律和秩序所需事项。

十一　不得企图、煽动、教唆或者援助违反由上述各号所列的事项规定的遵守事项或者第九十六条第四项（包括准用第一百零六条第二项的场合）规定的特别遵守事项的行为。

3　除前二项之外，刑事设施长或指定的职员，认为为维护刑事设施的纪律及秩序有必要时，对于被收容者可以进行行为或生活方面的指导。

（身体的检查）

第七十五条　刑务官认为为维护刑事设施的纪律及秩序有必要时可以对被收容者的身体、衣服、持有物品及居室进行检查，并且可以收缴其持有品予以临时保管。

2　第三十四条第二项的规定，准用于根据前项规定女子被收容者的身体及衣服的检查。

3　刑务官认为为维护刑事设施的纪律及秩序有必要时，可以对刑事设施内被收容者以外的人［除了辩护人或者刑事诉讼法第三十九条第一项规定的准备成为辩护人的人（以下称“辩护人等”）］的衣服及携带品进行检查，并可以收缴该人的携带品予以临时保管。

4　前项的检查，不涉及对文章书刊图画的检查。

（受刑者的隔离）

第七十六条　受刑者符合以下各号情形时，刑事设施长可以将该人和其他被收容者进行隔离。此种情形下的隔离，除该人的处遇、运动、入浴、会见以及法务省令规定的场合之外，日夜都在居室进行。

一　与其他被收容者接触有可能损害刑事设施的纪律及秩序。

二　可能伤害其他被收容者，没有其他方法避免的。

2　根据前项规定的隔离期间为三个月。但是，存在特殊理由有必要继续隔离的情况下，刑事设施长可以每一个月进行期间更新。

3　即便是在前项规定的期间，没有必要继续隔离的，刑事设施长应当立即中止隔离。

4　根据第一项的规定对服刑者进行隔离的情形下，刑事设施长应当每三个月一次以上定期听取刑事设施职员医师对该服刑者健康状态的意见。

（制止等措施）

第七十七条　受刑者对自身加以伤害或对他人施加危害、脱逃、妨碍刑事设施职员执行职务，或为其他显著危害刑事设施纪律、秩序的行为或者准备为这些行为时，刑务官在合理必要判断的限度内，可以制止其行为，拘束受刑者，或者采取其他为制止该类行为的必要措施。

2　被收容者以外的人符合下列各号的情形时，刑务官在合理必要判断的限度内，可以制止其行为，拘束行为者以及采取其他制止行为所需的必要措施。

一　入侵刑事设施、破坏其设备、妨碍刑事设施职员执行职务或者准备实施这些行为时。

二　听见刑务官的要求后却不离开刑事设施时。

三　被收容者脱逃或者妨碍刑事设施职员执行职务，以及在现场援助、煽动、教唆时。

四　准备对被收容者施加危害或者进行挟持时。

3　前二项措施所必需的警备用具，由法务省令规定。

（捕绳、手铐及拘束衣的使用）

第七十八条　刑务官护送被收容者时或者被收容者存在符合以下各号所列情形可能时，根据法务省令，可以使用捕绳或手铐。

一　脱逃时。

二　自伤或伤害他人时。

三　破坏刑事设施的设备、器具或其他物品时。

2　当被收容者存在伤害自身等可能性，且此时无其他阻止手段时，刑务官根据刑事设施长的命令，可以使用拘束衣。但是，不能够与捕绳和手铐同时使用。

3　在前项规定的场合，没有时间等待刑事设施长的命令时，刑务官可以不必等待该命令而先使用拘束衣。该种场合，必须迅速将情况向刑事设施长报告。

4　拘束衣使用的期间为三小时。但是，刑事设施长认为有必要继续使用时，在不超过十二小时的范围内，每三小时进行一次手续更新。

5　即便是在前项规定的期间内，刑事设施长认为使用拘束衣的必要丧失时，应当立即中止其使用。

6　给被收容者使用拘束衣或者更新其使用期间时，刑事设施长应当尽快向刑事设施职员医师听取该被收容者的健康状况意见。

7　捕绳、手铐及拘束衣的制式，由法务省令规定。

（保护室收容）

第七十九条　当被收容者符合以下各号所列的情形时，根据刑事设施长的命令，刑务官可以将其收容到保护室。

一　有可能伤害自身时。

二　符合以下①至③各号所列的情形时，有必要维护刑事设施的纪律、秩序时：

①无视刑务官的制止，继续大喊大叫或制造噪声时；

②可能伤害他人时；

③破坏或玷污刑事设施的设备、器具及其他物品时。

2　在前项规定的场合，没有时间等待刑事设施长的命令时，刑务官可以不必等待而先将被收容者送进保护室收容。在该种场合，应当迅速向刑事设施长报告。

3　保护室的收容期间为七十二小时以内。但是，有特殊理由需要继续收容时，刑事设施长可以每四十八小时更新一次期间。

4　即便在前项规定期间以内，刑事设施长在送保护室的必要消失时，应当立即中止在保护室的收容。

5 将被收容者收容在保护室或者收容期间得到更新的场合，刑事设施长应当尽快向刑事设施职员医师听取该被收容者健康状况的意见。

6 保护室的构造、设施及基准，由法务省令规定。

（携带及使用武器）

第八十条 刑务官可以携带小型武器，但仅限于法务省令规定的场合。

2 被收容者符合以下各号所列情形时，刑务官作出根据事态需要的判断后，可以使用武器。

一 即将发生暴动或者挟持事件时。

二 对他人有重大危害或者准备加以挟持时。

三 夺取刑务官携带的武器、刑事设施保管的武器或者准备挟持夺取时。

四 携带凶器、无视刑务官命令不放弃时。

五 不服从刑务官制止，对刑务官实施暴行或者集团威胁、脱逃以及准备脱逃、协助其他被收容者脱逃时。

3 被收容者以外的其他人符合以下各号的情形时，刑务官在根据事态作出合理且必要的判断之后，可以使用武器。

一 被收容者准备暴动、挟持时，在现场、参加行动或者援助其行动的。

二 对被收容者实施重大危害或者准备加以挟持时。

三 夺取刑务官携带的武器、刑事设施保管的武器或者准备挟持夺取时。

四 携带武器、爆炸物及其他凶器或者使用、入侵刑事设施、损坏其设备以及准备为这些行为时。

五 使用暴力或者威胁、劫持被收容者或将其释放，以及准备为这些行为时。

4 使用前二项所规定的武器时，刑法（明治四十年法律第四十五号）第三十六条及第三十七条的场合及以下各场合除外，不得对人实施危害。

一 刑务官为了制止被收容者为第二项各号所规定的行为，有充足的理由确信没有其他手段时。

二 刑务官为了制止被收容者以外的其他人为第二项各号所规定的行为，

有充足的理由确信没有其他手段时。但是，仅限于同项第二号所指的场合之外的情形，该人不服从刑务官的制止为所不能为的行为时。

（捕回收容）

第八十一条 刑务官在被收容者行为符合以下各号的情形时，从各号规定时间开始四十八小时之内，可以将其逮捕带回。

一 脱逃被发现的，准备脱逃时。

二 根据第九十六条第一项规定的劳动作业或第一百零六条第一项规定的外出、外宿的，在刑事设施长指定的日期内没有返回时。

（应对灾害时的紧急任务）

第八十二条 在发生地震、火灾及其他灾害时，有必要为保护刑事设施内某人的生命或者身体的情况下，刑事设施长可以突破被收容者应在固定区域的规定，赋予其救助人命的紧急任务。

2 服刑者因为实施紧急救助行为导致死亡、负伤或患病的，准用第一百条至第一百零二条的规定。

（发生灾害时的避难及释放）

第八十三条 发生地震、火灾及其他灾害且刑事设施内无法避难时，刑事设施长应当护送被收容者到适当的场所。

2 在前项规定的场合，当不能够护送被收容者时，刑事设施长可以临时释放该人。在地震、火灾及其他灾害发生时，不能够将在刑事设施以外的服刑者护送到适当场所时，应采取同样的措施。

3 根据前项规定被暂时释放的人，避难的状况消失后应当迅速返回刑事设施或者到刑事设施长指定的场所报到。

第十节 矫正处遇的实施

第一款 通 则

（矫正处遇）

第八十四条 作为矫正处遇措施，即让受刑者从事第九十二条、第九十三条规定的劳动作业，并依照第一百零三条、第一百零四条的规定进行指导。

2　矫正处遇须根据处遇要领（即针对每个受刑者制定的矫正处遇目标及基本内容、方法等实施纲要）的要求实施。

3　根据法务省令的规定，刑事设施长在受刑者的资质及生活环境等调查资料的基础上，制定处遇要领。

4　处遇要领应针对需要并斟酌受刑者的希望加以制定。需要作变更调整时也同样如此。

5　矫正处遇应当根据需要，灵活运用医学、心理学、教育学、社会学及其他专业知识及技术制定。

（刑罚执行开始至释放前的指导）

第八十五条　除进行矫正处遇之外，以下各号规定的期间内，要对受刑者进行规定的指导。

一　刑罚执行开始后在法务省令规定的期间，进行服刑的意义及构成实施矫正处遇基础的事项，以及刑事设施内生活及行动方面的指导。

二　释放之前，法务省令规定期间内，赋予释放后适应社会所需要的知识，对其复归后的住所及释放后有关生活进行指导。

2　前项第二号规定期间内受刑者的处遇，尽可能在与该类处遇相适合的设施、环境中进行，根据需要，允许实行第一百零六条第一项规定的外出或外宿，并采取使其顺利复归社会的必要措施。

3　刑事设施长根据法务省令制定的基准，决定进行第一项各号规定的指导的日期及时间。

（集团处遇）

第八十六条　为了有效实施矫正处遇及前条第一项规定的指导（以下称“矫正处遇等”），根据需要，可以将受刑者按类别编成集团。

2　前项的场合有特殊需要时，尽管有第四条第一项的规定，仅限于居室之外，可以不区分同项第一号规定的类别。

（刑事设施外处遇）

第八十七条　在必要的限度内，为了有效地实施矫正处遇，可以在刑事设施以外的适当场合进行。

（限制的缓和）

第八十八条 根据法务省令的规定，为培养受刑者的主动性和自律性，为维护刑事设施的纪律及秩序对服刑者生活及行动的限制，以达到第三十条设定目的为最高预期，其限制逐渐顺次缓和。

2 在前项的场合，对达到第三十条的目的预期值较高的受刑者的处遇根据法务省令的规定，可以设置开放性的设施（法务大臣指定的不设置通常为确保收容的设备或部分措置，或不构成刑事设施全部或部分的场所，以下亦同）进行。

（优待处遇措施）

第八十九条 刑事设施长为唤起受刑者改善更生的热情，根据法务省令的规定，每经过一定时间对服刑态度进行评定后，可以实行以下优待处遇措施。

一 根据第四十条第二项的规定提供或出借物品。

二 根据第四十一条第一项的规定允许自费物品的使用或持有。

三 根据第一百一十一条决定会见的时间和次数。

四 其他法务省令规定的处遇。

（与社会协作）

第九十条 刑事设施长认为对服刑者的处遇有必要时可以寻求亲属、民间志愿者相关行政机关的人员的协助。

2 前项的协助人，不得泄露进行协助工作中得知的受刑者的秘密。

（咨询公务所）

第九十一条 刑事设施长认为有必要调查服刑者的资质及环境情况时，可以向公务机关及公私团体获取有关事项的报告。

第二款 劳动作业

（惩役受刑者的劳动作业）

第九十二条 让惩役受刑者（仅限于收容在刑事设施的人。本节以下亦同）从事的劳动作业，由刑事设施长指定每一个惩役受刑者的劳动作业内容。

（禁锢刑受刑者的劳动作业）

第九十三条　收到禁锢刑受刑者（仅限于收容在刑事设施的人。本节以下同）或拘留刑受刑者（仅限于收容在刑事设施的人）愿意按照刑事设施长指定的作业项目申请时，根据法务省令，刑事设施长可以允许其从事该类劳动作业。

（劳动作业的实施）

第九十四条　劳动作业尽可能要提高受刑者的热情，并让其掌握职业方面有用的知识和技能。

2　为了让受刑者取得职业方面的执照或者资格，有必要组织学习职业所需的知识和技能时，并进行为达到此目标的训练作业。

（劳动作业的条件）

第九十五条　根据法务省令制定的基准，由刑事设施长决定一天的劳动作业时间及作业内容。

2　刑事设施长应当为确保受刑者劳动作业安全及卫生而采取必要的措施。

3　服刑者根据前项的规定，对于刑事设施长所采取的措施应当遵守必要的事项。

4　第二项规定的刑事设施长所采取的必要措施及受刑者必须遵守前项的规定，参照劳动安全卫生法（昭和四十七年法律第五十七号）及其他法令规定的劳动者安全及卫生的各项措施及参照劳动者应当遵守的规定，由法务大臣审定。

（外部劳动作业）

第九十六条　根据刑法第二十八条（包含国际受刑者移送法第二十一条适用的场合）、少年法第五十八条以及国际受刑者移送法第二十二条的规定，已过可以假释期间的惩役刑受刑者或者禁锢刑服刑者，刑事设施长可以根据第八十八条第二项的规定或者法务省令规定的其他事由，决定上述受刑者在开放性设施接受处遇，为顺利复归社会的需要，可以在没有刑事设施职员同行监督的情况下，到外部事业所（以下称“外部事务所”）从事业务活动或者通勤作业。

2　根据前项规定的劳动作业（以下称“外部通勤作业”）可以在外部事务所从事业务工作或者接受外部事务所开展的职业训练。

3　受刑者从事外部通勤作业的场合，刑事设施长根据法务省令的规定与该外部事业所的负责人（以下称“外部事业主”）之间，就受刑者从事劳动作业的种类时间、确保服刑者的安全及卫生等所必需的措施等加以确认。

4　刑事设施长让受刑者从事外部通勤作业的场合，应当事先确定该受刑者应当遵守的事项（以下称“特别遵守事项”）并告知受刑者。

5　所谓特别遵守事项，即对以下事项具体加以规定。

一　必须按照指定的路线及方法通行。

二　必须按照指定的时间回到刑事设施。

三　没有正当理由，不得到外部通勤场所以外的场所。

四　必须遵从外部事业主在业务方面的指示。

五　没有正当理由，与有犯罪倾向的人接触将对矫正处遇的切实贯彻产生障碍，因此不得与该类人员接触。

6　外部通勤劳动作业的服刑者没有遵守应当遵守的事项或者特别遵守事项，刑事设施长认为此人不再适合外部通勤作业时，可以中止。

（劳动作业收入）

第九十七条　实施劳动作业的收入，归国库所有。

（劳动作业报奖金）

第九十八条　从事劳动作业的受刑者被释放时（该人成为服刑者以外的被收容者时），刑事设施长应支付作为奖励金累计的劳动作业报奖金。

2　刑事设施长根据法务省令的规定，应当每月将上个月服刑者所从事劳动作业的报酬，遵从法务大臣决定的标准，参照劳动作业成绩及其他相关事项测算出的金额再加上奖励金作为其实际收入。但是，释放那个月相关金额的计算，届时再进行。

3　前项的基准，根据劳动作业的种类及内容，考虑劳动作业所要求的知识及技能程度等因素决定。

4　受刑者提出支付释放前劳动作业报奖金的申请时，刑事设施长综合考虑使用目的、购买自费物品、援助亲属生计、支付被害人损害赔偿金等实际需要认为适当的，即便有第一项的规定，但根据法务省令的规定，在实际拥有金额的范围内，可以支付全部或部分金额。该种场合，将减少与支付额相当金额的报奖金计算额。

5　受刑者符合下列各号所列的情形时，从各号确定的时间起算经过六个月没有被收容在刑事设施里，该人的报奖金计算额则为零。

一　脱逃时，脱逃之日。

二　第八十三条第二项规定被临时释放的场合，同条第三项规定的避难必要消失后没有迅速到同项规定的场所报到的，避难必要消失之日。

三　外部通勤作业或者第一百零六条第一项规定外出或者外宿的场合，没有在刑事设施长指定之日返回刑事设施时。

（对遗属的支付）

第九十九条　刑事设施长在受刑者死亡的场合，根据法务省令的规定，对其遗属支付至那时释放所应当支付受刑者的与劳动作业报奖金相当的金额。

（补助金）

第一百条　在受刑者劳动作业死亡的场合（作业时负伤或者患病服刑者成为受刑者以外的被收容者时，包括该被收容者负伤或患病死亡的情形），根据法务省令的规定，刑事设施长应当向其遗属支付死亡补助金。

2　刑事设施长为劳动作业负伤或患病的受刑者进行治疗的场合（包括作业负伤或患病服刑者成为被收容者的情形时，为该被收容者治疗的情形），其身体留下残疾时，根据法务省令的规定，应当向该人支付残疾补助金。但是，该人因故意或重大过失导致负伤或疾病时，可以不支付全部或部分补助金。

3　根据前二项的规定支付的补助金额，参照劳动基准法（昭和二十二年法律第四十九号）斟酌灾难补助金额及法务省令的基准计算其补助金额。

4　劳动作业负伤或患病的受刑者在释放时仍然未能治好（包括劳动作业负伤或患病的服刑者成为受刑者以外的被收容者之后，该被收容者在释放时仍然未能治好的场合）的情形下，综合其伤情性质、程度及其他情况考虑认为适当的，刑事设施长根据法务省令可以向该人支付特别的补助金。

（损害赔偿及调整）

第一百零一条　根据国家赔偿法（昭和二十二年法律第一百二十五号）、

民法（明治二十九年法律第八十九号）及其他法律应承担损害赔偿责任的，但根据前条规定已经支付了补助金的，作为同一事由在其价额范围内，免除国家的损害赔偿责任。

2　在前项规定的场合，对应当接受前条规定补助金的人，因同一事由依照国家赔偿法、民法及其他法律已经接受了损害赔偿的，在其价额范围内免除国家支付同条规定的补助金的义务。

（保障接受补助金制度的权利）

第一百零二条　第一百条规定的接受补助金支付的权利，不得转让、担保或抵押。

2　对于支付第一百条规定补助金的标准额，不得课税。

第三款　各种指导

（改善指导）

第一百零三条　为使受刑者认识其犯罪责任，培养健康的身心以及掌握适应社会生活的必要知识，良好的生活态度等，刑事设施长应当开展各个方面的指导活动。

2　因存在以下各种事项有可能妨碍改善更生及顺利复归社会的受刑者进行前项规定的指导时，应当努力改正其状况。

一　依赖麻醉药、兴奋剂及其他药物。

二　属于有关防止暴力团员不当行为法（平成三年法律第七十七号）第二条第六号规定的暴力团成员。

三　法务省令规定的其他情况。

（教科书指导）

第一百零四条　因欠缺作为社会生活基础的学历能力从而给改善更生和顺利复归社会造成障碍时，进行教科指导［参照学校教育法（昭和二十二年法律第二十六号）学校教育的内容进行指导，以下亦同］。

2　除前项的规定内容之外，对提高学习能力能够促进顺利复归社会的受刑者，刑事设施长应当根据其学习能力状况进行教科指导。

（指导日期及时间）

第一百零五条 刑事设施长根据法务省令的基准，制定前二条规定进行指导的日期和时间。

第四款 外出及外宿

（外出及外宿）

第一百零六条 根据刑法第二十八条（包括准用于国际受刑者移送法第二十一条规定的场合）、少年法第五十八条或国际受刑者移送法第二十二条的规定，服刑已过可以假释期间的惩役刑受刑者或禁锢刑受刑者，刑事设施长可以允许其到第八十八条第二项规定的开放性设施接受处遇。若符合其他法务省令规定事由，为了顺利地复归社会，该人可以在刑事设施之外，处理确保其释放后的居住及就业单位以及办理与自身相关的重要事情，拜访更生保护相关人员，以及体验其他释放后对社会生活有益的经历，该种场合下可以在没有刑事设施职员同行的情况下外出或七日之内外宿。但是，外宿仅限于已经执行刑罚六个月以上的服刑者。

2 第九十六条第四项、第五项（第四号除外）及第六项的规定，准用于前项规定的外出及外宿。

（不计入刑期）

第一百零七条 根据前条第一项规定的外宿者，若在刑事设施长指定的日期内没有及时返回刑事设施，其外宿的期间不计入刑期。但是，非因本人责任而是存在不得已的事由而未能回归的，不在此列。

（外出费用）

第一百零八条 第一百零六条第一项规定的外出及外宿所需要的费用，受刑者不能够负担或刑事设施长认为适当的场合，其全部或部分费用由国库负担。

第五款 未决拘禁的受刑者

第一百零九条 对于未决拘禁受刑者适用本法第八十四条第一项以及第八十九条的规定时，第八十四条第一项中的“矫正处遇”改为“在不影响未决拘禁者的地位的限度内，考虑拘禁期间的可能范围内的矫正处遇”，第八十九条第三号中的“第一百一十一条”改为“在第一百一十九条中适用第一百一十一条”。

2 对于未决拘禁的受刑者，第八十六条至第八十九条，第九十六条及其前款规定对其不适用。

第十一节 外部联系

第一款 受刑者外部联系的注意事项

第一百一十条 根据本章的规定，允许受刑者进行外部联系（会见、收发书信及第一百四十六条第一项规定的通信，以下各条亦同）、禁止、停止或者限制其联系时，必须考虑到适当的外部联系对于受刑者改善更生及顺利复归社会的重要作用。

第二款 会 见

第一目 受刑者

（会见对象）

第一百一十一条 受刑者（未决拘禁者除外，本目以下同）提出以下会见申请时，刑事设施长可以同意。

一 受刑者的亲属。

二 因婚姻关系的调整、诉讼、维持工作以及其他涉及受刑者身份、法律或业务上重大利害关系而有必要会见的人员。

三 与受刑者更生保护相关的人员，将在受刑者释放后对其进行雇用的人员以及其他被认为见面有利于受刑者改过自新的人员。

2 刑事设施长收到受刑者提出与前项各号之外的人会见申请时，认为会见对于维持受刑者的交友关系必要的以及其他有必须会见的事由的，并且认为会见不会妨碍刑事设施内的纪律和秩序，并且不会对受刑者的矫正处遇产生不利影响的，应当允许会见。

（职员列席会见）

第一百一十二条　对维护刑事设施的纪律秩序及切实贯彻受刑者的矫正处遇确有必要时，刑事设施长可以指定职员列席前项规定的会见，并可以将会见情况进行录音录像。但是，受刑者与下列人员会见时，职员不得列席以及录音录像，但是有可能产生影响维护刑事设施的纪律秩序的有害结果的情况除外。

一　国家或者地方公共团体机关的职员对刑事设施长对其采取的措施以及其所受的其他处遇进行相关的调查。

二　依据律师法（昭和二十四年法律第二百零五号）第三条第一项的规定关于刑事设施长对其采取的措施以及其所受的其他处遇，律师对其履行职务的会见。

（会见的暂时停止或终止）

第一百一十三条　出现以下各号所列情形时，刑事设施的职员可以制止该行为或者发言，或者中止会见。此种情形下，为暂时停止会见，可以命令服刑者或会见对象退出会见场所，或者采取其他必要措施。

一　受刑者或会见对象具有以下各号任一行为时：

①违反下一条第一项规定的；

②妨害刑事设施纪律及秩序的。

二　受刑者或会见对象具有以下各号所列任一内容的发言时：

①使用暗语或因其他理由，使得刑事设施职员不能理解的；

②共谋实行犯罪、煽动或者教唆对方实施犯罪的；

③可能导致妨害刑事设施纪律及秩序结果的；

④可能对实施受刑者矫正处遇产生妨碍的；

⑤以特别的事务处理为由被同意见面，但所谈内容则与之完全无关的。

2　在根据前项规定临时停止会面的场合，刑事设施长若认为继续会面是不妥当的，可以终止该会面。

（会见的限制）

第一百一十四条　刑事设施长根据法务省令的规定，可以就会见对象的人数、会见地点、日期及时间段、会见时间、会见次数及会见形式等，结合刑事设施管理方面的需要作必要的限制。

2　对前项规定的会见次数进行限制时，会见次数一个月之内不得减少二次。

第二目　未决拘禁者

（会见对象）

第一百一十五条　刑事设施长收到他人会见未决拘禁者（不包括服即决刑人员或者死刑确定者，以下本目中亦同）的申请时，除依据第一百四十八条第三项或者下节的规定被禁止的情形之外，应当予以准许。但是，根据刑事诉讼法规定不允许会见的，不在此限。

（同辩护人以外的人会见时的列席）

第一百一十六条　在未决拘禁者和辩护人以外的人会见时，刑事设施长应指定职员列席会见，并对会见情况进行录音或者录像。但是，认为可能会导致破坏刑事设施内的纪律以及秩序或者导致毁灭罪证结果的（下项中称为会同列席），可以不进行会同列席以及录音录像。

2　不论前项规定，未决拘禁者与本法第一百一十二条中所列的人员会见时，必须对其会同列席，刑事设施长认为会同列席可能会导致破坏刑事设施内的纪律以及秩序或者导致毁灭罪证结果的情况除外。

（会见的暂时停止以及终了）

第一百一十七条　第一百一十三条（第一项第二号⑤的规定除外）的规定，对未决拘禁者的会见适用。在此情形下，同项中的“各号任一”改为“各号任一（和辩护人会见的情形下，仅限于第一号②）”，同项第二号之二中的“对服刑者实施适当的矫正处遇产生妨害”改为“毁灭罪证的结果”。

（关于会见的限制）

第一百一十八条　未决拘禁者的辩护人和其会见的日期以及时间段为除星期日以及其他政令限定日期以外的日期的刑事设施工作时间段内。

2　前项会见未决拘禁者的人数为三人以内。

3　辩护人等依据前两项规定提出申请会见的情况下，除认为允许会见会对刑事设施的管理运营产生障碍之外，刑事设施长应给予准许。

4　关于第一项中的会见场所，出于维持刑事设施的纪律和秩序以及其他管理运营，刑事设施长可以根据法务省令的规定，对其进行必要限制。

5　第一百一十四条的规定，对于未决拘禁者和辩护人以外的人的会见适用。在此情形下，该条第二项中的“一月两次”改为“一日一次”。

第三目　未决拘禁的受刑者

第一百一十九条　第一百一十一条、第一百一十三条、第一百一十四条、第一百一十六条以及上条第一项至第四项的规定，对未决拘禁的受刑者的会见适用。在此情形下，第一百一十一条第一项中的“情形”替换为“情形以及依据刑事诉讼法规定不被允许的情形”，同一条第二项中的“时”替换为“时，根据刑事诉讼法不被允许的情形除外”，第一百一十三条第一项中的“各号任一”替换为“各号任一（和辩护人会见的情形下，仅限于第一号②）”，同项第二号之二中的“产生”替换为“产生，或者产生毁灭罪证的结果”，第一百一十四条第一项中的“与……会见”替换为“与……会见（与辩护人等会见的情形除外）”。

第四目　死刑确定者

（会见对象）

第一百二十条　对于死刑确定者（未决拘禁者除外。以下该目亦同），下列人员提出申请的情况下，本法第一百四十八条第三项或者下节规定禁止的情形除外，刑事设施长应当给予准许。

一　死刑确定者的亲属。

二　因婚姻关系的调整、诉讼的进行、工作的维持以及其他死刑确定者身份上、法律上或者业务上有关的重大利害关系相关的业务处理，而必须会见的人员。

三　认为允许会见对安抚死刑确定者的心情有益的人员。

2　刑事设施长，在收到前项各号所列人员之外的人提出的会见死刑确定者申请的情形下，认为允许会见对于维持死刑确定者的交友关系必要的以及其他有必须会见的事由的，并且认定会见对刑事设施内的纪律以及秩序不会产生妨害结果的，应当予以准许。

（职员列席会见）

第一百二十一条　刑事设施长应当指定职员，列席死刑确定者的会见，以及对于会见的情况进行录音或者录像。但是，死刑确定者是为了诉讼准备、其他正当利益的保护会见的或者认为有其他不适合进行录音、录像的事由的情形的，不在此限。

（会见的暂时停止以及终了）

第一百二十二条　本法第一百一十三条（第一项第二号④除外）以及第一百一十四条的规定，对于死刑确定者的会见适用。在此情形下，该条第二项中的“一月两次”替换为“一日一次”。

第五目　未决拘禁的死刑确定者

第一百二十三条　第一百一十三条、第一百一十八条、第一百二十条以及第一百二十一条的规定，对于未决拘禁的死刑确定者的会见适用。在此情形下，第一百一十三条第一项中的“各号任一”替换为“各号任一（和辩护人会见的情形下，仅限于第一号②）”，同项第二号中的“对受刑者实施适当处于产生障碍”替换为“毁灭罪证的结果”，第一百二十条第一项中的“情形”替换为“情形以及依据刑事诉讼法规定不被允许的情形”，同一条第二项中的“时”替换为“时，根据刑事诉讼法不被允许的情形除外”，第一百二十一条中的“同……会见”替换为“同……会见（和辩护人等会见的情形除外）”。

第六目　各种被收容者

第一百二十四条　刑事设施长对于其他人提出的会见各种被收容者的申请，除本法第一百四十八条第三项以及下节规定中禁止的情形外，应当予以准许。

（各种被收容者会见的列席）

第一百二十五条　第一百一十二条、第一百一十三条（第一项第二号④

以及⑤除外）以及第一百一十四条的规定，对于各种被收容者的会见适用。在此情形下，第一百一十二条第一项中的“受刑者矫正处遇的适当实施以及其他”替换为“其他”，第一百一十四条第二项中的“一月两次”替换为“一日一次”。

第三款　书信的收发

第一目　受刑者

（允许收发书信）

第一百二十六条　对于服刑者（未决拘禁者除外。以下该目中亦同），具有本目、第一百四十条第三项以及下节规定的禁止事项的除外，刑事设施长应当允许其和他人之间的书信往来。

（书信的检查）

第一百二十七条　刑事设施长从维护刑事设施的规定秩序或受刑者的矫正处遇立场认为有必要时，可以指定职员对受刑者的收发信件进行检查。

2　对以下所列信件，认为确有必要进行前项规定的检查时，可以在适当的限度内进行。但是，对第三号所规定的信件，若认为可能妨碍刑事设施的纪律及秩序发及贯彻受刑者的矫正处遇时，则不在此列。

一　受刑者收到国家或地方公共团体机关发出的信件。

二　受刑者自身因刑事设施长采取的措施，收到关于针对自身处遇情况进行调查的国家或地方公共团体机关发出的信件。

三　受刑者自身因刑事设施长采取的措施，针对自身处遇情况有关事务，与律师法第三条第一项规定职务的律师（包括律师法人，本款以下亦同）之间收发的信件。

（书信收发的禁止）

第一百二十八条　刑事设施长对具有犯罪倾向的人和受刑者之间收发的信件，若认为可能妨碍刑事设施的纪律及秩序以及贯彻服刑者的矫正处遇时，可以禁止受刑者与该人（服刑者的亲属除外）通信。但是，若涉及婚姻关系的调整、诉讼、维持工作等涉及服刑者身份、法律及业务等有关的重大利害关系的处理而收发信件的，则不在此列。

（根据信件内容予以停止）

第一百二十九条 第一百二十七条规定的检查结果，受刑者所收发的信件内容全部或部分符合以下各号所列的情形时，刑事设施长可以停止信件收发或者删除该部分。同条第二项各号所列的信件，在确定这些信件内容全部或部分符合以下各号所列的范畴时，亦同。

一 使用暗号或其他理由，让刑事设施职员不能够理解的。

二 由于收发信件，触犯刑罚法令或者有可能触犯刑罚法令的。

三 由于收发信件，可能妨碍刑事设施的纪律秩序及贯彻受刑者的矫正处遇的。

四 信件内容存在威胁或者有明确的虚假内容，导致受刑者情绪显著不安甚至可能受到损害的。

五 信件中存在着明显的侮辱性内容。

六 通过收发信件，可能妨碍对受刑者实施矫正处遇的。

2 尽管有前项的规定，但受刑者针对国家或地方公共团体机关发出的信件包含属于该机关权限的事项，以及受刑者与律师之间的信件相关律师法第三条第一项规定律师职务等事项，当其全部或部分符合前项第一号及第三号的场合，就能够停止这些信件的收发或将相关的事项删除。

（对通信的限制）

第一百三十条 根据法务省令的规定，刑事设施长可以对服刑者发信要求、次数及发信的方法等，在刑事设施管理运营的必要限度内进行限制。

2 前项所规定的对受刑者发信次数的限制，一月之内至多不得减少四次。

（发信所需费用）

第一百三十一条 信件发送所需费用，在受刑者不能够负担的情况下，刑事设施长参考发信目的认为适当的，其费用的全部或部分可以由国库负担。

（禁止收发的书信的处理）

第一百三十二条 根据本法第一百二十八条、第一百二十九条或者第一百四十八条第三项的规定被禁止收发或者停止收发的书信，根据第一百二十九条的规定被部分删除的，刑事设施长官应当将该书信妥善保管。

2　根据第一百二十九条的规定，书信所记载内容被部分抹除的情形下，刑事设施长官应当将该抹除部分复制并妥善保管。

3　在受刑者被释放之际，刑事设施长官应当将根据前两项规定保管的书信或者部分复制书信（禁止收发的书信等）交给该人员。

4　服刑者死亡的情形下，根据法务省令的规定，根据其遗族的申请，刑事设施长官应将禁止收发的书信交给其遗族。

5　不论前两项规定，当交付禁止收发的书信可能会妨害刑事设施内的纪律时，不得交付书信。在下列情形下，交付禁止收发的书信可能会妨害刑事设施内的纪律时，同样不得交付。

一　被释放的受刑者，在释放后，请求交付禁止收发的书信的。

二　在第五十四条第一项各号任一规定的情形下，受刑者请求交付禁止收发的书信的。

6　第五十三条第一项、第五十四条第一项以及第五十五条第二项和第三项的规定，对于有关受刑者禁止收发的书信适用（根据前项禁止收发的情形除外）。在此情形下，第一条第三项中的“第一项的申请”替换为“第一百三十二条第四项的申请”。

7　根据第五项规定不能交付的禁止收发的书信，从受刑者被释放或者死亡或者在受刑者满足第五十四条第一项各号任一规定之日起算经过三年，归属国库。

（受刑者制作的文章书刊图画）

第一百三十三条　服刑者提出申请将自己制作的文章书刊图画（信件除外）交给他人，在实行交付时，刑事设施长可以参照服刑者收发信件的规定进行检查或采取其他措施。

第二目　未决拘禁者

（允许收发书信）

第一百三十四条　对于未决拘禁者（受刑者或者死刑确定者除外。以下该目中亦同），具有本目、第一百四十条第三项以及下节规定的禁止事项的除外，刑事设施长应当允许其和他人之间的书信往来。但是，依据刑事诉讼法规定不能允许其收发书信的，不在此限。

（书信的检查）

第一百三十五条 刑事设施长可以指定职员对未决拘禁者收发的书信进行检查。

2 对以下书信进行检查时，在确认书信中相关事实的必要限度范围内进行。但是，对于第三号所记载的书信，认为有危害刑事设施纪律及秩序的可能以及有产生毁灭罪证结果的可能和认为有特别事由的，不在此限。

一 未决拘禁者收到的来自辩护人的书信。

二 未决拘禁者收到的来自国家或者地方公共团体的书信。

三 未决拘禁者收到的依据律师法第三条第一项的规定关于刑事设施长对其采取的措施以及其所受的其他处遇，律师对其履行职务的书信。

3 认为存在产生危害刑事设施纪律以及秩序或者毁灭罪证的可能的，不论前两项规定，刑事设施长可以不实施第一项中的检查。

（根据书信内容停止发送）

第一百三十六条 第一百二十九条至第一百三十三条的规定，对于未决拘禁者书信的收发适用。在此情形下，第一百二十九条第一项中“第一百二十七条”替换为“第一百三十五条”，同项第六号中的“对受刑者实施适当的矫正处遇产生障碍”替换为“毁灭罪证的结果”，同一条第二项中“至第三号”替换为“至第三号或者第六号”，第一百三十条第一项中的“申请书信”替换为“申请书信（发给辩护人的书信除外）”，同一条第二项中的“一月四次”替换为“一日一次”，第一百三十二条第一项中“第一百二十八条、第一百二十九条”替换为“第一百二十九条”，同一条第五项第二号以及第七项中的“第五十四条第一项各号”替换为“第五十四条第一项第一号或者第二号”，同一条第六项中的“第五十四条第一项”替换为“第五十四条第一项（第三号除外）”。

第三目　未决拘禁的受刑者

（允许收发书信）

第一百三十七条　对于未决拘禁受刑者，具有本目、第一百四十条第三项以及下节规定的禁止事项的情形除外，刑事设施长应当允许其和他人之间的书信往来。但是，依据刑事诉讼法规定不能允许其收发书信的，不在此限。

（收发书信的禁止等）

第一百三十八条　从第一百二十八条至第一百三十三条以及第一百三十五条的规定，对于未决拘禁的受刑者收发书信适用。在此情形下第一百二十九条第一项中的“第一百二十七条”替换为“在第一百三十八条中适用的第一百三十五条”，同项第六号中的“产生”替换为“产生，或者产生毁灭罪证的结果”，同一条第二项中的“情形”替换为“情形或者因为书信收发可能导致发生毁灭罪证的结果的情形”，第一百三十条第一项中的“申请书信”替换为“申请书信（发给辩护人的书信除外）”，第一百三十二条第五项第二号以及第七项中的“第五十四条第一项各号”替换为“第五十四条第一项第一号或者第二号”，同一条第六项中的“第五十四条第一项”替换为“第五十四条第一项（第三号除外）”。

第四目　死刑确定者

（允许收发书信）

第一百三十九条　对于死刑确定者（未决拘禁者除外。以下本目中亦同），具有本目、第一百四十条第三项以及下节规定的禁止事项的情形除外，刑事设施长应该允许其收发下列书信。

一　死刑确定者和其亲属之间的书信。

二　因婚姻关系的调整、诉讼的进行、工作的维持以及其他死刑确定者身份上、法律上或者业务上有关的重大利害关系相关的业务处理而收发的书信。

三　认为允许收发对安抚死刑确定者的心情有益的书信。

2　对于前项各号所列书信之外的书信收发，认为对于维持死刑确定者的交友关系以及其他有必须会见的事由的，并且认定会见对刑事设施内的纪律以及秩序不会产生妨害结果的，刑事设施长应当予以准许。

（书信的检查）

第一百四十条 刑事设施长可以指定职员对死刑确定者收发的书信进行检查。

2 第一百二十七条第二项的规定，对前项的检查适用。

（根据书信内容停止发送）

第一百四十一条 第一百二十九条（第一项第六号除外）以及从第一百三十条至第一百三十三条的规定，对于死刑确定者的书信收发适用。在此情形下，第一百二十九条第一项中“第一百二十七条”替换为“第一百四十条”，第一百三十条第二项“一月四次”替换为“一日一次”，第一百三十二条第一项中的“第一百二十八条、第一百二十九条”替换为“第一百二十九条”，同一条第五项第二号以及第七项中的“第五十四条第一项各号”替换为“第五十四条第一项第一号或者第二号”，同一条第六项中的“第五十四条第一项”替换为“第五十四条第一项（第三号除外）”。

第五目 未决拘禁的死刑确定者

第一百四十二条 从第一百二十九条至第一百三十三条，第一百三十五条第一项及第二项以及第一百三十九条的规定，对于未决拘禁的死刑确定者适用。在此情形下，第一百二十九条第一项中的“第一百二十七条”替换为“在第一百二十四条中准用的第一百三十五条第一项以及第二项”，同一项第六号中“对受刑者矫正处遇的适当实施产生障碍的”替换为“毁灭罪证的结果”，同一条第二项中“至第三号”替换为“至第三号或者第六号”，第一百三十条第一项中“申请的书信”替换为“申请的书信（发给辩护人的书信除外）”，同一条第二项中的“一月四次”替换为“一日一次”，第一百三十二条第一项中的“第一百二十八条、第一百二十九条”替换为“第一百二十九条”，同一条第五项第二号以及第七项中的“第五十四条第一项各号”替换为“第五十四条第一项（第三号除外）”，第一百三十九条第一项中的“、本目”替换为“下一目”，“情形”替换为“情形以及根据刑事诉讼法规定不被允许的情形”，同一条第二项中的“……时”替换为“……时，根据刑事诉讼法规定不被允许的情形除外”。

第六目　各种被收容者

（允许收发书信）

第一百四十三条　对于各种被收容者，具有本目、第一百四十条第三项以及下节规定的禁止事项的情形除外，刑事设施长应当允许其和他人之间的书信往来。

（书信的检查）

第一百四十四条　第一百二十七条、第一百二十九条（第一项第六号除外）以及从第一百三十条至第一百三十三条的规定，对各种被收容者书信的收发适用。在此情形下，第一百二十七条第一项中的“第一百二十八条、第一百二十九条”替换为“第一百二十九条”，同一条第五项第二号以及第七项中的“第五十四条第一项各号”替换为“第五十四条第一项第一号或者第二号”，同一条第六项中的“第五十四条第一项”替换为“第五十四条第一项（第三号除外）”。

第四款　作为被告人或者嫌疑人的被收容者的会见以及书信收发

第一百四十五条　作为被告人或者嫌疑人的被收容者（未决拘禁者除外）同辩护人会见或者同辩护人之间进行书信往来的情况下，以第二款第二目或者前款第二目中的未决拘禁者同辩护人的会见或书信往来相关规定为参照。

第五款　电话通信

（电话通信）

第一百四十六条　在对受刑者（未决拘禁者除外。以下该款中亦同）根据第八十八条第二项的规定实施开放型处遇或者符合其他法务省令规定的事项的情形下，认为对受刑者的改过自新或者顺利回归社会有益的，刑事设施长可以允许其通过电话或者其他政令规定的电子通信方式与外界进行通信联系。

2　本法第一百三十一条的规定，对前项的通信适用。

（通信的确认）

第一百四十七条 认为在维持刑事设施内的纪律及秩序方面、受刑者矫正处遇的正当实施上，以及出于其他理由认为有必要的情形下，刑事设施长可以指定职员，对前条第一项规定的通信内容进行确认，为此，可以对该通信进行监听、记录。

2 第一百一十三条（第一号除外）以及第二项的规定，对前一条规定的通信适用。

第六款 用外语的会见

第一百四十八条 刑事设施长，在被收容者或是会见（会见或第一百四十六条第一项规定的通信，以下本条中相同）对方不通国语时，允许用外语进行会见等。在此情况下，为了确认发言或通信的内容，需要口译或笔译时，依据法务省令规定，可让此收容人员负担该费用。

2 刑事设施长，在被收容者或与其往来书信的对方不通国语或可认定与其相当的情况下，应允许其用外语通信。在此情况下，因确认书信内容需要翻译时，依据法务省令的规定，可让此收容人员负担该费用。

3 被收容者无法负担依据前两款规定所应负担费用的，不允许会见等或书信的往来。

第十二节 赏 罚

（奖赏）

第一百四十九条 刑事设施的长官，在被收容者符合以下各号之一的情况下，依据法务省令的规定，可通过颁发奖金奖品及其他方法对其奖赏。

一 救人性命。

二 从事第八十二条第一项规定的应急事务，有功劳。

三 除前两号规定的内容外，做了值得奖赏的行为。

（惩罚的要件等）

第一百五十条 刑事设施长，在被收容者违反遵守事项或第九十六条第四项（包含第一百零六条第二项中准用的情况）规定的特别遵守事项，或人员具有第七十四条第三项的规定，不遵从刑事设施内职员指示的情况下，可对其进行惩罚。

2　在科以惩罚时，必须考虑做了需被科以惩罚行为（以下本节统称反则行为）的被收容者的年龄、身心状态及品行，反则行为的性质、动机、轻重及对刑事设施运营带来的影响、做出反则行为后被收容者态度，服刑者的情况下该惩罚对其改过自新的影响。

3　惩罚不能超过抑制反则行为的必要限度。

（惩罚的种类）

第一百五十一条　对受刑者所科惩罚种类如下：

一　告诫。

二　第九十三条规定的劳动在十日以内的中止。

三　依据第四十一条第一项规定，使用或摄取自费物品十五日以内的中止。

四　书籍等（被认定为对被告人或被疑人员权利保护或诉讼准备及其他权利的保护有必要的除外）的阅览一部分或全部三十日之内的中止。

五　削减三分之一以内的奖励金。

六　三十日以内（对于被科以处罚时年满二十岁且情节特别严重的，六十日以内）闭居。

2　前项第二号至第五号惩罚可两人员以上并罚，同项第六号惩罚（下节称紧闭罚）可与第五号惩罚并罚。

3　受刑者之外被收容者所处惩罚种类如下：

一　告诫。

二　依据第四十一条第二项规定，使用或摄取自费物品十五日以内的中止。

三　阅览的书籍等一部分或全部三十日之内中止。

四　紧闭罚。

4　前项第二号以及第三号中的惩罚可合并处罚。

（紧闭罚的内容）

第一百五十二条　在紧闭罚执行过程中，暂停以下行为，依据法务省令规定在居室内谨慎执行。

一　使用或摄取第四十一条规定的私人物品（刑事设施长指定的除外）。

二　参加宗教仪式，或人员同其他被收容者共同接受宗教教诲。

三　阅览书籍。

四　代理签订劳动合同。

五　会见（与辩护人等会见及被认定为对被告人或嫌疑人权利保护或诉讼准备及其他对权利的保护有必要的除外）。

六　收发书信（与辩护人等之间收发信件及被认定为对被告人或嫌疑人权利保护或诉讼准备及其他权利的保护有必要的除外）。

2　被科以紧闭罚的被收容者，不论第五十七条的规定，在保障不危害其健康的情况下，应遵循法务省令规定的基准，限制其运动。

3　对于被科以紧闭罚的被收容者，在不违反谨慎执行的前提下，应实行矫正处遇。

（反则行为关联物收归国库）

第一百五十三条　刑事设施长，在科以惩罚时，认为对维持刑事设施内的纪律及秩序有必要的，可将以下列举的物品收归国库。但属于实行反则行为的被收容者以外之人的除外）。

一　构成反则行为的物品。

二　供反则行为所用，或将要供反则行为所用物品。

三　由反则行为产生或得到之物或从反则行为中获取的报酬所得物。

四　作为前号列举物品的对价所得物。

（反则行为的调查）

第一百五十四条　刑事设施长，在考虑到被收容者有做反则行为的嫌疑时，必须尽快对有无反则行为及依据第一百五十条第二项规定的应当考虑的情况及前条规定的处遇要件的有无做出调查。

2　刑事设施长，为做前款调查认为有必要的，可令刑务官检查受刑者的身体、所穿衣物、所持物品及居室，并可以令其收取其所持用品暂为保管。

3　对前项规定中的女性被收容者进行身体及衣物检查适用第三十四条第

二项的规定。

4 刑事设施长，在考虑到被收容者有做反则行为的嫌疑时，依据法务省令规定，可将其与其他被收容者隔离。在此情况下，对其的处分除运动、入浴或人员会见及其他法务省令规定的场合外，一天二十四小时在居室内进行。

5 前款规定的隔离的期间为两周。但刑事设施长认为有不得已的事由的，可以两周为限，对期间进行延长。

6 在该期间内隔离的必要性消失的情况下，刑事设施长必须立即中止隔离。

（科以惩罚的程序）

第一百五十五条 准备对被收容者进行处罚时，根据法务省令的规定，刑事设施长应当听取三人以上职员的意见，必须赋予被收容者进行辩解的机会。在该种场合，应预先书面通知被收容者，包括辩解的日期及期限（包括根据第一百五十三条进行的处分，以下各项及各条亦同），为何加以处罚的原因及事实概况，同时，应当指定帮助被收容者准备辩解的职员。

2 前项规定指定的职员，对处罚是否适当进行商议，最后将其各种意见和服刑者的辩护内容汇总成报告交刑事设施长。

（惩罚的执行）

第一百五十六条 科以处罚时，刑事设施长应告知被收容者处罚的内容、处罚的原因及认定事实的宗旨，并立即执行。但是，若反省很深刻或者有相当理由的，可以延缓执行甚至全部或部分免除执行。

在被收容者禁闭处罚期间，刑事设施长应当听取刑事设施职员医师关于被收容者健康状况的意见。

第十三节　异议的提出

第一款　审查的申请及再审查的申请

（审查的申请）

第一百五十七条 对以下所列刑事设施长采取的措施不服者，可以书面向该刑事设施所在地的矫正管区长申请审查。

一　不允许第四十一条第二项规定的使用自备物品的处分。

二　不允许第四十九条规定的使用保管现金或者第五十条规定的保管私人物品，以及不允许交还代为保管的现金的处分。

三　不允许第六十三条第一项规定的接受诊疗处分，或者同条第四项规定的中止诊疗处分。

四　对第六十七条规定的宗教方面的行为加以禁止或限制。

五　对第七十条第一项规定或第七十一条规定的书籍等阅览的禁止或限制。

六　负担第七十条第二项规定的费用的处分。

七　关于第七十六条第一项规定的隔离处分。

八　关于第九十八条第一项规定的支付劳动作业报奖金的处分。

九　关于第一百条第二项规定（包括准用于第八十二条第二项的场合）的支付残疾补助金的处分。

十　关于第一百条第四项规定（包括准用于第八十二条第二项的场合）支付特别补助金的处分。

十一　依据第一百二十八条（包括适用于第一百三十八条的情况）中的规定或第一百二十九条、第一百三十条第一项或第一百三十三条（包括此类规定适用于第一百三十六条（包括第一百四十五条中此类相关情况。下号亦同）、第一百三十八条、第一百四十一条、第一百四十二条和第一百四十四条的情况）中的规定禁止、制止或限制收发书信或文章书刊图画物品。

十二　依据第一百三十二条第五项前一段落（包括适用于第一百三十六条、第一百三十八条、第一百四十一条、第一百四十二条和第一百四十四条的情况）中的规定作出处理［仅限于依据第一百三十二条第三项（包括适用于第一百三十六条、第一百三十八条、第一百四十一条、第一百四十二条和第一百四十四条中的情况）中的规定进行交付的情况］，未交付禁止收发的书信等。

十三　负担第一百四十八条第一项或者第二项规定的费用的处分。

十四　关于第一百五十条第一项规定的处罚。

十五　将第一百五十三条规定的物品收归国有的处分。

十六 第一百五十四条第三项规定的隔离。

2 前项规定的审查申请，必须由受到处分的本人提出。

（审查的申请期间）

第一百五十八条 审查的申请，应当在处罚措施被告知次日起算三十天之内。

2 因天灾不能够在规定日期提出申请或者存在不得已的事由时，尽管有同项的规定，在该理由消失后次日起算一周之内，仍可以提出进行审查的申请。

3 刑事设施长错误地将审查申请期限传达成长于法定期限的时间，在此情况下，在传达的期限内所提交的审查申请视为法定时间内提交的申请。

（准用行政不服审查法）

第一百五十九条 行政不服审查法（平成二十六年法律第六十八号）第十五条、第十八条第三项、第十九条第二项及第四项、第二十二条第一项及第五项、第二十三条、第二十五条第一项、第二项及第六项、第二十六条、第二十七条及第三十九条的规定准用于审查的申请。该种场合，除同法第三十四条第二项中的“审查请求人的申请或用职权”替换为“用职权”之外，必要的技术性替换均由行政命令决定。

（调查）

第一百六十条 矫正管区长依据职权，对审查申请做必要的调查。

2 矫正管区长认为有必要进行上述调查时，可以命令刑事设施长提供报告或其他资料及物品，或者指定职员向审查申请人及相关人进行询问或者要求提供物品，将这些物品拘留或备检证使用。

（裁决）

第一百六十一条 矫正管区长接受审查申请时，应当尽量在九十日之内作出裁决。

2 行政不服审查法第四十五条第一项及第二项，第四十六条第一项及第二项（第二号除外）、第四十七条（但书及第二号除外）、第四十八条、第五十条第一项及第三项、第五十一条和第五十二条第一项及第二项的规定，准用于审查申请的裁决。该种场合，除将同法第五十一条第三项中的“公示且该宗旨至少在官方报纸、其他公报或者新闻报纸上登载过一次”换为“公示”之外，其他必要的技术性替换，由行政命令决定。

（再审查的申请）

第一百六十二条 对审查申请裁决不服的人，可以书面向法务大臣提出再申请的请求。

2 前项规定的再审查的申请，应当从审查裁决结果告知次日起算三十天之内提出。

3 第五十七条第二项、第五十八条第二项、第六十条及前条第一项、行政不服审查法第十五条、第十八条第三项、第十九条第二项及第四项、第二十三条、第二十五条第一项、第二项及第六项、第二十六条、第二十七条、第三十九条、第四十六条第一项及第二项（第二号除外）、第四十七条（但书及第二号除外）、第四十八条、第五十条第一项、第五十一条、第五十二条第一项及第二项、第六十二条第二项和第六十四条第一项至第三项的规定，准用于再审查申请。在该种场合，除将同法第二十五条第二项中“以申请审查人的申请或者职权”与“以职权”替换；同法第五十一条第三项“公示且该宗旨至少在官方报纸、其他公报或者新闻报纸上登载过一次”与“公示”替换之外，其他必要的技术性替换由行政命令决定。

第二款 事实的申告

（向矫正管区长申告事实）

第一百六十三条 被收容者对刑事设施职员针对自己所采取的行为符合以下所列情形时，根据行政命令可以书面向该刑事设施所在地的矫正管区长申告其事实。

一 对身体实施暴力。

二 违法或不当使用捕绳、手铐或拘束衣。

三 违法或不当收容在保护室。

2 前项规定的申告，应当从该申告相关事实发生次日起算三十日以内提出。

3 第一百五十七条第二项、第一百五十八条第二项及第三项、第一百六十条、行政不服审查法第十八条第三项、第二十二条第一项及第五项、第二十三条、第二十七条及第三十九条的规定，准用于第一项规定的申告。该种场合，必要的技术性替换由行政命令决定。

（通知）

第一百六十四条 前条第一项规定的申告合法时，矫正管区长对是否存在申告事实进行确认，并将其结果通知申告人。但是该人被释放时则不在此列。

2 前条第一项规定的申告已经过了法定期间或有其他不合法的情形时，矫正管区长应将该情况通知申告者。该种场合，准用于前项的但书规定。

3 第一百六十一条第一项及行政不服审查法第五十条第一项和第三项的规定，准用于前二项所规定的通知。该种场合下，必要的技术性替换由行政命令决定。

4 矫正管区长确认存在前条第一项规定的事实场合，认为有必要时，可以采取防止同样的行为再发生的必要措施及其他措施。

（向法务大臣申告事实）

第一百六十五条 被收容者收到前条第一项或第二项规定的通知，对其内容不服时，根据行政命令的规定，可以书面向法务大臣提出第一百六十三条第一项规定的事实申告。

2 前项规定的申告，从收到前条第一项或第二项规定的通知时次日起算三十天之内提出。

3 第一百五十七条第二项、第一百五十八条第二项、第一百六十条、第一百六十一条第一项以及前条第一项、第二项及第四项，和行政不服审查法第十八条第三项、第二十三条、第三十九条及第五十条第一项的规定，准用于第一项的规定。该种场合下必要的技术性替换由行政命令决定。

第三款 意见的提出

（向法务大臣提出意见）

第一百六十六条 被收容者针对刑事设施长对自己所采取的措施或者所受

的其他处遇可以通过书面形式向法务大臣提出意见。

2　第一百五十七条第二项的规定，准用于前项规定的意见的提出。

3　法务大臣接受提出的意见后，应当以诚实的态度认真加以处理并将处理结果通知申诉人。但是，若该人已经被释放了，则不在此列。

（向监察官提出意见）

第一百六十七条　服刑者针对刑事设施长对自己所采取的措施或者接受的其他处遇，根据第五条的规定，可以通过口头或者书面形式向实施监察的监察官（本节以下称“监察官”）提出意见。

2　第一百五十七条第二项的规定，准用于前项的意见提出。

3　监察官接受口头提出意见时，刑事设施的职员不得在场。

4　前条第三项的规定，准用于向监察官提出意见的场合。

（对刑事设施长的意见的提出）

第一百六十八条　被收容者针对刑事设施长对自己所采取的措施或者受到的其他处遇，可以通过口头或书面形式向刑事设施长提出意见。

2　第一百五十七条第二项的规定，准用于前项的意见提出。

3　被收容者以口头形式提出有关第一项规定的意见时，刑事设施长可以指定职员听取意见。

4　第一百六十六条第三项的规定，准用于向刑事设施长提出意见的场合。

第四款　杂　则

（秘密申请）

第一百六十九条　被收容者提出申请审查（指申请审查、申请再审查或者根据第一百六十三条第一项或第一百六十五条第一项的规定进行的申告，以下各项及下条亦同）或者向法务大臣、监察官提出意见时刑事设施长应当采取必要的措施，保证其内容能够对刑事设施的职员保密。

2　尽管有第一百二十七条（包括准用于第一百四十四条的场合）、一百三十五条（包括准用于第一百三十八条及第一百四十二条的场合）及第一百四十条的规定，书面提出申请审查或者意见的，都不得进行检查。

（禁止不利处分）

第一百七十条 刑事设施的职员不得因被收容者提出审查申请或者提出意见为由，而对其采取不利处分。

第十四节 释 放

（服刑者的释放）

第一百七十一条 释放服刑者，应当区分以下各号所列情形，在符合各号规定的期间内迅速加以办理。

一 预先已经确定好释放日期的，当日中午。

二 不定期刑终了的，更生保护法（平成十九年法律第八十八号）第四十四条第二项规定的通知送达刑事设施次日中午。

三 根据行政命令实施恩赦时，公布该恩赦的政令规定公布之日释放的，即日释放。

四 在前三号所列情形之外的场合，构成释放依据的文书到达刑事设施之时起十个小时之内释放。

（被拘留者的释放）

第一百七十二条 在下列事由发生时，将被拘人员（仅限于被拘留在刑事设施中的人员）直接释放。

一 被告人拘留期限已满。

二 根据刑事诉讼法第三百四十五条的规定拘留状失效的（仅限被拘留者在审判庭的情形）。

三 检察官收到释放的指挥或者通知。

（其他被收容者的释放）

第一百七十三条 除前两条规定之外，被收容者的释放，除其他法令规定之外，政令规定的事由发生后也可直接释放。

（因伤病滞留）

第一百七十四条 应当释放的被收容者正在刑事设施内接受治疗的场合，若立即释放可能会危及生命或者使健康难以恢复导致重大障碍的情形，刑事设施长可以同意该人暂时停留在刑事设施里。

2　根据前项规定被留在刑事设施里的人的处遇，在不违反其性质的限度内，准用于各种被收容者的法律规定。

（支付回归旅费）

第一百七十五条　释放被收容者，为帮助其回归，应当支付必要的旅费并提供衣物。

第十五节　死　亡

（死亡通知）

第一百七十六条　被收容者死亡时，根据法务省令的规定，刑事设施长应当迅速通知其遗属，告知死亡原因及死亡具体日期和时间，交付遗留物和应当支付的劳动作业报奖金，支付适当的死亡补助金等。

（关于尸体的措施）

第一百七十七条　被收容者死亡的，无人对其进行埋葬或火化时，尽管存在有关墓地、埋葬相关法律（昭和二十三年法律第四十八号）第九条的规定，但其埋葬或火葬事务均由刑事设施长办理。

2　除前项规定的情形之外，有关针对被收容者尸体的措施，由法务省令决定。

第十六节　死刑的执行

第一百七十八条　死刑在刑事设施内的刑场内执行。

2　星期六、星期日、国民节假日法（昭和二十三年法律第一百七十八号）规定的假日、一月二日、一月三日以及十二月二十九日至十二月三十日，不执行死刑。

（解绳）

第一百七十九条　执行死刑时，从确认被绞首人员死亡经过五分钟后才能解开绞首绳。

第三章　留置设施中被留置者的处遇

第一节　留置的开始

（留置开始时的告知）

第一百八十条　留置业务管理者，对被留置者，在此留置设施中的留置开始时，应当按照被留置者的地位，必须告知以下事项。在该留置设施拘留的被留置者地位有区别时，也应同样告知。

一　物品的出借及发放以及自负费用物品的相关事项。

二　第一百九十五条第一项规定的私物保管及其他贵重物品处理的相关事项。

三　保健卫生及医疗的相关事项。

四　宗教行为的相关事项。

五　书籍阅览的相关事项。

六　本法第二百一十一条规定的遵守事项。

七　会见及收发书信的相关事项。

八　可申请审查的措施、应当申请审查的行政机关及申请审查的期间以及其他与申请审查相关的事项。

九　依据本法第二百三十一条第一项规定可进行申告的行为，向谁申告及申告期间及其他与同项规定的申告相关的事项。

十　意见申告的相关事项。

（为识别的身体检查）

第一百八十一条　留置担当官，对被留置者，在此留置设施中的留置开始时，为识别此对象，在合理的范围内可检查其身体。之后若有必要，同上。

2　依据前项规定对女性被拘留人检查身体时，必须由女性留置担当官执行。但在女性留置担当官无法进行此检查的情况下，男性留置担当官可指挥留置业务管理者指定的女性员工进行此检查。

第二节　处遇的形式等

（处遇的形式）

第一百八十二条　被留置者的处遇（运动、入浴或人员会见及其他内阁府令规定情形中的处遇除外），除可认定为在居室（指留置业务管理者指定的被留置者主要休息及就寝用的场所。以下条款及第二百一十二条内相同）外进行适当的，一天二十四小时在居室内进行。

2　对于未决拘禁者（限留置设施内被留置者。以下本章内亦同），在认定对防止毁灭罪证不会产生危险的情况下，可不将其单独留置在居室。

3　对于未决拘禁者，在非前项规定的情况下，即使在居室外，也禁止相互接触。

（留置设施中的矫正处遇）

第一百八十三条　在留置设施内，对于有服刑人身份的被留置者（以下本章指“被留置服刑者”），不进行矫正处遇。

第三节　起居动作的时间段等

（起居动作的时间段）

第一百八十四条　留置业务管理者，依据内阁府令规定，指定应当进餐、就寝及其他起居动作的时间段，并告知被留置者。

（活动的援助）

第一百八十五条　留置业务管理者，依据内阁府令的规定，必须努力援助对被留置者的智力、教育娱乐活动及其他活动。

第四节　物品的提供等及自负费用

（物品的提供等）

第一百八十六条　以下列举的（书籍等除外。以下本节中相同），刑事设施内日常生活所必需的物品，出借或发放给被留置者。

一　衣物及寝具。

二　食物及汤茶。

三　日用品、笔记用品及其他物品。

2　对被留置者，除前项规定外，依据内阁府令规定，根据其需要可向其出借在刑事留置设施内日常生活所用物品或发给其偏好品。

（自负费用的物品的使用）

第一百八十七条　留置业务管理者，在被留置者申请使用或摄取以下所列自负费用物品的（下条第一项各号所列物品除外）情况下，在不对维持留置设施内纪律及秩序和其他管理运营产生妨碍的情况下，除依据第一百九十条规定被禁止的情况和被留置受刑者的改善更生产生妨碍的情况，依据内阁府令规定应当允许。

一　衣物。

二　食品及饮料。

三　嗜好物品。

四　日用品、文具及其他留置设施内日常生活用的物品。

（自负费用的补充器具等）

第一百八十八条　对于被拘留者，关于以下所列物品，在不对维持留置设施内纪律及秩序和其他管理运营产生妨碍的情况下，应允许其使用自负费用的器具。

一　眼镜及其他补充器具。

二　发书信所必需的信封及其他物品。

三　其他内阁府令规定的物品。

2　关于前项各号列举的物品，在被留置者无法使用自负费用的物品的情况下，认为有必要的，可出借或发给其该物品。

（物品提供等标准）

第一百八十九条　依据第一百八十六条或前条第二项的规定出借或人员发给的物品，足够保持被留置人健康即可，并且必须考察国民生活的实际情况，参照其受刑者的身份，认定其此出借或人员发给的物品是适当的。

第一百九十条　留置业务管理者，在被留置者作出以下列举行为（指第二百零八条第一项中的“反则行为”)，在为维持留置设施的纪律及秩序认为有必要时，关于第一百八十七条第三号列举的物品，在不超过三日的期间内，可不允许其摄取自负费用的物品。

一　犯罪行为。

二　对他人言行粗暴或给他人造成困扰的行为。

三　妨碍留置业务从业职员执行职务的行为。

四　可能危害留置设施内安全的行为。

五　危害留置设施内卫生的行为。

2　第一百五十条第二项及第三项，第一百五十三条，第一百五十四条第一项至第三项，第一百五十五条和第一百五十六条第一项的规定，适用于前项留置业务管理者对被留置者采取的措施。在此情况下，第一百五十条第二项中“刑事设施”替换为“留置设施”，第一百五十三条中“刑事设施的纪律”替换为“留置设施的纪律”，“国库”替换为“留置设施所属都道府县”，第一百五十四条第二项中“刑务官”替换为“留置担当官”，同条第三项中“第三十四条第二项”替换为“第一百八十一条第二项”，第一百五十五条第一项中“法务省令”替换为“内阁府令”，“刑事设施的职员”替换为“从事留置业务职员”。

3　都道府县警察不得以搜查为目的实施第一项所规定的措施。

第五节　财物处理

（贵重物品的检查）

第一百九十一条　留置业务从事人员可以对以下贵重物品进行检查。

一　被留置者被留置之际所持有现金和物品。

二　被留置者在拘留中获取的现金以及物品（书信除外，下号亦同）。

三　其他人员为了交付给该被留置者，带往或者交付给留置设施的现金以及物品。

第一百九十二条　前条第一号或第二号中所述物品为以下各号中所述物品之一时，留置业务管理者应当要求将被留置者的物品交给其相应亲属或以其他相应形式处理。

一　不便保管的物品。

二　存在腐烂或消失风险的物品。

三　危险物品。

2　第四十五条第二项规定适用于留置业务管理者依据前项规定要求处理被留置者的物品的情况。

（留置时所持物品的处理）

第一百九十二条　留置业务管理者，在前条第一号或第二号列举物品符合以下各号之一时，对于此物品，应请求被留置者寄给其家属或其他相应的人员，或作出其他相应处理。

一　为不便保管物品时。

二　有腐败或灭失风险时。

三　有产生危险的风险时。

2　第四十五条第二项规定，准用于前项规定的留置业务管理者请求被留置者处分物品的情况。

（送入物品的取回）

第一百九十三条　留置业务管理者，在第一百九十一条第三号列举的现金或物品符合以下各号之一的，可要求此现金或物品的寄送人取回。

一　向被留置人交付，具有产生危害留置设施内纪律及秩序风险的。

二　交付的对象为未决拘禁者的情况下，依据刑事诉讼法规定为此未决拘禁者不得收受的物品时。

三　交付的对象为被留置服刑者，且该寄送人不是其家人的情况下，向此被留置服刑者交付，对其改善更生有产生妨碍的风险的。

四　寄送人的姓名不明确的。

五　为自负费用物品之外的物品的。

六　符合前条第一项各号之一的物品的。

2　第一百九十一条第三号列举的现金或物品，符合前项第一号至第四号之一的，因寄送人地址无法查明，而无法请求其取回时，留置业务管理者必须依据政令的方法公告此情况。

3　关于前项规定的现金或物品，依据第一项规定请求取回，或人员依据前项规定公告后经过六个月，寄送人不取回此现金或物品时，此现金或物品归拘留设施所属都道府县所有。

4　第二项规定的物品，在符合第一项第六号规定的情况下，留置业务管理者可在前项的期间内将其卖出并保管钱款。但在无法卖出时可将其废弃。

5　第一百九十一条第三号列举的现金或物品，符合第一项第五号或第六号规定（符合同项第一号至第四号之一的除外），因寄送人地址无法查明，依据同项规定无法请求其取回或请求其取回并不适当，或人员寄送人拒绝取回时，留置业务管理者可向被留置者请求作出交付给其家人或其他适当人员或者其他适当的处分。

6　第四十五条第二项的规定，适用于依据前项规定的留置业务管理者对被留置者的物品处理的情形。

7　第一百九十一条第三号列举的现金或物品，在不符合第一项各号任意一号，被留置者拒绝接受此交付的情况下，留置业务管理者应请求寄送人取回。在此情况下，适用第二项及第三项的规定。

（物品交付及代为保管）

第一百九十四条　以下所述物品中，依据本法规定被留置者可使用的物品或可摄取物品，应当交给被留置者。

一　第一百九十一条第一号及第二号规定中的物品，不适用于第一百九十二条第一项各号。

二　第一百九十一条第三号规定中的物品不适用于前条第一项各号（除被留置者拒绝接受交付的物品外）。

2　以下所述贵重物品由留置业务管理者代为保管。

一　前项各号所述物品中，依据本法被留置者可使用或摄取之外的物品。

二　第一百九十一条各号所述现金，不适用于前条第一项第一号、第三号、第四号。

（私人物品保管等）

第一百九十五条　关于留置业务管理者的私人物品保管［指被留置者依据

前条第一项规定接受交付所保管的物品（包括依据适用于第三项的第四十八条第五项的规定接受交付所保管的物品）以及被留置者所保管的其收到的书信。以下本章同］办法，依据内阁府令规定，可根据留置设施管理运营方面的需要制定限制。

2　被留置者所保管的私人物品（除内阁府令规定的物品之外）总量（下一条中称“保管总量”）超过保管限制数量（指依据被留置者的地位差异留置业务管理者所制定的被留置者人均可保管物品的数量。下一条同）或代替被留置者所保管的物品（除内阁府令规定的物品之外）总量（下一条中称“代为保管总量”）超过代为保管限制数量（指依据被留置者的地位差异拘留业务管理者所制定的被留置者人均可代为保管物品的数量。下一条同）的情况下，对于该被留置者，留置业务管理者可要求将其超过数量部分的物品通过交付或其他相应形式给其亲属或其他相应人员。关于存在腐烂或消失风险的物品，也可以同等方式处理。

3　第四十五条第二项规定适用于依据前项规定要求对被留置者的物品进行处理的情况，第四十八条第四项规定适用于被留置者的私人物品保管，同条第五项规定适用于代替被留置者保管物品。在此情况下，这些规定出现的“刑事设施长”经换读后替换为“留置业务管理者”。

（代保管现金的使用）

第一百九十六条　在被留置者因购买自费物品等或用于缴纳留置设施中本人应负担的日常生活费用，而提交使用被代为保管的现金的申请情况下，留置业务管理者应准许其使用所需金额的现金。但在其因购买自费物品等使用现金的情况下，适用于以下各号规定时则不受此限制。

一　因购买导致保管总量超过保管限制数量或代为保管总量超过代为保管限制数量的情况。

二　被留置者为未决拘禁者，依据刑事诉讼法的规定，不允许其接受购买的自费物品等的交付的情况。

（保管的私人物品及代为保管财物的交付）

第一百九十七条　被留置者申请将其所保管的私人物品或被代为保管的财物

（除适用于第二百二十七条的第一百三十三条规定的文章书刊图画物品之外）交付（除送发信件相应物品之外）给他人（除被留置于该拘留设施的人员之外）的情况下，除适用于以下各号规定的相应情况之外，拘留业务管理者应当予以准许。

一　交付（除对方是其亲属的情况之外。第三号亦同）行为可能破坏留置设施纪律、秩序的情况。

二　被留置者为未决拘禁者，依据刑事诉讼法规定不能允许进行交付的物品。

三　被留置者为被拘留服刑者，交付行为可能对其改善更生产生消极影响的情况。

（有关刑事设施规定的适用）

第一百九十八条　第五十一条规定适用于有关留置业务管理者向被留置者交付物品等的限制、第五十二条规定适用于留置业务管理者向被留置者交付代为保管的财物、第五十三条、第五十四条（除第一项第三号之外）和第五十五条规定适用于被留置者的遗留物品（指遗留在拘留设施的财物。第二百三十九条同）。在此情况下，经换读后，第五十一条中出现的“本节”替换为“下一章第五节”，同条及第五十五条第一项中出现的“法务省令”替换为“内阁府令”，第五十一条及第五十二条中出现的“被收容者”替换为“被留置者”，第五十一条中出现的“刑事设施管理运营”替换为“留置设施管理运营”，第五十三条第一项、第五十四条第一项及第五十五条第三项中出现的“国库”替换为“该留置设施所属的都道府县”，第五十三条第二项及第五十五条第二项中出现的“刑事设施长”替换为“留置业务管理者”，第五十条第一项第二号中出现的“第八十三条第二项”替换为“第二百一十五条第二项”，第五十五条第二项及第三项中出现的“第一百七十六条”替换为“第二百三十九条”。

第六节　保健卫生和医疗

（保健卫生和医疗的原则）

第一百九十九条　为更好地掌握被留置者的身心状况，使被留置者保持健康，以及在留置设施内的卫生，留置设施应当依照社会平均卫生保健和医疗水平，采取妥善的医疗保健和医疗保护方面的措施。

（体检等）

第二百条 留置业务管理者应当在被留置者开始被留置于该留置设施时，让留置担当官向被留置者听取其有无疾病、外伤等及其他健康状态的情况。

2 依据内阁府令规定，留置业务管理者应当让由该留置业务管理者本人委托的医生对被留置者进行体检，大概一月两次。留置设施有卫生保健方面的需要时，也应当以同等方式处理。

3 被留置者应当依据前项规定接受体检。在此情况下，其不可拒绝体检范围内所要求的采血、X 射线及其他医疗检查。

（诊断治疗等）

第二百零一条 被留置者出现以下各号规定的相应情况时，留置业务管理者应当迅速让由该留置业务管理者本人委托的医生等对被留置者进行诊断治疗，并采取其他必要的医疗措施。但是出现第一号规定中的相应情况时，如被留置者不存在生命危险或传染疾病的风险，则以不违反被留置者个人意愿为限。

一 负伤、患病或存在其可能性的情况。

二 摄取物品时存在危及生命的危险。

2 留置业务管理者依据前项规定对被拘留者进行诊断治疗，被留置者前往医院或诊所进行诊断治疗时，在不得已的情况下可让被留置者住院或在诊所接受治疗。

（由指定医生进行诊断治疗）

第二百零二条 被留置者因负伤或患病，申请指定由其留置业务管理者本人委托以外的医生对其进行诊断治疗时，留置业务管理者依据其伤病种类、程度，以及被留置于留置设施之前由留置业务管理者本人委托的医生等进行的诊断情况和其他情况，认定该被留置者的医疗需求合理时，依据内阁府令规定，被留置者可在留置设施内或留置业务管理者可认定的医院或诊所内，以自费形式接受诊断治疗。

2　留置业务管理者如同意被留置者依据前项规定接受诊断，为核对该项治疗医生等（以下称“指定医生”）的治疗方法或之后需对被留置者进行治疗时，留置业务管理者可作为留置工作从业人员会同治疗、向指定医生询问治疗情况，或要求其提交诊断记录复印件及其他诊断相关资料。

3　指定医生对被留置者进行诊断治疗时，应当遵守留置业务管理者依据内阁府令指定的事项。

4　留置业务管理者准许被拘留者依据第一项规定接受诊断治疗的情况下，如其指定医生未遵守留置业务管理者依据第二项规定指定的措施或未遵守留置业务管理者依据前项规定指示的事项、出现其他不宜继续进行诊断治疗的情况时，可要求指定医生中止诊断治疗并令后不再接受该指定医生的治疗。

（理发和剃须）

第二百零三条　被留置者如果提交理发或剃须的需求申请，依据内阁府令规定，留置业务管理者应予以准许。

（有关刑事设施规定的适用）

第二百零四条　第五十七条至第五十九条规定适用于被留置者，第六十四条和第六十五条规定适用于留置业务管理者对被留置者采取的措施。在此情况下，经换读后，第五十七条、第五十九条及第六十四条规定中出现的“法务省令”替换为“内阁府令”，第五十七条但书及第五十九条中出现的“刑事设施”替换为“留置设施”，第六十四条规定中出现的“刑事设施内”替换为“留置设施内”，“第六十一条”替换为“第二百条第二项及第三项”，“第六十二条”替换为“第二百零一条”，第六十五条第二项中出现的“刑事设施外”替换为“留置设施外”。

第七节　宗教行为

第二百零五条　不得禁止、限制被留置者单独进行礼拜等宗教行为。但是，如对留置设施纪律、秩序维持等管理运营方面产生消极影响时，则不受此限制。

第八节　书籍等的阅览

（阅览自费书籍等）

第二百零六条　除本节规定的情况之外，不得禁止、限制被留置者阅览自费书籍等。

第二百零七条　被留置者阅览自费书籍等，如出现以下各号规定中的相应情况，留置业务管理者可禁止其进行阅览。

一　可能破坏拘留设施纪律、秩序的情况。

二　被留置者为未判决拘禁人员，存在隐藏、销毁罪证的危险的情况。

三　被留置者为被拘留受刑人员，可能影响其改善更生的情况。

2　依据前项规定判定是否应禁止阅览的事由时需要以自费形式对书籍等进行翻译，依据内阁府令规定，可由被留置者承担此费用。在此情况下，如被留置者未支付应承担费用，则禁止其进行阅览。

（关于产生违规行为的情况下的自费书籍等的相关措施）

第二百零八条　被留置者产生违规行为时，如有维持留置设施纪律、秩序的必要，留置业务管理者可禁止其三天之内阅览内阁府令规定中的自费书籍等（除被认定为保护被告人或犯罪嫌疑人的权利或准备诉讼、保护其其他权利所需的物品之外）。

2　第一百九十条第二项和第三项规定适用于针对被留置者的前项措施。

（有关刑事设施规定的使用）

第二百零九条　第七十一条规定适用于留置业务管理者关于报纸制定的相关限制，第七十二条规定适用于留置业务管理者赋予被留置者接触时事报道的机会等制定的相关措施。在此情况下，经换读后，第七十一条中出现的“法务省令”替换为“内阁府令”，同条及第七十二条第一项中出现的“被收容者”替换为“被留置者”，第七十一条中出现的“刑事设施管理运营”替换为“留置设施管理运营”，第七十二条第二项中出现的“第三十九条第二项”替换为“第一百八十五条”，“在刑事设施”替换为“在留置设施”。

第九节　纪律及秩序的维持

（留置设施的纪律及秩序）

第二百一十条　应当合理维持留置设施的纪律及秩序。

2　为实现上述目的而采取的措施，不得超过为确保被留置者的留置状态及处境而为其提供适当的环境及安全稳定的集体生活所需的必要限度。

（遵守事项等）

第二百一十一条　留置业务管理者制定被留置者应当遵守的注意事项（以下简称“遵守事项”）。

2　应根据各被留置者的情况，针对以下各事项作具体规定。

一　不得实施犯罪行为。

二　不得对他人采取粗鲁或无理的言行，或者实施妨碍他人的行为。

三　不得实施自残的行为。

四　不得实施妨碍看守人员执行任务的行为。

五　不得实施可能妨碍自己或他人留置状态的行为。

六　不得实施可能危害留置设施安全的行为。

七　不得实施破坏留置设施内环境或扰乱风纪的行为。

八　不得实施非法使用、持有、任意授受财物等其他行为。

九　除上述各项规定之外，其他维持留置设施内的纪律及秩序所必需的事项。

十　不得实施策划违反前述规定的遵守事项，或者煽动、教唆、帮助他人实施该行为的行为。

3　除前述两项的规定之外，留置业务管理者及其指定的留置业务从事人员，为维持留置设施内的纪律及秩序，必要时可以针对被留置者的生活及行为提出要求。

（身体检查等）

第二百一十二条　留置担当官为维持留置设施的纪律及秩序，必要时可对被留置者的人身、衣物、所持物品及卧室进行搜查，同时可以没收其所持物品由留置设施暂时代为保管。

2　第一百八十一条第二项的规定，适用于前项规定的针对女性被留置者人身及衣物检查时的情形。

3　留置担当官为维持留置设施内的纪律及秩序，必要时可对留置设施内除被留置者以外的人员（辩护人等除外）的衣物及携带物品进行检查，同时可没收其携带物品由留置设施暂时代为保管。

4　前项所述的检查，不得包括对文章书刊图画的内容的检查。

（捕绳、手铐、拘束衣及消声器具的使用）

第二百一十三条　留置担当官在护送被留置者的情形下，或者被留置者有可能实施以下行为时，依据内阁府令的有关规定，可使用捕绳或手铐。

一　逃跑。

二　实施自残行为或伤害他人的行为。

三　破坏留置设施的设备、器具或其他物品。

2　留置担当官在被留置者有可能自残，且此时无其他可以阻止该行为的方法时，可以依据留置业务管理者的命令使用拘束衣。但是，此时不能同时使用捕绳、手铐或者消声器具。

3　在未设置保护室的留置设施内，留置担当官在被留置者无视留置担当官的制止继续大喊大叫，扰乱留置设施内的正常环境，且此时无其他可以阻止该行为的方法时，可以依据留置业务管理者的命令使用消声器具。在该种情形下为防止该被留置者自行取下或损坏消声器具，必要时可同时对其使用捕绳或者手铐。

4　在前述两项规定的情形下，在留置业务管理者的命令下达之前的紧急情况下，留置担当官可直接使用拘束衣或者消声器具（根据前项后半部分的规定，包含使用捕绳或者手铐的情形）。此时，留置担当官应及时将有关情况报告留置业务管理者。

5　使用拘束衣及消声器具的时间上限为三个小时。但是，若留置业务管理者认为有必要继续使用拘束衣时，可在不连续超过十二个小时的前提下，每三个小时交替使用一次。

6　即使在前项规定的时间范围内，当没有必要继续使用拘束衣或者消声器具时，留置业务管理者应立即命令停止使用。

7　对被留置者使用拘束衣或者消声器具，或者多次使用拘束衣的情形下，留置业务管理者应及时听从医师对在押人员的健康状况的意见。

8　捕绳、手铐、拘束衣及消声器具的规格由内阁府令进行规定。

（保护室的收容）

第二百一十四条　留置担当官，在以下各号规定的情形下，依据留置业务管理者的命令，可将被留置者收容到保护室中。

一　有可能实施自残行为时。

二　在以下①至③规定的情形下，为维持留置设施内的纪律及秩序特别有必要时：

①无视看守人员的制止，继续大喊大叫或者制造噪声时；

②有可能伤害他人时；

③有可能毁损或玷污留置设施内的设备、器具等其他财物时。

2　第七十九条第二项到第六项的规定适用于被留置者被收押到保护室的情形。在此情形下，该条第二项到第五项的规定中“刑罚执行机关主任”可替换为“留置业务管理者”，该条第二项中的“刑务官”可替换为“留置业务从事者”，该条第五项中的“刑事设施职员的医师”可替换为“该留置业务管理者委托的医师”，该条第六项中的“法务省令”可替换为“内阁府令”。

（发生灾害时的避难及释放）

第二百一十五条　在发生地震、火灾等灾害且留置设施内无法避难时，留置业务管理者应当将被留置者护送到适当的场所。

2　在前项规定的情形下，若无法护送被留置者，留置业务管理者可将其从留置设施中释放出来。在发生地震、火灾等灾害且无法将在留置设施外的被留置者护送到适当的场所避难时，应采取同样的措施。

3　基于前项规定被释放的人员，应在需要避难的事由消失后尽快前往留置设施或者留置业务管理者指定的地点报到。

第十节　外部联系

第一款　会　见

（会见对象）

第二百一十六条　对于被留置服刑者以外的被留置者，他人申请与其会见时，除根据第二百二十八条第三项的规定被禁止的情形外，留置业务管理者应当准许其会见。但是，该被留置者为未决拘禁者的情形下，依据刑事诉讼法规定不能允许会见的，不在此限。

（被留置受刑者的会见对象）

第二百一十七条　留置业务管理者收到来自下列人员提出的会见被留置者的申请时，除依据本法第二百二十八条第三项规定禁止会见的情形外，应当给予准许。在此情形下，适用前条的但书规定。

一　被留置受刑者的亲属。

二　因婚姻关系的调整、诉讼的进行、工作的维持以及其他死刑确定者身份上、法律上或者业务上有关的重大利害关系相关的业务处理，而必须会见的人员。

三　与被留置受刑者的更生保护有关的人员、欲在被留置者被释放后对其进行雇用的人员以及其他被认为允许会见有利于被留置者改过自新的人员。

2　留置业务管理者，在收到前项各号所列人员之外的人提出的会见被留置者申请的情形下，认为会见对于维持被留置者的交友关系必要的以及其他有必须会见的事由的，并且认定会见对刑事设施内的纪律以及秩序不会产生妨害结果的，应当予以准许。

（同辩护人等以外的人会见的列席等）

第二百一十八条　对于未决拘禁者的会见，留置业务管理者可以指定职员列席会见，并对会见的状况进行录音或者录像。

2　在维持留置设施内的纪律或者秩序方面以及出于其他理由，认为有必要的情形下，留置业务管理者可以指名职员列席未决拘禁者以外的被留置者的会见，并对会见状况进行录音或者录像。

3 不论前两项规定，被留置者同下列人员会见，职员不得列席以及录音录像，除有可能产生危害留置设施的纪律以及秩序的结果或者产生毁灭未决拘禁者的罪证的结果的情形之外。

一 国家或者地方公共团体机关的职员对留置业务管理者对其采取的措施以及其所受的其他处遇进行相关的调查。

二 依据律师法第三条第一项的规定关于刑事设施长对其采取的措施以及其所受的其他处遇，律师对其履行职务的会见。

（会见的暂时停止以及终了）

第二百一十九条 发生以下各号任一（和辩护人等会见的情形下，仅限于第一号中②）的情形，留置业务从事人员，可以制止该行为或者发言，或者暂时停止该会见。在此情形下，为暂时停止会见，可以对被留置者以及其会见对象作出退出会见场所的命令，或者采取其他必要措施。

一 被留置者或者其会见对象具有下列①或者②项任一行为时：

①违反下一条第五项规定的；

②妨害留置设施的纪律以及秩序的。

二 被留置者或者其会见对象具有下列①或者②项任一内容的发言时：

①使用暗语或者因其他理由，使得留置业务从事人员不能理解的；

②共谋、煽动或者教唆对方实施犯罪的；

③有可能产生妨害留置设施的纪律以及秩序的结果的。

三 未决拘禁者或者其会见对象具有可能产生毁灭罪证结果的发言时。

四 被留置受刑者或者其会见对象具有下列①或者②项任一内容的发言时：

①有可能产生妨害被留置受刑者的改过自新的结果的；

②因处理特定业务而被允许的会见，双方交谈内容脱离该业务范围的。

2 留置业务管理者，根据前项规定暂时停止会见的情形下，认为不应该再继续会见的，可以终止会见。

（关于会见的限制）

第二百二十条 被留置者的辩护人和其会见的日期以及时间段为除星期日

及其他政令限定日期以外的日期的刑事设施工作时间段内。

2　前项会见未决拘禁者的人数为三人以内。

3　辩护人等依据前两项规定提出申请会见的情况下，除认为准许会见会对留置设施的管理运营产生障碍之外，留置业务管理者应当给予准许。

4　关于第一项中的会见场所，出于维持留置设施的纪律和秩序以及其他管理运营，留置设施管理人员可以根据内阁府令的规定，对其进行必要限制。

5　关于被留置者和辩护人等以外的人会见，根据内阁府令的规定，出于维持拘留设施内的纪律和秩序以及其他管理运营上的需要，留置业务管理者可以对会见对象的人数、会见地点、日期以及时间段、会见时间以及次数、会见形式等作出限制。

6　根据前项规定，对会见的次数进行限制时，该次数必须在一日一次之下。

第二款　书信的收发

（允许收发书信）

第二百二十一条　对于被留置者，具有根据第二百二十八条第三项的规定禁止的情形除外，留置业务管理者应当允许其和他人之间的书信往来。但是，被留置者为未决拘禁者的情形下，根据刑事诉讼法的规定，不允许书信收发的，不在此限。

（书信的检查）

第二百二十二条　留置业务管理者可以指定职员对未决拘禁者收发的书信进行检查。

2　出于维持留置设施内的纪律和秩序的需要以及有其他方面需要的情形下，拘留业务管理者，可以指定职员，对未决拘禁者以外的被留置者收发的书信进行检查。

3　对以下书信进行检查时，在确认书信中相关事实的必要限度范围内进行。但是，对于第一号③以及第二号②所记载的书信，认为有危害留置设施纪律及秩序的可能以及有产生毁灭罪证结果的可能和认为有特别事由的，不在此限。

一　被留置者收到下列人员的来信时：

①辩护人；

②国家或者地方公共团体机关；

③依据律师法第三条第一项的规定关于留置业务管理者对其采取的措施以及其所受的其他处遇，对此履行职务的律师。

二　未决拘禁者以外的被留置者对下列人员发送书信的：

①关于留置业务管理者对其采取的措施以及其所受的其他处遇，对此进行调查的国家或者地方公共团体的机关；

②依据律师法第三条第一项的规定关于留置业务管理者对其采取的措施以及其所受的其他处遇，对此履行职务的律师。

（书信收发的禁止）

第二百二十三条　对于具有犯罪倾向的人员以及其他被留置者发送的书信，可能会妨害留置设施内的纪律以及秩序的，或者妨害被留置服刑者改过自新的（被留置受刑者的亲属除外），留置业务管理者可以禁止被留置受刑者与之进行书信往来。但是，因婚姻关系的调整、诉讼的进行、工作的维持以及其他死刑确定者身份上、法律上或者业务上有关的重大利害关系相关的业务处理而收发书信的情形下，不在此限。

（根据书信内容停止发送）

第二百二十四条　根据本法第二百二十条规定进行检查的结果，对于被留置者收发的书信，其全部或部分内容在具有下列各号任一情形的情况下，留置业务管理者可以将其停止发放，或者将相应内容删除或者抹除。对于同一条第三项各号所列书信，在确认书信相关内容的过程中，判明其全部或者部分内容具有下列各号任一情形的，亦同。

一　使用暗语或者因其他理由，使得留置业务从事人员不能理解的。

二　因为书信的收发，导致触犯刑罚法令或者具有触犯刑罚法令的风险的。

三　因为书信的收发，可能会产生妨害留置设施内的纪律以及秩序的结果的。

四　因为有威胁内容或者明确的虚假内容，具有导致收信人明显不安或者受到损害的可能的。

五　具有侮辱收信人的内容的。

六　对于未决拘禁者收发的书信，该书信的收发，可能导致产生毁灭罪证的结果的。

七　对于被留置的受刑者收发的书信，该书信的收发，可能对其改过自新产生妨碍的。

2　不论前项规定，对于被留置者和国家或者地方公共团体机关之间的书信，其中包含属于该机关权限内的事项的，以及被留置者和辩护人之间的书信，其中包含以及律师法第三条第一项的规定，属于律师职务范围内事项的，当该书信中的全部或者部分内容具有前项第一号至第三号或者第六号任一情形的，可以对该书信停止发送，或者对相关内容进行删除、抹除。

（关于书信的限制）

第二百二十五条　根据内阁府令的规定，留置业务管理者可以对被留置者所发书信的制作要领、发信的申请日期以及时间段、被留置者（发给辩护人的书信除外）申请发信的次数以及被留置者收发书信的方法，在留置设施管理运营的必要限度内进行限制。

2　根据前项规定对被留置者申请发信的次数进行限制时，该次数必须低于一日一次。

（禁止收发的书信的处理）

第二百二十六条　对于根据本法第二百二十三条、第二百二十四条，或者第二百二十八条第三项的规定禁止收发的书信，或者停止收发的书信，或者根据第二百二十四条规定部分删除的书信，留置业务管理者应当对其进行保管。

2　根据本法第二百二十四条的规定将书信部分内容抹除的，留置业务管理者应当将抹除的部分复制并保管。

3　在被留置者释放之际，留置业务管理者应当将根据前两项规定保管书信的全部或者部分或者复制的内容（在以下本章中称为“禁止收发的书信等”）交还该人员。

4　根据内阁府令规定，在被留置者死亡的情形下，留置业务管理者应当根据该被留置者亲属等（内阁府令规定的亲属以及其他人员。在本法第二百三十九条中，亦同）的申请，将禁止收发的书信交还该亲属。

5 不论前两项规定，交还书信可能会导致产生妨害留置设施的纪律以及秩序的结果时，不得交还该书信。在下列情形中，交还书信可能会导致产生妨害留置设施的纪律以及秩序的结果时，亦同。

一 已经被释放的被留置者，在其被释放后，申请交还禁止收发的书信的。

二 在本法第一百九十八条中适用本法第五十四条第一项第一号或者第二号的任一情形下，被留置者申请交还禁止收发的书信的。

6 本法第五十三条第一项、第五十四条第一项（第三号除外）以及第五十五条第二项及第三项的规定，对与被留置者有关的禁止收发书信等（根据前项规定禁止交还的除外）适用。在此情形下，第五十三条第一项、第五十四条第一项以及第五十五条第三项中的“国库”替换为“该留置设施所属的都道府县”，第五十四条第一项第二号中的“第八十三条第二项”替换为“第二百二十五条第二项”，第五十五条第二项以及第三项中的“第一百七十六条”替换为“第二百三十九条”，同一条第二项中的“刑事设施长”替换为“留置业务管理者”，同一条第三项中的“第一项的申请”替换为“第二百二十六条第四项的申请”。

7 根据第五项规定禁止交还的书信，在被留置者释放日或者死亡日或者被留置者在前项中适用第五十四条第一项第一号或者第二号的任一时发生相应事项之日起经过三年后的日期，其属于该留置设施所属的都道府县。

第二百二十七条 第一百三十一条的规定对被留置者的收发书信的情形适用，第一百三十三条的规定对被留置者的阅读文章书刊的情形适用。在此情形下，该规定中的“刑事设施长”替换为“留置业务管理者”，第一百三十一条中的“国库”替换为“该留置设施所属的都道府县”。

第三款 外语会见等

第二百二十八条 留置业务管理者在被留置者或者其会见对象，不通国语时，应允许用外语进行会见。在此情况下，为了确认交流的内容，需要翻译时，依据内阁府令的规定，可让此收容人员负担该翻译费用。

2　拘留业务管理者在被拘留者或与其往来书信的对方不通国语或可认定为与不通国语相当的情况下，应允许其用外语通信。在此情况下，因确认书信内容需要翻译时，依据内阁府令的规定，可让此被拘留者负担该翻译费用。

3　被拘留者无法负担依据前两项规定所应负担费用的，不允许会见等或书信的往来。

第十一节　异议的提出

第一款　审查的申请及再审查的申请

（审查的申请）

第二百二十九条　对下列拘留业务管理者所采取的措施有异议的人员，根据政令的规定，可以以书面形式向警察本部的长官提出申请。

一　根据本法第一百八十七条或者第一百九十条第一项的规定不允许使用自费物品或者摄取物品。

二　根据在本法第一百九十条第二项中（包括在第二百零八条中适用的情形）适用的第一百五十三条的规定物品属于都道府县的处分的。

三　根据第一百九十六条的规定不允许使用代保管现金的处分或者根据第一百九十七条的规定不允许交还代为保管的私人物品或者现金的处分。

四　根据本法第二百零二条的规定不允许接受诊疗的处分或者根据同一条第四项的规定中止诊疗的处分。

五　根据本法第二百零五条的规定对宗教行为的禁止或者限制。

六　根据本法第二百零七条第一项或者第二百零八条第一项的规定或者在第二百零九条中适用第七十一条的规定禁止或者限制阅览书籍的处分。

七　根据本法第二百零七第二项的规定使之承担费用的处分。

八　根据在本法第二百二十三条、第二百二十四条或者第二百二十五条第一项的规定或者第二百二十七条中适用第一百三十三条的规定，禁止、中止或者限制书信的收发、文章书刊图画的交付的处分。

九　根据本法第二百二十六条第五项前段的规定不交还禁止收发的书信的处分（仅限于根据同一条第三项规定与交还相关的书信）。

十　根据前条第一项或者第二项规定使之承担费用的处分。

2　根据前项规定申请审查（在以下该节中称为“审查的申请”），从措施告知之日起的次日起算，该异议必须在三十日内提出。

3　第一百五十七条第二项、第一百五十八条第二项以及第三项、第一百六十条以及第一百六十一条第一项以及行政异议审查法第十五条、第十八条第三项、第十九条第二项以及第四项、第二十二条第一项以及第五项、第二十三条、第二十五条第一项、第二项以及第六项、第二十六条、第二十七条、第三十九条、第四十五条第一项以及第二项、第四十六条第一项正文以及第二项（第二号除外），第四十七条（但书以及第二号除外）、第四十八条、第五十条第一项、第五十一条、第五十二条第一项以及第二项、第六十二条第二项以及第六十四条第一项至第三项的规定，对再审查的申请适用。在此情形下，换读后，第一百六十条以及第一百六十一条第一项中的“矫正管区长官”替换为“公安委员会”，第一百六十条第二项中的“刑事设施长”替换为“留置业务管理者”，同法第二十五条第二项中的“根据审查请求人的申请或者依职权”替换为“依职权”，同法第五十一条第三项中的“公布并且将此内容在官报或者其他公报或者报纸上至少刊登一次”替换为“公布”，除此之外，必要的技术性的替换，依据政令规定。

第二百三十条　对审查申请的裁决不服的，可以按照政令规定，以书面形式向公安委员会提出再审查申请。根据前项规定申请再审查的(以下本节简称“再审查申请”)，自审查申请作出裁决通知之日第二天起算，应在三十日内提出。第一百五十七条第二项、第一百五十八条第二项、第一百六十条及第一百六十一条第一项以及《行政不服审查法》第十五条、第十八条第三项、第十九条第二项及第四项、第二十三条、第五条第一项、第二项及第六项、第二十六条、第二十七条、第三十九条、第四十六条第一项正文及第二项(第二号除外)、第四十七条(但书及第二号除外)、第四十八条、第五十条第一项、第五十一条、第五十二条第一项及第二项、第六十二条第二项以及第六十四条第一项至第三项的规定，准用于再审查申请。在这种情况下，第一百六十条及第一百六十一条第一项中的“矫正管区长”换用为“公安委员会”，第一百六十条第二项中的“刑事设施长”换用为“留置业务管理者”，该法第二十五条第二项中的“根据审查请求人的请求或职权”换用为“依职权”，该法第五十一条第三项中的“在政府公报及其他公报或报纸上至少刊登一次”换用为“公告”，除此之外，必要的技术替换由政令规定。

第二款　事实的申告

（对警察本部长官的事实的申告）

第二百三十一条　被留置者，在留置业务从事人员对自己有下列行为时，根据政令规定，可以书面形式，向警察本部长官提出事实申告。

一　对身体实施暴力。

二　违法使用捕绳、手铐、拘束衣及消声器具。

三　违法或者不当拘押在保护室。

2　前项规定的申告，必须从申告相关事实发生的次日起算三十日内提出。

3　本法第一百五十七条第二项、第一百五十八条第二项以及第三项、第一百六十条、第一百六十一条第一项以及第一百六十四条第一项、第二项以及第四项以及行政异议审查法第十八条第三项、第二十二条第一项以及第五项、第二十三条、第二十七条、第三十九条以及第五十条第一项以及第三项的规定，对于第一项规定的申告适用。在此情形下，第一百五十八条第三项以及第一百六十条第二项中“刑事设施长”替换为“留置业务管理者”，同一条第一百六十一条第一项以及第一百六十四条第一项、第二项以及第四项中“矫正管区长官”替换为“警察本部长官”，同一项中“前项第一条”替换为“第二百三十一条第一项”，除此之外，必要的技术性的替换，依据政令规定。

（对公安委员会的事实的申告）

第二百三十二条　被留置者在收到根据在前条第三项中适用的第一百六十四条第一项或者第二项的规定收到通知的情形下，对此内容有异议的，根据政令的规定，以书面形式向公安委员会提出前条第一项规定的事实申告。

2　前项规定的申告，在收到同一项的规定的通知的次日起算，必须在三十日内提出。

3　本法第一百五十七条第二项、第一百五十八条第二项、第一百六十条、第一百六十一条第一项以及第一百六十四条第一项、第二项以及第四项以及行政异议审查法第十八条第三项、第二十三条、第二十七条、第三十九条以及第五十条第一项的规定，对第一项规定的申告适用。在此情形下，第一百六十条、第一百六十一条第一项以及第一百六十四条第一项、第二项以及第四项中“矫正管区的长官”替换为“公安委员会”，第一百六十二条第二项中的“刑事设施长”替换为“留置业务管理者”，第一百六十四条第四项中的“前条第一项”替换为“第二百三十一条第一项”，除此之外，必要的技术性的替换，依据政令规定。

第三款　意见的提出

（对警察本部长官的意见的提出）

第二百三十三条　被留置者，可以针对留置业务管理者对自己采取的措施以及自己所受到的其他处分，以书面形式，向警察本部长官提出意见。

（对监察官的意见的提出）

第二百三十四条　被留置者，可以针对留置业务管理者对自己采取的措施以及自己所受到的其他处分，可以口头或者书面的形式，向依据本法第十八条规定实施监察的监察官（在以下该节称为监察官）提出意见。

（对留置业务管理者的意见的提出）

第二百三十五条　被留置者，可以针对留置业务管理者对自己采取的措施以及自己所受到的其他处分，可以口头或者书面的形式，向留置业务管理者提出意见。

2　本法第一百五十七条第二项的规定、第一百六十六条第三项以及第一百六十八条第三项的规定，对于前项的留置业务管理者提出的意见的申请适用。

第四款　杂　则

（秘密申诉）

第二百三十六条　留置业务人员在被留置者向其提出审查申请等（审查的申请、再审查的申请或者根据第二百三十一条第一项或第二百三十二条第一项的规定提出的申请。在下一项以及下一条亦同）或者对警察本部长官或监察官提出意见申请时，为了将其提出的内容尽可能地向留置业务管理者保密，必须采取必要措施。

2　不论本法第二百二十二条的规定，必须检查审查申请或者提出书面意见。

（不利处分的禁止）

第二百三十七条　留置业务从事人员，不得以被留置者提出了审查申请或者意见为理由，对该人员采取不利处分。

第十二节　释　放

第二百三十八条　第一百七十一条至第一百七十三条的规定对被留置者的释放适用，第一百七十五条的规定对被释放的被留置者适用。在此情形下，第一百七十一条第二号以及第四号中的“刑事设施”替换为“留置设施”。

第十三节　死　亡

第二百三十九条　留置业务管理者，在被留置者死亡的情形下，根据内阁府令的规定，必须将死亡原因以及时间、应当交付的遗物或者有禁止收发的书信时，必须尽快将其通知或者交付给其遗族。

第十四节　和法务大臣的商议

第二百四十条　为了使得被留置者以及受刑者被一致对待，内阁总理大臣应当指定有关被留置者以及被留置服刑者处遇的内阁府令，或者在废止相关内阁府令时，与法务大臣商议。

第四章　海上安保留置设施中海上安保被留置者的处遇

第一节　留置的开始

（留置开始时的告知）

第二百四十一条　海上安保被留置者在海上安保留置设施中的留置开始之际，海上安保留置业务管理者应当根据海上安保被留置者的地位，将下列事项予以告知。

一　物品的出借和支付以及自费相关事项。

二　第二百五十条第一项所规定的保管私人物品以及其他贵重物品的处理相关事项。

三　保健卫生以及医疗相关事项。

四　宗教上的行为相关事项。

五　书籍等的阅览相关事项。

六　第二百六十二条第一项所规定的遵守事项。

七　会见以及书信收发的相关事项。

八　能够进行审查的申请的措施、应当进行审查申请的行政厅及审查申请的期间以及该项规定的其他相关事项。

九　第二百七十七条第一项所规定的能够进行申告的行为、申告地、申告期间以及该项规定的其他相关事项。

十　提出意见等相关事项。

2　前项所规定的告知，根据国土交通省令的规定，以书面形式进行。

（为识别而进行的身体检查）

第二百四十二条　在海上安保设施中的留置开始之际，海上安保留置担当官为了对海上安保被留置者的识别，可以在必要限度内对其进行身体检查。此后，有必要之时，亦同。

2　根据前项的规定进行检查时，对于海上安保被留置者中的女性，必须由女性海上安保留置担当官进行检查。但是，女性海上安保留置担当官不能进行该项检查的情形下，在海上安保留置业务管理者指定的女性职员的指挥下，可以由男性海上安保留置担当官进行检查。

第二节 处遇的形式

第二百四十三条 海上安保被留置者的处遇（运动、入浴或者会见以及其他国土交通省令规定的处遇除外）除被认为适合在居室内（海上安保拘留业务管理者指定的主要用来供海上安保被拘留者休息以及就寝使用的场所。以下该条以及第二百六十四条亦同）进行的，二十四小时内在居室内进行。

2 未决拘禁者（仅限于被留置在海上安保措施中的人员。以下本章亦同），被认为没有毁灭罪证的可能的，可以不让其居住在单独居室内。

3 若非前项规定的情形，即使在居室之外，未决拘禁者之间亦不得相互接触。

第三节 起居动作的时间段

第二百四十四条 根据国土交通省令的规定，海上安保留置业务管理者，应当制定吃饭、就寝以及其他起居动作的时间段，并将之告知海上安保被留置者。

第四节 物品的出借以及自负费用

第二百四十五条 第一百八十六条至第一百八十九条的规定，对于对海上安保留置设施中的海上安保被留置者的物品出借、支付以及自负费用适用。在此情形下，第一百八十六条第二项、第一百八十七条以及第一百八十八条第一项第三号中的“内阁府令”换用为“国土交通省令”、第一百八十七条中的“留置业务管理者”换用为“海上安保留置业务管理者”、“根据第一百九十条规定被禁止的情形以及对被留置者的改过自新可能产生障碍的情形除外”换用为“……除外”。

第五节 财物处理

（财物检查）

第二百四十六条 海上安保留置担当官可对下述财物进行检查。

一　海上安保被留置者在被留置时所携带的现金和物品。

二　除本号中所述现金和物品（除海上安保留置业务管理者所发放的物品之外）外，海上安保被留置者在留置期间所得的现金和物品（除书信外。下一号中相同）。

三　为交付给海上安保被留置者，除该海上安保被留置者以外的相应人员所携带或寄送到海上安保留置设施的现金和物品。

（留置期间所持有的物品等的处理）

第二百四十七条　当前条第一号或第二号中所述物品为以下各号中相应物品之一时，海上安保留置业务管理者应当要求将海上安保被留置者的物品交付给其亲属等相关人员或以其他相应形式处理。

一　不便保管的物品。

二　易腐烂或消失物品。

三　危险物品。

2　第四十五条第二项规定适用于海上安保留置业务管理者依据前项中的规定要求对海上安保被留置者的物品进行处理的情况。

（外部送来物品的领取等）

第二百四十八条　当第二百四十六条第三号中所述现金或物品为以下各号中相应物品之一时，海上安保留置业务管理者应当要求其现金或物品寄送人将其领回。

一　交付给海上安保被留置者，可能会危及海上安保留置设施的纪律和秩序。

二　交付对象为未决拘禁者的情况下，依据刑事诉讼法的规定禁止其接受交付的物品。

三　寄送人员姓名不详的情况。

四　为自费物品等以外的物品。

五　为前一条第一项各号中的相应物品之一。

2　当第二百四十六条第三号中所述现金或物品为前项第一号至第三号中的相应物品之一时，如因寄送人所在地不详而未能要求其领回物品，海上安保留置业务管理者则必须按照政令中规定的方式将此情况予以公告。

3　关于前项规定中的现金或物品，依据第一项规定要求领回或依据前项规定开始进行公告的公告日之后的六个月内，如未有人员领取该现金或物品则要将其上交国库。

4　第二项规定中的物品为第一项第五号中的相应物品时，海上安保留置业务管理者可在前项规定的期限内将其贩卖，并保管该货款。

5　第二百四十六条第三号中所述现金或物品为第一项第四号或第五号中的相应情况（除同项第一号至第三号中的相应物品外）时，在因寄送人所在地不详而未能依据同项规定要求领回的情况下，或不宜要求领回物品又或寄送人拒绝领回物品的情况下，海上安保留置业务管理者应当要求将其交付给海上安保被留置者的亲属等相应人员或以其他相应方式处理。

6　第四十五条第二项规定适用于海上安保留置业务管理者依据前项规定要求处理海上安保被留置者物品的情况。

7　第二百四十六条第三号规定中的现金或物品不属于第一项各号中的相应现金或物品时，在海上安保被留置者拒绝接受交付的情况下，海上安保留置业务管理者应当要求寄送人将其领回。在此情况下，适用于第二项和第三项规定。

（物品交付和代为保管）

第二百四十九条　下述物品中，海上安保被留置者依据本法规定可使用或摄取的物品应当交付给海上安保被留置者。

一　第二百四十六条第一号或第二号中所述物品不属于第二百四十七条第一项各号中的物品。

二　第二百四十六条第三号中所述物品不属于前条第一项各号中的物品（除海上安保被留置者拒绝交付的物品外）。

2　下述财物由海上安保留置业务管理者代为保管。

一　前项各号所述物品中，海外安保被留置者依据本法规定可使用或摄取之外的物品。

二　第二百四十六条各号中所述现金不属于前条第一项第一号或第三号中

的现金。

（私人物品等的保管）

第二百五十条 依据国土交通省令的规定，海上安保留置业务管理者在保管私人物品［指海上安保被留置者依据前条第一项规定接受交付并保管的物品（包括依据适用于第三项的第四十八条第五项中规定接受交付并保管的物品）和海上安保被拘留者收到并保管的书信。以下本章相同］时，可以对海上安保留置设施管理运营方面设定其必要的限制。

2 海上安保被留置者所保管的私人物品（除国土交通省令规定的物品之外）总量（下一条中称“保管总量”）超过保管限制数量（指依据海上安保被留置者的地位差异海上安保留置业务管理者所制定的海上安保被留置者人均可保管的物品数量。下一条同）或代替海上安保被拘留者所保管的物品（除国土交通省令规定的物品之外）总量（下一条中称“代为保管总量”）超过代为保管限制数量（指依据海上安保被留置者的地位差异海上安保留置业务管理者所制定的海上安保被留置者人均可代为保管物品的数量。下一条同）的情况下，对于该海上安保被留置者，海上安保留置业务管理者可要求将其超过数量部分的物品通过交付或其他相应形式给其亲属或其他相应人员。关于存在腐烂或消失风险的物品，也可以同等方式处理。

3 第四十五条第二项规定适用于依据前项规定要求处理海上安保被留置者的物品的情况，第四十八条第四项规定适用于海上安保被留置者保管私人物品的情况，同条第五项规定适用于代替海上安保被留置者保管物品的情况。在此情况下，经换读后，这些规定中出现的“刑事设施长”换用为“海上安保留置业务管理者”。

（代保管现金的使用）

第二百五十一条 在海上安保被留置者因购买自费物品等或用于缴纳海上安保留置设施中本人应负担的日常生活费用，而提交使用被代为保管现金的申请的情况下，海上安保留置业务管理者应当准许其使用所需金额的现金。但在其因购买自费物品等使用现金的情况下，适用于以下各号规定时则不受此限制。

一 因购买导致保管总量超过保管限制数量或代为保管总量超过代为保管

限制数量的情况。

二　海上安保被留置者为未决拘禁者，依据刑事诉讼法的规定，不允许其接受购买的自费物品等的交付的情况。

（保管的私人物品及代为保管财物的交付）

第二百五十二条　海上安保被留置者申请将其所保管的私人物品或被代为保管的财物（除适用于第二百七十三条的第一百三十三条中规定的文件图画物品之外）交付（除发送信件相应物品之外）给他人（除被留置于该海上安保拘留设施的人员之外）的情况下，除适用于以下各号规定的相应情况之外，海上安保留置业务管理者应予以准许。

一　交付（除对方是其亲属的情况之外）行为可能破坏海上安保留置设施纪律、秩序的情况。

二　海上安保被留置者为未决拘禁者，依据刑事诉讼法规定不允许进行交付的物品。

（有关刑事设施规定的适用）

第二百五十三条　第五十一条规定适用于有关海上安保留置业务管理者向海上安保被留置者交付外部送来的物品等的限制，第五十二条规定适用于海上安保留置业务管理者向海上安保被留置者交付代为保管的财物，第五十三条、第五十四条（除第一项第三号之外）和第五十五条规定适用于海上安保被留置者的遗留物品（指遗留在海上安保留置设施中的财物。第二百八十五条同）。在此情况下，经换读后，第五十一条中出现的“本节”换用为“第四章第五节”，同条及第五十五条第一项中出现的“法务省令”换用为“国土交通省令”，第五十一条及第五十二条中出现的“被收容者”换用为“海上安保被留置者”，第五十一条中出现的“刑事设施管理运营”换用为“海上安保留置设施管理运营”，第五十三条第二项和第五十五条第二项中出现的“刑事设施长”换用为“海上安保留置业务管理者”，第五十四条第一项第二号中出现的“第八十三条第二项”换用为“第二百六十三条第二项”，第五十五条第二项及第三项中出现的“第一百七十六条”换用为“第二百八十五条”。

第六节　保健卫生和医疗

（保健卫生和医疗的原则）

第二百五十四条　为更好地掌握海上安保被留置者的身心状况，使海上安保被留置者保持健康、留置设施内保持卫生，海上安保留置设施应当依照社会平均保健卫生和医疗水平，采取妥善的保健卫生和医疗措施。

（运动）

第二百五十五条　依据国土交通省令规定，为使海上安保被留置者保持健康，必须向其提供适当的运动机会。

（有关刑事设施和留置设施相关规定的适用）

第二百五十六条　第五十八条、第五十九条、第二百条第一项和第二百零一条至第二百零三条中的规定适用于海上安保被留置者，第六十四条和第六十五条规定适用于海上安保留置业务管理者对海上安保被留置者采取的措施。在此情况下，经换读后，第五十九条及第六十四条规定中出现的“法务省令”和第二百零二条第一项、第三项及第二百零三条中出现的“内阁府令”换用为“国土交通省令”，第五十九条中出现的“刑事设施”和第二百条第一项及第二百零二条第一项中出现的“留置设施”换用为“海上安保留置设施”，第六十四条规定中出现的“刑事设施内”换用为“海上安保留置设施内”，“依据第六十一条规定进行的体检和第六十二条”换用为“适用于第二百五十六条的第二百零一条”，第六十五条第二项中出现的“刑事设施外”换用为“海上安保留置设施外”，第二百条第一项和第二百零一条至第二百零三条规定中出现的“留置业务管理者”换用为“海上安保留置业务管理者”，第二百条第一项中出现的“留置担当官”和第二百零二条第二项中出现的“从事留置业务的工作人员”换用为“海上安保留置担当官”。

第七节　宗教行为

第二百五十七条　不得禁止、限制海上安保被留置者单独进行礼拜等宗教行为。但是，如对海上安保留置设施纪律、秩序维持等管理运营方面产生不良影响时，则不受此限制。

第八节　书籍等的阅览

（阅览自费书籍等）

第二百五十八条　除本节规定的情况之外，不得禁止、限制海上安保被留置者阅览自费书籍等。

第二百五十九条　海上安保被留置者阅览自费书籍等，如出现以下各号规定中的相应情况，海上安保留置业务管理者可禁止其进行阅览。

一　可能破坏海上安保留置设施纪律、秩序的情况。

二　海上安保被留置者为未决拘禁者，存在隐藏、销毁罪证的危险情况。

2　依据前项规定判定是否应禁止阅览的事由时，在需要以自费形式对书籍等进行翻译的情况下，依据国土交通省令规定，可由海上安保被留置者承担此费用。在此情况下，如海上安保被留置者未支付应承担费用，则禁止其进行阅览。

（有关刑事设施规定的适用）

第二百六十条　第七十一条规定适用于海上安保留置业务管理者制定的关于报纸的相关限制，第七十二条第一项规定适用于海上安保留置业务管理者赋予海上安保被留置者接触时事报道的机会等制定的相关措施。在此情况下，经换读后，第七十一条中出现的“法务省令”换用为“国土交通省令”，同条及第七十二条第一项中出现的“被收容者”换用为“海上安保被留置者”，第七十一条中出现的“刑事设施管理运营”换用为“海上安保留置设施管理运营”。

第九节　纪律和秩序维持

（海上安保留置设施的纪律和秩序）

第二百六十一条　必须正当维护海上安保留置设施内的纪律和秩序。

2　为达到前项目的所施行的措施，不得超过确保海上安保被留置者的拘留以及处遇的适当环境，以及维持安全平稳的共同生活所必要的限度。

第二百六十二条 由海上安保留置业务管理者制定海上安保被留置者应遵守事项（下一项中称“遵守事项”）。

2 应当根据海上安保被留置者的地位，针对下列事项具体制定遵守事项。

一 不得实施犯罪行为。

二 不得对他人言行粗暴或者实施给他人造成困扰的行为。

三 不得实施自伤自残的行为。

四 不得实施有可能妨碍海上安保留置担当官执行职务的行为。

五 不得实施有可能妨碍确保自己以及其他海上安保被留置者的留置的行为。

六 不得实施有可能妨害海上安保留置设施的安全的行为。

七 不得实施有可能妨害海上安保留置设施内的卫生以及风纪的行为。

八 不得不正当地使用、持有、收受金钱。

九 除前各号规定之外，其他为维持海上安保留置设施的纪律以及秩序的必要事项。

十 对于前各号所列遵守事项，不得谋划、煽动、教唆或者援助违背该遵守事项的行为。

3 除前两项规定之外，为了维护海上安保留置设施内的纪律以及秩序，必要的情形下，海上安保留置业务管理者或者海上安保留置担当官可以对海上安保被留置者作出生活以及行为上的指示。

（灾害时的避难以及解放）

第二百六十三条 在地震、火灾以及其他灾害发生之际，且在海上安保留置设施内没有避难方法的时候，海上安保留置业务管理者必须将海上安保被留置者护送到适当的避难场所。

2 在前项所规定的情形下，不能护送海上安保被留置者的时候，海上安保留置业务管理者可以将海上安保被留置者从海上安保留置设施内解放出来。在地震、火灾以及其他灾害发生之际，对于不能护送的在海上安保留置设施之外的海上安保被留置者，亦同。

3 根据前项规定被解放的海上安保被留置者，在避难所必要的条件消失之后，应当迅速地到海上安保留置设施内或者海上安保留置业务管理者所指定的场所报道。

（有关刑事设施规定的适用）

第二百六十四条 第七十五条规定适用于海上安保留置担当官检查海上安保被留置者身体、衣物、所持有物品及起居室，保管海上安保被留置者所持有物品，检查海上安保被留置者以外人员的衣物和所携带的物品，保管海上安保被留置者所携带物品的情况，第七十八条规定适用于海上安保留置担当官使用捕绳、手铐、用于约束危险犯罪的拘束衣的情况。在此情况下，经换读后，第七十五条第一项和第三项及第七十八条第一项第三号中出现的“刑事设施”换用为“海上安保留置设施”，第七十五条第二项中出现的“第三十四条第二项”换用为“第二百四十二条第二项”，第七十八条第一项、第二项和第六项中出现的“被收容者”换用为“海上安保被留置者”，同条第一项和第七项中出现的“法务省令”换用为“国土交通省令”，同条第二项至第六项中出现的“刑事设施长”换用为“海上安保留置业务管理者”，同项中出现的“为刑事设施工作人员的医生”换用为“该海上安保留置业务管理者所委托的医生”。

第十节 外部联系

第一款 会 见

（会见的对象）

第二百六十五条 在他人申请与海上安保被留置者会见时，本法第二百七十四条第三项规定的情形除外，海上安保留置业务管理者应当允许会见。但是，在该海上安保被留置者为未决拘禁者的情形下，根据刑事诉讼法规定不允许会见的情形，不在此限。

（和辩护人等以外的人会见时的列席）

第二百六十六条 海上安保留置业务管理者，在海上安保留置人员会见（和辩护人等的会见除外）时，应当让海上安保留置担当官列席会见，并对会见的情况进行录音或者录像。

2　为了维持海上安保留置设施的纪律以及秩序或者有其他理由认为必要的，海上安保留置业务管理者可以让海上安保措施负责人列席未决拘禁者以外的海上安保被留置者的会见（和辩护人等的会见除外），并且对会见的状况进行录音或者录像。

3　不论前项规定，海上安保被留置者在与下列人员会见时，除认为可能会产生危害海上安保留置设施内的纪律以及秩序或者可能产生毁灭罪证的结果的情形之外，海上安保留置业务管理者不得列席会见以及录音、录像。

一　国家或者地方公共团体机关的职员对海上安保留置业务管理者对被留置者采取的措施以及其受到的其他处遇。

二　依据律师法第三条第一项的规定关于海上安保措施业务管理人员对其采取的措施以及其所受的其他处遇，律师对其履行职务的。

（会见的暂时停止以及终了）

第二百六十七条　在下列各号任一情形发生时（和辩护人等会见的情形下，仅限于第一号中的A）海上安保措施责任人可以使之暂时停止会见。在此情形下，因为会见的暂时停止，海上安保措施责任人可以命令海上安保被留置者或者其会见对象退出会见场所以及采取其他必要措施。

一　海上安保被留置者或者其会见对象具有下列A或者B中的任一情形时：

①　违反在下一条中适用的第二百二十条第五项的规定中限制的行为；

②　危害海上安保设施内的纪律以及秩序的行为。

二　海上安保被留置者或者其会见对象具有符合下列C至F中的任一规定的发言时：

①　使用暗语以及因其他理由，使得海上安保留置担当官无法理解其交流内容的；

②　与对方共谋、煽动、教唆对方实施犯罪的；

③　有可能产生危害海上安保留置设施内的纪律以及秩序的结果的。

三　未决拘禁者或者其会见对象具有可能产生毁灭罪证结果的发言内容的。

2　根据前项规定暂时停止会见，海上安保留置业务管理者认为会见不应当继续进行的，可以终了该会见。

（留置设施相关规定的适用）

第二百六十八条 第二百二十条的规定，对于海上安保被留置者的会见适用。在此情形下，该条第一项以及第三项至第五项规定中的“留置设施”换用为“海上安保留置设施”，同一条第四项以及第五项中的“内阁府令”换用为“国土交通省令”。

第二款 书信的收发

（允许收发的书信）

第二百六十九条 海上安保留置业务管理者应当允许海上安保被留置者与他人之间进行书信往来，除本款或者本法第二百七十四条第三项规定中禁止书信往来的情形之外。但是，该海上安保被留置者为未决拘禁者的情形下，依据刑事诉讼法规定不能允许其收发书信的，不在此限。

（书信的检查）

第二百七十条 海上安保留置业务管理者应当让海上安保留置业务担当官对未决拘禁者收发的书信进行检查。

2 为了维持海上安保留置设施的纪律和秩序以及有其他认为必要的理由，海上安保留置业务管理者可以让海上安保拘留担当官对未决拘禁者以外的海上安保被留置者收发的书信进行检查。

3 对于下列书信进行前两项所规定的检查，应当在确认该书信相应内容的必要限度内进行。但是，对于第一号中的C以及第二号中的B中所记载的书信，在认为其可能产生危害海上安保留置设施的纪律以及秩序的结果或者可能产生毁灭罪证的结果等特别事项的情形下，不在此限。

一 海上安保被留置者收到来自下列人员的书信：

① 辩护人等；

② 国家或者地方公共团体的机关；

③ 依据律师法第三条第一项的规定关于海上安保措施业务管理人员对其采取的措施以及其所受的其他处遇，律师（包括律师法人，在该款以下内容中亦同）对其履行职务的书信。

二　未决拘禁者以外的海上安保被留置者对下列人员发出的书信：

A　对于海上安保措施业务管理人员对其采取的措施以及其所受的其他处遇进行调查的国家或者地方公共团体的机关；

B　依据律师法第三条第一项的规定对于海上安保措施业务管理人员对其采取的措施以及其所受的其他处遇履行职务的律师。

（根据书信内容停止书信的收发）

第二百七十一条　依据根据前条规定进行检查的结果，在书信的全部或者部分内容符合以下各号任一规定的情形下，海上安保留置业务管理者可以停止书信的发放或者将其相应部分删除或者抹除。同一条第三项各号所载书信，在判明该书信的全部或者部分内容具有满足以下各号任一情形时，亦同。

一　因使用暗语或者其他理由，具有海上安保留置业务担当官所不能理解的内容的。

二　因为收发书信，触犯刑罚法令或者具有可能产生触犯刑罚法令的结果的。

三　因为收发书信，可能产生危害海上安保拘留设施内的纪律以及秩序的结果的。

四　因为具有胁迫或者虚假记述的内容，可能会让收信人产生明显不安的或者可能给收信人带来损害的。

五　具有明显侮辱收信人的内容的。

六　对于未决拘禁者收发的书信，可能因此会产生毁灭罪证的结果的。

2　不论前项规定，海上安保被留置者和国家或者地方公共团体机关之间收发的书信包含属于该机关权限内的事项的，或者海上安保被留置者与辩护人之间收发的书信属于律师法第三条第一项所规定的律师职务内容的事项的，仅限该书信的内容全部或者部分符合前项第一号至第三号或者第六号规定的任一情形时，才能将该书信停止发放或者相关内容部分删除或抹除。

（禁止收发的书信等的处理）

第二百七十二条　海上安保留置业务管理者应当将根据前一条或者本法第二百七十四条第三项的规定停止收发的书信、禁止收发的书信或者部分删除的书信的被删除部分予以保管。

2　根据前一条规定将书信的部分内容抹除的情形下，海上安保留置业务管理者应当将抹除的部分复制并予以保管。

3　在海上安保被拘留者被释放之际，海上安保留置业务管理者应当将根据前两项规定被全部或者部分复制（以下该章中称为“禁止收发的书信”）保管的书信交付给该人员。

4　在海上安保被留置者死亡的情形下，根据国土交通省令的规定，当其遗族（国土交通省令规定的遗族以及其他）申请交付该书信时，海上安保留置业务管理者应当交付书信。

5　不论前两项规定，当交付禁止收发的书信可能会产生危害海上安保拘留设施内的纪律以及秩序时，不应当交付书信。在下述情形下，因交付书信可能产生危害海上安保留置设施内的纪律以及秩序的，亦同。

一　被释放的海上安保被留置者，在其释放后，请求交付禁止收发的书信的。

二　海上安保被留置者，存在本法第二百五十三条中适用的本法第五十四条第一项第一号或者第二号规定的任一情形时，请求交付禁止收发的书信的。

6　第五十三条第一项、第五十四条第一项（第三号除外）以及第五十五条第二项及第三项的规定，对于有关海上安保被拘留者的禁止收发的书信（根据前项规定禁止交付的书信除外）适用。在此情形下，第五十四条第一项第二号中的“第八十三条第二项”换用为“第六十三条第二项”，第五十五条第二项以及第三项中的“第一百七十六条”换用为“第二百八十五条”，同一条第二项中的“刑事设施长”换用为“海上安保留置业务管理者”，同一条第三项中的“第一项的申请”换用为“第二百七十二条第四项的申请”。

7　根据第五项规定不能交付的禁止收发的书信，自海上安保被留置者被释放或者死亡之日起，在前项中适用本法第五十四条第一项第一号或者第二号的海上安保被留置者自符合其任一情形之日起算，经过三年，该书信归属国库。

第二百七十三条　第一百三十一条的规定对于海上安保被留置者的书信适用，第一百三十三条的规定对于海上安保被留置者的文章书刊图画适用，第二百二十五条的规定对海上安保留置业务管理者对海上安保被留置者的书信的限制适用。在此情形下，第一百三十一条以及第一百三十三条中的“刑事设施长”换用为“海上安保留置业务管理者”，第二百二十五条第一项中的“内阁府令”换用为“国土交通省令”，“留置设施”换用为“海上安保留置设施”。

第三款　外语会见等

第二百七十四条　在海上安保被留置者或者其会见对象不通国语时，海上安保留置业务管理者应当允许其用外国语会见。在此情形下，为了确认发言内容需要翻译的，根据国土交通省令规定，其费用由该海上安保被留置者承担。

2　在海上安保被留置者或者其书信收发对象不通国语或者其他具有相当情形的，海上安保留置业务管理者应当允许其用外国语收发书信。在此情形下，为确认书信内容有必要进行翻译的，根据国土交通省令的规定，该费用由该海上安保被留置者承担。

3　海上安保被留置者无法承担前两项规定中的费用的情形下，不允许其进行会见或者收发书信。

第十一节　异议的提出

第一款　审查的申请以及再审查的申请

（审查的申请）

第二百七十五条　对下列海上安保留置业务管理者的措施有异议的人员，根据政令的规定，可以书面形式向管辖该海上安保留置设施（该海上安保留置设施设置在船舶上的情形下，为该船舶所属的管区海上安保本部或者管区海上安保本部的事务所的所在地）的管区海上安保本部长提出审查申请。

一　根据在本法第二百五十四条中适用的第一百八十七条的规定，不允许使用或者摄取自负费用物品的处分。

二　根据本法第二百五十一条规定被保管的现金或者根据本法第二百五十二条的规定被保管的私人物品或者被保管的现金的交付，不被允许的处分。

三　根据在本法第二百五十六条中适用的第二百零二条第一项的规定应当接受的诊疗不被允许的处分，或者根据在本法第二百五十六条中适用的第二百零二条第四项的规定诊疗被中止的。

四　本法第二百五十七条所规定的宗教上的行为被禁止或者限制的。

五　根据在本法第二百五十九条第一项或者第二百六十条中适用的第七十一条的规定书籍等的阅览被禁止或者限制的。

六　根据第二百五十九条第二项的规定承担费用的处分。

七　根据在本法第二百七十一条或者第二百七十三条中适用的第一百三十三条或者第二百二十五条的规定停止发放书信或者文章书刊图画或者限制书信往来或者文章书刊图画的。

八　根据本法第二百七十二条第五项前段的规定不交付禁止收发的书信的处分（仅限根据同一条第三项规定相关交付书信）。

九　根据前一条第一项或者第二项的规定承担费用的处分。

2　根据前项规定进行审查的申请（以下该节中仅称为“审查的申请”），必须从措施被告知之日的次日起算三十日内提出申请。

3　第一百五十七条第二项、第一百五十八条第二项以及第三项、第一百六十条以及第一百六十一条第一项，行政不服审查法第十五条、第十八条第三项、第十九条第二项以及第四项、第二十二条第一项以及第五项、第二十三条、第二十五条第一项、第二项以及第六项、第二十六条、第二十七条、第三十九条、第四十五条第一项以及第二项、第四十六条第一项正文以及第二项（第二号除外）、第四十七条（但书以及第二号除外）、第四十八条、第五十条第一项以及第三项、第五十一条以及第五十二条第一项以及第二项的规定，对审查的申请适用。在此情形下，第一百五十八条第三项以及第一百六十条第一项中的“刑事设施长”换用为“海上安保留置业务管理者”，同一条以及第一百六十一条第一项中的“矫正管区长官”换用为“海上安保留置业务管理者”，同法第二十五条第二项中的“根据审查请求人的申请或者依职权”换用为“依职权”，同法第五十一条第三项中的“公告兵器在官报或者公报或者报纸上至少刊登一次”换用为“公告”，除此之外，必要的技术性换读，依据政令规定。

（再审查的申请）

第二百七十六条 对于审查申请的裁决有异议的，根据政令的规定，可以书面形式向海上安保厅长官提出再申请的请求。

2 根据前项规定进行再审查申请的（以下该节中仅称为“再审查的申请”），自审查申请裁决被告知之日的次日起算，必须在三十日内提出申请。

3 第一百五十七条第二项、第一百五十八条第二项、第一百六十条以及第一百六十一条第一项以及行政不服审查法第十五条、第十八条第三项、第十九条第二项以及第四项、第二十三条、第二十五条第一项、第二项以及第六项、第二十六条、第二十七条、第三十九条、第四十六条第一项正文以及第二项（第二号除外）、第四十七条（但书以及第二号除外）、第四十八条、第五十条第一项、第五十一条、第五十二条第一项以及第二项、第六十二条第二项以及第六十四条第一项至第三项的规定，对于再审查的申请适用。在此情形下，第一百六十条以及第一百六十一条第一项中的“矫正管区的长官”换用为“海上安保留置业务管理者”，该法第二十五条第二项中的“根据审查请求人的申请或者依据职权”换用为“依职权”，该法第五十一条第三项中的“公告兵器在官报或者公报或者报纸上至少刊登一次”换用为“公告”，除此之外，必要的技术性换读，依据政令规定。

第二款 事实的申告

第二百七十七条 海上安保被留置者在海上安保留置担当官对其具有下列行为时，根据政令规定，可以书面的形式，向管辖该海上安保留置设施所在地（该海上安保留置设施设置在船舶上时，为该船舶所属的管区海上安保本部或者管区海上安保本部的事务所所在地）管区海上安保本部长提出事实申告。

一 对身体违法行使有形力。

二 违法或者不当使用捕绳、手铐或者拘束衣的。

2 根据前项规定进行的申告，必须自申告相关事实发生的次日起算三十日内提出。

3 本法第一百五十七条第二项、第一百五十八条第二项以及第三项、第一百六十条、第一百六十一条第一项以及第一百六十四条第一项、第二项以及第四项，行政不服审查法第十八条第三项、第二十二条第一项以及第五项、第二十三条、第二十七条、第三十九条以及第五十条第一项以及第三项的规定，对于第一项中规定的申告适用。在此情形下，第一百五十八条第三项以及一百六十条第二项中的“刑事设施长”换用为“海上安保留置业务管理者”，同一条、第一百六十一条第一项以及第一百六十四条第一项、第二项以及第四项中的“矫正管区的长官”换用为“管区海上安保本部长”，同项中的“前一条第一项”换用为“第二百七十七条第一项”，除此之外，必要的技术性换读，依据政令的规定。

（向海上安保厅长官进行事实的申告）

第二百七十八条　海上安保被留置者收到根据在前一条第三项中适用的第一百六十四条第一项或者第二项的规定进行的通知时，对该内容有异议的情形下，根据政令的规定，可以书面形式向海上安保厅长官提出前一条第一项规定的事实的申告。

2　根据前项的规定进行的申告，必须在收到同项通知之日的次日起三十日内提出。

3　第一百五十七条第二项、第一百五十八条第二项、第一百六十条、第一百六十一条第一项以及第一百六十四条第一项、第二项以及第四项，行政不服审查法第十八条第三项、第二十三条、第二十七条、第三十九条以及第五十条第一项的规定，对于第一项中规定的申告适用。在此情形下，第一百六十条、第一百六十一条第一项以及第一百六十四条第一项、第二项以及第四项中的“刑事设施长”换用为“海上安保留置业务管理者”，第一百六十四条第四项中的“前一条第一项”换用为“第二百七十七条第一项”，除此之外，必要的技术性换读，依据政令的规定。

第三款　意见的提出

（向海上安保厅长官提出的意见）

第二百七十九条　海上安保被拘留者，对于海上安保留置业务管理者对自已所采取的措施以及自已所受到的其他处遇，可以书面形式向海上安保厅长官提出意见。

2　第一百五十七条第二项以及第一百六十六条第三项的规定，对于前项规定的向海上安保厅长官提出的意见的情形适用。

（向监察官提出的意见）

第二百八十条　海上安保被留置者，对于海上安保留置业务管理者对自己所采取的措施以及自己所受到的其他处遇，可以口头或者书面的形式，向本法第二十八条中所规定的进行实地监察的监察官（以下本节中仅称为“监察官”）提出意见。

2　本法第一百五十七条第二项、第一百六十六条第三项以及第一百六十七条第三项的规定，对于前项所规定的向监察官提出的意见的情形适用，在此情形下，该条第三项中的“刑事设施的职员”换用为“海上安保留置担当官”。

（向海上安保留置业务管理者提出的意见）

第二百八十一条　海上安保被留置者，对于海上安保留置业务管理者对自己所采取的措施以及自己所受到的其他处遇，可以口头或者书面形式向海上安保留置业务管理者提出意见。

2　第一百五十七条第二项，第一百六十六条第三项以及第一百六十八条第三项的规定，对于前项所规定的向海上安保留置业务管理者提出意见的情形适用。

第四款　杂　则

（秘密申请）

第二百八十二条　当海上安保被留置者提出审查申请或者向海上安保厅长官或者监察官提出意见时，海上安保留置业务管理者，为了将此事向海上安保拘留担当官保密，必须采取必要措施。

2　不论本法第二百七十条的规定，必须对审查申请或者意见提出进行书面检查。

（不利措施的禁止）

第二百八十三条 海上安保留置担当官，不得以海上安保被留置者提出了审查的申请或者意见为由，对该人员实施不利措施。

2 本法第一百七十五条的规定，对被释放的海上安保被留置者适用。

第十二节 释 放

第二百八十四条 释放海上安保被留置者除依据其他法令规定执行之外，在政令中规定的事由产生之后，应当立即执行。

2 第一百七十五条规定适用于被释放的海上安保被留置者。

第十三节 死 亡

第二百八十五条 在海上安保被留置者死亡的情形下，依据国土交通省令的规定，海上安保留置业务管理者应当迅速地将其死亡的原因以及日期、时间通知其遗族，并将应当交付的遗物、禁止收发的书信等交付给其遗族。

第三编 补 则

第一章 代替收容情况下刑事诉讼法等的适用

第二百八十六条 关于依据第十五条第一项规定被拘留于留置设施中的人员，其留置设施视为刑事设施，留置业务管理者视为刑事设施长，留置担当官视为刑事设施工作人员，并适用于刑事诉讼法第六十四条第一项、第六十五条第三项、第七十条第二项、第七十三条第二项、第七十八条、第八十条后一段落、第九十八条第一项和第二项、第二百八十六条之二、第三百六十六条、第三百六十七条及第四百八十条第二项、更生保护法第十三条［包括适用于同法第二十二条、第二十五条第三项、第三十六条第三项（包括适用于同法第三十九条第五项）、第六十三条第十项及第七十三条第五项的情况］、第二十七条第三项、第三十三条、第三十五条第二项、第三十六条第二项［包括适用于同法第三十七条第三项（包括适用于同法第四十五条的情况）和第三十九条第五项的情况］、第三十九条第四项、第四十四条、第五十四条第二项、第五十五条第二项、第八十二条、第八十六条第二项和第三项、第九十条第二项及第九十三条及民事诉讼法（平成八年法律第一百零九号）第一百零二条第三项中的规定。

第二章　劳役场及监置场

（附设劳役场及监置场）

第二百八十七条　劳役场及监置场，分别在法务大臣指定的刑事设施里附属设置。

2　接受监置判决执行的人，当最近的地方没有监置场所或者最近的监置场所没有接收余力时，可以在刑事设施内划分出特别的区域里进行监置。

3　劳役场及监置场，准用第五条、第六条、第十一条及第十二条的规定。

4　刑事设施里附属设置的劳役场及监置场的运营，委员会依照第十七条第二项的规定办理事务。在该种场合，准用第九条及第十条的规定。

（劳役场留置者的处遇）

第二百八十八条　被留置在劳役场所的人（以下称“劳役场留置者”）的处遇，除本法有特别的规定之外，在不违背其性质的限度内，准用前编第二章中关于惩役刑受刑者的规定。

（被监置者的处遇）

第二百八十九条　被留置在监置场的人员（以下称“监置场留置人员”）的处遇适用于前编第二章（除第四十一条第二项及第十一节第二款第六目和第三款第六目之外）中有关各种被收容者的相关规定。

2　关于监置场留置人员对自费物品的使用和摄取，适用于第四十一条规定。在此情况下，经换读后，同条第一项中出现的“（除下一条第一项各号中所述物品外。下一项同）”替换为“（除衣服、日常用品和文具以及下一条第一项各号中所述物品外）”，同条第二项中出现的“前项各号中所述物品及寝具”替换为“衣服、日常用品和文具（除下一条第一项各号中所述物品外）”。

3　监置场留置人员（除下一项中规定的人员之外）会面和收发书信，只要未违反其性质，则适用于前编第二章第十一节第二款第一目和第三款第一目中的规定。

4　监置场留置人员（仅限依据刑事诉讼法规定正处于留置中并受到监置判决的人员）会面和收发书信，只要未违反其性质，则适用于前编第二章第十一节第二款第三目和第三款第三目中的规定。

5　关于依据第二百八十七条第二项规定因执行监置判决而被留置在刑事设施中的人员，其适用于前三项中的规定，与第四十一条第二项及前编第二章第十一节第二款第六目和第三款第六目中的规定无关。

6　依据第十五条第一项和第二百八十七条第二项规定因执行监置判决而被留置在留置设施中的人员（除下一项中规定的人员之外）会面和收发书信，只要未违反其性质，则适用于同节中有关被留置受刑者的相关规定，与前编第三章第十节中的规定无关。

7　关于依据第十五条第一项和第二百八十七条第二项规定因执行监置判决而被留置在留置设施中的人员（仅限依据刑事诉讼法规定正处于留置中并受到监置判决的人员），其会面和收发书信，只要未违反其性质则适用于同节中有关拥有未决拘禁者身份的被留置受刑者的相关规定，与前编第三章第十节中的规定无关。

第三章　司法警察职员

第二百九十条　刑事设施长对刑事设施里的罪犯（包含劳役场及监置场里的罪犯，以下亦同）根据刑事诉讼法的规定作为司法警察执行职务。

2　刑事设施职员（除了刑事设施长），经刑事设施长与管辖该刑事设施所在地的地方法院对应的检察厅的检事正协议后指定，对刑事设施的罪犯根据法务大臣的决定，依照刑事诉讼法的规定作为司法警察执行职务。

第四章　条约的效力

第二百九十一条　关于本法中规定的有关会面和书信收发的相关事项，如条约中没有特殊规定，则依据其相关规定进行。

第五章　罚　则

第二百九十二条　违反第二十一条第三项规定的泄密人员，判处一年以下有期徒刑或处罚金一百万日元以下。

第二百九十三条　依据第八十三条第二项（包括适用于第二百八十八条和第二百八十九条第一项的情况）规定被释放的被收容者（仅限刑法第九十七条规定中相应人员）、劳役场留置者或监置场留置人员，如违反第八十三条第三项（包括适用于第二百八十八条和第二百八十九条第一项的情况）规定且未到刑事设施或指定场所自首，则判处一年以下有期徒刑。

2　被收容于刑事设施中的受刑者如为以下各号中的相应情况之一，则按照前项规定处理。

一　在外面工作，但过了其工作日仍未回刑事设施的情况。

二　依据第一百零六条第一项规定外出或在外留宿，但过了其外出或在外留宿的最后期限仍未回刑事设施的情况。

3　依据第二百一十五条第二项规定被释放的被留置者（仅限依据刑法第九十七条规定中的相应人员），如违反第二百一十五条第三项规定且未到留置设施或指定场所自首，则按照第一项规定进行相同处理。

日本更生保护法

平成十九年（2007 年）法律第八十八号

最终更新：平成二十八年（2016 年）

目　录

第一章　总　则

第一节　目的等

（目的）

第一条　本法规定，对犯罪人员以及实施了非法行为的少年，通过实行适当的社会处遇，以防止其再犯罪或者再实施非法行为，帮助并使其独立、改过自新，成为善良的社会一员，同时力保恩赦的正当适用，除此之外，促进犯罪预防活动的开展、保护社会安定、增进个人以及公共福祉等亦是本法的目的所在。

（国家的责任和义务）

第二条　国家应积极促进民间团体或个人自发开展有助于实现前条所述目的的活动，在与其展开协作的同时，深化国民对更生保护的理解，并且，必须为促进达成该协作而努力。

2　参照前项，对有利于提升地域社会安全以及居民福祉的活动，地方公共团体应积极参与协作。

3　国民为达成前条所述目的，应在其地位、能力范围内作出努力。

（运用的基准）

第三条　根据本法规定对犯罪人员或者非法行为少年采取措施时，应充分考虑该措施对象人员的性格、年龄、经历、身心状况、家庭环境、交友关系等，采取对该对象人员最适合的方法，为促进其改过自新采取必要且限度相当的措施。

第二节　中央更生保护审查会

（设置及所管事务）

第四条　法务省下设中央更生保护审查会（以下称审查会）。

2　审查会掌管下述事务。

一　对特赦、特定人员的减刑、免刑以及对特定人员进行的权利恢复申请的处理。

二　对于地方更生保护委员会所作出的决定，根据本法以及行政不服审查法（平成二十六年法律第六十八号）的规定，实施审查、裁决。

三　除前述两号规定之外，处理根据本法或者其他法律规定的属于其权限范围内的事项。

（审查组织）

第五条　审查会是由委员长以及委员四人组成的组织。

（委员长以及委员的任命）

第六条　委员长以及委员，从有卓越见识的人员中选出，征得两议院同意后，由法务大臣任命。

2　委员长或者委员任期已满，或者出现空缺情况的，在国会闭会期间或者因众议院解散而导致无法征得两议院同意时，法务大臣可以越过前项规定，直接任命委员长或者委员。

3　前项所规定的情形出现时，法务大臣任命委员长或者委员后，必须在任命后的第一次国会上获得两议院的事后认可。在此情形下，如果未获得两议院的事后认可，法务大臣必须罢免该委员长或者委员。

4 所任命的委员长以及委员中，不能出现三人以上属于同一政党的情形。

（委员长以及委员的任期）

第七条 委员长以及委员的任期为三年。但是，补缺委员长或者委员的任期，为其前任的剩余任期。

（委员长以及委员的工作守则等）

第八条 委员中有两人为非专职。

2 委员长以及委员，在任时，不得担任其他政治团体的干部或者积极参与政治活动。

3 委员长以及专职委员，在任时，除非获得法务大臣许可的情况下，不得从事其他获得报酬的职务或者进行营利经营或者从事其他以金钱利益为目的的业务。

4 委员长以及委员的待遇，由法律特别规定。

（委员长以及委员的罢免）

第九条 在委员长或者委员的破产程序开始或者被判处禁锢以上的刑罚时，法务大臣必须罢免该委员长或者委员。

2 法务大臣发现委员长或委员因身心障碍不能从事其职务时，或者委员长或委员违反职务义务时又或者委员长或委员做出有违其职务的非法行为时，应征得两议院同意，罢免该委员长或者委员。

3 在委员长以及委员中间有三人以上属于同一政党时，为使其中属于同一政党的人员减少到两人，法务大臣应征得两议院的同意，并决定罢免委员长或委员。

4 前项的规定，不得影响到政党所属关系没有发生变动的委员长或者委员的地位

（委员长）

第十条 委员长总理会务并代表审查会。

2 委员长发生事故时，根据委员长事先确定的顺序，由专职委员履行委员长的职务。

（会议等）

第十一条 审查会由委员长召集。

2 委员长以及半数以上的委员不能出席审查会，议事、决议不得进行。

3 审查会所讨论事项，必须由出席人员过半数通过，当赞同票与否决票相同时，由委员长决定。

4 审查会根据其权能开展调查或者开展本法第四条第二项第二号规定的审查时，根据审查会的指名，可以由委员长或者一名委员进行。

5 委员长发生事故时，关于第二项的适用，根据前条第二项规定实行委员长职务的专职委员，视为委员长。

（审问）

第十二条 审查会对属于其所管事务的事项进行调查时，有必要的情况下，根据法务省令的规定，可以传唤相关人员进行审问。

2 前项规定的传唤未得到回应的，根据前项规定再次传唤，该相关人员收到再传唤后，没有正当理由依旧不回应的，处十万元以下罚金。

3 根据第一项规定，对于配合传唤的人员，根据政令规定，应该支付交通费、日津贴以及住宿费。但是，无正当理由拒绝陈述者，不在此限。

（提出记录等的要求）

第十三条 审查会对属于其所管事务的事项进行调查时，必要的情况下，可以要求裁判所、检察官、刑事设施长官、少年院长官、妇人辅导院长官、地方更生保护委员会以及保护观察所的长官，提出记录、文件、意见书以及报告书等。

第十四条 审查会为了其所管事务的顺利开展，可以要求官公署、学校、医院、公共卫生福祉相关机构等提供必要的协助。

第十五条 除本法第四条至第十一条规定的事项外，有关审查会组织的必要事项，由政令规定。

第三节 地方更生保护委员会

（所管事务）

第十六条 地方更生保护委员会（以下称“地方委员会”），掌管下述事务。

一　作为刑法（明治四十年法律第四十五号）第二十八条所规定的行政机构，准许或者取消假释。

二　作为刑法第三十条所规定的行政机构，准许临时释放。

三　准许少年院的假释或者释放。

四　处理对少年院假释人员重新收容的申请。

五　根据少年法（昭和二十三年法律第一百六十八号）第五十二条第一项或者同条第一项以及第二项中规定所判决的刑罚（以下称“不定期刑”）已经执行完毕的，对此作出处理。

六　作为刑法第二十五条之二第二项以及第二十七条之三第二项［有关针对药物使用犯罪者作出的部分刑罚缓行执行的法律（平成二十五年法律第五十号）包含在第四条第二项中的适用情形］行政机构，对保护观察作出暂时解除或者取消的决定。

七　准许妇人辅导院的假释或者取消该处分。

八　监督保护观察所的事务。

九　除前述规定之外，处理根据本法或者其他法律规定属于其权限范围内的事项。

（地方委员会组织）

第十七条　地方委员会由三人以上、政令规定人数以内的委员组成。

（委员的任期）

第十八条　委员的任期为三年。

（委员长）

第十九条　地方委员会设置委员长。委员长由法务大臣从委员中任命。

2　委员长总理会务，代表地方委员会。

3　委员长发生事故时，根据委员长事先确定的顺序，由委员履行委员长的职务。

（事务局）

第二十条　地方委员会设置事务局。

2　事务局的内部组织由法务省令规定。

（委员会议）

第二十一条 地方委员会所管事务的处理，除根据本法第二十三条第一项的规定由三人委员组成合议体行使权限的或者其他法令有特别规定的情况外，由委员全体会议进行决议。

2 前项会议由委员长召集。

3 第一项中的会议，半数以上的委员没有出席的，议事、决议不得进行。

4 第一项中的会议所议事项，必须由出席者的过半数者决定，当赞同票与否决票相同时，由委员长决定。但是，在由不满五人的委员所组成的地方委员会，出席人员只有二人时，依据该二人的一致意见决定。

（有关提出记录等要求规定的适用）

第二十二条 本法第十三条的规定，适用于前条第一项的会议调查。在此情形下，第十三条中的“地方更生保护委员会以及保护观察所长官”换用为“保护观察所长官”。

（合议体）

第二十三条 针对以下事项，应由地方委员会的三名委员组成合议体，行使地方委员会的权限。

一 依据本法或者其他法律规定决定处分事项。

二 依据本法第三十五条第一项［包含在第四十二条以及卖春防止法（昭和三十一年法律第一百一十八条）第二十五条第四项适用的情况］的规定决定审理的开始。

三 根据本法第三十九条第四项（包含在第四十二条以及卖春防止法第二十五条第四项适用的情况）的规定决定再次开始审理。

四 根据本法第七十一条的规定进行的申请。

2 前项合议体所议事项，由合议体组成人员过半数表决通过。

3 第一项中合议体行使委员会权能所开展的调查，作为委员会组成人员的委员或者保护观察官也能够开展实行。

（合议体所做审理）

第二十四条 前条第一项的合议体，对于是否作出同项第一号所规定的处分或者同项第四号所规定的申请，必须进行审理。

（审理中的调查）

第二十五条 本法第二十三条第一项中的合议体，在前条的审理中，认为有必要的，可以通过与审理对象人员（以下称“审理对象人员”）会面、询问相关人员等展开调查。

2 实施前项调查的人员，在事务所以外的场合展开调查的，必须携带其身份证明票，在相关人员请求出示的情况下，必须出示该证明票。

3 本法第十二条以及第十三条的规定，在第一项的调查中适用。在此情形下，该条中的“地方更生保护委员会以及保护观察所长官”换用为“保护观察所长官”。

4 在前项中适用第十二条第一项进行传唤以及审问时，不论第二十三条第三项的规定，保护观察官不能实施该传唤以及审问。

（决定书）

第二十六条 本法第二十三条第一项中合议体所做的决定，必须制作决定书。

（决定的告知）

第二十七条 必须将前条的决定告知该决定对象，该决定依据告知而生效。

2 前项决定的告知方式，应该是向决定对象人员宣告，或者以相当的方法，将决定书的副本送达对象人员。但是，紧急情况下，可以依据法务省令规定的方法。

3 第一项的决定对象人员被收容在刑事设施中，或者被留置在劳役场，或者被收容在少年院或者妇人辅导院的，决定书的副本送达给该刑事设施长官（对象人员被留置在劳役场的，送达给该劳役场附置的刑事设施长官）、少年院长官、妇人辅导院长官时，即视为将该决定送达对象人员。

4 根据本法第五十条第一项第四号（包含卖春防止法第二十六条第二项适用的情形）的规定，将决定书副本邮寄给第一项中的决定对象人员应当居住的住所（根据本法第五十一条第二项第五号的规定，应当住宿的地点为特定场所的，以该场所为准），根据关于挂号邮寄或者私有企业主信件送达法律（平成十四年法律第九十九号）第二条第六项所规定的一般信件送达企业主或者同条第九项所规定的特定信件送达企业主所提供的在相当于同条第二项所规定的挂号邮寄劳务范围内，发送法务大臣所定事项相关挂号信件的情形中，从该信件发送日起经过五日，即视为该信件送达该决定对象人员。

（请求协助相关规定的适用）

第二十八条　本法第十四条的规定，对地方委员会适用。

第四节　保护观察所

（所管事务）

第二十九条　保护观察所，掌管下述事务。

一　根据本法以及卖春防止法的规定，保护观察的实施事项。

二　为预防犯罪，启发舆论、努力改善社会环境以及促进地域居民活动。

三　除前述两号规定之外，处理本法或者其他法律规定的属于其权限范围内的事项。

（协助等的要求）

第三十条　为了其所管事务的顺利开展，保护观察所长官，可以要求官公署、学校、医院、公共卫生福祉相关机构等提供必要的援助以及协作。

第五节　保护观察官以及保护司

（保护观察官）

第三十一条　在地方委员会事务局以及保护观察所设置保护观察官。

2　保护观察官以医学、心理学、教育学、社会学以及其他与更生保护有关的专业知识为基础，从事保护观察、调查、调整保护观察人员的生活环境以及其他犯罪人员及非法行为少年的更生保护和犯罪预防有关的事项。

（保护司）

第三十二条　保护司辅助、补充保护观察官的工作，受地方委员会或者保护观察所长官的指挥监督，根据保护司法（昭和二十五年法律第二百零四号）的规定，从事其地方委员会或者保护观察所掌管的事务。

第二章　假释等

第一节　假　释

（法定期间经过的通告）

第三十三条　因惩役或者禁锢的执行而被收容的人员，存在刑法第二十八条或者少年法第五十八条第一项规定的期间经过的情形时，刑事设施长官或者少年院长官必须将此事通告地方委员会。

（假释的申请）

第三十四条　因惩役或者禁锢的执行而被收容的人员，存在前条所规定的期间经过情形，且被认定符合法务省令所规定的基准时，刑事设施长官或者少年院长官必须向地方委员会提出允许假释的申请。

2　因拘留刑的执行或者被留置在劳役场所的人员，被认定符合法务省令所规定的基准时，刑事设施长官必须向地方委员会提出允许假释的申请。

（非依据申请的审理的开始等）

第三十五条　即使不存在前条所规定的申请，地方委员会认为有必要时，也可以展开有关是否允许假释的审理。

2　地方委员会根据前项规定开始审理时，应当事先听取审理对象人员被收容所在的刑事设施（审理对象人员被留置在劳役场的情形下，为该劳役场附置的刑事设施）的长官或者少年院的长官的意见。

第三十六条　地方委员会根据前条第一项规定，认为有判断是否开始审理的必要时，可以通过与审理对象人员会面、询问相关人员等方法展开调查。

2　地方委员会开展前项调查时，可以就参考事项听取审理对象人员被收容所在的刑事设施（审理对象人员被留置在劳役场的情形下，为该劳役场所附置的刑事设施）职员的意见，以及在与该审理对象人员会面时要求其会同列席等协作。

3　第十三条以及第二十五条第二项的规定，对第一项的调查适用。在此情形下，第十三条中的“地方更生保护委员会以及保护观察所长官”换用为“保护观察所长官”。

（在假释审理中的委员会面）

第三十七条 地方委员会在展开是否允许假释有关的审理时，作为该委员会组成人员的委员，必须与审理对象人员会面。但是，该审理对象人员由于存在重大疾病或者受伤而被认定为会面困难的或者根据法务省令的规定认为没有会面必要的，不在此限。

2 地方委员会认定有审理是否允许假释的必要时，可以要求保护观察所长官依据本法第八十二条第一项所规定的事项为审理对象人员进行生活环境的调整。

3 前条第二项的规定，在有关是否允许假释的调查中适用。

（听取被害人等的意见等）

第三十八条 地方委员会在展开有关是否允许假释的审理时，根据法务省令的规定，如果被害人［由审理对象人员被宣告刑罚的犯罪导致伤害的人（以下称为被害人）或者该被害人的法定代理人，或者被害人死亡或者身心严重失常的情形下为其配偶、直系亲属或者兄弟姐妹］提出申请要陈述对审理对象人员假释的意见以及被害心情的（以下该条中称为“意见等”），应当听取其意见等。但是综合考虑相关事件的性质、审理的状况以及其他情况认定不适当的，不在此限。

2 为了前项申请的受理以及同项中意见的听取顺利进行，地方委员会可以将相关事项嘱托给被害人居住地辖区内的保护观察所长官。

（允许假释的处理）

第三十九条 允许刑法第二十八条所规定的假释以及同法第三十条所规定的假释的处分，由地方委员会作出决定。

2 地方委员会决定允许假释的同时，应确定假释的日期。

3 地方委员会作出允许假释处理的同时，应在根据第八十二条第一项规定进行居住调整的基础上，特别规定被假释人员应当居住的住所，但是根据第五十一条第二项第五号的规定住宿场所已经特定或者有其他特别情形的情况除外。

4 地方委员会作出第一项的决定之后，该决定对象人员，在假释之前该段期间内，如果作出有害刑事设施纪律以及秩序的行为或者释放后预定居住的住所、就业地以及其他的生活环境发生显著变化的，或者其他被认为不适合假释的事项发生的，必须对假释进行再次开始审理。在此情形下，该决定失效。

5 第三十六条的规定，在根据前项规定展开的再次开始审理中适用。

（假释中的保护观察）

第四十条 被允许假释人员，在假释期间，附加保护观察。

第二节 少年院的假释

（允许假释的处理）

第四十一条 地方委员会认定因保护处分的执行被收容在少年院的人员，达到了少年院法（平成二十六年法律第五十八号）第十六条所规定的处遇阶段的最高阶段，并且允许假释对其进一步改善更生有益，且认定假释对于其改善更生尤为必要时，应当决定允许其假释。

（适用）

第四十二条 本法第三十五条至第三十八条、第三十九条第二项至第五项以及第四十条的规定对少年院的假释适用。在此情形下，第三十五条第一项中的“前条”换用为“少年院法第一百三十五条”，第三十八条第一项中的“刑”换用为“保护处分”，“犯罪”换用为“犯罪或者触犯刑罚法令的行为”。

第三节 被收容人员不定期刑的终了

（刑事设施等中的被收容人员不定期刑的终了）

第四十三条 因不定期刑的执行而被收容的人员，经过该刑的短期执行，并且刑事设施长官或者少年院长官认为其达到该刑的执行与终了相当的程度时，刑事设施长官或者少年院长官应向地方委员会提出该刑的执行终了的申请。

（刑事设施等中的被收容人员不定期刑的终了的处理）

第四十四条 地方委员会收到前条针对被收容人员规定的申请后，认为被收容人员具备能够终了刑罚执行的条件的，应当决定终了其刑罚的执行。

2 地方委员会作出前项的决定后，应迅速向该决定对象人员被收容所在的刑事设施的长官或者少年院的长官作出书面通知，并且必须将该决定证明书交付给该决定对象人员。

3　第一项中决定对象人员的刑期，从前项的通知送达刑事设施或者少年院之日起终了。

（适用）

第四十五条　本法第三十七条的规定，对是否作出前条第一项决定的审理适用。

第四节　被收容人员的释放

（允许少年院被收容人员假释的处理）

第四十六条　地方委员会收到少年院长官针对因保护处分的执行被收容在少年院人员的假释申请的，认定该被收容人员具备假释条件的（对于超过二十三岁的少年院被收容人员，当认定其不具有少年法第一百三十九条第一项规定的事由或者其他具有假释相当性的事由时），应当决定允许其假释。

2　地方委员会作出前项决定之后，应当向该决定对象人员交付决定证明书。

（适用）

第四十七条　第三十七条的规定，对是否作出前条第一项决定的审理适用。

第三章　保护观察

第一节　通　则

（保护观察对象人员）

第四十八条　根据本章规定，对以下人员（以下称为“保护观察对象”）实施保护观察。

一　根据少年法第二十四条第一项第一号，被并处保护处分的人员（以下称为“保护观察处分少年”）。

二　根据在本法第四十二条中适用的第四十条的规定，在少年院获得假释且并处保护观察的人员（少年院假释人员）。

三　获得假释并根据本法第四十条的规定并处保护观察的人员（以下称为“假释人员”）。

四　根据刑法第二十五条之二第一项或者第二十七条之三第一项或者有关针对药物使用犯罪者作出的部分刑罚缓行执行的法律第四条第一项的规定并处保护观察的人员（以下称为“缓刑执行并处保护观察”）。

（保护观察的实施方法）

第四十九条　保护观察是以促进保护观察对象者的改善更生为目的，通过进行本法第五十七条以及第六十五条之三第一项所规定的指导监督以及第五十八条所规定的辅导援助展开实施。

2　对保护观察处分少年以及少年院假释人员所实施的保护观察，必须以保护处分为宗旨，为促进该对象人员的健康成长而实施。

（一般遵守事项）

第五十条　保护观察对象人员必须遵守以下事项（以下称为“一般遵守事项”）。

一　保持积极健康的生活态度，保有不再犯罪、不再实施非法行为的觉悟。

二　遵守以下事项，诚实接受保护观察官以及保护司的指导监督。

①　收到保护观察官或者保护司传唤或者访问时，应配合其传唤或者访问，接受会面。

②　保护观察官或者保护司为进行指导监督，要求掌握其劳动、就学状况、收入以及支出状况、家庭环境、交友关系以及其他反映生活实况的事项时，应予以配合，申告事实或者提供相关材料。

三　保护观察对象人员被附加保护观察后，应迅速确定住所，并呈报该住所所在地的保护观察所长官［根据第三十九条第三项（包含在第四十二条中适用的情况）在下号中亦同。或者第七十八条之二第一项的规定住所特定的以及根据下条第二项第五号的规定，应当住宿地点为已经确定的特定场所的除外］。

四　保护观察人员应当居住（根据下条第二项第五号的规定应当住宿地点为已经确定的特定场所的除外）在前号呈报的住所（根据第三十九条第三项或者第七十八条之二第一项的规定居住地点特定的住所、下号获得转居许可的为转居许可住所）。

五　转居或者进行七日以上出行的，应提前获得保护观察所长官的许可。

2　根据刑法第二十七条之三第一项或者有关针对药物使用犯罪者作出的部分刑罚缓刑执行的法律第四条第一项的规定被宣告附加保护观察的人员，在其假释过程中保护观察持续进行，根据该规定附加保护观察时，根据第七十八条之二第一项的规定住所特定的以及根据下条第二项第五号的规定住宿地点应当为特定场所的除外，假释中的保护观察终了时居住的地点为前项第三号呈报的相关的住所（根据第三十九条第三项的规定居住地点特定的情况下、前项第五号获得转居许可的相关住所），视为第三号的呈报住所。

（特别遵守事项）

第五十一条　保护观察对象人员，除应当遵守一般事项之外，在规定有应当遵守的特别事项时，也必须遵守。

2　除下条规定之外，根据本法第五十二条规定，违反特别规定的情况下，根据本法第七十二条第一项、刑法第二十六条之二、第二十七条之五及第二十九条第一项以及少年法第二十六条之四第一项的规定，在处分的基础上，为了保护观察对象人员的改善更生，在必要范围内，作出具体规定。

一　禁止与有犯罪倾向人员交际、禁止出入色情场所、禁止玩乐浪费、禁止过度饮酒以及禁止做出其他与犯罪或者非法行为有关系的特定行为。

二　为了保持劳动、就学以及其他不再犯罪或不再实施非法行为的积极、健康生活态度，在被认定有必要的情况下，实行或保持特定行为。

三　不满七日的出行、离职、身份关系变动以及其他被认定为为了指导监督应当被事先掌握的特别重要事项或者身份上的特别事项，应事先向保护观察官或者保护司申告，紧急情况除外。

四　接受法务大臣规定的以医学、心理学、教育学、社会学以及其他专门知识为基础的改善特定犯罪倾向的体系化程序处遇。

五　在一定期间内住宿在法务大臣指定的设施、其监护人的住宅以及其他被认为有利于改善更生的特定场所等供其在一定期间内住宿的场所，接受指导监督。

六　为提升作为善良社会一员的涵养意识以及规范意识，参加一定时间的、有利于增进地域社会利益的社会活动。

七　为实现其他指导监督的特别必要事项。

（特别遵守事项的特则）

第五十一条之二　根据有关针对药物使用犯罪者作出的部分刑罚缓刑执行的法律第四条第一项的规定对于被宣告附加保护观察的人员，根据下条第四项的规定，为改善其反复使用规制药物等（为本法第二条第一项所规定的规制药物，以下同）的倾向，被处前条第二项第四号所规定的处遇的人员在缓刑期间的保护观察中必须遵守特别遵守事项。但是，违反此规定被处刑法第二十七条之五所规定的处分，被认为对于改善更生不必要的，不在此限。

2　第四项的情形除外，根据前项规定所处的缓刑期间的保护观察中的特别遵守事项在刑法第二十七条规定的缓刑期间开始之前被取消的，对本法第五十三条第四项规定的适用，该项中的“必要”换用为“特别必要”。

3　第一项的规定，对于该项中规定的人员，直至释放时，在下条第二项以及第三项规定的假释的保护观察中规定的应遵守特别事项适用。在此情形下，第一项但书中的“第二十七条之五”换用为“第二十九条第一项”。

4　对于第一项中规定的人员，作出允许假释的决定后，根据前项规定在假释保护观察中应遵守的特别事项的设定以及根据第一项规定的在缓刑期间保护观察特别遵守事项的设定，应设定至释放时为止。

5　根据法务省令的规定，保护观察所长官对于刑法第二十五条之二第一项规定的附加保护观察的缓刑执行并处保护观察的人员，在该保护观察开始之际，应听取根据同项规定宣告该保护观察的裁判所的意见，在此基础上，决定特别遵守事项。

6　除前项规定之外，根据法务省令规定，保护观察所的长官应当将其对缓刑执行并处保护观察的人员打算制定的或者变更的特别遵守事项，告知该保护观察所所在地的地方裁判所、家庭裁判所或者简易裁判所，提供必要的材料，在听取该裁判所意见的基础上，制定或者变更特别遵守事项。但是，该裁判所提供的意见不适当的，不在此限。

（特别遵守事项的取消）

第五十三条 保护观察所长官认为对保护观察处分少年或者缓刑执行并处保护观察人员没有必要再设置特别遵守事项时（具有限定期间而期间已满的特别遵守事项以及因一定事由发生而终了的特别遵守事项除外），应当根据法务省令的规定将其取消。

2 地方委员会，根据保护观察所长官的申请，认定对少年院的假释人员或者假释人员没有必要再设置特别遵守事项时，应当根据法务省令的规定将其取消。

3 前条第三项的规定，适用于根据前项规定取消特别遵守事项的情形。

4 地方委员会，对于被设置了特别遵守事项的缓刑执行并处保护观察人员，在刑法第二十七条之二所规定的缓刑期间开始之前，认为没有必要对其设置特别遵守事项的，应当根据法务省令的规定将其取消。在此情形下，对于假释中的部分暂缓执行并处保护观察的人员所设置的特别遵守事项的取消，必须由保护观察所长官申请。

（一般遵守事项的通知）

第五十四条 在少年法第二十四条第一项第一号所规定的保护处分或者刑法第二十五条之二第一项所规定的保护观察宣告时，根据法务省令的规定，保护观察所长官必须将记载有一般遵守事项内容的文书交付给保护观察处分少年或者缓刑执行并处保护观察人员。

2 依据本法第三十九条第一项的决定在因惩役或者禁锢的执行而被收容的人员被释放时，或者被宣告刑罚部分缓刑执行的、其未被缓刑执行的部分执行完成或者不用执行时（该刑执行终了或者不用执行或者有其他应当执行的惩役或者禁锢刑时，该刑的执行终了或者该刑不用执行的情况。在下条第二项亦同）的部分缓行并处保护观察人员被释放时，或者根据本法第四十一条的决定因保护处分的执行而被收容的人员被释放时，根据法务省令的规定，刑事设施长官或者少年院长官应向这些人员交付记载有一般遵守事项内容的书面材料。

（特别遵守事项的通知）

第五十五条 根据法务省令规定，对保护观察对象人员设置或者变更特别遵守事项时，保护观察所长官必须将记载有特别遵守事项内容的书面材料交付给该保护观察对象人员。但是，有下项规定的情况的，不在此限。

2 依据本法第三十九条第一项的决定在因惩役或者禁锢的执行而被收容的人员直至（该人员为部分缓刑并处保护观察的情况下，亦包括该缓刑期时保护观察中的特别遵守事项）被释放时设置的特别遵守事项，或者被宣告刑罚部分缓刑执行并处保护观察人员直至其未被缓刑执行的部分执行完成或者不用执行的，被释放时设置的特别遵守事项，或者根据本法第四十一条中对于因保护处分执行而被收容人员作出的决定直至其被释放时设置的特别遵守事项，根据法务省令规定，其释放时的特别遵守事项（至释放时被变更的情况下，为变更后的内容），保护观察所长官必须将记载有设置的特别遵守事项内容的书面材料交付给该保护观察对象人员。但是，在其释放时特别遵守事项被取消的，不在此限。

（生活行为指南）

第五十六条 保护观察所长官认为在保护观察中有必要给予保护观察对象人员适当的指导监督的，根据法务省令规定，可以制定有利于该保护观察对象人员改善更生的生活或者行为指南（以下称为“生活行为指南”）。

2 根据法务省令规定，保护观察所长官，根据前项规定制定生活行为指南时，必须将记载有该生活行为指南内容的书面材料交付给该保护观察对象人员。

3 根据第一项规定，保护观察对象人员被制定生活行为指南的，该保护观察对象人员必须努力将其作为生活以及行为准则。

（指导监督方法）

第五十七条 在保护观察中的指导监督，通过以下方法实施。

一 通过会面以及其他适当方法与保护观察对象人员接触，保持掌握其行为动态。

二　保护观察对象人员应当遵守一般遵守事项及特别遵守事项（以下称为“遵守事项”）以及按照生活行为指南生活、行动，以及遵守其他必要指示。

三　实施改善特定犯罪倾向的专门处遇。

2　保护观察所长官认为对实施前项的指导监督合适且必要时，可以为保护观察对象人员提供有利于指导监督的住宿场所。

（辅导救济的方法）

第五十八条　保护观察中的辅助救济是以促进保护观察对象人员自力更生为目的，以此自助责任为基础，依照以下方法实施。

一　帮助保护观察对象人员获得适当住所以及其他住宿场所以及帮助其入住该住所或场所。

二　在获得医疗以及疗养上，给予保护观察对象人员帮助。

三　给予保护观察对象人员职业辅导以及就业帮助。

四　帮助保护观察对象人员获得教育培训。

五　改善以及调整保护观察对象人员的生活环境。

六　为了使得保护观察对象人员适应社会生活给予其必要的生活指导。

七　除以上各号所记载事项之外，为了保护观察对象人员营造积极健康的社会生活，还可以给其提供建议以及采取其他措施。

（对保护者的措施）

第五十九条　为提升保护观察少年监护人（仅限于少年法第二条第一项规定的保护观察处分少年或者少年院假释人员）对该少年的监护责任意识，促进其改善更生，保护观察所长官认为必要时，可以对保护观察少年的监护人提供指导、建议以及采取其他适当措施。

（保护观察的管辖）

第六十条　保护观察由管辖保护观察对象人员居住地（没有居住地或者居住地不明确的，以现在地或者最后确定的居住地或者所在地为准）的保护观察所掌管。

（保护观察的实施人员）

第六十一条　保护观察官或者保护司根据保护观察对象人员的特性酌定应

当采取的措施以及其他内容，以此实施指导监督以及辅导支援等。

2 在前项的辅导支援中，为了对保护观察对象人员有效且适当地进行改善更生，根据更生保护事业法（平成七年法律第八十六号）的规定，可以将该辅导支援委托给更生保护事业经营者或者其他适合的人员。

（应急救护）

第六十二条 当保护观察对象人员在医疗、用餐、居住以及其他方面被认为不具备必要的社会营生能力，因而妨碍其改善更生时，保护观察所长官为了该保护观察对象人员在保护更生的目的范围内从公共卫生福祉机构以及其他机构获得必要的应急救护，必须为之提供相应的支援。

2 保护观察对象人员根据前项规定的支援不能获得必要的应急救护时，保护观察所长官应在预算范围内，自行为之提供救护。

3 根据更生保护事业法的规定，前项的救护可以委托给更生保护事业经营者以及其他适合的人员。

4 保护观察所长官根据第一项或者第二项的规定采取措施时，必须考虑不能损害保护观察对象人员自助责任的自觉性。

（出面命令以及强制带走）

第六十三条 地方委员会或者保护观察所长官，因职务执行之必要，可以命令保护观察对象人员出面。

2 在以下各号所规定的情形出现时，保护观察所长官可以根据裁判官事先发布的拘捕状，将保护观察对象人员强制带走。

一 没有正当理由，不居住在第五十条第一项第四号所规定的住所的（根据第五十一条第二项第五号的规定住宿地点应当为特定场所的，为未住宿在该场所的情形）。

二 有足够的理由怀疑未遵守遵守事项，并且没有正当理由的情形下，不回应前项规定的出面命令或者有不回应危险的。

3 少年院假释人员或者假释人员具有前项各号所规定的情形之一时，地方委员会可以根据裁判官事先发布的拘捕状对该少年院假释人员或者假释人员进行强制拘捕。

4　第二项的拘捕状根据保护观察所长官的请求作出，前项的拘捕状根据地方委员会的请求作出，该拘捕状由该保护观察所或地方委员会所在地的地方裁判所、家庭裁判所或者简易裁判所作出。

5　第二项或者第三项的拘捕状，可以由候补审判员作出。

6　第二项或者第三项的拘捕状，由保护观察官执行。但是，保护观察官执行困难的，可以委托给警察执行。

7　刑事诉讼法（昭和二十三年法律第一百三十一号）第六十四条、第七十三条第一项前段以及第三项、第七十四条以及第七十六条第一项正文以及第三项的规定（仅限于拘捕有关部分）对本条第二项或者第三项中的拘捕状以及根据该规定对保护观察对象人员实施的强制拘捕适用。在此情形下，该法第七十三条第三项中“公诉事实的概要”以及该法第七十六条第一项正文中“公诉事实的概要以及能够选任辩护人以及因为贫困等其他事由选任辩护人困难的可以请求选任辩护人”换用为“强制拘捕的理由”，该法第六十四条第一项中的“审判长或者受命审判员”换用为“审判员”，该法第七十四条中的“刑事设施”换用为“刑事设施或者少年鉴别所”，该法第七十六条第三项中的“告知以及前项的教导”换用为“告知”，“合议体的组成人员或者裁判所的书记员”换用为“地方更生保护委员会强制拘捕中的委员或者保护观察官，保护观察所长官强制拘捕中的保护观察官”。

8　根据第二项或者第三项的拘捕状将保护观察人员拘捕的，从其被拘捕至拘捕场所开始二十四小时内必须将其释放。但是，在此时间段内根据本法第七十三条第一项、第七十六条第一项以及第八十条第一项的规定将该人员留置的，不在此限。

9　地方委员会在执行根据第一项规定的命令时，或者进行根据第三项规定的拘捕有关的判断时以及根据前项规定的释放判断时，应当由三个委员组成合议体（根据第七十一条的申请，第七十五条第一项的决定或者第八十一条第五项的规定，在是否作出相关决定的审理开始后，负责该审理的合议体）进行。但是，对于根据前项正文规定的释放的判断，紧急情况下，地方委员会可以事先指定一名委员实行判断。

10　本法第十三条、第二十三条第三项以及第二十五条第一项以及第二项的规定对于判断前项规定措施的合议体或者委员实施的调查适用、第二十三条第二项的规定对于前项合议体所议事项适用。在此情形下，第十三条中的“地方更生保护委员会以及保护观察所长官”换用为“保护观察所长官”。

（保护观察的调查）

第六十四条　保护观察所长官，在保护观察调查时，认为有必要时，可以要求询问相关人员以及要求其提供相关资料。

2　前项规定的询问以及要求提供资料，由保护观察官或者保护司履行。

3　本法第二十五条第二项的规定，对第一项规定的询问以及要求提供资料适用。

（被害人等心情的传达）

第六十五条　根据法务省令的规定，当有被害人［由审理对象人员被宣告刑罚的犯罪导致伤害的人（以下称为被害人）或者该被害人的法定代理人或者被害人死亡或者身心严重失常的情形下为其配偶、直系亲属或者兄弟姐妹，以下各条亦同］提出申请要求传达被害心情或者被害人现状或者对保护观察对象人员生活或行为方面的意见（以下各条中称为“心情等”）时，应当听取该心情等，并向保护观察对象人员传达。但是，当该传达妨害该保护观察对象人员的改善更生或者从事件性质、保护观察实施现状等其他事情考量认为不适当的，不在此限。

2　保护观察所长官，可以将前项申请的受理以及听取被害人心情等的事务委托给被害人居住地辖区内的保护观察所长官。根据同项但书规定，该保护观察所长官决定不传达被害人心情等的，必须事先听取其他保护观察所长官的意见。

第一节之二　关于对规制药物依赖的保护观察人员的特则

（保护观察的实施方法）

第六十五条之二　对规制药物依赖的保护观察人员的保护观察，是为促进其改善更生并鉴于改善药物依赖的重要性，与能够实施对此有益的医疗或者援助的医院、公共卫生福祉机构或者其他机构展开紧密协作，确保其顺利实施。

（指导监督的方法）

第六十五条之三 对于规制药物依赖的保护观察人员的保护观察中的指导监督，除通过第五十七条第一项中所记载的事项实施之外，还包括以下记载的事项。

一 接受有利于改善药物依存的医疗、听从必要指示或者服从其他措施等。

二 接受符合法务大臣制定标准的公共福祉机构以及其他适合机构所实施的改善药物依赖的专门援助、听从必要指示或者服从其他措施等。

2 在采取前项所规定的措施之前，保护观察所长官必须事先确定接受该项所规定的医疗或者援助不违背保护观察对象人员的意思，并且必须与提供该医疗或者援助的机构进行协作。

3 在采取第一项规定的措施时，保护观察所长官在把握该项所规定的医疗或者援助状况的同时，还应当与该医疗或者援助实施机构就必要事项进行协商。

4 对于为改善反复使用规制药物有犯罪倾向的人员，采取依据本法第五十一条第二项第四号所规定的处遇并制定特别遵守事项的保护观察对象人员，采取第一项第二号所规定的措施时，该处遇可以与该保护观察对象人员所受的同号规定的援助内容相结合，在该处遇部分结束后开始实施。

第六十五条之四 为了掌握规制药物依赖的保护观察人员在保护观察中的身心状况，以采取必要措施，根据本法第三十条的规定，保护观察所长官可以要求医院、公共卫生福祉机构以及其他机构提供其疾病、治疗状况以及其他必要情报。

第二节 保护观察处分少年

（少年法第二十四条第一项第一号的保护处分期间）

第六十六条 保护观察处分少年的保护观察期间，持续至该保护观察处分少年二十岁时（该期间不满两年的情况下，为两年）。但是，根据第六十八条第三项规定，保护观察期间已经确定的，为该确定的保护观察期间。

（警告以及少年法第二十六条之四第一项的决定的申请）

第六十七条　当保护观察处分少年不遵守遵守事项时，保护观察所长官可以向该保护观察处分少年发出遵守警告。

2　当前项警告发出后，该保护观察处分少年依旧不遵守遵守事项的，保护观察所长官认为其程度严重的，可以作出依据少年法第二十六条之四第一项的决定的申请。

（向家庭裁判所通告等）

第六十八条　当保护观察处分少年有新少年法第三条第一项第三号所规定的事由出现时，保护观察所长官可以向家庭裁判所通告。

2　当出现前项所规定的通告等情况下，该通告中的保护观察处分少年为二十岁以上的，将其视为少年法第二条第一项中的少年，适用该法第二章的规定。

3　家庭裁判所决定给予依据前项规定被视为少年法第二条第一项中少年的保护观察处分少年该法第二十四条第一项第一号或者第三号所规定的保护处分时，在决定保护处分的同时，必须决定其在保护观察期间或者少年院收容期间内不得超过二十三岁。

（保护观察的解除）

第六十九条　保护观察所长官，认为没有必要再对保护观察处分少年继续进行保护观察时，应当解除保护观察。

（保护观察的暂时解除）

第七十条　保护观察所长官认为对保护观察处分少年的改善更生有益时，可以确定期间，对其保护观察作出暂时解除。

2　根据前项规定保护观察暂时解除的保护观察处分少年，不适用本法第四十九条、第五十一条、第五十二条至第五十九条、第六十一条、第六十二条、第六十五条至第六十五条之四的规定。

3　对根据第一项规定被暂时解除保护观察的保护观察处分少年适用第五十条第一项 B 以及第六十三条的规定时，该项中“以下称为‘一般遵守事项’”换用为“第二项以及第三项所载事项除外”，该项第二号中“诚实接受并遵守保护观察官以及保护司的指导”换用为“遵守”，同项第五号中的“转居以及七日以上出行的”换用为“转居”，第六十三条第二项第二号中的“遵守事项”换用为“根据第七十条第三项的规定代替适用第五十条第一项所载事项”。

4 根据第一项规定发生处分时，对接受该处分的保护观察处分少年所制定的特别遵守事项也同该处分一并取消。

5 保护观察所长官认为对根据第一项规定被暂时解除保护观察的保护观察处分少年有再实施保护观察的必要时，必须根据该项规定取消暂时解除的保护观察处分。

6 在前项的情形下，保护观察所长官可以保护观察处分少年不遵守根据第一项规定中适用的第五十条第一项所载事项为由，根据第六十七条第一项的规定发出警告，或者不能提出该条第二项所规定的申请。

第三节 少年院假释人员

（重新收容至少年院的申请）

第七十一条 根据保护观察所长官的申请，地方委员会认为少年院假释人员为不遵守规定事项时，可以向将该少年院假释人员送往少年院的家庭裁判所，提出重新将其收容至少年院的申请。但是，对于已达二十三岁的少年院假释人员，认为发生少年院法第一百三十九条所规定的事由的，不在此限。

（重新收容至少年院的决定）

第七十二条 收到前条申请的家庭裁判所，认为被申请的少年院假释人员应当重新收容时，可以作出将其重新收容的决定。

2 家庭裁判所在前项规定的决定中，对于超过二十岁而又不满二十三岁的少年院假释人员认为有收容必要的，在作出重新决定的同时，可以在该人员不超过二十三岁的期间内，决定其收容期限。该人员已经达到二十岁的，在作出重新收容决定的同时，必须在不超过二十三岁的期间内，决定其收容期限。

3 家庭裁判所对于年龄已达二十三岁的少年院假释人员在第一项的决定

中，在作出重新收容决定的同时，必须在不超过二十六岁的期间内决定其收容期限。

4　家庭裁判所在有关第一项决定的审理中，必须听取具有医学、心理学、教育学、社会学以及其他具有专业知识人员和保护观察所长官的意见。

5　关于第一项决定的手续，除前三项规定之外，在不违反其性质的前提下，可以参照少年保护处分事件的手续。

（留置）

第七十三条　对于根据第六十三条第二项或者第三项的拘捕状被拘捕的少年院假释人员，地方委员会根据第七十一条的申请以及根据同条规定开始审理是否允许该申请时，可以将该少年院假释人员留置在刑事设施或者少年鉴别所。

2　前项规定中的留置期间为，从该人员被拘捕至拘捕场所之日起算十日以内。但是，认为在此期间内，没有必要留置的，应直接将其释放。

3　对于根据第一项规定被留置的少年院假释人员，当具有第七十一条所规定的申请时，不论前项规定，直至收到有关家庭裁判所对该申请作出的决定或者采取少年法第十七条第一项第二号所规定的观护措施，可以连续留置。但是，留置期间通常不得超过二十日。

4　有关第一项中规定的留置以及第二项但书规定的释放的判断，应当由三名委员组成的合议体（在有关是否通过第七十一条规定的申请开始后，为负责该审理的合议体）进行。但是，紧急情况下，可以由地方委员会事先指定的一名委员进行。

5　第十三条、第二十三条第三项以及第二十五条第一项及第二项的规定在合议体或者委员进行前项规定审理的调查中适用，第二十三条第二项的规定，对前项合议体的议论事项适用。在此情形下，第十三条中的“地方更生保护委员会以及保护观察所长官”换用为“保护观察所长官”。

6　对于第一项中规定的留置，不能请求审查。

（允许少年院假释人员的释放）

第七十四条　对于少年院假释人员，经保护观察所长官的申请，认为没有必须继续进行保护观察的（对于超过二十三岁的少年院假释人员，不具有根据少年院法第一百三十九条第一项规定的事由时或者其他没有必要继续保护观察的事由），地方委员会应当决定允许释放。

2 第四十六条第二项的规定，对前项决定适用。

第四节 假释人员

（假释的取消）

第七十五条 刑法第二十九条第一项所规定的假释的取消，由管辖负责假释人员保护观察的保护观察所的地方委员会决定。

2 以刑法第二十九条第一项第四号所规定事项为理由的前项决定，必须根据保护观察所长官提出的申请作出。

3 刑事诉讼法第四百八十四条至第四百八十九条的规定，对被取消假释人员的收容适用。

（留置）

第七十六条 对于根据第六十三条第二项或者第三项的拘捕状被拘捕的假释人员，在具有刑法第二十九条第一项第一号至第三号所规定的事由出现时，地方委员会认为有必要开始审理是否作出第一项的决定时，或者具有该条第二项所规定的申请且开始审理时，可以将该假释人员留置在刑事设施或者少年鉴别所。

2 对于根据前项规定被留置的假释人员，在其假释被取消时，不论刑法第二十九条第三项的规定，该留置天数应当算入刑期。

3 第七十三条第二项以及第四项至第六项的规定，在第一项规定的留置中适用。在此情形下，该条第四项中的“根据第七十一条规定的申请”换用为“第七十五条第一项的决定”。

（保护观察的停止）

第七十七条 根据保护观察所长官的申请，认为假释人员所在地不明而保护观察无法实施的，地方委员会可以作出决定，停止保护观察。

2 根据前项规定停止保护观察的假释人员所在地明确后，管辖其所在地的地方委员会，必须立即决定解除保护观察的停止。

3　前项决定，紧急情况下，不论第二十三条第一项的规定，可以由一名委员作出。

4　根据第一项规定被停止保护观察的假释人员依据第六十三条第二项或者第三项的拘捕状被拘捕时，视为第二项中的决定已经作出。

5　假释人员的刑期，根据第一项决定，其计算暂时停止，第二项决定发生时开始计算。

6　地方委员会不能以假释人员在停止保护观察期间内不遵守规定事项为由，取消假释。

7　地方委员会作出第一项决定后，明确没有停止保护观察的事由时，应作出决定取消该项决定。

8　根据前项规定第一项决定被取消的情形下，关于假释人员的刑期计算，不适用第五项的规定。

（假释人员不定期刑的终了）

第七十八条　对于被处不定期刑的假释人员，在假释前或者假释期间对于经过短期考验的刑期，根据保护观察所长官的申请，认为应当终止刑罚执行的，不论少年法第五十九条第二项的规定，地方委员会应当作出决定，终止刑罚执行。

2　第四十六条第二项的规定，对前项的决定适用。

第五节　保护观察并处缓刑执行人员

（住所的特定）

第七十八条之二　地方委员会，对于保护观察并处缓刑执行人员，至刑法第二十七条之二规定的缓刑的期间开始，可基于第八十二条第一项规定的住所调整结果，依据法务省令规定，作出决定，指定其应当居住的住所。

2　地方委员会，作出前项规定的决定后，至刑法第二十七条之二规定的缓刑期间开始的期间内，认为有导致保护观察并处缓刑执行人员居住在该居所不适当的事由发生的，可依据省令相关规定，作出取消指定住所的决定。

3　第三十六条第二项的规定适用于前两项决定有关的审理中的调查，第三十七条第二项的规定适用于该审理。

（向检察官提出申请）

第七十九条　保护观察所的长官，对于保护观察并处缓刑执行人员，依据刑法第二十六条之二第二号和第二十七条之五第二号的规定，认定应取消其缓刑的，必须向刑事诉讼法第三百四十九条第一项规定的地方裁判所、家庭裁判所和简易裁判所所对应的检察厅的检察官，以书面形式作出同条第二项规定的申请。

（留置）

第八十条　保护观察所的长官，对于依据第六十三条第二项的拘捕状保护观察并处缓刑执行的人员，在认定关于是否作出前条的申请有必要开始审理的，可将保护观察并处缓刑执行人员留置于刑事设施或是少年鉴别所。

2　前项所规定的留置期间为从该保护观察并处缓刑执行人员被拘捕至拘捕场所之日起十日以内。但是，在此期间内，明确了没有必要作出前项申请的或者检察官没有作出刑事诉讼法第三百四十九条第一项的请求的以及其他没有必要留置事由发生的，应直接将该保护观察并处缓刑执行人员释放。

3　对于第一项中规定的被留置的保护观察并处缓刑执行人员，在刑事诉讼法第三百四十九条第一项的请求发生的，不论前项规定，直至第三百四十九条之二第一项的决定的告知发生的，可以继续将其留置。但是，留置期间不得超过二十日。

4　根据刑事诉讼法第三百四十九条之二第二项的规定，有口头辩论请求发生的，裁判所可以作出决定，将前项但书中的期间延长十日以内。在此情形下，该决定的告知，参照该法的告知规定。

5　在第三项规定的决定中取消保护观察并处缓刑执行人员的缓刑执行的，不论同项规定，直至该决定确定，可以将该人员继续留置。

6　根据第一项规定保护观察并处缓刑执行的人员被留置的，在其缓刑执行被宣告取消时，该留置天数算入刑期。

7　第七十三条第六项的规定，对第一项中规定的留置适用。

（保护观察的假定解除）

第八十一条 依据刑法第二十五条之二第二项或者第二十七条之三第二项（包括在有关针对药物使用犯罪者作出的部分刑罚缓刑执行的法律第四条第二项中适用的情形。以下该条亦同）的规定，保护观察的假定解除，由地方委员会根据保护观察所长官的申请，作出决定。

2 依据刑法第二十五条之二第二项和第二十七条之三第二项的规定，对于假定解除保护观察并处缓刑执行的人员，不适用第四十九条、第五十一条至第五十八条、第六十一条、第六十二条、第六十五条至第六十五条之四、第七十九条及前条的规定。

3 对于依据刑法第二十五条之二第二项和第二十七条之三第二项的规定，对于假定解除保护观察并处缓刑执行人员适用第五十条及第六十三条规定时，第五十条第一项中“以下‘一般遵守事项’是指”换用为“第二号及第三号列举的事项除外”，同项第二号中的“诚恳接受、遵守保护观察官和保护司的指导监督”换用为“遵守”，同项第五号中的“移居或者七日以上出行”换用为“移居”，第六十三条第二项第二号中的“遵守事项”换用为“依据第八十一条第三项的规定适用第五十条第一项列举的事项”。

4 在有第一项规定的处分时，有关接受此处分的保护观察并处缓刑执行人员所需遵守的特别遵守事项，可与该处分同时被取消。

5 地方委员会，对于依据刑法第二十五条之二第二项和第二十七条之三第二项的规定，对于假定解除保护观察并处缓刑执行人员，在保护观察所长官提出申请的情况下，鉴于此人员的行为状况，认为有必要再次实施保护观察的，必须作出决定，取消该处分。

第四章　生活环境的调整

（生活环境的调整）

第八十二条 保护观察所的长官，对于因刑罚执行被收容在刑事设施的人员或因保护处分的执行被收容在少年院的人员（以下统称“收容人员”），为了其能顺利回归社会，在有需要时可通过访问其家人或其他相关人士，寻求帮助或其他方法，对其释放后的居住、就业和其他生活环境方面作出调整。

2　地方委员会，为了前项规定的调整能有效且适当地实施，可就需作出调整的居住、就业和其他生活方面有关事项，对保护观察所长官进行必要的指导和提出建议。同时，在有数个保护观察所进行同项规定的调整的情况下，需进行保护观察所之间的联络协调工作。

3　地方委员会，在处理前项所规定的工作中，认为有必要的，可通过与收容人员面谈，向相关人士询问等方法进行调查。

4　第二十五条第二项及第三十六条第二项的规定，适用于前项的调查。

（保护观察并处缓刑执行的裁判确定前生活环境的调整）

第八十三条　保护观察所的长官，对于根据刑法第二十五条之二第一项的规定接受附加保护观察的宣告，但对裁判还未确定的人员，为了保护观察的顺利开始，认为有必要的，可征得其同意的，依照前条第一项规定的方法，对其居住、就业和其他生活环境作出调整。

（准用）

第八十四条　第六十一条第一项的规定，适用于第八十二条第一项及前条规定的措施。

第五章　更生紧急保护等

第一节　更生紧急保护

（更生紧急保护）

第八十五条　本节中“更生紧急保护”是指，下列人员，在解除因刑事程序或是保护处分导致的身体上的拘束之后，得不到亲友的援助，或得不到来自公共福祉相关机构或其他机构的在医疗、住宿、职业和其他方面的保护的情况下，或者可认定为仅得到以上援助无法改善更生的情况下，迅速地，通过对其赠与或是出借钱财，提供住宿场所，帮助搬回住宿场所，在医疗、疗养、职业或者教养训练方面提供帮助，辅导就业，为使其适应社会生活提供必要的生活指导，改善或调整其生活环境等方法，援助其逐渐成为遵纪守法的善良社会的一员，确保其迅速改善更生。

一　惩役刑、禁锢刑或拘留刑执行终了的人员。

二　惩役刑、禁锢刑或拘留刑免除刑罚的人员。

三　接受惩役或是禁锢刑全部缓期执行的宣告，但裁判还未确定的人员。

四　在前号所列举的之外，接受惩役刑或是禁锢刑全部缓期的宣告，且没有附加保护观察的人员。

五　接受惩役刑或是禁锢刑的一部分缓期执行的宣告，在缓刑期间内没有附加保护观察，没有缓期执行的部分已经执行完毕的人员。

六　因无追诉必要被不提起公诉的人员。

七　接受罚金、科料的人员。

八　从劳役场释放或者假释的人员。

九　从少年院释放或者假释的人员（附加保护观察的人员除外）。

2　更生紧急保护，需在对象人员改善更生的必要限度内，和在国家的责任范围内进行。

3　对于更生紧急保护，保护观察所长官可自行进行，或者根据更生保护事业法的规定，委托其他经营更生保护事业的其他人进行。

4　更生紧急保护，需在此对象在解除因刑事上的程序或是保护处分导致的身体上的拘束之后六个月以内，在不违背其意思的情况下进行。但在认定为了此对象的更生保护有特殊需要的，可再延长六个月进行保护。

5　在进行更生紧急保护时，为了使此对象能从与公共卫生福祉相关机构和其他机构那里得到必要的保护而进行斡旋时，应致力于更生紧急保护的效率，必须考虑缩短期间和节约经费。

6　在认定需要进行与更生紧急保护相关的就职斡旋时，由公共事业安定所，在进行更生紧急保护人员的协助下，基于职业安定法（昭和二十二年法律第一百四十一号）的规定，为更生紧急保护对象斡旋与其能力相匹配的工作。

第八十六条 更生紧急保护，需在前条第一项各号所列举的人员提交申请的情况下，保护观察所长官认为确有必要时实施。

2 检察官，刑事设施长官或者少年院长官，对于前条第一项各号所列举的人员，在其解除因刑事上的程序或是保护处分导致的身体上的拘束的情况下，认为有必要的，必须教给他们本节规定的更生紧急保护制度及申请手续。

3 保护观察所长官，在判断是否有进行更生紧急保护的必要时，必须听取提出申请者的或者参与其刑事程序的检察官或者其被收容的刑事设施（被留置在劳役场的场合下，为该劳役场所属的刑事设施）的长官或少年院的长官的意见。但因假释期满符合前条第一项第一号规定的，或者因假释的结束符合同项第九号的，不在此限。

第八十七条 国家按照法务大臣和财政大臣协议确定的标准，根据第八十五条第三项的规定，支付因委托而产生的费用。

2 前项规定的委托，依据同项规定，国家支付的金额不能超过预算范围。

第二节　对行刑停止人员的措施

第八十八条 保护观察所长官，依据刑事诉讼法第四百八十条或者第四百八十二条的规定，对于行刑停止人员，在有检察官的请求的情况下，可依照第五十七条第一项（第二号及第三号除外）、第五十八条、第六十一条及第六十二条规定的例子，采取适当的指导监督、辅导援助和应急救护及援助措施。

第六章　恩赦的申请

（恩赦的申请）

第八十九条 恩赦法（昭和二十二年法律第二十号）第十二条规定的审查会的申请，应向法务大臣申请。

（申请所需的审查）

第九十条 审查会在进行前条所述的申请时，必须事先调查申请对象人员的性格、言行，以及是否有做出违法行为的风险，此对象人员对社会的情感及其他事项。

2 审查会在处理刑事收容设施及少年院的收容人员，和劳役场留置人员提出的特赦、减刑或者是免除刑罚处罚的情况下，必须在此对象不会威胁到社会的安全和秩序的前提下，考量是否应当释放。

第七章 审查请求等

第一节 行政程序法的适用例外

第九十一条 依据本法规定，对本法中的处分及行政指导，不适用行政程序法（平成五年法律第八十八号）第二章至第四章的规定。

第二节 审查请求

（审查请求）

第九十二条 依据本法规定，对地方委员会决定中的处分不服的人员，可向审查会提出审查请求。

（审查请求书的提出）

第九十三条 被收容在刑事设施，或者被留置在劳役场所，或者被收容在少年院的人员在提出审查请求时，应向该当刑事设施（被留置在劳役场的场合下，为该劳役场所属的刑事设施）的长官或者少年院的长官提交审查申请书。

2 刑事设施的长官或者少年院的长官，依据前项规定收到审查申请书时，应立即将其送往审查会及地方委员会。

3 在第一项的情况下，关于行政不服审查法第十八条规定的审查请求的期间的计算，收容人员向刑事设施长官或少年院长官提交审查申请书时，即视为作出了审查请求。

第九十四条 与向审查会的审查请求相关的行政不服审查法第二十五条

第三项规定的适用，同项中的“听取处分厅的意见”换用为“或者依照职权”，同项但书中的“处分的效力，处分的执行，和程序的进行”换用为“处分的执行”。

（应当裁决的期间）

第九十五条 审查会从接受审查请求之日（依据行政不服审查法第二十三条的规定被要求补正不足的，为补正完成之日）起六十日之内必须裁决。

（审查请求和诉讼的关系）

第九十六条 依据本法规定，因取消地方委员会的决定中的处分而提起诉讼的，未经对于此处分进行审查请求并作出裁决的，不得提起。

第九十六条之二 与本法规定中的处分或者不作为的审查请求相关的，行政不服审查法第三十八条第一项中规定的提出书面材料等和同法第七十八条第一项中规定的主张文件或者材料，依据行政机关保有的个人信息保护法（平成十五年法律第五十八号）第四十五条第一项规定，不适用该法第四章的规定。关于该法第二条第五项中规定的记载保有的个人信息或者记载保有的个人信息的物品的行政不服审查法规定的适用，该法第三十八条第一项前段中的“或是请求交付此文件或此文件的复印件或记载有电子记录记录事项的文件”换用为“请求”，同项后段以及同法第七十八条第一项后段中的“阅览或者交付”换用为“阅览”，同法第三十八条第二项以及第七十八条第二项中“申请阅览，或者进行同项规定的交付时，此阅览或者交付”换用为“申请阅览之时，此阅览”，同条第一项前段中“或阅览资料”换用为“以及阅览资料”，“或者请求此主张文件或此资料的复印件或记载有电子记录记录事项的文件”换用为“请求”，不适用同法第三十八条第四项以及第五项和第七十八条第四项以及第五项的规定。

2 关于第五十二条第一项、第五项和第六项规定中对保护观察所长官的处分的审查请求，不适用行政不服审查法第二章第四节的规定。

第八章　杂　则

（记录保存等）

第九十七条　审查会和地方委员会应当根据政令中的相关规定保存记录。审查会需保存针对特赦和特定人员实施的减刑和免刑以及对特定人员提出的复权申请的相关记录，地方委员会需保存由本法所作出的处分决定的审理以及决定的相关记录。

2　如有申请者要求阅览上述记录，审查会和地方委员会应当供该申请者阅览。但是，如存在影响该申请或审理对象改过自新、损害相关人员名誉、影响其稳定生活的潜在危险，可拒绝其进行阅览。

（费用征收）

第九十八条　保护观察所长官应当限定期限向接受相关措施的费用产生者或其义务扶养人征收费用，费用包括用于第六十一条第二项（包括第八十八条规定所列举的此类情况）规定中的委托、第六十二条第二项（包括第八十八条规定所列举的此类情况）规定中的紧急救护所产生的费用以及第八十七条第一项规定中的费用。但如可认定该类人员无支付此费用的能力，可不受此约束。

2　上述规定中的费用征收可委托给被征收对象所在的居住地或财产所在地的市町村（包括特区。以下亦同）。

3　政府根据上述规定委托市町村征收费用的情况下，应当向市町村交付其征收金额的百分之四部分费用。

4　市町村依据第二项规定所处理的事务系地方自治法（昭和二十二年法律第六十七号）第二条第九项第一号中规定的第一号法定受托事务。

（向省令的委任）

第九十九条　除本法规定内容之外，实施本法所需事项由法务省令进行规定。

韩国矫正机构囚犯管理和矫治法

经 2007 年 12 月 21 日第 8728 号法案全部修订

再经 2008 年 12 月 11 日第 9136 号法案、2009 年 12 月 29 日第 9847 号法案、2010 年 5 月 4 日第 10273 号法案、2011 年 7 月 18 日第 10865 号法案、2011 年 8 月 4 日第 11005 号法案、2014 年 12 月 30 日第 12900 号法案、2015 年 3 月 27 日第 13235 号法案、2016 年 1 月 6 日第 13721 号法案、2016 年 12 月 2 日第 14281 号法案部分修订

目　录

第 1 条（目的）

本法旨在促进被定罪囚犯的矫正和教育，推动其以稳健方式重新融入社会，并就囚犯治疗和权利及矫正机构的运作相关事项作出规定。

第 2 条（定义）

本法所使用术语的定义如下：〈经 2016 年 12 月 2 日第 14281 号法案修订〉

1.“囚犯”这一术语指根据某一法案和法律程序被关押在监狱、拘留中心或其分支机构（以下统称为“矫正机构”）的已定罪囚犯、未定罪囚犯和刑罚确定的死刑囚犯。

2.“已定罪囚犯”这一术语指终局且不可逆转地被判处劳役式监禁、非劳役式监禁或刑事拘留且被关押在矫正机构的人，以及因未全额支付罚金或小额罚金而被羁押在劳作所的人。

3.“未定罪囚犯”这一术语指被逮捕后或因羁押令的执行而被关押在矫正机构的刑事犯罪嫌疑人或刑事被告。

4.“刑罚确定的死刑囚犯”这一术语指被判处死刑且该判决已不可逆转、具有终局性的人。

第3条（适用范围）

本法适用于矫正机构的所有场所及有矫正警察守护囚犯且对囚犯的管制确有必要的其他地方。

第4条（尊重人权）

在本法执行过程中，囚犯的人权应得到最大限度的尊重。

第5条（禁止歧视）

如无合理原因，囚犯不得因其性别、宗教信仰、残疾状况、年龄、社会地位、原籍地、来源国、民族出身、身体状况（包括面貌）、病史、婚姻状况、政治观点、性取向等原因而被歧视。

第6条（矫正机构的规模和设施）

（1）拟建的所有矫正机构均应能够关押至少500人，但考虑到其功能、地点及其他条件，上述规模可进一步扩大。

（2）矫正机构内的监舍、做工地点、接待室及其他监禁相关生活设施均应根据其设计目的和功能进行配置和装修。特别是，监舍应有足够的空间和照明、通风及供暖设施，以便囚犯能够健康地生活。

第7条（将矫正机构的设立和运作委托给私人实体）

（1）法务部部长可将矫正机构的设立和运作相关部分职责委托给公司或个人。

（2）根据上述第（1）款规定接受委托的公司或个人的资质、适用于矫正机构的设施标准、被委托关押人的选择标准、囚犯待遇标准、委托程序、国家监管及其他必要事项均应通过另一法案单独规定。

第8条（矫正机构的巡回视察）

法务部部长每年应亲自或委托其下属官员对矫正机构进行至少一次巡回视察，以掌握矫正机构的真实运作情况、矫正警察的服务情况及囚犯的待遇和人权等。〈经2016年5月29日第14170号法案修订〉

第9条（矫正机构的视察和访问）

（1）在履行职责过程中，如有必要，法官或公共检察官可对矫正机构进行视察。

（2）如上述第（1）款所述法官或公共检察官之外的任何人希望访问矫正

机构，该人应提出合理理由（如学术研究）并获得相关矫正机构负责人（以下称为“监狱长”）的许可。

第 10 条（矫正警察的职责）

除本法案规定的之外，与矫正警察职责相关的其他事项应通过另一法案单独规定。

第 11 条（分别关押）

（1）[①] 囚犯应根据下列分类分别关押：〈经 2008 年 12 月 11 日第 9136 号法案修订〉

1. 19 岁或 19 岁以上的囚犯：监狱。

2. 19 岁以下的囚犯：少年犯管教所。

3. 未定罪囚犯：拘留中心。

4. 刑罚确定的死刑囚犯：监狱或拘留中心。在本情形下，具体分类标准应通过法务部部长令进行规定。

（2）监狱和拘留中心的分支机构应根据监狱和拘留中心的性质履行关押职责。

第 12 条（分别关押的例外情形）

（1）如存在下列任一原因，未定罪囚犯也可关押在监狱中：

1. 主管法院和检察官办公室所在地没有拘留中心；

2. 拘留中心的正常运作因实际关押人数远高于其设计容量而难以进行；

3. 为防止囚犯毁灭犯罪证据而有必要或存在其他任何特殊状况。

（2）如为工作（如做饭）目的有必要，或存在其他任何特殊原因，已定罪囚犯可关押在拘留中心。

（3）关押在少年犯管教所期间，如已定罪囚犯达到了 19 岁，但继续关押在少年犯管教所有利于其教育、感化、工作或职业培训，则在其满 23 岁之前可继续关押在上述场所。〈经 2008 年 12 月 11 日第 9136 号法案修订〉

（4）如存在任何特殊状况，监狱长可根据第 11 条规定的分别关押标准将拟转移至另一矫正机构的已定罪囚犯继续关押在原地，但最长不得超过 6

---

① 韩国法律条文中用（1）（2）标示款，用 1、2 标示项，层级的使用与我国法律不同。——编者著

个月。

第 13 条（分别关押）

（1）男性和女性应分别关押。

（2）如根据第 12 条规定拟将已定罪囚犯和未定罪囚犯关押在同一矫正机构，或将 19 岁或 19 岁以上的囚犯和 19 岁以下的囚犯关押在同一矫正机构，则上述囚犯应分别关押。〈经 2008 年 12 月 11 日第 9136 号法案修订〉

第 14 条（单独关押）

如存在下列任一原因，囚犯应单独关押，否则不应被单独关押：

1. 机构条件不允许，如监舍不足；

2. 单独关押对于保护囚犯生命或身体或保证其情绪稳定而言确有必要；

3. 单独关押对于囚犯感化或平稳融入社会而言确有必要。

第 15 条（监舍分配）

分配监舍时，监狱长应考虑囚犯的罪名、刑期、犯罪性质、个性、犯罪记录、年龄、职业、对监禁生活的态度及其他个人特征。

第 16 条（新进囚犯的关押等）

（1）就法院、检察官办公室、警察机构交付矫正机构关押的任何新人（以下称为“新进囚犯”）而言，相关监狱长在关押上述囚犯之前均应检查书面执行指令、法院记录及其他必要关押文件。

（2）所有监狱长均应对新进囚犯进行医学检查，不得延误。

（3）新进囚犯应根据上述第（2）款的规定接受监狱长开展的医学检查。〈经 2015 年 3 月 27 日第 13235 号法案新增〉

第 17 条（需要通知的事项）

新进囚犯及从其他矫正机构转移过来的囚犯应以口头或书面方式被告知以下事项：

1. 刑期开始日期和终止日期；

2. 囚犯探视、通信和权利相关事项；

3. 申诉、《韩国国家人权委员会法案》规定的上诉、侵权救济等相关事项；

4. 囚犯惩戒、纪律和义务相关事项；

5. 监禁生活必须进行的日常工作及其他基本事项。

第 18 条（拒绝关押）

（1）监狱长可拒绝关押任何患有传染性疾病，因而可能对他人健康造成危险和伤害的任何人。〈经 2009 年 12 月 29 日第 9847 号法案修订〉

（2）如根据上述第（1）款规定拒绝关押，监狱长应立即向命令关押机构和主管卫生中心负责人通报相关原因，并随即向法务部部长报告，不得延误。

第 19 条（拍照等）

（1）就新进囚犯和转移自其他矫正机构的囚犯而言，相关监狱长应采集囚犯照片和指纹，指定其囚犯编号，并采取总统令规定的其他措施，但以将其与其他囚犯区分开来为限。

（2）就任何被关押囚犯而言，如认为必要，监狱长可采取上述第（1）款所述任何措施。

第 20 条（转移囚犯）

（1）如认为就囚犯关押、做工、感化、医疗及其他治疗措施或机构安全和秩序的维护而言属于必要，相关监狱长可在法务部部长批准的前提下将囚犯转移至另一矫正机构。

（2）根据总统令的规定，法务部部长可将上述第（1）款所述批准囚犯转移的权力委托给区域矫正总部专员行使。

第 21 条（将关押决定通知家属）

如有任何新进囚犯或转移自其他矫正机构的囚犯，监狱长应立即将上述事实通知囚犯家属（指囚犯配偶、直系尊亲属、直系卑亲属、兄弟姐妹等，下同），不得延误，但囚犯不希望通知的情形除外。

第 22 条（提供衣物、床具等）

（1）监狱长应向囚犯提供适合维护其健康的衣物、床具及其他物品。

（2）衣物、床具及其他生活物品提供方面的标准等必要事项应以法务部部长令的形式另行规定。

第 23 条（供给食物）

（1）鉴于囚犯的健康状况、年龄、所分配工作类型及其他个人特征，监狱长应为其提供维系健康和体力所必需的食物。

（2）食物供给标准等必要事项应以法务部部长令的形式另行规定。

第 24 条（自费购买物品）

（1）如监狱长许可，囚犯可自费购买食品、衣物、床具及其他关押用生活用品。

（2）囚犯自费购买物品许可范围相关必要事项应以法务部部长令的形式另行规定。

第 25 条（暂时保管钱款和有价物）

（1）监狱长可暂时保管矫正机构内囚犯的资金和有价物。但是，如囚犯物品属于下列任一款所述类型，监狱长可要求囚犯将其寄给囚犯自己指定的人保管或以其他适当方式进行处理：

1. 可能腐烂或消灭的物品；

2. 鉴于其类型和大小不适合矫正机构保管的物品；

3. 可能对人的生命或身体造成危险的物品；

4. 可能对矫正机构安全或秩序造成损害的物品；

5. 不适合暂时保管的其他物品。

（2）如囚犯未在合理期限内处置上述第（1）款但书部分要求其处置的个人物品，监狱长可将其丢弃。

第 26 条（囚犯持有物品）

（1）在法务部部长规定的范围内，囚犯可持有通信、书籍及其他对监禁生活而言属于必要的物品。

（2）但是，就超出上述第（1）款所述持有范围且被认为不适合在矫正机构内暂时持有的非必要物品而言，监狱长可要求囚犯将其寄给其指定的囚犯保管或以其他适当方式处置。

（3）如囚犯未在合理期限内处置上述第（2）款但书规定的物品，监狱长可将其销毁。

第 27 条（将钱款和有价物转交给囚犯）

（1）如除囚犯之外的任何人请求将任何钱款和有价物转交给囚犯，监狱长应允许其这样做，除非存在以下任一理由：

1. 这样做可能会损害已定罪囚犯的教育感化或其成功融入社会的努力；

2. 这样做可能会损害机构的安全或秩序。

（2）如囚犯拒绝接受或存在上述第（1）款所述任何原因，监狱长须将其转交给囚犯的钱款和有价物交还给送出者。

（3）在上述第（2）款情形下，如送出者身份或地址不详，则监狱长应将相关事实进行公示。如自公示起6个月内无人认领，则相关钱款和有价物应归属国库。

（4）在采取上述第（2）款或第（3）款所述措施的情况下，监狱长应将相关事实告知囚犯。

第28条（交付遗留钱款和有价物）

（1）如任何去世囚犯或逃犯遗留了任何钱款或有价物，监狱长应将认领详情和程序通知相关去世囚犯的继承人或逃犯家属。但是，如属可能腐烂或消灭的物品，监狱长可直接将其销毁。

（2）如上述继承人或家属请求交还上述第（1）款所述钱款或有价物，监狱长应立即交还，不得延误。但是，如上述继承人或家属自收到上述第（1）款所述通知日（在通知日不详的情况下，为请求理由出现日）起1年内未提出交还要求，相关钱款或有价物应归属国库。

第29条（交还暂时保管的钱款和有价物）

（1）囚犯获释后，监狱长应将其暂时保管的钱款或有价物返还给囚犯。但是，如囚犯在获释后因特殊情况（如一次性取走所有有价物并不现实）请求监狱长继续替其保管一段时期（不超过1个月），则本条不适用。

（2）对于监狱长暂时保管但上述第（1）款但书所述保管期到期后仍无人认领的有价物，第28条的规定应在作适当变通后适用。在这种情况下，“去世囚犯”和“逃犯”应解读为“获释者”，“钱款和有价物”应解读为“暂时保管的有价物”，“继承人”和“家属”应解读为“获释者或获释者家属”。

第30条（实施卫生和医疗措施的义务）

所有监狱长均应采取适当且必要的卫生和医疗措施，以确保囚犯的健康生活。

第 31 条（保持清洁）

所有监狱长均应采取措施确保囚犯使用的所有设施和设备任何时候均保持清洁状态。

第 32 条（保持卫生的义务）

（1）囚犯应保持身体和衣物的卫生，并配合机构保持其监舍、工场及其他关押设施的卫生。

（2）囚犯应保持其头发和胡须整洁，以确保其卫生。

第 33 条（身体锻炼和沐浴）

（1）所有监狱长均应允许囚犯定期锻炼和沐浴，以维系其健康。

（2）锻炼时间、沐浴频率等必要事项应以总统令的形式另行规定。

第 34 条（医学检查）

（1）所有监狱长均应定期对囚犯开展医学检查。

（2）医学检查的频率等必要事项应以总统令的形式另行规定。

第 35 条（针对传染性疾病的措施等）

如对防止传染性疾病或其他感染的暴发和传播确有必要，监狱长可对囚犯实施疫苗接种，将囚犯单独关押或转移至其他机构，或采取其他必要措施。〈经 2016 年 12 月 2 日第 14281 号法案修订〉

第 36 条（受伤人员的治疗等）

（1）如囚犯不慎受伤或患病，监狱长应确保其能够接受适当治疗。〈经 2010 年 5 月 4 日第 10273 号法案修订〉

（2）为实现上述第（1）款所述的治疗，矫正机构的护士可于夜晚或假日对囚犯实施总统令规定的简单治疗，而无视《医疗服务法案》第 27 条的规定。〈经 2010 年 5 月 4 日第 10273 号法案新增〉

第 37 条（在外部医疗机构接受治疗等）

（1）如认为对囚犯的适当治疗确有必要，监狱长可允许囚犯在矫正机构外部医疗机构（以下称为“外部医疗机构”）接受治疗。

（2）如认为对囚犯心理疾病的治疗确有必要，在法务部部长批准的情况下，监狱长可将囚犯转移至医疗兼监禁设施。

（3）根据上述第（2）款转移的任何人均应作为囚犯对待。

（4）如囚犯根据上述第（1）款或第（2）款规定在外部医疗机构接受治疗或被转移至医疗兼监禁设施，相关监狱长应立即将相关事实通知其家属（如囚犯已无家属在世，则通知其指定的其他人）。但是，如囚犯不希望进行这类通知，则本款规定不适用。

（5）如囚犯因其故意或严重过失而导致自伤并因此在外部医疗机构接受治疗，则监狱长可要求囚犯承担因此产生的全部或部分医疗费用。

第38条（自费治疗）

如囚犯希望以自费方式接受外部医疗机构医生（以下称为“外部医生”）的治疗，则在考虑矫正机构内部医生（包括公卫医生，以下称为“医务官”）的意见后，监狱长可给予批准。

第39条（治疗环境等）

（1）所有矫正机构均应有给囚犯进行治疗所必需的医务人力资源和设施。

（2）如怀疑囚犯患有心理疾病，监狱长应确保其接受心理医生的治疗。〈经2011年8月4日第11005号法案修订〉

（3）为囚犯实施治疗时，外部医生应遵守法务部部长规定的事宜。

（4）矫正机构医疗设施的标准等必要事项应以法务部部长令的形式另行规定。

第40条（违背囚犯意志采取的医疗措施）

（1）如囚犯拒绝治疗或进食，监狱长应指派医务官对其进行监控、提供建议或进行劝说。

（2）无论根据上述第（1）款规定采取了何种措施，如存在迫切问题，如囚犯继续拒绝治疗或进食可能威胁到其生命，则监狱长可要求医务官采取措施，如提供适当医学护理或强行供给营养。

第41条（会见）

（1）囚犯可会见惩戒机构外部人员。但是，在下列任一情况下，本款规定不适用：

1. 囚犯可能从事违反刑法的任何行为；

2. 执行部门根据《刑事程序法案》或其他任何法案作出了禁止会见的决定；

3. 会见可能影响已定罪囚犯的教育感化或其顺利融入社会的努力；

4. 会见可能损害机构的安全或秩序。

（2）在下列任一情形下，监狱长可要求矫正警察对囚犯会见详情进行监听、记录、录音或录像：

1. 囚犯可能从事旨在毁灭证据的行为或与刑法相冲突的行为；

2. 这样做对于囚犯的教育感化或成功融入社会确有必要；

3. 这样做对于机构安全或秩序的维护确有必要。

（3）在根据上述第（2）款规定进行录音或录像的情况下，监狱长应事先将相关措施告知囚犯及其访客。

（4）会见的频率、时间、地点和方法及会见详情的监听、记录、录音和录像等相关事项应以总统令的形式另行规定。

第 42 条（中止会见等）

如囚犯或其访客属于下列任一情形，监狱长可中止会见：

1. 双方已经或试图销毁犯罪证据；

2. 双方已经或试图交接第 92 条所述违禁物品；

3. 双方已经或试图从事任何违反刑法的行为；

4. 双方传播了关于囚犯待遇或矫正机构运作的不实信息；

5. 双方已经或试图从事可能影响已定罪囚犯教育感化或顺利融入社会的任何行为；

6. 双方已经或试图从事可能有碍矫正机构安全和秩序维护的任何行为。

第 43 条（通信）

（1）囚犯可与其他囚犯进行通信，但在下列情形下，本款规定不适用：

1. 执行部门根据《刑事程序法案》或其他任何法案作出了禁止或查抄通信的决定；

2. 通信可能影响囚犯的教育感化或顺利融入社会的努力；

3. 通信可能损害机构的安全或秩序。

（2）无论上述第（1）款主体部分作何规定，如希望与同一矫正机构内的其他囚犯进行通信，囚犯均须获得监狱长的许可。

（3）监狱长可确认囚犯发出或接收的通信是否包含法律规定的任何违禁物品。

（4）囚犯的通信内容不接受审查，但在下列情形下，本款规定不适用：

1. 通信的另一方身份不明；

2. 执行部门根据《刑事程序法案》或其他任何法案作出了对通信进行审查的决定；

3. 有合理理由怀疑通信包含属于第（1）款第 2 小款或第 3 小款所述的内容或与刑法相冲突的内容；

4. 通信是在总统令认定的囚犯之间进行的。

（5）根据上述第（3）款或第（4）款但书规定进行确认或审查后，如发现囚犯通信包含法律规定的任何违禁物品或其内容属于下列任一小款所述情形，监狱长可禁止发送或接收上述通信：

1. 通信系用代码或符号之类不为外人理解的特殊字符书写的；

2. 通信可能会销毁犯罪证据；

3. 通信包含与刑法相冲突的内容；

4. 通信包含惩戒机构待遇或运作方面的明显不实信息；

5. 通信可能会侵犯个人秘密或隐私权；

6. 通信可能会影响已定罪囚犯的教育感化或顺利融入社会的努力；

7. 通信可能会损害机构的安全或秩序。

（6）发送或接收信件时，监狱长应从速进行。

（7）如根据上述第（1）款或第（5）款但书部分的规定禁止囚犯收发信件，则在将相关理由告知囚犯后，监狱长应将相关信件存放于矫正机构，但在囚犯同意的情况下，监狱长可将其销毁。

（8）通信频率、通信内容的确认方法、通信内容的审查程序等事项应以总统令的形式另行规定。

第 44 条（电话通信）

（1）如有监狱长的许可，囚犯可与矫正机构外的人进行电话通信。

（2）在对电话通信的内容进行监听或录音的前提下，监狱长可作出上述第（1）款所述的许可。

（3）进行适当变通后，第42条的规定可参照适用于囚犯的电话通信。

（4）在根据上述第（2）款的规定对电话通信内容进行监听或录音的情况下，应将相关事实事先通知囚犯及其通信对方。

（5）电话通信的许可范围及其内容的监听和录音等必要事项应以法务部部长令的形式另行规定。

第45条（参与宗教活动等）

（1）囚犯可参加矫正机构内开展的宗教仪式或活动，且可接受个人宗教咨询服务。

（2）囚犯可持有宗教生活必需的书籍或物品。

（3）在下列任一情形下，监狱长可对上述第（1）款和第（2）款所述事项作出限制：

1. 这样做对于已定罪囚犯的教育感化或顺利融入社会确属必要；

2. 这样做对于机构安全和秩序的维护确属必要。

（4）宗教活动的类型、参与上述活动的人员、参与方法、接受宗教咨询的人员、咨询方法和所持宗教书籍及物品的范围等必要事项应以法务部部长令的形式另行规定。

第46条（保有和使用书籍）

监狱长应保有必要书籍，以便囚犯学习知识、熟悉文化并切实用好这些书籍。

第47条（订阅报纸杂志等）

（1）囚犯可申请自费订阅报纸、杂志或书籍（以下称为“报纸杂志”）。

（2）监狱长应允许上述订阅申请，除非囚犯根据上述第（1）款规定申请订阅的报纸杂志属于《出版行业促进法案》所述的有害出版物。

（3）囚犯根据上述第（1）款规定申请订阅的报纸杂志的范围和数量应以法务部部长令的形式另行规定。

第48条（收听广播和收看电视）

（1）囚犯可收听广播和收看电视，以便其保持情绪稳定并熟悉文化。

（2）在下列任一情形下，监狱长可暂时中止囚犯收听或收看广播或电视节目，或禁止个别囚犯收听或收看广播或电视节目：

1. 收听或收看广播或电视节目可能会影响已定罪囚犯的教育感化或顺利融入社会的努力；

2. 禁止收听或收看广播或电视节目对于维护机构的安全和秩序而言确属必要。

（3）广播设施、节目和时间等必要事项应以法务部部长令的形式另行规定。

第 49 条（写作）

（1）囚犯可制作文件或图纸，或撰写文学作品、科技文献或其他资料，但在监狱长认为矫正机构的安全或秩序面临明显风险的情况下，本款规定不适用。

（2）对于根据上述第（1）款制作 / 绘制的文件或图纸的持有和处置，第 26 条的规定应在作出适当变通后参照适用。

（3）在根据上述第（1）款规定制作 / 绘制的文件或图纸属于第 43 条第（5）款任一小款所述情形的情况下，第 43 条第（7）款的规定应在作出适当变通后参照适用。

（4）写作工具的管理、写作时间和地点、相关文件或图纸的实施等必要事项应以总统令的形式另行规定。

第 50 条（女性囚犯的待遇）

（1）监狱长应根据女性的生理和情感特征对待女性囚犯。

（2）对女性囚犯进行医学检查时，监狱长应根据女性囚犯的年龄和健康等状况将妇科疾病纳入检查项目。〈经 2014 年 12 月 30 日第 12900 法案修订〉

（3）监狱长应向处于经期的女性囚犯提供必要卫生用品。〈经 2014 年 12 月 30 日第 12900 号法案修订〉

（4）女性囚犯会见其仍属未成年人的子女时，监狱长应允许其在没有任何隔断设施的地方进行。

第 51 条（女性囚犯待遇方面应予注意的事项）

（1）为女性囚犯提供咨询、教育、工作等服务（本条通称为“咨询等服务”）时，监狱长应指派女性矫正警察负责其实施，但在女性矫正警察不足或存在任何不可避免情形的情况下，本款规定不适用。

（2）如男性矫正警察欲在室内为女性囚犯提供上述第（1）款所述的咨询等服务，上述服务应在另一女性在场且房间装有透明窗户的情况下进行。

第 52 条（怀孕囚犯的待遇）

（1）如囚犯已怀孕或生产（包括流产），监狱长应采取适当措施（如定期体检）保护其母性并维护其健康。

（2）如囚犯即将生产，监狱长应采取适当应对措施，如允许其在外部医疗机构接受治疗等。

第 53 条（喂养婴儿）

（1）女性囚犯可申请允许其在矫正机构内喂养其生产的婴儿。在这种情况下，监狱长应允许其申请，直到婴儿已满 18 个月，但下列任一情形除外：〈经 2009 年第 12 月 29 日第 9847 号法案修订〉

1. 由于囚犯患病、受伤或其他原因，让其婴儿在矫正机构内生活被认为极不适当；

2. 由于患病、受伤或其他原因，囚犯被认为不具备喂养其婴儿的能力；

3. 由于矫正机构内传染性疾病的传播或其他原因，允许囚犯在矫正机构内喂养婴儿被认为极不适当。

（2）在根据上述第（1）款规定允许囚犯在矫正机构内喂养婴儿的情况下，监狱长应提供必要设备和物品，并采取必要便利措施。

第 54 条（囚犯的特殊待遇）

（1）监狱长应基于年龄、健康状况等原因给予老年囚犯适当待遇考量。

（2）监狱长应基于残疾程度给予残疾囚犯适当待遇考量。

（3）监狱长应基于语言、生活、文化等原因给予外国囚犯适当待遇考量。

（4）监狱长应基于年龄、能力等原因给予少年犯适当待遇考量。〈经 2015 年 3 月 27 日第 13235 号法案新增〉

（5）老年囚犯、残疾囚犯、外国囚犯和少年犯的适当考量或待遇等必要事项应以法务部部长令的形式另行规定。〈经 2015 年 3 月 27 日第 13235 号法案修订〉

第 55 条（已定罪囚犯待遇原则）

通过教育、感化项目、工作、职业培训等方式致力于矫正和熏陶已定罪囚犯并使其发展出一种适应社会的能力是必要的。

第 56 条（个人矫治计划的确立等）

（1）根据第 62 条所述分类矫治委员会决议，监狱长应确立并实施教育、感化项目、工作和职业培训之类适合已定罪囚犯个人特征的矫治计划（以下称为“个人矫治计划”）。

（2）监狱长应定期或经常对个人矫治计划进行审查，使已定罪囚犯能够主动进行改造并强化其重返社会动机。

第 57 条（矫治）

（1）已定罪囚犯应根据第 59 条所述分类评估结果关押在适当矫正机构，并根据其个人矫治计划得到适当矫治。

（2）根据防止越狱相关设施的情况和守卫程度（以下称为“安全级别”），矫正设施应作以下分类，但通过设置分界线，即便是同一矫正设施也可能出现不同安全级别并存的现象。

1. 开放式机构：全部或部分区域未设置旨在防止越狱的正常设施，且全部或部分区域没有正常的管理和监视以确保已定罪囚犯能够自由活动的矫正机构。

2. 宽松安全级别机构：旨在防止越狱的正常设施及已定罪囚犯的管理和监视均较一般安全级别机构宽松的矫正机构。

3. 一般安全级别机构：配备有旨在防止越狱的正常设施且对已定罪囚犯实施正常管理和监视的矫正机构。

4. 严密安全级别机构：强化设施以防止囚犯越狱并阻止囚犯之间进行相互联系且对已定罪囚犯实施严格管理和监视的矫正机构。

（3）根据矫正记录，已定罪囚犯的矫治级别可向上调整，以利于其教育感化或顺利融入社会。特别地，矫正记录优秀的已定罪囚犯可关押在开放式机构并获得在社会上生活所必需的适当矫治。

（4）对于满足法务部部长令规定的某些要求的已定罪囚犯，在其假释或刑期结束之前，监狱长可在一定时期内将其关押在设在当地社区或矫正机构内的开放式机构中，并为其提供教育、就业支持之类适应社会所必需的适当矫治。〈经 2015 年 3 月 27 日第 13235 号法案新增〉

（5）为教育感化或顺利融入社会，已定罪囚犯可在矫正机构外部某一合适

地点接受志愿者服务、探视及适应社会生活所需的其他矫治。〈经 2015 年 3 月 27 日第 13235 号法案修订〉

（6）作为学业培训对象、职业培训对象、外国人、女性、残疾人、老年人、病人或青少年（指小于 19 岁的人）的囚犯、有资格接受上述第（4）款所述矫治（以下称为“中途矫治”）的囚犯及需要单独矫治的其他已定罪囚犯应关押在由法务部部长指定的、专门提供相应矫治服务的机构中（以下称为“专门矫治机构”），并根据其特征接受适当矫治。但是，在专门矫治机构不足或存在其他任何不可避免的原因的情况下，本款规定不适用。〈经 2015 年 3 月 27 日第 13235 号法案修订〉

（7）上述第（2）款每一小款所述机构应配备的设施及其守卫程度等必要事项应以总统令的形式另行规定。〈经 2015 年 3 月 27 日第 13235 号法案修订〉

第 58 条（外部专家提供咨询等服务）

如对已定罪囚犯的教育感化或顺利融入社会确有必要，监狱长可邀请在教育学、矫正学、犯罪学、社会学、心理学、医学等领域拥有丰富知识或在矫正领域拥有丰富经验的外部专家为已定罪囚犯提供咨询辅导、心理治疗、人生指导等服务。

第 59 条（分类评估）

（1）监狱长应以科学方式对已定罪囚犯的人性、行为特征、性情等因素进行考察、衡量和评估（以下称为“分类评估”），以便理性确立和调整已定罪囚犯的个人矫治计划。但是，如拟执行刑期较短或存在其他任何特殊情况，则本款规定不适用。

（2）针对已定罪囚犯的分类评估应分为两种，即刑期最终确认后为确立个人矫治计划而进行的评估和刑期执行一定时期后或出现奖惩或其他因素后为调整个人矫治计划而进行的评估。

（3）为进行分类评估，监狱长可通过咨询辅导等方式对已定罪囚犯私事相关个别问题进行考察，并开展心理、智力或能力测试及其他必要测试。

（4）为进行分类评估，监狱长可听取外部专家的必要意见或邀请其进行视察。

（5）除本法案规定的之外，分类评估相关必要事项应以法务部部长令的形式另行规定。

第60条（咨询相关机构等）

（1）如对分类评估和关押目的的实现确有必要，监狱长可对囚犯家属等人士进行访谈或就任何必要事实咨询法院、警察机构及其他相关机构或组织（以下称为“相关机构”）。

（2）在收到上述第（1）款所述的咨询请求后，相关机构的负责人应立即答复，不得延误，除非存在任何特殊原因。

第61条（专门负责囚犯分类的机构）

法务部部长可指定和运作一个专门负责囚犯分类评估的矫正机构，以实现已定罪囚犯分类的科学化。

第62条（分类矫治委员会）

（1）所有矫正机构均应设立一个分类矫治委员会（以下称为“委员会”），以审议和决定囚犯的个人矫治计划、遴选有资格申请假释审查的囚犯并就已定罪囚犯分类和矫治相关其他重大事项作出决策。

（2）分类矫治委员会的成员包括主席在内应不少于5人，但也不应多于7人。监狱长应自任委员会主席。委员会成员应由主席从副监狱长和主管机构主任级官员中选任（如为惩戒机构的分支机构，则委员会成员须从7级或7级以上矫正警察中选任）。

（3）在审议和决策过程中，委员会可听取外部专家的意见。

（4）除本法案规定的之外，委员会相关其他必要事项应以法务部部长令的形式另行规定。

第63条（教育）

（1）监狱长可对已定罪囚犯实施教育，以便其获得必要知识和文化，从而顺利融入社会。

（2）根据囚犯意图、年龄、知识水平及其他条件，监狱长应对尚未接受任何《教育框架法案》第8条所述义务教育的已定罪囚犯实施适当教育。

（3）如对上述第（1）款和第（2）款所述教育确有必要，监狱长可将已定罪囚犯关押在专门矫正机构中接受中途矫治，并采取下列措施：〈经 2015 年 3 月 27 日第 13235 号法案修订〉

1. 允许囚犯前往外部教育机构接受教育；

2. 委托外部教育机构在本机构内提供教育服务。

（4）课程、外部学校出勤、委托教育等相关必要事项应以法务部部长令的形式另行规定。

第 64 条（感化项目）

（1）监狱长应开展咨询辅导、心理治疗及其他教育感化项目，以矫正和教导已定罪囚犯。

（2）感化项目的类型、内容等必要事项应以法务部部长令的形式另行规定。

第 65 条（工作分配）

（1）分配给已定罪囚犯的工作就其技能获取和工作动机而言应适当，以便其顺利重返社会。

（2）给已定罪囚犯分配工作时，监狱长应考虑其年龄、刑期、健康状况、技能、个性、爱好、职业、未来生计及其他条件。

第 66 条（工作义务）

已定罪囚犯有义务完成机构分配给他们的工作及其他劳务。

第 67 条（应申请分配工作）

监狱长可应被判处非劳役式监禁或刑事拘留者的申请而向其分配工作。

第 68 条（通勤工作）

（1）如认为对已定罪囚犯重返社会和技能获取确有必要，监狱长可安排已定罪囚犯前往外部企业工作或在外部企业设在矫正机构内部的工作地点工作。

（2）从事通勤工作囚犯的遴选标准等必要事项应以法务部部长令的形式另行规定。

第 69 条（职业能力发展培训）

（1）为协助已定罪囚犯顺利融入社会，监狱长可为其提供旨在开发职业能力的培训（以下称为“职业培训”），以便其获取和改进技能。

（2）如对已定罪囚犯的职业培训确有必要，监狱长可安排其在外部机构或组织接受培训。

（3）有资格接受职业培训囚犯的遴选标准等必要事项应以法务部部长令的形式另行规定。

第 70 条（高强度工作下的待遇）

（1）如已定罪囚犯从事上述第 68 条所述的工作、接受上述第 69 条第（2）款所述的培训或应其申请从事需要高强度劳动的其他工作，监狱长可对其待遇（如会见、电话通信、教育、联合活动的参与等）进行限制，但在限制其会见或电话通信的情况下，监狱长应允许其在假日或其不需要工作的其他日期进行会见或电话通信等活动。

（2）在分配或提供上述第（1）款所述的工作或培训之前，监狱长应就受限制待遇的详情向已定罪囚犯作出充分解释。

第 71 条（假日工作）

国家法定假日、周六及其他假日不得给已定罪囚犯分配工作，但做饭、护理及其他特殊需求工作不在此限。

第 72 条（工作豁免）

（1）如已定罪囚犯家属或直系尊亲属去世，或其父母 / 配偶忌日来临，监狱长可豁免其 2 日工作，但在相关囚犯宁愿继续工作的情况下，本款规定不适用。

（2）如已定罪囚犯受伤或生病，或出现难以继续工作的其他任何特殊原因，监狱长应免除其工作要求，直到相关原因解除。

第 73 条（工作收入等）

（1）工作收入应归属国库。

（2）鉴于工作类型和成果、矫正记录及其他情形，监狱长可根据法务部部长的指令向已定罪囚犯支付工作奖金，以激励其工作并支持其顺利重返社会。

（3）上述第（2）款所述工作奖金应于当事人获释时支付。但是，如认为对支持当事人家庭生活、教育感化或顺利重返社会特别有必要，上述奖金的全部或部分可于当事人获释之前支付。

第 74 条（慰问金和抚恤金）

（1）如已定罪囚犯属于下列任一情形，监狱长应根据法务部部长的指令向其支付慰问金或抚恤金：

1. 已定罪囚犯系在工作或职业培训期间受伤或因病致残；

2. 已定罪囚犯系在工作或职业培训期间或因工作或职业培训死亡。

（2）慰问金应于当事人获释时支付给其本人，而抚恤金则应支付给当事人的继承人。

第 75 条（与其他补偿的关系）

如任何人因同一原因已从国家领取《民事法案》第 74 条或其他法律所述的、相当于慰问金或抚恤金的款项，则其不得重复领取本法案规定的慰问金或抚恤金。

第 76 条（保护领取慰问金或抚恤金的权利）

（1）领取本法案第 74 条所述慰问金或抚恤金的权利不得转让或作为其他任何个人或法人的担保权益，任何个人或法人均不得扣押上述款项。

（2）根据本法案第 74 条领取的款项不得被作为税基征收任何税款或其他公共费用。

第 77 条（假期）

（1）对于至少已经关押 6 个月、刑期已执行三分之一（在被判处至少 21 年监禁或终身监禁的情况下，为 7 年）且矫正记录优秀的已定罪囚犯，如属于下列任一情形，监狱长可准其每年长达 20 天的假期：

1. 囚犯家属或配偶直系尊亲属病情危重；

2. 由于疾病或事故，囚犯需要在外部医疗机构住院治疗；

3. 应自然或其他灾害，囚犯自己、囚犯家人或囚犯配偶的直系尊亲属已经或可能遭遇任何不可逆转的财产损害；

4. 存在任何法务部部长令认定的、有利于囚犯教育感化或顺利融入社会的情形。

（2）无论上述第（1）款如何规定，在下列任一情形下，监狱长均可准许已定罪囚犯 5 日以下的特殊假期：

1. 囚犯家属或其配偶的直系尊亲属去世；

2. 囚犯直系卑亲属结婚。

（3）如准假，监狱长可按照法务部部长令的规定限制囚犯住所或附加其他任何必要条件。

（4）上述第（1）款和第（2）款所述假期应包括在执行刑期中。

第 78 条（撤销假期）

如休假已定罪囚犯属于下列任一情形，监狱长可撤销其假期：

1. 执行部门发现，准许囚犯休假的理由实际上并不存在；

2. 囚犯违反了关于住所的限制或附加于休假许可的其他任何条件。

第 79 条（未定罪囚犯待遇原则）

未定罪囚犯有权适用无罪推定原则并得到适当待遇。

第 80 条（禁止探视）

未定罪囚犯的监舍不得向探视者开放。

第 81 条（单独关押）

涉及同一案件的未定罪囚犯应单独关押，禁止任何形式的相互接触。

第 82 条（穿着便服）

接受调查、出庭受审、接受国家机关检查或任何法案规定的其他调查时，未定罪囚犯可着便服。但是，如未定罪囚犯逃跑可能性很大或被认为存在任何不当理由，监狱长可要求未定罪囚犯穿着相关矫正机构提供的其他服装。

第 83 条（理发）

矫正机构不得强迫未定罪囚犯将其头发或胡须剪短，除非确有必要。

第 84 条（会见辩护律师和接收信件）

（1）无论第 41 条第（2）款如何规定，矫正警察均不得参与未定罪囚犯与其辩护律师（或希望成为其辩护律师者，下同）之间的会见，也不得对上述会见的内容进行监听或记录。但是，矫正警察可继续在可视距离内对未定罪囚犯进行监控。

（2）未定罪囚犯与其辩护律师之间的会见时间和频率不受任何限制。

（3）无论第 43 条第（4）款但书部分如何规定，未定罪囚犯与其辩护律师之间的通信均不受任何监控，除非矫正机构无法确认通信另一方是否为辩护律师。

第 85 条（调查过程中的特殊规则）

监狱长应确保未定罪囚犯在案件调查和审理过程中能够制作诉讼文件、与其辩护律师进行会见、收发信件并行使其权利，即便其作为纪律行动惩戒对象正处于被调查阶段或已经被执行纪律行动也如此。

第 86 条（工作和感化）

（1）仅在未定罪囚犯提出申请的情况下，监狱长才可对其实施教育或感化项目或向其分配工作。

（2）对于根据上述第（1）款规定对未定罪囚犯实施教育或感化项目或分配工作的情形，第 63—65 条和第 70—76 条的规定应在作出适当变通后适用。

第 87 条（拘留室）

警察机构内配备的拘留室应视同矫正机构内适用于未定罪囚犯的拘留中心。本法案相关规定在作出适当变通后应适用于上述拘留室。

第 88 条（变通适用的规定）

第 82 条、第 84 条和第 85 条应在作出适当变通后适用于已定罪囚犯、刑罚确定的死刑囚犯或因刑事案件正在接受调查或审判的人。〈经 2008 年 12 月 11 日第 9136 号法案和 2016 年 12 月 2 日第 14281 号法案修订〉

第 89 条（关押刑罚确定的死刑囚犯）

（1）刑罚确定的死刑囚犯应关押在单人监舍，但在认为对防止其自杀、实施教育或感化项目、分配工作和实施其他适当矫治确有必要的情况下，可根据法务部部长令的规定关押在非单人监舍。

（2）刑罚确定死刑囚犯居住的监舍不得向探访者开放。

第 90 条（个人咨询等）

（1）为安抚刑罚确定死刑囚犯的情绪并使其能够平静生活，监狱长可应其申请对其实施教育或感化项目或给其安排工作。

（2）刑罚确定死刑囚犯的教育或感化项目、工作及其他矫治等必要事项应以法务部部长令的形式另行规定。〈经 2008 年 12 月 11 日第 9136 号法案修订〉

第 91 条（执行死刑）

（1）所有死刑均应在矫正机构内的死刑执行地点执行。

（2）任何死刑均不得在法定假日或周六执行。

第 92 条（违禁物品）

任何囚犯均不得持有下列任一物品：

1. 可能被用作犯罪工具的麻醉物品、枪械、刀剑、炸药、致命武器、有毒化学品或其他物品；

2. 可能损害机构安全或秩序的酒类、烟草、枪械、现金、支票或其他物品；

3. 可能影响已定罪囚犯教育感化或顺利重返社会的色情资料、用于投机的物品或其他物品。

第 93 条（医学检查等）

（1）在认为对维护矫正机构安全和秩序确有必要的情况下，任何矫正警察均可对囚犯身体、衣物、个人物品、监舍、工作场所等进行检查。

（2）在对囚犯开展医学检查的情况下，应注意确保囚犯不因此遭受任何不必要的痛苦或羞辱，特别是在对囚犯身体进行密切检查的情况下，应确保在没有其他囚犯的封闭场所进行。

（3）如对维护矫正机构安全和秩序确有必要，任何矫正警察均可对囚犯之外的进出矫正机构的其他人的衣物和个人物品进行检查。在这种情况下，如进出矫正机构的其他任何人持有第 92 条所述的任何违禁物品，则其应按要求将物品交出，否则不得进入矫正机构。

（4）女性囚犯身体、衣物和个人物品的检查应由女性矫正警察实施。

（5）如在上述第（1）款所述检查中发现第 92 条所述的任何违禁物品，监狱长应将上述事实告知相关囚犯，然后销毁上述物品，但应根据刑法所述程序进行处置的物品除外。而且，对于不适合在矫正机构内销毁的物品，监狱长可予以扣押或要求相关囚犯将上述物品寄给其指定的人。

第 94 条（利用电子设备实施守护）

（1）为防止自杀、自伤、越狱、暴力、损害及其他伤害囚犯身体和生命、损害机构安全或秩序的行为（以下称为“自杀等行为”）的发生，监狱长可在必要范围内用电子设备守护囚犯或整个惩戒机构的安全。但是，仅在自杀等行为可能发生的情况下，监狱长才可在监舍内对囚犯使用电子影像设备。

（2）在根据上述第（1）款但书部分的规定用电子影像设备对监舍内的囚

犯实施守护的情况下，实施守护的工作人员和时间及接受守护的囚犯等信息均应记录在案。在这种情况下，如囚犯为女性，则其守护工作应由女性矫正人员执行。

（3）在根据上述第（1）款和第（2）款的规定对囚犯实施守护的情况下，应注意不侵犯被守护囚犯的人权。

（4）所用电子设备的类型、安装地点和使用方法、记录档案的管理等必要事项应以法务部部长令的形式另行规定。

第 95 条（关押在保护性监舍）

（1）如囚犯属于下列任一情形，监狱长可在考虑医务官的意见后将其关押在保护性监舍（指装有专门设施防止囚犯自杀、自伤等行为的监舍，下同）:

1. 囚犯存在自杀或自伤风险的情形；

2. 由于生理或心理疾病有必要提供特殊保护的情形。

（2）囚犯在保护性监舍内的关押期限最长为 15 天。但是，如果继续关押确有必要，监狱长可在考虑医务官的意见后延长上述期限。

（3）上述第（2）款但书部分规定的延长期可长达 7 天，但连续不得超过 3 个月。

（4）如将囚犯关押在保护性监舍或延长其在保护性监舍的关押期，监狱长应将相关原因告知囚犯。

（5）医务官应对关押在保护性监舍的囚犯的健康状况进行经常检查。

（6）将囚犯关押在保护性监舍的原因一旦终止，监狱长应立即停止上述关押，不得延误。

第 96 条（关押在约束性监舍）

（1）在下列任一情形下，如执行部门使用强制力或第 98 条所述的防护设备后仍无法达到目的，则监狱长可将囚犯关押在约束性监舍（指与普通监舍隔离且装有隔音设施的监舍，下同）:〈经 2016 年 5 月 29 日第 14170 号法案修订〉

1. 囚犯破坏或意图破坏矫正机构内的设施、设备等；

2. 尽管有矫正警察的约束，囚犯仍持续从事捣乱行为，妨碍其他囚犯以宁静方式在关押状态下生活。

（2）将囚犯关押在约束性监舍的期限最长为24小时。但是，如果继续关押确有必要，监狱长可在考虑医务官的意见后延长上述期限。

（3）上述第（2）款但书部分规定的延长期可长达12小时，但连续不得超过3天。

（4）第95条第（4）款至第（6）款的规定应在适当变通后适用于关押在约束性监舍的囚犯。

第97条（使用防护设备）

（1）在下列任一情形下，矫正警察可对囚犯使用防护设备：〈经2016年5月29日第14170号法案修订〉

1. 囚犯处于转移过程中、正在出庭受审或被押送至矫正机构以外的地方；

2. 囚犯具有潜逃、自杀、自伤或伤人的高度可能性；

3. 囚犯用武力妨碍任何矫正警察的正常履职；

4. 囚犯具有破坏矫正机构内设施设备或损害矫正机构安全或秩序的高度可能性。

（2）在使用防护设备的情况下，囚犯的年龄、健康状况、对监禁生活的态度等因素均应纳入考量。

（3）如矫正警察在矫正机构内对任何囚犯使用防护设备，医务官应对相关囚犯的健康状况进行经常性检查。

第98条（防护设备的类型和使用要求）

（1）防护设备的类型如下：

1. 手铐；

2. 头部防护设备；

3. 脚踝防护设备；

4. 护具；

5. 防护椅；

6. 防护床；

7. 防护衣；

8. 警绳。

（2）使用防护设备的要求如下：

1. 手铐和警绳：第 97 条第（1）款第 1—4 小款所述情形；

2. 头部防护设备：囚犯伤害其头部可能性较高的情形；

3. 脚踝防护设备、护具和防护椅：第 97 条第（1）款第 2—4 小款所述情形；

4. 防护床和防护衣：囚犯自杀或自伤可能性较高的情形。

（3）防护设备使用程序相关必要事项应以总统令的形式另行规定。

第 99 条（禁止滥用防护设备）

（1）任何矫正警察均应在最低必要限度内使用防护设备，且相关原因一旦终止，应立即停用，不得拖延。

（2）任何防护设备均不得作为惩戒手段使用。

第 100 条（强制力的使用）

（1）在下列任一情形下，矫正警察均有权对囚犯使用强制力：〈经 2016 年 5 月 29 日第 14170 号法案修订〉

1. 囚犯逃跑或企图逃跑；

2. 囚犯企图自杀；

3. 囚犯自伤或企图自伤；

4. 囚犯伤害他人或企图伤害他人；

5. 囚犯以武力妨碍任何矫正警察正常履职；

6. 囚犯破坏或企图破坏矫正机构内的设备、设施等；

7. 囚犯严重损害或企图损害矫正机构的安全或秩序。

（2）在下列任一情形下，矫正警察均有权对囚犯之外的任何人使用强制力：〈经 2016 年 5 月 29 日第 14170 号法案修订〉

1. 相关人员企图帮助囚犯逃跑；

2. 相关人员伤害或企图伤害矫正警察或囚犯；

3. 相关人员使用武力妨碍任何矫正警察正常履职；

4. 相关人员破坏或企图破坏矫正机构内的任何设施、设备等；

5. 相关人员闯入或企图闯入矫正机构；

6. 相关人员未遵守矫正警察要求其离开矫正机构（如矫正警察系在矫正机

构外部地点守护囚犯，则相关地点也应包括在内）的命令。

（3）在使用上述第（1）款和第（2）款所述强制力的情况下，矫正警察可使用安保设备。

（4）上述第（3）款所述“安保设备”指矫正警察用于保护人类生命和身体、防止囚犯潜逃、维护矫正机构安全和秩序的设备和工具，如警棍、催泪喷雾器、催泪枪和催泪弹等。〈经2016年5月29日第14170号法案修订〉

（5）在使用上述第（1）款和第（2）款所述强制力的情况下，矫正警察应事先予以警告。但是，在情况紧急没有足够时间进行警告的情况下，本款规定不适用。

（6）强制力应在最低必要限度内使用。

（7）安保设备的类型、使用要求和使用程序等必要事项应以法务部部长令的形式另行规定。

第101条（使用武器）

（1）在下列任一情形下，矫正警察均可对囚犯使用武器：〈经2016年5月29日第14170号法案修订〉

1. 囚犯对他人实施或企图实施严重伤害，因而导致出现危险局面；

2. 囚犯持有拟用于暴力或威胁的危险物品且未遵从矫正警察命令将其放下；

3. 囚犯煽动或企图煽动暴乱且如不立即镇压即难以阻止其蔓延；

4. 囚犯企图逃跑，被发现后拒不遵从矫正警察的约束命令且继续实施逃跑企图；

5. 囚犯盗窃或企图盗窃任何矫正警察的武器；

6. 为避免人类生命/身体或设施遭受严重、迫切危险，使用武器不可避免。

（2）在任何矫正机构内（如矫正警察系在矫正机构外部地点守护囚犯，则相关外部地点也包括在内），如有合理理由认为，为保护自身或任何第三方的生命或身体安全、保持对囚犯的约束或防止任何建筑物、其他设施或武器遭遇危险确有必要，矫正警察可对除囚犯之外的其他人使用武器。〈经2016年5月29日第14170号法案修订〉

（3）矫正警察应根据监狱长或代替监狱长行使职权的其他人的命令使用武

器。但是，在没有时间接受上述命令的情况下，本款规定不适用。〈经 2016 年 5 月 29 日第 14170 号法案修订〉

（4）在试图根据上述第（1）款和第（2）款规定使用武器的情况下，矫正警察应事先对另一方进行警告，如发射空包弹或采用其他适当方式。

（5）武器的使用应限制在最低必要限度内，且应为终极手段。

（6）拟用武器类型、每类武器的使用要求、使用武器的程序等必要事项应以法务部长令的形式另行规定。

第 102 条（灾害应对措施）

（1）如由于自然灾害或其他灾害的发生，迫切需要维护任何矫正机构的安全或秩序，监狱长可要求囚犯协助损害修复工程或其他紧急工程。

（2）如无逃脱自然灾害或矫正机构内其他事故的方法，监狱长可将囚犯转移至另一地点。

（3）如上述第（2）款所述转移无法实现，监狱长可暂时释放囚犯。

（4）根据上述第（3）款规定获释的囚犯应在获释后 24 小时内前往矫正机构或警察机构报到。

第 103 条（以禁闭为目的的逮捕）

（1）如囚犯越狱或从事第 133 条任一小款所述行为（以下称为“越狱等行为”），任何矫正警察均可将其逮捕并实施禁闭，但禁闭期限仅为越狱发生或报到期过后 72 小时之内。

（2）如上述第（1）款所述拘捕和禁闭迫切且必要，任何矫正警察均可叫停有重大理由被怀疑从事越狱等行为者或据信知悉从事越狱等行为者的活动或地点的人，并对其进行审问。

（3）如进行上述第（2）款所述审问，矫正警察应出示证件表明其身份，并说明审问的目的和理由。

（4）为实施上述第（1）款所述拘捕，任何矫正警察均可要求人流量较大场所（如表演场所、酒店、餐馆、车站等地方）的经理或相关人员在营业期间配合其进入上述场所或在其他必要事项中予以协助。

（5）在进入上述第（4）款所述必要场所时，所有矫正警察均应出示其证件，表明其身份，且不得妨碍上述场所经理或相关人员正常履职。

第 104 条（毒品相关犯罪者的管理等）

（1）对于法务部部长令规定的囚犯，如实施毒品相关犯罪或有组织暴力犯罪的人，监狱长可根据法务部部长令对其实施单独管理，如禁止其与其他囚犯接触、对其实施严格看护等，以维护惩戒机构的安全和秩序。

（2）在根据上述第（1）款对囚犯实施管理的情况下，监狱长不得限制相关囚犯的基本待遇。

第 105 条（纪律等）

（1）囚犯应遵守法务部部长确定的规章制度，以维护惩戒机构的安全和秩序。

（2）囚犯应遵守各监狱长制定的日常安排。

（3）囚犯应遵守任何矫正警察与其职责相关的指令。

第 106 条（奖励）

在下列任一情形下，监狱长可根据法务部部长令给囚犯以奖励：

1. 囚犯挽救了其他任何人的生命或阻止了其他囚犯越狱；

2. 囚犯为第 102 条第（1）款所述紧急工程作出了贡献；

3. 囚犯为矫正机构安全和秩序的维护作出了突出贡献；

4. 因囚犯为监狱生活树立了优秀榜样或提出了建设性或创造性建议，给予其奖励确属必要。

第 107 条（纪律处分）

在囚犯实施下列任一行为的情况下，监狱长可根据第 111 条所述纪律委员会的决议对囚犯实施纪律处分：

1. 违反《刑事法案》《暴力惩罚等法案》及其他刑事相关法案的行为；

2. 为达到目的（如监狱生活的便利）实施自伤的行为；

3. 无合理理由拒绝或怠于工作、教育等；

4. 带入、制作、持有、使用、拿取、交换或隐藏第 92 条所述违禁物品；

5. 故意报告错误信息使他人受罚或妨碍矫正警察履行职责；

6. 违反法务部部长令为维护机构安全和秩序而确定的规章制度的其他任何

行为。

第 108 条（纪律处分的类型）

纪律处分的类型如下：

1. 警告；

2. 长达 50 个小时的劳役；

3. 扣减长达 3 个月的工作奖金；

4. 长达 30 日内禁止参加联合活动；

5. 长达 30 日内限制阅读报纸杂志；

6. 长达 30 日内限制观看电视节目；

7. 长达 30 日内限制使用自费购买的物品（不包括医生开的处方药）；

8. 长达 30 日内暂停工作资格；

9. 长达 30 日内限制电话通信；

10. 长达 30 日内限制从事写作活动；

11. 长达 30 日内限制收发信件；

12. 长达 30 日内限制从事会见活动；

13. 长达 30 日内暂停户外活动；

14. 长达 30 日内剥夺权利。

第 109 条（施加纪律处分）

（1）上述第 108 条第 4 小款至第 13 小款所述处分可同时执行。

（2）在下列任一情形下，上述第 108 条第 2 小款至第 14 小款所述纪律处分期可予以延长，但最多不超过二分之一：

1. 同时存在两项或多项纪律处分理由；

2. 在纪律处分实施期间或纪律处分结束或豁免后 6 个月内，囚犯再次从事构成纪律处分理由的行为。

（3）同一行为不得惩罚两次。而且，鉴于行为的动机和严重性、行为发生后的形势及其他状况，纪律处分应在最低必要限度内实施，以实现矫正目的。

（4）如纪律处分理由出现后 2 年内未实施纪律处分，则之后不得再对囚犯实施纪律处分。

第 110 条（调查接受纪律处分者）

（1）如有重大理由被怀疑从事了构成纪律处分理由的任何行为的囚犯（以下称为“被认为应接受纪律处分者”）属于下列任一情形，监狱长可在调查期间将其单独关押：

1. 囚犯可能毁灭证据；

2. 囚犯可能伤害他人，或有必要得到保护，以免其被其他囚犯伤害。

（2）如被认为应接受纪律处分者属于上述第（1）款所述情形，则监狱长可限制其与他人接触的全部或部分权利，如会见、收发信件、电话通信、室外运动、工作、教育和培训、参与联合活动、中途治疗等权利。〈经 2015 年 5 月 27 日第 13235 号法案修订〉

第 111 条（纪律委员会）

（1）所有矫正机构均应设立纪律委员会（以下称为“委员会”），以便就应接受纪律处分者的纪律处分作出决定。

（2）纪律委员会的成员至少应有 5 人，但不应多于 7 人。委员会主席应由级别仅次于监狱长的人担任，而委员会成员则应由监狱长从主管机构主任级官员（如为矫正机构分支机构，则为七级或更高级别的矫正警察）及在矫正领域拥有丰富知识和经验的外部人士中任命或委任。外部人士至少应有 3 人。

（3）委员会应在监狱长请求给予囚犯纪律处分时召开会议，并以委员会决议的形式作出决定。

（4）如某一成员为应接受纪律处分者的亲属或有特殊理由相信其难以在审议和决议中保持公正，则该成员不得参加委员会相关会议。

（5）任一应接受纪律处分者均可就任一委员会成员的公正性提出质疑。在这种情况下，上述质疑的正当性应由委员会以决议形式进行认定。

（6）委员会应为应接受纪律处分者参加委员会会议并进行陈述提供充分机会。应接受纪律处分者可以书面或口头形式陈述对其有利的任何事实，也可提交证据支持其陈述。

（7）在适用第 127 条和第 129—132 条规定的情况下，不具有公务员身份的委员会成员也应视同公务员。〈经 2016 年 1 月 6 日第 13721 号法案修订〉

第 112 条（执行纪律处分）

（1）纪律处分应由监狱长负责执行。

（2）如认为对纪律处分的执行确有必要，监狱长可将囚犯单独关押。

（3）对于应受第 108 条第 14 小款所述处置的囚犯，第 108 条第 4 小款至第 12 小款规定的待遇限制可在相关期限内同时实施。但是，如对给被侵权囚犯提供救济或对囚犯教育感化或顺利融入社会确有必要，监狱长可允许囚犯从事写作、收信或会见等活动。〈经 2016 年 12 月 2 日第 14281 号法案修订〉

（4）如应受第 108 条第 14 小款所述纪律处分的任何人属于下列任一情形且监狱长认为必要，则监狱长可在不妨碍其健康维系的前提下限制其室外活动。但是，即便实施限制，囚犯也应获许每周至少从事 1 次室外活动。〈经 2016 年 12 月 2 日第 14281 号法案新增〉

1. 囚犯存在逃跑风险；

2. 囚犯存在自伤风险；

3. 囚犯存在其他伤害风险；

4. 囚犯存在损害设施安全或秩序的风险等其他情形，如法务部部长令所述。

（5）在执行第 108 条第 13 小款或第 14 小款所述处置的情况下，监狱长应要求医务官对囚犯健康状况进行检查，而在执行期间，还应经常对囚犯健康状况进行确认。〈经 2016 年 12 月 2 日第 14281 号法案修订〉

第 113 条（停止和豁免纪律处分的执行）

（1）如因疾病或其他原因导致纪律处分难以执行，监狱长可暂停纪律处分的执行，直到相关原因终止。

（2）如被执行纪律处分的囚犯有明显悔改，监狱长可减轻其纪律处分或免除其在剩余期限内的纪律处分。

第 114 条（缓期执行纪律处分）

（1）就纪律处分作出决定时，如囚犯有理由要求考虑其相关情节（如行为动机和条件、矫正记录、忏悔程度），则委员会可作出决议，在 2—6 个月的期限内暂缓纪律处分的执行。

（2）如纪律处分的执行被暂缓但囚犯再次实施了第 107 条所述应受纪律处分

的行为且纪律处分决定已作出，则监狱长应重新执行之前被暂缓执行的纪律处分。

（3）判处缓期执行后，如囚犯在缓期执行期间未接受任何纪律处分，则相关纪律处分应视为已执行。

第115条（纪律处分的撤销等）

（1）在纪律处分的执行已完成或豁免的情况下，如囚犯在法务部部长令规定的期间内矫正记录优秀，未受任何纪律处分，则监狱长可于法务部部长许可后撤销上述纪律处分。

（2）无论上述第（1）款如何规定，如囚犯在预防矫正机构内部事故方面作出了重大贡献，则监狱长可通过分类矫治委员会决议的方式在法务部部长许可后撤销相关纪律处分。

（3）除本法案规定的之外，纪律处分相关必要事项应以法务部部长令的形式另行规定。

第116条（会见监狱长）

（1）囚犯可就其待遇申请会见监狱长。

（2）如囚犯提出会见申请，监狱长应接受其申请，除非存在下列任一原因：

1. 囚犯无合理理由拒绝披露其会见原因；

2. 会见目的为要求监狱长满足其明显有违法律规定的事项；

3. 囚犯无合理理由反复申请会见，无视其已就同一问题会见了监狱长这一事实；

4. 有合理理由认为，会见目的为妨碍任何矫正警察履行其职责。

（3）如存在任何特殊情形，监狱长可要求作为其下属的矫正警察代其会见囚犯。在这种情况下，代替监狱长会见囚犯者应尽快将会见结果报告给监狱长，不得延误。

（4）如存在需要在会见后进行处理的任何必要事项，监狱长应将处理结果告知相关囚犯。

第117条（申诉）

（1）如对相关处理不满，任何囚犯均可向法务部部长、开展巡察工作的公职人员或区域矫正总部专员提出申诉。

（2）欲提起上述第（1）款所述申诉的囚犯应制作书面申诉书、签字盖章并将其提交给监狱长，但也可口头向执行巡察任务的公职人员提出。

（3）监狱长不得打开囚犯提交的书面申诉书，而应立即将其转交给法务部部长、开展巡察工作的公职人员或区域矫正总部专员，或将其当面呈交给开展巡察工作的公职人员，不得延误。

（4）开展巡察工作的公职人员听取上述第（2）款但书部分所述申诉时，相关矫正机构的任何矫正警察均不得在场。〈经 2016 年 5 月 29 日第 14170 号法案修订〉

（5）申诉相关决定应以书面形式作出。

（6）收到申诉相关决定后，监狱长应立即将书面决定转交给相关申诉人，不得延误。

第 117–2 条（申请披露信息）

（1）囚犯可请求法务部部长、区域矫正总部专员或监狱长披露《官方信息披露法案》规定的信息。

（2）如囚犯向法务部部长、区域矫正总部专员或监狱长提出上述第（1）款所述信息披露请求但在关押期间又无任何合理理由收回上述请求，或囚犯在关押期间至少两次未支付《官方信息披露法案》第 17 条所述费用，则在囚犯再次提出上述第（1）款所述信息请求时，法务部部长、区域矫正总部专员或监狱长可要求其预付相关信息披露和邮寄等预期费用。

（3）如囚犯有义务预付上述第（2）款所述信息披露和邮寄等预期费用但实际上未预付，则法务部部长、区域矫正总部专员或监狱长可根据《官方信息披露法案》第 11 条的规定暂缓就是否披露相关信息作出决定，直到囚犯支付上述费用为止。

（4）上述第（2）款所述预期费用的计算和支付方式、上述费用的支付期限及其他支付相关必要事项应以总统令的形式另行规定。

第 118 条（禁止不利待遇）

任何囚犯均不得因其提出过任何申诉或诉求、会见过监狱长或作出过任何旨在获得侵权救济的行为而得到不公正对待。

第 119 条（假释评估委员会）

假释评估委员会（本章下文称为“评估委员会”）应在法务部部长主导下成立，以便就《刑事法案》第 72 条所述假释进行资格评估。

第 120 条（组建假释评估委员会）

（1）包括主席在内，评估委员会的成员至少应有 5 人，但不得超过 9 人。

（2）评估委员会主席由法务部副部长担任，而其成员则由法务部部长从法官、公共检察官、律师、隶属法务部的公职人员及在矫正领域拥有丰富知识和经验的人中任命或委任。

（3）向公众披露评估委员会评估程序及其详情的时机和范围如下文规定，但在向公众披露下文第 2 小款和第 3 小款所述详情之前，应事先将能够识别个人身份的部分隐去——尽管如此，如存在适当理由，如满足人们的知情权这种必要性，评估委员会仍可另行作出规定：

1. 任命或委任评估委员会成员时，向公众披露成员名单和职业；

2. 就相关假释作出决定后，立即向公众披露评估文件；

3. 就相关假释作出决定 5 年后，向公众披露会议记录。

（4）在第 127 条和第 129—132 条适用的情况下，非公职人员的评估委员会成员应视同公职人员。〈经 2016 年 1 月 6 日第 13721 号法案修订〉

（5）评估委员会相关其他必要事项应以法务部部长令的形式另行规定。〈经 2011 年 7 月 18 日第 10865 号法案和 2016 年 1 月 6 日第 13721 号法案新增〉

第 121 条（评估假释资格）

（1）根据《刑事法案》第 72 条第（1）款的规定，对于已经执行了一定刑期的已定罪囚犯而言，监狱长应根据法务部部长令的规定向假释评估委员会提出假释资格评估申请。

（2）评估委员会应考虑相关囚犯的年龄、犯罪动机、罪名、刑期、矫正记录、健康状况、假释后的生计和生活环境、再犯风险及其他必要情节，然后就假释资格作出决定。

第 122 条（准予假释）

（1）一旦作出具备假释资格的决定，假释评估委员会应在 5 日内向法务部部长提交准予假释申请。

（2）如认为评估委员会根据上述第（1）款规定提交的假释申请具有合理性，法务部部长可批准其申请。

第123条（释放）

囚犯的释放应由监狱长根据赦免令、刑期结束状况或授权人士发布的命令执行。

第124条（释放时机）

（1）根据赦免、假释、刑期豁免和减刑进行的释放应在相关文件送达后12个小时内执行。但是，如相关文件指定了具体的释放日期和时间，则以指定日期和时间为准。

（2）根据刑期结束进行的释放应在相关刑期到期日执行。

（3）根据授权人士命令进行的释放应在相关文件送达后5个小时内执行。

第125条（暂时关押获释人员）

如因疾病或其他不可避免的原因无法回家，则应获释人员申请，监狱长可暂时将其关押在矫正机构内。

第126条（支付回家费用等）

如获释囚犯无力支付旅行费用或没有回家所需的衣物，监狱长可在法务部部长规定的范围内借钱给囚犯或替其支付上述费用。

第127条（死亡通知）

如囚犯死亡，监狱长应立即通知其家属（如其无家属，则通知其他任何亲属）。

第128条（遗体交付等）

（1）如去世囚犯的亲属或与其有特殊关系的人申请交付囚犯遗体或骨灰，监狱长应从其申请。但是，在下文第（3）款所述自然或集体葬礼的情况下，本款规定不适用。〈经2015年3月27日第13235号法案修订〉

（2）如根据第127条规定收到囚犯死亡通知者未在下列任一期限内申领囚犯遗体，或囚犯没有家属或亲属申领其遗体，则监狱长可暂时掩埋上述遗体或存放遗体火化后的骨灰。但是，如认为对预防传染性疾病确有必要，监狱长可

立即将遗体火化，且可采取其他必要措施:〈经 2015 年 3 月 27 日第 13235 号法案修订〉

1. 暂时掩埋的情形：为收到通知日后 3 日内；

2. 存放骨灰的情形：为收到通知日后 6 日内。

（3）如在上述第（2）款所述暂时掩埋遗体或存放骨灰 2 年后仍无人申领遗体，则监狱长可通过下列分类方法对遗体进行处置:〈经 2015 年 3 月 27 日第 13235 号法案修订〉

1. 暂时掩埋的情形：火化后实行自然葬或在某一地方实施；

2. 存放骨灰的情形：自然葬。

（4）在且仅在当事人留有遗嘱或其继承人同意的情况下，监狱长可应医院或研究机构的申请将囚犯遗体交给其开展学术研究。

（5）如囚犯死亡，监狱长可在法务部部长规定的范围内支付因火化或交付囚犯遗体所产生的费用。

第 129 条（矫正顾问委员会）

（1）矫正机构应设立矫正顾问委员会（本条下文称为“顾问委员会”），以解答监狱长就矫正机构运作和囚犯矫治等问题提出的疑问。

（2）顾问委员会的成员不应少于 5 人，但同时不应超过 7 人。顾问委员会的主席可从成员中选任，而其成员则由法务部部长根据监狱长的推荐从在矫正领域拥有丰富知识和经验的外部人士中委任。

（3）除本法案规定的之外，顾问委员会相关其他必要事项应以法务部部长令的形式另行规定。

第 130 条（矫正专员）

（1）矫正机构可获派矫正专员，以支持囚犯的教育、感化、医疗及其他矫治。

（2）矫正专员属于荣誉职位，由法务部部长根据监狱长的推荐委任。

第 131 条（接受捐赠）

监狱长可接受机构、组织或个人为囚犯教育感化而向矫正机构捐赠的资金和有价物。

第 132 条（带入酒类等）

（1）任何实施下列任一行为的人均应被判处长达 6 个月的劳役式监禁或被判处 200 万韩元的罚金：

1. 将酒类、烟草、现金或支票带入矫正机构或持有、使用、接受、交换、隐藏上述物品；

2. 未经允许并以交付囚犯为目的将酒类、烟草、现金或支票带入矫正机构，或从任何囚犯那里接受或交换上述物品。

（2）实施上述第（1）款所述犯罪但未遂的任何人均应受到惩罚。

（3）上述第（1）款所述违禁物品应予没收。

第 133 条（违反报到义务等）

从事下列任一行为的囚犯均应判处长达 1 年的劳役式监禁：

1. 违反第 102 条第（4）款规定，暂时获释后无合理理由未在 24 小时内到矫正机构或警察机构报到；

2. 在没有矫正警察守护或有监狱长准许休假、外出的情况下或因其他原因离开矫正机构、但无合理理由未在指定期限内返回矫正机构。

新加坡共和国监狱法

（第 247 章）

（原法规：1933 年第 17 号条例）

2000 年修订版

（2000 年 12 月 30 日）

一部有关监狱规定的法案。

1933 年 8 月 18 日

第一部分
一般规定

简　称

1. 该法案可被称为《监狱法》。

释　义

2. 在本法案中，除非上下文另有要求，否则——

“基本条件”（basic condition），就减刑令而言，指第 50S 条所述的基本条件；

［*Act 1 of 2014 wef 01/07/2014*］

“分区指挥官”（Cluster Commander）是指根据第 20 条任命的监狱分区指

挥官；

［*Act 1 of 2014 wef 01/07/2014*］

“专员”（Commissioner）指根据第 20 条任命的监狱专员；

［*Act 1 of 2014 wef 01/07/2014*］

“复员技训企业管理局”（Corporation）是指根据《新加坡复员技训企业公司法》（Singapore Corporation of Rehabilitative Enterprises Act）（第 298 章）成立的新加坡复员技训企业管理局。

［根据 Act 1 of 2014 wef 01/07/2014，予以删除］

［根据 Act 1 of 2014 wef 01/07/2014，予以删除］

“（以坐牢）替代（罚款的）刑罚”（default sentence）是指一个人在未支付法院判决的罚金时将被处以监禁；

［*Act 1 of 2014 wef 01/07/2014*］

“副专员”（Deputy Commissioner）指根据第 20 条任命的副监狱专员；

［*Act 1 of 2014 wef 01/07/2014*］

“部门主任”（Divisonal Director）指根据第 20 条任命的监狱部门主任；

［*Act 1 of 2014 wef 01/07/2014*］

“外部安置令”（external placement order）指根据第 59B 条签发的针对有关囚犯的命令，允许该囚犯在命令所述的监狱以外的一个或多个场所服刑；

［*Act 1 of 2014 wef 01/07/2014*］

“少年”（juvenile）是指任何未满 16 岁的处于监狱关押之下的人员，无论其是否已被定罪；

“拘留室囚犯”（lock–up prisoner）是指被关在拘留室内，或被送往拘留室，或结束拘留室关押的任何人员，无论其是否已被定罪；

［*15/2010 wef 02/01/2011*］

“医务人员”（medical officer）指根据第 25 条任命的医务人员；

［*33/2004 wef 04/10/2004*］

“监狱”（prison）是指根据第 3 条被宣布作为监狱或改造培训中心的任何房屋、建筑物、封闭场地或场所，或其任何部分，包括监狱围墙内的场地和建筑物，以及属于或附于其上并由囚犯使用的空地或其他场地或建筑物；

“监狱职员”（prison officer）指根据第 20 条任命的任何监狱职员，包括专员（Commissioner）、副专员（Deputy Commissioner）和任何监狱长（Superintendent）；

[*33/2004 wef 04/10/2004*]

[*Act 1 of 2014 wef 01/07/2014*]

“囚犯”（prisoner）是指在任何监狱或改造培训中心被拘押或受到外部安置令或家庭拘留令限制的任何人员，无论其是否已被定罪，但不包括减刑令涉及的获释人员和外逃人员；

[*Act 1 of 2014 wef 01/07/2014*]

“注册医生”（registered medical practitioner）是指根据《医疗注册法案》（Medical Registration Act）（第 174 章）注册的人员。

[*33/2004 wef 04/10/2004*]

“减刑令”（remission order）指根据第五 B 部分的任何条款签发的减刑令；

[*Act 1 of 2014 wef 01/07/2014*]

“监狱长”（Superintendent）指根据第 20 条任命的监狱长；

“非法在逃”（unlawfully at large）与根据减刑令获释的人员有关，指未能根据任何成文法律的要求主动返回羁押或拘留场所或从羁押或拘留场所出逃的人员；

[*Act 1 of 2014 wef 01/07/2014*]

“巡狱太平绅士”（Visiting Justice）指根据第 79 条任命的巡狱太平绅士委员会的成员。

[*8/2000*]

第二部分
构成和行政管理

指定监狱的权力

3. 部长可通过宪报公告——

（a）为本法案的目的，指定任何房屋、建筑物、封闭场地或任何场所或其任何部分作为监禁或拘留合法在押人员的监狱；

（b）界定哪些监狱用于关押特定类别的囚犯；

（c）指定任何监狱不再作为监狱使用；而且，在宪报公告日期后，或在公告所述的任何较晚日期之后，该监狱即不再作为监狱使用；和

（d）指定任何监狱、房屋、建筑物、封闭场地或任何场所，或其任何部分，作为拘留被判处改造训练的人员的改造训练中心。

指定警局和法院的拘留室作为拘留场所

4.（1）部长可通过宪报公告，指定警局和法院的拘留室用以关押候审、还押或被判处不超过一个月监禁的人员（视具体情况而定）。

（2）根据第（1）小项被指定为拘留场所的拘留室，就本法案或《罪犯登记法案》（Registration of Criminals Act）（第268章）而言，不应被视为监狱，而且根据第84条制定的条例不适用于拘留室，但此类拘留室应被视为2010年《刑事诉讼法典》（Criminal Procedure Code）第313—332条下的监狱。 [*15/2010 wef 02/01/2011*]

（3）部长可就第（1）小项所述的拘留室制定条例，以便对以下所有或任何事项做出规定：

（a）有关此类拘留室的检查和管理，以及相关负责职员；

（b）雇佣拘留室在押人员；

（c）为拘留室在押人员提供饮食；

（d）纪律维护。

临时监狱

5.（1）如果专员确信——

（a）任何监狱中的囚犯人数已超过合理上限，且不便于将多余囚犯转移到其他监狱；或者

（b）由于任何监狱内暴发疾病或其他原因，应为囚犯提供临时住所和安全羁押，则专员可在部长批准后，为原监狱无法适当或安全管理的囚犯指定临时

监狱暂住和安全羁押。［*Act 1 of 2014 wef 01/07/2014*］

（2）就本法案而言，每个临时监狱都属于监狱。

专员对监狱的总体管理

6.（1）在遵守部长命令的前提下，新加坡各监狱的总体管理以及对监狱职员的管控和指导应由专员负责。［*Act 1 of 2014 wef 01/07/2014*］

（2）专员可不时根据其确信适当的决定，要求转移囚犯，并对监狱职员的雇佣和分配做出指示。［*Act 1 of 2014 wef 01/07/2014*］

监狱长管理监狱

7.（1）除非专员另有命令，监狱的管理工作应由监狱长负责。

［*8/2000*］

［*Act 1 of 2014 wef 01/07/2014*］

（2）如果监狱长暂时缺席或暂时丧失行为能力，则在缺席或丧失行为能力期间，监狱长在本法或据其制定的任何条例之下的权力和职责可由专员任命的任何监狱职员行使和履行。

［*8/2000*］

［*Act 1 of 2014 wef 01/07/2014*］

第三部分
调查委员会

调查委员会

8.（1）如果部长或其任命的代为行使本部分所述部长权力的其他人需要了解有关监狱纪律、管理或职能或影响到囚犯的任何事项，部长或其任命的人员可召集一个调查委员会。［*8/2000*］

（2）调查委员会应调查并报告有关事项的事实，并在部长指示下，就有关

该事项的提问发表意见。 [*8/2000*]

（3）在本部分中，“部长”（Minister）包括部长根据第（1）小项为本部分的目的指定的代为行事人。 [*7A*]

[*8/2000*]

调查委员会的组成

9.（1）调查委员会应由部长任命的一名或多名人员组成。 [*8/2000*]

（2）如果调查委员会由一人以上组成，部长应任命其中一名成员为主席。

[*8/2000*]

（3）如果调查委员会仅由一名成员组成，该成员应被赋予主席的权力。

[*8/2000*]

（4）根据本条任命的调查委员会的每名成员均被视为《刑法典》（第224章）所述的公务员。 [*7B*]

[*8/2000*]

调查委员会的权力

10. 调查委员会可以——

（a）传召任何人提供经过宣誓或不经宣誓的证词，或出示调查所需的文件或材料；和

（b）探访任何场所，以便明确调查过程中出现的任何事项。

[*7C*]

[*8/2000*]

不服从传召构成犯罪

11.（1）被传召到调查委员会做证的人员，若无合法理由，均应服从传召到场做证。 [*8/2000*]

（2）被调查委员会要求出示文件或材料的人员，若无合法理由，均应出示相应文件或材料。 [*8/2000*]

（3）任何人违反第（1）小项或第（2）小项，即属犯罪。一经定罪，可处

不超过 2000 美元罚金或不超过 6 个月监禁，或两者兼而有之。 [7D]

[8/2000]

拒绝提供证据构成犯罪

12.（1）在调查委员会出庭的人员，若无合法理由，不得拒绝经宣誓或不经宣誓做证，不得拒绝出示任何文件或材料，且不得拒绝回答其应依法回应或回答的问题。 [8/2000]

（2）任何人违反第（1）小项，即属犯罪。一经定罪，可处不超过 2000 美元罚金或不超过 6 个月监禁，或两者兼而有之。 [7E]

[8/2000]

提供虚假证据构成犯罪

13. 任何人在调查委员会经宣誓或不经宣誓做证时故意提供虚假证据，即属犯罪。一经定罪，可处不超过 10000 美元罚金或不超过 7 年监禁，或两者兼而有之。

[7F]

[8/2000]

证据和程序

14. 除非本法案或据其制定的任何条例另有规定，调查委员会不受证据规则的约束，并可基于调查委员会确信最适当的方式行事。

[7G]

[8/2000]

证据的可采纳性

15. 在任何调查过程中所作的陈述和调查委员会的任何报告，均不得在任何法律程序中被采纳为证据，但根据成文法律对提供或捏造虚假证据的犯罪进行的刑事或纪律程序除外。

[7H]

[8/2000]

非公开诉讼程序

16.（1）调查委员会不得公开开庭。 [*8/2000*]

（2）除非得到主席的许可或部长的指示，否则任何人不得出席调查委员会的程序或在调查委员会发言。

[*7I*]

[*8/2000*]

可能受调查结果影响的人员

17.（1）凡调查委员会确信任何监狱职员或证人可能因调查结果受到不利影响的，委员会应通知该人，并使该人有机会出席调查委员会的程序或主席指定的部分程序。 [*8/2000*]

[*33/2004 wef 04/10/2004*]

（2）根据第（1）小项获得通知的人员应被允许做证和讯问任何证人。

[*7J*]

[*8/2000*]

程序记录

18.（1）主席应书面记录或安排他人书面记录调查委员会的程序。

[*8/2000*]

（2）每名证人在调查委员会做证后，委员会应向其宣读证词并由其签字确认。

[*8/2000*]

（3）调查委员会的程序记录应由主席和委员会成员（如有）签字，并提交部长审阅。 [*8/2000*]

（4）调查委员会的程序记录或其任何部分，或与此有关的任何信息都应保密，未经部长书面许可，不得向委员会成员以外的任何人披露。

[*7K*]

[*8/2000*]

影响或企图影响调查委员会的行为构成犯罪

19. 任何人，除在执行公务之外，亲自或通过他人直接或间接以任何方式影响或试图影响调查委员会或其任何成员的决定，即属犯罪。一经定罪，可处以不超过2000美元罚金或不超过6个月监禁，或两者兼而有之。

[*7L*]

[*8/2000*]

第四部分
官　　员

专员、副专员等人的任命

20.（1）部长可任命一名监狱专员、一名副监狱专员和一名或多名监狱部门主任、分区指挥官或监狱长，以及适当实施本法所需的监狱职员。

（2）有关专员、副专员以及各部门主任、分区指挥官和监狱长的任命应在宪报公布。

（3）副专员、各部门主任和分区指挥官可根据专员的指示，行使和履行专员根据本法拥有的全部或任何权力、职责和职能；除非上下文另有要求，否则本法所述的专员应包括根据其指示行事的副专员、部门主任或分区指挥官。 [*Act 1 of 2014 wef 01/07/2014*]

监狱现行命令

21. 专员可以发布命令，即“监狱现行命令”，但命令不得与本法案或据其制定的任何条例相抵触。

[*9*]

[*Act 1 of 2014 wef 01/07/2014*]

专员视察

22. 专员应亲自或安排他人定期探访和视察新加坡的所有监狱。

[*10*]

[*Act 1 of 2014 wef 01/07/2014*]

专员等人可行使监狱长的权力

23.（1）专员可行使和履行本法赋予监狱长的全部或任何权力、职责和职能。

（2）此外，副专员和部门主任或分区指挥官可根据专员的指示，行使和履行本法赋予监狱长的全部或任何权力、职责和职能。

[*Act 1 of 2014 wef 01/07/2014*]

监狱长的职责

24. 除非专员另有命令，监狱长应——

（a）监督和控制与监狱有关的所有事宜，监狱的管理属于监狱长的职责范围；和

（b）对专员负责，报告其管控的监狱职员和囚犯的行为和待遇，以及监狱职员和囚犯对本法和所有其他与监狱或囚犯有关的成文法律的适当遵守情况。

[*12*]

[*Act 1 of 2014 wef 01/07/2014*]

监狱医务人员

25. 专员应视需要委任一名或多名注册医生作为监狱的医务人员。

[*33/2004 wef 04/10/2004*]

[*Act 1 of 2014 wef 01/07/2014*]

医务人员的职责

26. 在专员的管理下，医务人员应履行规定的职责。

[*14*]

[*Act 1 of 2014 wef 01/07/2014*]

监狱职员的职责

27. 监狱职员应履行规定的职责。

［*17*］

装　　备

28. 每名监狱职员均应获得规定的棍棒、武器、弹药及其他装备。

［*18*］

［*33/2004 wef 04/10/2004*］

遵守法律、法规和命令

29. 每名监狱职员应——

（a）严格遵守与监狱、拘留室、囚犯和拘留室囚犯有关的所有法律法规；和

［*15/2010 wef 02/01/2011*］

（b）服从上级官员的所有合法的口头或书面命令，或者以监狱、拘留室条例或常规命令的形式发布的所有合法命令。

［*15/2010 wef 02/01/2011*］

［*19*］

监狱职员和医务人员属于公务员

30. 根据本法或据其制定的条例所任命的监狱职员和医务人员均属于《刑法典》（第224章）所述的公务员。

［*20*］

［*33/2004 wef 04/10/2004*］

使用武器

31.（1）除非本条另有规定，监狱职员可在以下情况使用任何武器——

（a）阻止囚犯或拘留室囚犯外逃或企图外逃；

（b）阻止帮助或企图帮助囚犯或拘留室囚犯外逃的人员；或

（c）阻止企图破坏或强制或暴力开启以下设施的人员——

（i）监狱或拘留室的大门或房门或围墙，或监狱或拘留室的其他部分；或者

（ii）运载囚犯或拘留室囚犯的车辆。

［*8/2000*］

［*15/2010 wef 02/01/2011*］

［*33/2004 wef 04/10/2004*］

（2）监狱职员可针对以下人员使用任何武器——

（a）参与集体外逃的囚犯或拘留室囚犯；和

（b）企图破坏或强制或暴力开启以下设施的人员——

（i）监狱或拘留室的大门或房门或围墙，或监狱或拘留室的其他部分；或者

（ii）运载囚犯或拘留室囚犯的车辆，而且只要集体外逃或此类企图正在发生，即可继续使用武器。

［*8/2000*］

［*15/2010 wef 02/01/2011*］

［*33/2004 wef 04/10/2004*］

（3）如果监狱职员合理确信自身或其他人有生命危险或受伤危险，或者遭受其他严重伤害，则针对向任何监狱职员或其他人使用暴力的囚犯或拘留室囚犯，该职员均可使用武器。

［*15/2010 wef 02/01/2011*］

［*33/2004 wef 04/10/2004*］

（4）监狱职员不得根据第（1）小项使用任何武器，除非该职员合理确信其无法以其他方式阻止囚犯或拘留室囚犯外逃。

［*8/2000*］

［*15/2010 wef 02/01/2011*］

［*33/2004 wef 04/10/2004*］

（5）在对第（1）小项所述囚犯或拘留室囚犯或其他人使用武器之前，监狱职员应向该囚犯或拘留室囚犯或其他人（视情况而定）警告自己即将向其开枪。

［*8/2000*］

［*15/2010 wef 02/01/2011*］

［*33/2004 wef 04/10/2004*］

（6）在第（1）小项或（2）小项所述情况下，若有上级官员在场，则除非上级官员下达命令，否则监狱职员不得对囚犯、拘留室囚犯或其他人使用武器。

［*8/2000*］

［*15/2010 wef 02/01/2011*］

（7）本条所述的武器使用应尽可能以对方失去能力而非击杀对方为目的。

（8）为确保一名或多名囚犯或拘留室囚犯的安全羁押而在监狱或拘留室之内或周围担任护卫或警卫的各警务人员均拥有本条授予监狱职员的所有权力和特权。

［*15/2010 wef 02/01/2011*］

［*21*］

监狱职员拥有警务人员的权力

32.（1）监狱职员在履行职责时均拥有警务人员的权力、职权、保障和特权。

［*15/2010 wef 02/01/2011*］

［*33/2004 wef 04/10/2004*］

［*22*］

（2）监狱职员在履行和行使警务人员的职责和权力时，属于不低于巡查官（inspector of police）级别的职员。

［*15/2010 wef 02/01/2011*］

［*22*］

第五部分
囚犯的羁押和转移

被视为合法羁押的囚犯

33.（1）在监狱监禁的囚犯被视为由监狱长合法羁押。

（2）在整个监禁期间，无论是否身处监狱范围内，囚犯均应遵守监狱纪律和条例。

[23]

雇佣辅警作为护卫和警卫

34.（1）为履行本法案所述的职责，专员可自行判断后雇佣适当数量的辅警作为护卫或警卫，以确保其负责的囚犯处于安全羁押之下。

[*8/2000*]

[*Act 1 of 2014 wef 01/07/2014*]

（2）根据本条交付辅警羁押的囚犯属于合法羁押。 [*8/2000*]

（3）根据第（1）小项受雇为护卫或警卫的辅警，在履行护卫或警卫职责的过程中——

（a）具有第 31 条授予监狱职员的权力；

（b）就第 69 条而言，属于监狱职员；和

（c）就第 72 条和第 73 条而言，属于官员。 [*8/2000*]

（4）根据第（1）小项受雇的辅警均属《刑法典》（第 224 章）所述的公务员。

[*8/2000*]

（5）就本条而言，“辅警”（auxiliary police officer）指根据其他成文法律成立的辅助警察部队的成员。

[*23A*]

[*8/2000*]

[*3/2005 wef 10/06/2005*]

监狱长羁押囚犯

35. 监狱长有权并有责任根据法律文书、逮捕令或命令的紧急状态，或在相关人员依法获释之前，对法院、法官、治安法官、太平绅士或其他合法履行民事或刑事管辖权的公职人员正式下令拘留的此类人员进行羁押。

[*14/2010 wef 02/01/2011*]

[*24*]

移交还押人员

36.（1）根据法院、法官、治安法官或太平绅士的要求被还押监狱的被控犯罪人员应连同拘押令一起，移交至部长指定监狱的监狱长。

[*14/2010 wef 02/01/2011*]

（2）监狱长应根据拘押令的条款羁押上述第（1）小项的人员，并将其移交相关法院、法官、治安法官或太平绅士，或根据拘押令所述日期和条款将其释放。

[*25*]

[*14/2010 wef 02/01/2011*]

移交根据逮捕令逮捕的人员

37.（1）根据具备民事管辖权的法院出具的法律文书、逮捕令或命令而被捕的人员应立即移交至签发、判决或出具该法律文书、逮捕令或命令的法院。

（2）如果法院当时尚未开庭，该人应移交监狱长进行临时羁押，且监狱长应安排该人在法院下次开庭时出庭，以便依法接受审讯。

[*26*]

向法院提交人员

38.（1）如果任何民事或刑事管辖权法院要求任何被监禁人员出庭，法院可以向监狱长签发书面命令，要求监狱长根据命令所述时间和地点，向法院提交被适当羁押的人员。

（2）监狱长应根据指示，安排命令所述人员到庭，并保证该人在离开监狱期间处于安全羁押状态。

（3）当庭审事项延期审理时，法院可通过在命令上批注，要求监狱长在延期所述的时间，再次将相关人员提交法院。

（4）本条所述的命令可由以下人员签署——

（a）如果命令由上诉法院或高等法院签发，则由最高法院司法常务官（Registrar of the Supreme Court）签署；

（b）如果命令由高等法院家庭法庭、家庭法院或青少年法院签发，则由家庭司法法院的司法常务官签署；

（c）如果命令由地区法院、治安法院、法医法院或任何其他州法院签发，则由州法院的司法常务官签署；或者

（d）由签发命令的地区法官、治安法官或法医签署。

[*Act 16 of 2016 wef 10/06/2016*]

专员有权在某些情况中下令提交囚犯

39.（1）专员在收到其认可的有关囚犯需要在某一场所出庭以便维护司法公正或进行公开调查的证明后，可签发书面命令，要求将囚犯转移至该场所。

[*Act 1 of 2014 wef 01/07/2014*]

[*33/2004 wef 04/10/2004*]

（2）根据本条所述命令被提出监狱的囚犯应根据专员书面签发的文件予以羁押，而且此类羁押属于合法羁押。

[*28*]

[*Act 1 of 2014 wef 01/07/2014*]

[*33/2004 wef 04/10/2004*]

监狱长有权为囚犯权益而提交囚犯

40.（1）监狱长在收到其认可的有关囚犯需要在某一场所出庭以便维护该囚犯权益的证明后，可签发书面命令，要求将该囚犯移交至该场所。

[*8/2000*]

（2）根据第（1）小项所述命令被提出监狱的囚犯应在提出期间根据监狱长书面签发的文件要求予以羁押，而且此类羁押属于合法羁押。

[*28A*]

[*8/2000*]

释放囚犯

41. 在囚犯基于刑期届满、赦免、宽大处理或减刑而有权获释后，监狱长应立即将其释放。 [*29*]

发生传染病

42.（1）如果专员确信任何监狱已经发生或可能发生传染病，专员可以命令将该监狱的任何囚犯转移至其他场所，即使该等场所不属于本法所述的监狱。

[*33/2004 wef 04/10/2004*]

[*Act 1 of 2014 wef 01/07/2014*]

（2）在紧急情况下，如果专员缺席或无法根据第（1）小项做出转移命令，该命令可由该监狱的监狱长或巡狱太平绅士签发。

[*33/2004 wef 04/10/2004*]

[*Act 1 of 2014 wef 01/07/2014*]

（3）在囚犯逗留期间，该场所应被视为原监狱的一部分。

（4）当疾病消除后，如果刑期尚未届满，从原监狱转移的囚犯仍应返回服刑。

[*30*]

精神错乱的囚犯

43.（1）当专员基于注册医生的证明确信一名服刑囚犯精神错乱时，专员可签发书面命令，说明其确信该囚犯处于精神错乱状态的理由，要求将其从监狱转移至新加坡境内的精神病院或其他适当的安全羁押场所，以便囚犯接受专员指示的监管和治疗——

（a）直至刑期届满；或者

（b）如果医务人员证明，为了囚犯或其他人的安全，有必要对囚犯进行医疗护理和治疗，则直至囚犯被依法释放。

[*Act 1 of 2014 wef 01/07/2014*]

[*33/2004 wef 04/10/2004*]

[*21/2008 wef 01/03/2010*]

（2）当专员基于注册医生的证明确信囚犯已不再精神错乱时，专员应书面签发命令，要求将该囚犯送返监狱服刑，或者如果刑期已满，则将该囚犯释放。

[*Act 1 of 2014 wef 01/07/2014*]

[*33/2004 wef 04/10/2004*]

[*21/2008 wef 01/03/2010*]

（3）如果任何人根据本条规定被拘押在2008年《精神健康（护理和治疗）法案》[Mental Health（Care and Treatment）Act] 定义的精神病院，则该法案第15条应在该人刑期届满后适用，而且该人在精神病院的拘押时间属于刑期的一部分。

[*21/2008 wef 01/03/2010*]

[*31*]

转移囚犯

44.（1）专员可签署书面命令，要求将一所监狱的所有或任何囚犯转移至新加坡境内的其他监狱。 [*Act 1 of 2014 wef 01/07/2014*]

（2）第（1）小项所述的命令无须说明囚犯的姓名，只需说明其国籍或刑期，或其他类似的一般性描述信息即可。

（3）如果部长确信囚犯不满21岁而且将其拘留在改造培训中心更为适当，在能够与判决法院的法官或地区法官协商后，部长可授权专员将该囚犯转移至改造培训中心；同时，2010年《刑事诉讼法典》（Criminal Procedure Code）第305（5）条应立即适用，如同该囚犯在转移日期已被判处接受改造培训一样。 [*15/2010 wef 02/01/2011*]

[*Act 1 of 2014 wef 01/07/2014*]

（4）在第（3）小项所述的转移日期，如果囚犯的剩余刑期少于3年，则第（3）小项应适用，如同该囚犯在刑期届满之前3年已被判处接受改造培训一样。

（5）如果专员向部长报告改造培训中心难以改造某个被拘留人员，或该人对培训中心的其他人员造成不利影响，部长可将该人在改造培训中心的剩余拘留期限折算成部长决定的监禁刑期，但监禁刑期不得超过剩余拘留期限；而且，就本法而言，该人应被视为在该期限内被判处监禁。

[*32*]

[*8/2000*]

[*Act 1 of 2014 wef 01/07/2014*]

囚犯患病

45.（1）如果囚犯［第（2）小项所述的囚犯除外］患病，且所在监狱缺乏适当的住宿条件，监狱长可依据医疗人员的证明，下令将该囚犯转移至医院。

［*33/2004 wef 04/10/2004*］

［*26/2001 wef 01/09/2001*］

（2）如果部长依据注册医生的证明确认监狱的某个囚犯患有麻风病，部长可签署书面命令，要求将该囚犯转移至医疗服务主任根据《传染病法案》（Infectious Diseases Act）（第 137 章）第 8（1）条指定的医院或场所接受拘押和治疗，直至麻风病痊愈。［*33/2004 wef 04/10/2004*］

（3）只要根据第（2）小项被转移至任何医院或场所的囚犯仍留在该处治疗，则该处医务人员应在每个月底向监狱长提交一份由其签署的证明，表示其认为该囚犯仍有必要留在该处治疗。

（4）［根据 *Act 26/2001 wef 01/09/2001*，予以删除］

返回监狱

46.（1）一旦医疗服务主任根据《传染病法案》（第 137 章）第 8（1）条指定的医院或场所的主管医疗人员认为囚犯无须继续治疗，该医疗人员应向监狱长提交一份无须继续治疗的证明。

［*33/2004 wef 04/10/2004*］

（2）随后，如果囚犯服刑期限未满，监狱长应安排将其押返监狱。

［*34*］

外逃责任

47. 如果任何囚犯在上述任何医院、精神病院或场所期间外逃，除非该囚犯由监狱职员负责亲自监管，否则监狱职员无须对此负责。［*35*］

防止囚犯外逃的责任

48.（1）任何医院、精神病院或场所的医务人员和其他人员应采取一切预防措施，随时防止接受治疗的囚犯外逃。

（2）第（1）小项所述的职员可采取预防囚犯外逃所需的任何必要措施。

（3）任何人不得根据本条授权而采取医疗人员认为可能损害囚犯健康的措施。

[*36*]

在医院的特别羁押

49.（1）在任何情况下，针对被羁押囚犯的犯罪程度或为了其他原因，当监狱长认为需要对在医院、精神病院或其他场所接受治疗的囚犯采取特别安全措施时，将安排至少 2 名适当人员看守囚犯，其中至少一名人员应日夜随时看守该囚犯。

（2）上述人员有充分的权力和职权来采取防止囚犯外逃的一切必要措施，并应对囚犯的安全羁押负责，直至囚犯从医院、精神病院或其他场所返回监狱并转交给监狱职员管理，或直至囚犯刑期届满（以先发生的为准）。 [*37*]

保留高等法院的权力

50. 本法案的任何规定均未削弱或影响高等法院通过拘留复审令要求将新加坡境内囚犯提交法院审理的权力。

[*38*]

[*42/2005 wef 01/01/2006*]

第五 A 部分
羁押和转移被拘留囚犯

[*15/2010 wef 02/01/2011*]

属于合法羁押的被拘留囚犯

50A. 被拘押在拘留室或转移到拘留室或从该处转出的被拘留囚犯应被视为由专员或专员授权的任何人合法羁押。 [*15/2010 wef 02/01/2011*]

[*Act 1 of 2014 wef 01/07/2014*]

雇佣辅警作为护卫和警卫

50B.（1）为履行本法所述的职责，专员可自行判断后雇佣适当数量的辅警作为护卫或警卫，以确保处于专员或专员授权人员（视情况而定）羁押之下的被拘留囚犯的安全羁押。 [*Act 1 of 2014 wef 01/07/2014*]

（2）根据本条交付辅警羁押的被拘留囚犯属于合法羁押。

（3）根据第（1）小项受雇为护卫或警卫的辅警，在履行护卫或警卫职责的过程中，拥有第 31 条授予监狱职员的权力。

（4）根据第（1）小项受雇的辅警均属《刑法典》（第 224 章）所述的公务员。

（5）就本条而言，“辅警”指根据其他成文法律成立的辅助警察部队的成员。 [*15/2010 wef 02/01/2011*]

移交拘留室的还押人员

50C.（1）根据法院、法官、治安法官或太平绅士的要求被还押拘留室的被控犯罪人员应连同拘押令一起，移交给专员或专员授权羁押该人的人员。

[*Act 1 of 2014 wef 01/07/2014*]

（2）专员或专员授权羁押被拘留囚犯的人员应根据拘押令的条款羁押被拘留囚犯，并将其移交相关法院、法官、治安法官或太平绅士，或根据拘押令所述日期和条款将其释放。 [*15/2010 wef 02/01/2011*]

[*Act 1 of 2014 wef 01/07/2014*]

被拘留囚犯的狱外羁押

50D. 被拘留囚犯在被送往具备合法羁押资格的拘留室，或从该拘留室转出，或转入拘留室之外或因其他原因不在拘留室范围之内，并且同时处于合法羁押状态的，应属于在拘留室拘留，并适用所有相关规定，如同该囚犯确实在拘留室拘留一样。 [*15/2010 wef 02/01/2011*]

第五 B 部分
减　　刑

[*Act 1 of 2014 wef 01/07/2014*]

第一细分部分——总则

目的和适用性

50E.（1）本部分针对以下目的做出减刑规定——

（a）鼓励服刑囚犯的良好行为和勤勉精神；和

（b）促进囚犯恢复和重新融入社会。

（2）本部分的规定不适用于因债务犯罪而被监禁的囚犯。

[*Act 1 of 2014 wef 01/07/2014*]

根据减刑令等有权获释的囚犯

50F.（1）囚犯有权在以下日期获释——

（a）减刑令签发日期；或

（b）监禁刑期免除日期。

（2）根据减刑令被释放且获得自由的人员不处于专员的合法羁押之下。

（3）减刑令在签发日期生效。 [*Act 1 of 2014 wef 01/07/2014*]

第二细分部分——减刑令

适用性

50G. 如果囚犯不是因（以坐牢）替代（罚款的）刑罚（default sentence）被判处一个或多个刑期，且未被判处终身监禁，则第二细分部分适用。

[*Act 1 of 2014 wef 01/07/2014*]

准予减刑

50H.（1）除非第（2）小项和第（3）小项另有规定，囚犯入狱后，有权根据本法的规定获得减刑。

（2）被判处总计 14 天或更短刑期的囚犯无权减刑。

（3）如果囚犯的刑期完全由以下小项构成，则无权获得减刑——

（a）根据第 50T（1）（a）条，作为加重判决被判处的一项或多项刑期；

（b）就第 50Y（1）条的罪行被判处的一项或多项刑期；或者

（c）第（a）小项和第（b）小项兼而有之。［*Act 1 of 2014 wef 01/07/2014*］

必须下达减刑令的情况

50I.（1）专员应针对以下囚犯签发减刑令——

（a）除非第（b）小项适用，否则在囚犯的以下较晚的刑期结束之后的翌日：

（i）囚犯被判处的所有连续刑期的三分之二；

（ii）服刑 14 天；和

（b）凡囚犯根据第 50T（1）（a）条被判处任何加重刑罚，或根据第 50Y（1）条被判处任何罪行，以及被判处任何其他监禁刑罚，则在该囚犯的以下较晚的刑期结束之后的翌日：

（i）以下各项的总和——

（A）根据第 50T（1）（a）条，或根据第 50Y（1）条的任何罪行，被判为加重刑罚的所有刑期；和

（B）被判处的所有其他连续刑期（如有）的三分之二；

（ii）服刑 14 天。

（2）尽管有第（1）小项的规定，在确定囚犯是否满足第（1）小项减刑令所需的服刑期限时，以下每个时期，或者各时期的总和（如有多个刑期）不得计算在内：

（a）囚犯根据本法被关押在惩罚囚室的任何期限的三分之一；

（b）囚犯因自身过错或装病而在医院度过的任何期限的三分之一；

（c）根据本法被取消的任何减刑期，除非被取消的减刑由监狱长重新恢复；

（d）总理根据第（4）小项命令的任何延长刑期；和

（e）可能规定的任何其他时间段。

（3）专员可将减刑令延期不超过2周，以便执行法院下达的在上述第（1）小项所述的减刑令日期尚未执行的惩罚令。

（4）如果囚犯在服刑期间犯罪，且总理考虑以下因素后认为该犯罪属于严重罪行，总理可命令专员不得签发减刑令，或者根据总理指定的期限延迟签发减刑令：

（a）犯罪性质；

（b）犯罪对应的惩罚；

（c）犯罪背景；

（d）所有其他相关情况。

说　　明

（a）根据《刑法典》（第224章）第379条，偷窃罪被判处2年监禁；根据《刑法典》第417条，欺骗罪被判处1年监禁。两项刑期均被要求连续执行，总刑期从2013年1月1日生效。囚犯需要在2014年12月31日满足服刑期限（2年），且专员需要在2015年1月1日签发减刑令。

（b）根据《刑法典》第379条，偷窃罪被判处1年监禁；根据第50T（1）（a）条，作为加重处罚，偷窃罪被判处2年监禁。囚犯的刑期从2013年1月1日起生效。囚犯需要在2015年8月31日满足服刑期限（2年零8个月），且专员需要在2015年9月1日签发减刑令。

（c）根据《刑法典》第379条，偷窃罪被判处1年监禁。刑期从2013年1月1日起生效。服刑期间，囚犯因自身过错在医院度过3个月。专员需要在2013年10月1日签发减刑令。　[*Act 1 of 2014 wef 01/07/2014*]

囚犯服刑20年后获得减刑令

50J.（1）当囚犯服刑20年，但专员无须根据第50I条签发减刑令时，部长应复审囚犯的案件，并可酌情指示专员签发减刑令。

（2）如果部长拒绝指示专员根据第（1）小项签发减刑令，除非囚犯已获释，否则部长应每隔不超过12个月复审一次该决定，并可酌情指示专员签发减刑令。

说　明

一名囚犯被判处总计24年监禁。刑期从2013年1月1日起生效。鉴于第50I（2）条所述的不同时期，专员被要求将签发减刑令的日期推迟到2035年1月1日。然而，部长必须在2033年1月1日复审囚犯的案件，并可指示专员签发减刑令。如果部长并未指示专员签发减刑令，他必须在不迟于2034年1月1日之前复审自身的决定。　［*Act 1 of 2014 wef 01/07/2014*］

第50I条或第50J条的减刑令对判刑的影响

50K.（1）如果根据第50I条或第50J条对囚犯签发减刑令——

（a）按照第（2）小项、第（3）小项或第（4）小项（视情况而定）确定的剩余刑期应予缓刑；和

（b）减刑令到期后，剩余刑期应予免除。

（2）如果根据第50I条签发减刑令，并且减刑令针对的囚犯无须连续服刑，则囚犯的剩余刑期应——

（a）从减刑令签发日期开始；和

（b）在囚犯并未获得减刑令而本应服刑完毕的当天过后结束。

（3）如果根据第50I条签发减刑令，并且减刑令针对的囚犯被判连续服刑，则囚犯的剩余刑期应按以下步骤计算：

（a）第一，将囚犯已服刑的总时间（以天为单位）按相同比例分配给每个连续服刑期限［包括（以坐牢）替代（罚款的）刑罚］；

（b）第二，减去第（a）小项所述的已服刑时间，计算出每个连续服刑［包括（以坐牢）替代（罚款的）刑罚］期限的剩余部分（以天为单位）；

（c）第三，将第（b）小项所述的剩余服刑期限［不包括（以坐牢）替代（罚款的）刑罚］相加。

说　明

2013年1月1日，根据《刑法典》（第224章）第379条，一名囚犯因偷窃罪被判处6周监禁；同时根据《刑法典》第417条，因欺骗罪被判处6周监

禁，并根据《刑法典》第 448 条，因入室盗窃罪和（以坐牢）替代（罚款的）刑罚被判处 3 周监禁。该囚犯需对 3 项判决连续服刑，合计刑期为 15 周（105 天）。在囚犯服满总刑期三分之二，即 70 天后，专员签发减刑令。签发减刑令时，囚犯服刑的总时间将在 3 个连续服刑期限之间按相同比例分配，即盗窃罪 28 天，欺骗罪 28 天，入室盗窃罪 14 天。入室盗窃罪刑期中的（以坐牢）替代（罚款的）刑罚尚未服满（7 天），将予以免除。盗窃和欺诈罪刑期中的未服刑部分（各 14 天）将被累加，累加后的刑期（28 天）将是囚犯刑期的剩余部分，将在减刑令到期之前缓期执行，而后予以免除。

（4）如果根据第 50J 条签发减刑令，囚犯的剩余刑期应按以下步骤计算：

（a）第一，计算囚犯未服刑的刑期总和（以天为单位）——

（i）从根据第 50J 条签发减刑令的日期开始；和

（ii）假设部长尚未指示专员根据第 50J 条签发减刑令，则在专员本应根据第 50I 条签发减刑令当天的前一天结束时为止；

（b）第二，计算囚犯未服刑的刑期总和（以天为单位）——

（i）假设部长尚未指示专员根据第 50J 条签发减刑令，则在专员本应根据第 50I 条签发减刑令当天开始；和

（ii）假设囚犯并未获得减刑令，在其本应获释的当天为止；

（c）第三，基于根据第（b）小项计算的总刑期（以天为单位），在每个连续刑期［包括（以坐牢）替代（罚款的）刑罚］按相同比例分配未服刑的总刑期；

（d）第四，计算第（c）小项所述的未服刑的所有（以坐牢）替代（罚款的）刑罚（如有）的刑期（以天为单位）；

（e）第五，从根据第（b）小项计算的囚犯未服刑期中减去根据第（d）小项计算的囚犯刑期；和

（f）第六，在根据第（e）小项计算的囚犯刑期中加入根据第（a）小项计算的囚犯刑期。

说　明

一名囚犯被判处总计 25 年监禁，其中 1 年是（以坐牢）替代（罚款的）

刑罚。刑期从 2013 年 1 月 1 日起生效。在没有减刑令的情况下，囚犯的服刑期在 2037 年 12 月 31 日结束。鉴于第 50I（2）条所述的不同时期，专员被要求将签发减刑令的日期推迟到 2033 年 11 月 1 日。部长在 2033 年 1 月 1 日复审了囚犯的案件，并指示专员在当天根据第 50J 条签发减刑令。从 2033 年 11 月 1 日开始至 2037 年 12 月 31 日结束的刑期（4 年零 2 个月）将按相同比例分配，相当于囚犯有 2 个月的（以坐牢）替代（罚款的）刑罚和 4 年的其他监禁判决尚未服满。其中 4 年刑期将被加入从 2033 年 1 月 1 日起至 2033 年 10 月 31 日止的期间（10 个月），因此总和（4 年零 10 个月）将是囚犯的剩余刑期。

（5）根据第（3）（b）小项和第（4）（d）小项计算的未服刑期应在签发减刑令时予以免除。 [*Act 1 of 2014 wef 01/07/2014*]

第 50I 条或第 50J 条减刑令的期限

50L. 除非根据第 50M 条或第 50N 条延期，否则根据第 50I 条或第 50J 条对囚犯签发的减刑令应——

（a）有效期等于根据第 50K 条确定的囚犯剩余刑期；和

（b）在第（a）小项所述的期限结束时届满。

[*Act 1 of 2014 wef 01/07/2014*]

延长第 50I 条或第 50J 条减刑令

50M.（1）本条适用于——

（a）根据基于第 50I 条或第 50J 条签发的减刑令（在本条中称为“第一次减刑令”）获释的囚犯随后被判处一项或多项刑期；

（b）就该一项或多项刑期签发第二次减刑令；和

（c）当囚犯基于第二次减刑令获释时，第一次减刑令仍然有效。

（2）当本条适用时——

（a）第一次和第二次减刑令应合并，并视为根据第 50I 条签发的单一减刑令；和

（b）合并后的减刑令将在第一个减刑令到期之日或第二个减刑令到期之日届满（以较晚的日期为准）。

说　明

一名囚犯因罪行 A 被判处 6 年监禁。该判决自 2013 年 1 月 1 日起生效。专员于 2017 年 1 月 1 日签发减刑令。根据第 50L（b）条，减刑令将于 2018 年 12 月 31 日当天结束时到期。囚犯获释后即犯下罪行 B，并因罪行 B 被判处 2 年监禁。法院并未根据第 50T 条加重判刑。对罪行 B 的判决从 2017 年 6 月 1 日起生效。专员于 2018 年 10 月 1 日对罪行 B 的判决签发减刑令。根据第 50L（b）条，罪行 B 的减刑令将于 2019 年 5 月 31 日当天结束时到期。两项减刑令将合并，并被视为一项减免令。合并后的减免令将于 2019 年 5 月 31 日当天结束时到期。

[*Act 1 of 2014 wef 01/07/2014*]

当获释人员非法在逃时，延长第 50I 条或第 50J 条的减刑令等

50N.（1）当根据第 50I 条或第 50J 条签发的减刑令涉及的获释人员被专员根据第 50X 条召回监狱，但未能在召回通知所述日期到监狱报到，则减刑令应延长，延长期限等于召回通知所述日期之后的非法在逃时间。

（2）如果法院对根据第 50I 条或第 50J 条签发的减刑令涉及的获释人员发出逮捕令，而该人的减刑令仍然有效，并且其在逮捕令发出后仍然在逃，则减刑令应延长，延长期限等于逮捕令发出之日至逮捕囚犯之日的时间。

（3）当根据第 50I 条或第 50J 条签发的减刑令涉及的获释人员在减刑令有效期间因其他原因处于非法在逃状态，则减刑令应延长，延长期限等于该人非法在逃的时间。

说　明

专员于 2013 年 1 月 1 日对一名囚犯签发了减刑令。减刑令将于 2013 年 12 月 31 日到期。囚犯获释后，专员根据第 50X 条向其发出召回通知，要求囚犯于 2013 年 12 月 15 日到指定监狱报到。囚犯非法在逃，直至 2014 年 1 月 14 日（即 30 天后）才到指定监狱报到。减刑令的期限将延长 30 天并于 2014 年 1 月 30 日当天结束时到期。

[*Act 1 of 2014 wef 01/07/2014*]

第三细分部分——终身监禁囚犯的减刑令

适用性

50O. 该细分部分应适用于以下所有囚犯：

（a）因 1997 年 8 月 21 日或之后所犯罪行被判处终身监禁的囚犯，无论其是否同时被判处一项或多项刑期；

（b）因 1997 年 8 月 21 日或之后所犯罪行被判处死刑的囚犯根据《刑事诉讼法典》（Criminal Procedure Code）（第 68 章）第 334 条或《刑事诉讼法典》（第 68 章，1985 年版本）第 238 条被减为终身监禁；

（c）根据已废除的《刑事诉讼法典》（第 68 章，1985 年版本）第 213 条，基于总理决定的期限被判处拘留的囚犯。 [*Act 1 of 2014 wef 01/07/2014*]

对终身监禁等刑罚的复审

50P.（1）除非第（2）小项有相反规定，如果本部分适用的囚犯已服刑 20 年，部长应复审囚犯的案件，并可根据部长的酌处权，指示专员对囚犯签发减刑令。

（2）如果部长拒绝指示专员根据第（1）小项签发减刑令，除非囚犯已获释，否则部长应每隔不超过 12 个月复审一次该决定，并可酌情指示专员签发减刑令。

[*Act 1 of 2014 wef 01/07/2014*]

第 50P 条减刑令的效力

50Q. 当根据第 50P 条对本部分适用的囚犯签发减刑令时——

（a）（以坐牢）替代（罚款的）刑罚应予免除；

（b）终身监禁和任何其他刑期应予缓刑；和

（c）第（b）小项所述的刑罚应在减刑令届满时免除。

[*Act 1 of 2014 wef 01/07/2014*]

第 50P 条减刑令的期限

50R. 根据第 50P 条签发的减刑令——

（a）有效期为从减刑令签发之日起至相关囚犯的自然寿命结束为止；和

（b）应在第（a）小项所述期间结束时届满。

［*Act 1 of 2014 wef 01/07/2014*］

第四细分部分——减刑令的基本条件

所有减刑令均须符合基本条件

50S.（1）根据第二细分部分或第三细分部分签发的减刑令的基本条件包括根据减刑令被释放的人员——

（a）在减刑令生效期间，不得有任何犯罪［不包括第50Y（1）条所述的罪行］；和

（b）不得就该罪行被定罪，并被判处以下任何刑罚：

（i）监禁判决［不包括（以坐牢）替代（罚款的）刑罚］；

（ii）纠正培训（corrective training）；

（iii）改造培训（reformative training）；

（iv）预防性拘留。

（2）如果囚犯犯有违反减刑令基本条件的罪行，他应被视为在犯罪之日违反了基本条件。［*Act 1 of 2014 wef 01/07/2014*］

违反基本条件和加重判刑

50T.（1）当囚犯犯有违反第二细分部分或第三细分部分所述减刑令的基本条件的罪行时，法院除了对其处以刑罚外，还可以对所犯罪行处以如下加重刑罚：

（a）根据犯罪日期确定的刑期不超过减刑令的剩余期限；或者

（b）当减刑令的期限是囚犯的生存时间时，则可处以任何刑期或终身监禁。

（2）如果囚犯犯有2项或更多的违反第二细分部分或第三细分部分所述减刑令的基本条件的罪行时——

（a）法院除了针对此类罪行判处刑罚外，还可根据第（1）小项对其中的每项罪行判处加重刑罚；和

（b）根据第（1）小项判处的所有加重刑罚的总刑期不得超过根据最早犯罪日期确定的减刑令的剩余期限。

（3）在决定是否根据第（1）小项或第（2）小项对任何罪行判处加重刑罚以及加重刑罚的期限时，法院应考虑——

（a）罪行的严重性；

（b）罪行是否与减刑令涉及的囚犯最初被判刑的罪行性质相似；

（c）囚犯根据减刑令获释后保持无犯罪行为的时间长度；和

（d）所有其他相关情况。

（4）就本条而言，如果囚犯犯有违反减刑令基本条件的罪行，在该罪行日期之后对减刑令延长期限的，在基于该罪行决定减刑令的剩余期限时，该延长期限不予计算在内。

（5）即使成文法律有任何相反规定，根据本条对囚犯判处的加重刑法应与该人被判的所有其他刑期一起连续执行。

说　　明

根据从2013年6月1日至2013年12月31日有效的减刑令，一名囚犯被释放。2013年7月15日，根据第50N（1）条，减刑令延长7天（即至2014年1月7日），因为该人在被专员召回后未能到监狱报到。2013年8月1日，该人犯下了罪行A。2013年9月30日，根据第50N（1）条，减刑令再延长10天（即至2014年1月17日）。2013年10月21日，该人犯下罪行B。该人随后因罪行A和B被判处监禁，导致其在2013年8月1日和2013年10月21日两次违反减刑令的基本条件。该人因罪行A被加重判刑的刑期不得超过2013年8月1日至2014年1月7日的期限。该人因犯罪B被加重判刑的期限不得超过2013年10月21日至2014年1月17日的期限。对罪行A和B的加重刑期的总长度不得超过2013年8月1日至2014年1月7日的期限。

［*Act 1 of 2014 wef 01/07/2014*］

第五细分部分——强制性安置计划

适用性

50U.（1）本细分部分对以下情况适用——

（a）根据第 50I 条或第 50J 条签发的针对囚犯的减刑令；

（b）囚犯的减刑令涉及在其犯罪时有效的附表 1 所述罪行的判决［不包括（以坐牢）替代（罚款的）刑罚］；

（c）该罪行的刑期，加上任何其他连续监禁刑期［不包括（以坐牢）替代（罚款的）刑罚］，超过了该罪行发生时有效的附表 1 所述的针对该罪行的最低刑期（如有）；

（d）如果该犯罪发生时有效的附表 1 已就该罪行规定了相关先例，则针对该罪行的相关先例适用于囚犯；和

（e）法院并未根据《移民法案》（第 133 章）命令将囚犯逐出新加坡。

（2）本细分部分也对以下情况适用——

（a）根据第 50I 条或第 50J 条签发的针对以下囚犯的减刑令——

（i）获释时，法院并未根据《移民法案》命令将其逐出新加坡；和

（ii）法院对其任何罪行的判决［不包括（以坐牢）替代（罚款的）刑罚］加上任何其他连续监禁刑期［不包括（以坐牢）替代（罚款的）刑罚］之和超过——

（A）15 年；或者

（B）在犯罪时或（如犯有 2 项或以上罪行）在最早犯罪时，法院规定的用以取代原刑期的替代期限；或者

（b）针对获释时无须根据《移民法案》被逐出新加坡的囚犯，根据第 50P 条签发的减刑令。

（3）为免歧义，凡根据第 50M 条合并两项减刑令，且第（1）小项或第（2）小项适用于其中任何一项被合并的减刑令时，本细分部分应适用于合并的减免令。

［*Act 1 of 2014 wef 01/07/2014*］

强制性安置条件和变化等

50V.（1）专员可根据本条，并为促进囚犯的改造和重新融入社会，要求本细分部分适用的囚犯遵守强制性安置条件。

（2）专员可通过书面通知，要求囚犯在以下时间遵守第（3）小项所述的所有或任何强制性安置条件——

（a）在该囚犯的减刑令生效期间的任何时候；和

（b）任何不超过减刑令期限的时期。

（3）第（2）小项所述的强制性安置条件如下：

（a）受减刑令约束的囚犯应在专员在第（2）小项所述通知中指定的时间和地点，参加专员要求的任何辅导、治疗、测试、评估和其他活动，以促进其改造和重新融入社会；

（b）囚犯应在专员在第（2）小项所述通知中指定的时间和地点，到场提供尿液或头发样本以供测试；

（c）囚犯应在专员在第（2）小项所述通知中指定的时间，留在家里或专员指定的其他场所；

（d）囚犯应允许监狱长和监狱长授权的任何人员，为确定其是否符合强制性安置条件或为了与其改造有关的任何目的，进入其家中或其被要求居住的任何其他场所；

（e）为了能够对囚犯行踪进行电子监控，囚犯应——

（i）佩戴专员在第（2）小项所述通知中指定了佩戴位置并由专员签发的电子发射装置；

（ii）允许监狱长和监狱长授权的任何人员进入家中或其被要求居住的任何其他场所，以便安装、维护、修理或取回电子监控设备；

（iii）遵守所有要求，以确保向其签发或在其家中或其被要求居住的其他场所安装的电子监控设备能够正常运行；

（iv）遵守对其提出的所有报告要求；和

（v）不得篡改向其签发或在其家中或其被要求居住的其他场所安装的电子监控设备，或以其他方式阻止或阻碍对其行踪的电子监控；

（f）遵守根据第 50X 条向其送达的召回通知；和

（g）囚犯应遵守专员在第（2）小项所述通知中指定的有助于其改正和重新融入社会的其他条件。

（4）专员可随时通过向特定囚犯送达书面通知——

（a）更改、取消或增加第（3）小项所述的强制性安置条件；

（b）延长或缩短囚犯遵守强制性安置条件的期限；若期限延长，延期不得超过减刑令的有效期；或者

（c）在任何特定情况下，豁免第（3）小项所述的强制性安置条件。

［*Act 1 of 2014 wef 01/07/2014*］

被拘留者无须遵守强制性安置条件的情况等

50W. 在以下情况，囚犯无须遵守减刑令的强制性安置条件——

（a）根据《药物滥用法案》（Misuse of Drugs Act）（第 185 章），囚犯被拘留在一个认证机构；

（b）根据《刑法（临时规定）法案》［Criminal Law（Temporary Provisions）Act］（第 67 章），囚犯被拘留；

（c）根据其他成文法律，囚犯被监禁或羁押或拘留；

（d）在强制性安置条件与根据《药物滥用法案》向囚犯签发的监管令的任何条件不一致时；

（e）在强制性安置条件与根据《刑法（临时规定）法案》向囚犯签发的监管令的任何条件不一致时；或

（f）在可能规定的其他情况下。［*Act 1 of 2014 wef 01/07/2014*］

轻微违反强制性安置条件

50X.（1）如果专员在适当调查后确信囚犯轻微违反了减刑令的强制性安置条件，专员可采取以下一项或多项措施进行惩罚：

（a）发出书面警告；

（b）延长囚犯遵守强制性安置条件的期限，但该期限不得超过减刑令的期限；

（c）更改、取消或增加减刑令的强制性安置条件；

（d）根据本条规定，将囚犯召回监狱服刑一段指定期限。

（2）除非第（4）小项另有限制，专员可根据第（3）小项，通过向囚犯送达召回通知，将囚犯召回监狱。

（3）第（2）小项的召回通知——

（a）应以下述方式送达——

（i）专人交付；或

（ii）通过规定的其他方式；

（b）可由监狱职员、警员或辅警送达；和

（c）应——

（i）指定囚犯将前往报到的监狱；

（ii）指定囚犯到该监狱报到的日期和时间；和

（iii）以天为单位，指定囚犯被召回的天数。

（4）专员不得召回囚犯——

（a）一次超过 10 天；

（b）累计超过 30 天；

（c）在减刑令到期后；或者

（d）召回期限超过减刑令的到期时间。

（5）当专员根据本条将囚犯召回监狱时——

（a）囚犯在向监狱报到之前，仍须遵守减刑令的规定；

（b）囚犯在向监狱报到时，应在召回期限内接受监禁，并在监禁期间被视为服刑；和

（c）囚犯在监狱度过召回期限后应被释放，并在减刑令的有效范围继续遵守减刑令的规定。

（6）召回通知送达后，如果囚犯在报到时间之后非法在逃并随后被捕，其应立即被监禁，监禁期限等于召回期限。［*Act 1 of 2014 wef 01/07/2014*］

严重违反强制性安置条件罪

50Y.（1）囚犯严重违反减刑令的强制性安置条件时，应被判有罪，并应

在定罪后——

（a）被判处监禁，监禁期限不超过基于犯罪日期确定的减刑令的剩余期限；或

（b）当减刑令的期限是囚犯的生存时间，则处以任何刑期或终身监禁。

（2）在决定对第（1）小项所述罪行的惩罚时，法院应考虑——

（a）严重违反条件的程度；

（b）囚犯根据减刑令获释后遵守强制性安置条件的时间长度；

（c）严重违反条件的情况是否表明囚犯对改造和重新融入社会缺乏承诺；和

（d）所有其他相关情况。

（3）如果囚犯犯有第（1）小项所述的2项或更多罪行——

（a）法院可根据第（1）小项对每项罪行判刑；和

（b）根据第（1）小项判处的所有刑罚的总刑期不得超过根据最早犯罪日期确定的减刑令的剩余期限。

（4）就本条而言，如果囚犯犯有违反减刑令条件的罪行，法院在该罪行日期之后对减刑令延长期限的，在基于该罪行决定减刑令的剩余期限时，该延长期限不予计算在内。

（5）即使成文法律有任何相反规定，根据本条对囚犯判处的监禁应与该人被判的所有其他刑期一起连续执行。

说　明

根据从2013年6月1日至2013年12月31日有效的减刑令，一名囚犯被释放。囚犯在减刑令有效期内均应遵守强制性安置条件。2013年7月15日，根据第50N（1）条，减刑令延长7天（即至2014年1月7日）。2013年8月1日，囚犯犯下第50Y（1）条所述的第一项罪行。2013年9月30日，根据第50N（1）条，减刑令再延长10天（即至2014年1月17日）。2013年10月21日，囚犯犯下第50Y（1）条所述的第二项罪行。囚犯因第一项罪行被判刑的刑期不得超过2013年8月1日至2014年1月7日的期限。囚犯因第二项罪行被判刑的刑期不得超过2013年10月21日至2014年1月17日的期限。两项罪行的总刑期不得超过2013年8月1日至2014年1月7日的

期限。 ［*Act 1 of 2014 wef 01/07/2014*］

逮捕权力等

50Z.（1）就《刑事诉讼法典》（第 68 章）而言，第 50Y（1）条所述的严重违反强制性安置条件的罪行属于可逮捕和可保释的罪行。

（2）对于严重违反第 50Y（1）条所述的强制性安置条件的罪行，监狱职员可行使同等级警员根据《刑事诉讼法典》具备的所有权力。

（3）为免歧义，当专员根据第 50X 条将囚犯召回监狱时，囚犯不得获准保释。

［*Act 1 of 2014 wef 01/07/2014*］

第六细分部分——针对（以坐牢）替代（罚款的）刑罚的减刑

适用性

50ZA. 本细分部分适用的囚犯，其刑期应完全由 2014 年《监狱（修正）法案》［Prisons（Amendment）Act］第 7 条生效日期之前、当日或之后所犯罪行导致的（以坐牢）替代（罚款的）刑罚构成。 ［*Act 1 of 2014 wef 01/07/2014*］

针对（以坐牢）替代（罚款的）刑罚的减刑

50ZB.（1）本细分部分适用的囚犯在入狱时，有权根据本条规定获得刑期减免。

（2）第 50I 条适用于本细分部分适用的囚犯，但须做出以下修改——

（a）专员无须签发减免令；和

（b）在专员本应根据第 50I 条签发减刑令的当天，囚犯的刑期予以免除。

［*Act 1 of 2014 wef 01/07/2014*］

第七细分部分——过渡性规定

适用性

50ZC.（1）本细分部分适用于以下囚犯——

（a）在2014年《监狱（修正）法案》第7条生效日（在本细分部分被称为“指定日期”）之前、当日或之后被定罪；

（b）刑期不包括对1997年8月21日或之后所犯罪行的终身监禁；和

（c）刑期包括对指定日期之前所犯罪行判处的徒刑［不包括（以坐牢）替代（罚款的）刑罚］。

（2）就第（1）小项及本细分部分而言，在1997年8月21日之前犯罪而被判处的终身监禁应被视为20年监禁。［*Act 1 of 2014 wef 01/07/2014*］

对指定日期之前的所犯罪行的减刑

50ZD.（1）本条适用于以下囚犯：刑期［不包括（以坐牢）替代（罚款的）刑罚］完全由一项或多项在指定日期之前所犯罪行导致的刑期构成。

（2）第50I条应适用于该囚犯，但须做出以下修改——

（a）专员无须根据第50I条签发减刑令；和

（b）在指定日期仍未服刑完毕的囚犯，其剩余刑期应在专员本应根据第50I条签发减刑令的当天免除。

（3）为免歧义，当刑期根据第（2）（b）小项予以免除时，第四细分部分和第五细分部分不适用。

（4）当囚犯服刑20年，但专员无须根据第50I条签发减刑令，部长应根据第50J条复审囚犯的案件，并可酌情指示专员根据第50J条签发减刑令。

（5）就第（4）小项而言，如果囚犯在指定日期已服刑20年或更长时间，部长应在指定日期后尽快根据第50J条复审囚犯的案件。

（6）当部长指示专员根据第50J条和上述第（4）小项签发减刑令时，第二细分部分的规定应适用，除非囚犯的剩余刑期应按以下方式而非根据第50K（3）条计算——

（a）第一，计算囚犯未服刑的刑期（以天为单位）；

（b）第二，计算囚犯的以下刑期（以天为单位）——

（i）假设部长尚未指示专员根据第50J条签发减刑令，则在专员本应根据第50I条签发减刑令的当天开始；和

（ii）假设囚犯并未获得减刑令，在其本应获释的当天为止；

（c）第三，在根据第（a）小项计算的囚犯刑期中减去根据第（b）小项计算的囚犯刑期。

（7）根据第（6）（b）小项计算的刑期应在专员签发减刑令时予以免除。

说　明

一名囚犯因多项在指定日期之前所犯的罪行被判处 36 年监禁。刑期从 2013 年 1 月 1 日起生效。服刑期间，囚犯因犯有监狱罪行被判处剥夺 1 个月的减刑。部长在 2033 年 1 月 1 日复审了囚犯的案件（囚犯在该日期已服刑 20 年），并指示专员在当天根据第 50J 条签发减刑令。2037 年 2 月 1 日，当囚犯服刑 24 年（包括刑期的三分之二时间）零 1 个月（包括被剥夺的减刑）时，专员应根据第 50I 条签发减刑令。专员根据第 50J 条签发减刑令后，囚犯的刑期将减免至 4 年零 1 个月，即从专员根据第 50J 条签发减刑令之日到专员本应根据第 50I 条签发减刑令之日的期限。该 4 年零 1 个月的刑期将缓刑执行，并将在减免令到期时免除。 [*Act 1 of 2014 wef 01/07/2014*]

对指定日期之前、当日或之后所犯罪行的减刑

50ZE.（1）本条适用于以下囚犯：刑期［不包括（以坐牢）替代（罚款的）刑罚］由在指定日期之前、当日或之后所犯罪行导致的刑期构成。

（2）囚犯入狱后，有权按照经第（3）小项、第（4）小项、第（5）小项和第（6）小项修改后的第二细分部分获得减刑。

（3）当专员根据第 50I 条针对本条适用的囚犯签发减刑令时，囚犯的剩余刑期按以下方式（视情况而定）而非第 50K（2）条或第 50K（3）条计算——

（a）第一，计算囚犯未服刑的总刑期（以天为单位）；

（b）第二，针对每个连续服刑期限［包括（以坐牢）替代（罚款的）刑罚］，将囚犯已服刑的总时间（以天为单位）按相同比例分配给每个连续服刑期限；

（c）第三，计算出第（b）小项下未服刑的（以坐牢）替代（罚款的）刑罚部分（以天为单位）；

（d）第四，对于在指定日期之前犯下的罪行，计算出第（b）小项下的未服刑部分（以天为单位）；

（e）第五，将第（c）小项和第（d）小项下计算出的刑期部分相加；

（f）第六，在根据第（a）小项计算的囚犯刑期中减去根据第（e）小项计算的囚犯刑期。

说　明

囚犯在指定日期之前犯下罪行A并被判9年监禁，在指定日期之后犯下罪行B并被判6年监禁。罪行B不属于第50Y（1）条下的犯罪，对罪行B的判刑不包括第50T（1）（a）条规定的加重刑罚。这些判决应连续执行，从2015年1月1日起生效。2025年1月1日，即囚犯已服刑三分之二后的翌日，专员根据第50I条签发减刑令。囚犯已服刑时间（10年）将在罪行A和罪行B之间按相同比例分配，即针对罪行A服刑6年，针对罪行B服刑4年。针对罪行A的未服刑期限（3年）将被免除。针对罪行B的未服刑期限（2年）将是囚犯刑期的剩余部分，缓期执行，直到减刑令到期，而后予以免除。

（4）如果囚犯在指定日期已服刑20年或更长时间，部长应在指定日期后尽快根据第50J条复审囚犯的案件。

（5）如果部长指示专员根据第50J条签发减刑令，囚犯的剩余刑期将按照以下方式而非第50K（4）条计算——

（a）第一，计算囚犯未服刑的刑期总和（以天为单位）——

（i）从根据第50J条签发减刑令的日期开始；和

（ii）假设部长尚未指示专员根据第50J条签发减刑令，则在专员本应根据第50I条签发减刑令的前一天结束时为止；

（b）第二，计算囚犯未服刑的刑期总和（以天为单位）——

（i）假设部长尚未指示专员根据第50J条签发减刑令，则在专员本应根据第50I条签发减刑令当天开始；和

（ii）假设囚犯并未获得减刑令，在其本应获释的当天为止；

（c）第三，将根据第（b）小项计算的总刑期，在每个连续刑期［包括（以坐牢）替代（罚款的）刑罚］按相同比例分配；

（d）第四，根据第（c）小项的分配结果，计算在指定日期当天或之后所犯罪行的所有判决［不包括（以坐牢）替代（罚款的）刑罚］（以天为单位）；

（e）第五，在根据第（d）小项计算的囚犯刑期中加入根据第（a）小项计算的囚犯刑期。

说　　明

囚犯在指定日期之前犯下罪行A并被判18年监禁，在指定日期之后犯下罪行B并被判15年监禁。罪行B不属于第50Y（1）条下的犯罪，对罪行B的判刑不包括第50T（1）（a）条规定的加重刑罚。这些判决应连续执行，从2015年1月1日起生效。部长在2035年1月1日复审了囚犯的案件（囚犯在该日期已服刑20年），并指示专员在当天根据第50I条签发减刑令。2037年1月1日，当囚犯已服刑22年（三分之二）时，专员应根据第50I条签发减刑令。如果该囚犯继续服刑，直至专员在该日期签发减刑令，则囚犯的33年刑期中尚未服刑的部分将是11年。该部分将按相同比例在罪行A和罪行B的刑期之间分配，因此罪行A剩余刑期6年，罪行B剩余刑期5年。罪行A的剩余刑期（6年）将被免除。罪行B的剩余期限（5年）将加入到从部长指示专员根据第50I条签发减刑令之日起至专员本应根据第50I条签发减刑令之日（2年）为止的期限之中。相加之和的总期限（7年）将缓刑执行，并在减刑令到期时免除。

（6）囚犯刑期的以下部分应予免除——

（a）根据第（3）（c）小项或第（5）（c）小项计算的（以坐牢）替代（罚款的）刑罚的刑期；

（b）根据第（3）（d）小项或第（5）（c）小项计算的对指定日期之前所犯罪行的任何刑期。

［*Act 1 of 2014 wef 01/07/2014*］

第四细分部分和第五细分部分的适用

50ZF.（1）为免歧义——

（a）第四细分部分适用于第 50ZC 条所述的囚犯，该囚犯根据第 50I 条或第 50J 条以及本细分部分的规定获得减刑令并获释；和

（b）第五细分部分适用于第 50ZC 条所述的以下囚犯——

（i）根据第 50I 条或第 50J 条以及本细分部分的规定获得减刑令并获释；和

（ii）适用第 50U 条。

（2）第五细分部分也适用于第 50ZC 条所述的以下囚犯——

（a）根据第 50J 条以及本细分部分的规定获得减刑令并获释；和

（b）假设囚犯在指定日期之前所犯的罪行是在指定日期当日所犯时，第 50U 条适用。 [*Act 1 of 2014 wef 01/07/2014*]

部长可以规定其他的过渡条款

50ZG. 在指定日期之后的两年时间内，部长可以规定其认为必要或有利的、因实施本部分规定所需的例外条款或过渡性规定。

[*Act 1 of 2014 wef 01/07/2014*]

第六部分
家庭拘留计划

对本部分的释义

51. 在本部分——

“家庭拘留”（home detention），就囚犯而言，指囚犯在家庭拘留令中指定的监狱范围以外的场所服刑；

“家庭拘留令”（home detention order）指专员根据第 52 条签发的命令；

[*Act 1 of 2014 wef 01/07/2014*]

“监狱长”（Superintendent），就囚犯而言，指从监狱释放该囚犯进行家庭拘留的监狱长。

[*38A*]

[*8/2000*]

家庭拘留令

52. 除非第 53 条另有规定，为了促进囚犯改造和重新融入社会，专员可以下令释放有家庭拘留资格且家庭拘留期限不超过 12 个月或者部长在宪报公告中指定的替代期限的囚犯。 [*Act 1 of 2014 wef 01/07/2014*]

家庭拘留的资格

53.（1）在以下情况，囚犯有资格获得第 52 条所述的家庭拘留——

（a）他正在服刑且刑期不少于 4 周，或不少于部长在宪报公告中指定的其他替代期限； [*33/2004 wef 04/10/2004*]

（aa）他已服刑不少于 14 天，或不少于部长通过宪报公告指定的其他替代期限；和 [*33/2004 wef 04/10/2004*]

（b）他并非附表 2 所述的无法根据第 52 条进行家庭拘留的囚犯。

[*8/2000*]

[*Act 1 of 2014 wef 01/07/2014*]

（1A）如果部长考虑到案件情况以及以下因素之后，认为囚犯有资格获得家庭拘留，部长可取消第（1）（b）小项所述的无资格情况——

（a）囚犯在狱中的进步和对改造的反应；

（b）囚犯的家庭支持；和

（c）囚犯的重新犯罪风险。 [*33/2004 wef 04/10/2004*]

（2）就第（1）（a）小项而言，任何性质的不同连续监禁刑期应视为一项判决。 [*38C*]

[*8/2000*]

家庭拘留条件

54.（1）受家庭拘留令约束的囚犯应——

（a）在专员指定的任何时间和场所，参加专员要求的任何咨询、治疗、测试、评估和其他活动，以促进其改造和重新融入社会；

（b）在专员指定的任何时间和场所，到场提供其尿液或头发样本以供测试；

（c）在专员指定的任何时间，留在家中或专员指定的其他场所；

（d）允许监狱长和监狱长授权的任何人员，为确定其是否符合家庭拘留令的条件或为了有关囚犯改造的任何目的，进入其家中或其被要求居住的其他场所；

（e）能够对他的行踪进行电子监控——

（i）在专员指定的位置佩戴由专员签发的电子发射装置；

（ii）允许监狱长和监狱长授权的任何人员进入家中或其被要求居住的任何其他场所，以便安装、维护、修理或取回电子监控设备；

（iii）遵守所有要求，以确保向其签发或在其家中或其被要求居住的其他场所安装的电子监控设备能够正常运行；

（iv）遵守对其提出的所有报告要求；和

（v）不得篡改向其签发或在其家中或其被要求居住的其他场所安装的电子监控设备，或以其他方式阻止或阻碍对其行踪的电子监控；和

（f）遵守专员在命令中指定的其他条件。 [*Act 1 of 2014 wef 01/07/2014*]

（2）专员可随时通过签发书面命令并向获得家庭拘留令的囚犯送达该命令——

（a）更改、取消或增加第（1）小项所述的任何条件；或者

（b）针对囚犯豁免第（1）小项所述的任何条件。

[*38D*]

[*8/2000*]

[*Act 1 of 2014 wef 01/07/2014*]

家庭拘留令的效力

55. 家庭拘留令对囚犯有效时——

（a）囚犯应被视为正在服刑；

（b）囚犯属于由监狱长合法羁押；和

（c）囚犯有权在基于该命令服刑期间获得减刑。

［*38E*］

［*8/2000*］

召回监狱

56.（1）如果监狱长有理由怀疑囚犯未遵守家庭拘留令的任何条件，或者在家庭拘留令期限内有违纪行为，监狱长可以——

（a）进行必要的调查，以确定囚犯是否遵守家庭拘留令的任何条件，或者在该命令期限内是否有违纪行为；和

（b）在调查完成之前，将囚犯召回监狱。［*8/2000*］

（2）根据第（1）（b）小项被召回监狱的囚犯，其家庭拘留令的期限应继续有效，即使他被召回监狱，除非该命令根据第57条被撤销或根据第58条被暂停执行。

［*38F*］

［*8/2000*］

撤销家庭拘留令

57.（1）如果专员在适当调查后认为——

（a）囚犯未能根据第56（1）（b）条的召回令返回监狱；

（b）囚犯未遵守家庭拘留令的任何条件；

（c）囚犯在家庭拘留令期限内有违纪行为；

（d）囚犯的行踪无法在其家中或家庭拘留令要求其居住的场所之内受到电子监控；或者

（e）为保障公众利益，专员可撤销对囚犯的家庭拘留令，并将其召回监狱。未返回监狱的囚犯属于非法在逃。［*8/2000*］

［*Act 1 of 2014 wef 01/07/2014*］

（2）家庭拘留令根据第（1）小项被撤销后，囚犯应服刑直至期满。

［*38G*］

［*8/2000*］

暂停家庭拘留令

58.（1）除非第（2）小项另有规定，凡根据第 70（1）（a）或（b）条因轻微监狱犯罪或根据第 71（1）（b）或（c）条因严重监狱犯罪而受到惩罚的囚犯，除非其家庭拘留令根据第 57 条被撤销，否则该拘留令应自囚犯因以下原因受到惩罚之日起暂停执行——

（a）根据第 70（1）（a）条或第 71（1）（b）条所述的命令，囚犯被关押在惩罚囚室的期限；或者

（b）根据第 70（1）（b）条或第 71（1）（c）条所述的命令，被罚没的减刑期。

［*8/2000*］

（2）如果囚犯根据第 70（1）（a）条或第 71（1）（b）条被监禁在惩罚囚室，并根据第 70（1）（b）条或第 71（1）（c）条被罚没减刑，那么家庭拘留令根据第（1）小项应予暂停的期限是囚犯的监禁期限和罚没的减刑期限之和。

［*38H*］

［*8/2000*］

进入和搜查的权力

59. 助理监狱长级别或以上级别的警员或其授权的警员可以——

（a）无须逮捕令即可进入并搜查一处场所，逮捕在以下期限之后尚未返回监狱的囚犯——

（i）监狱长根据第 56（1）（b）条将其召回；或者

（ii）专员根据第 57（1）条撤销其家庭拘留令；和

［*Act 1 of 2014 wef 01/07/2014*］

（b）为获得进入该场所的入口，当该警员无法以其他方式进入时，可破开该场所的任何外部或内部门窗。

［*38I*］

［*8/2000*］

第六A部分
外部安置计划

［*Act 1 of 2014 wef 01/07/2014*］

对本部分的释义

59A. 在本部分——

“外部安置”（external placement），就囚犯而言，指囚犯在外部安置令指定的监狱范围以外的场所服刑；

“外部安置令”（external placement order）指根据第59B条签发的命令；

“监狱长”（Superintendent），就囚犯而言，指从监狱释放该囚犯进行外部安置的监狱长。［*Act 1 of 2014 wef 01/07/2014*］

外部安置令

59B.（1）如果部长认为囚犯更适合在监狱以外的场所服刑，他可以指示专员对囚犯签发期限不超过12个月的外部安置令。

（2）部长可指示专员将外部安置令的期限延长一次或多次，每次不超过12个月。

（3）就第（1）小项和第（2）小项及第59H（1）条而言，在确定囚犯是否更适合在监狱以外的场所服刑时——

（a）部长应考虑以下因素——

（i）囚犯在监狱服刑通常符合公众利益；和

（ii）如果囚犯获释或继续外部安置，他可能对公共安全构成威胁（如有）；和

（b）部长可考虑以下因素——

（i）囚犯的身体状况；

（ii）囚犯的精神状况；和

（iii）任何其他相关情况。［*Act 1 of 2014 wef 01/07/2014*］

外部安置令的效力

59C.（1）囚犯应在外部安置令签发之日离开监狱。

（2）在针对囚犯的外部安置令有效期间，该囚犯被视为——

（a）仍在服刑；和

（b）仍由监狱长合法羁押。 [*Act 1 of 2014 wef 01/07/2014*]

外部安置条件

59D.（1）受外部安置令约束的囚犯——

（a）应在专员指定的时间，留在家中或专员指定的其他场所；

（b）应允许监狱长和监狱长授权的任何人员，为确定其是否符合外部安置令的条件或为了有关囚犯改造的任何目的，进入其家中或其被要求居住的其他场所；

（c）应执行以下所有操作，以便警方对其行踪进行电子监控——

（i）在专员指定的位置佩戴由专员签发的电子发射装置；

（ii）允许监狱长和监狱长授权的任何人员进入家中或其被要求居住的任何其他场所，以便安装、维护、修理或取回电子监控设备；

（iii）遵守所有要求，以确保向其签发或在其家中或其被要求居住的其他场所安装的电子监控设备能够正常运行；

（iv）遵守专员对其提出的所有报告要求；和

（v）不得篡改向其签发或在其家中或其被要求居住的其他场所安装的电子监控设备，或以其他方式阻止或阻碍对其行踪的电子监控；和

（d）应遵守专员在外部安置令中指定的其他条件。

（2）专员根据第（1）小项指定的事项应以书面通知做出。

（3）专员可随时通过向获得外部安置令的囚犯送达书面通知——

（a）更改、取消或增加第（1）小项所述的任何条件；或者

（b）针对囚犯豁免第（1）小项所述的任何条件。

[*Act 1 of 2014 wef 01/07/2014*]

召回监狱

59E.（1）如果监狱长有理由怀疑囚犯未遵守外部安置令的任何条件，或者在外部安置令期限内有违纪行为，监狱长可以——

（a）进行必要的调查，以确定囚犯是否遵守外部安置令的任何条件，或者在该命令期限内是否有违纪行为；和

（b）在调查完成之前，将犯人召回监狱。

（2）根据第（1）（b）小项被召回监狱的囚犯，其外部安置令将继续有效。

［*Act 1 of 2014 wef 01/07/2014*］

撤销外部安置令

59F.（1）如果专员在适当调查后认为——

（a）囚犯未能根据第59E（1）（b）条的召回返回监狱；

（b）囚犯未遵守外部安置令的任何条件；

（c）囚犯在外部安置令期限内有违纪行为；

（d）囚犯的行踪无法在其家中或外部安置令要求其居住的场所之内受到电子监控；或者

（e）为公众利益所需，专员可撤销对囚犯的外部安置令；如果该囚犯尚未处于监狱羁押状态，则将其召回监狱。随后未返回监狱的囚犯属于非法在逃。

（2）外部安置令根据第（1）小项被撤销后，囚犯应服刑直至期满。

［*Act 1 of 2014 wef 01/07/2014*］

暂停外部安置令

59G. 凡受外部安置令约束的囚犯根据第70（1）（a）或（b）条或第71（1）（b）或（c）条或同时根据该两条的规定受到惩罚，除非其外部安置令根据第59F条被撤销，否则该囚犯的外部安置令应从该囚犯受到惩罚之日开始，在以下期限内暂停——

（a）根据第70（1）（a）条或第71（1）（b）条所述的命令，囚犯被关押在惩罚囚室的期限；

（b）根据第70（1）（b）条或第71（1）（c）条所述的命令，被罚没的减

刑期；或

（c）囚犯根据第70（1）（a）条或第71（1）（b）条接受监禁的期限和根据第70（1）（b）条或第71（1）（c）条被罚没的减刑期限之和。

[*Act 1 of 2014 wef 01/07/2014*]

取消外部安置令

59H.（1）如果部长认为囚犯不再适合根据外部安置令在监狱以外的场所服刑，他可以取消该外部安置令，并将该囚犯召回监狱；未返回监狱的囚犯属于非法在逃。

（2）外部安置令根据第（1）小项被取消后，囚犯应服刑直至期满。

[*Act 1 of 2014 wef 01/07/2014*]

进入和搜查的权力

59I. 助理监狱长级别或以上级别的警员或其授权的警员可以——

（a）无须逮捕令即可进入并搜查一处场所，逮捕在以下期限之后尚未返回监狱的囚犯——

（i）监狱长根据第59E（1）（b）条召回囚犯；

（ii）专员根据第59F（1）条撤销外部安置令；或者

（iii）部长根据第59H（1）条取消外部安置令；和

（b）为获得进入该场所的入口，当该警员无法以其他方式进入时，可破开该场所的任何外部或内部门窗。 [*Act 1 of 2014 wef 01/07/2014*]

第七部分
纪律和监狱犯罪

与监狱用品管理相关的罪行

60.（1）任何监狱职员、医务人员、市政当局的成员或雇员或在监狱工作的任何其他人不得——

（a）直接或间接向任何囚犯出售、供应任何物品或将该物品供其使用或供任何监狱使用，或直接或间接基于此类出售或供应而收受任何利益或好处；

（b）直接或间接在第（a）小项所述的任何物品的销售或供应合同或协议中存在任何利益；或者

（c）直接或间接在购买任何监狱用品中有任何金钱利益，或从此类用品的承包商或销售商收受任何折扣、礼物或其他对价，或与囚犯或其朋友有任何金钱交易。 *[8/2000]*

[33/2004 wef 04/10/2004]

（2）除非得到专员、副专员或监狱长的授权，否则任何监狱职员、医务人员、市政当局成员或雇员或在监狱工作的任何其他人不得代表任何囚犯与任何人进行沟通。 *[8/2000]*

[Act 1 of 2014 wef 01/07/2014]

[33/2004 wef 04/10/2004]

（3）任何人违反第（1）小项或第（2）小项，即属犯罪。一经定罪，可处不超过6000美元罚金或不超过12个月监禁，或两者兼而有之。

[39]

[8/2000]

擅离职守

61.任何监狱职员非法或违反职责要求离开工作岗位且有情况显示其不准备重返岗位时，应被视为擅离职守。一经定罪，可处以不超过12个月监禁，所有未付薪酬均予没收。 *[40]*

禁止付款

62.（1）任何囚犯或其代表不得以任何借口，在进入监狱、开始服刑、服刑期间或离开监狱时，向任何监狱职员、医务人员、市政当局的成员或雇员，或在监狱工作的任何其他人员应付、支付、给予或承诺任何款项或其他对价。

（2）上述任何人员收受或索要任何此类款项或其他对价，或因收受或被承诺支付此类款项或其他对价而从事任何服务，即属犯罪。一经定罪，可处不超过 1200 美元罚金或不超过 6 个月监禁，或两者兼而有之。 [*8/2000*]

（3）任何根据本条规定被定罪的公职人员，除非上诉时定罪被推翻，否则可被撤除职务，所有应付薪酬均予没收。

[*41*]

[*8/2000*]

离职时交还制服等

63.（1）每名监狱职员在离开新加坡监狱服务机构（无论是辞职、被解雇、被解职还是其他方式）之前，均应妥善交还监狱职员持有的任何武器、弹药、装备、制服或其他物品，以及他可能持有的属于政府的任何其他财产（正常损耗除外）。 [*33/2004 wef 04/10/2004*]

（2）任何人不遵守本条，即属犯罪。一经定罪，可处不超过 1000 美元罚金或不超过 3 个月监禁，或两者兼而有之。此外，该人还应支付任何未交还物品的价值，该价值由法院大概确定，可由法院视为罚金收取。

[*42*]

[*8/2000*]

威胁、侮辱或攻击其他监狱职员

64.（1）任何监狱职员在以下情况威胁或侮辱其他高级或同等级监狱职员的——

（a）其他监狱职员当值；或

（b）当威胁或侮辱行为与受到威胁或侮辱的监狱职员履行职责有关或因其履行职责引起时，即属犯罪。一经定罪，可处罚款不超过 1000 美元罚金或不超过 6 个月监禁，或两者兼而有之。 [*33/2004 wef 04/10/2004*]

（1A）任何监狱职员在以下情况袭击其他监狱职员的——

（a）其他监狱职员当值；或

（b）当该袭击行为与被袭击的监狱职员履行职责有关或因其履行职责引起

时，即属犯罪。一经定罪，可处不超过 2 年的监禁。［*33/2004 wef 04/10/2004*］

（2）任何根据本条规定被定罪的人员，除非上诉时定罪被推翻，否则可被撤除职务，所有应付薪酬均予没收。［*47*］

65.［根据 *Act 33/2004 wef 04/10/2004*，予以删除。］

未经授权的物品、交流和录音

66.（1）未经本法案、据其制定法规或专员明确许可，任何人——

（a）向任何囚犯运送、供应或安排供应或运送任何未经授权的物品，或隐藏或放置此类物品供其使用；

（b）以任何方式将未经授权的物品带入或企图带入任何监狱，或置于或企图置于囚犯的劳动场所；

（c）从任何监狱带出或企图带出，或从任何囚犯处传递未经授权的物品；

（d）在监狱中制作任何音频或视频记录；

（e）在知道或理应知道与囚犯交流可能怂恿、煽动或鼓动其犯下监狱罪行时，与囚犯做此类交流，从而怂恿、煽动或鼓动其犯下监狱罪行；

（f）在知道或理应知道其任何作为或违反法律要求的不作为可能具有以下任何影响，且确实具有以下影响的——

（i）影响对囚犯的安全羁押、监狱中任何人的安全或监狱的安全；或者

（ii）影响监狱的良好秩序和纪律，即属犯罪。

（2）未经本法案、据其制定的法规或专员明确许可，任何监狱职员——

（a）明知故犯地允许将任何未经授权的物品出售给囚犯，或由囚犯或其代表接收或使用；

（b）向任何囚犯出借或给予任何未经授权的物品；

（c）明知故犯地允许任何未经授权的物品被带出监狱，或者从囚犯处转移出去；

（d）明知故犯地在监狱中制作任何音频或视频记录；或者

（e）明知故犯地做出其知道或理应知道可能造成以下影响的作为或不作为，且确实具有此类影响的——

（i）影响对囚犯的安全羁押、监狱中任何人的安全或监狱的安全；或者

（ii）影响监狱的良好秩序和纪律，即属犯罪。

（3）任何犯有本条所述罪行的人员一经定罪，可被处不超过 3000 美元罚金或不超过 12 个月监禁，或两者兼而有之；如果他是监狱职员，除非经上诉推翻定罪，否则应予解雇，且所有应付薪酬予以罚没。

（4）在本条中，“未经授权的物品”（unauthorised article）指——

（a）任何信件或文件；

（b）任何电子存储设备；

（c）任何致醉物质、药物或兴奋剂；

（d）任何食物或饮料；

（e）任何衣物；

（f）金钱；或者

（g）任何未经专员特别授权即带进或带出监狱的物品。

［*Act 1 of 2014 wef 01/07/2014*］

囚犯可以被允许工作

67. 被判处监禁的囚犯可被允许从事本法规定且经医务人员证明适合的劳动。

［*Act 1 of 2014 wef 01/07/2014*］

囚犯隔离

68.（1）根据民事诉讼程序被拘留的人，以及被控犯罪或违法、被交付审判或因缺乏担保人而被拘留的人，不得——

（a）在一般情况下与被定罪的囚犯一起关押；或

（b）在保持其身体和衣着处于适当状态且保持其拘留场所整洁而合理所需的劳动以外，再要求其从事其他劳动。

（2）在当地条件允许时，所有青少年应与被拘留的成年人分开关押。

［*51*］

囚犯的狱外羁押

69. 囚犯在被带进或带出对其合法监禁的监狱时，或在监狱职员的合法监管或控制下，在任何此类监狱之外工作或因其他原因处于监狱之外时，应被视为身处监狱之中，并应遵守与监狱服刑有关的所有相同规定。 [*52*]

监狱长对轻罪的惩罚

70.（1）经适当调查后，若监狱长发现囚犯有第 72 条规定的轻微监狱罪行，可命令其接受以下一种或多种惩罚：

（a）监禁在惩罚牢房中不超过 7 天；

（b）罚没不超过规定时长的减刑时间；

（c）降级或在规定时间内推迟晋升；

（d）书面警告；

（e）就根据第 52 条受家庭拘留令约束的囚犯而言，延长该囚犯在该命令条件下被要求留在室内的时间。 [*8/2000*]

（2）监狱长应将囚犯受到的惩罚情况记入登记册，说明相关囚犯的姓名、犯罪性质及惩罚强度，以供巡狱太平绅士查阅。 [*53*]

监狱长对严重监狱犯罪的惩罚

71.（1）经适当调查后，若监狱长发现囚犯有第 73 条规定的严重监狱罪行，可命令其接受以下一种或多种惩罚——

（a）用藤条体罚不超过 12 下；

（b）监禁在惩罚牢房中不超过 7 天；

（c）罚没不超过规定时长的减刑时间；

（d）降级或在规定时间内推迟晋升。 [*8/2000*]

（2）凡监狱长根据第（1）小项对任何囚犯施加任何惩罚，监狱长应在施加惩罚后 7 天内，将案件事实及惩罚情况通报专员。 [*8/2000*]

[*Act 1 of 2014 wef 01/07/2014*]

（3）专员可在监狱长根据第（2）小项做出通报后的 14 天内，或在例外情况下，在所需的较长期限内——

（a）对监狱长根据第（1）小项施加的惩罚进行确认；或者

（b）更改监狱长根据第（1）小项施加的惩罚，包括加强、减少或取消监狱长施加的惩罚，或施加监狱长根据该小项本可判处的额外惩罚。［*8/2000*］

［*Act 1 of 2014 wef 01/07/2014*］

［*33/2004 wef 04/10/2004*］

（4）凡专员根据第（3）（b）小项强制没收减刑时间的，被没收的时间不得超过规定的期限。

［*8/2000*］

［*Act 1 of 2014 wef 01/07/2014*］

（5）监狱长根据第（1）小项施加的任何惩罚，在专员根据第（3）小项进行确认或更改之前，不得执行。［*8/2000*］

［*Act 1 of 2014 wef 01/07/2014*］

（6）监狱长应将自身及专员根据第（3）小项对囚犯施加的惩罚情况记入登记册，说明相关囚犯的姓名、犯罪性质及惩罚强度，以供巡狱太平绅士查阅。

［*54*］

［*8/2000*］

［*Act 1 of 2014 wef 01/07/2014*］

轻微的监狱犯罪

72. 以下行为应被视为轻微的监狱犯罪——

（1）在工作时间说话，或者在监狱职员下令停止之后的任何时间大声说话、发出笑声或唱歌；

（2）与其他囚犯争吵；

（3）隐藏任何物品；

（4）对任何监狱职员或政府探访人员表示不尊重；

（5）对任何其他囚犯的普通攻击或参与任何攻击；

（6）不诚实地回答监狱职员或政府探访人员提出的任何问题；

（7）违反监狱规定与任何人进行任何沟通（书面、口头或其他方式）；

（8）教唆他人犯有轻微监狱罪行；

（9）没有通过举报监狱犯罪来协助维持监狱纪律，或在监狱职员要求协助时不予配合；

（10）做出意图伤害或冒犯其他囚犯的感情和固有看法的行为，或使用此类语言；

（11）做出意图造成囚犯或监狱职员恐慌的行为；

（12）未经监狱职员许可，离开他所属的团体或监禁场所；

［*33/2004 wef 04/10/2004*］

（13）未经官员许可，离开病房、院子、队列、分配给他的座位或铺位；

（14）在院子开放或病房开门时，在院子闲逛或在病房徘徊；

（15）在监狱中走动或上班或下班时，忽视或拒绝列队行进；

（16）未经监狱职员许可，自行如厕或在厕所停留不必要的时间；

（17）拒绝食用监狱提供的饭菜；［*33/2004 wef 04/10/2004*］

（18）吃或占用任何未分配给他的食物，或拿走分配给其他囚犯的食物或给其他囚犯添加食物；

（19）未经监狱职员许可，将食物从烹饪室或提供食物的场所移走，或者不服从关于食物和饮料发放和分配的任何命令；

（20）故意毁坏食物或未经许可扔掉食物；

（21）在食物或饮料中加入任何可能使其不可口或不健康的东西；

（22）忽视或拒绝穿戴监狱分发的衣服，或者用衣服的任何部分交换其他囚犯的衣服，或者丢失、丢弃、损坏或改变衣服的任何部分；

（23）移除、污损或改变附着在或佩戴在衣服或身体上的任何独特号码、标记或徽章；

（24）忽视或拒绝保持身体整洁，或违反有关理发的命令；

（25）忽视或拒绝保持衣物、毯子、床上用品、脚镣或器具整洁，或不服从关于此类物品安排或处置的命令；

（26）以任何方式篡改监狱锁具、灯具或光线或与其无关的其他财产；

（27）偷窃其他囚犯的囚服或囚包的任何部分；

（28）在监狱的任何地方做出危害行为；

（29）以吐痰或其他方式弄脏监狱建筑物的任何地板、门、墙或其他部分或监狱中的任何物品；

（30）故意弄脏厕所、洗漱或洗浴场所；

（31）破坏监狱围墙内的树木；

（32）忽视或拒绝适当照顾监狱交付其的监狱财产；

（33）忽视或拒绝适当照顾、伤害或挪用监狱交付其使用的工作材料和工具；

（34）并未立即报告其可能对监狱财产或工具造成的任何损失、破损或损坏；

（35）未经监狱职员知情或许可即制造任何物品；

（36）执行分配给其他囚犯的全部或部分任务，或者在执行自身任务时获得其他囚犯的协助；

（37）挪用其他囚犯完成的全部或部分任务；

（38）将任何外来物质混合或添加到监狱发放的工作材料中；

（39）诅咒或咒骂，或使用不雅、暴力、威胁或侮辱性语言；

（40）导致或忽视协助镇压任何形式的暴力或不服从行为；

（41）不道德、无序或不雅的行为；

（42）在有囚犯企图越狱或袭击监狱职员或其他囚犯时，忽视或拒绝帮助监狱职员；

（43）不服从监狱职员的合法命令；

（44）怠工或拒绝工作，或在执行自身任务时有疏忽行为；

（45）污损或者损坏监狱的墙壁、家具或者其他财产；

（46）伪装生病；

（47）拒绝接受药物治疗；

（48）根据第 52 条获得家庭拘留令的囚犯违反了相关条件，但并未导致第 73 条所述的严重监狱罪行；

（49）任何其他损害良好秩序或纪律的行动、行为、混乱或疏忽，即使上述小项未予具体说明。 ［*55*］

［*8/2000*］

严重监狱犯罪

73. 以下行为应被视为严重监狱犯罪：

（1）暴动；

（2）外逃或企图外逃；

（3）参与对监狱职员的攻击或袭击；

（4）对其他囚犯的严重或反复攻击；

（5）故意毁坏监狱财产；

（6）故意使自身遭受任何疾病、伤害或残疾；

（7）故意对监狱职员或囚犯进行虚假或毫无根据的指控或投诉；

（7A）由帮会的一名或多名成员或有关人员做出有关帮会活动的构成第 72 条所述之轻微监狱犯罪的行为，无论当时帮会的所有其他成员是否在场；

［*33/2004 wef 04/10/2004*］

（8）因同一轻微罪行受到两次惩罚后，再次犯下任何轻微监狱罪行；

（9）第 52 条家庭拘留令涉及的囚犯未根据指定条件在指定时间和场所向指定人员报到；

（10）第 52 条家庭拘留令涉及的囚犯，本应根据相关条件允许监狱长或监狱长授权人员进入该囚犯的家中，或家庭拘留令要求其所在的其他场所，但该囚犯拒绝或阻碍或干扰上述人员进入；

（11）任何其他严重不当行为或不服从行为；

（12）教唆他人犯有严重监狱罪行。 ［*56*］

［*8/2000*］

巡狱太平绅士施加的惩罚

74.（1）凡囚犯被控犯有任何严重监狱罪行，且监狱长认为自身在该情况下拥有的惩罚权力不足，则监狱长应立即向一名或多名巡狱太平绅士报告此事。

（2）收到该报告的一名或多名巡狱太平绅士应立即到监狱进行调查，并针对经宣誓的适当调查结果，对犯有此类罪行的任何囚犯处以下述一种或多种惩罚——

（a）关押在惩罚囚室不超过 30 天，期间只提供该巡狱太平绅士认为适当的饮食；

（b）用藤条体罚不超过 24 下；

（c）罚没不超过规定时长的减刑时间。 [*57*]

囚犯可以为自身辩护

75. 任何囚犯，在有机会听取对自身的指控和证据并为自身辩护之前，不得遭受惩罚。 [*58*]

获释后的拘留

76.（1）根据本法或据其制定的任何条例对囚犯合法施加的任何惩罚均可执行，即使执行该惩罚会使囚犯在原获释日期后继续受到拘留。

（2）第（1）小项所述拘留期不得超过 48 小时，从囚犯原获释日期的最后一小时开始计算。 [*59*]

肉　　刑

77.（1）在根据本法对囚犯判处肉刑时，针对该囚犯的一项或多项作为或不作为，仅可判处不超过一次的肉刑。

（2）以下人员不得被施以肉刑——

（a）女性；

（b）死刑犯；或

（c）医务人员认为年龄超过 50 岁的男性。 [*33/2004 wef 04/10/2004*]

（3）在任何情况下，不得对青少年判处用轻藤条鞭打超过 10 下的肉刑。

（4）除非医务人员在场并证明囚犯处于能够接受肉刑的良好健康状况，否则不得施以肉刑。 [*33/2004 wef 04/10/2004*]

（5）在执行肉刑判决期间，如果医务人员证明囚犯健康状况不适合接受剩余的惩罚，则肉刑应全部停止。 [*33/2004 wef 04/10/2004*]

监狱长可恢复减刑

77A. 监狱长可酌情决定恢复任何囚犯曾被罚没的全部或部分减刑期。

［*Act 1 of 2014 wef 01/07/2014*］

起诉犯罪

78. 本法的任何规定均未免除任何囚犯因任何罪行经一般法律程序被起诉的可能性，但任何囚犯不得因同一罪行受到两次惩罚。［*61*］

指定巡狱太平绅士

79.（1）部长应任命一个太平绅士委员会，名为“巡狱太平绅士委员会”，所有治安法官都是该委员会的当然成员。［*8/2000*］

（2）巡狱太平绅士委员会的每名成员——

（a）任期不超过 2 年或部长决定的其他期限；

（b）部长可不时重新任命或随时免职成员；和

（c）可随时书面通知部长辞去职务。［*8/2000*］

（3）每名巡狱太平绅士——

（a）可随时访问任何监狱或改造培训中心，并可视察监狱的数所病房、囚室、院子、单独牢房或惩罚牢房以及其他公寓或分区，检查和测试囚犯食物的质量和数量，听取囚犯的投诉（如有），并向任何囚犯或监狱职员提问；

（b）应尽可能确定监狱规例是否得到遵守，并应提请监狱长注意自身观察到的有关监狱或改造训练中心的工作，或在对待其中任何囚犯时的不正常情况；和

（c）应行使及执行其具有的其他权力及职责。

（4）委员会应指定一名或多名成员轮流担任一年中的月度巡狱太平绅士，负责审理、审判和处置已根据第 74（1）条上报的监狱犯罪。

（5）就本法而言，每名巡狱太平绅士均有权传唤证人和监督宣誓。

（6）委员会应针对改造培训中心拘留的人员行使任何成文法律要求的职能。

［*62*］

法官、治安法官等的探访

80. 在任何监狱所在地拥有管辖权的每名法官、治安法官或太平绅士均可——

（a）在其认为需要时，进入监狱并检查监狱和囚犯的情况；

（b）向任何囚犯或监狱职员提问；和

（c）将其认为需要的观察结果记入监狱长保管的探访簿中，该探访簿应在巡狱太平绅士下次探访时适当出示。 [*63*]

囚犯就业计划

81.（1）部长可以针对适合的囚犯推出一项服刑期间从事有偿就业的计划。

（2）根据第（1）小项的计划受到雇佣的囚犯，即使法院、法官、治安法官或其他公职人员针对该囚犯的罪行做出任何命令，该囚犯仍可每日获释，以在监狱范围以外从事工作。

（3）根据该计划在监狱范围以外工作的囚犯，应被视为仍在监狱中受到监狱长的合法羁押，并遵守其本应在监狱遵守的相同要求。

（4）部长可以制定关于囚犯有偿就业计划的条例，其中可以规定以下所有或任何目的或事项——

（a）释放囚犯在监狱范围之外就业的条款和条件；

（b）囚犯的聘用条款和条件；

（c）向囚犯支付工资的方式；和

（d）囚犯根据就业计划挣得的工资比例，囚犯可保留该比例的工资，用以支付食物和交通费用。 [*64*]

[*5/85*]

部长可以修正附表

82.（1）部长可通过在宪报公告，下令修正附表一或附表二。

（2）根据本条签发的命令可包含执行命令所需或适当的例外条款和过渡性条款。

（3）根据本条签发的所有命令应在宪报公布后尽快提交议会。

[*Act 1 of 2014 wef 01/07/2014*]

审判罪行

83.（1）除非本法另有明示规定，否则本法规定的所有罪行应由地区法院或治安法院予以审理。

（2）除非第（3）小项另有规定，否则即使《刑事诉讼法典》（第 68 章）有相反规定，任何地区法院或治安法院均有权审判本法所述的任何罪行，并对该罪行施以全面惩罚。 [*Act 1 of 2014 wef 01/07/2014*]

（3）任何地区法院或治安法院，如果根据《刑事诉讼法典》有权审判涉嫌违反第 50S 条规定的减刑令基本条件的罪行，那么即使《刑事诉讼法典》有任何相反规定，其仍有权根据第 50T 条对该罪行施以全面的加重刑罚。

[*Act 1 of 2014 wef 01/07/2014*]

条　　例

84.（1）在不违反本法规定的情况下，部长可以制定有助于监狱和改造培训中心的良好管理和治理或为实现本法目标所需的所有条例。

（2）特别是，在不影响第（1）小项之普遍适用性的前提下，该等条例可就以下所有或任何目的或事项做出规定——

（a）监狱职员的服务条件以及权力、行为和职责；

（b）对关押在监狱的囚犯或其他被羁押人员的指纹印记或其他记录进行医学检查、测量、拍照和记录，包括详细的个人统计数据和历史记录，并要求囚犯或其他被羁押人员全面和如实回答问题，以便获得此类统计数据和历史记录；

（c）应向哪些人员（如有）发送或提供此类测量、照片、指纹印记或其他记录；

（d）囚犯的就业、饮食、分类、安全羁押、隔离、待遇和纪律；

（e）在不同监禁阶段，通过何种方式、在何种场所要求囚犯从事何种劳动；

（f）即使任何法律有相反规定，向适当遵守适用条例及减刑条件的囚犯，针对其监禁刑罚和（以坐牢）替代（罚款的）刑罚做出减刑；

[*9/2003 wef 16/05/2003*]

（g）处置囚犯生产的产品；

（h）建立囚犯援助联盟和协会，资助他们的工作，并使用缓刑囚犯和已定罪并服刑期满的囚犯所提供的服务；

（i）释放囚犯时，向其提供钱款、食物、衣物或交通工具；

（j）提前释放有权在星期日或公共假日获释的囚犯；

［*Act 1 of 2014 wef 01/07/2014*］

（ja）根据减刑令或外部安置令释放囚犯，并适当执行此类命令；

［*Act 1 of 2014 wef 01/07/2014*］

（jb）将违反减刑令强制性安置条件的行为划分为严重违反和轻微违反类别；

［*Act 1 of 2014 wef 01/07/2014*］

（k）巡狱太平绅士的程序和探访；

（ka）为本法的目的，设立咨询性质的委员会，无论该委员会如何命名；

［*30/2008 wef 17/12/2008*］

［*Act 1 of 2014 wef 01/07/2014*］

（l）在不影响第（ka）小项之普遍适用性的前提下，设立一个咨询委员会，就根据第六部分释放囚犯进行家庭拘留的适宜性和相关规定、职能及程序，向专员提供咨询；

［*Act 1 of 2014 wef 01/07/2014*］

［*30/2008 wef 17/12/2008*］

（m）本法要求或允许规定的任何其他事项。［*8/2000*］

（3）根据本条签发的所有条例应在宪报公布后尽快提交议会。

（4）如果一项有关从指定日期废除此类条例或其任何部分（视情况而定）的决议根据一项动议通知获得通过，且针对该动议通知的议会会议日期不晚于此类条例上报议会日期 3 个月后的第一个议会会议日期时，则此类条例或其相关部分应随后在上述议会会议日期失效，但此前根据此类条例所做的任何安排均不受影响，且新条例的制定也不受影响。［*65*］

中国香港特别行政区惩教法规

香港惩教署工作守则

序　　言

本署于本年二月成立一个特别工作小组，全面修订部门的现行工作守则，将冗长或重复的部分精简，以便查阅。

经修订的部门工作守则分为工作守则和工作程序（包括载述特定工作处理程序指引的运作手册）两部分出版。

工作守则和工作程序均按主题分类，有目录列明，以便检索。此外，亦备有电子版，用者可透过本署辖下院所的工作站，进入内联网浏览。

工作守则乃训令文件，供职员遵守；工作程序则为实务指引，使职员遵照工作守则的规定行事时有所依循。简而言之，新订的工作守则和工作程序阐明职员须予遵办的事项和行事方式。

各同事履行职责时，应细心判断和思考，时刻谨记部门的“抱负、任务和价值观”。

希望各同事善用本工作守则和工作程序。

惩教署署长

二〇〇〇年十二月

释　义

院所主管	即院所主管人员，不论他属何职级，院所属何种类。
组别主管	即总部组别的主管人员，不论他属何职级。
分组主管	即总部分组的主管人员，不论他属何职级。
纪律人员	指根据纪律人员薪级表支薪的人员，包括工艺教导员及工艺导师。
高级人员	指署长、副署长及任何助理署长、总监督、高级监督、监督或总惩教主任。
部属人员	指高级惩教主任、惩教主任、惩教助理、护士以及职级在总惩教主任以下而行政长官宣布为部属人员的惩教署任何其他人员。
职　员	指纪律人员或任何受聘于惩教署工作的人，包括文职及一般职系人员。
警方 / 警务人员	警方指香港警务处，而警务人员泛指执行警务的人员。
囚　犯	指由惩教署负责羁押的人，不分年龄、性别及类别。
定罪囚犯	指经法庭定罪及判处监禁刑期的囚犯。
上诉囚犯	指经法庭定罪但就判罪或判刑，或就两者而提出上诉的囚犯。
还押囚犯	指在还押期间的囚犯或等候审讯的囚犯，包括： ——一般还押犯 ——候审还押犯
债务人	指根据下列法例被羁押的人： ——《破产条例》（第 6 章）第 27 条或第 29 条；或 ——《高等法院规则》（第 4A 条）命令第 49B 号

违反《入境条例》的羁留者	指根据《入境条例》（第115章）被羁留的人，包括： ——羁留者 ——候解出境者
候审囚犯	指《监狱规则》第188（1）条所述囚犯，包括： ——还押囚犯 ——《入境条例》的羁留者 ——债务人
候判囚犯	指经法庭定罪但为以下理由仍未判刑的囚犯： ——等候判入劳教中心、更生中心、教导所或戒毒所的合适评估报告 ——等候精神病报告、感化主任报告等
所　员	除另有所指外，一般指下列囚犯： ——根据《戒毒所条例》（第244章）羁留的戒毒所所员 ——根据《教导所条例》（第280章）羁留的教导所所员 ——根据《劳教中心条例》（第239章）羁留的劳教中心受训生 ——根据《更生中心条例》（第567章）羁留的更生中心受训生
宿　员	在中途宿舍居住的人
以“PD”为前缀的记录/表格编码	指包括以“PD”或“CSD”为前缀的记录/表格编码
更生事务组人员	指更生事务组负责监管职务的人员

目　录

第 36 章——认人手续

进行认人手续的地点

进行认人手续时的限制

向认人手续中疑犯提供的数据

认人手续中疑犯的安排

认人手续中证人的安排

第 37 章——院所释放囚犯事宜

释放囚犯时须特别注意的事项

囚犯获释的通知

囚犯的保释

第 38 章——法庭令状及命令

交付羁押令

将囚犯带到法庭的令状或命令

第 40 章——囚犯财物

囚犯财物

稳妥保管现金 / 财物

囚犯财物的交收

对债务人财物的限制

第 41 章——囚犯的外表

囚犯衣物的标准

囚犯身份证明牌

囚犯的头发

囚犯剃须事宜

囚犯淋浴事宜

衣物储存室

第 43 章——上诉及呈请 / 判刑的复核

长期监禁刑罚复核委员会

向行政长官申请减刑的呈请

第 55 章——邮件及探访

邮件及探访的一般规定

对外籍囚犯的附加规定

探访类别及探访设施

在法院的探访

警务人员的探访

廉政公署人员的探访

政府人员的探访

法律界人士的探访

宗教界人士的探访

领事馆人员的探访

不同院所的囚犯互相探访

亲友的探访

囚犯的探访者

登记囚犯的探访者以便亲友探访

对信件享有的权利

对邮件的检查

寄入的信件

寄出的信件

囚犯互相通信

以中英文以外文字书写的信件

签署交来或寄入的文件

第 56 章——致电

囚犯致电

囚犯致电方式

囚犯致电领使馆

第 57 章——吸烟及香烟

不准吸烟的各类囚犯

机器安全操作指示

囚犯从事高空工作

从事对健康构成危险的工作

检查机器

私人工作订单

囚犯赚取工资计划

计算囚犯的工资

使用工资

服刑期间支取工资

释放时最后一次付款

未定罪囚犯及递解犯的工资

第 60 章——外出许可

申请外出许可

第 62 章——管制凶暴囚犯

凶暴囚犯的管理

保护室

帆布衣服

器具束禁

使用帆布束禁衣

对凶暴囚犯使用手铐

使用束体押解手铐

第 63 章——处理有问题的囚犯

行为适应组

第 64 章——囚犯的纪律 / 审裁

控告囚犯违反纪律

审裁囚犯的有关文件

对等候审裁的囚犯的安排

审裁囚犯的一般安排

审裁囚犯的进行

第 65 章——处罚 / 特别单位

等候裁判、判罚及上诉结果的囚犯

遭隔离囚禁的囚犯

根据《监狱规则》第 68B 条成立复检委员会

第 66 章——教育 / 职业训练

教导所 / 更生中心 / 戒毒所 / 年青囚犯院所的教育及职业训练

丰力楼的教育

第 67 章——体格锻炼及运动

体育的要旨

囚犯的体育

体育导师

第 68 章——更生服务（辅导）

请求福利援助

弱能及残障囚犯的福利

第 69 章——更生服务（监管）

监管服务的目标

一般行为守则

监管职务

第 70 章——医疗服务

医药用品及医院物料

医院职员的职责

囚犯的医疗服务

囚犯的牙科治疗

囚犯的眼科治疗

患有传染病的囚犯

患有应呈报疾病的囚犯

染有毒癖的囚犯

囚犯的怀孕及分娩

院所内囚犯的婴孩

患有精神病的囚犯

药物的管制 / 派发

第 71 章——心理服务

心理服务的目的

需要心理服务的囚犯

第 72 章——精神科服务

囚犯自小榄精神病治疗中心出院

小榄精神病治疗中心职员的附加职责

小榄精神病治疗中心囚犯的特别管理

第 73 章——宗教服务

囚犯申报宗教信仰

宗教活动

囚犯保留的宗教物品

第 8 章——实务守则

08-01 资源的管理

1 院所主管须确保其院所职员在使用物料及服务时，遵守节约原则。

08-02 计算机的使用

1 职员务须注意，拥有或使用非法软件均属侵犯版权，可遭刑事及民事起诉。个人计算机用户须定期检查计算机，确保没有安装非法软件。

08-03 公开资料守则

1 在处理市民提出索取资料的要求时，负责人员应遵守现行《公开资料守则》的指引。

08-04 保障资料

1　本署在《个人资料（私隐）条例》（第486章）内属资料使用者。本署职员应严守该条例的各项规定。

2　职员在执行职务的过程中，可基于需要知悉的理由接触及/或处理囚犯的个人资料。［1/2007增补］

08-06 保障资料委员会、小组委员会及保障个人资料（私隐）主任［2/2007修订］

1　保障资料委员会由助理署长（服务质素）担任主席，负责监察本署所有有关遵守及执行《个人资料（私隐）条例》（第486章）规定的事务。［1/2002修订］

2　院所成立的保障资料小组委员会，由院所主管担任主席，负责监察院所所有有关遵守及执行《个人资料（私隐）条例》（第486章）规定的事务。［2/2007增补］

3　下述人员获委为保障个人资料（私隐）主任，处理所有关乎保障个人资料的事宜：

高级行政主任（人事）——　负责与雇佣有关的资料

院所主管——　负责处理辖下院所内羁留者的个人资料（包括所申报的访客的个人资料），以及驻守院所的职员的个人资料

监督（审核及保安）——　负责处理已获释者及受监管者的个人资料

部门主任秘书——　负责处理院所访客的个人资料［2/2007修订］

4　保障个人资料（私隐）主任如非直接保存有关数据，可将事项交予有关数据持有人处理。［2/2007修订］

08-07 本署在个人资料方面的政策及实务

1　为符合《个人资料（私隐）条例》（第486章）的规定，本署已拟定个人资料方面的政策及实务说明书，并将之载于互联网上的惩教署网页。各保障个人资料（私隐）主任必须作出安排，以确保有人欲索阅说明

书时，可向其提供影印文本。

2　为符合《个人资料（私隐）条例》（第486章）的规定，保障个人资料（私隐）主任应作出安排，将下列事项通知资料当事人：

—— 收集个人资料的目的；

—— 就上述目的而言，资料可移转予何种类别的人士；

—— 资料当事人查阅及改正个人资料的权利和将会收取的影印费用；以及

—— 处理查阅或改正资料要求的人员的姓名及地址。

3　倘未预先请示总部并获得明确批准，囚犯信件内所载资料，或于探访时所传递的讯息，一概不得给予非在本署任职的人士（请参阅《监狱规则》第76条）。

08-08 资料收集声明

1　院所主管及总部各组别主管须确保部门所用一切收集资料的表格均注有声明，清楚述明收集资料的目的和用途、资料当事人可要求查阅或改正数据的权利，以及提出要求的方法等。

2　[1/2004 废除]

08-09 查阅及改正个人资料要求

1　根据《个人资料（私隐）条例》（第486章）第18条，资料当事人可向资料使用者索阅其所持有关于他的个人资料。

2　除根据《个人资料（私隐）条例》（第486章）第58条或第20条所列情况而获豁免外，本署作为资料使用者，须按条例第19条所述方式，于40天期限内依从查阅资料的要求。

3　资料当事人如根据《个人资料（私隐）条例》（第486章）第19条获准查阅资料，但却认为有关资料不确，则可根据第22条提出改正的要求。

4　在此等情况下，必须按《个人资料（私隐）条例》（第486章）第23条所述方式依从改正资料的要求。

08–10 处理查阅资料的要求

1 在《个人资料（私隐）条例》（第486章）第20条所述的情况下，由于资料使用者有责任保障其他资料当事人的私隐，因此依从查阅涉及其他资料当事人资料的要求亦会违反保障资料原则。

2 在依从查阅资料要求时，切不应损害本署收集和保存资料的合法目的。

3 《个人资料（私隐）条例》（第486章）第VIII部的豁免条文，尤其是第58条，与本署为"犯罪者的拘留"以及"任何人所作的不合法或严重不当的行为、或不诚实的行为或舞弊行为的防止、排除或纠正（包括惩罚）"而履行的活动有密切关系。

4 "豁免"条文内涉及健康事项的第59条亦是相关条文。

08–11 处理索取资料事宜的中央登记册

1 保障个人资料（私隐）主任及总部各组别主管须为处理有关要求持有、查阅及改正资料的事项而备存中央登记册，特别标明拒绝要求的个案，并每月就此向高级统计师提交统计报告。在登记册内记录拒绝要求的个案，是依据该条例第27条的规定，目的是方便资料私隐专员在有需要时查核。

第23章——武力或枪械的使用

23–02 拘捕权力及手铐的使用

4 获赋予拘捕权的本署纪律人员，不应携带或使用并非由惩教署发给的手铐。

5 须获监督（更生事务组1）或监督（更生事务组2）授权始可发放手铐。［2/2006修订］

6 如非情况有明显必要，获授权使用手铐的本署纪律人员，不可对任何人使用手铐。手铐的使用构成一定程度的武力，不可作为惩罚之用。

第33章——收纳囚犯

33-01 收纳囚犯的年龄限制

1 根据《少年犯条例》(第226章)第11条,任何儿童(法庭认为未满14岁者)不得被判处监禁或因欠缴罚款、损害赔偿或讼费而交付惩教院所。若监禁令上所载的年龄为14岁以下,收押人员必须拒绝接收。[1/2011修订]

2 有一点必须强调,儿童的年岁以羁押令上所载者为准,而不以收押人员的意见作准,但收押人员仍须查对任何明显的差异。倘有怀疑,须立即向院所主管呈报。

3 [1/2001废除]

33-02 接收囚犯时须特别留意的事项

1 接收囚犯时,如遇有下列情况,应向署长报告:

—— 囚犯情况特殊,认为必须向署长报告;或

—— 不论原因为何,若囚犯是或将会是由署长发出监管令而受监管行为者。

2 医生如发现所收囚犯中有健康情况不宜留于院所内者,须报告院所主管。医生如欲参阅囚犯的羁押令或判刑证明书,可由院所主管安排。院所主管须将此报告转呈总部,并注明法院或警方有无特别指出须留意该囚犯的健康情况。

3 收到有自杀倾向记录的囚犯时,须立刻转介医生及临床心理学家进行评估。如医生不在,须将囚犯送入医院病房,未经医生许可,不得将之移往别处。

4 如有囚犯在逃脱后遭捕获再解回院所,或有囚犯由精神病院、核定院所或医院解回,收押人员须立即向院所主管报告。

5 在接收囚犯时若怀疑其患有传染病,须将之与其他囚犯分隔,以候医生检验。必要时,可让其继续穿着自己的衣物,直至经医生诊视为止。该囚犯在获释或调离后,其囚室及室内用具须予以适当处理。

6 如囚犯进入院所时佩戴义肢或任何其他医疗辅助器，应特别提醒医生注意。

33–07 外籍囚犯的收纳事宜

1 院所主管须确保处理外籍囚犯收纳事宜的纪律人员熟识《中央人民政府就领事保护签署双边协议》的条文、《维也纳领事关系公约》第 36 条，以及有关的保安局通告。［1/2009 修订］

第 34 章——法庭聆讯

34–03 囚犯在法庭的医疗

1 囚犯如在犯人栏或法庭囚室内突然不适以致急需医生诊治，押解人员的主管须拨电话通知医生。在港岛的法庭，须通知赤柱监狱 / 荔枝角收押所的医生；在九龙、荃湾及沙田的法庭，则通知荔枝角收押所的医生；而屯门及粉岭的法庭，则通知大榄惩教所的医生。［2/2006 修订］

34–04 将囚犯提交法庭

1 囚犯服刑院所主管在接获正式授权，例如命令、指示、法官或法庭的令状时，便须安排将该囚犯带到指定地点接受查询、审讯或聆讯。

2 每当知道基于任何特殊理由，不能在提交之日把被告带往法院，有关院所主管须着人预先通知法院。

34–06 囚犯在法庭的仪表

2 所有出庭的囚犯均应穿着其私人衣物，除非该等衣物过于残旧，不宜穿着，遇有此种情形，须发给适当的衣物。

34–07 囚犯在法庭的礼节和安排

1 当数名囚犯因同一案件受起诉时，应按起诉书及案件编列的次序令各囚犯依次排列于犯人栏内。如需更改排列次序，法庭书记或律师会通知主管人员。

2　犯人栏内如同时有男女囚犯接受审讯，则须有男女纪律人员在犯人栏内共同监管囚犯。如只有女囚犯接受审讯，则只须女纪律人员（包括主管，如主管亦是女性的话）在栏内陪同囚犯。主管纪律人员如是男性，则可坐在旁听席上。

3　若囚犯身体不适，但仍可接受审讯，则院所方面须派医务人员随同押解队伍到庭。

34-08　作证囚犯在法庭的的安排

1　作证囚犯须在安置囚犯的地方等候出庭。押解人员的主管须向控方或辩方律师确切查明该囚犯可能受到传召出庭作证的时间。在有囚犯出庭作证时，主管人员应在抵达法庭时通知法庭书记。

34-09　囚犯在法庭的上诉聆讯、保释及获释事宜

1　如囚犯在编定的审讯日期前获准保释，须小心向控方律师查知保释是有效到案件判决，抑或是逐日生效。在任何情况下，该囚犯均须在法庭书记前签立保释保证书，而在法庭的押解人员主管在整个程序均须在场。

2　保释囚犯如期到原讼法庭或区域法院应讯期间，以及在判刑后，均由本署人员负责看管，但仍须视乎法庭不时发出的指示而定。

4　被告人如获准签保外出，只要办妥签保的具结手续，便有充分理由获院所当局释放，而是项签保只以该原因为限，不涉及其他原因。

5　囚犯经法庭释放后，须准予立即离开犯人栏，带往押解人员主管处领回财物。押解人员主管必须确定囚犯的获释乃经由合法程序，而且并无理由需再予以扣留。

第 36 章——认人手续

36-01　进行认人手续的地点

1　在通常情形下，认人手续须于警署进行。如院所主管收到负责认人手续的警务人员提出书面请求，得批准将囚犯（甲类囚犯除外）解往邻近最方便的警署，进行认人手续。

2 唯有基于特别理由，不适宜在院所外进行认人手续（例如囚犯需高度保安），又或疑犯表示认人手续倘不在院所内进行，即拒绝参加时，认人手续才可在院所内进行。

3 认人手续若在院所内进行，院所主管须负责召集囚犯，并必须有 1 名高级人员在场监察囚犯纪律。

4 认人手续须由 1 名与案件无关的警务人员主持，包括引进证人及摘录其过程。该警务人员必须确保其主持的认人手续与在院所外进行者相同。

5 院所须设有记录，以记载参加院所内认人手续各人的姓名。

36-02 进行认人手续时的限制

1 须倍加小心，防止囚犯在参加认人手续前改变其外貌。所有参加认人手续的囚犯须穿着便服。

2 拘捕疑犯的警务人员及受命调查该案的警务人员，不应被指派通知或护送证人出席认人手续；而在进行认人手续前，亦不应与证人接触。

3 带领证人前往认人的警务人员，不得与证人谈论认人行列的组合，尤其不得透露先前是否已有证人认出疑犯。

4 认人手续的一切事先安排须由案件主管负责，但实际进行的认人手续则须由 1 名与该案无关的警务处总督察或以上职级警务人员主持；倘涉及非法杀人，则认人手续须由 1 名不低于警司职级的警务人员主持。案件主管虽然在场，但不得参与认人手续的实际工作。［1/2001 修订］

5 认人行列一经组成，其后进行的一切有关程序，包括向证人发出有关认人手续的指示在内，均须在疑犯、其律师及在场与疑犯有适当关系的成年人面前及 / 或在他们可听见的情况下进行。

6 所有未经授权的人一概不得进入认人手续进行的地方。如主持认人手续的人员认为某人的行为对认人手续造成干扰而要求该人离开该房间，则须将此事予以记录。

36-03 向认人手续中疑犯提供的数据

1 认人手续即将展开时，须告知囚犯其权利和可获得的方便。在向囚犯解释其权利后，须在其记录记下此事。

2 必须告知疑犯，在整个认人手续的任何阶段，他均可保持缄默（除非有证人要求他说话，以辨别他的声音）；若他有任何说话，均会予以记录，可以在日后的法庭聆讯中作为呈堂证供。

36-04 认人手续中疑犯的安排

1 除疑犯外，认人行列须最少尚有 8 人，而他们在年龄、身高、一般外貌及生活处境等方面，应尽可能与疑犯相似。

2 每个行列只可安插 1 名疑犯，但若遇有 2 名疑犯外貌相似，则可在同一行列中接受认辨。在此情况下，该行列须最少另有 12 人。不论在任何情况下，同一认人行列中的疑犯不可超过 2 名。

3 倘疑犯身体有任何明显特征（如文身或可见的疤痕），应加以遮掩，并对列队中其他成员身体的相同部分作出同样安排。如疑犯架有眼镜或蓄有胡须，其他成员亦应有类似特征。

36-05 认人手续中证人的安排

1 不得引导曾看过疑犯的照片或有关描述的证人单凭对相片或描述的记忆而去认辨疑犯。换言之，不得在证人即将认人时，向他们出示疑犯的照片或有关描述。

2 不得向证人提供任何可能导致认辨疑犯身份的资料。在召唤证人进入认人地点认辨疑犯之前，必须避免让其看见认人行列中任何一员，尤须避免让他们在一些会显露疑犯身份的情况下看见疑犯，不论当时是在认人之前或刚完成认人之后。

3 在可行情况下，须将证人分隔，以免他们谈论与认人程序有关的事宜。如无法作此安排，则须派遣 1 名熟谙证人交谈所用语言的警务人员时刻留守。该警务人员须警告他们不要谈论与认人有关的事宜，并设法确保他们之间并无此等言论。

4 证人认辨行列成员期间，主持人员须紧随左右，将证人肯定认出或在哪个程度上认出疑犯的事实、认出疑犯的方法，以及其他有关的重要情节，一一仔细记录在 Pol 279 号表格上。

5 证人如有任何评语或意见，必须即时予以记录。如证人错认疑犯，或后者有任何发言，亦须予以记录。

6 已进行认人的证人，不得返回尚有其他证人等候认人的房间。必须将他们带至一间不会被认人行列及其他证人看见的房间，并由 1 名警务人员负责看管。

第 37 章——院所释放囚犯事宜

37-01 释放囚犯时须特别注意的事项

1 如未有政府车辆可供使用，而院所主管又认为获释的囚犯未有足够交通费前往所报称在本港的目的地，则所需交通费用可从公帑拨出。该笔款项应从辅助备用金内拨交收押室主管，他须以 GF 48 号表格认收。有关款额应记录在获释囚犯的个人现金记录册内，并由他签收。

2 囚犯在获释时如因精神或健康欠佳而需立刻接受护理，但他本人又无法获得该项护理，则须采取下述其中一项程序：

—— 如囚犯需入住医院接受治疗，便须为他作出安排；或

—— 如医生认为囚犯毋须入住医院接受治疗，便须与社会福利署作出安排，将囚犯移送至可供他入住的院舍或其他类似居室。

3 院所主管可酌情指派 1 名穿着便服的纪律人员陪同及护送该囚犯。

37-02 囚犯获释的通知

1 院所主管可预先将囚犯的释放日期及时间，通知可能对其获释表示关怀或可在就业或其他方面提供协助的亲友。

2 根据工作程序第 33-08 条、第 33-09 条和第 33-10 条的规定，如有任何外籍囚犯即将获释，须至少在释放日期前 1 个月，以书面通知有关

国家的驻港领事馆。囚犯进入院所时，刑期如不足1个月，则须在判刑当日立刻发出通知。其后释放日期如有更改，亦须以书面通知有关领事馆。［1/2009 修订］

3 行将到期获释的囚犯若因健康问题或精神状况而不宜走动，应通知其亲戚或朋友，以便由他们决定届时是否接该囚犯离开院所。

4 所有在本署羁押下的囚犯获释，必须通知警方刑事记录科。［2/2002 增补］

37–06 囚犯的保释 ［1/2001 增补］

1 院所间会在办公时间后接到释放法庭准予保释的囚犯的要求。院所主管有责任确保这类要求即使在办公时间后及在假日时也会由当值候召的高级纪律人员处理。［1/2001 增补］

第38章——法庭令状及命令

38–01 交付羁押令

1 如院所主管接获交付羁押令，而令上所指的人已在羁押中，则院所主管须签收该令，并将收条交回带件人。如交付羁押令乃经由邮递送来，则将收条寄回发件人。

2 遇有下列情况时，须立即将该交付羁押令呈交院所主管：

—— 当法院规定一项较早判定的刑期应在随后判处的一项刑期之后分期执行时；

—— 有理由认为法院判处各项刑期时未有指明为分期执行者；

—— 由裁判官判处的分期执行刑期共计超逾3年者；或

—— 由区域法院法官判处的刑期共计超逾7年者；或因无法缴付罚款而被区域法院法官判处监禁逾1年者。

3 所有与囚犯有关的交付羁押令及法院命令，由囚犯释放之日起，必须保存 7 年，然后予以销毁。

38–02 将囚犯带到法庭的令状或命令

1 原讼法庭法官可主动或在接获申请后发出令状或命令，将合法羁留中的人带到任何法院，以便该人就某宗诉讼（不论属刑事或民事）提出控告、起诉、自辩或作证。

2 区域法院法官或裁判官可主动或在接获申请后发出令状或命令，将合法羁留中的人带到区域法院或裁判法院，以便该人就某宗诉讼（不论属刑事或民事）提出控告、起诉、自辩或作证。

第 40 章——囚犯财物

40–01 囚犯财物

1 收纳时，须取去囚犯的个人物品，包括现金、衣物及财物。有关各种物品的详情，须记入服刑记录数据系统内。

2 有关接收及处置囚犯财物及现金的一切记录，必须小心保存。

3 负责点核及记录囚犯财物的纪律人员，必须于囚犯财物清单签署，并清楚写明姓名、职级及职员编号。

4 已签署的财物 / 现金清单（PR 1309A）及衣物清单（PR 1308A）副本，须存放在财物保险箱或由保管财物人员管理的任何适当保险箱内。如附于财物的清单正本遗失，副本应当作书面证据，确实说明失去的财物 / 现金或衣物。

5 院所主管应对囚犯的财物进行不定期的突击检查，但次数不得少于每 3 个月 1 次。每次检查的结果须记入突击检查册内。倘发觉有差异之处，则须在囚犯面前加以验证。

40–05 稳妥保管现金 / 财物

1 负责管理囚犯财物的总惩教主任须安排将所有财物存放在专设的适当

及安全地方。如察觉有人企图擅自进入该地方或干预任何囚犯的财物，则须向院所主管报告。

2 不可接收囚犯带来的枪械、弹药、爆炸品、危险物品及腐蚀性物品；日后亦不可代囚犯收受该等物品。

3 除候审囚犯或受特别规则规限并经院所主管特准的某类囚犯外，囚犯财物中的烟草，不予接收。

4 不可接收囚犯带来的会腐坏物品。负责管理囚犯财物的总惩教主任如认为要安全保管有关物品并不可行或不切实可行，可妥为处置该物品。在运用酌情权处置该物品前，应给予囚犯申述的机会，并须考虑其申述理由。［2/2006 增补］

5 应否接收体积庞大的财物，端视储物设施能否容纳而定。本署人员不得只为物件过于庞大而拒绝接收。院所主管作出决定时，应体察个别情况，并在切实可行范围内与警务人员合作。［2/2006 修订］

6 保管财物人员须另设记录，以记载用财物袋存放达 3000 元或以上的现金及 / 或该人员认为售价可达 3000 元或以上的贵重物品。院所主管须每周检查此项记录。［2/2006 修订］

7 收纳囚犯时，须用防干扰财物袋储存贵重物品、信用卡、锁匙（包括车匙及保管箱锁匙）、价值具争议的物品，以及具现金价值的物品，如储值卡、现金券、六合彩彩票和博彩彩票等。该财物袋须连同囚犯的现金及身份证和旅游证件等文件，一并放在另一拉链袋内。［1/2008 增补］

8 如使用安全标贴，财物处理人员须确保把标贴紧贴在拉链扣上，以免财物袋被人拉开和干扰。［1/2008 增补］

9 使用过的安全标贴和防干扰财物袋可于交还财物予囚犯而其认为正确无误后弃置。倘囚犯检查财物后发觉有误，职员应保留安全标贴和防干扰财物袋作为调查的证物之用。［1/2008 增补］

10 对于在不同情况下处理财物的工作流程和方式详情，财物处理人员须参考有关的工作守则和工作程序，以及收押程序手册。［1/2008 增补］

40–07 囚犯财物的交收

1 囚犯获释时可接受亲友的金钱及衣物援助。

2 当院所主管批准囚犯将现金或贵重物品递交其亲友时，须在服刑记录记下此事。收押室主管须另备记录，详述获准交出的物品。

3 在正常情况下，私人证件如护照、身份证明书、驾驶执照、身份证、粮证等，皆不得交予他人。囚犯亦不得将任何财物交予另一囚犯，除非院所主管确知该2名囚犯有密切亲属关系，例如父子、兄弟、姊妹或夫妻。

4 若囚犯获准将衣物交予亲友，必须留下足够的衣物，以便获释或到法庭时穿着。当囚犯要求将衣物交予亲友时，必须在服刑记录内逐件记下获准交予亲友的衣物。

5 所有涉及财物/现金或衣物的项目或数量/结余的改变，须记录在服刑记录数据系统内。

40–08 对债务人财物的限制

1 凡遭当局根据《破产条例》（第6章）交由本署羁押的债务人，其交给本署保管的现金及财物，须向破产管理署署长报告，并征询有关此等财物的处置方法。

2 上述规定亦适用于有接管令约束或等候破产裁决的囚犯。

3 若在呈报后再收到债务人的其他财物，须再向破产管理署署长报告及寻求指示。

4 未获得指示前，不得动用其拥有的金钱或任何财物，但下列情形除外：

—— 支付必需的小额费用，如邮费等；

—— 雇用律师替其处理破产案所需的费用；以及

—— 支付进行破产诉讼时把他提堂的费用，虽然在有需要时，此项费用通常由公帑支付。

5 债务人在监禁时，本身及他人代付的一切开支，必须报告破产管理署署长。

6 院所主管必须与破产管理署署长证实，此项命令是否适用于获解除破产者。

7 未经法庭特别指示或颁发命令前，不得向任何人士透露有关债务人财物的资料，但对执行职务的执达吏则例外。

8 未经法庭特别指示或颁发命令前，不得将债务人进入院所时带入或进入院所后接收的任何财物交予任何人。

第41章——囚犯的外表

41-02 囚犯衣物的标准

1 院所主管有责任确保供应给囚犯的衣物整洁完好，以及在任何时候，囚犯都有足够的衣物。囚犯不得保留超过规定数量的衣物。

2 为保持整洁，所有衣服都会按需要经常洗熨。如设施许可，衣物（冬季外衣除外）可每日洗熨；但在任何情况下，每周最少洗熨2次。至于内衣裤，则须每日洗涤。

3 医生有责任根据当时的气候及囚犯的健康状况，确保囚犯获得足够的衣服保暖。医生建议给予囚犯的衣物，只限于标准配给的衣物。

4 负责看管个别囚犯或囚犯工作组别的纪律人员，须确保囚犯所穿着的衣服在任何时候皆修补妥当。如有因损耗而致有撕破或磨损的情况，须立即予以更换。如认为是由于毁坏所致，则须根据《监狱规则》第61（i）条规定向囚犯提出指控。［1/2010修订］

41-04 囚犯身份证明牌

1 每名囚犯均获发1个身份证明牌，其式样由署长批核。

41-05 囚犯的头发

1 为保健康及清洁，所有已定罪男子囚犯的头发须尽量剪短，但不用剪陆军装，除非囚犯本身要求如此。

2 若女子囚犯申请剪发，须为其作出安排，特别是在获释前或到法庭应讯前。未经囚犯同意，不可把其头发剪至较进入院所时的发型更短，但如医生建议这样做，则属例外。

41-06 囚犯剃须事宜

1 囚犯可用安全须刨或认可类型的须刨剃须。在任何情况下，均不得使用剃刀。

2 囚犯不得用自己的安全须刨或剃须刷。

3 只有获得院所主管特别许可的囚犯才获发剃须皂。

4 所有习惯剃须的男性还押犯在收押时如是剃净胡须者，则于拘留期间及到法庭应讯当日，亦应剃须。剃须事宜可在充分监管下，由指定的囚犯替该囚犯进行，亦可由该囚犯自行剃须。

41-07 囚犯淋浴事宜

1 为保持个人身体清洁，囚犯每天须彻底清洁身体。

41-08 衣物储存室

1 院所须辟设衣物储存室，以存放穿着过但又毋须实时供囚仓及囚室使用的不定额衣服、床上用品等。

2 衣物储存室的主管须负责确保所收存的衣服及床上用品均已修补妥当。

3 衣物储存室须存备清单 1 份，列明所储存的全部不定额衣服及床上用品。存货主任须每季点查存货 1 次，然后将结果以书面呈报院所主管。如发现清单内容与存货实情有显著出入，须以书面向署长报告。

第 43 章——上诉及呈请 / 判刑的复核

43-01 长期监禁刑罚复核委员会

1 负责编制报告交给长期监禁刑罚复核委员会的院所职员，须于草拟报告之前开会讨论，而非在事后才进行。［1/2001 修订］

2 须每季评估到期复核的所有个案，确保囚犯的表现获得客观的评估，以及公平的评分。

3 除临床心理学家的报告外，涉及性犯罪的个案亦须有精神病科医生的报告。为方便精神病科医生评估这类囚犯，须于委员会开会前2个月，将院所主管的报告和警方的案情摘要送交精神病科医生。

43-02 向行政长官申请减刑的呈请

1 根据《监狱规则》第54条，囚犯可按下列情况向行政长官呈请：

—— 在服刑首年内任何时间呈请1次；以及

—— 在以后每年的任何时间呈请1次。

2 此外，署长可斟酌情况，容许囚犯随时呈请，但请愿理由必须因上次呈请后产生新的情况，而署长亦认为，基于该等情况，理应再让囚犯向行政长官呈请。

43-03 反对递解离境的呈请

1 院所主管在收到囚犯或其法律代表为反对当局根据《入境条例》（第115章）第20条向该囚犯发出递解令而提交的呈请时，须将该呈请直接送交入境事务处，以便该处采取所需行动。

2 当1名服刑中的已定罪囚犯遭饬令递解出境，而该囚犯已经以囚犯呈请表格（PD 21）或书面呈文请愿，但在刑满离开院所前14天仍未有决定下达该囚犯时，则院所主管须以便笺通知入境事务处处长，以便安排所需手续，将囚犯扣留，等候呈请的结果。［2/2010修订］

3 倘被判罪服刑的囚犯于获释后在香港并无居留权，院所主管须在他获释前14天通知入境事务处处长，以便作出安排，获取所需的羁留令。

43-04 向法院提出上诉/复核的资格

1 如有囚犯提讯时被发现精神错乱，或被判有罪但患有精神错乱而遭饬令扣押以候行政长官酌情决定，纪律人员切勿准许该囚犯填写上诉表格，亦不得给予上诉表格或收回其已填妥的上诉表格。

2 不属上段所指的囚犯，而被定罪及判处听候行政长官酌情决定者，可获准填写上诉表格，但只能就判罪而不能就所判刑期提出上诉。

3 若有关囚犯是经公诉程序被判罪，而记录显示其对控罪答称不认罪，则可填写上诉表格，就判罪或判刑，或同时就两者提出上诉。

4 囚犯无法律代表而欲申请复检裁判官的判决，必须在指定的14整天内，亲自提出申请。

43-05 向法院申请上诉/复核

1 院所主管在收到囚犯就刑期或判罪提出上诉的申请书时，必须确保有关申请符合囚犯据之以提出上诉的法例条文的规定。如有需要，应详细向囚犯查询。

2 当囚犯口头提出上诉申请后，须尽快让其签署申请书（于可能范围内，申请书应用适当的表格）。在签署申请表格后，囚犯即成为上诉囚犯，但除非此上诉囚犯符合《监狱规则》第210条项下的条款，否则他不会获得上诉囚犯的特殊待遇。

3 如上诉案已呈交终审法院，并不表示该案的囚犯有权享有上诉囚犯的待遇。

43-06 上诉后果的通知

1 当院所主管接见提出上诉申请通知的囚犯时，须详细告知其进行上诉可能导致的后果。

第44章——各类囚犯的管理

44-01 还押囚犯

1 还押囚犯包括还押中的囚犯和候审囚犯。《监狱规则》第189条至第207条列明他们在本署羁管下的待遇。

44-02 候判囚犯

1 已定罪而未判刑的囚犯，其一切待遇由收押日起，须根据一般规则与定罪犯相同。

44-04 违反《入境条例》的羁留者

1 根据《入境条例》（第115章）的规定而被羁留的人士包括羁留者和候

解出境者。他们所获待遇与其他根据《监狱规则》第 188（1）条予以羁留的人士相同。此外，《监狱规则》第 189 条至第 207 条的条文（凡须修正事项概已修正），亦适用于此等人士。

44-05 债务人

1 债务人在服刑期间，不用拍照、量度身高体重或套取指纹。

2 毋须给债务人囚犯编号。须为他们备存一本特别记录册。［1/2001 增补］

44-06 上诉囚犯

1 囚犯在其签署的上诉申请书，或要求准予上诉申请书，或要求延长上诉期限申请书送交上诉法庭时起，即获上诉囚犯的待遇。

2 上诉囚犯除可继续接受有关法规给予囚犯的待遇外，并可按照《监狱规则》第 211 条至第 214 条的规定，获得工作、赚取工资及与外界通信的便利。

第 45 章——修改刑期

45-01 缴付赔偿金

1 假如囚犯是因为欠缴款项而被法庭判处监禁，而该笔款项是用作对某人蒙受损害、损失或某些财物受到损毁的赔偿，一旦他在服刑期间要求缴付该笔赔偿金以求获释，有关院所须代表司法机构政务长接纳该笔款项。

2 赔偿金只可用银行本票或现金于周日上午九时至下午五时缴付。有关收取赔偿金及其后将之交回高等法院的各项会计程序，必须严格遵行。

45-02 以罚款代替部分刑期的计算方法

1 关于缴付部分款项以缩减一段刑期事宜，在计算可获缩减日数时，不得将服刑的第一日计算在内，因此，为减刑 1 日所须缴付的款项，应是将刑期日数减 1 日后，再用以除被裁定须缴付的款项总数。

2　囚犯如被判处两项或以上分期执行的刑期，不论是否可选择以罚款代替，刑期和罚款均须分开处理。该两项或以上的罚款不得加在一起，藉以为合并的刑期定出一个平均罚款代刑率。

3　如因欠缴罚款而被监禁，则刑期的长短及开始日期均须依照《裁判官条例》(第 227 章) 第 68 条及《刑事诉讼程序条例》(第 221 章) 第 114 条的规定计算。

45–03 收取用以代替部分刑期的罚款

1　除非款额是扣除 1 日刑期所需之数，或为 1 日刑期罚款的倍数，否则不得接纳。

2　朋友交来的款项，如超出释放囚犯所需缴付之数，则应在释放该人时，将余下款项交给他。

3　囚犯本人缴付或由他人代缴部分法庭判缴的款项，必须在有关院所的办公时间缴付。

4　不过，凡事皆有例外。在不影响院所保安和日常程序的情况下，院所主管可酌情批准获授权人员在周日办公时间以后或公众假期，但不迟于锁仓时间，收取交来的部分判缴罚款。该名获授权人员须负责计算即时释放所需的确实款额，并签发正式收据 (Try 44a)。

5　如囚犯交来的部分判缴罚款，在按比例计算后已足可使他获释，而释放当日又为星期日或公众假期，则应在早一日予以释放。

6　授权签名式样通知书 (GF 175) 须张贴于收款处当眼的地方，以方便各人阅读。

第 46 章——释放日期

46–01 计算最早释放日期及最迟释放日期

1　除非法庭另有指示，否则，经由任何法庭判处的监禁刑罚应由宣判之日起开始生效。

2 就法律而言，非到刑期完结之日，囚犯不能获得释放，并得囚禁至该日任何钟点。假如囚犯刑期届满当日适逢公众假期，则应在该日之前的第一个非公众假日释放囚犯。

3 全部刑期均要转作日数，以便计算最早释放日期及最迟释放日期。

4 囚犯若曾越柙逃狱，则于计算刑期时，该段逃狱期间不作服刑期间计算。囚犯若曾逃狱，则其逃狱之日及遭捕回之日应计算在刑期内。

5 在计算刑期时，应遵照《刑事诉讼程序条例》（第221章）第67A条有关缩短羁留期的规定办理。

6 除有指令规定分期执行外，所有刑期应视作同期执行论。

7 代替罚款的刑期，则按照《刑事诉讼程序条例》（第221章）第114条及《裁判官条例》（第227章）第68条的规定处理。

8 由院所移送医院或其他适当地方接受身体、精神或外科手术治疗的囚犯，其治疗期间须当作受合法羁留。［1/2001增补］

46-02 查核最早释放日期及最迟释放日期

1 收纳囚犯后，收押人员须把刑期详情［包括根据《刑事诉讼程序条例》（第221章）第67A条的规定，可用作计算减刑的判刑前羁留期间］输入服刑记录数据系统内，以便自动计算最早释放日期及最迟释放日期。

2 这些日期须填写在夹附于交付羁押令或法院令状的最早释放日期查核记录内，并由1名总惩教主任复核及加签。

3 收押人员倘对交付羁押令或法院令状上批注的正确含义有疑问，须立即向高级人员或院所主管请示。

4 如囚犯在收纳前或收纳时曾支付罚款抵偿部分刑期，则须记入服刑记录数据系统内，以便调整最早释放日期及最迟释放日期。

5 总惩教主任须将服刑记录数据系统所记录的案件详情，与交付羁押令或法院令状互相核对。

6 他须特别核对在临近首次出庭前及/或判刑前可计算减刑的期间是否正确。此外，亦须确定服刑记录数据系统所示的最早释放日期和最迟释放日期是否准确。

7 如服刑记录数据系统所示的最早释放日期，或从刑期长短判断的最早释放日期，可能在31天之内，总惩教主任须依据交付羁押令或法院令状，再次审阅服刑记录数据系统所记录的案件详情，以复核该系统所计算的最早释放日期。

46-03 减刑的计算

1 减刑应在依据《刑事诉讼程序条例》（第221章）第67A条调整刑期后，再根据《监狱规则》第69条予以计算。

2 《监狱规则》第69（1）条所规定的减刑，不适用于下列囚犯：

—— 根据《监狱规则》第188（1）（g）及（h）条而被羁押的债务人；以及

—— 根据《教导所条例》（第280章）、《劳教中心条例》（第239章）、《更生中心条例》（第567章）或《戒毒所条例》（第244章）而被羁留者。［1/2007修订］

3 凡在精神病院或其他政府医院留医的囚犯，其留医期间可享有全部减刑的权利，但如该名囚犯是被当局根据《精神健康条例》（第136章）下令羁留者，则属例外。

4 将囚犯刑期总日数减去三分之一，便可确定其在获得全部减刑后的最早释放日期。不过，凡属《刑事诉讼程序条例》（第221章）第67A条的情况，则须先减去可予扣减的日数，才计算减刑。

46-04 教导所的进度评审委员会

1 院所主管须备存1份所员于留所期间的行为及健康记录。

2 根据《教导所规例》（第280章）第7条，进度评审委员会的成员包括：

—— 由署长委派的高级监督担任主席；

—— 院所主管或其副手；

—— 1名更生事务人员（监管）；

—— 1名羁管人员；

—— 1名教学职员；以及

—— 为评审某个案而由委员会主席增选的任何其他人员。［2/2006 修订］

3 进度评审委员会须按月评核所员的进度。

4 在正常情况下，所员须于入所后第 3 个月首次面见评审委员会，之后每月接见 1 次，直至获释为止。此外，评审委员会可在有需要时召见任何所员，以评审其进度。

46–05 戒毒所的进度评审委员会

1 根据《戒毒所规例》（第 244 章）第 6（1）条和第 7（2）条的规定，进度评审委员会成员包括：

—— 署长委派的高级监督担任主席；

—— 院所主管或其副手；

—— 1 名更生事务人员（监管）；

—— 医生或其代表；

—— 1 名负责所员戒毒及程序发展的惩教主任；以及

—— 为评审某个案而由委员会主席增选的任何其他人员。［2/2006 修订］

2 所员须于入所后第 2 个月内首次面见进度评审委员会，之后至少每月会见 1 次，直至获释离所为止。此外，该委员会可于认为有必要时召见任何所员，以评审其进度。

3 所员留所时间长短并非事先指定，主要视乎其进度和对戒毒程序的反应而定，因此，戒毒所采用 3 级晋升制度，由每名所员入所时开始评估其进度。

46–06 劳教中心的进度评审委员会

1 根据《劳教中心规例》（第 239 章）第 12 条的规定，进度评审委员会成员包括：

—— 署长委派的高级监督担任主席；

—— 院所主管或其副手；

—— 1 名更生事务人员（监管）；

—— 1名羁管人员；

—— 1名体育导师；以及

—— 为评审某个案而由委员会主席增选的任何其他人员。［2/2006 修订］

2 每名羁留者在整段羁留期内均须按月面见评审委员会。除例行面见外，评审委员会可于认为有必要时召见任何羁留者，以评审其进度。

46-07 召回青少年犯复检委员会

1 每一收容青少年犯的院所均须设立召回青少年犯复检委员会，其成员包括：

—— 由署长委任的高级监督担任主席；

—— 院所主管或总惩教主任；

—— 院所的主任教师（缺席时由最资深的教师代替）；

—— 主管院所更生事务组（监管）的高级惩教主任；以及

—— 1名指派的班务惩教主任。［2/2006 修订］

2 复核委员会须按月开会，时间与地点由主席决定。开会的法定人数为3人。

3 委员会的职能如下：

—— 按照《刑事诉讼程序条例》（第221章）第109AB（2）及（3）条，评审每名被召回服刑的青少年犯自召回以来的进展情况，并就其释放事宜向主席提出建议；以及

—— 确保《刑事诉讼程序条例》（第221章）第109AB（4）条的规定得以严格遵行。

4 委员会通常须按月接见每名被召回服刑的青少年犯，并评估其进度。不过，鉴于被召回服刑的囚犯所积存的减刑期较短，委员会在可行情况下可增加接见和评估其表现的次数。

46-08 更生中心复检委员会 ［3/2002 增补］

1 根据《更生中心规例》（第567章）第12（1）条的规定，复检委员会成员包括：

更生中心计划第一阶段（励志更生中心及芝兰更生中心）

—— 由署长委派的高级监督担任主席；
—— 院所主管或其副手；
—— 1 名更生事务人员（监管）；
—— 1 名专责职业 / 教育训练的人员；
—— 1 名提供心理服务的人员；
—— 1 名羁管人员；以及
—— 为评审某个案而由委员会增选的任何其他人员。［1/2007 修订］

更生中心计划第二阶段（励行更生中心及蕙兰更生中心）
—— 由署长委派的高级监督担任主席；
—— 丰力楼主管或其副手；
—— 1 名更生事务人员（监管）；
—— 1 名羁管人员；以及
—— 为评审某个案而由委员会增选的任何其他人员。［1/2007 修订］

第 48 章——囚犯启导 / 须知事项

48–01 囚犯须知事项

1 须告知每名囚犯有关其待遇的规则，以及其应知悉的其他规例。

2 院所主管须确保有熟悉各种语文的职员，以便可和不谙英文或中文的囚犯沟通。［1/2001 增补］

48–02 新收囚犯须知事项

1 收押人员须负责确保有关法律诉讼、法律援助及投诉渠道等资料卡，均在收押室当眼地方和各收押槛处张贴。

2 须向每名新收的囚犯发给 1 本资料小册子。该小册子载述囚犯的权利、待遇及福利等数据，并列明囚犯服刑时所须遵守的规例。

3 载有署长及巡狱太平绅士巡视院所、防止贪污措施，以及其他不时作出的指令等事项的告示，须张贴在当眼的地方，让所有新收囚犯阅悉。

4 在收押因欠缴款项而进入院所的囚犯时，须告知其如何可以获释，并须就此向其提供一切所需方便。

5 收押人员须查询每名囚犯能否阅读。倘有人不能阅读，须在其记录内特加注明。

6 不论何时，院所主管均须负责确保使用的数据卡及小册子正确无误 / 属最新版本，并须对所张贴 / 派发的资料卡 / 小册子时加查证。

48–03 囚犯在启导期的须知事项

1 启导组人员须负责确保囚犯在启导期间会获提供适当数据。对于不能阅读的囚犯，须向其解释清楚一切须知事项，使其明白本身的权利和义务。

2 院所主管须负责确保向囚犯提供及解释数据的各项规定，均已切实遵行。

第 49 章——会见囚犯 / 囚犯的要求

49–02 会见新收纳的重召受监管者

1 如受监管者根据《劳教中心条例》（第 239 章）、《更生中心条例》（第 567 章）、《教导所条例》（第 280 章）或《戒毒所条例》（第 244 章）被召回院所服刑，接收院所主管须在其进入院所后一日内（除非该日为公众假期）予以会见。［2/2007 修订］

49–03 会见获释前的囚犯

1 囚犯在获释前一刻及前一天均须由院所主管会见。院所主管亦须按下述日期会见不同刑期的囚犯：

—— 刑期 3 个月或以上者：获释前 1 个月；

—— 刑期 21 日或以上但又不足 3 个月者：获释前 2 星期；或

—— 刑期少于21日者：由院所主管酌情决定。

2　假如副院所主管的职级为监督或以上，可在院所主管的授权下会见即将获释的囚犯。［2/2007 增补］

3　假如副院所主管的职级为总惩教主任，只能在院所主管不在时方可会见即将获释的囚犯。如发觉任何不寻常事件，便须于会见后立即向院所主管报告。假如院所主管不在，总惩教主任须确保能按照工作程序第37-03条所载的正确程序释放每名囚犯。院所主管返回院所后，须审核有关的手令/法院令状，并就释放囚犯之事在上加签。［2/2007 增补］

4　假如院所主管预先知道未能在囚犯获释之日接见他，须于其获释前一日或最接近获释之日接见他。［2/2007 增补］

49-04 应要求会见囚犯

1　除公众假期外，院所主管须每天聆听囚犯的要求。

2　院所主管务使所有提出要求的囚犯尽快获得会见，而在通常情况下不应迟于第二个工作日。［1/2001 增补］

49-08 会见形式

1　职员会见囚犯时，办公室的门必须保持半开状态，并须有1名职员在场作证。这项规定须纳入院所主管训令内。

第50章——囚犯患病及受伤

50-03 囚犯受伤报告

1　凡有导致囚犯受伤的意外或事件，须立刻向值班主管报告，由其安排囚犯前往医院接受检验及治疗。

2　如接到资料当事人的书面请求/同意，院所主管在收取申领医事报告的费用后，有权将报告的副本送交有关律师，以便他们为其当事人辩护。［2/2009 修订］

50-04 囚犯意外受伤

1 涉及囚犯死亡或受伤的所有档案、报告及记录，均须永久保留在总部档案室，并制备索引，以便参阅及翻查。

50-05 囚犯受伤的特惠金 ［2/2012 增补］

1 只有与工作相关而并非由囚犯本身造成、因自残造成或本身蓄意造成的工伤，并且确定伤害引致永久伤残的个案，才会按特惠金个案处理。［2/2012 增补］

50-06 移送囚犯往外间医院

3 中途宿舍的宿员如进入医院接受治疗，须作普通病人看待，不得收禁于羁留病房内。［1/2009 修订］

4 囚犯除穿着医院派发的衣物外，不得保存任何衣物。负责押解囚犯往外间医院的纪律人员在囚犯入院后，须立即收起其原有衣物，然后将之送回所属院所。［1/2009 修订］

50-10 囚犯接受手术及麻醉

1 未经囚犯同意，切不可为囚犯施手术。如囚犯尚未成年（未足 18 岁），则须先取得其父母或监护人的书面同意。［2/2009 修订］

2 当局并无规定在何年龄以下的未成年人对拟进行的医疗程序所签署的同意书不能视作有效，但医院医生必须先向囚犯解释治疗的性质和程度，并在同意书上注明，然后签署，表示已向囚犯解释清楚。

第 52 章——院所范围

52-01 囚犯的居室

1 院所须设置特别囚室，以监禁难于控制或行为粗暴的囚犯。

2 院所须拨出若干普通囚室容纳下列囚犯：根据《监狱规则》第 58 条候审及不准与其他囚犯一起工作的囚犯；或根据《监狱规则》第 63（1）（b）

条须单独监禁的囚犯。

3 除医院外，亦可在医生认为有需要时，拨出若干囚室，在安装适当设备后，用以收容患病的囚犯。

4 院所主管必须确保用作监禁囚犯或供囚犯就寝的居室，在供囚犯入住前已获发证明书。

5 囚犯的居室必须在当眼位置标明与居室证明书上相符的号数或标记。［1/2009 修订］

6 居室证明书通常会一式两份呈交署长。署长在正本签署后会将之送回有关院所，证明已授权院所主管使用该居室。［1/2009 修订］

7 居室证明书须存放在院所主管办公室，以备随时查阅。

52-03 院所范围的维修工作 / 电气装置

1 所有在建筑物内进行的建筑工程及电机工程，均由建筑署及机电工程署负责。在未经正式授权批准前，不得对建筑物进行改建或加建工程。［1/2002 修订］

2 加设或改动已有的电气装置，只可由认可人士、机电工程署、建筑署或有关部门的认可承建商进行。［1/2009 修订］

3 为安全起见，须指派 1 名纪律人员负责执行更换照明装置及灯泡等非技术性工作。

52-05 院所范围的清洁情况

1 如纪律人员发觉院所的水渠、通风或卫生设备有损坏情况，须作出报告。

2 所有排水渠及建筑物，包括职员住所及院所围墙内外的所有公地，均列入由院所主管根据《监狱规则》第 93（1）条规定进行视察及检查的范围。［1/2009 修订］

52-06 院所范围的通风情况

1 每 24 小时至少要把所有囚室及囚仓彻底通风 1 次。

52-07 中途宿舍宿员缴付象征式住宿费

1 宿员或须缴付由政府厘定的象征式住宿费，但须否缴交，则由宿舍主管决定。

第 53 章——食物及膳食供应服务

53-01 囚犯膳食的准则

1 《监狱规则》第 8（1）条述及的“一般监狱膳食”是现行膳食准则第 1、2、3 及 4 内的任何一类膳食表及附属膳食；《监狱规则》第 8（2）条述及的“不同膳食”指不同于一般监狱膳食的膳食。［2/2009 修订］

2 如有囚犯认为应获提供与一般囚犯不同的膳食，须向院所主管或主管副手（其职级不低于监督）提出理据，以供考虑。如囚犯对他们的决定感到不满，可先向署长提出上诉。如对署长的决定感到不满，可向保安局局长提出上诉。保安局局长的决定为最终决定。［2/2011 修订］

53-02 还押囚犯的私人食物

1 如有候审囚犯要求食用私人食物，须按照《监狱规则》第 192 条的规定办理。

53-03 膳食安排及派发

1 用膳的囚犯数目不得超出饭堂可容纳之数。同时，应有足够人员在场监管。院所主管及其他高级人员须每日视察囚犯的用膳情况。

2 值班主管须在下述时间，将所需的膳食数量通知厨房主管：

—— 在“锁仓”前通知次日早餐的数量；

—— 在早餐后尽速通知午餐数量，以免携带午膳往远距离地点工作的组别受到延误；以及

—— 在上午十时前通知晚餐数量。

53-05 囚犯上庭的膳食安排

1 囚犯如到区域法院或原讼法庭应讯而不能返回院所进食午膳，可用下述方法替他们安排膳食：

—— 由荔枝角收押所供应膳食表 1 和表 4 的膳食；以及

—— 由遣送囚犯的院所供应膳食表 2 和表 3 的膳食，以及其他特别餐。［2/2006 修订］

2 由于裁判法院是由警务人员督管，故有关膳食的要求须向法庭督察提出。

53-06 囚犯食物的质素

1 厨房主管须验明承办商供应的每项食物皆属完好质佳，并符合所订购的数量。如有任何不符之处，须立刻知会总惩教主任。在接收食物之前，必须在送货工人面前进行保安检查。［2/2011 修订］

2 医生应根据《监狱规则》第 145 条，定期检查所供应食物的质素。

53-07 冷藏库

1 院所主管须就院所内冷藏库的一切运作事宜发出适当训令。

2 院所必须尽力确保不会将任何人困在冷藏库内。

第 54 章——床上用品、囚室设备及日用品

54-01 囚犯获发物品的规格

1 发给囚犯的床上用品及梳洗用品的核准规格，列载于囚犯个人供应物品表。［1/2012 修订］

54-02 囚犯于收纳时获发给的日用品

1 囚犯于收纳时均须发给牙刷、梳子、肥皂及毛巾。

2 还押囚犯可用自备的盥洗用具，但不包括剃须用具。

54-03 毛毡及床上用品［1/2001 修订］

1 院所主管须确保囚室 / 囚仓内的家具、床上用品及其他物品均整齐、清洁及划一地安放。［1/2001 修订］

第55章——邮件及探访

55-01 邮件及探访的一般规定

1 根据《监狱规则》第48条、第49条、第50条、第52条及第53条的规定，所有囚犯都可接受探访。《监狱规则》第188(1)条所指的候审囚犯，《监狱规则》第203条亦适用于他们。

2 关于通信的一般规定，载于《监狱规则》第47条、第47A条、第47B条及第47C条。

3 当局不会剥夺囚犯通信及接受探访的权利，以作为《监狱规则》第63(1)(d)条的惩罚。

4 院所主管可根据《监狱规则》第47(7)(a)条，限制囚犯在不超过3个月的期限内，每星期最多只可书写及寄出1封信，作为根据《监狱规则》第63条对有关囚犯判处其他惩罚以外的附加惩罚，除非囚犯拟发出的信件是给《监狱规则》第1A条所界定指明的人，或是与律师或大律师之间的真诚通信。

55-02 对外籍囚犯的附加规定

1 外籍囚犯有权可获准与其本国领事人员立即联络，以及接受其本国领事馆的代表的探访。

2 此类书信或探访可涉及任何有关其本人的辩护事项、于院所内的待遇或其家事。

3 进行上述事情，毋须事先获得批准。任何信件须予寄出，而探访亦须予安排，不得延误。

4 外籍囚犯或家在外国的囚犯，可在院所主管酌情批准下，以邮简代替普通信件与其亲友通信，邮资则依据《监狱规则》第47(2)及47(3)(a)条由公费支付。

5 [1/2007 废除]

55–03 探访类别及探访设施 ［2/2008 修订］

1　按照探访的性质和访客的类别，探访可分为两种：

—— 囚犯的亲友探访

—— 公职人员因其公职身份获准探访囚犯，例如囚犯的法律顾问、领使馆人员或其代表、其他政府部门或非政府机构的人员等。［2/2008 增补］

2　探访者进入囚室探访囚犯并不适当。探访者须时刻在 1 名纪律人员陪同下会见囚犯。此项守则不适用于司铎，但必须另作安排，为司铎提供随时协助。［2/2008 修订］

3　必须另设适当会见室，以供公职人员探访囚犯之用。［2/2008 修订］

4　必须尽可能安排囚犯与到访的亲友在富有人情味的环境下会面。［2/2008 修订］

5　探访室或访客候见室须张贴告示，告知囚犯的探访者下列事项：

—— 有关通信的规例；

—— 探访的一般须知事项及程序；

—— 探访者交来的经核准物品；

—— 有关为还押囚犯交来香烟；

—— 为保安理由，探访可能受到职员监听；

—— 防止贪污；以及

—— 要求与 1 位高级人员会晤以讨论任何与囚犯有关事项的权利。［2/2008 修订］

6　须在各会见室内张贴双语告示，警告如在进行法律事务或公事探访时，未经批准而传递香烟予囚犯，即属违反《监狱条例》（第 234 章）的规定。［2/2008 修订］

55–04 在法院的探访

1　只限以下人士到法院探访囚犯：

—— 为辩护目的而真正不可缺少的人；或

—— 经本署管理层或法庭授权的人。

55–05 警务人员的探访

1 任何警务人员在根据《监狱规则》第 49 条的规定而出示由警方或司法当局发出的令状后，可探访囚犯以进行认人手续，或就已举报或有合理理由怀疑已发生的案件进行调查。

2 通常会晤应由 2 名警务人员主持，并须在 1 名本署纪律人员的视线内进行，除非囚犯有请求，否则该纪律人员不应聆听谈话内容。

3 若当时只有 1 名警务人员在场，则会晤须为本署纪律人员所耳闻目见。若囚犯的律师在场，则该名本署纪律人员只须目睹会晤情况，而毋须聆听谈话内容，除非囚犯有请求，则作别论。

4 专为套取指纹而进行的探访，可由院所主管授权进行。

5 警务人员到访院所时，可准予携带传呼机。

55–07 廉政公署人员的探访

1 廉政公署人员或会要求会晤某些囚犯，使其作证，以证实某些举报或思疑的罪行。在此情况下，是项要求必须在出示合适当局的指令后获准。

2 探访程序和警务人员探访时的一样。如囚犯已被起诉，须于其服刑记录内适当地记录下来。

55–08 政府人员的探访

1 其他执行公职的政府人员，如社会福利主任等，于获得院所主管批准后，亦可按警务人员会晤囚犯时的规定探访囚犯。

2 凡根据《监狱规则》第 50 条而须在送达离婚案件的文件前循例进行认人手续，则该程序须在特别房间内，由 1 名指定的本署纪律人员进行。认人时，双方不得交谈，亦毋须将囚犯混杂在其他人中。

55–09 法律界人士的探访

1 法律顾问可以其专业身份探访囚犯。此类探访须符合下述情况，并在 1 名纪律人员视线之内进行，但有关人员不应聆听谈话内容：

—— 囚犯是法律诉讼的其中一方，而根据《监狱规则》第 52（1）条，他有权与其律师会晤，并在本署纪律人员不能听到的情况下讨论案情；

—— 因犯拟就其可能需面对的诉讼征询其法律顾问的意见，但必须证实这是要求法律顾问探访的目的；然而，囚犯没有必要透露料想会面对的诉讼为何；以及

—— 囚犯拟就其他不大可能涉及法律诉讼的法律事务（如出售楼宇或订立遗嘱）征询法律顾问的意见；在此等情况下，囚犯必须事先表明会晤法律顾问的目的，且不得违反《监狱规则》第47A（5）条的规定。

2 如有法律专业人士并非以其专业身份（例如以亲戚或朋友身份）探访囚犯，该探访必须按照一般的规定，在1名纪律人员可看到及听到的情况下进行。

55–10 宗教界人士的探访

1 神父或牧师探访属其堂区教友的囚犯时，如实际可行，须安排本署司铎在场，而探访亦须在1名纪律人员可看见及听到谈话内容的情况下进行。

55–11 领事馆人员的探访

1 领事或其代表探访外籍囚犯时，须在1名本署纪律人员视线范围之内进行，但有关人员不应聆听其谈话内容。除非有特殊原因，院所主管认为该探访宜在纪律人员可听到的情况下进行，则属例外。

55–12 不同院所的囚犯互相探访

1 如夫妇或父母子女同时被囚禁，可准予互相探访。［2/2012 修订］

2 未结婚但已订婚或在临囚禁前同居的男女囚犯如提出互相探访的申请，可予批准，但必须符合下列情况：

—— 双方有关院所主管必须确实认为该2名男女的关系已经公开而且稳定；以及

—— 他们的关系有可能于获释后维持下去或导致结婚。

3 双方有关院所主管须作出探访安排，并准许他们以后每3个月互相探访一次。此等探访应视作一般探访计算，不属额外性质。

55-13 亲友的探访［2/2008 修订］

1 囚犯遭收押时，须申报其探访者的身份。探访者名单须记在服刑记录资料系统内。其后若有更改，须先获得院所主管批准。

2 必须设法让囚犯尽快与到访者会面，避免囚犯亲友作不必要的久候。倘若囚犯正在外间工作而预料其到访亲友需等候良久，则应通知他们先行离去，稍后再来，以免在候见室中久候。

3 座落郊区的院所必须顾及到访者的交通往返，于安排会面时，尽量给予到访者充分时间赶搭班次疏落的回程交通工具，如渡轮及巴士等。

4 如囚犯病重，有关院所可暂停执行与亲友探访有关的一般限制。［2/2008 修订］

5 探访者可获准使用院所借予的书写工具记下有关家事或囚犯获释安排等事项，惟以不违反院所主管所颁布的训令为原则，并且必须获得院所主管或其指定的纪律人员的批准，方可将该等笔记带离院所。［1/2012 修订］

6 假如访客未经院所主管或其指定的纪律人员的批准而把笔记带离院所，即干犯《监狱条例》第 18 条的可逮捕罪行。根据《刑事诉讼程序条例》（第 221 章）第 101（2）条，任何人可无须手令而逮捕任何他合理地怀疑犯了可逮捕的罪行的人。因此，即使本署纪律人员并无特定的逮捕权力，也可阻止有关访客离开院所，直至警务人员到场为止。院所监督亦可根据《监狱规则》第 23（2）条没收未经批准传递的笔记。［1/2012 增补］

7 无论引用《刑事诉讼程序条例》（第 221 章）第 101（2）条及 / 或《监狱规则》第 23（2）条作出逮捕及 / 或没收物品，均属极端和特殊的措施，必须具有充分理据方可进行。假如访客坚持拒绝合作，院方须向他们清楚说明本署纪律人员会采取的行动。［1/2012 增补］

8 囚犯不得请求他人代为传递他不会获准亲身直接传递的讯息。如有疑问，须呈交总部请示。［1/2012 修订］

9 如院所主管认为增加探访次数有助定罪囚犯改过自新和增进其与家

人的关系，可在《监狱规则》第48（a）条所规定的探访次数以外，批准每月增加2次探访（惟须按个别个案的情况而决定），而有关特别探访只限于周一至周五进行（除非属特殊情况则例外）。［1/2012修订］

10 探访者可获准于特别探访时把物品交予囚犯。［1/2012修订］

11 院所主管须就批准有关特别探访制订程序，并须因应个别院所的独特情况灵活执行；此外亦须于申请程序采用标准的申请表。［1/2012修订］

12 此类探访只限批予囚犯的直系亲属（即配偶、子女、父母及兄弟姊妹）。然而，在特殊情况下，院所主管亦可批准其他亲属探访囚犯（直系亲属可获优先考虑）。此项批准须经常按需要而予以复核，以确保可达至预期效果。［2/2012修订］

13 如囚犯违反纪律，此类探访须予撤销。［1/2012修订］

14 尽管有上文第7段至第9段的规定，惟依据《监狱规则》第48（h）条，囚犯如就其财产作出安排，或有任何其他特殊理由，院所主管可准许他接受亲友探访。［1/2012修订］

15 根据《监狱规则》第203条的规定，院所主管可在接获申请时批准还押囚犯于任何1次探访中最多有3名探访者。［1/2012修订］

55–14 囚犯的探访者

1 除《监狱规则》第48条、第49条、第50条、第52条及第53条述及的人士外，所有人均可在下述情况下申请探访囚犯：

—— 探访得双方同意；

—— 探访符合囚犯的利益；

—— 探访对院所的良好秩序或纪律不会构成危险；以及

—— 探访不会对公众利益造成不良影响。

55–15 登记囚犯的探访者以便亲友探访 ［2/2008修订］

1 须要求探访者在一张便条上写下其姓名、与囚犯的关系、身份证号码和地址，以及拟探访囚犯的编号/姓名。以后探访时毋须再写下这些资料，除非所呈报的地址有更改。

55-17 对信件享有的权利

1 囚犯可准予每星期书写及寄出 1 封信，邮费由公费支付。囚犯每次会获发 1 张 A4 大小的信纸连信封，倘其提出要求，亦可再获发信纸，每次最多可得 4 张 A4 大小的信纸。

2 囚犯亦可在小卖部购买写信用品及邮票，以书写及寄出额外信件，费用从其工资扣除。

3 根据《监狱规则》第 47（3）条的规定，院所主管亦可在下述情况下，准许囚犯每星期书写及寄出多于 1 封信，邮费仍由公费支付：

—— 院所主管相信有关囚犯确实有需要书写及寄出额外信件，并且没有足够工资支付邮费；或

—— 该名囚犯属当局鼓励与家人建立联系的囚犯类别，例如教导所、劳教中心、更生中心或戒毒所的所员，以及 21 岁以下的囚犯。［2/2007 修订］

4 根据《监狱规则》第 47（4）条的规定，院所主管可准许囚犯书写及发出信件给《监狱规则》第 1A 条所界定指明的人，邮费由公费支付。［2/2006 修订］

55-18 对邮件的检查

1 负责检查囚犯来往邮件的人员，如对任何邮件有所怀疑，须将之呈交院所主管。

55-19 寄入的信件

1 寄入的邮件须分为两类：

—— 一般邮件：指定时派送给囚犯，由其亲友寄发或收件人为囚犯的信件；以及

—— 必须有跟进行动的邮件：指经本署转交给囚犯的信件。这类信件一般须由高级职员向囚犯加以解释及/或提供协助，例如由法律援助署或法院等寄发的信件。

2 囚犯可拥有所收到的信件，获释时亦可保留该等信件。

55-20 寄出的信件

1 所有囚犯的信件均须在院所主管指定的时间，交往总务室处理。

55-21 囚犯互相通信

1 分别在不同院所服刑的囚犯如欲互相通信，必须获得有关的院所主管批准。院所主管须予以批准，但下列情况除外：

—— 院所主管或其指定的本署纪律人员未有合理机会阅读有关信件；或

—— 院所主管有理由相信有关信件会对任何个人的人身安全或对院所的保安、秩序及纪律造成威胁。

55-22 以中英文以外文字书写的信件

1 在一般情况下，能讲英文或中文的囚犯写信时须用英文或中文。

55-23 签署交来或寄入的文件

1 院所主管可斟酌情况，批准囚犯签署文件（包括支票在内）及在见证人面前订立和签署遗嘱。院所主管只应将存疑或有困难的个案呈交署长批示。

第 56 章——致电

56-01 囚犯致电

1 院所主管可于下列特别情况，以及在信纳囚犯真有需要及时跟他的亲友联络时，按个别情况而批准囚犯打本地或长途电话：

—— 将其被羁押一事或其行踪通知亲友；

—— 安排保释、缴付罚款或其他法律事宜；

—— 获取病危或受天灾影响的近亲的最新消息；

—— 联络因路途遥远或伤残等理由而无法在过去 3 个月内探访囚犯的近亲；以及

—— 院所主管认为可以恩恤理由而给予批准的任何其他情况。［1/2001

修订］

56-02 囚犯致电方式

1 囚犯致电过程须由院所主管委派的1名纪律人员在场监听。

2 院所须备存记录册，以登记致电的日期、时间、囚犯的姓名及编号，以及接听者的姓名与电话号码。

56-03 囚犯致电领使馆［2/2012 增补］

1 囚犯致电领使馆的电话对话，不得以任何方法监听或进行录音。［2/2012 增补］

2 监管人员须亲自致电领使馆并确定接听人士的身份后，方可准许囚犯与对方交谈。院所须监察电话的使用，以确保囚犯不得致电未获批准的人士。［2/2012 增补］

第57章——吸烟及香烟

57-01 不准吸烟的各类囚犯

1 以下各类囚犯不得购买香烟或吸烟：

—— 根据《劳教中心条例》（第239章）、《更生中心条例》（第567章）、《教导所条例》（第280章）被羁押的所员；

—— 正在医院接受治疗，或由医生照料的囚犯，但获医生特别批准者不在此限；

—— 21岁以下的囚犯；以及

—— 年届21岁但仍被羁押于收容年轻囚犯院所的囚犯。［2/2007 修订］

57-02 准予接受香烟的各类囚犯

1 如院所主管认为情况符合《监狱规则》第208条的规定，根据《监狱规则》第25（2）条，下列各类囚犯可接受亲友所给予的香烟：

—— 根据《监狱规则》第188(1)条的候审囚犯；以及 [1/2009修订]

—— 根据《紧急情况规例条例》(第241章)第2条被羁押的人。

第58章——特惠及财物

58-01 囚犯的特惠

1 由进入院所开始，囚犯即享有特惠，但此等特惠可依据《监狱规则》第63(1)条的规定予以取消。

2 下列各项均属囚犯的特惠：

—— 购物(不包括写信用品及邮票)；

—— 获供应书籍(包括教科书、图书馆藏书及笔记簿)、期刊及报章；

—— 须刨、半导体收音机及电池；

—— 游艺、康乐及群体活动；

—— 讲座、戏剧、音乐会及影带欣赏；

—— 参加体育活动及公开比赛；或

—— 假期。

3 [2/2005废除]

4 根据《监狱规则》第63(1)(d)条的规定，特惠并不包括书信或探访，但院所主管可根据《监狱规则》第47(7)(a)条就额外信件施以限制。

5 宗教书刊不得列为可根据《监狱规则》第63(1)(d)条予以剥夺的一项特惠。

58-02 囚犯购买小卖物品

1 依照囚犯赚取工资计划，囚犯购买许可物品的规定如下：

—— 须将准许囚犯购买的每项物品的售价、重量及数量列出；以及

—— 以投标方式与承办商签订合约，由其供应所有认可的小卖品。

[2/2009修订]

2　　囚犯每月可购物 2 次，但署长可批准较频密的购物次数。

58-03　来自外间的书籍、期刊及报章

1　　囚犯可按署长决定收受来自院所以外的书籍、期刊、报章或其他刊物。

2　　此举的目的，是使囚犯可从亲友方面取得特别适合其爱好的书籍，以补充院所图书馆供应的不足。

3　　院所主管可根据《监狱规则》第 56 条，扣留和处置某份刊物或其中某部分。

58-04　教科书

1　　教科书包括所有教科书、文法书籍、字典、地图集及其他用作教授囚犯或与学习班或认可课程有关的书籍。

58-05　图书馆藏书

1　　将图书馆藏书借予囚犯，纯粹基于下列因素：不应限制囚犯阅读有益的书刊；在实际可行的管理范围内，应鼓励囚犯利用工余时间阅读。

2　　院所主管应检查图书馆藏书，以确保馆内并无任何不宜收藏的书籍。

3　　职员不得取用囚犯图书馆的书籍。

58-06　笔记簿

1　　学习用的笔记簿可分发予囚犯，供其修读认可课程之用，不论有关课程属班级课程或个别课程。

2　　有关课程不必为纯技术性或学术性，只要能提高囚犯的一般教育水平或谋生技能，又或协助囚犯善用闲暇，便应鼓励他们攻读。

3　　笔记簿只可按规定用途使用。如作其他用途或任何簿页遭撕去，则会被收回。簿内所记事项，必须以中文或英文书写，并仅限于与课程有关的笔记。

4　　囚犯可用工资购买普通笔记簿。囚犯也会获告知有关笔记簿可用以作诗写文、绘画、做阅读札记或对任何感兴趣的课题作笔记。［1/2009 增补］

58-07　报纸

1　　囚犯每日可收取一份自选的报纸，包括星期日出版的在内。

2 报纸必须直接由督印人或其注册代理商派发。

58-08 须刨、收音机及电池

1 每名囚犯可购买 1 个核准款式的私人干电动刮胡刀。

2 除根据《劳教中心条例》(第 239 章)、《更生中心条例》(第 567 章)、《教导所条例》(第 280 章)所羁留的囚犯，所有成年犯均可购买核准款式的半导体收音机，作为自用。 [2/2007 修订]

3 拥有干电动刮胡刀或半导体收音机的许可，可由院所主管根据《监狱规则》第 63(1)条予以取消。

58-09 游艺、康乐及群体活动

1 如院所房舍及其他设施的条件许可，所有获院所主管认为适合的囚犯皆可参加群体活动。群体活动包括集体用膳、康乐活动、音乐会及讲座。

58-10 讲座、音乐会及播放影带的一般规定

1 院所主管应礼貌地对到访的教师、讲师或外间乐队成员清楚解释，院所时间表乃有所规定，因此即使课程、演讲或音乐会开始的时间较原定为迟，亦必须按照规定，准时结束。

58-11 为囚犯安排讲座

1 讲座及题目须先经院所主管批准。

58-12 戏剧及音乐小组

1 各院所可组织戏剧及音乐小组，但须获得署长批准。初犯与积犯须分开加入不同的音乐小组。

2 收到举行音乐会的申请时，院所主管须将申请连同其意见及建议，递交署长考虑。如获署长批准，院所主管便须负责为音乐会作出所需安排。

3 院所主管须把参加音乐会的囚犯限制在合理数目内，以确保符合纪律及保安方面的规定。

4 只可批准在特殊场合或特别公众假期，例如圣诞节、农历新年等举行音乐会。

58-13 为囚犯播放影带

1 安排播放影带的工作须由院所主管负责。

58-14 囚犯的体育活动

1 在实际可行范围内，院所主管须负责安排足球、篮球及游泳等运动，以促进体育活动。

2 组织泳队时，必须特别小心，并且只准教导所及戒毒所的丁类年轻囚犯参加。这些泳队只可参与有益身心的水上运动或训练班。

3 囚犯参加活动，必须完全出于自愿，并须遵守不时制订的其他条件，包括签署一份“放弃索偿声明”。

58-15 公开比赛

1 囚犯可参加公开比赛，条件是他必须利用通常获准接收或发出书信的限额参赛。当局可应要求，准许他接收或发出特别书信。

58-16 囚犯获准保留的物品

1 囚犯获准保留的任何财物，如有遗失或损坏，不得要求赔偿。

2 囚犯须签署 1 份承诺书，表示明白此等条件，并愿意遵守。

3 囚犯须将其姓名或编号写在每件获准保留的物品背后。此等物品必须放置于桌上或其他指定地方，但无论如何不得安置于囚室墙上或门窗上。

4 囚犯所收到的任何此类物品，若不获准保留，将视作其私人财物般存放，或按要求由其访客带走，或在其同意下当作废纸处理。

第 59 章——工作、职业训练及工资 ［SR/2010 修订］

59-01 囚犯工作的一般规定

1 除因健康理由而得医生批准豁免外，所有囚犯均须参与生产工作。安排囚犯工作，目的是在囚犯健康、纪律及保安情况许可下，配合囚犯的刑期、学习与工作能力，以及院所的资源，给予每名囚犯最佳的工业训练或工作。［1/2009 修订］

2　办公室的文书工作不得交由囚犯处理。［1/2009 修订］

3　除认可的杂务及内部维修工程外，其他工作必须具有工作单、工程单或总部发出的其他授权书方可进行。任何囚犯不得为其他囚犯或本署职员工作，亦不得为任何人士的私人利益而工作。［2/2009 修订］

59-02　囚犯工作时间的一般规定

1　各院所务须致力确保每名定罪囚犯每日均与其他囚犯一同工作 8 小时——不包括康乐、膳食及因保安问题而耽误的时间。院所主管可酌情批准囚犯于囚室内工作，但于 1 日内与其他囚犯一同工作及自行在囚室工作的时间，合共不得超过 10 小时。［2/2009 修订］

2　工作时间乃署长视乎个别院所的情况及环境而厘订，未得其书面批准，不得加以更改。如有任何改变，必须立即向署长报告，并附加解释。

3　为进行院所的杂务工作，或维持医院管理局及卫生署的洗熨服务，囚犯可能需要在公众假期工作。不过，除确实需要外，不得在星期日、圣诞日、耶稣受难日及农历元旦工作。

4　年轻囚犯用于学习班及职业训练的时间，须计算为从事生产工作的时间。［1/2011 修订］

59-04　囚犯劳工的管理

1　用囚犯劳工进行的工业活动，是由总经理全面负责。他须与院所主管及其他负责行动、控制及保安的高级人员紧密联络。院所主管在有关人员（包括 1 名工业及职业训练主任或工业联络主任）协助下，须全面负责执行总部给予其辖下院所的所有工作单，并藉有关工作单令囚犯从事有意义的工作。［2/2009 修订］

2　每间院所须按需要委出 1 名工业及职业训练主任（总工业主任或高级工业主任）或工业联络主任（总惩教主任），由其向院所主管负责管理与控制院所的工业生产及职业训练，以及善用生产资源（包括劳工），并须依生产时间表或署长所订的其他有关训示，统筹一切所需进行的活动。［2/2009 修订］

3　用囚犯劳工进行的建造和维修工程计划，是由高级监督（工程及策划）全面负责。他须与院所主管紧密联络，根据工程时间表管理这些计划的进行。院所主管须分配囚犯工作，以完成工程订单。［1/2009 修订］

59-05 分配囚犯工作及职业训练的权力 ［SR/2010 修订］

1 按照院所主管的总体训示，工作及职业训练分配委员会会为囚犯分配工作及职业训练。［SR/2010 修订］

59-06 工作及职业训练分配委员会 ［SR/2010 修订］

1 所有需要为囚犯分配工作及职业训练和管理囚犯赚取工资计划的院所，皆须成立工作及职业训练分配委员会。委员会主席由该院所副主管或一名高级人员担任，委员则包括保安主任、工业及职业训练主任/工业联络主任及专门负责院所内建造及维修工作的人员。［SR/2010 修订］

59-09 囚犯工作时的规定

2 高级人员须确保囚犯随所属工作组别结队前往工作时，井然有序。囚犯工作或运动完毕时，各工作组别的主管人员须向当值的高级人员报告囚犯已经返回院所，并报告囚犯的数目及所有工具均点核清楚。

3 囚犯于工场内或出外的工作组别工作时，可互相作一般性的交谈。

4 囚犯工作时的表现和行为操守，须由工场的指导人员或其不在时由工作组别的主管予以评估和记录。在日后提升或降低囚犯的工资级别及分派工作岗位时，应参考这些记录。［2/2009 修订］

5 除非情况显示绝对有必要，否则院所主管须尽可能不批准或指令囚犯离开工作。假如必须中断囚犯工作，应是出于须进行新入院所或释放前会见等情况，而非因囚犯自己提出要求而停止工作。对于正在工作的囚犯，应尽量避免他们以申请会见院所主管、更生事务人员（辅导/监管）、司铎等借口离开工作岗位。［2/2009 修订］

59-10 生产及职业训练物料的管制 ［1/2011 修订］

1 购买生产及职业训练物料和工具器材的预算，须经由工业及职业训练主任/工业联络主任/助理讲师呈递予个别组别的监督（工业组）或监

督（职业训练）。除指定用途外，各种物料不能作其他用途。［1/2011 修订］

2 被指派收取物料的人员须确保该等物料符合有关购货订单所载的规定。如所收取的物料不符合规格，须向高级人员报告。［2/2008 修订］

3 须按指示每半年点查存货一次。［1/2008 修订］

4 各院所须采取措施，以免在任何工场或工作地点浪费生产物料。完成工作或工程后，如有物料剩下，须以书面通知总部。［2/2009 修订］

5 为妥善控制生产原料的存量，院所主管须注意此等原料的管制、分发及使用，以提供足够原料予囚犯使用，使工作不致中断；同时须确保工场或物料仓内不致积存过量物料，但获总经理特别指示除外。［2/2009 修订］

59–12 职业安全及健康主任［2/2006 修订］

1 院所主管须委派负责人员出任院所职业安全及健康委员会的成员，负责院所工作地点的安全和健康，以及落实部门的安全和管理政策。［2/2011 修订］

2. 院所主管须委任 1 位曾受训练的人员担任职业安全及健康主任，负责落实院所职业安全及健康委员会制定的程序。该人员的职级不能低于高级惩教主任或高级工业主任。［2/2011 修订］

59–13 工业及作业安全

1 工业及职业训练主任或工业联络主任一般须向院所主管负责，确保职员严格遵守所有与使用装置、机器及设备有关的安全措施。［1/2009 修订］

59–14 机器安全操作指示

1 所有机械器材每天均须小心检验，方可使用。倘机器有任何毛病，须即向工业及职业训练主任或工业联络主任报告，并尽快修妥。损坏的机器必须标明、隔离及截断电源供应。［1/2012 修订］

2 获准操作某部机器的囚犯名单，须张贴在机器上或其旁边的当眼处。只有名单上的囚犯（获批准的机器操作员）方可操作该机器。有关囚

犯必须确认已完成职业安全健康训练及承诺使用合适的保护设备，方会获批准成为机器操作员。［1/2012 修订］

3　工业及职业训练主任 / 工业联络主任必须确保所有就机械的防护及预防意外事宜发出的指示，包括安全及操作指示，均获遵行。在开动机器前，必须先将完好无损的安全护罩放置在正确位置，或以其他有效的安全装置代替。［1/2012 修订］

59–15　囚犯从事高空工作

1　囚犯不得在扶梯及工作台上工作，除非：

——　囚犯自愿参与此等工作；

——　任何人上落长梯时，必须另有 1 人站于梯架的最低一级，以起稳定作用；以及

——　有职员直接进行监督。［2/2006 修订］

2　须提供工作台代替长梯，让囚犯在离地 2 米或以上的位置工作；平台如未设护栏，则须使用安全带。［2/2009 修订］

59–16　从事对健康构成危险的工作

1　囚犯如从事可能对健康构成危险的工作，尤其是在满布灰尘的环境下工作，须每年获安排接受定期的体格检验，包括在需要时接受放射检验。［2/2010 修订］

2　院所主管须咨询医生及工业及职业训练主任 / 工业联络主任，然后在其训令 / 指引内指定为从事可能对健康构成危险的工作的囚犯进行体格检验。［2/2009 修订］

59–18　检查机器

1　根据《工厂及工业经营条例》（第 59 章）第 4 条的规定，工场、洗衣房及全部装有机器的地点，均须由劳工处的职业安全主任巡视。每当工作间或机器装置有重大改变，院所主管须请职业安全主任进行此等视察。他亦须作出适当安排以便进行此等视察。［1/2005 修订］

2　每次巡视后，院所主管须知会署长：

——　巡视日期；

—— 所作建议（如有）；以及

—— 已采取的补救行动。［1/2005 修订］

59-20 私人工作订单

1 所有私人工作（即各公务员的订单）的收费，必须事先付款。

2 ［1/2002 废除］

59-21 囚犯赚取工资计划

1 囚犯赚取工资计划的详情，载于《囚犯工资与工作及职业训练分配手册》。［1/2011 修订］

2 在赚取工资计划下，囚犯须分为以下类别：［1/2008 修订］

不宜工作者 —— 按医生建议而不宜工作的囚犯；或［1/2005 修订］

适宜工作者 —— 经挑选后被编配适当工作的囚犯。

3 按照囚犯赚取工资计划，囚犯和戒毒所所员的工资等级相同。［2/2009 修订］

4 劳教中心、更生中心及教导所所员的现行工资依照财务委员会的训示厘订，详情另行公布。［2/2007 修订］

59-22 计算囚犯的工资

1 工资通常会每月 1 次记入囚犯账目内，但用下列公式按日计算：

$$\frac{\text{周薪}}{7} \times \text{工作日数}$$

59-23 使用工资

1 囚犯可将不超过 90% 的工资汇予家人、购买小卖品或作其他经署长不时核准的用途。

2 囚犯依强制储蓄规定储足 500 元后，即可使用其后赚取的全部工资。

59-24 服刑期间支取工资

1 囚犯在服刑期间内如经院所主管批准，可提取部分工资。

59-25 释放时最后一次付款

1 囚犯服刑期满获释时，可取回其全部剩余的工资。

2 办理此项手续，须使用“全部提取清单”（PR 1113A），列明每日所释放囚犯的编号、姓名、总支出、应付工资净额、签署及日期。

59–26 未定罪囚犯及递解犯的工资

1 根据《监狱规则》第 201 条要求并获准工作的债务人、还押犯及《监狱规则》第 188 条所指明的其他人士，可获发应得的工资。如囚犯在受审后获得释放，则其截至受审当日所有未动用的工资，须在法庭内悉数交还。［2/2008 修订］

2 属递解犯或根据《紧急情况规例》（第 241 章）被羁留的人如自愿工作，须按适用于囚犯的工资等级获发工资。递解犯及羁留者可作出安排，在扣除购物用去的款项后，将剩余的工资交予其亲戚，或予以保留，直至获释或遭递解时领回。强制储蓄工资及患病时扣除工资的一般规限概不适用。

第 60 章——外出许可

60–01 申请外出许可

1 根据《监狱规则》第 17（1）条的规定，有递解离境令在身的囚犯必须待该命令解除后，方获考虑批准外出。

2 丰力楼的宿员于周末或公众假期如毋须上班，院所主管可酌情批准给予不超过 48 小时的假期。

第 62 章——管制凶暴囚犯

62–01 凶暴囚犯的管理

3 虽然为维持院所纪律，或有必要将此类囚犯分隔，但就有关囚犯而言，分隔并非最终目的，而只是一种手法。

4 分隔的用意，是希望藉此配合全体职员（尤其是医生和临床心理学家）的努力，查出导致囚犯产生破坏性和反叛社会行为的各种原因。倘认为囚犯需要医药治疗或心理治疗，则应为其提供。

5 总惩教主任须设置记录，详载所有遭分隔的凶暴及具破坏性囚犯的资料，包括分隔日期、批准者及理由。此种记录须随时供到来巡视的总部高级人员及巡视院所的巡狱太平绅士。

62-02 保护室

1 保护室可用以暂时囚禁任何强悍或凶暴的囚犯，以防止该囚犯伤害自己或他人，或故意毁坏财物或制造骚乱。惟在任何情形下，不得囚禁任何囚犯于保护室内当作惩罚，或于囚犯顺服后仍然将他囚禁于保护室内。

2 必须只在医生授权下，方可将囚犯送入保护室，并须为此向署长报告。该等授权必须记入医生的记录册内。同时，每有囚犯被送入保护室，医生必须将所有细节记入其记录册内。

4 院所主管及医生必须每24小时最少巡视每名被囚于保护室的囚犯2次。院所主管如认为囚犯的暴力征象已消退，则须于咨询医生意见后，立即将囚犯带出保护室，以观察其情况。

5 院所必须备存1本保护室记录册。负责该保护室的纪律人员须用其记录每宗个案的详情，包括囚犯进出该室的日期、时间及囚禁的理由。医生及其他职员的探访亦须记入册内。负责该囚室的纪律人员于下班时须于记录册上签名。

62-03 帆布衣服

1 小榄精神病治疗中心的囚犯如毁坏身上衣物，且可能再犯同样行为，可使其穿着核准款式的帆布衣服，即帆布上衣及帆布裤。［2/2008修订］

2 囚犯穿着该类衣服的时间，不应超过院所主管或医生认为要保护本署财物或使囚犯免受暴露之苦所需的时间。

62-04 器具束禁

1 使用器具束禁并非良策，应尽量避免采用。院所主管须特别考虑，将难以应付的囚犯置于空无一物的囚室，以及在必要时依照工作守则/工作程序第62-03条的规定使其穿着帆布衣服，是否仍不足以解决问题。［1/2009修订］

2 在有院所主管的书面命令时，方可使用下述认可的束禁器具，但只可用作束禁，不得作为处罚：

—— 帆布束禁衣；

—— 手铐；

—— 束体押解手铐。

3 通常经过一段短时间，当引致施加束禁的事件过去，囚犯的束禁即可解除。使用束禁超过24小时，应视作特别措施，须有特别理由支持。［1/2009修订］

4 当束禁时间达24小时而须再予延长，则延长的时间不应超过24小时，而以较短者为佳。

5 须尽量设法将延长期限令申请书送达1位巡狱太平绅士，例如由特别信差送往，但如果延长期限令无法及时送回，则院所主管须于等候复令时自行斟酌情况，以决定应否延长束禁。

62-05 使用帆布束禁衣

1 如有需要束禁有精神问题的囚犯，免其伤害自己或他人，或损毁财物，或引起骚乱，须使用帆布束禁衣。

2 必须基于医事理由，经医生根据《监狱规则》第158条提出建议，方可使用。

3 持续使用束禁的时间不得超过所需，且不得连续使用超过24小时。如时限过后，医生认为有必要建议再使用是项束禁，则于接到1名当时的巡狱太平绅士及署长的书面命令后，须将该束禁解除至少1小时，方可再次使用。

62-06 对凶暴囚犯使用手铐

1 如囚犯使用暴力，或威吓使用暴力，而其态度、言语及以往历史均显示如非受到束禁，他便可能实行其威吓，但在当时情况下又毋须采用帆布束禁衣予以束禁，则可因应需要，使用手铐将其束禁。

2 手铐只可由院所主管于获得医生的同意或建议后，下令使用。

3 持续使用手铐束禁的时间不得超过所需，且不得超过24小时。若时限过后，医生认为有需要再建议使用手铐束禁，则须依照工作守则第62-05条（第3段）有关再使用束禁的规定办理。［1/2009修订］

62-07 使用束体押解手铐

1 工作守则/工作程序第62-04条至第62-06条有关使用器具束禁的规定，以及工作守则/工作程序第23-02条及第28-13条有关在拘捕及押解时使用手铐的规定，亦同时适用于束体押解手铐。

第63章——处理有问题的囚犯

63-01 行为适应组

1 某些院所设有行为适应组，在应付一些行为有问题的囚犯方面发挥缓冲作用。这些囚犯的行为经常对院所的管理造成干扰，但不一定能透过心理辅导加以改善。

2 行为适应组旨在采取个别应付的方法，将此类囚犯囚禁在独立的单位中，以严格和一贯的纪律予以管理。

3 行为适应组由有关院所的1个检讨委员会监管。该委员会由院所主管任主席，成员包括1名总惩教主任、临床心理学家、医生、高级惩教主任（保安）、工业联络主任及行为适应组的主管。如有需要，更可包括其他成员［例如更生事务人员（辅导/监管）及教

师］。［2/2006 修订］

第 64 章——囚犯的纪律 / 审裁

64–02 控告囚犯违反纪律

1 检控囚犯违反纪律时，必须有表面证据。

2 一般而言，控诉须由被囚犯向其作出违反纪律行为的纪律人员、目击该事件的纪律人员或处理该事件的纪律人员提出。如该违反纪律事件发生时没有纪律人员在场，或在逃犯被捕回并解往另一院所时发生，则作例外处理。［1/2001 修订］

3 除非经 1 名高级人员于调查后决定控诉囚犯恶意诬告纪律人员，否则不得作出此项控诉。纪律人员如被囚犯恶意诬告，其本人不得提出控诉。［1/2001 修订］

64–03 审裁囚犯的有关文件

1 指称囚犯违反某项纪律的报告，须填写在举报表格（CSD 6）内。填写表格时，须采用《监狱规则》第 61 条内适用于该项控罪的内容与字眼，并说明违纪行为发生的日期、时间、地点，以及其他有关细节，务使囚犯对控罪清楚明白及无怀疑之处。［1/2008 修订］

2 若有关《监狱规则》的内容包含多项选择，例如："离开囚室、工作地方或其他指定地方"，则只应填写与控罪有关的一项，例如："离开囚室"或"离开工作地方"。

64–04 对等候审裁的囚犯的安排

1 如当时情况需要中止囚犯与其他囚犯正常交往，以待调查嫌疑违纪行为或不法活动，仅可援引《监狱规则》第 68B 条。该规则授权当局为维持良好秩序及纪律或为囚犯的利益起见，得中止囚犯与其他囚犯正常交往。［2/2011 修订］

2　被举报犯违纪行为的囚犯，须与其他囚犯隔离，而无须取得上文第1段规定的授权。须注意的是，根据《监狱规则》第60条的规定，如接获对该囚犯所作的任何举报，院方不得迟于翌日开始进行调查，但如该日为公众假期则除外。这项规定必须遵守，绝无例外。［2/2011修订］

3　不过，在有合理原因的情况下，主审人员仍可将案件押后处理。在案件押后期间，根据《监狱规则》第68B条规定遭隔离的囚犯，不一定需要恢复与其他囚犯正常交往。［2/2011修订］

4　《监狱规则》第65条规定的体格检验，须在囚犯接受审裁（包括押后再行进行的审裁）当日，在开始审裁前进行。

64–05　审裁囚犯的一般安排

1　举报表格（CS　D6）须立刻递交总惩教主任，如有供词，亦须一并夹附。总惩教主任须授权把控罪登记入聆讯记录册（CSD　117）内。待《工作程序》第64–04条所规定的事项办妥后，便须尽早安排进行审裁。［2/2011修订］

2　总惩教主任须作出安排，以便进行审裁时，审裁室外有足够职员应付任何紧急事故。［2/2011修订］

64–06　审裁囚犯的进行

1　主审人员必须确保本身完全熟悉有关进行纪律聆讯的正确程序，以及有关这方面的程序指引。有关规定不时由总部颁布。

2　聆讯展开时，不得提及任何关于相同事件的其他调查（如调查委员会），亦不得查阅该囚犯以前的任何犯事记录。［2/2011修订］

3　聆讯过程中，可能会发现有关实情所构成的罪行看来与该控罪相似，但又未及控罪般严重。在此情况下，主审人员可以在聆讯过程中减轻控罪。［1/2009修订］

4　但必须确保控罪的任何更改都不会对囚犯不利。控罪如有重大更改，可能须考虑押后聆讯，使囚犯有更充分的时间准备自辩。

第 65 章——处罚 / 特别单位

65-05 等候裁判、判罚及上诉结果的囚犯

1 凡属还押囚犯或候判囚犯，如被裁定某项罪名成立，则不论其是否须在处罚期完结前出庭应讯，概须依罪判罚。

2 总惩教主任须确保所判处罚立即执行。

3 囚犯若于被判罚后 48 小时内，根据《监狱规则》第 63 条以口头提出不服任何判决及 / 或惩罚的上诉，则此项处罚将暂缓执行，直至上诉有结果为止。

4 各项处罚执行完毕后，须在囚犯记录册内注明。

65-07 遭隔离囚禁的囚犯

1 囚犯在接受隔离囚禁处罚时，不会自动丧失特惠及工资；但如属依据《监狱规则》第 63（1）条的规定而遭判罚丧失特惠及褫夺工资者，则作别论。

65-09 根据《监狱规则》第 68B 条成立复检委员会

1 凡有囚犯被院所根据《监狱规则》第 68B 条予以分隔，该院所便须成立 1 个复检委员会，成员包括院所主管、医生及其他由署长不时指派的合适人员。

第 66 章——教育 / 职业训练

66-01 教导所 / 更生中心 / 戒毒所 / 年青囚犯院所的教育及职业训练 ［1/2010 修订］

1 为明显的保安理由，乙类教导所所员 / 更生中心受训生 / 戒毒所年青所员 / 年青囚犯只限参加院所内的训练课程，但丙类教导所所员 / 更生中

心受训生 / 戒毒所年青所员 / 年青囚犯则可在院所主管批准下，参与所院外的活动。［1/2010 修订］

66-02 丰力楼的教育

1 未足法定工作年龄的宿员，必须接受全日教育课程或参加丰力楼内的课程。

第 67 章——体格锻炼及运动

67-01 体育的要旨

1 体育的目的是：

—— 促进健康及正常体格的发展，增进体能，并且经常锻炼以防体能衰退；

—— 为囚犯提供机会学习体育康乐技能，以及赢取外界认可在这方面有出色表现的奖项；以及

—— 确保囚犯在离开院所后，身体健康，可担任外界的工作。

67-02 囚犯的体育 ［1/2011 修订］

1 被医生列入适合甲组体育活动的已定罪囚犯，可参与所有类型的体育活动。［1/2011 修订］

2 被医生列入乙组体育活动的已定罪囚犯，只能参与适合其本人的活动，但不包括有身体接触的比赛。［1/2011 修订］

3 还押犯若希望参与体育活动，须经医生批准。［1/2011 修订］

4 被列入甲组或乙组体育活动的囚犯可以参与体育课。［1/2011 修订］

5 ［1/2011 废除］

67-03 ［1/2011 废除］

67-04 体育导师 ［1/2011 修订］

1 体育课须由曾接受体育专业训练的合资格职员或具备认可资格的职员

教授。［1/2011 修订］

2　高级惩教主任（体育）负责拟备每一年度的全年工作报告，以及一份详细的来年工作纲领及计划。此等文件须送交高级监督（惩教行动）审议，然后转呈助理署长（行动）。倘若体育课程有任何修订，须征询高级医生的意见。［1/2010 修订］

3　体育导师不属正规纪律队伍，而是全职受雇于本署专门担任体育训练工作。他们的工作时间，须专注于以最安全及有效的方式，执行由署长按照上段的规定而批准的体育课程。

第 68 章——更生服务（辅导）

68–01　请求福利援助

1　任何囚犯均可向院所主管申请福利援助或指导。

68–03　弱能及残障囚犯的福利

1　收纳失明、聋哑、身体有断肢或其他部分有缺陷的囚犯时，须特别顾及他们的困难，必要时，须立即与适当的政府部门或其他福利机构接触，请求协助。

2　弱能及残障的囚犯只能编往有足够设施以治疗及照顾他们的院所。

第 69 章——更生服务（监管）

69–01　监管服务的目标　［2/2006 修订］

1　监管服务是根据以下法例中的相关条文而提供的：

——《刑事诉讼程序条例》（第 221 章）；

—— 《劳教中心条例》(第239章);

—— 《戒毒所条例》(第244章);

—— 《教导所条例》(第280章);

—— 《囚犯(监管下释放)条例》(第325章);

—— 《监管释囚条例》(第475章);

—— 《长期监禁刑罚复核条例》(第524章);以及

—— 《更生中心条例》(第567章)。 [2/2006修订]

2 监管服务的基本目标是:

—— 协助囚犯更生及重新融入社会;以及

—— 帮助囚犯获释后过守法及勤奋的生活。 [2/2006修订]

3 提供监管服务的原则是促进囚犯及受监管者的个人成长及发展。监管服务采用"贯彻辅导"的理念及由监管小队提供。 [2/2006修订]

69-02 一般行为守则 [1/2006增补]

1 更生事务人员(监管)在履行职务时须贯彻遵行适用于他们的一般行为守则。 [2/2006修订]

69-03 监管职务 [2/2006修订]

1 监管人员肩负双重角色,他们既是关注囚犯/受监管者福利的辅导人员,亦是确保受监管者严格遵守监管要求的监管人员。为此,监管人员必须:

—— 采取适当行动,以协助囚犯适应惩教院所的环境,并确保他们尽可能得到旨在帮助其个人成长及日后重新融入社会的服务;

—— 确保受监管者过着守法及勤奋的生活,并在各方面均符合监管要求;以及

—— 采取及时和适当的行动,包括召回受监管者,以防止他们的表现转坏。 [2/2006修订]

2 有关更生事务组(监管)的岗位的特定职务详情,载于更生服务(监管)手册的附录内。 [2/2006修订]

第70章——医疗服务

70-01 医药用品及医院物料

1 医院物料的保管由最资深的医务人员（不论职级）负责。医院主管须确保医院物料得以妥善保管。［1/2001 修订］

70-02 医院职员的职责

1 候召医生须将其行踪通知医院主管，以便在有急需时可与其联络。

70-03 囚犯的医疗服务

1 须留意尽速向有关院所主管报告囚犯的健康情况及膳食习惯等，以便必要时能安排特别的医疗服务、监管或供应特别的膳食等。

70-04 囚犯的牙科治疗

1 所有院所均须作出安排，为囚犯提供牙科治疗服务。

70-05 囚犯的眼科治疗

1 囚犯如获准配戴眼镜，须向囚犯说明，他须对一切后果自行负责。若其遗失眼镜或眼镜受损，不一定可以补配或得以修理。此点须在囚犯的记录上注明。

70-06 患有传染病的囚犯

1 如有囚犯患上或疑为患上传染病，医生须立刻告知院所主管。

2 院所管理层须参考“处理惩教院所内传染病暴发的三级医疗应变系统”，维持监察及预防传染病暴发。［1/2012 修订］

70-07 患有应呈报疾病的囚犯

1 如囚犯患有《预防及控制疾病条例》（第599章）所适用的传染病，医生须立刻通知卫生署署长，而囚犯获释时，院所主管亦须将囚犯释放的事通知卫生署署长。［1/2010 修订］

2 患有应呈报疾病的囚犯如在刑满时处于可散播传染病的状态，但又坚决要求释放，便须予以警告，表明若因其在场或其任何行为而导致他人有被传染该病的危险，则当局可能根据《预防及控制疾病规例》（第

599A 章）第 32 条的规定予以检控及处罚。［1/2010 修订］

70–08 染有毒癖的囚犯

1 在收纳染有毒癖的囚犯后，须按照医生的指示，尽快开始为他们进行临床控制的戒毒疗程。

70–09 囚犯的怀孕及分娩

1 收押人员或囚仓当值人员如获悉囚犯怀孕或怀疑其怀孕时，须立刻通知医生。

2 如医生认为囚犯有孕，须告知院所主管，并说明孕妇已怀孕多久。院所主管须确保有关职员依照医生的指示照顾该囚犯。

70–10 院所内囚犯的婴儿［1/2001 修订］

1 在向生死登记官报告婴儿出生的通知书上，须小心避免使用“监狱”或“惩教院所”一词。

2 医生须留意《生死登记条例》（第 174 章）第 18 条有关将夭折婴儿当作死胎埋葬的规定。

70–11 患有精神病的囚犯

1 被疑患有精神病的囚犯，均须转介医生诊视。

70–12 药物的管制 / 派发［1/2001 增补］

1 囚犯不得保留任何药物，除非得医生明确表示同意。［1/2001 增补］

第 71 章——心理服务

71–01 心理服务的目的

1 提供心理服务的目的，是使囚犯保持心理健康，改恶从善。

71–02 需要心理服务的囚犯

1 在管理心理 / 行为 / 智能上有问题的囚犯时，须就他们的治疗需要和管理方面的事征询临床心理学家的意见。

第72章——精神科服务

72-03 囚犯自小榄精神病治疗中心出院

1 除根据《精神健康条例》（第136章）第VI部的适用条文进入小榄精神病治疗中心者外，由法庭直接移交该中心的囚犯，在经医生（精神科）诊断后证实精神状态良好者，须即通知有关收押所，尽速办理转送手续。

2 如要取得拘押于小榄精神病治疗中心的囚犯的劳教中心/更生中心/教导所/戒毒所合适评估报告，有关院所主管须作出一切所需安排，包括交通工具和押解人员，以便把有关所员临时从小榄精神病治疗中心转送该拟备此项报告的院所，并在完成报告后将之解回。［1/2009修订］

72-04 小榄精神病治疗中心职员的附加职责

1 高级监督（小榄精神病治疗中心）及其副手除执行《监狱规则》指定的职责及署长根据《监狱条例》（第234章）第24（2）条所授权的职责外，还须经常确保院所内维持良好的护理服务。

2 小榄精神病治疗中心的总惩教主任如同时为注册护士（精神科），则除执行《监狱规则》第106条至第123条规定的总惩教主任职责外，亦须执行《监狱规则》第162条至第164条所述的医院总惩教主任职务。

3 小榄精神病治疗中心的高级惩教主任如同时为注册护士（精神科），则除执行《监狱规则》第126条至第135条所载有关部属人员的职责外，亦须执行《监狱规则》第165条规定的医院高级惩教主任职责。

72-05 小榄精神病治疗中心囚犯的特别管理 ［1/2001修订］

1 根据《精神健康条例》（第136章）第59D条，如囚犯有资格根据同一条例第59B条申请精神健康复核而其本人或亲属没有运用该项权利提出申请，则高级监督（小榄精神病治疗中心）须于12个月后把该囚犯的个案交精神健康复核审裁处复核。

2　如有需要，从其他院所转解小榄精神病治疗中心接受心理治疗计划的囚犯，可转介医生（精神科）作进一步评估。

第73章——宗教服务

73-01 囚犯申报宗教信仰

1　每名囚犯于进入院所时，均可申报本身所属的认可教会或宗教团体。有关职员须将此资料记入囚犯的服刑记录，并向其言明，除非囚犯有充分理由，否则该项记录不会予以修改。

73-02 宗教活动

1　如司铎或核准的院所探访者欲与囚犯的亲友通信，均须事先与院所主管磋商。

2　如有关乎囚犯的宗教权利问题，司铎或院所探访者须与有关院所主管磋商。

73-03 囚犯保留的宗教物品

1　囚犯如提出要求，可获发给以下经书：

—— 囚犯如提出要求，可获发圣经1本，但须予以记录；

—— 犹太教徒可获发犹太版圣经1本；

—— 伊斯兰教徒可获发可兰经1本；或

—— 信奉其他宗教（如佛教、孔教）的囚犯，可获发其宗教的适当书籍。

2　如司铎、院所探访者或僧侣有建议，并经院所主管准许，囚犯可保留其宗教物品（即十字架、念珠及佛珠等）。

监狱规则①

（第 234 章第 25 条）

1954 年 4 月 15 日

（格式变更——2015 年第 3 号编辑修订记录）

第 I 部
管治监狱的一般规则

（2014 年第 150 号法律公告）

第 1 分部——导言

（2014 年第 150 号法律公告）

（小标题由 2014 年第 150 号法律公告废除）

1. 引称

本规则可引称为《监狱规则》。

1A. 释义

在本规则中，除文意另有所指外——

巡狱太平绅士（visiting justice）指当其时由行政长官根据本条例第 23 条委任的太平绅士；（1997 年第 275 号法律公告；1999 年第 15 号第 3 条）

指明的人（specified person）指——

① 本规则在《1969 年监狱（修订）条例》（1969 年第 19 号）生效日期前由总督会同行政局根据本条例第 25 条订立，须当作根据该条经该条例修订后的条文而订立，犹如该条经如此修订的条文在本规则订立时已经生效一样。[见《1969 年监狱（修订）条例》（1969 年第 19 号）第 9 条]。

《1969 年监狱（修订）条例》乃 “Prisons（Amendment）Ordinance 1969” 之译名。

（a）行政长官；（1999 年第 15 号第 3 条）

（b）行政会议议员；（1999 年第 15 号第 3 条）

（c）立法会议员；（1999 年第 15 号第 3 条）

（d）—（e）（由 1999 年第 78 号第 7 条废除）

（f）区议会议员；

（g）巡狱太平绅士；

（h）根据《申诉专员条例》（第 397 章）第 3 条委任的申诉专员；或

（i）廉政专员；（1997 年第 275 号法律公告；2003 年第 1 号第 3 条）

医生（Medical Officer）指根据本条例第 3 条获委任的医生。

（1974 年第 2 号法律公告；1977 年第 154 号法律公告）

2. 规则的适用范围

本部的规则适用于所有类别的囚犯，但若与为管治某类或某几类囚犯而订立的规则有所抵触，则本部的规则并不适用。

第 2 分部——居室

（2014 年第 150 号法律公告）

（小标题由 2014 年第 150 号法律公告废除）

3. 卧室

任何居室，除非经署长核证其大小、照明、通风及装置形式，均合乎健康需要，并于上锁后仍有设施可供囚犯在任何时间与监狱人员通信，否则不得用作囚犯卧室。任何作此用途的囚室、房间、集体寝室或监仓，如其证明书遭撤销，则除非再经核证，否则不得作睡卧之用。证明书须指明该囚室、房间、集体寝室或监仓在任时间同时可收容囚犯的最高限额，而未经署长授权则不超额。

（1981 年第 353 号法律公告）

4. 睡床

每名囚犯须获供应独立睡床。

5. 医院

每一间可能有囚犯根据本条例第 9（a）条被分配入住的院所，均须设置医院或适当地方以收纳患病囚犯。

（1981 年第 353 号法律公告）

5A. 异性进入囚室的限制

任何惩教署人员或受雇于监狱的其他人，均不得进入分配予异性囚犯的囚室或集体寝室，但如其由另一人员或受雇于监狱的其他人陪同，而该陪同的人与被分配该囚室或集体寝室的囚犯为同一性别者，则不在此限。

（1981 年第 353 号法律公告；1982 年第 30 号法律公告）

6. 女囚犯的居室

（1）在囚禁男女囚犯的监狱，分配予女囚犯的处所须完全独立。（1981 年第 353 号法律公告）

（2）分配予女囚犯的处所的锁匙，须由女性人员控制。（1983 年第 31 号第 8 条）

7. 女囚犯

在任何情况下，女囚犯均须由女性人员照管。拨供女囚犯使用的监狱或监狱部分，男性人员不得内进，但如为执行职责并由女性人员陪同则除外。

（1983 年第 31 号第 8 条）

8. 不同膳食

（1）监督如信纳因情况而有必要为某名囚犯提供与一般监狱膳食不同的膳食，可指示给予该囚犯不同的膳食。

（2）如任何囚犯认为他应获提供与一般监狱膳食不同的膳食，但监督决定不为他提供该种膳食，则可向署长提出上诉，反对该项决定。

（3）如囚犯对署长就根据第（2）款提出的上诉所作出的决定感到不满，可再向保安局局长提出上诉，保安局局长的决定为最终决定。（1997 年第 362 号法律公告）

（1981 年第 353 号法律公告）

第3分部——一般待遇

（2014年第150号法律公告）

第1次分部——入狱及释放

（2014年第150号法律公告）

（小标题由2014年第150号法律公告废除）

9. 搜查

（1）每名囚犯在入狱时，以及其后在监督或其他主管人员作出指示时，均须被搜查，而凡属囚犯未获授权管有的物品，均须从其身上取去。

（1A）为施行第（1）款，医生或获医生授权的总惩教主任、高级惩教主任、惩教主任或护士，均可搜查囚犯的直肠、鼻孔、耳朵及其身上任何其他外孔。（1974年第2号法律公告）

（2）搜查囚犯须在适当顾及体统及自尊下进行，并须在符合发现隐藏物品的需要下，以尽量得体的方式进行。

（3）任何囚犯均不得在另一名囚犯视线所及的情况下被脱衣搜查，但如有高级人员认为为监狱的保安或任何人的安全而有此需要，则属例外。（1981年第353号法律公告）

10. 有关女囚犯的条文

任何囚犯均只能由同性别的人员搜查。在其他方面，女囚犯入狱或释放的程序须与男囚犯的相同。（1974年第2号法律公告）

11. 囚犯的财产

（1）除非裁判官在拘押令内另以书面指示，否则在因欠缴罚款而交付羁押的囚犯身上搜获的金钱，须用作缴付被判定须缴的罚款，但该囚犯须获准保留$10及任何少于此数而又不足以抵偿1天监禁的款额。（1974年第2号法律公告）

（2）除第（1）款另有规定外，凡囚犯所拥有的不准其保留的金钱、衣物及其他财物，须由监督保管，而监督须安排备存该等金钱及财物的清单一份。

该清单则须由有关的囚犯签署核证其属准确无误。（1956 年 A79 号政府公告）

12. 量度数字及其他详情的记录

（1）囚犯的姓名、年龄、高度、体重、特征及其他关乎囚犯而须予记录的量度数字及详情，须在囚犯入狱时及其后不时予以记录。（1981 年第 353 号法律公告）

（2）囚犯入狱时，如有任何身体或精神上的无能力，须予以记录。（1981 年第 353 号法律公告）

（3）囚犯入狱时，如有宗教信仰，须予以记录；除非监督信纳该囚犯为另一宗教的信徒或已停止信奉任何宗教，否则在该囚犯监禁期内，须以其为信奉所记录的宗教对待。

13. 为囚犯拍照

在收纳囚犯时及其后，可为囚犯拍照，但照片不得向他人提供，除非该人已获正式授权收取该照片，则属例外。

14. 入狱时进行身体检验

每名囚犯须在入狱后尽快由医生个别检验，医生须记录囚犯的健康状况，以及他认为需要记录的其他详情。

但如囚犯入狱时间太晚，不能在当日进行检验，则须于翌日尽快进行，而无论如何，检验均须在入狱后 24 小时内进行。

15. 洗澡

除非监督或医生另有指示，否则每名囚犯均须在收纳时洗澡。

16. 疾病或害虫

如发现任何囚犯染有传染病，或发现有害虫寄生，须随即向医生报告，并在医生的指示下，采取步骤处理此情况，以及防止传染其他囚犯。

17. 外出许可

（1）署长可给予——

（a）符合以下情况的囚犯每次不超过 5 天的外出许可——

（i）被处监禁不少于 4 年；

（ii）最早的释放日期在 6 个月之内；及

（iii）无递解离境令针对其作出；及

（b）任何其他囚犯外出许可，但每次不得超过24小时。

（2）根据第（1）款给予的外出许可，须受署长就羁押及押送而决定的条件及限制所规限。（1983年第242号法律公告）

18. 最后晤见医生

（1）每名囚犯均须在切实可行范围内，在释放或移送另一监狱前尽迟的时间接受医生检验。

（2）任何囚犯除非经医生核证其适合移送，否则不得移送另一监狱。

（3）到期释放的囚犯如患上急病或患上有危险性的疾病，除非其拒绝逗留在监狱之内，否则在医生认为送走该人乃属安全之前，不得将其送走。

19. 在监狱外羁押囚犯

凡发出命令，规定将某囚犯带往任何地方，则该囚犯在身处监狱之外时，须由获指示将其解往该地方的人员羁押。

20. 免为公众所见

将囚犯移往或移离监狱时，须尽量使其免为公众所见，并须采取适当保护措施，使其不致受到侮辱或引起公众好奇。

21. 女囚犯的子女

（1）女囚犯的子女可随同母亲收纳入狱，并在其母亲正常哺乳期间留在狱中；在此情况下进入监狱的儿童，在医生核证其适合移送之前，不得将其与母亲分离。

（2）根据第（1）款被收纳入狱的儿童，如出生超过9个月或在狱中年龄届满9个月，医生须就其认为该儿童是否需要或适宜留在狱中向署长报告。如该儿童的亲戚愿意并有能力承担对该儿童的照顾，而署长认为该人是承担照顾该儿童的适当人选，则署长可将之交付该人照顾。如署长未能寻获可妥当交托照顾该儿童的亲戚，则可将该儿童交付行政长官批准的任何人或机构照顾。（1999年第15号第3条）

（3）尽管有第（1）款及第（2）款的规定，署长可准许任何囚犯的子女留在狱中，直至其母亲服刑完毕或该儿童年满3岁为止，此两个期限以较早届满者为准。

（4）留在狱中的囚犯子女，可获供应衣物，费用由公帑支付。

22. 缴付部分罚款以获减刑

囚犯如按照《刑事诉讼程序条例》（第221章）第114条及《裁判官条例》（第227章）第37条，缴付部分被判定须付的款项或任何须付的费用，以获得缩减部分监禁期，则须于周日上午9时至12时及下午2时至4时缴付。

22A. 在公众假期获释

如囚犯到期获释之日为公众假期，则须于该日之前的最后一个非公众假期日获释。

（1970年第178号法律公告）

第2次分部——禁制物品

（2014年第150号法律公告）

（小标题由2014年第150号法律公告废除）

23. 未获授权而管有物品

（1）任何囚犯，未获授权，不得管有任何物品，如发现其管有任何该等物品，监督须将之充公。

（2）任何人，未获授权，不得将任何金钱、衣物、食物、饮料、烟草、信件、纸张、书簿、工具或任何其他物品传递入或抛掷入监狱内，或放置在监狱内，或将该等物品传递出或抛掷出监狱外，或传递予任何囚犯，或放置在某地方，以便该等物品能让任何囚犯管有。任何未经授权而如此传递、抛掷或放置的物品均可被监督充公。

24. 讯问及搜查

（1）所有进出监狱的人，均可被讯问及搜查，而所有进出监狱的车辆，亦可被检查及搜查。

（2）凡怀疑任何人——

（a）未获授权而将任何物品带进监狱；或

（b）未获授权而携走——

（i）任何物品；或

（ii）任何属于监狱的财产；或

（c）在监狱内——

（i）未获授权而管有任何物品；或

（ii）不当地管有任何属于监狱的财产，

须截停该人，并立即通知监督，而监督可命令对该人作出讯问及搜查。

（3）不愿接受讯问及搜查的人，监督可拒绝让其进入监狱。

（4）监督可指示将监狱内不愿接受讯问或搜查的人或行为不当的人，遣离监狱。

（5）根据本条对任何人进行的搜查，只能由同性别的人员进行。

（1974年第2号法律公告）

25. 令人醺醉的酒类及烟草

（1）除非依据由医生发出的书面命令，其内指明可给予的分量及拟供使用的囚犯姓名，否则不得给予任何囚犯或容许任何囚犯获得任何令人醺醉的酒类。

（2）除非按照署长发出的命令，否则不得容许任何囚犯吸烟或管有任何烟草。

第3次分部——衣物及被铺

（2014年第150号法律公告）

（小标题由2014年第150号法律公告废除）

26. 供应足够衣物

每名囚犯均须获提供足以保暖及合乎健康所需的衣物，此等衣物须符合署长所定下的准则，而除此之外，不得穿着其他衣物。

但在特殊情况下，经医生建议，监督可授权囚犯穿着特殊衣物。

27. 释放囚犯时归还其衣物

在释放囚犯时，须归还其原有衣物，但如发觉有需要将之销毁或以其他方式处置，则须为该囚犯提供适当衣物。

28. 毛毡

每名囚犯——

（a）须获提供足以保暖及合乎健康所需的毛毡，此等毛毡须符合署长所定下的准则；

（b）在特殊情况下，经医生建议，须获提供额外的毛毡。

29. 对未经授权的衣物、毛毡等的禁制

除非在特殊情况下获署长授权，或依据特别规则，否则囚犯不得管有任何不符合署长所定准则的衣物、毛毡或必需品。

第4次分部——食物

（2014年第150号法律公告）

（小标题由2014年第150号法律公告废除）

30.（由1969年第65号法律公告废除）

31. 食物的管有

任何囚犯均不得收受或管有任何不符合行政长官所定膳食营养准则的食物，但如有以下情形，则不在此限——（1999年第15号第3条）

（a）在特殊情况下获署长准许者；或

（b）基于健康理由宜为个别囚犯更改膳食而经医生建议者。

（1969年第65号法律公告）

32. 食物分量

除非某名囚犯持续浪费其食物而经医生提出书面建议，或基于其健康理由而由医生发出指示，否则囚犯的食物不得少于正常的监狱膳食。

（1981年第353号法律公告）

33. 就获供应的食物提出的投诉

所有囚犯，如对其获提供的食物有任何投诉，或欲将其食物称量，以确定是否获供应订明的分量，则须在接过食物后立即投诉，而该食物须在该囚犯及为此事而被委派的人员面前予以称量。

第 5 次分部——健康及清洁

（2014 年第 150 号法律公告）

（小标题由 2014 年第 150 号法律公告废除）

34. 服从有关清洁的指示

每名囚犯均须服从就洗涤、洗澡、剃须及剪发事宜而不时订明的指示。

34A. 囚犯尿液的检验

医生或获医生授权的总惩教主任、高级惩教主任或护士，可规定囚犯在合理期间内呈交尿液样本，以作检验及分析。（1974 年第 2 号法律公告）

35. 保持囚室、房间或集体寝室、器皿等清洁的责任

每名囚犯均须依照命令，保持其囚室、房间或集体寝室、器皿、书簿和其他派发予其使用的物品，以及其衣物被铺清洁整齐。

（1981 年第 353 号法律公告）

36. 强制运动

（1）每名囚犯均须依照命令参与运动，但基于健康理由而获医生豁免者除外。

（2）监督如认为为囚犯本身利益或为维持监狱纪律起见，该囚犯宜在囚室内进行劳动，可命令该囚犯如此劳动；在此情况下，该囚犯须进行适合在囚室内进行的劳动。

（3）监督须将根据第（2）款作出的每项命令向署长报告，而囚犯被囚禁每满一公历月，署长即须审核该命令，如署长认为合宜，须指示该囚犯恢复与其他囚犯一起工作。

37.（由 1967 年第 5 号法律公告废除）

第 6 次分部——工作

（2014 年第 150 号法律公告）

（小标题由 2014 年第 150 号法律公告废除）

38. 有关工作的一般规定

每名囚犯须从事每天不超过 10 小时的有用工作，并在切实可行范围内，其中最少 8 小时须在囚室、房间、集体寝室或监仓外与其他囚犯一起工作或从事其他工作。

但医生可基于健康理由而豁免某囚犯工作；任何囚犯除非获医生核证适合从事某类工作，否则不得被指派从事该类工作。（1981 年第 353 号法律公告）

38A. 参加学习班

（1）对 21 岁以下的囚犯可规定其参加学习班。

（2）就第 38 条而言，囚犯在学习班上课的时间，须作为从事有用工作的时间计算。（1974 年第 2 号法律公告）

39. 发放款项

从事工作和非因本身过失而无法从事工作的囚犯，均可按署长就此两类情况而分别批准的工资率，收受所发放的款项。（1963 年第 52 号法律公告）

40. 禁止囚犯受雇从事未经授权从事的工作

（1）囚犯不得受雇从事未经署长授权从事的工作，亦不得受雇以纪律人员的身份从事工作。

（2）囚犯不得以担任政府部门编制内任何职位的身份受雇，从事工作。（1981 年第 353 号法律公告）

41. 犹太裔囚犯

犹太裔囚犯如声请豁免在星期六工作，则不得强迫其在当天工作。犹太裔囚犯亦可守署长所容许的节日。

42.（由 1969 年第 65 号法律公告废除）

43. 劳动时数

每天劳动时数不得少于 6 小时，亦不得多于 10 小时，用膳时间不包括在内。

44. 假日

除确实必需的工作外，不得在星期日、圣诞日、耶稣受难日及农历年初一从事任何工作。（1983 年第 242 号法律公告）

45. 回教囚犯

回教囚犯须获准守斋月，守斋期间只须从事医生认为是适当的和经削减的工作。

46. 囚犯受雇从事公共工程

在行政长官批准下，囚犯可受雇从事公共性质的工程。

（1969 年第 65 号法律公告；1999 年第 15 号第 3 条）

第 7 次分部——通信及探访

（2014 年第 150 号法律公告）

（小标题由 2014 年第 150 号法律公告废除）

47. 有关信件的一般条文

（1）除本条下述条文另有规定外，囚犯可写信和发信给任何人，数量可按其意愿而定。

（2）囚犯须获提供足够其每周写和发出一封长度不超过 4 页 A–4 尺寸纸张的信之用的物料及邮资，费用由公费支付；如囚犯要求，则须获提供额外信件的物料及邮资，但费用须从该囚犯的工资中拨支。

（3）（a）尽管有第（2）款的规定，如有以下情况，监督可准许囚犯每周以公费写和发出超过一封信——

（i）该监督信纳该囚犯——

（A）有真正需要写和发出额外信件；及

（B）没有足够的工资支付该等额外信件的费用；或

（ii）该囚犯属于获鼓励与其家人建立联系的囚犯类别。

（b）为施行（a）（ii）段，如有以下情况，某人须被视为属于获鼓励与其家人建立联系的囚犯类别——

（i）本条所适用的人，犹如该人是因以下条例而成为囚犯——

（A）《劳教中心条例》（第 239 章）第 10 条；

（B）《戒毒所条例》（第 244 章）第 9 条；或

（C）《教导所条例》（第 280 章）第 8 条；或

（ii）该人为 21 岁以下的囚犯。

（4）尽管有第（2）款的规定，如信件属与指明的人的通信，监督须准许囚犯写和发出该信件，费用由公费支付。

（5）除本条下述条文另有规定外，囚犯可收受任何人的来信，数量不限。

（6）（a）（i）除非囚犯已事先获得监督的批准，否则他不获准许发出信件予另一名囚犯或收受另一名囚犯的来信；

（ii）如监督合理地相信某信件会对任何个人的人身安全或对监狱的保安、秩序及纪律造成威胁，则囚犯不获准许发出该信件予任何人或收受任何人的该来信；

（iii）囚犯不获准许发出信件予任何已通知监督他不希望收受该囚犯的信件的人。

（b）为施行（a）（i）段，除非——

（i）监督或由监督为此目的而指定的惩教署人员并未为该段的施行而获给予阅读该信件的合理机会；或

（ii）监督合理地相信该信件会对任何个人的人身安全或对监狱的保安、秩序及纪律造成威胁，

否则监督不得就该信件不给予批准。

（7）（a）除（b）段另有规定外，凡任何囚犯已犯第61条所列举的任何行为，则除根据第63条就该囚犯所犯有关行为所判处的任何惩罚外，监督亦可禁止该囚犯每周写和发出超过一封信，为期不超过3个月；

（b）为施行（a）段，凡根据该段向任何囚犯发出的禁令仍属有效，则由该囚犯发出的任何信件如是——

（i）致予指明的人的；或

（ii）为了寻求法律意见而真诚地致予律师或大律师的，

就该禁令而言，该信件不得视为该段所指的信件。

（1997年第275号法律公告）

47A. 审查囚犯收发的信件

（1）在本条中，**高度设防监狱**（maximum security prison）指符合下述说明的监狱——

（a）其所设有的保安措施是署长认为适合囚禁就其企图逃走的可能性及（如成功逃走的话）对公众所构成的危险而言属高保安风险的囚犯的；及

（b）于所有监狱当眼处展示的公告内指明为高度设防监狱者。

（2）所有致予在任何监狱中的囚犯或由在任何监狱中的囚犯发出的信件均可予开启和搜查，以查看是否有任何可对任何个人的人身安全或监狱的保安、秩序及纪律造成威胁的物品存在。

（3）所有致予在高度设防监狱中的囚犯或由在高度设防监狱中的囚犯发出的信件，除可根据第（2）款搜查外，亦可予阅读。

（4）致予在高度设防监狱以外的任何监狱中的囚犯或由在高度设防监狱以外的任何监狱中的囚犯发出的信件，除可根据第（2）款搜查外，监督或由监督为此目的而指定的惩教署人员如合理地认为——

（a）阅读该信件有助于防止或侦查刑事活动或对抗任何对监狱的保安、秩序及纪律的威胁或干扰；

（b）该信件相当可能载有危害任何人的健康或安全的作为的证据；

（c）该信件是在没有根据第47（6）（a）（i）条事先获得监督批准的情况下，由该囚犯致予任何其他囚犯的或由任何其他囚犯致予该囚犯的；或

（d）阅读该信件是符合该囚犯的最佳利益的，

则该信件可予阅读。

（5）凡根据第（3）款或第（4）款阅读任何信件，则为了维持监狱内的保安、秩序及纪律，监督或由监督为此目的而指定的惩教署人员可截留致予某囚犯的或由某囚犯发出的并载有以下的任何事项的信件——

（a）法律禁止邮寄的任何物品；

（b）任何刻划、描述或鼓励可能导致在任何监狱内使用暴力或集体扰乱的活动的事物；

（c）任何逃走策划或计划的资料或倾向于协助或鼓励犯任何第61条所列举的行为或任何刑事罪行的其他资料；

（d）与任何囚犯的财产有关的任何指示，除非他是被还押的囚犯；

（e）威胁、勒索、淫亵物品或无故的咒骂；

（f）任何以密码表达的讯息；

（g）任何拟发布或拟藉电台或电视广播的材料（或一旦发放，相当可能会被发布或广播的材料），而该材料提述个别囚犯或惩教署职员而提述方式使他

们的身份可予识别；

（h）任何会侵犯个别囚犯或惩教署职员的私隐的资料，包括关于他们任何一人的资料；

（i）任何因其性质或内容对任何个人的人身安全或对该监狱的保安、秩序及纪律造成威胁的材料。

（6）凡根据第（2）款搜查任何信件或根据第（3）款或第（4）款阅读任何信件，而该信件的长度超过4页A–4尺寸纸张，则监督或由监督为此目的而指定的惩教署人员可截留该信件。

（7）凡根据第（5）款或第（6）款截留任何信件而——

（a）该信件是由某囚犯发出的，则——

（i）监督须——

（A）以口头或书面通知该囚犯如此截留该信件的理由；及

（B）给予该囚犯合理的机会重写该信件；及

（ii）在已根据第（i）（B）节给予该囚犯合理的机会重写该信件后，如该囚犯不重写该信件或如信件重写后仍载有第（5）款提述的任何事项或该信件的长度仍超过4页A–4尺寸纸张（视属何情况而定），则监督可——

（A）扣起该信件；及

（B）在通知该囚犯他正如此扣起该信后，将该信件于该囚犯的刑罚记录内存档；

（b）该信件是致予某囚犯的，则监督须——

（i）以口头或书面通知该囚犯如此截留该信件的理由；及

（ii）在知道发信人的地址的情况下安排将该信件退回发信人；如不知道发信人的地址，则将该信件销毁。

（8）凡由囚犯发出的信件因任何原因而无法派递并遭邮政局退回，则任何惩教署人员可搜查该信件，以查看是否有任何可对任何个人的人身安全或监狱的保安、秩序及纪律造成威胁的物品存在。（1997年第275号法律公告）

47B. 致予囚犯的律师或大律师或由囚犯的律师或大律师发出的信件

（1）尽管有第47A条的规定，除本条另有规定外，凡任何职级不低于高级惩教主任的惩教署人员觉得致予囚犯的任何信件是由律师或大律师发出的，或由囚犯发出的任何信件是致予律师或大律师的，则不得根据第 47A（2）或（8）条开启和搜查该信件，但如该信件是在该囚犯面前开启和搜查的，或该囚犯表示他不欲在该信件开启和搜查时在场，则属例外。

（2）尽管有第 47A 条的规定，除第（3）款另有规定外，凡任何职级不低于高级惩教主任的惩教署人员觉得致予囚犯的任何信件是由律师或大律师发出的，或由囚犯发出的任何信件是致予律师或大律师的，则除非该人员有合理理由相信该信件并不是为了寻求或提供法律意见而真诚地作出的通信，否则该信件不得根据第 47A（3）或（4）条阅读。

（3）凡依据或看来是依据第（2）款并根据第 47A（3）或（4）条阅读任何信件，则——

（a）该信件只可由任何职级不低于高级惩教主任的惩教署人员阅读；

（b）该人员只须在有需要的范围内阅读该信件，而该范围指为决定该信件是否为了寻求或提供法律意见而真诚地作出的通信；及

（c）该信件如是上述的真诚地作出的通信，该人员不得向任何人泄露该信件的内容。（1997 年第 275 号法律公告）

47C. 致予指明的人或由指明的人发出的信件

尽管有第 47A 条的规定，凡任何职级不低于高级惩教主任的惩教署人员觉得致予囚犯的任何信件是由指明的人发出的或由囚犯发出的任何信件是致予指明的人的，则——

（a）不得根据第 47A（2）或（8）条开启和搜查该信件，但如该信件是在该囚犯面前开启和搜查的，或该囚犯表示他不欲在该信件开启和搜查时在场，则属例外；及

（b）不得根据第 47A（3）或（4）条阅读该信件。

（1997 年第 275 号法律公告）

48. 有关探访的一般条文

除囚犯的亲戚朋友外，任何人未获特别授权，不得探访囚犯。亲戚朋友的探访，须受为维持监狱纪律及秩序和为防止罪行发生而施加的限制所规限，并

且须以如下形式进行——

（a）每月获准探访两次，同一时间访客不得超过3人；（1983年第242号法律公告）

（b）囚犯的亲戚朋友探访，须记录在为此目的而备存的簿册内，每次探访只限30分钟；（1969年第65号法律公告）

（c）探访囚犯时，须有一名惩教署人员在场；（1981年第353号法律公告；1982年第30号法律公告）

（d）监督须订定探访日期及时间，并须在监狱闸门公告周知；

（e）（由1969年第65号法律公告废除）

（f）访客须先将其姓名地址和与欲探访的囚犯的关系或联系登记，方可进入监狱；

（fa）在惩教署人员要求身份证明下，访客须令惩教署人员信纳身份方可进入监狱；（1969年第65号法律公告；1982年第30号法律公告）

（g）在特殊情况下，监督可延长探访时间；

（h）经定罪的囚犯如就其财产作出安排，或有任何其他特殊理由，监督可准许其为此而会见亲戚或朋友；

（i）监督可容许有权接受探访的囚犯写信一封，以代替接受探访。（1981年第353号法律公告）

49. 警务人员的探访

（1）任何警务人员可为进行认人手续，在出示由适当的警察或司法当局发出的命令后，探访囚犯。（1981年第353号法律公告）

（2）任何警务人员为查究经举报或合理怀疑的罪行，可探访囚犯。（1981年第353号法律公告）

50. 法庭人员的探访

法庭人员如备有具法律效力手令或命令，以将令状或其他法律程序文件送达狱中的人须为达致该目的而获准进入监狱。

51. 因欠缴款项而被监禁的人

因欠缴依据某项定罪或命令所须缴付的款项而被押交监狱的人，须获准于周日任何合理时间与朋友会晤一次，或与朋友通信，以便缴付欠款以促致其释放出狱，此等囚犯须于入狱时获告知此项规则。

52. 法律顾问的探访

（1）作为民事或刑事法律程序一方的囚犯，其法律顾问须获提供合理方便，以便在惩教署人员视线所及但不能听闻的情况下，就该等法律程序与囚犯会晤。（1982年第30号法律公告）

（2）如获署长准许，囚犯的法律顾问可在惩教署人员视线和听觉所及的情况下，就任何其他法律事宜与该囚犯会晤。（1982年第30号法律公告）

（3）进行此等会晤时，法律顾问可由其文员或传译员陪同。

（4）法律顾问的文员或传译员，如出示有关法律顾问签发的授权书，可为第（1）款及第（2）款所述的目的，在没有该法律顾问陪同的情况下与囚犯会晤。

53. 特殊目的探访不得被取消

第51条及第52条所指的特殊目的探访，均为前述其他规则所容许的探访以外的额外探访，此等探访不得根据第63条而被取消。

54. 囚犯提出呈请的权利

囚犯可在服刑第一年内向行政长官提出呈请，其后可每年提出一次，但如监督认为有充足因由支持增加呈请的次数，则不在此限。

（1999年第15号第3条）

第8次分部——图书馆的书籍和其他读物

（2014年第150号法律公告）

（小标题由2014年第150号法律公告废除）

55. 图书馆

每所监狱均须设有图书馆，每名囚犯均须获准借阅其内的书籍及其他可供阅读的读物和在切实可行范围内经常交换该等书籍或读物，但须符合署长所决定的条件。（1997年第275号法律公告）

56. 来自外间的书簿等

囚犯可收受来自监狱以外并由署长所决定的书籍、期刊、报章或其他刊物，但就任何囚犯而言，监督如有合理理由相信某刊物或其部分——

（a）载有关于制造任何枪械、弹药、武器、爆炸品、有害或造成伤害的物体、令人醺醉的酒类或《危险药物条例》（第 134 章）所指的任何危险药物的资料；

（b）刻划、描述或鼓励在监狱内使用暴力或任何囚犯逃离监狱；

（c）性质是便利在监狱内赌博，或在其他方面是不利于狱中任何囚犯改过自新的；

（d）性质是鼓励狱中任何囚犯犯第 61 条所列举的任何行为或任何刑事罪行；或

（e）性质是对任何个人的人身安全或对该监狱的保安、秩序及纪律造成威胁，

则他可扣起和处置该刊物或其该部分。（1997 年第 275 号法律公告）

第 9 次分部——违反监狱纪律的行为

（2014 年第 150 号法律公告）

（小标题由 2014 年第 150 号法律公告废除）

57. 监督处理针对囚犯的举报的权力

监督或当其不在场时获委署理监督职位的人员，须处理针对囚犯的举报，而除此等人员外，任何其他人均不得处理此等举报。

（1981 年第 353 号法律公告）

58. 对被举报囚犯的隔离

被举报犯违纪行为的囚犯，须与其他囚犯分隔，以候判决。

59. 高级惩教主任在接纳针对囚犯的报告前的职责

当值的高级惩教主任在接纳针对囚犯而作出的报告前，有责任将所指称的事实告知该囚犯，并给予其答辩的机会。

60. 立即报告违反监狱纪律行为的职责

凡有违反监狱纪律的行为发生，均须立即报告，而监督有责任就该等报告

进行调查，并且不得迟于翌日开始进行，但如该日为公众假期则除外。

（1969 年第 65 号法律公告）

61. 违反监狱纪律的行为

囚犯如有下述情况，即犯违反监狱纪律的行为——

（a）不服从监督或惩教署任何其他人员的任何命令，或不遵守任何监狱规则，或不遵守适用于该囚犯的其他规例或署长不时发出的指令；（1982 年第 30 号法律公告；1997 年第 275 号法律公告）

（b）不敬地对待任何惩教署人员或获授权探访监狱的人；（1982 年第 30 号法律公告）

（c）工作怠慢或疏忽，或拒绝工作；（1997 年第 275 号法律公告）

（d）使用带有威胁、辱骂或侮辱的语句，或其行为表现出威胁、辱骂或侮辱的成分；（1997 年第 275 号法律公告）

（e）（由 1997 年第 275 号法律公告废除）

（f）袭击他人；

（g）为了不当的目的或在为确保监狱的纪律而被禁止与另一名囚犯通信的情况下，与另一名囚犯通信；（1997 年第 275 号法律公告）

（h）未获准许而离开其囚室或集体寝室或工作地方或其他指定地方；（1981 年第 353 法律公告）

（i）没有合理辩解而毁损或损坏监狱任何部分或任何不属于自己的财产；（1997 年第 275 号法律公告）

（j）（由 1997 年第 275 号法律公告废除）

（k）管有——

（i）任何该囚犯未获授权管有的物品；或

（ii）任何数量是多于该囚犯获授权管有的数量的物品；（1997 年第 275 号法律公告）

（l）未获授权而给予任何人任何物品，或向任何人收受任何物品；

（m）—（o）（由 1997 年第 275 号法律公告废除）

（p）以任何方式妨害秩序及违反纪律；

（q）（由 1997 年第 275 号法律公告废除）

（r）故意装病或试图使自己患病，或故意妨碍治疗；

（s）作出针对惩教署人员的虚假及恶意指称；（1982 年第 30 号法律公告）

（t）（由 1997 年第 275 号法律公告废除）

（u）遗失或没有合理辩解而损坏或销毁任何政府财产；（1961 年 A68 号政府公告；1997 年第 275 号法律公告）

（v）被发现尿液样本有《危险药物条例》（第 134 章）所指的危险药物的痕迹而未能提出合理辩解；（1981 年第 353 号法律公告）

（w）（由 1997 年第 275 号法律公告废除）

（x）与任何人打斗；（1997 年第 275 号法律公告）

（y）妨碍惩教署人员执行其职责；（1997 年第 275 号法律公告）

（z）就本条中所列举的任何其他行为而言——

（i）企图作出该行为；

（ii）煽惑另一人作出该行为；或

（iii）协助另一人作出或企图作出该行为。（1997 年第 275 号法律公告）

62. 监督在处理违反监狱纪律行为方面的权力

监督可就触及任何违反监狱纪律行为的指称而讯问任何人，并就该行为作出裁定和惩罚违犯者。

63. 监督可施加的惩罚

（1）对于犯第 61 条所列举的任何行为的囚犯，监督可命令处以下述任何一项或多于一项惩罚——

（a）发出警诫；（1997 年第 275 号法律公告）

（b）隔离囚禁，为期不超逾 28 天；

（c）取消不超逾 1 个月的减刑，但如监督认为其处罚权力不足，则须将有关个案转介署长，而署长可命令取消不超逾 3 个月的减刑；（1970 年第 178 号法律公告；1983 年第 242 号法律公告；1997 年第 275 号法律公告）

（d）取消特惠，为期不超逾 3 个月；

（e）剥夺全部或部分工资；

（f）从工资中扣除该囚犯所遗失的或没有合理辩解而损坏或销毁的政府财产的成本。（1997 年第 275 号法律公告）

（1A）凡被还押、等候审讯或判刑而被羁留的囚犯，犯第 61 条所指明的行为，如事后被判监禁，则可被取消根据第 69 条其本可获得的减刑，作为惩罚。（1981 年第 353 号法律公告）

（2）任何囚犯如因监督根据本条作出的命令感到受屈，可在命令发出后 48 小时内通知监督，表明其欲针对该项命令向署长提出上诉，而监督须随即据此通知署长，并在等候上诉聆讯期间，搁置执行命令。（1961 年 A68 号政府公告）

（2A）根据第（2）款提出的上诉可包括就裁定犯了违反监狱纪律行为而提出的上诉，而根据本条提出上诉所针对的命令是基于该项裁定而作出的。（1997 年第 275 号法律公告）

（3）署长在聆讯囚犯亲身作出或以书面作出的上诉后，须就上诉作出裁定，并可撤销、更改或维持上诉所反对的命令，亦可以监督根据第（1）款有权作出的任何其他命令代替，但如署长拟用较重惩罚代替较轻惩罚，则不得未给予机会让受惩处的囚犯提出为何不应如此加重惩罚的因由而加重惩罚。（1961 年 A68 号政府公告）

（4）凡就取消超逾 1 个月的减刑的命令根据第（1）（c）款将个案转介署长，而署长考虑该个案后作出该项命令，则囚犯可就该项命令向保安局局长提出上诉，而第（2）款、第（2A）款及第（3）款均适用于该项上诉，但该等款中提述监督之处须理解为提述署长，而提述署长之处则须理解为提述保安局局长。（1997 年第 275 号法律公告；1997 年第 362 号法律公告）

64.（由 1981 年第 353 号法律公告废除）

65. 证明囚犯适合受罚的医生证明书

任何囚犯，除非经医生书面核证其健康情况适合接受隔离囚禁，否则不得被处以该等惩罚。

（1981 年第 353 号法律公告；1997 年第 275 号法律公告）

66.（由 1981 年第 353 号法律公告废除）

第10次分部——束缚

（2014年第150号法律公告）

（小标题由2014年第150号法律公告废除）

67. 禁止使用机械束缚器具

（1）除在下列情况外，不得使用机械束缚器具作惩罚或任何用途——

（a）为防止囚犯伤害自己或他人，或损坏财产，或制造骚乱；

（b）为确保囚犯在移送时或在狱外受合法羁押时被稳妥羁押（其时可使用手铐）；（1992年第173号法律公告）

（c）根据医生的指示。

（2）如监督觉得基于第（1）（a）款所指明的任何一项理由，须对囚犯施以机械束缚，则监督可命令将该人如此束缚，并且须随即将此事通知在该段期间负责巡狱的其中一名太平绅士及医生。

（3）医生接到上述通知后，须随即通知监督其是否同意该项命令；如医生不同意，则监督须按照医生的任何建议行事。

（3A）医生于根据本条而指令使用拘束衣束缚行为粗暴的囚犯时，须将使用如此束缚一事记入其记事册内。（1983年第242号法律公告）

（4）任何囚犯均不得被机械束缚超过所需的时间，而除非获得该段期间负责巡狱的其中一名太平绅士及署长的书面命令，否则不得对囚犯施以机械束缚超过24小时。上述命令须指明束缚的因由及束缚囚犯的时限，并须由监督保存，作为施行如此束缚的权力凭证。

（5）每宗机械束缚个案的详情，均须随即由监督记入其记事册内。

（6）任何机械束缚器具，除非属行政长官批准的式样，以及按行政长官所批准的形式及条件使用，否则不得使用。（1999年第15号第3条）

68. 暂时囚禁

监督可命令将任何难于控制或行为粗暴的囚犯暂时囚禁于特别囚室内，而该囚室乃经核证作此用途者，而其核证形式与第3条所适用的囚室相同；但不得为惩处囚犯，或在囚犯不再难于控制或不再行为粗暴后，将该囚犯囚禁在该囚室内。

68A. 保护室

（1）医生为确保囚犯不会导致其本人或他人遭受伤害或困苦，可命令将囚犯囚禁于保护室内，而该保护室乃经核证者，而其核证形式与第3条所适用的房间相同；但不得为惩处囚犯，或在囚犯不再相当可能导致伤害或困苦后，将该囚犯囚禁在该房间内。

（2）根据本条予以囚禁的每宗个案详情，均须随即由医生记入其记事册内。

（1983年第242号法律公告）

68B. 中止与其他囚犯的交往

（1）凡监督有合理理由相信为维持秩序或纪律，或为任何囚犯的利益，该囚犯不应与其他囚犯交往，不论其是为一般目的或为特定目的而交往，监督均可命令中止该囚犯与其他囚犯交往，为期不超过72小时。

（2）除非医生核证某名囚犯适合被中止与其他囚犯交往，否则不得根据第（1）款中止该囚犯与其他囚犯交往。

（3）根据第（1）款被中止与其他囚犯交往的囚犯，可就该中止交往事向监督作出申述，监督于考虑该等申述后，可安排该囚犯恢复与其他囚犯交往。

（4）署长须为每所监狱委任一个审核委员会，成员由监督、医生及署长所选派的其他合适人员组成，以便保持审核所有被中止与其他囚犯交往的囚犯的进度，并就该等囚犯是否适合根据第（5）款或第（8）款再中止或回复与其他囚犯交往，向署长作出建议。

（5）凡署长有合理理由相信为维持秩序或纪律，或为任何囚犯的利益，该囚犯不应与其他囚犯交往，不论其是为一般目的或为特定目的而交往，署长均可命令再中止该囚犯与其他囚犯交往，期限为由根据第（1）款作出命令中止交往的期限届满起计不超过1个月。（2008年第10号第75条）

（6）署长可命令再中止囚犯与其他囚犯交往，为期不超过1个月，并于根据第（5）款作出命令再中止交往的期限届满时生效，而以后按月作出该命令，但每次作出命令之前，署长均须信纳第（5）款规定的事宜确实存在，方可作出该命令。

（7）署长如有意根据第（5）款或第（6）款命令再中止囚犯与其他囚犯交往，须安排通知有关囚犯其意向及再中止交往的理由，该囚犯并且可就再中止交往事向署长作出申述。

（8）署长在决定是否根据第（5）款或第（6）款命令再中止囚犯与其他囚犯交往时——

（a）须考虑根据第（4）款委任的审核委员会的任何建议；

（b）如巡狱太平绅士提出任何建议，须考虑该等建议；

（c）如有关囚犯作出任何申述，须考虑该等申述；及

（d）须考虑任何其他有关事宜。

（9）署长或监督可在任何时间酌情决定，安排囚犯恢复为一般目的或特定目的而与其他囚犯交往，如医生基于囚犯健康理由而提出如此意见，则署长或监督须作出如此安排。（1992 年第 173 号法律公告）

第 4 分部——减刑

（2014 年第 150 号法律公告）

（小标题由 2014 年第 150 号法律公告废除）

69. 减刑

（1）服刑中的囚犯如实际刑期超过 1 个月，可因勤奋及行为良好而按照本条的规定获得减刑。但本条并不准许将实际刑期减至少于 31 天。

（2）根据本条给予的减刑，不得超逾实际刑期连同根据《刑事诉讼程序条例》（第 221 章）第 67A 条 （有关监禁刑期的计算）所须包括的羁押期总计的三分之一。

（3）就本条而言——

（a）任何人因欠缴依据某项定罪所判定须缴付的款项而被押交监狱，须视为正服监禁刑罚；及

（b）分期执行的多个监禁刑期须视作一个刑期。

（4）除纪律处分或取消减刑的情况另有规定外，本条的规定须具效力，但不适用于正服终身监禁刑罚的囚犯。

（4A）本条不适用于1983年8月12日前判处的监禁刑罚，对于任何该等个案，已废除的第69条仍然适用。（1985年第112号法律公告）

（4B）除非署长已获依据《监管释囚条例》（第475章）第7（3）条通知不会就该条例所适用的囚犯而根据该条例作出监管令，否则不得就该囚犯给予减刑。（1996年第417号法律公告）

（5）在本条中——

（a）**实际刑期**（actual term）指根据《刑事诉讼程序条例》（第221章）第67A条缩减后的监禁刑期；

（b）**已废除的第69条**（revoked rule 69）指由《1983年刑事诉讼程序（修订）条例》[①]（1983年第46号）废除的本规则第69条。（1985年第112号法律公告）

（1983年第46号第4条）

69A.（由1997年第86号第44条废除）

第5分部——职员

（2014年第150号法律公告）

第1次分部——一般条文

（2014年第150号法律公告）

（小标题由2014年第150号法律公告废除）

70.《退休金条例》《公务人员（管理）命令》及政府规例的适用范围

当其时施行的《退休金条例》（第89章）、《退休金利益条例》（第99章）、《公务人员（管理）命令》及政府规例，除与本规则有所抵触外，均适用于所有惩教署人员及受雇于监狱的其他人，但须视乎就任何个别人员或个别的人的委任

① 《1983年刑事诉讼程序（修订）条例》乃“Criminal Procedure (Amendment) Ordinance 1983”之译名。

而作出的任何特别考虑而定。

（1981 年第 353 号法律公告；1982 年第 30 号法律公告；1987 年第 36 号第 55 条；1997 年第 192 号法律公告；1999 年第 15 号第 3 条）

71. 惩教署人员服从上级命令的职责

所有惩教署人员均须服从上级及任何对其有管辖权限的人员的合法指挥及命令。（1982 年第 30 号法律公告）

72. 惩教署人员促请监督注意患病囚犯的职责

所有惩教署人员均须促请监督注意看似健康欠佳或心境需特别关注照顾的囚犯（不论该囚犯是否提出投诉），而监督须立即通知医生该等情况，不得延误。（1982 年第 30 号法律公告）

73. 禁止某些交易

惩教署人员不得——（1982 年第 30 号法律公告）

（a）与任何囚犯或代表任何囚犯进行任何金钱或其他交易，或私下雇用任何囚犯；

（b）售卖或出租，或容许售卖或出租任何物品予囚犯，或在售卖或出租任何物品予囚犯中有利害关系；

（c）在任何时间或以任何借口，收受任何金钱、费用或任何种类的酬金，以让任何访客进入监狱或探访囚犯，或在任何时间或以任何借口，从任何囚犯或代表任何囚犯收受任何金钱、费用或任何种类的酬金；

（d）向供应食物或其他物品予监狱使用的承办商借入款项；

（e）在供应食物或其他物品予监狱使用的任何合约中，直接或间接有任何利害关系，亦不得以任何借口向任何有关的人收受任何费用或酬金；

（f）放款收息，亦不得以获支付或获承诺偿还较大数额的款项为代价而放款，或为任何其他有值代价而放款。

74. 禁止传递财产进出监狱

除为执行职责或获监督授权外，惩教署人员不得将任何属私人或政府财产的物品带进或携出监狱，或明知而容许将任何属私人或政府财产的物品带进或携出监狱。（1982 年第 30 号法律公告）

75. 禁止惩教署人员在监狱内使用、饮用或管有令人醺醉的酒类等

（1）除按本规则所规定外，惩教署人员不得在监狱内使用、饮用或吸食令人醺醉的酒类、鸦片、其他药物或任何其他未经授权的物品，亦不得将酒类、鸦片、药物或该等物品带进监狱或在监狱内藏有酒类、鸦片、药物或该等物品。（1981 年第 353 号法律公告）

（2）惩教署人员可将自用的金钱或烟草携进监狱。（1981 年第 353 号法律公告）

（1982 年第 30 号法律公告）

76. 禁止传达资料

任何惩教署人员，如无合法权限而向任何人传达资料，而该传达在合理情况下可足以——

（a）干扰囚犯的私隐；或

（b）影响监狱的保安，

即属泄露机密，可被解雇。（1997 年第 275 号法律公告）

第 2 次分部——高级人员

（2014 年第 150 号法律公告）

署　　长

（2014 年第 150 号法律公告）

（小标题由 2014 年第 150 号法律公告废除）

77. 署长的权力及职责

（1）除行政长官另有命令及指示外，署长对所有监狱及交由其控制的其他院所，以及惩教署人员，均有行政指挥及作出指示的权力，并可调派任何该等人员前往香港境内任何地方任职。（1982 年第 30 号法律公告；1986 年第 213 号法律公告；1999 年第 15 号第 3 条）

（2）除本规则另有规定或行政长官另有命令及指示外，署长可不时制定命令及规例，以让所有惩教署人员遵守。（1982 年第 30 号法律公告；1999 年第 15 号第 3 条）

（3）署长须定期巡视及视察所有受其控制的院所。

（4）署长须按需要发出命令，以便遵照本规则的规定，管治所有受其控制的院所，和维持受雇于该等院所的人（部属人员除外）的纪律。

（5）—（6）（由 1981 年第 353 号法律公告废除）

（7）（由 1977 年第 154 号法律公告废除）

（8）署长收受罚款所得的款项，须全部拨作政府一般收入。（1982 年第 30 号法律公告；1999 年第 254 号法律公告）

（9）署长可准许社会上有名誉的人，在其批准的时间内参观其所控制的院所。访客在任何时间均须由一名惩教署人员陪同。（1982 年第 30 号法律公告）

（10）署长须确保本条例第 20 条的规定在任何时间均获得遵守。

（11）署长可行使本规则授予监督的一切权力或其中任何权力，亦可执行订明委予监督的一切职责或其中任何职责。

副署长

（2014 年第 150 号法律公告）

78. 副署长的职责

副署长在署长辖下负责惩教署的一般控制事宜。

（1961 年 A68 号政府公告；1982 年第 30 号法律公告）

助理署长、总监督及高级监督

（1977 年第 154 号法律公告；1995 年第 13 号第 2 条；
2014 年第 150 号法律公告）

78A. 助理署长、总监督及高级监督的权力及职责

助理署长、总监督及高级监督可行使本规则所授予监督的一切权力，以及可执行本规则所施加于监督的一切职责。

（1977 年第 154 号法律公告；1995 年第 13 号第 2 条）

78B. 助理署长的职责

助理署长在副署长辖下负责惩教署的行政、管理及运作活动。

（1995 年第 13 号第 2 条）

监　督

（2014年第150号法律公告）

79. 监管与监狱相关的事宜的职责

监督（或主管监狱的其他人员，不论属何职级）须监管及控制与其所主管的监狱相关的一切事宜，并须就受其管束的惩教署人员及囚犯的行为及待遇，以及就该等人员及囚犯妥为遵守本规则的条文及根据本规则所发出的一切命令一事，向署长负责。（1982年第30号法律公告）

80. 遵照规则行事及督促他人遵守规则的职责

（1）监督须严格遵照本规则行事，并须对其他人妥为遵守本规则一事负责。

（2）监督须备存记事册，记下其被指示须记录的事宜。

81. 维持纪律的职责

监督须观察部属人员及受雇于监狱的其他人的行为，并须负责维持监狱上下纪律严明。

82. 指导各人员执行职责的职责

监督须确保各人员获充分指导执行其职责。

83. 转达投诉的职责

监督须将任何部属人员或受雇于监狱的其他人向其所作的报告或投诉转告署长，不得延误。不论任何情况，监督均不得予以隐瞒，但可提出其觉得需要的解释。

84. 有关闸门及锁匙的职责

监督须确保所有闸门均在适当时间上锁，以及确保所有监狱锁匙均存放于许可的地方或由获授权人员管有，并且不得容许任何人将任何监狱锁匙带出监狱。

85. 采取预防措施及进行视察的职责

监督须——

（a）采取一切措施，以防火警发生，或防止囚犯逃走；

（b）安排每天彻底检查监狱内所有监仓、囚室、闩及锁；

（c）安排每星期视察监狱内所有房间、工场、大堂及集体寝室，并备存视

察记录；及（1981 年第 353 号法律公告）

（d）确保枪械库已采取足够的保安措施。（1969 年第 65 号法律公告）

86. 搜查部属人员及其他人的权力

（1）监督如有理由怀疑任何部属人员或受雇于监狱的其他人贩运受法律禁制的物品，可在任何时间命令搜查该人员或该人的身体或财产。

（2）所有该等搜查均须记录在簿册内，并于署长进行视察时向其出示。

（3）监督如有理由相信其根据第（1）款命令予以搜查的部属人员或受雇于监狱的其他人已经犯罪，可羁留该人员或该人。（1974 年第 2 号法律公告）

（4）监督如根据第（3）款羁留任何部属人员或受雇于监狱的其他人，须在可行范围内尽快将之带往最近的警署或交予警务人员羁押。

87. 确保访客不会将禁制物品带进监狱的职责

监督须采取适当方法，确保访客不会将法律禁制的物品或将监督认为不妥当的物品带进监狱。

88. 要求访客提供详情及搜查访客的权力

（1）监督可要求探访囚犯的访客报上姓名地址及提交身份证明，如有合理理由怀疑，可要求每名受怀疑的男访客接受搜查，并可指示女性人员搜查每名受怀疑的女访客，但不论任何情况，此等搜查均不得在另一名访客或任何囚犯面前进行。（1969 年第 65 号法律公告；1981 年第 353 号法律公告）

（2）凡受怀疑的访客反对接受搜查，可被拒会见囚犯，监督并须将此事记入其记事册内。

（3）监督可将任何行为不当的访客遣离监狱，并须将此事记入其记事册内。

89. 检查囚犯食粮的职责

（1）监督须经常对供应给囚犯的食粮的质量进行测试。

（2）监督须不时在囚犯用膳时巡视囚犯，并须查究囚犯就食粮而向其提出的任何投诉。

90. 确保清洁的职责

监督须——

（a）务使——

（i）监狱的每一部分；

（ii）囚犯的身体、衣服及被铺，尽量保持高度清洁；

（b）确保囚犯的衣服及被铺修补妥善。

91. 对医生的职责

（1）监督须每天将分别载有下列类别的囚犯姓名及编号名单，交予医生——

（a）受惩罚的囚犯；

（b）申诉患病或申诉其他不适的囚犯，不论监督认为该等申诉是否无理。

（c）（由1981年第353号法律公告废除）

（2）监督须——

（a）留意勿对任何囚犯处以医生信纳为该囚犯所不能接受的惩罚；

（b）就医生所提出的关于供应额外被铺、更改囚犯膳食，或就囚犯身心的需要而作出的更改纪律处分或待遇建议，予以考虑。监督如未能批准医生所提出的任何该等建议，须以书面告知医生其拒绝理由，并将事实向署长报告。

（3）囚犯如有反常行为、精神病或表面的精神病，监督须将有关情况向医生报告。（1981年第353号法律公告）

92. 巡视医院的职责

监督须每天巡视医院，并看望所有留院囚犯。监督须肯定在符合囚犯所接受的治疗的情况下，对患病囚犯的稳妥羁押已作出适当安排，并且肯定纪律获得维持。

93. 有关监狱卫生情况的职责

（1）监督须——

（a）注意监狱的通风、排水及卫生情况，并采取必需措施以维持其运作妥善；

（b）在医生陪同下，每隔不超逾2星期，检查洗涤地方、浴室及厕所。（1981年第353号法律公告）

（2）每名人员如获悉该等洗涤地方、浴室及厕所有任何欠妥之处，须尽快作出报告。

94. 视察监狱及囚犯的职责

监督须——

（a）经常亲自密切监管整所监狱；

（b）每天巡视及视察监狱内每一处雇用或囚禁囚犯的地方；

（c）每两星期最少两次夜间巡视监狱；

（d）特别注意不论因何理由而被囚禁在囚室内的囚犯。

95. 有关报告及投诉的职责

（1）监督须每天在最方便的时间聆听所有报告。

（2）监督须确保每名向其提出投诉或要求的囚犯，获得充分方便向其提出投诉或要求，并须采取所有必需步骤，尽量补救所有受屈情况。

96. 协助警方的职责

监督须协助警方辨认囚犯，并为此而提供其所知道的一切资料。

97. 查核储存物料、运输事务及囚犯财产的职责

监督须——

（a）对储存物料及运输事务作出一般监管；（1969年第65号法律公告）

（b）经常性地间歇根据储存物料记录簿所载数量查核各项储存物料，以确定两者是否相符；

（c）不时查核属于囚犯的金钱及财产，并确保该等金钱及财产妥为存放。

98. 对交付审讯的囚犯的职责

被交付审讯的囚犯收到注有或附有审讯通知的公诉书时，监督须问其是否欲会见法律顾问或传唤证人为其辩护，并须立即通知警务当局，以便于需要时传召该等证人在该囚犯受审时出庭。

99. 将囚犯带往原讼法庭或区域法院的职责

监督须负责将所有须受审的囚犯带往原讼法庭或区域法院，并须采取其认为需要的措施，将该等囚犯稳妥羁押。

（1969年第65号法律公告；1998年第25号第2条）

100. 释放囚犯的职责

不论因何理由而有权获得释放的囚犯，监督均须负责即时予以释放。

101. 就无能力束缚行为粗暴的囚犯作出报告的职责

凡行为粗暴且无法以通常方法束缚的囚犯，其粗暴行为是监督认为因精神状况或患病而致使者，则监督须将此事向医生报告，并依照医生的指示行事。

102.（由1997年第275号法律公告废除）

103.（由1993年第152号法律公告废除）

104. 发出囚犯死亡通知的职责

（1）遇有任何囚犯死亡，监督须立即将此事通知死因裁判官、署长及警务处处长，并在切实可行范围内通知死者的至亲。（1969年第65号法律公告）

（1A）如该囚犯正在受审，则监督亦须通知主审的法官、区域法院法官或裁判官。（1969年第65号法律公告；1998年第25号第2条）

（2）囚犯死因研讯结束后，监督须将裁断及研讯时发现的其他重要事实，向署长报告。

105. 职责及权力的移交及转授

（1）监督不在场时，其职责及权力须移交署长所选派代监督行事的人员。

（2）监督可将署长不时批准的职责及权力转授总惩教主任。

总惩教主任

（2014年第150号法律公告）

106. 禁止未经准许而擅离职守

总惩教主任未经监督准许，不得擅离职守。

107. 协助监管惩教署人员及囚犯的职责

总惩教主任须协助对惩教署人员及囚犯的一般监督工作，并协助分派职责，如部属人员或囚犯行为不当或不服从命令，总惩教主任须向监督报告。

（1982年第30号法律公告）

108. 有关执行职责的职责

总惩教主任须向监督负责，确保所分派而与监狱相关的职责能迅速及有规律地执行，并确保严格遵守本规则的规定及监督的命令。总惩教主任并须厉行节约。

109. 确保惩教署人员适合执行职责的职责

总惩教主任须确保惩教署人员在各方面均适合执行职责，并熟知其职责。如有新命令，总惩教主任亦须确保该命令传达予该等人员。

（1982 年第 30 号法律公告）

110. 对压迫倾向予以约束的职责

凡惩教署人员有压迫或不当的苛刻倾向，总惩教主任须运用权限予以约束。

（1982 年第 30 号法律公告）

111. 传达有关影响纪律等的情况的职责

总惩教主任须将其所知悉的并相当可能会影响囚犯安全、健康或纪律的每一情况，或相当可能会影响惩教署人员效率的每一情况，或在任何方面需监督注意的任何事情，立即传达予监督。（1982 年第 30 号法律公告）

112. 搜查囚犯的职责

总惩教主任须留意每名囚犯在入狱时均经严格搜查，而所有刀具、武器、工具、金钱、《危险药物条例》（第 134 章）所指的危险药物、烟草，或任何受法律或监督命令禁制的对象，或任何相当可能会方便囚犯逃走或被监督认为属不妥当的物件，均须从囚犯身上取去。（1983 年第 242 号法律公告）

113. 确保在囚犯入狱时记录有关详情的职责

总惩教主任须确保收纳囚犯的主管人员，在每名囚犯入狱时将其姓名、年龄、高度、体重、面貌、特征、一般外形，以及其他关乎囚犯而须予记录的量度数字及详情，记入为此而设的登记册内。

114. 记录囚犯财产详情的职责

（1）总惩教主任须安排将取自囚犯的所有物品（包括衣物及其他财物）和不时由外间送交囚犯的所有其他物件的详情，连同有关的收纳及发还日期，一并记入为此而设的簿册内。

（2）总惩教主任须安排将该等物品及对象全部存放于为此而设的合适地方，并安排在囚犯获释时予以发还，但其认为需要销毁的物品，或监督认为适合充公或适合容许囚犯保有以协助其受审时辩护的金钱或财产，则属例外。（1997

年第 275 号法律公告）

115. 点核囚犯人数的职责

总惩教主任须安排每天点核囚犯人数 5 次，并须肯定囚犯人数正确无误。

（1981 年第 353 号法律公告）

116. 其他职责

总惩教主任须——

（a）每天巡察监狱每一部分，确保清洁整齐；

（b）确保各露天场地及其他地方所采取的保安措施有效；

（c）特别注意正受惩罚的囚犯；

（d）确保每名欲会见监督的囚犯，均获给予此方面的机会；

（e）确保梯子、木板、绳索、链条及任何相当可能会方便囚犯逃走的物件，不会无遮蔽地留在露天场地；

（f）经常巡视工场、露天场地及走廊，确保囚犯留在工作岗位；

（g）每隔不超逾 7 天，不予预先通知而在夜间巡视监仓，以确保当值人员保持警觉；（1981 年第 353 号法律公告；1983 年第 31 号第 8 条）

（h）勤于观察所有人员的行为，确保各人员严格遵守本规则的规定及署长的命令；（1983 年第 31 号第 8 条）

（i）在获悉任何人疏忽职守或行为不当后，立即向监督报告。

117. 陪同巡狱太平绅士巡视的职责

巡狱太平绅士前来巡视时，一名不低于总惩教主任职级的人员须陪同巡视，并将欲会见巡狱太平绅士的囚犯带到其面前。（1966 年第 44 号法律公告）

118. 有关食物的职责

总惩教主任须——

（a）于派发囚犯膳食时经常在场；（1981 年第 353 号法律公告）

（b）确保所有供应给囚犯食用的食物合适及质佳；

（c）确保狱中用于派发和分配粮食及储存物料的磅秤及度量衡器具均准确无误，性能良好。

119. 有关囚犯个人清洁的职责

总惩教主任须确保囚犯衣服修补妥善，头发经常修剪，囚犯的洗涤、束发及洁净事宜亦获得照管。

120. 有关锁匙的职责

总惩教主任须执行署长就夜间稳妥保管锁匙而发出的命令。

121. 按星期视察惩教署人员宿舍的职责

总惩教主任须按星期视察惩教署人员占用的宿舍，并须将视察结果向监督报告。（1982 年第 30 号法律公告）

122. 监管灭火队的职责

总惩教主任须每月最少一次监管灭火队的操练。

123. 总惩教主任不在场时其职责的执行

总惩教主任不在场时，其职责须由监督选派执行该等职责的人员执行。

124—125.（由 1966 年第 44 号法律公告废除）

第 3 次分部——部属人员

（2014 年第 150 号法律公告）

（小标题由 2014 年第 150 号法律公告废除）

126. 高级惩教主任专责主管某些囚犯及某些监狱部分

监督须将某些囚犯及某些监狱部分交由高级惩教主任直接主管，高级惩教主任须负责对该等囚犯及该等监狱部分维持良好秩序及纪律。

127. 确保用膳时准时往返的职责

高级惩教主任须确保其属下人员准时报到当值及用膳时准时往返，如有不守时的情况，高级惩教主任有责任向监督报告。（1981 年第 353 号法律公告）

128. 高级惩教主任的其他职责

高级惩教主任须——

（a）确保所有囚犯紧守劳动岗位；

（b）勤于观察所有部属人员及囚犯的行为；

（c）确保本规则的规定及任何高级人员的命令获严格遵守；（1981 年第 353

号法律公告）

（d）在获悉惩教署人员或囚犯有任何疏忽或不当行为后，立即向总惩教主任报告；（1982 年第 30 号法律公告）

（e）监督囚犯膳食的派发。（1981 年第 353 号法律公告）

129. 处理有关惩罚的命令的职责

高级惩教主任须亲自处理执行关于对囚犯施加惩罚的命令，并须确保所有受惩罚的囚犯均获提供必需品。

130. 视察监狱各部分、水龙头及消防用具的职责

高级惩教主任须——

（a）经常视察监狱内由其直接主管的每一部分；

（b）检查所有锁、铁枝、闩及其他保安措施，确保性能良好；

（c）确保囚犯并无未获授权而管有任何物品，并可为此而经常搜查囚犯；

（d）确保消防用具操作性能良好；

（e）确保灭火桶在任何时候均装填妥当；

（f）确保水管及水龙头操作性能良好，无漏水情况。

131. 查核囚犯及监管将囚犯锁入监仓的工作的职责

高级惩教主任须查核其所直接主管的囚犯的人数，并监管将该等囚犯放出监仓及锁入监仓的工作。

132. 收纳锁匙的职责

高级惩教主任须于其所直接主管的囚犯全部锁入监仓后，收纳所有锁匙，并交予下一更的主管人员。（1981 年第 353 号法律公告）

133. 高级惩教主任不在场时其职责的执行

高级惩教主任不在场时，其职责须由获监督选派执行该等职责的人员执行。

134. 部属人员有责任服从上级人员

部属人员须服从署长、上级及任何对其有管辖权限的人员的合法指挥及命令，并须执行该等人员所命令的职责。

135. 检查保安措施及扣押未获授权而管有的物品的职责

部属人员须经常对锁、铁枝、闩及其他保安措施，以及对囚室状况及囚犯被铺进行检查，并须将所有未获授权而管有的物品扣押和随即交予上级人员。

136. 监狱锁匙

惩教署人员须将其锁匙系于锁匙链上，并在离开其工作岗位时交予指定收纳锁匙的人员。不论任何情况，惩教署人员均不得将其锁匙带出监狱。

（1982 年第 30 号法律公告）

137. 穿着端正整洁的职责

部属人员当值时须穿着按其职级所获准穿着的制服，外表端正整洁。

138. 其他职责

部属人员须——

（a）以和善及合乎人道的态度对待囚犯；

（b）耐心聆听囚犯提出投诉；

（c）在遇有任何囚犯欲会见总惩教主任或监督时，通知总惩教主任；

（d）坚定地维持秩序及纪律，和坚定地使本规则的规定及任何高级人员的命令获得遵守。（1981 年第 353 号法律公告）

139. 休假

（1）对部属人员，可给予任何一天休假以代替公众假期。

（2）事假及例假均可按照政府规例给予。（1999 年第 15 号第 3 条）

（1969 年第 65 号法律公告）

140. 有关医疗的规则

（1）部属人员的医疗及病假，可根据政府规例的条文而给予或拒绝。（1999 年第 15 号第 3 条）

（2）凡被收纳入医院接受观察的惩教署人员，如其后被证明装病，则接受观察期间不获计薪，而所有附带引起的医院开支及费用，亦须由该人员支付。（1982 年第 30 号法律公告）

（3）部属人员如被医生命令入院，则须入院；如主管医院的医生指示其留院，则须留院。留院期间须遵守医院所有规例。

141. 禁止外宿

（1）未经监督准许，部属人员不得在政府所指派的宿舍以外地方度宿。

（2）（由1974年第2号法律公告废除）

（3）占用政府宿舍的部属人员，不得将宿舍的住宿地方出租。

141A. 惩教署人员于辞职等时须交还宿舍

如惩教署人员或受雇于监狱的其他人被免职或解雇，或辞职、退休或死亡，则其所占用的宿舍须于署长要求时交还政府。

（1974年第2号法律公告；1982年第30号法律公告）

142. 第134条至第140条适用于受雇于监狱的人

第134条至第140条（首尾两条包括在内）适用于所有受雇于监狱的其他人。

第4次分部——医务

（2014年第150号法律公告）

医　　生

（2014年第150号法律公告）

（小标题由2014年第150号法律公告废除）

143. 一般职责

医生须——

（a）主管医疗事务，并于监狱内任何囚犯患病时负责治疗；

（b）向惩教署人员及其家属提供医疗意见及协助，包括提供药物；（1982年第30号法律公告）

（c）按署长的命令，就该等人员及囚犯的健康及医疗，和监狱及该等人员所占用的宿舍的卫生条件，备存统计记录，并提交申报表及报告。

144. 对囚犯的职责

医生须——

（a）在署长安排的时间或按需要而在其他时间，巡视其主管的每所监狱；

（b）每天会见申诉患病的囚犯，并以书面向监督报告该等囚犯是否适合劳动；

（c）将其认为需要作出而与并无入院留医的囚犯的治疗有关的一切指示，记在为供监督参阅而备存的簿册内，供监督参阅；

（d）每天巡视监狱医院内的病人；

（e）在获悉任何惩教署人员或囚犯患上重病时立即为其诊治；（1982 年第 30 号法律公告）

（f）每天巡视所有正受惩罚、被隔离囚禁或正受特别纪律处分的囚犯；

（g）每天为新收的囚犯检验身体，并断定其是否适合劳动；

（h）经常检查洗涤地方、浴室及其他作清洁卫生用途的设备，确保其状态良好，而所有与此相关的欠妥之处，均须随即向监督报告；

（i）在即将施加惩罚前检验有关囚犯，以肯定该囚犯的心智及身体均适合接受惩罚，并须提出其认为需要的建议，以防该囚犯的健康受损，而监督须将该等建议付诸实行；

（j）于监狱内每次施行体罚时在场，确保其为防止囚犯健康受损而作出的指示获得遵从；

（k）于每次执行死刑时在场。

145. 检查囚犯食物、被铺等的职责

医生须——

（a）经常检查已煮熟及未煮熟的囚犯食物；

（b）就该等食物的质素向监督报告；

（c）就衣物及被铺是否足够作出报告；

（d）于食水的质或量不足时作出报告；

（e）就任何能影响囚犯健康的因由作出报告。

146. 防止流行病的职责

医生须采取其认为需要或有利的行动及治疗方法，以尽量防止或减少监狱内发生流行性或地方性传染病。

147. 发出书面指示将囚犯隔离的职责

医生须发出书面指示，将患上或怀疑患上传染病的囚犯隔离，并将任何受病菌沾染的衣物或被铺清洗、消毒或销毁。

148. 就囚犯健康作出特别报告的职责

（1）医生——

（a）如认为有需要为健康理由而向监督报告囚犯的情况，须以书面向监督报告；

（b）须就更改该等囚犯的纪律处分或待遇，或就供应额外物品予该等囚犯，提出其觉得需要的建议。

（2）医生如认为任何囚犯继续留在监狱会有生命危险，或认为任何患病囚犯不会存活超过他的刑期，或完全或永远不适合在监狱服刑，则须以书面向署长提出建议，以便转交行政长官。（1999 年第 15 号第 3 条）

149. 备存记事册的职责

医生须在备存于狱中的记事册内——

（a）就供给囚犯的食物或与囚犯健康相关的任何其他事宜，记下其认为需要的意见或建议；

（b）就所有接受治疗的患病囚犯每天作一简短记录，载明囚犯是否在院留医、囚犯姓名、申诉的病状及开列的治疗方法。

150. 与囚犯死亡有关的职责

医生须于囚犯死亡时，随即将以下详情记入其记事册内——

（a）死者开始患病的时间；

（b）首次向医生报告患病的时间；

（c）疾病性质；

（d）死亡时间，连同有关死后形貌的描述（如曾进行验尸）和其认为需要的其他意见。

151. 检验获释囚犯的职责

医生须在囚犯获释前一天为其检验身体，并就该囚犯是否适合离开监狱和其他有关该囚犯的必需详情，作出核证。

152. 委任医院病房杂工的职责

监督可将行为良好的囚犯交由医生遣派，以照料病人及执行其他与医院相关的必需工作。

153. 报告不当事件的职责

医生如获悉监狱医院内有任何不当事件，或在执行职责时遭遇任何困难或障碍，须向监督报告。

154. 将药物锁上的职责

（1）医生须确保所有药物及兴奋剂均稳当地锁上，使囚犯无法接触。

（2）除非有迫切需要，否则未有医生指示，不得向任何囚犯施用药物。

155.（由1969年第65号法律公告废除）

156. 将记事册呈交署长的职责

医生须每月最少一次将其记事册呈交署长审阅，并同时就监狱的情况、囚犯及惩教署人员的健康状况作出报告；如有清洁、排水、温度及通风欠佳，或被铺、衣物、粮食或食水不足或质劣的情况，须同时作出报告。

（1981年第353号法律公告）

157. 呈交周年报告的职责

医生须于每年12月31日后尽快将一份报告交予署长，以便转交卫生署署长，该报告须载列——（1981年第353号法律公告；1989年第76号法律公告）

（a）在刚结束的一年内囚犯患病的人数；

（b）囚犯死亡率；

（c）监狱卫生条件状况的详情；

（d）监狱内最常发生的疾病类别，和发生该等疾病所可归咎的监狱建筑或管理上的欠妥之处；

（e）为防止该等疾病再次发生所须采取的预防措施。

158. 就使用拘束衣或将囚犯囚禁于保护室事向署长报告的职责

医生须就以下事项向署长报告——

（a）根据第67条使用拘束衣束缚行为粗暴的囚犯；及

（b）根据第68A条将任何囚犯囚禁于保护室内。

（1983年第242号法律公告）

159. 遵守规则及署长的命令等的职责

医生须遵守本规则的规定及署长的命令，并支持监督维持纪律及秩序，和协助监督将囚犯稳妥羁押。

160.（由1993年第152号法律公告废除）

161. 促使监督注意有自杀意向的囚犯的职责

医生如有理由认为任何囚犯有自杀意向，须促使监督注意该囚犯，以便对其进行特别观察，而监督则须毫不延误地立即指示经常性地间歇对该囚犯进行观察。

在医院执行职责的总惩教主任

（1966年第44号法律公告；2014年第150号法律公告）

162. 当值时间

总惩教主任如被指派往监狱医院工作，则须在署长指示的时间当值，未经监督准许，不得擅离职守。

（1961年A68号政府公告；1966年第44号法律公告；
1981年第353号法律公告）

163. 有关药物、处方等的职责

（1）被指派往监狱医院工作的总惩教主任须主管及保管所有药物、外科用品、外科仪器及用具，并须负责确保该等物品按照医生的指示妥为存放。（1961年A68号政府公告；1966年第44号法律公告）

（2）总惩教主任如具备资格，可依照医生发出的处方配药，并须按照医生的指示派发外科用品及药物。

（3）除非有迫切需要，否则未经医生同意，总惩教主任不得派发任何药物或外科用具。

（4）总惩教主任须备存药物收发记录，并须按指示执行与其医院职责相关的其他文书工作。

（5）总惩教主任须按指示随从医生行事，并按需要协助检验囚犯或协助施行手术。

（6）遇有紧急或病势严重的情况，如有需要，总惩教主任不论何时均须在监狱医院留宿。

（7）如有命令，总惩教主任须穿着制服。

164. 总惩教主任不在场时其职责的执行

被指派往监狱医院工作的总惩教主任不在场时，其职责须由高级惩教主任执行。（1966 年第 44 号法律公告）

在医院执行职责的高级惩教主任

（2014 年第 150 号法律公告）

165. 有关在医院执行职责的总惩教主任的规则适用于在医院执行职责的高级惩教主任

有关被指派往监狱医院工作的总惩教主任的规则，同样适用于在监狱医院当值的高级惩教主任；此外，高级惩教主任亦须协助被指派往监狱医院工作的总惩教主任，以及执行署长、监督或医生所命令的其他职责。

（1966 年第 44 号法律公告；1981 年第 353 号法律公告）

在医院执行职责的其他职员

（2014 年第 150 号法律公告）

166. 执行医生的医务指示的职责

在监狱医院当值的部属人员须执行医生的医务指示。在其他各方面，则须遵守本规则的规定及署长的命令。

（1961 年 A68 号政府公告；1966 年第 44 号法律公告；1981 年第 353 号法律公告）

第5次分部——专职教士

（2014年第150号法律公告）

（小标题由2014年第150号法律公告废除）

167. 专职教士探访囚犯的权力

（1）行政长官所委任的各教派专职教士，得在任何合理时间内与囚犯接触。（1999年第15号第3条）

（2）专职教士得在合适日子在其主管的监狱内主持宗教仪式。（1981年第353号法律公告）

168. 专职教士就弊端等作出报告的职责

专职教士如——

（a）获悉监狱内有任何弊端或不正当行为；

（b）认为囚犯会因所处惩罚而心理上受创伤；

须在方便的情况下尽快告知监督。

169. 圣餐礼的举行

（1）专职教士得在合适时候为所有欲领圣餐的囚犯施行圣餐礼。

（2）举行圣餐礼的时间须预先作出通知，领圣餐者有责任在指定时间前告知专职教士其意向。

170. 提交报告的职责

专职教士须于每年12月31日后尽快将一份报告送交署长，报告内载列一切其认为需要让署长知悉而与其职位相关的事宜。（1981年第353号法律公告）

第6次分部——秘书

（2014年第150号法律公告）

（小标题由2014年第150号法律公告废除）

171. 秘书的责任

秘书须主管文书职员和负责储存物料及账目的妥善备存。

（1961年A68号政府公告；1969年第65号法律公告）

第7次分部——物料管理主任及物料管理员

（2014年第150号法律公告）

（小标题由2014年第150号法律公告废除）

172. 责任与职责

物料管理主任及每名物料管理员须——（1961年A68号政府公告；1969年第65号法律公告）

（a）负责按照署长不时指示的方式，将所有储存物料妥为收纳、保管与派发；

（b）确保所有储存物料均有条理及有系统地存放在指定的地方；

（c）负责将所有须加上标记的物品在派发前加上适当标记；

（d）确保稳妥保管所有储存物料，除在收发货物的时刻外，其余时刻均将储存物料妥为锁上；

（e）每天离开监狱前，负责将所有储存物料妥为锁上；

（f）将储物室锁匙稳当地锁在一个只有监督及其本人始有锁匙的盒内，交予大闸管理人；

（g）不理会任何与其职位无关的事务。

第8次分部——文书职员

（2014年第150号法律公告）

（小标题由2014年第150号法律公告废除）

173. 互调职责

所有文书职员须视为一个整体，署长可随时酌情决定将各人的职责互调。

174. 执行职责的职责

（1）文员须在署长指示的时间执行职责。

（2）文员得获准在星期六下午及公众假期休假，如在该等日子奉命报到当值，则须获给予补假作偿。

175—187.（由1966年第44号法律公告废除）

第II部
适用于特定类别囚犯的特别规则

（2014年第150号法律公告）

第1分部——候审囚犯

（2014年第150号法律公告）

第1次分部——一般条文

（2014年第150号法律公告）

（小标题由2014年第150号法律公告废除）

188. 候审囚犯

（1）下文各项规则适用于在下列情况下为稳妥羁押而押交监狱的人（以下称为**候审囚犯**）——

（a）因任何可公诉罪行而被交付审讯；

（aa）因依据《裁判官条例》（第227章）第88条作出的移交令而被羁留；（1969年第65号法律公告）

（b）被控犯可公诉罪行而在等候裁判官聆讯期间被羁留；（1969年第65号法律公告）

（c）在等候聆讯针对其所作的告发或投诉期间被羁留；

（d）（由1999年第15号第3条废除）

（da）（由1999年第15号第3条废除）

（db）在被指《逃犯条例》（第503章）进行的任何法律程序中被羁留；（1997年第23号第28（2）条）

（e）（由1999年第15号第3条废除）

（ea）因《入境条例》（第115章）而被羁留；（1971年第55号第66条；1997年第80号第103条）

（f）其案件已根据《刑事诉讼程序条例》（第221章）第10条及第11条的

规定交回裁判官审理，而该案件亦正在如此处理；

（g）身为债务人；

（h）根据《破产条例》（第6章）第27条或第29条而被交付羁押；

（i）被任何在香港施行的成文法则宣布为候审囚犯，或须视作为候审囚犯。（1986年第213号法律公告）

（2）如属第（1）款所述的任何情况的人是经定罪的囚犯，则第204条及第206条亦对该囚犯适用，犹如他是候审囚犯一样。

第2次分部——入狱及待遇

（2014年第150号法律公告）

（小标题由2014年第150号法律公告废除）

189. 洗澡

如监督应候审囚犯的申请，决定该囚犯无须在收纳入狱时洗澡，或如医生述明基于健康理由该囚犯在收纳入狱时不宜洗澡，则该候审囚犯不须在收纳入狱时洗澡。

190. 隔离

候审囚犯须与经定罪的囚犯分隔，而在任何时间均不容许与经定罪的囚犯交往。

191. 监督更改例行程序的权力

监督可更改监狱内关于任何类别的候审囚犯的例行程序，以省却其认为对该类囚犯而言显然是不需要的惯例。

第3次分部——食物及衣物

（2014年第150号法律公告）

（小标题由2014年第150号法律公告废除）

192. 有权自备食物

每名候审囚犯均可自备或在适当时间收受食物及啤酒。如不自行供应食物，则须收受监狱的膳食。

193. 有关提供食物的通知

凡选择自行供应任何一顿膳食的食物的候审囚犯，均须在进膳时间之前预先作出通知；如该囚犯以自费方式自备或收受食物，则监督不得准许其再收受该顿监狱膳食。

194. 提供食物的限制

食物须在不时订定的时间收受，并经由收受的人员检查，且须符合防止奢侈或浪费所需的限制。

195. 有关饮料的限制

每名候审囚犯均不得在任何一段 24 小时的期间内，收受或购买超过 1 品脱的啤酒或苹果酒，或超过半品脱的葡萄酒。

196. 准许穿着私人衣服

（1）每名候审囚犯均可穿着属于自己的足够及适合穿着的衣服，但该等衣服必须是不必为司法目的而予以保留者。

（2）该等囚犯亦可在监督批准的时间自备或收受监督批准的衣物。

197. 医生命令将私人衣服消毒的权力

（1）医生为防止传染病引入监狱或在狱中蔓延，可命令将获容许在狱中穿着自备衣服的候审囚犯的衣服尽快消毒。

（2）在衣服消毒期间，该等囚犯可穿着监狱的衣物。

198. 禁止售卖物品

每名候审囚犯均不得将其获容许引入监狱自用的任何物品，售卖或转让予任何其他人。

第 4 次分部——清洁

（2014 年第 150 号法律公告）

（小标题由 2014 年第 150 号法律公告废除）

199. 有关剪发的指示

每名候审囚犯的头发均可修剪，但修剪方式不得令其外貌改变。

（1981 年第 353 号法律公告）

200. 有关房间等清洁的职责

每名候审囚犯均须——

（a）每天早上执拾床铺，清洁其所占用的房间、厕所及周围地方，以及清洁其所占用的露天场地；

（b）将拨供其使用的家具、器皿、衣物及被铺保持清洁完好。

（1981 年第 353 号法律公告）

第 5 次分部——受雇工作

（2014 年第 150 号法律公告）

（小标题由 2014 年第 150 号法律公告废除）

201. 选择受雇工作的权利

每名候审囚犯均有权选择受雇从事监狱的服务或工业。囚犯如选择如此受雇，得按照署长所订的工资率收受款项。

第 6 次分部——文件等

（2014 年第 150 号法律公告）

（小标题由 2014 年第 150 号法律公告废除）

202. 文件等的暂时保留及供应

（1）候审囚犯被捕时所管有的任何书簿或文件，如无须用作呈堂证物和无理由怀疑为属于该囚犯以不正当手法取得的任何财产的一部分，或无须因某特别理由而为司法目的予以取去，则监督在接获候审囚犯的申请后，须准许其保有该等物品。

（2）监督须向任何该等候审囚犯供应监督认为非属不良性质的报纸或其他消遣品，费用由囚犯自付。

第7次分部——探访及通信

（2014年第150号法律公告）

（小标题由2014年第150号法律公告废除）

203. 有关访客的规则

（1）除监督另有命令外，每名候审囚犯均得获准于任何周日，在不时指定的时间内接受1名访客探访一刻钟，或如情况许可，在同一时间接受2名访客探访。

（2）在特殊情况下，监督可准许延长探访时间，和容许多于2名访客同时探访该囚犯。

204. 私人医疗顾问

每名候审囚犯可为进行辩护的目的，接受由其本人或朋友或法律顾问挑选的注册医生探访一次，探访条件与适用于法律顾问探访者相同。

205. 为谋求保释而会见访客的权利

每名因未能满足保释条件而入狱的候审囚犯，如真诚为筹措保释，须获准在任何周日的任何合理时间会见其亲戚或朋友。

206. 书面通信

（1）每名候审囚犯均可在任何合理时间收发信件，并且须获监督提供合理数量的纸张及其他书写物料，作为与朋友通信或拟备辩护之用。

（2）凡由候审囚犯拟备作为对其大律师或律师的指示的机密书面通信，可面交该大律师或律师，或该律师授权的文员，无须事先经监狱人员阅读。

（3）所有其他书面通信均可按照第47A条的条文处理。

（1997年第275号法律公告）

207. 参加宗教仪式

候审囚犯不得被强制参加任何宗教仪式，但通常有权参加在其被囚禁的监狱内所举行并属其所信奉的宗教的仪式。（1981年第353号法律公告）

第 8 次分部——杂项

（2014 年第 150 号法律公告）

（小标题由 2014 年第 150 号法律公告废除）

208. 巡狱太平绅士及监督给予及撤回各种方便的权力

（1）巡狱太平绅士或监督在给予本规则所授权或所规定给予的准许前，其本人须信纳给予该项准许不会干扰监狱的保安、良好秩序及管治。

（2）凡如此给予的方便有任何被滥用的情况，巡狱太平绅士有权暂时撤销或撤回该等准许，而监督可撤回其本人给予的准许，或如情况紧急，则监督可暂时撤销巡狱太平绅士给予的准许，但须尽快向巡狱太平绅士报告此情况。

209.（由 1993 年第 152 号法律公告废除）

第 2 分部——上诉人

（2014 年第 150 号法律公告）

（小标题由 2014 年第 150 号法律公告废除）

210. 上诉人

下文各项规则适用于在下列情况下为稳妥羁押而押交监狱的人（以下称为上诉人）——

（a）已提出《裁判官条例》（第 227 章）第 105 条或第 113 条适用的上诉，并已根据该条例第 118 条的条文就执行方面或判刑搁置执行；或

（b）已根据《刑事诉讼程序条例》（第 221 章）第 81（3）（b）条被交付羁押；或

（c）身为上诉人而未能根据《刑事诉讼程序条例》（第 221 章）第 83R 条获准保释。（1997 年第 275 号法律公告）　（1974 年第 2 号法律公告）

211. 选择受雇工作的权利

每名上诉人均有权选择受雇从事监狱的服务或工业。上诉人如选择如此受雇，得按照署长所订的工资率收受款项。

212. 工资

如法官命令将上诉人释放以等候上诉聆讯（获保释等候上诉者除外），则上诉人须获付根据第211条条文其所赚取的所有款项。

213. 私人医疗顾问

每名上诉人可为进行上诉的目的，接受由其本人或朋友或法律顾问挑选的注册医生探访一次，探访条件与适用于法律顾问探访者相同。

214. 书面通信

（1）每名上诉人均可在任何合理时间收发信件，并且须获监督提供合理数量的纸张及其他书写物料，作为与朋友通信或拟备上诉之用。

（2）凡由上诉人拟备作为对其大律师或律师的指示的机密书面通信，可面交该大律师或律师，或该律师授权的文员，无须事先经监狱人员阅读。（1983年第31号第8条）

（3）所有其他书面通信均可按照第47A条的条文处理。

（1997年第275号法律公告）

第3分部——因藐视等罪而被交付羁押的囚犯

（2014年第150号法律公告）

（小标题由2014年第150号法律公告废除）

215. 有关特惠及减刑的规则的适用

（1）任何囚犯如因藐视罪，或因没有作出任何须作出的事情，或因没有不作出任何不得作出的事情，被交付羁押，须受本部适用于候审囚犯的特别规则规限。

（2）任何囚犯如因藐视罪，或因没有作出任何须作出的事情，或因没有不作出任何不得作出的事情，被交付监狱羁留一段经述明的期限，则就第69条而言，须视为正服监禁刑罚，刑期为该述明的期限。

（3）（由1993年第152号法律公告废除）　　（1988年第269号法律公告）

216—221.（由1993年第152号法律公告废除）

第Ⅲ部
巡狱太平绅士及监狱访客

（2014年第150号法律公告）

第1分部——巡狱太平绅士

（2014年第150号法律公告）

（小标题由2014年第150号法律公告废除）

222. 巡狱的职责

（1）2名巡狱太平绅士须——（2000年第270号法律公告）

（a）每两星期最少巡视每所监狱一次；

（b）每月最少巡视每间宿舍一次，

并于需要时在其他日子进行巡视，如有可能，两名太平绅士须一起巡视。（1987年第44号第3条）

（2）政务司司长须向署长提交巡狱太平绅士名单，各监狱及宿舍均须让巡狱太平绅士在其轮值期间的任何合理时间入内巡视。（1987年第44号第3条；1997年第362号法律公告）

223. 记录建议的职责

巡狱太平绅士须在每次巡视完毕离开监狱或宿舍之前，将其建议记录在为此而设的簿册内。（1987年第44号第3条）

224. 在合约中有利害关系

巡狱太平绅士不得在就任何监狱或宿舍而订立的合约中有任何利害关系。

（1987年第44号第3条）

225. 与署长合作

巡狱太平绅士须与署长合作，提高惩教事务的效率，并就行政长官所特别转介的事宜进行查讯。（1999年第15号第3条）

226. 就弊端作出报告的职责

（1）巡狱太平绅士如获悉与监狱或宿舍有关的弊端，须确保署长立即知悉所有该等弊端。

（2）巡狱太平绅士须将任何有关其所知悉的弊端的陈述，记入为此而设的簿册内，并附加其欲行政长官知悉的有关监狱或宿舍状况及纪律方面的任何建议或意见。（1999年第15号第3条） （1987年第44号第3条）

227. 提供资料的职责

巡狱太平绅士须应行政长官不时提出的要求，提交向其举报的违纪行为的资料。

（1999年第15号第3条）

228. 聆听投诉的职责

（1）巡狱太平绅士须聆听囚犯或宿舍舍员意欲向其提出的任何投诉，并就投诉进行调查。

（2）巡狱太平绅士须对在医院留医的囚犯或宿舍舍员，和被隔离囚禁的囚犯特别注意。（1969年第65号法律公告） （1987年第44号第3条）

229. 就因纪律处分或所受待遇而致受伤作出报告的职责

巡狱太平绅士须处理其所收到的一切有关囚犯或宿舍舍员因纪律处分或所受待遇而相当可能身心受伤的报告，并将其意见转达行政长官。

（1987年第44号第3条；1999年第15号第3条）

230. 有关囚犯膳食的职责

巡狱太平绅士须检查囚犯或宿舍舍员的膳食，如认为所供应的食物不符合经定下的膳食准则，则须将该等情况向署长报告，并在为此而设的簿册内记下该等情况，而监督须立即采取即时需要的步骤，向囚犯或宿舍舍员提供合适的食物。

（1987年第44号第3条）

231. 查阅簿册的权力

巡狱太平绅士可查阅监狱或宿舍的任何簿册。 （1987年第44号第3条）

232. 就受雇工作及职业提供意见的职责

巡狱太平绅士须协助署长，就囚犯及宿舍舍员受雇从事工作及职业的事宜，尤其就囚犯及宿舍舍员获释后的受雇工作事宜，提供意见及建议。

（1987年第44号第3条）

233. 筹办讲座及演说的权力

巡狱太平绅士可在署长批准下，在监狱或宿舍筹办讲座及演说，但如在监狱筹办讲座及演说，则不得干扰必需的监狱纪律，而且须旨在改善囚犯的品德。

（1987 年第 44 号第 3 条）

234. 查究监狱建筑物状况及作出报告的职责

巡狱太平绅士须查究监狱或宿舍建筑物的状况，并就他们觉得需要的任何修葺或加建工程向行政长官报告。

（1987 年第 44 号第 3 条；1999 年第 15 号第 3 条）

235. 履行行政长官指派的其他职责的职责

巡狱太平绅士亦须履行行政长官所指派的其他职责。

（1999 年第 15 号第 3 条）

第 2 分部——监狱访客

（2014 年第 150 号法律公告）

（小标题由 2014 年第 150 号法律公告废除）

236. 监狱访客的委任

（1）署长可不时委任关心囚犯的福利、感化及善后辅导的人为监狱访客。

（2）监狱访客须遵守本规则的规定，并受监督的命令规限。

（3）监狱访客与任何囚犯的接触，均须由监督酌情安排。

（4）囚犯有权拒绝接受某个别访客的探访。

（5）监狱访客决定中止探访某个别囚犯时，须告知监督。

（6）监狱访客须在方便可行情况下，尽快将其获悉的监狱内任何弊端、不法活动或不当行为，告知监督。

（7）监狱访客因获委任作监狱访客而获取的任何资料，不得公开或为一己利益而使用。

（8）除非事先获得监督同意，否则监狱访客不得——

（a）为任何囚犯而将任何物品或文件携进或携出监狱，或代传任何讯息；

（b）与囚犯讨论囚犯的定罪、刑罚或任何其他官方事宜；或

（c）与囚犯的家人或朋友通信。（1983 年第 242 号法律公告）

第Ⅳ部
武力或枪械的使用

（2014 年第 150 号法律公告）

237. 武力的使用

（1）任何惩教署人员在对待囚犯时，不得使用不需要的武力，如需对囚犯使用武力，亦不得使用超乎所需的武力。

（2）任何惩教署人员，均不得蓄意作出刻意激怒囚犯的行为。

（1982 年第 30 号法律公告）

238. 可使用枪械的情况

（1）每名惩教署人员得获提供哨子，并按署长的指示，获发给或不获发给枪械。

（2）每名惩教署人员均可使用枪械对付逃走或企图逃走的囚犯，但该人员须有合理因由相信如不使用枪械则不能阻止囚犯逃走，否则不得使用该等枪械。

（3）每名惩教署人员均可使用枪械，对付参与暴动或集体骚动的囚犯，或对付企图强行打开或打破监狱外门或外闸或围墙的囚犯，而只要囚犯仍实际参与集体骚动或仍作上述企图，惩教署人员均可继续使用该等枪械。

（4）每名惩教署人员均可使用枪械，对付任何向其同僚或其他人使用暴力的囚犯，但该人员须有合理理由相信该惩教署人员或其他人会有生命或肢体伤残的危险，或相当可能会遭受其他严重损伤。

（5）该人员在根据第（2）款所赋权限使用枪械对付囚犯之前，须向该囚犯发出将向其射击的警告。

（6）惩教署人员在囚犯参与骚动或企图逃走时，如其上级人员在场，则除非得其明确命令，否则不得使用任何种类的枪械对付囚犯。

（7）根据本条使用枪械，须尽量令囚犯失去活动能力，而非将其杀害。

（8）每名惩教署人员在以惩教署人员身份行事时，须具有《警队条例》（第232章）所界定属于警务人员的所有权力、权限及保障，但薪酬、退休金或其他报酬则除外。（1961年A68号政府公告；1982年第30号法律公告）

第V部
适用于所有人员及受雇于监狱的其他人的纪律条文

（2014年第150号法律公告）

第1分部——违纪行为

（2014年第150号法律公告）

（小标题由2014年第150号法律公告废除）

239. 违纪行为

（1）任何惩教署人员或受雇于监狱的其他人，如作出以下行为，即属作出违纪行为——（1969年第65号法律公告；1982年第30号法律公告）

（a）无好的和充分的因由而没有执行任何合法的书面或口头命令；

（b）不服从任何任职于惩教署的人员，而此等人员的命令是他当其时有责任遵从者；（1982年第30号法律公告）

（c）（i）因疏忽或无好的和充分的因由而没有迅速及努力办理其有责任办理的任何事情；或

（ii）在执行职责时因不小心或疏忽而引致任何人遭受损失或伤害，或引致任何财产遭遗失或损坏；

（d）明知而作出有关其职责的虚假、误导或不确的陈述，不论该陈述是以口头作出或是在公文或簿册内作出，又或明知而签署该陈述，或意图欺骗而将任何该等公文或簿册销毁或切割，或将其内的任何记项擦除；

（e）（由1997年第275号法律公告废除）

（f）（i）（由 1981 年第 353 号法律公告废除）

（ii）没有就其负责的金钱或财产作出交代或迅速拟备真确的申报表，不论该等金钱或财产是与其作为惩教署人员或受雇于监狱的人的职责有关，或是与监狱或职员的任何会社或基金有关；（1982 年第 30 号法律公告；1983 年第 31 号第 8 条）

（iii）不适当地利用其作为惩教署人员或受雇于监狱的人的职位，以谋取个人利益；（1982 年第 30 号法律公告）

（g）无适当权限而——

（i）与任何囚犯或曾为囚犯者，或代表任何囚犯或曾为囚犯者，或与任何囚犯或曾为囚犯者的亲友，进行任何金钱或业务交易；

（ii）带进或携走任何物品，或企图带进或携走任何物品，或明知而容许带进或携走任何物品，以便给予任何囚犯，或为任何囚犯而作出此等行为；

（iii）向任何囚犯或曾为囚犯者，或向任何囚犯或曾为囚犯者的亲友，索取或收取任何利益；（1981 年第 353 号法律公告）

（h）（i）无适当权限而与任何曾为囚犯者，或任何囚犯或曾为囚犯者的亲友通信；

（ii）为不正当目的而与囚犯通信；

（iii）容许囚犯与其本人或与任何受雇于监狱的其他人过分稔熟；

（iv）在囚犯可以听闻的情况下，讨论其本身职责或任何有关纪律或监狱安排的事宜；

（i）蓄意作出刻意激怒囚犯的行为；

（j）在处理囚犯时无需要而使用武力，或在有需要使用武力时，使用不当武力；

（k）无适当权限或合理辩解而——

（i）擅离监狱或当值地方，或于会操时缺席；

（ii）于当值或会操时迟到；

（l）（i）故意或因疏忽而损坏或遗失其获提供或交托的衣物或个人装备，或未能适当看顾该等物品；

（ii）忽略就任何衣物或个人装备的损坏或遗失作出报告，不论是因何而导致该损坏或遗失者；

（m）在当值或奉召当值时非因医生的指示而饮酒或服药以致不适宜当值；（1977年第154号法律公告）

（n）（i）在当值或休班时行为不检或有损纪律，或其行为相当可能会损及惩教署的声誉；（1983年第31号第8条）

（ii）在监狱围墙以内（除非是在经订明的限定时间地点进行），或在法庭当值或在监狱以外主管囚犯时，吸烟或饮用令人醺醉的酒类；

（o）向部属人员或下级人员借钱，或借钱予上级人员，或在同僚借债时作为其担保人；

（p）违反本规则的任何规定或不履行职责；（1969年第65号法律公告）

（q）作出因违反政府规例或其他规定而构成公职人员行为不当的行为；（1977年第154号法律公告；1999年第15号第3条）

（r）根据本条例被停职后，并无立即交还其锁匙及装备。

（2）在本条内，利益（advantage）指——

（a）任何馈赠、贷款、费用、报酬或佣金，其形式为金钱、任何有价证券或任何种类的其他财产或财产权益；

（b）任何职位、受雇工作或合约；

（c）将任何贷款、义务或其他法律责任全部或部分予以支付、免却、解除或了结；

（d）任何其他服务或优待（款待除外），包括维护使免受已招致或料将招致的惩罚或资格丧失，或维护使免遭采取纪律、民事或刑事上的行动或程序，不论该行动或程序是否已经提出；

（e）行使或不行使任何权利、权力或职责；及

（f）有条件或无条件提供、承诺给予或答应给予上文（a）、（b）、（c）、（d）及（e）段所指的任何利益。（1981年第353号法律公告）

240—242.（由1977年第154号法律公告废除）

第 3 分部——程序规则及纪律处分

（2014 年第 150 号法律公告）

（小标题由 2014 年第 150 号法律公告废除）

243. 控告程序

（1）如有任何总惩教主任或部属人员或受雇于监狱的其他人被控作出第 239 条所胪列的任何违纪行为，该控告须由一名不低于总惩教主任职级的人员考虑该控告所依据的报告后，在切实可行范围内尽快记入控告书内。（1961 年 A68 号政府公告；1966 年第 44 号法律公告；1969 年第 65 号法律公告；1977 年第 154 号法律公告）

（2）控告书须具体述明指称的违纪行为，并须载列其他有关详情，使被控者不致对该控告有任何误解。（1969 年第 65 号法律公告）

（3）（a）控告书连同拟传召证人的名单及拟援引以证明该控告的任何书面陈述，须尽早交予被控者。

（b）书面陈述（如有的话）须由作出陈述者签署，被控者亦须于细阅后在其上签署，以表明其曾过目，并在切实可行范围内尽快将之交回。

（c）被控者须获合理机会将所有文件复制，以供辩护之用，如其提出要求，亦须获给予该等文件的副本。

244. 作出答辩的责任

被控者接获控告书后，须尽快及在任何情况下不迟于 24 小时，在控告书内以书面述明其对该控告的答辩，并列出其意欲传召的证人姓名，然后将控告书交回总惩教主任，总惩教主任须随即将控告书连同证人名单及书面陈述（如有的话），转交监督。（1961 年 A68 号政府公告）

245. 监督聆讯控告的权力

（1）监督在考虑该控告所依据的报告及书面陈述（如有的话）后，认为处理该控告属其权限范围，并且认为一旦被控者承认该控告或裁断该控告证明属实，他有足够的处罚权力，则除第（2）款条文另有规定外——（1961 年 A68 号政府公告）

（a）如被控者承认该控告，监督在聆听被控者及被控者为减轻罪责或为解释而传召的证人的陈述，以及聆听其认为宜传召的任何其他证人的陈述后，须警诫该被控者，或作出其权围内的纪律处分；

（b）如被控者否认该控告，监督须尽早安排所有必需的证人出席作证，在聆听所有证供及被控者的解释后，如认为该控告不成立，须将该控告撤销，或如裁断该控告证明属实，则须作出警诫或作出其权力范围内的纪律处分。

（2）监督在根据第（1）款聆听所有有关控告的证供后，认为该控告证明属实，但该案应转介署长处理，则须作出转介，并随即据此告知被控者。（1961年A68号政府公告；1977年第154号法律公告）

（2A）监督如根据第（2）款告知被控者案件已转介署长，该被控者可在获监督告知案件已转介署长的14天内，或在署长所容许的较长期限内，向署长作出书面申述。（1997年第275号法律公告）

（3）监督在考虑该控告所依据的报告及书面陈述（如有的话）后，认为处理该控告不属其权限范围，或认为虽属其权限范围，但如被控者承认该控告或如裁断该控告证明属实，他的处罚权力并不足够，则须将该案转介署长处理，并将此事告知被控者；署长可亲自处理该案，或指示副署长聆讯该控告，并须据此告知被控者。（1961年A68号政府公告；1977年第154号法律公告）

246. 被控者在聆讯中的权利

凡署长、副署长或监督（视属何情况而定）聆讯针对任何人员或受雇于监狱的其他人的控告——

（a）须容许被控者聆听所有针对被控者的证供，以及容许被控者盘问作出该等证供的证人和讯问任何传召替被控者辩护的证人；

（b）署长、副署长或监督须就每名证人作证时所作的每一项陈述（不论是在接受讯问或盘问时作出的），和就被控者在其面前所作的任何陈述，拟备笔记或安排拟备笔记，并请作出该等陈述的人在有关笔记上签署。

（1961年A68号政府公告）

247. 监督作出纪律处分的权力

监督可作出以下任何一项纪律处分——

（a）（i）处以款额不超逾1天薪金的罚款，另加或不另加谴责或严厉谴责；或

（ii）不处罚款，但予以谴责或严厉谴责；或

（b）判处不超逾12小时的额外职责，但该额外职责在一个工作周内不得超逾6小时。（1974年第2号法律公告；1983年第242号法律公告）

248. 副署长作出纪律处分的权力

凡副署长聆讯署长根据第245（3）条转介其处理的控告，他在聆听所有证供及被控者的解释（如有的话）后，如认为该控告不成立，须将该控告撤销，或如裁断该控告证明属实，则须——

（a）作出警诫；或

（b）判处以下任何一项或多于一项惩罚——

（i）降级；

（ii）停止或延迟增薪；

（iii）如该控告属违反第239（k）（i）条的违纪行为，则扣除不超逾1个月或不超逾擅离职守期间的薪金（不包括津贴），两者以数额较大者为准；

（iv）不超逾1个月薪金（不包括津贴）的罚款；

（v）严厉谴责；

（vi）谴责；或

（vii）额外职责。（1983年第242号法律公告）

249. 署长在考虑转介其处理的个案或聆讯控告时的权力

署长在考虑根据第245（2）条转介其处理的个案，或在处理根据第245（3）条所转介的个案时——

（a）如认为有关证供并无显示有人作出违纪行为，须将控告撤销；

（b）如认为有关证供显示有人作出违纪行为，须——

（i）判处其权力范围内的惩罚；或

（ii）将该个案转介行政长官。（1999年第15号第3条）

（1977年第154号法律公告；1983年第242号法律公告）

250. 将个案转介行政长官

（1）凡署长根据第249（b）（ii）条将个案转介行政长官处理，他须提交——

（a）一份聆讯程序记录副本（包括控告），该副本并由他本人核证为原记录的真实副本；

（b）被控者的服务记录；

（c）一份列有以下内容的报告——

（i）他认为有关控告证明属实的理由；及

（ii）他就惩罚或其他事项所作的建议。

（2）凡署长将任何个案如此转介，他须将该转介事通知有关人员或有关的人，而该人员或该人可在接获通知的14天内，或在行政长官所容许的较长期限内，向行政长官作出书面申述。

（1977年第154号法律公告；1999年第15号第3条）

251. 个案转介行政长官后的程序

行政长官接获转介的个案和考虑有关人员或有关的人所作的任何申述后——

（a）如认为未能证明有关控告属实，可——

（i）将该控告撤销；或

（ii）命令署长作进一步调查，或命令由行政长官认为适合的人或多于一人，按行政长官认为适合的形式重新调查；

（b）如认为该控告证明属实，或在根据（a）段命令而作的进一步调查或重新调查后，认为该控告证明属实，可判处其权力范围内的惩罚。

（1977年第154号法律公告；1999年第15号第3条）

252. 判处惩罚须记入服务记录内

受罚者被判处的每项惩罚均须记入其服务记录内。

（1977年第154号法律公告）

253. 署长转授其权力后的程序

凡署长已依据本条例第24（2）条将本部所赋的权力及所委的职责转授或转委另一人员，则第249条、第250条及第251条中——

（a）凡提述署长之处，均须视作犹如提述该另一人员一样；及

（b）凡提述行政长官之处，均须视作犹如提述署长一样，

但由另一人员依据第249（b）条（已按本条加以变通）转介署长的个案，则可由署长按照第250条及第251条转介行政长官。

（1977年第154号法律公告；1999年第15号第3条）

254. 对惩教署人员（惩教助理除外）及其他人的惩罚

总惩教主任、部属人员（惩教助理除外）或受雇于监狱的其他人，被裁断或承认作出违纪行为，可——

（a）由署长判处以下任何一项或多于一项惩罚——

（i）降级；

（ii）停止或延迟增薪；

（iii）如属违反第 239（k）（i）条的违纪行为，则扣除不超逾 1 个月或不超逾擅离职守期间的薪金（不包括津贴），两者以数额较大者为准；

（iv）不超逾 1 个月薪金（不包括津贴）的罚款；

（v）严厉谴责；

（vi）谴责；

（vii）额外职责；

（b）由行政长官判处以下任何一项或多于一项惩罚——（1999 年第 15 号第 3 条）

（i）（a）段所述的各项惩罚；

（ii）在褫夺退休福利的情况下解雇；（1983 年第 242 号法律公告）

（iii）在保留所有退休福利的情况下迫令退休，或在保留经扣减退休福利的情况下迫令退休，或在褫夺退休福利的情况下迫令退休。（1983 年第 242 号法律公告；1987 年第 36 号第 55 条；1997 年第 192 号法律公告；2009 年第 6 号第 13 条）

（1977 年第 154 号法律公告）[①]

---

① 本条经《2009 年纪律部队法例（杂项修订）条例》（2009 年第 6 号）第 13 条修订。该《修订条例》第 30 条所载的过渡性条文如下——

“30. 过渡性条文

（1）在第 2 及 4 部生效 * 后，如任何公职人员被裁断干犯或承认干犯任何不当行为，或就任何罪行被裁断有罪或承认犯罪，而根据被本条例修订的任何成文法则，该人员可就该不当行为或罪行而受惩罚，则尽管该不当行为或罪行是在第 2 及 4 部生效前干犯的，该人员须按经本条例修订的该成文法则受惩罚。

（2）在第 5 部生效后，如法院在刑事法律程序中裁断针对某警务人员提出的控罪获证实，则尽管有关刑事罪行是在该部生效前干犯的，亦可按照经本条例修订的《警队条例》（第 232 章）第 37（4）条，停止向该人员支付薪金及津贴。”

* 生效日期：2010 年 3 月 31 日

255. 对惩教助理的惩罚

惩教助理被裁断或承认作出违纪行为，可由署长或行政长官判处第254（b）条所提述的任何一项或多于一项惩罚。

（1977年第154号法律公告；1999年第15号第3条）

255AA. 对惩教助理未经许可擅离职守的另一惩罚

在不损害本规则内适用于惩教助理的任何其他纪律条文的原则下，凡惩教助理未经许可而擅离职守一段超逾21天的期间，而署长又已向行政长官作出如下的报告——

（a）该人员不知所踪；或

（b）署长曾发出书面通知（送往合理预期可送达该人员的地址），要求该人员在通知书所指明的期限内提出旷职的辩解，但该人员未有作出辩解，或所作的辩解未为署长接纳，

行政长官可无须进一步程序而将该人员即时解雇。

（1983年第242号法律公告；1999年第15号第3条）

255A. 命令对设备等的损坏等支付费用

根据第254条或第255条判处的惩罚，可包括一项命令，规定受罚者须就其所遗失或损坏的由政府所提供或交托的衣物、设备或其他财产，支付替换或修补费用。（1977年第154号法律公告）

255B. 犯刑事罪行的惩罚

（1）如总惩教主任、部属人员或受雇于监狱的其他人在刑事法律程序中被裁断或承认犯刑事罪行，须按照本条的规定判处惩罚。

（2）如是惩教署人员（惩教助理除外）或受雇于监狱的其他人，署长须在切实可行范围内尽快——

（a）将有关个案转介行政长官；及

（b）将转介事通知有关人员或有关的人，并通知该人员或该人可在接获通知的14天内，或在行政长官所容许的较长期限内，向行政长官作出书面申述，要求轻判。（1999年第15号第3条）

（3）署长根据第（2）款转介个案时，须向行政长官送交——（1999年第15

号第3条）

（a）一份聆讯程序记录副本；

（b）有关人员或有关的人的服务记录；及

（c）他就惩罚或其他事项所作的建议。

（4）行政长官考虑该人员或该人所作的任何申述后，可判处一项或多于一项惩罚，而该等惩罚是行政长官根据第254（b）条就惩教署人员（惩教助理除外）或受雇于监狱的其他人所作出的违纪行为可予判处的。（1999年第15号第3条）

（5）如有关的人是惩教助理，署长须通知该惩教助理可在接获通知后14天内作出书面申述，要求轻判；署长考虑该申述后，可判处一项或多于一项惩罚，而该等惩罚是署长根据第255条就惩教助理所作出的违纪行为可予判处的。

（6）在第（1）款内，**刑事法律程序**及**刑事罪行**分别包括——

（a）在香港以外任何地方进行的刑事法律程序；及

（b）违反香港以外任何地方的法律的刑事罪行。

（1977年第154号法律公告）

第4分部——复核及上诉

（2014年第150号法律公告）

（小标题由2014年第150号法律公告废除）

255C. 复核

（1）凡总惩教主任、部属人员或受雇于监狱的其他人被裁断作出违纪行为，或被署长或另一人员根据本规则判罚，署长可在作出裁断或判罚（如在较后日期判罚）的14天内，主动就该裁断或惩罚或就两者进行复核；如有关的人或人员承认作出违纪行为，则可于判罚后14天内复核该惩罚。

（2）署长根据本条进行复核时，可行使第255H（a）及（b）条的权力，并可在符合第255J条的规定下，作出第255F（a）、（b）、（c）或（d）条所述的任何事情。（1977年第154号法律公告）

255D. 上诉

总惩教主任、部属人员或受雇于监狱的其他人（包括已遭解雇者），可按照下文规则针对下列事项提出上诉——

（a）署长或其他人员裁断其作出违纪行为；

（b）署长或其他人员判处的任何惩罚（但根据第255F条判处的惩罚除外）。

（1977年第154号法律公告）

255E. 向何人提出上诉

（1）如一宗上诉——

（a）是就署长所作裁断或所判惩罚而提出的，须向行政长官提出；及

（b）属任何其他情况，须向署长提出。

（2）行政长官可将权力转授予公务员事务局局长或职级不低于政府总部局长级的公职人员，以就第（1）（a）款所指的上诉作出裁定。（1997年第362号法律公告）（1977年第154号法律公告；1999年第15号第3条）

255F. 行政长官及署长处理上诉时的权力

行政长官或署长（视属何情况而定）接获上诉后——（1999年第15号第3条）

（a）可维持或推翻原来的裁断；

（b）可维持原来的惩罚；

（c）在符合第255J条的规定下，可以最初原可判处的任何其他惩罚取代已判处的惩罚；

（d）可免除全部或部分惩罚，而不以任何其他惩罚取代；

（e）如驳回针对一项裁断的上诉，而该案又未判处任何惩罚，则可将该上诉视作犹如转介予其判罚的个案一样，并在其权力范围内判处任何惩罚或采取任何其他行动。（1977年第154号法律公告）

255G. 上诉须于 14 天内提出

有关人员或有关的人如提出上诉，须于获告知被裁断作出违纪行为之日起计的 14 天内或被判处任何惩罚之日起计的 14 天内以书面提出。

（1977 年第 154 号法律公告）

255H. 进一步的证供可予接纳

为处理任何针对一项裁断提出的上诉，行政长官可——（1999 年第 15 号第 3 条）

（a）全部或部分接纳所录得的证供记录；

（b）指示重新录取全部或部分证供，或录取额外证供，

如上诉是向署长提出的，则署长可作出上述任何事情，并可亲自重新录取证供或部分证供，或录取额外证供。（1977 年第 154 号法律公告）

255I. 暂缓执行惩罚等候上诉

如有上诉，就有关人员或有关的人判处的任何惩罚（严厉谴责或谴责除外）须暂缓执行，直至上诉获得处置或遭放弃或撤回为止。

（1977 年第 154 号法律公告）

255J. 未给予获聆听的机会之前不得施以较重惩罚

在未予有关人员或有关的人合理机会，使其获得聆听或作出书面申述以解释为何不应加重惩罚之前，行政长官及署长均不得根据第 255C（2）条或第 255F 条的规定判处较重惩罚。

（1977 年第 154 号法律公告；1999 年第 15 号第 3 条）

255K. 行政长官要求退休以代替判罚的权力

不论本规则有何规定，行政长官如认为被裁断或承认作出违纪行为的人员或受雇于监狱的其他人不应受惩罚，但聆讯程序披露要求该人员或该人为公众利益而退休的理由，则行政长官即可无须经进一步程序而要求该人员或该人为公众利益而退休。（1983 年第 242 号法律公告；1999 年第 15 号第 3 条）

第VI部 ①
惩教署福利基金

256. 释义

在本部中——

存款账户（deposit account）指中文名为“存款——惩教署福利基金”而英文名为“Deposits-Correctional Services Department Welfare Fund”的存款账户；

法团（corporation）指根据本条例第24D（1）条成立的单一法团；

---

① 1.

第VI部由《1999年监狱（修订）规则》（1999年第254号法律公告）第3条取代。该规则第6条有以下规定——

“6. 保留条文

（1）在本条中——

“已废除的第VI部”（the repealed Part VI）指本规则废除的主体规则第VI部；

“参照条文”（referential provisions）指按照在紧接本规则生效前+有效的主体规则第265（2）及（3）条而适用于犯人福利基金，以及适用于与该基金有关的所有财务往来及账目的条文，而该等条文即为如此适用的已废除的第VI部第256（2）、257、258、259、260、261、263及264条；

“新订的第VI部”（the new Part VI）指本规则第3条代入的条文；

“经修订的第VII部”（the amended Part VII）指经本规则第4及5条修订的主体规则第VII部。

（2）在不限制《释义及通则条例》（第1章）第23条的原则下——

（a）于本规则生效时根据已废除的第VI部作出的投资及存款，须视为是根据新订的第VI部作出的；及

（b）在已废除的第VI部规定的条件规限下批出的贷款，如于本规则生效时尚未还清，则继续受该等条件规限，并属有效和可予强制执行，犹如该等贷款是根据新订的第VI部批出一样；及

（c）任何根据已废除的第VI部开始作出、但在本规则生效前尚未完成的作为，如属新订的第VI部的授权或规定范围之内，则可按照新订的第VI部完成；及

（d）于本规则生效时根据参照条文作出的投资及存款，须视为是根据经修订的第VII部作出的；及

（e）任何根据参照条文开始作出、但在本规则生效前尚未完成的作为，如属经修订的第VII部的授权或规定范围之内，则可按照经修订的第VII部完成。”

实施日期：1999年11月19日。

2.

（2014年第150号法律公告）。

基金（Fund）指本条例第24E条延续的惩教署福利基金；

当时需求（current requirement）就基金而言，指根据第258（1）条估算的需求；

署长（Director）指库务署署长。

（第VI部由1999年第254号法律公告代替）

257. 基金的维持

（1）法团必须确保在收取根据本条例第24F条须拨付基金的任何款项后，于切实可行范围内尽快将款项拨付署长。

（2）署长必须——

（a）维持存款账户；及

（b）将根据第（1）款拨付的款项记入存款账户的贷项；及

（c）在每月10日之前，向法团呈交一份申报表，列出上月与存款账户有关的所有账目往来的详情。（第VI部由1999年第254号法律公告代替）

258. 盈余资金的投资

（1）法团可不时估算基金的需求，该需求即在自当日起计的3个月内基金须支付的款项超逾同期内拨付基金的款项的差额（如有的话）。

（2）法团可——

（a）将存款账户中不时足以应付基金当时需求之数以外的盈余款项，投资于证券或以存款方式存放；及

（b）为该目的要求署长将有关盈余款项拨付法团。

（3）法团必须——

（a）遵从财政司司长就根据第（2）款作出的投资或存款而发出的任何指示；及

（b）确保自根据本部作出的投资及存款而累算产生的所有股息及利息，均记入基金的贷项。（第VI部由1999年第254号法律公告代替）

259. 将投资脱手的情况

（1）基金的未投资部分如在任何时间低于足以应付基金当时需求的款额，则法团必须将基金所需数量的投资脱手，以令基金足以应付其当时需求。

（2）在本条中，基金的未投资部分（the uninvested portion of the Fund）指基金中既无根据第258条投资于证券，亦无根据该条以存款方式存放的部分。

（第VI部由1999年第254号法律公告代替）

260. 向基金临时贷款

（1）在基金投资有待根据第259条脱手期间，法团如获财政司司长批准，可要求署长向基金提供一笔足以应付基金当时需求的贷款。

（2）如署长已根据第（1）款向基金贷款，法团必须在将有关投资脱手后，在切实可行范围内尽快将贷款连同按财政司司长厘定的利率计算的利息，偿还予署长。

（第VI部由1999年第254号法律公告代替）

261. 付款凭单的核证

（1）要求署长从基金中作出补还或付款的人必须在作出要求时，向署长交付经法团或获法团转授职能的人就该要求而核证的付款凭单。

（2）除非某付款凭单已由法团或获法团转授职能的人核证，否则署长不得凭借该凭单的权限而从基金中付款。

（第VI部由1999年第254号法律公告代替）

262. 基金借出的贷款

（1）按照本条例第24H（1）条由基金借出的贷款，受下述条件规限——

（a）须按法团指明的期数按月分期偿还，但不得超逾48期；

（b）如某期还款不按时缴付，则须（连同任何到期应付的利息）全数偿还贷款；

（c）须在法团酌情决定下，在有关贷款尚未全数偿还前，根据每月底时尚欠余款按符合第（2）款规定的利率按月计算利息，利息须于上一期的须还款日期后1个月内缴付。

（2）第（1）（c）款所指的利率不得超逾——

（a）年息率5厘；或

（b）法团获财政司司长批准而厘定的较高利率。

（3）这些贷款如有任何部分到期未还，或有利息到期未付，则法团可藉在具司法管辖权的法院提起法律程序，将上述欠款作为债项追讨。

（第VI部由1999年第254号法律公告代替）

263. 将无法讨回的资产及债项注销

（1）财政司司长或获他授权的公职人员，可授权法团注销法团认为无法讨回的资产，或注销法团认为无法讨回的欠下基金的债项。

（2）根据第（1）款作出注销——

（a）受财政司司长指明或给予的指引或指示规限；及

（b）只就基金的会计记录而具有效力；及

（c）并不终绝法团追讨所注销的资产或债项的任何权利。

（第 VI 部由 1999 年第 254 号法律公告代替）

264. 会计记录及周年账目报表

（1）法团必须确保——

（a）就与基金有关的所有账目往来（包括投资），备存妥善的会计记录；及

（b）就截至每年 3 月 31 日为止的 12 个月，拟备一份基金的周年账目报表。

（2）法团必须确保上述记录及报表是按署长规定的方式备存和拟备的。

（第 VI 部由 1999 年第 254 号法律公告代替）

264A. 周年账目报表的审计

（1）法团必须在第（2）款指明的期间内，向审计署署长呈交基金的周年账目报表作审计之用。

（2）为施行第（1）款而指明的期间是有关报表所关乎的期间终结后的 6 个月，或法团与审计署署长议定的较短期间。

（3）审计署署长必须在接获基金周年账目报表后 3 个月内——

（a）审计该报表；及

（b）核证该报表，而有关核证受审计署署长认为合适的报告（如有的话）所规限。（第 VI 部由 1999 年第 254 号法律公告代替）

264B. 经审计账目报表须提交立法会会议席上省览

法团必须确保在从审计署署长接获基金经审计的账目报表当日之后的 3 个月内，或在行政长官就个别情况容许的较长期间内，将下述文件提交立法会会议席上省览——

（a）该报表及审计署署长的报告（如有的话）各一份；及

（b）就该报表所关乎的期间的基金管理由法团作出的报告。

（第 VI 部由 1999 年第 254 号法律公告代替）

第Ⅶ部[①]
犯人福利基金

265. 犯人福利基金

（1）凡应付予本条例第 21A 条所订明的犯人福利基金的金钱，须悉数付予

---

① 1.

第 VII 部由《1999 年监狱（修订）规则》（1999 年第 254 号法律公告）第 4 及 5 条修订。该规则第 6 条有以下规定——

"6. 保留条文

（1）在本条中——

"已废除的第 VI 部"（the repealed Part VI）指本规则废除的主体规则第 VI 部；

"参照条文"（referential provisions）指按照在紧接本规则生效前 + 有效的主体规则第 265（2）及（3）条而适用于犯人福利基金，以及适用于与该基金有关的所有财务往来及账目的条文，而该等条文即为如此适用的已废除的第 VI 部第 256（2）、257、258、259、260、261、263 及 264 条；

"新订的第 VI 部"（the new Part VI）指本规则第 3 条代入的条文；

"经修订的第 VII 部"（the amended Part VII）指经本规则第 4 及 5 条修订的主体规则第 VII 部。

（2）在不限制《释义及通则条例》（第 1 章）第 23 条的原则下——

（a）于本规则生效时根据已废除的第 VI 部作出的投资及存款，须视为是根据新订的第 VI 部作出的；及

（b）在已废除的第 VI 部规定的条件规限下批出的贷款，如于本规则生效时尚未还清，则继续受该等条件规限，并属有效和可予强制执行，犹如该等贷款是根据新订的第 VI 部批出一样；及

（c）任何根据已废除的第 VI 部开始作出、但在本规则生效前尚未完成的作为，如属新订的第 VI 部的授权或规定范围之内，则可按照新订的第 VI 部完成；及

（d）于本规则生效时根据参照条文作出的投资及存款，须视为是根据经修订的第 VII 部作出的；及

（e）任何根据参照条文开始作出、但在本规则生效前尚未完成的作为，如属经修订的第 VII 部的授权或规定范围之内，则可按照经修订的第 VII 部完成。"

实施日期：1999 年 11 月 19 日。

2.

（2014 年第 150 号法律公告）。

库务署署长，由其记入名为“存款——犯人福利基金”的账户贷方。

（2）库务署署长须在每月10日之前，向署长呈交一份申报表，列出上一月份内其账目中所有犯人福利基金的财务往来。（1999年第254号法律公告）

（3）（由1999年第254号法律公告废除）（1986年第213号法律公告）

266. 投资

（1）凡署长认为是支付犯人福利基金通常需用之数以外的盈余款项，均须在署长要求下，由库务署署长按财政司司长不时为此目的批准的形式，在香港投资于证券或以存款方式存放。

（2）自根据本条作出的投资或存款而累算产生的股息或利息，须记入第265条所指明的“存款——犯人福利基金”账户的贷方。

（1999年第254号法律公告）

267. 投资的估值

犯人福利基金的所有投资均须以每年3月31日香港的市价中位数估值，而该基金在该日的结余须按有关估值而增减。（1999年第254号法律公告）

268. 投资的变现

犯人福利基金未用作投资的部分如在任何时间下降至低于署长认为是该基金通常需用的最低所需数额，则署长须要求库务署署长在香港市场出售基金所需数量的投资，以令出售部分连同原有未用作投资的部分会提供足够的营运资金结余。

（1999年第254号法律公告）

269. 临时向基金垫付款项

（1）在任何投资有待按第268条变现为出售得益期间，库务署署长如事先获财政司司长批准，可向犯人福利基金垫付一笔或多于一笔他认为是妥善管理该基金所需的款项。

（2）库务署署长须——

（a）在投资的出售得益收到后，即从中收回垫款；并且

（b）就垫款收取利息，利率等同政府在香港上海汇丰银行有限公司的主要往来账户赚取的利息的利率。（1999年第254号法律公告）

270. 付款凭单的核证

（1）所有呈交库务署署长用以从犯人福利基金支付款项的凭单，均须——

（a）由署长核证；或

（b）夹附署长就每项提款所作批准的经核证真实副本，而在这情况下，有关核证及凭单可由获署长为此而授权的人员签署。

（2）署长须将获他授权代他签署的人员的姓名通知库务署署长。

（3）库务署署长只能凭借第（1）款所述的署长权限作出付款。

（1999 年第 254 号法律公告）

271. 坏账

（1）财政司司长可应署长的建议，授权注销他认为无法讨回的资产，或注销他认为无法讨回的欠下犯人福利基金的债项。

（2）根据第（1）款作出的注销，只就会计记录而具有效力，而并不终绝署长追讨有关资产或债项的权利。（1999 年第 254 号法律公告）

272. 账目

（1）署长须——

（a）就犯人福利基金的所有财务往来安排备存妥善的账目；及

（b）就截至每年 3 月 31 日为止的 12 个月，安排拟备该基金的账目报表。

（2）犯人福利基金的账目报表须包括收支账目及资产负债表，并须由署长签署。

（3）犯人福利基金的账目及经署长签署的账目报表，须由审计署署长审计，审计署署长须核证该报表，而有关核证受审计署署长认为合适的报告（如有的话）所规限。

（4）署长须确保经签署和审计的账目报表，连同审计署署长的报告（如有的话），以及就该等账目所涉期间基金的管理而由署长作出的报告，均于该期间结束后接着的 9 月 30 日当日或之前，或于行政长官行使其绝对酌情权而容许在该日期之后尽早的时间内，提交立法会会议席上省览。

（1999 年第 254 号法律公告）

监狱条例

（第 234 章）

目　　录

条次

条次

16. 禁止某些人出任囚犯死因研讯的陪审员
17. 逃离或协助逃离合法羁押或监狱
17A. 囚犯获外出许可后没有返回监狱即属犯罪
18. 将未经授权的物品引进监狱
18A. 监狱人员管有或引进禁制物品
19. 向囚犯供应未经授权的物品
20. 在监狱外展示载明第17条、第18条及第19条所订惩罚的公告的职责
20A. 有关违纪行为的概括规定
20B. 监督及以上职级人员的违纪行为
20C. 总惩教主任、部属人员及受雇于监狱的其他人的违纪行为
20D. 针对任何人员提起刑事法律程序而导致的停职
20E. 惩教署人员及受雇于监狱的其他人犯刑事罪行所受的惩罚
20F. 有关《公务人员（管理）命令》及政府规例的保留条文
21. 行为不当的刑罚
21A. 犯人福利基金
22. （废除）
22A. 特别服务及费用
23. 巡狱太平绅士及巡狱委员会
24. 转授的权力
24A. 膳食营养准则由行政长官决定
24B. 宿舍

第Ⅲ部

惩教署福利基金

24C. 定义：第Ⅲ部
24D. 署长为施行本部而成立为单一法团

条次

本条例旨在修订及综合有关监狱及受雇于监狱的人的法律。

1954年4月15日

第I部
导　言

（由1999年第58号第4条增补）

1. 简称

本条例可引称为《监狱条例》。

2. 释义

在本条例中，除文意另有所指外——

《公务人员（管理）命令》[Public Service（Administration）Order] 指经不时修订的下列文书——

（a）《1997年公务人员（管理）命令》（1997年第1号行政命令）；

（b）根据该命令第21条订立的《公务人员（纪律）规例》（该命令及规例均刊登于1997年第2期宪报第5号特别副刊）；及

（c）根据该命令订立的任何其他规例或作出的任何指示；（由1999年第15号第3条增补）

“公务员公积金计划”（civil service provident fund scheme）指政府规例提述的公务员公积金计划；（由2009年第6号第11条增补）

“囚犯”（prisoner）包括在香港以外地方被判处刑罚并被带到香港就该项刑罚（或其任何部分）服刑的人；（由1997年第51号第11条增补）

“受雇于监狱的其他人”（other person employed in the prisons）包括除高级人员或部属人员以外的惩教署任何人员或成员，以及任何当其时受雇于惩教署的其他人；（由1966年第14号第2条代替）

“政府规例”（government regulations）指称为《政府规例》的行政规则及规管公务人员的任何其他行政规则或其他文书；（由1999年第15号第3条增补）

“退休福利”（retirement benefits）就某人而言，指——

（a）《退休金条例》（第89章）所规定的该人的退休金、酬金或其他津贴；

（b）《退休金利益条例》（第99章）所规定的该人的退休金利益；或

（c）公务员公积金计划当中，属于该人的实益利益并可归因于衍生自政府根据《强制性公积金计划条例》（第485章）第11（4）条作为雇主而就该人作出的自愿性供款的款额的部分，以及在计入将该等款额作投资而产生的收入、利润或亏损及将该等收入或利润作投资而产生的收入、利润或亏损之后所得的数额；（由2009年第6号第11条增补）

“高级人员”（senior officer）指署长、副署长及任何助理署长、总监督、高级监督、监督或总惩教主任；（由1977年第35号第2条代替；由1995年第13

号第 2 条修订）

“宿舍”（hostel）指根据第 24B 条辟作宿舍用的建筑物或建筑物部分；（由 1987 年第 44 号第 2 条增补）

“部属人员”（subordinate officers）指高级惩教主任、惩教主任、惩教助理、护士以及职级在总惩教主任以下而行政长官宣布为部属人员的惩教署任何其他人员；（由 1974 年第 11 号第 2 条代替；由 1999 年第 15 号第 3 条修订）

“违纪行为”（disciplinary offence）指根据第 25 条订立的规则所订明的违纪行为；（由 1977 年第 35 号第 2 条增补）

“署长”（Commissioner）指香港惩教署署长；（由 1960 年第 52 号第 2 条修订；由 1986 年第 42 号第 2 条修订）

“监督”（Superintendent）指属于监督职级的惩教署高级人员；（由 1983 年第 31 号第 2 条修订）

“总惩教主任”（Chief Officer）指属于总惩教主任职级的惩教署高级人员。（由 1982 年第 30 号法律公告修订）

第Ⅱ部
监狱的设立及管理

（由 1999 年第 58 号第 4 条增补）

3. 惩教署署长及其他人员的委任

行政长官可委任适合的人分别出任署长、副署长、助理署长、总监督、高级监督、监督、总惩教主任、专职教士、医生，以及出任行政长官认为为监狱事务而需要的其他人员。

（由 1977 年第 35 号第 3 条代替；由 1995 年第 13 号第 2 条修订；由 1999 年第 15 号第 3 条修订）

4. 将某些地方辟作监狱

保安局局长可藉宪报刊登的命令订定以下事项——（由1997年第362号法律公告修订）

（a）将任何地方或建筑物或建筑物部分辟作监狱之用；

（b）中止任何监狱的使用。（由1977年第35号第3条代替）

5.（由1969年第19号第2条废除）

6. 囚室由署长核证

（1）任何囚室，除非经署长核证其大小、照明、暖度、通风及装置均合乎健康需要，且可容许囚犯在任何时间与监狱人员通信，否则不得用作囚禁囚犯。

（2）根据本条就任何囚室发出的证明书，可对囚犯被隔离囚禁在该囚室的期限及囚犯受雇每天在该囚室工作的时数，加以限制。

（3）证明书须以编号或标记识别其所指的囚室，而该囚室亦须在当眼位置以该编号或标记标明；如未经署长同意而更改该编号或标记，则该证明书的效力即告终止。

（4）署长如认为任何囚室的状况，不再与根据本条就该囚室发出的证明书所述的相同，可撤回该证明书。

（5）每所监狱均须设置特别囚室，用以暂时囚禁难于控制或行为粗暴的囚犯。［比照1952 c. 52 s. 14 U.K.］

7. 囚犯的交付羁押及移送

（1）任何被判处监禁，或因还押候审或等候其他事宜而被押交监狱的囚犯，均可合法囚禁在本条例适用的任何监狱内。

（2）囚犯须囚禁在署长所指示的监狱内，并且可按署长的指示在监禁期内从该监狱移往任何其他监狱。［比照1952 c. 52 s. 12 U.K.］

8. 男女囚犯的分隔

在用作囚禁男女囚犯的监狱，男女囚犯须分别囚禁在分隔的建筑物或建筑物部分内，以防彼此可以互相看见或通信。［比照1952 c. 52 s. 15 U.K.］

9. 对囚犯的管束

（具追溯力的适应化修订——见1999年第15号第3条）

囚犯须受署长管束，而署长可——

（a）将囚犯分配往署长控制下的合适院所；

（b）按照行政长官会同行政会议不时根据第25条订定的分类方法，将囚犯分类。（由1999年第15号第3条修订）

10. 囚犯的羁押及解送

（1）任何人，不论是因刑事或民事法律程序而被带往或带离或囚禁于其可被合法囚禁的监狱，或是为工作或其他理由而在惩教署人员羁押或管束下处身于该监狱之外，均须当作为囚犯及当作受合法羁押。

（2）根据任何法官或裁判官或其他有权将囚犯押交监狱的人员的命令行事的任何警务人员或其他人员，可将囚犯解往或解离该囚犯可被合法押交或移离的任何监狱。［比照1952 c. 52 s. 13 U.K.］

11. 移送囚犯接受医疗

署长如信纳任何囚犯患了病，但无法在监狱获得妥当治疗，或信纳囚犯应接受及意欲接受某项无法在监狱妥当进行的外科手术，又或信纳任何女囚犯怀孕且可能即将分娩，可命令将该囚犯带往政府医院或其他合适地方，以便接受治疗或进行手术或分娩，而该囚犯依据该命令离狱外出期间，须当作受合法羁押。

［比照1914 c. 58 s. 17 U.K.；比照1952 c. 52 s. 22 U.K.］

12. 囚犯的出席

（具追溯力的适应化修订——见1999年第15号第3条）

（1）如法院、审裁处或其他执行司法职能的机构作出要求，或为施行任何成文法则，需要某囚犯到任何地方出席，则署长须安排转解该囚犯前往与离开该地方，在转解期间，该囚犯须当作受合法羁押。（由1969年第19号第3条订）

（2）在不损害第（1）款的原则下，行政长官在咨询署长后，如信纳为了公正或为进行任何公开研讯的目的，某囚犯宜到任何地方出席，为达致公正或该等目的，可藉命令指示将该囚犯带往该地方，而该囚犯在依据该命令离狱外出期间，须当作受合法羁押。（由1983年第31号第3条增补；由1999年第15号第3条修订）

12.A 被羁留的人的外出许可

（具追溯力的适应化修订——见1999年第15号第3条）

（1）行政长官可向任何根据《刑事诉讼程序条例》（第221章）第76条被羁留在监狱的人发出许可证，准其离狱外出，但该人须遵守行政长官认为为了该人本身利益或为保护他人而必需的条件（如有的话）。（由1972年第34号第22条修订）

（2）根据本条给予囚犯外出的许可，可不设期限或指明事由或指明期限；在指明期限的情况下，可在该囚犯的外出期间，再次给予许可，延展其外出期限。

（3）凡行政长官觉得为囚犯本身利益或为保护他人而有此需要，可于根据本条给予外出许可时，指示该囚犯在外出期间仍须受羁押；凡在如此情况下给予外出许可，该囚犯须由一名部属人员羁押。

（4）如囚犯依据本条给予的外出许可离狱外出，而行政长官觉得为该囚犯的健康或安全，或为保护他人而有此需要，则行政长官可以书面通知该囚犯或通知当其时负责主管该囚犯的人而撤销该项许可，并将该囚犯召回监狱。

（5）凡根据本条获给予外出许可的囚犯，在第（2）款所指明的外出期限届满之时或之前未有返回监狱，则任何人均可无须手令而将之逮捕。

（由1969年第19号第4条增补；由1999年第15号第3条修订）

［比照1959 c. 72 s. 39 U.K.］

13.（由1993年第24号第19条废除）

14.（由1993年第24号第20条废除）

15.（由1993年第24号第21条废除）

16. 禁止某些人出任囚犯死因研讯的陪审员

任何囚禁在监狱的囚犯，或任何惩教署人员或受雇于监狱的人，或任何从事与监狱有关的任何行业或交易的人，不得在根据《死因裁判官条例》（第504章）条文进行的任何研讯中出任陪审员。

（由1967年第57号附表修订；由1997年第27号第76条修订）

［比照1865 c. 126 s. 48 U.K.；比照1887 c. 71 s. 3 U.K.］

17. 逃离或协助逃离合法羁押或监狱

任何人——

（a）逃离任何合法羁押或监狱；或

（b）协助任何囚犯逃离合法羁押或监狱；或

（c）意图方便任何囚犯逃走而将任何物件递入或安排递入监狱，或递予或安排递予囚犯，或将任何物件放置在监狱外任何地方，以便该等物件能让囚犯管有，

即属犯罪，一经循公诉程序定罪，可处监禁 2 年。

（由 1969 年第 19 号第 8 条修订；由 1974 年第 11 号第 4 条修订）

［比照 1952 c. 52 s. 39 U.K.］

17A. 囚犯获外出许可后没有返回监狱即属犯罪

任何根据第 25 条下订立的规则获给予外出许可的囚犯，在外出许可期限届满之时或之前，无合法辩解而没有返回监狱，即属犯罪，一经循公诉程序定罪，可处监禁 2 年。

（由 1969 年第 19 号第 5 条增补；由 1974 年第 11 号第 5 条修订）

18. 将未经授权的物品引进监狱

（1）除非根据第 25 条下订立的规则授权或获署长授权，否则任何人如将任何枪械、弹药、武器、工具、令人醺醉的酒类、鸦片或其他药物、烟草、金钱、衣物、粮食、信件、文件、书簿或任何其他物品带进、抛进或以任何形式引进或传递入任何监狱，或传递给任何在监狱外受羁押的囚犯，或放置在监狱外任何地方而意图让囚犯管有，或将上述物品携离监狱，均属犯罪，一经定罪，可处罚款 $2000 及监禁 3 年。（由 1969 年第 19 号第 8 条修订；由 1974 年第 11 号第 6 条修订）

（2）任何惩教署人员或受雇于监狱的其他人，如违反或准许违反第（1）款的规定，除可受上述惩罚及任何其他惩罚外，并可被撤职。

［比照 1952 c. 52 ss. 40 & 41 U.K.］

18A. 监狱人员管有或引进禁制物品

（1）除根据第 25 条下订立的规则授权或获署长授权外，任何惩教署人员

或受雇于监狱的其他人，如——

（a）在监狱内或进出监狱期间，管有任何禁制物品，不论该禁制物品是藏于其身上或藏于其所保管的任何容器内；

（b）利用其所驾驶或掌管或乘搭的任何车辆或其他交通工具，明知而传递、准许传递或安排传递任何禁制物品进出监狱；

（c）携带、抛掷或以其他形式，或安排携带、抛掷或以其他形式将任何禁制物品引进或引出监狱；

（d）将任何禁制物品带给任何囚犯，或从任何囚犯带走任何禁制物品，而不论该囚犯是在监狱之内或是在监狱之外受羁押的；

（e）将任何禁制物品放置在于监狱之内或之外任何地方，意图让囚犯管有，

即属犯罪，一经定罪，可处罚款 $2000 及监禁 3 年。

（2）在第（1）款中，“禁制物品”（prohibited article）指任何火器、弹药、武器、工具、爆炸品、有害或造成伤害的物体、令人醺醉的酒类、鸦片或其他药物、烟草、金钱、衣物、粮食、信件、纸张或书簿。

（由 1974 年第 11 号第 7 条增补）

19. 向囚犯供应未经授权的物品

任何人——

（a）在任何监狱内售卖任何令人醺醉的酒类、鸦片或其他药物、烟草或任何其他未经授权的物品；或

（b）身为惩教署人员或受雇于监狱的其他人——

（i）准许在任何监狱内售卖任何该等物品；

（ii）并非根据第 25 条下订立的规则授权或获署长授权而准许任何囚犯使用任何该等物品；

（iii）违反根据第 25 条订立的规则，将不论属何性质的对象交给或安排交给任何囚犯，

即属犯罪，一经定罪，可处罚款 $1000 及监禁 6 个月，如该人为惩教署人员或受雇于监狱的其他人，除可受上述惩罚及任何其他惩罚外，并可被撤职。

（由 1969 年第 19 号第 8 条修订）［比照 1952 c. 52 s. 40 U.K.］

20. 在监狱外展示载明第17条、第18条及第19条所订惩罚的公告的职责

署长须安排在每所监狱外当眼地方，张贴一份中英文公告，列明违反第17条、第18条及第19条条文将会招致的刑罚。 [比照1952 c. 52 s. 42 U.K.]

20A. 有关违纪行为的概括规定

任何惩教署人员或受雇于监狱的其他人，如犯违纪行为，可被解雇，或可按照由本条例或根据本条例规定的其他形式予以处置。

(由1977年第35号第4条增补)

20B. 监督及以上职级人员的违纪行为

(具追溯力的适应化修订——见1999年第15号第3条)

凡有指称惩教署监督或监督以上职级的任何人员犯违纪行为的情况，或凡正在对任何可构成监督或任何该等人员犯违纪行为的行为采取调查——

(a)《公务人员(管理)命令》及政府规例中关于停职及停职后薪酬的支付的条文即须适用;(由1999年第15号第3条修订)

(b)须按照关于针对公职人员行为不当的指称的规例所规定的适当形式，调查该事项并处置该有关人员。 (由1977年第35号第4条增补)

20C. 总惩教主任、部属人员及受雇于监狱的其他人的违纪行为

(1)凡总惩教主任或任何部属人员或受雇于监狱的人被控犯违纪行为——

(a)署长可将该人停职;及

(b)须按照根据第25条订立的规则规定的适当形式，调查该事项并处置该有关人员或有关的人。

(2)凡正在对任何可构成总惩教主任或任何部属人员或受雇于监狱的其他人犯违纪行为的行为采取调查，而署长认为如该人员或该人继续行使其职权及履行其职能会有违公众利益，则可将之停职;但该人员或该人仍有权悉数支取其假若不曾被停职则当获发给的薪酬，直至他被控犯违纪行为为止。

(3)根据第(1)款被停职的人或人员，和根据第(2)款被停职并被控犯违纪行为的人员，均获发给符合署长指示而不少于其职位薪酬一半的部分薪酬。

(4)如针对该人员或该人进行的法律程序没有导致其遭受任何惩罚，该人员或该人有权悉数支取他假若不曾被停职则当获发给的薪酬。

（5）如该人员或该人被施加解雇以外的惩罚，则可获付还因停职而被停发的符合署长所指示的部分薪酬。（由1977年第35号第4条增补）

20D. 针对任何人员提起刑事法律程序而导致的停职

（具追溯力的适应化修订——见1999年第15号第3条）

（1）如已经或相当可能会对任何惩教署人员或受雇于监狱的其他人提起刑事法律程序，或正在对任何可构成该人员或该人犯刑事罪行的行为采取调查，则可将该人员或该人停职，并于停职后按以下规定发给薪酬——

（a）如是监督或以上职级的人员，则按照《公务人员（管理）命令》及政府规例发给薪酬；（由1999年第15号第3条修订）

（b）如是总惩教主任或部属人员或受雇于监狱的其他人，则按照第20C条发给薪酬。

（2）总惩教主任或部属人员或受雇于监狱的其他人，如被裁断或承认犯任何刑事罪行，而署长认为该罪行性质严重，足以构成解雇理由，则该人由被裁断或承认犯上述罪行之时起，在按照根据第25条订立的规则对其个案予以考虑期间，不得获发给其职位的任何薪酬。（由1977年第35号第4条增补）

20E. 惩教署人员及受雇于监狱的其他人犯刑事罪行所受的惩罚

（具追溯力的适应化修订——见1999年第15号第3条）

（1）如在任何法庭进行的刑事法律程序中——

（a）某惩教署人员或受雇于监狱的其他人被裁断或承认犯任何刑事罪行；或

（b）法庭裁断针对某惩教署人员或受雇于监狱的其他人的刑事罪行的控罪，证明属实，

而就该等法律程序提出的任何上诉或其他复核申请并不获准，或遭放弃或撤回，则可惩处该人员或该人，如是监督或以上职级人员，可按照《公务人员（管理）命令》及政府规例惩处，如是总惩教主任或部属人员或受雇于监狱的其他人，则按照根据第25条订立的规则规定的适当形式惩处。（由1983年第31号第4条代替；由1999年第15号第3条修订）

（2）在第 20D 条及本条第（1）款中，“刑事法律程序”及“刑事罪行”分别包括——

（a）在香港以外任何地方进行的刑事法律程序；及

（b）违反香港以外任何地方的法律的刑事罪行。

（由 1977 年第 35 号第 4 条增补）

20F. 有关《公务人员（管理）命令》及政府规例的保留条文

（具追溯力的适应化修订——见 1999 年第 15 号第 3 条）

本条例不得解释作阻止——

（a）按照《公务人员（管理）命令》及政府规例将任何惩教署人员或受雇于监狱的其他人即时解雇；

（b）按照《公务人员（管理）命令》终止雇用该人员或该人，而所据的理由为在顾及与公职服务有关的情况，该人员或该人对公职服务的作用，以及该个案的所有其他情况后，终止雇用该人员或该人是合乎公众利益的。

（由 1977 年第 35 号第 4 条增补；由 1999 年第 15 号第 3 条修订）

21. 行为不当的刑罚

任何惩教署人员或受雇于监狱的其他人——

（a）经妥为受聘担任有关职位后擅离职守；或（由 1955 年第 21 号第 4 条修订）

（b）在遭解雇或获准辞职或终止隶属于惩教署后，不将所有为使其能执行职责而交托给他的枪械、配备、委任书及物件交还，

即属犯罪，一经定罪，可处罚款 $1000 及监禁 6 个月，并可将其撤职。

（由 1969 年第 19 号第 8 条修订）

21A. 犯人福利基金

（1）现设立一项基金，称为“犯人福利基金”。

（2）该基金由以下款项集成——

（a）存入或捐予“犯人福利捐赠基金”的任何款项的结余，该基金是为囚犯的福利而于《1986 年监狱（修订）条例》（1986 年第 42 号）生效日期存在的；

（b）囚犯在公众娱乐表演所得的一切款项或与此有关的一切捐款；

（c）在为该基金筹款而举办的任何活动中收到的一切款项，扣除就该活动必须支付的成本及费用的开支后所得的款项；

（d）监督根据《监狱规则》（第234章，附属法例A）第23条充公的金钱，以及出售根据该条充公的物品所得的款项；

（e）给予该基金的其他捐赠或自愿捐助。

（3）该基金由署长控制，但须符合根据第25条订立的规则，以及须为囚犯的利益而按署长决定的用途运用，包括——

（a）为监狱中的囚犯提供舒适设备、便利或其他利益；

（b）支付囚犯的开支，和为囚犯提供服务或物品，而该等开支、服务或物品是不得自政府一般收入支付的；

（c）协助出狱后的释囚。

（4）该基金的管理费用须由政府一般收入拨付，但财政司司长厘定的监管年费可由财政司司长指示由基金的收入拨付，并拨入政府一般收入内。（由1997年第362号法律公告修订）

（5）根据第（4）款拨付的费用，不得超逾在该费用所涉的期间内该基金收入的百分之二点五。

（由1986年第42号第3条增补）

22.（由1999年第58号第4条废除）

22A. 特别服务及费用

（1）署长可在接获任何人向其提交的申请和在获付给其认为适合的费用后，选派任何惩教署人员或受雇于监狱的其他人，在申请人所指明的监狱之内或附近执行特别服务，并可为此而提供其认为是必需的设备。（由1999年第58号第4条修订）

（2）署长须将根据第（1）款收到的所有费用付予库务署署长，再由库务署署长将之记入惩教署福利基金的贷方。（由1983年第31号第6条增补）

23. 巡狱太平绅士及巡狱委员会

（具追溯力的适应化修订——见1999年第15号第3条）

（1）为巡视监狱和巡视由署长所控制的其他院所，行政长官——（由1999

年第 15 号第 3 条修订）

（a）须委任太平绅士，人数按其认为需要而定；及

（b）可委任适当人选出任巡狱委员会成员。

（2）巡狱太平绅士及巡狱委员会须执行根据第 25 条下订立的规则订明的职责，以及行使其内所订明的权力。

24. 转授的权力

（具追溯力的适应化修订——见 1999 年第 15 号第 3 条）

（1）除本条例或任何其他条例文意看来另有相反意向外，在遵从署长的任何特别指示下，副署长可行使及执行由本条例或任何其他条例赋予或委予署长的任何权力、职能及职责，但由本条例或根据本条例赋予署长将部属人员解雇的权力则除外。

（2）除本条例或任何其他条例文意看来另有相反意向外，在遵从行政长官的任何特别指示下，署长可以指明姓名、指明职位或任命的方式，授权任何高级人员行使或执行由本条例或任何其他条例赋予或委予署长的任何权力、职能及职责，但由本条例或根据本条例赋予署长将部属人员解雇的权力则除外。（由 1999 年第 15 号第 3 条修订）（由 1977 年第 35 号第 5 条代替）

24A. 膳食营养准则由行政长官决定

（具追溯力的适应化修订——见 1999 年第 15 号第 3 条）

行政长官可决定膳食营养准则，为囚犯供应简单而有益健康的食物。

（由 1969 年第 19 号第 6 条增补。由 1999 年第 15 号第 3 条修订）

24B. 宿舍

（1）保安局局长可藉宪报刊登的命令，订定以下事项——

（a）为施行本条例，将任何建筑物或建筑物部分辟作宿舍之用；

（b）中止将该建筑物或建筑物部分作宿舍之用。

（2）宿舍须由署长控制。

（3）如任何人——

（a）因根据任何条例的权限所作的监管令而被规定在宿舍居住；及

（b）根据雇用合约或学徒训练合约在宿舍外受雇并获付薪酬，

则可规定该人按署长所厘定并经财政司司长批准的收费，支付其在宿舍的食宿费用。（由 1987 年第 44 号第 2 条增补；由 1997 年第 362 号法律公告修订）

第Ⅲ部
惩教署福利基金

（第 Ⅲ 部由 1999 年第 58 号第 4 条增补）

24C. 定义：第 Ⅲ 部

在本部中——

“本部”（this Part）包括根据第 25（1）（e）条订立的规则；

“取得”（acquire）指藉购买或任何其他合法途径取得；

“受益人”（beneficiaries）指下述人士——

（a）惩教署雇员；

（b）前惩教署雇员；

（c）于去世时属惩教署雇员或前惩教署雇员的已故者的受养人；

“受养人”（dependant）——

（a）就惩教署雇员或前惩教署雇员而言，指署长认为是完全或部分受该雇员或前雇员供养的人；及

（b）就已故惩教署雇员或已故前惩教署雇员而言，指署长认为是于该雇员或前雇员去世时完全或部分受其供养的人；

“法团”（corporation）指根据第 24D（1）条成立的单一法团；

“前惩教署雇员”（former Correctional Services employee）指曾经是惩教署人员或曾经受雇于监狱的人，而该人是符合以下条件的——

（a）已从惩教署退休，并享有退休福利；或（由 2009 年第 6 号第 23 条修订）

（b）其惩教署人员或雇员雇用合约在其年满 55 岁当日或之后期满而未有续期；

“处置”(dispose of)指藉出售、租赁、出租、按揭或任何其他合法途径处置；

“设施活动”(amenities)指以下任何一项——

(a)不可由政府一般收入支付费用的设施，包括度假处所及康乐设施(不论免费或收费提供)；

(b)社交、教育及康乐活动及演出(不论免费或收费提供，亦不论是提供予他人参与或作为观赏性项目的)；

“职能”(function)包括权力、权限及职责；

“基金”(Fund)指第24E条延续的惩教署福利基金；

“惩教署雇员”(Correctional Services employee)指惩教署人员或受雇于监狱的其他人。

(第III部由1999年第58号第4条增补)

24D. 署长为施行本部而成立为单一法团

(1)署长为施行本部，现成立为单一法团，其法人名称为“香港惩教署署长法团”。

(2)法团——

(a)永久延续；及

(b)为施行本部，可取得、持有和处置土地财产及非土地财产；及

(c)可以其法人名称提起法律程序及被起诉；及

(d)须备有法团印章；及

(e)为施行本部，有行为能力作出法人团体在法律上可作出的所有其他事情，并可受制于法人团体在法律上可受制于的所有其他事情。

(3)须由法团认证的文件，如经署长签署或经获署长就此授权的惩教署人员签署，该文件即属已获充分认证。

(4)使用法团印章在法团所签立的文件上盖印，须经署长或署长为该目的指定的惩教署人员认证，方为有效。

(5)法团并非受益人的受托人，但在不抵触第(6)款的规定下，本部并不限制法律上赋予就违反本部或没有履行本部所订职责而向法团提起法律程序的权利。

(6)如署长或获法团转授职能的人为实施本部而真诚地就基金作出或不作

出某作为，则署长及该人均无须在任何因作出或不作出该作为而引起的法律程序中承担个人法律责任。（第 III 部由 1999 年第 58 号第 4 条增补）

24E. 惩教署福利基金的延续

（1）本条延续中文名称为“惩教署福利基金”而英文名称为“Correctional Services Department Welfare Fund”的基金。

（2）基金及因运用基金而得的财产归属法团。

（第 III 部由 1999 年第 58 号第 4 条增补）

24F. 基金由什么集成

基金由下述款项集成——

（a）捐予基金的任何捐款；

（b）出售纪念品的得益，以及来自处置为基金的目的而持有的其他财产的得益；

（c）出租为基金的目的而持有的度假处所或康乐设施所收取的所有款项；

（d）从署长或其代表为基金的目的而举办的社交、教育及康乐活动中收取的所有费用；

（e）因将基金投资而得的款项；

（f）作为自基金借出的贷款的利息而累算产生的款项；

（g）根据行政长官为施行《防止贿赂条例》（第 201 章）第 3 条而不时颁布的公告，被饬令以拨付基金的方式处置的金钱馈赠；（由 2005 年第 10 号第 216 条修订；由 2012 年第 26 号第 46 条修订）

（h）由立法会批拨予基金的任何款项；

（i）于紧接《1999 年纪律部队福利基金法例（修订）条例》（1999 年第 58 号）附表 3 生效前在基金中持有的款项，以及于紧接该附表生效前可为基金追讨的、并于该附表生效后才拨付基金或为基金讨回的款项；

（j）来自任何其他合法来源而拨付或须拨付而记入基金的贷项下的款项。

（第 III 部由 1999 年第 58 号第 4 条增补）

24G. 法团的职能

（1）在本部的规限下，法团的主要职能是按本部的规定为受益人及其他人的利益管理基金及因运用基金而得的财产。

（2）法团有执行其主要职能所需的附带职能。

（3）法团——

（a）在所有关乎其主要职能的事情上须诚实行事；及

（b）就关乎管理基金的所有事情，须谨慎、有技巧和努力行事，其程度须与一般审慎人士在处理一名他感到在道义上应照顾的人的财产时的谨慎、有技巧和努力行事的程度相同；及

（c）须确保执行或行使其关乎基金的职能是符合受益人的最佳利益的。

（第 III 部由 1999 年第 58 号第 4 条增补）

24H. 基金可作什么用途

（1）基金可用于下述任何用途——

（a）提供和维持设施活动以供惩教署雇员及前惩教署雇员享用；

（b）为（a）段所指明的目的而取得土地财产及非土地财产；

（c）就法团雇员的雇用付款予他们；

（d）就法团代理人提供的服务付款；

（e）借出贷款予惩教署雇员及前惩教署雇员；

（f）批出经济援助金予于去世时属惩教署雇员或前惩教署雇员的已故者的受养人，以供支付该等已故者的殡殓费；

（g）提供资助金、津贴及馈赠予受益人，以供用于（f）段所述以外的其他用途；

（h）制造或取得纪念品以出售予受益人及其他人；

（i）捐款予慈善或社区组织；

（j）为向法团或基金提供的贷款支付须缴付的利息。

（2）法团——

（a）如认为就基金的目的而言不再需要某些因运用基金而得的财产，即可将该等财产处置；及

（b）可从基金中支付因处置该等财产而招致的开支。

（3）法团可酌情决定借予惩教署雇员及前惩教署雇员的贷款是免息还是须

支付利息的。

（4）每当署长认为准许惩教署雇员及前惩教署雇员以外的其他人享用因运用基金而得的设施活动是适当的，署长即可准许该等人士享用该等设施活动。准许可在受署长认为适当的条件规限的情况下给予。

（第 III 部由 1999 年第 58 号第 4 条增补）

24I. 法团可捐款

法团在适当情况下均可按其认为适合的条款及条件将基金中的款项捐予慈善或社区组织。

（第 III 部由 1999 年第 58 号第 4 条增补）

24J. 法团可雇用职员

（1）法团为施行本部，可——

（a）以雇佣合约形式雇用任何人；或

（b）使用惩教署职员的服务或惩教署的设施。

（2）法团可订定其职员的报酬及其他雇用条件。

（第 III 部由 1999 年第 58 号第 4 条增补）

24K. 法团可聘用代理人

法团可聘用和支付费用予代理人，以处理或作出法团为施行本部而获授权或须处理或作出的任何事务或作为（包括收取或支付款项）。

（第 III 部由 1999 年第 58 号第 4 条增补）

24L. 法团可转授其职能

（1）法团可将其任何职能（此项转授职能的权力除外）转授予惩教署某指明成员或在该署担任某指明职位的人。

（2）根据本条作出的转授可——

（a）属一般转授或有限制的转授；及

（b）由法团全部或局部撤销。

（3）经转授的职能只可按照对该项转授作出规限的条件执行或行使。

（4）获转授职能的人在执行或行使根据本条转授的职能时，可行使经转授的职能所附带的任何其他职能。

（5）由获转授职能的人妥为执行或行使的经转授的职能，须视为是由法团执行或行使的。

（6）如某项职能已转授予在惩教署担任某特定职位的人，则——

（a）该项转授不会只因该名在该职能转授时担任该职位的人不再担任该职位而不再有效；及

（b）该职能可由当其时身居该职位或暂任该职位的人行使（如属职责，则必须由该人执行）。

（7）尽管某项职能已予转授，已转授的职能仍可由法团执行或行使。

（第 III 部由 1999 年第 58 号第 4 条增补）

24M. 法团可订立合约及其他交易

（1）法团为基金的目的，可订立合约及其他交易。

（2）某人如在本意是根据本条订立的合约或其他交易之下支付款项，该人无须确保该款项是拨付基金的。

（3）某人如与另一名看来是获法团转授职能的人订立合约或其他交易，该人无须令自已信纳法团已将订立该合约或其他交易的权力转授予该另一人。

（第 III 部由 1999 年第 58 号第 4 条增补）

第Ⅳ部
杂项条文

（由 1999 年第 58 号第 4 条增补）

25. 订立规则的权力

（1）行政长官会同行政会议可就以下事项订立规则——（由 1999 年第 15 号第 3 条修订）

（a）监狱及宿舍的规管及管治；（由 1987 年第 44 号第 2 条修订）

（b）囚犯的人狱及释放；

（c）惩教署人员及受雇于监狱及宿舍的其他人的职责及行为；（由 1987 年

第 44 号第 2 条修订）

（d）构成惩教署人员或受雇于监狱及宿舍的其他人违纪行为的作为；（由 1969 年第 19 号第 7 条代替；由 1987 年第 44 号第 2 条修订）

（da）署长、副署长或订明的其他主管当局对该人员或该人的违纪行为进行的研讯；（由 1969 年第 19 号第 7 条增补）

（db）在指称该人员或该人犯违纪或失职行为的个案中须遵循的程序；（由 1969 年第 19 号第 7 条增补）

（dc）该人员或该人犯任何违纪行为所受的惩罚，包括——

（i）在褫夺退休福利的情况下解雇；（由 2009 年第 6 号第 12 条修订）

（ia）在保留所有退休福利的情况下迫令退休，或在保留经扣减退休福利的情况下迫令退休，或在褫夺退休福利的情况下迫令退休；（由 1983 年第 31 号第 7 条增补；由 1987 年第 36 号第 46 条修订；由 1997 年第 192 号法律公告修订；由 2009 年第 6 号第 12 条修订）

（ii）施加罚款；

（iii）降级或减薪；

（iv）取消年资；

（v）停止或延迟增薪；

（vi）执行额外职责；

（vii）谴责或严厉谴责；（由 1969 年第 19 号第 7 条增补）

（dcc）为公众利益而着该人员或该人退休；（由 1983 年第 31 号第 7 条增补）

（dd）将因欠缴罚款而交付羁押的囚犯所管有的金钱，用作缴付被判定须缴的罚款；（由 1969 年第 19 号第 7 条增补）

（de）赋予任何惩教署人员或受雇于监狱及宿舍的其他人可针对有罪裁断或所判处的惩罚而提出上诉的权利；（由 1977 年第 35 号第 6 条增补；由 1987 年第 44 号第 2 条修订）

（df）犯人福利基金的控制、管理及运用；（由 1986 年第 42 号第 5 条增补）

（e）惩教署福利基金的控制、管理及运用；

（f）巡狱太平绅士或巡狱委员会的职责及权力；

（g）容许访客进入监狱及宿舍的条件；（由1987年第44号第2条修订）

（h）囚犯的分类、衣物、给养、雇用、纪律、指导及惩教事宜；（由1969年第19号第7条修订）

（i）囚犯刑期的局部缩减；

（j）囚犯所得酬金或完成工作所得报酬的发放；

（k）对死刑判决的执行及对被处决囚犯的埋葬事宜的规管；

（l）与监狱及宿舍有关的所有其他事宜。（由1987年第44号第2条修订）

（2）根据本条例订立的任何规则，可规定违反该规则即属犯罪，并可就该罪行规定惩罚及刑罚，但罚款不得超逾$1000及监禁期不得超逾6个月。

（3）根据第（1）款（de）段订立的规则，可授权行政长官转委公务员事务局局长或一名不低于政府总部局长级的公职人员，就该段所提述的上诉作出裁定。（由1977年第35号第6条增补；由1997年第362号法律公告修订；由1999年第15号第3条修订）①

26.（由1999年第58号第4条废除）

---

① 本条经《2009年纪律部队法例（杂项修订）条例》（2009年第6号）第12条修订。该《修订条例》第30条所载的过渡性条文如下——

“30. 过渡性条文

（1）在第2及4部生效*后，如任何公职人员被裁断干犯或承认干犯任何不当行为，或就任何罪行被裁断有罪或承认犯罪，而根据被本条例修订的任何成文法则，该人员可就该不当行为或罪行而受惩罚，则尽管该不当行为或罪行是在第2及4部生效前干犯的，该人员须按经本条例修订的该成文法则受惩罚。

（2）在第5部生效后，如法院在刑事法律程序中裁断针对某警务人员提出的控罪获证实，则尽管有关刑事罪行是在该部生效前干犯的，亦可按照经本条例修订的《警队条例》（第232章）第37（4）条，停止向该人员支付薪金及津贴。”

* 生效日期：2010年3月31日。

监管释囚条例

（第 475 章）

目　　录

条次

第1部
导　　言

第2部
监管令

第3部
监管令的更改、暂缓执行等

条次

12. 因情况的变动而更改监管令

13. 暂缓执行监管令

14. 在根据第 13 条进行的程序中提供材料

15. 在根据第 13 条进行的聆讯中的协助

16. 暂时召回令

17. 由署长作出召回的简易程序

18. 监管令效力的终止

19. 根据第 13（1）条、第 16（1）条或第 17 条作出命令或召回后的逮捕及拘留

第 4 部
其他规定

20. 署长须执行委员会的命令等

21. 与根据第 6 条及第 12 条进行的程序有关的条文

22. 行政长官可给予指示等

23. 规例

24. 过渡性条文

本条例旨在订定条文，使某些类别的囚犯得以根据为此而设立的委员会所作出的命令，获得释放并接受监管。

［1996 年 11 月 30 日］ 1996 年第 506 号法律公告

（略去制定语式条文——2014 年第 2 号编辑修订记录）

（格式变更——2014 年第 2 号编辑修订记录）

第1部
导　　言

1. 简称

（1）本条例可引称为《监管释囚条例》。

（2）（已失时效而略去——2014年第2号编辑修订记录）

2. 释义

在本条例中——

主席（Chairman）及副主席（Deputy Chairman）指根据第4（1）（a）条分别委任的委员会主席及副主席；

囚犯（prisoner）包括已获释出狱并接受本条例所规定的监管的人；

委员会（Board）指根据第4条设立的监管释囚委员会；

拘留地方（detention facility）指——

（a）任何监狱；

（b）根据《劳役中心条例》（第239章）第3条被指定为劳役中心的任何地方或建筑物；

（c）根据《戒毒所条例》（第244章）第3条被指定为戒毒所的任何地方或建筑物；（由2001年第11号第18条修订）

（d）根据《教导所条例》（第280章）第3（2）条宣布为用作教导所用途的任何地方或建筑物；或（由2001年第11号第18条修订）

（e）根据《更生中心条例》（第567章）第3条指定为更生中心的任何地方或建筑物；（由2001年第11号第18条增补）

指明刑罚（specified sentence）指为施行第3（1）（b）条的条文而指明的刑罚；（由2018年第17号第122条修订）

署长（Commissioner）指惩教署署长；

监管人员（supervising officer）指为施行第8条的条文而由署长指定的人；

监管令（supervision order）指委员会根据第6条作出的命令。

（编辑修订——2014年第2号编辑修订记录）

3. 适用范围

（1）本条例适用于每一名符合下列条件的囚犯——（由1997年第86号第44条修订）

（a）在被判处监禁时年龄在21岁或以上，或已被判处监禁而年满25岁；

（b）正在服刑而有关的刑罚是根据第23条订立的规例所指明的；

（c）不受制于根据《入境条例》（第115章）第20条所作出的递解离境令或不受制于根据该条例第19（1）条所作出的遣送离境令；（由1997年第80号第103条修订）

（d）不因根据《囚犯（监管下释放）条例》（第325章）第7（1）条所作出的命令而受监管；及

（e）不会因《教导所条例》（第280章）第5A条而在获释出狱后受监管。

（2）然而，本条例不适用于根据《长期监禁刑罚复核条例》（第524章）所指的无限期刑罚被判刑或被拘留而其刑罚其后由行政长官转为一项确定限期刑罚的囚犯。（由1997年第86号第44条增补；由2004年第22号第5条修订）

（3）在第（2）款中，**确定限期刑罚**（determinate sentence）的涵义与《长期监禁刑罚复核条例》（第524章）中该词的涵义相同。（由1997年第86号第44条增补）

4. 委员会的设立

（1）现设立一个“监管释囚委员会”，由不少于8名经行政长官委任的成员组成，其中须包括——

（a）根据《高等法院条例》（第4章）第6条获委任的现任或前任高等法院法官或根据《区域法院条例》（第336章）第4条获委任的现任或前任区域法院法官2名，并须由其中一人担任主席，另一人担任副主席；（由1998年第25号第2条修订）

（b）惩教署署长的代表一名；

（c）警务处处长的代表一名；

（d）行政长官认为在精神科方面具经验的医生一名；

（e）行政长官认为在心理学方面具专业知识及经验的人士一名；

（f）行政长官认为在刑法方面具执业经验，并持有有效执业证书的大律师或律师一名；及

（g）行政长官认为对罪犯自新事务具经验或热衷于这些事务的人士一名。

（2）除上述成员外，行政长官亦可委任他认为合适的其他人士为委员会成员。（由 1999 年第 15 号第 3 条修订）

5. 委员会的职能

（1）委员会的职能是——

（a）考虑应否将本条例所适用的任何囚犯提早释放并加以监管，若应如此，则根据本条例作出命令，将该囚犯释放；及

（b）对按照本条例所提出的更改、暂缓执行或解除监管令的申请作出考虑。

（2）委员会在履行其在本条例下的职能时，须考虑到——

（a）确使囚犯改过自新及重新融入社会的适宜性；及

（b）保护公众人士免遭罪犯严重伤害的需要。

第 2 部
监管令

6. 委员会可命令将囚犯提早释放并加以监管

（1）凡委员会觉得本条例所适用的任何囚犯因其工作勤奋及行为良好而应提早获释，委员会如认为该囚犯在获释后应在一段期间内接受监管，委员会可命令将该囚犯在接受本条例所规定的监管的条件下提早释放。

（2）根据本条所作出的命令，可规定在任何囚犯服满不少于其实际刑期及

根据《刑事诉讼程序条例》（第221章）第67A条须予计算的任何羁押期的合计期间的三分之二时间，以及服满根据《监狱规则》（第234章，附属法例A）第63（1）（c）条对他所作出的命令而丧失的减刑期整段期间后，在任何时间将该囚犯释放并加以监管。

（3）署长须将本条例所适用的任何囚犯的个案，连同一份对有关该囚犯的报告及署长所作的建议，转介予委员会考虑。

（4）就本条而言，指明刑罚的分期执行监禁刑期，须视为一个刑期。

（5）本条不适用于被判终身监禁而在服刑中的囚犯。

（6）在本条中，**实际刑期**（actual term）指被判处监禁的刑期，如该刑期根据《刑事诉讼程序条例》（第221章）第67A条被减短，则指减短后的监禁刑期。（编辑修订——2014年第2号编辑修订记录）

7. 对委员会所作监管令的有关规定

（1）监管令须指明——

（a）适用于有关囚犯的第6（2）条所提述合计期间的有关部分；

（b）委员会在考虑到第5（2）（a）及（b）条指明的因素后，认为有需要就或适宜就有关囚犯订定的监管条件；

（c）该命令的有效期，但该有效期的届满日期不得迟于有关囚犯假若没有在任何方式下提早获释或获减刑，其刑期将会届满的日期。

（2）监管令须由主席拟备及签署，然后送达署长。

（3）委员会如决定不根据第6条作出监管令，须将其决定通知署长。

（4）监管令的条件为有关囚犯在获释前工作勤奋及行为良好，而在有关囚犯根据本条例获释前，委员会可随时复核有关命令。

8. 根据监管令释放囚犯

（1）监管令如已送达署长，署长须——

（a）在该命令上批注——

（i）释放有关囚犯的日期，以及按照第6条及该命令的条款计算出的该命令有效期届满日期；及

（ii）他指定为该囚犯的监管人员的人的资料；及

（b）将该命令的文本送达该囚犯，

而该囚犯的释放须在该监管令的规限下生效。

（2）根据本条向任何囚犯送达监管令的文本后，如该囚犯依据《监狱规则》（第234章，附属法例A）第63（1）（c）条被取消任何期间的减刑，则署长可在该命令的一份新文本上作出批注，以便将其送达该囚犯，如有此情况，则先前送达该囚犯的命令文本的效力，即告终止。

（3）署长可随时指定任何人为某囚犯的监管人员，以取代根据第（1）款如此指定的人。（由1996年第73号第2条增补）

（编辑修订——2014年第2号编辑修订记录）

9. 对囚犯获释后接受监管的有关规定

获释出狱但在监管令下受监管的囚犯，在该监管令的有效期按照本条例届满之前，须——

（a）受监管人员监管；及

（b）遵从该命令。

10. 监管令有效期届满后的减刑

监管令的有效期按照本条例届满或解除后，有关的囚犯所余下未服满的刑期须当作已获减免。

第3部
监管令的更改、暂缓执行等

11. 要求复核监管令的权利

（1）在符合第（2）款的规定下，任何在监管令下受监管的人可在该命令作出时或在该命令作出后的任何时间，要求委员会更改或解除该命令。

（2）任何人均无权根据本条向委员会提出超过一项要求。

12. 因情况的变动而更改监管令

（1）任何在监管令下受监管的人的情况如出现关键性的变动，委员会可应该人或其监管人员的要求，更改该监管令的条款或条件（包括该命令余下的有效期）或其暂缓执行期。

（2）凡不能根据第 6 条或第 13 条就有关人士作出的命令，亦不可根据本条而作出。

13. 暂缓执行监管令

（1）凡就某在监管令下受监管的人而言，委员会信纳——

（a）该人在欠缺合法权限或合理辩解的情况下，没有遵从该命令的任何条款或条件；或

（b）因为该人的行为或他获释后其情况的改变——

（i）该人相当可能犯可逮捕的罪行；或

（ii）（如属已根据第 16 条或第 17 条被召回狱中的人）该人在被召回时是相当可能犯可逮捕的罪行的人，

委员会可命令在指明的期间内暂缓执行该监管令，而该期间不得超逾该监管令所余下的有效期间。

（2）凡委员会根据本条作出命令，署长须将有关的人召回狱中，并在暂缓执行监管令的期间，或在考虑到依据《监狱规则》（第 234 章，附属法例 A）第 69 条就再度监禁期所给予的减刑后的适当的较短期间，将该人再度监禁。

（3）根据第（1）款暂缓执行的监管令，在暂缓执行期届满时或在有关囚犯受再度监禁后提早于该暂缓执行期届满前释放时，恢复生效。

（4）根据本条或第 12 条作出的在任何期间暂缓执行任何监管令的命令，并不影响该监管令有效期的届满日期。

（编辑修订——2014 年第 2 号编辑修订记录）

14. 在根据第 13 条进行的程序中提供材料

（1）除非下列条件已符合，否则委员会不得根据第 13 条作出任何命令——

（a）在为（b）段的施行而指定的日期的不少于 7 日前，受监管的人已获提供将会由委员会在与该命令的可能作出有关联的情况下考虑的所有有关材料

的复本；及

（b）受监管的人已获给予机会在为此目的而指定的日期到委员会席前，并获聆听发言或向委员会作出申述。

（2）即使有第（1）（a）款的规定，凡委员会合理地认为若披露该款所提述的材料的任何部分，便相当可能会——

（a）危及任何人的健康或安全；

（b）危及任何拘留地方的保安；

（c）损害对罪行的合法调查的进行，

委员会无须向有关的受监管的人提供该部分的材料的复本，但如委员会选择按照本款不提供有关材料的任何部分的复本，委员会须提供在顾及（a）段至（c）段所述事宜后属可在合理情况下披露予该人的关于该等材料的资料，而第（1）（a）款须适用于该等资料的提供，一如其适用于会由委员会考虑的材料的复本的提供一样。

（3）第（2）款不得解释为授权委员会不向受监管的人提供令该受监管的人能够了解对其的不利指控的一般性质的足够材料（或关于该等材料的足够资料）。

（4）根据第（1）（a）款须向某人提供的材料，须以该人所显示的法定语文提供，该语文为该人被邀请如此做时显示为他为该目的而选择采用者。

（5）凡显示有良好因由说明第（1）（a）款所适用的材料的任何部分何以不能在较早时间提供，即使该等材料的部分是在为第（1）（b）款的施行而指定的日期前少于7日提供予有关的人的，委员会仍可根据第13条作出命令。

15. 在根据第13条进行的聆讯中的协助

（1）在根据第13条进行的聆讯中，如受监管的人有出席聆讯，在符合第（2）款的规定下，委员会须准许该人由他所挑选的人协助，而被如此挑选的人有权——

（a）在受监管的人出席聆讯的所有时间出席聆讯；

（b）在聆讯的整个过程中向受监管的人提供意见；及

（c）代表受监管的人向委员会陈词。

（2）以下人士没有资格为第（1）款的施行而协助受监管人士——

（a）正在或曾于任何时间受根据《精神健康条例》（第136章）发出的拘留令所规限的人；

（b）正在服监禁刑期的人；

（c）曾在香港服监禁刑期的人。

16. 暂时召回令

（1）主席或副主席如觉得委员会有理由可根据第13条就任何人作出命令，他可命令将该人暂时召回狱中及予以拘留，以待委员会根据该条作出命令。

（2）凡有任何人根据本条被拘留后，委员会须在切实可行的范围内尽快召开会议，以便考虑应否根据第13条作出命令。

（3）本条的条文并不容许将任何人拘留超逾14日，自该人最初根据本条被拘留当日起计（包括当日）。

17. 由署长作出召回的简易程序

署长如——

（a）相信有理由可根据第13条就任何人作出命令；及

（b）认为为公众利益着想，将该人羁押是不容延误的，

即可将该人召回狱中，羁押一段不超逾72小时的期间，以待决定是否根据第16条发出暂时召回令。

18. 监管令效力的终止

（1）在监管令下（包括已暂缓执行的监管令）受监管的人如被裁定犯罪，并——

（a）被判处监禁（但不包括缓刑），而监禁刑期长于监管令有效期所余下的部分；

（b）被命令拘留于戒毒所；或

（c）受制于根据《罪犯感化条例》（第298章）第3条所作出的感化令，

有关的监管令的效力即告终止。

（2）在本条中，戒毒所（addiction treatment centre）的涵义，与《戒毒所条例》（第244章）第2条中该词的涵义相同。

19. 根据第13（1）条、第16（1）条或第17条作出命令或召回后的逮捕及拘留

（1）凡——

（a）委员会根据第13（1）条命令暂缓执行一项就某人而言属有效的监管令；

（b）主席或副主席根据第16（1）条命令将在监管令下受监管的人暂时召回；

（c）署长根据第17条将在监管令下受监管的人召回狱中，

则该人如在该命令或该项简易召回作出时并无受到管束，他须被当作不合法地不受管束。

（2）警务人员如合理地怀疑第（1）款所述的命令或简易召回对某人有效，而该人正不合法地不受管束，则他可逮捕该人，并将该人带回狱中。

（3）担任某人的监管人员的惩教署人员如合理地怀疑第（1）款所述的命令或简易召回对某人有效，而该人正不合法地不受管束，则他可逮捕该人，并将该人带回狱中。

（4）如某人在第（1）款所述的命令或简易召回对他有效时不合法地不受管束，则除非行政长官在该个案中另有指示，否则该段不合法地不受管束的期间，不得计算在他根据该命令或简易召回可被再次监禁或拘留（视属何情况而定）的期间之内。（由1999年第15号第3条修订）

（由1996年第73号第3条代替）

第4部
其他规定

20. 署长须执行委员会的命令等

署长须执行委员会、主席或副主席根据本条例行使其权力而作出的任何命令。

21. 与根据第6条及第12条进行的程序有关的条文

（1）除非下列条件已符合，否则委员会不得根据第6条或第12条作出任何命令——

（a）在委员会考虑有关命令的作出前的不少于14日，有关的囚犯已获提供将会由委员会在与该命令的可能作出有关联的情况下考虑的所有有关材料的复本；及

（b）该囚犯已获给予机会向委员会作出书面申述。

（2）即使有第（1）（a）款的规定，凡委员会合理地认为若披露该款所提述的材料的任何部分，便相当可能会——

（a）危及任何人的健康或安全；

（b）危及任何拘留地方的保安；

（c）损害对罪行的合法调查的进行，

委员会无须向有关的囚犯提供该部分的材料的复本，但如委员会选择按照本款不提供有关材料的任何部分的复本，委员会须提供在顾及（a）段至（c）段所述事宜后属可在合理情况下披露予该囚犯的关于该等材料的资料，而第（1）（a）款须适用于该等资料的提供，一如其适用于会由委员会考虑的材料的复本的提供一样。

（3）第（2）款不得解释为授权委员会不向囚犯提供令该囚犯能予了解对其的不利指控的一般性质的足够材料（或关于该等材料的足够资料）。

（4）根据第（1）（a）款须向某囚犯提供的材料，须以该囚犯所显示的法定语文提供，该语文为该囚犯被邀请如此做时显示为他为该目的而选择采用者。

22. 行政长官可给予指示等

（1）行政长官可——

（a）要求委员会重新考虑该委员会根据第6条行使其权力而作出的任何决定；或

（b）指示委员会就任何囚犯作出监管令，而该囚犯的判刑是获得行政长官减免或从终身监禁改为有期徒刑的，至于其个案则是正由委员会为施行第6条的条文而予以考虑的。（由2013年第28号法律公告修订）

（2）在根据第（1）（b）款向委员会给予指示时，行政长官可就须于有关命令中指明的——

（a）监管的条件；及

（b）该命令的有效期，

作出建议，如委员会后来作出的命令没有指明该等条件或该有效期，委员会须向行政长官呈交列明其所作出的命令所指明的条件及有效期的理由的报告。

（由 1999 年第 15 号第 3 条修订）

23. 规例

（1）行政长官可订立规例，以便更有效地贯彻本条例的宗旨。（由 1999 年第 15 号第 3 条修订）

（2）在不局限第（1）款的一般性的原则下，根据本条所订立的规例可就下列事宜订定条文——

（a）为施行第 3（1）（b）条的条文而指明任何刑罚；（由 2018 年第 17 号第 123 条修订）

（b）获委任为委员会成员的人的任期；

（c）委员会会议的法定人数及委员会事务的处理；

（d）署长根据第 6 条向委员会所作出的转介；

（e）任何可由委员会、主席或副主席作出命令的事宜所涉及的程序；

（f）委员会为根据本条例作出命令而可予或必须考虑的事情；

（g）由委员会作出的命令的格式，及将所作出的命令通知署长的方式；

（h）署长在委员会的正当运作方面所负的职责；

（i）任何文件的送达，以及如何由可能会或经已根据本条例获释的囚犯提供地址，以供送达本条例下的文件；

（j）为第 21（1）（b）条的施行，囚犯应获给予机会向委员会作出申述的方式；

（k）任何根据本条例可予订明或必须订明的事宜。

（3）根据第（2）（g）款订立的规例可就署长指明任何命令的格式，订定条文。

24. 过渡性条文

（1）在符合第（2）款的规定下，本条例适用于在本条例实施日期（**生效**

日期）前被判刑的人，一如它适用于在生效日期当日或之后判刑的人一样。

（2）为第7（1）（c）条的目的及在符合该条的规定下，就于生效日期前被判刑的人作出的监管令中所须指明的有效期，不得超过以下两段期间之中的较长者——

（a）相等于自生效日期起至该人获释日期为止的期间的一半的一段期间，上述获释日期为按照第6（2）条计算并已考虑委员会拟就该人所指明的该条所提述的总计期间的部分者；或

（b）6个月。

囚犯（监管下释放）条例

（第325章）

目　　录

条次

第I部
导　　言

第II部
监管下释放

条次

7. 监管下释放

8. 署长所作的释放及监管令的送达

9. 监管令的期效

10. 监管下释放的规定

11. 暂离宿舍

12. 复核

13. 不遵守监管令的罪行

第Ⅲ部

监管令的撤销

14. 监管令的撤销

15. 署长再度监禁囚犯时须采取的行动

16. 再度监禁后的复核

17. 监禁期的计算

第Ⅳ部

杂　　项

18. 决定乃定案

19. 行政长官的权力

20. 规例

21. （已失时效而略去）

22. 过渡性条文

本条例旨在为经由咨询委员会建议在监管下释放囚犯一事，以及为相关事宜订定条文。［1988年7月1日］1987年第428号法律公告

第I部
导　言

1. 简称

本条例可引称为《囚犯（监管下释放）条例》。

2. 释义

（具追溯力的适应化修订——见1999年第15号第3条）

在本条例中，除文意另有所指外——

“囚犯”（prisoner）包括已根据本条例获释出狱的人；

“委员会”（Board）指根据第3条设立的监管下释囚委员会；

“宿舍”（hostel）指根据《监狱条例》（第234章）第24B条辟作宿舍用途的建筑物或建筑物的部分；

“署长”（Commissioner）指惩教署署长；

“监管令”（supervision order）指行政长官根据第7（1）或（2）条下令作出的监管令。（由1999年第15号第3条修订）

3. 监管下释囚委员会的设立

（具追溯力的适应化修订——见1999年第15号第3条）

现设立监管下释囚委员会，由行政长官委任人数不少于5名的成员组成，委出的成员包括——

（a）现任或曾任司法职位的人一名，担任主席；

（b）行政长官觉得在精神科方面具经验的医生一名；及

（c）行政长官觉得对罪犯自新事务具经验或热衷于该等事务的人。

（由1999年第15号第3条修订）

4. 委员会的职能

（具追溯力的适应化修订——见1999年第15号第3条）

委员会须考虑——

（a）根据第 6 条提出的申请；

（b）根据第 7（3）条由行政长官指明的条件，以及根据该条对该等条件所作的更改或取消；

（c）根据第 12（1）条及第 16（1）条提出的复核申请；

（d）拟根据第 14（1）条作出的撤销；及

（e）已根据第 14（3）条作出的撤销，

并须就该等事项，以及委员会根据本条例考虑的其他事项，向行政长官提出委员会认为适当的建议。（由 1999 年第 15 号第 3 条修订）

5. 对委员会权力的限制

在下述事情发生的日期后 1 年内，委员会不得考虑囚犯根据第 6 条提出的申请——

（a）该囚犯根据该条提出的申请遭拒绝；

（b）对该囚犯所作的监管令根据第 14（1）或（3）条遭撤销；或

（c）对该囚犯所作的监管令根据第 14（2）条终止有效。

第Ⅱ部
监管下释放

6. 申请在监管令下释放

（具追溯力的适应化修订——见 1999 年第 15 号第 3 条）

根据第 7（1）或（2）条有资格获释的囚犯，可在符合资格之前的 6 个月内，以书面经委员会向行政长官提出申请，要求根据该条作出命令，准他在受监管下获释。（由 1999 年第 15 号第 3 条修订）

7. 监管下释放

（具追溯力的适应化修订——见 1999 年第 15 号第 3 条）

（1A）就本条而言，囚犯已服的监禁刑期，须包括对该囚犯所判的监禁刑期根据《刑事诉讼程序条例》（第 221 章）第 67A 条被视为缩短的期间。

（由 1995 年第 68 号第 57 条增补）

（1）如委员会建议，行政长官可命令——（由 1999 年第 15 号第 3 条修订）

（a）正在服 3 年或多于 3 年监禁刑期（终身监禁除外）；及

（b）至少已服满该刑期的一半或 20 个月（两期间以较长者为准）

的囚犯获释出狱，并根据本条例受监管。

（2）如委员会建议，行政长官可命令——（由 1999 年第 15 号第 3 条修订）

（a）正在服 2 年或多于 2 年监禁刑期（终身监禁除外）；及

（b）计算根据《监狱规则》（第 234 章，附属法例 A）可获的减刑后，监禁刑期在 6 个月内届满

的囚犯在根据本条例受监管下获释出狱，并被规定在受监管期间在宿舍居住及在居住宿舍期间在切实可行范围内谋求及保持就业。

（2A）如囚犯是被移交囚犯——

（a）则就第（1）（a）款及第（2）（a）款而言——

（i）在符合第（ii）节的规定下，判处刑罚地的法院对被移交囚犯所判的监禁刑期须视为该被移交囚犯所服的监禁刑期；及

（ii）如该监禁刑期在判处刑罚地予以减刑、修正、更改或缩短，则经减刑、修正、更改或缩短的监禁刑期须视为该被移交囚犯所服的监禁刑期；（由 1997 年第 51 号第 11 条修订）

（b）则就第（1）（b）款及第（2）（b）款而言，该被移交囚犯所服的刑期须包括该被移交囚犯在判处刑罚地已服刑的期间及该被移交囚犯在香港已服刑的期间。（由 1995 年第 68 号第 57 条增补；由 1997 年第 51 号第 11 条修订）

（2B）本条例的任何条文并不令被移交囚犯有资格根据本条获释，但如在其根据第 6 条提出申请时，该被移交囚犯已就该项申请所关乎的监禁刑期，在香港服刑 12 个月或以上，则属例外。（由 1995 年第 68 号第 57 条增补；由 1997 年第 51 号第 11 条修订）

（3）在考虑委员会建议后，行政长官可指明他认为适当的条件载入监管令，

并可随时将该等条件更改或取消，而载入监管令的条件，可包括根据第20条订立的规例中指明的任何条件。（由1999年第15号第3条修订）

（4）任何人——

（a）如被判处监禁时，处于《教导所条例》（第280章）第5A（1）（a）或（2）条适用的情况，以致一旦获释出狱，即须受该条例条文的管制；或

（b）如须受根据《入境条例》（第115章）作出的遣送离境令或递解离境令约束，（由1997年第80号第103条修订）

则无资格根据本条获释。

（5）在本条中——

"判处刑罚地"（sentencing place），就被移交囚犯而言，指该被移交囚犯被判有关刑罚的香港以外的地方；（由1997年第51号第11条修订）

"被移交囚犯"（transferred prisoner）指在香港以外的地方被判处刑罚，并已被移交香港以服所判刑罚的人。（由1995年第68号第57条增补；由1997年第51号第11条修订）

8. 署长所作的释放及监管令的送达

（具追溯力的适应化修订——见1999年第15号第3条）

（1）凡行政长官根据第7（1）或（2）条作出命令，准囚犯在受监管下获释，署长须安排一份载有行政长官根据第7（3）条指明条件的监管令，按照根据第20条订立的规例拟就并送达该囚犯，而该囚犯即获释放。

（2）凡行政长官根据第7（3）条更改或取消监管令的条件，署长须安排将更改或取消条件的书面通知面交送达有关囚犯。

（由1999年第15号第3条修订）

9. 监管令的期效

（1）除非监管令已根据第14条撤销或终止有效，否则维持有效，直至在该命令下受监管的囚犯假若服满监禁刑期会获释出狱的日期为止；监禁刑期计法如下——

（a）如监管令根据第7（1）条作出，则不计算根据《监狱规则》（第234章，附属法例A）而获的减刑；

（b）如监管令根据第7（2）条作出，则将囚犯根据《监狱规则》（第234章，附属法例A）有资格获得的减刑计算在内。

（2）按照第（1）款计算的监管令维持有效的终止日期，须在该命令上指明。

10. 监管下释放的规定

在监管令下获释出狱的囚犯须——

（a）受署长在该命令内指明的人监管；及

（b）遵守该命令的规定及条件。

11. 暂离宿舍

（1）凡囚犯由于根据第7（2）条作出的监管令而在宿舍居住，署长可发出许可证，准他在署长认为适当的条件规限下，暂离宿舍一段不超过5天的期间。

（2）根据本条获发给许可证的囚犯，如无合法辩解而不在证上指明的暂离期间届满时或届满前返回证上指明的宿舍，或不遵守根据第（1）款施加的任何条件，即属犯罪，可处罚款$5000及监禁12个月。

（3）任何人合理怀疑任何囚犯犯第（2）款所订罪行，可无须手令而将他逮捕。

12. 复核

（具追溯力的适应化修订——见1999年第15号第3条）

（1）凡行政长官拒绝对任何囚犯作出监管令，署长须就此事向该囚犯送递书面通知，而该囚犯可在接获通知起计14天内，以书面经委员会向行政长官提出申请，要求复核行政长官的决定。

（2）在复核时，行政长官在考虑委员会的建议后，可作出或不作出监管令。

（3）对于一项决定，囚犯只可申请复核一次。

（由1999年第15号第3条修订）

13. 不遵守监管令的罪行

任何人无合法权限或合理辩解而不遵守监管令的条件，即属犯罪，可处罚款$5000及监禁12个月。

第Ⅲ部
监管令的撤销

14. 监管令的撤销

（具追溯力的适应化修订——见1999年第15号第3条）

（1）在考虑委员会建议后，行政长官可撤销监管令，而如行政长官撤销监管令，则须将此事通知署长。（由1999年第15号第3条修订）

（2）凡受监管令约束的人——

（a）被裁定犯罪及判处监禁（缓刑除外）；或

（b）亦是根据《刑事诉讼程序条例》（第221章）第109C（1）（a）或（b）条所作命令须服曾予缓刑的刑罚的人，

该监管令即终止有效。

（3）凡署长鉴于公众利益，觉得须将在有效监管令约束下的人立即再度监禁，则可撤销该命令。

（4）凡监管令根据本条撤销或终止有效，署长须安排将一份再度监禁该命令下受监管的人的命令，按照根据第20条订立的规例拟就，且该人须予逮捕及交回署长羁押，而署长则须按他的剩余刑期将他再度监禁。

（5）任何人可无须手令而根据第（4）款作出逮捕。

15. 署长再度监禁囚犯时须采取的行动

（具追溯力的适应化修订——见1999年第15号第3条）

（1）任何人根据第14（4）条被再度监禁后，署长须在切实可行范围内尽快通知该人——

（a）他被再度监禁的理由；及

（b）他可根据第16（1）条申请复核其个案的权利。

（2）凡有人根据第14（4）条被再度监禁——

（a）署长须在切实可行范围内尽快向委员会报告此事；及

（b）委员会如认为适当，不论该人是否已根据第16（1）条申请复核，均

可就该人向行政长官提交建议。(由1999年第15号第3条修订)

16. 再度监禁后的复核

(具追溯力的适应化修订——见1999年第15号第3条)

(1)根据第14(4)条被再度监禁的人,除非是由于其监管令根据第14(2)条终止有效而被再度监禁,否则可在他被再度监禁起计14天内,以书面经委员会向行政长官提出申请,要求复核其个案。

(2)行政长官在考虑委员会建议后,可根据第7(1)或(2)条命令将根据第14(4)条被再度监禁的人释放,亦可不作出任何命令。

(由1999年第15号第3条修订)

17. 监禁期的计算

在计算根据第14(4)条被再度监禁的人所须服的剩余刑期时——

(a)就他在监管令下获释前已服的刑期,不得根据《监狱规则》(第234章,附属法例A)给予减刑;但

(b)他待服的刑期——

(i)须减去监管令曾生效的期间;及

(ii)可再减去按照《监狱规则》(第234章,附属法例A)而就被再度监禁的日期后所服的刑期所给予的减刑。

第Ⅳ部
杂　　项

18. 决定乃定案

(具追溯力的适应化修订——见1999年第15号第3条)

除第15(1)条另有规定外,行政长官、委员会及署长无义务为其根据本条例所作的决定提出理由,而该等决定均属定案,不容向法院上诉,亦不受法院复核。

(由1999年第15号第3条修订)

19. 行政长官的权力

（具追溯力的适应化修订——见1999年第15号第3条）

（1）行政长官不受委员会的任何建议约束。

（2）行政长官可将他根据本条例具有的任何权力转授予保安局局长行使。

（由1997年第362号法律公告修订）（由1999年第15号第3条修订）

20. 规例

（具追溯力的适应化修订——见1999年第15号第3条）

行政长官会同行政会议可订立规例，使本条例的条文能更有效地执行，尤可订定——（由1999年第15号第3条修订）

（a）委员会的程序；

（b）委员会在根据本条例行使职能时须考虑的事项；

（c）（在不损害第7（3）条的概括性原则下）可在监管令内指明的条件；及

（d）格式。

21.（已失时效而略去）

22. 过渡性条文

本条例对在本条例实施前已被判刑及在本条例实施后始被判刑的人同样适用。

少年犯条例

（第226章）

目　　录

条次

条次

条次

本条例旨在就少年法庭及少年的事宜订定条文。

（由 1973 年第 15 号第 2 条修订）

［1933 年 11 月 20 日］ 1933 年第 6 号政府文告

1. 简称

本条例可引称为《少年犯条例》。

2. 释义

（1）在本条例中，除文意另有所指外——

“小组”（Panel）指根据第 3B（2）条委出的少年法庭咨询小组；（由 1973 年第 15 号第 3 条增补）

“少年人”（young person）指被审理任何关于其案件的法庭认为是年满 14 岁但未满 16 岁的人；

“召回令”（recall order）指根据第 14B（1）条作出，规定儿童或少年人返回拘留地方的命令；（由 1977 年第 11 号第 2 条增补）

“拘留令”（detention order）指根据第 14（1）条作出的拘留令；（由 1977 年第 11 号第 2 条增补）

“拘留地方”（place of detention）指根据第 16 条指定的拘留地方；（由 1973 年第 15 号第 3 条增补）

“儿童”（child）指被审理任何关于其案件的法庭认为是未满14岁的人；

“监管令”（supervision order）指根据第14A（1）条作出的监管令；（由1977年第11号第2条增补）

“监护人”（guardian）就任何儿童或少年人而言，包括被审理任何关于或涉及该儿童或少年人的案件的法庭认为是当其时对该儿童或少年人具有监管或控制权的人。（由1960年第8号第2条修订）[比照1908 c. 67 s. 131 U.K.]

（2）本条例凡提述有罪裁断之处，须解释作包括提述认罪及承认曾犯罪。（由1973年第15号第3条增补）[比照1933 c. 12 s. 107（2）U.K.]

3. 刑事责任的年龄

现订立一项不可推翻的推定，10岁以下儿童不能犯罪。

（由1973年第15号第4条代替；由2003年第6号第2条修订）

[比照1933 c. 12 s. 50 U.K.]

3A. 少年法庭

（具追溯力的适应化修订——见1998年第25号第2条）

（1）任何法庭如按照本条组成，并为聆讯任何针对儿童或少年人的检控而开庭，或为行使由本条例或其他条例或根据本条例或其他条例所授予少年法庭的任何其他司法管辖权而开庭，均称为少年法庭。

（2）少年法庭由终审法院首席法官所委任的一名常任裁判官组成。（由1998年第25号第2条修订）

（3）少年法庭具有司法管辖权聆讯及裁定针对儿童或少年人的任何罪行的检控，但杀人罪行除外。

（4）少年法庭具有常任裁判官的一切权力；除本条例另有规定外，《裁判官条例》（第227章）适用于在少年法庭席前进行的法律程序，犹如该条例适用于在裁判官席前进行的法律程序一样。（由1973年第15号第4条增补）

[比照1933 c. 12 s. 45 U.K.]

3B. 少年法庭可接受关于处理少年方法的意见

（具追溯力的适应化修订——见1998年第25号第2条）

（1）少年法庭对被裁断为有罪的儿童或少年人的处理方法作出决定时，可接受由该法庭从小组中选出的2名人士的意见。

（2）为施行第（1）款，终审法院首席法官于征询民政事务局局长意见后，可委任一组人士，称为少年法庭咨询小组。（由1997年第362号法律公告修订；由1998年第25号第2条修订）

（3）委任任何人士加入小组的公告，须在宪报刊登。

（由1973年第15号第4条增补）

3C. 某些事宜须交由少年法庭处理

（具追溯力的适应化修订——见1998年第25号第2条）

（1）除以下条文另有规定外，任何针对儿童或少年人的检控，不得由具有简易司法管辖权但非少年法庭的法庭聆讯。

（2）尽管有第（1）款的规定——

（a）针对一名儿童或少年人及一名年满16岁的人而提出的共同检控，仍须由具有简易司法管辖权但非少年法庭的法庭聆讯；

（aa）如一名儿童或少年人被控犯以下罪行，具有简易司法管辖权但非少年法庭的法庭可就针对该名儿童或少年人而提出的检控进行聆讯——

（i）协助、教唆、导致、促致、容许或准许一项罪行发生，而一名年满16岁的人同时被控犯该项罪行；或

（ii）一项产生自情节与一名年满16岁的人同时被控犯的罪行的情节相同或有关的罪行；（由1995年第13号第48条增补）

（b）凡一名儿童或少年人被控犯罪，而一名年满16岁的人同时被控协助、教唆、导致、促致、容许或准许该名儿童或少年人犯该罪行，则针对该名儿童或少年人的检控，仍可由具有简易司法管辖权但非少年法庭的法庭聆讯；及

（c）凡在任何具有简易司法管辖权但非少年法庭的法庭席前进行的法律程序中，有情况显示与法律程序有关的人是儿童或少年人，而该法庭认为适宜继续聆讯及就法律程序作出裁定，则本款不得解释为阻止该法庭继续就该等法律程序进行聆讯及作出裁定。

（3）任何规定须将检控交由少年法庭审理的指示，不论载于本条例或任何

其他条例中，均不得解释为限制任何法官、区域法院法官或裁判官处理保释申请或还押申请的权力，以及聆听处理该等申请所需证据的权力。（由 1998 年第 25 号第 2 条修订）（由 1973 年第 15 号第 4 条增补）[比照 1933 c. 12 s. 46 U.K.]

3D. 少年法庭的程序

（1）凡为行使本条例或任何其他条例授予少年法庭的司法管辖权而需要开庭，少年法庭即须开庭。

（2）如有任何并非少年法庭的法庭于少年法庭开庭前一小时内曾经于某室内开庭，或将于少年法庭开庭后一小时内于某室内开庭，则少年法庭不得于该室内开庭。

（3）除以下人士外，任何人不得在少年法庭开庭时出席——

（a）法庭人员；

（b）在法庭席前处理的案件中的各方、其律师及大律师、证人及直接与该案件有关的其他人士；

（c）报社或新闻机构的真正代表；

（d）其他获法庭特别授权出席的人士。

（4）尽管有第（3）（c）款的规定，但少年法庭如认为为了案中儿童或少年人的利益而有需要，则可拒绝让任何报社或新闻机构的代表出席少年法庭任何聆讯。（由 1973 年第 15 号第 4 条增补；由 1995 年第 68 号第 11 条修订）

[比照 1933 c. 12 ss. 47 & 49 U.K.]

3E. 关于少年法庭权力的杂项条文

（1）少年法庭如为聆讯针对一名相信是儿童或少年人的人的检控而开庭，则即使发现该人并非儿童或少年人，仍可继续对该项检控进行聆讯及作出裁定。

（2）任何人如——

（a）凭借一项根据《罪犯感化条例》（第 298 章）作出的感化令而受到监管；或

（b）于其个案中已获颁有条件释放令，

则该人年满 16 岁一事不得剥夺少年法庭对以下事项的司法管辖权——

（i）就该人违反任何感化令的规定或再犯另一罪行而强制其出庭和对其作

出处理；或

（ii）修订或撤销该感化令。

（3）当少年法庭已将任何儿童或少年人还押，以取得有关其个人的资料时，任何少年法庭均可——

（a）在该儿童或少年人缺席的情况下，延长还押期间，但须令其每 21 天到法庭席前最少一次；及

（b）待取得所需资料后，对该儿童或少年人作出最终的处理。

（由 1973 年第 15 号第 4 条增补）[比照 1933 c. 12 s. 48 U.K.]

3F. 其他法庭将少年犯移交少年法庭的权力

（1）任何并非少年法庭的法庭，如裁断一名儿童或少年人犯杀人罪行以外的罪行，则除非该法庭信纳不宜将案件移交少年法庭，否则须将案件移交少年法庭；凡有任何该等案件被如此移交，有关罪犯须据此被带到少年法庭席前，少年法庭并可将其当如已被少年法庭审讯及裁断为有罪，而用任何可能采用的方法对其作出处理。

（2）凡有任何案件被如此移交——

（a）有关罪犯对该案件移交所至的少年法庭作出的任何命令有上诉权，犹如其已被该少年法庭裁断为有罪一样；但对有关的移交令则无上诉权；及

（b）任何对有罪裁断的上诉，须按照对原审法庭的裁断提出上诉的规定办理，而提出上诉的限期，须由该案件移交所至的少年法庭作出最后命令的日期起计。

（3）根据本条作出命令将案件移交少年法庭的法庭，可作出为将罪犯羁押或保释至可将其带到少年法庭席前为止而看似是需要的指示，并须安排向有关少年法庭传送一份证明书，列明罪行性质，并述明罪犯已被裁断为有罪，以及有关案件已为根据本条处理而予以移交。

（由 1973 年第 15 号第 4 条增补）[比照 1933 c. 12 s. 56 U.K.]

4. 被逮捕的儿童及少年人的保释

凡有表面看来未满 16 岁的人，在有手令或无手令的情况下被拘捕及带往警署而不能被随即带到少年法庭席前，职级在督察级或以上的警务人员，或该

警署的主管警务人员，须调查有关个案，并可在任何个案中，在有保证或无保证的条件下，以担保的方式释放该人，而除非——

（a）控罪是杀人罪行或其他严重罪行；或

（b）为该人利益起见，须使其不能与任何不良分子交往；或

（c）该警务人员有理由相信，释放该人有碍公正，

否则该警务人员须在有保证或无保证的条件下，以担保的方式释放该人；上述担保的款额以该警务人员认为能保证该人于聆讯检控时出庭为准，并可由该人自己、其父母、其监护人或其他负责人作出。［比照 1908 c. 67 s. 94 U.K.］

5. 被逮捕而不获保释的儿童及少年人的羁押

凡有表面看来未满 16 岁的人，被拘捕及带往警署而不获按前述规定释放，该警署的主管警务人员须安排将其拘留在某拘留地方，直至该人可被带到少年法庭席前为止，但如该警务人员以证明书证明以下情形，则无须作出该安排——

（a）该安排并不切实可行；或

（b）该人秉性难受管束或败坏，以致不能将其稳妥地如此拘留；或

（c）基于该人的健康情况或身心状态，不宜将其拘留，

而有关证明书须向该人所被带到其席前的法庭出示。

（由 1973 年第 15 号第 5 条修订）［比照 1908 c.67 s.95 U.K.］

6. 儿童及少年人在警署、法庭等地方的隔离

（1）任何儿童或少年人在——

（a）被拘留在警署时；

（b）被解往或解离任何刑事法庭时；或

（c）刑事法庭出庭前或出庭后的等候期间，

不得获准与被控任何罪行的成年人（非其亲属）交往，但如该人与该儿童或少年人是被共同控以同一罪行的，则属例外。

（2）任何女童（身为儿童或少年人）在上文所述的拘留、解送或等候期间，须由一名女性照顾。（由 1973 年第 15 号第 6 条代替）［比照 1933 c. 12 s. 31 U.K.］

7. 还押或交付在拘留地方羁押

（1）对于不获保释的儿童或少年人，法庭在将其还押或将其交付审判时，须将其交付羁押在以下地方——

（a）如属儿童，则交付羁押在拘留地方；

（b）如属少年人，则交付羁押在拘留地方或根据《教导所条例》（第280章）设立的教导所。（由1973年第15号第7条代替）

（2）根据本条作出的交付，可被任何法庭更改；如证实有关少年人秉性难受管束，以致不能将其稳妥地羁押在上述地方，或证实其秉性败坏，以致不宜将其如此羁押，则任何法庭均可将该交付撤销；该交付如被撤销，则有关少年人可被交付监狱。 [比照 1908 c. 67 s. 97 U.K.]

8. 少年法庭的程序

（1）凡有儿童或少年人因任何罪行而被带到少年法庭席前，有关法庭有责任尽快以浅白语言向其解释该指控罪行的内容。

（2）法庭如信纳该儿童或少年人明白指控罪行的性质，法庭须问其是否认罪（除非该指控罪行是杀人罪行）。

（3）法庭如不信纳该儿童或少年人明白指控罪行的性质，或该儿童或少年人不认罪，法庭须聆听证人所提出支持有关申诉或告发的证据。每名上述证人的主问证供作毕后，法庭须询问该儿童或少年人，或如认为适当，询问其父母或监护人是否有意向证人提出任何问题。如该儿童或少年人有意作出陈述以代替提问，亦须获准。

（4）法庭如认为控罪的表面证据成立，则须聆听辩方证人的证据，并须容许该儿童或少年人作证。（由1972年第34号第22条修订）

（5）为协助该儿童或少年人辩护，法庭可向其提出法庭认为需要的问题。（由1972年第34号第22条修订）

（6）法庭如觉得为保障该儿童或少年人的利益而有需要提出某些问题，则有责任向证人提出该等问题。

（7）凡——

（a）该儿童或少年人认罪，或法庭信纳有关罪行已获证实；或

（b）有儿童或少年人的案件根据第3F条移交法庭，

法庭须询问该儿童或少年人是否意欲就减轻罪行或减轻刑罚一事或其他事宜而发言。（由1973年第15号第8条代替）

（8）在决定如何处理该儿童或少年人前，法庭须取得关于该儿童或少年人的一般行为、家庭环境、学校记录及病历的轻易可得资料，以便能够在最能保障该儿童或少年人利益的情况下处理该案，并可向该儿童或少年人提出任何由该等资料所引起的问题。为取得该等资料，或为进行特别健康检查或观察，或为考虑如何在最能保障该儿童或少年人利益的情况下处理该案，法庭可不时准该儿童或少年人保释外出或将其还押在拘留地方。

（9）如该儿童或少年人认罪，或如法庭信纳有关罪行已获证实，而法庭并决定有需要还押该儿童或少年人以进行查询或观察，则法庭可安排在法庭登记册上记录该控罪已获证实，以及该儿童或少年人已被还押。被如此还押的儿童或少年人所被带到其席前的法庭，可无须进一步证明该儿童或少年人犯罪而就其作出任何本可由将其还押的法庭作出的命令。

（由1973年第15号第8条修订）

9. 被控犯罪的儿童或少年人的父母出庭等事宜

（1）除第（1A）款另有规定外，凡有儿童或少年人被控犯任何罪行，或根据本条例或任何其他条例的条文被带到法庭席前，则除非法庭另有命令，否则其父母或监护人须在法律程序的各阶段出庭；法庭亦可强迫其父母或监护人出庭，犹如他们是法律程序中的证人而被规定出庭一样。（由1973年第15号第9条代替）

（1A）法庭如觉得为保障该儿童或少年人利益而需要规定其父母或监护人退出法庭，可作出此项规定。（由1973年第15号第9条增补）

（2）凡有儿童或少年人被逮捕，如其父母或监护人是住在合理可达范围内并且是可被寻获的，则执行逮捕的警务人员或该儿童或少年人所被带往的警署的主管警务人员须作出安排，告诫该名父母或监护人务须出席该儿童或少年人所会被带到其席前的法庭。 ［比照1933 c. 12 s. 34 U.K.］

10. 命令由父母代替儿童或少年人缴付罚款等的权力

（1）凡有儿童或少年人在任何法庭被控犯任何可判处罚款、损害赔偿或讼费的罪行，而法庭认为处理该案的最佳办法为判处罚款、损害赔偿或讼费，不论另加或不另加其他惩罚，则法庭可在任何情况下命令该儿童或少年人的父母或监护人代其缴付该罚款、损害赔偿或所判给的讼费，如该罪犯是儿童，则法庭更必须作出此项命令；但如法庭信纳该名父母或监护人不能寻获，或并非因疏于给予该儿童或少年人应有照顾而导致其犯罪，则不得作出此项命令。

（2）凡有儿童或少年人被控犯任何罪行，法庭可命令其父母或监护人提供该儿童或少年人守行为的保证。

（3）凡法庭认为针对某儿童或少年人的控罪已获证实，可在不将该儿童或少年人定罪的情况下，根据本条命令其父母或监护人缴付罚款、损害赔偿或讼费，或提供守行为的保证。

（4）除非该名父母或监护人已获得聆听的机会，否则不得根据本条作出任何命令。（由 1973 年第 15 号第 10 条代替）

（5）根据本条或在没收上述保证时判处及命令由父母或监护人缴付的任何款项，可用扣押财物或监禁方式向其追讨，犹如有关命令是因该名父母或监护人被裁定犯该儿童或少年人被控的罪行而作出的一样。

（6）父母或监护人可按《裁判官条例》（第 227 章）第 VII 部订明的方式，就少年法庭根据本条作出的命令提出上诉；该部的条文适用于任何此类上诉。

［比照 1908 c. 67 s. 99 U.K.］

11. 对儿童及少年人惩罚的限制

（1）任何儿童不得被判处监禁或因欠缴罚款、损害赔偿或讼费而交付监狱。（由 2000 年第 32 号第 48 条修订）

（2）任何少年人如可用任何其他方法予以适当处理，则不得被判处监禁。（由 1973 年第 15 号第 11 条修订）

（3）被判处监禁的少年人，不得被容许与成年囚犯交往。

（4）（由 1991 年第 50 号第 4 条废除） ［比照 1908 c. 67 s. 102 U.K.］

12. 儿童或少年人犯某些刑事罪行时的拘留

（具追溯力的适应化修订——见 1999 年第 15 号第 3 条）

即使本条例另有相反规定，当有儿童循公诉程序被裁定犯误杀罪时，或凡有少年人循公诉程序被裁定犯企图谋杀罪、误杀罪或意图造成身体严重伤害而伤人罪，法庭仍可判处该罪犯按判刑所指明的期间受拘留；凡有此判刑作出，即使本条例另有规定，该儿童或少年人仍可于该段期间内在行政长官指示的地方及按行政长官指示的条件受拘留，并在如此拘留期间当作被合法羁押。

（由 1999 年第 15 号第 3 条修订）[比照 1908 c. 67 s. 104 U.K.]

13. 将按照行政长官指示被拘留的儿童或少年人释放的条文

（具追溯力的适应化修订——见 1999 年第 15 号第 3 条）

（1）任何依据第 12 条所指的行政长官指示而被拘留的人，可随时由行政长官发出许可证释放。

（2）许可证可采用行政长官指示的格式及载有行政长官指示的条件。

（3）许可证可随时由行政长官撤销或更改，而凡有许可证被撤销，与该许可证有关的人须返回行政长官指示的地方，如该人没有遵办，则可无须手令而将该人拘捕及带往该地方。

（由 1999 年第 15 号第 3 条修订）[比照 1908 c. 67 s. 105 U.K.]

14. 在拘留地方的拘留

（1）凡有儿童或少年人——

（a）被裁断为有罪，而该罪行如由成人犯是可判处监禁的；或

（b）欠缴任何罚款、损害赔偿或讼费，而假若该儿童或少年人为成年人是可因此被监禁的，

在法庭认为并无其他适当办法处理该案的情况下，可命令将其拘留在拘留地方。

（2）被命令拘留在拘留地方的儿童或少年人，拘留期由社会福利署署长决定，唯不得超逾该命令的日期之后 6 个月。

但拘留期不得超逾假若该儿童或少年人是成年人则可就其被裁断为有罪的罪行或因欠缴罚款、损害赔偿或讼费（视属何情况而定）而被判处的最长监禁期。

（由 1973 年第 15 号第 12 条代替）

14A. 监管令

（1）如有儿童或少年人根据拘留令被拘留不足 6 个月而从拘留地方获释，

社会福利署署长可对其作出监管令。

（2）监管令须载有以下条件——

（a）该儿童或少年人在由获释日期至拘留令日期起计 6 个月届满的期间内，须接受监管令所指明的机构或人士监管；及

（b）该儿童或少年人在监管期间，须遵守监管令所指明的规定，包括对住所的规定。

（3）社会福利署署长可随时更改或取消监管令。

（由 1977 年第 11 号第 3 条增补）

14B. 召回令

（1）社会福利署署长如信纳被监管令管束的儿童或少年人没有遵守该命令的任何条件或规定，或没有遵守根据该命令而订立的任何条件或规定，可向该儿童或少年人作出召回令，规定其返回拘留地方，在作出召回令后该儿童或少年人即可被逮捕及带往拘留地方。

（2）根据第（1）款返回或被带往拘留地方的儿童或少年人，可被拘留至拘留令日期起计 6 个月届满为止。

（3）社会福利署署长可随时释放上述儿童或少年人而不可再就该儿童或少年人作出监管令。（由 1977 年第 11 号第 3 条增补）

14C. 第 14A 条及第 14B 条中少年人的涵义

就第 14A 条及第 14B 条而言，“少年人”（young person）包括在拘留令日期起计 6 个月期间内年满 16 岁的人。（由 1977 年第 11 号第 3 条增补）

15. 处理被控犯罪的儿童或少年人的方法

（1）凡被控任何罪行的儿童或少年人被任何法庭审讯，而法庭信纳其有罪，则该法庭须考虑应以何种方式，根据授权法庭处理该案的本条例或任何其他条例或法律的条文处理该案；除该等条文另有规定外，法庭可采用以下一种或多种方式处理该案——（由 1967 年第 66 号第 2 条修订）

（a）撤销控罪；

（b）在罪犯作出担保后将其释放；

（c）根据《罪犯感化条例》（第 298 章）的条文处理罪犯；（由 1960 年第 8

号第3条代替)

(d)根据《裁判官条例》(第227章)第96(b)条处理罪犯;(由1973年第15号第13条代替)

(e)如罪犯需要照顾及保护,根据《保护儿童及少年条例》(第213章)第34条处理罪犯;(由1973年第15号第13条代替)

(f)将罪犯送往感化院;

(g)(由1995年第13号第2条废除)

(h)命令罪犯缴付罚款、损害赔偿或讼费;

(i)命令罪犯的父母或监护人缴付罚款、损害赔偿或讼费;

(j)命令罪犯的父母或监护人提供罪犯守行为的保证;

(k)将罪犯交付拘留地方羁押;(由1973年第15号第13条修订)

(l)凡罪犯是少年人,则将其判处监禁或拘留于根据《教导所条例》(第280章)设立的教导所,或羁留于《更生中心条例》(第567章)所指的更生中心;(由1973年第15号第13条修订;由2001年第11号第15条修订)

(m)凡罪犯是男人,则根据《劳役中心条例》(第239章)的条文处理;(由1973年第15号第13条增补)

(n)以任何其他可合法处理该案的方式处理该案;

但本条不得解释为授权法庭采用除依本条规定外不可采用的处理方式处理任何案件。

(2)根据第(1)(h)或(i)款命令缴付的损害赔偿,须以补偿方式赔偿——

(a)人身伤亡;

(b)财产损失或损坏;或

(c)上述伤亡兼损失或损坏,

并以法庭认为合理的款额为准;但如该命令是由裁判法院作出,则补偿款额不得超逾$5000。(由1972年第48号第4条增补)

[比照1908 c. 67 s. 107 U.K.]

16. 拘留地方的提供

(具追溯力的适应化修订——见1999年第15号第3条)

（1）行政长官可藉命令——（由1999年第15号第3条修订）

（a）为施行本条例而指定任何地方为拘留地方；

（b）宣布任何拘留地方只可用作该命令中所指明的提供拘留地方的用途。（由1973年第15号第14条代替）

（2）—（3）（由1973年第15号第14条废除）

（4）在选取任何儿童或少年人所会被交付的拘留地方时，法庭或警务人员须顾及该地方适合收纳已定罪者抑或未定罪者，或适合收纳被控严重罪行者抑或被控轻微罪行者（视属何情况而定），又凡属切实可行，亦须顾及该儿童或少年人的宗教信仰。

（5）被拘留在拘留地方的儿童或少年人，可藉行政长官命令而从该处获释或转往另一拘留地方。（由1999年第15号第3条修订）

［比照1908 c. 67 s. 108 U.K.］

17. 关于羁押儿童及少年人在拘留地方的条文

（具追溯力的适应化修订——见1999年第15号第3条）

（1）将任何儿童或少年人交付拘留地方羁押所依据的命令或判决，须在交付该儿童或少年人时一并送交拘留地方的主管，该命令或判决且是按照其内所述意旨而将该儿童或少年人拘留于该地方的足够权限依据。

（2）任何儿童或少年人在上述拘留期间以及在解往或解离拘留地方期间，须当作被合法羁押；如该儿童或少年人逃走，则可无须手令而将其拘捕并带返其原来被拘留的拘留地方。

（3）行政长官须安排拘留地方受到视察，并可就拟用作拘留地方的地方、该等地方的视察，以及羁押在拘留地方的儿童及少年人的分类、待遇、活动及控制事宜，订立规则；行政长官又可订立规则，使上述儿童及少年人在拘留期间不时由按照该等规则而获委任的人士探访。（由1999年第15号第3条修订）　（由1973年第15号第15条修订）［比照1908 c. 67 s. 109 U.K.］

18. 儿童或少年人的给养费用

政府就任何拘留地方而招致的开支，包括在该拘留地方拘留的任何儿童或少年人的给养费用，均由政府一般收入支付，不论有关儿童或少年人是否在被拘捕后受拘留，或因还押、交付审讯、代替监禁或欠缴罚款、损害赔偿、讼费而被交付羁押。（由 1973 年第 15 号第 16 条修订）[比照 1908 c. 67 s. 110 U.K.]

19. 命令不得因后来提出的年龄证据而致失效

凡有人被带到法庭席前（不论其是否被控犯罪），而法庭在考虑有关该人年龄的可得证据后，觉得该人是儿童或少年人，则即使后来证实该人的年龄不曾正确地向法庭陈述，或不曾由法庭正确地推定或宣布，法庭的命令或判决亦不得因此而致失效；同时就本条例而言，由某人所被带到其席前的法庭推定或宣布为该人的年龄，须当作该人的真实年龄，又凡法庭在考虑任何关于该人年龄的可得证据后，觉得该名被带到其席前的人年满 16 岁，则就本条例而言，该人须当作并非儿童或少年人。（由 1979 年第 33 号第 2 条修订）

[比照 1908 c. 67 s. 123 U.K.]

20. 儿童或少年人在某些案件作证时法庭禁止公众旁听的权力

凡有被法庭认为是儿童或少年人的人士在任何法律程序中被传召作证人，而该法律程序与不合乎体统或道德标准的罪行或行为有关，则法庭除拥有闭门聆讯的权力外，在不损害该权力的原则下，尚可指示在该儿童或少年人作证之时，除法庭成员或人员、该案件中的各方或其大律师或律师、或在其他方面与案件直接有关的人士外，所有人士或部分人士不得进入或留在法庭内。

但本条并不授权禁止报社或新闻机构的真正代表进入或留在法庭内。

[比照 1908 c. 67 s. 114 U.K.]

20A. 报导少年法庭法律程序的限制及其他法庭禁止某些报导的权力

（1）除第（2）款另有规定外，任何人不得——

（a）就少年法庭的任何法律程序或反对少年法庭决定的上诉法律程序，发表一项书面报导或广播一项报导，而——

（i）揭露与该项法律程序有关的儿童或少年人的姓名、地址或学校；或

（ii）将刻意导致与该项法律程序有关的儿童或少年人的身份被识别的资料包括在内，

不论该项法律程序是就该儿童或少年人而进行，抑或在该项法律程序中该儿童或少年人是被告人或证人；或

（b）广播或在书面报导中发表任何图片，作为是与任何该等法律程序有关的儿童或少年人的图片，或作为包括该等儿童或少年人的图片的图片。（由1998年第315号法律公告修订）

（2）法庭如信纳为公正目的，须藉命令将第（1）款的规定按命令内所指明的限度免除，则可如此行事。

（3）除第（1）款适用的法律程序外，在任何法庭的任何法律程序中，该法庭可作出指示，规定任何人不得就在该法庭席前进行的法律程序而发表属第（1）款指明的任何事宜，但如法庭给予准许，则在准许的范围内，可不受此限。[比照 1933 c. 12 s. 39（1）U.K.]

（4）如有报导或图片在违反第（1）款的规定下或在违反法庭根据第（3）款作出的指示下发表或广播，以下的人均属犯罪，一经定罪，可处罚款 $10000 及监禁 6 个月——

（a）如属以报章或期刊一部分的形式发表的书面报导或图片，指该报章或期刊的东主、编辑、出版人或发行人；

（b）如属以非报章或期刊一部分的形式发表的书面报导或图片，指发表或分发该书面报导或图片的人；

（c）如属广播的报导或图片，指传播或提供在其中广播该项报导或图片的节目的人，以及在该节目担任相当于报章或期刊编辑职能的人。

（5）未经律政司司长同意，不得提起检控本条所订罪行的法律程序。（由1997年第362号法律公告修订）

（6）第（1）款及第（3）款是增加而非减损关于发表司法程序报导的任何其他条例条文的效力。

（7）在本条中——

“发表”（publish），就报导而言，指将报导单独发表或以报章或期刊一部分的形式发表，以分发公众；

“广播”（broadcast）指透过无线电讯，或透过利用导线或其他物料造成线路的高频率播送系统，将声音或影像广播以供大众接收。

（由 1973 年第 15 号第 17 条增补）[比照 1933 c. 12 s. 49 U.K.]

21. 订立规则的权力

（具追溯力的适应化修订——见 1999 年第 15 号第 3 条）

行政长官会同行政会议可订立其不时觉得需要的规则，以更恰当地施行本条例。（由 1960 年第 8 号第 4 条代替；由 1999 年第 15 号第 3 条修订）

22. 保留条文

除本条例另有明文规定以及仅以该等规定为限外，本条例不得当作对任何其他与儿童或少年人有关的法律有所影响。

23. 过渡性条文

任何儿童如在《2003 年少年犯（修订）条例》（2003 年第 6 号）生效日期[①]前犯了任何罪行，而该儿童在犯该罪行时的年龄在假若他是在该生效日期后犯该罪行的情况下是会令他凭借第 3 条免因该罪行而致有法律程序对他进行的话，则自该生效日期起，不得就该罪行而针对该儿童进行法律程序。

（由 2003 年第 6 号第 3 条增补）

移交被判刑人士条例

（第 513 章）

目　　录

条次

① 生效日期：2003 年 7 月 1 日。

条次

本条例旨在就关于凭借法院在行使其刑事司法管辖权时作出的命令而被扣留在机构的人在香港与香港以外地方之间移交的事宜，以及就该等事宜附带引起的或与该等事宜有关联的事宜，订定条文。

［1997 年 6 月 6 日］ 1997 年第 303 号法律公告

1. 简称

（1）本条例可引称为《移交被判刑人士条例》。

（2）（已失时效而略去）。

2. 释义

在本条例中，除文意另有所指外——

“刑”“刑罚”（sentence）是指法院命令作出的涉及剥夺自由的惩罚或措施，而——

（a）该等惩罚或措施的刑期是有限期、没有限期或不固定限期的；及（由 2000 年第 32 号第 24 条修订）

（b）该法院是在行使其刑事司法管辖权的过程中命令作出该等惩罚或措施的；

“法院”（court）包括香港或香港以外地方的裁判官、审裁处及任何其他司法主管当局；

“被判刑人士”（sentenced person）指规定扣留在机构服刑的人；

“移交入境手令”（inward warrant）指根据第3（1）（a）条发出的手令；

“移交出境手令”（outward warrant）指根据第3（1）（b）条发出的手令；

“移交被判刑人士的安排”（arrangements for the transfer of sentenced persons）指符合以下说明的安排——

（a）适用于——（由2005年第13号第3条修订）

（i）香港政府与中华人民共和国以外地方的政府的；或（由2005年第13号第3条修订）

（ii）香港与中华人民共和国以外地方的；或（由2005年第13号第3条修订）

（iii）澳门特别行政区政府与香港政府的；及（由2005年第13号第3条增补）

（b）为以下目的而作出的——

（i）从该地方或从澳门移交一名或多于一名被判刑人士到香港；或

（ii）从香港移交一名或多于一名被判刑人士往该地方或往澳门；（由2005年第13号第3条代替）

“机构”（institution）包括监狱、医院及收容所。

3. 发出手令等

（具追溯力的适应化修订——见1999年第15号第3条）

（1）在符合第4条的规定下，行政长官可在依据任何移交被判刑人士的安排的情况下发出符合附表1所指明格式的手令，规定将被判刑人士——

（a）从该等安排适用的香港以外地方移交到香港；或

（b）移交往该等安排适用的香港以外地方。

（2）行政长官可藉宪报公告修订附表1。

（由1999年第15号第3条修订）

4. 发出手令的限制

（1）除非符合以下情况，否则行政长官不得发出移交入境手令——

（a）有关刑罚就某些作为或不作为构成的行为而判处，而该等行为假使在香港发生，即会根据香港法律构成刑事罪行；

（b）有关的被判刑人士——

（i）持有《人事登记条例》（第177章）所指的永久性居民身份证；或

（ii）被行政长官认为在其他方面与香港有密切联系；

（c）所判处的刑罚的刑期是——

（i）终身的；

（ii）不固定的；或（由2000年第32号第25条修订）

（iii）固定的；

（d）在有关的香港以外地方，没有就所判处的刑罚的行为而进行的关乎该被判刑人士的进一步刑事法律程序正在待决；及

（e）该香港以外地方的适当主管当局及该被判刑人士（或代表该人行事的人）已同意该项移交。

（2）除非符合以下情况，否则行政长官不得发出移交出境手令——

（a）有关刑罚就某些作为或不作为构成的行为而判处，而该等行为假使在香港以外地方发生，即会根据该地方的法律构成刑事罪行；

（b）（i）（如属移交往中华人民共和国以外地方的情况）有关的被判刑人士是该地方的国民，或行政长官认为该人在其他方面与该地方有密切联系；或

（ii）（如属移交往澳门的情况）有关的被判刑人士是澳门的永久性居民，或行政长官认为该人在其他方面与澳门有密切联系；（由2005年第13号第4条代替）

（c）所判处的刑罚的刑期是——

（i）终身的；

（ii）不固定的；或（由2000年第32号第25条修订）

（iii）固定的；

（d）在香港没有就所判处的刑罚的行为而进行的关乎该被判刑人士的进一步刑事法律程序正在待决；及

（e）香港的适当主管当局及该被判刑人士（或代表该人行事的人）已同意该项移交。（由1999年第15号第3条修订）

5. 移交到香港和从香港移交

（具追溯力的适应化修订——见1999年第15号第3条）

（1）移交入境手令——

（a）须为以下事项的足够权限依据——

（i）将被判刑人士从香港以外地方带进香港；

（ii）将被判刑人士送往该手令指明的在香港的机构；及

（iii）按照该手令的条款扣留被判刑人士；及

（b）不得指明将被判刑人士扣留超逾有关的香港以外地方所通知的所判处的刑罚的终止日期（如有的话）。

（2）移交出境手令须为以下事项的足够权限依据——

（a）将被判刑人士从在香港的机构带走并交付给代表有关的香港以外地方的适当主管当局的押送人员羁押；及

（b）由该押送人员将该被判刑人士带往该有关的香港以外地方。

（3）任何被判刑人士如——

（a）在凭借移交入境手令或移交出境手令而被羁押的情况下逃离羁押；或

（b）已凭借移交出境手令被带离香港但在以下情况下回到香港——

（i）他在香港被判处的刑罚尚未服完；及

（ii）没有行政长官的书面同意，

则——

（i）在上述任何一种情况下，该被判刑人士可在香港被捉拿，方式一如捉拿一名逃离香港监狱的人一样；及

（ii）如属（b）段的情况，则在不抵触第（4）款的条文下，该被判刑人士（如已被如此捉拿）须在香港——

（A）自其被如此捉拿当日起就尚未服完的刑罚服刑；及

（B）就以下整段期间服刑——

（I）该被判刑人士（不论为任何原因）停止在有关的香港以外地方就该刑罚服刑的日期与（A）节提述的日期之间的期间；及

（II）行政长官以书面指示该人须服刑的期间。

（4）第（3）（ii）款的施行不得——

（a）阻止行政长官就该款所提述的被判刑人士再发出移交出境手令；或

（b）妨害任何人（不论是否行政长官）根据任何法律行使权力赦免被判刑

人士或就该款提述的刑罚全部或部分给予减刑或以其他方式缩短刑罚。

（由 1999 年第 15 号第 3 条修订）

6. 撤销和更改手令

（具追溯力的适应化修订——见 1999 年第 15 号第 3 条）

（1）在符合第（2）款的规定下，行政长官可藉书面指示撤销或更改移交入境手令或移交出境手令。

（2）凡属移交入境手令或移交出境手令的标的之被判刑人士被判处的刑期已获减免或缩短，则行政长官须根据第（1）款撤销或更改该手令，以贯彻该项减免或缩短（视属何情况而定）。（由 1999 年第 15 号第 3 条修订）

7. 过境

（具追溯力的适应化修订——见 1999 年第 15 号第 3 条）

如某香港以外地方（“首述地方”）欲将在另一个香港以外地方（“次述地方”）被判处刑罚的被判刑人士取道香港押送往首述地方，而目的是让该被判刑人士在首述地方就该项刑罚服刑，则——

（a）可为该目的而押送该人取道香港；

（b）警务人员（或属于行政长官为本条的施行而以书面授权的类别的任何其他人士）可为该押送而羁押该人不超过——

（i）48 小时；或

（ii）由行政长官以书面准许的任何较长期间。

（由 1999 年第 15 号第 3 条修订）

8.（由 1999 年第 15 号第 3 条废除）

（具追溯力的适应化修订——见 1999 年第 15 号第 3 条）

9. 行政长官将有关的要求通知中央人民政府

（1）行政长官须就每一项有关的要求，安排向中央人民政府给予通知。

（2）中央人民政府如向行政长官发出指示——

（a）责成行政长官就有关的要求采取或不采取某行动；及

（b）而发出该指示的理由是如该指示不获遵从，则中华人民共和国在主权、安全或公安事宜方面的利益会受到重大影响，则行政长官须遵从该指示。

（3）在不损害第（2）款的实施的原则下，在——

（a）有关的期间届满；或

（b）中央人民政府通知行政长官可遵从有关的要求，

（以最先发生者为准）之前，不得遵从该要求。

（4）根据第（1）款给予的通知——

（a）须附有——

（i）有关的要求的副本一份；

（ii）附同文件的副本；

（iii）支持该要求的具关键性的事实的撮要；

（iv）被判刑人士将被运送而取道的任何地方的详情；及

（v）中央人民政府规定的任何其他与该要求有关的文件；

（b）在有关资料并没有凭借（a）段提供的情况下——

（i）须清楚指出提出有关的要求的人的身份；

（ii）须清楚指出被判刑人士的身份；及

（iii）如属——

（A）"有关的要求"定义的（a）段所提述的要求的情况，凡拟从某地方移交被判刑人士到香港，则须清楚指出该地方；

（B）该定义的（b）段所提述的要求的情况，凡拟从香港移交被判刑人士往某地方，则须清楚指出该地方；

（C）该定义的（c）段所提述的要求的情况，凡拟从某地方将被判刑人士取道香港押送往另一地方，则须清楚指出该两地方；（由2005年第13号第5条修订）

（c）在有关资料并没有凭借（a）段提供的情况下——

（i）凡所判处的刑罚是就某行为而判处的，须述明构成该行为的作为或不作为；

（ii）须述明所判处的刑罚；

（iii）须述明被判刑人士已就该刑罚服刑的期间；及

（iv）如该刑罚的刑期是固定的，须述明被判刑人士将停止服刑的日期；

（d）如属“有关的要求”定义的（a）段或（b）段所提述的要求的情况，须提供被判刑人士（或代表该人行事的人）同意该项移交的同意书的副本一份（如该副本并没有凭借（a）段提供）；

（e）如属“有关的要求”定义的（c）段所提述的要求的情况，须述明（如切实可行的话）将被判刑人士取道香港押送的时间的详情（如该等详情并没有凭借（a）段提供）；及

（f）如属“有关的要求”定义的（a）段或（b）段所提述的要求的情况，须述明——

（i）基于什么提出该要求；及

（ii）对可否遵从该要求的意见及持该意见的理由。

（5）在有关的要求已获遵从的情况下，如中央人民政府有此规定，行政长官须向中央人民政府提供依据该要求而提供的任何证据或文件的详情。

（6）在本条中——

“有关的要求”（relevant request）指要求——（由2005年第13号第5条修订）

（a）发出将被判刑人士从某香港以外地方（澳门除外）移交到香港的移交入境手令；

（b）发出将被判刑人士从香港移交往某香港以外地方（澳门除外）的移交出境手令；或

（c）将被判刑人士从某香港以外地方（澳门除外）取道香港押送往另一香港以外地方（澳门除外）；（由2005年第13号第5条修订）

“有关的期间”（relevant period）就有关的要求而言，指自收到该要求开始至中央人民政府及行政长官为本定义的目的而不时藉书面议定的日数届满为止的期间。

（由1999年第15号第3条修订）

10. 过渡性条文

（具追溯力的适应化修订——见1999年第15号第3条）

（1）如——

（a）被判刑人士是凭借根据《1986年遣返囚犯（海外属地）令》（附录III C1页）发出的手令而于香港被羁押的；及

（b）该人所须服的刑罚在以下情况发生（以先发生者为准）的日期当日或之前尚未届满——

（i）任何移交被判刑人士的安排在香港与香港以外地方之间开始实施，而该人是依据手令从该地方被带到香港的；或

（ii）该命令不再是香港法律的一部分，

则该手令须当作为根据本条例就在该日期之后余下须服的该等刑罚尚未届满的部分而发出的移交入境手令，而本条例其他条文（包括第6条）须据此解释。

（2）如任何已被带离香港的被判刑人士——

（a）是凭借根据《1986年遣返囚犯（海外属地）令》（附录III C1页）发出的手令被带离香港的；及

（b）在以下情况下回到香港——

（i）他在香港被判处的刑罚尚未服完；及

（ii）没有行政长官的书面同意，

则——

（i）该被判刑人士可在香港被捉拿，方式一如捉拿一名逃离香港监狱的人一样；及

（ii）除第（3）款另有规定外，该被判刑人士（如已被如此捉拿）须在香港——

（A）自其被如此捉拿当日起就尚未服完的刑罚服刑；及

（B）就以下整段期间服刑——

（I）该被判刑人士（不论为任何原因）停止在有关的香港以外地方就该刑罚服刑的日期与（A）节提述的日期之间的期间；及

（II）行政长官以书面指示该人须服刑的期间。

（3）第（2）（ii）款的施行不得——

（a）阻止行政长官就该款所提述的被判刑人士发出移交出境手令；或

（b）妨害任何人（不论是否行政长官）根据任何法律行使权力赦免被判刑人士或就该款提述的刑罚全部或部分给予减刑或以其他方式缩短刑罚。

（由1999年第15号第3条修订）

11.（已失时效而略去）

长期监禁刑罚复核条例

（第 524 章）

目　　录

条次

第 I 部

导　　言

第 II 部

长期监禁刑罚复核委员会

第 III 部

刑罚的复核

条次

第Ⅳ部

囚犯的有条件释放

第Ⅴ部

囚犯释放后的监管

条次

第Ⅵ部

杂项规定

本条例旨在设立委员会以复核无限期及长期监禁刑罚、被拘留等候行政酌情决定发落的人的拘留及某些其他类别的监禁刑罚，并就有关事宜订定条文。

［1997年6月30日］ 1997年第377号法律公告

第I部
导　言

1. 简称

(1) 本条例可引称为《长期监禁刑罚复核条例》。

(2)(已失时效而略去)

2. 本条例的目的

本条例的目的如下——

(a) 就囚犯在香港被判处的无限期或长期监禁刑罚的复核，订定条文；

(b) 就被拘留等候行政酌情决定的人的拘留的复核，订定条文；

(c) 就青少年囚犯被判处的刑罚的复核，订定条文；

(d) 在有囚犯在香港以外地方被定罪，并因该等罪行而被判处无限期或长期监禁刑罚，且正在香港监狱就该等刑罚的全部或部分服刑的情况下，就该等刑罚的复核，订定条文。

3. 条例的适用范围

本条例适用于所有长刑期囚犯、被判处无限期刑罚而正在服刑的囚犯、青少年囚犯，以及被移交囚犯，并就该等囚犯而适用，而不论他们的刑罚是在本条生效之前或之后判处的。

4. 释义

(1) 在本条例中，除文意另有所指外——

“囚犯”(prisoner)包括根据有条件释放令或监管令获释放的人；

“行政酌情决定”(Executive discretion)——

(a) 在自本条生效日期起至1997年6月30日止的期间内，指等候女皇发落；及

(b) 在1997年7月1日及该日以后，指行政长官的酌情决定；

“有条件释放令”(conditional release order)指根据第15(1)(b)条作出的命令；

“刑罚”（sentence）指——

（a）监禁刑罚；或

（b）等候行政酌情决定的拘留，

亦包括由香港以外地方的法院判处而准许在香港监狱就该刑罚的全部或部分服刑的监禁刑罚；

“戒毒所”（addiction treatment centre）的涵义与《戒毒所条例》（第 244 章）第 2 条中该词的涵义相同；

“青少年囚犯”（juvenile prisoner）指未达 21 岁的囚犯；

“长刑期囚犯”（long-term prisoner）指现正服 10 年或 10 年以上确定限期刑罚的囚犯；

“法院”（court）包括法官或裁判官；

“委员会”（Board）指由本条例设立的长期监禁刑罚复核委员会；

“酌情性终身监禁刑罚”（discretionary life sentence）——

（a）指在可就有关罪行判处的最高刑罚是终身监禁的情况下判处的终身监禁刑罚；及

（b）在任何人被裁定犯谋杀罪，而该人在犯该罪时不足 18 岁的情况下，指根据《侵害人身罪条例》（第 212 章）第 2 条而判处该人的终身监禁刑罚；（由 1998 年第 6 号第 4 条修订）

“规例”（regulation）指根据本条例订立的规例；

“被移交囚犯”（transferred prisoner）指被香港以外地方的法院判处无限期刑罚或长期刑罚后获准在香港监狱就该刑罚的全部或部分服刑的囚犯；

“强制性终身监禁刑罚”（mandatory life sentence）指在可就有关罪行判处的唯一刑罚是终身监禁的情况下判处的终身监禁刑罚；

“最低刑期”（minimum term）就刑罚而言，指根据《刑事诉讼程序条例》（第 221 章）第 67B 条或第 67C 条订定的最低监禁刑期；（由 1998 年第 6 号第 4 条修订；由 2004 年第 22 号第 6 条修订）

“无限期刑罚”（indeterminate sentence）指——

（a）强制性终身监禁刑罚或酌情性终身监禁刑罚；或

（b）行政酌情决定的拘留；

“署长”（Commissioner）指惩教署署长；

“监管令”（supervision order）指根据第 15（1）（c）条作出的命令；

“职能”（function）包括权力及权限。

（2）就本条例而言，分期执行的刑罚被视为相等于该等刑罚的刑期总和的单一刑罚。

第Ⅱ部
长期监禁刑罚复核委员会

5. 委员会的设立

（1）现由本条例设立一个称为“长期监禁刑罚复核委员会”的委员会。

（2）委员会具有由本条例或任何其他条例或根据本条例或任何其他条例授予的职能和委以的责任。

（3）委员会并非政府的雇员或代理人，亦不享有任何政府地位、豁免权或特权。

6. 委员会的组合

（具追溯力的适应化修订——见 1998 年第 25 号第 2 条；1999 年第 15 号第 3 条）

（1）委员会由不多于 11 名而不少于 8 名获行政长官委任的成员组成。

（2）在符合第（3）款的规定下，成员中——

（a）2 名必须是原讼法庭法官或前任原讼法庭法官；及（由 1998 年第 25 号第 2 条修订）

（b）一名必须是或曾经是精神病学专家的注册医生；及

（c）一名必须是或曾经是执业心理学家的人；及

（d）一名必须是行政长官认为在社会工作方面具有专长和经验的人；及

（e）一名必须是大律师或律师；及

（f）一名必须是行政长官认为在教育工作方面具有专长和经验的人；及

（g）一名必须是从事工业或商业的人。

（3）行政长官——

（a）必须认为第（2）款所提述的成员中有不少于1名成员在帮助罪犯改过自新方面具有专长和经验；及

（b）如认为任何上述成员具有该方面的专长和经验，必须在委任该名成员时述明他有此见解。

（4）上述2名司法界的成员须藉委任其为成员的文件或藉行政长官签署的其他文件，分别获委任为委员会的主席及副主席。

（5）附表1就委员会而具有效力。（由1999年第15号第3条修订）

7. 委员会的主要职能

委员会的主要职能是对以下类别的刑罚进行复核——

（a）在香港被判刑的囚犯的无限期及长期监禁刑罚；

（b）等候行政酌情决定的囚犯的拘留；

（c）青少年囚犯的刑罚；

（d）被移交囚犯的无限期及长期监禁刑罚。

8. 委员会行使或执行其职能和责任时须依循的原则

委员会在就任何囚犯行使其职能或执行其责任时必须首要顾及以下原则——

（a）在该囚犯未完全改过自新的情况下，于该囚犯服未减免部分的刑罚之前释放他的自新效果；

（b）在该囚犯未完全改过自新的情况下，该囚犯在获释后接受监管以期确保该囚犯改过自新并重新融入社会，或增加确保该囚犯改过自新并重新融入社会的可能性，此种做法对该囚犯和社会带来的利益；

（c）在所有情况下（尤其是考虑到该囚犯被拘留所涉的罪行的性质），该囚犯的刑罚中已服的部分是否足以成为对该囚犯的提早获释加以考虑的理由；

（d）保障社会人士免受合理地可预见因该囚犯提早获释而能够造成的伤害的需要。

9. 委员会可转授职能和责任

委员会可将其职能和责任转授予主席，但此项转授权力及关乎复核囚犯的刑罚、修订或撤销有条件释放令和修订监管令或暂缓监管令的执行的委员会的职能和责任则除外。

10. 委员会的职员

保安局局长须提供一名受雇于政府的人员担任委员会秘书，并须提供使委员会能够行使其职能和执行其责任而需要的其他职员。

（由 1997 年第 362 号法律公告修订）

第Ⅲ部
刑罚的复核

11. 署长将囚犯的个案转介委员会复核的责任

（1）署长必须按本条的规定将囚犯的刑罚转介委员会复核。

（2）在第（3A）款的规限下，正在服长期监禁刑罚或强制性终身监禁刑罚的囚犯的刑罚，须在该刑罚开始日期的第 5 周年日之后在切实可行的范围内尽快转介复核，并且在自该日期起计的每段接续 2 年期间届满后在切实可行的范围内尽快予以复核。如囚犯在本条生效之前已就长期监禁刑罚或强制性终身监禁刑罚服刑超过 5 年，则该刑罚须在本条生效后，犹如本款在该刑罚开始时已生效一样在相同的周年日之后在切实可行的范围内尽快转介复核。（由 1998 年第 6 号第 4 条修订）

（3）如囚犯正在服酌情性终身监禁刑罚或被拘留等候行政酌情决定，则该刑罚须在有关日期之后在切实可行的范围内尽快转介复核，并且在自该日期起计每段接续 2 年期间届满后在切实可行的范围内尽快转介复核。

（3A）如任何囚犯因被裁定犯谋杀罪而正在服强制性终身监禁刑罚，而其在犯该罪时不足 18 岁，则该刑罚须在有关日期之后在切实可行的范围内尽快

转介复核，并且在该日期后每隔一年的同月同日后须在切实可行的范围内尽快转介复核。（由1998年第6号第4条增补）

（4）就第（3）款及第（3A）款而言，有关日期——（由1998年第6号第4条修订）

（a）就本条生效之后被判处的囚犯而言，即以下日期（以较早者为准）的6个月之前的当日——

（i）就该刑罚订定的最低刑期完结之日；及

（ii）该刑罚开始后的第5周年日；及

（b）就于本条生效之前被判刑的囚犯而言，即就该刑罚订定最低刑期的当日。

（5）即使有第（3）款及第（3A）款的规定，如囚犯正在服酌情性终身监禁刑罚或被拘留等候行政酌情决定，则该刑罚须在就该刑罚指明或订定的最低刑期完结之日的6个月前当日后，在切实可行的范围内尽快转介复核，并且在自该日期起计的每段接续2年期间届满后在切实可行的范围内尽快转介复核。（由1998年第6号第4条修订）

（6）如正在就某罪行而服确定限期刑罚的囚犯在被裁定犯该罪行时未满21岁，则该刑罚须在该刑罚开始日期的每个周年日之后在切实可行的范围内尽快转介复核，而当该囚犯年满21岁时，该刑罚须在自该日期起计的每段接续2年期间届满后在切实可行的范围内尽快转介复核。

（7）如——

（a）任何被香港以外地方的法院判处无限期或长期监禁刑罚的囚犯正在香港监狱就该刑罚的全部或部分服刑；及

（b）该囚犯已在香港以外地方就该刑罚服刑最少3年，

则该刑罚须在自该囚犯返回香港日期起计的每段接续2年期间届满后在切实可行的范围内尽快转介复核。

（8）如——

（a）任何被香港以外地方的法院判处无限期或长期监禁刑罚的囚犯正在香港的监狱就该刑罚的全部或部分服刑；及

（b）该囚犯已在香港以外地方就该刑罚服刑少于3年，

则该刑罚须在该囚犯已就该刑罚服刑满5年（包括已在香港以外地方就该刑罚的任何部分而服刑的时间）的日期之后在切实可行的范围内尽快转介复核，并且在自该日期起计的每段接续2年期间届满后在切实可行的范围内尽快转介复核。

（9）如正在就无限期监禁刑罚服刑的囚犯的刑期由行政长官转变为确定限期监禁刑罚，该刑罚须于该转变后在切实可行的范围内转介复核。该项转介必须包括或附有署长就该囚犯作出的建议及报告。（由2004年第22号第7条修订）

（10）凡已根据已废除规则获得、产生或招致任何权利、特权、义务或法律责任，则本条经作出所有必需的变通后，须适用于任何上述权利、特权、义务或法律责任（视属何情况而定），并就上述权利、特权、义务或法律责任（视属何情况而定）而适用，犹如上述权利、特权、义务或法律责任（视属何情况而定）已根据本条获得、产生或招致一样。

（11）在第（10）款中，"已废除规则"（repealed rule）指在本条例将《监狱规则》（第234章，附属法例A）第69A条废除之前的任何时间属有效的该规则第69A条。

12. 委员会复核囚犯刑罚的责任

（具追溯力的适应化修订——见1999年第15号第3条）

（1）委员会必须复核第11条或第28条提述的囚犯的刑罚或由行政长官转介的囚犯的刑罚。但如根据《囚犯（监管下释放）条例》（第325章）第7条作出的命令就某囚犯而有效，则委员会不得复核该囚犯的刑罚。（由1999年第15号第3条修订）

（2）委员会在复核囚犯的刑罚时，不得作出饬令在有关囚犯服完适用于他的最低刑期之前提早释放该囚犯的命令。

（3）委员会在复核任何囚犯的刑罚时，必须顾及按照第11条或第14条就该囚犯提供的任何报告或其他文件，并可顾及关乎该囚犯而委员会认为与复核有关的任何其他文件。

（4）凡委员会拟复核任何囚犯的刑罚，委员会必须藉书面通知该囚犯复核的日期和地点。

（5）在委员会复核任何囚犯的刑罚时，该囚犯有权就关于复核的事宜向委员会作出书面陈述，如根据本条例订立的规例有此规定或委员会给予同意，该囚犯并可亲自或透过该囚犯选择的代表在委员会席前出席聆讯，并就该等事宜陈词及向委员会作出口头陈述和援引证据。

（6）委员会在复核任何刑罚时，不受关于证据的规则或常规所约束，并可就其认为适当的任何事宜取纳任何资料。

13. 复核若干刑罚的先决条件

（1）凡——

（a）某囚犯正在服酌情性终身监禁刑罚、因被裁定犯谋杀罪而正在服强制性终身监禁刑罚（而该囚犯在犯该罪时不足18岁）或被拘留等候行政酌情决定，如为该刑罚指明的最低刑期于某日结束而该刑罚的复核按规定须在该日前的6个月期间的首日后于切实可行范围内尽快进行，则本条适用于该复核，本条并适用于委员会按本条规定须在其后对该刑罚进行的每一次复核；及（由1998年第6号第4条修订）

（b）属委员会根据本条例可予复核的其他种类的刑罚，本条适用于该种类的刑罚的复核或指明复核，但适用范围仅限于为施行本条而订立的规例所规定者。

（2）委员会必须确保在本条适用的刑罚的复核开始的日期的不少于14日前，有关的囚犯已获提供委员会在与该复核有关的情况下考虑的所有有关材料的副本一份。

（3）虽有第（2）款的规定，如任何材料的披露合理地相当可能会——

（a）危及任何人的健康或安全；或

（b）危及任何拘留地方的保安；或

（c）损害对任何罪行的合法调查的进行，

则委员会可拒绝向有关囚犯提供该材料的副本。

（4）如委员会按照第（3）款拒绝提供某特定材料的副本，委员会仍须提供在顾及该款的（a）段至（c）段指明的因素后属可合理地向该囚犯披露的关乎该材料的资料。第（2）款适用于该资料的提供，如同该款适用于有关材料的副本的提供。

（5）在按照本条提供一份材料的副本或资料前，委员会须邀请有关囚犯在指明期间内表示哪一法定语文属该囚犯为施行本条目的而优先选用的语文。如该囚犯在指明期间内表示优先选用某一语文，则委员会须确保有关副本或资料是以该语文提供的。如该囚犯并不在指明期间内表示优先选用哪一法定语文，则委员会须确保有关副本或资料是以委员会认为属该囚犯可明白的语文而提供的。

（6）纵使根据本条须提供的材料的副本是在复核的日期前的14日内向有关囚犯提供的，如委员会能提出好的因由，解释为何有关的副本或资料不能在该期间的开始前提供，则委员会仍可复核本条适用的刑罚，但委员会只可在其提出该等因由的情况下复核本条适用的刑罚。

14. 委员会可要求获得报告

（1）为利便复核某名囚犯的刑罚，委员会有权要求——

（a）署长提供报告，而该报告须指明该囚犯在就该刑罚服刑时的行为，以及任何与该囚犯有关的医学报告、心理报告或精神病报告；及

（b）警务处处长提供该囚犯的刑事记录的副本，以及该囚犯就与指称中的罪行有关的调查向警务人员提供的任何协助的详情（如有的话）；及

（c）高等法院司法常务官——（由1998年第25号第2条修订）

（i）提供关于该囚犯正在服刑所涉的罪行的以下事宜的副本：法官向陪审团作出的总结或（如属认罪的情况）经宣读而记入法院记录的获同意的事实陈述、于要求减轻刑罚时的任何陈词、法官在判刑时就须服的最低刑期所作的任何评语，以及法官为任何上述复核的目的而记录的任何其他事宜；及

（ii）在该刑罚属无限期刑罚的情况下，提供《刑事诉讼程序条例》（第221章）第67B条或第67C条所指的关于该囚犯或该刑罚的报告的副本；及（由2004年第22号第8条修订）

（d）社会福利署署长提供列出以下事项的报告——

（i）该囚犯的家庭状况；及

（ii）该囚犯获释后是否相当可能被雇用；及

（iii）该囚犯获释后是否相当可能改过自新；及

（iv）是否有任何恩恤该囚犯的理由。

（2）根据本条提出的要求须以书面提出。

（3）根据本条被要求提供报告或其他文件的人有责任在切实可行的范围内在要求所指明的期限内遵从该要求。

15. 委员会可作出关乎囚犯的建议和作出释放囚犯的命令

（1）委员会按照本部复核任何囚犯的刑罚时，可作出委员会认为适当的以下事情——

（a）向行政长官建议行政长官应——（由 1999 年第 15 号第 3 条修订）

（i）以较短的确定限期刑罚取代该囚犯的确定限期刑罚，藉此减免该囚犯的刑罚的全部或部分；或

（ii）以确定限期刑罚取代该囚犯的无限期刑罚；

（b）（如该囚犯正服无限期刑罚而委员会希望延迟就他建议由行政长官将该刑罚转为确定限期刑罚）按照第 IV 部作出命令，指示将该囚犯在监管下有条件释放；

（c）（如行政长官已将该囚犯的无限期刑罚转为确定限期刑罚）按照第 V 部作出命令，指示将该囚犯在监管下提早释放。（由 2004 年第 22 号第 9 条修订）

（2）凡囚犯服完有关刑罚后——

（a）须按照根据《入境条例》（第 115 章）第 19 条有效的遣送离境令离开香港；或（由 2007 年第 7 号法律公告修订）

（b）须根据在该条例第 20 条下作出的递解离境令被递解离境，

委员会不得就该囚犯作出监管令。

（3）根据本条作出，其意是指示在就某囚犯按照《刑事诉讼程序条例》（第 221 章）第 67B 条或第 67C 条订定的最低刑期完结前释放该囚犯的命令，不得在该段期间完结之前生效。（由 1998 年第 6 号第 4 条修订；由 2004 年第 22 号第 9 条修订）

（4）委员会可在任何有条件释放令届满之前的任何时间将该命令续期（不论是以相同或不同的条款续期）。

（5）凡任何囚犯依据已废除条文所指的特许获释，则本条经作出所有必需的变通后，须适用于该特许和该囚犯，并就该特许和该囚犯而适用，犹如——

（a）该特许为一项有条件释放令；

（b）该囚犯为该命令所关乎的人；及

（c）规限该特许的任何条件均为该命令的条件，

而本条例的其他条文（包括第18条）亦须据此解释。

（6）在本条中，“已废除条文”（repealed section）指在紧接《1993年刑事罪行（修订）条例》（1993年第24号）第9条生效之前有效的《刑事诉讼程序条例》（第221章）第70（3）条。

16. 行政长官作出要求和就委员会作出命令而给予指示的权力

（具追溯力的适应化修订——见1999年第15号第3条）

（1）凡——

（a）委员会就任何囚犯而根据本条例作出任何决定，行政长官可要求委员会重新考虑该决定；或

（b）任何囚犯的刑罚已获行政长官减免，或已由终身监禁刑罚改为确定限期刑罚，而且其刑罚正由委员会按照本条例加以复核，行政长官可指示委员会就该囚犯作出有条件释放令或监管令。

（2）行政长官在根据第（1）（b）款给予指示时，可就以下事项作出建议——

（a）监管的条件；及

（b）有关命令维持有效的期间。

（3）委员会必须考虑根据第（1）（a）款提出的要求，并须执行根据第（1）（b）款作出的指示。

（4）如委员会作出命令而该命令并不符合行政长官的建议，则委员会必须向行政长官作出列明偏离该等建议的原因的报告。

（由1999年第15号第3条修订）

17. 署长须执行委员会及主席作出的命令

署长必须执行由委员会及主席根据本条例作出的命令。

第Ⅳ部
囚犯的有条件释放

18. 有条件释放的条件

（1）关乎囚犯的有条件释放命令可就不超过2年的期间作出，并必须指明以下详情——

（a）该命令生效的日期；

（b）该命令维持有效的合计期间；

（c）规限该命令的条件。

（2）该等条件可包括（但不限于）关于以下全部或任何事项的条件——

（a）囚犯可居住或不可居住的地方；

（b）囚犯可受雇或不可受雇的地方；

（c）囚犯不得到访的地方；

（d）囚犯不得自发会晤或与其通信息的人；

（e）囚犯必须身处或不得身处某指明地方的日子和一日中的时段；

（f）囚犯必须于何时何地向指明的人或在指明的地方报到；

（g）囚犯只可在得到其监管人员事先准许的情况下自发参与活动，如囚犯参与无法合理预见会发生的活动或在非自发的情况下参与活动，则须将该等活动向监管人员报告。

19. 在囚犯获有条件释放时署长的责任

（1）署长在获送达关乎某囚犯的有条件释放令时，必须于该命令上批注——

（a）囚犯将获释放的日期；及

（b）该命令终止有效的日期（参照命令的条款而计算）；及

（c）足以识别署长指派担任囚犯的监管人员的人的详情。

（2）其后署长必须向有关囚犯送达一份该命令的文本，而除非遇有署长无法控制的情况，否则必须安排将该囚犯在批注于该命令上的释放日期从羁押中释放。

（3）如署长在命令上批注的任何资料有别于命令中指明的详情，则署长须将该等差别以书面通知委员会。

（4）囚犯在有条件释放令下获释的期间，亦被视作正在服被判处的刑罚。

（5）署长可视乎情况需要，藉以他指派为该囚犯的监管人员的另一人的识别详情取代根据第（1）款所作批注上指明的监管人员的识别详情而修订该项批注。

20. 囚犯须遵守有条件释放令的条件

根据有条件释放令获释的囚犯必须遵守该命令的条件。

21. 委员会可就囚犯建议确定限期的刑罚

（具追溯力的适应化修订——见 1999 年第 15 号第 3 条）

（1）在关乎某囚犯的有条件释放令有效期间的任何时候，委员会如信纳直至当时为止该囚犯一直遵守释放的规限条件，则可向行政长官建议将该囚犯的无限期刑罚转为确定限期刑罚。

（2）如——

（a）行政长官已因应根据第（1）款作出的建议将囚犯的无限期刑罚转为确定限期刑罚；及

（b）委员会信纳该囚犯在有条件释放期间一直遵守释放的条件，

则该确定限期刑罚在该段期间完结时即生效。

（由 1999 年第 15 号第 3 条修订）

22. 委员会可修订有条件释放令

（1）凡有条件释放令就某囚犯有效，委员会如因应该囚犯或其监管人员的申请，信纳自该命令作出后或自该命令经最后一次修订后，该人的情况已有关键性的改变，则可作出命令修订——

（a）该有条件释放令的条款或条件（包括该命令维持有效的期间）；或

（b）该命令的任何暂缓执行的期间。

（2）有条件释放令的修订只有在修订的实质内容本可包括在原有命令内的情况下方可作出。

（3）修订有条件释放令的命令在送达有关囚犯时即生效，或在该作出修订的命令指明的较后时间生效。

（4）本条受附表 1 第 13 条规限。

23. 委员会或主席可暂缓有条件释放令的执行

（1）如委员会或主席觉得——

（a）某有条件释放令就某囚犯有效，而该囚犯没有遵守该命令的任何条件；或

（b）如该囚犯获准续享自由，则可能对该囚犯或其他人造成严重伤害，

则在委员会举行聆讯以决定应否撤销该命令前，委员会或主席可作出暂缓执行该有条件释放令的命令。

（2）如某囚犯被控以可逮捕罪行，则关乎该囚犯的有条件释放令须暂缓执行。

（3）如关乎某囚犯的有条件释放令藉第（2）款而暂缓执行，则该项暂缓执行维持有效，直至该囚犯获判无罪释放或被判有罪或获撤销控罪或就上述罪行获中止检控为止。如该囚犯被判有罪，则该有条件释放令即告撤销；但如该囚犯获判无罪释放或获撤销控罪或就上述罪行获中止检控，则该项暂缓执行即终止有效。

（4）凡关乎某囚犯的有条件释放令藉本条或根据本条暂缓执行，则主席必须以书面通知署长。在该情况下，署长必须立即将该囚犯召回监狱，并在该暂缓执行期间内将他拘留在监狱内。

（5）凡关乎某囚犯的有条件释放令并非因该命令被撤销而终止暂缓执行，则该命令继续有效，犹如它从未暂缓执行一样。在该情况下，署长必须立即将囚犯从羁押中释放。

24. 委员会在某些情况下可撤销有条件释放令

（1）委员会如（在相对可能性的衡量下）信纳某囚犯没有遵守关乎该囚犯的有条件释放令的任何条件，则可作出撤销该有条件释放令的命令。本款受附表 1 第 13 条规限。

（2）撤销有条件释放令的命令在送达有关囚犯时即生效。

（3）如任何有条件释放令所关乎的囚犯被裁定犯罪和——

（a）被判处监禁（但不包括缓刑的刑罚），而监禁刑期长于该有条件释放

令有效期所余下的部分；或

（b）被饬令拘留于戒毒所；或

（c）受根据《罪犯感化条例》（第298章）第3条作出的感化令所规管，

则该有条件释放令即被撤销。

（4）凡关乎任何囚犯的有条件释放令藉本条或根据本条被撤销，则主席必须以书面通知署长。在该情况下，署长必须立即将该囚犯召回监狱继续服该命令所关乎的刑罚。

25. 在有条件释放令的有效期届满时召回囚犯继续服余下的刑罚

（1）如关乎任何囚犯的有条件释放令的有效期将要届满而不会续期，则委员会必须在该命令的有效期届满前的1个月内，将命令的有效期即将届满一事以书面通知告知署长。

（2）如该命令的有效期不获续期，则署长必须在该命令的有效期届满时将囚犯召回监狱继续服有关刑罚。

（3）如在有条件释放令下获释的囚犯的无限期刑罚已由行政长官转为确定限期刑罚，而该确定限期刑罚的届满日期早于该有条件释放令的有效期届满日期或属同一日，则本条不适用。（由2004年第22号第10条修订）

26. 如有条件释放令的有效期届满或该命令被撤销或暂缓执行则囚犯可被逮捕

（1）如有条件释放令的有效期届满或该命令被撤销或暂缓执行，则任何警务人员或惩教署人员可无须手令而逮逋和拘留根据该命令获释的囚犯。

（2）如警务人员或惩教署人员试图将根据本条可被逮捕的囚犯逮捕，则如该囚犯以武力拒捕，该人员（及任何协助该人员的人）可使用一切所需合理方法以进行逮捕。

（3）如任何警务人员或惩教署人员合理地相信须根据本条逮捕的囚犯身处某处所，则居住于该处所的人或该处所的负责人必须在该人员提出要求时准许该人员进入该处所搜寻该囚犯。

（4）警务人员或惩教署人员如在作出根据第（3）款提出的要求后并不能进入有关处所或如该处所看似没有人在内，则该人员可进入和搜查该处所。为此目的，有关人员可破启该处所的任何内外门窗。

（5）如不能够在不给予囚犯逃避逮捕的机会的情况下取得手令，则只有在此情况下方可无须手令而行使第（4）款授予的权力。

（6）凡任何警务人员或惩教署人员根据第（4）款谋求进入某处所，如居于该处所的人或该处所的负责人要求该人员出示其权限的证据或指明进入的目的，则该人员只可在遵从该要求后方可行使该款授予的权力。

27. 根据有条件释放令获释的期间视为刑罚的一部分

任何囚犯根据有条件释放令获释的期间，须视为该囚犯所服刑罚（就根据《监狱规则》（第234章，附属法例A）减刑而言，该期间亦须包括在该囚犯所服刑罚内）的一部分。然而，如该囚犯在关乎他的有条件释放令已撤销后或在该命令暂缓执行期间仍然不受拘留，则该段不受拘留的期间不属该囚犯刑罚的一部分。

28. 召回囚犯后对刑罚作出的复核

如囚犯根据本部于某日被召回监狱，继续就余下的刑罚服刑，署长须在自该日期起计的每段接续2年期间届满后，在切实可行的范围内，尽快将该项刑罚转介委员会，以作复核。凡本条适用于某囚犯，第11条不适用于该囚犯。

（由2018年第17号第131条修订）

第Ⅴ部
囚犯释放后的监管

29. 可作出监管令的情况

（1）监管令只可在某囚犯服满不少于以下期间的合计期间的三分之二后就该囚犯作出——

（a）就该囚犯而订定的确定限期刑罚的实际刑期；

（b）根据《刑事诉讼程序条例》（第221章）第67A条列入考虑的任何受

羁押的期间；及

（c）因根据《监狱条例》（第234章）对该囚犯所作出的命令而取消的任何减刑期的整段期间。

（2）在本条中，“实际刑期”（actual term）指经由《刑事诉讼程序条例》（第221章）第67A条减短（如确有减短的话）的监禁刑罚的刑期。

30. 监管令须载有的详情

（1）委员会在作出任何监管令时必须指明——

（a）第29条所提述的合计期间中适用于该囚犯的部分；及

（b）委员会在顾及第8条所指明的原则后认为应施加于该囚犯的关于监管的条件；及

（c）该命令将会维持有效的期间，该期间须在该囚犯的刑罚在没有任何形式的提早释放或减短的情况下将会届满的日期或之前结束。

（2）如有监管令将要就某囚犯作出，而该囚犯是在本条的生效日期之前被判刑的，则该命令将会维持有效的期间不得超逾以下期间中的较长期间——

（a）相等于以下期间的一半的期间始于上述生效日期，并终于在参照第29条所提述的合计期间中委员会建议就该囚犯而指明的部分后按照该条决定的该囚犯的释放日期的期间；

（b）6个月。

（3）委员会在决定作出监管令后，必须在切实可行的范围内尽快安排向署长送达该命令。

（4）委员会如决定不作出监管令，则必须在其作出该决定后在切实可行的范围内尽快将其决定以书面通知署长。

（5）作出监管令的先决条件为有关囚犯在获释前须工作勤奋和行为良好，而在有关囚犯根据监管令获释前，委员会可随时复核该命令。

31. 根据监管令释放囚犯

（1）署长在获送达监管令时，必须在该命令上批注——

（a）释放有关囚犯的日期；及

（b）该命令终止有效的日期（参照命令的条款而计算）；及

（c）足以识别署长指定为该囚犯的监管人员的人的详情。

（2）署长须向该囚犯送达一份该命令的文本，并须（除在署长不能控制的情况下）安排将该囚犯在批注于命令上的释放日期从羁押中释放。

（3）如署长在命令上批注的资料有别于在命令中指明的详情，则署长须以书面将该项差别通知告知委员会。

（4）署长可在有需要的情况下，藉以他指派为该囚犯的监管人员的另一人的识别详情取代根据第（1）款所批注上指明的监管人员的识别详情而修订该项批注。

（5）如在根据本条向有关囚犯送达一份监令的文本后，该囚犯的减刑期根据《监狱条例》（第 234 条）被取消，则署长可批注一份新的命令以送达该囚犯。在该情况下先前向该囚犯送达的命令的文本即终止有效。

32. 对囚犯在释放后接受监管的规定

任何获释出狱但在监管令下受监管的囚犯——

（a）须受到在该命令中指明姓名的监管人员的监管；及

（b）必须遵守该命令的条件。

33. 当监管令结束时的减刑

在任何监管令的有效期按照本部届满或按照本部被解除时，受该监管令规管的囚犯的余下未服满的刑罚即获减免。

34. 要求复核监管令的权利

（1）任何受监管令规管的囚犯有权在该命令作出后的任何时间，以书面要求委员会修订或解除该命令。

（2）任何囚犯均无权根据本条向委员会提出多于一次的要求。

（3）委员会必须对按照本条提出的要求给予适当考虑。

35. 在情况改变后修订监管令

（1）如委员会因应受监管令规管的囚犯或该囚犯的监管人员的申请，信纳自该监管令作出后或自该监管令经最后一次修订后，该囚犯的情况已有改变，则可作出命令以修订——

（a）该监管令的条件（包括该命令维持有效的期间）；或

（b）该命令的任何暂时中止执行的期间。

（2）监管令的修订只可在该修订的实质内容本可包括在原有的命令内的情况下作出。

（3）修订监管令的命令在送达有关囚犯时即生效，或在该作出修订的命令指明的较后时间生效。

（4）本条受附表 1 第 13 条规限。

36. 暂缓执行监管令

（1）委员会如信纳——

（a）监管令所关乎的囚犯没有遵守该命令的条件；或

（b）自该囚犯获释后，因其行为或因情况的改变——

（i）该囚犯相当可能犯可逮捕罪行；或

（ii）（如属已根据第 37 条或第 38 条被召回监狱的人）该囚犯在被召回时相当可能犯可逮捕罪行，

则委员会可命令暂缓执行该监管令，而暂缓执行的期间不得超逾该命令余下的有效期。本款受附表 1 第 13 条的规限。

（2）如委员会根据本条就某囚犯作出命令，则署长必须将该囚犯召回监狱并将该囚犯在以下期间再监禁在监狱内——

（a）暂缓执行监管令的期间；或

（b）在顾及按照《监狱条例》（第 234 章）就该拘留期间所给予的任何减刑后的适当的较短期间。

（3）已根据本条暂缓执行的监管令，在暂缓执行期届满时或在有关囚犯根据第（2）款在再监禁后获释时（以较早发生者为准）恢复生效。

（4）暂缓执行任何监管令的命令，并不影响该监管令有效期的届满日期。

37. 委员会或主席可就受监管令规管的囚犯作出暂时召回令

（1）如委员会或主席信纳有合理理由，可命令将受监管令规管的囚犯暂时召回监狱予以拘留，以待委员会作出暂缓执行该监管令的命令。

（2）主席必须在任何受监管令规管的囚犯根据本条被拘留后，在切实可行的范围内尽快召开委员会会议，以考虑应否作出暂缓执行该监管令的命令。

（3）根据本条作出的暂时召回令在该命令所指明的期间内或在14日内（以较短的期间为准）维持有效，但如该命令已在较早前解除，则不在此限。

38. 署长可循简易程序将囚犯召回监狱

（1）署长如信纳——

（a）有合理理由作出暂缓执行监管令的命令；及

（b）在无延误的情况下将受监管令规管的囚犯羁押是符合公众利益的，

则可将该囚犯召回监狱（而署长只可在信纳上述事宜的情况下将该囚犯召回），以待决定应否根据第37条就该囚犯作出暂时召回令。

（2）根据本条被召回监狱的囚犯不得被署长羁押超逾72小时。

（3）署长不得转授他在第（1）款下的职能。

39. 监管令何时即予撤销

如任何监管令（包括任何暂缓执行的监管令）所关乎的囚犯被裁定犯罪和——

（a）被判处监禁（但不包括缓刑的刑罚），而监禁刑期长于该监管令有效期所余下的部分；或

（b）被饬令拘留于戒毒所；或

（c）受根据《罪犯感化条例》（第298章）第3条作出的感化令所规管，

则该监管令即撤销。

40. 如监管令暂缓执行或被撤销则囚犯可被逮捕

（1）如委员会作出暂缓执行某监管令的命令或某监管令被撤销，则任何警务人员或惩教署人员可无须手令而逮捕和拘留根据该监管令获释的囚犯。

（2）如警务人员或惩教署人员试图将根据本条可被逮捕的囚犯逮捕，则如该囚犯以武力拒捕，该人员（及任何协助该人员的人）可使用一切所需合理方法以进行逮捕。

（3）如任何警务人员或惩教署人员合理地相信须根据本条逮捕的囚犯身处某处所，则居住于该处所的人或该处所的负责人必须在该人员提出要求时准许该人员进入该处所搜寻该囚犯。

（4）警务人员或惩教署人员如在作出根据第（3）款提出的要求后并不能

进入有关处所或如该处所看似没有人在内，则该人员可进入和搜查该处所。为此目的，有关人员可破启该处所的任何内外门窗。

（5）如不能够在不给予囚犯逃避逮捕的机会的情况下取得手令，则只有在此情况下方可无须手令而行使第（4）款授予的权力。

（6）凡任何警务人员或惩教署人员根据第（4）款谋求进入某处所，如居于该处所的人或该处所的负责人要求该人员出示其权限的证据或指明进入的目的，则该人员只可在遵从该要求后方可行使该款授予的权力。

第VI部
杂项规定

41. 减免刑罚的权力扩及被移交囚犯的刑罚

（具追溯力的适应化修订——见 1999 年第 15 号第 3 条）

行政长官特赦或减免被移交囚犯的刑罚的权力，与行政长官特赦或减免就于香港以内所犯刑事罪或罪行判处的刑罚的权力相同。

（由 1999 年第 15 号第 3 条修订）

42. 如何为施行本条例而送达文件

为施行本条例而须送达某人的任何文件，可藉以下方式送达——

（a）将该文件当面交付该人；或

（b）以致予该人的挂号邮递方式将该文件寄往该人的通常居住或业务地址；如该人的地址不详，则将该文件寄往送达人最后所知的该人的居住或业务地址。

43. 订立规例的权力

（具追溯力的适应化修订——见 1999 年第 15 号第 3 条）

（1）行政长官在经立法会批准下可就所有或任何以下事宜订立规例——（由 1999 年第 15 号第 3 条修订）

（a）署长根据第 11 条及第 28 条向委员会作出的转介；

（b）委员会为或获准为根据本条例作出命令而考虑的事宜；

（c）委员会必须包括在委员会有权根据本条例作出的命令内的事宜；

（d）关于本条例的实施的署长的职能及职责；

（e）囚犯出席委员会为复核囚犯的刑罚而进行的议事程序的权利的范围（如有的话）和在该等议事程序中由囚犯亲自选择的人作为在该等议事程序中的代表的权利的范围（如有的话）；

（f）在委员会的议事程序所关乎的囚犯不论是依据（e）段所提述的权利或是在委员会同意下将亲自出席该等议事程序的情况下，赋权保安局局长指明进行该等议事程序的地方（该地方可以是监狱）；（由 1997 年第 362 号法律公告修订）

（g）委员会就关乎在任何囚犯的刑罚或关乎管限该囚犯的有条件释放令或监管令而进行的议事程序中——

（i）在委员会的议事程序中传召和讯问证人；

（ii）向出席该等聆讯的证人支付费用；

（iii）在该等聆讯中经宣誓而作证；

（iv）在该等聆讯中向委员会出示文件及证物；

（v）该等聆讯须公开进行的程度（如有的话）；

（h）根据本条例可获或已获释放的任何囚犯提供为施行本条例而送达文件用的地址的通知；

（i）本条例所规定或获准订明或根据本条例须予或准予订明的任何事宜，或为更有效地贯彻本条例的宗旨而必须作出的任何事宜。

（2）规例的条文可将以下事项定为可处第 5 级罚款的罪行——

（a）任何人无合法辩解而——

（i）没有遵从出席委员会的聆讯，以就有关委员会的议事程序（指关乎囚犯的刑罚或管限该囚犯的有条件释放令或监管令的议事程序）作证的要求；或

（ii）没有遵从委员会规定该人出示在其保管或控制下而与委员会的该等议事程序有关的任何文件或其他物件；或

（b）任何人在委员会席前作出他明知是虚假或具误导性的证供，或出示他

明知是虚假或具误导性的文件以充作遵从委员会的要求。

44.（已失时效而略去）

45. 订立过渡性规例的权力

（具追溯力的适应化修订——见1999年第15号第3条）

（1）行政长官可在本条例制定后，订立载有属过渡性质的条文的规例。（由1999年第15号第3条修订）

（2）如规例有所规定，则第（1）款所提述的条文可自本条例获得批准的日期或另一较后日期起生效。

（3）在第（1）款所提述的任何条文自某一早于其在宪报刊登的日期起生效的范围内，该条文并不具有以下效力——

（a）损害任何人（政府或公共机构除外）的方式影响在该条文的刊登前已存在的该人的权利；或

（b）就任何在该条文刊登前作出或没有在该条文刊登前作出的事情而对任何人（政府或公共机构除外）施加法律责任。

附表1

［第6（5）、22（4）、24（1）、35（4）及36（1）条］

适用于复核委员会的条文

（具追溯力的适应化修订——见1998年第25号第2条；1999年第15号第3条）

第I部
释　　义

1. 定义

在本附表中——

“小组委员会”（committee）指根据本附表第15条设立的小组委员会；

“司法界成员”（judicial member）指主席或副主席；

“主席”（President）指委员会的主席；

“成员”（member）指委员会的成员；

“非司法界成员”（non-judicial member）指并非主席或副主席的成员；

“副主席”（Deputy President）指委员会的副主席。

第II部
委员会成员

2. 委员会的主席及副主席

（1）任何身为原讼法庭法官的人获委任为主席或副主席或该人任职为主席或副主席，并不影响该人作为法官的任期或担任法官一职而具的职级、职衔、地位、排名、薪金或其他权利或特权。

（2）纵使身为法官的人是主席或副主席，该人仍可行使法官的权力。

（由 1998 年第 25 号第 2 条修订）

3. 署理成员

（1）在主席患病或缺勤的期间，副主席须署理主席的职位；而副主席在署理主席职位时，具有主席的所有职能和责任，并被视为主席。

（2）行政长官可不时委任任何担任或曾经担任原讼法庭法官的人在副主席患病或缺勤的期间署理副主席的职位；而该人在署理副主席职位时，具有副主席的所有职能和责任，并被视为副主席。（由 1998 年第 25 号第 2 条修订）

（3）如任何凭借某资格而获委任的非司法界成员患病或不在香港，则行政长官可委任一名合资格的人在该成员患病或不在香港的期间署理该成员的职位；而该人在署理该成员职位时，具有该成员的所有职能和责任，并被视为成员。为施行本款，只有具有与上述资格相同的资格的人，方有资格署理该成员的职位。

（4）行政长官可随时将根据第（2）款或第（3）款获委任的人免职。

（5）就本条而言——

（a）主席或副主席的职位悬空，须视为就主席或副主席的职位而缺勤；及

（b）副主席署理主席职位时，须视为就副主席的职位而缺勤。

（由 1999 年第 15 号第 3 条修订）

4. 任期

除本附表另有规定外，任何成员于其委任文件中所指明的期间（不得超逾 3 年）内担任成员职位，但该成员有资格获再度委任（如他在其他方面合资格的话）。

5. 成员职位的悬空

（1）如任何成员死亡或有以下情况，该成员的职位即悬空——

（a）任期完结而不获再度委任；

（b）藉亲笔签署并致予行政长官的函件辞职；

（c）被行政长官根据第（2）款免职；

（d）破产、申请取得任何为破产人或无偿债能力的债务人的济助而订的法律的利益、与其债权人作出债务偿还安排或为其债权人的利益将其薪酬转让；

（e）在香港被裁定犯任何可处 12 个月或多于 12 个月监禁的罪行，或在香港以外地方被裁定犯某罪行而如在香港犯该罪行，即会如此被处罚。

（2）行政长官可随时基于行为不检、不称职、精神上或身体上无行为能力或未经许可而缺勤的理由，将任何成员免职。

（3）只有在已举行研讯以裁定对任何成员的行为不检、不称职、精神上或身体上无行为能力或未经许可而缺勤的指称以及已给予该成员在该研讯中陈词的机会后，方可根据第（2）款将该成员免职。

（4）在不损害第（1）（e）款的实施的原则下，凡某一成员曾在香港被裁定犯了可处监禁的罪行，或该成员在香港以外地方被裁定犯了一项罪行，而该罪行如是在香港犯的即会属可处监禁的罪行，则行政长官可基于该项理由而在任何时间将该成员免职。（由 1999 年第 15 号第 3 条修订）

6. 成员职位空缺的填补

如凭借某资格而获委任的成员的职位悬空，则行政长官必须在该空缺出现后，于切实可行的范围内尽快在符合本附表的规定下委任一名有资格的人填补该

空缺。为施行本条，只有具有上述资格相同的资格的人，方有资格填补该空缺。

（由 1999 年第 15 号第 3 条修订）

7. 成员及其他人的法律责任

委员会所作出或不作出的任何作为，以及任何成员或任何在委员会的指示下行事的人士所作出或不作出的任何作为，如是为施行本条例或任何其他条例而真诚地作出或不作出的，则该作为或不作为并不使任何如此行事的成员或人士对任何由该作为或不作为引致的任何申索负上个人法律责任。

8.《防止贿赂条例》适用于成员

《防止贿赂条例》（第 201 章）一如其适用于公职人员般适用于成员。

第 III 部
委员会的会议及议事程序

9. 委员会会议

（1）除本条例另有规定外——

（a）委员会会议的举行时间、日期及地点由主席指定；及

（b）委员会会议的召开程序及在该等会议中处理事务的程序须为主席所决定者。

（2）委员会可不时按其认为合适的理由将其议事程序押后至其认为合适的时间、日期及地点。

10. 委员会会议的法定人数

委员会会议的法定人数为过半数成员，其中至少一名成员须为司法界成员。

11. 主持会议的成员

（1）如主席出席委员会会议，他须主持该会议。

（2）如主席在委员会会议中缺席，则副主席（如他出席该委员会会议）须主持该会议。

12. 委员会的决定

（1）凡任何决定在有足够法定人数出席的委员会会议上获得所投票数的过

半数支持（包括获一名有权在会议上投票的司法界成员投票支持），即属委员会的决定。

（2）如须在委员会会议上投票决定的事项所得票数均等，主持该会议的成员有权投决定票。

（3）为免生疑问，现声明《释义及通则条例》（第1章）第51条就委员会而适用。

13. 委员会的聆讯

（1）本条适用于以下命令——

（a）修订或撤销关乎任何囚犯的有条件释放令的命令；

（b）修订关乎任何囚犯的监管令的命令或暂缓执行该监管令的命令。

（2）委员会只有在以下情况下方可作出本条所适用的命令——

（a）该囚犯已在为（b）段目的而指定的日期前14日或之前，获提供委员会就该事宜而将会考虑的所有有关材料的副本；及

（b）该囚犯已获给予在委员会为该目的而指定的时间、日期和（在符合本条例第43（1）（f）条订立的规例的规定下）地点（在署长同意下，该地点可以是某监狱）到委员会席前以及陈词的机会。

（3）虽有第（2）（a）款的规定，如委员会合理地认为披露该段所提述的材料的任何部分相当可能会——

（a）危及任何人的健康或安全；或

（b）危及任何拘留地方的保安；或

（c）损害对任何罪行的合法调查的进行，

则委员会无须向有关的囚犯提供该部分材料的副本。

（4）如委员会按照第（3）款拒绝提供某特定材料的副本，委员会仍须提供在顾及该款的（a）段至（c）段指明的因素后属可合理地向该囚犯披露的关乎该材料的资料。第（2）款适用于该资料的提供，如同该款适用于有关材料的副本的提供。

（5）在按照本条提供一份材料的副本或资料前，委员会须邀请有关囚犯在指明期间内表示哪一法定语文属该囚犯为施行本条目的而优先选用的语文。如该

囚犯在指明期间内表示优先选用某一语文，则委员会须确保有关副本或资料是以该语文提供的。如该囚犯并不在指明期间内表示优先采用哪一法定语文，则委员会须确保有关副本或资料是以委员会认为属该囚犯可明白的语文而提供的。

（6）纵使根据本条须提供的资料的副本是在复核的日期前的14日内向有关囚犯提供的，如委员会能提出好的因由，解释为何有关的副本或资料不能在该期间的开始前提供，则委员会仍可复核本条适用的刑罚，但委员会只可在其提出该等因由的情况下复核本条适用的刑罚。

（7）在本条所指的聆讯中，委员会不受关于证据的规则或常规所约束，并可就其认为适当的任何事宜取纳任何资料。

（8）在上述聆讯中，该囚犯有权——

（a）由其选择的任何人作为代表；及

（b）向委员会援引（口头或书面的）证据，并有权就与聆讯的裁定有关的事宜向委员会发言。

（9）该囚犯的代表有权——

（a）在聆讯的整个过程中出席和向该囚犯提供意见；及

（b）代表该囚犯向委员会发言。

（10）以下的人没有资格在该聆讯中代表该囚犯——

（a）正在或曾于任何时间受根据《精神健康条例》（第136章）作出的羁留令所规限的人；

（b）正在服监禁刑罚的人；

（c）曾在香港服监禁刑罚的人。

14. 议事程序的记录

（1）主持任何委员会会议的成员必须确保制备在该会议上的议事程序的记录。

（2）为第（1）款的目的而制备的记录可在订立的规例所订明的期间结束后销毁。

15. 小组委员会

主席可委任一名或多于一名非司法界成员作为小组委员会以——

（a）就任何正在服任何刑罚而其个案已呈委员会席前考虑的囚犯的该项长期监禁刑罚，进行查究和向委员会作出报告；及

（b）处理委员会的例行事务。

16. 文件的认证

每份规定须由委员会认证的文件，如已由一名看来是主持某委员会会议的成员的人所签署，而该文件是就在该会议中举行的议事程序而制备的，则该文件即属获充分认证。

17. 秘书的证明书

一份看来是由委员会的秘书作出或发出并载录委员会所作的任何命令或其他决定的证明书，即在所有法院和在所有获法律授权收取证据的人士或组织席前属在该证明书中列明的事宜的证据。

18. 若干事宜无须证明

在任何法律程序中，在有相反证据提出前以下事宜均无须证明——

（a）委员会的组成；

（b）委员会的任何决定或建议；或

（c）任何成员的委任或任职；或

（d）在委员会任何会议上出席的成员达到法定人数或法定人数的性质。

罪犯自新条例

（第 297 章）

目　录

条次

条次

本条例旨在使经过3年不曾再被定罪的罪犯得以自新，并防止未经许可而披露他们以往的定罪，以及就相关事宜作出规定。［1986年8月1日］

（格式变更——2012年第1号编辑修订记录）

1. 简称

本条例可引称为《罪犯自新条例》。

1A. 释义

在本条例中，除文意另有所指外——

汽车（motor vehicle）指任何经建造以供在道路上使用或经改装以供在道路上使用的由机械驱动的车辆，并包括任何经建造以供在铁路或电车轨道上使用的车辆；

寄养父母（foster parent）指由社会福利署的中央寄养服务课或非政府的福利组织所招募的以自愿和不收费的性质向儿童提供暂时照顾的人；

职业司机（vocational driver），就任何汽车而言，指为谋生而掌管或协助控制该汽车的任何人，并包括私人房车司机。（由1996年第10号第2条增补）

2. 对已自新的个别人士的保障

（1）凡个别人士——

（a）不论在本条例生效之前或之后在香港被定罪，但并未因此被判处监禁

超过3个月或罚款超过$10,000;(由1993年第24号第22条修订)

(b)在此以前不曾在香港被定罪;及

(c)经过3年时间并未在香港再被定罪,

则——

(i)除第3(3)及(4)条另有规定外,在任何程序中均不得接纳倾向显示他在香港曾被如此定罪的证据;

(ii)就他以往的定罪、罪行、行为或情况而向他或向其他人提出的有关问题,或加诸他或其他人的有关披露该等定罪、罪行、行为或情况的义务,均须视为并非指该项定罪;及

(iii)该项定罪或不披露该项定罪,均不得作为将他从任何职位、专业、职业或受雇工作撤除或排除的合法或正当理由,亦不得作为使他在该职位、专业、职业或受雇工作上在任何方面蒙受不利的合法或正当理由。

(1A)凡个别人士——

(a)就《社团条例》(第151章)第18条所指的非法社团在本条例生效之前或之后在香港为该条例第19条、第20条、第21条、第22条或第23条所订的罪行被定罪,而——

(i)他是在该非法社团根据该条例第18条属三合会或被当作三合会的社团的情况下被定罪;及

(ii)他并未因此被判处监禁超过3个月或罚款超过$10,000,而他其后亦已根据该条例第26G(1)条洗脱该有关的三合会的成员身份;

(b)他在此以前不曾在香港被定罪;

(c)他自该定罪日期起经过3年时间并未在香港再被定罪;

(d)他已向根据《社团条例》(第151章)第26A条设立的洗脱三合会会籍审裁处提出书面要求,或(如根据该条例第26N条,该条例第26A条及第26B条未有实施的话)已向根据该条例第26BA条设立的洗脱三合会会籍秘书处提出书面要求,要求根据该条例第26I(3)条向警务处处长发出证书,以证明他已洗脱有关的三合会的成员身份和他洗脱其成员身份的日期;及

(e)他已提供警务处处长所规定提供的资料(包括其指纹),以使其定罪

记录得以核实，而为此目的，任何警务人员可套取或记录该个别人士的指纹，而如此套取或记录的指纹须在其定罪记录核实后，在合理的切实可行范围内尽快予以销毁或送交该个别人士，

则——

（i）除第3（3）及（4）条另有规定外，在任何程序中均不得接纳倾向显示他在香港曾被如此定罪的证据；

（ii）就他以往的定罪、罪行、行为或情况而向他或向其他人提出的有关问题，或加诸他或其他人的有关披露该等定罪、罪行、行为或情况的义务，均须视为并非指该项定罪；及

（iii）该项定罪或不披露该项定罪，均不得作为将他从任何职位、专业、职业或受雇工作撤除或排除的合法或正当理由，亦不得作为使他在该职位、专业、职业或受雇工作上在任何方面蒙受不利的合法或正当理由。（由1996年第10号第3条增补）

（1B）凡个别人士根据《定额罚款（交通违例事项）条例》（第237章）、《定额罚款（刑事诉讼）条例》（第240章）、《定额罚款（公众地方洁净及阻碍）条例》（第570章）、《定额罚款（吸烟罪行）条例》（第600章）或《汽车引擎空转（定额罚款）条例》（第611章）缴付或被命令缴付定额罚款或任何附加罚款，则——（由2001年第24号第21条修订；由2008年第26号第19条修订；由2011年第3号第33条修订；由2016年第4号第9条修订）

（a）除第3（3）及（4）条另有规定外，在任何程序中均不得接纳倾向显示他在香港曾如此付款或曾被如此命令付款的证据；

（b）就他以往的定罪、罪行、行为或情况而向他或向其他人提出的有关问题，或加诸他或其他人的有关披露该等定罪、罪行、行为或情况的义务，均须视为并非指该付款或付款的命令；及

（c）该付款或付款的命令或不披露该付款或付款的命令，均不得作为将他从任何职位、专业、职业或受雇工作撤除或排除的合法或正当理由，亦不得作为使他在该职位、专业、职业或受雇工作上在任何方面蒙受不利的合法或正当理由。（由1996年第10号第3条增补）

（2）第（1）（c）款或第（1A）（c）款所述的3年时间由该个别人士因第（1）（a）款或第（1A）（a）款（视属何情况而定）所述罪行被判刑的当日起计算，但对于被判入教导所、劳教中心或更生中心受羁留的个别人士，该3年时间则自该人由受羁留之处释放后接受监管期满之日起计算。（由1995年第468号法律公告修订；由2001年第11号第17条修订）

（3）根据《定额罚款（交通违例事项）条例》（第237章）、《定额罚款（刑事诉讼）条例》（第240章）、《定额罚款（公众地方洁净及阻碍）条例》（第570章）、《定额罚款（吸烟罪行）条例》（第600章）或《汽车引擎空转（定额罚款）条例》（第611章）须缴付或遭追讨定额罚款或任何附加罚款，就第（1）款或第（1A）款而言均不属定罪。（由1996年第10号第3条代替；由2001年第24号第21条修订；由2008年第26号第19条修订；由2011年第3号第33条修订；由2016年第4号第9条修订）

（4）就第（1）（a）款或第（1A）（a）款而言——

（a）监禁（imprisonment）并不包括在感化院、劳教中心、羁留所、教导所或更生中心的羁留；（由2001年第11号第17条修订）

（b）判处监禁或罚款指作出该项判处，不论是否缓刑或延期执行；

（c）个别人士如因不缴交罚款而被羁留，则并非被判处监禁；及

（d）个别人士被定罪但并未因此被判处监禁超过3个月或罚款超过$10,000，则该项定罪须包括在同一程序或在同一日中多于一项罪行的定罪，而就该等定罪他并未被判处实际监禁刑期总计超过3个月（不论该监禁刑期或该等监禁刑期全部或部分是分期执行或同时执行的）或罚款总计超过$10,000。（由1996年第10号第3条代替）

（e）（由1996年第10号第3条废除）

（4A）就第（1）（a）款而言，罪、罪行（offence）并不包括违反《社团条例》（第151章）第20（2）条或第24条的罪行，或在非法社团属三合会或被当作三合会的情况下违反该条例第19条、第20（1）条、第21条、第22条或第23条的罪行。（由1996年第10号第3条增补）

（5）就本条、第3条及第4条而言，程序（proceedings）指有权力裁定任

何人的申请，或裁定影响任何人的权利、特权、义务或法律责任的问题，或收取对任何该等申请或问题的裁定有影响的证据的任何法庭、团体或人士在香港进行的程序。

（6）就第（1）（i）、（ii）及（iii）款及第（1A）（i）、（ii）及（iii）款及第3条而言，定罪包括——

（a）该项定罪所指的罪行；

（b）构成该罪行的行为或情况；及

（c）任何与该项定罪有关的事项，而该事项一经披露，会倾向显示该个别人士曾犯该项定罪所指的罪行，或曾因该罪行而被控告、检控、定罪或判刑。

（7）就第（1B）（a）、（b）及（c）款及第3条而言，所作出的付款或付款的命令包括——

（a）属该付款或该付款的命令所指的罪行或违例事项；

（b）构成该罪行或违例事项的行为或情况；及

（c）任何与该付款或该付款的命令有关的事项，而该事项一经披露，会倾向显示该个别人士曾犯属该付款或该付款的命令所指的罪行或违例事项，或曾因该罪行或违例事项而被控告、检控、定罪或判刑。（由1996年第10号第3条增补）

（由1996年第10号第3条修订）

3. 与程序有关的例外规定

（1）第2条并不影响——

（a）对已判定须支付的罚款或其他款项的追讨；

（b）因有违定罪后施加的条件或规定而进行的任何程序；或

（c）使有关的个别人士遭取消资格、限制行为能力、禁制或其他处罚的法律运作。

（2）第2条的任何条文，并不影响在以下任何程序中对与定罪有关的争论点的裁定，亦不妨碍在以下任何程序中接纳或要求提供与定罪有关的任何证据——

（a）涉及一名幼年人权益的任何程序；

（aa）涉及就作为寄养父母的申请所作出的考虑的任何程序；（由1996年第

10号第4条增补）

（b）有关的个别人士表明同意与定罪有关的证据被接纳的任何程序；或

（c）审裁处信纳与定罪有关的证据如不被接纳，即不能公正裁判的任何程序。

（3）凡个别人士其后因其他罪行在任何刑事程序中被定罪，第2条的任何条文，并不妨碍在该刑事程序中为判处的目的而接纳与他的定罪有关的任何证据。（由1996年第10号第4条增补）

（4）如个别人士其后因其他罪行被定罪，则不论他是否被告人，第2条的任何条文，并不妨碍在任何刑事程序中接纳与他的定罪有关的任何证据。（由1996年第10号第4条增补）

4. 进一步的例外规定

（1）第2（1）及（1A）条不适用于——（由1996年第10号第5条修订）

（a）为认许某人为大律师、律师或会计师而进行的程序，或对执业为大律师、律师或会计师的人进行的纪律处分程序；

（b）对担任订明的职位的人进行的纪律处分程序；（由1996年第10号第5条修订）

（c）与某人是否适宜根据法律获批给或继续持有牌照、许可证或豁免证或获得注册或续予注册的问题有关的程序；

（d）与某人是否适宜受委担任或续任订明的职位的问题有关的程序；及（由1996年第10号第5条修订）

（e）根据《保险公司条例》（第41章）进行的以下程序——

（i）与某人是否适宜获授权作保险人的问题有关的程序；（由1996年第10号第5条修订）

（ii）保险业监督行使该条例第27条至第35条、第66条、第67条、第69条、第70条、第75条及第76条授予他的权力而进行的程序；（由1996年第10号第5条修订）

（iii）与某人是否适宜成为或继续作为获授权保险人的董事或控权人的问题有关的程序；（由1996年第10号第5条增补）

（iv）与某人是否适宜成为或继续作为保险业监督根据该条例第69条所授

权的保险经纪的问题有关的程序，或与某人是否适宜作为保险业监督根据该条例第 70 条所认可的保险经纪团体的成员的问题有关的程序；（由 1996 年第 10 号第 5 条增补）

（v）与保险业监督根据该条例第 70 条认可任何保险经纪团体有关的程序，而该项认可包括对管理或监管该保险经纪团体的人评核其是否属作出该项管理或监管的适当人选；或（由 1996 年第 10 号第 5 条增补）

（vi）与该条例第 X 部所指的任何保险代理人的委任、登记及取消登记有关的程序；（由 1996 年第 10 号第 5 条增补）

（ea）根据《强制性公积金计划条例》（第 485 章）进行的以下程序——

（i）与某人是否适合成为或继续作为核准受托人或核准受托人的控权人的问题有关的程序；或

（ii）与某人是否适合成为或继续作为某职业退休计划（其成员或其某类别的成员以及该等成员的雇主是根据该条例第 5 条获豁免的）的受托人或其控权人，或是否适合成为或继续作为属该条第（2）（a）款所提述的申请的标的之职业退休计划的受托人或其控权人的问题有关的程序；（由 1998 年第 4 号第 11 条增补）

（f）在不损害（c）段的一般性原则下，根据《银行业条例》（第 155 章）进行的与某人是否适宜成为或继续作为认可机构的控制人、董事、行政总裁或候补行政总裁有关的程序；及（由 1996 年第 10 号第 5 条增补）

（g）在不损害（c）段的一般性原则下，根据《银行业条例》（第 155 章）第 73 条进行的有关除得到金融管理专员的同意外禁止某些人作为认可机构的雇员的程序。（由 1996 年第 10 号第 5 条增补）

（2）第 2（1）及（1A）条不适用于在任何人执行其职位或受雇工作的职责期间由该人或其代表所提出以作下列评核的问题，亦不适用于在该人执行该等职责期间向该人披露资料以作下列评核的义务——（由 1996 年第 10 号第 5 条修订）

（a）对另一人是否适宜获认许为大律师、律师或会计师的评核；或

（b）对另一人是否适宜根据法律获批给或继续持有牌照、许可证或豁免证

或获得注册或续予注册的评核；或

（c）对另一人是否适宜受委担任订明的职位的评核；或（由 1996 年第 10 号第 5 条修订）

（d）对另一人是否适宜根据《保险公司条例》（第 41 章）获授权作保险人的评核，或对该另一人是否适宜作为该条例第 2（1）条及第 X 部所指的获授权保险经纪、管理或监管任何认可保险经纪团体的人或获委任保险代理人的评核；或 （由 1996 年第 10 号第 5 条修订）

（e）对另一人是否适宜根据《银行业条例》（第 155 章）成为或继续作为认可机构的控制人、董事、行政总裁或候补行政总裁的评核；或（由 1996 年第 10 号第 5 条增补）

（f）对另一人是否适宜担任《银行业条例》（第 155 章）所界定的认可机构的雇员的评核；或（由 1996 年第 10 号第 5 条增补）

（g）对另一人受委为寄养父母的评核；或（由 1996 年第 10 号第 5 条增补）

（h）对另一人是否适宜根据《保险公司条例》（第 41 章）成为或继续作为获授权保险人的董事或控权人的评核。（由 1996 年第 10 号第 5 条增补）

（3）第 2（1）及（1A）条不适用于对某个别人士执业为大律师、律师或会计师，或担任任何订明的职位的撤除或排除。（由 1996 年第 10 号第 5 条代替）

（4）第 2（1B）条不适用于任何雇主或任何拟雇用职业司机的个别人士或其代表所提出关于另一人是否适宜受雇为或继续受雇为职业司机的问题，亦不适用于披露任何关于另一人是否适宜受雇为或继续受雇为职业司机的资料的义务，但如自第 2（1B）条所提述的付款的日期或付款的命令的日期（以较早的为准）起已经过 3 年时间，则属例外。（由 1996 年第 10 号第 5 条增补）

（5）第 2（1B）条不适用于撤除或排除某个别人士受雇为职业司机的雇用，但如自第 2（1B）条所述的付款的日期或付款的命令的日期（以较早的为准）起已经过 3 年时间，则属例外。（由 1996 年第 10 号第 5 条增补）

（6）第 2（1B）条不适用于任何保险人或其代表为就车辆保险的风险作出

评估及定价而提出的任何问题，但如自第2（1B）条所述的付款的日期或付款的命令的日期（以较早的为准）起已经过3年时间，则属例外。（由1996年第10号第5条增补）

（7）第2条不适用于为维护香港治安而采取的行动。（由1996年第10号第5条增补）

（8）就第（1）（ea）款而言，**控权人**（controller）的涵义，就任何属公司的强制性公积金计划的核准受托人或任何属公司的职业退休计划的受托人而言，与《强制性公积金计划条例》（第485章）第2（1）条中该词的涵义相同。（由1998年第4号第11条增补）

5. 与诽谤诉讼有关的例外规定

本条例任何条文，均不适用于以下诽谤诉讼——

（a）在本条例生效前提起的诽谤诉讼；或

（b）在本条例生效后提起，但所指称诽谤发生在本条例生效前或在第2（1）（c）条所述一段时间过去之前的诽谤诉讼。

6. 资料的披露

（1）除第（4）款及第（5）款另有规定外，任何人如保管或有权查阅、或在任何时间曾保管或有权查阅由公职人员所备存关于被定罪的人的记录或其中所载资料，且并非在执行其公职人员的职责期间向他人披露第（3）款所指明的资料，即属犯罪，可处第4级罚款。

（2）任何人以欺诈或不诚实方式从公职人员备存的记录中取得第（3）款所指明的资料，即属犯罪，可处第5级罚款及监禁6个月。

（3）第（1）款及第（2）款所述的资料，乃是该2款所述的记录中载有的资料，且该等资料倾向显示第2（1）、（1A）或（1B）条所适用的某名经指名或可以其他方法识别身份的个别人士曾经犯罪，或因某项罪行而被控告、检控、定罪或判刑。（由1996年第10号第6条修订）

（4）行政长官在其认为适当的情况下，可授权披露第（3）款所指明的资料，而对根据该项授权行事的人，第（1）款并不适用。（由1999年第15号第3条修订）

（5）第2（1）、（1A）或（1B）条所适用的个别人士，可授权披露第（3）

款所指明且与其本人有关的资料，而对根据该项授权行事的人，第（1）款并不适用。（由1996年第10号第6条修订）

（编辑修订——2012年第1号编辑修订记录）

7—8.（已将修订编入）

9. 订明的职位

（1）附表所述职位是为本条例的施行而订明的职位。（由1996年第10号第7条修订）

（2）行政长官会同行政会议可藉在宪报刊登的命令将附表修订。（由1999年第15号第3条修订）

刑事罪行（酷刑）条例

（第427章）

目　录

条次

第I部

酷　刑

第II部

（废除）

本条例旨在将施行酷刑订为罪行，并就有关事宜订定条文。

［1993年1月21日］ 1993年第17号法律公告

（略去制定语式条文——2014年第2号编辑修订记录）

（格式变更——2014年第2号编辑修订记录）

第Ⅰ部
酷　　刑

1. 简称

（1）本条例可引称为《刑事罪行（酷刑）条例》。

（2）（已失时效而略去——2014年第2号编辑修订记录）

2. 释义

（1）在本条例中——

公务人员（public official）包括在香港担任附表所列职位的人；

国家（country）包括国家的一部分；

《酷刑公约》（the Torture Convention）指联合国大会于1984年12月10日通过的《禁止酷刑和其他残忍、不人道或有辱人格的待遇或处罚公约》；

职位（office）包括**委任**（appointment）。

（由 1997 年第 206 号法律公告修订）

（2）就本条例来说，任何人在香港或其他地方行事时，如当时其身份是与香港政府或在香港的任何公共主管当局有关，或与香港以外的国家或领土的政府有关，或与当地的任何其他主管当局有关，而该主管当局是与香港的公共主管当局相似或类似的，均须视该人当时是以公职身份行事。

（3）为免生疑问，特此声明《释义及通则条例》（第 1 章）第 5 条不得解释为将本条第（1）款公务人员的定义适用范围扩及该条例第 3 条所指的公职人员。

3. 酷刑

（1）公务人员或以公职身份行事的人，无论属何国籍或公民身份，如在执行公务或本意是执行公务时，在香港或其他地方蓄意使他人受到剧烈疼痛或痛苦，即犯施行酷刑罪。

（2）第（1）款不适用的人，无论属何国籍或公民身份，如有以下情形，即犯施行酷刑罪——（由 2013 年第 28 号法律公告修订）

（a）在以下人士的唆使、同意或默许下，在香港或其他地方蓄意使他人受到剧烈疼痛或痛苦——

（i）公务人员；或

（ii）以公职身份行事的其他人；以及

（b）该公务人员或其他人在唆使、同意或默许他人犯施行酷刑罪时，正在执行公务或本意是执行公务。

（3）就本条例来说，不论疼痛或痛苦是肉体上的或精神上的，或是因任何作为或不作为而引致的，均无关重要。

（4）任何人因其行为而被控以本条所订罪行，如证明该人对作出该行为有合法权限、理由或解释，即可以此作为免责辩护。（由 2013 年第 28 号法律公告修订）

（5）就本条来说，合法权限、理由或解释（lawful authority，justification or excuse）——

（a）如是关于在香港使他人受到疼痛或痛苦的，指香港法律下的合法权限、理由或解释；

（b）如是关于在香港以外地方使他人受到疼痛或痛苦的——

（i）而疼痛或痛苦是由公务人员根据香港法律行事时所造成，或由任何人根据香港法律以公职身份行事时所造成，则指香港法律下的合法权限、理由或解释；

（ii）在其他情况下，则指在使他人受到疼痛或痛苦事件发生的地方的法律下的合法权限、理由或解释。

（6）任何人犯施行酷刑罪，循公诉程序定罪后，可处终身监禁。（由 2013 年第 28 号法律公告修订）

4. 根据第 3 条检控须经律政司司长同意

除非经律政司司长同意，否则不得就第 3 条所订的罪行提起诉讼。

（由 1997 年第 362 号法律公告修订）

第II部

（由 1997 年第 206 号法律公告废除）

5—7.（由 1997 年第 206 号法律公告废除）

第III部
杂　　项

8. 附表的修订

行政长官会同行政会议可藉命令修订附表。

（由 1999 年第 13 号第 3 条修订）

9.（已失时效而略去——2014 年第 2 号编辑修订记录）